ESTADO DE DIREITO

– O Paradigma Zero: Entre Lipoaspiração e Dispensabilidade

E. KAFFT KOSTA
Doutor em Direito
Professor da Faculdade de Direito de Bissau

ESTADO DE DIREITO

– O Paradigma Zero:
Entre Lipoaspiração e Dispensabilidade

ALMEDINA

ESTADO DE DIREITO
– O Paradigma Zero:
Entre Lipoaspiração e Dispensabilidade

AUTOR
KAFFT KOSTA

EDITOR
EDIÇÕES ALMEDINA, SA
Avenida Fernão de Magalhães, n.° 584, 5.° Andar
3000-174 Coimbra
Tel.: 239 851 904
Fax: 239 851 901
www.almedina.net
editora@almedina.net

PRÉ-IMPRESSÃO • IMPRESSÃO • ACABAMENTO
G.C. – GRÁFICA DE COIMBRA, LDA.
Palheira – Assafarge
3001-453 Coimbra
producao@graficadecoimbra.pt

Outubro, 2007

DEPÓSITO LEGAL
264473/07

Publicação patrocinada por:

IPAD
Instituto Português
de Apoio ao Desenvolvimento

À minha Família
E aos meus Amigos, de verdade.

PREFÁCIO

A presente obra ficará por certo inscrita nos anais da doutrina juspublicística de língua portuguesa.

Ela é, desde logo, marcada por factores circunstanciais que lhe conferem a aura da primogenitura. Trata-se, com efeito, do primeiro doutoramento em direito pela Universidade de Lisboa de um não-português e do primeiro doutoramento em direito por uma universidade pública portuguesa de um cidadão de um país africano de língua oficial portuguesa. E Emílio Kafft Kosta é, também, após mais de meio século, o primeiro doutor em direito pela Universidade de Lisboa não ligado pela docência – presente ou pretérita – à respectiva Faculdade de Direito.

Mas, para além destes factos, que relevarão no plano da História académica, importa sobretudo sublinhar o mérito da obra: um mérito que advém da qualidade da análise e da importância desta para a compreensão das contradições que dilaceram as ordens jurídicas de muitos países africanos a que a Guiné-Bissau pode servir de espelho.

Cumpre realçar a qualidade do trabalho. A escrita é clara e viva e o estilo com frequência acutilante. Avultam uma inteligência atenta e criativa e um conhecimento vasto e sedimentado dos postulados do Estado Constitucional. Revela-se uma extensa e assimilada leitura em torno do tema, uma vontade organizada de utilizar esses conhecimentos como base de uma análise crítica da realidade nacional, um propósito assumido com pertinácia de não desligar a teoria jurídica das suas virtualidades aplicativas à realidade sócio-política guineense e uma busca incansável de novas soluções que permitam ultrapassar (na Guiné-Bissau e em outros Estados onde as circunstâncias não são muito diversas) as dessintonias do constitucionalismo semântico.

A bibliografia denota a execução de um extenso volume de leituras, com particular relevo para as doutrinas juspublicísticas portuguesa e alemã, mas envolvendo também um número apreciável de obras nas línguas francesa, inglesa, castelhana e italiana. Pode dizer-se que o Autor quase esgotou o que em língua alemã se encontra publicado sobre *Rechtsstaat* e *Rechtsstaatlichkeit*. Mas o domínio e ágil emprego da doutrina do Estado de Direito não inibe Kafft Kosta de um posicionamento distanciado, quando não mesmo antagónico. A questão central é a do modo e consequências do enxerto de parâmetros jurídicos gerados pela cultura euro-americana em Estados africanos com estruturas sociais e modos de produção ainda predominantemente tradicionais e onde a pertença à tribo tende a ser por ora um factor de identidade mais forte do que o da nacionalidade. E assim tanto mais quanto essa nacionalidade é quase sempre recente e filha dos avatares da partilha colonial de territórios.

Escolhendo como tópico fulcral o princípio do Estado de Direito tal como desenvolvido por sectores da doutrina contemporânea da Europa Ocidental, o Autor sustenta a inexistência de condições para a sua transposição sincera e eficiente para o solo de um Estado como é hoje a Guiné-Bissau. Para que se reúna um mínimo de possibilidades de os levar à prática de modo consistente, o programa constitucional e as representações ideais deverão ser circunscritos a patamares menos ambiciosos do que os habitualmente proclamados. A fim de evitar uma total dessintonia entre o mundo normativo e a realidade factual, o primeiro deveria ser reduzido a uma teia singela cuja viabilidade à luz das condições prevalecentes pudesse servir de alicerce à generalização da consciência de um dever de observância. Ao princípio do Estado de Direito – a que a doutrina juspublicística do mundo euro-atlântico tem conferido uma vitalidade irradiante traduzida num infindável processo de densificação de subprincípios concretizantes – o Autor prefere a consideração isolada das figuras constitucionais dos Direitos Fundamentais, de separação de poderes (centrado no respeito da independência dos tribunais) e do princípio democrático (caracterizado na genuidade dos actos eleitorais).

Segundo Kafft Kosta, é irrealista a pretensão de transpor para a Guiné-Bissau uma exigência de Estado de Direito traduzida numa infinidade de subprincípios e requisitos. A praxis jurídica e política não deveria ser perturbada pela sobreposição de um alegado imperativo constitucional de Estado de Direito dotado de uma normatividade autónoma, ou pelas obrigações próprias de uma «escolástica constitucional».

A tese de Kafft Kosta não deveria escandalizar o leitor habituado à aceitação do Estado de Direito como superconceito atributivo de unidade valorativa ao sistema constitucional. A verdade é que se não encontra a sua proclamação expressa no texto da Constituição guineense, circunstância essa que poderá permitir à partida um maior distanciamento crítico. Por outro lado, o Autor relaciona com a realidade do «Estado concreto» guineense, por ele observada e vivida ao longo da crise institucional desencadeada pelo levantamento militar de 1998, o fruto de uma polémica doutrinária que atravessou a doutrina juspublicística alemã, na qual avultou como epígono de uma posição negativista o conhecido Philip Kunig. Na sua obra *Rechtsstaatsprinzip*, de 1986, sustenta este que a teoria e a praxis constitucional dispensam a existência de um princípio geral de Estado de Direito, sem que com isso fique prejudicada a clareza da disciplina jurídica. É no entanto bem certo que Kunig procura levar a cabo um exercício de demonstração dogmática de que se encontram positivadas na Lei Fundamental todas aquelas normas habitualmente consideradas componentes do Estado de Direito e de que, quando não seja esse o caso, a enunciação específica desses elementos seria supérflua por a sua função ser desempenhada por outras normas, ou por poderem eles ser deduzidos de um dos princípios constitucionais positivados. Kafft Kosta procede do mesmo modo quanto ao papel dos Direitos Fundamentais e dos princípios da separação de poderes e da democracia a partir da sua implantação na Lei Fundamental guineense. Quanto à restante parte do espectro relevante, considerou inviável a sua recepção com o fundamento da impossibilidade de uma determinação objectiva de elementos estruturantes por causa da «cacofonia» reinante entre as formulações doutrinárias do Estado de Direito.

O presente livro revela Kafft Kosta como um jurista inteligente, atento e portador de uma respeitável bagagem científica. Como se explica então a sua renúncia ao super-parâmetro do Estado de Direito, enquanto estrutura axiológica compósita, asseguradora de modos de formação e exercício do poder compagináveis com a dignidade da pessoa humana? Como entender a sua tese sobre a suficiência de um Estado de legalidade para países com as condições reinantes na Guiné-Bissau?

A resposta encontra-se – a nosso ver – na ideia, formada pelo Autor à luz de uma circunstanciada análise, de que mais vale um sistema constitucional minimalista mas efectivamente acatado do que um outro, estruturado sobre uma copiosa enunciação de princípios e requisitos, mas que, não correspondendo a uma consciência colectiva suficientemente enraizada, não terá tradução na praxis. E, ainda pior do que isso, se possível, Emílio Kosta considera demonstrado pela infeliz experiência dos últimos anos o risco da instrumentalização dessa «fórmula vazia» ao sabor de desígnios que radicalmente afinal a contradizem e de movimentações político-militares que rapidamente trarão consigo malefícios muito superiores àqueles a que alegadamente se pretenderia pôr cobro.

Em nosso entender, não são os exemplos documentados de invocação maquiavélica ou despropositada do Estado de Direito que demonstram a perigosidade do princípio ou, no mínimo, a sua inutilidade. Os princípios são elementos da realização de bens jurídicos. E são eles os primeiros parâmetros de condenação da sua aplicação desvirtuada. Compreendemos no entanto, e respeitamos, o propósito de – ressalvados elementos fundamentais de um Estado respeitador do valor intrínseco e autónomo da pessoa humana – se condensar o edifício constitucional segundo parâmetros cuja modéstia induza a praticabilidade.

Claro que sempre restará a dúvida sobre se, neste domínio, a simplicidade dos objectivos da convivência política facilitará a formação em seu redor de um ambiente consensual manifestado em comportamentos generalizados. É, porém, aí que intervém a muito interessante proposta de uma «refundação constitucional». Para Kafft Kosta, um segundo corpo parlamentar, o *Bantabá di Tera* ou *Bantabá di Tchon*, formado por autoridades tradicionais, poderia, a par de uma federalização *sui generis* capaz de conferir formalmente às etnias o relevo político que elas inafastavelmente possuem, reforçar em muito a autenticidade institucional. Criar-se-ia desse modo um contrapeso efectivo ao risco de assunção pelas Forças Armadas do papel de agente político principal.

Trata-se de uma pista merecedora de toda a atenção e ficam identificados tópicos para o prosseguimento de uma reflexão aprofundada, porventura conducente ao exercício do poder de revisão constitucional. Qual o modo de garantir ao *Bantabá di Tchon* essa tão necessária função congregadora de harmonia e amortecedora de tensões? Que cautelas para que possa ser efectivamente um factor de simplificação e não de agravamento das condições de governabilidade? Quais as vias mais consensuais para o seu preenchimento? Como fazer em relação a territórios habitados por diversas etnias? Como evitar a sua partidarização? Como, em suma, institucionalizar a realização multi-étnica ao nível constitucional sem prejudicar a «estratégia pan-nacional» de que o Autor também se confessa adepto?

Como seria inevitável, nem sempre beneficiarão da concordância de cada leitor todas as passagens de uma obra na qual o enquadramento da teoria jurídica incide sobre acontecimentos da História contemporânea passíveis de visões conflituantes. Mas, sem prejuízo de pontuais discordâncias, impõe-se-nos a conclusão de nos encontrarmos perante uma obra cuja importância o futuro assinalará. Ela representa um contributo inegável para a visão jurídica sincrética capaz de integrar os Direitos nacionais africanos no fenómeno da globalização dos valores jurídicos essenciais sem prejudicar a presença de factores sócio-culturais específicos capazes de lhes manter a autenticidade e a efectividade. Reflecte, por outro lado, – em termos existencialmente muito vincados – a busca tenaz de uma solução para a crise de identidade e de projecto das gerações que, em África, se seguiram àquelas que conduziram as lutas de libertação nacional e a procura de bases para um reencontro destes povos consigo próprios em ambiente de paz e de progresso.

Lisboa, Abril de 2007

José Manuel Sérvulo Correia

APRESENTAÇÃO E GRATULAÇÕES

Esta obra é a tese de doutoramento em Ciências Jurídico-Políticas (Direito Constitucional) apresentada em Setembro de 2005 e discutida, na Faculdade de Direito da Universidade de Lisboa, na tarde-noite de 27 de Novembro de 2006, tendo obtido o candidato aprovação com Distinção, por unanimidade, com a classificação de 17 valores.

No processo meditativo, há momentos extáticos, de arrebatamento, que se propagam à escrita.

No trabalho que aqui se submeteu a julgamento[1] (tese subversiva, como a epitetou alguém, com alguma simpatia), vários momentos como esses surgiram.

Na tentativa de manter puros esses estados de reflexão, procurei normalmente deixar fluir com naturalidade, sem autocensura, a catadupa de signos que daí resultava.

E, numa matéria tão envolvente, tão determinante e apaixonante como é o Direito Constitucional, é difícil não pensar e dizer com raiva as coisas.

Principalmente, quando vemos gente a morrer, a miséria a crescer, a instabilidade instalando-se confortavelmente, a falta de horizontes tomando conta de uma terra, por culpa, nomeadamente, de uma certa visão do Direito Constitucional (ou, talvez melhor, por culpa de certos agentes que vão construindo, desconstruindo e destruindo tudo, à sombra de interesses pequeninos e passageiros – mesmo que para isso tenham de torcer as palavras, com vista a extrair delas apenas o que lhes *interessa*).

Os "Sete Mandamentos" da *Animal Farm*, de ORWELL [que foram sendo pela nomenclatura suína desconstruídos, para, no fim, se reduzirem ao sétimo (este também desconstruído, convenientemente)] representam, efectivamente, um caso com equivalentes próximos na história política guineense.

---

[1] Esta espécie de ritual de «*psicostasia*», onde se espera, às vezes, que o *arguido* enverede pela ladeira da «*Confissão Negativa*», conhecida pelos egiptólogos e egiptófilos do *Livro dos Mortos* (ou *Manifestação da Luz*).

Suspirou o Poeta (ANTÓNIO RAMOS ROSA):

«Se fosse possível escrever sem nenhuma tensão
com a oval influência de um vagaroso ócio (...)»!

Se fosse *possível*... Só que não sei se é *necessário*. E nesta investigação e escrita, a par de um trajecto de frieza analítica, ressurge, a espaços, a raiva tensa e indomável. Que fazer?...

O resultado, após uma leitura fria e distanciada, é uma escrita que às vezes pode magoar, na sua lhaneza crua.

Todavia (*contradeclara-se* já), a vontade não é de magoar.

Depois deste "protesto", espero que contra mim não seja levantado o aforismo «*protestatio facto contrario nihil relevat*»[2].

A veneração que nutro, por exemplo, por certas referências notáveis do pensamento jurídico ou da vida cívica faz-me experimentar o dilema aristoteliano "amizade-verdade", por referência ao seu Mestre PLATÃO (se ARISTÓTELES estava a ser sincero).

Dava ARISTÓTELES[3] conta do incómodo que era estudar o «bem» na sua acepção universal, dado que o «sistema das Ideias» fora apresentado por pessoas que lhe eram caras (subentende-se: PLATÃO). Mas acaba por resolver e ultrapassar a delicadeza do problema, fazendo o exercício seguinte:

Achar-se-ia bem que se encarasse como «um verdadeiro dever» da sua parte que, «no interesse da verdade», fizesse até a crítica das suas próprias opiniões, *sobretudo quem tem a prosápia de ser filósofo*;

«assim, entre a amizade e a verdade, que nos são ambas caras, é uma obrigação sagrada dar preferência à verdade». Ou, citando um provérbio latino, «*amicus Plato, sed magis amica veritas*».

Vá-se lá saber o que é isso de verdade!

Só pode ser a minha verdade. A minha falível verdade.

Não a nietzscheana *verdade-verdadeira*, mas algo situado talvez no território de PROTÁGORAS (*vide* o seu escrito sobre *A Verdade,* com o seu enigmático enunciado: «*O homem é a medida de todas as coisas, das coisas que são, enquanto são, das coisas que não são, enquanto não são*»).

---

[2] Protesto como contradeclaração do autor duma declaração, para afastar uma certa interpretação não adequada desta sua declaração.

[3] ARISTÓTELES, Éthique à Nicomaque, Liv. I, Cap. III, § 1.

Na procura e achamento das *verdades* que entreteceram a obra aqui apresentada vários amparos me foram oferecidos, aos quais urge dedicar sentidas palavras de reconhecimento:

Aos meus Mestres das Escolas que fizeram o homem e académico que me prezo de ser – de Bissau a Lisboa, de Coimbra a Gießen; da Escola Doutor Oliveira Salazar ao Liceu Kwame N'Krumah, passando pelo *Ciclo* Marechal Carmona e pelas particulares; da querida Faculdade de Direito de Bissau, onde vou ensinando e aprendendo a fazer ciência, apesar dos pesares; da Faculdade de Direito de Lisboa, onde, ao longo de muitos anos de intensa investigação, fui desenvolvendo os estudos pós-graduados que me concederam os graus de Mestre e de Doutor em Direito; à Faculdade de Direito de Coimbra, onde tirei a Licenciatura em Direito; à *Fachbereich Rechtswissenschaften* da *Justus-Liebig-Universität Gießen*, na Alemanha, onde desenvolvi grande parte da pesquisa para esta tese de doutoramento (evoco aqui nomes como os dos Professores Thomas Groß, Brun-Otto Bryde e, na F.U. Berlin, Philip Kunig).

Rendo preito aos Professores que assumiram o difícil encargo de orientar as investigações de alguém tão empedernido, desde o Mestrado ao Doutoramento. Falo dos Ilustres Professores Doutor Marcelo Rebelo de Sousa, Doutor Sérvulo Correia, Doutor Thomas Groß.

Ao Distinto Júri do meu Doutoramento – esse momento iniciático em que se assume por vezes ao extremo o papel reservado na cúria romana ao contestador dos canonizáveis –, a minha especial vénia: Aos Professores Doutor António Valera, Vice-Reitor da Universidade de Lisboa; Doutor Gomes Canotilho, da Universidade de Coimbra; Doutor Paulo Ferreira da Cunha, da Universidade do Porto; Doutor Jorge Miranda; Doutor Marcelo Rebelo de Sousa; Doutor Fausto de Quadros; Doutor Paulo Otero; Doutor Hintze da Paz Ferreira; Doutor Sérvulo Correia.

Ao Mestre Charters Marchante, o reconhecimento de uma amizade sincera.

Não posso esquecer os estímulos que colhi de muitos que se interessaram também por esta investigação: o saudoso Prof. Doutor António Marques dos Santos; os Professores Doutores Paulo de Sousa Mendes, Januário da Costa Gomes, Silva Dias, Jorge Novais, Luís Menezes Leitão, Dário Moura Vicente;

Os Mestres Ricardo Sá Fernandes, Palma Borges, Filipe Baptista, Raquel Rei, Mascarenhas Ataíde; Os Directores e Assessores Científicos da FDB.

O Dr. Armando Procel e, através dele, os condiscípulos de Coimbra e todos os membros da Associação de Antigos Estudantes de Coimbra.

Os meus filhos, minha mulher e minha irmã Dr.ª Paula Kosta Pereira (e, através dela, toda a nossa família) – de quem destaco o apoio constante e fraterno.

Os meus amigos de juventude, cujos sonhos de realização intelectual foram pela terra traídos.

O corpo de Magistrados guineenses; muita da briosa intelectualidade guineense, no chão e na diáspora; à Sr.ª D. Eurizanda Cuíno, pelo trabalho insano de dactilografar o extenso manuscrito que foi esta dissertação.

Saudações a todos os Docentes que fizeram e fazem a Faculdade de Direito de Bissau;

Aos meus Alunos de ontem e de sempre...

O meu muito obrigado ao Instituto Português de Apoio ao Desenvolvimento e ao ICJ da Faculdade de Direito de Lisboa, pelo amparo ao abrigo do qual pude encetar esta aventura e dar à estampa o presente trabalho;

Os meus agradecimentos também ao *Deutscher Akademischer Austauschdienst*, apoio determinante para as minhas *incursões germânicas*.

KAFFT KOSTA

SINOPSE

O tema objecto da presente dissertação ("Estado de direito" – o vetusto *Estado de direito*, cujo percurso vital não tem ultrapassado o patamar de exercícios de enchimento do odre não muito novo com vinhos novos) presta-se a multifárias aproximações, não obstante a aparente (quase) unanimidade que se verifica na doutrina em torno de certos paradigmas expansivos (factores já de si entrópicos) do conceito em exame. Se não há acordo quanto ao exacto conteúdo do conceito (retrato de um certo caos que afecta o *programa do Estado de direito*), há-o, pelo menos, no sentido de se caminhar para uma *engorda* em crescendo do dito.

A trajectória da minha reflexão partiu da configuração de um pantagruélico Estado de Direito, desenvolveu-se, mais tarde, numa tentativa de lipoaspiração do Estado de direito (por forma a resultar da operação um Estado de direito minimal) e culminou (para já) na assunção da ideia de que o conceito "Estado de direito" (com "d" minúsculo ou maiúsculo) é desnecessário. Pelo caminho, foi-se revelando a hipótese de o substancialmente determinante ser a *forma*: *Estado de direito = comunidade política cuja organização e acção se conformam ao direito posto.*

Mais útil e operativo será afirmar cada uma das dimensões virtuosas que se pretendam partes do "Estado de direito", lutar, em campo aberto, para a sua plena realização e contra o seu adiamento, inadimplemento ou desnaturação.

As *exigências* de *mais*, *melhor* e *genuíno Estado de direito*, *mais*, *melhor* e *genuína* democracia, oriundas do *ambiente interno* e, *maxime*, do *ambiente externo*, têm sido tantas e tais que os desastres protagonizados, nesse campo, pelo subsistema político não podem estar alheios a uma certa sobrecarga do sistema. Foi ultrapassado o grau de suportabilidade do sistema político às *demandas* do *ambiente*. A quantidade e qualidade (complexidade) das *demandas* propiciaram respostas vazias, ineficazes, lentas, incongruentes em massa e confusas, da parte do subsistema político. Ora, o "Estado de direito" que se pretende melhorar e que emerge dos escombros de um outro "Estado de direito" violentamente destruído envolve-se num círculo de ferro da violência que pode minar a sua própria base genética.

Uma cláusula geral de Estado de direito é adiáfora e fonte de uma espiralagem infinda de problemas, cada vez mais complexos e insolúveis. Mais: a espiral é infecunda; daí que eu tenha optado por um paradigma *zero* do Estado de direito, qualificador de, praticamente, todos os Estados como Estados de direito.

Mas pensar sobre o *Estado de direito* é pensar também sobre o *Estado*. Que modelo de *Estado*? Que relação com o *direito*? Com que *direito*? Daí que tenha sondado a estadualidade, numa contextualizada compreensão, isolando os aspectos potenciadores de um Estado eficiente, capaz de fazer bom uso do meio telúrico que o envolve – identificada que foi uma *estrutura estadual conciliatória,* assente no carácter multipolar e autopoiético do sistema; daí que haja tentado surpreender, numa considerável recolha de dados, a banda genética relevante e, bem assim, a relação entre a proclamação e a *praxis*, no domínio do chamado *Estado de direito*; e assim se explica a proposta de uma *arquitectura constitucional inclusiva*, quadrando também, quanto à Guiné, as instâncias do poder indígena (assente que me parece terem sido independentes até, pelo menos, aos anos 13/14/15 do séc. xx).

A captação de alguns momentos eloquentes da evolução constitucional serviu para descortinar uma linha comum, quer às *pistas do Norte*, quer às do *Sul* (apesar da clausura hetero ou autoditada do *Sul profundo*, a vindicar um movimento de *retorno à terra*), traduzida no esforço de conter o poder e a sociedade em cercados de normativa racionalidade e, bem assim, para desnudar a quilométrica distância que separa o pregão do *Estado de direito* da *praxis* do *Estado de direito.* E se o incremento dum "Estado de direito" é directamente proporcional à coerência da sua proclamação e *praxis,* o mesmo é inversamente proporcional à distância que separa a sua proclamação da sua *praxis.*

PALAVRAS-CHAVE DA OBRA

- Direito Constitucional
- História Constitucional
- Direito Constitucional Comparado
- Ciência Política
- Realidade Constitucional
- Antropologia Jurídica
- Estado
- Estado de Direito
- Democracia
- Direitos Fundamentais
- Separação de Poderes
- Constitucionalismo Guineense
- Conflitos
- Golpe de Estado

ABSTRACT

The theme of the current thesis ("rule of law" – the ancient rule of law, which life has not surpassed the stage of exercises of filling a not very young wineskin with young wines) affords various approaches, despite the apparent (almost) unanimity of the authors in respect of certain expansive paradigms (factors that already are entropic) of the concept under analysis. If there is no agreement about the exact contends of the concept – portrait of a certain chaos that affects the *rule of law program* –, there is agreement, at least, in respect of the trend to fatten such concept.

The course of my thoughts started at the concept of a pantagruelic rule of Law. Later, it developed into an attempt of lipoaspiration of the rule of Law (in order to have, as an outcome, a minimal rule of Law). And it ended (for the time being) assuming that the concept of "rule of law" (with little "l" or with caps) is not necessary. On the way, the hypothesis of the *form* as the materially determinant issue gradually took shape: *rule of law = political community which organization and action conform to the positive law*.

More useful and more operative is to stress each of the virtuous dimensions claimed to be a part of the "rule of law"; fight, on open field, for its full implementation and against its postponement, unfulfilment or perversion.

The *demands* for *more, better* and *genuine* rule of law, *more, better* and *genuine* democracy, coming from the *internal environment* and, *maxime,* from the *external environment*, have been so many and such that the disasters starred, in that domain, by the political subsystem, can not be strange to a certain overburden of the system. The political system has surpassed the degree of supportability to the *claims of the environment*. The quantity and the quality (complexity) of the *demands* propitiate empty, ineffective, slow, mass incongruent and confuse answers from the political subsystem. The "rule of law" – that one wishes to improve and that emerges from the ruins of another "rule of law" violently destroyed – involves itself in an iron circle that may undermine its own genetic basis.

A general clause of rule of law is secondary and origin of a spiral of never ending problems, each time more and more complex. Furthermore: the spiral is sterile. That is the reason why I have opted for a zero paradigm of the rule of law, a qualifier of practically all the States as rule of law States.

To think about the rule of law is also to think about the *State*. What model of *State*? What relationship with the *law*? With which *law*? Thus, I investigated the nature of the State (in a contextualised comprehension), isolating the aspects that could enhance an efficient State, able to make good use of its telluric environment – once identified a *con-*

ciliatory state structure, supported on the multipolar and autopoietic nature of the system. Thus, I tried to bring out (based on a substantial data research) the relevant genetic range, as well as the relationship between the proclamation and the *praxis*, in the field of the so called rule of law. Here is the explanation for the proposal of a *constitutional inclusive architecture* – including also, as far as Guinea-Bissau is concerned, the native power structures (assumed that they were independent until the years 13/14/15 of the 20th. century).

The selection of some eloquent moments of the constitutional evolution served the purpose of discovering a common ground both to the *hints of the North* and to the *hints of the South*. Despite the confinement hetero or auto-demanded by the *deep South*, claiming a *return to the land* movement. The mentioned common ground corresponds to the effort of holding the political power and the community within the limits of legal rationality, and in revealing the kilometric distance that separates the cry of the *rule of law* from the *praxis* of the *rule of law*. And if a development of a "rule of law" is directly proportional to the consistence between its proclamation and the *praxis*, the same is inversely proportional to the distance that separates its proclamation from its *praxis*.

DIE PASSWORTE

- Verfassungsrecht
- Verfassungsgeschichte
- Verfassungsrechtsvergleichung
- politische Wissenschaft
- Verfassungswirklichkeit
- rechtlische Anthropologie
- Staat
- Rechtsstaat
- Demokratie
- Grundrechte
- Gewaltenteilung; Gewaltentrennung
- guineische Verfassungsstaatlichkeit
- Konflikte
- Putsch

ABREVIATURAS

AHD	– Arquivo Histórico-Diplomático do Ministério dos Negócios Estrangeiros (de Portugal)
AHU	– Arquivo Histórico Ultramarino
AD (PCD+FD)	– Aliança Democrática (Partido da Convergência Democrática)
AK-GG	– Kommentar zum Grundgesetz für die Bundesrepublik Deutschland (Reihe Alternativkommentare)
AöR	– Archiv für öffentliches Recht
APSR	– American Political Science Review
ARSP	– Archiv für Rechts- und Sozialphilosophie
ARWP	– Archiv für Rechts- und Wirtschaftsphilosophie
ASG	– Aliança socialista Guineense
BayVBl	– Bayerische Verwaltungsblätter
BBC	– British Broadcasting Corporation
BFDUC	– Boletim da Faculdade de Direito da Universidade de Coimbra
BGBl	– Bundesgesetzblatt
BISE	– Boletim de Informação Sócio-Económica
BO	– Boletim Oficial
BUC	– Boletin de la Universidad Compostelana
BVerfG	– Bundesverfassungsgericht
BVerfGE	– Entscheidungen des Bundesverfassungsgerichts
CC	– Código Civil
CDS	– Centro Democrático Social
CEDEAO	– Comunidade dos Estados da África Ocidental
CEMGFA	– Chefe do Estado-Maior General das Forças Armadas
CEMMN	– Chefe do Estado-Maior da Marinha Nacional
CERCLE	– Comissão Eventual para a Revisão Constitucional e das Leis Eleitorais
CESE	– Centro de Estudos Sócio-Económicos do INEP
CNE	– Comissão Nacional de Eleições
CPLP	– Comunidade de Países de Língua Portuguesa
CRGB	– Constituição da República da Guiné-Bissau
CRP	– Constituição da República Portuguesa
CSMJ	– Conselho Superior da Magistratura Judicial

DB – Diário de Bissau
DöD – Die öffentliche Dienst
DÖV – Die Öffentliche Verwaltung
DriZ – Deutsche Richter Zeitung
DUDH – Declaração Universal dos Direitos do Homem
DVBl – Deutsches Verwaltungsblatt

EuGRZ – Europäische Grundrechte-Zeitschrift

FARP – Forças Armadas Revolucionárias do Povo
FCD – *Forum* de Convergência Para o Desenvolvimento
FCG-SD – *Forum* Cívico Guineense – Social Democracia
FDS – Frente Democrática social
FLING – Frente de Luta para a Independência Nacional da Guiné

GEMiPLANO – Gabinete de Estudos do Ministério do Plano
GG – Grundgesetz
GUN – Governo de Unidade Nacional

INEP – Instituto Nacional de Estudos e Pesquisa

JA – Juristische Arbeitsblätter
JM – Junta Militar para a Consolidação da Democracia, paz e Justiça
JöR – Jahrbuch des öffentlichen Rechts der Gegenwart
JuS – Juristische Schulung – Zeitschrift für Studium und Ausbildung
JZ – Juristenzeitung

KritV – Kritische Vierteljahresschrift für Gesetzgebung und Rechtswissenschaft

LGDH – Liga Guineense dos Direitos Humanos
LIPE – Liga Guineense de Protecção Ecológica

MFDC – Mouvement des Forces Démocratiques de la Casamance

NJW – Neue Juristische Wochenschrift
NVwZ – Neue Zeitschrift für Verwaltungsrecht

OAGB – Organização dos Advogados da Guiné-Bissau
ONG – Organização Não Governamental

PAIGC – Partido Africano da Independência da Guiné e Cabo Verde
PALOP – Países Africanos de Língua Oficial Portuguesa
PCP – Partido Comunista Português
PCUS – Partido Comunista da União Soviética
PDS – Partido Democrático Socialista

PDSSG – Partido Socialista da Salvação Guineense
PEPN/AEPG – Pacto de Estabilidade Política Nacional/Acordo de Estabilidade Parlamentar e Governativa
PGR – Procurador-Geral da República ou Procuradoria-Geral da República
PM – Primeiro-Ministro
PPD – Partido Popular Democrático
PPG – Partido Popular Guineense
PR – Presidente da República ou Presidência da República
PRi – Presidente da República interino
PRN – Partido da Reconciliação Nacional
PRP – Partido de Renovação e Progresso
PRS – Partido da Renovação Social
PRt – Presidente da República de transição
PS – Partido Socialista
PSD – Partido Social Democrata
PSGB – Partido Socialista da Guiné-Bissau
PST – Partido da Solidariedade e do Trabalho
PSTJ – Presidente do Supremo Tribunal de Justiça
PUN – Partido da Unidade Nacional
PUSD – Partido Unido Social Democrata
PVS – Politische Vierteljahresschrift

RCAI – Recueil des Cours de l'Académie International
RDES – Revista de Direito e de Estudos Sociais
RDN – Rádio Difusão Nacional
RDP Áf – Rádio Difusão Portuguesa – África
RDP – Rádio Difusão Portuguesa
RDPSP – Revue de Droit Public et de la Science Politique en France et à l'Etranger
RFI – Radio France International
RGB – Resistência da Guiné-Bissau
RIFD – Rivista Internazionale di Filosofia del Diritto
RLJ – Revista de Legislação e Jurisprudência
RTDP – Rivista Trimestrale di Diritto Pubblico
RTGB – Rádio Televisão da Guiné-Bissau
RTP ÁF – Rádio Televisão Portuguesa – África
RTP – Rádio Televisão Portuguesa

STJ – Supremo Tribunal de Justiça

TPI – Tribunal Penal Internacional

UA – União Africana
UE – União Europeia

UM	– União para a Mudança (fusão de 3 partidos: PDP, MUDE, PRD)
UMOA	– União Monetária Oeste Africana
UNDP	– União Nacional para a Democracia e Progresso
UNTG	– União Nacional dos Trabalhadores da Guiné
UPG	– União dos Patriotas Guineenses
VIJJA	– La Voix de l'Intégration Juridique et Judiciaire Africaine (A.O.A.-H.J.F.)
VRÜ	– Verfassung und Recht in Übersee
VVDStRL	– Veröffentlichungen der Vereinigung der Deutschen Staatsrechtslehrer
ZG	– Zeitschrift für Gesetzgebung
ZRP	– Zeitschrift für Rechtspolitik

PLANO DA DISSERTAÇÃO

ÍNDICES DE DIAGRAMAS, EQUAÇÕES, GRÁFICOS E TABELAS

INTRÓITO

«Die Entwicklung des Rechts zählt nicht nach Jahren und Jahrzehnten, sondern nach Jahrhunderten und Jahrtausenden; und jeder Einzelne, so viel er auch wirken und schaffen mag, bildet nur ein kleines Glied in der großen Kette dieser Entwicklung» (Otto Bähr, Der Rechtsstaat).

1. **Pontos de Interrogação**

A fixação e entretecimento de hipóteses heurísticas, a confirmar ou a infirmar ao longo da pesquisa sobre o tema "Estado de Direito – o Paradigma Zero", começa por uma *pergunta de partida* que transporta em si mesma uma constatação (para nos atermos ao segmento temporal estudado). A constatação de que se registaram, objectivamente, na Guiné-Bissau condutas deflectoras e desviadas, se tivermos como parâmetros o princípio do *Estado de direito* e o princípio democrático. Desviadas porquanto se afastam desses princípios, deflectoras porquanto favorecem ou provocam, potencialmente, desvios a tais princípios.

Por outro lado, sentiu-se um grau relevante de complacência da sociedade (*maxime* da política, dos líderes da opinião, da elite local – que atingem nestes sectores as raias da cumplicidade) *vis-à-vis* às referidas condutas desviadas e deflectoras.

– Quererá dizer o quê tal grau relevante de complacência (ou cumplicidade, no caso da superstrutura política e social) face a condutas que atingem o princípio democrático e o princípio do *Estado de direito*, em nome, autoproclamadamente, destes mesmos princípios?

– O fenómeno revelado acima, de *condutas deflectoras* e *desviadas*, indiciará uma plasticidade do princípio do *Estado de direito* e do princípio democrático na Guiné?

– Quais são as causas dessa plasticidade (plasticidade em função do desiderato dos sujeitos)? Como explicar a dita plasticidade?

– Qual a relação entre a salvaguarda dos princípios democrático e do *Estado de direito* e a plasticidade do seu manuseamento? Ou, por outra, a plasticidade dos princípios democrático e do *Estado de direito* adequa-se à salvaguarda e aprofundamento dos princípios democrático e do *Estado de direito*? O facto de se tratar de uma *jovem* democracia, como é a Guiné, releva para a resposta às perguntas atrás formuladas? A ser afirmativa a resposta, em que registo?

– Existirá um nexo entre o patamar evolutivo duma sociedade e a probabilidade de aí o princípio democrático e o do *Estado de direito* serem esvaziados (*i.e.*, relativizados, plasticizados)?

– Numa democracia e num *Estado de direito*, quanto mais potencialmente frustrada (na perspectiva de acesso ao poder) for determinada classe política, maior é a relativização (plasticização) por esta dos princípios democrático e do *Estado de direito*?

– Numa democracia e num *Estado de direito*, quanto maior a plasticização dos princípios democrático e do *Estado de direito*, mais fracos se revelam tais princípios (na perspectiva da sua salvaguarda, em termos dinâmicos)?

– O que é que uma excursão pelas democracias emergentes em África revela, no concernente ao problema em pauta?

– Pode-se falar em universalidade do princípio do Estado de direito e do princípio democrático?

– Existe um círculo vicioso entre o "subdesenvolvimento" e o "sobrepoder"?

– Pode-se falar em rigidez, no respeitante ao princípio do Estado de direito e ao princípio democrático? Se sim, que núcleo rigidificar? Qual, então, a banda de flexibilidade tolerável?

– O princípio democrático (a democracia ela mesma) não seria tanto um meio quanto um fim em si mesmo?

– Qual a relevância do conteúdo e da forma-método-procedimento na estrutura dos conceitos *democracia* e *Estado de direito?*

– Terá *assentado arraiais* na Guiné uma generalizada delinquência constitucional (não poupando os deputados, restantes actores políticos, líderes de opinião, sector castrense e certa *inteligentsia*)? Qual a importância da adesão destas entidades a tal género de atitudes? Qual *deve ser* a atitude dessas entidades?

– É legítimo suspender a *democracia* para defender e reforçar a *democracia*?

– Qual a relação entre o Estado e o direito? Todo o Estado é Estado de direito? Que lugar para os direitos fundamentais no preenchimento do conceito de *Estado de direito*? Que lugar para o controlo da constitucionalidade no preenchimento do conceito de *Estado de direito*?

– Que recortes tem o conteúdo do princípio do Estado de direito?

– Que relação entre Estado de direito e democracia?

– Qual é o paradigma de Estado de direito mais adequado à Guiné-Bissau?

Em segundo lugar, o grande tema do golpe de Estado (o último tabú).

– Qual o enquadramento da sublevação militar iniciada em 7.6.1998 e concluída em 7.5.1999?

– O que revela a história post-colonial da África, no capítulo do recurso à força na disputa do poder?

– Como sair do círculo de ferro da violência como arma de acesso ao poder?

– O porquê da alergia ao termo golpe de Estado?

– Que lugar para o envolvimento externo no conflito político-militar de 7.6.1998 (antes e durante)? Como situar tal envolvimento (a existir) no âmbito da exportação oestocêntrica dos valores democráticos e do *Estado de direito*?

– Que lugar para a Constituição na composição dos conflitos políticos?

– Será a Constituição estruturalmente adequável a esse fim?

– A Constituição (ou o Direito) conterá uma alternativa ao *putsch*?

– Como enquadrar o aparente e generalizado culto da Constituição com o florescimento de meios alternativos ou substitutivos da própria Constituição? Consubstanciará tal fenómeno um paradoxo?

A este respeito, constata-se a existência de uma importante zona (de perversão constitucional?) no ordenar jurídico guineense que rivaliza com (ou posterga) o Direito constitucional estabelecido... orientação *praeter* ou mesmo *contra constitutionem.*

Atenção também deve merecer a questão de saber o que é que, na Guiné, os processos de criação e de revisão constitucionais oferecem, no âmbito do *Estado de direito*?

Haverá, no caso guineense, uma disfunção entre os modelos proclamados de *Estado de direito* e a realidade efectivamente praticada?

– Se sim, que factores institucionais, económicos e culturais explicam esse afastamento?

– Nesse prisma, a Constituição da República da Guiné-Bissau é (foi) *normativa, nominal* ou *semântica*? Em que medida?

– Qual a evolução que se registou nesse particular?

Como enquadrar a nova situação constitucional ou paraconstitucional imperante a partir da rebelião militar de 7.6.1998 (*Acordo de Abuja, Pacto de Transição Política* e actos afins).

Enfim, um rol de perplexidades que acompanharam as vicissitudes genéticas da dissertação que ora se introduz.

E sobra uma questão primeira – a luz filosófico-metodológica que iluminou o autor e a obra:

Se for correcta a asserção de KAUFMANN[4] segundo a qual «Só as gerações que confiam em si e no mundo se inclinam para o direito natural» (já que este «só pode crescer quando assente numa base de confiança no ser»), talvez esteja

---

[4] ARTHUR KAUFMANN, Filosofia do Direito, Teoria do Direito, Dogmática Jurídica, *in* Introdução à Filosofia do Direito e à Teoria do Direito Contemporâneas (trad. do *Einführung in Rechtsphilosophie und Rechtstheorie der Gegenwart, 6. Auflage, Heidelberg, C.F. Müller, 1994*), Lisboa, Gulbenkian, 2002, p. 38.

encontrada a razão do meu distanciamento em relação a envolvências jusnaturalistas. Na verdade, o meu tempo e o meu *lugar* são um tempo e um *lugar* em que aquela «confiança radical no ser» (erigida por KAUFMANN em pré-condição da inclinação para o jusnatural)[5] é tida como ausente em parte incerta...

---

[5] Observa KAUFMANN (p. 126 ss.): «No fundo, se analisado atentamente, o neopositivismo só dispõe de um argumento para a sua defesa: a insustentabilidade do direito natural». E acrescenta que «Hoje, só muito dificilmente se encontra uma fundamentação filosófica do positivismo tal como a apresentou, por exemplo, Hans Kelsen na sua *Teoria Pura do Direito*. É-se positivista por resignação céptica».

Sou tentado a atalhar que se é jusnaturalista por acomodação onírica.

Mas sigamos o juízo de KAUFMANN: «A tarefa que nos é dada é a limitação da arbitrariedade na legislação e na aplicação da lei; está em causa a descoberta de um elemento "indisponível" no direito. Não se encontrará resposta satisfatória, enquanto se insistir na alternativa: ou direito natural ou positivismo, *tertium non datur*. A discussão do pós-guerra demonstrou *ad oculos* que o raciocínio nos termos desta alternativa conduz a um beco sem saída. Todos conhecem os argumentos mil vezes explanados, mas ninguém está em condições de fazer o adversário mudar de opinião por não ser capaz de fundamentar convincentemente a sua posição».

E conclui o autor que «Temos de encontrar um caminho para além do direito natural substantivo-ontológico e do positivismo legalista-funcionalista» – tendo sido dado por RADBRUCH o «impulso para a superação da fatal guerra de trincheiras entre estes dois campos».

E qual seria a terceira via (para além do positivismo e do jusnaturalismo)?

RADBRUCH? Filosofia do direito cristã? Antropologia jurídica [os campos de investigação que se abrem à antropologia jurídica vão, por exemplo, da antropologia jurídica etológica, psicológica, etnológica, diferencial, à problemática da internacionalização, enculturação ou aculturação. Para KAUFMANN, «Se na filosofia do direito contemporânea domina a consciência de que, na verdade, não sabemos o que é o direito, isso é apenas um reflexo da ainda mais profunda perplexidade quanto à questão de saber o que é o homem»]? O *«Argumentar no sistema aberto»?* A teoria dos *«General Principles of Law»* [círculo onde pontificam ALF ROSS, H.L. HART e R. DWORKIN (o direito não conheceria apenas *rules*, mas também *general principles of law* – nomeia principalmente três valores fundamentais, a saber *justiça, "fairness"* e *Estado de direito*, os quais, em contraste com a concepção positivista, são juridicamente vinculativos para todos os poderes estaduais)]?

Eu por mim e por ora, dirijo, em relação à figura de *Estado de direito*, um olhar colocado algures entre uma aproximação agnóstica e uma niilista (sendo aquela traduzida não apenas na cultura das dúvidas, como na falta de interesse para a vida social da resolução de certas indeterminações).

Agnosticismo, aqui, como *renúncia a saber* as coisas de duvidosa pertinência ou necessidade científica.

Parece-me ser este o esquema em que se amolda a atitude jusnaturalista e juspositivista, face à religião, ateismo, agnosticismo, paz de espírito e angústias existenciais:

Jusnaturalismo ⇔ Religião

⇓

Paz espiritual

(ñ-angústia)

Juspositivismo ⇔ {– ateísmo; ou agnosticismo}

⇓

Angústias existenciais

Voei, nesta tese, a altitude adequada, nem baixinho, nem demasiado alto. É uma *mundividência* (perspectiva de ver o mundo) que adoptei:

Não tão alto, porque o que ganhasse enquanto visão panorâmica, de conjunto, perdê-lo-ia quanto ao discernimento dos particularismos individuais...

E não tão rastejante, porque o que o palmilhar da floresta me proporcionaria em termos de visão microscópica, perdê-lo-ia quanto à visão macroscópica.

2. **Primeiras Linhas**

Imaginemos um segmento de recta munido de uma seta em cada extremidade; imaginemos o segmento a unir dois entes: o Estado (E) e o Direito (D). A situação pode ser esquematizada do modo seguinte: E produz D; E é regido por D; D rege E; D é produzido, também, por E; D é um momento legitimante de E; E é um momento genético de D.

Os intercâmbios retratados denunciam uma ideia de *Estado de direito* localizável num grau zero, algures entre os entes E e D. Haverá um paradigma[6] (guineense, nomeadamente) de Estado de direito? Se sim, qual? Se não, porquê? São algumas das especulações que marcam o trabalho aqui introduzido.

Se boa parte da classe política raciocina e age de acordo com a máxima segundo a qual "se me é difícil chegar ao poder pela via democrática, então devo recorrer à violência armada" (aqui não há lugar para qualquer ideal de patriofilia), em que registo paradigmático se poderá colocar o referido Estado? Se o *Estado de direito* e a *democracia* só valem se, e na medida em que, forem aptos a propiciar-me o poder, em que registo situar o tal paradigma? Ou seja, no discurso, vou (o nosso político vai) invocando os valores profundos dessas categorias (a par de outras dissimulações) e a sua actual não realização – ou não realização plena – para justificar a minha opção, prometendo mais e melhor democracia, mais e melhor Estado de direito; uma vez adquirido o poder, volto a ser purista: *sim* ao método democrático, *não* à violência (contra mim), *sim* ao diálogo, *só* diálogo, *etc., etc., etc.*

São as minhas tormentas;

Mas, até que se me apresente claro o caminho, prefiro-as;

E até lá (e depois dali), vou procurando e praticando (não simples proclamação) o que me vai parecendo ser o bem [na *justiça* e na *religião* (palavra que vem, etimologicamente, de *religare* – será o caso da *ligação*, virtuosa, entre os seres humanos)].

[6] "Paradigma" é aqui empregue no sentido de arquétipo que cristaliza de modo significativo e estável uma ideia.

O divórcio entre a voz e a *praxis* poderia ser um elemento a ter em conta na sondagem de um hipotético paradigma guineense de *Estado de direito*[7].

Numa certa perspectiva, poder-se-ia divisar um paradigma guineense de *Estado de direito*, se as elites guineenses (elite política – fundamentalmente – e cultural) não tivessem a preguiça que têm e o comodismo que têm e, por exemplo, se aventurassem no conhecimento, tratamento científico e aplicação dos direitos consuetudinários da Guiné. Porque é mais cómodo a um jurista guineense de Lisboa, Coimbra ou Heidelberg ficar-se pela sua nova herança académica "civilizada" (está tudo inventado, diriam, o resto é "djintiundadi")[8], em desprimor dos direitos consuetudinários ainda por conhecer, sistematizar e enquadrar na quintessência da sapiência humana que ele foi adquirir nesses quadrantes civilizados. A ser essa a via, haveria que procurar esse paradigma escondido. Procurá-lo com a ajuda também daqueles que conhecem, vivificam e aplicam esses direitos consuetudinários, integrando-os na estrutura do próprio Estado, fundindo, assim, os dados políticos do modernismo ocidental com a Guiné profunda que teima em existir, não obstante a tábua rasa que ao longo de muito tempo se tem feito ou tentado fazer dela[9].

O tema objecto da presente dissertação ("Estado de direito") presta-se a multifárias aproximações, não obstante a aparente (quase) unanimidade que se verifica na doutrina em torno de certos paradigmas expansivos (factores já de si entrópicos) do conceito em exame. Se não há acordo, quanto ao exacto conteúdo do conceito (retrato de um certo caos que afecta o *programa do Estado de direito*), há-o, pelo menos, no sentido de se caminhar para uma *engorda* em crescendo do dito. A maioria é, de facto, esmagadora.

O trabalho ora apresentado acabou, no seu *iter* evolutivo, por se desviar do rumo que reúne o apoio maioritário do pensamento jurídico e político hodierno.

---

[7] Interessante seria ver se houve, ao menos, *casamento putativo* entre a voz e a *praxis* nas camadas menos informadas (que não a elite sócio-política) entre essa voz e essa *praxis*. Ignorará o *povo* a verdade dos factos e, por tal motivo, celebrou-se o referido *casamento* (com a convicção, portanto, de que o mesmo estava livre de defeitos)? Sobre esta figura da civilística, e em termos mais sérios, *vide*, entre outros, JOÃO DE MATOS ANTUNES VARELA, Direito de Família, Lisboa, U.C.P., 1981; F.M. PEREIRA COELHO, Curso de Direito da Família, Coimbra, 1986, p. 251, 342 ss.

[8] Em kriol, gentilidade (= carácter de acto ou indivíduo *incivilizado*).

[9] Veja-se o sucedido no período da colonização efectiva, veja-se o caso do *Acto Colonial*, do ultramarismo provincial, do pós-independência (aqui, e durante a I República, designadamente, até o simples afirmar de uma certa *guinendadi* era, complexadamente, suspeito e motivo de perseguição). Estranhamente, verifica-se uma abordagem mais próxima do poder autóctone e do seu direito por parte de várias figuras da Administração colonial portuguesa ou dela próximas do que por parte da elite africana do pós-independência (a padecer de preguiça e de complexos vários).

Partiu-se neste empreendimento com alguma intencionalidade expansiva, enquanto hipótese (mas sem *parti pris*, que pudesse tornar menos aberta, mais afunilada a investigação), concluiu-se, todavia, numa fase intermédia (foi o meu *caminho de Damasco*, onde e quando alguns factos e reflexões iluminaram a minha última orientação), pela convicção de que importa é proceder à lipoaspiração do *Estado de direito*.

A minusculação do "d" de "direito" traduz a opção por uma conceptualização mais formal do meu objecto de estudo. Traduz, pois, um *não* à substancialização-sacralização (que com o "D" maiúsculo estaria conotada) do *Estado de direito*.

A trajectória da minha reflexão partiu, pois, da configuração de um pantagruélico Estado de Direito, desenvolveu-se, mais tarde, numa tentativa de lipoaspiração do Estado de direito (por forma a resultar da operação um Estado de direito minimal) e culminou (para já) na assunção da ideia de que o conceito "Estado de direito" (com "d" minúsculo ou maiúsculo) não é necessário.

Mais útil e operativo será afirmar cada uma das dimensões virtuosas que se pretendam partes do "Estado de direito", lutar, em campo aberto, para a sua plena realização e contra o seu adiamento, inadimplemento ou desnaturação.

Eis, por conseguinte, o meu terceiro estágio da meditação. Talvez um dia regresse ao Estado de direito minimal (quando disso me convencer). Não é o caso, presentemente. E não o sendo, não seria honesto abraçar essa atraente postura. Mas, para quem fique seduzido pela força do conceito de Estado de direito, tomo a liberdade de sugerir: que o emagreça (através do método da lipoaspiração, dieta ou outros que tais). Talvez não ao ponto de inanição (como será, porventura, o epílogo do meu *Estado de direito*), mas é vital, para o conceito, desde logo, esse trajecto lipoaspirativo.

Sou um democrata convicto; cultivo, em alto grau de genuinidade, o humanismo; a minha adesão filosófica e prática aos valores que animam a cultura dos direitos fundamentais é total; na arquitectura dos poderes do Estado, a minha ideia de separação de poderes (não obstante a assumida fuga a quaisquer dogmatismos uniformizantes) é um dado assente; o meu apego à independência do poder judicial é forte e consequente; a minha devoção ao critério da legalidade, assim como à procura do justo, são dados incontroversos.

Tudo o que se acabou de arrazoar e mais alguns vectores que ficaram subentendidos – e que têm *alimentado* o vocábulo *Estado de direito* – devem ser ditos, para que fique afastada qualquer suspeita de que por detrás da tese enunciada esteja um qualquer propósito de patrocinar um (retomando o léxico clássico)

Estado-de-não-Direito. Só digo que o vocábulo não tem servido as intenções que o animam. Pelo contrário, a sua expansividade tem-se revelado o *cavalo de Tróia* de projectos mais desencontrados e inimigos desse "Estado de direito", que estes invocam e convocam, por tudo e por nada, sem consequência ou, melhor, com consequências destrutivas para o dito "Estado de direito". Na maior das hipocrisias. Vale isto por dizer que o eixo das nossas preocupações deve ser deslocado para o campo da clarificação dos *elementos*, sua submissão à prova de vida (e de *virtude*) e, caso passem, sua juridificação (sem necessidade de andarem atrelados ou amalgamados no superconceito *Estado de direito*).

Mas pensar sobre o *Estado de direito* (na Guiné, nomeadamente) é pensar também sobre o *Estado*. Que modelo de *Estado*? Que relação com o *direito*? Com que *direito*? Daí que tenha sondado a estadualidade, numa contextualizada compreensão, isolando os aspectos potenciadores de um Estado eficiente, capaz de fazer bom uso do meio telúrico que o envolve; daí que haja tentado surpreender, numa considerável recolha de dados, a banda genética relevante e, bem assim, a relação entre a proclamação e a *praxis*, no domínio do chamado Estado de direito.

A captação de alguns momentos eloquentes da evolução constitucional guineense serviu para desnudar a quilométrica distância que separa o pregão do *Estado de direito* da *praxis* do *Estado de direito*.

Teve a investigação que culminou nesta tese um enfoque teórico-histórico à luz do qual foi peneirada a Guiné-Bissau do derradeiro lustro do século XX e do primeiro lustro do XXI, no que tange à estrutura e funcionamento políticos e sociais, assim como a certas expressões culturais viventes. Pretende-se, pois, contribuir para uma abordagem clarificadora do fenómeno jurídico e político que dá pelo nome de *Estado de direito*, em face de uma entidade histórica, espacial e temporalmente situada: a República da Guiné-Bissau, no referido segmento temporal.

O processo indagativo de inspiração sociológica fixou uma série de *questões empíricas,* passou pelo escrutínio rigoroso dos dados colhidos (numa projecção não apenas *paroquial,* mas também comparativista e diacrónica), bem como pela dilucidação da *questão teórica* de fundo.

Com efeito, à formulação da(s) *pergunta(s) de partida* [condutas deflectoras e desviadas, quanto ao *Estado de direito* e à democracia na Guiné e noutras paragens – perante a aquiescência da sociedade], seguiu-se a tentativa de sondar várias *questões teóricas*. Uma delas é o porquê da grande plasticidade (revelada pelas mesmas condutas deflectoras e desviadas) da ideia, do princípio do Estado de direito/democracia; como quadrar o aparente e generalizado culto da Constituição com o aparente paradoxo do florescimento de meios alternativos ou substitutivos da própria Constituição? Que factores institucionais, económicos e culturais estariam na base do descompasso entre os modelos proclamados de *Estado de direito* e a realidade efectivamente praticada? Outra é qual a saliência do conteúdo e da forma-método-procedimento na estrutura dos conceitos *democracia* e *Estado de direito;* a relação entre o Estado e o direito e, bem assim, entre *Estado de direito* e *democracia, etc., etc.*

A problematização de um enigma representado pelo *«Estado de direito»* levou à construção de *hipóteses*, várias delas confirmadas durante a investigação de cujos *resultados* se dá notícia no presente texto.

A metodologia de investigação desenvolveu-se num vector dominantemente bibliográfico (em que abeiramentos comparativísticos me permitiram, através do factor *vizinhança arquetípica, geográfica e linguística,* debruçar sobre os direitos de Estados como a Alemanha, os da CEDEAO e os da CPLP). Mas integra também um certo trabalho de campo[10] e um alerta dos sentidos face ao meio. É que, pese embora a projecção transfronteiriça (universalizante) da minha investigação, a sua argamassa conta também com matérias oriundas da experiência político-constitucional guineense... sendo, pois, em apreciável medida, situada. É ela e a sua circunstância.

A conjugação desses vectores de análise traduziu um labor nas mais diversas áreas. Operamos, é verdade, na esfera da Ciência do Direito Constitucional (onde o método dogmático é alçapremado à condição de método principal), mas não devemos quebrar as pontes entre essa área científica e disciplinas sociais não normativas como a Sociologia Jurídica, a Sociologia Política, a Ciência Política ou a Antropologia Cultural[11]. Aliás, o diálogo fecundo entre a Constituição e a

---

[10] Procurando observar as instruções básicas dos métodos de campo, por forma a potenciar leituras objectivas e *consistentes* do objecto estudado. Os segmentos estudados anteviam-se interessantes, na perspectiva da análise dos conceitos de *Estado* e de *Estado de direito*.

[11] E, em certos troços, move-se em sulcos filosóficos, tomando-se noutros de empréstimo ferramentas de análise atinentes à Matemática ou à Estatística.

Vide, por exemplo, J. MIRANDA, Manual de Direito Constitucional, tomo I, 5.ª ed., Coimbra, Coimbra Editora, 1996, p. 29 ss.;

M. WEBER, Sociologie du Droit, Paris, PUF, 1986;

M. MERLE, Sociologie Politique et Droit Constitutionnel, *in* Archives de Philosophie du Droit, XIV, 1969, p. 227 ss.;

A. CROISET, Les Démocraties Antiques, Paris, Ernest Flammarion, 1916, p. 3 ss.;

MARCELO REBELO DE SOUSA, Direito Constitucional, Braga, Cruz, 1979, p. 9 ss. Avisa MARCELO REBELO DE SOUSA (p. 12-13) que uma coisa é a confluência dessas e doutras disciplinas afins do Direito constitucional «no estudo de fenómenos idênticos e a não circunscrição do Direito Constitucional a uma exegese de normas escritas, desenraizadas do respectivo contexto social»; «Outra coisa é um certo regresso a um sincretismo indiferenciado, limitativo do âmbito próprio de cada

realidade constitucional passa pela consideração daquelas dimensões científicas – num diálogo interdisciplinar *cooperante* que a imbricação das conhecidas *três leis do crescimento cultural* (*lei da especialização crescente, lei da percentagem decrescente do conhecimento do indivíduo, lei da cooperação necessária*) torna premente.

Os resultados desanimadores que a confrontação entre o dito e o feito evidencia pode levar-nos, em desespero de causa, a fulminar a realidade observada com uma paráfrase do dito secular nos termos do qual cada povo merece o *Estado de direito* que tem[12]. "Estado de Direito", esse momento *utópico* da mundividência cultural e politico-constitucional da contemporaneidade[13].

3. Exposição de Motivos

Esta tese é apenas uma colher de argamassa destinada a fechar uma brecha, uma fissura no edifício do *Estado de direito*.

Um modesto contributo para o estudo de um fenómeno mil vezes debatido, mil vezes invocado e outras tantas vezes traído e enigmado. Sim, o *Estado de direito* conserva, apesar dos tempos, toda a sua áurea enigmática. Por detrás da aparente *orientação dominante*, está plantada uma densa barreira de interrogações, de certezas que, afinal, escondem insolúveis dúvidas, de traçados fronteiriços incessantemente móveis.

A procura do simples foi o móbil desta aventura gnoseológica, reflectindo-se a atitude nos resultados revelados pela presente investigação. Procura do simples na apreensão do *Estado de direito*.

Mas a nascente do problema está a questão da estadualidade. Nesta ordem de ideias, procurei desmontar o Estado de hoje chamado "Guiné-Bissau" e, bem

---

uma das disciplinas, ou a ambição desmesurada de reconverter o Direito Constitucional num "mare magnum" da regulamentação e estudo do fenómeno político, similar ao conceito de Ciência Política "lato sensu", que fez a sua época e morreu de inanição».

[12] *Vide* TH. MANNEQUIN, Le Problème Démocratique ou la Politique du Sens Commun, Paris/Bruxelles, Librairie Internationale/A. Lacroix, Verboeckhoven 1870, p. 13: «les peuples n'ont jamais que les gouvernements qu'ils méritent».

[13] Para uma reflexão problematizante em torno da *utopia* e do *mito* no pensamento político e constitucional, *vide* PAULO FERREIRA DA CUNHA, Constituição, Direito e Utopia: Do Jurídico-Constitucional nas Utopias Políticas, *Stvdia Ivridica*, 20, Boletim da Faculdade de Direito da Universidade de Coimbra, Coimbra, Coimbra Editora, 1996 (em especial, p. 15 ss.).

assim, os Estados que coabitaram no referido território durante a colonização portuguesa ou antes dela, sem desconsiderar as manchas estaduais que se estendiam a Norte, a Leste ou a Sul da Guiné.

Por razões atinentes à pertinência e à generalização dos dados obtidos de forma a cobrir a maioria das demais experiências políticas *guineenses*, centrou-se aquela *procura do Estado* nos grupos étnicos Pepel, Mankanh e Mandjaku, com maior enfoque no último – sem embargo de análises pontuais direccionadas a outros grupos da plurimatizada paleta étnico-tribal guineense. Considerações ligadas ao cronograma e à factibilidade do estudo pesaram igualmente na circunscrição do universo de pesquisa.

Afigurava-se-me importante demonstrar, até à exaustão, algumas *verdades*, ainda que isso pudesse significar superabundância de dados (atitude iluminada por uma aproximação *social* e *realista*). Apesar do esforço de doseamento da informação, foi para mim irresistível a tentação de ir mais e mais além – até porque as verdades (re)descobertas continuam teimosamente a ser desconhecidas ou subvalorizadas. E não se pode compreender o *Estado* (guineense) *de direito* deixando à margem todo esse fervilhar de estadualidade a que, afinal, a Guiné vem assistindo há muitos séculos.

PARTE I

NA TRILHA GENÉTICA DO ESTADO DE DIREITO

1. **Vinhos Novos em Velhos Odres**

Algumas (entre outras) preocupações obsidiantes.

Reconhecendo que a fórmula *Estado de direito* vem «prestigiada por um largo passado histórico», diz PABLO LUCAS VERDÚ que os que agora a mantêm «usan el viejo procedimiento de llenar odres viejos con vinos nuevos, intentando aprovechar las cualidades que entraña el rancio abolengo»[14].

Trata-se de uma imagem feliz, a retratar o que verdadeiramente está em causa. O odre é de facto velho. O que se tem feito ao longo dos tempos não é senão um exercício de enchimento do odre com vinhos novos.

É o que se pode constatar na trilha genética do Estado de direito.

Mas prega o Evangelho segundo S. MATEUS[15] que, tal como não se deve coser em roupa velha um remendo de pano novo (pois encolhe e rasga o tecido velho, tornando maior o rasgão), também não se «deita vinho novo em odres velhos», pois, fazendo-o, «rompem-se os odres e entorna-se o vinho». Estragam-se e perdem-se, assim, os odres (rebentados) e o vinho (entornado).

Portanto, «vinho novo em odres novos»! Para que se conservem o continente e o conteúdo.

Se a doutrina de CRISTO contida neste livro do Novo Testamento for exacta e transponível para a temática do *Estado de direito*, os destinos dos *elementos* novos (*vinhos novos*) do *Estado de direito* que se vão vertendo no *Estado de direito* (*odre velho*) – e, mesmo, os deste último – não andarão muito longe do fiasco.

É o estourar do odre e o derrame e sumiço dos vinhos.

Feitas as contas, o *enchimento* terá sido um exercício duplamente ruim (para o conteúdo e para o continente).

Para complicar a operação, nem sequer é aqui líquido o reconhecimento dos *vinhos velhos*.

---

14 P.L. VERDÚ, La Lucha por el Estado de Derecho, Bolonia, Publicaciones del Real Colegio de España, 1975, p. 14. Fala o autor, a páginas 17, do «*Estado de derecho*» como um «*principio de cultura que se han querido apropriar diversas tendencias políticas*».

15 Novo Testamento, Evangelho de S. MATEUS, Cap. 9, Versículo 16 e 17 (a propósito do jejuar mais frequente entre os fariseus e os discípulos de JOÃO BAPTISTA do que entre os discípulos de JESUS).

CAPÍTULO I

PISTAS DO NORTE

1. Traçado da Rota

Passar-se-á em revista uma série de momentos civilizacionais tentando captar algumas das fragrâncias do chamado *Estado de direito*. Fragrâncias, simplesmente, em alguns capítulos, pois a *flor*, essa, será analisada noutros lugares.

O itinerário será: Grécia antiga; Roma antiga; outras paragens da antiguidade (miscelânea do *Norte* e *Sul*); Idade Média; Estado de polícia; vertente liberal do Estado de direito; vertente aliberal do Estado de direito; Estado de direito social e democrático. Pelo caminho, encetaremos um balanço de várias teorias do *Estado de direito*, a partir de diferentes flancos geojurídicos.

Em algumas pistas, isolo e trato muito pela rama apenas algumas das dimensões que normalmente são inscritas no conceito de Estado de direito. Pareceu-me suficiente esse exercício, tendo em conta o plano da investigação e da exposição que orientou o presente trabalho, ao que não é alheio o peso específico de cada um dos capítulos na percepção do problema em estudo.

A geografia jurídica mostra-nos, ao longo de séculos, a convivência entre certas manifestações mais exaltantes da essência humana e determinadas derrapagens civilizacionais, sendo a guerra (a forma como ela é feita) e a escravatura algumas dessas manifestações.

Não se podem captar fielmente as tais fragrâncias do *Estado de direito*[16], ignorando os dois movimentos acabados de descrever. O mundo ocidental representa um rico laboratório de ambos os movimentos.

Um dos momentos incontornáveis da proclamação do *Estado de direito* reside na simbologia do poder do Estado, que orienta a pergunta sobre quem detém o poder e como este é detido. Daí que, mesmo naquelas menções resumidas, esteja sempre presente o factor genético do poder, como bengalas adjuvantes no esforço de apreensão do *Estado de direito*.

---

16 Contendo elementos sobre as origens do Estado, J.A. HALL/G.J. IKENBERRY, El Estado (tradução de J.A. Rey de "The State"), Madrid, Alianza Editorial, 1993, p. 35 ss.

§ 1.° GRÉCIA ANTIGA

1. **Panorama histórico breve**

Na Grécia, experimentou-se um sistema de democracia directa[17]. Isto porque era «o povo todo, em corpo» que legislava[18].

A Mantineia, na Arcádia, aproximar-se-ia muito do modelo de democracia representativa, ao consagrar a nomeação de eleitores, que, a seguir, ficam incumbidos da eleição dos magistrados. Seja como for, a Assembleia do povo mantém-se viva e actuante, sempre que for necessária a sua emergência. Ao lado da Assembleia do povo, funciona uma espécie de Comissão Permanente das hodiernas Assembleias legislativas, eleita pelo povo. Entre os magistrados, contam-se, designadamente, os demiurgos e os polemarcos.

---

[17] A respeito do sentido de *demos*, *cfr.* G. SARTORI, Théorie de la Démocratie, Paris, A. Colin, 1973, p. 15. A ambiguidade do conceito é um dado assente. No séc. V a.C., traduzia-se *demos*, na Grécia, na "comunidade ateniense reunida na *ekklesia*". A expressão comporta ainda outros sentidos: *polloi* – multitude; *plethos* – corpo, na sua inteireza; *pleiones* – maioria; *ochlos* – multidão, se bem que este seja um sentido adulterado. A tradução de *demos* para línguas dos tempos actuais reserva-nos as seguintes indicações: o *povo* português, o *Volk* alemão, o *peuple* francês e o *popolo* italiano «transmitem a noção de uma entidade única», «um todo orgânico que pode exprimir-se por uma vontade geral indivisível»; por seu lado, o *people* inglês indicaria uma «pluralidade», uma «policracia», «multiplicidade divisível formada pelo conjunto de indivíduos». Parte daí o autor para a hipótese segundo a qual «não é pura coincidência» que «as interpretações totalizantes» do referido conceito provenham de investigadores que pensam em alemão, francês ou italiano.

Identifica SARTORI cinco conceitos de *povo*: como «pluralidade aproximativa» – o «*grande número*»; como «pluralidade integral» – «*todos*»; como «entidade» – «um *todo orgânico*»; como «pluralidade exprimindo-se segundo o princípio da *maioria absoluta*»; como «pluralidade exprimindo-se segundo o princípio da *maioria relativa*».

[18] Assim, I. DA SILVA TELLES, Democracia, *in* Enciclopédia Saraiva do Direito, vol. 23, R. Limongi França (coordenação), S. Paulo, Saraiva, 1977, p. 267.

Para além de Atenas, territórios como Tebas, Argos, Mantineia devem constar da topografia grega da democracia [*vide* ARISTÓTELES, Política, VI,4,1319a, (Trad. A.C. Amaral/C. Gomes, edição bilingue grego-português), Lisboa, Vega, 1998].

Um outro autor do século XIX, TH. MANNEQUIN, frisa que por democracia «os antigos entendiam o governo do povo; mas por povo eles não entendiam aquilo que nós entendemos». Adianta ter sempre o *povo dos antigos* «ao seu lado uma população servil que não tomava parte alguma no governo».

Reduz SARTORI a democracia da antiga Grécia[19] a uma perspectiva meramente procedimental. Para os gregos, sustenta o autor, «a democracia era somente o sistema de governo no qual as decisões eram tomadas colectivamente»[20]. Nada mais acertado, na minha opinião. A democracia, com efeito, já ganharia muito se esse *programa mínimo* fosse levado a sério. Acrescenta SARTORI que, apesar de o termo ser grego, o que se chama democracia, no tempo em que escreveu o seu livro, «nasceu fora da Grécia», bem depois da era da *polis*. Tudo pela simples razão de que «o sentido das democracias modernas está ligado à descoberta de que o desacordo, a diversidade de opinião e as oposições não são incompatíveis com a ordem social e a autoridade». «A génese ideal das nossas democracias tem no princípio que quer que a diferenciação e não a uniformidade seja o fermento e alimento dos Estados, ponto de vista que se espalhou com a Reforma a partir do séc. XVII»[21].

Quando o historiador HERÓDOTO dizia que eram os gregos governados não por homens, mas por leis (personagem a quem, para além do título de *o pai da História*, se atribui o feito de ter cunhado o termo *democracia*, nos anos 400 a.C. – conceito ligado a *isonomia*, ou seja igualdade perante a lei); quando ARISTÓTELES faz a vénia que faz ao *governo por leis*[22], estão todos a prestar culto a uma

---

19 A respeito das correntes de pensamento na Grécia antiga, fornecendo um didáctico enquadramento, *vide* MARCELO REBELO DE SOUSA, Ciência Política [lições ao 1.° ano do curso de Direito – 1984/85], Lisboa, AAFDL, 1984, p. 67-95.

L. CABRAL DE MONCADA, Filosofia do Direito e do Estado, I (Parte Histórica), 2.ª ed., Coimbra, Coimbra Editora, 1955, p. 11 ss.

20 G. SARTORI, Théorie…, cit., p. 208.

21 G. SARTORI, Théorie…, cit., p. 212.

22 À pergunta se é preferível ser-se governado pelo melhor homem ou pelas melhores leis, ARISTÓTELES abraça a última alternativa. O seu Mestre, esse, opta pela primeira alternativa: o governo pelo melhor homem. Com efeito, PLATÃO, fiel à sua *cidade ideal*, prefere o governo daquele bafejado pela *virtude* (o verdadeiro saber e a razão), que, muito naturalmente, se coloca num plano superior às leis. Há que registar, contudo, uma reponderação desta abordagem, feita por PLATÃO na sua fase de maior maturidade, quando o mesmo descobre que *não se deve estabelecer uma autoridade demasiado poderosa e que não seja temperada* (através da lei, leia-se). É neste momento que PLATÃO e ARISTÓTELES se aproximam, desdramatizando-se a polémica entre o *governo dos homens* e o *governo das leis*.

Vide, sobre a matéria, R.G. MULGAN, Aristotle's Political Theory: An Introduction for Students of Political Theory (reimpressão), Oxford, Clarendon Press, 1982, p. 78-101.

certa racionalidade capaz de libertar a sociedade do factor de subjectivismo potencialmente despótico ligado ao *governo por homens*[23].

---

[23] *Cfr.* ARISTÓTELES, Política, III,15,1286a (Trad. A.C. Amaral/C. Gomes, edição bilingue grego-português), Lisboa, Vega, 1998:

«A nossa investigação começou por indagar se é mais vantajoso ser governado pelo melhor dos homens ou pela melhor das leis. Os que encaram a realeza como vantajosa, argumentam que a lei só pode enunciar regras gerais; não fornece preceitos para enfrentar as circunstâncias; em qualquer arte seria loucura basear-se em regras escritas, para fornecer preceitos. No Egipto só é permitido aos médicos alterar as regras de tratamento após quatro dias (se o médico se antecipar, é por sua conta e risco). É claro que um regime baseado em regras e leis escritas não é o melhor, pela razão já apontada.

«Mas a regra geral já mencionada deve estar presente na mente dos governantes. De um modo geral, prefere-se quem estiver isento de paixão a alguém em que tal elemento for inato. A lei é isenta de paixão ao passo que qualquer alma humana forçosamente a possui. Mas sem dúvida dir-se-á que, em compensação, um homem decide melhor em casos individuais».

Mais adiante (III,16,1287a), quando se confronta com o problema da *realeza absoluta*, ARISTÓTELES assevera ser «preferível que seja a lei a governar e não um dos cidadãos». Convém pormenorizar a explanação:

«(...)exigir que a lei tenha autoridade não é mais do que exigir que Deus e a razão predominem; pelo contrário, exigir o predomínio dos homens, é adicionar um elemento animal; o desejo cego é semelhante a um animal e o predomínio da paixão transtorna os que ocupam as magistraturas, mesmo se forem os melhores dos homens. A lei é, pois, a razão liberta do desejo».

O argumento do médico não colheria: «a comparação com as artes é falsa, porque é mau ministrar tratamento médico segundo as regras de um manual, sendo preferível recorrer aos peritos na arte; os médicos nunca agem contra as regras, mesmo por motivo de amizade embora sejam pagos por curar os doentes. Já os governantes da cidade agem frequentemente para prejudicar os adversários e favorecer os amigos. Se os doentes suspeitassem que os médicos conspiravam com os inimigos, em proveito próprio, para os matar, inclinar-se-iam a procurar um tratamento conforme os preceitos de um manual. Mas o certo é que, quando os próprios médicos estão doentes, chamam um outro médico; os preparadores físicos, quando treinam, recorrem aos serviços de outros preparadores porque se julgam incapazes de uma avaliação imparcial; sendo juízes em causa própria, perdem o sangue-frio. Por aqui se vê que procurar a justiça é procurar o justo meio – e a lei é, sem dúvida alguma, o justo meio. As leis fundadas nos costumes têm supremacia e referem-se a questões ainda mais importantes do que as leis escritas. Deste modo, se o governo de um só é mais seguro do que o exercido pela lei escrita, não é mais seguro do que o governo das leis fundadas nos costumes».

De ARISTÓTELES, ver, ainda, Éthique à Nicomaque, V 6, Paris, 1992.

K. SOBOTA, Das Prinzip Rechtsstaat – Verfassungs- und verwaltungsrechtliche Aspekte, Tübingen, Mohr Siebeck, 1997, p. 292-297.

J.-Y. MORIN, L'Etat de Droit: Émergence d'un Principe du Droit International, *in* RCAI, tome 254 (1995), p. 23 ss.

R. MOHL, Gründzuge einer Geschichte des philosophischen Staatsrechtes, *in* R. Mohl, Die Geschichte und Literatur der Staatswissenschaften – *in* Monographien dargestellt, Band I (unveränderter Abdruck der 1885 bei Ferdinand Enke), Graz, Akademische Druck- u. Verlagsanstalt, 1960, p. 219-224.

F.J. STAHL, Die Philosophie des Rechts, Bd. II: Rechts- und Staatslehre auf der Grundlage christlicher Weltanschauung, 2. Abtheilung (4. Buch): Die Lehre vom Staat und die Principien des

Descobrem, portanto, alguns na democracia ateniense (contrariamente ao regime de Esparta[24]) sinais de um certo *Estado de direito*[25].

Atenas (*a Grécia da Grécia*, no dizer dos antigos) jogou um papel importante na construção dessa ideia de *Estado de direito* e de uma certa ideia de democracia[26]. Isso apesar de indicadores contraditórios aqui e ali captáveis na análise da sua estrutura política e social. Veja-se, a título de exemplo, o caso da tortura como instrumento do aparelho judicial. Ela era pelos atenienses admitida, mas apenas em relação aos escravos, não aos homens livres.

No concernente, ainda, aos direitos fundamentais, preste-se atenção à tensão despertada em CLÉON por várias peças de ARISTÓFANES (como, só para citar estes exemplos, *Arcanienses* ou *Cavaleiros*).

---

deutschen Staatsrechts, 2. Aufl., Heidelberg, (...) Akademischen Buchhandlung von J.C.B. Mohr, 1846, p. 172.

Sintetiza HENRI BRACTON que não é o rei que faz a lei, mas a lei que faz o rei: «Ipse autem rex non debet esse sub homine sed sub deo et sub lege quia lex facit regem» [*vide* H. BRACTON, De Legibus et Consuetudinibus Angliae (G.E. Woodbine, organizador da edição), II, Harvard University Press, 1968, p. 33].

24 Algumas luzes sobre o enquadramento jurídico e político de Esparta podem-se encontrar em U. KAHRSTEDT, Griechisches Staatsrecht, 1. Band, Göttingen, Dandenhoeck & Ruprecht, 1922, p. 273 ss., 322 ss., 345 ss.

25 Para uma descrição do clima político e institucional da Grécia antiga, *vid.*, entre outros, MANNEQUIN, Le Problème Démocratique ou la Politique du Sens Commun, Paris/Bruxelles, Librairie Internationale/A. Lacroix, Verboeckhoven, 1870, p. 302-321;

ANTÓNIO DE OLIVEIRA MATOS, Compêndio de História Universal, Lisboa, Livraria Pacheco, 1932;

J. DA SILVA CUNHA, História Breve das Ideias Políticas (Das Origens à Revolução Francesa), Porto, Lello & Irmão, 1981, p. 1-70;

F.A. HAYEK, Los Fundamentos de la Libertad, 4.ª ed. (tradução de J-V. Torrente de "The Constitution of Liberty", University of Chicago Press, 1959), Madrid, Unión Editorial, S.A., 1975, p. 219 ss.;

CROISET, Les Démocraties Antiques, Paris, Ernest Flammarion, 1916, p. 70, 71. Resume o autor (cuja obra citada é aqui de perto seguida) do seguinte modo a evolução política de Atenas: «Nós vimos Atenas, governada primeiro por reis, depois pelos Eupátridas, passar da Constituição de Sólon à de Clístenes, depois da interrupção produzida por Pisístrato, e desde então solidamente instalada (salvo dois acidentes efémeros) num regime democrático cujos traços essenciais não se modificam senão ligeiramente no decurso de dois séculos».

M.I. FINLEY, Política no Mundo Antigo, Lisboa, Edições 70, 1997, p. 11 ss.

26 Regista A. CROISET (*op. cit.*, p. 265, 266) que a democracia «não foi, em Atenas, uma importação estrangeira, bruscamente introduzida num organismo mal adaptado (...)». Efectivamente, a democracia «naquit peu à peu, comme un fruit naturel du sol attique, préparé d'abord par les réformes de Solon, aidé dans sa croissance par le gouvernement intelligent de Pisistrate, arrivant enfin à sa maturité avec Clisthène et Périclès, au milieu des enthousiasmes généreux des guerres médiques».

G. JELLINEK, Allgemeine Staatslehre, 3. Aufl., 7. Neudruck, 1960, p. 219-312.

J. BLEICKEN, Die Athenische Demokratie, Paderborn/München/Wien/Zürich, Schöningh, 1986.

CLÉON é tratado de modo ácido e ofensivo por ARISTÓFANES, que se manifestava contra a estratégia belicista de CLÉON, tendo este fomentado o julgamento do escritor. Julgado, foi, porém, absolvido. E as duas peças mencionadas atrás, escritas nos anos subsequentes, foram contempladas pela cidade com dois prémios, deixando-se entender que a liberdade de expressão e de criação mereciam protecção. A mesma Atenas que, por outro lado, não deixaria de dar o seu voto a CLÉON para o prosseguimento da guerra.

Até chegar-se à relevante intervenção democrática de SÓLON, muita coisa acontecera no espaço ateniense que teria pouco ou mesmo nada a ver com a democracia. Assim, aconteceu a monarquia patriarcal e hereditária, que proliferava em pequenos territórios, em jeito de realezas confinadas a aldeias ou clãs. Na pessoa do rei, concentram-se poderes como as de chefe militar, juiz, administrador e sacerdote.

À medida que se registava o alargamento do poder a espaços mais amplos, os reis daqueles pequenos territórios transformaram-se, nas cidades, em Eupátridas – entidades aristocráticas submetidas ao rei.

A dita "Constituição de SÓLON" daria um impulso ao sentido democrático, não obstante fundar-se na equação *direitos políticos são proporcionais à riqueza*. CROISET[27] não vê nessa equação um oposto total à democracia. Com efeito, «O privilégio concedido à riqueza é uma etapa universal e necessária entre o privilégio do nascimento e a igualdade absoluta». Nessa base, «a substituição de um princípio por outro correspondia, na realidade, a um progresso na direcção da igualdade».

Os arcontes (supremos magistrados do poder executivo) passariam a ser escolhidos anualmente pelo povo, com base em listas propostas pelas tribos (não já escolhidos pelo areópago, de tonalidade aristocrática). Areópago[28] que também não escaparia aos ventos da mudança, pois deixaria de ser um *forum* de Eupátridas, para passar a ser um conselho alargado constituído por arcontes já retirados do cargo. O Areópago julga determinados processos.

O arcontado é escolhido à sorte e é composto por nove membros. Na sua composição, entram arcontes como o epónimo, o arconte-rei, o polemarco, os tesmótetas[29]. Os estrategos surgem como os magistrados eleitos pela Assembleia do povo, através da técnica do braço no ar, por um mandato de um ano, renovável.

---

27 A. CROISET, Les Démocraties..., cit., p. 48.

28 Areópago que funcionou como *guardião das leis* e dos magistrados, na medida em que vigiava o cumprimento dos dispositivos legais pelos magistrados [*cfr.* ARISTÓTELES, La Constitución de Atenas (edición bilingue, castelhano-grego, trad. A. Tovar), Madrid, Centro de Estudios Políticos y Constitucionales, 2000, p. 53].

29 *Cfr.* ARISTÓTELES, La Constitución de Atenas..., cit., p. 195 ss.

Novos tribunais populares (tribunal dos heliastas – com fortes poderes e geneticamente democráticos) são criados, julgando-se que os respectivos juízes (os heliastas, cerca de 6.000) eram escolhidos pelas tribos (tirados à sorte, de entre os cidadãos maiores de 40 anos, cabendo 600 a cada tribo). A Helileia é o conjunto desses tribunais. Divididos em 10 secções de 500 heliastas cada, os tribunais dos heliastas julgam ora separadamente, ora formando conjuntos mais amplos. O remanescente dos juízes vai suprindo as faltas de magistrados em funções. A justiça dos heliastas não contempla uma figura correspondente ao moderno Ministério Público. Facto que não é visto por alguns como um demérito, mas antes como uma «séria garantia da liberdade individual»[30]. «A ausência dum Ministério Público, deixando aos particulares a iniciativa das acções, mesmo em matéria criminal, devia sustentar e excitar o gosto inato pelos processos e pelas disputas»[31].

A democracia judicial ou a judicatura democrática encontra, assim, no tribunal dos heliastas uma viva manifestação.

2. Atenas, Democracia Segregatícia, Constituição

O ordenamento constitucional ateniense, conclua-se, é, em certa medida, democrático, não obstante algumas colorações contrastantes, em matéria, designadamente, da igualdade. Vai, na verdade, até Demóstenes, terminando com este o fulgor da democracia ateniense. Uma Atenas cuja estrutura se compunha de cidadãos, metecos (estrangeiros domiciliados na cidade), alforriados e escravos[32].

---

30 A. CROISET, Les Démocraties…, cit., p. 223.

31 A. CROISET, Les Démocraties…, cit., p. 224.

32 Sublinha A. CROISET (Les Démocraties…, cit., p. 77) que os escravos «não têm nem reivindicações a apresentar, nem direitos a fazer valer». Eles não foram, de resto, «bastante numerosos, nem bastante organizados para ameaçar o Estado com uma guerra civil, como em Roma».

A situação esclavagista em Atenas é olhada a esta distância com uma certa complacência. Embevecidos como ficamos com o patamar de sublimação que o pensamento grego atingiu, que o mundo grego viveu, temos, porém, a obrigação de exigir mais desse tempo e dessa Grécia. A escravatura já não devia, pois, caber nesse cosmos e nesse tempo de excelências. Quando o escravo é reduzido a mera coisa (e esse prejuízo consta das reflexões dos maiores vultos do pensamento greco-romano antigo), como é que podemos maravilhar-nos incondicionalmente com tal democracia? Contando com uma população de cerca de 300.000 escravos (400.000 para outros – assim, *vide* MONTESQUIEU, De L'esprit des Lois, Livre III, Chapitre III), 10.000 estrangeiros e 20.000 *cidadãos*, Atenas vivia um *Apartheid* da democracia. Não é de admirar que essa democracia tenha funcionado tão bem. E que democracia! Com centenas de milhares de escravos a trabalhar – sem direi-

Dois órgãos colegiais relevam na maquete constitucional ateniense. São eles a Assembleia do povo e o *Conselho dos Quinhentos*[33].

Cabe à Assembleia do povo (composta por cerca de 20.000 cidadãos atenienses, com idade superior a 20 anos – com exclusão, portanto, da maioria da população, à volta de 300.000 ou 400.000 habitantes) aprovar ou não as leis, leis que são propostas pelo Conselho. Era o povo (o *demos*) em comício que exercia tais poderes, numa manifestação de democracia directa. A sessão na ágora era inaugurada através de uma cerimónia religiosa, seguindo-se a leitura pelo escrivão do projecto de lei preparado pelo Conselho. Nos primeiros tempos, só os cidadãos com mais de 50 anos eram habilitados a falar em primeiro lugar. Papel de destaque na dinamização das assembleias tinham os oradores, autênticos *profissionais* da arte da palavra.

A abordagem ateniense ao fenómeno legislativo reunia em si dois atributos distintos: por um lado, o culto da abertura ao desenvolvimento constitucional (diríamos hoje) e, por outro, o da estabilidade legal-constitucional, através de cláusulas apropriadas, ao estilo de muitas Constituições da era presente[34]. Cláu-

---

tos, praticamente – para 20.000 *cidadãos*, a democracia directa pode funcionar todo o ano, em sessão permanente, com todos estes *cidadãos* feitos políticos profissionais pagos pelo Estado, ou seja através da contribuição daqueloutros que trabalham. E mais, de entre esses 20.000 *cidadãos*, cerca de metade é constituída por indivíduos do sexo feminino – cuja participação no processo de formação da decisão política era praticamente nula.

Onde se pode descobrir ali a Igualdade?

Nessa ambiência, avulta a dimensão da *Stoa Poikile* (que significa *pórtico pintado*). Uma Escola fundada por ZENÃO DE CITIUM, por volta de 300 a.C., tendo importantes continuadores em CRISIPO DE SOLI (ou TARSO) e, em Roma, CÍCERO (atente-se a esta proclamação do grande tribuno: «A verdadeira lei representa-se (...) na recta razão, que está em harmonia com a natureza (...)»; lei que «não será diferente em Roma, diferente em Atenas, diferente hoje ou amanhã; todos os povos, em todos os tempos, compreenderão esta lei única como eterna e imutável, e um só será como que o mestre e senhor comum sobre tudo: Deus...»).

Vide MARTIM DE ALBUQUERQUE, Da Igualdade: Introdução à Jurisprudência, Coimbra, Almedina, 1993, p. 11 ss.

A. KAUFMANN, A Problemática da Filosofia do Direito ao Longo da História, *in* Introdução à Filosofia do Direito e à Teoria do Direito..., cit., p. 71 ss. – que destaca o facto de a *Stoa* ter operado «a transição filosófica do direito natural da Antiguidade para o direito natural medieval-cristão».

33 Cada tribo tem 100 representantes no Conselho, sendo os membros escolhidos pelo método da tiragem à sorte (técnica que Aristóteles considerava democrática na sua essência; a eleição, por seu lado, era por este pensador vista como um método aristocrático). O *Conselho dos Quinhentos* era um órgão *executivo* cuja função passava pela preparação das decisões da Assembleia ou Eclésia e execução das mesmas.

34 No tocante à situação grega e, em especial, romana, *vide* E. KAFFT KOSTA, O Constitucionalismo Guineense e os Limites Materiais de Revisão, Lisboa, AAFDL, 1997, p. 113 ss.

sulas que M. SCHWARTZBERG[35] descortina só em certos e determinados casos: «em certos decretos financeiros e em alianças e tratados» – situações distintas, já se vê, do enquadramento justificativo das cláusulas pétreas dos tempos que correm hoje. Na opinião da autora, os atenienses usaram as aludidas cláusulas não tanto para defender melhor a democracia, mas «exclusivamente para propósitos limitados e estratégicos no contexto internacional e no doméstico» (p. 311). Não estariam em vista preocupações com a salvaguarda de certos direitos essenciais, de foro individual e de tutela de certas instituições, mas sim a emissão de sinais direccionados aos aliados do exterior de engajamentos sérios de Atenas no cumprimento de compromissos firmados – algo que poderia ser posto em causa se se admitisse a revisibilidade permanente e indisciplinada dos aludidos instrumentos normativos.

35 M. SCHWARTZBERG, Athenian Democracy and Legal Change, *in* APSR, vol. 98, nr. 2, May 2004, p. 311-325.

§ 2.° ROMA ANTIGA

1. Descompassos e Notas Breves

Linhas políticas fundamentais como a monarquia, a aristocracia e a democracia marcaram o ritmo de Roma[36], ao longo da sua existência. Na ossatura da sociedade política romana, encontram-se os patrícios (no coração do poder), os plebeus e os escravos. Liderada, nos seus primórdios, por reis não hereditários e, na sua fase terminal, por imperadores, Roma teve um intervalo de cinco séculos de domínio pelo senado aristocrático[37].

Aqui também, o descompasso marcou o ritmo da vida social e política. Descompasso entre uma dinâmica política virtuosa (e aqui entram, nomeadamente, exercícios de alguma democraticidade) e outra menos virtuosa[38]. É o caso da corrupção da democracia, manipulada de vez em vez pela aristocracia[39]. Esva-

---

36 Sobre a evolução do *Estado de direito* e a República romana, *vide* F.A. HAYEK, Los Fundamentos..., cit., p. 224 ss.

J. BLEICKEN, Die Verfassung der Römischen Republik: Grundlagen und Entwicklung, 7. Aufl., Paderborn/München/Wien/Zürich, Schöningh, 1995.

37 Para um desenho da estrutura político-social romana, *vide,* entre outros, A. CROISET, Les Démocraties..., cit., p. 294 ss., *passim.*

G. JELLINEK, Allgemeine Staatslehre, 3. Aufl., 7. Neudruck, 1960, p. 312-316.

J. DA SILVA CUNHA, História Breve das Ideias Políticas..., cit., p. 71-100.

38 Muito corrosivo para com o espírito romano foi MANNEQUIN (Le Problème Démocratique..., cit., p. 356-357): «Os Romanos são virtuosos à maneira do selvagem, por impotência». «Se se quiser submetê-los à pedra de toque da provocação, reconhecer-se-á depressa que a sua virtude não é senão a ausência do vício que não tem ocasião de nascer e que não aspira senão a nascer». E remata: sobre a virtude dos Romanos, ela não seria mais do que aparente.

Vide, ainda, MONTESQUIEU (De L'Esprit des Lois, Livre III, Chapitre III): «Quand Sylla voulut rendre à Rome la liberté elle ne put plus la recevoir; elle n'avait plus qu'un faible reste de vertu, et, comme elle en eut toujours moins, au lieu de se réveiller après César, Tibère, Caïus, Claude, Néron, Domitien, elle fut toujours plus esclave; tous les coups portèrent sur les tyrans, aucun sur la tyrannie».

39 Muito justamente, A. CROISET (Les Démocraties..., cit., p. 2) diz que, quanto a Roma, «la démocratie n'y est pas parvenue à son entier achèvement». Em boa verdade, o progresso demo-

ziou-se o poder da plebe. É o caso da *venalidade da justiça* a que CÍCERO faz alusão quando acentuava acreditar-se comummente que com os juízes desse tempo não se condenaria qualquer homem rico, não obstante a sua culpabilidade[40]. Tal aspecto representa tão-somente o fresco de uma ambiência mais lata, onde a degradação moral atingiu níveis críticos, designadamente durante o Império.

A *lex duodecim tabularum* (monumento que marcaria no *Ius Romanum* a fronteira entre o *ius consuetudinarium* e o *ius legitimum*), apesar dos seus avanços, encerra uma preciosa enormidade. Refiro-me à lei 6.ª da tábua III: «*Tertiis nundinis partis secanto. Si plus minusve secuerunt, se fraude esto*»[41].

---

crático, «après avoir rempli les premiers siècles de son histoire, a brusquement avorté par l'effet du développement de la puissance romaine».

Fala-se usualmente de uma *idade de ouro* da República, onde os poderes do povo encontram alguma valorização, no seio de um quadro constitucional pautado também pela actuação bem direccionada dos cônsules e do senado. Alguma movimentação social a favor da igualdade. Tudo isso entraria em crise com a decadência da República. Empola-se, pois, o poder do Senado, esvaziando-se, em contrapartida, a relevância do povo. A *situação revolucionária* (no vocabulário marxista) estava madura: «ils avaient trop de palais, trop d'esclaves, trop de vieux soldats dévoués à leur fortune, pour retourner à leur charrue, à supposer qu'ils l'eussent jamais poussée eux-mêmes, ce qui n'était pas» (assim, A. CROISET, Les Démocraties…, cit., p. 320). Este troço faz-me lembrar a *situação* guineense, pouco antes do golpe de Estado de 1998/1999.

40 O rei da Numídia, JUGURTA, exclamara, ao referir-se a Roma: «Cidade venal, não lhe falta senão um comprador!».

41 *Cfr.* SEBASTIÃO CRUZ, Direito Romano: I. Introdução. Fontes, 3.ª ed., Coimbra, 1980, p. 191 ss. Fornece o Padre SEBASTIÃO CRUZ a seguinte tradução e análise da lei 6.ª: «Passadas as três feiras, seja (morto e até) esquartejado (sobretudo, no caso de serem vários os credores). Se (estes) cortassem mais ou menos (do que o devido), isso não era considerado fraude (prejuízo doloso)».

Não me sossega a hipótese ventilada pelo emérito romanista (*op. cit.*, p. 196) de que a morte e esquartejamento «nunca se deve ter verificado», já que «Nem fontes jurídicas nem fontes literárias nos falam de um único caso». A disposição, sustenta, «deveria ser ùnicamente para intimidar, e duma forma terrível, o responsável e forçá-lo a cumprir». Não me sossega, de todo.

As anteriores 5 leis da tábua III determinam, num crescendo de violência sancionatória: (1) Nas dívidas de dinheiro confessadas em juízo e nos casos judicialmente julgados que a execução tenha lugar decorridos 30 dias; (2) Findo este prazo, tenha lugar a *manus iniectio* e o devedor seja levado de novo a juízo (é a rejeição da *vindicta privata*); (3) Se o réu não cumprir a sentença ou se não aparecer ninguém perante o tribunal a servir-lhe de *vindex* (a afiançá-lo ou a defendê-lo), que o credor o leve consigo, ate-o com correias ou com grilhetas de um peso não superior a 15 libras; (4) O preso que viva por sua conta; a não ser assim, que quem o tem preso o alimente com, no mínimo, 5 libras de farinha por dia; (5) Ao vinculado reconhece-se o *direito de pactar*; na falta de acordo, o vinculado ficava preso, por 60 dias, nos cárceres privados do credor; entretanto, é levado a 3 feiras públicas, onde, perante o pretor, se apregoava o montante a que tinha saído condenado e por que podia ser resgatado; Passadas as 3 feiras, o responsável ficava destituído da *caput*, transformando-se em escravo do credor (seu *alieni iuris*), podendo ser vendido como escravo no estran

Roma fez-se e morreu irmanada com a guerra. Há que levar esse factor em conta, sob pena de não se atingir a plena compreensão do fenómeno político e jurídico de Roma[42].

Evidentes ficaram: uma sólida estruturação do poder político romano; uma organização do poder distante da que o Estado contemporâneo (grande parte destes) consagrou, no capítulo, por exemplo, da separação dos poderes; um precário culto e exercício da democracia; um notável trabalho de edificação do sistema legal e do aparelho judicial; uma deficiente tutela dos direitos directamente ligados à *dignidade da pessoa humana* – tutela que excluía uma gama considerável da população e, onde existia, não primava pela profundidade. Eis, em poucas letras, o estado do *Estado de direito* romano.

geiro (*trans Tiberim*); (6) Alternativamente ao acabado de afirmar, postula-se a morte e o esquartejamento, nos termos da lei 6.

[42] Leamos MANNEQUIN (Le Problème Démocratique ou la Politique du Sens Commun, Paris/Bruxelles, Librairie Internationale/A. Lacroix, Verboeckhoven, 1870, p. 341): «A primeira, pelo seu fragor histórico, de todas as injustiças de que os romanos são culpados, é a guerra». «O templo de Janus, que ela abria durante a guerra e fechava durante a paz, não foi fechado senão duas vezes em setecentos e cinquenta anos» – «a primeira vez, na época de Numa e, a segunda, no início do século VI».

§ 3.° OUTRAS PARAGENS DA ANTIGUIDADE (MISCELÂNEA DO NORTE E SUL)

1. **Egipto**

Interessante é também, na nossa trilha genética do *Estado de direito,* dar uma vista a civilizações como a egípcia. E isso aplica-se a todos (com maior ou menor intensidade) os períodos da história dessa civilização (denominados de acordo com a cidade onde ao tempo se fixou a capital): Menfita; Tebano; Etiópico; Saíta; Alexandrino.

A unificação do império deu-se quando, por volta de 4.000 a.C., um dos muitos senhores feudais de nome MENES dominou os outros senhores feudais, submetendo, igualmente, os sacerdotes e estabelecendo a capital em Menfis, junto ao delta do rio Nilo. O território estava antes dividido em dois reinos estabelecidos ao Norte e ao Sul. No Sul, os sacerdotes de Horus detinham o poder máximo. Com MENES, instaurou-se um poder absoluto, a contrastar com a multiplicação de pólos de soberania que antes vigorava.

A história do Egipto antigo é situada por alguns em 3 fases básicas. São elas o *Antigo Império* (entre 4.000 e 2.200 a.C.), o *Império Médio* (entre 2.200 – com a XII.ª dinastia – e 1.600 a.C.) e o *Novo Império* (a partir de 1.600 a.C. – com a fundação da XVIII.ª dinastia por AMENOFIS I, na sequência da reconquista da independência aos Hicsos em 1.600, que foram dominar o Egipto durante muitos anos – até 332 d.C., quando o último rei demandou, em fuga, as terras da Etiópia, derrotado por ALEXANDRE MAGNO)[43].

---

[43] *Cfr.* A.O. MATOS, Compêndio..., cit., p. 27 ss.

Seguindo um faseamento histórico diverso, *vide* F. GRAVIDÃO, "Egipto", *in* Polis, 2, p. 878 ss. Aqui, o *Império Antigo* é situado "por volta do ano 3200 a.C."; o *Império Médio* é dado como iniciado em 2052 a.C.; o *Império Novo* é situado entre 1580 e 1085 a.C.; a *Época Baixa* teria vigorado entre 1085 e 332 a.C., testemunhando o desmembramento do Império, a sua dominação por

Do ponto de vista da estrutura social, aparece na cúpula o *Faraó*, rei deificado do Egipto[44]; abaixo, surgem os respeitáveis sacerdotes, os magos e feiticeiros; a seguir, vinham os guerreiros; os escribas (que se ocupavam da Administração pública); depois, os agricultores (donos), industriais, comerciantes, operários e servos; finalmente, surgem os escravos – normalmente, cativos de guerra, destituídos de direitos[45].

Falar, quanto ao Egipto, de separação de poderes (num ambiente em que o poder se fundia num rei-deus), não é exacto. A situação, neste âmbito, não era radicalmente diferente antes de o império ser unificado, já que em cada feudo reinava, de modo absoluto, um senhor. A democracia também não era uma realidade, assim como, numa sociedade tão fortemente estratificada, não o era a igualdade de direitos e deveres. Perfeitamente *natural*, por outro lado, será não esperar que a extensa pauta de direitos fundamentais da nossa era encontre assinalável expressão no segmento histórico a que se reporta a presente análise.

Assim, à luz dos paradigmas dominantes da *Rechtsstaatlichkeit*, de Estado de direito, o Egipto antigo (uma monarquia teocrática e absoluta – em que o Faraó era considerado um deus) não teria nada. Não é esse o meu ponto de vista, como atrás se alinhavou e, mais adiante, será patenteado.

---

potências estrangeiras como, nomeadamente, a Pérsia e os macedónios de Alexandre Magno – daí falar-se em Egipto Helenístico, Egipto Romano, Egipto Bizantino, Egipto Árabe.

Em FERREIRA TORRES (História Universal, vol. I, 6.ª ed., Porto, Asa, p. 25 ss.), estão as fases datadas e descritas do seguinte modo: Império Antigo ou Menfita (3200-2100 a.C) – onde se pontificaram os Farós KÉOPS, KÉFREN e MIKERINOS; Império Médio ou Tebano (2100-1560 a.C.) – com um registo de sublevações e de fragmentação do poder; Império Novo (1580-1085 a.C.) – em que se dá a vitória sobre os Hicsos e a reunificação do poder; Decadência (1085-525 a.C) – com perturbações internas, enfraquecimento do poder dos Faraós e subjugação por potências estrangeiras (no rol, entra a Assíria, a Pérsia, conquistadores como CARLOS MAGNO, OS PTOLOMEUS, o Imperador romano OCTÁVIO, desde os anos 30 a.C., os muçulmanos árabes e turcos, a partir do séc. VII).

Nuances distintas se podem ver, ainda, em ANTÓNIO G. MATTOSO, Compêndio de História Universal, 17.ª ed., Lisboa, Sá da Costa, 1950, p. 11-12.

44 O ambiente teológico assentava, geralmente, na trilogia *Osíris ou Rá* (que representava o sol e era o deus supremo e bom), *Horus* ou *Horo* (que representava o sol nascente, filho do sol, a repelir as trevas e a oferecer aos homens a luz e a alegria) e *Isis* (irmã e mulher de Osíris, representava a lua).

45 Para alguns tópicos ilustrativos sobre o Egipto antigo, *vide*, para além dos autores já citados, A.O. MATOS, Compêndio…, cit., p. 21 ss.

2. Assíria e Caldeia

A civilização caldaico-assíria testemunha a existência de uma comunidade política solidamente estruturada. É o que resulta de uma avaliação da história da Mesopotâmia, desde o período *súmere* (até cerca de 1900 a.C) ao *segundo babilónico* (de 626 a 538 a.C.), passando, designadamente, pelo *primeiro babilónico* e *segundo assírio*.

A cultura jurídica tinha um relevo não despiciendo na civilização em apreço. Pode-se destacar, nesta senda, um conjunto de leis sobre variados aspectos da vida social, conhecido por *Código Amurabi,* que o rei do mesmo nome legou para a posteridade, há mais de um milhar e meio de anos antes de Cristo – um código pretensamente dado ao rei pelo deus Sol.

A sociedade evidenciava uma clara estratificação, em que o rei ocupava o topo da pirâmide, seguindo-se-lhe os sacerdotes, os escribas, os artífices, os comerciantes, os agricultores e os escravos.

Não se registam aqui notícias de ingredientes nítidos do que hoje a doutrina dominante designa por "Estado de direito".

3. A Descendência de Heber

A civilização hebraica fornece-nos alguns apontamentos, a respeito do problema que nos mobiliza no presente capítulo. Nos seus primeiros passos, o regime hebraico foi de natureza patriarcal e com algumas manifestações democráticas. O Patriarca (o representante mais idoso dos irmãos pertencentes ao mesmo tronco familiar) detinha poderes civis, sacerdotais, militares e domésticos sobre a tribo ou clã (que partilhavam entre si um espaço de independência)[46].

O *governo de juízes* (que recebiam o mandato, durante situações de perigo para o povo hebreu, de dirigir todas as tribos, com vista ao enfrentamento contra o inimigo – o caso de *GEDEÃO, SANSÃO OU SAMUEL*) pautou a vida política hebraica, desde 1250 a.C., até ser substituído por uma nova figura – o regime despótico dos reis. Terá sido a fórmula encontrada pelo povo para a salvaguarda da sua identidade e liberdade, face a inimigos pouco dispostos a facilitar, neste particular.

---

[46] Vários patriarcas passaram pela história do povo hebreu: desde, por exemplo, ABRAÃO (o primeiro patriarca) a ISAAC e JACOB.

O esforço de juridificação é um dado assente. De suma relevância é, assim, o *Pentateuco* – os 5 livros escritos por MOISÉS, que encerram a moral e a legislação dos hebreus. Conta a lenda que a MOISÉS, acampado com o seu povo no monte Sinai, surgiu Deus. Este ter-lhe-ia, então, ditado os *Dez Mandamentos*, que seriam gravados em duas tábuas e guardadas no tabernáculo (a *arca da santa aliança* onde as tábuas estariam fechadas).

Da maior profundidade é o repositório moral representado pela bíblia. O princípio ético fundamental de *não fazer a outrem o que não queremos que a nós se faça* é, a todos os títulos, lapidar.

Há quem veja na curta República hebraica do *sinédrio* (conselho supremo de governação, funcionando na base da gerontocracia) uma das manifestações antigas de democracia[47].

Encerrando: também neste quadrante, não são captáveis os sinais reivindicados pelo conceito de Estado de direito que vai fazendo história.

4. Mundo Hindú

A civilização hindú (para se tratar de algo que paredes meias *mora* com o direito e o chamado *Estado de direito*) transportou mensagens muito positivas, no que concerne à vertente moral. Isso é colhível, desde logo, nos *livros dos vedas*, livros religiosos alegadamente ditados pelo deus *Bramá*[48].

A doutrina religiosa traçada pelo sábio *Buda* no séc. V a.C. promete a *Nirvana* aos fiéis – esse estado de auto-assumido aniquilamento da personalidade perante a vontade divina. A renúncia de si mesmo era, pois, a condição para o homem se libertar da paixão, ela mesma fonte do sofrimento.

Está-se em face de sociedades profundamente estratificadas e plurais. O actual sistema social de castas encontra explicação no empenhamento de sacerdotes *árias*, que após assumirem o domínio do poder, instituíram esse sistema, proibindo mesmo que indivíduos pertencentes a uma determinada casta se casassem com os de outra casta. Foram assim delineadas as castas dos *Brâmanes* (sacerdotes), dos *Xátrias* (guerreiros), dos *Vaisias* (agricultores e negociantes)

[47] N. SALDANHA, "Democracia", *in* Enciclopédia Saraiva de Direito, vol. 23, R. Limongi (coordenação), S. Paulo, Saraiva, 1977, p. 280.

[48] *Bramá* que se revela numa trindade constituída pelas seguintes dimensões: *Bramá* (Deus criador); *Vichnú* (Deus conservador); *Xivá* (princípio destruidor).

e dos *Sudras* (servos). A rigidez do sistema obrigava a que os indivíduos que violassem normas religiosas fossem expulsos das respectivas castas, outorgando-se-lhes o estatuto de *Párias*.

Politicamente, os hindús conheceram uma estruturação em principados, à cabeça dos quais imperavam os *Rajás*, mas com várias sujeições a potências estrangeiras como o Grão-Mogol, no séc. XI, Portugal, no séc. XVI, e, mais tarde, a Inglaterra.

É tarefa ingrata tentar descobrir no tecido sócio-político hindú dos tempos em vista as componentes actuais do *Estado de direito*. Tenham-se, a propósito, em conta certos desenvolvimentos de direitos fundamentais, a democracia, a separação de poderes, a independência do judicial. Ingrata a tarefa porquanto condenada, à partida, ao fracasso.

5. **A Pérsia**

Na história da Pérsia, o momento de unificação da Média e da Pérsia por CIRO por volta dos anos 500 a.C. foi marcante.

Capta-se ali uma certa descentralização político-administrativa, já que o soberano contava com os *sátrapas* (delegados do poder central junto dos distritos – *satrapias* –, distritos que usufruíam do respeito por algumas especificidades locais, seja no domínio cultural, religioso ou económico-financeiro) para o comando das tropas ou cobrança de impostos, nomeadamente. Nessa linha, contava o soberano com os *inspectores reais*, que cobriam o país na tentativa de se aquilatar do cumprimento pelos *sátrapas* e pelos poderes locais de leis emanadas do poder central, impondo a sua execução, caso não estejam a ser implementadas.

Não se pode deixar de lado (trazendo à luz o esforço de conformação ética e jurídica) o código de feição religiosa deixado pelo legislador *ZARATUSTRA* (ou *ZAROASTRO*), chamado *Zend-Avesta*. O livro que enaltece o amor, a bondade, o trato polido e verbera a mentira.

A religião assenta no dualismo (omnipresente no mundo oriental) entre o bem – simbolizado pelo deus bom *Ormuzd* – e o mal – simbolizado pelo deus mau *Ariman* –, que se combatiam.

Na estrutura social, divisavam-se as classes dos reis, dos sacerdotes, dos guerreiros e dos agricultores.

Eis, portanto, a Pérsia, indisfarçadamente *Estado*, mas nunca *de direito*, se se optar pelo(s) paradigma(s) dominante(s) do "Estado de direito", na linha do que aqui se tem dito, quanto a outras *paragens*.

6. A Fenícia

A mesmíssima observação acabada de fazer, no tocante à antiga Pérsia ou à Índia (no âmbito do regime do "Estado de direito"), tem cabimento, se o que estiver em análise for a Fenícia.

A Fenícia que, desde cerca de 2000 até aos anos 300 a.C., marcou o ritmo da vida económica do mediterrâneo (e não só), não constituía uma potência unificada, antes traduzia-se numa série desligada de potentados partilhando apenas a língua, a cultura e a identidade étnica (organizando-se por vezes de feição monárquica, outras, de feição republicana). Sendo um povo mais virado para a navegação e negócios, costuma-se imputar aos fenícios a ausência de patriotismo (esgotando-se este nos acanhados limites do seu barco). Prestavam culto a *Melkart* (o mais importante dos deuses), em honra do qual se degolavam, em sacrifício, seres humanos (escravos e outros cativos).

O poder estava nas mãos da classe dos negociantes ricos.

7. Cartago

Uma das *peças* comuns do Estado de direito (a democracia) é localizável entre os cartagineses (muito elogiada, por ARISTÓTELES, designadamente, é a ordem constitucional cartaginesa).

Causou impressão o equilíbrio, operado pela Constituição, entre os vectores democráticos, monárquicos e aristocráticos. Detinha o povo o direito de voto e alguma influência no processo legislativo; os *magistrados* eram eleitos; havia um conselho superior, parecido com um senado, onde a aristocracia tinha assento.

Tal, porém, não chegaria, à luz dos critérios adoptados pela doutrina maioritária, para catalogar essa realidade de "Estado de direito". Um, pelo menos, dos chefes supremos (que reuniam em si funções executivas e judiciais) chegou a ser eleito de entre as famílias aristocráticas. O elemento democrático não parecia, todavia, consistente. A cidade estava sob forte controlo da oligarquia, não dando grande espaço de manobra ao exercício da democracia.

§ 4.º A IDADE MÉDIA

1. **Panorama Histórico Breve**

A Idade Média[49] europeia registou, afora uma ou outra excepção, uma atomização dos núcleos de poder, dividido em plúrimos feudos, cada um independente na sua absolutidade[50]. A chamada invasão dos *bárbaros* aos domínios romanos deparou com essa situação, que se manteve para lá da consolidação da nova correlação de forças.

Com efeito, povos como os Germanos exprimiam, na sua vida social e política, uma certa forma de democracia, já que decisões que mexiam com a comunidade (como, por exemplo, a guerra ou a paz) eram tomadas em assembleias de homens livres. Esta manifestação democrática abrangia (até ao séc. IV, altura em que estes apareciam como monarcas – apesar de, mesmo aí, as decisões de uma certa gravidade não poderem ser tomadas pelo chefe sem consultar a referida assembleia) a escolha dos próprios chefes, por via eleitoral. Os Germanos (desde os Visigodos aos Vândalos, passando pelos Francos, Ostrogodos e Anglo-Saxões, para referirmos apenas estes, entre várias comunidades político-tribais germanas – que lograram dominar o Império Romano do Ocidente[51], ocupando, respectivamente, a Península Ibérica[52], a África do Norte, as actuais França, Itália e Grã-Bretanha), pautaram-se, *grosso modo*, pela organização política atrás

---

49 *Cfr.* F.A. HAYEK, Los Fundamentos..., cit., p. 216 ss.
G. JELLINEK, Allgemeine Staatslehre, 3. Aufl., 7. Neudruck, 1960, p. 316-323.

50 Um dos marcos da ruptura com essas independências foi a *guerra dos cem anos*, entre a Inglaterra e a França (1337-1453). Consolidar-se-ia, portanto, o poder do monarca, em detrimento do regime feudal.

51 O rol é ainda integrado por Gépidas, Burguinhões, Alanos, Suevos, Lombardos.

52 Onde seriam vencidos pelo movimento muçulmano, no séc. VIII. A contra-guerra santa dos cristãos (face aos avanços demolidores da força muçulmana no interior do continente europeu, designadamente) acabou, cerca de sete séculos volvidos, por ditar a derrota e expulsão dos invasores muçulmanos. Neste historial de *guerras santas* se inscrevem também as *cruzadas do Oriente* – a primeira das quais foi ordenada pelo Papa URBANO II, em 1095, e que consumiria mais de dois séculos. As do *Ocidente*, essas, como se vê, tiveram outros cenários.

esboçada[53]. O sistema judicial encontrava nos tribunais populares (os chamados *malum*) o seu palco, com recurso, em casos difíceis, ao *ordálio*.

«A comunidade é um complexo proteiforme de organizações que obedecem a intenções diferentes, que se tocam, se justapõem, se cruzam, se subordinam total ou parcialmente a outras, mas se equilibram principalmente através de laços de subordinação pessoal. O rei, as hierarquias feudais, as formas de organização religiosa, regular ou secular, as figuras municipais ou doutras independências urbanas, as corporações de industriais e as guildas de comerciantes, as universidades, as irmandades beneficientes, tudo isto são quadros constitutivos duma comunidade que nada tem a ver com determinações étnicas, nem com sistema fechado de fronteiras nem com uma ideia dinâmica de tradição histórica»[54].

O clero põe-se do lado do regime feudal instalado, adaptando-se aos novos ventos[55]. O despotismo e o menospreço pelo valor da justiça e da igualdade foram a imagem de marca de muitas organizações políticas que preencheram o universo da Idade Média[56]. A «desigualdade é a base da feudali-

[53] No que diz respeito aos Francos, registe-se a divisão do império de CARLOS MAGNO em Condados – cada condado era, administrativa e militarmente (pelo que se repartiu o império em regiões militares designadas por *marcas*), dirigido por um Conde e, no aspecto religioso, por um Bispo, sendo, no entanto, entidades hierarquicamente mais elevadas os Enviados do Soberano (emissários do Imperador com poderes para resolver nos territórios os problemas que ocorram, auscultar e transmitir ao soberano os problemas constatados).

O Imperador funcionava com duas Assembleias, uma chamada Campo de Maio (que se reunia na Primavera e era dotado de funções militares – sede privilegiada para a apresentação por CARLOS MAGNO dos seus projectos de decreto, os *capitulares*), outra, Campo de Outono (que se reunia nesta estação e desenvolvia, nomeadamente, funções consultivas, idênticas, em certa medida, às do tradicional Conselho de Estado). Observa ANTÓNIO MATTOSO (*op. cit.*, p. 188) que se, teoricamente, o Campo de Maio era formado por todos os homens livres, na prática, era, porém, integrada apenas pelo clero e pela nobreza. No concernente ao Campo de Outono, este era constituído pela nobreza e por funcionários.

[54] Citação de ROGÉRIO EHRHARDT SOARES, Direito Administrativo I (Apontamentos policopiados das lições proferidas ao curso de Direito do Porto da Faculdade de Ciências Humanas da Universidade Católica Portuguesa, sem data), p. 12.

[55] *Cfr*, a este propósito, TH. MANNEQUIN, Le Problème…, cit., p. 365 ss.: «Le clergé est toujours du coté de la force qui donne et qui conserve les anciennes donations. Après avoir prêché le droit divin des rois, inconnu des Grecs et des Romains, et qualifié de crime la résistance des peuples, alors qu'il attendait tout des rois, il ne craint pas de se ranger au parti de l'aristocratie, quand la force a tourné de ce côté».

[56] Em MANNEQUIN (*op. loc. cit.*), vê-se, neste capítulo, um retrato pouco abonatório de CARLOS MAGNO, pondo a nú algumas manifestações de despotismo, imoralidade e promoção de desigualdades irradiantes deste conquistador Franco.

dade»[57], enquadrando esta uma estratificação social encimada pelo Papa e Imperador e constituída, em ordem decrescente, por reis, duques, condes, barões, cavaleiros (*milites*), vassalos, plebeus, servos.

Quando o monarca Franco (neto de CARLOS MAGNO, herdeiro da parcela do Império carolíngeo que corresponde à actual França) CARLOS "O CALVO" decretou, pelo édito de *Kiersi-sur-Oise*, que qualquer funcionário que com ele fosse à campanha de Itália teria garantido vitaliciamente o seu ofício – que poderia transmitir aos respectivos filhos, com os direitos conexos ao mesmo –, é um aspecto do feudalismo que patenteou. É o direito de cobrar impostos, de dirigir tropas, de administrar territórios que se consolidou, tomando uma projecção hereditária. A feudalização dos condados, principados, marquesados, ducados ou outros territórios[58] traduziu-se, a um tempo, na transformação desses funcionários em vassalos e, a outro, na possibilidade de estes se assumirem como suseranos de outros sujeitos que lhe peçam protecção – convertendo-se o monarca no suserano dos suseranos.

Uma das mais importantes obrigações do vassalo em relação ao suserano (para além da de fidelidade ou da de serviço militar) era o chamado *serviço judicial*. O vassalo era, assim, obrigado a tomar parte nos tribunais do suserano, ora para ajudar a decidir pleitos, ora para executar sentenças. Em contrapartida, ao suserano competia respeitar a pessoa e bens do vassalo, preservar a posse do feudo a favor do vassalo, dispensar-lhe protecção e justiça.

Perante uma realidade com vários contornos como a do comércio de seres humanos enquanto escravos (apanágio quer de eclesiastas, quer de não eclesiastas), perante a compressão do espaço de dignidade de muitos seres humanos, que um pouco por toda esta etapa histórica se foi registando, o que dizer de uma das componentes mais acentuadas do *Estado de direito*, os direitos fundamentais?

---

57 MANNEQUIN, Le Problème..., cit., p. 377, 378. Em síntese, «le servage en bas, la religion en haut, l'inégalité et, par conséquent, l'injustice partout, voilà la société au moyen âge dans toute l'Europe centrale et occidentale».

58 Incluem-se aqui quer os *feudos de dignidade* (os que propiciavam ao respectivo possuidor dignidade ou título como, por exemplo, o de Conde), quer os *feudos simples* (de que não resultava o gozo de qualquer dignidade ou título).

2. Notas Breves

Quando, em Junho de 1215, no prado de Runnymede, os barões e cavaleiros ingleses e seus apoiantes das cidades compeliram o Rei João Sem-Terra a outorgar a *Magna Charta Libertatum*, uma corrente de ar de antidespotismo atravessou a Idade Média europeia[59]. O monarca foi obrigado a comprometer-se, num autêntico *pactum subjectionis*, a fazer consagrar e respeitar certos direitos, bem como a abster-se de certas práticas, sob a ameaça de ser atacado *de todas as formas possíveis, com o apoio de toda a comunidade*.

A *Magna Carta* (forjada no contexto do fracasso militar de *Bouvines*, em 1214 – em que JOÃO SEM TERRA, que havia sucedido no trono ao irmão RICARDO CORAÇÃO DE LEÃO, sofreu uma pesada derrota infligida pelo rei da França FILIPE AUGUSTO – e da antipatia gerada pela sua governação despótica entre os ingleses) proibia aos agentes do Rei de actuarem como juízes e em substituição dos juízes competentes, de requisitarem bens sem consentimento dos proprietários. Os *homens livres* (mais tarde, após modificação da *Magna Carta*, todos e quaisquer homens) não poderiam ser presos ou detidos, privados dos seus direitos, dos seus bens, exilados, a não ser mediante julgamento lícito de entidades para tal habilitadas, em conformidade com a lei – consagra-se o *habeas corpus*.

No século XII, um autor (JOÃO DE SALISBURY) chegou mesmo a propugnar a legitimação do tiranicídio, sempre que uma autoridade legítima se converta em tirania, já que a subversão das leis é o mais grave dos crimes. Haveria, pois, que matar o tirano, para restabelecer o direito[60].

Nos primeiros anos do século XIV, saiu a lume o resultado de uma curiosa contenda protagonizada por dois clérigos: de um lado, AEGIDIUS ROMANUS[61], do outro, JOÃO DE PARIS[62]. A discussão dizia respeito, nomeadamente, à relação entre o papado e o rei de França. ROMANUS sustenta a *plenitude dos poderes*

---

[59] A *Bula de Ouro* húngara de 1222 presta-se, também, em certa medida, a este tipo de juízo. Tal como, aliás, os *Estatutos de Oxford*, impostos, quatro dezenas de anos mais tarde, a HENRIQUE III, filho de JOÃO SEM TERRA.

[60] *Cfr.* J.-Y. MORIN, L'Etat de Droit…, cit., p. 49.

[61] *Vide* a tradução de R.W. DYSON intitulada "Giles of Rome on Ecclesiastical Power", A. ROMANUS, Douvre, H.H. Bogdell, 1986 [o original é de AEGIDIUS ROMANUS e de aproximadamente 1302, tendo o título "De Ecclesiastica potestate"].

[62] JOÃO DE PARIS, De Potestate Regia et Papali (± 1302) [em M. GOLDEST, "Monarchia Sancti Romani Imperii, 1612-1614, vol. II], *apud* J.-Y. MORIN, L'Etat de Droit…, cit., p. 51.

papais, não se coibindo estes de transbordar as margens do teológico para alagar o domínio secular. Reconhece, contudo, ROMANUS que não deve o Papa actuar de forma arbitrária, mas nos parâmetros do direito. Mas, submeter-se ou não ao aludido direito, só cabe ao Papa.

Divergentemente, JOÃO DE PARIS reconhece limites quer ao Rei, quer ao Papa, no sentido de que devem submeter-se ao direito. Se o rei contrariar tal critério, ele pode ser afastado pelos grandes do reino; se for o Papa a contrariar o mesmo critério, através de uma conduta incorrigível, ele poderá ser afastado pelo órgão colegial que o elegeu. Avança até com considerações tendentes a insuflar o elemento de representação democrática na forma de designação do Papa[63].

No fundo, a eterna questão da submissão do poder ao *direito* parece apontar para a sua resposta afirmativa, durante a Idade Média, não obstante todos os constrangimentos[64].

Em suma, alguma expressão já começaram a ganhar, durante a Idade Média, preocupações como alguns direitos do indivíduo, alguma limitação jurídica do poder do soberano (tentando-se obviar aos abusos de quem manda), a racionalização (com ingredientes de alguma democraticidade) e convergência do poder em direcção a alguns pólos dominantes.

A ideia da separação dos poderes só mais tarde ganharia maior clareza (uma e outra não inteiramente atingidas – e já vamos, à data da apresentação da obra, no primeiro lustro do século XXI).

Como quer que seja, seria pura perda de tempo partir para a descoberta das características atribuídas hoje ao *Estado de direito*, porquanto estas ou não existiam, ou existiam em grau pouco significativo.

---

63 *Vide* J.-Y. MORIN, *op. loc. cit.*, que se refere a tal regime como sendo o da «eglise de droit». A contenda acabada de descrever é em MORIN ligada àquela que opusera PLATÃO a ARISTÓTELES, vinculando-se ROMANUS à linha platoniana, enquanto JOÃO DE PARIS estaria vinculado à linha aristotélica.

Um bom resumo acerca da temática, na Idade Média, pode ver-se em ROBERT MOHL, Gründzuge einer Geschichte des philosophischen Staatsrechtes, *in* R. Mohl, Die Geschichte und Literatur der Staatswissenschaften – *in* Monographien dargestellt, Band I (unveränderter Abdruck der 1885 bei FERDINAND ENKE), Graz, Akademische Druck- u. Verlagsanstalt, 1960, p. 224-227, 229.

64 *Cfr.* MARIA DA GLÓRIA F.P.D. GARCIA, Da Justiça Administrativa em Portugal. Sua Origem e Evolução, Lisboa, Universidade Católica Editora, 1994, 36. Conclui, todavia, a autora que «a indeterminação jurídica na qual o monarca vive e actua permite confundir a estrita vinculação teórica com a arbitrariedade prática».

§ 5.º O ESTADO DE POLÍCIA

1. **Ingredientes Básicos**

A movimentação centrípeta que se vinha esboçando anteriormente, no capítulo da organização do poder das comunidades políticas, consolidou-se com a Idade Moderna[65]. Aponta-se usualmente como factores adjuvantes dessa centralização[66] a eclosão da reforma protestante e as guerras religiosas. As reformas protestantes, seja na vertente luterana (ao sugerir a libertação do político), seja na calvinista (ao guinar para soluções autocrático-teológicas), propiciaram um pretexto aos principados para – dando corpo ao espírito de corte com a autoridade papal e na corrente deste espírito religioso da época – se assumirem como entidades independentes. As guerras religiosas, por seu lado (desde logo, a chamada guerra dos trinta anos), com os complicados problemas logísticos que engendraram, reclamavam um aparelho de Estado capaz de racionalmente responder a tais problemas.

A ideia de *contrato social* ressurge requentada (recuperada da Grécia antiga) e vai servir de fonte de legitimação da ordem política estabelecida (have-

---

[65] Era cujo nascimento os historiadores costumam datar em 1453, ano em que os turcos (no consulado do Sultão MAOMÉ II), investindo contra o Império Bizantino, saquearam a cidade de Constantinopla, que se transformaria na capital do Império Turco.

Quando Louis XIV, *o Grande*, afirma «l'Etat c'est moi», resume, numa curtíssima, eloquente e brutalmente sincera frase, o movimento testemunhado pela história da concentração dos poderes no Estado e dos poderes deste no monarca.

MANNEQUIN (Le Problème Démocratique.., cit., p. 413) opina que «Tous les monarques tendent à l'absolutisme; ainsi le veut la nature des fonctions qu'ils remplissent; mais l'absolutisme les perd infailliblement; ainsi le veut également la nature de l'injustice dont l'absolutisme est l'expression la plus complète en politique». O percurso de Louis XIV foi tido por MANNEQUIN como o exemplo das críticas acabadas de citar.

[66] Vários monarcas europeus corporizaram com grande intensidade tal directriz centralizadora: LUÍS XI, em França; os *Reis Católicos*, em Espanha; D. JOÃO II, em Portugal; HENRIQUE VII, na Inglaterra; MAXIMILIANO I, na Alemanha.

ria, pois, um *contrato* fundante entre o soberano e os respectivos súbditos, nos termos do qual estes atribuiriam ao soberano o poder de mandar, ficando o soberano obrigado a tutelar os interesses dos súbditos). Para lá da mera fonte de legitimação, o *contrato* ou *pacto* não poucas vezes serviu de mera cobertura a projectos de poder de pendor absolutista, por detrás do biombo do *bem comum*.

A ideia de contrato social bifurcou-se em duas saídas inconciliáveis: aquela colhível, por exemplo, em HOBBES resvala para a glorificação da soberania absoluta – como a única maneira de a segurança e a ordem serem salvaguardadas. Um contrato social a vincular os indivíduos (conquanto o soberano só deva obediência a Deus) e a fundamentar o poder absouto – este outro tido como *a* via para evitar que a vida seja como havia sido no estado da natureza: *desagradável, brutal e curta*.

Uma outra direcção tomada pelo contrato social levaria (na peugada, nomeadamente, de LOCKE) ao repúdio do poder absoluto. Este não só não seria uma decorrência lógica daquele, como, a sua própria negação.

Com isto, alguns ingredientes principais do *Estado de polícia* proclamado pelo iluminismo característico do século XVIII estão expostos[67]. Foi apenas o engrossamento e a sedimentação de abordagens históricas antecedentes. O que daí resulta é um soberano comprometido com o dever sublime de zelar para que o seu país ascenda a patamares cada vez mais elevados em termos de nível de vida, de cultura, de progresso, sempre na corrida para o *podium* das nações mais civilizadas e polidas do mundo.

O que se passa, porém, é que, no caminho da prossecução desses objectivos, a situação do indivíduo é muitas vezes postergada. E de pouco valerá o prejuízo de que o iluminado soberano não decide de forma arbitrária, antes obedecendo aos postulados mais racionais – não fosse ele o vector mais fadado para navegar nesses mundos: a actividade do soberano iluminado está encadeada num processo objectivado para a prossecução de verdades lógico-racionais que ele, o soberano, pela sua idoneidade, está destinado a alcançar.

O *Polizeistaat* aparece (aos olhos de muitos) como aquela entidade em que o aparelho estadual (o soberano) não se encontra subordinado ao direito, mas

---

[67] P. SCHIERA, A "Polícia" como Síntese de Ordem e de Bem-Estar no Moderno Estado Centralizado, *in* A.M. HESPANHA, Poder e Instituições na Europa do Antigo Regime (colectânea de textos), Lisboa, F.C. Gulbenkian, 1984, p. 309-319.

apenas aos desígnios do soberano[68]. Um *iluminado* soberano virado para a consecução da felicidade dos respectivos súbditos.

Como é que se chega a tal conclusão? Se, em matéria de controlo da acção do Estado, a nota dominante era a insindicabilidade – dado destinar-se a ordem jurídico-normativa à esfera dos negócios entre particulares –, facilmente se entende quais são os verdadeiros contornos do Estado de polícia[69].

Objectou JEAN-PIERRE HENRY[70] que, «Contrariamente ao que se afirma frequentemente, o Estado de direito não se opõe, aliás, ao Estado de polícia, mas

---

[68] ROGÉRIO G. EHRHARDT SOARES (Direito Público e Sociedade Técnica, Coimbra, Atlântida Editora, 1969, p. 163) reconhece que «Quando apareceu, o Estado de Direito visava fundamentalmente levantar uma barreira ao regime da "Polícia", ao poder ilimitado do soberano de determinar, mesmo por providências concretas e individualizadas, todas as transformações sociais no domínio do económico ou da cultura que fossem requeridas pela ideia da "nação culta e polida"».

[69] Sobre a matéria, *vide* uma excelente síntese em ROGÉRIO E. SOARES, Direito Administrativo..., cit. (sem data), p. 15 ss. Conclui o autor (a páginas 21) que a «reacção contra o Estado de polícia, que desde o fim do século XVIII vai alcançando sucessivas vitórias, necessariamente há-de significar uma subordinação do Estado ao direito. E por outro lado, compreensivelmente, substituirá a intenção eudemonista por uma vocação liberal, capaz de permitir ao cidadão a busca do seu próprio quadro de felicidade».

Do mesmo autor, Interesse Público, Legalidade e Mérito, Coimbra, 1955, p. 54 ss.; Direito Administrativo, Lições ao Curso Complementar de Ciências Jurídico-Políticas da Faculdade de Direito de Coimbra, Coimbra, 1978, p. 210.

JORGE NOVAIS, Contributo para uma Teoria do Estado de Direito: Do Estado de Direito Liberal ao Estado Social e Democrático de Direito, Coimbra, 1987, p. 26 ss.

JORGE MIRANDA, Manual de Direito Constitucional, tomo I, 4.ª ed, revista e actualizada, Coimbra, Coimbra Editora, 1990, p. 79 ss. No Estado de polícia, é o Estado tomado «como uma associação para a consecução do interesse público e devendo o príncipe, seu órgão ou seu primeiro funcionário, ter plena liberdade nos meios para o alcançar». Nesta ordem de ideias, «O critério principal de acção política torna-se a razão de Estado, a conveniência, o bem público, e não a justiça ou a legalidade, apesar de a religião cristã oficialmente professada necessariamente contrariar o maquiavelismo. Enaltece-se o poder pelo poder, posto ao serviço do Estado soberano». Tirando, neste último trecho citado, a expressão "o bem público", tudo o resto assenta que nem uma luva na Guiné-Bissau de 2001 ou doutras datas – o passado que teima em ser presente...

J.-Y. MORIN, L'Etat de Droit..., cit., p. 77: «Le *Polizeistaat* – "police" étant entendue ici dans un sens administratif très large – est le régime où le monarque ne se considère lié que par les lois les plus formelles (*Rechtsgesetze*) qu'il adopte, tant qu'il ne les a pas modifiées, ce mode de gouvernement étant également caractérisé par la centralisation et une stricte hiérarchie des fonctionnaires. On y trouve ce qu'on a apellé la "fureur de gouverner", c'est-à-dire la volonté d'intervenir dans tous les aspects de la vie économique, sociale et religieuse».

J. CHEVALLIER, L'Etat de Droit..., cit., p. 16.

M.L. GONZALEZ, Hacia un Nuevo..., cit., p. 616.

[70] J.-P. HENRY, Vers la Fin de l'Etat de Droit?, *in* RDPSP, 1977, n.° 6, p. 1208.

engloba-o e ultrapassa-o, aparecendo como uma etapa superior na normalização da vida duma sociedade. O Estado de polícia, apesar de ser uma terminologia que se pode prestar a confusão, é já um sistema que dá lugar à regra de direito. Ele caracteriza-se, é certo, pelo facto de o poder ser um poder incondicionado que se exerce, portanto, sem controlo, nem contrapartida. Mas ele supõe, todavia, que o conjunto das relações entre indivíduos seja efectivamente submetido à norma jurídica».

§ 6.° RECHTSSTAAT, ETAT DE DROIT, RULE OF LAW, ESTADO DE DIREITO: BALANÇO DE VÁRIAS TEORIAS

1. **Polifonia e Poliformismo**

O Estado de direito, na companhia da democracia, separação de poderes e dos direitos fundamentais, tem sido considerado uma das peças essenciais do Direito público (um dos seus princípios estruturais).

A polifonia que a diversidade linguística empresta ao conceito *Estado de direito* assenta pouco no domínio do acorde e desnuda o carácter polifórmico das abordagens que, nas mais díspares latitudes, se vai ensaiando em torno da ideia de Estado de direito.

É assim que se ouve falar de: *Estado de direito*, no naipe lusófono; *Rechtsstaat* ou *Rechtsherrschaft*, no germanófono; *Etat de droit*[71], *règne de la loi, empire de la loi, gouvernement de droit commun, gouvernement national, droit gouvernement* ou *prééminence du droit*, no francófono; *Estado de derecho*, no castelhanófono; *Stato di diritto, Stato giuridico*, no italófono; *rule of law, lawful governement* ou *empire of law*, no anglófono[72]; na latinidade, falava-se já de *imperium limitatum*[73]; *gospodstvo prava*, no russófono[74]; *fa zhi guo*, no si-

---

[71] L. HEUSCHLING, État de Droit Rechtsstaat Rule of Law, Paris, Dalloz, 2002, p. 323 ss.

[72] No que tange às ligações entre *Rechtsstaat, Rule of Law* e *Règne de la loi, vide*, por exemplo, MARIA L. FERNANDEZ ESTEBAN, The Rule of Law in the European Constitution, The Hague/London/Boston, Kluwer Law International, p. 66-101. A autora sustenta uma *minimum definition* desses conceitos. Na base estariam os seguintes pontos: «state of law which excludes anarchy, the principle of legality in its two versions of *negative Bindung* and *positive Bindung*, non-arbitrary behaviour of public institutions, the principle of equality (law is to be even-handed between state institutions and citizens), and the existence of a branch of independent judges which ensures judicial protection» (p. 100).

[73] R. MARCIC, Die Sache und der Name des Rechtsstaates, *in* M. IMBODEN (Hg.), Gedanke und Gestalt des demokratischen Rechtsstaates, Wien, Herder, 1965, p. 60, 61.

[74] Sobre a temática, tendo em vista a *praxis* constitucional russa, *cfr.* W.A. TUMANOV, Das Rechtsstaatsprinzip in der rußländischen Verfassungspraxis, *in* Jochen Abr. Frowein/Thilo Marauhn (Hrsg.), Grundfragen der Verfassungsgerichtsbarkeit in Mittel- und Osteuropa, Ber-

nófono; *Stadu di dritu*, no Kiriolófono da Guiné; *siyadat-ul-qanoun*, no naipe arabófono.

2. Kant, Placidus, Müller, Welcker, Mohl, Stahl, Stein, Bähr, Gneist, Mayer *et alii* – ou a Retaguarda da *Rechtsstaatlichkeit*

Fonte de inspiração filosófica para um conjunto importante de juristas no mundo germânico oitocentista, IMMANUEL KANT tem o seu nome ligado à emergência do conceito de *Rechtsstaat*, conquanto tal expressão esteja ausente dos seus escritos[75].

Estribado no trânsito do estado de natureza para o *rechtlicher Zustand* para, portanto, o Estado jurídico, KANT avança para a recondução do Estado aos quadros disciplinantes duma *ideia de direito* – cuja preexistência em relação àquele fenómeno salienta, projectando-se na direcção de um ordenamento jurí-

---

lin…, 2001, p. 80. Termina o autor justamente com duas observações de ordem semântica: a língua russa não conheceria o termo "Estado de direito". Não obstante, a Constituição usa o termo "Estado jurídico" [«Zum einen kennt die russische Sprache den Begriff des Rechtsstaates nicht. Vielmehr benutzt die Verfassung den Begriff des "rechtlichen Staates" (pravovoe gosudarstvo)].

[75] *Cfr.*, entre outros, RUDOLF WEBER-FAS, Geistiger Vater der Rechtsstaatlichkeit: Dem Andenken Immanuel Kants, *in* ZRP 1999, Heft 11, p. 461-464;

VINCENZO ZANGARA, Lo Stato di Diritto…, cit., p. 75-76;

CHRISTOPH LINK, Anfänge des Rechtsstaats gedankens in der deutschen Staatsrechtslehre des 16. bis 18. Jahrhunderts, *in* Roman Schnur (Hg.), Die Rolle der Juristen bei der Entstehung des modernen Staates, Berlin, Duncker & Humblot, 1986, p. 793 ss.; enfatiza LINK que «através de KANT, o pensamento sobre Estado de direito recebeu uma nova dimensão. A sua famosa definição de Estado como a "a associação de uma grande número de homens sob regras de direito" diferencia-se do antigo direito natural, através do seu ponto de referência» [nas palavras do autor, «erst durch Kant erhielt der Rechtsstaatsgedanke eine neue Dimension. Seine berühmte Definition des Staates als "die Vereinigung einer Menge von Menschen unter Rechtsgesetzen" unterscheidet sich vom älteren Naturrecht durch ihren Bezugspunkt. Das Gemeinwesen ist nicht mehr auf das empirisch-natürliche Interesse derjenigen gegründet (a comunidade jamais se fundou no empírico interesse natural…), die aus dem Naturstand in den Staatsbürgerlichen Status übertreten, sondern auf das Gebot der sittlichen Vernunft (na ordem da razão ética)»].

F. BATTAGLIA, Stato Etico e Stato di Diritto, *in* RIFD, 1937, p. 243-244. O autor desembocará, no entanto, na adesão a um *Estado ético*: «L'incontro dello Stato etico e dello Stato di diritto è nella storia, che l'etica cala nel diritto solleva all'etica, epperò in questa mediazionen conguagliando e conciliando veracemente organizza, secondo un immanente principio d'armonia, la vita degli uomini».

dico tutelador da liberdade e que tem na Razão o seu fundamento (*direito natural racional*)[76].

Este último passo seria o da superação do estado de natureza – o reino da violência por parte de quem pode, sem que as pessoas contra ele estejam devidamente protegidas.

Tal passo traduziria para KANT um dos imperativos da consciência moral e da razão, a determinar a submissão de todos, entes públicos ou privados, às *Rechtsgesetze*[77].

É a união de seres humanos debaixo de leis jurídicas («Vereinigung von Menschen unter Rechtsgesetzen») que define o próprio Estado, na visão Kantiana.

No séc. XVIII, detecta-se uma construção – a teoria do fisco, com um forte contributo dos alemães – que se tem apontado como um esteio da teoria do Estado de direito definida e desenvolvida posteriormente.

Se, na verdade, a sindicabilidade de determinados actos da Administração pública[78] passou a fazer parte da agenda histórica, podem-se ver na teoria do fisco elementos importantes da estrutura do "Estado de direito", tal como passaria mais tarde a ser reivindicado.

Esse mecanismo foi criado a favor dos particulares como resposta a situações criadas pela intervenção abusiva do Estado.

Perante uma intervenção da Administração lesiva de certos interesses do particular (*v.g.* expropriação de propriedade) este teria direito a atacar aquele "cofre" no sentido de ser ressarcido dos prejuízos sofridos[79].

---

[76] Considerações próximas podem ver-se em M. REALE, Lições Preliminares de Direito, 10.ª ed., Coimbra, Almedina, 1982, p. 367 ss.

Como exemplos de teóricos do direito natural da era racionalista, ocorre mencionar, ainda, GROTIUS, HOBBES, PUFENDORF, THOMASIUS, LEIBNIZ, WOLFF.

[77] *Cfr.* IMMANUEL KANT, Die Metaphysic des Sitten in zwei Teilen (1797), in B. Kellermann (dir. publ.), Works, 1922, vol. VII, p. 117-118;

Cf., ainda, do mesmo autor, Doctrine du Droit, Paris, Vrin, 1988.

[78] Para uma espécie de genealogia da administração, em geral, fornecendo uma série de abordagens teoréticas em torno do fenómeno, *cfr.* I. CHIAVENATO, Introdução à Teoria Geral da Administração, 3.ª ed., São Paulo, McGraw-Hill do Brasil, 1983, p. 21 ss.

D. FREITAS DO AMARAL, Curso de Direito Administrativo, vol. I, Coimbra, Almedina, 1986, p. 29 ss.

[79] *Cfr.*, neste sentido, ROGÉRIO EHRHARDT SOARES, Direito Administrativo – Apontamentos policopiados das lições proferidas ao curso de Direito do Porto, da Faculdade de Ciências Humanas da Universidade Católica Portuguesa, sem data, p. 21. Fala este Professor da Escola de Coimbra, a propósito do fisco, de «uma caixa, um cofre, um património ao serviço do soberano mas sujeito ao direito (isto é, ao direito privado) e que desse modo os súbditos podem accionar com um pedido de indemnização dos prejuízos causados»;

A sorte do particular nesses casos não se encontra, assim, à mercê das graças do soberano.

Pressente-se neste instituto uma faceta do Estado de direito, tal como seria arquitectado a partir do séc. XIX: a responsabilidade do Estado pelos actos dos seus agentes.

Os dados disponíveis parecem indigitar JOHANN WILHELM PLACIDUS como o primeiro a desvelar a elocução "Rechts-Staat".

O que sustenta tal conclusão é a leitura de um período da página 73 da sua "Litteratur der Staatslehre – Ein Versuch", editada em 1798: «Ungleich philosophischer ist der Geist, mit welschem die Widerspruchspartei – die Kritische oder die Schule der Rechts-Staats-Lehrer[80] zu Werke geht.

«Was ist das rechtsgemäße Verhältniß unter frein Wesen und wie es in der Welt einzuführen?».

«Ist bei ihnen die Aufgabe, auf derem Auflösung die gesamte Staatslehre beruht»[81].

Cerca de 11 anos transcorridos desde a sua aparição, no texto de J.W. PLACIDUS – que na opinião de STERN seria, porventura, o pseudónimo de JOHANN WILHELM PETERSEN[82] –, a expressão é de novo utilizada por ADAM H. MÜLLER, (em "Die Elemente der Staatskunst", Berlin, J.D. Sander, 1809): *A Ciência do direito deve – quer ela se relacione, realmente, com uma ideia ou só com conceitos – demonstrar que ela interpreta ou compreende como jurídicas todas as relações*

GOMES CANOTILHO, Direito Constitucional e Teoria da Constituição, 7.ª ed., Coimbra, Almedina, 2003, p. 91-92. Reproduz-se a seguir o esquema da explicação do Professor GOMES CANOTILHO: *Estado de Polícia = Polizeistaat = Estado iluminista = Estado de absolutismo iluminista = Estado de despotismo esclarecido…*

Acolheu também a *teoria do fisco (suporte, mas exija a indemnização!)*, que daria origem ao instituto hoje em voga da «*responsabili/do Estado* por danos causados aos particulares».

Ius politiae (do Estado de polícia, dos séc. XIV-XVIII) – polícia, do *Estado Polícia (ou* "Estado guarda-nocturno", *crismado* por Lassale no séc. XIX*).*

A.B. COTRIM NETO, Estado de Direito, *in* Enciclopédia Saraiva de Direito, vol. 33, S. Paulo, 1977, p. 468.

J. REIS NOVAIS, Os Princípios Constitucionais Estruturantes da República Portuguesa, Coimbra Editora, 2004, p. 17-18.

80 A Escola de professores de Estado de direito.

81 JOHANN WILHELM PLACIDUS, Litteratur der Staatslehre – Ein Versuch, Abtheilung 1, Strasburg, 1798, p. 73: «É para eles a tarefa em cuja solução repousa toda a *Ciência do Estado*».

82 Assim, KLAUS STERN, Das Staatsrecht der Bundesrepublik Deutschland, Band I, Grundbegriffe und Grundlagen des Staatsrechts, Strutkturprinzipien der Verfassung, 2. Aufl., München, 1984, p. 769.

económicas da vida e, por conseguinte, a totalidade do Estado de direito em causa[83].

E como *representante do Estado de direito*, MÜLLER designa o Ministro da Justiça[84].

Em 1813, regista-se mais uma utilização da expressão *Rechtsstaat* – desta vez por CARL THEODOR WELCKER[85] – e, em 1824, JOHANN CHRISTOPH FREIHERR VON ARETIN fala disso também[86].

Em 1829, ROBERT VON MOHL (1799-1875) retomou a expressão *Rechtsstaat*. Alude-se à obra *Das Staatsrecht des Königreichs Württemberg*, 1.ª parte, 1829, p. 8[87]. *Rechtsstaat* cujo campo semântico o Professor da Universidade de Tübin-

---

83 «Sollen num Finanzlehre und Rechtslehre, wie ich gezeigt habe, beide einander durchdringen; soll die Rechtslehre, ob sie wirklich mit einer Idee oder nur mit Begriffen verkehre, dadurch zeigen, daß sie alle finanz-Verhältnisse des Lebens als rechtliche und demnach die Totalität des Rechtsstaates aufzufassen im Stande sey: so darf die alte Grenze zwischen Personen und Sachen, welche die Sprengel der Finanz – und der Gerichts-Behörde absonderte, als todte Mauer nicht weiter bestehen».

84 «Der Iustiz-Minister – so nenne ich den Repräsentanten des Rechtsstaates – muß die persönlichkeit, d. h. Die Rechtsfähigkeit aller Sachen im Staate ebenso wohl als die Rechtsfähigkeit der wirklichen lebendigen Personen zu erkennen wissen, wenn er nicht für den bloßen Wortführer eines Begriffs, einer Zunft gehalten seyn will». *Cfr.* ADAM H. MÜLLER, Die Elemente der Staatskunst, Band I [Nachdruck d. Ausg. Berlin, J. D. Sander, 1809], Jena, G. Fisher, 1922, p. 165, 166; Para um enquadramento da doutrina de A. MÜLLER, *cfr.* ROBERT MOHL, Die Geschichte und Literatur der Staatswissenschaften, Band I, Erlangen, 1855, p. 253-254.

85 *Cfr.* CARL THEODOR WELCKER, Die letzen Gründe von Recht, Staat und Straße, Giessen, 1813 (Livro I, cap. 6, p. 25), que o apelida de Estado da razão («Staat der Vernunft»).

86 JOHANN CHRISTOPH FREIHERR VON ARETIN, Staatsrecht der Konstitutionellen Monarchie, Band I, Altenburg, 1824, p. 163.

Para o autor, a submissão do Estado à vontade geral racional e a exclusiva prossecução do bem comum são as notas dominantes do Estado de direito. Nas palavras de VON ARETIN, aquele Estado «in welchem nach dem vernünftigen Gesamtwillen regiert und nur das allgemeine Beste erzweckt wird».

87 Acedi à 2.ª edição, Tübingen, 1840. *Cfr.*, ainda, ROBERT VON MOHL, Die Polizei-Wissenschaft nach den Grundsätzen des Rechtsstaates, 2. Band, Tübingen, Laupp & Siebeck, 1866, p. 3--13; 3. Band, Freiburg, Akademische Verlagsbuchhandlung von J.C. Mohr (Paul Siebeck), 1866, p. 42-49, 205-214, 279-292;

ROBERT VON MOHL, Die Geschichte und Literatur der Staatswissenschaften, Band I, Erlangen, 1855;

ROBERT VON MOHL, Rechtsstaat, *in* Encyclopädie der Staatswissenschaften (Von R. Von Mohl), 2. Aufl., Freiburg/Tübingen, Akadem. Verlagsbuchhandlung von J.C.B. Mohr (Paul Siebeck), 1872, p. 324-376;

Uma análise atenta ao trabalho de MOHL foi empreendida por KATHARINA SOBOTA na sua dissertação intitulada Das Prinzip Rechtsstaat: Verfassungs- und Verwaltungrechtliche Aspekte, Tübingen, Mohr Siebeck, 1997. *Vide*, em especial, as págs. 309-310, 313-315, 316-319.

gen fez corresponder ao Estado da razão, alcançando um particular relevo os limites das funções do Estado. *Rechtsstaat* quereria dizer separação de poderes[88], quereria dizer constitucionalismo[89]. Assevera VON MOHL estarem na Alemanha

---

Destacando a ideia de que o conceito de *Rechtsstaat* só nos começos do séc. XIX chegou verdadeiramente ao debate jurídico, *cf.* KATHARINA SOBOTA, Das Prinzip Rechtsstaat..., cit., p. 11. 1997, p. 11. Na pág. 263, enfatizando que «der Rechtsstaat stammt nicht aus unvordenklicher Zeit», relembra que o conceito de *Rechtsstaat* era desconhecido até finais do séc. XVIII;

J.-Y. MORIN, L'Etat de Droit: Émergence d'un Principe du Droit International, *in* RCAI, tome 254 (1995), p. 191 – MORIN vê em LAS CASAS, na sua atitude contestatária, contra o "état de non-droit" que reinava na América do século XVI, um «précurseur de cette sorte d'Etat que nous appelons l'Etat de droit».

Para uma leitura histórica da ideia de Estado de direito, *cf.* ULRICH SCHEUNER, Die Neuere Entwicklung des Rechtsstaats in Deutschland, *in* Hundert Jahre deutsches Rechtsleben, Festschrift zum hundertjährigen Bestehen des Deutschen Juristentages 1860-1960, Bd. II, Karlsruhe, 1960, p. 229 ss.;

ERNST-WOLFGANG BÖCKENFÖRDE, Entstehung und Wandel des Rechtsstaatsbegriffs, *in* Festschrift für A. ARNDT, Frankfurt a. M., 1969, p. 53 ss.;

OTTO BÄHR, Der Rechtsstaat. Eine Publicistische Skizze, Neudruck der Ausgabe 1864, scientia Aalen, 1961;

RUDOLF GNEIST, Der Rechtsstaat und die Verwaltungsgerichte..., cit.;

RICHARD THOMA, Rechtsstaatsidee und Verwaltungsrechtswissenschaft, *in* JÖR (Jahrbuch des öffentlichen Rechts der Gegenwart), Band IV, 1910, p. 196 ss.

88 *Cfr.* VON MOHL, Encyklopädie..., cit., p. 376 *et passim.*

Sobre a temática, *vide* THOMAS GROß, Selbstverwaltung der Gerichte als Voraussetzung ihrer Unabhängigkeit?, *in* "Die Verwaltung", Heft 5, 2002, p. 217 ss. Para GROß, não existe qualquer relação de tensão entre o princípio da separação de poderes e o princípio da democracia («besteht dagegen kein zwingendes Spannungsverhältnis zwischen dem Gewaltenteilungsprinzip und dem Demokratieprinzip». «Insbesondere kann das Demokratieprinzip nicht herangezogen werden, um die bestehenden Einflussmöglichkeiten, insbesondere in Rahmen von Personalentscheidungen der Justiz, zu rechtfertigen»).

Prossegue, mais à frente, o publicista de Gießen, asseverando que a necessidade de uma legitimação independente não existe nas decisões da administração da justiça, cujas instâncias intermédias são os Presidentes dos tribunais («Das Erfordernis einer eigenständigen Legitimation besteht ebenfalls nicht bei den Entscheidungen der Justizverwaltung, deren mittlere Instanzen nach der augenblickchen Struktur die Gerichtspräsident sind). Enquanto dirigentes da administração da justiça, são eles, em primeira linha, juízes independentes cuja escolha não deve cunhar-se, em princípio, na lealdade política [«(...) als Leiter von Gerichtsverwaltungen sind sie in erster Linie unabhängige Richter, deren Auswahl nicht vorrangig durch politische Loyalität geprägt sein darf. «Nur damit wäre aber der Exekutive Einfluss auf die Besetzung von Leitungsfunktionen zu rechtfertigen. «Vielmehr beschränken sich die administrativen Tätigkeiten auf eine reine Ermöglichungsfunktion für die Ausübung der Hauptaufgabe, die Rechtsprechung, so dass kein Raum für eine eigenständige inhaltliche Gestaltungsbefugnis besteht, für die eine politische Verantwortung zu übernehmen wäre. «Insofern besteht eine Parallele zur Parlamentsverwaltung, deren Funktionsfähigkeit von keinem Minister verantwortet wird»].

89 *Cfr.* ROBERT VON MOHL, Die Polizei-Wissenschaft..., cit.

(tal como, aliás, na Inglaterra) a Filosofia do Estado e a ciência do *Rechtsstaat* ligadas a GROTIUS (1583-1645).

Nomes marcantes como um SAMUEL PUFENDORF (1632-1694)[90], CHRISTIAN THOMASIUS (1655-1728)[91] e CHRISTIAN WOLF (1679-1754)[92] situar-se-iam nessa cadeia que arranca, nomeadamente, em GROTIUS (1583-1645)[93], fundando todos eles o Estado num contrato[94].

---

[90] S. DE PUFENDORF, De Jure Naturae et Gentium, Libri VIII, Lond. SC., 1672 [existe também a tradução francesa «Le Droit de la Nature et des Gens» (1670), Amsterdam, P. du Coup, éd. Barbeirac, 1712].

[91] CHR. THOMASIUS, Fundamenta Juris Naturae et Gentium, Halae, 1718.

[92] CH. WOLF, De Jus Naturae Methodo Scientifica Pertractatum, I-IX, 4.°, Halae, 1740-1748.

[93] Ou, com sabor holandês, HUIGH DE GROOT.

Linhagem que integra, ainda, nomes como, por exemplo, FRANCISCO SUAREZ (1548-1617), JOHANNES ALTHUSIUS (1557-1638), HOBBES (1588-1679), LOCKE (1632-1704), ROUSSEAU (1712--1778) ou KANT (1724-1804).

[94] *Cfr.* ROBERT VON MOHL, Die Geschichte und Literatur der Staatswissenschaften..., cit., I, p. 239 ss.: «Wie in England, so Knüpft sich in Deutschland die Wissenschaft des philosophischen Rechtes und zunächst des Rechtsstaates unmittelbar an H. Grotius an».

E clarifica, na página seguinte: É PUFENDORF o primeiro intérprete oficial da obra de GROTIUS, tendo-lhe seguido, nessa acção, THOMASIUS e, mais tarde, WOLF («Es ist nämlich Pufendorf, welcher den Reigen eröffnet, der erste amtliche Ausleger des Werkes von Grotius. «Ihm folgen Thomasius und spater Wolf).

O grande elo de ligação entre todas estas personalidades seria a fundamentação do Estado no contrato [«Alle gründen, freilich auf verschiedene Weise, den Staat auf Vertrag; namentlich Pufendorf setzt ausführlich die Nothwendigkeit des Vereinigungs-, des Unterwerfungs- und des Verfassungs-Vertrages auseinander. «Sie erkennen, wenigstens zum Theile, das Regierungsrecht als bedingt durch Einhaltung des Vertrages von Seiten des Fürsten. «Allein die Lehre dieser ersten deutschen Staatsphilosophen geht doch weit mehr auf Begründung der Fülle der Staatsgewalt und des formell unbegrenzten Forderungsrechtes der Fürsten, als auf Sicherstellung der Rechte der Unterthanen»].

Atente-se, ainda, na grelha de análise exposta por VON MOHL a pág. 230-251, onde o desenvolvimento da ideia de Estado de direito é historiado desde a Inglaterra aos EUA, passando por Holanda, França, Alemanha e Itália;

H. GROTIUS, Le Droit de la Guerre et de la Paix (1625), Bâle, E. Thourneisen, éd. Barbeyrac, 1746.

Recorde-se o lugar importantíssimo ocupado por HUGO GROTIUS no movimento de secularização do Direito natural.

Num contexto de guerras religiosas fracturantes do mundo e da mundividência cristãos, num ambiente de declínio da "civitas christiana" como, na verdade, afirmar, por exemplo, um *ius gentium* igualmente aceitável para os protestantes e para os católicos?

A resposta está na fundamentação do Direito natural, não na vontade de Deus, mas na natureza humana.

Em vez de fé, razão; em vez de Providência, vontade humana.

E o Direito natural (ditado pela *recta ratio*) que emergiria dessa abordagem, seria, segundo

As obras citadas de ROBERT VON MOHL espelham as cautelas de um académico e político em conciliar a teoria e a prática, revelando uma equacionação a vários títulos pioneira da doutrina do *Rechtsstaat*.

Surpreende-se em ROBERT VON MOHL uma preocupação, qual seja a de ligar a temática do Estado de direito à ordem da razão (*Verstandesstaat*).

Como, certeiramente, dá conta K. SOBOTA[95], está-se aí perante algo que (sendo «Weniger Vernunft als Vernünftigkeit» – *menos razão que racionalidade*) deve ser o fundamento de legitimação do Estado de direito. «Das Vertrauen in diese bescheidene, kleine Vernunft – Prudentia, nicht Theoria – soll die Legitimationsgrundlage des Rechtsstaats sein»[96].

Na verdade, de acordo com MOHL[97], de entre as tarefas do *Rechtsstaat*, destaca-se, desde logo, a da manutenção da ordem jurídica.

Esta aparece como uma necessidade, como um bem em si, «ein Gut an sich».

E esta protecção da *Rechtsordnung* só é entendível na linha do que atrás se escreveu sobre o imperativo da *Vernunft*. Desde logo, «die gleiche Behandlung

---

GROTIUS, *válido mesmo se Deus não existisse*... ainda que se postulasse algo que não se pode postular sem cometer «o maior delito», qual seja «aceitar que Deus não existe».

Destacando a "perversidade" desta *deductio ab absurdum* de GROTIUS («direito natural mesmo que Deus não existisse»), *vide* F. WIEACKER, História do Direito Privado Moderno (trad. por A.M.B. Hespanha do alemão Privatrechtsgeschichte der Neuzeit unter besonderer Berücksichtigung der deutchen Entwicklung, 2.ª ed., Göttingen, 1967), Lisboa, F.C. Gulbenkian, 1980, p. 298-299. A dedução é aí tida como «um paradoxo da escolástica idealista-tomista transmitido por Francisco Suarez, que parece ser dirigido contra o conceito voluntarista de Deus dos nominalistas, do qual surge precisamente a ciência "secularizada"».

Para uma digressão pelos escritores como GROTIUS, SPINOZA, PUFENDORF e outros que na Idade Moderna laboraram na área da Filosofia do Direito, *cfr.* G. DEL VECCHIO, Filosofía del Derecho, 3.ª ed., Barcelona, Bosch, 1942, p. 92 ss.;

ANTÓNIO TRUYOL Y SERRA, La Filosofia Jurídica y Política Alemana en los Siglos XVII y XVIII, *in* RFDUL, vol. XX, 1966, p. 267-282.

95 KATHARINA SOBOTA, Das Prinzip..., cit., p. 309-310.

96 A confiança nesta simples, pequena razão – *prudentia*, não teoria – deve ser o fundamento de legitimação do Estado de direito.

97 Identifica MOHL (*vide* a sua Encyclopädie der Staatswissenschaften..., cit. – mais precisamente, o estudo intitulado *Rechtsstaat*, p. 325 ss.) duas tarefas do *Rechtsstaat*.

A primeira seria a conservação da ordem jurídica em toda a esfera da autoridade do Estado como uma necessidade e um bem em si e condição de todo o resto «als ein Bedürfniß und ein Gut an sich und als die Bedingung alles Weiteren».

Finalmente, como segunda tarefa do *Rechtsstaat*, teríamos «die Unterstützung vernünftiger menschlicher Zwecke, wo und insoweit die eigenen Mittel der einzelnen oder bereits zu kleineren kreisen vereinigter Betheiligten nicht ausreichen» (com efeito, o apoio a fins humanos pautados pela razoabilidade – reconhecida a insuficiência, até à data, dos meios individuais e dos círculos exíguos – deveria ser uma das missões do *Rechtsstat*).

aller Bürger nach den Gesetzen eben sowohl Forderung der Gerechtigkeit als der Staatsklugheit; und jeden Falles darf keinem einzelnen die Befolgung der allgemeinen Vorschriften nachgelassen werden, wenn dadurch den Uebrigen ein Schaden zugienge»[98].

São identificáveis em ROBERT VON MOHL alguns princípios ou critérios que concorrem para a tutela do *Rechtsstaat*[99].

Aqui, faz-se mister recordar quão relevante é a *Polizei* (que evolui em várias dimensões, integrando em si as medidas estatais de previdência e, bem assim, aquilo a que o autor chamou *system der Präventiv-Justiz*) na construção que nos foi oferecida por este jurisconsulto germânico.

Os mais importantes princípios ou critérios aí descortináveis são:

O primado da lei; a reserva da lei; o dever de fundamentar; o princípio da publicidade; a proporcionalidade, necessidade e ponderação de bens; a sobriedade, a seriedade, a solidez, o carácter popular (*volkstümlich*) que devem nortear as instituições públicas – tudo aspectos que se afastam da sumptuosidade e ostentação típicas do monarca absoluto; a protecção jurídica contra a injustiça do Estado; a compensação aos particulares pelos sacrifícios por estes assumidos em prol da comunidade.

Temos em MOHL, em certa medida, um defensor da concepção que agora é conhecida por concepção substancial do Estado de direito (numa incidência liberal), em que a limitação do campo da acção do Estado e a tutela dos direitos dos particulares (tudo isso numa preocupação de contrariar o Estado autoritário) se consubstanciam, designadamente, na primazia da lei, lei que resultaria dum parlamento eleito pelo povo.

Eis, por conseguinte, o Estado de direito, o modelo parlamentar, a representação do todo nacional sobre os ombros dos representantes dessa totalidade mancomunados contra o Estado autoritário.

Um contributo importante para o desenvolvimento do Estado de direito foi dado por FRIEDERICH JULIUS STAHL (1802-1861) em Die Philosophie des Rechts, Bd. II: Rechts- und Staatslehre auf der Grundlage christlicher Weltanschauung..., 1846. Obra em que o político conservador, jusfilósofo e declarado adepto do

---

98 Assim, ROBERT VON MOHL, Staatsrecht des Königsreichs Württemberg..., cit. p. 36: *o tratamento igual de todos os cidadãos perante as leis* – pois assim mandam a justiça e a sensatez.

99 *Cf.* o 1.° e o 2.° volumes da sua obra "Die Polizei Wissenschaft...", cit.

direito divino[100] advoga uma certa domesticação do poder no altar do direito, com a consequente necessidade de os instrumentos e fronteiras da acção desse poder, assim como a esfera de liberdade dos cidadãos, serem fixados à luz do direito[101].

Citando (pág. 137) o político e jurista de origem judia, «Der Staat soll Rechtsstaat seyn, das ist die Losung und ist auch in Wahrheit der Entwicklungstrieb der neueren Zeit.

«Er soll die Bahnen und Grenzen seiner wirksamkeit wie die freie Sphäre seiner Bürger in der Weise des Rechts genau bestimmen und unverbrüchlich sichern, und soll die sittlichen Ideen von Staatswegen, also direct, nicht weiter verwirklichen (erzwingen), als es der Rechtssphäre angehört».

E, conclui, o conceito de *Rechtsstaat* «bedeutet überhaupt nicht Ziel und Inhalt des Staats, sondern nur Art und Charakter, dieselben zu verwirklichen» (*não fim e conteúdo, mas sim modo...*)[102].

Na perspectiva do autor, se a lei é fundamento e condição do poder do Estado, este é, por sua vez, fundamento e condição daquela[103];

---

100 É STAHL quem, na pág. 156 da obra acabada de citar, nos diz: «Die Quelle, aus der die sittliche Gebundenheit der Menschen», «und die Heiligkeit der öffentlichen Ordnung quillt, ist nicht der Kultus der Nation, sondern der Kultus Gottes. Die Staaten sollen darum streben christliche Staaten zu seyn, und es immer mehr zu seyn».

101 *Vide* FRIEDERICH JULIUS STAHL Die Philosophie des Rechts, Bd. II:

Rechts- und Staatslehre auf der Grundlage christlicher Weltanschauung, 2. Abteilung (4. Buch):

Die Lehre Vom Staat und die Principien des deutschen Staatsrechts, 2. Aufl., Heidelberg, J.C.B. Mohr, 1846 (1.ª edição sob o título: Die Philosophie des Rechts nach geschichtlicher Ansicht, 1830-1837), p. 201, ss. *et passim*.

102 O Estado deve ser um Estado de direito. Eis o lema e o impulso de desenvolvimento do tempo moderno. Ele deve determinar, de forma exacta e jurídica, as vias e fronteiras da sua actividade, bem como a esfera livre dos seus cidadãos, oferecendo a sua protecção.

103 F.J. STAHL, Die Philosophie…, cit., p. 162 ss.:

«Gesetz und Staatgewalt verhalten sich demnach zu einander wie im einzelnen Menschen (…) die Gesinnung (Charakter) und der wille (Kraft des Entschlusses).

«Das Gesetz ist Grund und Voraussetzung der Staatsgewalt, durch welches sie Staatsgewalt ist (Gesetze über Regierungsform, Thronfolge), und ist theils Schranke, theils positiver Bestimmungsgrund ihrer Ausübung, sie darf es nicht überschreiten und muß es vollziehen.

«Auf der andern Seite ist die Staatsgewalt wieder Grund und Voraussetzung des Gesetzes – es gilt durch ihr Ansehen, und sie hat Macht es abzuändern und fortzubilden, und herrscht die Staatsgewalt in weiter Sphäre frei innerhalb des Gesetzes»;

OTTO BÄHR, Der Rechtsstaat, Eine Publicistische Skizze, Neudruck der Ausgabe 1864, Scientia Aalen, 1961, p. 1 ss.;

KATHARINA SOBOTA, Das Prinzip Rechtsstaat…, cit., p. 319-325, 328, 334-337, onde se intenta dissecar a obra de FRIEDRICH JULIUS STAHL no capítulo do *Rechtsstaat*.

Nas palavras de GIERKE, «Rechtsstaat ist ein Staat, welcher sich nicht über, sondern in das Recht stellt»[104].

O *Leitmotiv* da filosofia política de STAHL, para não dizer, apenas, o seu pensamento sobre o *Rechtsstaat*, tem sido, ao longo dos tempos, ilustrado nessa forte passagem citada linhas atrás:

Trata-se da ideia de que o Estado deve ser Estado de direito, sendo então essa a palavra de ordem e a tendência evolutiva dos tempos modernos; de que o *Rechtsstaat* significa não "Ziel und Inhalt" do Estado, mas, apenas e só, "Art und Charakter".

Não a finalidade e o conteúdo do Estado, mas simplesmente a forma (o modo e o método) como se realizam estes.

Destarte, reconduz-se, normalmente, STAHL (um político conservador) a uma visão formal do *Rechtsstaat.*

Na verdade, o autor imprime maior relevo à ideia do direito enquanto instrumento em prol da adequada organização do Estado – não tanto, embora dote este entendimento de alguma importância, enquanto mecanismo de limitação do poder do Estado.

No quadro dessa estratégia de organização do poder do Estado, a relação entre este e os administrados integra, outrossim, a perspectiva formal stahliana de *Rechtsstaat.*

Não se julgue, contudo, que pugnava STAHL por uma concepção de *Rechtsstaat* nos termos da qual todo o Estado seria, necessariamente, Estado de direito.

Para atingir este escalão, exige-se ao poder público que funcione, que proceda dentro da lei.

Se assim não for, perde o Estado o seu carácter de Estado de direito («büßt der Staat seinen Charakter als Rechtsstaat ein»)[105].

Teria esse enfoque uma relevância simplesmente qualificatória, não sancionatória, mas continuaria, ainda assim, a fazer sentido.

---

104 "O Estado de direito é um Estado que não se coloca acima, mas sim dentro do direito" [Die Grundbegriffe des Staatsrechtstheorien, *in* Zeitschrift für die gesamte Staatswissenschaft, Bd. 30 (1874), p. 153 ss.]. OTTO VON GIERKE inscreve-se na linha dos postulados da Escola Histórica, que ele tentou apurar.

105 FRIEDRICH JULIUS STAHL, Die Philosophie..., cit., p. 607;

Sobre STAHL, *cf.* OTTO BÄHR, Der Rechtsstaat..., cit., p. 77-110 – em especial, 77, 87, 88, 90, 104; 192-194.

Alerta KATHARINA SOBOTA[106] para o dado segundo o qual quem reflectir sobre o conceito stahliano de *Sittlichen Reiches* (reino moral[107]) não pode, sem mais, apresentar STAHL como o pai do Estado de direito formal.

Descobre a autora em STAHL[108] a preocupação em fundar o Estado numa *Werthafte Ordnung*. Na verdade, clama STAHL, na pág. 118 da 2.ª edição da sua obra que aqui tem vindo a ser citada, que faz parte da natureza do Estado um sentido ético.

Retomando SOBOTA, «(...) Kann das Stahlsche Konzept nicht als formal bezeichnet werden» pois ele «tem não só um aspecto formal, como também material» [«es hat sowohl einen formalen als auch einen materialen Aspekt, je nach dem, wo der Betrachter steht.

«Damit bietet Stahl eine Lösung an, die den Gegensatz zwischen Form und Inhalt transzendiert, ihn operational durch den Kunstgriff der Ebenen-Differenzierung nutzbar macht»].

Menciona-se, ainda, um outro nome relevante na construção conceptual que envolveu o *Rechtsstaat*.

Trata-se de LORENZ STEIN (1815-1890)[109].

Em "Die Verwaltungslehre", STEIN avança para a impostação segundo a qual deve ser o *Rechtsstaat* também um Estado social (um *sozialer Staat*)[110], atento às insuficiências, na vertente da igualdade, ostentadas pelo Estado de direito burguês[111].

---

106 Das Prinzip..., cit., p. 328, 334-335.

Concretiza a autora, após mencionar a fundamentação do princípio ético stahliano nos postulados da Igreja católica: Esta ideia fundamental de valor não impediu STAHL de considerar o seu Estado um sistema jurídico que não depende, na sua actividade diária, de princípios da moral. No plano mais profundo, formam o Direito e a Ética uma unidade.

107 De inspiração hegeliana. STAHL vê duas camadas nesse "reino moral": uma, mais terrena, radicada na interioridade humana e na livre acção do homem; outra, mais elevada, que se traduz no reino de Deus consagrado pelo cristianismo.

108 A propósito de STAHL, *vide* o artigo de BLUNTSCHLI intitulado "Friedrich Julius Stahl", *in* J.C. BLUNTSCHLI/K. BRATER (Hrsg.), Deutsches Staats-Wörterbuch, 10. Band, Stuttgart/Leipzig, 1867 [Nachdruck: Frankfurt/Main, Keip Verlag, 1983], p. 154-163.

109 *Vide* a sua Die Verwaltungslehre, 2. Aufl., Stuttgart, J.G. Cotta'schen Buchhandlung, 1869.

110 A respeito, W. ABENDROTH, Zum Begriff des demokratischen und sozialen Rechtsstaates im Grundgesetz der Bundesrepublik Deutschland..., cit., p. 114-144.

111 No concernente à experiência constitucional brasileira, *vide* a opinião de TÉRCIO SAMPAIO FERRAZ JÚNIOR [Constituição Brasileira: Modelo de Estado, Estado Democrático de Direito, Objectivos e Limites Jurídicos, *in* Jorge Miranda (org.), Perspectivas Constitucionais – Nos 20 Anos da Constituição de 1976, vol. III, Coimbra, Coimbra Editora, 1998, p. 51, 56-57]. Observa

Para lá de um *bürgerlicher Rechtsstaat*, dever-se-ia afirmar um *sozialer Staat* que cada vez mais impressivamente foi ampliando o seu terreno de implantação, designadamente na Alemanha.

E repisa o autor o papel do Direito enquanto limite ou fronteira do poder executivo[112-113]. O recurso universal aos tribunais é aqui sentido como algo imanente ao Estado de direito.

Outra figura inladeável na tecitura do conceito de *Rechtsstaat* é OTTO BÄHR (1817-1895).

O Juiz vem dizer-nos que se deve fundar no Direito a relação entre governantes e governados («Zwar ist heutzutage mehr als je der Gedanke lebendig, daß das Verhältniß zwischen Regierenden und Regierten nicht ein solches einseitiger Gewalt, sondern des Rechts sein soll»)[114].

Descobre o autor a essência da Monarquia Limitada na circunstância de o "Regent" estar vinculado «bei Ausübung der Staatsgewalt in bestimmter Weise an die Mitwirkung eigener Unterthanen».

Remata nestes moldes: «Fragen wir nach den Gegenständen, bei welchen der Regent vorzugsweise an die Mitwirkung seiner Unterthanen gebunden sein soll, so find es: Schaffung und Verwirklichung des Rechts durch Gesetz und Richterspruch»[115].

FERRAZ JÚNIOR que, no Brasil, a «estrutura institucional das leis básicas, enquanto constitutivas do Estado de Direito» provém «de uma experiência marcada pelo hibridismo liberalismo conservador/práxis autoritária». Porém, conclui, «o grande momento vivido pela experiência constitucional brasileira atual na instauração do Estado Democrático de Direito está, assim, no modo como as exigências do Estado Social se jurisfaçam, no sentido formal da palavra, nos contornos do Estado de Direito, quebrando, porém, o velho hibridismo da lógica liberal conjugada com uma práxis autoritária».

[112] «Das Recht als Gränze der vollzienden Gewalt der Regierung, der Regierungsgewalt, gegenüber der staatsbürgerlichen Freiheit und der bürgerlichen Selbständigkeit der Einzelnen heißt das Regierungsrecht»: *op. cit.*, 1. Teil, p. 295.

Em *Rechtsstaat und Verwaltungsrechtspflege* (*in* Grünhuts Zeitschrift für das private und öffentliche Recht, VI, 1879, p. 50, 55), STEIN posiciona-se no sentido de a especificidade do conceito de *Rechtsstaat* começar onde o Direito constitucional permite ao cidadão exercer os direitos adquiridos conforme a lei, em nome da lei e, se for o caso, contra o poder executivo. Considera, finalmente, o Estado de direito um estádio subsequente à realização duma Constituição livre, não um tipo ou categoria especial de Estado.

[113] Sobre o conceito e dimensão histórica do *Rechtsstaat*, *cf.* LORENZ STEIN, Die Verwaltungslehre..., cit., 1. Teil, p. 296-298, onde se dá conta de uma certa identificação, em autores como MOHL, entre o conceito de *Staat* e o de *Rechtsstaat.*

[114] *Cf.* OTTO BÄHR, Der Rechtsstaat..., cit., p. 2, 52.

[115] (a prossecução e concretização do direito através da lei e da sentença) *id. ibid*, p. 12, 13, 66.

E se se deseja alcançar ou afirmar o *Rechtsstaat*, o conceito de Estado deve desenvolver-se na via do controlo da autoridade, seja do ponto de vista moral, seja do ponto de vista jurídico[116].

Na linhagem genitora do *Rechtsstaat*, destaca-se, outrossim, RUDOLF GNEIST (1816-1895)[117].

---

[116] *Cf.* OTTO BÄHR, Der Rechtsstaat..., cit, p. 45, 47, 49. E é aqui que entra o "Justizstaat" sublinhando o lugar destacado da jurisdição na arquitectura do Estado. A arquitectura corporativista do Estado é rematada, justamente, pelo imperativo da sindicabilidade da acção administrativa pelos tribunais. Explora ainda o autor uma visão corporativista do Estado, reconduzindo este à condição de "maior, mais importante e complicada corporação":

«Der Staat ist der juristisch entwickelte Begriff für die Genossenschaft der Nation; und Staatsrecht ist nichts anderes, als eine Art des Genossenschaftsrechts.

Allerdings ist der Staat die größte, wichtigste und complicirteste Genossenschaft, und deshalb mag es sich rechtfertigen, das "Staatsrecht" als eine besondere juristische Disciplin zu behandeln».

Esta ideia encontra-se explicitada na página 49 da obra citada, quando BÄHR nos diz: «Während alle anderen Genossenschaften innerhalb des Staates sich bewegen, und daher in diesem, also außerhalb ihrer eigenen Sphäre, den Stützpunkt für den Schutz ihres inneren Rechtslebens finden können, steht über dem Staat keine weitere höhere Macht, welche die Lösung jener Aufgabe zu übernehmen vermöchte (... não se encontra acima do Estado qualquer outro poder ao qual caiba a solução daquela tarefa).

«Der staat kann also die Befriedigung jenes Bedürfnisses nur in sich selbst suchen» (*o Estado pode, portanto, em si próprio, procurar a satisfação daquela necessidade*).

Sobre o conceito, *vide*, entre muitos, A. ALBRECHT, Rechtsstaat, *in* Staats Lexikon, 4. Band, 7., völlig neu bearbeitete Auflage, Freiburg/Basel/Wien, 1988, p. 737-747; também (na mesma colecção), a 6. Band, 6., völlig neu bearbeitete und erweiterte Auflage, Freiburg, Herder, 1961, p. 685-705.

À roda do corporativismo, nas suas variadas manifestações, bem como do Estado de direito, *vide* VITAL MOREIRA, Neocorporativismo e Estado de Direito Democrático, *in* Questões Laborais, 14, 1999, p. 174-188. Tenderia o neocorporativismo a pôr em causa princípios como o da «igualdade de tratamento e da imparcialidade do Estado perante as organizações sociais», o «direito de contratação colectiva entre sindicatos e organizações patronais», a «reserva da função de representação política para os partidos políticos», a «soberania e reserva parlamentar na formulação das leis» e o «princípio da responsabilidade da maioria parlamentar-governamental pela condução da política do país» (p. 183-186). Sugere, mais adiante, algumas medidas correctivas (p. 186-187).

Postula VITAL MOREIRA (p. 187) que «se dê a César (isto é, ao poder político) o que é de César – a saber, a condução da política do país – e aos "parceiros sociais" o papel de participação consultiva quanto às decisões políticas, reservando o exercício delegado de poderes públicos para funções derivadas e secundárias».

[117] *Cf.* RUDOLF GNEIST, Der Rechtsstaat und die Verwaltungsgerichte in Deutschland, 3. unveränderte Aufl., Nachdr. der 2. Aufl. von 1879, Darmstadt, wissenschaftliche Buchgeselschaft, 1958, p. 26-37, 65-98, 158-190, 252-277, 321-332.

GNEIST não disfarça, logo na 1.ª edição da obra supracitada, um certo germanocentrismo no que à irradiação do *Estado de direito* concerne.

Referindo-se ao sistema francês, por exemplo, afiança tratar-se este da negação do *Rechtsstaat,* à qual não estaria alheio o desaparecimento do legado germânico, em matéria de *Rechtsstaat;*

Aqui, a incidência administrativa do princípio do *Rechtsstaat* é patente, enquadrando-se tal abordagem numa preocupação de conter a Administração pública em fronteiras aceitáveis[118].

Rechtsstaatlichkeit que o autor reconduz a uma *Selbstverwaltung*.

Significa igualmente "governo segundo as leis", bem como jurisdição administrativa autónoma.

Na mesma senda encontra-se OTTO MAYER (1846-1924)[119].

Na perspectiva deste vulto matricial do Direito Administrativo alemão, a afirmação do princípio do *Rechtsstaat* (no enfoque prevalentemente administrativista – "Estado de Direito Administrativo bem ordenado") – contra o *Polizeistaat* orienta-se pela via do enquadramento dos actos administrativos segundo os ditames da justiça e, bem assim, do aproveitamento das técnicas utilizadas em relação aos tribunais comuns a favor da jurisdição administrativa[120].

Diria ANSCHÜTZ[121] que a linha divisória entre o *Rechtsstaat* e o Estado de polícia consiste na circunstância de, no primeiro caso, a Administração não poder intervir na esfera das liberdades do indivíduo nem *praeter legem*, nem *contra legem*, desenvolvendo-se o *Polizeistaat* na direcção oposta.

Para alguns traços da vida académica, profissional e política de GNEIST (1816-1895), *cf.* KATHARINA SOBOTA, Das Prinzip..., cit., p. 355-356, n. 499.

118 Relembra GNEIST ("Der Rechtsstaat und die Verwaltungsgerichte...," cit., p. 267) que a um certo construcionismo jusprivatístico acorrentado à justiça administrativa contrapôs LORENZ STEIN (em "Die Verwaltungslehre...", cit.) um novo, deduzido do conceito de poder executivo.

Enfatiza GNEIST, aludindo a STEIN, que ninguém na Alemanha tem maior mérito no entendimento da natureza da sociedade do que o inteligente autor deste Direito Administrativo Comparado; sobre o mencionado "Engagement im Verwaltungsstaat" de RUDOLF GNEIST, *cf.* KATHARINA SOBOTA, Das Prinzip Rechtsstaat..., cit., p. 354-356, 369, 377-380, 382-383, 392, 393-396; subscrevendo a opinião de que os juristas prussianos dos finais do século XIX, ao oporem a expressão *Estado de direito* a *Estado de polícia* (visando reagir contra a arbitrariedade da Administração e limitar o alcance dos poderes discricionários desta), faziam-no mais por razões de eficácia do que para proteger os cidadãos, *cfr.* G. CONAC, Etat de Droit..., cit. p. 483.

119 Tal como em BÄHR e GNEIST, a limitabilidade da Administração pela lei é em MAYER um claro fio condutor. Daí advogarem a instituição de tribunais administrativos independentes.

120 Assim, OTTO MAYER, Deutsches Verwaltungsrecht, Band I, Leipzig, Dunker & Humblot, 1895, p. 53-66, *passim*; *vide*, ainda, a 3.ª edição da obra acima citada de O. MAYER, p. 54-63; *id.*, 3.ª edição München/Leipzig, 1924, p. 54-63, *passim*;

Para a historiografia do conceito de *Rechtsstaat, cf.* KLAUS STERN, Das Staatsrecht, der Bundesrepublik Deutschland, Band I..., cit., p. 768-774;

PHILIP KUNIG, Das Rechtsstaatsprinzip, Tübingen, J.C.B. Mohr, 1986, p. 21-23;

A. BLECKMANN, Vom Subjektiven zum Objektiven Rechtsstaatsprinzip, *in* JöR, Vol. 36, 1987, p. 1 ss.

121 *In* MEYER/ANSCHÜTZ, Lehrbuch des Deutschen Staatsrechts, 7. Aufl., 1919, p. 29 [b].

Assevera OTTO MAYER não se tratar de Estado de direito aquele Estado que não tenha para sua administração nem lei, nem acto administrativo[122].

Enfaticamente, «der Rechtsstaat bedeutet die tunlichste Justizförmichkeit des Verwaltung»[123].

Patenteou-se o enorme contributo da ciência jurídica alemã[124] para o desenho do conceito de *Rechtsstaat*.

Mas será lídimo partir-se dessa verificação para a conclusão segundo a qual existiria uma espécie de monopólio germânico da ideia de Estado de direito?

Citando OTTO MAYER, «nichts wäre also verfehlter als zu glauben, die Idee des Rechtsstaates sei eine ganz besondere deutsche Eigentümlichkeit (a ideia do *Rechtsstaat* como uma propriedade plenamente alemã).

«Sie ist uns in allen wesentlichen Grundzügen gemeinsam mit unseren Schwesternationen, welche die gleichen Entwicklungsstufen durchgemacht haben; insbesondere mit der französischen, mit welcher das Schicksal uns nun einmal trotz alledem geistig zusammengebunden hat»[125].

Interessantes, nesse sentido, são algumas linhas traçadas por LORENZ STEIN a propósito do conceito e sentido histórico do *Rechtsstaat*: «Man muss zunächst davon ausgehen, daß Wort und Begriff des "Rechtsstaates" specifisch deutsch sind.

---

[122] *Cf.* OTTO MAYER, Deutsches Verwaltungsrecht…, cit., 1. Aufl., p. 66: «Der Staat, der für seine Verwaltung kein Gesetz hat und keinen Verwaltungsakt, ist kein Rechtsstaat».

«Der Staat, der beides ausgebildet hat, ist als Rechtsstaat Volkommener oder unvollkommener je nach dem Masse, in welchem er von diesen Formen Gebrauch macht und ihre Wirksamkeit sichert».

[123] OTTO MAYER, Deutsches Verwaltungsrecht…, cit., 3.ª ed., 1924, p. 62.

[124] Em cujo movimento se inscrevem ainda nomes como ANSCHÜTZ (*cfr.* o seu Verwaltungsrecht, Justiz und Verwaltung, *in* Die Kultur der Gegenwart, Berlin/Leipzig, 1906) e THOMA [*cfr.* Rechtsstaatsidee und Verwaltungsrechtswissenschaft, *in* JöR, 1910, p. 201; Handbuch des deutschen Staatsrechts, Band II – ANSCHÜTZ, GERHARD/THOMA, RICHARD (Hg.) –, Tübingen, J.C.B. Mohr (Paul Siebeck), 1932, p. 130 ss., 233, 612].

[125] A ideia de *Rechtsstaat*, em todas as características essenciais, é comum também às nações irmãs da Alemanha, nações que atravessaram idênticos estádios de desenvolvimento – particularmente a francesa, à qual, apesar de tudo, o destino nos tem unido espiritualmente (OTTO MAYER, Deutsches…, cit., 1. Aufl., p. 65);

Cf., também, LUC HEUSCHLING, Etat de Droit, Rechtsstaat, Rule of Law – Quelques Réflexions sur les Mots et les Choses, *in* http://www.eur.nl/frg/iacl/papers/heuschling.html, p. 2, onde se dá conta da datação do nascimento dessas palavras nos seguintes termos:

Rule of law – 1600; *Rechtsstaat* – 1798; *Etat de droit* – 1868.

Evidenciado a "origem germânica" da "ideia de *Estado de Direito*", mas «em tudo semelhante à que na França novecentista se formou sob a designação de *Estado constitucional*» e sublinhando a histórica incorporação à ideia de Estado de direito da «concepção, de raiz jusnaturalista, da delimitação da esfera dos cidadãos perante o Estado», na perspectiva de um Estado Liberal de Direito, *vide* J.M. SÉRVULO CORREIA, Legalidade e Autonomia Contratual nos Contratos Administrativos, Coimbra, Almedina, 1987, p. 190-191.

«Beide kommen weder in einer nicht deutschen Literatur vor, noch sind sie in einer nicht deutschen Sprache correct wieder zu geben»[126].

Resta saber se é legítima uma apropriação teutónica da ideia de Estado de direito.

Sem desprimor pelo esforço relevantíssimo de construção ou reconstrução desenvolvido pelos operadores jurídicos germânicos[127] (a saber, doutrina, jurisprudência, entre outros) em torno do conceito de *Rechtsstaat*, não se afigura aceitável qualquer assenhoreamento deste conceito e, muito menos, da ideia de Estado de direito pelo universo germânico. Contrasta OTTO KIMMINICH a "história da ideia de *Rechtsstaat*" com a do "conceito de *Rechtsstaat*", para concluir que esta última está vinculada à literatura juspublicista alemã, respeitando a primeira à tradição europeia[128]. Mas é precisamente aí que bate o ponto: o fundamental é a "ideia", o determinante é a "ideia".

Torcendo a nosso favor o dito de O. MAYER segundo o qual *a palavra apareceu já depois da coisa ter-se posto em marcha*[129], partindo da evidência de que

---

[126] «Deve-se, em primeiro lugar, partir do ponto de vista de que a palavra e o conceito "Rechtsstaat" são especificamente alemães. Ambos nem aparecem na literatura não alemã, nem estão correctamente reproduzidos numa língua não alemã» (LORENZ STEIN, Die Verwaltungslehre..., cit., 1. Teil, p. 296-297);

H. HOFMANN, Geschichtlichkeit und Universalitätsanspruch des Rechtsstaats, *in* Der Staat, 34. Band, Heft 1, p. 1-2;

PABLO LUCAS VERDÚ, La Lucha por el Estado de Derecho, Bolonia, R.C.E., 1975, p. 25, que lembra a «procedencia germánica y feudal» que autores vários atribuem à *rule of Law*;

K. HESSE, Der Rechtsstaat im Verfassungssystem des Grundgesetzes, *in* Festgabe für Rudolf Smend, 1962, p. 71.

[127] Apontando a importância de VON MOHL na "incorporação" do "Rechtsstaat" no "léxico jurídico-político", mas chamando a atenção para o facto de a ideia contida nessa formulação constituir "un principio básico de los Estados occidentales, pues ya arranca de la Hélade", *cfr.*, CARLOS GARCIA LOZANO, El Estado Liberal de Derecho: Sus Elementos Configuradores, *in* Boletin de la Universidad Compostelana, 1962, p. 287.

[128] O. KIMMINICH, Demokratie und Rechtsstaat, *in* O. KIMMINICH/H. KRAMER/K. KRÖGER/D. MERTEN/R. SCHOLZ, Rechtsfrieden im Rechtsstaat, Schwerte, Katholische Akademie Schwerte, 1984, p. 23;

[129] OTTO MAYER, Deutsches Verwaltungsrecht..., cit., p. 61. Chama MAYER atenção para a abertura, o carácter inacabado da coisa que a noção de *Rechtsstaat* pretende designar. Seria esta a razão pela qual a noção de Estado de direito flutua tanto – dado que cada um é tentado sempre a meter ali o seu próprio ideal jurídico («weil jeder immer seine juristischen Ideale hineinzulegen geneigt ist», *id. ibid.*).

Veja-se ainda E.-W. BÖCKENFÖRDE, Recht, Staat, Freiheit: Studien zur Rechtsphilosofie, Staatstheorie und Verfassungsgeschichte [Entstehung und Wandel des Rechtsstaatsbegriffs], 1. Aufl., Frankfurt am Main, 1991, p. 143 ss.: O *Rechtsstaat* seria um daqueles conceitos ("Schleusenbegriffen") que permanecem vagos e inexplicáveis, refractários a uma definição completa e objectiva.

a palavra pretende representar a "coisa", não parece correcto apagar ou olvidar a "coisa". Ora, a sensação que se tem é que a "coisa" é tornada invisível a troco da hipostasiação do verbo. O *Estado de direito* tem sido um *signo* cujo *significante* não se tem visto, perdido que está este na amazónica floresta de conjecturas sobre a sua existência e, em caso afirmativo, a sua conformação.

Presentemente, o que temos, no panorama alemão, é um encorpado *Rechsstaatsprinzip* que, num enfoque dedutivístico, vai, sempre que necessário ou oportuno, dando à luz, pelas mãos de parteiros como o *Bundesverfassungsgericht*, outras normas não expressas.

O redemoinho de criação jurisprudencial despertado pela *Rechtsstaatlichkeit* vai operando, numa espiral sempre ascendente (até onde será tal exercício autosustentável ou suportável?), a acomodação de casos a uma solução assente num complexo edifício lógico cuja premissa maior é o *Rechtsstaat*[130].

---

[130] A título de exemplo, *vide* algumas decisões do Tribunal Constitucional Federal alemão na colectânea *Entscheidungen des Bundesverfassungsgerichts* – BverfGE): BVerfGE, vol. 2, p. 380 (381, 403) ["der Grundsatz der Rechtssicherheit"]; BVerfGE, vol. 7, 1957, p. 89 (92), 198, 405 ss.; BVerfGE 8, p. 274 (325); BVerfGE, vol. 9, 1959, p. 344 ss.; BVerfGE 18, p. 241 (254 s.) ["der Grundsatz der Gewaltenteilung"]; BVerfGE 19, p. 342 (348) ["der Grundsatz der Verhältnismäßigkeit"]; BVerfGE, vol. 20, 1966, p. 150 (154 s.); BVerfGE 22, p. 398 (426) [a "Rechtsstaatlichkeit" é tida como "fundamentalen Grundsatz"]; BVerfGE 30, p. 1 (24 s.); 367 (385 ss.) ["der Grundsatz der Rechtssicherheit"]; BVerfGE 33, p. 1 (10 ss.); BVerfGE 34, p. 52 (58 ss.) ["der Grundsatz der Gewaltenteilung"]; 269 (286 ss.); BVerfGE 35, p. 41 (47); 382 (401); BVerfGE 39, p. 128 (143); BVerfGE 40, p. 237 (247 s.) ["der Grundsatz der Gesetzmäßigkeit der Verwaltung" e "der Grundsatz des Vorbehalts des (allgemeinen) Gesetzes"]; BVerfGE 49, p. 89 (126 ss.) ["der Grundsatz des allgemeinen Vorbehalts des Gesetzes"]; BVerfGE 61, p. 82 (109 ss.); BVerfGE 63, p. 343 (359) ["der Grundsatz der Rechtssicherheit"]; BVerfGE 64, p. 87 (104) ["der Grundsatz der Rechtssicherheit"]; BVerfGE 65, p. 1 (44) ["der Grundsatz der Verhältnismäßigkeit"]; 182 (190 s.); 283 (290) – «Das Rechtsstaatsprinzip, das in der Verfassung nur zum Teil näer ausgeformt ist, enthält keine in allen Einzelheiten eindeutig bestimmten Gebote und Verbote; es bedarf der Konkretisierung je nach den sachlichen Gegebenheiten; dabei müssen allerdings fundamentale Elemente des Rechtsstaates und die Rechtsstaatlichkeit im ganzen gewahrt bleiben»; BVerfGE, vol. 59, 1981, p. 128;

Vide art. 93/4a., 100/1 da Grundgesetz de Bonn, disposições que servem de respaldo a esse intervencionismo do BVG.

É o caso da *queixa constitucional* com fundamento na violação de direitos fundamentais. Reza, com efeito, o art. 93/4.a que o Tribunal Constitucional Federal decide sobre as «Verfassungsbeschwerden, die von jedermann mit der Behauptung erhoben werden können, durch die öffentliche Gewalt in einem seiner Grundrechte oder einem seiner in Artikel 20 Abs. 4, 33, 38, 101, 103 und 104 enthaltenen Rechte verletzt zu sein»;

Defendendo, para o ambiente jurídico-constitucional alemão, um não à positivação do princípio do *Rechtsstaat* – em concatenação, aliás, com a sua ideia, no contexto alemão, avise-se, da superfluidade de um "allgemeines Rechtsstaatsprinzip" – *vide* PHIPIP KUNIG, Das Rechtsstaatsprin-

Deparam-se-nos, a cada passo, nos textos alemães, frases do tipo a expressão *Rechtsstaat* é uma criação especificamente alemã[131].

Frisa KLAUS STERN não proporcionarem as outras línguas uma ligação tão forte entre direito e Estado como aquela patenteada pela expressão alemã *Rechtsstaat*. E dá como exemplos ilustrativos as expressões "rule of law", "Régne de la lois", "Limitation des gouvernants", para, de seguida, concluir que a partir da 2.ª guerra mundial o conceito começou a ganhar irradiação internacional como *law state*, *Etat de droit*, *Estado de derecho*[132] ou *Stato di diritto*[133].

---

zip – Überlegungen zu seiner Bedeutung für das Verfassungsrecht der Bundesrepublik Deutschland, Tübingen, J.C.B. Mohr, 1986, p. 63 ss., 464 ss.;

Quanto ao Direito positivo alemão, verifica-se (assim, KATHARINA SOBOTA, Das Prinzip Rechtsstaat..., cit., p. 264-265) que a expressão *Rechtsstaat* não aparece seja na *Paulskirchenverfassung* de 1848, seja na *Reichsverfassung* de 1871, seja na *Weimarer Verfassung* de 1919.

Se a *Grundgesetz* de 1949 plasma expressamente tal expressão, a definição dos seus contornos suscita logo controvérsia (*vide* arts. 23/1, 28/1).

131 *Cf.*, a título exemplificativo, para além dos já mencionados, KLAUS STERN, Das Staatsrecht der Bundesrepublik Deutschland, Band I, München, C.H. Beck'sche Verlagsbuchhandlung, 1984, p. 764;

GÜNTER PÜTTNER, Der informale Rechtsstaat, *in* KritV 1991, Heft 1, p. 66 (ver, também, a opinião consignada a páginas 63-64 e 73, a respeito da contraposição "informale Rechtsstaat" – "formale Rechtsstaat");

LUIS LEGAZ Y LACAMBRA, El Estado de Derecho, *in* BFDUC, vol. XXVII (1951), p. 66.

Afigura-se-nos oportuno lembrar, como destaca EBERHARD SCHMIDT-AßMANN (Der Rechtsstaat, *in* ISENSEE/KIRCHHOFF (Hg.), Handbuch des Staatsrechts der Bundesrepublik Deutschland, Band I, Heidelberg, C.F. Müller juristischer Verlag, 1987, p. 992), que a história do Estado de direito não pode reduzir-se à história dum conceito.

Há ideias, camadas menos recentes e mais profundas onde vai ancorar o conceito.

ERNST-WOLFGANG BÖCKENFÖRDE – no seu Recht, Staat, Freiheit, Frankfurt am Main, Suhrkamp, 1991, p. 128 – reivindica para o espaço germanófono a construção linguística e o cunho conceptual do termo "Rechtsstaat". Alarga essa reivindicação à própria *coisa* designada pelo conceito, tudo, afinal, produto do pensamento político alemão.

Citando, «"Rechtsstaat" ist eine dem deutschen Sprachraum eigene Wortverbindung und Begriffsprägung, die in anderen Sprachen so keine Entsprechung findet.

«Auch die Sache, die mit diesem Begriff bezeichnet werden soll, ist eine Hervorbringung des deutschen Staatsdenkens».

E diz provir o conceito de Estado de direito da teoria do Estado do primeiro liberalismo alemão, que se pauta por uma concepção racional do direito.

132 *Cfr*, outrossim, R. DE ASÍS, Una Aproximación a los Modelos de Estado de Derecho, 1999, p. 17 ss.

R.E. CUESTA, Notas Sobre el Concepto y Clases de Estado de Derecho, *in* Revista de Administración Pública (Septiembre-Diciembre 1960), n.° 33, p. 31-45.

A.B. BIANCHI, Dinámica del Estado de Derecho. La Seguridad Jurídica Ante las Emergencias, Buenos Aires, Editorial Ábaco de Rodolfo Depalma, 1996, p. 81-93.

133 *Id ibid.* (p. 764-765);

Se começarmos pela plataforma mínima da problemática do Estado de direito – a ideia básica de Estado de direito –, descobriremos as suas manifestações nas profundezas do tempo e na abrangente multiplicidade espacial.

Trata-se de um dado localizável nas mais inesperadas paragens, onde a cultura dominante (ou alto-falante) nem sequer descortina ou reconhece a existência do Estado... *Eppur si muove*! E, contudo, existe ali Estado e ali existe *ideia*, pelo menos, do que se convencionou nomear *Estado de direito*[134].

F. BARTOLOMEI, Lo "Stato di Diritto" nel Rapporto di Tensione Existente tra Legge e Diritto, *in* Diritto e Società, 4, 1997, p. 461-494.

G. ZAGREBELSKY, Il Diritto Mite: Legge Diritto Giustizia, Torino, Einaudi, 1992, p. 20 ss.

Cf., ainda, KONRAD HESSE, Der Rechtsstaat in Verfassungssystem des Grundgesetzes, *in* Festgabe für RUDOLF SMEND "Staatsverfassung und Kirchenordnung", Tübingen, J.C.B. Mohr (Paul Siebeck), 1962, p. 71, que garante:

«zu den Eigentümlichkeiten deutscher Rechts- und Verfassungsentwicklung, die im ausländischen Recht keine genaue Entsprechung finden, gehören der Rechtsstaat und das Denken, das diesen Zentralbegriff hervorgebracht und fortentwickelt hat»;

VINCENZO ZANGARA, Lo Stato di Diritto..., cit., p. 95, que observa que «la Rule of Law, dalla Letteratura recente ricollegata alla concezione del *Rechtsstaat, Etat de droit* e stato di diritto, viene ricondotta ad un significato, già rilevato dalla dottrina tedesca di Justitzstaat»;

JORGE BACELAR GOUVEIA, O Estado de excepção no Direito Constitucional: Entre a eficiência e a Normatividade das Estruturas de Defesa Extraordinária da Constituição (vol. II), Coimbra, Almedina, 1998, p. 1465, 1466.

Sintetiza o autor, ilustrando «o aparecimento do princípio do Estado de Direito na veste de uma simples *construção doutrinária*, com vista a reprimir a arbitrariedade do poder monárquico absoluto» (segundo a perspectiva "inovatoriamente" formulada por ROBERT VON MOHL), num ambiente em que imperava, de certo modo, o puro arbítrio.

Compreendia, assim, o conceito de Estado de Direito «a limitação jurídica do poder público segundo um conjunto de regras que se impunham externamente ao próprio Estado».

Foi assim que o conceito de *Estado de Direito* se foi formando, «através da sua progressiva densificação, até à respectiva ramificação, extensiva e intensiva, no período liberal e mais tarde no período social, saindo depois rapidamente do meio germânico e atingindo as latitudes de outras experiências constitucionais».

[134] *Cf.* KLAUS STERN, Das Staatsrecht..., cit., p. 768, para quem as *profundas raízes da Filosofia de Estado ocidental* contribuíram para a existência do *Rechtsstat*.

«Sie reichen zurück in das Staatsdenker der griechischen Philosophie, die bereits dike, themis und nomos als Schranken des Staates entwickelte (*Elas remontam ao pensador de Estado da filosofia grega, que já desenvolvia conceitos como dike, themis e nomos, enquanto limites do Estado*).

«Die idee des Rechtsstaates ist eben sehr viel älter als sein Name, und viele Staatsdenker haben an ihr mitgewirkt (*a ideia de Rechtsstaat é muito mais antiga que o nome*).

Reconhece o autor razão a R. VON GNEIST, quando este falava dos "mil anos de preparação" do *Rechtsstaat*, hiato necessário à compreensão do *Rechtsstaat.* O próprio GNEIST tê-lo-ia reconduzido aos tempos carolíngios.

3. A Depuração Kelseniana

Uma curta evocação de HANS KELSEN: da sua Teoria Pura do Direito[135].

Reporto-me à tese do pleonasmo[136] da expressão *Rechtsstaat*. Pleonasmo porquanto a atribuição dum poder ao Estado dá-se através do direito. Assim sendo, todo o Estado seria, por natureza, Estado de direito. Com esta proposta, o virulento confronto doutrinário entre a *autolimitação*[137] e a *heterolimitação* achou em KELSEN um árbitro que, com a referida asserção (identidade do Estado e do direito), pretendeu anular, por não fazer sentido, os termos da altercação[138].

A luz deslumbrante da Escola de Viena analisa o problema na perspectiva a seguir descrita.

A "teoria tradicional" da "auto-vinculação do Estado"[139] consiste numa situação de facto em que «o Estado, existente como realidade social indepen-

---

135 Autolimitação, porque ao criar o direito, o Estado limita-se a si mesmo.

Cfr. HANS KELSEN, Teoria Pura do Direito, 6.ª ed. (trad. de João Baptista Machado de "Reine Rechtslehre", Wien, Verlag Franz Deuticke, 1960), Coimbra, 1984, p. 383-425. Importante, ainda, em especial a propósito do problema da justiça e direito natural, *A Justiça e o Direito Natural* (tradução e prefácio de J. Baptista Machado do apêndice à 2.ª edição do *Reine Rechtslehre*), Coimbra, Almedina, 2001.

Para uma análise desenvolvida do pensamento kelseniano (desde logo, no vector do *Rechtsstaat*), *vide* G. BONGIOVANNI, ''Reine Rechtslehre'' e Dottrina Giuridica dello Stato. Hans Kelsen e la Costituzione Austriaca del 1920, Milano, Giuffrè Editore, 1998 (*maxime*, p. 63-90, 121-140).

K. LARENZ, Metodologia da Ciência do Direito, Lisboa, F.C. Gulbenkian, 1978, p. 81 ss.

J. BAPTISTA MACHADO, O Sistema Científico e a Teoria de kelsen, *in* Revista da Faculdade de Direito da Universidade de Lisboa, vol. XXVI, 1985 p. 11-45.

136 *Cfr.* F. BATTAGLIA, Stato Etico e Stato di Diritto, *in* RIFD, 1937, p. 245 ss., e atente-se nas considerações aí aduzidas.

137 G. JELLINEK, Allgemeine Staatslehre, 3. Aufl., 7. Neudruck, 1960, p. 367-371.

Analisando o contributo da *Escola de Viena*, *vide* J.R.P. MENDES DE ALMEIDA/J.A. DE OLIVEIRA, Direito Constitucional [segundo as lições magistrais do Prof. Doutor FEZAS VITAL: 1.° Ano, Faculdade de Direito da Universidade de Lisboa, 1936/37], Lisboa, s/d, p. 262-286.

138 Desta feita, o Estado aparece como *ordem jurídica*, sendo esta um Estado a partir do momento em que um determinado nível de centralização é conseguido.

Cfr. H. KELSEN, Reine Rechtslehre, 2. Auflage, Wien, Verlag Franz Deuticke, 1960, p. 289-320.

139 Uma pedagógica fotografia do critério da autolimitação, vimo-la nas lições de FEZAS VITAL coligidas por J.R.P. MENDES DE ALMEIDA e J.A. DE OLIVEIRA: Direito Constitucional [segundo as Lições Magistrais do Prof. Doutor FEZAS VITAL..., cit.], p. 287-291. Analisa-se aí a hipótese de um Estado submetido a um direito superior e anterior (socorrendo-se da *doutrina dos direitos individuais naturais*, da doutrina solidarista de um DUGUIT, da doutrina alemã) e de um Estado submetido à lei (apoiando-se na *doutrina dos direitos individuais naturais*, na doutrina solidarista e na doutrina alemã – onde se destacou a relação de SEYDEL com a teoria da autolimitação), para, final-

dentemente do Direito, cria primeiramente o Direito e, depois, se submete – por assim dizer, de livre vontade – ao Direito. Só assim ele seria Estado de Direito».

Mas, para Kelsen, «um Estado não submetido ao Direito é impensável»[140]. Mais: «Não há, nem pode haver, lugar a um processo no qual um Estado que, na sua existência, seja anterior ao Direito, crie o Direito e, depois, se lhe submeta». E conclui: «Não é o Estado que se subordina ao Direito por ele criado, mas é o Direito que, regulando a conduta dos indivíduos e, especialmente, a sua conduta dirigida à criação do Direito, submete a si esses indivíduos»[141].

Mais uma vez vem ao espírito a dilemática e estimulante encruzilhada de ANTÍGONA[142]. A grande, difícil e tormentosa opção que nos apoquenta todos os

---

mente, sustentar-se a doutrina segundo a qual «o Estado vive submetido ao Direito, visto êste encontrar o seu fundamento último na Justiça, com o dado objectivo da razão».

[140] No original alemão (H. KELSEN, Reine Rechtslehre, 2. Auflage, Wien, Verlag Franz Deuticke, 1960, 314): «Nur auf Grund der oben durchgeführten Analyse des Staatsbegriffes kann richtig verstanden werden, was die traditionelle Theorie als "Selbstverpflichtung des Staates" bezeichnet und als eine Tatsache beschreibt, die darin bestehen soll, daß der unabhängig von dem Recht als soziale Realität existente Staat erst das Recht schafft und sich dann diesem Recht – sozusagen freiwillig – unterwirft. Nur dann ist er ein Rechtsstaat. Zunächst muß festgestellt werden, daß *ein dem Recht nicht unterworfener Staat undenkbar ist*».

Como argutamente resumiu GUSTAV RADBRUCH, na sua *Filosofia do Direito,* vol. I, 3.ª ed. (tradução de L. CABRAL DE MONCADA), Coimbra, Arménio Amado, 1953, p. 133-134, de acordo com a concepção kelseniana, «o Estado agiria, assim, sempre dentro do direito, e um Estado que agisse fora do direito deixaria de ser Estado. O problema da limitação do Estado pelo direito seria um problema que não teria de ser resolvido, mas eliminado, porquanto nem na primeira afirmação (a de que o Estado está sempre dentro do direito) podemos ver um reconhecimento do *Estado-polícia*, nem na segunda (a de que o Estado que agisse anti-juridicamente deixaria de ser Estado) podemos ver o reconhecimento do chamado "Estado-de-direito", a não ser precisamente no sentido de que *todo* o Estado é já necessàriamente um Estado-de-direito.

«A teoria da identidade tem pois uma significação puramente analítica e definitória. De modo algum possui conteúdo filosófico-jurídico ou político».

[141] H. KELSEN, Teoria…, cit., p. 416-417. Ou seja (e voltamos à fonte – H. KELSEN, Reine Rechtslehre, 2. Auflage, Wien, 1960, p. 314): «Ein Vorgang, in dem ein dem Recht in seiner Existenz vorangehender Staat das Recht schafft und sich dann dem Recht unterwirft, findet nicht statt und kann nicht stattfinden. *Es ist nicht der Staat, der sich dem von ihm geschaffenen Recht unterordnet, es ist das Recht, das* das Verhalten von Menschen und insbesondere auch ihr auf die Erzeugung des Rechts gerichtetes Verhalten *regelt und damit diese Menschen unterwirft*».

[142] *Antígona*: esta princesa enterrou o cadáver do seu irmão POLÍNICES, contra a proibição do rei. Pois é um direito natural, anterior e superior às leis humanas, chorar e sepultar um irmão morto – ainda que este tenha lutado contra a sua pátria. Recorde-se que, segundo a mitologia grega, ANTÍGONA era filha do rei ÉDIPO e da rainha JOCASTA, irmã de POLÍNICES. POLÍNICES, príncipe de Tebas, morreu na *guerra dos Sete Contra Tebas,* combatendo contra esta, tomando partido, assim, dos inimigos da sua cidade Tebas. Enfrentou, então, o seu irmão ETÉOCLES. O rei de Tebas, CREONTE,

dias – mais vezes do que à primeira vista se julga. Sim, o debate gira em torno da instância fundamentante e limitante do poder (se a resposta for "Direito natural", resta dilucidar se a fundamentação é teísta ou, simplesmente, racionalista).

A anulação kelseniana da contenda entre a doutrina da *autolimitação* e a da *heterolimitação*, através da tese da identidade do *Estado* e do *Direito*[143], suscita-me as seguintes reservas:

---

decretou, por isso, a proibição de quaisquer honras fúnebres a polínices (a começar pelo seu enterro). A razão de ser dessa medida prendia-se com a acusação de ter traído a sua própria pátria, ao alinhar com os inimigos desta. Contra a proibição, ANTÍGONA enterrou secretamente o seu irmão, oferecendo-lhe os ritos fúnebres adequados, pois achava ser esse o seu dever, bem como o direito da pessoa falecida.

Foi descoberto o sucedido. As alegações de antígona perante o seu tio CREONTE, rei de Tebas, basearam-se, como se enunciou acima, na superioridade do direito natural em relação ao direito (positivo) dos homens (mesmo que esse homem seja um rei). Foi condenada por creonte a ser enterrada viva, não obstante ser ela sua sobrinha e noiva do seu filho HÉMON.

Mais tarde, CREONTE, mudando de ideia, resolveu perdoar ANTÍGONA. Tarde demais, pois esta já se suicidara. Perante esta tragédia, o noivo, filho de CREONTE, também se suicidou.

143 Numa perspectiva distinta, *vide* G. RADBRUCH, Filosofia..., cit., p. 138 ss. Observa RADBRUCH que «a questão da anterioridade do direito ou do Estado pode achar-se referida ao conceito normativo de direito, como ao conceito *existencial* do próprio Estado», concluindo no sentido de que «entre os dois conceitos não existe afinal, de modo algum, identidade, mas, pelo contrário, a mais vincada oposição; uma oposição como a que costuma levantar-se entre os conceitos de *norma* e *realidade* e que neste caso se torna ainda muito mais sensível».

Contrapõe-se RADBRUCH (p. 149) à teoria da "normatividade dos factos" propugnada por GEORG JELLINEK (que aquele caracteriza como a teoria «segundo a qual a questão se resolveria, em última instância, na de saber se, em harmonia com as concepções duma determinada época, de facto, o Estado se acha ou não preso pelas suas próprias declarações de vontade»), na medida em que «ela não resolve o problema, mas antes o elimina». «Com efeito [aduz RADBRUCH], a "normatividade dos factos" é um paradoxo. Dum *ser*, por si só, nunca pode derivar um *dever-ser*. Um facto, como podem ser as concepções históricas duma determinada época, jamais poderá tornar-se normativo, a não ser que uma norma lhe tenha já dado anteriormente um valor dessa natureza».

Posto isto, a solução preconizada por RADBRUCH está contida na seguinte tese, colhida na obra citada, nas páginas 140 ss.:

«(...) somos sempre necessàriamente compelidos, se quisermos achar uma solução para o problema da anterioridade ou posterioridade do direito com relação ao Estado, a colocarmo-nos mais para além dum e doutro; isto é: mais para além do *direito positivo* e mais para além da *realidade* do Estado».

Por outras palavras, «seremos levados a buscar essa solução num outro plano que não poderá deixar de ser constituído, não por factos e realidades, mas por *normas*, que não poderão ser as normas do direito positivo do Estado e só poderão ser as dum direito natural».

Esclarece RADBRUCH que «o positivismo jurídico e político pressupõe sempre, quando levado lògicamente às suas últimas consequências (...), um preceito jurídico de direito natural na base

Se se entender o Direito de um ponto de vista estático (quase que fixado e petrificado num longínquo e mítico momento fundacional em que o Estado conforma a *ordem jurídica*);

Se se entender o Estado como um ente em eterno estado de coma (incapaz, por isso, de interagir – criando, violando, alterando – com outros elementos do mundo);

Nesses pressupostos, e só nesses, será *válida* e (na medida em que sejam aqueles exactos) *verdadeira* a tese kelseniana da *identidade*.

Mas nem o Direito é estático ou petrificado, nem o Estado está em eterno estado comatoso.

Com efeito, o Direito não se esgota naquele momento primeiro em que o *Estado* resolve dá-lo à luz. Ilustremos a argumentação com o caso guineense. Aqui, o momento fundacional reporta-se à Constituição de 1973[144]. Nasceu uma nova ordem jurídica, um novo Estado. Mas, desde então, a tal ordem jurídica sofreu várias mutações promanantes, desde logo, do próprio Estado, sendo esperável a observância pelo Estado das determinações que consubstanciam a referida ordem jurídica, enquanto não forem adequadamente revogadas ou alteradas e na medida em que hajam sido revogadas ou alteradas.

Se o Direito não se apresenta estático, também o Estado não se apresenta em estado comatoso[145]. Ele *age* frequentemente de forma contraditória em relação aos postulados normativo-jurídicos que ele próprio emana. Por outras palavras, desrespeita as leis jurídicas que cria. O Estado não é, como se poderia julgar, aquele espírito inerte na sua pureza. Ele intervém, conforma, desforma. E nessa intervenção conformadora e desformadora pode contradizer o Direito por si posto.

---

de todas as suas construções. Eis esse preceito: "quando numa colectividade existe um supremo governante, o que ele ordenar deve ser obedecido"».

Mais: o Estado, por exemplo, «não é chamado ao poder de legislar senão porque promete, e não pode deixar de prometer, sujeitar-se às leis que ele próprio faz».

Rematando, «é ainda um direito supra-positivo e natural que obriga o Estado a manter-se sujeito às suas próprias leis».

RUY DE ALBUQUERQUE, Direito de Juristas – Direito de Estado, Oração de Sapiência pronunciada na abertura do ano lectivo 1988-1989, na Universidade de Lisboa, publicada na RFDL, XLII, n.° 2, 2001, p. 751-807.

[144] E, para complicar ainda mais o cenário, o próprio Direito colonial é ressalvado, nos casos em que ele não se contraponha ao Novo Direito da Guiné independente. O que siginifica que não se fez tábua rasa do passado e que o Novo Direito não é totalmente novo (assim, Lei 1/73).

[145] Apesar deste cantinho à beira mar plantado (não o lusitano) dar muitas vezes sinais do contrário…

Assim sendo, a *identidade* kelseniana não é mais do que uma *fictio* tendente a servir de alicerce lógico à sua conclusão de que "todo o Estado é um Estado de Direito".

Mas sê-lo-á mesmo na hipótese extrema de um determinado Estado se entreter (sistemática, total e absolutamente) a praticar, inatacavelmente, actos que violem os postulados normativo-legais válidos e vigentes?

Eis o problema.

Autolimitado ou heterolimitado, o relevante é o cumprimento pelo Estado da lei estabelecida, enquanto ela for válida e vigente. Isto posto e à luz da *Rechtsstaatlichkeit*, tão inócua é a disputa entre a *autolimitação* e a *heterolimitação* (e os respectivos termos) quão inexacta (e imprestável) é a solução kelseniana da *identidade*[146].

A "superação do dualismo de Direito e Estado"[147] proclamada por KELSEN vem explicitada ainda nas páginas 423 e seguintes da sua "Teoria Pura do Direito". Assim, encarado o Estado como "ordem de conduta humana" (enquanto "ordem de coacção relativamente centralizada"), ele (enquanto "pessoa jurídica") é a "personificação desta ordem coerciva". Terá, destarte, desaparecido

---

146 Alguns antecedentes dessas reflexões podem-se captar nos seguintes momentos:

JHERING (Der Zweck im Recht, 1877) – a partir da interpretação da (ou em reacção à) teoria do *Herrscher* (soberano), de SEYDEL (de que o Estado é objecto de direito, mas os governantes não estão vinculados ao direito, legitimando-se apenas pela força); segundo JHERING, o Estado obedece-se a si próprio, para que os governados o obedeçam;

DUGUIT critica: para JHERING, «o direito é (...) a política da força».

[Salvas as devidas distâncias, a nova direcção da doutrina norte-americana do *always under law* ñ estará nos antípodas da justificação postulada por JHERING:

Citemos GOMES CANOTILHO (Direito Constitucional e Teoria da Constituição, 7.ª ed., Coimbra, Almedina, 2003, p. 94-95), na caracterização dessa corrente, que o mesmo elogia: a juridicidade do poder está associada à *justificação* (*justifying*) do governo – e o "governo justificado" é «o governo que cumpre a obrigação jurídico-constitucional de governar segundo leis dotadas de unidade, publicidade, durabilidade e antecedência».].

G. JELLINEK – deve-se a ele a afinação da teoria da autolimitação (transformando a justificação política de JHERING em jurídica – a autolimitação resulta da qualificação do Estado como pessoa jurídica).

A autodeterminação da pessoa jurídica Estado (através da qual pode decidir autolimitar-se) é vista como «o mínimo denominador comum» entre os defensores de limites ao Estado: *obrigar o poder a respeitar o direito por ele criado.*

147 Superação "metodológico-crítica" que Kelsen qualifica como "a aniquilação impiedosa de uma das mais eficientes ideologias da legitimidade" (*id. ibid.*, p. 425).

Em torno da problemática do Estado, M. AYUSO TORRES, ¿Después del Leviathan? Sobre el Estado y su Signo, Madrid, Dykinson, 1988, p. 18 ss.

o «dualismo de Estado e Direito como uma daquelas duplicações que têm a sua origem no facto de o conhecimento hipostasiar a unidade (e uma tal expressão de unidade é o conceito de pessoa), por ele mesmo constituída, do seu objecto».

Aponta a seguir o autor um curioso paralelismo (numa perspectiva "teorético-gnoseológica") entre o dualismo Estado-ordem jurídica e Deus-mundo, para ambos rejeitar, dado serem contraditórios:

Se a Teologia "afirma o poder e a vontade como essência de Deus", a teoria do Estado e do Direito postula o poder e a vontade como "essência do Estado";

Se a Teologia sustenta a "transcendência de Deus em face do mundo", assim como a "imanência" de Deus no mundo, a teoria dualista do Estado e do Direito advoga a "transcendência do Estado em face do Direito" (a sua "existência metajurídica"), bem como a "imanência" do Estado no Direito;

«Assim como o Deus criador do mundo, no mito da sua humanização, tem de vir ao mundo, de submeter-se às leis do mundo – o que quer dizer: à ordem da natureza –, tem de nascer, sofrer e morrer, assim também o Estado, na teoria da sua autovinculação, tem de submeter-se ao Direito por ele próprio criado».

O caminho para a genuinidade da ciência jurídica passaria, no dizer de HANS KELSEN, pela "identificação do Estado com o Direito" – seria, com efeito, o "conhecimento de que o Estado é uma ordem jurídica" o pressuposto desse estágio de genuinidade.

O que dizer?

Há duas realidades infundíveis, no que concerne à *criação*: existe, de uma margem, o criador e, da outra, a criação (entendida esta enquanto processo ou enquanto resultado). Tal é-nos demonstrado pelo processo de criação de uma obra de arte e, bem assim, pela relação mãe-filho. Na verdade, por mais forte que seja o liame unificante entre as duas margens, haverá sempre, de um lado, EDVARD MUNCH e, do outro, *"o grito"*; de um lado, VAN GOGH, do outro, *o auto-retrato com uma orelha ligada*; de um lado, a mãe, do outro, o filho; em suma, o demiurgo, de um lado, a criação, do outro. A identidade só pode ser ficcional.

Autolimitando-se, o Estado (de direito) é aquele que se conforma aos ditames (quais?) desse direito em relação aos quais se autovincula;

Heterolimitando-se, o Estado (de direito) é aquele que se conforma aos ditames desse direito em relação aos quais se heterolimita.

A *identidade* do Estado e do direito não encerra o problema, dado que (ultrapassando a ficção identitária) a projecção dinâmica do Estado e do "Direito" desafiará sempre, em cada momento, a comparação entre, por um lado, a lei posta e a pôr e, por outro, a acção do Estado.

A problemática da *autolimitação e da heterolimitação* é, a esta luz, inócua e despicienda; a hipótese identitária, essa, não tem confirmação, no quadro de uma equacionação dinâmica dos vectores "Estado" e "direito"[148].

É verdade que a vertente processual-formal pura acabada de gizar pode não ser, em última análise, tão pura na sua radicalidade quanto a secura da formulação pretenderia fazer crer.

Isto por força de alguns condimentos substancializantes que KELSEN, perante a direcção substancializante que o sentido corrente da expressão sofria, acabaria por reconhecer[149] existir (no plano *efectivo*) no conceito de Estado de direito.

«Se o Estado, assevera KELSEN, é reconhecido como uma ordem jurídica, se todo o Estado é um Estado de Direito[150], esta expressão representa um pleonasmo. Porém, ela é *efectivamente*[151] utilizada para designar um tipo especial de Estado, a saber, aquele que satisfaz aos requisitos da democracia e da segurança jurídica»[152]. E prossegue, «"Estado de Direito" neste sentido específico é uma

---

148 PAULO F. CUNHA (Teoria da Constituição, II – Direitos Humanos Direitos Fundamentais, Lisboa/São Paulo, Verbo, 2000, p. 251 ss.) desvela aqui uma «aporia do Estado de Direito»:

«(...) não podemos ignorar que, no Estado de Direito, e *a fortiori* no Estado de Direito democrático, se pode efectivamente detectar uma inconsistência ou uma contradição, a que rigorosamente devemos dar o nome de *aporia do Estàdo de Direito...* É que, na verdade, se o soberano (...) se encontra, no Estado de Direito, sempre subordinado ao Direito... o certo é que não há direito que pelo soberano não possa ser alterado...».

«Este círculo vicioso estaria em condições de muito desacreditar a bondade desta fórmula político-jurídica (...), não fora a existência (ao contrário do que muitos pensam) de reais limites a essa alteração».

Já na sua Filosofia do Direito – Primeira Síntese, Coimbra, Almedina, 2004, p. 43, PAULO F. CUNHA reconhece que, quanto à origem e fundamentação do Direito positivo, tem «muito mais dúvidas que certezas»...

Partilho dessas dúvidas. E é precisamente por isso que a minha abordagem é mais situada, mais telúrica.

149 Esta colocação é importante, ainda que seja apenas uma constatação de opiniões alheias.

150 «Todo o Estado tem de ser um Estado de Direito no sentido de que todo o Estado é uma ordem jurídica» (H. KELSEN, Teoria Pura..., cit., p. 424).

151 Itálico meu.

152 Ouçamos o que, a este propósito, KELSEN claramente diz, a páginas 424. «A limitação já referida do conceito de Estado de Direito a um Estado que corresponda às exigências da democracia e da segurança jurídica, implica a ideia de que apenas uma ordem coercitiva assim configurada pode ser tida como "verdadeira" ordem jurídica». Porém, uma tal "suposição" «é um preconceito jusnaturalista»; com efeito, também «uma ordem coerciva relativamente centralizada que tenha carácter autocrático e, em virtude da sua flexibilidade ilimitada, não ofereça qualquer espécie de segurança jurídica, é uma ordem jurídica e a comunidade por ela constituída – na medida em que

ordem jurídica relativamente centralizada segundo a qual a jurisdição e a administração estão vinculadas às leis – isto é, às normas gerais que são estabelecidas por um parlamento eleito pelo povo, com ou sem a intervenção de um chefe de Estado que se encontra à testa do governo –, os membros do governo são responsáveis pelos seus actos, os tribunais são independentes e certas liberdades dos cidadãos, particularmente a liberdade de crença e de consciência e a liberdade da expressão do pensamento, são garantidas»[153].

O troço até aqui expendido incita-me a reflectir sobre o "sens commun" de MANNEQUIN, no âmbito da sua teoria da democracia[154].

Temos por assente que o sentido corrente e a primeira leitura KELSENIANA do Estado de direito (logo alterada pelas considerações complementares aduzidas) caminham em direcções divergentes.

Retomando a via calcorreada por MANNEQUIN, não será de eleger esse senso comum como pista semiótica determinante na repleção do conceito *Estado de direito* – lateralizando certas metafísicas flutuantes?

Mas aqui pode haver um problema: qual seja de saber se esse senso comum ainda se manterá como pista semiótica determinante, mesmo quando parecem apontar para destinos contraproducentes, suicidiários, avirtuosos.

Tenho em mente o suposto apoio – prévio ou ratificador – de grande parte da população à estratégia desconstrucionista do Estado de direito e da democracia encetada por actores políticos guineenses antes, durante – principalmente – e

---

se distinga entre ordem e comunidade – é uma comunidade jurídica e, como tal, um Estado». É que, aduz KELSEN, na óptica de um positivismo jurídico coerente, o Direito, tal como o Estado, «não pode ser concebido senão como uma ordem coerciva de conduta humana – com o que nada se afirma sobre o seu valor moral ou de Justiça». «E, então, o Estado pode ser juridicamente apreendido como sendo o próprio Direito – nada mais, nada menos».

153 H. KELSEN, Teoria Pura..., cit., p. 417. Indo directa e pessoalmente à "Quelle" (*i.e.*, à página 314 e 315 da Reine Rechtslehre, 2. Auflage, Wien, 1960, de KELSEN): «*Ist der Staat als eine Rechtsordnung erkannt, ist jeder Staat ein Rechts-Staat, stellt dieses Wort einen Pleonasmus dar.* Tatsächlich wird es aber zur Bezeichnung eines besonderen Staatstypus verwendet, nämlich jenes, der den Forderungen der *Demokratie* und der *Rechtssicherheit* entspricht. *"Rechtsstaat"* in diesem spezifischen Sinne ist eine relativ zentralisierte Rechtsordnung, derzufolge *Rechtsprechung und Verwaltung durch Gesetze*, das ist generelle Normen gebunden sind, die von einem vom Volk gewählten Parlament mit oder ohne Mitwirkung eines an der Spitze der Regierung stehenden Staatsoberhauptes beschlossen werden, die *Mitglieder der Regierung für ihre Akte verantwortlich*, die *Gerichte unabhängig* und *gewisse Freiheitsrechte der Bürger*, insbesondere *Glaubens- und Gewissensfreiheit* und *Freiheit der Meinungsäußerung* gewährleistet sind».

154 TH. MANNEQUIN, Le Probléme Démocratique ou la Politique du Sens Commun, Paris/ /Bruxelles, Librairie Internationale, A. Lacroix, Verboeckhoen et Cie, 1870.

pouco depois do *iter* golpista de 1998-1999. Pouco depois, na verdade, emergiram desassossegos, frustrações, desilusões.

Assumo por isso uma outra problemática: a do bom senso.

Esta pode coincidir ou não com a do "senso comum". Grande parte das vezes coincide, mas quando, designadamente, o desvairo é acentuado, não há coincidência.

É nessa franja que reside a prova dos nove de ambas as problemáticas: a hipótese ultimamente configurada determinará a falência do senso comum enquanto critério de repleção do conceito de Estado de direito, dando lugar à problemática do bom senso.

4. Etat de Droit

Na França das primícias do séc. XX, a problemática do *Etat de droit* foi examinada e orientada no sentido da construção de um esquema de garantia dos particulares face a abusos e ilegalidades do poder (da Administração, designadamente)[155].

Tal encaminhamento foi reforçado com a perspectivação por alguns assumida da fiscalização da constitucionalidade das leis enquanto dimensão constitutiva e enriquecedora do *Estado de direito*, ele mesmo.

Até lá, debatia-se com o quebra-cabeça que era o de definir qual a relação entre a lei constitucional e a lei ordinária.

Valeria mais a Lei Constitucional?

Seria esta uma lei como outra qualquer?

---

[155] *Cfr.* MANUEL GARCIA-PELAYO, Derecho Constitucional Comparado, Madrid, 1959, p. 494, para quem desde o começo da Revolução a França se colocou debaixo da soberania da lei. Deste modo, «a doutrina do Estado de Direito legal foi uma criação e prática francesas que deu origem a um sistema de garantias dos cidadãos face aos excessos e desvios da Administração, sistema que permaneceu firme no decurso de todas as mudanças constitucionais e que é uma das contribuições capitais da França ao Direito público moderno».

L. COHEN-TANUGI, Le Droit sans l'Etat – sur la Démocratie en France et en Amérique, Paris, PUF, 1985, p. 100-110.

G. BURDEAU/F. HAMON/M. TROPER, Manuel de Droit Constitutionnel, 22e éd., Paris, LGDJ, 1991, p. 87 ss.

No campo da doutrina italiana, *vide* – para um apontamento sobre as incidências do *stato di diritto* (em que relevam personalidades como SILVIO SPAVENTA, ANGELO MAJORANA, ORLANDO) – V. ZANGARA, Lo Stato..., cit., p. 84-87.

A resposta que parece fluir da III.ª República vai, em boa verdade, na direcção da não superioridade das leis constitucionais face às leis ordinárias.

Tal circunstância autoriza CARRÉ DE MALBERG a advogar que esse estado de coisas compagina-se com um "Etat légal", não com um *Etat de droit* (este outro entendido nos moldes do *Rechtsstaat*)[156].

Até lá, debatia-se, ainda, com o problema de saber qual o lugar ocupado (se é que algum lugar relevante fosse ocupado) pelas Declarações de Direitos, nomeadamente a *Déclaration des Droits de L'Homme et du Citoyen*, de 1789.

Problema que para certas correntes doutrinárias de influxos positivistas só comportava uma solução: Não passam de declarações demasiadamente generalistas, transportadoras de princípios políticos carecidos de obrigatoriedade e, portanto, cuja aplicabilidade pelas instâncias judiciais estaria arredada[157].

Na direcção oposta à precedentemente exposta, navegaram LEON DUGUIT e MAURICE HAURIOU.

DUGUIT pauta-se pela superioridade da *Déclaration des Droits de L'Homme et du Citoyen* em relação à Constituição[158], expressando, a princípio, uma timorata abertura à existência de uma superior instância capaz de apreciar a constitucionalidade ou inconstitucionalidade das normas para, num segundo momento, deixar cair esse acanhamento e condicionar, mesmo, a qualificação de Estado de

---

[156] *Cf.* CARRÉ DE MALBERG, Contribution à la Théorie Générale de l'Etat, Paris, Sirey, vol. I, 1920, p. 488-490, 492 [vol. II, 1922];

MARIE-JOËL REDOR, De L'Etat légal à l'Etat de Droit, Paris, Economica – Presses Universitaires d'Aix-Marseilles, 1992;

Sobre a teorização de M.-J. REDOR, a propósito, ver D.A. DALLARI, Estado de Direito e Cidadania, *in* Direito e Cidadania, n.° 4, Julho/Outubro 1998, p. 126-127; o autor, em si, tem uma inclinação substancialista (*op. cit.*, p. 127-128) no tocante ao *Estado de direito*.

V. ZANGARA, Lo Stato di Diritto…, cit., p. 87-89. Bate ZANGARA na tecla segundo a qual «um Estado "legal" pode ser um Estado "absoluto" e não se diferenciar do Estado de polícia, cuja superação é o Estado constitucional e, especificamente, o Estado de direito».

[157] Nessa linha, *cf.* A. ESMEIN/HENRY NÉZARD, Eléments de Droit Constitutionnel Français et Comparé, 7e éd., Paris, Sirey, 1921, p. 537 ss.

[158] *Cf.* L. DUGUIT, Traité de Droit Constitutionnel, t. I, Paris, Boccard, 1921, p. 22 ss.

Ver, outrossim, PAULO F. CUNHA, Faces da Justiça, Coimbra, Almedina, 2002, p. 255 ss. A DDHC seria «uma declaração que expõe, que se limita a declarar direitos pré-existentes. Direitos que não são criados, mas (re-)descobertos».

Se, «No plano filosófico, alguns poderão qualificar esta ideia de direitos pré-existentes, naturais, de algum platonismo», «Não é, todavia, obrigatório partilhar-se o credo do autor do *Timeu* para acreditar em direitos naturais: sendo eles inerentes à própria natureza do homem (do Homem em sociedade, dado serem direitos jurídicos, com dimensão de heteronomia, de sociabilidade) não vivem (apenas) no céu dos arquétipos, mas impregnam a vida de relação de cada um».

direito apenas e só àquele Estado onde o controlo jurisdicional da constitucionalidade das leis é assegurado[159].

Em MAURICE HAURIOU, vê-se um defensor da superioridade da *Déclaration des Droits de l'Homme et du Citoyen* no confronto com o poder legislativo, assim como um advogado do controlo jurisdicional da constitucionalidade das leis, denotando, nesta matéria, uma certa simpatia pelo modelo estado-unidense[160].

As pesquisas históricas em torno do conceito de *Etat de droit* evidenciam o uso dessa expressão desde o séc. XIX pelos autores gauleses, mas quase sempre assumindo estes uma vinculação à fonte germânica, se bem que não falte quem diga que a fonte germânica tem, afinal, uma outra fonte-mãe nas ideias advenientes da Revolução Francesa.

O Professor JORGE MIRANDA, afinando pelo tom de uma aparente origem francesa da expressão *Estado Constitucional*, da origem anglo-saxónica da expressão *governo representativo* e da origem alemã da expressão *Estado de direito*[161], vê nessa «variedade de qualificativos» a revelação da «diversidade de contribuições, bem como de acentos tónicos»[162].

---

159 Nesta direcção segue a 3.ª edição do seu Traité de Droit Constitutionnel, Paris, Boccard, 1923, p. 160, 660, 673, 674.

160 *Cf.* MAURICE HAURIOU, Principes de Droit Public, Paris, Sirey, 1916, p. 645 ; *id.*, Précis de Droit Constitutionnel, 2e éd., Paris, Sirey, 1929, p. 137, 296, 303-307, 731.

Nesta contenda doutrinária, tomaram ainda parte, de forma notável, G. JÈZE (*vide* as suas "Notes de Jurisprudence. Le Contrôle Constitutionnel des Lois", *in* RDPSP, 1924, p. 385 ss.) e EDOUARD LAMBERT («Le Gouvernement des Juges et la Lutte contre la Législation Sociale aux Etats-Unis», 1921, p. 8 ss., 23, 25) – estoutro algo corrosivo, a propósito da emergência de um excessivo poder da judicatura, o tal *Gouvernement des juges* – expressão já usada anteriormente, nomeadamente por um juiz norte-americano de nome WALTER CLARK em 1914 (*Government by Judiciary*) e popularizada na Europa por LAMBERT.

Há uma preocupação latente e recorrente em toda esta problemática: o anátema do "gouvernement des juges"... autêntica espada de Dâmocles pendendo sobre a cabeça do julgador.

161 Também, o artigo "État de Droit", *in* O. DUHAMEL/Y. MÉNY (dir.), Dictionnaire Constitutionnel, Paris, P.U.F., 1992, p. 415-416.

162 Centrando-se na evolução histórica do conceito de Estado de direito, *vide*, na doutrina portuguesa, JOSÉ CARLOS MOREIRA, O Princípio da Legalidade na Administração, *in* BFDUC, 1949, p. 390 ss.;

ANDRÉ GONÇALVES PEREIRA, Erro e Ilegalidade no Acto Administrativo, Lisboa, 1962;

A. CASTANHEIRA NEVES, Questão-de-Facto-Questão-de-Direito, Coimbra, 1967;

JORGE MIRANDA, Contributo para uma Teoria da Inconstitucionalidade, Lisboa, 1968;

J. BAPTISTA MACHADO, Participação e Descentralização, Coimbra, 1978;

JORGE REIS NOVAIS, Contributo para uma Teoria do Estado de Direito..., cit.;

Por Estado Constitucional entender-se-ia o Estado «assente numa constituição reguladora tanto de toda a sua organização como da relação com os cidadãos e tendente à limitação do poder»[163].

Como governo representativo, teríamos aquela forma de governo caracterizada pela «dissociação entre a titularidade e o exercício do poder» (aquela, pertencente ao povo, colectividade ou nação; o exercício, atribuído a «governantes eleitos ou considerados representativos da colectividade», no seu todo, não de estratos dessa colectividade).

O Estado de direito seria, por seu lado, aquele em que «para garantia dos direitos dos cidadãos, se estabelece juridicamente a divisão do poder e em que o respeito pela legalidade (seja a mera legalidade formal, seja – mais tarde – a conformidade com valores materiais) se eleva a critério de acção dos governantes»[164].

Autores perfilaram-se, em França (como um CARRÉ DE MALBERG), encarnando o *Etat de droit* numa perspectiva autolimitante do Estado *vis-à-vis* aos seus súbditos.

Não se trataria duma limitação dos poderes do Estado imposta a este por outra entidade que não ele mesmo.

MARCELLO CAETANO, Manual de Ciência Política e Direito Constitucional, I, 6.ª ed. (reimpressão), Coimbra, Almedina, 1992, p. 320 ss.

163 A propósito da temática dos limites aos poderes públicos, MANNEQUIN, Le Problème Démocratique ou la Politique du Sens Commun, Paris/Bruxelles, Librairie Internationale/A. Lacroix, Verboeckhoven, 1870, p. 12 ss.

164 *Vide* PHILIP KUNIG, Rechtsstaat, (*in* Encyclopedia of the Social and Behavioural Sciences), que sublinha ser o *Rechtsstaat* «uma moderna cunhagem que ganhou curso na Europa germanófona nos princípios do século XIX, quando o pensamento político oriundo da revolução francesa e a luta pela independência na América do Norte britânica encontram amplo apoio entre as classes médias na Alemanha».

C. DE MALBERG, Contribution…, cit.;

JORGE MIRANDA, Manual de Direito Constitucional, I, 5.ª ed., Coimbra, Coimbra Editora, p. 83 ss. e 86; *Id.*, Manual…, cit., II, 3.ª ed., Coimbra, Coimbra editora, p. 16-17;

A propósito de um suposto "positivismo sociológico" de JORGE MIRANDA, *cfr.* D. FREITAS DO AMARAL, Apreciação do ''Curriculum Vitae'' do Prof. Doutor Jorge Miranda (versão escrita da intervenção oral efectuada, nas provas de agregação requeridas pelo Prof. Doutor J. Miranda, em 3/12/1984), *in* RFDUL, vol. XXVI, 1985, p. 377-378.

WALTER LEISNER, L'Etat de Droit: Une Contradiction?, *in* Recueil d'Etudes en Hommage à Charles Eisenmann, Paris, Cujas, 1977, p. 65-79, para quem «le Droit public français a créé, aux XIXe siècle, le point de départ pour l'État de Droit», apresentando OTTO MAYER e CARRÉ DE MALBERG como ilustrações dum movimento de interinfluências entre os dois blocos – o primeiro, ao introduzir na Alemanha o fundamental do Direito administrativo francês; o segundo, ao divulgar em França a teoria geral do constitucionalismo germânico;

CHRISTIAN CALLIESS, Rechtsstaat und Umweltstaat, Tübingen, Mohr Siebeck, 2001, p. 38-73.

Resolvido este problema, parte MALBERG para a distinção entre *Etat de droit* e *Etat légal* servindo-se da seguinte grelha distintiva:

O *Etat de droit* aparece como um sistema de limitação de poder seja da Administração, seja do corpo legislativo;

O *Etat légal* prende-se mais à actividade administrativa[165].

De acordo com CARRÉ DE MALBERG, «um dos traços característicos do regime do *Etat de droit* consiste precisamente em que, face aos administrados, a autoridade administrativa não pode usar senão meios autorizados pela ordem jurídica em vigor e, nomeadamente, pelas leis». Isto tem duas consequências:

A autoridade administrativa «é obrigada a respeitar a lei»;

Em segundo lugar, «nas suas relações com os administrados, a autoridade administrativa não deve somente abster-se de agir *contra legem*, ela é obrigada

---

165 *Cf.* CARRÉ DE MALBERG, Contribution..., cit., p. 488 ss.;

Em geral, MARIE-JOËLL REDOR, De l'Etat Légal..., cit., p. 8 ss.

REDOR arranca de uma definição provisória de Estado de Direito:

Estado de Direito = «l'Etat lié par le droit, l'Etat qui respecte le droit».

Resta dar resposta a três questões:

1.ª. «Que direito»?

2.ª. «Como»?

3.ª. «Porquê»?

– 1.ª Que *direito* se deve impor ao Estado? {– direito natural? – direito positivo?

Nos primeiros anos da III República, a doutrina francesa dividia-se em três grupos:

O da crítica ao *Rechtsstaat*, na linha da tradição gaulesa;

O do apego ao direito positivo (em desprimor do direito natural);

O da conciliação desses dois parâmetros [o caso da orientação de HAURIOU; o caso da doutrina de DUGUIT da *solidariedade social* (uma nova espécie de direito natural)]

«(...) l'Etat de droit se présente comme la condition même d'existence du droit public, donc de la crédibilité de leur discipline. Soumettre l'Etat au droit, c'est en effet fonder la position d'existence du droit public dans la mesure où ce dernier se définit comme le droit applicable à l'Etat et aux relations de l'Etat avec les particuliers» (a pergunta que urge, a meu ver: o sistema de Estado de Direito é uma *necessidade* para a construção do direito público?).

– 2.ª *Como* «tornar eficaz a obrigação imposta ao Estado de respeitar o direito»?

Duas ordens de soluções se vislumbram:

Uma «entidade exterior» { – o direito divino; – a nação; – o Direito.

O próprio Estado (o Estado como censor do próprio Estado... como postula a teoria alemã da autolimitação).

– 3.ª *Porque é que* deve o Estado submeter-se ao direito?

Para obrigá-lo a respeitar a liberdade dos respectivos cidadãos?

Para dar uma base mais sólida aos seus poderes sobre os cidadãos?

Para impor limites às suas actividades?

Para ampliar as suas actividades?

A preocupação é a liberdade?

A preocupação é a ordem?

ainda a agir apenas *secundum legem*, quer dizer em virtude de habilitações legais»[166].

Frisaria isto, por outras palavras, o autor na página 498 da obra citada, quando assevera que a Constituição «não exige somente que o administrador aja *intra legem*, ela ordena-lhe a agir *secundum legem*», – sentido de que «todo o acto administrativo se deve apoiar nas leis que o autorizam ou cuja execução prossegue»[167].

Na destrinça entre *Etat de droit* e *Etat Légal* encontram, porém, alguns o espaço para a refutação da teoria da autolimitação do Estado.

Aliás (perguntariam), como compreender o sistema de controlo da constitucionalidade das leis se não se aceitar aqui a heterolimitação[168]?

Diz, por exemplo, LEO HAMON que «no *Etat légal*, a Administração não age senão pela execução e pela aplicação da lei, o que quer dizer que não há regra que se imponha ao legislador.

«Com o *Etat de droit*, em compensação, o legislador, ele mesmo, não pode agir senão em virtude da habilitação legislativa, mas o próprio legislador não pode ainda agir senão em conformidade com regras de direito superiores, no caso, de direitos do homem.

---

[166] CARRÉ DE MALBERG, Contribution…, cit., p. 489, 490.

[167] Na perspectiva de MALBERG, seriam, pois, estes alguns tópicos de divergência entre *Etat légal* e *Etat de droit:*

1.°

Etat légal – a autoridade administrativa deve subordinar-se ao poder legislativo;

Etat de droit – é estabelecido apenas para a salvaguarda dos cidadãos.

2.°

Etat légal – é em si mesmo uma forma especial de governo;

Etat de droit – pode-se compatibilizar com todas as formas de governo.

3.°

Etat légal – tende meramente a garantir a supremacia do *corpo legislativo* (não à sindicância constitucional de leis);

Etat de droit – visa limitar não apenas a Administração como o próprio legislador (as leis de carácter particular não devem violar as regras gerais; e nenhuma delas deve violar a Constituição).

[168] *Cfr.* J. CHEVALLIER, L'Etat de Droit, 3e éd., Paris, Montchrestien, 1999, p. 87: «A introdução em 1958, em França, de um verdadeiro controlo de constitucionalidade das leis (…) representa uma inovação de alcance teórico e prático considerável: sob a Terceira República, viu-se, a doutrina tinha-o feito a condição da passagem do *Etat légal* ao *Etat de droit*; ele põe fim ao poder ilimitado do parlamento, ao obrigá-lo a respeitar as normas superiores sobre as quais assenta a ordem jurídica no seu todo».

M.J. REDOR (op. cit., p. 11) anota que a aversão nutrida pela publicística francesa da 2.ª metade do séc XIX relativamente ao conceito de *Rechtsstaat* (embebida num certo sentimento anti-alemão prevalecente nos meios intelectuais, após a derrota de 1870) mistura no mesmo saco o *Rechtsstaat*, a doutrina da autolimitação e o regime com *deficit* democrático, para rejeitar tudo em bloco.

«Por isso é que o controlo de constitucionalidade é um elemento da realidade do Estado de direito»[169].

O Estado de direito não se fundaria, assim, na teoria alemã da autolimitação, no sentido Jellineckiano: «o Estado limitando-se ele mesmo livremente, implica que o poder do Estado é naturalmente limitado por um elemento exterior, que um direito natural, sob uma forma ou outra, se impõe ao Estado[170].

Quem raciocina dessa forma dirá, muito provavelmente, o que L. HAMON disse na página 702 do estudo precedentemente citado:

«A subordinação às regras do direito não chega, portanto, para que se possa falar de um Estado de direito.

É necessário que este direito, ao qual está subordinado o poder dos governos e dos administradores, tenha ainda um conteúdo determinado»[171].

---

169 E não será, assim, de estranhar que GISCARD D'ESTAING tenha opinado que a instituição do *Conseil Constitutionnel*, em França, marcou a instauração do *Etat de droit* neste país (G. D'ESTAING, "L'Oeuvre Constitutionnelle du Général de Gaulle", Hommage de l'Auvergne au Général de Gaulle, Conseil Régional de Auvergne, 1991 – *apud* G. CONAC, État de Droit et Démocratie..., cit., p. 496-497).

L. FAVOREU, esse (L'Achèvement de l'Etat de Droit sous la Ve République, *in* Estudios en Homenaje al Doctor Héctor Fix-Zamudio en sus Treinta Años como Investigador de las Ciencias Jurídicas, tomo I, México, Universidad Autónoma de México, 1988 p. 170 ss.), identificará o momento da criação do *Conseil Constitutionnel* pela Constituição francesa de 4.10.1958 (e da competência a ele atribuída de controlar a conformidade das leis à Constituição) como a "primeira etapa", entre 4, ao todo, do «achèvement de l'Etat de droit». As outras etapas são: (2.ª) «A instalação, em 1971-73 das próprias bases da construção» – com efeito, a partir dessa altura, «le "bloc de constitutionnalité" – expressão cómoda que eu tinha proposto em 1974 para designar o conjunto de princípios e regras de valor constitucional – compreende a Constituição, a Declaração de direitos de 1789, o preâmbulo da Constituição de 1946 e os princípios fundamentais reconhecidos pelas leis da República, isto é um conjunto verdadeiramente considerável de normas constitucionais relativas às liberdades e direitos fundamentais que pode ser comparado às Constituições estrangeiras, nomeadamente alemã, italiana ou espanhola»; (3.ª) com a revisão constitucional de 29.10.1974, ao abrir a 60 parlamentares a possibilidade de submeterem ao *Conseil Constitutionnel* leis ainda não promulgadas, para controlo de constitucionalidade; (4.ª) etapa, que estava, então, por "superar" e que se resume à seguinte pergunta, «como será aceite pela nova maioria de esquerda chegada ao poder o princípio da submissão da vontade parlamentar ao controlo do juiz constitucional?».

170 Assim, LEO HAMON, l'Etat de Droit et son Essence, *in* RFDC, n.º 4, 1990, p. 703.

171 Um outro autor de língua francesa, JEAN RIVERO, prefere definir o *Etat de droit* como "celui dans lequel la toute puissance du pouvoir trouve sa limite dans la règle juridique qu'il est tenu de respecter", para logo funcionalizar essa operação à "protection du citoyen contre l'arbitraire". O núcleo esencial do artigo (État de Droit, État du Droit, *in* L'État de Droit: Mélange en l'Honneur de Guy Braibant, Paris, Dalloz, 1996, p. 609) parece localizar-se na impostação segundo a qual "l'Etat de Droit dépend donc dans une large mesure, pour repondre à sa fin, de *l'état du droit* en vigueur" (ressaltando, assim, a perspectiva da acessibilidade dos destinatários desses direitos aos mesmos).

Teria de haver, forçosamente, normas de *fundo* respeitadas pelo poder, para que se pudesse considerar um Estado como Estado de direito.

Os exemplos desembainhados por LEO HAMON são expressivos.

Sugeriu o autor que se imaginasse uma ordem jurídica cuja norma suprema fosse «a vontade do Führer é criadora de direito».

Ora, os campos de concentração-exterminação de judeus, frutos da vontade do *Führer*, respeitam o direito do Estado alemão.

Mas nem por isso, vinca L. HAMON, passará pela cabeça (ou, talvez mais precisamente, pela voz) de alguém que o *III.° Reich* fosse um Estado de direito (já que «as abominações perpetradas pelo regime eram conformes à vontade do Führer»).

Uma outra hipótese, colocada e logo repudiada por HAMON do cardápio do *Estado de direito*, prende-se com o episódio do assassinato, determinado pelo Rei da França, do Duque de Guise à saída de uma audiência com aquele.

Levanta-se o problema de saber se o adágio, então em uso, sob o *Ancien Régime*, «si le Roi le veut, Dieu le veut... car tel est notre bon plaisir» autoriza, justifica o referido homicídio.

A resposta dada foi *não* e, consequentemente, esse Estado não deveria ser considerado de direito.

Assim sendo, na linha do autor que tenho vindo a perscrutar, «os Estados nos quais a norma suprema, podendo suspender a todo o momento a aplicação das outras normas, é a salvação da República, a vontade do Führer, a acção do Marechal ou a acção do Partido Comunista pela salvaguarda da ditadura do proletariado, não são Estados de direito:

É necessário ainda um certo desenvolvimento do *corpus* de normas que garantam a segurança dum indivíduo, fixando o procedimento das derrogações e procedimentos de controlo acessíveis ao cidadão».

O que se acabou de ler em LEO HAMON é, pura e simplesmente, a expressão duma corrente *juridicamente correcta* que ganhou hoje foros de cidade e que perpassa, impada, em quase toda a juspublicística hodierna.

Falo do *indirizzo* substancialista do conceito de Estado de direito[172].

Na perspectiva formal, inscreve-se tradicionalmente o *Estado de direito* num sistema em que preponderam considerações atinentes à *separação de poderes*, legalidade administrativa, segurança jurídica, protecção judiciária.

---

[172] Sintetizam GÜNTHER e ERICH KÜCHENHOFF (Allgemeine Staatslehre, 6. Aufl., Stuttgart, 1967, p. 85): «O objectivo do *Rechtsstaat* é a vinculação de toda a vida estatal às disposições jurídicas e à ideia de justiça».

J. BELL, Le Régne du Droit et le Régne du Juge vers une Interpretation Substantielle de l'Etat de Droit, *in* L'Etat de Droit: Mélanges en l'honneur de Guy Braibant, Paris, Dalloz, 1996, p. 15-28.

A percepção material do *Estado de direito* vincularia o Estado a condicionantes como direitos fundamentais, justiça, proibição do excesso.

Enquanto *princípio constitucional*, tem-se visto em algumas ordens jurídicas (por vezes, a despeito da não consagração constitucional expressa do princípio do Estado de direito) o Estado de direito abarcar, pelas mãos da doutrina e da jurisprudência, primacialmente, domínios como a reserva da lei, o primado da lei, a segurança jurídica[173], a certeza da lei, a independência do juiz, os direitos fundamentais, a constitucionalidade.

Mas o que está por demonstrar é, a meu ver, a pertinência da orientação substancialista, venerada por tantos e tantos autores.

Mesmo que, no momento imediatamente seguinte à unânime declaração de fé nesse Estado de direito substancialmente alimentado, impere a discórdia quanto ao conteúdo exacto dessa mesma substância[174].

Tal desacordo, saído de um acordo de partida (acordo de que não haverá, de ora avante, acordo), relega o conceito de Estado de direito para a categoria de estandarte furta-cor, ao sabor das oportunidades e dos interesses altissonantes.

O mesmo é dizer, a anulação da potência representativa do próprio conceito.

Porque se as cores do estandarte são tão cambiantes, e cambiantes por força desses indicadores tão volúveis, dificilmente a bandeira içada poderá guiar tantas e tão distintas entidades, tendo cada uma delas aderido à causa porque, à partida, nela havia visto certas e determinadas cores nas quais se revia.

Sustento, assim, que se o *indirizzo* substancialista do Estado de direito é, de algum modo, importante, no quadro da luta multisecular pela garantia e sedimentação de certos valores humanos e organizatórios, esse percurso substancializante já não será determinante, nem sequer importante, para a atribuição a um Estado do epíteto civilizacional "de direito".

---

173 Relacionando a segurança jurídica com a justiça constitucional, C. BLANCO DE MORAIS, Segurança Jurídica e Justiça Constitucional, *in* RFDUL, vol. XLI, n.° 2, 2000, p. 619-630. A tese do Professor BLANCO DE MORAIS é a seguinte: «entre *juiz-robô*, escravizado a um originalismo e a um textualismo redutor, e o *juiz-herculano* de Dworkin ou o *juiz-taumaturgo* da nova hermenêutica que sonham, respectivamente, em transformar ou revolucionar a ordem constitucional através da jurisprudência, existe um *juiz* – guardião ou curador, que tempera a sua fidelidade à norma, com uma autonomia criativa que deve, num momento e de forte procura de Direito, indispensável garante da certeza, previsibilidade e coerência das normas que nos regem» (p. 630).

174 Está a laborar-se com um conceito orientado desde muito cedo para o projecto de estruturação de um ramo de Direito, o do Direito público, onde se assume como o cimento unificador do edifício sistemático.

O substancialmente determinante é, ao cabo e ao resto, a forma – a recondução a Estado de direito de todo o Estado juridicamente organizado e submetido à *lei* jurídica vigente (seja aquela que é emanação do Direito escrito, seja aquela que resulta do Direito consuetudinário).

Fiquemos, por ora, pela enunciação desse patamar minimal.

Patamar minimal, esse, que não se reconduz ao *Etat minimal* de que JACQUES CHEVALLIER expressamente fala, nem àquele *Etat de droit* tão eloquentemente analisado por WALTER LEISNER[175].

O debate não se situa, no nosso caso, em torno do enfoque mais ou menos liberal da *Rechtsstaatlichkeit*, em que, por conseguinte, o intervencionismo estatal – desde logo, a nível económico – é blasfemado e circunscrito ao mínimo; nem tanto ao nível do cabedal normativo do Estado regido por critérios estritos de clareza e certeza.

Recordemos o que LEISNER esboçou na página 71 do trabalho supracitado: «Le principal but de l'État de Droit normatif c'est d'assurer un maximum de prévisibilité, de lier l'État en toutes ses manifestations, surtout d'autorité, à des décisions générales dont le citoyen pourra calculer les risques auparavant»[176].

Explique-se: «não é da essência do Rechtsstaat garantir a previsibilidade por um imobilismo normativo – o que o cidadão ganha ao pé de uma Administração estreitamente vinculada, ele perde-o com um legislador que se "desenfreia em normas" (*qui se déchaîne en normes*).

«Mais se acentua a previsibilidade abaixo, menos será ela encontrada acima.

«Mas o normativismo – reino da previsibilidade – não é somente uma ilusão, ele transforma-se em perigo para esta mesma "calculabilidade" de todas as manifestações dos "poderes públicos" que é preconizada como a "grande manumissão" ("le grand affranchissement") do Estado de direito».

O destino do Estado de direito está assim traçado. É o suicídio – a acreditar em W. LEISNER.

«É ainda uma vez em nome do Estado de direito que o normativismo se autodestruirá na sociedade económica moderna. Sua ilusão de previsibilidade conduzirá na primeira etapa a estruturas esclerosadas, em última análise à libertação do Estado do pensamento normativo».

---

175 *Cf.* JACQUES CHEVALLIER, Etat de droit, *in* RDPSP, n.° 2, 1988, p. 371;
WALTER LEISNER, l'Etat de Droit – une Contradiction?... cit., p. 66-68, 74-75, *passim*.

176 O fim primordial do Estado de direito normativo é o de assegurar um máximo de previsibilidade, de vincular o Estado, em todas as suas vertentes, a determinações normativas gerais cujos riscos possam ser antecipados pelo cidadão.

Suicídio do Estado de direito, desde logo no capítulo da separação dos poderes, pelos seguintes motivos: o *Etat de droit* «n'est bon que s'il est parfait, il n'a de valeur que dans la mesure où ses impératifs permettent un certain calcul.

«Se a sua concepção podia ser inteiramente isolada desta calculabilidade, o rechtsstaat reduzir-se-ia à existência dos parlamentos, ele não seria mais do que um outro termo para falar de democracia representativa.

«ora, não é jamais assim que se concebeu o Estado de direito.

«Se ele é a salvaguarda da democracia representativa, é porque ele não permite ao soberano popular dizer a "sua" palavra, mas somente a "sua palavra exacta".

«Mas é exactamente por esta busca de precisão, senão de previsibilidade, que o Estado de direito se arrisca a matar a democracia e, com ela, a sua própria legitimação».

5. **Algumas Depurações**

A roçar a adesão à concepção liberal de governo, estabelecera CARL THEODOR WELCKER no séc. XIX a tripartição "despotischer Staat", "theologischer Staat" e "Rechtsstaat".

Pretendera o autor riscar uma linha histórico-evolutiva do Estado que atingiria o seu paroxismo no *Rechtsstaat*, isto é a cristalização do ideal do governo liberal.

Não me diz muito essa construção, mas diz-me ainda menos uma série de configurações com tendência para a catalogação do "Estado despótico" como uma *contradictio in se*, uma vez que, fundamentam, um regime despótico não chegaria sequer a ser, por definição, um Estado[177].

Da mesma sorte, não farei uma especial vénia à alternativa proposta por FRIEDRICH SCHLEGEL:

A distinção entre "despotischer Antistaat", "quasistaat" e "Staat".

Para já, porque nela não encontro o grande rigor que outros nela descortinam e aplaudem, nem descubro qualquer pertinência nessa construção. Onde, com efeito, encontrar o verdadeiro fundamento da diferenciação entre "quasistaat", "despotischer Antistaat" e "Staat"?

---

[177] Nesses termos, LUC HEUSCHLING, Etat..., cit., p. 3;
Sobre classificação welckeriana, *vide* CARL THEODOR WELCKER, Staatsverfassung, *in* C.V. ROTTECK/C. WELCKER (Hrsg.), Staats – Lexikon oder Encyklopädie der Staatswissenschaften, Band 15, Altona, J.F. Hammerich, 1843, p. 24, 32, 33, 35-51.

Qual, em boa verdade, o *plus* carreado para o debate pela referida apreciação?!

O pensamento jurídico alemão foi, a dada altura, marcado por certas colorações formalistas do *Rechtsstaat*. Algo que tem andado lado a lado com o já discutido problema da *autolimitação*.

Referindo-se à problemática da autolimitação, destaca MAURICE HAURIOU a sua real implantação, não obstante uma eventual inadequação lógica. Sustenta o autor que «logiquement, l'autolimitation de l'État apparait comme une absurdité. «Historiquement, est la verité constitutionnelle»[178].

Tal colocação remete-nos para RUDOLF VON JHERING[179], LABAND e GEORG JELLINEK[180]. O que vale dizer, para a teoria da autolimitação do direito (*die Staatliche Selbstverpflichtung*), que serviu de respaldo ao formalismo jurídico alemão. Foi-se beber ao pensamento de influxos hegelianos da autolimitação, onde se refuta a heterolimitação do Estado dado representar este a síntese dos interesses gerais e particulares[181].

A *auto-limitação* acaba por ser uma tentativa de compatibilização da doutrina da anterioridade do Estado com a da submissão do Estado ao direito. Se se tiver por dado adquirido a anterioridade do Estado face ao direito, como explicar a sujeição do Estado ao direito (a um direito por ele posto), senão através da autolimitação ou autovinculação do próprio Estado?

O que daí resulta é a limitação preponderantemente, para não dizer exclusivamente, formal do poder do Estado, *i.e.* pelas normas por este criadas[182].

---

178 Cf. MAURICE HAURIOU, Précis…, cit., p. 91 ss., 228 ss.

179 O criador da teoria da *autolimitação* e figura importante da *Jurisprudência dos Conceitos* (na fase primeira da sua produção científica – pois dela se apartaria mais tarde). Nesse sentido, ver KARL LARENZ, Metodologia da Ciência do Direito…, cit., p. 20 ss.;

ARTHUR KAUFMANN, Filosofia do Dto, teoria do dto, dogmática jurídica…, cit., p. 170 ss.

180 GEORG JELLINEK, L'État Moderne et son Droit, I, Paris, 1911, p. 502 ss. O mesmo autor (*o mais convincente defensor* da doutrina da *autolimitação*, segundo FEZAS VITAL – assim, J.R.P.M. DE ALMEIDA/J.A. DE OLIVEIRA, Direito Constitucional, segundo as Lições Magistrais do Prof. Doutor FEZAS VITAL…, cit., p. 290) que não consegue deslindar nos contributos de VON MOHL, STAHL ou GNEIST qualquer inovação relativamente às doutrinas muitos séculos antes desenvolvidas por PLATÃO e ARISTÓTELES. Refere-se à problemática da lei como fundamento do Estado (*cfr.* JELLINEK, Allgemeine Staatslehre, 3. Aufl., 7. Neudruck, 1960, p. 184-229).

181 Porque (na perspectiva hegeliana) instância de síntese entre o interesse geral e os vários interesses particulares, não haveria limites exógenos ao Estado.

182 Ainda assim, *limitação*. Diferentemente da teoria do *Estado-poder*, que intentaria isentar o Estado do império da lei – destinada a vincular apenas outros sujeitos.

Isso traduziu-se, a dada altura da história político-jurídica alemã, na inclinação formalista que atingiu o seu *Rechtsstaat*, reduzido, destarte, a um Estado de simples legalidade.

À lei, e só à lei, dimanada do Estado cabe tutelar o campo dos direitos individuais, assim como o enquadramento do próprio Estado. A relação entre estes dois campos é presidida pelo respeito a tais normas, enquanto não forem pelo Estado revogadas ou alteradas.

Mais não se pede.

O Professor MARCELLO CAETANO, inserindo-se nessa vaga formalista, ensinava que «uma lei, mesmo quando seja má» seria «preferível à ausência de lei» nos casos em que da sua falta resultasse o «capricho nas resoluções da autoridade e a incerteza dos direitos dos indivíduos»[183].

A doutrina da autolimitação do Estado, que participou no vivo diálogo entre as mais marcantes escolas filosófico-jurídicas do séc. XIX e parte do séc. XX, o jusnaturalismo e o positivismo normativista[184], tem encaixado apreciações extremamente críticas que pretendem pôr a nú a vacuidade de um Direito sem referências axiológicas densificadoras[185].

---

183 MARCELLO CAETANO, Páginas Inoportunas, Lisboa, s. d., p. 158.

184 Algumas referências (ou pilares inspiradores) do positivismo jurídico-científico são nomes como PAUL V. FEUERBACH, MONTESQUIEU, DESCARTES, COMPTE [o inventor do conceito *sociologia* e um dos pais fundadores desta disciplina, que era vista como uma ciência *positiva*, estudável de acordo com os métodos rigorosos utilizados em áreas científicas como a Química ou a Física, onde a obsrvação, a experimentação e a comparação dominam; acerca desta figura, *vide* A. GIDDENS, Sociologia, 4.ª ed. (trad. de *Sociology*, 4th Ed., Polity Press 2001), Lisboa, Gulbenkian, p. 2004, p. 7-8], A. MERKEL, K. BINDING, KELSEN, BIERLING (ao nível da psicologia jurídica), M. WEBER (no campo da sociologia jurídica) OU SARTRE (com a sua cncepção ontológica fundada na precedência do ser face à *essência* e na centralidade do homem).

185 *Cfr.*, em tom crítico, LÉON DUGUIT, Traité de Droit Constitutionnel (5 vol.), 2ème éd., Paris, Ancienne Librairie Fontemoing & Cie, Editeurs, 1924...; DUGUIT defende que para um Estado poder "verdadeiramente" ter o carácter de "État de droit", uma das (3) condições necessárias é que exista "un moyen de limiter véritablement et d'une manière juridique la puissance de l'État" (as restantes são: que todas as "situações privadas legitimamente estabelecidas" beneficiem de uma protecção eficaz; que sejam "facilitadas e garantidas as relações jurídicas entre particulares"): Assim, "Les Grands Doctrines Juridiques et le Pragmatisme", *in* Revista da Faculdade de Direito da Universidade de Lisboa, 1939, p. 11-12; na página 20, faz condicionar a admissibilidade dum sistema jurídico, do ponto de vista "pragmatista", à necessidade de ele "estabelecer sobre um fundamento sólido a limitação do Estado pelo direito"; fazendo um reparo aos defensores da *doutrina subjectivista* (que declaram que "l'État crée le droit et qu'il peut s'y soustraire quand son interêt supérieur l'y pousse"), considera como causa de certos episódios relacionados com a 1.ª Guerra Mundial a teoria da autolimitação ("Invasion et pillage de la Belgique incendie de Louvain, massacres des enfants et des femmes, torpillage de la *Lusitania*, tous les crimes abominables qui ont rempli le monde d'horreur,

Destaca, a próposito, o Professor SÉRVULO CORREIA os «perigos latentes» dessa teoria «que via no Direito que o próprio Estado cria o único limite jurídico da sua actuação e que encontrava como principal razão de tal sujeição a utilidade que para o Estado advem de não retirar credibilidade à obra da sua criação normativa».

Isto porque, «Se basta que o Estado respeite o Direito que ele próprio emite mas nem se adiantam parâmetros de legitimidade democrática quanto ao processo de criação das normas jurídicas nem parâmetros de legitimidade axiológica quanto ao conteúdo das disposições normativas, então o Direito pode ser instrumentalizado ao serviço de um poder que só reconhecerá como limites aqueles que, em cada momento, se dignar auto-fixar-se»[186].

Mas viria a 1.ª Guerra Mundial, surgiria ainda a 2.ª Guerra Mundial, para se encarregarem de limpar do pensamento jurídico quaisquer veleidades formalistas[187].

étaient d'avance justifiés par les juristes allemands et leur doctrine de l'auto-limitation"); Considera, a este propósito, elucidativa a exclamação do Chanceler alemão BETHMAN-HOLLWEG quando – no seguimento da informação ao Ministro dos Negócios Estrangeiros alemão dada pelo Embaixador britânico em Berlim de que Londres se considerava em estado de guerra com a Alemanha, na sequência da invasão por esta da Bélgica – o Embaixador GOSCHEN lhe foi apresentar as suas despedidas: «E tudo isso por causa de um pedaço de papel» (sem valor – o Pacto)!

[186] J.M. SÉRVULO CORREIA, Contencioso Administrativo e Estado de Direito, *in* Revista da Faculdade de Direito da Universidade de Lisboa, Vol. XXXVI, n.° 2, 1995, p. 446;

Sobre a perspectiva jusnaturalista e positivista normativa, *vide* MARCELO REBELO DE SOUSA, Direito Constitucional, I – Introdução à Teoria da Constituição, Braga, Livraria Cruz, 1979, p. 19 ss.

[187] Com o finamento da República de Weimar, regista-se um declínio da visão formal do Estado de direito – declínio esse que se acentuou com as vicissitudes da *longa noite* nazi. A preocupação passou a ser o delineamento de um Estado de direito justo, materialmente justo.

Fala SÉRVULO CORREIA (Contencioso Administrativo e Estado de Direito..., cit., p. 445) do pós-Grande Guerra como ponto de partida para a utilização do conceito de Estado de direito como «cimento ideológico e axiológico da reconstrução político-jurídica de Estados dilacerados pelo conflito e traumatizados por experiências totalitárias (...)»;

Do mesmo autor e no mesmo trabalho acabado de citar, v. pág. 446-448, onde se retrata o esforço construtivístico que envolve actualmente a problemática do Estado de direito, concluindo pela opinião segundo a qual a Constituição lusa (art. 2.°) «dá acolhimento a uma concepção substantiva ou material compósita de Estado de Direito».

Não sem antes assinalar, em geral, ser possível, pelo confronto do núcleo essencial do Estado de direito «com as realidades sócio-políticas», deduzir-se uma série de «princípios secundários» que vem «engrossar a auréola que rodeia a sua estrutura nuclear».

Mais: O princípio de Estado de direito pode ser visto como «ponto central da geografia constitucional, onde se confluem e entrelaçam outros princípios estruturantes do sistema».

Nesta óptica, aparece o Estado de direito enquanto "princípio de princípios", um "super-conceito";

Cf., ainda, PHILIP KUNIG, Das Rechtsstaatsprinzip... cit., p. 23.

A selvajaria da guerra e dos crimes que, na penumbra da guerra, praticaram homens que se colocavam no *topo de gama* da espécie; o uso de mecanismos sufragados pela Constituição, lei e directriz democrática para o acesso ao poder de franjas sociológico-políticas genuinamente avessas às mesmas directrizes constitucionais, legais e democráticas que, uma vez instaladas no poder, dinamitaram a ponte que os conduzira ao poder; o choque provocado por tudo isso e pelo opróbrio de ver o meliante penetrar normalmente e devassar a nossa inviolável (pensava-se) casa fortificada; todo esse rosário de traumas induziu uma corrida frenética em direcção ao reforço de instrumentos de controlo seja do acesso ao poder, seja do exercício deste[188].

Proibições, cada vez mais; limites, cada vez mais inultrapassáveis;

Conceito de Estado de direito, cada vez mais exigente, cada vez mais substancialmente condicionado; limitação do Estado não tanto pelas normas dele emanadas, mas, fundamentalmente, pelos conteúdos que encerram. Conteúdos que deverão obedecer a certos parâmetros axiológicos.

E com isto, temos, em certo sentido, a ressurgência em peso da visão jusnaturalista. É, enfim, a velha ideia de Estado de direito material a marcar posição na nossa hodiernidade[189].

---

188 Traumas que tiveram também repercussões no campo do sistema alemão de justiça administrativa, como justamente assinalaria o Professor SÉRVULO CORREIA (Direito do Contencioso Administrativo I, Lisboa, Lex, 2005, p. 102-104). Com efeito, a linha jurisprudencial-doutrinária imperante na Alemanha do pós Segunda Guerra Mundial, segundo a qual o contencioso administrativo teria uma natureza puramente subjectivista (a garantia da tutela jurisdicional restringir-se-ia, portanto, nos casos em que fossem violados direitos subjectivos por actos de autoridade, gozando de legitimidade para intentar a aludida acção só quem tenha o seu direito subjectivo afectado pelo acto administrativo – ou pela ausência deste), está posta em crise, no início, nomeadamente do séc. XXI. Sem embargo, de existir um lastro de razões históricas (passado nazi) para que, na Alemanha, se fustigue o "controlo jurídico objectivo". Exemplifica o Professor com o sistema francês, para concluir que o desempenho da função objectiva do contencioso administrativo quadra com os postulados do Estado de Direito. O autor reputa, a esta luz, importante o contributo do Direito Comunitário europeu na superação do referido "subjectivismo exacerbado".

189 Assinalando um entendimento segundo o qual o Estado de direito material não se apresenta como o contrário do Estado de direito formal, *cfr.* EBERHARD SCHMIDT-AßMANN, Der Rechtsstaat, *in* ISENSEE/KIRCHHOFF (Hrsg.)..., cit., p. 997-998. Enfatiza SCHMIDT-AßMANN que *enquanto Estado de direito material, impõe-se que o Estado garanta a realização desse conteúdo, pautando-se pela vinculação constitucional da legislação e pela normação dos direitos fundamentais. Neste sentido, não é o material o oposto do Estado de direito formal, mas sim um elemento material e formal do direito de um Estado.*

Exemplifica com o Art. 1 Abs. 3, Art. 20 Abs. 3, Art. 79 Abs. 3 da *Grundgesetz*, para depois sublinhar que os «Formelemente sind Essentialia des Rechts, die es von anderen Wertordnungen abheben:

A minimalidade do *meu* Estado de direito encontra-se alojada no próprio cerne conceptual do Estado de direito.

É-me, verdadeiramente, de relevância marginal o fenómeno normativo--inflacionista (que, de alguma maneira, representa uma das carruagens do Estado providência – conquanto não seja o tal fenómeno monopólio desta forma de organização política, social e económica).

A nota tónica, a força gravitacional que determina o Estado de direito reside nas entranhas da própria arquitectura do Estado de direito.

Todos os problemas autenticamente importantes surgem e são resolvíveis a partir desse postulado.

Tenho para mim que quanto menor for o Estado de direito melhor será o Estado de direito... tanto menor, tanto mais forte.

O miolo conceptual reduzidamente definido[190] permitiria a sua própria reificação, uma sorte de fusão hipostática do verbo com a realidade.

O que há a ganhar com isso é tudo.

Desde logo, o escape a um círculo esgotado de argumentações e contra--argumentações que, ao fim e ao cabo, não acrescentam muito de decisivo, nem clarificam a ciência jurídica.

Acresce a tal dividendo, de racionalização de meios e energias, a circunstância de possibilitar a nossa higienizada construção uma rampa de lançamento em direcção aos verdadeiros problemas disfarçados pela *vexata quaestio* da *Rechtsstaatlichkeit*.

Ganhar-se-á a catapulta a partir da qual serão definidos e atacados todos e cada um desses verdadeiros problemas.

Não há que esperar pelo dia do suicídio final do *Estado de direito*. Temos, em nome da eutanásia, de antecipar esse dia, matar o monstro e fundar na sepse da sua inextricável desordem uma ordem nova, simples e clara[191].

Die Form ist die "geschworene Feindin der Willkür" (JHERING)».

A forma é, com efeito, na deliciosa expressão de JHERING, "inimiga jurada do arbítrio".

Por outro lado, citando ainda SCHMIDT-AßMANN, como Estado de direito formal, compreende--se aquele Estado em que sejam reconhecidas: a separação de poderes, a independência dos tribunais, a legalidade da Administração, a protecção jurídica perante actos do poder público e uma indemnização jurídico-pública como instituto irrenunciável.

[190] Conquanto ainda não tenha sido descoberto o tal *miolo*.

[191] Se o segredo da verdade está na simplicidade (*simplex sigillum veri* – como testemunhava GUSTAV RADBRUCH, na sua Filosofia do Direito, vol. II, 3.ª ed., Coimbra, 1953, p. 278-279), será esta uma orientação verdadeira. A (des?)propósito, que me seja lícito evocar algumas elucubrações reveladas por RADBRUCH a páginas 278 da obra citada: «A elegância das soluções jurídicas pode resumir-se nesta fórmula: *simplex sigillum veri*. Esta fórmula não significa outra coisa

Uma ordem que se distancie da anomia embrulhada no pantagruélico afã da ordem velha de tudo embocar no Estado de direito.

E a propósito, já agora, do próprio *corpus* constitucional, também nos posicionamos contra uma Constituição pantagruélica. É importante operar-se a redução verbal da Constituição ao mínimo fundamental e estruturante. A transversalidade da adesão a esse *corpus* normativo traz a reboque uma maior veneração da Constituição – diferentemente da desvalorização constitucional acoplada ao fenómeno inflacionista. Porque se a inflação de regras implica desvalorização de regras (aplicabilidade não efectiva), que, por seu turno, implica, numa certa perspectiva, a desvalorização do *Estado de direito*, então, que se comece por revalorizar essa moeda chamada Constituição, não o desmultiplicando para além da fasquia aceitável[192].

6. **Rule of Law**

Se se perscrutar a história, há-de verificar-se que a *rule of law*[193] e a soberania parlamentar são descortináveis em vários instrumentos jurídicos ingleses de natureza constitucional[194].

---

senão que a beleza pode também ser um índice de verdade. Um valor estético é tomado neste caso como medida para a apreciação dum valor».

192 Rodando à volta de uma série de propostas conducentes à simplificação legislativa, v. DUARTE DE ALMEIDA, Formas de Simplificação Legislativa: Elementos Para o Seu Estudo, *in* Legislação. Cadernos de Ciência da Legislação, 37, Abril-Junho 2004, p. 5-21 [Refere-se o autor ao fenómeno hodierno da "enxurrada de diplomas normativos", do "baixo valor facial" dos textos normativos, avançando com a delimitação do teor da "simplificação legislativa", simplificação que é vista como um dos antídotos para as patologias a que se fez alusão].

Em geral, ANA FRAGA/ANA VARGAS, Da Qualidade da Legislação ou de Como Pode o Legislador Ser um Fora-da-Lei, *in* Legislação. Cadernos de Ciência da Legislação, 27, Janeiro-Março 2000, p. 31 ss.

193 Entre muitos autores, refira-se aqui a J. HARVEY/L. BATHER, Über den englishen Rechtsstaat. Die «rule of law», *in* MEHDI TOHIDIPUR (Hg.), Der bürgerliche Rechtsstaat, Frankfurt am Main, Suhrkamp, 1978, p. 359-376. Sobre o significado geral de *rule of law*, ver pág. 366-368.

B. KRIEGEL, The State and the Rule of Law (trad. por M.A. Lepain e J.C. Cohen de L'État et les Esclaves: Réflexions pour l'Histoire des États, Paris, Payot, 1989), Princeton, New Jersey, Princeton University Press, 1995, p. 11-14.

194 *Rule of law* que desde, pelo menos, o reinado (1154 a 1189) de HENRIQUE II da Inglaterra, era aqui, nos seus traços fundamentais, conhecido.

Tem sido entendida a rule *of law* (integrando este o *statue law* e a *equity*), a par da *common law*, como um dos pilares da cultura jurídica inglesa.

Sintetiza JORGE MIRANDA (Manual de Direito Constitucional, I, 5.ª ed., Coimbra, Coimbra Editora, p. 130): *Rule of law* traduz «os princípios, as instituições e os processos que a tradição e

Refiro-me à *Petition of Rights* (firmada por CARLOS I, em 1628), ao *Habeas Corpus Act* (assinado por CARLOS II, em 1679), ao *Bill of Rights* (com a assinatura, em 1689, de GUILHERME D'ORANGE e desenvolvendo-se este *Bill* em 4 linhas convergentes na ideia da consagração de alguns direitos e garantias dos particulares em face dos poderes públicos, com o fito de limitar de algum modo o poder absoluto do soberano: a saber, direito de petição, proibição de penas cruéis, interdição de tribunais de excepção, concessão de uma relativa liberdade de expressão no âmbito parlamentar) e, bem assim, ao *Act of Settlement* (de 1701).

Como entender a corrente que liga a problemática da *Rule of Law* à da soberania do parlamento?

Como situar, para retomar uma *vexata quaestio* que sobreviveu a séculos e séculos, o fenómeno do poder no contexto da soberania da lei ou da soberania dos homens de carne e osso e caprichos?

Há que fundear o fenómeno potestático nos ditames dum instrumento racional e, logo, previsível a que se chame lei ou, diversamente, dever-se-á estribar tal fenómeno nas determinações casuísticas de quem, afinal, manda?

O posicionamento de um jurista do séc. XIII, BRACTON, no que toca à posição do rei, foi neste sentido: «Quod rex non debet esse sub homine sed sub Deo et lege…, non est enim res ubi dominatur voluntas et non lex»[195].

A *Rule of Law* carregará em si (tal como o Estado de direito) a ideia da necessária submissão de todos os cidadãos, sem distinção, ao direito.

No último quartel do séc. XIX, mais precisamente em 1885, ALBERT VENN DICEY, nas suas conferências de Oxford reunidas no livro "Introduction to the Study of the Law of the Constitution"[196], aponta três acepções para *rule of law*.

Uma primeira acepção traduz-se na absoluta soberania da lei ordinária, algo que se distancia de um qualquer poder que se defina pela arbitrariedade.

---

a experiência dos juristas e dos tribunais mostraram ser essenciais para a salvaguarda da dignidade das pessoas frente ao Estado à luz da ideia de que o Direito deve dar aos indivíduos a necessária protecção contra qualquer exercício arbitrário de poder».

Cfr., sobre a construção da ideia do Estado de direito na Inglaterra, R. MOHL, Gründzuge einer Geschichte des philosophischen Staatsrechtes, *in* R. MOHL, Die Geschichte und Literatur der Staatswissenschaften – *in* Monographien dargestellt, Band I (unveränderter Abdruck der 1885 bei Ferdinand Enke), 1960, p. 230-232;

[195] No "De Legibus et Consuetudinibus Angliae", (G. E. Woodbine, organizador da edição), Harvard University Press, 1968.

[196] *Cf.* A.V. DICEY, Introduction to the Study of the Law of the Constitution, E.C.S. wade (MacMillan), 1939.

Uma outra acepção consiste no entendimento do Direito constitucional como decorrência dos direitos individuais fixados através da acção dos tribunais e do parlamento, não como causa ou fonte daqueles. A Constituição aparece, neste sentido, como a consequência da *ordinary law of the land*.

A última acepção de *rule of law* tem a ver com a submissão de todos os cidadãos à lei ordinária, expressão da igualdade perante a lei. Não haveria, portanto, espaço para instâncias especiais como os "tribunais administrativos", nem para o "Direito Administrativo"[197].

Reagindo vivamente contra as teses acabadas de expender, J. IVOR JENNINGS tentou desmontá-las, quer recorrendo a exemplos que, na Inglaterra, concorreriam para desacreditar tais opiniões (caso do *não* de DICEY a tribunais especiais), quer recorrendo a formulações gerais de sentido contrário às teses atacadas (caso da decorrência da Constituição da *ordinary law*, segundo DICEY)[198].

JENNINGS destaca, com efeito, a dificuldade em destrinçar-se a *regular law* do *arbitrary power,* acentuando a susceptibilidade de o poder, todo o poder, ser abusivamente exercido, provenha ele de *regular law* ou não.

À opinião cara a DICEY de que a Constituição é consequência da *ordinary law of the land* e o próprio Direito constitucional é a decorrência dos direitos individuais fixados através da acção do parlamento e dos tribunais, lembra JENNINGS que, na Inglaterra, «the supremacy of parliament is the constitution».

Em referência à tese diceyana da igualdade traduzida na submissão de todos os cidadãos à lei ordinária, JENNINGS vê com dificuldade que se possa colocar ao mesmo nível entidades tão diferenciadas como, por exemplo, a autoridade pública e o cidadão, quer no ponto de vista dos direitos, quer no dos deveres afectos a cada uma delas[199].

Registou-se em 1959 uma tentativa de delimitação do conteúdo da *rule of law* levada a cabo pela *International Commission of Jurist*[200].

---

197 Assim, A.V. DICEY, Introduction..., cit., p. 206.

198 *Cf.* J. IVOR JENNINGS, The Law and the Constitution, 3rd ed., London, 1945. p. 288, 291; P. LUCAS VERDÚ, La Lucha..., cit., p. 37, para quem «si examinamos el *rule of Law* desde las bases de las transformaciones sociales modernas motivadas por la guerra, crisis económica y el paro, si tenemos en cuenta la legislación delegada, el derecho administrativo y las nacionalizaciones, instrumentos utilizados como respuesta a aquellos cambios, se habrá de concluir que el concepto liberal del *rule of Law,* mantenido por DICEY, es algo completamente anacrónico y en contradicción con el *Welfare State*».

199 *Cf.* J. IVOR JENNINGS, The Law..., cit., p. 60, 306 ss., 314.

200 Sobre a matéria, *cfr.* o trabalho de MICHEL ROSENFELD, The Rule of Law and the Legitimacy of Constitutional Democracy, *in* N. Dorsen/M. Rosenfeld/A. Sajó/S. Baer, Comparative Constitutionalism: Cases and Materials, USA, Thomson-West (American Casebooks Series), 2003, p. 16 ss.

Essa tentativa de delimitação é desenvolvida em três parâmetros básicos: a função legislativa (no âmbito da qual se erige a dignidade do indivíduo em instância limitante dessa função); o executivo (relativamente ao qual o abuso de poder é condenado e o bem-estar social, assim como a ordem e o direito, são enaltecidos); a independência do juiz no âmbito do processo criminal[201].

Comparando o *Rechtsstaat* à *Rule of Law*, M. KRIELE[202] estabelece o seguinte quadro analítico: «Enquanto que a *rule of law* se orienta pela dialéctica do *processo judicial*, a ideia de *Rechtsstaat* apela a um soberano que decide de forma unilateral. Para a *rule of law*, o direito desenvolve-se num procedimento regulado, para o *Rechtsstaat*, o direito é criado de forma soberana. Para a *rule of law*, o desenvolvimento do direito é um processo inacabado que perdura *na história*. Na medida em que o *Rechtsstaat* é concebido como de direito natural, este último é um complexo de normas que tem validade *universal* e *atemporal*[203]. Para a *rule of law*, o direito origina-se na *experiência concreta* do povo. O direito natural que subjaz ao *Rechtsstaat* tem a forma de um *sistema* no qual são derivadas consequências a partir de premissas – *ex principiis derivationes*. Para a *rule of law*, o impulso para o desenvolvimento do direito provém da experiência do defeito do direito existente, isto é, experiência da *injustiça*. A ideia do direito natural subjacente ao *Rechtsstaat* tem o seu ponto de partida no ideal da *justiça* positiva. A orientação em direcção à injustiça dá concreção e vida à *rule of law*. A orientação em direcção à justiça afasta o direito natural da realidade.

Em síntese, que imagem se pode reter, a propósito do cerne conceptual da *rule of law*? Qual é o *quid* específico da rule *of law,* face a conceitos convizinhos como o *Rechtsstaat*?

Em primeiro lugar, a historiografia da rule *of law* permite fazer recuar os seus antecedentes aos séculos XVII e XVIII, por alturas da *Petition of Rights*, do *Habeas Corpus Act* e do *Act of Settlement*.

---

201 YARDLEY, English Administrative Law, London, 1970, p. 3 ss.

202 M. KRIELE, Introducción a la Teoría del Estado: Fundamentos Históricos de la Legitimidad del Estado Constitucional Democrático (trad. de E. Bulygin da "Einführung in die Staatslehre. Die geschichtlichen Legitimitätsgrundlagen des demokratischen Verfassungsstaates", Hamburg, 1975), Buenos Aires, Depalma, 1980, p. 146 ss.

ANTONIO Z. GIUSTINIANI, Rule of Law, Costituzionalismo, Stato Amministrativo in Hayek, *in* Il Politico (Rivista Italiana di Scienze Politiche), n.° 2, 2000, p. 232-242.

Do mesmo autor, ainda, Stato Costituzionale ed Espansione della Democrazia, Padova, CEDAM, 1999, p. 225-233.

L. HEUSCHLING, État de Droit Rechtsstaat Rule of Law, Paris, Dalloz, 2002, p. 165 ss.

203 Um veemente apelo ao direito natural pode-se vislumbrar em RICARDO SÁ FERNANDES, A Tributação do Lucro no Direito Fiscal Português (História, Natureza e Incidência), 1986, p. 50-56.

Em segundo lugar, as divergências na percepção do teor da rule *of law* evidenciadas por um A.V. DICEY e J.I. JENNINGS são de molde a deixar claro que não se trata de um conceito tão preciso como, à primeira vista, pareceria.

Da contenda doutrinária a que se acabou de aludir, só se salvaria, até certo ponto, a acepção diceyana da *rule of law* primeiramente enunciada – como o postulado que aproxima as duas orientações. Refiro-me à opinião segundo a qual seria absolutamente soberana (afirmando-se, assim, contra a arbitrariedade de qualquer poder). Mas como a soberania absoluta por DICEY preconizada se atém à *lei ordinária*, a aproximação esconde, afinal, outra divergência de fundo: o lugar da Constituição e da lei na estrutura normativa do Estado.

Terceiro: da tentativa de delimitação conceptual encetada pela International Commission of Jurists, destaquem-se a condenação do abuso do poder, bem como o enaltecimento da lei e da ordem. Nada de radicalmente distinto da milenar ideia da domesticação do poder pela sua sujeição a um instrumento de racionalidade chamado lei.

Por fim, o quadro analítico (de comparação entre *Rule of Law* e *Rechtsstaat*) desenhado por KRIELE é inundado pela contraposição entre uma *Rule of Law* empírico-inducionista e um *Rechtsstaat* racional-deducionista (traços característicos, afinal, dos respectivos sistemas jurídicos).

Tirando as pequenas diferenças atrás mencionadas (mesmo sem se trazer à liça a abordagem minimal-anulante do *Estado de direito*, desenvolvida na presente dissertação), creio ser de admitir que *rule of law* e *Rechtsstaat* andem à volta do mesmo problema e signifiquem ambos, em última instância, a mesma coisa.

7. **Due Process of Law**

Nos Estados Unidos da América[204], a *rule of law* envergou também uma importante roupagem: o *due process of Law.*

O 5.° aditamento (de 1789) à Constituição dos EUA é entendível como expressão dum cuidado que é a garantia da vida, integridade física, liberdade e propriedade do cidadão.

---

204 À volta do tema democracia e Estado de direito nos EUA, K.L. SHELL, Rechtsstaatlichkeit und Demokratie in den USA, *in* Mehdi Tohidipur (Hg.), Der Bürgerliche Rechtsstaat, Frankfurt am Main, Suhrkamp Verlag, 1978, p. 377-398.

Reza, efectivamente, a disposição supramencionada:

«Ninguém será obrigado a responder por crime capital ou infamante sem denúncia ou acusação feita por um grande júri (...)», acrescentando que «ninguém poderá ser, por virtude do mesmo crime, exposto a perigo de vida ou a ser molestado na sua integridade física».

Mais: «ninguém será forçado a testemunhar contra si próprio em processo criminal, nem privado da vida, liberdade ou propriedade sem observância dos trâmites legais.

«Não poderá haver requisição da propriedade particular sem justa indemnização»[205].

Os vectores formal-processual e material (com mecanismos contra o abuso do poder) que o *due process of law* parece indicar acabaram por reconduzi-lo a uma percepção do Estado de direito enquanto *Estado de Justiça*[206].

Para BRENT SWISHER[207], o *due process of law* comportou ao longo da sua história (arrancando, fundamentalmente, da Declaração de Direitos de Virginia de 1776 – sem se considerar o legado inglês) três fases, cada uma delas correspondendo a uma determinada leitura do próprio conceito nos Estados Unidos da América. A primeira fase abrange os primeiros cem anos da independência deste país, traduzindo a ideia da limitação de ordem processual à acção dos governantes. Na fase intermédia (que vai até 1936), o *due process of law* passou a ser interpretado não apenas como uma restrição processual da acção do Governo, como ainda atinge a substância dessa mesma acção. A terceira fase (que principia em 1936, prolongando-se ao longo do século XX) caracteriza-se por um retorno ao movimento inicial. Quer isto dizer que o *due proces of law* recuperou a sua feição de limite meramente processual (não já substancial) ao poder governamental.

---

205 *Cf.* JORGE MIRANDA, Constituições de Diversos Países, vol. I, 3.ª edição, Lisboa, INCM, 1986, p. 353, cuja tradução acabou de ser transcrita.

206 Nesta óptica, VINCENZO ZANGARA, Lo Stato di Diritto…, cit., p. 96.

Sobre a temática do "Stato di giustizia", *vide* R. MELIS, Otto Tesi su Stato di Diritto e Stato di Giustizia, *in* Rivista Internazionale di Filosofia del Diritto (Gennaio-Aprile 1964), p. 238-242, em especial, a página 239: «Al nodo, il problema dello Stato di diritto si incrocia com quello dello "Stato di giustizia". Anche quest'ultima espressione potrebbe essere considerata tautologica se com essa non si volesse dire che si cerca un'eguaglianza non soltanto formale di fronte alla legge, ma un'eguaglianza sostanziale, di fatto, di condizioni, soprattutto economiche».

207 The Growth of Constitutional Power in the United States, Chicago-Illinois, The University of Chicago Press, 1947, p. 107.

§ 7.° VERTENTE LIBERAL DO ESTADO DE DIREITO

1. **O Fim da História?**

Esteia-se o chamado Estado liberal de direito[208] numa mundividência individualista e jusnaturalista. Equaciona o Professor Doutor MARCELO REBELO DE SOUSA[209] o chamado "Estado Liberal de Direito" ("Estado Liberal de Direito em sentido material", para alguns) em ligação com o "Estado Liberal de Legalidade" ("Estado Liberal de Direito em sentido formal", para alguns), assinalando que este surgiu na sequência da crise do jusnaturalismo e como expressão da vitória do positivismo normativista. Acrescenta o autor que as duas formas de "Estado de direito" comungam, praticamente, as mesmas características, exceptuando o «fundamento filosófico da limitação jurídica do poder político»: É que se com o jusnaturalismo (acorrentado ao "Estado liberal de direito"), «o que avultava era uma hetero-limitação do Estado por uma realidade que lhe era anterior e superior, o Direito Natural», com o aparecimento do positivismo normativo (ligado ao "Estado liberal de legalidade"), «o que passou a existir foi uma auto-limitação do Estado pelo Direito que vai criando».

---

[208] Na perspectiva do *Rechtsstaat* como «ideal liberal», *vide* F.A. HAYEK, Los Fundamentos..., cit., p. 275 ss.

Para alguns tópicos sobre a *adjectivação liberal* do Estado de direito, *cfr.* J. REIS NOVAIS, Contributo para uma Teoria do Estado de Direito..., cit., p. 51 ss.

[209] MARCELO REBELO DE SOUSA, Direito Constitucional: I – Introdução à Teoria da Constituição, Braga, Livraria Cruz, 1979, p. 297 ss. Para o juspublicista da Escola de Lisboa, o conceito de *Estado de direito* é o «repositório sintético das várias técnicas jurídicas de limitação do poder político nascidas com o constitucionalismo».

Ainda, M. REBELO DE SOUSA/J. DE MELO ALEXANDRINO, Constituição da República Portuguesa Comentada, Lisboa, Lex, 2000, p. 9-10.

ULRICH KARPEN, Die geschichtliche Entwicklung des liberalen Rechtsstaates: Vom Vormärz bis zum Grundgesetz, *in* G. Rüther (Hg.), Studien zur politischen Bildung, Bd. 10, Mainz, v. Hase & Koehler, 1985, p. 15-134.

LUIS LEGAZ Y LACAMBRA: Conferência pronunciada nos Gerais da Universidade de Coimbra em 1951 (El Estado de Derecho, *in* BFDUC, vol. XXVII, 1951, p. 67).

Vale a pena acompanhar o recenseamento (colhido na página 298 da obra citada do Professor MARCELO REBELO DE SOUSA) das características que, afinal, o *Estado liberal de direito* e o *Estado liberal de legalidade* encerram[210]:

---

[210] Numa posição praticamente convergente, *vide* SÉRVULO CORREIA, Legalidade e Autonomia Contratual..., cit., p. 190-191. Falando do Estado liberal de direito, ao abrigo de uma concepção jurídico-formal (que ainda prevaleceria, à data da feitura da obra citada, como «*elementos formais* do Estado de Direito» – no séc. XIX, esgotariam mesmo o âmbito do princípio), SÉRVULO CORREIA enumera os seguintes vectores: «à organização e ao funcionamento do Estado tem de presidir o fim essencial da salvaguarda dos direitos individuais, o qual se prossegue reconhecendo o carácter fundamental da liberdade individual e da propriedade, impondo a igualdade perante a lei, limitando o poder através da sua divisão, proibindo a Administração de desacatar a lei e condicionando à autorização do legislador a intervenção ablativa da Administração nos domínios fulcrais da esfera individual, garantindo o controlo por tribunais independentes da observância administrativa da precedência e da reserva da lei».

Regista apenas a hodierna «relativização do valor absoluto inicialmente atribuído à propriedade, sem que por isso se tenha deixado de exigir a base legislativa para a sua extinção ou limitação por acto administrativo».

SÉRVULO CORREIA vai buscar nas vicissitudes do programa da Revolução Francesa "liberté, égalité, fraternité" as «linhas da dinâmica de evolução qualitativa do Estado de Direito». À *liberté* corresponderiam os direitos de liberdade, à *égalité*, os direitos políticos e à *fraternité*, os direitos cívicos. Assim, «o Estado de Direito Liberal apenas desenvolveu os direitos de liberdade, que representam limites negativos à actuação do Poder». Por outro lado, «a igualdade – mesmo tão só a política – não foi totalmente assegurada, porquanto a participação de todos na formação das decisões do Poder se teve de defrontar com as limitações dos mecanismos representativos, desde logo traduzidos na lentidão com que se acedeu ao sufrágio universal». No que tange à concretização da *fraternidade*, ela «pressupõe o reconhecimento de direitos cívicos a prestações de bens e serviços pelo Poder, que só o Estado intervencionista posterior à Primeira Guerra Mundial a pouco e pouco poria de pé».

Id., Noções de Direito Administrativo, I, Lisboa, Danúbio, 1982, p. 231 ss.

E. DIAZ, Estado de Derecho y Sociedad Democrática, Madrid, Taurus, 1992, p. 23-42.

S. AGESTA (O Estado de Direito na Constituição Espanhola de 1978, *in* BFDUC, vol. LVI, 1980, p. 27), tentando esmiuçar a fórmula contida no § 1.° do art. 1.° da Constituição espanhola de 1978 "A Espanha constitui-se num Estado social e democrático de Direito", acentua que: «o Estado liberal» (que estaria arredado desse posicionamento) «teria como única missão limitar o poder do Estado para garantir a liberdade dos indivíduos ou da sociedade». *Estado liberal* que é comummente datado a partir da *glorious revolution* inglesa de 1688, a partir do processo de independência e unificação das ex-colónias norte-americanas (1776 a 1787) e da *Révolution Française* de 1789, esgotando-se o modelo com a II.ª Guerra Mundial.

N. SALDANHA, "Democracia"..., cit., p. 281. Também o seu "Estado de Direito e Ordem Política"..., cit., p. 482.

Vide, ainda, EBERHARD SCHMIDT-AßMANN, Der Rechtsstaat, *in* Isensee/Kirchhoff (Hg.)..., cit., p. 998: o Estado de direito burguês, o Estado de direito do alto liberalismo – muitas das vezes também considerado (pleonasticamente, para dizer a verdade) como Estado de direito liberal – é aquele que no século XIX lutara, designadamente, por um Estado do individualismo, da protecção da liberdade, da protecção da propriedade, da protecção contra riscos, da limitação do Estado e da não-intervenção.

A protecção dos direitos individuais (com a diferença de que os partidários do *Estado liberal de direito*, contrariamante aos defensores do *Estado liberal de legalidade*, reputam, jusnaturalisticamente, tais direitos como «naturais, anteriores e superiores ao próprio poder constituinte») é elevada a fim primordial do Estado;

A juridificação das funções exercidas pelo Estado, em prol da segurança jurídica;

A separação dos poderes do Estado;

A sindicabilidade política do Governo pelo Parlamento e a sindicabilidade jurisdicional do Governo pelos tribunais;

A tutela da legalidade pelos tribunais;

O acesso dos indivíduos aos tribunais, para a anulação de actos ilegais, inconstitucionais ou que choquem com direitos individuais ou, ainda, para a demanda de reparações dos danos provocados por tais actos.

Na esteira do que até aqui se tem ensaiado, vejamos os *elementos* desvendados por C. GARCIA LOZANO[211], no concernente ao *Estado liberal de direito*[212]. Destaca, à partida: a «primacía de la ley», que, na sua relação com o executivo, manifestar-se-ia fundamentalmente através da *reserva de lei*; a existência duma

MARCOS KAPLAN, El Estado de Derecho: Una Perspectiva Histórico-Estructural, *in* Boletin Mexicano de Derecho Comparado, 94, 1999, p. 84 ss.

B. PIEROTH/B. SCHLINK, Grundrechte – Staatsrecht II, 19. Aufl., Heidelberg, Müller, 2003, p. 77.

E.-W. BÖCKENFÖRDE, estudo intitulado "Entstehung und Wandel des Rechtsstaatsbegriffs" inserto em Recht, Staat, Freiheit: Studien zur Rechtsphilosofie, Staatstheorie und Verfassungsgeschichte, 1. Aufl., Frankfurt am Main, Suhrkamp, 1991, p. 147.

P.L. VERDÚ, La Lucha..., cit., p. 23-24. Elenca VERDÚ 7 *afirmaciones* estabelecidas pelo Estado liberal de direito, ao aparecer subsumido no Estado constitucional: primazia da lei [em sentido formal – que, na caracterização de C.G. LOZANO (El Estado liberal de derecho..., cit., p. 290), «es lo acordado por los órganos legislativos dentro del procedimiento legislativo prescrito. O de otra forma: es ley toda norma que tenga carácter general, se imponga coactivamente por el Estado, sea innovadora y provenga directamente de los órganos legislativos»]; um sistema hierárquico de normas em proveito da segurança jurídica; legalidade da Administração; separação de poderes, como garantia da liberdade e travão de abusos; reconhecimento da personalidade jurídica do Estado; reconhecimento, constitucionalização e garantia dos direitos fundamentais; controlo, em certos casos, da constitucionalidade das leis, «como garantía frente al despotismo del legislativo».

Sobre a «ventura y desventura de los derechos individuales» em França e na Itália, *vide* p. 67 ss. da obra citada. Assinala o autor, a páginas 91, a inaptidão do *Estado liberal de direito* para realizar a justiça social – algo que o *Estado social de direito* prontificar-se-ia mais tarde a executar.

211 El Estado Liberal de Derecho..., cit., p. 290 ss.

212 Sobre os elementos estruturais das Constituições do Estado de direito liberal, *cfr.* GOMES CANOTILHO, Direito Constitucional, 5.ª ed., Coimbra, Almedina, 1991, p. 76-77.

«Constitución escrita y rígida»; a «separación de poderes»; reconhecimento de «garantías constitucionales»; independência judicial.

Uma constatação incontornável: o vector liberal *contaminou* o Estado de direito, a ponto de haver quem pense ser este naturalmente liberal e representar uma espécie de fim da história, no capítulo do *Estado de direito*[213]. Tudo o que nesta matéria sucedeu depois não passaria de pequenas correcções e melhorias, deixando incólume a essência do Estado liberal de direito.

De tudo o que ficou aqui dito, resulta uma comunhão, em certa medida, de várias notas identificadoras entre o *Estado liberal de direito em sentido material* e o *Estado liberal de direito em sentido formal* (também chamado Estado liberal de legalidade).

Partilham ambos as seguintes características: teleologia do Estado assente na tutela dos direitos do indivíduo; tribunal como instância de defesa da legalidade; abertura do tribunal aos indivíduos, para a garantia da legalidade e constitucionalidade, bem como para a tutela de direitos individuais; defesa da separação dos poderes (onde se inscreve, por exemplo, a independência dos tribunais); parlamento como instância de controlo político do Governo e tribunal como instância de controlo jurisdicional do Governo (num quadro de primado da lei); juridificação das funções do Estado (como forma de consecução da segurança jurídica).

O entroncamento onde as duas concepções começam a divergir é representado pela evasão em direcção ao jusnatural (e a consequente heterolimitação do Estado), protagonizadas pelo *Estado liberal de direito em sentido material*, bem como pelo apego ao juspositivo (e a consequente autolimitação do Estado) assumidos pelo *Estado liberal de direito em sentido formal* (ou seja, *Estado liberal de legalidade*).

---

[213] Situando a Constituição no âmbito da «crise do Estado liberal de direito», *vide* M. FIORAVANTI, Stato e Costituzione: Materiali per una Storia delle Dottrine Costituzionali, Torino, G. Giappichelli Editore, 1993, p. 206-213.

§ 8.° VERTENTE ALIBERAL DO ESTADO DE DIREITO

1. **Primeiras Linhas**

«Um Estado que, numa época de contaminação de raças, vela inquieta e escrupulosamente pela conservação dos seus melhores elementos, deve um dia tornar-se o senhor da Terra»[214]: ADOLF HITLER *dixit*! E estavam, destarte, delineados os contornos do que viria a ser uma das fachadas da vertente aliberal do Estado. Estado que, na perspectiva hitleriana, «não é um conteúdo mas uma forma»[215].

---

214 O autor desta proposição é ADOLF HITLER, no seu *A Minha Luta* (*Mein Kampf*), trad. J. de Carvalho, Lisboa, Edições Afrodite, 1976, p. 511.

Contra esta perspectiva, MISCHA TITIEV, Introdução à Antropologia Cultural, 9.ª ed., Lisboa, Gulbenkian, 2002 [trad. de *Introduction to Cultural Anthropology*, 1959], p. 384. Enfatiza TITIEV que a «visão antropológica do homem tem servido para pôr em dúvida afirmações dos que desejam glorificar uma raça ou "stock" à custa de outro». «Nenhuma raça é biologicamente melhor do que qualquer outra; a mistura entre "stocks" ou raças não é biologicamente prejudicial; não há diferenças de potencial mental; nenhuma sociedade de seres humanos vive num nível puramente "animal"; e qualquer grupo da humanidade tem capacidade para aprender quaisquer outros padrões unitários de comportamento biocultural».

215 ADOLF HITLER, A Minha Luta..., cit., p. 289. O lugar da violência nesta arquitectura do Estado e do mundo é evidenciado na seguinte passagem (p. 291 da obra citada): «Se, na sua evolução histórica, o povo alemão possuísse aquela inabalável unidade que foi de tanta utilidade a outros povos, seria hoje o senhor do mundo. A história teria tomado outro curso. Não veríamos esses cegos pacifistas mendigarem a paz através de queixas e lamentações, pois a paz do mundo não se mantém com lágrimas de carpideiras pacifistas, mas pela espada vitoriosa de um povo dominador que põe o mundo ao serviço de uma alta cultura».

Contra a mestiçagem, atente-se nestas tiradas antroposcópicas do ariano HITLER:

«Toda a mistura de raça tende, mais cedo ou mais tarde, para provocar a decadência do produto híbrido, enquanto a raça superior do cruzamento se mantiver pura. Só quando os últimos representantes da raça superior se tornam mestiços é que para os produtos híbridos cessa o perigo de desaparecimento». «No decorrer dos tempos, nenhum desses novos organismos raciais, em consequência do rebaixamento do nível da raça e da diminuição da elasticidade espiritual, daí decorrente, poderia sair vitoriosa numa luta com uma raça pura, mesmo intelectualmente atrasada» (p. 294);

O nacional-socialismo hitleriano, o fascismo mussoliniano[216], o Estado Novo salazarista[217] e o franquismo, na Espanha, formam um conjunto de doutrinas situáveis no campo aliberal, que no presente parágrafo se tentará definir[218].

«Se a beleza física não estivesse hoje completamente relegada para o segundo plano pela parvoíce da moda, a sedução de centenas de milhares de raparigas por judeus bastardos, de pernas tortas e desengonçadas, não seria possível. Está também no interesse da nação que se chegue à formação de corpos perfeitos, a fim de se criar um novo ideal de beleza» (p. 302).

«Mesmo a nossa Igreja, que fala sempre no homem como criado à imagem de Deus, peca contra esse princípio, ao cuidar simplesmente da alma, enquanto deixa que o homem desça à posição de degradado proletário. A gente fica transido de vergonha ao ver a actuação da fé cristã, no nosso país, em relação à "impiedade" desses indivíduos faltos de espírito e degradados de corpo, enquanto se procura levar a bênção da Igreja a cafres e hotentotes. Ao mesmo tempo que os povos europeus são devastados por uma lepra moral e física, erram piedosos missionários pela África central a organizar missões de negros, até que a nossa "elevada cultura" consiga fazer de indivíduos sadios, embora primitivos e atrasados, mestiços, preguiçosos e incapazes» (p. 295).

«De tempos a tempos, os jornais ilustrados metem pelos olhos dos nossos bons burgueses (...) o retrato de um negro que, pela primeira vez, aqui ou ali, se tornou advogado, professor, Pastor, 1.°-Tenor, *etc.* Enquanto a burguesia imbecil fica admirada de um tão maravilhoso adestramento e cheia de respeito por esse fabuloso resultado da actual arte de educar, o judeu esperto compreende que daí será possível tirar mais uma prova da justeza da teoria que pretende inculcar no público, segundo a qual todos os homens são iguais.

«não se apercebe esse desmoralizado mundo burguês que se trata de um ultraje à nossa razão, pois é uma criminosa idiotice adestrar, durante muito tempo, um meio-macaco, até que se acredite que ele se fez advogado, enquanto milhões de indivíduos, pertencentes à mais elevadas raças, devem permanecer numa posição inteiramente digna, se tem em vista a sua capacidade» (*sic*).

«No caso, trata-se na realidade de um adestramento, como o do cão, e nunca de educação científica».

«Aplicando o mesmo cuidado em relação a raças inteligentes, daria, a cada indivíduo, 1000 vezes mais depressa, idêntica capacidade de realizações».

«É intolerável pensar-se que, todos os anos, centenas de milhares de indivíduos, inteiramente sem talento, mereçam uma educação superior, enquanto centenas de milhares de outros, dotados de grande inteligência, fiquem privados dessa educação» (p. 314).

[216] Em torno do tema, F. D'ALESSIO, Lo Stato Fascista Come Stato di Diritto, *in* Scritti Guridici in onore di Santi Romano, vol. I., Padova, CEDAM, 1940, p. 495-510.

[217] *Cfr.*, entre outros, MARCELO REBELO DE SOUSA, Os Partidos Políticos no Direito Constitucional Português, Braga, Livraria Cruz, 1983, p. 143.

PAULO F. DA CUNHA, que, num estudo datado de 2006 ("Raízes da República – Introdução Histórica ao Direito Constitucional", Coimbra, Almedina, p. 392) – sustentaria ser o texto da Constituição de 1933 «fachada juspolítica de uma ordem que não era um Estado de Direito», permanecendo «como exemplo, pelo contraste até com a realidade constitucional, do dissídio entre a norma e a vida, entre a teoria e a prática, entre a máscara e o rosto».

[218] Ver G. LUCATELLO, Profilo Giuridico dello Stato Totalitario, *in* Scritti Giuridici (raccolti a cura della Facoltà di Scienze Politiche dell'Università di Padova), Padova, CEDAM, 1983, p. 3-19.

O mesmo se pode dizer, conquanto por fundamentos distintos, do marxismo-leninismo, tal como foi aplicado historicamente na URSS e em várias partes da Europa e do mundo[219].

2. O Führerstaat

De acordo com uma certa corrente dos tempos fulgurantes do nacional-socialismo, o *nationale Rechtsstaat* (na linhagem da aludida ideologia) preza a *heiligkeit des Rechts*[220]. Para além desse dado, a tutela jurídica da ordem no país, ostenta uma relevância jurídica capital. É o poder, a autoridade e o direito numa tríade fundante do *nationale Rechtsstaat*[221].

No seu estudo publicado em 1984, VINCENZO ZANGARA[222] aflorou a temática que aqui nos ocupa, quando explanou a «resposta soviética» e a «resposta corporativa» a propósito do «renovamento da estrutura do Estado» – «a pergunta do século»: «como proceder à integração no Estado – e na estrutura social – do impetuoso movimento sindical»? Se a *resposta soviética* resolveu a questão com «l'eliminazione di una classe e l'instaurazione della dittatura del proletariato», a *resposta corporativa* não conseguiu apontar uma solução «soddisfacente sul piano pratico»[223].

---

219 P. OTERO, A Democracia Totalitária – Do Estado Totalitário à Sociedade Totalitária. A Influência do Totalitarismo na Democracia do Século XXI, Cascais, Principia, 2001, p. 17-143.

220 Santidade ou inviolabilidade do direito.

221 *Cfr.* O. KOELLREUTER, Grundriss der allgemeinen Staatslehre, Tübingen, J.C.B. Mohr, 1933, p. 108.

Em sentido contrário ao conceito de *Rechtsstaat*, assumindo uma orientação nacional-socialista, *vide* R. HÖHN, Rechtsgemeinschaft und Volksgemeinschaft, Hamburg, Hanseatische Verlagsanstalt, 1935, p. 72 ss. [que evoca o conceito de *Volksgenossenschaft* (*associação do povo*) referido pelo *Führer* no discurso de Saarbrücke, de 1.3.1935, a significar uma comunidade activa e operativa (empreendedora), uma comunidade de acção; um conceito afim é o de *Volksgemeinschaft* (*comunidade do povo*) – *ibid.*, p. 74]. A *Rechtsgemeinschaft* liberal que surge contraposta à *Volksgemeinschaft* nacional-socialista, vista como uma comunidade. Sobre o *liberale Begriff des Rechtsstaates*, atente-se nos apontamentos insertos na página 80 do trabalho citado de R. HÖHN.

Diz KAUFMANN (A Problemática da Filosofia do Direito., p. 120 ss.) que a "grande maioria" dos filósofos do direito «apoiou o regime ditatorial de forma enérgica»: a título de exemplos, assinala: CARL SCHMITT; FORSTHOFF; KOELLREUTTER; H.-H. DIETZE; H. NICOLAI; R. HÖHN; E.-R. HUBER; G. DAHM.

222 V. ZANGARA, Lo Stato di Diritto in Evoluzione..., cit., p. 108.

223 Mais detalhadamente (*id. ib.*): «Lo stato corporativo, come emblema di uno stato di solidarietà nazionale, sorse in un quadro che non si rivelò fertile e fecondo e subì l'eclisse del sistema politico che l'aveva instauro in una struttura assolutamente inidonea a farlo vivere: due potrebbero

O *Führerstaat*[224] confluiu em si uma data de características, a saber: o partido submete o Estado; o partido, que é único, possui as suas próprias forças militares e policiais; o sistema económico gira em torno do que poderia chamar *capitalismo nacional*; o executivo domina amplamente o poder legislativo; os campos de concentração, onde as execuções sumárias eram prática corrente; a instrumentalização do poder judicial; discriminações raciais formalizadas através de leis; a manipulação das massas.

Quando, a 26.4.1942, o *Reichstag* decreta[225] que o *Führer*, o demiurgo que dava pelo nome de ADOLF HITLER, «não está vinculado pelas leis existentes» (no empenho para que os alemães cumpram o que lhes cabe), fá-lo apenas em atenção à situação muito excepcional duma violentíssima guerra onde a Alemanha se envolvera em várias frentes e, praticamente, contra todo o mundo ocidental, ou será mesmo a interpretação fidedigna dos postulados básicos do *Estado de direito nacional-socialista*?

3. **Padrão Marxista-Leninista**

Na vertente aliberal do Estado de direito, surge ainda o padrão marxista-leninista[226], com o seu princípio da legalidade socialista. A União Sovié-

---

essere le cause della sua inefficienza e che lo portarono, anche prima della sua eclisse totale, e formale, a non raggiungere il traguardo ideale e storico che si era assegnato, cioè la trasformazione dello stato moderno di diritto di caratterizzazione "borghese" in stato di solidarietà. La prima – e fondamentale – causa deve ricercarsi nella dittatura che aveva impicato non soltanto il partito único ma anche il sindicato único e col condizionamento di uno stato totalitario, anche se questo avendo conservato gli istituti di giustizia amministrativa aveva rispettato alcuni elementi dello stato di diritto. La seconda – anch'essa decisiva – si riscontra nella burocratizzazione delle corporazioni e dei sindicati il cui svolgimento di vita venne, in vari modi, a subire freni di carattere statalistico e politico che tolsero loro molto vigore e deformarono nella realtà la loro natura (...)».

[224] O. KOELLREUTTER, Der Deutsche Rechtsstaat, 1933.

[225] *In* "Im Namen des Deutschen Volkes. Justiz und National-sozialismus", Katalog zur Ausstellung des Bundesministers des Justiz, 1998, p. 293.

[226] *Cfr.*, para uma tentativa de esboço de uma reorientação neomarxista, GÖRAN THERBORN, Karl Marx Returning: The Welfare State and Neo-Marxist, Corporatist and Statist Theories, *in* International Political Science Review, vol. 7, 2, 1986, p. 131-164.

Tocando no problema democrático na RDA, RAINER GOLLNICK, Zum Demokratieproblem in der dialektisch-materialistischen Gerechtigkeitstheorie in der DDR, *in* Kritische Justiz, 1990, p. 217-221.

Com apontamentos críticos em relação à teoria democrática marxista (destaca os campos da economia e da democracia como sítios onde estão alojados «os maiores défices», a nível prá-

tica representou uma das tentativas de institucionalização do sistema em apreço[227].

Quando em 1917 – na sequência da proclamação "todo o poder para os sovietes", pronunciada pela ala bolchevique do Partido Operário Social-Democrata, com uma crescente influência nos sovietes de operários e soldados – se deu na Rússia a *Revolução de Outubro*, derrubando-se o Governo Provisório formado com a abdicação em 15.3.1917 do Czar NICOLAU II, nasceu uma novíssima forma de organização social e política. As Constituições que se seguiram formalizaram essa nova experiência de poder, inspirando-se no sistema alinhavado por MARX, ENGELS e LENIN. Neste sentido, pertinente será nomear a Declaração de Direitos do Povo Trabalhador e Explorado[228] de Janeiro de 1918, a Constituição da República Socialista Soviética Russa de 10.7.1918, a Constituição da URSS de 1924, a de 1936[229], a de 1977.

---

tico e teorético), *vide* U.-J. HEUER, Marxistische Theorie und Demokratie, *in* Kritische Justiz, 1990, p. 198-208.

Alguns apontamentos acerca do socialismo em países industrializados e *em vias de desenvolvimento* podem ser colhidos em C. LEGGEWIE, Sozialismus, *in* Pipers Wörterbuch zur Politik..., cit., p. 525 ss.

Puxando mais para a análise dos sistemas económicos, F. BEIMDIEK, Wirtschaftssysteme, *ibid.*, p. 660 ss.

227 Sobre o *princípio da legalidade socialista*, *vide*, por exemplo, JORGE MIRANDA, Manual de Direito Constitucional, tomo I..., cit., p. 189 ss. Identificando alguns elementos estruturais das Constituições do Estado socialista, *cfr.* GOMES CANOTILHO, Direito Constitucional, 5.ª ed., Coimbra, Almedina, 1991, p. 78-79.

E. DIAZ, Estado de Derecho y Sociedad Democratica, Madrid, 1966, p. 171 ss.

228 Aprovada pelo III Congresso dos Sovietes de Toda a Rússia. Viria a ser a base da Constituição soviética (*vide* V.I. LÉNINE, Obras Escolhidas, II, Lisboa/Moscovo, Editorial «Avante»/Edições Progresso, 1978, p. 448 ss.). A Assembleia Constituinte considerou no citado documento (parágrafo IV) que «agora, no momento da luta final do povo contra os seus exploradores, não pode haver lugar para os exploradores em nenhum dos órgãos do poder»; «O poder deve pertencer inteira e exclusivamente às massas trabalhadoras e ao seu representante plenipotenciário – os Sovietes de deputados operários, soldados e camponeses».

229 Tendo por referência a Constituição de 1936, com as várias revisões a que foi sujeita nos anos 30 e 40, põe M. GARCIA-PELAYO (Derecho Constitucional Comparado..., cit., p. 588-589) em destacado plano o direito do sufrágio universal, directo e secreto que aquela Constituição consagra (art. 134, 136, 139, 140). Reconhece, contudo, «prescindiendo del funcionamiento extra o anticonstitucional de las instituciones, y ciñéndonos a las posibilidades políticas que proporciona el puro texto constitucional, puede concluirse com KELSEN que la constitución soviética cumple com todas las condiciones de una democracia radical, excepto una: no hay libertad para la formación y actividad de los partidos políticos». Se a Constituição não proíbe expressamente a existência de outros partidos (art. 126), não se deve menosprezar a circunstância de apenas o PCUS ser legal e de só os candidatos aprovados pelo referido partido, pelos sindicatos, organizações da juventude,

A não coincidência entre a Constituição e a realidade (constitucional e não só), bem como o envolvimento numa dinâmica permanente de guerra (*fria* ou *quente*) com o exterior e no interior[230], traduzem as linhas de tensão que marcaram as vicissitudes do *Estado de legalidade socialista*[231].

O rumo da construção de uma sociedade sem classes, consubstanciada no comunismo, era normalmente ligado a um radical *modus procedendi* de persistente combate ao inimigo *burguês* e *reaccionário* – sacrificando-se quase tudo que pudesse estar conotado com a legalidade liberal-democrática, *pecado* apontado à orientação socialista, o de pretender mutações do sistema político-económico através dos criticados expedientes. O que vale, portanto, é a *ditadura do proletariado*[232]; é necessário *forçar* quem detém o poder a abrir mãos do poder[233];

---

cooperativas e agremiações culturais serem elegíveis – por outras palavras, só essas entidades possuem o direito de apresentação de candidatos (art. 141).

Para KWAME N'KRUMAH (Consciencism – Philosophy and Ideology for Decolonization, New York, M. R. P., 1970, p. 100-101), uma democracia parlamentar popular com um sistema de partido único é mais apta a expressar e satisfazer as aspirações comuns de uma nação como um todo do que um sistema parlamentar multipartidário, que é apenas um estratagema para perpetuar e encobrir a própria luta entre os ricos e os pobres [«A people's parliamentary democracy with a one-party system is better able to express and satisfy the common aspirations of a nation as a whole, than a multiple-party parliamentary system, which is in fad only a ruse for perpetuating, and covers up, the inherent struggle between the "haves" and the "have-nots"].

[230] O *pathos revolucionário* ou *combativo* posto em destaque por M. GARCIA-PELAYO, Derecho Constitucional Comparado..., cit., p. 582.

[231] Para P.L. VERDÚ (*vide* o seu *La lucha por el Estado de Derecho...*, cit., p. 149-150) «si está claro que la lucha por el Estado de Derecho ha sido constante en el Occidente demoliberal hasta propugnarse el Estado democrático de Derecho, si en la U.R.S.S. se habla de la democracia para todo el pueblo, si se pretende acortar distancias socioeconómicas, sea socializando al máximo el neocapitalismo y/o liberalizando el colectivismo, será menester que las democracias socialistas, sin romper drásticamente com la tradición política humanizadora occidental, luchen por el "outro Estado de Derecho", por el suyo, por el principio de la legalidad socialista para lo qual es menester que superen el integrismo comunista, el burocratismo, la alienación política, como han superado el culto de la personalidad».

Colocando em destaque o «Fundamentaldissens über die Prämissen: Rechtsstaat-Sozialistischer Staat», *vide* J. ISENSEE, Rechtsstaat – Vorgabe und Aufgabe der Einung Deutschlands, *in* J. Isensee/P. Kirchhof (Hg.), Handbuch des Staatsrechts der Bundesrepublik Deutschland, Band IX, Heidelberg, Müller, 1997, p. 3-128.

[232] Sobre a proposta, diferente, de LEON BLUM, no movimento socialista, *cfr.* J.G. FERNANDEZ, Leon Blum y «la Reforma Gubernamental», *in* Revista de Estudios Politicos, 88, 1995, p. 96 ss.

[233] No seu estilo claro e contundente, sentenciou LÉNINE, nas suas "Teses sobre as Tarefas do Poder Soviético no Momento Actual", discutidas e unanimemente aprovadas pelo Comité Central do seu partido em Abril de 1918 (*vide* V.I. LÉNINE, Obras Escolhidas, II..., cit., p. 577-578): «(..) seria a maior estupidez e a mais absurda utopia supor que a passagem do capitalismo ao socialismo

o reformismo não é a via. Perguntar-se-á, como e quando limitar aqui o poder do Estado?

No sistema marxista-leninista, a democracia é (pelo menos em relação às camadas sociais *inimigas*) uma democracia adiada, uma democracia entre parêntesis – até à dissolução do Estado, altura em que despontaria a afirmação da democracia e liberdade plenas. Neste particular, G. SARTORI[234] enfatiza que LÉNINE, algo diferentemente de K. MARX[235], quis «liquidar a democracia com diplomacia». Reporta-se SARTORI, a tal propósito, à seguinte passagem de "O Estado e a revolução"[236]: «Só o comunismo está em condições de dar uma democracia verdadeiramente plena, e quanto mais plena for mais depressa se tornará supérflua, se extinguirá por si própria».

Entretanto, na fase de transição do capitalismo para o comunismo deverá impor-se a ditadura do proletariado. Esta (definida como «a organização da vanguarda dos oprimidos como classe dominante para a repressão dos opressores») «não pode conduzir a um simples alargamento da democracia. *Juntamente* com uma imensa ampliação do democratismo, que se transforma *pela primeira vez* em democratismo para os pobres, em democratismo para o povo, e não em democratismo para os ricos, a ditadura do proletariado impõe uma série de excepções à liberdade em relação aos opressores, aos exploradores, aos capitalistas. Temos

---

é possível sem coacção e sem ditadura. A teoria de MARX pronunciou-se há muito, e com a maior precisão, contra este absurdo democrático-pequeno-burguês e anarquista». As opções que se oferecem seriam, para LÉNINE, apenas duas – «Ou ditadura de KORNÍLOV (se o tomarmos como o tipo russo do CAVAIGNAC burguês) ou ditadura do proletariado (...)». «Todas as soluções intermédias são ou um engano do povo pela burguesia, que não pode dizer a verdade, que não pode dizer que necessita de KORNÍLOV, ou uma estupidez dos democratas pequeno-burgueses, dos TCHERNOV, TSERETÉLI e MÁRTOV, com o seu palavreado sobre a unidade da democracia, a ditadura da democracia, a frente democrática geral e outros disparates do mesmo estilo. Temos de considerar perdidos os que mesmo no decurso da revolução russa de 1917-1918 não aprenderam que as soluções intermédias são impossíveis».

Mais adiante, nas *teses* (*op. cit.*, p. 579), alerta LÉNINE para a ideia de que «o tribunal é um *órgão de poder* do proletariado e do campesinato pobre», censurando os tribunais revolucionários e populares de então por *serem* «excessiva e incrivelmente fracos». É o pilar da equidistância e da imparcialidade da justiça que, assim, sofre um forte abanão.

234 Théorie de la Démocratie..., cit., p. 332-333. Opina o autor: «Para Marx, a democracia enquanto tal é uma sociedade sem Estado; para Lénine, a democracia é irremediavelmente um Estado, e, por consequência, uma sociedade sem Estado não pode ser uma democracia».

235 Sobre este aspecto, *cfr.*, ainda, S. ADEJUMOBI, Elections..., cit., p. 61.

236 V.I. LÉNINE, O Estado e a Revolução – A Doutrina do marxismo sobre o Estado e as Tarefas do Proletariado na Revolução (1917), *in* V.I. Lénine, Obras Escolhidas, II, Lisboa/Moscovo, Editorial «Avante»/Edições Progresso, 1978, cap. V, 2.

Ainda sublinhando a preocupação marxista com a *wirkliche Demokratie*, ver P. PERNTHALER, Allgemeine Staatslehre und Verfassungslehre, Wien/New York, Springer-Verlag, 1986, p. 101-102.

de os reprimir. para libertar a humanidade da escravidão assalariada, é preciso quebrar a sua resistência pela força; é claro que onde há repressão, há violência, não há liberdade, não há democracia». Em suma, postula LÉNINE a democracia «para a maioria gigantesca do povo e repressão pela força, isto é exclusão da democracia, para os exploradores, para os opressores do povo»[237]. F. ENGELS[238], numa sua carta a BEBEL, ponderava: «Ora, uma vez que o Estado é, todavia, apenas uma instituição transitória de que, na luta, na revolução, alguém se serve para reprimir pela força os seus adversários, é um puro contra-senso falar de Estado popular livre: enquanto o proletariado *precisar* ainda do Estado, precisa dele não no interesse da liberdade, mas da repressão dos seus adversários e, logo que se puder falar de liberdade, o Estado como tal deixa de subsistir».

Partindo da *legalidade socialista*, observa GEORGES SAROTTE[239] que «quando um Estado está disposto a respeitá-la, pode dizer-se que ele é realmente limitado pelo direito e que não se situa acima do direito». O respeito pela *legalidade socialista*, prossegue o autor, «torna possível depurar a Administração das ovelhas ranhosas, mesmo as mais altamente colocadas, e não apenas dos "bodes expiatórios"». Última constatação: «A existência de sérias garantias contra a prevalência da razão de Estado e a punição dos crimes e infracções dos altos dignitários do governo, são índices da qualidade superior de uma ordem jurídica, e essa superioridade deve encontrar justificação na sua aplicação efectiva».

A legalidade socialista pode ser entendida como o sistema através do qual os direitos e deveres dos órgãos estatais, a actividade do Estado, os direitos e deveres de outras estruturas organizacionais, de agentes do Estado e de cidadãos (assim tutelados) são integrados numa ordem potenciadora de segurança jurídica[240]. A submissão às normas legislativas é proclamada.

---

[237] V.I. LÉNINE, O Estado..., cit., cap. V, 2.

[238] F. ENGELS, Carta a August Bebel (DE 18/28 DE MARÇO DE 1875), *in* Marx/Engels, Obras Escolhidas, III, Moscovo/Lisboa, Edições Progresso-Editorial «Avante», 1985, p. 35.

[239] G. SAROTTE, O Materialismo Histórico no Estudo do Direito (trad. de J.M. Matias de "Le Matérialisme Historique dans l'Étude du Droit", 1969), Lisboa, Editorial Estampa, 1972, p. 116-117.

[240] Destacando uma certa funcionalização da *legalidade socialista* à «salvaguardia del sistema sociale e politico sovietico», à «costruzione di una nuova forma di organizzazione sociale, il comunismo», *cfr.* G. TREVES, Considerazioni sullo Stato di Diritto, *in* Rivista Trimestrale di Diritto Pubblico, 1959, p. 416. Fala TREVES (p. 415) nessa "legalità" enquanto um "*modus operandi*, un mezzo per il raggiungimento dei fini della rivoluzione».

À luz da Constituição soviética de 1936, *vide* M. GARCIA-PELAYO, *op. cit.*, p. 596.

JORGE MIRANDA, Notas para uma Introdução ao Direito Constitucional Comparado (Separata de "O DIREITO", n.os 2 e 3, 1970), Lisboa, 1970, p. 86 ss.

Verdade, porém, é que os direitos e liberdades dos indivíduos são afirmados como algo digno da maior protecção, mas o objectivo-estrela da construção de uma sociedade comunista pode ofuscar a aclamada protecção dos direitos.

Na XIX Conferência DO PCUS, de 28 de Junho a 1 de Julho de 1988, M. GORBATCHOV viu sufragadas as suas propostas que apontavam na seguinte direcção: a formação de um «Estado socialista de direito»[241] exige que os direitos e liberdades dos soviéticos sejam «plenamente garantidos», assim como o funcionamento eficaz dos órgãos judiciais[242]. Mas foi uma experiência efémera, que mais não foi do que o desmancho da transição para o comunismo (que vinha marcando passo) e, ela própria, uma transição (regressiva) para o capitalismo.

---

241 De acordo, porém, com HANS KLEIN (Vom sozialistischen Machtstaat zum demokratischen Rechtsstaat, *in* JZ 1990, Heft 2, p. 53-61), tendo como pano de fundo as teses do Comité Central dirigidas à aludida Conferência do PCUS, *a noção de um Estado socialista de direito «é uma contradição em si»*. Parte o autor da distinção entre o Estado de socialismo real e o Estado de direito democrático. «Hier gibt es nur ein Entweder-Oder. Die Vorstellung eines "sozialistischen Rechtsstaats" ist ein Widerspruch in sich».

242 Sobre a *Perestroika*, nas vertentes da democracia e da legalidade, *vide* M. GORBATCHOV, Perestroïka – Novo Pensamento para o Nosso País e para o Mundo, 13.ª ed., Mem Martins, Publicações Europa-América, 1988, p. 45 ss., 118 ss. Clama o político (p. 122, 123) pela dignificação do papel dos tribunais «a fim de garantir a independência dos juízes e observar de forma estrita os princípios democráticos em processos legais: objectividade, possibilidade de contestação e abertura». «Lei e legalidade» aparecem como «concomitantes no aprofundamento da (...) democracia» soviética e «aceleração do progresso social». Elas serão também a garantia da irreversibilidade da *perestroika*.

Vide, ainda, L.P. COMOGLIO, Stato di Diritto e Crisi dei Modelli Processuali nei Sistemi di Democrazia Socialista, *in* Rivista di Diritto Processuale, Gennaio-Marzo 1992, n.° 1, p. 240-283.

§ 9.° O ESTADO SOCIAL E DEMOCRÁTICO DE DIREITO

1. Vectores Fertilizantes do Conceito

Vectores como a justiça social e o bem-estar, enquanto referências teleológicas do Estado contribuíram, entre outros, para a roupagem duma experiência de poder que responde pelo nome de Estado social[243] de direito.

Outros vectores também fertilizaram a dita experiência: o aumento da relevância dos direitos sociais; a activação do Estado, numa postura radicalmente diferente da pura abstenção defendida durante muito tempo por muitos[244]; tal atitude condiz com a cobertura legal à discricionariedade administrativa; com o alargamento descomplexado do poder legislativo a favor do executivo, pondo em crise o antigo quadro da separação de poderes; com a questionação da pertinên-

---

[243] Estado social que, opinam alguns, ter-se-á desenvolvido no sentido de um *Estado-solidariedade*, vencida a «fase patológica do Estado providência» dos anos 60 e 70 do século XX (assim, M. REBELO DE SOUSA/J. DE MELO ALEXANDRINO, Constituição..., cit., p. 12; 56 – sobre as características desse arquétipo de Estado na ordem jurídico-constitucional portuguesa).

E. SCHUNCK/H. DE CLERCK, Allgemeines Staatsrecht und Staatsrecht des Bundes und der Länder, 12. Auflage, Siegburg, Verlag Reckinger & Co., 1986, p. 216 ss.

MARCELO REBELO DE SOUSA, Lições de Direito Administrativo, vol. I, Lisboa, Lex, 1999, p. 74.

O. DEPENHEUER, Das Soziale Staatsziel und die Angleichung des Lebensverhältnisse in Ost und West, *in* J. Isensee/P. Kirchhof (Hg.), Handbuch des Staatsrechts der Bundesrepublik Deutschland, Band IX, Heidelberg, Müller, 1997, p. 190 ss.

Aflorando a temática da *economia de mercado social*, ver H.H. RUPP, Die Soziale Marktwirtschaft in ihrer Verfassungsbedeutung, *in* J. Isensee/P. Kirchhof (Hg.), Handbuch..., cit., p. 129-148.

[244] O *New Deal* nos Estados Unidos da América, por exemplo, foi, a seu tempo, um claro sinal de mutação do Estado liberal de direito – ou de instilação da seiva social no exausto Estado liberal de direito.

Em termos gerais, *vide* MARIA DA GLÓRIA GARCIA, Da Justiça Administrativa..., cit., p. 676 ss.

Sobre o modelo de «amministrazione regolatoria», A.Z. GIUSTINIANI, Stato Costituzionale ed Espansione della Democrazia, Padova, CEDAM, 1999, p. 238 ss.

E. FORSTHOFF, Problemas Actuales del Estado Social de Derecho en Alemania, Madrid, Centro de Formación y Perfeccionamiento de Funcionarios, 1966, p. 27 ss.

cia de uma das *vacas sagradas* do pensamento jurídico – o carácter geral e abstracto da lei[245].

A fórmula "Estado social de direito" tem em HERMANN HELLER[246] um dos seus primeiros (se é que não foi o primeiro[247]) artífices[248].

CHRISTIAN FRIEDRICH MENGER[249] diz que a expressão *sozialer Rechtsstaat* recolhida pela *Bonner Grundgesetz* partiu da proposta do deputado ao *Parlamentarischen Rates* CARLO SCHMID, recorrendo a um conceito lançado ou divulgado por H. HELLER em 1930.

A expressão aqui adoptada de Estado (social e) democrático de direito[250] não corresponde ao "*Estado Democrático de Direito*" que se descobre em vários

---

[245] No que concerne aos elementos estruturais das Constituições do Estado de direito social, *cfr.* GOMES CANOTILHO, Direito Constitucional, 5.ª ed., Coimbra, Almedina, 1991, p. 77-78.

E. DIAZ, Teoria General del Estado de Derecho, *in* Revista de Estudios Politicos, n.° 131, Septiembre-Octubre 1963, p. 21-48. O Estado social de direito suporia a *passagem da sociedade individualista*, bem como do Estado liberal, ao *Estado planificador e à socialização*, mantendo, em todo o caso, os *princípios fundamentais do Estado de direito* (*i.e.*, primado da lei formal emanada de órgão legislativo-parlamentar; separação de poderes; legalidade da Administração; protecção de *liberdades e direitos fundamentais*) – pois sem estas componentes poderia tratar-se de um Estado social, mas não de direito.

[246] HERMANN HELLER, Rechtsstaat oder Diktatur? (1930, Tübingen), *in* Gesammelte Schriften, Band II, Leiden, A. W. Sijthoff, 1971, p. 443-462.

Sobre o tema, *vide* MARIE-PAULINE DESWARTE, Droits Sociaux et État de Droit, *in* Revue du Droit Public, 4, 1995, p. 967 ss.

M. GARCÍA-PELAYO, Las Transformaciones del Estado Contemporáneo, Madrid, Alianza Editorial, 1977, p. 51-66.

[247] Neste sentido, pronunciou-se W. ABENDROTH, Zum Begriff des demokratischen und sozialen Rechtsstaates im Grundgesetz der Bundesrepublik Deutschland..., cit., p. 118.

W. FIEDLER, Materieller Rechtsstaat und soziale Homogenität – Zum 50. Todestag von Hermann Heller, *in* JZ 1984, Heft 5, p. 201 ss.

[248] HERMANN HELLER, Rechtsstaat oder Diktatur?..., cit., p. 450: «(...) daß die Volkslegislative den liberalen in einen *sozialen Rechtsstaat* überführt»; mais à frente, «Mit dieser Überwachung der Volkslegislative durch den Richter ist aber die Gefahr des *sozialen Rechtsstaates* keineswegs endgültig gebannt»; na última página, «(...) und die Entscheidung zwischen fascistischer Diktatur und *sozialem Rechtsstaat* wäre gefallen» [os itálicos são meus].

[249] No seu Der Begriff des Sozialen Rechtsstaates im Bonner Grundgesetz, Tübingen, 1953, p. 3.

[250] *Vide* art. 1.° da Constituição espanhola de 1978, que adoptou essa fórmula. O Art. 28 Abs. 1 da *Grundgesetz* de Bonn emprega a expressão *Estado de direito republicano, democrático e social* («Die verfassungsmäßige Ordnung in den Ländern muß den Grundsätzen des republikanischen, demokratischen und sozialen Rechtsstaates im Sinne dieses Grundgesetzes entsprechen»).

Grundgesetz que W. WEBER muito justamente sublinha não revelar nos seus trabalhos preparatórios nada de significativo, a propósito da leitura do conceito de *sozialer Rechtsstaat* [assim,

autores. Não corresponde, dado que o que tem em vista não é uma tentativa de harmonização do regime político democrático com o regime económico socialista[251].

---

o seu já citado Die verfassungsrechtlichen Grenzen sozialstaatlicher Forderungen, *in* Der Staat (1965), p. 411 ss.].

M. NIERHAUS, Artikel 28 GG, *in* Michael Sachs (Hg.), Grundgesetzkommentar, 3. Aufl., München, Beck, 2003, p. 1030-1067.

J.P. ROYO, Curso de Derecho Constitucional, 5.ª ed., Madrid/Barcelona, Marcial Pons, Ediciones Juridicas y Sociales, 1998, p. 188-197.

J. REIS NOVAIS, Contributo para uma Teoria do Estado de Direito..., cit., p. 188 ss. Sobre a especificidade do "Estado de Direito democrático" da CRP de 1976 – face ao modelo genérico do *Estado social e democrático de Direito* –, ver, ainda, de JORGE NOVAIS, Relatório para uma Aula Teórico-Prática sobre "O sentido do Princípio do "Estado de Direito Democrático" na Constituição de 1976" (exemplar localizável na biblioteca da Faculdade de Direito da Universidade de Lisboa), 1985, p. 5-6. Chega o autor a essa conclusão, atendendo à «génese do princípio do Estado de Direito na Constituição de 1976», à sua «interpretação e integração à luz dos princípios fundamentais, direitos fundamentais e organização económica e política por ela consagrados».

HANS KLEIN, Vom sozialistischen..., cit., p. 57 ss.

LUÍS S.C. DE MONCADA, Direito Económico, 2.ª ed., Coimbra, Coimbra Editora, 1988, p. 27.

Cfr. (sobre a relação entre o princípio democrático e o do Estado de direito, ao abrigo da *Grundgesetz*) H. AMADEUS WOLFF, Das Verhältnis von Rechtsstaatsprinzip und Demokratieprinzip, *in* Festchrift für HELMUT QUARITSCH zum 70. Geburtstag: Staat-Souveränität-Verfassung, Berlin, Duncker & Humblot, 2000, p. 73 ss.

251 Dando conta desta leitura, *cfr.* MARCELO REBELO DE SOUSA, Direito Constitucional, I..., cit., p. 301, para quem o *Estado Democrático de Direito* «acolheria o essencial do pecúlio de democracia política sedimentado ao longo de séculos pelo Estado Liberal e pelo Estado Social de Direito, completando-o com a realização plena do ideal da socialização económica e social». Asseverava MARCELO REBELO DE SOUSA que a referida modalidade não passava então de um «modelo a concretizar» e que a realidade revelava a «coexistência do "Estado de legalidade Socialista" com o Estado Social de Direito».

P. LUCAS VERDÚ, La Lucha por el Estado de Derecho, Bolonia, Publicaciones del Real Colegio de España, 1975, p. 144-145: «el Estado social de Derecho surge tras enfrentamientos sociales con el intento de normativizar las reivindicaciones sociales sin necesidad de recurrir a la revolución. Dicho esto de otro modo: el *Estado social de derecho es el fruto del acuerdo entre la derecha liberal "civilizada" y el socialismo democrático "responsable"*». Nesta perspectiva, «el Estado social de Derecho implica una pausa en la lucha social y en la lucha por el Estado de Derecho». Ora, em relação à questão de saber se a estrutura e a política económica e social do Estado de direito se adequam à satisfação das reivindicações das massas, diz VERDÚ que se a resposta for negativa «queda abierto el camino para el Estado democrático de Derecho».

«En el Estado democrático de Derecho sobreviven elementos del Estado social de derecho: regulación y garantías de derechos económicosociales, justicia constitucional; reconocimiento de los partidos políticos y sindicatos libres». Em resumo, «el Estado democrático de Derecho parece ser la combinación de una izquierda liberal socializada y de un socialismo, no comunista, pero consciente de las deficiencias del neocapitalismo que han de modificarse». Quanto ao "futuro", quanto ao pós-*Estado democrático de Derecho* (cujo carácter de construção académica é sub-

Algumas Constituições instrumentais (como a de Portugal – art. 2.° –, de Cabo Verde – art. 2.° – e de S. Tomé e Príncipe – art. 6.° e 7.°) albergam designações como "Estado de Direito democrático". Resta descodificar tal conceito.

À luz do constitucionalismo português, o Professor Doutor JORGE MIRANDA[252] pronunciou-se a favor da aproximação daquela expressão à designação "Estado social de Direito". Nessa base, posiciona-se o constitucionalista no sentido de que o "Estado de Direito democrático" «não é algo de contraposto ou de radicalmente diverso da expressão, mais corrente na doutrina, "Estado social de Direito"». Explica historicamente a opção constitucional pela primeira figura porque «a expressão "Estado social" tinha recebido certas conotações antes de 25 de Abril de 1974 e porque a Assembleia Constituinte quis realçar a conexão com a democracia e, em primeiro lugar, com a democracia política (...)». *Estado de direito democrático* traduziria «a confluência de Estado de Direito e democracia»[253].

Mas tal locução (Estado de direito democrático), na opinião do Professor JORGE MIRANDA, «parece querer significar um pouco mais»: «liga-se especificamente também à democracia económica, social e cultural, cuja realização é objectivo da democracia política (art. 2.°, 2.ª parte)»[254]. O que se pretenderia,

---

linhado pelo autor, com todas as debilidades que daí normalmente resultam, quando se intenta aproximá-la da vida real), vaticina que «Después sólo cabe la legalidad socialista».

S. AGESTA, O Estado de Direito na Constituição Espanhola de 1978..., cit., p. 27.

B. GEREMEK (Dahrendorf/Furet/Geremek), A Democracia na Europa, Lisboa, Editorial Presença, 1993, p. 109.

[252] Manual de Direito Constitucional, tomo IV, 2.ª ed...., cit., p. 186 ss.

[253] JORGE MIRANDA, Manual de Direito Constitucional, tomo IV, 2.ª ed...., cit., p. 187. No mesmo sentido, JORGE MIRANDA/RUI MEDEIROS, Constituição Portuguesa Anotada, Tomo I, Coimbra Editora, 2005, p. 61 (anotação ao art. 2.° da CRP).

Cfr., também, GOMES CANOTILHO/VITAL MOREIRA, Constituição da República Portuguesa Anotada, I, 2.ª ed., Coimbra, Coimbra Editora, 1984, p. 73 ss. (*maxime* 74): «A qualificação democrática do Estado de direito não significa que as características tradicionalmente associadas ao conceito desapareçam; significa porém que elas têm de ser lidas a uma luz específica e têm de ser unificadas por esse critério. Sobretudo, ele obriga a ler o estado de direito no quadro do princípio democrático concretamente configurado na CRP, apontado como está a um horizonte de democracia material, consubstanciada na realização da *democracia económica, social e cultural* (art. 2.°, *in fine*), na efectivação dos direitos económicos, sociais e culturais, mediante, entre outras coisas, a socialização dos principais meios de produção (art. 9.°/d). É através desta mediação que se compreende que o Estado de direito adoptado pela CRP não compartilha, por exemplo, da hipostasiação da propriedade privada e da iniciativa económica privada (tal como acontecia na concepção liberal do Estado de direito) e que, pelo contrário, os direitos dos trabalhadores ocupem um lugar privilegiado».

[254] No concernente aos requisitos do Estado social de direito, *vide*, entre outros, MARCELO REBELO DE SOUSA, Direito Constitucional, I..., cit., p. 303 ss.;

JORGE MIRANDA, A Constituição de 1976 – Formação, Estrutura, Princípios Fundamentais, Lisboa, 1978, p. 478 ss.

assim, seria «um modelo mais exigente (não necessariamente mais original) de Estado de Direito – no confronto do dos países da Europa ocidental – quer no tocante aos direitos sociais, quer no que tange aos próprios direitos de liberdade»[255]. Este último argumento inviabilizaria, segundo o autor, qualquer inclina-

---

[255] JORGE MIRANDA, Manual de Direito Constitucional, tomo IV, 2.ª ed...., cit., p. 188, 189.

Cfr., ainda, A. CASTANHEIRA NEVES, Da Jurisdição no Actual Estado-de-Direito..., cit., p. 211 – para quem a «compatibização ou integração jurídico-constitucional» da «intenção do Estado social» com a do «Estado-de-Direito» «não poderá ser obtida sacrificando a segunda à primeira».

E. MENZEL, Die Sozialstaatlichkeit als Verfassungsprinzip der BRD, *in* DÖV (1972), p. 217.

W. WEBER, Die verfassungsrechtlichen Grenzen sozialstaatlicher Forderungen, *in* Der Staat (1965), p. 409 ss.

H. ZACHER, Soziale Gleichheit – Zur Rechtsprechung des Bundesverfassungsgerichts zum Gleichheitssatz und zum Sozialstaatsprinzip, *in* AöR, t. 93, p. 341.

E. SHMIDT-AßMANN, Der Rechtsstaat..., cit., p. 998-999.

P.L. VERDÚ, La Lucha por el Estado de Derecho..., cit., p. 91: «El Estado social de Derecho se encamina al mantenimiento de la justicia social. ¿Quiere esto decir que renuncia a la libertad? ¿Puede existir la justicia social sin la libertad?». Responde LUCAS VERDÚ que se «al Estado liberal de Derecho se le objeta que no hay libertad sin justicia social y que la libertad de un obrero sin trabajo es ilusoria, también cabe reprochar al Estado social de Derecho cierta capacidad que entraña para la coerción». Da mesma obra, *vide* ainda p. 100, 102, 104, 106, 109-111, 117.

M.L. GONZALEZ, Hacia un Nuevo Estado de Derecho..., cit., p. 614-615, 630-631 (que sintetiza as suas preocupações, propugnando «un Estado de Derecho Social, que haga posible un mundo mejor en que sea imperecedera la libertad dentro de una amplia justicia económica»). Em torno do constitucionalismo alemão e da trajectória histórica que arrancou do Estado liberal de direito para estacionar no Estado social de direito, *vid.* PIEROTH/SCHLINK, Grundrechte – Staatsrecht II..., cit., p. 78.

ANTONIO Z. GIUSTINIANI, Stato Costituzionale..., cit., p. 76 ss.

K. STERN, "Sozialstaat", *in* Evangelisches Staatslexikon, 1966.

P. BADURA, Der Sozialstaat, *in* DÖV, 1989, p. 491 ss.

WALTER LEISNER (L'Etat de Droit..., cit., p. 79), fazendo o ponto da situação sobre as discussões em torno do Estado social, constatava que já não se via este como «le complément nécessaire de la Rechtsstaatlichkeit, mais son dépassement obligatoire, la Liberté réelle au-dessus de la Liberté factice des normes».

W. RÜFNER, Grundrechte, Rechts- und Sozialstaatsprinzip in der Rechtsprechung des Bundesverfassungsgerichts, *in* Pierre Koenig/Wolfgang Rüfner (Hg.), Die Kontrolle der Verfassungsmäßigkeit in Frankreich und in der Bundesrepublik Deutschland [Le Contrôle de la Constitutionnalité en France et en République Féderal d'Allemagne], Köln/Berlin/Bonn/München, Carl Heymanns Verlag KG, 1985, p. 91-92, 109.

Insistindo num «Estado-de-Direito-Democrático-e-Social-dos-Cidadãos», D. LEITE DE CAMPOS, O Cidadão-Absoluto e o Estado, o Direito e a Democracia, *in* Revista da Ordem dos Advogados, 1993, (Lisboa), p. 5-19.

Ainda, G. CAPANO, Linee Evolutive della Forma-Stato nell'Età Contemporanea, Padova, CEDAM, 1986, p. 39-59.

Equacionando o *Ombudsman*, à luz do *Estado de direito democrático* (e dos direitos fundamentais) [uma figura oriunda da Suécia e com diversas manifestações em países como a Dina-

ção para entender o "Estado de Direito democrático" como uma realidade situada «a meio caminho do Estado de Direito e do princípio da legalidade socialista».

Reflectindo igualmente sobre a relação de equivalência ou não entre "Estado social de direito"[256] e "Estado de direito democrático", admite o Prof. Doutor SÉRVULO CORREIA[257] que «a componente democrática engloba a componente social». Se no Estado liberal, «a esfera de protecção do individuo fora configurada como "*status negativus*" centrado na liberdade e na propriedade» (correspondendo assim o campo material da reserva de lei a essa dimensão), hoje, sustenta o Professor, tal esfera de protecção jurídica «alargou-se de modo a incluir, a par da imposição de restrições de direitos no património, aquelas prestações de natureza económica, social e cultural, através de cuja outorga ou recusa o Estado pode determinar com não menor força a vida dos particulares. Também aqui o arbítrio constituiria atentado à dignidade humana em cujo respeito o Estado se baseia»[258].

---

marca, Portugal, Cabo Verde, Nova Zelândia, Holanda, Polónia, para só nomear estes, e que se move num quadro de tutela de direitos do cidadão, agilizada por instrumentos sem sobrecargas formalísticas e assente no postulado da independência], ver J.C. FONSECA, Estado de Direito Democrático, Direitos Fundamentais e o Instituto do Ombudsman – Uma Introdução ao Tema: «Ombudsman – Quadro Normativo e Experiência Institucional», *in* Administração – Revista de Administração Pública de Macau, n.° 43 (1.° de 1999), p. 71-84.

[256] E. BENDA, Der Soziale Rechtsstaat, *in* Handbuch des Verfassungsrechts der Bundesrepublik Deutschland, hg. von E. Benda, W. Maihofer, H.J. Vogel, 2. Aufl. Berlin/New York, Walter de Gruyter, 1994, p. 719-797.

[257] *Vid.*, SÉRVULO CORREIA, Legalidade e Autonomia Contratual..., cit., p. 192-194.

[258] Por outras palavras (ainda no encalço da obra citada de SÉRVULO CORREIA – p. 193): «Da qualificação constitucional do Estado de Direito como *democrático*, uma primeira inferência se pode pois extrair no que toca ao âmbito da reserva de lei: a de que esta se não pode definir em termos de contraposição entre administração ablativa e administração de prestação, entre *"Eingriffsverwaltung"* e *"Leistungsverwaltung"*». Assim o imporia, prossegue o autor, «o reconhecimento pela lei fundamental da natureza não apenas negativa, defensiva ou impeditiva, mas também positiva do Estado de Direito».

Do mesmo autor, Os Contratos Económicos Perante a Constituição, *in* Jorge Miranda (org.), Nos 10 Anos da Constituição, Lisboa, IN-CM, 1986, p. 98-99.

Vide, ainda, T.S. FERRAZ JÚNIOR, Constituição Brasileira: Modelo de Estado..., cit., p. 50 ss.

C. RIBEIRO BASTOS, Curso de Direito Constitucional, 19.ª ed., S. Paulo, Saraiva, 1998, p. 156-157.

N.M. LOPEZ CALERA, Mitificación y dialéctica en el Estado de Derecho..., cit., p. 95: O Estado de direito «significó inicialmente – y esto no puede desconocerse, pese a su mitificación posterior – un feliz, aunque parcial, intento de establecer en fórmulas nuevas y revolucionarias la justicia y la seguridad jurídica de los valores individuales. Posteriormente esta doctrina fue evolucionando al ponerse de relieve en la praxis política el abstraccionismo de estos planteamientos de corte liberal y se buscó entonces un sentido más social, más económico y más efectivamente democrático

Outra interessante leitura pode-se encontrar em JORGE NOVAIS[259].

Analisa o Estado social e democrático de Direito como Estado de Direito material aberto a uma pluralidade de concretizações.

O ponto é que «(...) o Estado de Direito da nossa época é, por definição, social e democrático, pelo que, em rigor, seria desnecessária, por pleonástica[260], a referida adjectivação». Mas a vantagem dessa adjectivação está no facto de explanar «a segurança que resulta da protecção dos direitos fundamentais, a obrigação social de configuração da sociedade por parte do Estado e a autodeterminação democrática».

A materialidade do Estado de direito, essa, revelar-se-nos-ia nos seguintes dados:

1.° «é a protecção dos direitos fundamentais que justifica o objectivo de limitação do Estado, pelo que a certeza e a segurança jurídica e as técnicas formais que lhes vêm associadas só cobram verdadeiro sentido e são susceptíveis de ser consideradas como valores *a se* desde que integradas, vinculadas e subordinadas à realização da axiologia material implicada na dignidade da pessoa humana;

2.° «a promoção das condições objectivas do desenvolvimento da liberdade e personalidade individuais constitui simultaneamente, e por si mesmo, um momento decisivo da realização de igualdade e justiça material na sociedade dos nossos dias»;

---

del Estado de Derecho para superar el individualismo abstracto y vacío que había presidido las concepciones anteriores y cuyos defectos y errores comenzaron a constatarse a finales del siglo XIX. El Estado social de Derecho abrió las puertas a una mayor preocupación por una efectiva igualdad económica y social de los individuos, que permitiera una auténtica tutela de sus más fundamentales derechos».

De alguma forma relacionada com esta temática, é a doutrina (e a prática) da «affirmative action», nos EUA, nomeadamente. A respeito deste problema, *vide* J.H. ELY, Democracy and Distrust: A Theory of Judicial Review, Cambridge/Massachusetts/London, Harvard University Press, 1980, p. 170 ss.

259 J. NOVAIS, Contributo Para uma Teoria..., cit. p. 222 ss.

260 Assim como pleonástica a própria expressão "Estado de direito"? Indago eu.

Cfr., ainda, PAULO F. DA CUNHA, Res Publica: Ensaios constitucionais, Coimbra, Almedina, 1998, p. 82-83: «Seria muito útil saber-se o que, realmente, é o Estado de Direito. Mas, para lá das objecções já avançadas ao nível da conotação, o facto sócio-linguístico a que se assiste é o da adjectivação, para reforçar um sentido. Pensamos, evidentemente, nas expressões Estado de Direito *democrático*, ou Estado de Direito *social*».

Todavia, prossegue o autor, *estas imprecisões linguísticas podem ter, de alguma forma, virado o feitiço contra o feiticeiro: como se sabe, alguns liberais (outra expressão plena de conotações contraditórias) consideram no passado o conteúdo real denotado pelo adjectivo democrático pouco "de Direito", e outros liberais, mais perto de nós no tempo, têm considerado o sentido efectivo do adjectivo "social" pouco "democrático".*

3.° «aquela axiologia impõe-se como um limite originário e transcendente ao poder do Estado no seu conjunto, com o que se afastam liminarmente os pressupostos da redução formalista do Estado de Direito.

Por outras palavras, «o Estado social e democrático de Direito reconhece na autonomia individual e nos direitos fundamentais uma força vinculante que, independentemente dos fundamentos filosóficos, políticos ou ideológicos invocados, afecta não só a Administração e o conjunto dos poderes constituídos, mas que se impõe materialmente ao próprio poder constituinte originário».

Tudo isso traduz o «Estado de Direito material».

Mas observa, porém, o Professor NOVAIS, «uma tal caracterização não pode» «justificar a pretensão de determinar unilateral, abstracta e definitivamente a ordem de valores que exprima a intencionalidade material do Estado de Direito para, a partir dela, hipostasiar uma dada ordem jurídico-positiva e retirar legitimidade às suas eventuais transformações».

«Pelo contrário, reconhecida a dignidade da pessoa humana, o livre desenvolvimento da personalidade e os direitos fundamentais como princípios básicos da convivência social e objectivos da limitação jurídica do Estado – e esse é o único *ponto fechado* na caracterização do Estado de Direito –, ficam por determinar não só as modalidades de garantia institucional daqueles objectivos (...), como (...) o sentido da concretização política que se propunha realizar aqueles valores».

As ideias acabadas de explanar concitam-me a seguinte reflexão:

É o reconhecimento da *multilateralidade*, *concretude* (ou o carácter situado) e *provisoriedade* da determinação da «ordem de valores que exprima a intencionalidade material do Estado de Direito». Tal reconhecimento dá azo a um entendimento elástico do Estado de direito material – que pode variar em função do contexto topográfico ou temporal, bem como de maiorias ocasionais.

O que implica a inabordável atomicidade semântica do Estado de direito;

A relativização do conceito, num fundo de babélica indefinição.

Enfim, tudo isso não poderá equivaler à hiperexpansibilidade fronteiriça do Estado de direito (ou, por outra, hiperpermeabilidade fronteiriça)?

Verificam-se, pelo que ficou escrito e pelo que se vai aduzir, dissonâncias a respeito das componentes sociais do Estado de direito[261]. Põe-se, com efeito, um problema de ponderação dessas peças no sistema. A pujante doutrina juspublicista alemã fornece-nos um quadro eloquente da mencionada dissonância.

---

[261] Falando do carácter tautológico da expressão "Estado social", já que «ogni stato è stato sociale», *vid.* V. ZANGARA, Lo Stato di Diritto in Evoluzione…, cit., p. 109-110, 121, 123.

É C.F. MENGER[262], que privilegia a necessidade de ser tomada em conta a *dimensão social*; é E. FORSTHOFF[263], que desbrava a vereda da *incompatibilidade entre Estado de direito e Estado social*, na esfera constitucional[264]; é W. ABENDROTH[265], que sonda caminhos propiciadores da planificação da economia e, bem assim, de uma redistribuição social muito ampla; é H.C. NIPPERDEY[266], que toca sensivelmente na protecção dos económica e socialmente mais desprotegidos, tudo iluminado por uma *missão de organização da vida social.*

A palavra de ordem dirigida ao Estado é redistribuição[267]. A socialidade criou um Estado-Robin dos Bosques: que tira aos ricos (mas não só, como se verifica) para dar aos pobres (mas não só, como se verifica).

---

262 C.F. MENGER, Der Begriff des Sozialen Rechtsstaates im Bonner Grundgesetz, Tübingen, 1953.

263 E. FORSTHOFF, Begriff un Wesen des Sozialen Rechtsstaates. Die Auswartige Gewalt der Bundesrepublik Deutschland, *in* E. Forsthoff (Hg.), Rechtsstaatlichkeit und Sozialstaatlichkeit: Aufsätze und Essays, Darmstadt, Wissenschaftliche Buchgesellschaft, 1968, p. 165-200. A incompatibilidade de que trata FORSTHOFF pretende realçar a ideia de que o Estado social não deve realizar-se ao nível constitucional, mas legal e administrativo. Não põe em crise, portanto, o mérito ou a necessidade do Estado social em si, atento ao *peso da moderna Administração* no quadro das funções do Estado – aliás, «a relação de tensão entre Estado social e Estado de direito é frutuosa», devendo-se admitir aqui uma *relação de complementaridade*. Nesta orientação, *vid.*, de FORSTHOFF, Stato di Diritto in Trasformazione (tradução de L. Riegert e C. Amirante do original Rechtsstaat im Wandel, Stuttgart, W. Kohlhammer Verlag, 1964), Milano, Giuffrè Editore, 1973, p. 70 e *passim*: «Estado social e Estado de direito não podem fundir-se no plano constitucional. O campo de expansão do Estado social é a legislação e a Administração. Estado social de direito é uma definição que determina o tipo de um Estado, que abraça Constituição, legislação e Administração. Tal não é um conceito jurídico».

264 Sobre o assunto, G. DIETZE, Staatsrecht und Rechtsstaat, *in* Klaus von Beyme (Hg.), Theory and Politics (Theorie und Politik) – Festschrift zum 70. Geburtstag für Carl Joachim Friedrich, *in* Klaus von Beyme (Hg.), Theory and Politics (Theorie und Politik) – Festschrift zum 70. Geburtstag für Carl Joachim Friedrich, Haag, Martinus Nijhoff, 1971, p. 526 ss.

265 W. ABENDROTH, Zum Begriff des demokratischen und sozialen Rechtsstaates im Grundgesetz der Bundesrepublik Deutschland (1954)..., cit., p. 114-144.

266 H.C. NIPPERDEY, Freie Entfaltung der Persönlichkeit, *in* Die Grundrechte, IV/2, Berlin, 1962, p. 806 ss.

267 Aludindo à crise do Estado social despoletada nos anos 70 do século XX (traduzida na diminuição do fluxo tributário) e à consequente recuperação das correntes liberais (neo-liberalismo – ou *Estado postsocial*, como se lê em A.J. PORRAS NADALES, Introducción a una Teoría del Estado Postsocial, Barcelona, 1988), *vide* J.L. QUADROS DE MAGALHÃES, Tipos de Estado (Globalização e Exclusão), *in* Direito e Cidadania, ano II, n.° 5, 1998/1999, p. 39-47.

V. PEREIRA DA SILVA, Em Busca do Acto Administrativo Perdido, Coimbra, Almedina, 1998, p. 122 ss. (o autor fala, na página 124, em «comemoração do "baptismo" do Estado pós-social», caracterizando a fase que se vivia da superação – porque esgotado – do modelo de Estado social;

Diga-se o que se disser, a formulação balbuciada por HERMANN HELLER fez história – de nada valendo a objecção protagonizada por H. TRIEPEL[268] na *Tagung der Deutschen Staatsrechtslehrer-Vereinigung* de 1931 contra as adjectivações ao *Rechtsstaat* (por exemplo Estado *social* de direito) que outra coisa não pretenderiam senão empequenecer (*"verkleinern"*) o valor intemporal do Estado de direito (*"überzeitlichen Wert Rechtsstaat"*).

Não sei se a *quadratura do círculo* é uma operação cientificamente impossível, tal como não sei se a conjugação do bem-estar económico com a dimensão política da liberdade e com a coesão social é uma tarefa irrealizável. Mas é uma equação que está hoje na mesa do debate de ideias[269]. E é uma equação que não passa ao lado do debate sobre o *Estado social de direito*.

2. **Balancete Sobre as Pistas do Norte Mais Algumas Paragens**

Está terminado o Capítulo I da Parte I.

Algumas conclusões parcelares foram inscritas ao longo dos diferentes parágrafos que constituem o Capítulo.

Se quisesse lançar uma ponte de molde a unir os Capítulos I e II da presente Parte, diria o que se segue.

O que as *pistas do Norte* nos evidenciam – desde o mundo antigo à nossa contemporaneidade – é um esforço de conter o poder e a sociedade em cercados de normativa racionalidade.

---

sem grandes dramatismos, constituiria a crise do Estado social tão-só a «face visível de um processo de transformação e revitalização dos fenómenos políticos», não a desaparição do Estado).

PAULO OTERO, Legalidade e Administração Pública: O Sentido da Vinculação Administrativa à Juridicidade, Coimbra, Almedina, 2003, p. 298, 299.

R.G. COTARELO, Crisis Económica y Estado Social y Democrático de Derecho, *in* Actas del IV Congreso Nacional de Ciencia Política: Problemas Actuales del Estado Social y Democrático de Derecho, Universidad de Alicante, p. 33-67.

Para uma afiada crítica à *globalização* decorrente de um certo ultraliberalismo, *vide* V. FORRESTER, Uma Estranha Ditadura: A Opressão Liberal, Lisboa, Terramar, 2000, p. 5-22 *et passim*.

268 *In* Veröffentlichungen der Vereinigung der deutschen Staatsrechtslehrer, Heft 7, p. 197.

269 R. DAHRENDORF, A Quadratura do Círculo – Bem-estar Económico, Coesão Social, Liberdade Política, Lisboa, Edições 70, 1996, p. 9, 47.

O problema põe-se nos seguintes termos, para DAHRENDORF: «Que fazer então para preservar o equilíbrio civil entre a criação da riqueza, coesão social e liberdade política?». Por outras palavras: «prosperidade para todos»; «sociedades civis capazes de se manterem unidas»; «Estado de direito e instituições políticas que permitam não só a mudança, mas também a crítica e a exploração de horizontes novos».

Com cercados de maior ou menor altura, maior ou menor robustez, maior ou menor intransponibilidade, é o que, na verdade, pudemos captar, ao seguirmos a *pista* da antiga Grécia, da antiga Roma, de *outras paragens da antiguidade* (onde, pelos vistos, inserimos algumas experiências civilizacionais do Sul, como, por exemplo, a egípcia ou a hindú – em que foram respigados dados civilizacionais como os assírio-caldaicos, hebraicos, persas, fenícios ou cartagineses).

Com cercados de maior ou menor eficácia, foi o que a Idade Média nos mostrou.

E mostrar-nos-ia o mesmo, ainda, no Estado de Polícia e no Estado aliberal de direito.

O que se assistiu posteriormente foi a uma tentativa de consolidação dos ganhos no milenar percurso do Estado de direito.

Viu-se, assim, com o Estado liberal de direito, o respeito pelos direitos do indivíduo ser considerado uma das referências principais na fundamentação do Estado; a separação de poderes ser transformada em elemento necessário do conceito de *Estado de direito*; a defesa da legalidade, considerada uma missão dos tribunais (órgão a que caberia a missão de controlar jurisdicionalmente outros poderes – à cabeça, o Governo).

Com a evasão para o jusnatural ou a fixação no juspositivo, o Estado liberal de direito cindiu-se em duas vias, a saber: a do Estado de direito em sentido material e a do Estado liberal de direito em sentido formal.

Esse problema de fundo emigrou para o Estado de direito social, que se destaca do movimento anterior pela valorização do social na construção e funcionamento dos instrumentos do Estado e do direito.

A emigração do problema prosseguiria, entretanto, em direcção ao Sul. Tentemos localizar, agora, o conceito-migrante no Sul.

CAPITULO II
PISTAS DO SUL

«Willst du dich am Ganzen erquicken, so musst du das Ganze im kleinsten erblicken»

(J.W.GOETHE)

§ 1.° FRONTISPÍCIO

1. O Imperativo Hipotético da Diferença

Enquanto a aculturação – de influxos nortenses – não volatilizar o Sul profundo, enquanto este continuar a deter a força social que ainda hoje detém, a arquitectura e a construção do *Estado de direito* (ou do Estado, sem mais) devem caminhar no sentido da integração das duas vertentes da vida sócio-político-cultural nesse Sul: as *profundezas* do Sul e os dados da aculturação.

Se o olhar unicamente *para dentro* e *para trás* pode significar a perda da perspectiva de futuro, não é menos verdade que o olhar unicamente para fora implica forçosamente uma alienação do presente, com a desculpa de uma falsa hodiernidade, hipotecando mesmo o próprio futuro.

Disse um dia o Professor BOAVENTURA DE SOUSA SANTOS que o "imperativo categórico", hoje – derrotado que foi o ideário republicano da igualdade universal, absoluta –, deve ser:

«É imperativo que sejamos diferentes, desde que a igualdade nos descaracterize; é imperativo que sejamos iguais, desde que a diferença nos inferiorize»[270].

Tenho para mim que o *imperativo da diferença* é de destacar hoje e na Guiné profunda de um Sul profundo.

Um imperativo hipotético, na vertente de "princípio problemático", no sentido kantiano de que representa «a necessidade prática de uma acção possível como meio de alcançar qualquer outra coisa que se quer (ou que é possível que se queira)»[271].

---

270 BOAVENTURA SOUSA SANTOS, *in* RTP, 30.5.95.

271 *Cfr.* KANT, Fundamentação da Metafísica dos Costumes, Coimbra Atlântida, 1960, p. 45--50, *passim*.

Em contrapartida, o "imperativo categórico" seria aquele «que nos representasse uma acção como objectivamente necessária por si mesma, sem relação com qualquer outra finalidade».

O imperativo da diferença[272] é de valorizar na Guiné profunda dum mundo pretensamente uniformizado na sua *globalização*[273].

Disse um reputado juspublicista português – a propósito do valor da conduta inconstitucional como um dos níveis do princípio da constitucionalidade (causticando um certo provincianismo científico na importação de modelos): «Por mais importantes que sejam – e são-no certamente também neste particular – as achegas da doutrina e jurisprudência alheias, elas só nos importam se se mostrarem de alguma utilidade enunciativa, integrativa e até criativa tendo em vista a especificidade do Direito Constitucional português.

«Tão provinciana é a postura científica que abstraia do conhecimento adequado do Direito estrangeiro como a atitude que sujeite por inteiro o estudo do Direito nacional à importação subserviente do Direito estrangeiro»[274].

Este imperativo categórico valeria como "princípio apodíctico", diferentemente do imperativo hipotético que, consoante declarar que a acção é boa em vista de qualquer intenção "possível" ou "real", assim será um "princípio problemático" ou um "princípio assertórico-prático".

[272] O caminho é o da *activação das diferenças* [com a devida vénia a JEAN-FRANÇOIS LYOTARD – *vide* o seu Beantwortung der Frage: Was ist postmodern?, *in* Peter Engelmann (Hg.), Postmoderne und Dekonstruktion, Stuttgart, Reclam, 1990].

[273] A propósito do conceito de globalização, *vide* J.L.Q. DE MAGALHÃES, Tipos de Estado..., cit., p. 47 ss.

Sobre a *globalização* (ou *"McDonaldização" da sociedade*) e a «expropriação» ou «esvaziamento da autonomia decisória do parlamento» (a favor, nomeadamente, do executivo), por força, entre outros motivos, da «globalização das sociedades (...), isto sem esquecer a especial incidência do processo de aprofundamento da construção da União Europeia», *vide* P. OTERO, Legalidade e Administração Pública: O Sentido da Vinculação Administrativa à Juridicidade, Coimbra, Almedina, 2003, p. 150, 144-145.

R. KAPPEL, Europas Bezieungen zu Africa: Ökologische Aspekte der Entwicklungspolitik, *in* M. Massarrat/B. Sommer/G. Széll/H.-J. Wenzel (Hg.), Die Dritte Welt und Wir: Bilanz und Perspektiven für Wissenschaft und Praxis, Freiburg, Informationszentrum Dritte Welt, 1993, p. 240.

EUGÉNIO MOREIRA, Constituições Económicas Comunitárias: Da União Monetária à União Económica e Monetária Oeste Africana. Um Salto Qualitativo, *in* BFDB, N.° 6, Junho 2004, p. 163-165.

B. GUILLOCHON, Economia Internacional, 2.ª ed., Lisboa, Planeta, 1998, p. 3-22 (Anexo I). No texto epigrafado «Globalização: O Mito e a "Coisa"», constata-se que a *globalização* «é já um refrão da "cacofonia mediática"».

A. GIDDENS, Sociologia..., cit., p. 51 ss., onde *globalização* é, sob o prisma sociológico, vista como aqueles «processos que intensificam cada vez mais a interdependência e as relações sociais a nível mundial».

Numa aproximação simpática à globalização, ver J.-F. REVEL, A Obsessão Antiamericana, Lisboa, Bertrand, 2003, p. 48 ss.

[274] MARCELO REBELO DE SOUSA, O valor Jurídico do Acto Inconstitucional, Lisboa, 1988, p. 28.

As observações acabadas de citar poderiam ser importadas para a problemática que ora é tratada, sem se beliscar a sua oportunidade ou a sua pertinência.

Tais observações retratam uma tendência omnipresente nas análises que têm por objecto o problema do Estado de direito, mesmo para muitas daquelas que se pretendem diferentes.

O provincianismo existe, sim senhor, neste capítulo.

Parece que quanto menos provinciano (quanto mais globalizado, mais descomplexado se quer apresentar um analista, mais provinciano acaba por se revelar).

Reconhecia eu um dia que «certains paradigmes du classique Droit International sont aujourd'hui mis en cause par la force de ce mouvement centripète qui semble être en vogue»[275].

«C'est l'idée harassé (en dépit de son importance) du *village global*[276]; c'est la constitution des blocs stratégiques régionaux. Il s'agit, *grosso modo*, des intégrations... les plurifacettiques intégrations: régionale, culturelles, économiques, *etc., etc.* Intégrations ou tentatives d'intégrations que quelquefois se croisent entre elles, se heurtent et nous bravent à chercher des remèdes aux problèmes que sa dynamique se pose.

«Le grand problème des organisations supranationales, comme l'OHADA[277] et autres, c'est qu'elles vivent grâces aux cessions, en sa faveur, de la souveraineté des Etats. En dépit de la mondialisation et des intégrations, la souveraineté étatique est encore (du moins dans son noyau dur) un donné structurant dans l'organisation politique contemporaine. Aux forces centripètes des macro-intégrations, répondent les forces modératrices des micro-souverainetés étatiques. Les premières, par des impératifs de rationalisation économique, les dernières, par des impératifs de sauvegarde des spécificités».

---

275 E. KAFFT KOSTA, L'OHADA, La Guinée-Bissau: De la Realité Virtuelle à la Realité Réelle – ou la Désuetude Avant l'Usus?, Intervenção proferida, em representação do Supremo Tribunal de Justiça da Guiné-Bissau, em Cotonou, a 29.11.2000, na Conférence International sur l'Harmonisation Régionalle du Droit des Affaires (org.: OHADA-UEMOA-CEDEAO-CLDP) – inédito.

276 Acerca do tema, ver, também, S. BUCKEL, Empire oder Rechtspluralismus? Recht im Globalisierungsdiskurs, *in* Kritische Justiz, Heft 2, 2003, p. 177-191.

277 Defende J. OLIVEIRA ASCENSÃO que com os tratados e actos uniformes da OHADA (Organização para a Harmonização do Direito dos Negócios em África), «o Direito Comercial vigente na Guiné-Bissau não ficou revogado» e, por maioria de razão, o «Direito Civil da Guiné-Bissau não foi atingido», assim como os princípios gerais de direito. Reconhece, contudo, ter sido gerada com o aludido movimento «uma grande complexidade, porque é necessária uma apurada tarefa de interpretação para apurar o que, do Código Comercial e da restante legislação comercial, continua ou não vigente» (J. OLIVEIRA ASCENSÃO, O Acto Uniforme da OHADA sobre Direito Comercial Geral e a Ordem Jurídica da Guiné-Bissau, *in* BFDB, N.° 6, Junho 2004, p. 204-205).

Joga, até, a favor deste apego às diferenças a via post-modernista que tem envolvido o mundo da cultura, da política, do social, do económico[278]. Via em que se hipervalorizam os valores da diversidade, diferenciação, pluralismo, descentralização, flexibilidade, comunicação.

Impõe-se-nos, genuinamente, consequentemente, recuperar certos paradigmas civilizacionais que nos são inerentes, sem medo de sermos considerados *arriérés,* à margem do espírito do milénio[279].

---

[278] Um bom resumo, sobre a temática, pode-se encontrar em H.C.F. MANSILLA, Los Enfoques Postmodernistas Frente a las Ambigüedades de la Democracia y el Desarollo, *in* Revista de Estudios Politicos, 84, 1994, p. 79-111. Cito, sem pausas, o sintetizado a páginas 81-82:

«Aunque los enfoques postmodernistas sean mucho menos originales de lo que suponen sus autores (enunciados sustanciales de esta corriente fueron anticipados por el movimiento romántico del siglo XIX, por el ala no marxista de la Escuela de Frankfurt y por los llamados Nuevos Filósofos franceses), pueden servir para examinar algunos aspectos algo descuidados por el trabajo intelectual en América Latina (...)».

«Entre estos puntos se hallan:

Una visión más favorable a la heterogeneidad sociocultural, político-ideológica y económico-productiva, lo que conlleva una indulgencia mayor hacia diferencias de todo tipo;

Un sano escepticismo frente al gobierno de las mayorías, por más que éste haya sido legitimado democráticamente, lo que incluye una revalorización de las minorías;

Una razonable desconfianza hacia los grandes sistemas de control social y, por consiguiente, hacia toda forma de tecnocracia y burocracia, por más "moderna" que éstas parezcan ser;

Un cuestionamento de la significación positiva atribuida al desarollo material, a los procesos de industrialización y modernización y al crecimiento económico incesante en cuanto elementos determinantes de la nueva identidad colectiva y de una evolución histórica considerada como la única lograda y popularmente aceptable;

Una puesta en duda de los supuestos nexos entre crecimiento económico y justicia social o entre desarollo y democratización, y un énfasis mayor en la inconmensurabilidad de los fenómenos sociales y culturales, en la índole contingente y aleatoria de los procesos históricos y políticos y finalmente en la naturaleza autónoma (así sea parcialmente) de muchas áreas y subsistemas del quehacer humano».

S. HALL *et al.*, New Times, *Marxism Today*, October, 1988.

[279] Identificando-se três segmentos na sociedade africana, vide KWAME N'KRUMAH, Consciencism – Philosophy and Ideology for Decolonization, New York, M.R.P., 1970, p. 68.

Fala o ideólogo do panafricanismo de "tradition way of life", "islamic tradition" e "euro-christian tradition".

Mais especificamente, «the traditional face of Africa includes an attitude towards man which can only be described, in its social manifestation, as being socialist;

«this arises from the fact that the man is regarded in Africa as primarily a spiritual being, a being endowed originally with a certain inward dignity, integrity and value.

«It stands refreshingly apposed to the Christian idea of the original sin and degradation of man».

Na perspectiva de uma análise da *mobilidade social* na Guiné-Bissau, *vide* o interessante apontamento de ISAAC MONTEIRO (A Origem Étnico-cultural, o Estado e a Integração Nacional, *in*

HEGEL asseverava[280]: «Como o espírito só é real no que tem consciência de ser; como o Estado, enquanto espírito de um povo, é uma lei que penetra toda a vida desse povo, os costumes e a consciência dos indivíduos, *a Constituição de cada povo depende da natureza e cultura da consciência desse povo*[281]. É nesse povo que reside a liberdade subjectiva do Estado e, portanto, a realidade constitucional».

É embebido nessa atitude que parto para a compreensão do conceito de *Estado de direito* e, antes mesmo, do próprio Estado.

Existem, basicamente, dois sistemas de poder e de direito que no Sul (desde logo, na Guiné de hoje) desconfiadamente se interpelam. Resulta daí uma mescla de desconhecimento, ciúme, temor, ânsia de subjugação ou niilificação do outro (neste caso, o vector não é biunívoco, antes assentando numa única direcção: Ocidental-Indígena).

Tenho em mente a complexa teia de relações que liga o poder e o direito ocidentalizados ao poder (*rectius*: a cada um dos poderes e direitos) autóctone, nativo, indígena[282].

2. **Clarificações**

Uma clarificação terminológica urge fazer-se, num capítulo onde a dinâmica do poder não deixará de ser esquadrinhada.

C. Cardoso/J. Augel (coord.), Guiné-Bissau – Vinte Anos de Independência. Desenvolvimento e Democracia – Balanço e Perspectivas, Bissau, INEP, 1996, p. 349-350).

280 HEGEL, Princípios da Filosofia do Direito, Lisboa, Guimarães Editores, 1959, p. 285.

281 É da minha autoria o itálico.

282 *Cfr.* PAULO DE SOUSA MENDES, Instituições de Justiça Consuetudinárias, *in* BFDB, n.° 1, 1992, p. 69-71 – que, surpreendendo-se no caso guineense com a genuinidade dos costumes, de emanação comunitária, considera que o facto produz «um compreensível abalo nos alicerces mesmo da teoria tradicional das fontes do Direito».

A ilação que daí se tira: «há pluralismo jurídico no próprio seio de ordenamentos jurídicos que se pretendem uniformes»; «há dimensões normativas paralelas, totalmente divorciadas do Estado, no entanto não necessariamente conflituantes com este», aludindo aos resistentes "proto-ordenamentos jurídicos consuetudinários".

Para alguns exercícios em torno da projecção jurisprudencial do Direito consuetudinário na África oriental, nomeadamente, *vide* J.A. WIDNER, Construire L'Etat de Droit – Francis Nyalali et le Combat pour l'Indépendance de la Justice en Afrique (trad. M. Berry), Paris, Nouveaux Horizons, 2003, p. 383-416.

E a primeira que reclama alguma luz tem a ver com a cúpula do poder indígena (também cognominado *tradicional*): a palavra *régulo*.

Uma aproximação dicionarística elucida-nos que essa palavra – despida, hoje, de qualquer sequela pejorativa na vida sócio-política da Guiné-Bissau – pode exprimir a ideia de: "reizinho", "cacique", "soba"[283]; "chefe de uma tribo bárbara ou semi-bárbara", quer dizer incivilizada ou pouco civilizada[284]; "rei de um pequeno Estado"[285]; "pequeno rei", "soberano de um pequeno território", "chefe de tribo bárbara ou semibárbara"[286-287].

Mas serão, verdadeiramente, determinantes os quilómetros quadrados para que se possa falar em Estados, reinos ou regulados?

Recuemos aos primeiros anos do séc. XX (nem é preciso irmos mais além) para captarmos autênticos reinos autóctones no território da actual Guiné-Bissau, com todos os ingredientes clássicos do Estado[288]:

Um território devidamente delimitado; uma população de uma inquestionável homogeneidade; um poder político operativo, jurídica e praticamente enquadrado.

Estou a referir-me ao período que antecedeu a vitória das campanhas (militares) de *pacificação*, conduzida, em 1914/1915, pelo Capitão português TEIXEIRA PINTO, nas terras da Guiné.

Campanhas de "pacificação" (ou, melhor, de ocupação efectiva – na senda dos postulados da Conferência de Berlim, decorrida em 1884-1885 nesta cidade, por iniciativa de BISMARCK, condensados num Acto Geral da Conferência de Berlim, de 26.2.1885, relativo ao desenvolvimento do comércio e da civilização nalgumas regiões de África e à livre navegação do Congo e do Níger, em que potências Ocidentais acordaram entre si, designadamente, a "supressão da escravatura e sobretudo do tráfico do negro", a "liberdade de consciência" e "tolerância reli-

---

283 *Cfr.* Dicionário de Sinónimos, da Porto Editora.

284 *Cfr.* Dicionário da Língua Portuguesa, 6.ª ed. Porto Editora.

285 *Cfr.* Dicionário Prático Ilustrado, da Lello.

286 *Cfr.* Dicionário da Língua Portuguesa, Edições Melhoramentos/Centro do Livro Brasileiro.

287 *Vide* CLARA A.A. DE CARVALHO, Ritos de Poder e a Recriação da Tradição: os Régulos Manjaco da Guiné-Bissau, Lisboa, ISCTE, 1998, p. 1, 2, 4. Sublinha, justamente, esta antropóloga que «os herdeiros dos pequenos reinos pré-coloniais» são conhecidos na Guiné-Bissau por "Régulos", «termo vulgarizado durante o período colonial para designar os detentores do poder tradicional».

288 Em relação à África, em geral, *cfr.* L. HARDING, Präkoloniale Gesellschaften und Herrschaftsformen, *in* Pipers Wörterbuch zur Politik: Dritte Welt, Gesellschaft-Kultur-Entwicklung (Nohlen/Waldmann, Hrsg.), München/Zürich, Piper, 1987, p. 451-456.

giosa" "garantidas aos indígenas", mas clamaram para que as potências coloniais assegurassem nos territórios que ocupavam nas costas africanas a «existência de uma autoridade suficiente» para fazer respeitar, *vg.*, os direitos adquiridos) que contaram com os importantes préstimos de nativos, principalmente da religião maometana.

Destacou-se, do lado das forças militares coloniais, um aventureiro, comerciante e guerreiro Wolof de nome ABDU INJAI[289].

Conta-se que este, grande conhecedor do terreno e das instituições políticas nativas, juntou-se às forças "pacificadoras" e, como Chefe de Auxiliares, dispensou um relevante contributo para a consumação da vitória das forças coloniais nas áreas de Oio, Mansoa, Kantchun'u e Bissau[290].

---

289 Sobre esta figura, *cfr.* o relato biográfico escrito por AMADEU NOGUEIRA no Boletim Cultural da Guiné Portuguesa, n.° 13, de 1949, p. 49-60; Documentos sobre a Campanha contra Abdul Injai (Separata do Boletim Cultural da Guiné Portuguesa n.° 21 – Janeiro de 1951), Bissau, 1951.

290 Misturaram-se aqui histórias que passam, antes da "campanha de pacificação", pela sua prisão e castigo por furto de uma bombarda pertencente ao régulo de Calequisse, que ordenou tais actos – aproveitando-se INJAI das boas relações que conseguira criar com aquele – e, depois da campanha, pela sua nomeação como régulo de Oio, por causa dos serviços prestados ao Governo português, sua prisão, julgamento, condenação e deportação para Moçambique. Acabaria, no entanto, por cumprir o desterro em Cabo Verde, onde se encontrava em trânsito para Moçambique, a pedido seu e com a anuência do Governo Português.

Dever-se-ia esta acção punitiva (marchou uma coluna militar sobre os seus domínios) à irreverência do anteriormente útil e fiel colaborador das forças pacificadoras, que já não queria submeter-se facilmente às ordens do seu mandante (o poder colonial)

De acordo com o relatório apresentado pelo comandante militar das "regiões de Farim, Balantas e Bissoram", capitão AUGUSTO JOSÉ LIMA JÚNIOR, ao Governador da Província da Guiné, a 18 de Agosto de 1919, sobre as operações realizadas no Oio, contra o Régulo ABDUL INJAI (que o capitão aqui rotula de "bandido sem classificação"), este teria feito em Mansabá perante um capitão português de nome ESPÍRITO SANTO as exigências seguintes:

«1.° que o pôsto militar de Mansabá, que já então estava guarnecido com 84 praças, tivesse a sua guarnição reduzida a 28 soldados, 2 cabos e um sargento, comandados pelo alferes Vilas Bôas.

«2.° que de Farim fôsse mandada retirar toda a fôrça militar e todos os navios surto no Pôrto.

«3.° que todos os auxiliares da região de Bissoram fôssem desarmados.

«4.° que no seu régulado fôssem anexadas as regiões de Tiligi, Binar, Bula, Canchungo e Churo, sendo os régulos e chefes nomeados por êle.

«5.° que lhe fôsse paga a quantia de 40.000$00 como recompensa do seu trabalho, de ter batido(?) as regiões de Mansôa, Oio, Costa de baixo e Bissau, e, finalmente, que lhe fôsse dada uma percentagem de 10% sôbre o imposto de palhota cobrado anualmente nas regiões acima referidas.

«Que feito tudo e depois de lhe serem garantidas todas as suas pretensões por meio de um documento assinado pelo Governador da província, imediatamente entregaria todas as suas armas».

Este e outros eloquentes documentos podem ser encontrados nos "Documentos sobre a Campanha...", cit., p. 58-73, *passim.*

Ora bem, ainda há pouco tempo (e falo de um horizonte temporal que não chega a um século) havia na Guiné reinos e reis com os poderes plenos que um reino e um rei podem almejar[291].

Reis que até vinculavam o poder colonial das poucas praças onde se instalara (Bissau, Bolama, Cacheu, Geba, por exemplo) ao pagamento de um imposto rotulado daxa (ou dassa), pelos indígenas (imposto de fixação da praça de comércio);

Reis que detinham uma autoridade efectiva sobre os seus súbditos e nos respectivos domínios.

Isto posto, o que é que falta para considerarmos aqueles soberanos autênticos reis – e não já reizinhos e similares?

Nada de substancial! Nada, para além de pré-juízos que podemos pôr na conta de um certo oestocentrismo, de cujos quadros ainda não se logrou libertar.

A superfície do território não é um argumento pertinente para se negar o carácter de Estado a essas realidades sociológicas, culturais, políticas e jurídicas.

Liechtenstein é um principado independente com 160 km^2 de superfície e pouco mais de 28.000 habitantes[292]; Andorra é um principado (a partir de 1607) sob a suserania da França e do bispo de Urgel (na Espanha), que toma o título de Príncipe de Andorra, contando com 467 km^2 e não muito mais de quatro dezenas de milhar de almas; Mónaco, outro principado embutido no Departamento francês dos Alpes Marítimos, não vai para além de 1.9 km^2 e cerca de trinta mil habitantes[293].

---

[291] Já ANDRÉ ÁLVARES D'ALMADA (no seu Tratado Breve dos Rios da Guiné do Cabo Verde, de 1594) assinalava a grandeza dos reinos dos *Buramos* (que habitavam as faixas Norte e Sul do actual rio Cacheu, correspondendo aos mandjakuss): «Este reyno é muito grande»; «tem muitos reys uns mais poderosos que outros».

Vide, ainda, Apêndice 7.

[292] Os números de habitantes a seguir elencados é meramente aproximativo, não correspondendo necessariamente aos recenseamentos mais actualizados.

[293] O Estado da Cidade de Vaticano – mais um exíguo Estado, cuja soberania temporal remonta ao tratado de Latrão (1829) e foi concedida ao Papa – mede 0,44 km^2 e tem aproximadamente um milhar de habitantes; Malta, que é uma república, com 316 km^2 e cerca de trezentas e quarenta e cinco mil habitantes; Luxemburgo, que se circunscreve aos 2.600 km^2 e 324.000 habitantes; São Marino, uma república encravada na Itália, com 60.5 km^2 e 24.000 habitantes;

Direccionando-nos para o *Terceiro Mundo*, destacar-se-ão; o Emirado do Bahrein (690,8 km^2, 412.000 habitantes); o Sultanato de Brunei (Estado independente sob o protectorado britânico com 5.765 km^2 e cerca de 230.000 habitantes); Kiribati (na Micronésia, com 717 km^2 e pouco mais de 60.000 residentes); Antígua (442 km^2, 80.000 residentes, aproximadamente); Maldivas (298 km^2, 195.000 residentes); Cabo Verde (4.033 km^2, 360.000 habitantes); Dominica (753 km^2, 88.000 habitantes); Granada (arquipélago com um total de 334 km^2 e cerca de 112.000 habitantes); Santa

O rol parece monocórdico e fastidioso – e é, sem dúvida, monocórdico e fastidioso[294].

Servirá, contudo para pôr a nú algumas incoerências conceptuais e terminológicas que fazem o nosso dia a dia.

Tome-se nota do seguinte facto: só o *Posto Administrativo* de Kaiú – que abrangia o *regulado* de kaiú, Kadjegut, Tér (Djeta) e ilhéus de Kaiú, Pumoune, Dápák, Pelindar e Betäk, no chão mandjaku – comportava, segundo dados divulgados em 1948 por MARTINS MEIRELES, 4.604 indivíduos, dos quais 4.511 mandjakuss, assim como uma superfície de 240 km^2 [295].

Trinta anos atrás, a situação demográfica seria provavelmente idêntica, *grosso modo*; o poder político nativo era efectivo sobre essa porção delimitada de território; as relações políticas com outros reinos mandjakuss estavam definidas; as instituições jurídicas, sociais, económicas culturais e políticas funcionavam racional e plenamente.

O que é que distingue, então, este recorte sócio-político de um Liechtenstein, de um São Marino, Vaticano ou Tuvalu?

Nada, além das distâncias geográficas ou culturais ou temporais.

Portanto, até, pelo menos, ao primeiro quartel do séc. XX, existiram autênticos reinos e autênticos reis no território que hoje responde pelo nome de Guiné-Bissau.

Levantando uma ponta do véu daquilo que me vai ocupar nos *itens* subsequentes, agarro no caso mandjaku, grupo étnico que tenho estudado com algum denodo, no tangente à fenomenologia do poder (parte do referido estudo será respigado no presente trabalho)[296].

Lúcia (616 km^2, 138.000 residentes); São Tomé e Príncipe (964 km^2, cento e poucos mil habitantes); Tonga (748 km^2, 100.000 residentes); Singapura (622,6 km^2, mais de dois milhões e meio de habitantes); Seychelles (308 km^2, pouco mais de 60.000 habitantes); Tuvalu (da Micronésia, ocupando uma superfície de 26 km^2 e albergando 8.000 residentes); Nauru (21,3 km^2, 8.000 habitantes).

[294] Se se recuar às cidades da antiga Grécia, encontrar-se-ão, neste sentido, mais motivos para a relativização do factor dimensão.

[295] A. MARTINS MEIRELES, Baiú (Gentes de Kaiú) – I. Generalidades, *in* Boletim Cultural da Guiné-Portuguesa, n.° 11, Julho 1948, p. 607, 608, 623, 624.

[296] O etnónimo "mandjaku" deriva, supõe-se, de alguns termos frequentemente repetidos pelos falantes dessa língua. Trata-se do *mandjô* ou *mandja* (que significa eu "disse"). Se juntarmos *mandja* à partícula *KU,* temos o etnónimo.

BERTRAND BOCANDÉ (De la Langue Créole de la Guiné-Portuguesa – Notes sur la Guiné-Portugaise ou Sénégambie Méridionale, *in* Bulletin de la Société de Geographie de Paris, 3.ª série,

Na cúpula do ordenamento político, destaca-se (pelo menos, até ao 1.° quartel do séc. XX, sublinhe-se) um rei, o de Baceâral.

Rei que detinha um ascendente considerável sobre os demais *reis* e *príncipes* do chão mandjaku.

O ascendente deste verdadeiro *Naciin Baciin*[297] sobre os restantes *reinos* e *principados* (porque é mesmo esta a leitura mais acertada da realidade sócio--política em referência – linhas estruturantes do poder mandjaku que aqui proponho) despoleta curiosas indagações para as quais as respostas não parecem tão fáceis.

Tirando a transcendentalidade simbólica de a *vassoura da reinança* dos outros soberanos mandjakuss ser concedida pelo *Naciin Baceâral*, tirando o facto de o ritual de consagração real passar por Baceâral, tirando os tributos que o consagrando deverá prestar ao *Naciin Baciin*, tirando tudo isso e algumas coisas, como se pode diagramatizar a relação Bacêaral → outros reinos *Bandjaku* → demais principados que dependem (ou dependeram, na sua consagração) destes últimos?

A hierarquização vincada dessas entidades pode ser extremamente redutora, pois ela é susceptível de deixar fugir um dado de não desprezável monta: a autonomia de que goza cada uma delas, a partir da consagração do trono.

Não será, certamente, a despropósito que de há uns tempos (longos, que remontam à difusão do poder colonial) para cá, a designação portuguesa e kiriol "régulo" seja usada quer para o *Naciin Baceâral*, quer, *v.g*, para o *Naciin Babok* e para o *Naciin Kaiú*, quer, *v.g.*, para o *Naciin Bukul* ou *Naciin Bnitch* (estes últimos, na minha perspectiva, principados ligados – pelo menos, no momento consagracional – ao *Pëciin Babok*[298]).

Sustento que *Pëciin Bacêaral* seja traduzido e tomado por reino de Bacêaral;

O *Pëciin Babok* seja traduzido e tomado por Reino Babok;

Os demais *Pëciin* que integram o domínio Babok sejam traduzidos e tomados por principados.

A mesma nomenclatura proponho, *mutatis mutandis*, para os demais *Pëciin*.

---

tomo XII, 1849) já afiançava serem os mandjakuss assim apelidados porque «dans la conversation tenue dans la langue de leur pays, ils répètent souvent le mot manjaco, que signifie: dites donc ou je vous dit».

Avise-se, contudo, que o que se repete não é a expressão "manjaco" ou "mandjaku", mas *mandja* ou *mandjô.*

O registo mais antigo da expressão manjaco (ou mandjaku) data do séc. XVIII e pertence a BEAVER.

297 Rei dos reis, soberano dos soberanos ou chefe dos chefes, em mandjaku de Babok.

Perante uma destrinça tão veemente dos espaços do poder, quem ousará, com lentes do Sul, apoucar esses poderes reinantes?

E, num ai, surgiu no Sul o Estado ocidentalizado, com a sua aparelhagem, seus trejeitos, abraçando os vários reinos e territórios outrora independentes ou autónomos numa unidade compulsiva.

Começou, então, o declive (que não aniquilamento) dos Estados nativos, dos poderes indígenas, declive que (pasme-se) se acentuou ainda mais, no caso guineense, com a substituição do poder colonial pelo Estado nacionalista.

Em boa verdade, não há razões para grandes pasmos, se se atentar na natureza unionista da 1.ª República[299], que se definiu pelo silenciamento e esmagamento dos particularismos étnico-sociais em prol do sacratíssimo ideário da unidade Guiné-Cabo Verde.

Na dicotomia endogenia-exogenia, a Guiné tem privilegiado a última[300].

Mas o Estado (o *Estado de direito*, desde logo), acompanhando JACQUES-YVAN MORIN[301], não pode enraizar-se se não se tiver em conta a experiência de

---

298 Reino Babok, em mandjaku.

299 Sobre a periodização da vida constitucional guineense, veja-se a minha proposta consignada na dissertação de mestrado: EMILIO KAFFT KOSTA, o Constitucionalismo Guineense e os Limites Materiais de Revisão, Lisboa, AAFDL, 1997, p. 196 ss.

300 *Cfr.* MAURICE-PIERRE ROY, Les Régimes Politiques du Tiers Monde, Paris, LGDJ, 1977, que – contrapondo o processo de formação do Estado nos países ricos ao processo verificado no Terceiro Mundo – faz notar que «L'Etat et sa Constitution ne son pas, dans le tiers monde, le produit spontané de l'histoire et du milieu socio-politique».

Um dos traços caracterizadores do processo formativo do Estado nos países ricos – sem esquecer o tempo considerável de maturação e, bem assim, o facto de a modernização política marchar a par com o desenvolvimento económico – acoita-se nos seguintes dados:

«les sociétés occidentales engendrèrent L'Etat poussées par un besoin interne, sans que le monde extérieur, trop lointain, put affecter profondément leur transformation».

301 JACQUES-YVAN MORIN, L'Etat du Droit: Emergence d'un Principe du Droit International, *in* RCAI, tome 254 (1995), p. 77; *vide*, ainda, p. 31, 42, 43.

O autor tange aqui a questão de os princípios construídos no Ocidente – a começar pelo do Estado de direito e dos direitos do homem – serem ou não exportáveis para todos os continentes;

Socorre-se dos subsídios da antropologia para – demonstrando que «existem visões do mundo pelas quais a insistência na liberdade do indivíduo parece difícil de conciliar com as tradições morais e sociais – fugir da ligeireza das acusações de "simples álibis" que, aqui e ali, são endereçadas àqueles que destacam o choque entre as concepções ocidentais e os valores de civilizações diferentes (puro álibi – segundo os acusadores – dos regimes autocráticos para justificarem essas autocracias).

Ilustrando o lugar da Sociologia Jurídica no sistema de ensino superior e investigação em França de 1969-70, *vide* A.J. ARNAUD, Une Enquête sur l'Etat Actuel de la Sociologie Juridique en France, *in* Revue Trimestrielle de Droit Civil, Tome 70, 1972, p. 532-556.

Pertinentes considerações metodológicas podem-se encontrar em V. PARETO, Traité de Sociologie Générale, vol. I, Paris/Lausanne, Payot, 1917, p. 28-33, 451.

cada país, o seu desenvolvimento sócio-económico, a sua cultura política e jurídica e os seus costumes[302].

Talvez se possa adaptar para o tema em pauta a tese de KARL R. POPPER sobre o liberalismo: «As instituições só por si não bastam quando não radicam na tradição»;

Uma *utopia liberal* – «ou seja, um Estado projectado racionalisticamente sobre uma tábua rasa destituída de quaisquer tradições – é inexequível»;

«Entre as diversas tradições há que referir como as mais importantes as que formam a "estrutura moral" (relativamente à "estrutura legal" institucional) de uma sociedade e que corporizam o seu tradicional sentido de justiça e de decência, bem como o grau de sentido moral por ela alcançada». E «nada é mais perigoso do que a destruição desta estrutura, desta tradição», já que «ela conduzirá, em última análise, a um niilismo cínico – ao desprezo e ao aniquilamento de todos os valores humanos»[303].

Ora, a impressão com que se fica é a de que a *tradição* não é tida nem achada na engenharia do Estado post-colonial guineense.

Vai *servindo*, aqui e acolá, anteontem ou hoje, para – conjunturalmente, oportunisticamente, manipulatoriamente – resolver problemas de somenos importância, deixando pendentes a abordagem e solução das questões estruturantes:

Há um pronunciado *deficit* de criatividade na equacionação do problema do(s) poder(es) na Guiné.

O temor reverencial de que padecem as elites pensantes indígenas face às determinantes ideológico-culturais do Norte é um factor de bloqueio no desatamento do nó que representa o *problema do Estado*.

Estar-se-á à espera de um ALEXANDRE MAGNO para "desatar", à sua maneira, o nó?

Falta a imaginação que propugna ANDREW GAMBLE para a renovação da democracia[304].

---

[302] Com uma quantidade de países à volta de 200, o mundo encerra, outrossim, alguns milhares de grupos étnicos, religiosos ou linguísticos (um pouco alheadas dos recortes fronteiriços envolventes) que reclamam a sua não dissolução na panela da globalização. *Vide* G. JÁUREGUI, Estado, Soberanía y Constitución: Algunos Retos del Derecho Constitucional Ante el Siglo XXI, *in* Revista de Derecho Político, 44, 1998, p. 51.

[303] Assim, KARL R. POPPER, Em busca de um Mundo Melhor (tradução do original alemão Auf der Suche nach Einer Besseren Welt), 2.ª ed., Lisboa, Fragmentos, 1989, p. 141-142.

[304] É ANDREW GAMBLE [The Limits of Democracy, *in* P. HIRST/S. KHILNANI (ed.), Reinventing Democracy, UK/USA, 1996, p. 130] quem diz que «the renewal of democracy requires a release

Esquece-se muitas vezes do óbvio. E o óbvio é que um determinado Direito deve não só condicionar a sua envolvência espacial e humana, mas reflectir, em certa medida, esta envolvência espacial e humana[305].

---

of social energy and social imagination, a synergy which new forms of governance and new Kinds of markets might provide».

Adianta haver muitos obstáculos no caminho, mas também, «the promise of renewing the search for the institutional conditions which will best promise justice, equality and freedom»;

Cfr., ainda, LARRY DIAMOND, Introduction: Roots of Failure, Seeds of Hope, *in* L. DIAMOND/J.J. LINZ/S.M.LIPSET (ed.), Democracy in Developing Countries, vol. 2 – Africa, Colorado (Lynne Rienner Publishers, Inc.), London (Adamantine Press Limited), 1988, p. XXII.

Reconhece o autor que «One of the most complex and intractable problems in our world is the tension between the model of ethnically, linguistically, and culturally homogeneous societies that face the difficult task of nation – or state – building in the absence of the integration and identification we normally associate with the idea of the nation-state».

305 Neste sentido se pronuncia JORGE MIRANDA [Notas para uma Introdução ao Direito Constitucional Comparado (separata de O Direito, n.° 2 e 3, 1970), Lisboa, 1970, p. 92-95]: «Ninguém contestará presentemente que o Direito não pode compreender-se desligado da estrutura social – ou seja, cultural, religiosa, política, económica – em que se deve aplicar.

«Um idêntico conjunto de normas posto em diferentes países exibe neles irrecusàvelmente diferentes modos de ser interpretado e de ser cumprido, porque tais normas levam consigo valores e conceitos susceptíveis de refracção e não se reduzem a esquemas formais».

JORGE MIRANDA, destaca o Direito Constitucional, o da Família, o das Obrigações e o Agrário como ramos do Direito "mais sensíveis à influência dos fenómenos sociológicos";

Lançando mãos de contributos antropológicos, em torno dos princípios do Estado de direito, veja-se JÜRGEN HABERMAS, Droit et Démocratie: Entre Faits et Normes (trad. do "Faktizität und Geltung. Beiträge zur Diskurstheorie des Rechts und des Demokratischen Rechtsstaats"), Paris, Gallimard, 1997, p. 156-163.

§ 2.° PISTAS DO SUL PROFUNDO

«Interrogado o régulo declarou que êle nunca se submeteria, porque êle odiava os brancos; que tinha mandado sempre 500 homens a cada combate que tinha havido e que enquanto êle fosse vivo e houvesse um papel de Biombo haviam de fazer guerra ao Govêrno e que se morresse, e lá no outro mundo encontrasse brancos, lhes havia de fazer guerra.

«Disse que se considerava o mais valente de todos os régulos porque não tinha fugido da sua terra, pois queria ali morrer (...)»

(declaração do Rei de Biombo KANANDÉ, relatada por JOÃO TEIXEIRA PINTO, colhida no interrogatório que se seguiu à sua captura em 20 de Julho de 1914).

1. A Parábola da Canoa: Alegoria do Desnorte e Estagnação

Algures no perímetro da Praça CHE GUEVARA (antiga Praça HONÓRIO BARRETO), em Bissau, terão os chefes autóctones pepéliss enterrado uma canoa (ou, de acordo com alguns, um barco de ferro) simbolizando o *não* à campanha de "pacificação" movida no início do séc. XX pelas forças coloniais, que pretendiam aniquilar a resistência das tribos à sua dominação bem como alastrar a sua sombra *unificadora* e redutora dos particularismos étnicos a todo o território que lhe coube administrar: a Guiné-Portuguesa.

Nesse barco teriam sido enterrados vivos um rapaz novo e uma rapariga nova.

Não é de hoje que se vem falando desse misterioso barco, que encerraria as causas de todas as derivas do país guineense.

Não é de hoje, mas no início do 3.° milénio tais alusões assumiram um tom desesperadamente omnipresente.

Crê-se que a condição incontornável para o país sair do lamaçal onde se meteu, ganhar alguma perspectiva de desenvolvimento e conquistar definitivamente a paz e a irmandade nacional é localizar o dito barco, desenterrá-lo e, através de operações de natureza místico-transcendental, dar um outro destino ao barco e ao seu conteúdo[306].

Esta parábola da canoa enterrada potencia a alegorização do desnorte e estagnação a que se entregou a terra guineense.

Porque, sem canoa, a água está ali, mas não podemos navegar e sair desta ilha para qualquer outra ilha; à persistente frustração e impotência da falta de canoa, seguir-se-á a perda do rumo já que o nosso horizonte experiencial cinge-se ao perímetro da ilha que nos prende.

A canoa é uma embarcação que nos transporta para algum lado, do presente para o futuro.

Ora, estando ela enterrada, estará igualmente estancado o nosso horizonte espácio-temporal.

Um futuro que se esgota no nosso presente e um horizonte que não ultrapassa o chão que pisamos agora.

Atente-se no tempo do aludido enterramento e tente-se ler a mensagem subjacente:

Fase da consagração da colonização efectiva – quer isso dizer que antes havia reinos, Estados nativos, na plena acepção do termo[307]; depois, passaram a existir reinos (*regulados*) sob o jugo de uma potência colonial europeia.

---

[306] Em entrevista à Rádio Bombolom, difundida no programa Ponto de Encontro, de 12.1.2002, um indivíduo que disse chamar-se Aladje ALIIU DEMBA SANHÁ e ter 67 anos de idade, afiançou que aos 14 anos de idade viu o bote de ferro (desenterrado) carregado de garrafas de *nass* (um líquido com propriedades supostamente místicas).

Diz não ter visto corpos de quaisquer pessoas, mas viu o dito cujo na seguinte posição: a proa localizava-se onde hoje está implantado o antigo Hotel Portugal; a popa, no sítio onde se localizaria a casa de um senhor que apelidou de BRITO PALMA.

O entrevistado havia ido com um amigo *passear praça,* quando deparou com aquele espectáculo. O que se tinha passado resumia-se nisto: ao fazer uma manobra, uma viatura bateu em algo. Quando se tentou averiguar qual a natureza do obstáculo, deu-se com o barco de ferro. Consta, porém, que, mais tarde, voltou-se a enterrar o barco pois a Administração colonial soube que se não o fizesse os portugueses teriam de abandonar a Guiné, por força do mistério albergado nesse barco.

Ofereceu-se o depoente para ajudar o governo a localizar o referido barco, sugerindo que, em ordem a fazer sair o país da situação de não-desenvolvimento e de desarmonia social, os grandes *muruss* (marabus) e *garandiss* (anciões) pepeliss se juntem e – com *fátias* dos *muruss* e mistérios pepeliss dêem outro destino ao conteúdo desse barco.

[307] Sobre o monopólio da força como critério da estadualidade, *cfr.* ALI A. MAZRUI, Armed Kinsmen and the Origins of the State: An Essay in Philosophical Anthropology, Addis Ababa, Addis Ababa University, 1998, p. 176, 182, 184, 187;

Chamando um dia a sua corte, proclamara a propósito o último rei dos Babok[308], KATCHIPINDJI, antes da vitória dos portugueses na campanha militar de "pacificação" de 1914/1915:

Os brancos querem tomar o nosso chão, mas eu KATCHIPINDJI, é que já não estarei cá quando isso acontecer. Os meus olhos *não farão quatro* com os do branco.

Essa atitude cortante transmite também, em meu entender, o orgulho de um soberano que não admite sequer a hipótese de ser reduzido a um soberano menor, com a sua soberania limitada por poder estrangeiro ao sistema político mandjaku[309].

Regressando à canoa dos nossos desassossegos, a sua carga metafórica condensará ainda a ideia de que a colonização de África por alguns países europeus é um ruído que veio alterar o *iter* evolutivo da política e da sociedade africanas.

2. Teoria Celular da Estática e Dinâmica do Poder

Que pistas o Sul nos oferece para a arrumação do Estado e do direito?

Descortino aí uma teoria celular da estrutura e funcionamento do poder político, por outras palavras: teoria celular da estática e dinâmica do poder político.

E. VICTOR WALTER, Terror and Resistance: A Study of Political Violence with Case Studies of some Primitive African Communities, London/New York, Oxford University Press, 1969, p. 57 ss.;

Inspirando-se em determinadas categorias entrevistas por E.R. SERVICE ("Primitive Social Organization", New York, 1962), WALTER (num crescendo de graus de complexidade, que vai do *band* à *tribe*, deste a *chiefdom* e deste a *state*) postula estar na organização social da coerção a diferença essencial entre o *state* e o *chiefdom*.

308 Esta proclamação, *positivada* na tradição oral dos mandjakuss, foi-me nomeadamente confirmada, numa entrevista a 14.4.2002, pelo Régulo Babok FERNANDO BATICÃ FERREIRA (ou "BATHIKÁN", de acordo com a grafia que eu reputo mais fidedigna).

Digo que foi o último rei dos Babok dados os subsequentes encontrarem, naturalmente, a sua autoridade diminuída, tendo em conta a presença, efectiva, da dominação colonial portuguesa, a partir dos respectivos consulados.

309 Personagem que os *balass* não se cansam de elogiar nas cerimónias da terra: *«KATCHIPINDJI! Kak bëfeth, bababu tchok Babok. Bababu gar utchak n'dja. Auara pëdja na uithé! Utchak riindi tchoka»* [KATCHIPINDJI! Volte, os brancos estragaram Babok. Os brancos estragaram o nosso chão. Era bom que voltasse! A nossa terra não teria sido estragada].

Agarrando a experiência guineense (generalizável, em grande medida, a muitos países africanos), existem no *corpo político* algumas estruturas claramente perceptíveis:

a) uma estrutura estadual importada;
b) uma estrutura política autóctone, nativa[310];
c) uma eventual estrutura conciliatória.

a) *A estrutura estadual importada obedece ao seguinte desenho:*

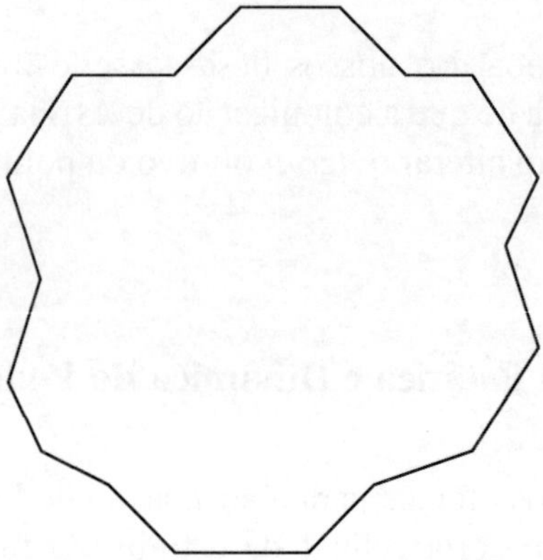

DIAGRAMA 1 – *Estrutura estadual importada*

Sucede neste tecido celular a dissolução dos alvéolos celulares que anda jungida à afirmação esmagante da estrutura estadual importada, içada à condição, neste particular, de *conjunto* de elementos e não de *conjunto de conjuntos*[311].

310 Falam uns de "Estado tradicional". Neste sentido (conjugado com a "modernidade") e para um enfoque genérico na Antropologia política, *cfr.* G. BALANDIER, Anthropologie Politique, 2. éd., Paris, Presses Universitaires de France, 1969, p. 19-27, 145-185, 186 ss.

311 Sobre a teoria dos conjuntos, um dos campos mais basilares e fecundos da Matemática, *cfr.* BOURBAKI, Théorie des Ensembles, liv. I, chap. I-IV, Paris, Hermann, 1970;
ALAIN BOUVIER, La Théorie des Ensembles, Paris, P.U.F., 1969;
I. STEWART, Os Problemas da Matemática, Lisboa, Gradiva, 1995.

b) *A estrutura política autóctone ou indígena exprime-se através do seguinte figurino:*

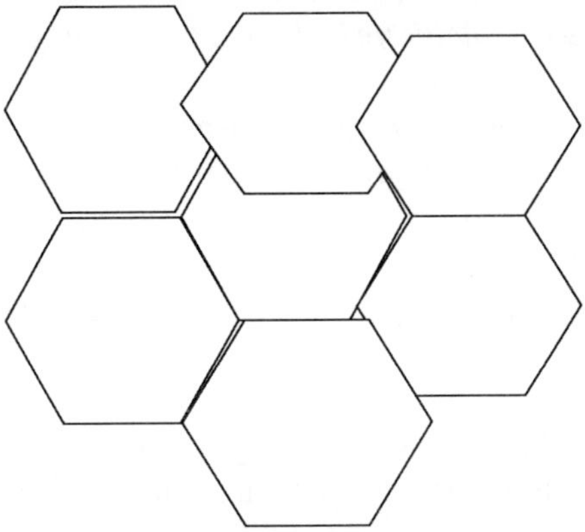

DIAGRAMA 2 – *Estrutura política autóctone*

Dar-se-ia aqui a afirmação e integridade dos tecidos celulares, o que corresponde à afirmação da estrutura política indígena. Algo semelhante à justaposição acêntrica de *conjuntos*.

c) *Uma eventual estrutura conciliatória exprimir-se-ia da seguinte forma:*

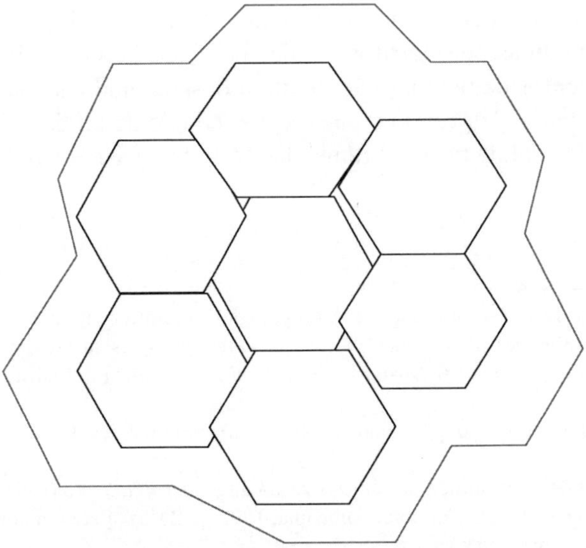

DIAGRAMA 3 – *Estrutura conciliatória*

O gráfico reflecte uma afirmação contemporizadora dos tecidos celulares: a afirmação duma estrutura política conciliatória, em termos de se fazer aproximar as estruturas indígenas da estrutura importada.

A minha *estrutura conciliatória* (exposta no Diagrama 3) tem natureza fenotípica.

Na verdade, se por *fenotipo* qualificarmos «um organismo ou qualquer das suas partes, cuja forma se presume que resulte da conjugação de material genético herdado e de forças externas tais como o ambiente»[312], o resultado da integração da vertente autóctone (*"material genético herdado"*) com a importada (*"forças externas"*) é a cristalização do *fenotipo estrutura conciliatória.*

Poder-se-á ver nesta última estruturação o reconhecimento dum carácter autopoiético ou autoreferencial do sistema, nunca saliente da post-modernidade[313]?

Com efeito, o figurino mostra-nos uma inclinação para a multipolaridade do Estado, conquanto envolvido por uma cúpula integradora de cariz ocidentalizado.

A autoreferencialidade manifesta-se aqui na circunstância de o modelo traçado indicar um esquema de fundamentação que começa numa dimensão, projecta-se noutra, retornando esta ao ponto de partida, para também o fundamentar.

Dizer isso é reconhecer, antes de mais, a natureza radicalmente multipolar do Estado guineense, que, olhando (devendo olhar) frontalmente para as variadas células difundidas pelo território hoje apelidado de Guiné-Bissau, vê (deve ver) nelas elementos de potenciação de um todo-nacional não esmagante ou niilificador das autarcias, devendo erguer-se à condição de alfaiate das junções dos diferentes tecidos celulares, qual remendador de *tchapa-tchapa*[314].

---

[312] *Vide* MISCHA TITIEV, Introdução à Antropologia Cultural..., cit., p. 68, 392.

[313] *Vide* as reflexões de N. LUHMANN, em torno de uma questão próxima, no seu trabalho intitulado *L'Autoriproduzione del Diritto e i Suoi Limiti*, *in* Politica del Diritto, 1, Marzo 1987, p. 41-60.

Entre vários autores e obras (citados noutro local), N. LUHMANN, Closure and Openness..., cit., p. 334-348.

Para uma tentativa resumida de caracterização da *modernidade* e da *postmodernidade*, *cfr.*, por exemplo, PAULO F. CUNHA, Coimbra, Almedina, 1991, p. 23-57. Fixa o autor alguns elucidativos tópicos das duas instâncias.

[314] Expressão do kiriol que significa pedaços de diferentes panos remendados – chapada.

Por sua vez, o factor integrador representado pelo Estado-alfaiate acaba por potenciar a salubridade de cada uma das diversas células.

Eis, portanto, como se desvela a *autopoiesis* na última variante da teoria celular acabada de esquissar.

Estamos em presença de uma multiplicação de pólos que, em certos casos, se espraiam ao longo dos países vizinhos, não sendo, portanto, uma realidade sociológico-política apenas guineense[315].

O exemplo do grupo étnico mandinga – que se espalha em diversos países, nomeadamente a Guiné-Bissau, o Senegal, a Gâmbia, o Mali, a Guiné-Conakri – é significativo, assim como o é o caso do grupo étnico fula – localizável na Guiné-Bissau, no Senegal, na Guiné-Conakri, entre outros –, do nalú (repartido entre o *Nalú Bravo,* da Guiné-Bissau; o *Nalú Manso,* da Guiné Conakri)[316] e o dos felupes (ou Djolas), que se movimentam de um lado e do outro da fronteira Norte da Guiné-Bissau.

Tentemos reproduzir as ideias esboçadas há instante em diagramas de Venn--Euler[317].

---

315 O reconhecimento desta verdade, desvela um problema subsequente, que será tratado noutro lugar: o do lugar de cada uma das aludidas superstruturas políticas na cartografia do poder vigente. Existirão apenas aquelas três alternativas desenhadas por V. THOMSON/R. ADLOFF (French West Africa, London, Allen und Unwin, 1958, p. 213.)? Nesses termos, a autoridade autóctone deverá ser reconduzida à situação de mero «guia moral e religioso» do seu povo? Ou à condição de «funcionário da Administração»? Ou, finalmente, à de «representante eleito da população» (devendo, para tanto, enfrentar o combate político eleitoral comum a todos os outros pretendentes do novo poder)?

Separando as três alternativas, parecem-me estar duas balizas extremas: o arrasamento do poder autóctone pelo poder ocidentalizado (veja-se o caso da Guiné-Conakri do Presidente S. TOURÉ); a sublimação do poder autóctone.

316 Assim, LANDERSET SIMÕES, Babel Negra, 1935, p. 133 – que distribui essa comunidade entre, por um lado, o rio Corubal e a margem direita do cacine e, por outro, a Guiné Conakri «até além do rio Nuno», respectivamente.

317 Qualquer figura fechada desprovida de ponto duplo é designada por diagrama de Venn. O quadrado é um exemplo desse tipo de diagrama. Também o são o círculo, o triângulo e qualquer outro desenho que respeite as directrizes definidas na abertura desta nota.

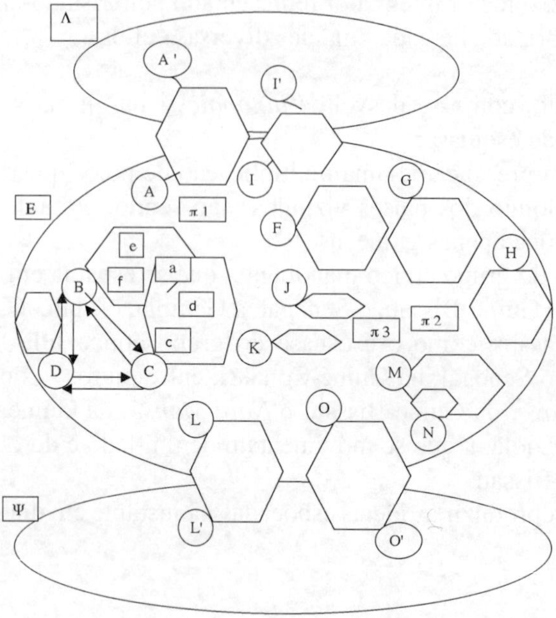

DIAGRAMA 4 – *Guiné na sua multipolaridade*

Tomemos por:

Λ = Estado do Senegal;

Ψ = Estado da Guiné-Conakri;

E = Estado da Guiné-Bissau

A, B,..., O = Grupos étnicos [subconjuntos do conjunto respectivo];

A, A'; I, I'; O, O'; = Grupos étnicos com alastramento aos dois territórios concernentes (*rectius*: grupos étnicos fraccionados pelo mapa colonial-europeu);

π = Pi[318] [= elementos *à margem* dos subconjuntos];

a = Exemplo de intersecções dinamizadas em vários subconjuntos;

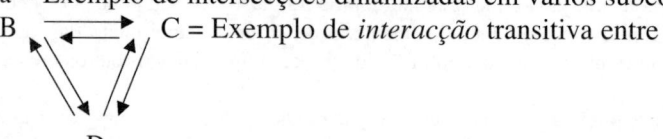

B 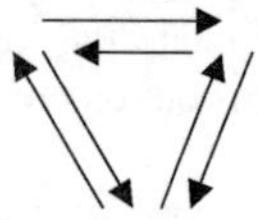 C = Exemplo de *interacção* transitiva entre

D

subconjuntos.

Como se viu, **E** representa o conjunto dos conjuntos hexagonais.

[318] Equivale a πολίτης (cidadão).

Trata-se **E** daquilo que os matemáticos, nomeadamente, designam por *conjunto de referência* ou *referencial.*

O π será, na senda que estou a trilhar, o *complementar* de **E** *em* A, B, C, D, G,..., L[319].

Exprime-se esta afirmação, permita-se-me uma ligeira recreação, através do formalismo

C_E A,...,D,F,...,O

---

[319] Tendo em conta um conjunto **E**, assim como um subconjunto **A**, o conjunto dos elementos de **E** que não pertencem a **A** é apelidado $C_E A$. Ou seja, *complementar de A em (relação a)* ***E***.

No âmbito da teoria dos conjuntos, o formalismo é construído com recurso a determinados *sinais lógicos*, *quantificadores* ou *operações* (sobre dois conjuntos) – eis algumas chaves:

∨ ou;
∧ conjunção e;
| não;
= igualdade;
≠ diferença;
∈ pertença (liga um elemento a um conjunto);
∉ não pertença
⊆ inclusão em sentido lato – liga 2 conjuntos e lê-se "está (latamente) contido em";
⊇ "contém" (liga 2 conjuntos);
⊂ inclusão em sentido estrito – liga 2 conjuntos e lê-se "está (estritamente) contido em";
⊃ "contém" (liga 2 conjuntos);
⇒ implicação;
⇔ equivalência (também se lê "se e somente se");
≤ desigualdade lata;
< desigualdade estrita;
∃ "existe...";
∃ ! "existe 1 só";
∀ "para todo...";
∅ conjunto vazio;
∪ união;
∩ intersecção;
\ diferença;
≬ relação corta ou encontro (lê-se "corta");
↑↑ equipolência;
| | paralelismo;
⊥ perpendicularidade;
/ divisibilidade;
< "precede";
> "segue";
° "ronda".

Escolhi a letra **π** para nomear um elemento não significativamente enlaçado pelos subconjuntos, elemento reduzido, portanto, à simples condição de πολίτης (cidadão). Atente-se na topologia deste nosso *factor* **π**.

Repetindo,
$\mathbf{C}_E{}^{A,\ldots,O} = \pi^1, \ldots, \pi^3$

As setas bidireccionais (ou *lacetes*, se for o caso) que ligam B-C, C-D, B-D exprimem relações de equivalência sobre o referencial **E**[320].

O ponto de partida é a *estrita* irmanação relacional, sendo o ponto de chegada a mesma irmanação.

Vejamos: A hipótese primeira (com correspondência exacta, em meu pensar, ao que sucede com alguns *conjuntos* étnicos na Guiné-Bissau – o caso, por exemplo, do triângulo litoral Pepel-Mandjaku-Mankanh) é a de B $\mathscr{R}$ C se, e apenas se, B e C tiverem:

$\mathscr{R}$) o mesmo tronco genético;
$\mathscr{S}$) o mesmo tronco linguístico;
$\mathscr{T}$) o mesmo tronco religioso;
$\mathscr{U}$) o mesmo tronco cultural;
$\mathscr{V}$) o mesmo registo na organização e dinâmica do poder político;
$\mathscr{W}$) a mesma estruturação jurídica;
$\mathscr{X}$) a mesma estruturação económica.

Sendo $\mathscr{R}$ uma relação de equivalência ($\mathscr{R}$ «tem o mesmo tronco genético que»), se aplicarmos o mesmo raciocínio às restantes hipóteses, teremos tantos *conjuntos quocientes*[321] quantas as alíneas acabadas de elencar.

---

[320] *Vid.* a exposição desta matéria contida no trabalho de A. BOUVIER, La Théorie..., cit.... Elucida-se ali, de forma assaz clara, a *reflexividade*, a *simetria* e a *transitividade* da aludida relação binária sobre **E**.

Reflexividade, porquanto $\chi \mathscr{R} \chi$ (noutros termos, $\chi \Leftrightarrow \chi$; $\chi \Rightarrow \chi$);
Simetria, porquanto $(\chi \mathscr{R} \gamma) \Rightarrow (\gamma \mathscr{R} \chi)$;
Transitividade, porquanto $(\chi \mathscr{R} \gamma$ e $\gamma \mathscr{R} z) \Rightarrow (\chi \mathscr{R} z)$.

Portanto, a chamada pré-ordem $\mathscr{R}$ simétrica sobre E não é senão a relação de equivalência (ou, simplesmente, equivalência) sobre o conjunto E.

[321] Ou seja, um conjunto de subconjuntos do conjunto E.
Assim, $E/\mathscr{R} \subseteq \mathscr{P}$ (E);
$E/\mathscr{S} \subseteq \mathscr{P}$ (E);
$E/\mathscr{T} \subseteq \mathscr{P}$ (E);
$E/\mathscr{U} \subseteq \mathscr{P}$ (E);
$E/\mathscr{V} \subseteq \mathscr{P}$ (E);
$E/\mathscr{W} \subseteq \mathscr{P}$ (E);
$E/\mathscr{X} \subseteq \mathscr{P}$ (E)

Assim, e concentrando-me, por ora, apenas (por imperativos estéticos e de clareza, economia e singeleza expositivas) no referido macrogrupo étnico, eis os quadros que se nos depararíam:[322]

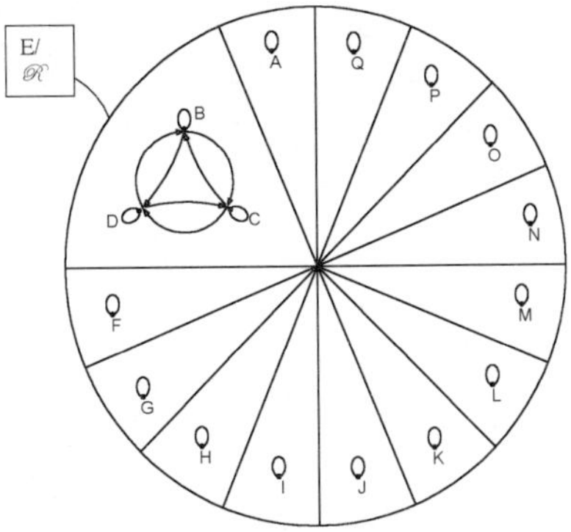

DIAGRAMA 5 – *Irmanação relacional: tronco genético*

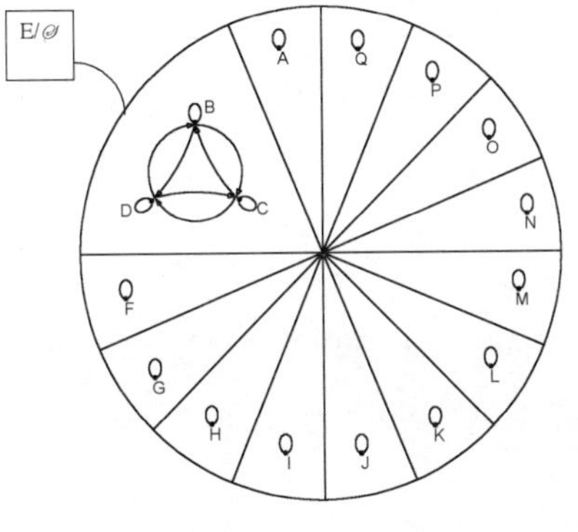

DIAGRAMA 6 – *Irmanação relacional: tronco linguístico*

322 Notar-se-á que omiti, nomeadamente, o *factor* π.

Quanto ao triângulo dialéctico B-C-D, sublinhar-se-á tão-somente que poderão ocorrer no seio do conjunto de referência outras irmanações restritas, mas, pelas razões apontadas acima, elas não são aqui configuradas.

Sucessivamente, serão apresentados os conjuntos quocientes *E sobre* $\mathscr{R}$ (E/$\mathscr{R}$) até E/$\mathscr{X}$.

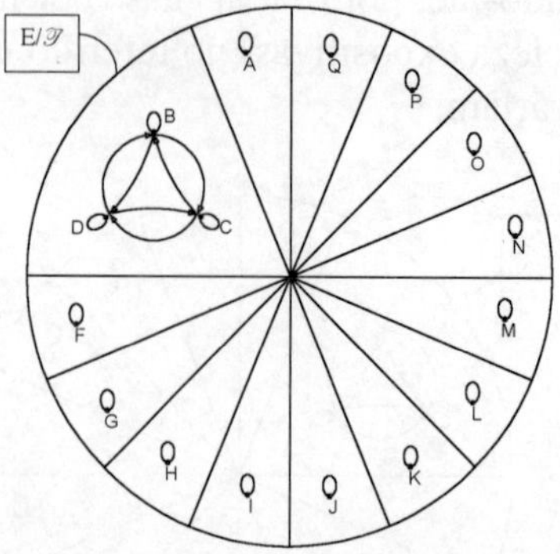

DIAGRAMA 7 – *Irmanação relacional: tronco religioso*

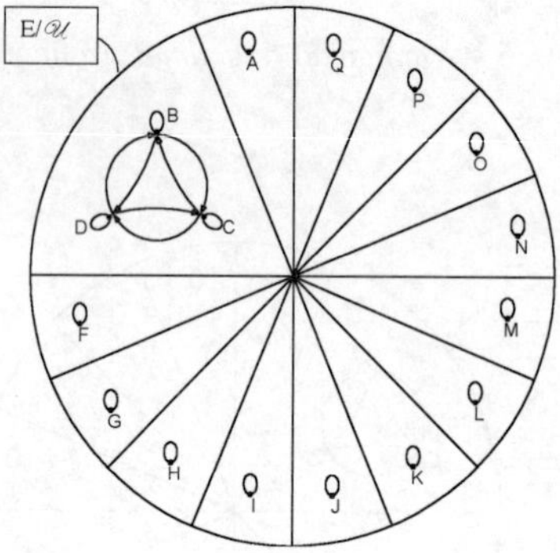

DIAGRAMA 8 – *Irmanação relacional: tronco cultural*

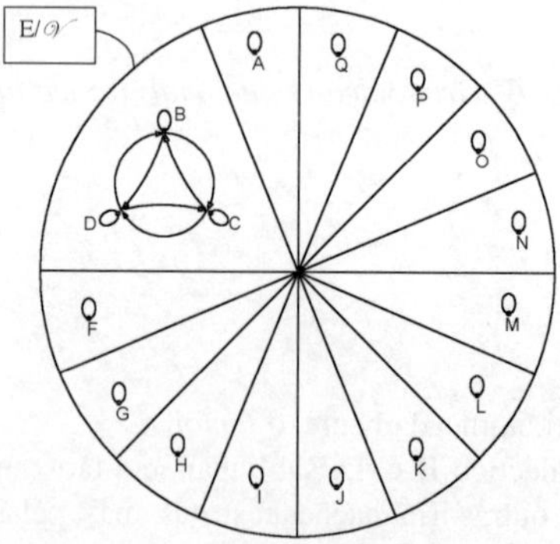

DIAGRAMA 9 – *Irmanação relacional: organização e dinâmica do poder político*

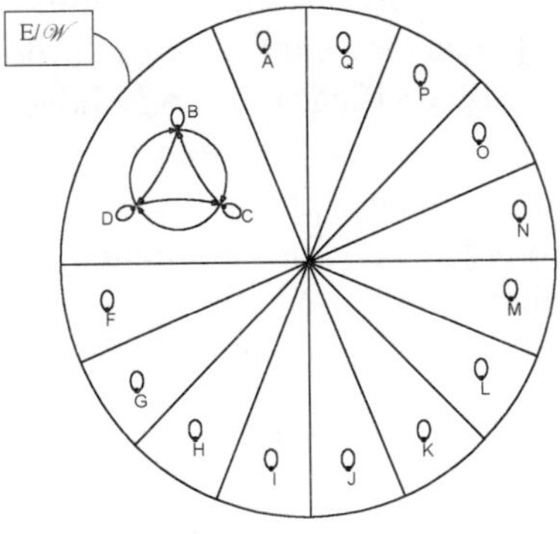

DIAGRAMA 10 – *Irmanação relacional: estruturação jurídica*

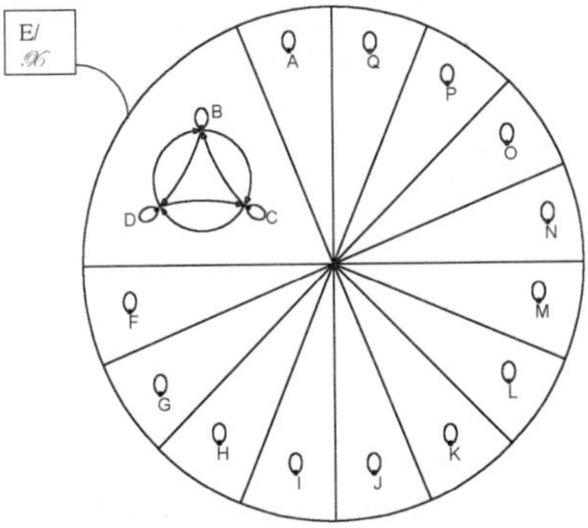

DIAGRAMA 11 – *Irmanação relacional: estruturação económica*

Os diagramas de Venn apresentados imediatamente antes traduzem uma realidade alcançável, até, intuitivamente:

B $\mathscr{R}$C se, e apenas se, B e C tiverem o mesmo tronco genético (tal é, com efeito, a relação *simétrica* da qual se tratou antes perfunctoriamente); C $\mathscr{R}$D se, e apenas se, C e D tiverem o mesmo tronco genético;

Tal ⇒ B e D têm o mesmo tronco genético (logo, B $\mathscr{R}$D).

Significa isso dizer que a relação é *transitiva*.

A *reflexividade* reside, por outro lado, em cada conjunto, ele mesmo.

Atente-se no pormenor do *lacete* que envolve cada letra (conjunto).

Idêntico raciocínio é de fazer, sucessivamente, no tocante às relações de equivalência $\mathscr{R}$, $\mathscr{S}$, $\mathscr{T}$. $\mathscr{U}$, $\mathscr{V}$. $\mathscr{W}$, $\mathscr{X}$.

Fechado o ciclo de relações de equivalência com respostas afirmativas a todas essas hipóteses (e, na minha opinião, todas as respostas são afirmativas), fica demonstrada a irmanação relacional que liga os 3 subconjuntos.

$B \cap C$ é, nos tempos que correm, sinónimo duma dimensão não negligenciável na estrutura social guineense, mormente nas urbes.

Mas, curiosamente, a diversificação e consolidação de manchas de intersecção no tecido tribal guineense não anularam os *referenciais* primevos, antes contribuindo para a plurificação de *referenciais*.

O elemento de intersecção de vários conjuntos, acaba, assim, por assumir, venerando, os vários conjuntos que produziram a sua *existência*.

É multiplicar por **n** a sombra tutelar do elemento[323].

Esbocei, oportunamente, o diagrama:

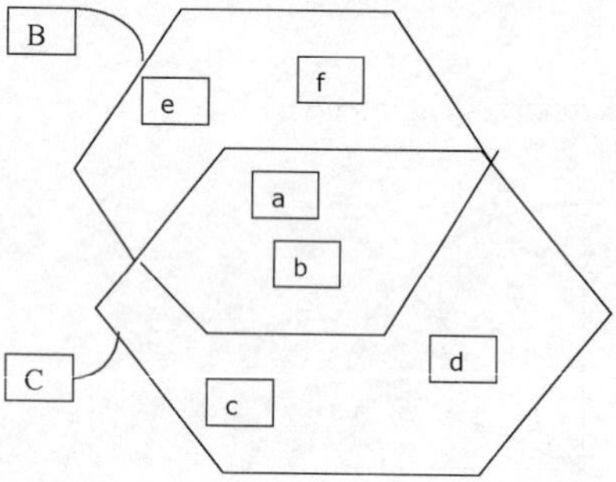

DIAGRAMA 12 – *Plurificação de intersecções tribais*

donde $B \cap C = \{a, b\}$

---

323 No imo do elemento apanhado pelo turbilhão da *intersecção,* movem-se dialecticamente os vários vectores que estão na base genética do próprio elemento.

Se se quiser fazer analogia com o fenómeno da atracção dos corpos celestes (atraem-se todos os corpos no universo – e quanto mais importante for a massa de um determinado corpo, maior a sua força de atracção; é o que faz com que um planeta do sistema solar esteja acorrentado, condenado a girar, inescapavelmente, à volta do sol, muito mais pesado do que os restantes astros do seu sistema), pode dar-se o caso de no imo de um dado elemento preponderar um determinado conjunto – um dos tais vectores que fizeram a existência daquele –, satelizando os demais vectores.

Seja como for, o que se constata hoje na Guiné é, maioritariamente, a mantença da veneração quer ao astro principal, quer ao(s) satélite(s), por parte do elemento que se viu enredado no turbilhão da intersecção.

Não haveria, propriamente, lugar aqui para as *leis de absorção* (igualmente conhecidas por *leis de Boole*) – que determinariam, no nosso caso,

$B \cap (B \cup C) = B$

$B \cup (B \cap C) = B$

Desapareceria o nosso vector (conjunto) C.

Aí vai a demonstração da fórmula $B \cap (B \cup C) = B$:

$B \cap (B \cup C) \subseteq B$

De ângulo diverso,

$B \subseteq B \cap (B \cup C)$

[ou seja, se B está contido em B e B está contido em $B \cup C$, B está contido na intersecção dos 2 conjuntos].

A plurificação natural de intersecções implica maiores contracções das áreas ocupadas por elementos monogrupais.

A compressão da *diferença simétrica* (Δ) entre os conjuntos vai-se afirmando pouco a pouco, mas nada que ponha, para já, em causa o escalonamento étnico herdado dos tempos de antanho[324].

A porosidade fronteiriça a que atrás se fez referência não é de estranhar, atento ao sucedido a partir da Conferência de Berlim de 1884-1885.

Esta conferência (que tem como parente não muito afastado o tratado de Tordesilhas de 7.6.1494 – à mesa do banquete estavam, então, apenas a Espanha e Portugal) simbolizou a ruptura com a orientação tradicional da titularidade da soberania (dos países europeus, bem entendido) nos territórios "descobertos", assente no critério do primeiro a *descobrir* e a conquistar.

Em seu lugar, o critério da ocupação efectiva foi reconhecido como o principal e decisivo.

As perguntas sobre "quem primeiro *descobriu*", "a quem o Papa exarou a Bula de confirmação da titularidade" foram subalternizadas.

O que vale agora é a ocupação verdadeira[325]. Nem sequer o facto de uma potência instalar, aqui e ali, umas fortificações será decisivo.

Seja como for, de uma ou de outra forma, o que está confirmado é o preconceito de que a civilização ocidental é superior e, por ser superior, deve aniquilar as outras (que, de resto, nem sequer são, por vezes, civilizações).

Só assim se entende o direito de que se arrogam os europeus de soberania sobre terras despovoadas por eles *descobertas* ou – o que seria exactamente o mesmo – povoadas por habitantes selvagens.

Quando no dia 15 de Novembro de 1884 foi aberta a celebrada Conferência de Berlim, tendo sido convidados a Espanha, Portugal, França, Inglaterra, Holanda e Bélgica, a questão candente, para além de outras, que serviram de antepasto, era a de precisar o critério da efectividade do domínio colonial. Como se patenteia, aliás, nos considerandos introdutórios do Acto Geral da dita conferência, onde se atesta ter sido discutida e adoptada uma «Declaração introduzindo

---

324 No diagrama em apreço, a *diferença simétrica* de B e C é o conjunto

$$B \,\Delta\, C = (B \cup C) - (B \cap C)$$

Destarte, $B \,\Delta\, C = \{ e, f, c, d \}$

Ou seja, pertencem a $B \,\Delta\, C$ os elementos que pertencem a B ou a C *e somente a um deles.*

325 Ressaltando a relação de Portugal com o tratado de Berlim e com o que decorreria do referido tratado, *vide* M. MÚRIAS, História Breve da Colonização Portuguesa, Lisboa, A.G.C., 1940, p. 141.

nas relações internacionais regras uniformes às ocupações que poderão ter lugar no futuro nas Costas do Continente Africano».

A agenda da Conferência de Berlim alargou-se a vários *itens* que a dinâmica da conferência acabaria por desenvolver e fixar num Acto Geral, nos moldes subsequentes:

Declaração relativa à liberdade do comércio na bacia do Congo, suas embocaduras, assim como nos países circunvizinhos e disposições conexas (que acabaria por ser positivada nos artigos 1.° a 8.° do Acto Geral da Conferência de Berlim); Declaração relativa ao tráfico de escravos (reunida, finalmente, num único artigo – o 9.° – do Acto Geral); Declaração relativa à neutralidade dos territórios compreendidos na bacia convencional do Congo (desenvolvida nos artigos 10.° a 12 do Acto Geral); Acto de navegação do Congo (formalizado nos artigos 13 a 25); Acto de navegação do Níger (regulado nos artigos 26 a 33); e, *last but not least*, Declaração relativa às condições essenciais a serem preenchidas para que as novas ocupações nas costas do continente africano sejam consideradas como efectivas (consolidada em duas disposições normativas do Acto Geral de Berlim[326] – art. 34 e 35 –, sendo a última delas de capital importância, ao tornar claro que «as potências signatárias do presente Acto reconhecem a obrigação de assegurar, nos territórios que ocupam nas costas do continente africano, a existência de uma autoridade suficiente para fazer respeitar os direitos adquiridos e eventualmente a liberdade de comércio e de trânsito nas condições em que for estipulado»).

O Acto Geral que rematou a dita conferência, aprovado a 26 de Fevereiro de 1885, consignou os caminhos anteriormente expostos. Ou seja, fez vencimento a orientação segundo a qual é a ocupação efectiva o requisito do reconhecimento da soberania de um Estado (europeu) sobre um território *ultramarino*.

As fatias deste bolo de nome África foram cortadas e servidas a milhares de quilómetros, em conclaves onde os povos concernentes (sub-gente, mera *res animata*) não tiveram assento, nem ouvido, nem voz[327].

---

[326] Acerca dos antecedentes, peripécias, documentos e decorrências da Conferência de Berlim, *cfr.* E.L. CATELLANI, Le Colonie e la Conferenza di Berlino, Torino, Unione Tipografico – Editrice, 1885, p. 569 ss. As páginas anteriores não deixam de ser importantes.

G.C.R. VILLAS, História Colonial, vol. II, Lisboa, Minerva, 1938, p. 332 ss.

[327] Não se admire, portanto, que muito depois de (em 1886), por exemplo, Portugal e França terem negociado e traçado, em França, as fronteiras dos seus domínios na *Guiné Portuguesa*, na *Guiné Francesa* e no Senegal tenham constatado, estupefactos, que separaram indevidamente comunidades, facto que seria devido à tal abordagem distanciada do fenómeno, com desconhecimento das realidades do terreno. Várias missões no terreno foram depois executadas, para dar concreção aos traçados daquele modo fixados.

São fronteiras:

Esboçadas no tratado de Alcáçovas (de 1479 – entre as coroas espanhola e portuguesa);

Em várias Bulas papais;

No tratado de Tordesilhas (de 1494 – entre as coroas espanhola, por D. Fernando e D. Isabel de Castela, e portuguesa, por D. João II);

Delineadas em 1885, na Conferência de Berlim;

Confirmadas, com retoques, em 1919, no Congresso de Versailles;

Consolidadas, em 1963, através do princípio da intangibilidade das fronteiras herdadas da colonização (da OUA).

O desenho da actual Guiné-Bissau começou a ganhar nitidez em 1905, ano em que a missão franco-portuguesa de delimitação (no terreno) daquelas fronteiras encerrou os seus trabalhos[328].

O ponto de partida para os trabalhos da missão foi a «convenção relativa à delimitação das possessões portuguezas e francezas na Africa occidental», firmada em Paris, a 12 de Maio de 1886 pelos plenipotenciários JOÃO DE ANDRADE CORVO e CARLOS ROMA DU BOCAGE (em representação de Sua Magestade El-Rei de Portugal e dos Algarves), J. GIRARD DE RIALLE e A. O'NEILL (em representação do Presidente da República Francesa). O resultado último foi o recorte territorial da actual Guiné. A Casamansa foi, então, cedida à França, ficando a zona de Cacine para Portugal[329].

A missão criada em 1887, para dar seguimento à referida convenção franco-portuguesa sobre a delimitação das fronteiras dos territórios que hoje são a Guiné-Bissau, a Guiné-Conakri e o Senegal, era dirigida, do lado francês, pelo capitão BROSSELARD e, da banda portuguesa, pelo Capitão de Fragata COSTA E OLIVEIRA.

Dissolvida que foi esta missão, nomeou-se uma outra em 1900 integrada, na parte portuguesa, pelo Capitão-Tenente JOÃO OLIVEIRA MUZANTY, pelo Guarda-Marinha JOAQUIM TELES DE VASCONCELOS e, na parte gaulesa, pelo Capitão PAYN, pelo Tenentes BENOIT e BROCARD.

Até ao final da missão, a equipa dirigida pelo Capitão-Tenente OLIVEIRA MUZANTY contou com algumas alterações na sua composição (sendo os anteriores substituídos pelos Guardas-Marinhas PROENÇA FORTES e JAIME DE SOUSA).

---

328 De grande monta é, também, neste contexto a decisão arbitral do Presidente americano ULISSES GRANT na questão de Bolama. Com efeito, por força dessa decisão, exarada em 24 de Julho de 1875, foi conferido ganho de causa a Portugal no diferendo que o opunha à Inglaterra sobre a titularidade de Bolama. Mais uma porção de terra, pois, para a futura Guiné-Bissau.

329 Esta documentação pode ser encontrada no Boletim Oficial da Guiné, de 24.9.1887; no AHD – Assuntos Diversos –, cx. 1101; ainda, no AHD, *Caixa de Tratados França e Portugal.*

Quanto à França, chefiaria a sua missão o Dr. MACLAUD, contando ainda com o Tenente LE PRINCE, o Guarda-Marinha FORGET e o Tenente BROCARD[330].

3. Guiné: Séculos de Multipolaridade Sócio-Política

A memória histórica dos últimos oitocentos anos indicia um traço caracterológico imanente no macrosistema político das sociedades que formaram, nomeadamente, o território que hoje responde pelo nome de *Guiné*: A multipolaridade ou, se se preferir, a fuga para a periferia.

É a consagração de uma persistente tradição de autarcia, mormente entre as comunidades litorálicas, que, em mais de oito séculos de combate ou convívio com experiências centralistas, tem encontrado sempre pretexto para emergir.

Senão, vejamos:

Basta recuarmos ao Império do Gana, que estendeu (tentou estender) os seus tentáculos a uma grande área da região ocidental africana[331], para constatarmos que não são aqui recentes as tentativas de estabelecimento de estruturas superestaduais centralizantes. Gana, que galgou patamares de brilhantismo nos séculos X e XI, continha em si um vasto território que se estendia da actual Mauritânia até ao Mali, passando pelo Senegal. Estava o império administrativamente dividido em várias unidades territoriais, cada uma delas dirigida por governadores, aplicando-se, conforme o caso, o Direito de inspiração maometana e os Direitos consuetudinários.

Sob os escombros do Império do Gana (para cujo definhamento, no século XI, contribuíram também as lutas internas e com o exterior, num espaço, pela sua dimensão, dificilmente controlável pelo poder central), nasceria o reino dos Mandingas (até aí tributário daquele)[332].

---

[330] No que tange às peripécias desta e doutras missões similares, ver MARIA L. ESTEVES, A Questão do Casamansa..., cit., Lisboa, IICT/INEP, 1988, p. 262 ss., *passim*.

[331] *Cfr.* ARTUR AUGUSTO DA SILVA, Direitos Civil e Penal dos Mandingas e dos Felupes da Guiné-Bissau, 4.ª ed., p. 14.

H. DESCHAMPS, Peuples et Nations d'Outre-Mer (Afrique, Islam, Asie du Sud), Paris, Dalloz, 1954, p. 150.

LANDERSET SIMÕES, Babel Negra..., cit., p. 76.

[332] J. RICHARD-MOLARD, Afrique Occidentale Française, Paris, Berger-Levrault, 1949, p. 61 ss.

LANDERSET SIMÕES, Babel Negra..., cit., p. 19-23, 75 [que faz remontar as origens da família mandinga aos Uangaras, do Centro e Sul, que, proviriam – como os Songoïs, a Leste, e os Sereres, a Oeste – dos Bafures, que, por sua vez, seriam fruto da mescla entre autóctones (pigmeus), bantús do Norte (resultado da *1.ª Invasão* de África, pelo Sudeste, por negros oceânicos), brancos

Liderado por Sundiata Keita, Gana foi assaltado e destruído no ano de 1240. Na altura, o Império já se encontrava debilitado, mercê das guerras contra os Berberes almorávidas. Após a vitória de 1240, Sundiata Keita reorienta-se em direcção ao Leste, atacando os Mossis e Songóis. Consuma-se o grande Império do Mali[333].

O império estendia os seus tentáculos em direcção a territórios que actualmente fazem parte do Mali, Mauritânia, Senegal, Gâmbia, Guiné-Bissau e Guiné-Conakri.

Kaabu – enquanto reino dependente do império do Mali, situando-se, diz-se, entre os rios Gâmbia e Corubal – ensaiou a sua autonomização face a este, tendo-a concretizado no séc. XV, quando cortou o vínculo com o império[334]. Império que já se tinha esgotado, mercê do alto grau de conflitualidade interna e dos apertos de origem externa (tenha-se em atenção o novo império do Songhai[335]) a que esteve submetido.

Os tentáculos do *Mandimansa* foram então decepados à entrada do reino de Kaabu e a periferia em que este consistira transmutou-se em pretenso centro de outras periferias, fundamentalmente até ao séc. XVII... até à sua derrocada final

---

e negros da Oceania, quando estes últimos – nigricianos – protagonizaram a *2.ª Invasão* de África, pela costa fronteira às actuais Comores, *pela região dos lagos*].

333 O geógrafo marroquino IBNE BATUTA (1304-1377), que calcorreou a Arábia, Índia, China, África Oriental, Sahará, Gao e Tombuctu, caracterizou assim o Império do Mali: «O reino está dividido em províncias e distritos, administrados por governadores e lugares-tenentes zelosos e disciplinados... exércitos regionais asseguram a defesa e polícia do território e os povos parecem ricos e felizes» (A.A. DA SILVA, *op. cit.*, p. 18 = A.A. DA SILVA, Usos e Costumes Jurídicos dos Mandingas – Ensaio, Bissau, Centro de Estudos da Guiné Portuguesa, 1969, p. 13-15).

Rico o Império, nomeadamente, em ouro, regista a história a espectacular peregrinação de KANKAN MUSSÁ (Imperador entre 1307 e 1332) a Meca, em 1324, no decurso da qual impressionantes quantidades de ouro foram por este oferecidas na Arábia. Fala-se em cerca de sessenta milhares de homens livres e cinco centenas de cativos como acompanhantes do Imperador, transportando cada um destes um bastão em ouro puro. Sobre a história deste e doutros Impérios, *vide*, ainda, PAIGC, "História: A Guiné e as Ilhas de Cabo Verde", Paris, 1974, p. 25 ss.

J. KI-ZERBO, História da África Negra, I, 2.ª ed., Mem-Martins, Europa-América, 1990, p. 131 ss – onde são abrangidos muitos reinos e impérios de África (Gana, Mali, Gao, Haússas, Kanem-Bornu, Yorubas, Benim, Zimbabwe, Monomotapa, *etc.*).

334 R. E. GALLI/J. JONES, Guinea-Bissau: Politics, Economics and Society, London, Frances Pinter/Lynne Rienner Publishers, 1987, p. 11.

335 Este, que teve o seu momento mais alto nos séculos XV e XVI, tocava os actuais territórios do Mali, Níger e Senegal. Fundado por SONNI ALI, o império entraria em derrapagem, na sequência da sua invasão por Marrocos, na última década do século XVI. Mas já se debatia com problemas estruturais delicados relacionados com a complicada gestão de um império multiétnico e dilatado.

Vide, E. SÍK, Histoire de l'Afrique Noire, Tome I, Budapest, Akadémiai Kiadó, 1961, p. 48.

no séc. XIX, induzida, primacialmente, pelas batalhas contra os Fulas oriundos do Futa-Djalon, sendo a mais célebre delas a de Kansalá, em 1867[336].

---

[336] Refere-se A.A. DA SILVA a 19.5.1864 como o dia em que os fulas atacaram Kansalá «onde estavam concentrados soninqués, tributários dos mandingas, vencendo a batalha conhecida por *Tura-bã* (*acabou-se a sementeira*)». Antes, os fulas desenvolveram uma invasão pacífica da região de Gabú, onde se estabeleciam e pagavam tributos aos soberanos mandingas. Depois do *Tura-bã*, o reino fula de Labé é que se assenhoreou de Gabú. Assim, A.A. DA SILVA, Direitos Civil e Penal dos Mandingas e dos Felupes da Guiné-Bissau, 4.ª ed., Bissau, DEDILD, 1983, p. 21.

As peripécias desta confrontação entre fulas e mandingas (que deixou marcas inegligenciáveis no relacionamento entre os dois grupos étnicos) podem ser lidas no estimulante estudo de LANDERSET SIMÕES (Babel Negra..., cit., p. 76-77). Compare-se a aludida narrativa com a referenciada atrás:

«O enfraquecimento do poderio *soninké*, que pesava sôbre quási todos os outros povos do Mandém, dar-se-ia por dessidências provocadas por questões de sucessão. A idéia de expansão surgiria por voltas do séc. XIV. A guerra seria o recurso supremo. O grupo vencedor fracciona-se e toma o caminho dos quatro pontos cardiais. O do Ocidente invadiria (séc. XVI) as regiões limítrofes da nossa Guiné, envolvendo-a mesmo. Coli Mané e Irá Sani chefiam-no. Aquele fixa-se em Maná e êste em Patchana.

«Da invasão dos *fulas*, no início do séc XVIII, resultariam as mais graves conseqüências para os ocupantes. Autorizados pelos *soninkés* a fixarem-se no *chão*, são-lhes impostas as mais véxatórias condições. Mas não tardariam a insurgir-se contra esta situação insofrível. Recorrem (1834) ao régulo de Timbô (Futa Djalon), Amamy H'úmaru, para que êste lhes preste o auxílio de homens e de armas de que carecem.

«Já então a doutrina do Islam alastrava por tôda a África, ateada pela expulsão definitiva dos árabes da península. O sonho de expansão da fé traz H'úmaru à Guiné (Sam Corlá), à frente dum grande exército, com 6:000 carregadores de azagaias.

«Cabu Sonkó (chefe *soninké*), fortemente armado e defendido na povoação de Berecolon, morre às mãos dos *futas*, após a derrota total da sua gente.

«De novo reconstituídos os *soninkés* movem guerra de morte aos *fulas*, negando a religião que pretendem impôr-lhe. Novos recontros sangrentos se sucedem (Tabadjam, Cutan, etc.).

«Os *futas*, na ânsia dum domínio efectivo, procuram-nos com o mais numeroso corpo de exército que até então se vira (32:000 homens, dos quais 12:000 cavaleiros). Das imediações de Kadé, onde acampam, enviam um *ultimatum* a Djanquê Uali que então chefiava Cam Salá. Impõem-lhe simplesmente a conversão. O grande *soninké* prepara a defeza e manda conhecer da fôrça *futa-fula*. Seu sobrinho Turá Sani, no regresso, assombrado com o formigueiro que vira, entrega-lhe um pacote quando êste, em companhia dos seus chefes de guerra, se entregava aos prazeres do alcool: *"Contai os grãos de areia que vos trago e sabereis do número de homens que compõem o exército futa"*. «Apodaram-no de cobarde; e êle, pela calada da noite, abandona a povoação com a sua gente. Djanquê Uali reage ante nova intimação de H'úmaru, filho do herói de Sam Corlá. Este manda dar sinal para o ataque. Toca o *tabuléu*. Tudo a postos. A arremetida assume aspectos ferózes. Os gritos de incitamento partem, a luta assume proporções dum combate de gigantes. Vibram nervosamente os tambôres; e quando a palissada cede, o incêndio que devora as primeiras casas e a detonação da pólvora traduzem, em desespêro, o sacrifício dos sitiados que, considerando-se perdidos, haviam resolvido suicidar-se.

«Esta guerra foi de tal extermínio que ficou conhecida por *Turô-bam*, frase que em *soninké* quere dizer: *acabou-se sementeira*.

«Assim desbaratados, poucas tentativas voltaram a fazer para readquirirem a supremacia passada. Os prisioneiros converteram-se; mais tarde outros cederam; resistem apenas alguns núcleos de Paxisse e duma parte do Oio».

A Norte, o império Djolof (ou Jalofo, se se preferir) lá foi gerindo igualmente essa equação, até à sua queda no século XVI.

O relógio do tempo foi assinalando, se bem repararmos, a falência do projecto centralista do império do Gana (Século III a XIII), do império do Mali (séc. XIII e seguintes), do do reino de Kaabu (séc. XIII-XIX).

Pelo meio, outras tentativas abortadas foram ocorrendo, numa sucessão de indicadores que apontam para a inconsistência da tal directriz niilificadora das organizações políticas periférico-nativas.

Vários Estados, incluindo alguns existentes no litoral da Guiné, mantiveram a sua singularidade política, não obstante todas essas vagas dominadoras.

Desde a fundação e consolidação do Estado-Império do Mali no séc. XIII (por volta de 1213) sob a liderança de SUNDIATA KEITA, a ambição de alargamento das fronteiras, de domínio total de outros povos, andou muito colada à ânsia de resistência dos Estados situados na órbita daquela ambição.

Cioso da sua individualidade, cada Estado foi combatendo, subtraindo-se ao domínio do outro. De facto, a era colonial portuguesa encontrou uma situação geo-política de não muito fácil leitura: os pontos do fluxograma do poder político partiam, no sentido descendente, do interior para o litoral, mas de facto, não chegavam a desaguar na costa.

Pode-se ilustrar a observação acabada de fazer, mediante a enunciação da estrutura política do império do Mali:

Na cúpula, está o Imperador – o *Mandimansa*; a seguir, a nível dos diferentes domínios territoriais do Império, estão os *Farim* ou, se se preferir, *Fara*, que se sujeitavam ao *Mandimansa*.

O Farim que deveria cobrir a região guineense, o do reino de Kaabu, não o fez até à linha costeira.

É o que parece resultar, pelo menos, do figurino de organização política imperante no chão mandjaku na altura dos primeiros contactos com os europeus, fazendo fé nas crónicas europeias de então e em certa tradição oral.

Logo, há uma descontinuidade geográfica efectiva na cadeia de domínio, uma interrupção efectiva nessa cadeia.

Panorama que se pode comparar, guardadas as devidas distâncias, ao domínio colonial europeu, designadamente o português[337], antes da realização das

[337] Um traçado histórico do processo colonial português na Guiné, a partir do século XIX, pode ser visto em P. KARIBE MENDY, Colonialismo Português em África: A Tradição de Resistência na Guiné-Bissau (1879-1959), Bissau, INEP.

célebres directrizes da Conferência de Berlim dos finais do séc. XIX – domínio nas cartas geográficas e, muitas vezes, pouco mais.

Como falar-se em domínio total se a antena imperial localizada em Kaabu não dominava totalmente a área?

A própria antena imperial, repita-se, que no séc. XV cortaria a ligação com o posto emissor central (leia-se, Império).

Não se mostra, pois, consistente o lugar-comum que fez escola, em cujos termos nesta região (Nigrícia Ocidental, no dizer de alguns, ou Senegâmbia, no de outros) terão existido durante, designadamente, o séc. XIX apenas três grupos de Estados: Estados "Jalofos", "Mandingos" e "Peuls".

Lê-se em BALBI (Tractado de Geographia Universal, tomo II, Paris, J.P. Aillaud, 1838, p. 325 ss. – coligido por BALBI e apoiando-se, nesta matéria, nos estudos de AVEZAC) a opinião seguidamente exposta:

«tres nações principaes partilhão todos estes terrenos, absorvendo em si alguns restos de populações precedentemente senhoras de diversos estados independentes. «Não se encontrarão pois na Nigricia occidental senão *estados Jalofos*, *estados Peuls* e *estados Mandingos*[338]:

«Quase todos os estados Peuls são monarquias sacerdotaes[339] e electivas, dos Mandingos hereditarias e despoticas, dos Jalofos mixtas e feudaes».

O Tratado apresenta (a páginas 328, 329 e 330) a seguinte cartografia política da *Nigriccia Occidental* – repare-se no recorte daqueles Estados que com o actual território da Guiné tem um nexo relevante, o territorial:

«Os Estados jalofos são regidos por príncipes cujos títulos varião em todos os reinos: a coroa he hereditária, mas na linha transversal, e os grandes tem parte na designação do soberano. «Eis aqui um esboço d'elles»:

«O Ualo, cujo rei se intitula *Brak*, fica perto da foz do Senegal»;

«O Kayor, cujo rei se intitula *Damel*, extende-se ao longo da costa até Cabo-Verde»;

---

338 A propósito dos reinos wolof e mandinga, veja-se a descrição feita por ANDRÉ ÁLVARES DE ALMADA, Tratado Breve dos Rios da Guiné do Cabo Verde dês do Rio de Sanagá até os baixos de Santa Ana de Todas as nações de negros que há na dita costa e de seus costumes, armas, trajos, juramentos, guerras (de 1594), Leitura, Introdução e Notas de António Brásio, Lisboa, Editorial L.I.A.M., 1964, p. 6 ss., 43 ss.

H. DESCHAMPS, Peuples…, cit., p. 149.

E. SÍK, Histoire de l'Afrique Noire, Tome I…, cit., p. 53.

339 Algumas considerações acerca das monarquias africanas podem ser encontradas em M. DUVERGER, Institutions Politiques et Droit Constitutionnel: 1/Les Grands Systèmes Politiques, 13e éd., Paris, PUF, 1973, p. 477 ss.

«O Baol, cujo rei se intitula *Teyn*, sua capital de Lambay; tem de mais Saly que os Europeus chamão Portudal, que fora feitoria franceza»;

«O Syn, ao S. dos precedentes, cujo rei se intitula *Bur*, e cuja capital de Ghiakkau; tem mais Ghilas e Ghiagolor, e Ghiuala ou Joal, que fora feitoria franceza»;

«em fim» «o Jalofo propriamente dito, núcleo ainda considerável, posto que muito decahido, do império Jalofo, de que todos os estados referidos fazião parte, he governado por hum *Bur* que reside em Uarkhogh. «Tem mais o mercado de sal de *Ndunut*, sobre o Marigot-Ghengher, e a aldêa de Medina, com muitos tintureiros».

«Os Estados Peuls (este hé o nome nacional d'estes povos chamados vulgarmente Fulahs e Felans)[340], erão em outro tempo governados por *siratiques*, ou chefes de guerra; hoje he seu soberano hum chefe religioso intitulado *Emir-el-Mumenyn*, ou principe dos fieis (vulgo *Almamy*), eleito em cada estado por hum conselho de principes de que depende, e sem a assistencia dos quaes nada pode fazer. «Nesta divisão ficão os seguintes estados»:

«O Futa-Toro, na margem direita do Senegal»;

«O Bondu, ao S.-E. do Futa-Toro»;

«O Futa-Ghialo occupa a região de montanhas que encerra as fontes do Senegal, Gambia, Falemé e Rio-Grande; comprehende as provincias de Timbu, Laby e Temby, com suas annexas, a O e E. Timbu he a capital do estado e tem 9.000 habitantes. «O domínio d'estes Peuls se faz até à costa onde vivem os Landamas, Nalus Bagos, Susus, para o lado da foz do rio Nuno e do rio Pongo; e do lado opposto sobre os paizes ghialonquezes de firia e Baleia»;

«O Kasso, que se extendia ao N. do Senegal, está hoje reduzido á província de Logo, na margem meredional d'este rio, perto das cataractas de Felon e de Guina»;

«O Fuladu ou Fuladugu, que comprehende as provincias de Bruko e de Gangaran; he atravessado pelos rios de Uonda e Ba-Ulima, braços principais do Baquy, cuja reunião com o Ba-Fyn forma o Senegal»;

«Os Estados Mandingos parecem formar Corpos politicos menos homogeneos que os estados Jalofos e Peuls; debaixo da denominação de Mandingos comprehendemos os Bambarras e os Susus, que são populações da mesma familia, que fallão a mesma lingua»;

---

340 Assinala, no entanto, LANDERSET SIMÕES (*op. cit.* p. 105) que a designação atribuída a si próprio pelo *fula* é «*Foulbé*» e «*Pulô*»; «*Peul*» é a designação adoptada pelos franceses e «*fula*», a adoptada pelos portugueses. Conta, porém, que, baseando-se no facto de a palavra *fula* ser, em mandinga, o cardinal *dois*, há quem afirme «embora o facto não mereça crédito» que o nome foi criado pelo mandinga «no intuito depreciativo de referir o seu secular inimigo como "homem de duas palavras"».

Compõem os «Estados Mandingos»:

«O Kaarta, o antigo Kassa, o Baghona e o Ghiafnu são annexos, he situado ao N. do Senegal, e pertence aos Mandingos Bambarras. «A Capital era em outro tempo Kemmu; hoje he Jok»;

«O Bambuk, entre o Ba-Fyn ou Alto Senegal e o Falemé»;

«O Dentilia, na margem esquerda do Alto falemé, celebre por sua industria e minas de ferro»;

«O Tenda he separado do Dentilia pelo deserto arvorejado de Samakara, que também se chama Tenda»;

«O Ulli, ao S.-O do Bondu, de que o separa o deserto arvorejado de Simbani»;

«O Yani, chamado também reino de Katoba por causa da capital, comprehende o que os antigos chamavão os reinos do Alto e Baixo Yani e de Walley»;

«O Salum, de que se podem reputar annexos os pequenos estados de Badibu, Sanjalli, Kolar e Barra, he o mais consideravel dos reinos Mandingos da margem direita do Gambia»;

«O Kabu, cujo interior se conhece pouco, extende-se desde o rio Geba até ao Gambia; os pequenos estados de Kantor[341], Tomani, Jemarru, Eropina, Yamina e Jagra parece que são suas dependencias; exerce tambem a suzerania sobre os Biafares, os Balantes e os Papels, que os Mandingos fizerão recuar sobre a costa. Sua capital he Schimisa, de que ímmediatamente dependem Bruko e Tjakonda, sobre Gambia»;

«O Fuini, que comprehende as provincias Combo, Jereja, Kaen, e que domina sobre os Felups e Banyons da costa. Jereja he sua capital»;

«Os estados antigos, que conservão ainda huma sombra de existencia em meio das tres nações dominantes, são o paiz de Galam e o Ghialonkadu». «O paiz de Galam ou Kayaga (Gayaga)» «pertence ao Serakhales»; o Ghialonkadu «he o refugio, que restou aos Ghialonkes independentes».

Creio que não é verdadeira a afirmação, consagrada nos textos de história, em cujos termos a dominação imperial maliana ter-se-ia estendido até ao oceano atlântico, absorvendo totalmente a actual Guiné-Bissau, ao tempo da aventura colonial portuguesa[342].

---

[341] No sentido de que Kantor («The greatest centre on the Gambia») era a capital de Kaabu, *vide* R.E. GALLI/J. JONES, Guinea-Bissau…, cit., p. 11.

[342] Veja-se, por exemplo, A. TEIXEIRA DA MOTA, Guiné Portuguesa, Lisboa, Agência Geral do Ultramar, 1954, p. 155.

CARLOS LOPES, La Présence Islamique dans l'Espace Kaabunké, *in* Carlos Lopes (coord.), Mansas, Escravos, Grumetes e Gentio – Cacheu na Encruzilhada de Civilizações, Lisboa, INEP, 1993, p. 82.

Cfr., ainda, A. ÁLVARES DE ALMADA, Tratado Breve…, cit., p. 99, onde se pode colher a seguinte observação:

O afundamento do império do Mali ocorreu no século XVII; Kaabu, que se tornaria um reino independente do Mali, mantém a presença mandinga na zona. Não conferem, são as datas.

Mais concretamente, o cotejo de vários documentos produzidos e a partir da chegada dos portugueses ao território (alguns citados no presente trabalho) entremostra um cenário diverso do comummente aceite por uma certa literatura.

Repare-se nas dificuldades (inúmeras e enormes) por que passaram os portugueses nas várias abordagens que fizeram ao território compreendido entre o rio Cacheu e o rio Geba, desde a sua *descoberta* até ao século XX;

Repare-se na oposição (ferrenha e combativa) que aí tiveram dos povos autóctones (designadamente, o grupo étnico mandjaku-papel-mankanh)[343];

Repare-se na circunstância de os tratados celebrados pelos portugueses para fixação ou exercício de certas actividades terem sido, *e.g.*, com os reis mandjakuss, pepeliss e não outros sediados no interior (caso, *v.g.*, da licença que permitiu a edificação pelos portugueses de uma fortaleza em Cacheu, outorgada pelo Rei Chapala, de Kakanda, em 1570, de acordo com certas fontes; do contrato de compra e venda – e, ainda antes, a concessão verbal – do terreno que os portugueses usaram para a edificação de uma fortaleza na ilha de Bissau, contrato e concessão esses ocorridos no século XVII – para referir alguns dos atestados historicamente)[344].

Ora, esses dados são atinentes a Estados independentes e soberanos.

A presença *colonial* portuguesa nesta Guiné não significou, desde a primeira hora e forçosamente, dominação colonial, pelo menos no espaço territorial conhecido como chão mandjaku, pepel, e mankanh, como afirmei atrás.

«Sobre os Beafares fica um farim, que é como imperador entre eles, a quem todos os Reis dos Beafares dão a obediência, chamado Farim-Cabo, a quem também [a] dão os Mandingas do Rio de Gâmbia, da banda do Sul dele».

Restrições deste calibre é preciso ir fazendo sempre que se trate da expressão demográfico-territorial do domínio mandinga no torrão hoje individualizável como Guiné-Bissau.

343 Autóctones, no verdadeiro sentido da expressão. Todos os indicadores disponíveis parecem apontar para a tese de que se trata de povos radicados há muitas centenas de anos no território por eles ocupados até à data. Dessa opinião é ANTÓNIO CARREIRA ("Vida Social dos Manjacos", *in* Boletim Cultural da Guiné Portuguesa, n.° 5, 1947): «Dos argumentos de que nos servimos para se dizer que se deve considerar o Manjaco e o Brame como povos autoctones desta área, destacamos o facto de não haver na sua tradição oral referência alguma quanto á sua origem, dizendo-se todos descendentes de poderosos antepassados da região, e ainda porque, sendo costume marcar a morte de cada régulo com a colocação do "irã" da "reinança" de uma estaca trabalhada, em pau carvão, territórios há em que se encontram hoje 25 e mais dessas sinalizações».

344 *Cfr.* Apêndices, *infra* (nomeadamnte, o Apêndice 4).

«Reino dos Buramos», um reino «muito grande» e com «muitos Reis, uns mais poderosos que outros», na expressão de ANDRÉ ÁLVARES DE ALMADA[345].

De uma forma insidiosa, os portugueses foram-se instalando ao longo da costa e em pequenos núcleos, com o beneplácito, muitas vezes, das instâncias de poder nativas.

Celebravam-se tratados entre o Reino de Portugal e essas autoridades; concediam-se terras aos europeus; instalavam-se, à conta de tudo isso, feitorias; iludiam-se-se os nativos pedindo terras com a vontade declarada de se defenderem de (outros) invasores brancos, para, no fundo, fundamentalmente, melhor dominarem os próprios nativos. Aconteceu, por exemplo, em 1588 (segundo certas fontes), aquando da concessão pelo Rei *CHAPALA* dos então conhecidos pelos portugueses como "Buramos" ou "Papeis" de Kakanda, em Cacheu, de uma vasta área a um judeu português de nome MANUEL LOPES CARDOSO. Os portugueses fundamentaram o pedido na necessidade de protegerem os seus navios no porto de investidas de inimigos.

Construiu-se o forte, armou-se o forte e, num ai, os autóctones descobriram a evidência. Fizeram guerra ao colono, guerra que seria temporariamente ultrapassada através de um acordo de paz. Os ataques de 1679 foram protagonizados pelos reis da Mata e de Mompataz.

JOSÉ CONRADO CARLOS DE CHELMICKI[346] (Corografia Cabo-verdiana, tomo I, Lisboa, 1841, p. 106) é da opinião de que a licença foi concedida pelo Rei Chapala, em 1570.

Discorda CÂNDIDO DA SILVA TEIXEIRA dessa data, argumentando com base no que A. ÁLVARES DE ALMADA escrevera em 1594, a propósito de Cacheu: «mas haverá como cinco anos que estão os nossos em aldeia separada dos negros».

Eu creio, porém, não ser elucidativo o juízo definido por SILVA TEIXEIRA, já que 1589 pode ter sido o ano da fundação da povoação, mas a licença ter sido dada em ano anterior a esse.

Aconteceria, mais tarde, em Bissau, com a construção da fortaleza, processo que se iniciou no último quartel do séc. XVII, quando BACAMPOLO CÓ, Rei dos pepeliss[347], concedeu a sua autorização ao pedido nesse sentido do Rei de Portugal D. PEDRO II (*O Pacífico* – que reinou de 1683 a 1706).

---

345 Tratado…, cit., p. 71, 73 e 74.

346 Companhia de Cacheu, Rios e Comércio da Guiné (Documentos para a sua História), *in* Boletim do Arquivo Histórico Colonial, vol. I, 1950, Lisboa.

347 Bissau era composto pelos reinos de N'tula, N'tim, Kumura, Bandé, Safim, Prábiss, Bidjimta e Biumb. De acordo com o Anuário da Guiné Portuguesa, de 1946 (p. 209), dos soberanos desses reinos, «O mais temido era o de Intim, que se dizia de uma ascendência mais nobre e antiga».

O pedido (e os presentes de D. PEDRO II – que os havia entregado ao Governador e Capitão-General de Cabo Verde – e de ANTÓNIO BEZERRA, Capitão-mor da Praça de Cacheu) obteve o *placet* real, a 4 de Abril de 1687.

Foi quando a potência colonial portuguesa deu início ao seu estabelecimento em Bissau. Recorde-se que o Rei BACAMPOLO CÓ aceitou ser baptizado segundo os ritos católicos, tendo ficado com o nome de D. PEDRO. A propósito, veja-se a carta do Rei BACAMPOLO CÓ (com a data de 26 de Abril de 1694) dirigida ao Rei de Portugal, dando-lhe conta da amizade que o unia ao Bispo e manifestando a vontade de ser baptizado («lavar minha cabeça e fazer cristão não só eu mas todos meus vassalos»)[348].

O seu primeiro filho (BATONTO, rebaptizado D. MANUEL DE PORTUGAL) viajaria até Lisboa e seria ali baptizado na capela real, tendo como padrinho o Rei D. PEDRO II, a 30 de Outubro de 1694[349].

O Rei pepel de Bissau, INCINHA TÉ – AZINHATE ou IZINHÁ, segundo também alguns relatos da época – (que sucedeu a BACAMPOLO CÓ – e também ele convertido ao catolicismo, com o seu baptismo de 15.6.1696) percebeu isso quando, estando já parcialmente edificada a fortaleza (a actual, denominada S. José de Bissau, só em Janeiro de 1766 começou a ser construída), o Capitão-mor da praça de Bissau, JOSÉ PINHEIRO, expulsou do mesmo porto, em Dezembro de 1697, duas embarcações inglesas que vinham negociar com os do chão.

O Rei, que reinaria até ao seu falecimento, ocorrido a 18 de Setembro de 1746 – insatisfeito com a atitude e a justificação apresentada, a instâncias dele Rei, através de enviados, pelo representante português, que se baseara no mero cumprimento de ordens superiores, entenda-se do Rei de Portugal (já que a fortaleza teria sido construída precisamente para fazer frente a estrangeiros, leia-se: potências coloniais europeias concorrentes), aconselhando os Bissaus a negociarem *intra muros* –, cercou e bloqueou a praça.

A crise viria a ser solucionada com a intervenção, no dia 1.1.1697, do Capitão-mor de Cacheu SANTOS VIDIGAL CASTANHO, a rogo de JOSÉ PINHEIRO.

Tal vem documentado numa carta do próprio, de 24.3.1697, ao Rei de Portugal onde este era informado da mediação desenvolvida por CASTANHO. Dá conta

---

348 *Vide* Apêndice III.

349 Neste sentido *cfr.* AVELINO TEIXEIRA DA MOTA, As Viagens do Bispo D. Frei Vitoriano Portuense à Guiné, Lisboa, Alfa, 1989, onde o autor publica documentos do século XVII:

Sobre a descrição de Bissau segundo o P.e MANUEL ÁLVARES – 1616; sobre a relação da primeira viagem do bispo D. Fr. VITORIANO PORTUENSE à Guiné – 1694; sobre a primeira viagem do bispo, o baptismo em Lisboa de D. MANUEL DE PORTUGAL, filho do rei de Bissau, assim como o baptismo do Rei BACAMPOLO CÓ; sobre o manifesto antiesclavagista dos capuchinhos espanhóis de Bissau, em 1686.

ainda de que sugeriu ao Rei INCINHA TÉ a formalização dum contrato de compra e venda do sítio da fortaleza e critica as imperfeições deste forte, pedindo, finalmente, que seja socorrido o Capitão-mor de Bissau[350].

O Rei INCINHA TÉ exigiu, então, algumas contrapartidas para a manutenção e prosseguimento da edificação da fortaleza, a saber:

Exoneração do Capitão-mor JOSÉ PINHEIRO (que, curiosamente, na opinião de TEIXEIRA DA MOTA, o teria apoiado na disputa do trono com TÔRÔ KÓ, após a morte do Rei BACAMPOLO CÓ – *vide* a obra do mesmo autor, As Viagens..., cit., p. 46 ss.);

Celebração de um contrato escrito entre Portugal e o reino de Bissau para a compra e venda da parcela anteriormente concedida para a fortaleza;

Pagamento da transacção.

Numa carta de 14 de Janeiro de 1697 ao Governador de Cabo Verde, ANTÓNIO GOMES MENA[351], o Rei INCINHA TÉ reitera a sua vontade de o Capitão-mor português ser afastado e substituído por outro «que tenha coração limpo» já que ele «não quer criar onça que o há-de morder». É premonitório este último trecho.

Foi assim que, a 2 de Janeiro de 1698, foi celebrado o negócio, que ficou plasmado no livro do registo da Alfândega de Bissau.

O auto foi exarado pelo Escrivão da Fazenda Real, do Judicial e de Notas, pela parte portuguesa[352].

Presentes estiveram: O Rei INCINHA TÉ; um sobrinho do Rei, com o nome de baptismo PEDRO ALVARES; Ministros do Rei; FRANCISCO FERNANDES, parente e intérprete do Rei; alguns grumetes; JOSÉ PINHEIRO, Capitão-mor português da praça de Bissau; FAZENDA FRANCISCO LOURENÇO, escrivão.

Como documenta o contrato, a compra do terreno terá sido efectuada pelo valor de 300 barufalas (60$000), tendo-se tomado em linha de conta presentes que anteriormente haviam sido dados ao rei, em nome do Rei de Portugal.

E foi também assim que o Capitão-mor JOSÉ PINHEIRO viria a ser exonerado, a 28 de Fevereiro de 1698, ocupando o seu lugar RODRIGUES DE OLIVEIRA FONSECA, que chegou a Bissau em Maio de 1698 (facto que motivaria uma carta de satisfação do Rei INCINHA TÉ, de 23.5.1698, ao seu homólogo de Portugal).

Antes da exoneração, PINHEIRO ainda teve ocasião para suscitar a ira do soberano de Bissau, ao tentar impedir, atacando, uma fragata holandesa de nego-

350 *Vide* Apêndice 5.

351 Citada por A.T. DA MOTA, As Viagens do Bispo D. Frei Vitoriano Portuense à Guiné, Lisboa, Alfa, 1989.

352 AHU, *Guiné*, Caixa 4, Doc. n.º 11 – *vide* Anexo.

ciar com os pepeliss. Acto contínuo, o Rei INCINHA TÉ cercou com os seus guerreiros o forte e mandou um recado ao Capitão-mor:

«Se continuasse na sua teimosia derrubaria as muralhas, cortando as cabeças aos moradores»[353]. JOSÉ PINHEIRO passaria ainda pela afronta de ser preso e maltratado a mando do Rei INCINHA TÉ, antes da chegada do novo Capitão-mor de Bissau[354]. PINHEIRO já tinha falecido, de resto, antes de aportar o novo Capitão-mor português.

A táctica atrás aludida, de envolver manhosamente as autoridades nativas, proceder à edificação de fortalezas e depois impor pela coerção os intentos de Portugal, foi claramente subscrita pelo Fr. FRANCISCO DA GUARDA, na sua carta de 8.10.1694 a D. PEDRO II, em que avançava o seguinte conselho, entre outros:

Que o Capitão-mor deveria fomentar um bom trato com os nativos para que fosse edificado o forte. Uma vez concluída a obra, que se determinasse a proibição de os mesmos estabelecerem relações comerciais com estrangeiros[355].

O Rei pepel PALANCA, que sucedeu a INCINHA TÉ, viveria na segunda metade do século XVIII uma experiência parecida, feita de engodos e embustes, que envolveu a construção do forte.

Assim foram assentando arraiais os portugueses, em Cacheu, em Bolor, em Geba, em Bissau, no Ilhéu do Feiticeiro ou na Ilha das Galinhas (dada pelo Rei de Kanhabak, de presente, ao homem de negócios luso JOAQUIM ANTÓNIO DE MATOS, no ano de 1830).

Tem razão JOÃO BARRETO[356] quando, falando de uma das fases da *história política da Guiné* (de 1446, «data do primeiro reconhecimento do arquipélago dos Bijagós, até à Restauração da Independência, em 1640»):

«Durante essa época, não houve na Guiné ocupação territorial pròpriamente dita, nem representantes da autoridade real».

1879 a 1918 corresponde à «fase da ocupação militar, em que os nossos soldados e colonos, debilitados por um clima traiçoeiro, sustentam uma luta sem tréguas contra a fôrça e astúcia dos indígenas, contra a falta de recursos, do interêsse e carinho da Metrópole».

---

353 *Vide* JOÃO BARRETO, História…, cit., p. 134.

354 Arquivo Histórico Ultramarino, Papéis Avulsos, *Cabo Verde*, Caixa 6; *ibidem*, *Guiné*, n.° 265.

355 *Cfr.* A. TEIXEIRA DA MOTA, As Viagens do Bispo…, cit..

356 História…, cit., p. 451-452.

É, em suma, um assunto em relação ao qual não se me apresentam dúvidas consistentes e relevantes, sendo para mim líquido que, apesar de toda uma série de mistificações históricas, não se pode falar de domínio colonial português, por exemplo, no reino mandjaku antes de 1914[357].

Ano que representa um marco na chamada *Campanha de Pacificação*, na altura patrocinada pelo Governador JOSUÉ DE OLIVEIRA DUQUE e militarmente comandada pelo Capitão de Infantaria TEIXEIRA PINTO, Chefe do Estado-Maior Português.

Antes, foi um corropio de tentativas de dominação, quase todas elas fracassadas. A título exemplificativo, ocorre-me a campanha de Tchur de 1904, comandada pelo Governador português SOVERAL MARTINS, à frente de 1800 soldados – um fracasso a somar a anteriores fracassos.

Consagra o ano de 1914 vitórias militares importantes da coluna militar de TEIXEIRA PINTO em confrontos com forças guerreiras do reino mandjaku.

Até essa data, várias foram as tentativas de assalto das forças portuguesas a esse território e várias foram as derrotas militares sofridas por estas.

Jamais se conseguira submeter o reino.

Portanto, até 1914, falar de colonialismo português[358] relativamente ao chão mandjaku, só se for nas cartas geográficas!

Quando TEIXEIRA PINTO conseguiu prender o Rei de Baceâral a 27 de Março de 1914 (Rei que teria sido deportado para S. Tomé e Príncipe), desmoronou-se a independência da nação mandjaku.

Foi o esmorecer, nessa 6.ª feira, duma resistência férrea contra qualquer esvaziamento do poder nativo, que concitou uma frente ampla abarcando o chão mandjaku e mankanh, fazendo os pepeliss, a Sul destes territórios, uma empenhada guerra contra as tentativas de subjugação pelos colonos.

As desvantagens bélicas, materiais e tecnológicas dos reinos autóctones face a Portugal eram patentes, mas ainda assim conseguiram opor uma luta tenaz que, não fora o alinhamento de muitos africanos, poderia sair vitoriosa.

---

[357] Em geral, *cfr.* P. KARIBE MENDY, The Tradition of Resistance in Guinea-Bissau: the Portuguese-African Encouter in Cacheu, Bissau and «Suas Dependências», 1588-1878, *in* Carlos Lopes (coord.), Mansas, Escravos, Grumetes e Gentio – Cacheu na Encruzilhada de Civilizações, Lisboa, INEP, 1993, p. 137-169.

[358] Veja-se, a título de exemplo, a proposta de organização do território da Guiné constante do Apêndice VI.

Esse reino foi palco de guerras sangrentas entre a congregação mandjaku e a potência portuguesa. Pontos relevantes na constelação das citadas guerras são Babok, Baceâral, Tchur, Pelundo, Bugudja, Tamm, Kanhob, Bula, Kó.

A vitória de Portugal na dita *campanha de pacificação* deveu-se, em grande medida, à activa participação de africanos oriundos de outros grupos étnicos, principalmente mandingas e fulas, em grande parte "estrangeiros" (ou seja, naturais dos territórios vizinhos – veja-se o caso do Chefe de Guerra ABDU INJAI, das bandas do actual Senegal, sem cuja participação à frente dos seus mais de mil homens, as campanhas de ocupação militar da Guiné teriam enormes probabilidades de fracasso, como as que ocorreram anteriormente).

Implicitamente, esta conjectura fê-la também o então Chefe do Estado-Maior português – que a historiografia colonial ergueria à condição de, praticamente, único autor das façanhas representadas por essas guerras de colonização –, ao imputar os insucessos das campanhas anteriores ao «aproveitamento dos grumetes como auxiliares», cujos perfis não se adequavam ao tipo de guerra que se impunha fazer[359].

---

[359] Grumetes, na nomenclatura da época, eram os «indígenas christãos», reproduzindo as palavras do Governador português da Guiné em 1915 (ou, segundo o cabo de guerra TEIXEIRA PINTO, «papeis e manjacos baptisados»; ou, como, discutivelmente, opina J.-L. ROUGÉ – no seu Petit Dictionnaire Etymologique du Kriol de Guinée-Bissau et Casamance, Bissau, INEP, 1988, p. 7 –, *filhos de lançados*). MARIA EMÍLIA M. SANTOS observa que os africanos livres criados dos *lançados* eram por estes denominados *grumetes* (assim, MARIA EMÍLIA M. SANTOS, Lançados na Costa da Guiné..., cit., p. 67-78).

São, neste particular, curiosas as observações de JOÃO BARRETO (*op. cit.*, p. 125-126):

A povoação estrangeira de Bissau «principiara a formar-se pelos fins do século XVI com a fixação de alguns moradores de Cabo Verde que tinham ao seu serviço um certo número de escravos e indígenas das povoações vizinhas.

«Sendo em geral empregados nos trabalhos auxiliares do pôrto e dos navios, êstes serviçais passaram a ser conhecidos pela designação de *grumetes*, designação que mais tarde se tornou extensiva a todos os naturais que, convertidos ao cristianismo, adoptaram nomes e apelidos portugueses».

Sendo, para o autor, certo que os grumetes encontram-se não só em Bissau e Cacheu, como também noutros portos frequentados por comerciantes portugueses (rios da Gâmbia, Nuno, Serra Leoa, *etc.*).

Opina, ainda, que «pelo seu convívio com os metropolitanos e caboverdeanos, os grumetes adquiriram alguns costumes europeus e a prática do dialecto crioulo caboverdeano, que sofreu algumas modificações de origem local» [contra esta "hipótese cabo-verdiana", no que ao kiriol guineense respeita, posicionou-se HILDO H. COUTO, O Crioulo Português da Guiné-Bissau, Hamburg, Helmut Buske Verlag, 1994, p. 28 ss. O autor não vislumbra qualquer "dado concreto" que historicamente corrobore tal *hipótese cabo-verdiana*. Interroga-se, com efeito, como é que o chamado crioulo cabo-verdiano se teria "transplantado para a Guiné", se é uma evidência que «Não houve nenhuma emigração maciça de cabo-verdianos para o continente»! Mais, a semelhança entre as duas línguas não é decisiva para a aferição da influência genética de uma ou de outra – e

Daí ter ele concluído, aproximadamente em Dezembro de 1912, quando lhe foi apresentado ABDUL pelo Administrador de Geba CALVET DE MAGALHÃES, que aquele e a sua gente fossem «os auxiliares que convinham»[360].

A desconfiança deste militar em relação aos *grumetes* pode ser interpretada como a confirmação da existência de uma forte ideia de nação entre os nativos. Nação ainda não guineense, mas pepel, mandjaku, balanta, *etc*., isoladamente ou numa abordagem parcialmente ecuménica[361].

---

faz a analogia com a relação entre o português e o espanhol; inclinando-se para a *hipótese cabo verdiana*, *cf.* A. CARREIRA, O Crioulo de Cabo Verde: Surto e Expansão, Lisboa, Europam, 1982, p. 13-14].

Não há que menosprezar, todavia, o alinhamento de alguns soberanos nativos a favor do projecto colonial português.

Na campanha do chão mandjaku comandada por TEIXEIRA PINTO em 1913/1914, conta-se que ANTÓNIO KUPECHE, soberano de Kapol, teria dado um importante apoio às forças que actuavam sob a bandeira portuguesa, ao convencer diversas comunidades a entregar-se. O cabo de guerra TEIXEIRA PINTO, em sinal de reconhecimento, içou KUPECHE ao lugar de régulo da Costa de Baixo (Babok), amparando-o com 60 soldados grumetes de Cacheu, com o fito de o proteger das investidas de Baceâral. Tentativa frustrada de entronização (ao que me foi relatado por outra fonte), já que ANTÓNIO PËMPEDJ (é este o nome correcto) não fazia parte da linhagem dinástica.

Semelhante trabalho de bastidores foi desenvolvido pelo régulo de Kacende, AMBRÓSIO, ao convencer alguns régulos a comprometerem-se no sentido de pagar imposto a Portugal, a partir de Março de 1914.

Estas informações estão consignadas na obra de CARLOS VIEIRA DA ROCHA intitulada João Teixeira Pinto – Uma Vida Dedicada ao Ultramar, Lisboa, 1971, p. 121, 122.

Assinala o autor que a 8 de Janeiro de 1914 «marchou com a sua força a fim de trazer à razão os régulos de Brame Grande (Bula) e Brame Pequeno (Có).

«Este último foi preso, mas o de Bula não se apresentou, respondendo com insolência que não podia vir, pois o caminho estava sujo de sangue e que era preciso limpá-lo.

«Foi preso e a atitude das suas gentes mudou ràpidamente, começando a entrega das espadas (316) e espingardas (340).

«Teixeira Pinto propôs ao Governador que estes dois régulos fossem expulsos da Província, por serem constantes fomentadores de rebelião».

[360] Ver as páginas 2 e 3 do relatório de JOÃO TEIXEIRA PINTO sobre a «Coluna de Operações Contra os "Papeis e Grumetes Revolta da Ilha de Bissau"», de 1.9.1915, apresentado ao Governador português destacado para a Guiné.

Atente-se ainda neste dado: quando se preparava a guerra de Bissau (não a de 1891, nem a de 1893, nem de 1908 – "desastres" ou "insucessos" para as forças lusas), apresentou-se então o aliado africano de Portugal ABDUL INJAI, a 28 de Maio de 1914 com 109 cavalos, 1600 soldados (chamados *irregulares*) armados com "425 *Kropatcheks*", "580 *Sneiders*" e cerca de "400 armas de espoleta".

[361] Sobre uma particular leitura do conceito de nação, *cfr.*, TH. MANNEQUIN, Le Problème Démocratique ou la Politique du Sens Commun, Paris/Bruxelles, Librairie Internationale/A. Lacroix, Verboeckhoven, 1870, p. 152 ss.

Reconhece Teixeira Pinto a enorme dificuldade em granjear uma colaboração sem reservas até dos grumetes (nativos em rota de aproximação à civilização do homem branco: é na indumentária, nos tiques do colonizador ou na religião – se bem que, e ainda neste séc. XXI, essa inclinação perdure, numa perspectiva sincrética), quando assegura na página 5 do seu relatório[362]:

«Todos os grumetes, mesmo os melhores colocados, apoiados pela Liga Guinéense[363], empregaram todas as suas influências e conjugaram todos os seus esforços para impedir a guerra».

---

362 *Vide* supra.

Ilucidativos são, também, os seguintes trechos, colhidos na página 222 do Anuário da Guiné Portuguesa de 1946: Com os termos do *auto de submissão* ao «Governo de Sua Majestade», a 22.7.1894, dos «grumetes e Papéis de Intim, Bandim, Antula e Safim», estes comprometeram-se, nomeadamente, a submeter ao Governador português, para confirmação, os nomes dos nativos desses territórios escolhidos para a função de régulo;

«Era a restrição da liberdade de escolher os chefes a seu bel-prazer, porque a eleição poderia recair em um indivíduo que não merecesse a confiança dos moradores da Praça. Pretendia-se afastar os grumetes dos Papéis. Os primeiros eram os intrigantes, os instigadores. Com algumas luzes de civilização, habituados ao convívio dos brancos, frequentando diariamente a Praça, onde se empregavam em ofícios mecânicos e outros, os grumetes traíam os europeus correndo a abraçar a causa dos homens da sua raça logo que o sinal de guerra era dado pelos tambores».

Sobre o alcance do *auto de submissão*, interroga-se no Anuário: «Mas que valor tinha para esses régulos selvagens e astuciosos tal compromisso?»; «Uma vez abandonada a Praça, passando o portão da muralha que se abria para o mato ainda ínvio, mas acolhedor, os mesmos régulos na obscuridade de suas palhotas, acocorados entre os dignatários da tribo, estariam decididos a não cumprir a promessa feita. Haviam provocado a guerra, produzido graves danos aos brancos, morto muitos dos seus soldados, e... nada lhes sucedera. Quem era afinal o vencido?».

De resto, similar *compromisso* havia sido firmado dois anos antes pelos chefes nativos.

363 Formação política que R.E. GALLI e J. JONES (Guinea-Bissau..., cit., p. 27 ss.) caracterizaram como uma organização «que representava essencialmente os interesses dos pequenos negociantes na colónia» – representando os *mestiços* «a coluna vertebral da Liga Guineense» («the backbone of the Liga Guineense»). Sobre a definição, com os subsídios, até, da *Lei Orgânica da Administração Civil* de 1914, de categorias sociais como *indígena, civilizado, assimilado, mestiço, vide*, na obra citada, páginas 30 ss. Um dos membros da *Liga Guinéense,* de seu nome VALENTIM DA FONSECA CAMPOS, terá sido responsável pela publicação, em 1912, de um panfleto que denunciava a incompetência, arbitrariedade e corrupção da administração colonial portuguesa na Guiné, causadoras, de resto, de perdas, ao nível das taxas e negócios (*id., ibid.*, p. 27 ss.).

«Política de assimilação» que o Manifesto do MAC rotularia, em 1.1.1960 (data aposta no documento), de «falsa», «desumana, oportunista, imoral»: «Baseia-se, na realidade, na tese racista da indignidade e da incapacidade da raça negra e, consequentemente, no desprezo total dos valores da cultura e da civilização negro-africana; pretende impedir que o génio dos povos Africanos, na sua autenticidade original, contribua para o enriquecimento da cultura e da civilização humanas; fomenta o desprezo, o desrespeito e a dessolaridariedade de minorias ditas "assimiladas" para com as grandes comunidades Africanas a que realmente pertencem».

Contas feitas, a quantidade desses *assimilados* não chegava a 0.3% da população total das colónias, no dealbar dos anos 60 do séc. XX. O que o Manifesto explicava pela má-fé da potência

Guerra e ocupação que, na opinião de TEIXEIRA PINTO, aqueles não quereriam «porque sendo parentes dos papeis não queriam vê-los humilhados».

---

colonial portuguesa. Neste sentido, «os colonialistas portugueses são os primeiros a contrariar na prática a aplicação da sua "teoria" – exigem aos Africanos, para poderem ser considerados "assimilados", a satisfação, rigorosamente provada, de condições económicas, sociais e culturais que, por exemplo, a grande maioria do próprio povo português não possui. Para maior segurança, o facto de um africano conservar ou não a condição de "assimilado" depende unicamente da autoridade administrativa, que pode retirá-la em qualquer momento ou, muito simplesmente, não tomá-la em consideração, para os efeitos práticos da política de exploração colonial». *Vide* M.A.C., Manifesto do M.A.C. (Movimento Anti-colonial), Bissau, Departamento de Informação, Propaganda e Cultura do CC do PAIGC, s/d, p. 8-9.

O Decreto-Lei n.° 39.666, de 20.5.1954 (que promulga o Estatuto dos Indígenas Portugueses das Províncias da Guiné, Angola e Moçambique) fornece, nos seus artigos 2.° e 56, os requisitos para o estatuto de indígena e de cidadão.

«Art. 2.° Consideram-se indígenas das referidas províncias os indivíduos de raça negra ou seus descendentes que, tendo nascido ou vivendo habitualmente nelas, não possuam ainda a ilustração e os hábitos individuais e sociais pressupostos para a integral aplicação do direito público e privado dos cidadãos portugueses.

§ único. Consideram-se igualmente indígenas os indivíduos nascidos de pai e mãe indígenas em local estranho àquelas províncias, para onde os pais se tenham temporàriamente deslocado».

«Art. 56.° Pode perder a condição de indígena e adquirir a cidadania o indivíduo que prove satisfazer cumulativamente aos requisitos seguintes:

Ter mais de 18 anos;

Falar correctamente a língua portuguesa;

Exercer profissão, arte ou ofício de que aufira rendimento necessário para o sustento próprio e das pessoas de família a seu cargo, ou possuir bens suficientes para o mesmo fim;

Ter bom comportamento e ter adquirido a ilustração e os hábitos pressupostos para a integral aplicação do direito público e privado dos cidadãos portugueses;

Não ter sido notado como refractário ao serviço militar nem dado como desertor».

Art. 64.°: É revogável a cidadania, que, uma vez decidido judicialmente, implica o regresso à condição de indígena.

A cláusula armadilhada do 56.°, d) denota a preconceituosa superioridade que a potência colonial nutria em relação à cultura autóctone africana e ao homem negro africano. Com efeito, que *ilustração* e que *hábitos* são tidos como *pressupostos* «para a integral aplicação do direito público e privado dos cidadãos portugueses»?

Vê-se, destarte, que aquilo que poderia parecer uma franca abertura ao pluralismo, tem outras motivações substruturais e outros desideratos.

No que se atém à questão da mestiçagem, aproveita-se o ensejo para remeter para a monografia de J.-F. BAYART ("L'Etat en Afrique: La Politique du Ventre", Paris, Fayard, 1989, p. 182-190 – ver a bibliografia aí indicada), onde, de forma transversal, o fenómeno é analisado, em concatenação com o movimento colonizador europeu em África. As observações reservadas ao Senegal e à Guiné-Bissau (já para não se falar de Angola ou, talvez, Moçambique) são certeiras:

«(...) no Senegal, a vitória eleitoral do Bloco democrático senegalês do Sr. Senghor sobre a SFIO de Lamine Gueye, em 1951, foi largamente aquela dos "broussards" (gente do mato), dos "sujets", como se dizia então, sobre a elite das "quatres communes"», tendo um editorialista de Dakar podido afirmar, trinta e cinco anos depois, que esta viragem poupou ao seu país os sobres-

Os Brames (mankanh) estavam então coligados com outros reinos vizinhos (Baceâral, à testa, Babok, Tchur, Pelundo, Pantufa, Djeta, Peciss) numa frente contra as incursões portugueses ou dos seus mandatários.

Se os portugueses pagavam aos reinos locais impostos devidos pela fixação de praças de comércio como, por exemplo, em Cacheu e Bissau, se nos reinos quem mandava eram os que lá estavam, só se pode enquadrar a fraca presença portuguesa como domínio colonial efectivo apenas no plano volitivo.

Os impostos (ou dachas, ou daxas) entravam oficialmente na rubrica das despesas da representação portuguesa em Bissau.

É dessa forma que surpreendemos no orçamento do ano económico de 1696/1697 um quadro de despesas, onde sobressaem as *dachas* pagas pela representação do Reino de Portugal aos *Régulos* de Bissau.

Repare-se nas proporções das *dachas para régulos* de Bissau (260$000) em relação ao valor total das despesas (2.371$000).

---

saltos da Libéria, mas também do Benim e do Togo, dois Estados onde a independência homologou uma certa preeminência dos "Amaro", dos "Afrobrasileiros"» (p. 188).

Depois de especificar o caso da África Oriental, onde a posição dos indo-paquistaneses foi abalada pelas intervenções de JULIUS NYERERE, na Tanzânia, a partir, especialmente, do *Acquisition of Buildings Act* (que determinou, em 1971, a nacionalização de imóveis) e da *operação Maduka* (que se traduziu, em 1976, na nacionalização de empresas comerciais), assim como dos casos ugandês e keniano, a apreciação vira-se em direcção à afrolusofonia: «Em definitivo, a verdadeira excepção ao cenário do derrube das dominações alógenas provém paradoxalmente dos regimes saídos da descolonização portuguesa em Angola, em Moçambique e na Guiné-Bissau, na medida variável, em que estes reproduzem, pela interposição do marxismo-leninismo, a preeminência "crioula" sobre a massa "NEGRO-AFRICANA". Em Angola, sobretudo, o MPLA havia recrutado muito dentre a elite mestiça e assimilada das cidades. Mesmo depois das rebeliões rurais de 1961, ele não tinha chegado a mobilizar o campo, quando ele não o negligenciou. Na véspera da "revolução dos cravos" que lhe abriu à queima-roupa as portas da capital, o seu domínio sobre o país era ínfimo e a sua tentativa de organização de uma "frente do Leste", a partir da Zâmbia, frustrou as esperanças que ela tinha inicialmente atiçado. A fracção populista "nitista" (do nome do seu líder, Nito Alves) que, no seu seio, se nutria do ressentimento dos quadros umbundos, muitas vezes metodistas, contra a minoria mestiça de Luanda, fracassou na sua tentativa de tomar o poder através de um golpe de Estado, a 27 de Maio de 1977, e foi esmagado sem contemplações. Desde o afundamento da FNLA, é a resistência armada da UNITA, ajudada pela República da África do Sul e pelos Estados Unidos, quem veicula as ambições especificamente "negro-africanas", sob a forma do etnonacionalismo ovimbundo» (p. 190).

Em geral, a respeito da política portuguesa do indigenato, J. DA SILVA CUNHA, O sistema Português da Política Indígena (Dissertação de Doutoramento em Ciências Políticas e Económicas na Faculdade de Direito da Universidade de Lisboa – 1953); Questões do Indigenato, *in* O Direito, Lisboa, Ano 88, 1 (Janeiro-Março, 1956), p. 88-90.

Sobre a referência ao estatuto do indigenato nas Constituições portuguesas de então, FILIPE FALCÃO OLIVEIRA, Direito Público Guineense, Lisboa, Almedina, 2005, 105 ss.

Mas mais sintomático ainda é o valor relativo das dachas para régulos, em comparação com os demais *itens* da rubrica.

Ele supera todas as 16 outras previsões de despesa, inclusive a que se atém ao capitão-mor, só ficando aquém dos encargos com 40 soldados.

Em suma, 10.96% do citado orçamento destinam-se ao pagamento das *dachas* aos reis Bissaus.

Ora, *autoridade* que paga *dacha* a outra é porque reconhece que não é autoridade, pelo menos face a quem cobra. Pode querer, mas nem sempre querer é poder, pelo menos no imediato.

Sou obrigado a concluir pela insofismável e única soberania dos reinos indígenas pepeliss, nomeadamente no séc. XVII.

É clarificadora a forma solene e veneradora como, em finais do século XVII, o Governador de Cabo Verde (que, como é sabido, tinha sob a sua alçada o território da Guiné[364] – cuja autonomia administrativa em relação a Cabo Verde remonta à Carta de Lei de 18.3.1879, assinada por FONTES PEREIRA DE MELO, SERPA PIMENTEL e TOMAZ RIBEIRO), VERÍSSIMO CARVALHO DA COSTA, se referia ao Rei pepel de Bissau e à sua corte. Com efeito, numa carta, de 2.4.1687, ao Rei de Portugal, Colhe-se esta passagem[365]:

«Dou conta a V. Majestade como tenho mandado a Bissau que dista desta praça 30 léguas a falar com el-rei[366], e hoje, que se contam 2 de Abril, chegou a resposta dele, a qual com esta remeto a V. Majestade como também o que lhe escrevi, e me consta pela sua carta, e pelas pessoas que lá mandei os alvoroços com que ele e os seus fidalgos e povo receberam a lembrança que V. Majestade tem dele, e a alegria com que também receberão ao padre Fr. FRANCISCO DE PINHEL, e mais religiosos missionários, e o vestido e mais coisas que V. Majestade foi servido se lhe mandasse; ele me deu logo o melhor sítio que aquela ilha tem para se fazer a fortaleza... El-rei me enviou o seu general, e seu filho e alguns fidalgos e lhe fiz aquele agasalho que entendi era necessário para os contentar, e agora os remeto que assim mo pede o rei (...)»[367].

---

[364] À volta dos modelos de administração exercidos pela presença portuguesa no território hoje conhecido como Guiné-Bissau, WLADIMIR BRITO, Cacheu, Ponto de Partida para a Instalação da Administração Colonial na Guiné, *in* Carlos Lopes (coord.), Mansas, Escravos, Grumetes e Gentio – Cacheu na Encruzilhada de Civilizações, Lisboa, INEP, 1993, p. 251 ss.

[365] *Vide* Apêndice 2.

[366] Alusão ao Rei BACAMPOLO CÓ.

[367] AHU, *Guiné*, Caixa 3, n.° 34.

Corroborando a posição de indisputável soberania, por exemplo dos pepeliss de Bissau, atente-se no que assevera LA COURBE na sua relação de viagem à costa de África feita entre 1685 e 1687 (apresento a transcrição adoptada por AVELINO TEIXEIRA DA MOTA, As Viagens…, cit., p. 167

Igualmente sintomática – se bem que devamos botar quase tudo na conta de lances político-diplomáticos no sentido de seduzir os reis pepeliss e outros próximos, assim como afastar a restante concorrência europeia, França em primeira linha (todavia não é de afastar também nessa operação uma cartada político-diplomática lançada pelo Rei Bissau BACAMPOLO CÓ) – é a recepção com pompa e circunstância tida pelo filho primogénito do Rei BACAMPOLO CÓ na corte de Portugal.

A missão foi preparada pelo Bispo de Cabo Verde D. Fr. VITORIANO PORTUENSE (também apelidado VITORIANO DO PORTO OU DA COSTA), tendo partido o filho do Rei em 25 de Julho de 1694 e regressado em 10 de Junho de 1695, não passou despercebida até nos meios franceses, tradicionalmente atentos à problemática guineense[368].

– baseando-se esta na edição de P. CULTRU de partes desse manuscrito no seu Premier Voyage du Sieur de La Courbe fait a la Coste d'Afrique en 1685, Paris, 1913):

«Os portugueses que habitam esta ilha [Bissau] são muito humilhados por este rei e pelos grandes da terra, porque muitas vezes ele manda-lhos pedir aquilo de que precisa, que eles não podem recusar.

«Os navios que aí aportam para fazer comércio pagam-lhe um tributo, além do que lhe pagam pela água e pela madeira; há em toda a ilha nove reis, dos quais este é como um imperador».

A propósito destas viagens de MICHEL JAJOLET DE LA COURBE, *vide*, outrossim, J. BOULÈGUE, Cacheu, Les Rivières de Guinée et le Royaume du Kaabú, Vus de Gorée, à la Fin du XVIIIème Siècle, *in* Carlos Lopes (coord.), Mansas, Escravos, Grumetes e Gentio – Cacheu na Encruzilhada de Civilizações, Lisboa, INEP, 1993, p. 57 ss.

368 Lêm-se na *Gazette de France* de 4 de Dezembro e de 18 de Dezembro de 1694 (segundo citação de AVELINO TEIXEIRA DA MOTA, As Viagens…, cit., p. 36) as seguintes notícias:

– 26.10.1694 – «De Lisbonne, le 26 octobre 1694.

«Un vaisseau venu de Cacheu près du Cap Vert a amené un prince noir nommé Batonto, fils de Bamcompoloco, roi de l'isle de Bissan, située entre les branches du fleuve Niger. «Son père l'a envoyé pour le faire baptiser: et on doit faire la cerémonie le 4 du mois de novembre prochain.

«Ce prince demande aussi la protection du roi du Portugal: qu'il fasse bâtir une forteresse dans son isle; et qu'il envoye des missionnaires».

– 18.12.1694 – «De Lisbonne, le 9 novembre 1694.

«Le 30 du mois dernier, le Sieur Cornaro Nonce du Pape baptisa dans la Chapelle du Château le prince Batonto, fils du roi de l'Isle de Bissan, située dans le fleuve Niger, à onze degrés et demi de latitude.

«Le roi qui fut son parrain, le noma Emmanuel; et lui fit présent d'une attache enrichit de diamans du prix de huit cents pistoles.

«La reine estait dans les tribunes avec les dames.

«Touts les grands y assisterent; et la Chapelle estait rempli d'une très grande foule de peuple».

Dizia eu que a viagem do filho do rei e a magnificência do seu acolhimento induzia manobras político-diplomáticas desenvolvidas, por um lado, pelo Rei BACAMPOLO CÓ e, por outro, pelo Rei D. PEDRO II, de Portugal[369].

Descortinar-se-ão ali as reminiscências da dinâmica político-diplomática que caracteriza o tripé Portugal-Guiné-França, desde os anos 80 e 90 do Séc. XX aos primeiros anos do Séc. XXI?

De uma banda, é Portugal que intenta anular a influência dos gauleses na Guiné;

De outra banda, é a França que intenta fazer exactamente o mesmo a Portugal;

Entre os dois, é a autoridade que intenta tirar partido dessas quezílias, aproximando-se tacticamente de um deles (ou de terceiros) ou insinuando apenas uma aproximação.

Parece que o poderio militar português não incomodaria os soberanos bissaus como eventualmente o dos franceses.

E se era essa a ideia, compreender-se-á que mais valia a pena albergar o potencial inimigo menos forte, em lugar de acomodar outro mais forte.

Seja como for, as apostas feitas pelo Rei D. PEDRO II goraram-se. Não pela infidelidade dos elementos em que apostara, mas pelo falecimento destes. Cerca de 3 meses, com efeito, após o seu regresso de Portugal, o filho do Rei BACAMPOLO CÓ (BATONTO, aliás D. MANUEL DE PORTUGAL) sucumbiria, possivelmente vítima de uma epidemia que desgraçava a região.

Isso foi em Setembro de 1695.

O próprio Rei BACAMPOLO CÓ cairia doente 4 meses depois, vindo a falecer a 5 de Fevereiro de 1696, não sem antes (na véspera) ter sido baptizado como católico pelo vigário Fr. MANUEL DE CASTEDO. BARNABÉ LOPES, um católico pepel, foi o padrinho. Assistiu ainda ao sacramento o Fr. MANUEL DE CASTELO BRANCO.

---

[369] Veja-se, a propósito, a carta de 26 de Abril de 1694 do Rei BACAMPOLO CÓ ao Rei D. PEDRO II de Portugal, na qual manifesta a sua amizade, dizendo enviar o seu filho com informações sobre Bissau. Observa na circunstância BACAMPOLO CÓ ser urgente a reconstrução da fortaleza (portuguesa) e o envio de munições para impedir a entrada de estrangeiros e a influência (crescente) destes na ilha (*vide* Apêndice III).

Acerca da grandiosidade, pompa, aparato e sumptuosidade com que o monarca português distinguiu o filho do Rei BACAMPOLO CÓ durante a sua longa visita a Portugal, *cfr.* o ilustrativo trabalho de ANTÓNIO RODRIGUES DA COSTA intitulado Conversam del Rei de Bissau Conseguida Pelo Illustrissimo Senhor Dom Frei Victoriano Portuense Bispo de Cabo Verde, do Conselho de Sua Magestade, e Bautismo do Principe Dom Manoel de Portugal Filho Primogenito do Mesmo Rei. Celebrado na Capella Real desta Corte Sendo Padrinho El Rei Nosso Senhor Que Deos Guarde. [Oferecida ao Muito Illustre Senhor Roque Monteiro Paim (...). Em Lisboa. Á Custa de António Menescal, Livreiro do Infantado. Anno de 1695. Com Todas as Licenças Necessarias], Lisboa, 1695.

Não se sabe, a bem dizer, como é que o rei encarou nesses momentos finais a encruzilhada de angústia que o apoquentara, na perspectiva de uma sua conversão ao cristianismo.

Teria dito, em tempos, segundo o Bispo D. FREI VITORIANO PORTUENSE (na sua «Relação do fervoroso baptismo que pediu e recebeu o venturoso D. Pedro, primeiro rei católico da ilha de Bissau, e notícia do aumento em que vai a nova cristandade de Guiné, de 15.6.1696», que sendo rei cristão ser-lhe-ia impossível governar os seus «súbditos gentios», «sem que manche a pureza da lei católica».

Se tivesse sobrevivido àquela doença, a saída para desvanecer a tal angústia metafísica estaria (como tem estado nas terras africanas), possivelmente, num sincretismo religioso-cultural[370].

Algo que em certa medida se pode reconduzir à *teoria da máscara* sustentada há alguns decénios por ROGER BASTIDE[371]. O cristianismo seria apenas uma

---

[370] À volta da penetração dos valores religiosos estrangeiros em África, *vide* J. LOMBARD, Autorités Traditionnelles et Pouvoir Européens en Afrique Noire: Le Déclin d'une Aristocratie sous le Régime Colonial, Paris, Librairie Armand Colin, 1967, p. 77 ss. Começa LOMBARD por anotar que o *quadro tradicional* onde as «autoridades tradicionais» exerciam o poder era «profundamente religioso»: «Seja o ancião duma linhagem, o senhor da terra ou da chuva, líder guerreiro ou responsável de uma colectividade, o chefe era sempre considerado como um intermediário entre os homens e as forças sobrenaturais, como aquele cujo poder espiritual e mágico devia ser utilizado para atrair a bênção dos espíritos sobre a comunidade». Exemplifica com a situação dos *Alur* (do Uganda), dos *Bamiléké* (dos Camarões) e dos *Fon* (do Benim). Em todo o caso, prossegue o autor, «o chefe político não dispunha sempre da plenitude dos poderes religiosos e existiam numerosas sociedades onde ele os devia partilhar com associações e, por vezes, sujeitar-se mesmo ao seu controlo político, se bem que os verdadeiros detentores da autoridade fossem mais os membros destas associações que o chefe ele mesmo».

Demais a mais, «a vida social e política tradicional estava marcada por um conjunto de práticas rituais, às quais o povo estava associado e que reforçava aos seus olhos o valor místico do chefe».

A conclusão foi a de que nas sociedades onde o poder se esteava apenas no animismo, «a penetração dos valores cristãos ou laicos dessacralizou os poderes».

MARIA T.V. ROCHA, Guiné: O Gentio Perante a Presença Portuguesa (II), *in* Estudos em Homenagem a Joaquim M. da Silva Cunha, Porto, Fundação Universidade Portucalense Infante D. Henrique, 1999, p. 994, 1007, 1014, 1022-1028.

LANDERSET SIMÕES, Babel Negra..., cit., p. 12 ss.

[371] ROGER BASTIDE, Le Candomblé de Bahia (Rite Nagô), Paris, Mouton & Co, 1958;

Id., Les Religions Africaines au Brésil: Contribution à une Sociologie des Interpénétrations de Civilisation, Paris, P.U.F., 1960.

S. CAPONE, L'Afrique Réinventée ou la Construction de la Tradition dans les Cultes Afro-brésiliens, *in* Archives Européennes de Sociologie, 1999, Tome XL, n.° 1, p. 3-27.

Em torno do fenómeno religioso na *África ocidental francesa*, *vide*, J. RICHARD-MOLARD, Afrique Occidentale Française, Paris, Berger-Levrault, 1949, p. 77 ss.

máscara por detrás da qual se esconderia uma genuína religiosidade africana. Máscara afivelada por motivos vários, simbolizando um corte entre o mundo ocidental e o mundo *afro* e denotando uma justaposição dos dois mundos, nunca a respectiva fusão.

Quer-me parecer que é transponível tal asserção do universo da pura religiosidade para uma dimensão sócio-cultural mais lata, inclusive nas vertentes política e jurídica.

Na verdade, por detrás da *máscara* ocidentalista da organização política e jurídica envergada pelo Estado guineense, esconde-se, impante, o substrato, a alma de uma África profunda que, por conveniências e conivências várias, vem sendo (hetero ou auto) enclausurada.

A manutenência *ad aeternum* desta situação não é viável, seja para a máscara, seja para o mascarado. Já porque ela levaria à morte por asfixia do mascarado, já porque com isto cairia por terra a própria máscara.

O grau de *enculturação* na Guiné é tão elevado que parece pura ficção a mascarada traduzida pelo *Estado de Bissau*[372].

É, por isso, inelutável, na Guiné, um movimento de *riba tera*.

Mas a circunstância de, assim, ter sido BACAMPOLO CÓ o *primeiro rei cristão* da *ilha de Bissau* (como rezava a encomenda de epitáfio em laje, pedida pelo Bispo D. Fr. VITORIANO PORTUENSE ao Rei D. PEDRO II) não aligeirou o sentimento de frustração que invadiu as hostes portuguesas.

A referida presença foi servindo para garantir o tráfico de escravos negros (para o qual serviam raides de portugueses *lançados*[373], assim como negócios

---

[372] Sobre o conceito de enculturação (cujos recortes essenciais encontram-se traçados em M.J. HERSKOVITS, Man and His Works, New York, 1948), pode-se afirmar que se trata do modo pelo qual uma comunidade enquadra a componente biológica das suas crianças nos valores culturais dessa mesma comunidade;

Também, a definição subscrita por PANOFF/PERRIN, Dicionário de Etnologia (tradução de C.V. Ferreira, do Dictionnaire de l'Ethnologie, Paris Payot, 1973), Lisboa, Edições 70, p. 63: «Processo de condicionamento consciente ou inconsciente pelo qual um indivíduo assimila, ao longo da sua vida, as tradições (em inglês: *patterns of behaviour*) do seu grupo e age em função delas».

Sobre o conceito de *socialização* (que definiu como «o processo através do qual as crianças, ou outros novos membros da sociedade, aprendem o modo de vida da sociedade em que vivem»), A. GIDDENS, Sociologia..., cit., p. 26 ss.

[373] Na descrição de ROCHA MARTINS (Historia das Colonias Portuguesas, Lisboa, 1933, p. 134): «Depois de instalados, os portugueses, desde o Senegal á Serra Leôa, desenvolveu-se, largamente, o comercio na região pouco a pouco conquistada.

«Aprenderam a lingua dos negros e atirando-se para o sertão, com tal animo o fizeram, que receberam o nome de "lançados", porque para á selva se lançaram».

entre estes e alguns autóctones detentores de cativos), dar cobertura ao comércio, estruturar alguma administração, enfim preparar o futuro, que o mesmo é dizer esperar por melhores dias[374].

Cfr., ainda, ANDRÉ ÁLVARES DE ALMADA, Tratado Breve..., cit., p. 24-25.

ANTÓNIO CARREIRA, Os Portugueses nos Rios de Guiné, Lisboa, Litografia Tejo, 1984, p. 21 ss., 50.

MARIA EMÍLIA M. SANTOS, Lançados na Costa da Guiné: Aventureiros e Comerciantes, *in* Carlos Lopes (coord.), Mansas, Escravos, Grumetes e Gentio – Cacheu na Encruzilhada de Civilizações, Lisboa, INEP, 1993, p. 67-78. Os outros nomes ou grafias dos *lançados* eram "fora da lei", "tangomãos", "tangomaus" e "tangomans" – basicamente, «homens de diversos estratos sociais, aventureiros, renegados e cristãos-novos, que, subtraindo-se, por razões diversas, às autoridades portuguesas insulares, se *lançavam* na terra firme, estabelecendo ali residência e ocupando-se do comércio de produtos vários (...). Não deixavam (...) de manter relações comerciais com as ilhas, de onde alguns eram originários (...)». Os filhos mulatos dos portugueses (os chamados "filhos da terra") também faziam parte dessa camada.

374 *Cfr.* ROCHA MARTINS, História..., cit., p. 133, 138, 139, que reconhece ser a Guiné o primeiro território colonial que teve tráfico de escravos e assinala ser a escravatura «o principal tráfego que se fez» na Guiné (pelos portugueses), algo que «irritaria os naturais», sendo «durante seculos» «a origem de fortunas formidaveis e ainda de maiores tragedias». Regista, contudo, que «os mouros desde há muito se entregavam àquele negocio, tendo em suas terras de Marrocos não só cativos negros, mas brancos e cristãos e gozando de enorme influencia no país da Guiné, com o qual estabeleceram contacto».

Em troca de panos, vinho, vidralhada de Veneza e outras quinquilharias levavam os portugueses homens e mulheres saudáveis e robustos, âmbar e marfim e ouro em pó.

GOMES EANES DE AZURARA [Crónica dos Feitos da Guiné (transcrição em português actual e comentário de T. Sousa Soares da obra escrita em 1453), Lisboa, Alfa, 1989, p. 68] testemunha que os «primeiros negros que em sua própria terra foram filhados por cristãos» teriam sido aqueles apresados pelo escudeiro DINIS DIAS e a sua caravela, armada pelo Infante D. HENRIQUE. Tal aconteceu no séc. XV.

O retrato de Cacheu, após o assentamento de portugueses, franceses e holandeses, que se pode colher no trabalho citado de ROCHA MARTINS (pág. 141 ss), denotava os seguintes elementos:

«Dividiam-na dois bairros: Vila Fresca e Vila Quente, aquele destinado aos brancos; o outro era o logradouro dos cristãos novos, ou "grumetes", que ali viviam em casebres com paredes de barro caiadas a cal de ostra e telhados de palha».

Cacheu assemelhava-se, então, a uma ilheta cercada de um mar indomável e terrífico, vale dizer os Estados nativos.

As pontas de lança dessa insubmissão eram os mandjakuss (na literatura historiográfica da época, pela pena e tinta de europeus, designados por *papeis*) de Tchur e Kakanda («os inimigos mais terríveis dos portugueses»).

«A vila estava, pois, rodeada de perigosas tribus e representou um altissimo esfôrço de colonização quasi até á epoca coeva».

O Reino da Mata de Putama fechava o flanco Oeste da praça.

A Leste, por causa da acérrima oposição de Tchur, «os campos de Sam-Sam ficaram baldios até quasi ao periodo contemporaneo».

Foram, entretanto, centenas de anos de autêntica sangradura de um continente no que de mais robusto tinha[375].

O pequeno Reino de Baola («ainda da mesma raça») ia dando também o seu contributo para a insularização da praça de Cacheu.

Integrando comunidades diversas, alinhavam pela oposição ao domínio colonial, os balantas, os *negas*; a Norte mandavam os banhuns;

«Do outro lado do esteiro de Sarah ou S. Felipe, para leste, ficavam os Cassangas»

[375] A Companhia de Cacheu e Cabo Verde (que firmara um contrato com o governo de Portugal em 1690), por exemplo, tinha um vínculo com as autoridades da América de domínio espanhol, nos termos do qual deveria transaccionar 30.000 escravos da costa da Guiné para a América hispânica em 6 anos, à razão de 5000 homens por ano (na cruenta linguagem da época, *10.000 toneladas de negros* em 6 anos, correspondendo cada tonelada a *3 peças de negros*).

Cada negro rendia na América ao traficante até 70 mil reis.

Oiça-se o lamento de ANDRÉ ÁLVARES DE ALMADA (Tratado Breve..., cit., p. 62), a respeito dos felupes:

«Como entre estes negros não há venderem negros, cresceram tanto que não cabendo na sua terra, passaram o Rio de São Domingos, e ocuparam na entrada dele a terra, da banda do Sul do Rio chamado Putamo (...)». Na página 79, assinala ALMADA que no «rio de São Domingos [actualmente, Cacheu] há mais escravos que em todos os outros de Guiné, porque deles [os] tiram estas nações: Banhuns, Buramos, Cassangas, Jabundos, Falupes, Arriatas, Balantas».

E assim foram sendo ilustradas as páginas mais ignominiosas do encontro de povos e civilizações que se deu no chão negro.

Aviltamento de que se cumpliciou a própria hierarquia católica – braço teológico-moral da ideia civilizadora colonial-esclavagista.

É, quiçá, demasiado pesado este libelo acusatório contra a Igreja católica, mas há que convir em que vozes ou registos como os dos frades capuchinhos espanhóis de Bissau, não portugueses, como em alguns escritos vem afirmado (consignados no «Informe y relación que Fr. Francisco de la Mota, vice-prefecto de la misión de religiosos capuchinos de las costas de Guinea y sus compañeros hacen a su Majestad que Dios guarde el Señor Rey de Portugal del modo com que los negros de dichas costas y rios se compran y son reducidos a cautiverio») foram solitárias excepções num contexto epocal onde a superioridade de uma raça e duma civilização estava tão arreigada que em truísmo se transformaria a sua legitimidade para *civilizar* os povos *descobertos*, comerciá-los, subjugá-los, sempre que possível.

Desde que em 8 de Janeiro de 1454 o PAPA NICOLAU V exarou a Bula *Romanus Pontifex* (*vide,* também, E.L. CATELLANI, Le Colonie e la Conferenza..., cit., p. 573), nos termos da qual ao Rei D. AFONSO V era concedido o domínio exclusivo dos mares e terras já conquistados ou a conquistar, tendo em vista, nomeadamente, a expansão do cristianismo, a colonização e o tráfico de escravos deixaram de ser apenas um negócio secular para envergarem estandartes da cristandade.

A declaração – lavrada em Bissau, a 14 de Abril de 1686, assinada por Fr. FRANCISCO DE LA MOTA, Fr. ANGEL DE FUENTE LA PEÑA, Fr. BUENAVENTURA DE MALUENDA e dirigida, nomeadamente, ao monarca português – representa um posicionamento dos três missionários contra o tráfico de escravos.

Cerca de 31 anos antes, um outro padre, FERNANDO OLIVEIRA, vincara também a sua forte oposição à escravatura nestes termos (sigo a composição adoptada por AVELINO TEIXEIRA DA MOTA, As Viagens..., cit., p. 68):

Tratando da guerra encetada pelos pepeliss em Bissau contra os portugueses, a partir de dada altura abrigados na fortaleza (e confinados a ela), ROCHA

«E não é nesta parte boa escusa dizer que eles se vendem uns a outros, porque não deixa de ter culpa quem compra o mal vendido e as leis humanas desta terra e doutras o condenam, porque se não houvesse compradores não haveria mais vendedores, nem os ladrões furtariam para vender».

«Nós fomos os inventores de tão mau trato, nunca usado nem ouvido entre humanos.

«Não se achará nem razão humana consciente, que jamais houvesse no mundo trato público e livre de comprar e vender homens livres e pacíficos, como quem compra e vende alimárias, bois ou cavalos e semelhantes.

«Assim os tangem, assim os constrangem, trazem, e levam e provam, e escolhem com tanto desprezo e ímpeto, como o faz o magarefe ao gado no curral.

«Não somente eles, mas também seus filhos, e toda a geração, depois de cá nascidos e cristãos nunca têm remissão».

Mas voltemos aos nossos capuchinhos espanhóis de Bissau.

Descrevem no documento citado as muitas formas que os brancos e africanos usavam, ao longo da costa ocidental de África, para se apoderarem de indivíduos e reduzi-los à escravidão; desde o cabo da Serra Leoa até as bandas dos rios Gâmbia e Senegal, cobrindo ainda o rio Nuno, as ilhas Bëdjugu, os Biafadas, o reino de Kaabu, a ilha de Bissau, a extensão territorial que vai desta ao rio Cacheu, as margens do próprio rio Cacheu, onde se acomodam os actualmente designados por mandjakuss, os felupes e os banhuns.

Propuseram dizer «chã e desinteressadamente a verdade» e disseram-na.

Rotularam o trato esclavagista de «ilícito, pecaminoso e injusto».

A rotundidade diplomática de algumas passagens, onde se dirigem ao Rei de Portugal, não disfarça o claro posicionamento anti-esclavagista dos subscritores da declaração.

Pedem ao Rei de Portugal que lhes dê notícias, proíba o tráfico de escravos e mande libertar estes, caso ele achar que o referido contrato é ilícito e injusto.

A tradição cristã (exceptuando não poucos momentos históricos de conduta avessa a tal directriz) de enaltecimento dos direitos do homem encontrou, já no século XX, uma profunda expressão na doutrina assumida por diversos Papas, de entre os quais se podem nomear JOÃO XXIII, e JOÃO PAULO II.

Cfr. GIORGIO FILIBECK, Direitos do Homem – de João XXIII a João Paulo II [traduzido do original I Diritti del'Uomo nell'Insegnamento della Chiesa: da Giovanni XXIII a Giovanni Paolo II (1958-1998)], S. João do Estoril, Principia/Comissão Nacional Justiça e Paz, 2000, que, sobre a temática dos direitos humanos, contém uma compilação de encíclicas, documentos conciliares, discursos pontifícios emitidos desde o Papa JOÃO XXIII ao Papa JOÃO PAULO II.

Pretendeu-se evidenciar o lugar destacado que a preocupação com os direitos do homem ocupa nos referidos pontificados.

Retiveram a minha atenção, entre tantos outros textos:

A Carta Encíclica de JOÃO XXIII *Mater et Magistra*, de 1961 (p. 367 ss.); a Carta Encíclica do mesmo Papa *Pacem in Terris*, de 1963 (p. 369 ss., 139 ss.); a Constituição Pastoral do Concílio Vaticano II *Gaudium et Spes* a respeito da Igreja no mundo contemporâneo (p. 143, 371, 461 – que se inclina sobre o carácter universal dos direitos do homem); a Carta Encíclica de JOÃO PAULO II *Sollicitudo Rei Socialis*, de 1987 (p. 378 ss.); a mensagem de 8.12.1968, de PAULO VI dirigida à Jornada Mundial da Paz, sustentando a universalidade dos direitos do homem (p. 473-474); em particular, sobre a questão da democracia, direitos do homem e Estado de direito, veja-se a Carta Apostólica de JOÃO PAULO II *Centesimus Annus*, de 1991 (p. 491 ss.); na Exortação Apostólica de JOÃO

MARTINS[376] catalogou, nebulosamente, os tributos pagos por Portugal, apesar, ou por causa, das constantes batalhas em Bissau, como «subsídios aos régulos da Guiné»[377].

Serão *subsídios* ou, antes, prestações pagas por imposição do beneficiário? Note-se que é o próprio autor que, algo contraditoriamente, reconhece (implicitamente o faz) que esses subsídios aos régulos eram a consequência de os colonos (os "defensores de Bissau") estarem enfraquecidos.

A situação dos colonos era tão débil e periclitante que se resolveu (quem o fez foi o mestiço HONÓRIO PEREIRA BARRETO[378], cujo pai fora um traficante de escravos) comprar, em 1838, o Djiu di Futceru (Ilhéu do Feiticeiro)[379], com o intuito de transplantar de Bissau para o ilhéu vizinho a população portuguesa ou afim da pracinha de Bissau.

A emenda soaria, porém, pior que o soneto, dada a carga simbólico-transcendental transportada pela dita Ilha do Feiticeiro, lugar de culto dos pepeliss, onde os régulos eram enterrados e um grande *iran* estaria sediado.

A operação de deslocalização inviabilizou-se, porque concluiu-se que os pepeliss não tolerariam essa coutada.

Conta-se que os pepeliss desenvolveram contra os portugueses uma guerra de dois anos, apenas porque estes abateram uma árvore tida como sagrada. Como é que iriam vergar-se perante um ultraje de tamanhas proporções?

PAULO II *Ecclesia in Africa* (p. 495); na mensagem de JOÃO PAULO II ao VII Vértice Iberamericano, de 1997 (p. 507 ss.);

Sobre o respeito pela pessoa e pelos direitos do homem, *vide* também a Exortação Apostólica de JOÃO PAULO II *Christifideles Laici*, de 1988 (p. 143 e seguinte); o Catecismo da Igreja Católica (p. 157); a mensagem de 8.12.1997 de JOÃO PAULO II à Jornada Mundial da paz (p. 160-170).

[376] R. MARTINS, Historia das Colónias..., cit., p. 145.

[377] Se se recuar até 1670, encontrar-se-á a mesma conduta. Assim, A.T. DA MOTA/C.F. DE SÁ/F.A. MENDES/F. DUARTE, Efemérides da Guiné Portuguesa, *in* Boletim Cultural da Guiné Portuguesa, n.° especial, Outubro 1947, p. 14: «Pelo parecer do Conselho de Fazenda desta data se reconhece ser então difícil a situação dos moradores da praça de Cacheu e precário o nosso domínio nessa região, pois que o rei pagava ao régulo da mesma um tributo constituído por 40 quintais de algodão, 160 peruleiros de vinho e 180 cruzados em moeda».

[378] Esta linha de procedimento havia já sido explorada por CAETANO JOSÉ NOSOLINY (um imigrante de origem cabo-verdiana e italiana, nascido, em 1801, na Ilha de Fogo, que foi um destacado militar ao serviço de Portugal na Guiné, traficante de escravos, negociante em outras áreas e ligado aos serviços coloniais). Conta-se que era possuidor de considerável riqueza e morreu em 1850 (assim, R.E. GALLI/J. JONES, Guinea-Bissau..., cit., p. 22-24).

[379] A aquisição terá sido feita em 9.12.1838 ao rei de N'tim ODONTÓ; a 23.5.1839, HONÓRIO BARRETO ofereceu a Portugal o ilhéu (A.T. DA MOTA/C.F. DE SÁ/F.A. MENDES/F. DUARTE, Efemérides da Guiné Portuguesa, *in* Boletim Cultural da Guiné Portuguesa, n.° especial, Outubro 1947, p. 23).

Registei – ao consultar alguns documentos relativos ao esforço de colonização – uma esclarecedora proposta do *Governador da colónia da Guiné* ao Ministro das Colónias, na sequência da campanha militar de 1915:

Fazendo alusão aos falhanços de campanhas militares anteriores (dos últimos 29 anos, pelo menos – ou seja, a partir de 1891)[380] que tiveram a intervenção de tropas metropolitanas largamente dotadas e contaram com elevadíssimas dotações financeiras e materiais[381], destaca a campanha comandada por TEIXEIRA PINTO afirmando que «em três escassos anos», «apenas com elementos locais[382], com uma despeza, relativamente, insignificante se efectuou definitivamente o domínio em toda essa bela província da Senegâmbia» (*sic*).

Para sufragar a minha opinião (com ela não se incompatibiliza, pelo menos) de que um Estado mandjaku estruturado dominava o chão mandjaku (para não falarmos do chão pepel e outros), lanço um golpe de vista sobre a primeira folha do relatório do Capitão de Infantaria JOÃO TEIXEIRA PINTO ao *Governador da*

---

380 A Coluna de 1891 contra os Pepeliss vem descrita no Anuário da Guiné Portuguesa de 1946 (p. 219), da seguinte maneira:

«(...) os moradores de Bissau aclamam, com entusiasmo, a partida da coluna de operações comandada pelo tenente-coronel Pedro Moreira da Fonseca, organizada com o propósito de bater os indígenas Papéis, depois do Governador ter declarado em estado de guerra a ilha de Bissau e nelas suspensas as garantias que haviam sido proclamadas por bando, na Praça, e do alto dos baluartes. Fundeados no porto estavam os vapores "Bissau" da Empresa Nacional, e o "Bolama", a corveta "Mindelo", a canhoneira "Guadiana" e as lanchas-canhoneiras "Zagaia" e "Flecha" que haviam desembarcado tropas. Ainda no espírito dos habitantes da Praça não se havia apagado a lembrança do espectáculo colorido e movimentado da coluna de operações militares, ao marchar em direcção ao portão do Pigiguiti, a caminho do mato, quando os primeiros soldados, cobertos de pó, desorientados, chegaram ao muro pedindo socorro em altos gritos. Em 27 de Abril toda a população assiste, comovida, à missa de *requiem* rezada por alma dos mortos – oficiais e dezenas de soldados – na igreja matriz dentro da fortaleza».

As forças coloniais haviam sido dizimadas pelos pepeliss de N'tim, em 19 de Abril de 1891. Aquelas eram comandadas pelo Capitão do Batalhão de Caçadores n.° 1, JOAQUIM ANTÓNIO DO CARMO AZEVEDO (coluna integrada por «5 oficiais, 120 praças e numerosos auxiliares», tendo aí perdido a vida o próprio comandante da coluna; comandante que havia sucedido ao Tenente-Coronel PEDRO MOREIRA DA FONSECA, repreendido e exonerado pelo Governador, em Portaria, no dia 15.4.1891, por ter conduzido, sem perícia, uma outra coluna dizimada pelos pepeliss em 9.3.1891: *vide* A.T. DA MOTA, *et al.*, Efemérides..., cit., p. 59).

381 *Cfr.* JOÃO BARRETO, História..., cit., p. 314 ss., sobre as vicissitudes das referidas campanhas.

382 Contabiliza-se, em certos períodos, o envolvimento militar, por parte das forças coloniais, de 9 europeus, 35 *soldados indígenas* e 1600 *auxiliares* (*indígenas*) chefiados por ABDU INJAI.

Registaram-se ainda, do lado colonial, outros chefes de guerra como MAMADÚ SISSÉ (imediato de ABDUL INJAI), ALFA MAMADÚ SEILÚ, BRAIMA DAU, ANSUMANE MANÉ, ALIBURI INJAI, CHERNO BOCAR, SORI JOLÓ.

Guiné JOSUÉ DE OLIVEIRA DUQUE, intitulado «Coluna de Operações contra os "Papeis e Grumetes Revoltados da Ilha de Bissau"»[383], de 1.9.1915:

«Quando **em 1912** cheguei a esta província para onde tinha sido nomeado Chefe do Estado Maior **era a nossa autoridade puramente nominal** na região compreendida entre os rios de Farim ao N. e O., rio de Geba a S. e circunscrição de Geba a L. abrangendo os povos Oincas, Balantas, Brames ou Mancanhas, Manjacos e Papeis, com ocupação apenas das vilas de Cacheu e Bissau e o porto militar de Goli»[384].

---

383 *Vide* Apêndice 8.

384 *Cfr.* JOÃO TEIXEIRA PINTO, Coluna de Operações Contra os "Papeis e Grumetes Revoltados da Ilha de Bissau" (Relatório do Chefe de Estado Maior e Comandante da Coluna ao Governador português, de 1 de Setembro de 1915): *vide* Apêndice VIII.

O negrito é só meu, destacando uma expressão que, pela sua franqueza, se impõe.

Deve ler-se o citado documento tendo presente o clima de algum mal-estar que sobre a figura e a acção de TEIXEIRA PINTO era alimentado no seio do núcleo colonial na Guiné.

Queixava-se este militar de jogadas tendenciosas, invejosas, com vista a apoucar os seus feitos na *Campanha de Pacificação* e a própria Campanha. Quereriam questionar a importância e a dureza destas acções e, até, a sua necessidade.

Portanto, o documento pretende ser uma clarificação de todas as dúvidas, a identificação dos verdadeiros, na sua óptica, heróis.

Era o orgulho ferido do militar que quis testemunhar, na primeira pessoa, do singular ou do plural (magestático ou real), o que para ele foram os verdadeiros factos, mesmo que para tal tenha de apoucar as campanhas dos seus antecessores e chamar a si e às suas forças os louros mais significativos.

Perceber-se-ão com clareza os verdadeiros contornos do clima reinante e da quezilenta disputa que existia, se analisarmos um telegrama e, principalmente, uma carta do Inspector Extraordinário dos Serviços de Fazenda da Província sediados em Bolama, JOSÉ MANUEL DE OLIVEIRA E CASTRO, de 24.11.1914 e dirigida ao Director Geral de Fazenda das Colónias.

Eis os troços que interessam trazer à luz do dia.

«Em 1900, o governador Biker serviu-se dos papeis para bater a região de Oio. «Houve então um desses triumphos aparentes. «Mas o Oio, como infelizmente se sabe, não foi então dominado nem ocupado, e os auxiliares d'então, que não haviam entregado as nossas armas, é com ellas mesmas que, em 1908, fizeram frente á coluna expediccionaria, numa guerra dispendiosissima e de lamentaveis consequencias para nós.

«As ultimas operações, demonstram um grandissimo valor militar do seu comandante, certamente exalçado pelo maior patriotismo; parece-me, todavia, que á sua orientação faltou um coeficiente politico e administrativo que as tornasse verdadeiramente proficuas. «Abdul, extrangeiro, é um guerreiro terrivel, comandando uma horda de bandidos, extrangeiros tambem, que tem o exterminio como prazer e a pilhagem como único fito.

«Terminadas as operações, ficou com todas as armas que lhe foram entregues, continuou e continua exterminando gente, devastando, incendiando, pilhando tudo...» (*sic*).

Quanto às presas de guerra: «Que recebemos nós desta procedencia? Absolutamente nada. Por uma extranhavel e perigosissima inversão de situações, tudo está nas mãos de Abdul que só uma percentagem deveria receber, embora generosa».

Antes, chamou o funcionário a atenção para o facto de o «exterminio e a pilhagem» desenvolvidos pelas forças de ABDUL INJAI (braço armado africano das forças coloniais portuguesas)

Trata-se de um depoimento incisivo e autorizado.
A autoridade de Portugal era "puramente nominal".

---

poder provocar «no indigena a peor de todas as revoltas – a revolta latente, que espera bôa ocasião de estalar com exito».

A polémica instalada contribuiu para que a campanha de pacificação de TEIXEIRA PINTO fosse ainda menos pacífica. Razão de ser?

Não foi, certamente, devido aos elevados sentimentos humanistas ou ao respeito pela liberdade e dignidade dos povos, de todos os povos, que as selvajarias executadas sobre essa gente, esses reinos, foi criticada.

Havia, sim, o receio de a campanha falhar e com isso tornar ainda mais periclitante a presença portuguesa no território.

O receio, diga-se em abono da verdade, de o movimento de combate à presença colonial portuguesa se aprofundar e contagiar outras comunidades traduzia-se numa peça importante do xadrez político.

Mas ainda que tivessem sido conseguidas vitórias determinantes, subsistiriam dois problemas:

Por um lado, o ódio instalado e a predisposição para a desforra no seio dos povos assim derrotados, despojados, vilipendiados ou massacrados;

Por outro, a consciencialização dos chamados *auxiliares* (corpo de guerra, constituído só por africanos e que não se integram, formalmente, no aparelho militar português) sobre a sua real importância no sistema político-militar colonial. Um papel determinante que no circuito fechado dos documentos político-militares era envergonhadamente confessado, mas iniludível.

Nesta senda, reconheceu o Governador OLIVEIRA DUQUE, num ofício de 22.12.1914 enviado ao Ministro das Colónias, a situação, verdadeiramente deprimente» em que se encontram os portugueses na ilha de Bissau, onde, confessa, «a nossa soberania se limita ao estreito âmbito da povoação». Enfatiza: «Os auxiliares teem sido para a província um mal, mas um mal necessário, dada a nossa fraqueza quanto a tropas regulares, mas de que precisamos libertar-nos».

Sobre a operação militar, em preparação, contra os pepeliss, adianta que «infelizmente» tinham «de a elas proceder», servindo-se eles «uma vez mais dos auxiliares, pois são absolutamente insuficientes as forças militares» de que podiam dispor.

Para reforçar esse entendimento, pode-se ainda arrolar o testemunho de EDUARDO BARBOSA, da 5.ª Repartição da Direcção Geral das Colónias, na sua informação produzida à intenção do respectivo Ministro, na sequência de comunicações oriundas da Guiné, dando conta das peripécias da Campanha de Pacificação comandada por JOÃO TEIXEIRA PINTO.

Extraio daí a conclusão seguinte:

«Por este relatório se vê que traria agora inconvenientes ir desapossar aquele chefe» (refere-se a ABDU INJAI) «do gado que lhe foi dado pois que é positivo que a ele e aos seus irregulares se deve inquestionavelmente o bom êxito das operações efectuadas ultimamente na Guiné, visto que constituiam quasi que a totalidade das colunas organizadas».

Dito o que foi dito, declaro ter tomado todas as cautelas ao estudar o relatório de TEIXEIRA PINTO. As cautelas desenvolveram-se no sentido de não perder de vista as circunstâncias que rodearam o homem ao redigi-lo;

As *petites histoires* de traições provenientes designadamente dos seus conterrâneos na Guiné;

A imagem que dele se promovia, segundo a qual não passaria de um carniceiro, abusando da força e podendo esta atitude acicatar ainda mais os nativos contra a presença colonial (note-se o esforço do autor em citar as "forças vivas" do núcleo de colonos em Bissau que apoiaram a sua

Se era puramente nominal, então que outro poder (efectivo) actuava nesses territórios?

É o próprio Chefe do Estado-Maior Português que, disfarçado de inspector de uma casa comercial, consegue chegar ao porto de Mansoa e que descreve o cenário que se lhe deparou:

«Fui informado de que êles não deixavam passar nenhum militar na região [de Oio] e só com dificuldade o deixavam fazer aos comerciantes.

«Havia em Pôrto Mansôa uma casa comercial francesa (casa Soler) que ali estava estabelecida, pagando impostos ao Oincas, aos Balantas de Mansôa e aos de Jugudul, pagando ainda uma percentagem todos os barcos que levavam mercadorias para ali e tendo no estabelecimento uma espécie de fiscal escolhido entre os Oincas e Balantas».

---

coluna: ANDRÉ GARÉS, comerciante francês que rebocou, com o seu pequeno navio, lanchas afectas à operação; Casa António Silva Gouvêa, que disponibilizou durante dois dias lancha para a operação; PEDRO MARIANO DE AZEVEDO, comandante dum navio mercante que cedeu este seu lugre para o suporte logístico a um momento da operação; Companhia Francesa da África Ocidental, que apoiou com lancha a campanha, durante dois dias; Companhia Francesa de Comércio Africano, que disponibilizou a sua lancha, durante dois dias; JOSÉ BAPTISTA TOMÉ, que afectou nas mesmas condições a sua lancha; apoios em dinheiro, géneros alimentícios, colas ou sangue foram fornecidos pela Casa Magne Fréres & Valicon, pela Casa Rodolf Titzck & Comandita, pela Casa Avelino Irmãos & Comandita, L^{da}, por MANOEL ANTÓNIO DE OLIVEIRA, JORGE KARAM, Soda Fréres, MOUSTAPHÁ JOUAD, SIMON THYAN e JOSÉ JOAQUIM PEREIRA).

O meu estado de prevenção levou-me sistematicamente a formular a mim mesmo perguntas do género: Não estará aqui TEIXEIRA PINTO a justificar os seus excessos belicistas e a nutrir o seu insuflado ego – aqui e ali disfarçado com uma modéstia que soa a ornamentação – hiperbolizando a importância, dimensão e força do inimigo e hiperbolizando os seus feitos, dele ou da sua coluna?

Armado com esses cuidados, de quem lida com uma personalidade ávida de glória, num indisfarçável afã de fazer e escrever com a sua própria pena a história (as movimentações, palavras ou actos que vão no sentido de minimizar as suas realizações, manchar a sua imagem, *etc*., não deixaram, creio, de ser sentidos pelo militar como uma possibilidade de a sua página nos feitos históricos da *raça lusitana* vir a ser rasgada ou borrada), cortando cerce quaisquer orientações que colidam com tais propósitos, cumpre-me, contudo, valorizar a lhaneza do soldado – que transpira em vários trechos do documento – e explorar as picadas por ele abertas para compreender uma fase de aguda importância na história da Guiné-Bissau.

Reforçando a impressão de inefectividade do poder português na Guiné, podem-se ler também algumas passagens do Relatório do Governador português SOVERAL MARTINS, de Março de 1904, em que este dava notícia da situação aflitiva dos portugueses e outros em Cacheu.

Com efeito, apesar da fortificação e da presença de oito dezenas de soldados, a vila estava cercada pelos mandjakuss de Kakanda e Pëkau, impedindo os moradores de sair da zona sitiada. Destacava, igualmente, a insubordinação dos mandjakuss da Costa de Baixo (Babok).

Vide, ainda, B. DE ALMEIDA, Meio Século de Lutas no Ultramar: Subsídios para a História das Campanhas do Exército Portuguez de Terra e Mar no Império Colonial, Lisboa, Sociedade de Geografia de Lisboa, 1937, p. 109 ss.

«Corei de vergonha», afiança o Capitão, ao deparar, em 6 de Janeiro de 1912, com o citado quadro.

Em pontos vários do relatório de Setembro de 1915 sobre a colónia de Bissau (pág. 19, 21), surpreendem-se várias menções, sem aspas, ao "Rei de Tór", "Rei de Biombo", ao "Régulo de Cumurá", aos "governos" de Tór e de Biombo. O cabo de guerra utilizou no documento indistintamente o conceito de rei ou régulo, pois se na página 19 fala do «rei de Biombo, Canandé», na página 22 já fala do "régulo" [de Biombo]... o tal que, no combate em Biombo com a coluna de TEIXEIRA PINTO e ABDUL INJAI, foi preso e proferiu as significativas declarações relatadas, na página 22 do relatório que tenho vindo a citar, pela pena do Chefe do Estado-Maior Português:

«Interrogado o régulo declarou que êle nunca se submeteria, porque êle odiava os brancos; que tinha mandado sempre 500 homens a cada combate que tinha havido e que enquanto êle fosse vivo e houvesse um papel de Biombo haviam de fazer guerra ao Govêrno e que se morresse, e lá no outro mundo encontrasse brancos, lhes havia de fazer guerra.

«Disse também o número de mortos que teve nos vários combates e que somados, dão até à nossa entrada no Biombo, 1.307 mortos.

«Disse que se considera o mais valente de todos os régulos porque não tinha fugido da sua terra pois queria ali morrer, e que foi êle quem mandou a ordem para trucidarem o professor Moreira».

Estamos, portanto, em face de indicadores insofismáveis da pré-existência de Estados nativos em relação à colonização efectiva da Guiné[385] – Colonialismo que teria de estar no lado oposto ao mundo onde se situam instituições tais como o *Estado de direito* (o obeso), a *democracia* e *direitos fundamentais* (certos e importantes direitos fundamentais).

Pelo menos a respeito dos balantas, mandjakuss e pepeliss – povos reputados pelo Capitão português TEIXEIRA PINTO de «guerreiros por índole e portanto sempre prontos a pegar em armas» –[386], a colonização portuguesa não passou, praticamente, de uma mera declaração de intenções ou apenas uma intenção, antes de 1913/1914.

A tal respeito, revela-se incisivo o testemunho em 1878 de CABRAL VIEIRA, um representante do domínio colonial português na Guiné.

Com efeito, tirando alguns núcleos de fixação localizados em Cacheu, Ziguinchor, Bolama, Geba, Farim e uma pequena parcela da *colónia do Rio*

---

[385] Neste sentido – em linhas gerais –, J.-Y. MORIN, L'Etat de Droit: Émergence d'un Principe du Droit International, *in* RCAI, tome 254 (1995), p. 191-192.

[386] *Cfr.* JOÃO TEIXEIRA PINTO, Coluna..., cit., p. 27.

Grande, quase nada de significativo se encontra, no concernente à presença portuguesa.

Aponta, ainda, outras localidades «em que, em comum com os indígenas, Portugal exerce um simulacro de soberania e outros que já dominou e por motivos que ignoro abandonou e estes são: Bolor, no rio de S. Domingos, onde ha um destacamento de três praças com o fim unico de içar a bandeira quando passa um navio, sem que haja ingerencia alguma na administração de povos.

«Bolor teve o seu rei, as suas autoridades, os seus soldados.

«Somos ali hospedes, tratados como bons amigos e nada mais.

«Em Sambel-Chior, Viene, Fá e Corubal, no rio Geba, não ha nem bandeira nem autoridade portuguesa.

«Os indigenas são os unicos senhores.

«Às margens do Rio Grande de Bolama e à povoação de Santa Cruz de Buba, no extremo Leste desta cópia de água uns chamam rio e outros braço de mar.

«Aqui a denominação é simultanea.

«Os negociantes de Buba pagam, além de presentes isolados a um ou outro grande, a respeitável soma de oito contos de reis a titulo de "daxa" (imposto) digo (tributo) ao rei dos Fulas, nos seis primeiros meses de cada ano».

Um ponto para mim indubitável:

A colonização portuguesa da Guiné fez-se com africanos e graças a estes.

Com africanos muitos deles "estrangeiros" ao actual recorte geográfico da Guiné-Bissau. E *estrangeiros* está entre comas dado o então alagamento de manchas tribais ou estaduais autóctones de territórios hoje segmentados em diferentes Estados, fruto do traçamento desnatural das fronteiras adoptado pelas potências ocidentais, onde as variáveis culturais, étnicas e físicas foram negligenciadas, senão ignoradas[387].

Recuemos ao tempo do *Comércio Triangular*, isto é da escravatura[388] pura e dura (um fenómeno dolorosa e praticamente universal), em que bugigangas

---

[387] A similar conclusão, quanto às fronteiras entre a *Guiné francesa* e a *Guiné portuguesa*, chegou MARIA LUÍSA ESTEVES (A Questão do Casamansa e a Delimitação das Fronteiras da Guiné, Lisboa, IICT/INEP, 1988, p. 291), quando acentua que «Só mais tarde, quando já não era possível emendar os erros cometidos, se verificou que povos com história e cultura comuns foram separados e entregues a países diferentes sem respeito pelo seu passado». Para a autora, «Não era para admirar que assim tivesse acontecido quando as negociações se fizeram longe dos locais a delimitar por pessoas mal informadas sobre a história dos povos e sem conhecimentos suficientes de geografia e utilizando cartas topográficas pouco rigorosas. Apenas se procurara satisfazer os interesses dos países colonizadores e destes o mais forte teve sempre a última palavra».

[388] H.A. WYNDHAM, Problems of Imperial Trusteeship: The Atlantic and Slavery, London, Oxford University Press, 1935.

europeias eram trocadas por mulheres e homens negros que, por seu turno, serviam nas Américas de moeda de troca para outros bens encaminhados para a Europa[389].

Não expungindo a actuação condenável das potências ocidentais, couraçadas com a sua força bélica, tecnologia e solércia, um quinhão do pecado nesse tráfico de escravos terá de ser carregado por negros, que intervinham como facilitadores ou até captores e negociantes de seres humanos reduzidos à condição mais aviltante a que se pode sujeitar uma pessoa: a de escravo.

Não se admirará, portanto, ao avaliar-se o papel dos *tangomaos*[390], igualmente conhecidos por *lançados*, na penetração do processo colonizador na vasta mancha geográfica crismada de Guiné, mas que ultrapassava e englobava a actual Guiné-Bissau. Indivíduos que se *lançavam* para além da costa ocidental africana em actividades de natureza vária.

Numa fase ulterior, de tentativa de ocupação e dominação efectivas dos povos e territórios *afectos* à colonização, outros colaboradores apareceram.

Mais uma vez, repare-se no estatuto de "estrangeiro" que os mais importantes e destacados colaboradores (na realidade, os verdadeiros autores e actores dos sucessos militares e políticos conquistados pelas forças "portuguesas") tinham.

Encabeça a lista o Tenente de 2.ª Linha, depois feito por Portugal régulo de Kuór, ABDU(L) INJAI, natural do actual Senegal e wolof, comandando quase dois mil homens devidamente armados e aparelhados. Sem esses homens, e nas con-

---

389 Com alguns apontamentos incisivos sobre o passado colonial, na vertente, nomeadamente, da dignidade humana, iluminando o cinismo transportado pela acção esclavagista, *vide* TH. MANNEQUIN, Le Problème Démocratique ou la Politique du Sens Commun, Paris/Bruxelles, Librairie Internationale/A. Lacroix, Verboeckhoven, 1870, p. 405, 445.

A. GIDDENS, Sociologia..., cit., p. 255: «O comércio de escravos não poderia ter existido se a maioria dos europeus não acreditasse que os negros pertenciam a uma raça inferior, talvez mesmo sub-humana. O racismo ajudou a justificar a dominação colonial sobre povos não europeus, negando-lhe os direitos de participação política que estavam, nessa época, a ser conquistados pelos brancos nos seus países europeus de origem».

390 F.T. VALDEZ, Africa Occidental: Noticias e Considerações, I, Lisboa, Imprensa Nacional, 1864, p. 324-326: «Estes *tangomãos* eram uma sorte de gente que, aindaque na nação eram portuguezes e na religião ou baptismo christãos, viviam porém de tal maneira, como se não fossem nem uma cousa nem outra. Muitos d'elles nus, e para mais se accomodarem com os naturaes riscavam, como os gentios, o corpo todo com um ferro, ferindo-o até tirarem sangue, e fazendo n'elle muitos lavores que depois untavam com o sumo de certas hervas representando varias e muito extravagantes figuras.

«D'esta maneira andavam por toda a Guiné, tratando e comprando escravos por qualquer titulo que os podiam haver, bom ou mau, e tão esquecidos de Deus e de sua salvação como se fossem os proprios gentios do paiz, passando n'esta vida vinte e trinta annos sem se confessarem nem se lembrarem de outra vida n'este mundo».

dições da época, ficaria desnudada a impotência de TEIXEIRA PINTO, como, aliás, ficou a de outros cabos de guerra, em sucessivas campanhas militares até então.

Que me seja permitido um aparente desvio, para salientar que a guerra colonial na Guiné das décadas de sessenta e setenta do século XX acabou, em certa medida, por reproduzir os cenários precedentes: O africano sustentáculo-mor do processo colonizador. Porque se, de uma banda, se faziam oposição e guerra à presença colonial, de outra banda, outros africanos (os mesmos, algumas vezes!) alinhavam-se com a doutrina colonial, fazendo campanha ou guerra tenaz a favor do poder colonial.

Voltando à nossa estrada principal, dos africanos e dos "estrangeiros" – uma flagrante recorrência histórica que, até ao cair do pano do séc. XX, a Guiné não deixou de registar.

Nos grandes conflitos que sacudiram a Guiné, os referidos vectores, duma ou doutra forma, acabam por ser identificáveis.

Referi-me a africanos que na primeira linha das colunas militares coloniais ampararam e fizeram triunfar o projecto colonial português na Guiné.

Africanos que se serviram da colonização (basta tomarmos em conta as presas de guerra que entraram no património do Tenente de 2.ª Linha ABDUL INJAI – milhares de cabeças de gado bovino, *etc.* –, direito a uma determinada percentagem sobre o imposto de palhota pago, que aquele detinha, nomeação a régulo pelas autoridades portuguesas de que foi beneficiário, *etc., etc., etc.*) e, como peças descartáveis que eram, iam sendo afastados, neutralizados, deportados ou mortos, sempre que deixavam de servir a causa ou se tornavam um perigo em potência para o programa colonial de domínio exclusivo e absoluto (um caso paradigmático é o de ABDUL INJAI: serviu enquanto a sua bravura, capacidades guerreiras, crueldade serviram para alastrar o domínio português; uma vez cumprida a missão, a sua bravura, as suas capacidades guerreiras, a sua crueldade contra os autóctones já se tornaram visíveis e intoleráveis pelo poder colonial; acabou os seus dias, derrotado e deportado, em Cabo-Verde)[391].

Programa esse que não se compadecia com a implantação de um qualquer ente que fizesse ou pudesse fazer sombra ao colonizador.

Parafraseando o dito do Governador Português da Guiné em finais de 1914, aqueles africanos eram, para o projecto colonial, um "mal necessário"... enquanto fossem necessários, acrescento eu.

---

[391] Segundo A.T. DA MOTA *et al.* (Efemérides…, cit., p. 98), a ABDUL INJAI foi imposta «a transferência para a Ilha da Madeira pelo tempo de 10 anos», em 29.8.1919.

Cabe, portanto, consolidar as orientações acabadas de esboçar.

– Não haveria esta colonização portuguesa da Guiné sem os lançados.

– Não haveria esta colonização sem o envolvimento activo e determinante dos chamados "auxiliares" – mas verdadeiros autores da saga *pacificadora* –, liderados por ABDUL INJAI, um Wolof do Senegal.

Atente-se na desproporção esmagante que se verificava nas forças da coluna militar que, sob o comando do Capitão JOÃO TEIXEIRA PINTO, actuou na Guiné na primeira quinzena do século XX: perto de dois mil "irregulares", ao lado de um punhado de portugueses (escassíssimas dezenas de *regulares*).

– A luta de independência liderada pelo PAIGC não seria desenvolvida (da forma como foi) sem a intervenção da rede *caoberdiana*, com o Eng.° AMILCAR CABRAL à testa.

– O *14 de Novembro* (de 1980) foi liderado pelo General NINO, mas IAFAI CAMARÁ, um gambiano da etnia mandinga, foi apresentado como o segundo homem desse "Movimento Reajustador".

Mais tarde, por ocasião de um pronunciamento militar, ANSUMANE MANÉ (um gambiano) reivindicaria para si, directamente ou pela voz ou esferográfica do seu *entourage*, um desempenho no *14 de Novembro* tendencialmente ofuscador dos fazedores conhecidos do golpe.

– O *7 de Junho* (de 1998, que se prolongou até 7 de Maio do ano seguinte) teve como *Comandante Supremo* o Brigadeiro ANSUMANE MANÉ, um gambiano da etnia mandinga apoiado, não só mas também, por uma elite política e intelectual que (maioritária e significativamente) se sentia segregada, negativamente discriminada pela disposição constitucional restritiva da capacidade eleitoral passiva para o cargo de Presidente da República, que reservava o mesmo a guineenses de origem, filhos de pais guineenses de origem.

– Importante também foi sem dúvida a participação da rebelião armada casamancense no suporte às forças da *Junta Militar*.

– A sublevação, de novo, do Brigadeiro ANSUMANE MANÉ, o gambiano, contra o poder político dirigido pelo Presidente da República YALÁ, em Novembro de 2000.

A confrontação levou à liquidação de ANSUMANE MANÉ pelas forças governamentais, pouco tempo depois de ter rebentado o conflito.

Falou-se, então, do eixo Gâmbia-Casamance-mandingas/beafadas da Guiné como sustentáculo da ideia subversiva, tal como se falara aquando do *longo putsch* de 1998/1999[392].

---

392 *Cfr.* F.P. GARCIA, Guiné 1963-1974: Os Movimentos Independentistas, o Islão e o Poder Português, Lisboa, C. P. de História Militar/Univ. Portucalense, 2000, 224. Referindo-se ao pronunciamento militar de Junho de 1998, diz o autor: «Durante este conflito falou-se do eixo Banjul-Bissau-Bijine e, os apoios da Líbia à Junta Militar continuam a ser um indicador claro da importância do factor religioso».

– Em 2002, nova (entre várias outras não mediatizadas) intentona (a oposição política apelidou-a, algo jocosamente, de inventona... mas, como a história do pós-independência guineense elucida, toda a intentona é inventona quando falha, para logo passar a *movimento reajustador* ou a *revolução*, quando coroada de êxito), desta vez atribuída a um sector social e castrense descontente com a morte do Brigadeiro ANSUMANE MANÉ e que estaria a tentar capitalizar algum descontentamento com o consulado do Partido da Renovação Social, acusado de promover a tribalização do poder.

O PR KOUMBA YALÁ acusou, em Junho de 2002, pública e violentamente, o Estado gambiano de estar por detrás dessa tentativa de golpe de Estado e de desestabilizar a Guiné-Bissau.

Formulou na altura (no Bissau Hotel, por ocasião da apresentação ao país e à *comunidade internacional* dos indivíduos detidos considerados mentores e executores da tentativa, relativamente aos quais apelou à comunidade nacional para que fosse homologada a decisão política de base, concedendo uma amnistia geral a todos os implicados, num gesto de reconciliação que meteu abraços e tudo) a ameaça de acabar com a Gâmbia em dois minutos, caso esta persista na citada via.

4. Mais Uma Vez: Multipolaridade; Invisibilidade do Estado Total. Por Uma Arquitectura Constitucional Inclusiva

Se se juntarem todos os dados atrás expostos, atrevo-me a sugerir ser a multipolaridade um traço ancestral estruturante dos povos do chão hoje conhecido por Guiné-Bissau.

Mais: A equação macropolítica da actualidade guineense deve ser resolvida considerando aquele postulado.

A multipolaridade do Estado guineense contempla uma expressão concreta, patente e indisfarçável.

Nas mais de três mil tabancas que preenchem o universo não urbano guineense, os seus habitantes vão, de acordo com a superstrutura étnica que as envolve e determina, (auto)regulando as suas vidas sem dar cavaco ao *Estado de Bissau*.

Mas mesmo em Bissau há franjas populacionais que de modo similar procedem.

A auto-regulação espraia-se na área do Direito das sucessões, Direito da família (casamento segundo os ritos próprios, com uma grande força sacramental)[393],

---

[393] Estou a pensar, a título exemplificativo, no *Plut uguing* dos mandjakuss, a fase culminante do longo e complexo ritual matrimonial em que o risco (*uguing*) é transposto pela nubente –

Direito agrário (com um definido sistema de aquisição, manutenção e tradição de bens imóveis, onde o *Estado-estrutura-importada* não mete prego nem estopa), para só falar destas áreas[394].

As décadas de oitenta e noventa do século XX testemunharam a ressurgência descomplexada das instâncias do poder daquela Guiné profunda, que a unicidade panguineense e guineocabo-verdiana tentou literalmente decapitar no pós-independência[395]. Foi assim que se registaram importantes entronizações em diferentes áreas do país, envolvidas numa ambiência de afirmação identitária das respectivas culturas[396], sob o olhar atento, desconfiado e sagaz[397] do poder centralista de Bissau[398].

---

selando-se, assim, um compromisso que não fica atrás (assim, pelo menos, crêem os seus praticantes) do que proporcionam os casamentos celebrados nos moldes canónicos ou civis.

394 Sobre o sistema de Direito africano, *cfr.* K. M'BAYE, The African Conception of Law, *in* International Encyclopedia of Comparative Law (vol. II – The Legal Systems of the World: Their Comparison and Unification, p. 138 ss.)

395 O consulado spinolista na Guiné-Portuguesa ilustra, por sua vez, a um tempo, o reconhecimento oficial da vitalidade das instâncias indígenas de poder e, a outro, a tentativa de manipulação das citadas instâncias em prol da doutrina Spínola da "Guiné Melhor". Nesta linha, *cfr.* ANTÓNIO DE SPÍNOLA, No Caminho do Futuro, Lisboa, Agência-Geral do Ultramar, 1972, p. 23, 24, 43, 44, 45. O Governador e Comandante-Chefe das forças militares portuguesas da Guiné enfatizou, por ocasião da investidura, em 6.7.1971, do Régulo de Oio, FODÉ SEIDI, assim como do de Cajegute, JOSÉ ULANCAN, em 27.7.1971, a sua política de «progressiva transformação das estruturas tradicionais em estruturas administrativas» (p. 44), defendendo que «os régulos constituem elos da cadeia governativa» e que se pretende «conferir aos régulos poderes progressivamente mais amplos num quadro de autarquias locais autênticas e representativas» (p. 24).

396 Nada de aberrante, nada de estranho, pois «a participação no concerto das nações, faça-se ela nos planos regional ou universal, não requer a descaracterização e o esvaziamento cultural de cada povo». «Pelo contrário, as comunidades que daí resultam serão tanto mais equilibradas e criativas quanto mais os povos que as compõem nelas intervierem como portadores de uma identidade própria e insubstituível». Quem assim falou foi o Prof. Doutor SÉRVULO CORREIA na *Oração de Sapiência* pronunciada na Faculdade de Direito de Bissau, no dia 21.3.1997, por ocasião da já tradicional Sessão Solene de entrega de diplomas aos alunos licenciados no ano lectivo anterior (a *Oração de Sapiência* vem publicada no BFDB n.° 5, de Março de 1998, p. 271-281, correspondendo o troço aqui citado à página 281).

397 O referido olhar pertence à maioria dos actores políticos, partidos inclusive. *Cfr.* M. JAO, Os Poderes Tradicionais no Período de Transição, *in* F. Koudawo/P.K. Mendy (ed.), Pluralismo Político na Guiné-Bissau. Uma Transição em Curso, Bissau, INEP, 1996, p. 131, 132, 133;

Sobre a "força das estruturas informais tradicionais" durante o processo eleitoral das primeiras multipartidárias na Guiné-Bissau, F. KOUDAWO, Sociedade Civil e Transição Pluralista na Guiné-Bissau, *in* F. Koudawo/P.K. Mendy (ed.), Pluralismo Político na Guiné-Bissau. Uma Transição em Curso, Bissau, INEP, p. 111.

398 Na tentativa de enquadrar o citado movimento (de "renovação dos regulados") no chão mandjaku, tendo como referência, designadamente, o caso do Sr. PAULINO GOMES, Régulo de Kaiú,

Em certas paragens, não é tão-somente a mão do Estado que é invisível, mas todo o corpo do Estado.

E é nessas paragens que sentimos a mutipolaridade do *Estado-total*, do Estado pretensiosamente total, por força da invisibilidade deste Estado-total.

Como continuar a ignorar uma realidade tão encandeante?

Imaginemos que cada um dos alvéolos celulares representa uma tribo[399].

CLARA DE CARVALHO (Ritos de Poder e a Recriação da Tradição: os Régulos Manjaco da Guiné-Bissau, Lisboa, ISCTE, 1998, p. 388) sustenta que tais entronizações «não podem ser entendidas como o retomar de uma tradição "adormecida"». Para a autora, trata-se, «pelo contrário», de «actos políticos conscientes, de populações que pretendiam reafirmar a sua identidade local e o seu poder». Nas páginas 476 e 477 da obra citada, analisa-se o percurso do Régulo PAULINO GOMES (detido pelas desconfiadas autoridades nacionais, «acusado de traição por pretender realizar uma entronização» – entronização que seria a primeira em Kaiú, desde a do Régulo FRANCISCO MANGO, falecido em 1966, durante a sua prisão de cerca de 4 anos na colónia penal da Ilha das Galinhas, na sequência de uma denúncia que o apontava como ligado à FLING, denúncia cuja autoria CLARA DE CARVALHO, na esteira de CROWLEY, atribui ao Régulo de Babok JOAQUIM BATICÃ FERREIRA; tendo sido GOMES «libertado após a intervenção dos homens *garandi* de Kaiú, que se deslocaram a Bissau para pedir ao Governo a sua libertação e autorização para continuar o processo» de entronização): «Finalmente autorizado a realizar a cerimónia de entronização em Março de 1987, o neófito foi empossado em Abril do mesmo ano»; «Gravada pela rádio e seguida pelos jornalistas, esta cerimónia assumiu a forma de uma catarse colectiva e de afirmação da vontade da população local»; «o seu significado ultrapassou os limites de uma cerimónia local, em parte por ter sido a primeira entronização a realizar-se, a nível nacional, desde a independência (…)».

399 Para uma definição ou caracterização do conceito de tribo ou grupo étnico, *cf.* ANTÓNIO CARREIRA, Organização Social e Económica dos povos da Guiné Portuguesa (Subsídios para o seu Estudo), *in* Boletim Cultural da Guiné Portuguesa, n.° 64, vol. XVI, Outubro 1961, p. 661-663.

Após percorrer certas conceptualizações adoptadas por autores como RALPH LINTON (Estudios del Hombre, Mexico, Fondo de Cultura Economica, 1944 – segundo o qual tribo seria o conjunto de grupos humanos exíguos que vivem num território e possuem uma determinada comunidade de interesse, assim como um certo sentimento da sua unidade, resultante de numerosas semelhanças culturais e de contactos amistosos e frequentes), D. WESTERMANN [Noirs et Blancs en Afrique, Paris, Payot, 1937 – para quem *tribo* é uma aglomeração de grupos e de indivíduos que, vivendo no mesmo território, tem um chefe comum, língua, usos e costumes similares. Trata-se de uma unidade política que se encontra amiúde em África: «Etant une agglomeration de groupes et d'individus pas necessairement apparentés qui, du fait qu'ils vivent sur un même territoire, ont en commun un chef, une langue et des us et coutumes similaires, la tribu forme une unité culturelle et politique.

En Afrique Occidentale, une tribu comportera souvent trois éléments: le groupe qui a émigré dans le district, les aborigènes de ce district, les émigrants ultérieurs composés de rejetons d'autres groupes»] ou LOUIS LEFROU (Le Noir d'Afrique, Paris, Payot, 1943 – que entende a tribo

A título exemplificativo, encaixar-se-iam no corpo as tribos baiote, balanta, banhum, bëdjugu[400], biafada, djakanka, felup, fula, mandinga, mandjaku, mankanh, mansoanka, nalú, padjadinka, pepel, sussu.

Elas não são realidades cartesianamente homocêntricas.

A relação entre esses grupos étnicos e a estrutura estadual ocidental que os tenta enformar é recente e fonte de graves problemas (embora ignorados e minimizados) de foro político-constitucional.

É uma necessidade instante que se tome tenência duma realidade aparentemente banal, mas dotada de um peso estratégico para a cabal compreensão do

---

como aglomeração de famílias submetidas à autoridade de um chefe, vivendo na mesma terra e estendendo as suas origens a uma fonte comum, «l'agglomeration plus ou moins nombreuse de familles placées sous l'autorité d'un chef, vivant dans la même contrée, et tirant primitivement son origine d'une même souche»), CARREIRA reúne alguns elementos que, cumulativamente, contribuem para a definição de tribo ou grupo étnico, a saber: «aglomeração de grupos e de indivíduos aparentados, ou não, uns com os outros; fixação destes grupos e destes indivíduos num mesmo território; relativa unidade de língua, de crenças religiosas e de estrutura social; certa consciência de grupo; comunidade de interesses e autoridade política comum, ou não».

Este último elemento é reivindicado pelo autor como um dado novo por si introduzido. O estudo dos grupos étnicos felupes, baiotes e balantas sustentaria tal conclusão, já que se trata de entidades em cuja organização social não se prevê a existência de «chefe político comum».

MICHEL PANOFF e MICHEL PERRIN [Tribo (in Dicionário de Etnologia – tradução de Carlos Veiga Ferreira, do francês Dictionnaire de l'Ethnologie, Paris Payot, 1973), Lisboa, Edições 70, p. 168] avançam com a seguinte caracterização de tribo:

«Grupo homogéneo e autónomo do ponto de vista social e político e que ocupa um território próprio.

«É, em geral, a unidade mais vasta que é possível encontrar entre as populações de que a etnografia tradicionalmente se ocupa.

«Uma tribo é composta por grupos mais reduzidos, por exemplo *clãs* (...)».

Para alguns tópicos da historiografia (origens, constituição e localização) de certos grupos étnicos da Guiné (como o felup, o baiote, o banhum, cassanga, mandjaku, mankanh, pepel, balanta, cunante ou mansoanca, beafada, nalú, bëdjugu, mandinga e fula), *cf.* F. ROGADO QUINTINO, Os Povos da Guiné, *in* Boletim Cultural da Guiné Portuguesa, n.° 96, vol. XXIV, Outubro 1969, p. 861-894, *passim.*

Alguns dados, porém, principalmente atinentes às origens, não são pacíficos na literatura da especialidade.

400 *Ateadjogó* (o povo perfeito, na língua dos arquipelágicos), que o português deturpou para "bijagó".

No tocante às origens deste povo, ver as hipótese equacionadas em LANDERSET SIMÕES, Babel Negra..., cit., p. 145-146. Menciona-se a mítica Atlândida, a Etiópia; o bëdjugu diz-se descendente dos quatro primeiros habitantes das ilhas: *Orakema; Ominka; Ogubâné; Orédjá.*

fenómeno do poder nas paragens guineenses: os grupos étnicos agora enlaçados no projecto nacional-estadual não foram tidos nem havidos por Portugal na erecção da Guiné-colónia[401].

Para esse projecto, não meteram *prego nem estopa*, como se usa dizer.

Mas o *filho* já nasceu.

Portanto, o que se pode e deve fazer é corrigir o que for corrigível.

---

401 A maquinaria político-administrativa colonial comportava, por alturas da Lei do Indigenato de 1927, o Governador da colónia (que dependia hierarquicamente do Ministro das Colónias).

A colónia integrava três Concelhos (Bolama, Bissau e Bafatá) e oito Circunscrições (abrangendo as zonas rurais que servem de abrigo à maioria dos pejorativamente chamados indígenas).

O refinamento da dominação colonialista ia ao ponto de chamar a si o Régulo ("Regedor") para as tarefas adjuvantes dos Administradores e Chefes de Posto (estas últimas duas funções desempenhadas, normalmente, por cabo-verdianos), como a recolha de impostos, a coordenação, no terreno, dos trabalhos forçados, entre outras.

As pontes entre o poder colonial e os poderes nativos estavam, de alguma forma, construídas, o que garantia uma relativa eficácia da governação e uma aparência de incorporação nos nativos dessa lógica política.

Na perspectiva de uma titubeante e assistemática aproximação às fontes do poder indígena, veja-se a acção do poder político pós-colonial em diversos momentos: um quando, designadamente, os Tribunais de Base (*v.g.*, de tabanca) foram erigidos com o apoio participante do poder nativo – denotando (por isso mesmo?) alguma operacionalidade;

Outro, que coincidiu com a preparação e advento do multipartidarismo dos anos 90 do século XX – em que a elite política indígena foi envolvida num processo de sedução pela elite da *praça*.

Sustentando a opinião de que, paradoxalmente, a independência da Guiné-Bissau trouxe um menosprezo pelo chamado poder tradicional, em relação à situação deste no período colonial (fala do «maior golpe no poder tradicional»), *cfr.* D. GOMES FERNANDES *et al.*, no trabalho colectivo Estado moderno…, cit., p. 78.

Verifica-se no âmbito juscomparativístico africano uma certa alergia ao termo etnia e aos seus derivados, como que (superstição *oblige*?) desejando-se fugir a sete pés do mau agoiro que poderia ser admitir a existência do problema étnico.

ROZA ISMAGILOVA [Ethnicity in Africa and the Principles of Solving Ethnic Problems in the Constitutions, *in* V. Piergigli/I. Taddia (a cura di), International Conference on African Constitutions, Bologna, November 26th-27th, 1998 (CISR), Torino, G. Giappichelli Editore, 2000, p. 217, 218] lembra, neste sentido, que «em alguns países, os governos deixaram de incluir no censo populacional a "origem étnica"».

«Não é possível obter dados sobre a composição étnica dos governos, *etc.*».

Contudo, «ao mesmo tempo, a identidade étnica aí está e, aliás, este sentimento começa a ser mais forte».

Conclui a autora: «Antecipando os acontecimentos pela proclamação da nação singular (não no sentido de concidadãos, mas como uma categoria etnosocial) quando as condições ainda não se encontram maduras, piorará apenas as dificuldades existentes nas relações interétnicas».

Hoje, as instâncias indígenas do poder devem ser ouvidas, respeitadas e valorizadas no projecto de fortalecimento do Novo Estado da Guiné-Bissau[402].

Como?

Através duma estruturação adequada do poder que dê espaço à expressão e participação livres e criativas das estruturas autóctones do poder... até quando continuarem ainda a fazer sentido.

A Guiné-Bissau do ano 2002, por exemplo, parece ser, de facto, uma *união incorporada*[403], onde os reinos ou regulados foram incorporados na união perdendo aqueles grande parte da sua autonomia (embora ainda gozem de alguma), mas mantêm a carga simbólica de reinos ou, pelo menos, *regulados*.

E o imperativo elementar deve ser a governabilidade[404] do sistema. Tal deve ser a bússola da política constitucional.

Se a concepção formal-processual da democracia ou do *Estado de direito* é a nossa base de trabalho, temos de considerar que a democracia (ou o Estado de direito) é a forma de uma função (dimensão teleológica) minimal: a governabilidade do sistema.

Daí que não seja despropositado temperar a democracia – tal qual viajou do Ocidente para as savanas e selvas subsaarianas – com o ingrediente autóctone (não se mostrando sustentável a cristalização de qualquer paradigma, a decalcar em todas as latitudes do universo)[405].

---

402 Destacando a insignificante representação que a "chefferie traditionnelle" teve na "Conférence Nationale" do início dos anos 90 do século XX no Níger, *cfr.* J.-J. RAYNAL, La Démocratie au Niger: Chronique Inachevée d'un Accouchement Difficile, *in* G. Conac (sous la direction de), L'Afrique en Transition Vers le Pluralisme Politique, Paris, Economica, 1993, p. 367.

403 Sobre o conceito, *cfr.* JORGE MIRANDA, Manual de Direito Constitucional, tomo III (Estrutura Constitucional do Estado), 3.ª ed. (reimpressão), Coimbra, Coimbra Editora, 1996, p. 266-267.

404 A propósito da governabilidade e estabilidade, M.A. SAEZ, Gobernabilidad, Crisis y Cambio: Elementos para el Estudio de la Gobernabilidad de los Sistemas Políticos en Épocas de Crisis y Cambio, Madrid, Centro de Estudios Constitucionales, 1994, p. 27-43.

405 Sublinhando o contributo da África para a democracia, negando, ao mesmo tempo, ao Ocidente a possibilidade de reivindicar para si a "propriedade" desse valor, *vide* L. DIAMOND, Introduction: Roots of Failure, Seeds of Hope, *in* L. Diamond/J.J. Linz/S.M. Lipset (ed.), Democracy in Developing Countries: Africa, Colorado/London, Lynne Rienner Publishers/Adamantine Press Limited, 1988, p. 29. Não aceita o autor a ideia de que a democracia não pode funcionar em África; «Democracy is not the unique property of the West, and African history encompasses a wealth of democratic traditions and forms», conclui.

Cfr., ainda, S. ADEJUMOBI, Elections in Africa: A Fading Shadow of Democracy?, *in* International Political Science Review (2000), vol. 21, n.° 1, p. 62. Reconhece o autor que embora os

Pode, até, desse exercício resultar uma certa "aristocratização" da vida política[406], mas se isso for um pressuposto da governabilidade (*i.e.*, eficácia e eficiência funcionais) do sistema, que se dê, então, tal passo.

Se até as democracias mais badaladas têm essa componente ("aristocrática") como um dado natural – e mais que meio mundo acha-a deslumbrante, porquê e para quê violentar a nossa história e o nosso *modus essendi* só porque queremos ser mais ocidentais do que os ocidentais, mais nortenses que os nortenses (falsamente, como se acabou de ver)?

Porquê estilhaçar as *células* existentes, herdadas dum passado remoto, só para implantar um determinado figurino de Estado-nação?

Porquê dizimar ou (pior?) fingir que estão dizimados os (sub) *conjuntos* étnicos em que se consubstancia o *conjunto Estado da Guiné-Bissau*?

Porquê insistir numa unicidade nacional forjada na razia de particularismos tão vivos (ainda) no espaço guineense?

Por que ignota razão se vai alimentando uma ficção desse calibre (a disseminação do *factor* π, uniformizando o conteúdo do *referencial* em multidões de π, desenquadrados de quaisquer conjuntos sociológico-politicamente relevantes)?

Para quê continuar o delírio ficcional, se a realidade[407] fala mais alto do que a ficção[408]?

---

sistemas políticos pré-coloniais em África tenham «alguns tons de princípios democráticos e práticas neles implantados, o conceito de voto e a noção de maioria política e minoria não faziam parte da tradição política africana»; «consenso, diálogo e o colectivo político eram enfatizados como opostos ao individualismo, à atomização e ao maioritarismo do sistema político capitalista ocidental»;

P. KARIBE MENDY, A Emergência do Pluralismo Político na Guiné-Bissau, *in* F. Koudawo/P. K. Mendy (ed.), Pluralismo Político na Guiné-Bissau. Uma Transição em Curso, Bissau, INEP, 1996, p. 16 (que se inclina para a hipótese de as teses sobre a democraticidade ou não democraticidade das sociedades africanas pré-coloniais serem "talvez" "demasiadamente simplistas").

[406] As lições da antiga civilização grega, nessa direcção (com o seu arcontado, seus areópagos, seus Conselhos – por exemplo o Conselho dos Quatrocentos e, depois, o de Quinhentos), não devem ser ignoradas.

[407] Referindo-se a uma outra vertente do problema, mas ligada à faceta presentemente tratada, *cfr.* K. M'BAYE, The African Conception…, cit., p. 155: «the African lineage type family is dying out; the clan is breaking up; the totems are passing into history. One by one the old African beliefs lose their vigour and fall, like the walls of the altars that sheltered the fetishes». O que me parece defensável é, contudo, o seguinte: enquanto não caírem tais valores (e há que ponderar se caíram ou não totalmente) não faz sentido agirmos como se já tivessem caído; a Guiné-Bissau do primeiro lustro do segundo milénio da era cristã ainda é a Guiné do pleno vigor desses valores.

[408] No jargão do Instituto Nacional de Estatística e Censos da Guiné-Bissau (*cfr.* Recenseamento Geral da População e Habitação – 1991, Lisboa, INE, 1996, tabelas 3.5, 5.2B), usa-se falar

Se os catalogados "sem etnia"[409] rondam apenas 0.8%, segundo dados do INEC relativos ao recenseamento geral da população de 1991 – ainda que fossem hipervalorizados os de etnias "mixtas" (1.6%), que de forma alguma significam seres destribalizados[410], mas, fundamentalmente, cruzamento entre tribos ou entre estas e outras entidades sociológicas – revela-se-nos de forma retumbante a falsidade em que assentam as fundações do Estado post-colonial guineense.

Os dados fornecidos pelo citado recenseamento populacional[411] apontam para as seguintes etnias e números, cabendo, desde já, sublinhar a discutível relevância, na perspectiva da presente investigação, da autonomização, por exemplo, das "6" etnias fulas:

População total – 979.203

---

dos "sem etnia" e da categoria "mixta", quando é classificada a população residente segundo o critério de "etnia".

No final da lista de etnias com o número dos respectivos membros recenseados, vêm, sistematicamente, os "sem etnia", a que eu chamaria atribalizados (que, pelos dados do citado recenseamento populacional – o último, até à data –, representam 0.8% dos habitantes do conjunto nacional), "mixta" (os situados, designadamente, nas zonas de *intersecções* tribais ou advenientes do cruzamento entre elementos tribalizados e influxos de outra natureza, como o caso retratado num diagrama precedentemente exposto – B ∩ C –, 1.6%), "não especificada" (0.2%).

409 Dando conta de uma certa perspectivação da etnicidade (visão, a partir dos anos sessenta, "anti-substancialística" – em que a etnicidade é vista não simplesmente como facto dado aprioristicamente: «Ethnizität ist nicht substantiell oder gar essentiell, sie wird erst geschaffen in einem Prozeß der entsprechenden Bewußtseinentwicklung»), onde entram considerações tais como a tridimensionalidade – "horizontal", "vertical" e de "intensidade" – da etnicidade, *cfr.* R. KÖßLER/T. SCHIEL, Modernisierung, Ethnizität und Nationalstaat, *in* M. Massarrat/G. Széll/H.-J. Wenzel (Hrsg.), Die Dritte Welt und Wir: Bilanz und Perspektiven für Wissenschaft und Praxis, Freiburg, Informationszentrum Dritte Welt, 1993, p. 347 ss. O uso da etnicidade no sentido *horizontal* "não implicaria qualquer hierarquia interétnica (teríamos aqui a etnicidade como "Strategie", como "Mittel für soziale Schließung" – estas duas posturas comportando algumas parecenças, sendo usadas muitas vezes pelas elites, conquanto não sejam estes os únicos utentes do expediente, no afã de conquistar a adesão do "povo" para os seus outros intentos – e como "kulturelle Kreativität"; no sentido "vertical", salientam-se as contraposições "great *versus* little tradition" (a *grande* – apanágio da elite nacional na sua "universalística" pretensão –, a *pequena* atribuída a uma atitude "particularística", "tribalística" ou "paroquial"), "Nationalismus *versus* Tribalismus" e "Zentralismus *versus* Regionalismus"; finalmente, a "dimensão de intensidade", ciente da tensão entre os interesses nacional-centralistas e os interesses étnico-regionais, destaca a "ethnische Spaltung" e o "kultureller Reichtum".

410 No tocante à inserção social dos *indígenas destribalizados* durante a época colonial, *vide* J. DA SILVA CUNHA, O Enquadramento Social dos Indígenas Destribalizados, *in* Revista do Gabinete de Estudos Ultramarinos, Lisboa, Centro Universitário de Lisboa, Ano 2, 5-6 (Janeiro-Junho, 1952), p. 11-28.

411 INEC, Recenseamento..., cit., vol. I, tabela 3.5.

Baga – 349; Baiote – 5.144; Balanta – 232.643; Balanta-Mané – 9.110; Bambâra – 254; Banhum – 317; Beafada – 31.457; Bidjugu – 20.530; Mankanh – 34.683; Kabuiana – 539; Kassanga – 991; Kunante (Mansoanka) – 13.169; Felup – 13.971; Fula – 240.557; "Fula-de-Boé" (Boencas) – 347; "Fula-de-Futa" (Futa-Fula) – 7.257; "Fula-de-Toro" (Toranca) – 135; "Fula-Forro" – 92; "Fula-Preto" – 588; Djakanka – 2.659; Djalofo – 238; Landuma – 477; Mandinga – 134.325; Mandjaku – 90.803; Nalú – 8.728; Padjadinka – 1.766; Pepel – 88.324; Sarakulé (ou Soninké) – 4.501; Sussu – 3.347; Suruâ – 206; Tanda – 528; Teméné – 124; "Outras etnias" – 5.115[412]; "Mixta" – 15.774[413]; "Não especificada" – 2.279; "Sem-etnia" – 7.876[414].

Como tratar os dados estatísticos apresentados?

Primeira observação: o último recenseamento geral da população na Guiné-Bissau ocorreu em 1991.

Põe-se um problema, real, que é o da actualidade dos dados ali consagrados.

Dando de barato a fidedignidade das informações patenteadas pelo recenseamento, num país com dificuldades inimagináveis da mais variada ordem, é, a meu ver, imperioso tentar-se um *aggiornamento* dos citados dados, hoje que já se passaram mais de 10 anos sobre o recenseamento de 1991.

Por outras palavras, tentarei ensaiar, a seguir, uma extrapolação de dados estatísticos, de forma a captar os (prováveis) números actuais da população.

Desaconselha-se o chamado método de componente, que se traduz na seguinte fórmula:

População do ano χ = População do último recenseamento + *Saldo Natural* (natalidade menos mortalidade) + *Saldo Migratório* (emigração menos imigração).

Querendo nós calcular a população da Guiné-Bissau em 2002, o caminho a seguir está delineado:

P. 2002 = P. 1991+SN+SM.

Entrando em conta com a desorganização da Administração pública neste país, entra-nos pelos olhos dentro a inadequação da fórmula atrás mencionada.

412 Referem-se às tribos que não comportam um número significativo de membros.

413 Cruzamento intertribos ou entre tribos e conglomerados de natureza distinta.

414 Os atribalizados.

TABELA 1 – *Guiné: censo populacional de 1991*

População Total e por Etnia	Recenseamento de 1979	Percentagem	Recenseamento de 1991	Percentagem	Previsão da População Para 2002	Percentagem	Obs.; Previsão da População Pª 2005
População Total	767.739	100%	979.203	100%	1.224.097	100%	1.300.932
Bagá	69	0.0089%	349	0.035%			
Baiote	1.218	0.15%	5.144	0.52%			
Balanta	188.018	24.48%	232.643	23.75%			
Balanta-Mané	6.736	0.87%	9.110	0.93%			
Bambâra	350	0.045%	254	0.025%			
Banhum	265	0.034%	317	0.032%			
Beafada	23.937	3.11%	31.457	3.21%			
Bidjugu	18.984	2.47%	20.530	2.09%			
Djakanka	2.167	0.28%	2.659	0.27%			
Djalofo	165	0.021%	238	0.024%			
Felup	13.761	1.79%	13.971	1.42%			
Fula	154.600	20.13%	240.557	24.56%			
"Fula-de-Boé"	354	0.046%	347	0.035%			
"Fula-de-Futa"	16.001	2.084%	7.257	0.74%			
"Fula-de-Toro"	703	0.091%	135	0.013%			
"Fula Forro"	1.848	0.24%	92	0.0093%			
"Fula Preto"	1.941	0.25%	588	0.060%			
Kabuiana	647	0.084%	539	0.055%			
Kassanga	672	0.087%	991	0.10%			
Kunante (Mansoanka)	11.263	1.46%	13.169	1.34%			
Landumá	249	0.032%	477	0.048%			
Mandinga	93.556	12.18%	134.325	13.71%			
Mandjaku	80.624	10.50%	90.803	9.27%			
Mankanh	25.481	3.31%	34.683	3.54%			
Nalú	5.991	0.78%	8.728	0.89%			
Padjadinka (Badjaranka)	1.464	0.19%	1.766	0.18%			
Pepel	75.958	9.89%	88.324	9.01%			
Sarakulé (Soninké)	3.676	0.47%	4.501	0.45%			
Suruâ	101	0.013%	206	0.021%			
Sussu (Djalonka)	2.203	0.28%	3.347	0.34%			
Tanda	400	0.052%	528	0.053%			
Teméné	5	0.00065%	124	0.012%			
"Outras etnias"	1.555	0.20%	5.115	0.52%			
"Mixta"			15.774	1.61%	19.719	1.61%	20.957 1.61%
"Não especificada"	25.168	3.27%	2.279	0.23%			
"Sem-etnia"			7.876	0.80%	9.845	0.80%	10.464 0.80% ["Mista"+" Sem-etnia"=1.1 % (em 1979)]

É que não se sabe, nem por sombras, quantas pessoas, num determinado ano, nasceram, quantas faleceram, quantos guineenses emigraram e quantos estrangeiros ou apátridas imigraram.

Dito de outro modo, revela-se impossível calcular, com rigor, o *movimento da população – i.e.*, a respectiva evolução por força da natalidade e da mortalidade (movimento *natural*), assim como da *mobilidade espacial* (*movimento migratório*).

Privilegiar-se-á, pois, o método exponencial, mais adaptável a realidades como a guineense e a de muitos Estados da costa ocidental africana. Comporta, porém, o demérito de não proporcionar um resultado que prime pela exactidão. A margem de erro situa-se entre -5% e 5%.

Computar-se-á, destarte, a população de 2002 de acordo com a fórmula P. 2002 = P. 1991 $(1+R)^n$

Sendo:

P. 2002 – População em 2002;

P. 1991 – População em 1991 (ano do último recenseamento geral da população);

R – Taxa de crescimento médio anual da população (em percentagem);

n – Número de anos passados desde o último recenseamento até ao ano em relação ao qual se pretende calcular a população (considera-se, nesta operação, o intervalo entre os dois marcos temporais).

Sendo assim, a população de 2002 quantificar-se-á a partir da população do último recenseamento (de 1991), vezes a constante 1, mais taxa de crescimento médio anual (R), elevado ao número de anos transcorridos desde o último recenseamento até ao ano relativamente ao qual se pretende calcular a população.

Antes de preencher a fórmula de cálculo da população de 2002 [P. 2002 = P. 1991 $(1+R)^n$], urge determinar a taxa de crescimento médio anual da população visada, o que pode ser feito através destoutra fórmula:

$$R = \left(\sqrt[n]{\frac{P.\ 1991}{P.\ 1979}} - 1 \right) \times 100\%$$

EQUAÇÃO 1 – *Taxa de crescimento médio anual da população 1*

Sendo:

R – taxa de crescimento médio anual;

n – n.° de anos passados desde o último recenseamento até ao ano de que se intenta calcular a população;

P. 1991 – população da Guiné-Bissau, segundo os dados do último recenseamento populacional, em 1991 (979.203 habitantes);

P. 1979 – população da Guiné-Bissau, segundo os dados do penúltimo recenseamento populacional, em 1979 (767.739 habitantes).

Retomando a fórmula,

$$R = \left[\sqrt[10]{\frac{979.20}{767.73}} - 1 \right] \times 100\%$$

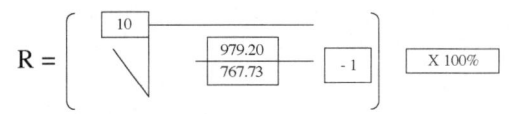

EQUAÇÃO 2 – *Taxa de crescimento médio anual da população 2*

R = 2,05%

A taxa de crescimento médio anual da população é, assim, igual a 2.05% (curiosamente, o registo por que se pauta esta parte de África).

Repescando a fórmula P. 2002 = P. 1991 $(1+R)^{n}$, teremos

P. 2002 = 979.203 $(1+2.05\%)^{10}$

P. 2002 = 979.203 $(1+0.0205)^{10}$

[Chegou-se ao 0.0205 pela divisão de 2.05 por 100, já que não se podia somar a constante 1 com 2.05%]

P. 2002 = 979.203 $(1,0205)^{10}$

P. 2002 = 979.203 x 1,2500952344416624635845957151606

P. 2002 = 1.224.097 indivíduos.

Repare-se que os 9.845 habitantes, que, de acordo com as fórmulas apresentadas precedentemente, seriam a população sem-etnia previsível para 2002, continuariam a representar apenas 0.80% da população da Guiné-Bissau[415] (cuja previsão, como se viu, situa-se em 1.224.097 indivíduos)[416].

Por outro lado, os reconduzidos à categoria "mixta", nos termos da orientação acabada de exprimir, manter-se-iam em 1.61% no ano 2002 (valores previstos: 19.719 indivíduos)[417].

---

[415] Em 2005, calculamos em 10.464 o total de indivíduos pertencentes ao estrato *sem etnia* (0.80% da população da Guiné).

[416] O tempo foi-se esvaindo e eis que já estamos em 2005. Actualizando os valores [de acordo com a fórmula até aqui usada: P. 2005 = P. 1991 $(1 + R)^{n}$], as minhas projecções, no que toca à população da Guiné em 2005, apontam para 1.300.932 habitantes.

[417] Em 2005, estimamos que haja 20.957 indivíduos do segmento social *misto* (1.61% da população da Guiné).

A falsidade daquelas pré-fundações, assim seja dito, torna-se mais chocante quanto é por demais óbvio que a Guiné-Bissau é uma realidade *radicalmente* tribal[418].

O povo que vive e sobrevive nos *chãos* inseridos hoje num outro recorte fronteiriço superestadual é um povo *radicalmente* tribal. Ele pensa, vive e sobrevive em função dessa entidade de *raiz* – de nada valendo a alegação de que não existe base *científica* para as diferenciações "étnicas" no caso em apreço.

Respeita, venera as instituições (no sentido mais amplo do termo) do seu *chão*, em desprimor muitas vezes das instituições da República, mesmo estando ele longe do seu chão, mesmo estando ele fisicamente mais *perto* da República ou até, pasme-se, nos cadeirões do trono republicano[419].

---

418 Retratando um exemplo tirado da sua vivência no Gabão, de íntima contradição entre posturas políticas (multipartidarismo *versus* ditadura monopartidária) de um indivíduo, contradição essa resolvida a favor do «attachement au principe clanique» (mesmo que este *attachement* implicasse a sonegação da liberdade e democracia multipartidária que num momento anterior o mesmo indivíduo militantemente defendeu), *cfr.* ISAAC NGUÉMA, Pratiques et Conceptions Africaines de la Démocratie: Expériences Vécues, *in* G. Conac (sous la direction de), L'Afrique en Transition Vers le Pluralisme Politique, Paris, Economica, 1993, p. 166;

G. CONAC, Etat de Droit et Démocratie, *in* G. Conac (sous la direction de), L'Afrique en Transition Vers le Pluralisme Politique, Paris, Economica, 1993, p. 489, 493.

419 Constata ULRICH SCHIEFER [no estudo intitulado "Geister und Gewehre: Ethnien, Macht und Staat in Guinea Bissau - Ein Beispiel aus Westafrika", *in* M. Massarrat/G. Széll/H.-J. Wenzel (Hrsg.), Die Dritte Welt und Wir: Bilanz und Perspektiven für Wissenschaft und Praxis, Freiburg, Informationszentrum Dritte Welt, 1993, p. 370] ser suposto os irans dos Mandjakuss proporcionarem fertilidade, saúde, dinheiro e poder político a quem recorra a eles (e em tempo de mutações políticas, a corrida a tais entidades intensifica-se). Ou, mais precisamente, «Die 'iran' der Manjaco (...) sind neben Fruchtbarkeit und Gesundheit auch für Geld und politische Macht ansprechbar, was ihnen – ganz besonders in Zeiten politischer Veränderungen – regen Zulauf beschert».

Eu apresentaria um exemplo actualíssimo e urbano: os comunicados que comecei a detectar, a partir do início do terceiro milénio, nas rádios guineenses, em programas específicos de divulgação de pequenos anúncios e informações [intitulados "Rekaduss ku no tem pa konta" (RDN); "Barkafon di Rekadu" (Rádio Galáxia de Pindjigti); ou "Agenda do Ouvinte" (Bombolom)]. O denominador comum desses comunicados é a ameaça de recurso ao "tribunal do *tchon*" – isto é às instâncias tradicionais (do *chão*) e místicas de descoberta e, fundamentalmente, punição do prevaricador. O siginificado dessa *nova* (ou, melhor, renovada) atitude, autêntica febre na cosmopolita Bissau, é a menosvalorização das instâncias oficiais (tribunais do Estado, polícia, *etc.*) e a valorização das instâncias tradicionais nativas (*iran*, *muru*, *etc.*).

É assim que se ouve (Pindjigti, 13.7.02): Fulano de tal pede ao taxista que o transportou do ponto *x* a *y* que entregue a carteira de que se esqueceu nessa viatura; se não o fizer, ele *não se responsabiliza* por aquilo que virá a suceder ao taxista...

É o porco que desapareceu e a dona, suspeitando que terá sido furtado o suíno, dá um prazo para que o mesmo apareça, sob pena de *não se responsabilizar* por aquilo que vier a acon-

Se E (entidade representativa da pan-nacionalidade[420]) é *um referencial*, ele não é *o referencial* na Guiné de hoje.[421] Sê-lo-ão também, por conseguinte, A, B, C, D, F, ..., Q.

Uns mais vigorosamente do que outros, mas, em todo o caso, realidades porfiadamente viventes, infra-estruturantes e superstruturantes do modo-de-ser guineense.

O resto é fantasia, que não deve ser o método da ciência jurídica, uma ciência da normatividade posta e vivida.

Totalmente descabido será alçar o espantalho da xenofobia, do tribalismo, racismo ou outros *ismos* diferenciais[422], para sonegar a realidade. Tal como o racismo, a xenofobia inscreve-se numa lógica de exclusão do outro, outro que é diferente, que é estrangeiro. Por isso digo que a xenofobia (que significa antipatia pelo estrangeiro) é uma das formas que a heterofobia pode assumir, podendo ocorrer seja numa contextura de supremacia do xenófobo, seja numa contextura onde ele é mais fraco. Reduzamos o âmbito de abrangência e cairemos no tribalismo, principalmente quando a pertença a uma tribo[423] é vivida numa lógica de autofechamento e exclusão do *outro*.

---

tecer ao autor ou à autora do furto... E os comunicados deste estilo sucediam-se numa quantidade arrasadora.

São as disputas pela liderança numa conhecida ONG dos direitos humanos, que – envolvendo acusações de desvios de fundo, remessa ou captura de documentos, a respeito, comprometedores e, por outro lado, de actuação a soldo do regime – meteram até ameaças de pôr quem enviou os documentos a determinados círculos do poder (Presidência da República) a andar nú em Bissau, doido varrido... Nada, penso eu, que uma procissão ao *chão* não consiga.

420 Prefiro a heterodoxa grafia *pan-nacionalidade* a outras formas compatíveis com o Acordo Ortográfico de 1945 (sem hífen). Adiro, portanto, neste particular, ao último acordo (não vigente, à data) que aprovou as bases da ortografia unificada da língua portuguesa [*vid.*, Base XVI, 1.° c)], por ser a solução mais feliz e racional.

421 Que fique **E** pela sua consideração como conjunto de conjuntos vários, valendo-se, se quiser, do peso do axioma euclidiano «o todo é maior que as partes», mas é tudo.

Algum interesse terá aqui uma reflexão sobre o axioma da reunião, de ZERMELO-FRAENKEL [se χ é um conjunto de conjuntos, é ainda um conjunto a reunião de todos os seus elementos:

$(\forall\chi)\ (\exists\gamma)\ (\forall z)\ (Z \in \gamma \Leftrightarrow (\exists\, t)\ (Z \in t \vee t \in \chi))$] ou o *axioma das partes de um conjunto* de ZERMELO-FRAENKEL [para um conjunto dado, χ, existe um conjunto que tem como elementos todos os subconjuntos de χ:

$(\forall\chi)\ (\exists\gamma)\ (\forall z)\ (Z \in \gamma \Leftrightarrow Z \subseteq \chi)$].

422 Tal como eu sustentara numas Jornadas Diplomáticas de 1996 [E. KAFFT KOSTA, ONU e a Luta Contra o Racismo, a Xenofobia e Todas as Formas de Discriminação, Conferência dada em Bissau, a 17.9.1997, no âmbito das Jornadas Diplomáticas do Ministério dos Negócios Estrangeiros], parágrafo intitulado *racismo e outros ismos diferenciais*.

423 *Tribo* que, como se ensina, é um grupo que, *seguindo-se à linhagem e ao clã, se articula genealogicamente segundo um sistema de parentesco*. A *etnia*, essa, reconduzir-se-ia a um grupo

Com essas realidades a África tem de viver: unidades étnicas disseminadas por vários Estados independentes. São fronteiras delineadas em 1885, na Conferência de Berlim, confirmadas, com pequenos retoques, em 1919, no Congresso de Versailles e consolidadas, em 1963, através do princípio da intangibilidade das fronteiras herdadas da colonização[424], princípio proclamado pela OUA. Conquanto artificiais, essas fronteiras são dados objectivos que estão a vingar, apesar de todas as dificuldades. São dados a ter sempre presente.

Este mundo e este tempo é um mundo e um tempo profunda e universalmente *racialista*; ele é racial; ele é nacional[425]; ele é tribal; parental; individual... e, por fim, ele é global.

Ao racismo, temos de contrapor o *racialismo* (não no sentido proposto por JOHN REX, de prática da discriminação, mas no sentido de consciência de pertença a uma raça[426]; orgulho em ser de uma raça; sem desprimor por outras raças).

À xenofobia, há que contrapor o *nacionalismo* (como consciência de pertença a uma nação; como orgulho de pertencer a uma nação; sem desprimor por outras nações).

Ao tribalismo, temos de contrapor a *tribofilia* – uma dimensão em que a pertença a uma tribo é assumida com orgulho (sem complexos), mas sem desprimor por outras tribos.

Fala-se muito e todos falam da riqueza da diversidade[427] (cultural, étnica, *etc.*), mas poucos da extensão até às últimas consequências dessa tese.

---

mais amplo do que a tribo. Mas, na linguagem comum, são ambas a mesma coisa, com a diferença de "tribo" ter, para muitos, um cunho pejorativo e "etnia", uma conotação valorizante.

A propósito do tribalismo, que o autor achava não existir ou resultar da leitura dos resultados eleitorais das primeiras eleições presidenciais pluralistas na Guiné-Bissau, *vide* C. CARDOSO, Guiné-Bissau: um País Tribalista?, *in* J. Augel/C. Cardoso, Transição Democrática na Guiné-Bissau e Outros Ensaios, Bissau, INEP, 1996, p. 163-166.

424 Para a delimitação conceptual de *colonialismo*, *vide* W. REINHARD, Kolonialismus/Imperialismus, *in* Pipers Wörterbuch zur Politik..., cit., p. 284 ss.

425 Para uma aproximação ao tema, G. ELWERT, Nationalismus/Nativismus, *in* Pipers Wörterbuch zur Politik: Dritte Welt, Gesellschaft-Kultur-Entwicklung (Nohlen/Waldmann, Hrsg.), München/Zürich, Piper, 1987, p. 376-384.

426 Acerca do controverso conceito, ver A. GIDDENS, Sociologia..., cit., p. 246 ss. Com efeito, ao lado da classificação proposta, no séc. XIX, pelo Conde JOSEPH ARTHUR DE GOBINEAU (raças branca, negra, amarela) – tido por alguns como inspirador de exacerbamentos racistas como o hitleriano, o *ku-klux-klan* ou o *apartheid* –, muitas e diferentes classificações têm sido avançadas.

427 Cultura da diversidade vista por muitos como um *apport* da ideologia liberal-democrática, que a partir do século XVII se foi instalando. Antes, estariam as formas de governo ligadas necessariamente aos postulados da unanimidade, uma vez que a diversidade seria desordem, contradição, desunião. Redimensionando (para baixo) o papel dos Puritanos neste fenómeno (até por-

É o que eu proponho aqui: uma arquitectura constitucional inclusiva.

A consideração das estruturas político-sociais existentes, se inteligentemente arquitectada e com bom senso gerida pode até ser um elemento de afirmação natural, consensual e, por isso, robusta do Estado[428]. De um Estado que tem de considerar o pluralismo, nomeadamente jurídico[429], que o antecedeu e que ainda

---

que «la vision du monde des Puritains ne se trouve dans aucun témoignage écrit et définitif de valeur exceptionnelle, et pour cette raison les vestiges en sont évanescents et sujets à controverse»), *vide* G. SARTORI, Théorie de la Démocratie, Paris, A. Colin, 1973, p. 212 ss. Para SARTORI, a este respeito, «le rôle des Puritains a été (...) exagéré: ils n'ont fait que contribuer à un processus»; e remata, «c'est la démocratie antique, qui a pour base la diversité. C'est nous, pas les Grecs, qui avons découvert les moyens de bâtir un système politique sur la multiplicité et sur les différences».

Cfr., ainda, S.P. HUNTINGTON, The Third Wave: Democratization in the Late Twentieth Century, Norman/London, University of Oklahoma Press, 1993, p. 300 ss. Às teses que apontam o Confucionismo (já que dá preferência à autoridade em vez de liberdade, à responsabilidade, em vez de direitos, ao grupo, em vez do indivíduo, à harmonia e colaboração, em vez da competição, ressaltando aqui a perigosidade social do conflito de partidos, segmentos sociais ou ideias) e o Islão como hostis à democracia e com esta incompatíveis, responde HUNTINGTON com o reconhecimento de limites aos "obstáculos culturais", para concluir: «Argumentos de que culturas particulares são obstáculos permanentes ao desenvolvimento numa direcção ou noutra deviam ser vistos com um certo cepticismo». Ilustra a sua posição com o exemplo da convicção de que o confucionismo não se compatibilizava com o desenvolvimento capitalista, para, mais tarde, muitos defenderem que o segredo do crescimento económico do Leste da Ásia estava, precisamente, no Confucionismo.

«Democracia confuciana pode ser uma contradição nos próprios termos, mas democracia numa sociedade confuciana é necessária. A questão é: que elementos no Islão e no Cofucionismo são favoráveis à democracia e como e em que circunstâncias podem estes suplantar os elementos não democráticos naquelas tradições culturais?».

428 Interessante é olhar para experiências de Estados africanos como o Gana ou o Botswana, para só se falar destes. A importância e a atenção que os *traditional chiefs* congregam não passam despercebidas a quem se debruce sobre os referidos países. A despeito de imperfeições e manipulações várias, a ponte vai-se fazendo entre os dois mundos. Elementos como a procura de consensos, a audição da comunidade (no Botswana, através das assembleias da comunidade), a valorização da cultura africana, o respeito pela lei, podem jogar um interessante papel na forma de ver e organizar o Estado.

Cfr. S. KEITH PANTER-BRICK, Trois Exceptions à la Règle: Le Multipartisme à Maurice, au Botswana et au Nigeria, *in* G. Conac (sous la direction de), L'Afrique..., cit., p. 433 ss.

429 Pluralismo jurídico [«*tarte à la crème* des colloques bon chic bon genre pour certains» – ÉTIENNE LE ROY, La Démocratie Africaine Face à l'Obstacle des Présidentialismes Africains Francophones, *in* G. Conac (sous la direction de), L'Afrique..., cit., p. 130] ou, se se preferir, pluralismo de Direito consuetudinário. Pressagiam alguns a destruição desse Direito em África, mercê do seu carácter estilhaçado e discorde. Creio, porém, ser de desdramatizar o problema. A solução passa, na verdade, pela procura, descoberta e consolidação das *Leitlinien* que acomodam os diferentes sistemas, inscrevendo-as num todo coerente.

Dando de barato que «as society became more complex, and as judicial decisions began to form a legal system of coherent and better known judicial practice, custom decreased in importance as a source of law» [RENÉ DAVID, Source of Law, *in* International Encyclopedia of Comparative Law (vol. II – The Legal Systems of the World: Their Comparison and Unification, p. 99) – o mesmo autor previne, no entanto, para o seguinte: «O costume não é talvez uma fonte de direito, rigorosamente falando, mas pode ser uma razão para a ineficácia do Direito. Políticos e juristas deviam tomar nota disto»], o que não parece avisado é matar o costume antes do tempo. Até lá, deixai-o morrer de morte natural e não se cometa o consuetudicídio.

Vide, ainda, J.-Y. MORIN (L'Etat de Droit: Émergence d'un Principe du Droit International, *in* R.C.A.I., tome 254 – 1995 –, p. 319), para quem (reflectindo sobre trabalhos de M. ALLIOT, à cabeça: Les Transferts de Droit ou la Double Illusion, *in* Bulletin de Liaison du Laboratoire d'Anthropologie Juridique de Paris, 1983, p. 121 ss.) a complexidade da problemática do Estado de direito na África negra evidencia-se nisto: *a mundialização da economia e das comunicações torna improvável, lá onde o poder estatal se estribou, qualquer regresso significativo aos direitos tradicionais,* conquanto se imponha a *vontade de certas populações de conservar a sua autonomia institucional e os seus costumes,* para o bem da coesão social e da protecção contra o arbítrio. Citando, «la mondialisation de l'économie et des communications rend improbable, là où le pouvoir étatique s'est ancré, tout retour significatif aux droits traditionnels tandis qu'il faut tenir compte de la volonté de certaines populations de conserver leur autonomie institutionnelle et leurs coutumes, lesquelles assurent un minimum de cohésion sociale et les protègent mieux de l'arbitraire que l'Etat ne saurait le faire à l'heure actuelle».

No encalço das conclusões do 1.° Encontro INEP/FDB de Abril de 1992, em Bissau, PAULO DE SOUSA MENDES ("Instituições de Justiça Consuetudinárias", *in* Boletim da Faculdade de Direito de Bissau, n.° 1, Novembro 1992, p. 71) concordava com o seguinte rumo: «Os Direitos modernos de África podem, respeitados certos parâmetros, prever regras de conflitos, segundo as quais seja possível aplicar os costumes, através dos órgãos jurisdicionais estatais, em função do estatuto pessoal das partes. Podem ainda fazer conviver tais órgãos jurisdicionais com um foro privativo das comunidades étnico-culturais, numa separação de águas sempre transponível pela vontade das partes». De grande interesse se revestem, ainda, as páginas 74, 75 e 76 do estudo em referência.

No que respeita ao pluralismo sociológico-jurídico, o anteprojecto de regulamento da Lei da Terra, em curso de discussão em 2005, espelha as preocupações que nutre toda essa problemática. No referido documento, reafirma-se o princípio de que é o solo propriedade do Estado; mas as *comunidades locais* detêm o direito de *uso privativo da terra*; os conflitos emergentes do uso do solo passam, em primeira mão, por uma solução intratabanca (com os anciãos a jogarem um papel relevante) e, caso esta se revele incapaz, pela solução intertabanca; só depois dos falhanços desses passos se abre a via para a *Comissão Fundiária* (aos níveis sectoriais, regionais e nacional) e, finalmente, para os tribunais.

Sucede, porém, que nos primeiros dois passos, pelo menos, a instância jurídico-consuetudinária é, sem margem para dúvidas, a dominante. Não existindo apenas um Direito consuetudinário guineense e sendo necessário um exercício sistemático de diálogo com o Direito do Estado aculturado, repare-se na complexidade (e carácter estimulante) do desafio.

BOAVENTURA SOUSA SANTOS, Os Direitos Humanos na Pós-modernidade, *in* Direito e Sociedade, n.° 4, Março 1989, p. 3-12: «(...) o paradigma da modernidade concebeu os direitos humanos como emanação do direito a este como emanação do Estado. Em consequência, só o poder do Estado foi objecto de confrontação com os direitos humanos, só o direito do Estado sofreu o impacto democratizador dos direitos humanos. Omitiu-se o facto de que na sociedade há vários modos de produção, de poder e de direito e que o Estado é apenas um entre eles, ainda que por certo o mais importante. Omitiu-se, portanto, a questão do pluralismo jurídico (...)» (p. 7-8).

AUGUSTO SILVA DIAS, Problemas do Direito Penal numa Sociedade Multicultural: O Chamado Infanticídio Ritual na Guiné-Bissau, Separata da Revista Portuguesa de Ciência Criminal, Fasc. 2.°, Abril-Junho 1996, Coimbra, Coimbra Editora, 1996, p. 214-215, 225, 226 ss., 232. SILVA DIAS agarra no chamado *infanticídio ritual* nas tribos mankanh, mandjaku e pepel e avança para uma construção dogmática assente na relação entre o direito positivo e o consuetudinário. De um lado, a lei positiva, que proíbe e criminaliza tais condutas, do outro, uma conduta profundamente enraizada naquelas comunidades. Defende o autor que «não pode sustentar-se a prevalência do costume em todos os casos»: «não custa aceitar na Guiné-Bissau a cessação de vigência dos preceitos do Código Civil que definem como regime sucessório geral a sucessão legitimária dos ascendentes e descendentes do "de cujus", perante uma norma costumeira contrária, como a que vigora, por exemplo, na etnia Pepel e em algumas comunidades Manjacos que prescreve a sucessão legitimária por via materna, encimando os irmãos e os sobrinhos maternos do "de cujus" a ordem dos sucessíveis». Se assim é, já custa, porém, ao autor admitir «que a protecção jurídica do direito à vida, à integridade física ou à autodeterminação sexual cedam perante certas práticas de grupo, reiteradas e legitimadas pela tradição». Prossegue explicando que tal postura se deve à «pretensão de universalidade e à extrema relevância social e jurídica dos bens jurídicos em jogo, que encontram na ordem constitucional guineense lugar cimeiro». Nesta óptica, «as leis penais que visam a sua protecção perante condutas gravemente lesivas não devem recuar perante tais práticas ancestrais». Seria o exemplo do infanticídio (face ao art. 110/1 CP) e da excisão (face ao art. 117 CP). Não deixa, no entanto, de reconhecer duas dificuldades de tomo à saída proposta (prevalência da lei positiva): esta verá «afectada a sua facticidade pelo costume contrário»; «a afirmação da prevalência (...) não significa ainda a punibilidade de todos os comportamentos praticados ao abrigo das regras costumeiras, pois para tal é necessário atribuir o facto ao autor como obra sua de acordo com os critérios da imputação jurídico-penal».

Antes de fechar esta incursão pelo excelente estudo de SILVA DIAS (alicerçado num sério trabalho de campo), convém dizer (e citarei *expressis verbis* o autor) que o *infanticídio ritual* não é normalmente encarado como uma solução economicista ou eugénica. A motivação básica residirá, antes, «na crença de que se está perante um ente sobrenatural, um espírito que habita na natureza e que para lá deve voltar para tranquilidade e segurança das pessoas».

Para encerrar, SILVA DIAS lança aqui mãos da solução (entrevista por um ZAFFARONI) do «erro de compreensão culturalmente condicionado» (perspectiva que encontrou consagração em certas paragens da América Latina, relativamente a comunidades dotadas de estatutos especiais), para, em certa medida, enquadrar a sua proposta. Só um parêntesis, para trazer à colação a problemática da excisão – *fanado*, uma instituição largamente difundida na África ocidental – e indagar se não teria cabimento um exercício similar quanto à Guiné-Bissau.

Voltando ao *infanticídio ritual*, SILVA DIAS vislumbra ali uma espécie de erro sobre o objecto, ou, agarrando a técnica dogmática da inversão, «do oposto de uma figura destituída de qualquer interesse prático: de uma tentativa irreal ou supersticiosa por irrealidade do objecto, que seria o

sobrevive[430]... não obstante as ficções e cenários virtuais com que prefere laborar. Não foi S. TOMÁS DE AQUINO quem disse que da unidade provém primeiramente a igualdade e, depois, a multiplicidade[431]? O pluralismo sociológico[432] deve aqui conduzir a um pluralismo de poderes, reclamando um enquadramento positivo-constitucional adequado[433].

Não são ignorados os riscos de instabilidade política e social, assim como de desunificação da nação. Mas o que não se deve fazer é olhar para o lado e fingir que a *coisa* não existe e que não é connosco, pois isso é eternizar o problema. Mais: é atentar contra essa mesma unificação – porque assente apenas numa emocional abrenunciação. Convém ter em presença o tal potencial de risco[434] na

---

caso de alguém que quer matar uma pessoa e, por deficiente identificação, "mata" um espírito, fantasma ou demónio».

No caso do *infanticídio ritual* estudado, «por detrás do erro está um problema de apreciação, mais concretamente, a atribuição a alguém do sigificado de "ucó"» (em mandjaku, *bicho*).

A respeito do *infanticídio ritual* ou *costumeiro*, *cfr.* ISABEL BORGES, A Protecção Penal da Criança no Novo Código Penal: Algumas Considerações e Propostas de Reforma, *in* BFDB, N.° 4, Março 1997, p. 47.

430 A propósito do(s) Direito(s) da África, *vide* RÉNÉ DAVID "Os Grandes Sistemas do Direito Contemporâneo" (tradução brasileira de Hermínio A. Carvalho do original francês), São Paulo, Martins Fontes, 1986, p. 497-528.

431 *«(...) primum quod procedit ab unitate, est aequalitas; et deinde procedit multiplicitas»* [asssim mesmo, S. TOMÁS DE AQUINO, Suma Teológica, Madrid, Biblioteca de Autores Cristianos, Tomo II, p. 812 (I, q. 47, a. 2)].

Para uma aproximação à relação entre o "multiculturalismo", o "universalismo tradicional" e o "particularismo", *vide* J. PARENS, Multiculturalism and the Problem of Particularism, *in* American Political Science Review, vol. 88, 1, 1994, p. 169-181.

432 Sobre o risco de manipulabilidade demagógica do vector étnico, *cfr.* J.-P. CHRÉTIEN, Pluralisme Démocratique, Ethnisme et Stratégies Politiques, *in* G. Conac (sous la direction de), L'Afrique..., cit., p. 147.

Para uma aproximação sociológica ao Direito e à Política, H. LÉVY-BRUHL, Sociologia do Direito, 1988, p. 20 ss.

N. LUHMANN, Sociologia do Direito I (trad. Gustavo Baer de "Rechtssoziologie I", Hamburg, 1972), Rio de Janeiro, Tempo Brasileiro, 1983.

M. DUVERGER, Sociologia da Política – Elementos de Ciência Política, Coimbra, Almedina, 1983.

433 Sobre a correspondência que deve existir entre as leis de um país e as condições objectivas desse mesmo país, *vide* CHARLES LOUIS DE SECONDAD MONTESQUIEU, De L'Esprit des Lois, Livre I, Chapitre III (vol. I, p. 95): «La loi, en général, est la raison humaine, en tant qu'elle gouverne tous les peuples de la terre; et les lois politiques et civiles de chaque nation ne doivent être que les cas particuliers où s'applique cette raison humaine.

«Elles doivent être tellement propres au peuple pour lequel elles sont faites, que c'est un très grand hasard si celles d'une nation peuvent convenir à une autre».

434 *Cfr.* I.S. LUSTICK/D. MIODOWNIK/R.J. EIDELSON, Secessionism in Multicultural States: Does Sharing Power Prevent or Encourage It?, *in* APSR, vol. 98, nr. 2, May 2004, p. 209-229

arquitectura e na execução do sistema aqui propugnado. Tal não deve, porém, ser um convite ao imobilismo.

O Professor BOAVENTURA SOUSA SANTOS[435] pensa que «we are entering a period of paradigmatic transition from modern sociability to a new postmodern sociability, whose profile is hardly visible or even predictable». Para o académico português, «A paradigmatic transition is a long process characterized by an "abnormal" suspension of social determinations, which gives rise to new dangers, risks and insecurities, but also enhanced opportunities for innovation, creativity and moral choice». Para, a seguir, rematar: «In a period of paradigmatic transition, old knowledge is a poor guide. We need a new knowledge instead. *We need a science of turbulence*[436], sensitive to the new intellectual and political

(material bibliográfico consultado alguns anos depois, Agosto de 2004, de redigido o presente módulo da tese). Tentam os autores investigar as repercussões de uma atitude de *power-sharing* em Estados multiculturais, comparando os seus efeitos com uma outra atitude que é a de repressão: «The results lend support to sophisticated interpretations of the effects of repression *vs.* responsive or representative types of power-sharing. Although in the short run repression works to suppress ethnopolitical mobilization, it does not effectively reduce the threat of secession. Power-sharing can be more effective, but it also tends to encourage larger minority identitarian movements».

São riscos que apenas convidam a determinadas cautelas e salvaguardas, tomando sempre em consideração que o impulso secessionista tem motivações *complexas, fortemente vinculadas ao próprio contexto e pautadas pela não-linearidade.* Os instrumentos experimentáveis, lê-se no artigo, podem passar pelo federalismo, autonomia, *power-sharing*, democratização, adequadas reformas eleitorais, *affirmative action*, entre outros.

Encontramos um caso de juízo geo-étnico nos arranjos políticos desenhados e executados em 2005, no Burundi. Efectivamente, realizaram-se eleições comunais e legislativas nesse país, em Julho de 2005, registando-se uma vitória esmagadora das forças representadas pelos ex-rebeldes utus. Até às eleições, há uma dominância da minoria tutsi nas Forças Armadas, na Administração e, em geral, no poder político. Acontece, todavia, que o ordenamento jurídico previa que os utus não deveriam, nas estruturas do poder, ultrapassar uma certa fracção (2/3) e os tutsis não deveriam situar-se aquém de certa fracção (1/3). Isso para impedir a desaparição da minoria rival tutsi do mapa político-administrativo. Quer isso dizer que, independentemente dos resultados eleitorais, haverá sempre uma proporção ou inultrapassável ou alcançável.

Eis o caminho seguido no Burundi, que pretende oferecer uma plataforma de convivência entre duas comunidades profunda e dramaticamente divididas.

[435] B. SOUSA SANTOS, Toward a New Common Sense: Law, Science and Politics in the Paradigmatic Transition, New York/London, Routledge, 1995, p. 107 ss. *et passim.*

Falando da nova emergência de uma *sociedade de risco,* nas cinzas da industrial, *vide* ULRICH BECK, Risk Society: Towards a New Modernity, London, Sage, 1992. Esta «segunda modernidade» (mais apropriado, segundo BECK, que *post-modernidade*) caracteriza-se pela gestão desdramatizada do risco e da incerteza. Estes que denotariam, para o *post-modernismo*, a ausência de marcos referenciais.

[436] Itálico aqui acrescentado.

demands for more realistic and efficacious utopias than those we have lived by in the recent past».

Não tenhamos medo de abalar as nossas comodistas certezas.

É para mim um dado assente que quanto mais, na arquitectura e dinâmica do poder político, se considerar a tradição[437] política profunda consolidada e estruturada do povo que enforma e é dirigida por esse poder, maior é a probabilidade de esse Estado gozar de governabilidade.

O que se arrazoou até aqui é a demonstração do seguinte teorema: A consideração da tradição política profunda, sólida e estruturante de um povo é directamente proporcional à governabilidade do respectivo sistema político.

Dito isto, sobra o problema do enquadramento institucional dessa dimensão política indígena no Estado hodierno guineense[438].

É minha convicção que as altas instâncias de poder indígena devem ter voz e lugar na arquitectura do novo poder ocidentalizado, seja ao nível autárquico[439], seja ao nível nacional – sempre na perspectiva da sustentada arquitectura constitucional inclusiva, onde a *Guiné profunda* poderia rever-se, com a sua metodologia consensual de prevenção e resolução de problemas e conflitos.

É vital a instalação e consolidação de um *Bantabá di Garandiss* (ou *Bantabá di Tera* ou *Bantabá di Tchon*), onde os *régulos* e outros líderes indígenas tenham assento e voz, na perspectiva do que se poderia apelidar de critério da

---

437 Tal não implica qualquer fixismo num eterno e imudável passado. Destacando o aspecto dinâmico dos valores culturais e sociais, *vide* BARRINGTON MOORE, JR., Social Origins of Dictatorship and Democracy: Lord and Peasant in the Making the Modern World, London, Allen Lane The Penguin Press, 1967, p. 485-487.

438 A questão não é tanto saber se o poder das elites deve reflectir proporcionalmente a composição étnica do país (se bem que esta focalização possa ser, aqui e ali, pertinente – devendo ser encarada com especial sensibilidade, por forma a evitarem-se sobrerepresentações esmagantes ou pariaficações de certos sectores da comunidade política no âmbito dos poderes do Estado – tenho em mente, designadamente, o poder militar, o executivo, a Administração pública), à laia de uma certa *democracia consociativa* cultivada em determinados meios.

Sobre o conceito, *vide* S. MONTINARI, Nigeria: Questione Etnica e Soluzioni Costituzionali, in «Il Costituzionalismo "Parallelo" delle Nuove Democrazie – Africa e America Latina", a cura di Michele Carducci, Milano, Giuffrè Editore, 1999, p. 78: o consociativismo, do modo como se desenvolveu em África, «é uma forma específica de dominação das elites baseda na proporcionalidade étnica».

439 Daí a importância da descentralização administrativa, feita de acordo com um traçado geográfico-humano o mais natural possível, por forma a cada *subconjunto* étnico descobrir um canal de exercício participativo do poder.

subsidiariedade[440]. Enquanto for necessário e fizer sentido (e é necessário, fazendo todo o sentido). É incontornável a desvantagem do *Bantabá di Tera*, no que concerne à legitimação democrática, mas nada de dramático[441].

Deverá ser essa instância sociológico-política regida por padrões de consensualidade[442] decisória, devendo admitir-se o recurso ao critério maioritário só como última alternativa.

---

440 Basicamente estruturado como uma directriz que aconselha a que as responsabilidades melhor exequíveis por uma unidade mais pequena do que por uma unidade maior sejam conferidas àquela – na óptica, de resto, de uma multipolarização de incumbências.

Para mais desenvolvimentos sobre o aclamado *princípio da subsidiariedade*, *cfr.* J. MOTA DE CAMPOS, Direito Comunitário, 1.° vol. – O Direito Institucional, 7.ª ed., Lisboa, F. Calouste Gulbenkian, 1995, p. 628-637.

FAUSTO DE QUADROS, O Princípio da Subsidiariedade no Direito Comunitário após o Tratado da União Europeia, Coimbra, 1995.

MARGARIDA S. D'OLIVEIRA MARTINS, O Princípio da Subsidiariedade na Constituição de 1976: os Trabalhos Preparatórios da Terceira Revisão Constitucional, *in* Jorge Miranda (org.), Perspectivas Constitucionais – Nos 20 Anos da Constituição de 1976, vol. II, Coimbra, Coimbra Editora, 1997, p. 851 ss. De forma mais consistente e desenvolvida, a autora expôs o problema no seu "O Princípio da Subsidiariedade em Perspectiva Jurídico-Política", Coimbra, Coimbra Editora, 2003 (ver, designadamente, as considerações expendidas nas páginas 460 a 465).

GRUPO MANDELKERN, Relatório Final, *in* Legislação, 29 (2000), p. 27.

C. BLANCO DE MORAIS, O Princípio da Subsidiariedade na Ordem Constitucional Portuguesa, *in* S. Resende/F.A. Zilveti (Coord.), "Estudos em Homenagem a Manoel Gonçalves Ferreira Filho", São Paulo, Dialética, 1999, p. 31 ss. (*maxime*, 40-63).

Importante é ainda um conjunto de estudos sob o título "Justice Constitutionnelle et Subsidiarité" – livro coordenado por FRANCIS DELPÉRÉE, editado em 2000, na Bélgica, pela Bruylant: assim, *vide*, G.-A. BEAUDOIN, Canada. Justice Constitutionnelle et Subsidiarité, p. 55-65; C. PINELLI, Italie. Justice Constitutionnelle et Subsidiarité, p. 89-106; MARIA LUÍSA DUARTE, Portugal. La Constitution Portugaise et le Principe de Subsidiarité – De la Positivisation à son Application Concrète, p. 107-135; A. WEBBER/T. GAS, République Fédérale d'Allemagne. Justice Constitutionnelle et Subsidiarité, p. 137-177.

441 Sobre as soluções bicamerais *congruentes* (porque as duas câmaras são eleitas de acordo com os mesmos métodos) e *incongruentes* (porque, como na hipótese aqui defendida, as duas câmaras são escolhidas segundo métodos distintos) – e ilustrando a análise com exemplos de países e sistemas –, *cfr.* A. LIJPHART, Patterns of Democracy: Government Forms and Performance in 36 Countries, New Haven/London, Yale University Press, 1999, p. 210-211. Parte o autor (página 211 e seguintes) para a fixação de três principais categorias: «strong, medium-strength, and weak bicameralism, and unicameralism». A presença ou ausência (total ou parcial) de *simmetry* ou *congruence* determinariam a identificação do sistema como *strong* (*simetria* + *incongruência*), *medium-strength* (ou falta *simetria*, ou falta *incongruência*) ou *weak* (*asimmetry* + *congruence*) *bicameralism*.

442 Consensualidade, conciliação, reconciliação, marcas características do Direito da Guiné Profunda.

A instituição que tenho em mente pode ser uma sorte de segunda câmara parlamentar[443] (ou – não reconduzível exactamente a uma segunda câmara parlamentar – uma instância *sui generis*) reunindo, nomeadamente, as referidas autoridades indígenas e, quiçá, anteriores chefes de Estado.

O que aqui se vem sustentando fere algumas sensibilidades políticas *pró-modernistas*, dado que poderia equivaler a um retrocesso no caminho do "desenvolvimento"[444]. Pergunto, que *desenvolvimento*?

Alguns mais facilmente apoiariam[445] um enquadramento institucional em quase tudo semelhante ao aqui esboçado, caso servisse para repescar alguma *elite* política, social, cultural ou corporativa de Bissau. Mas tal repescagem não me parece nem necessária, nem viável, nem dotada de racionalidade económica.

---

443 *Vide, infra*, Parte III, Cap. II, § 4.

Vejam-se as variações sobre o bicameralismo e outras saídas organizativas em A. LIJPHART, Patterns of Democracy…, cit., p. 200 ss.

444 Dois retratos do processo eleitoral de 28 de Março de 2004 (avalie-se o significado de ambos – sendo certo que muitos retratos de similar formato foram representados por muitos políticos um pouco por toda a Guiné profunda, não só durante a referida campanha eleitoral):

A Gazeta de Notícias (n.° 135, de 9.3.2004, p. 1, 4) noticiava, em caracteres garrafais, «LÍDER DO PAIGC BAPTIZADO *"ABI PLAU N'DJAKA"*»: «Abi Plaw N'djaka (salvador da pátria, no dialecto papel) é o nome com que o líder do PAIGC foi baptizado, no acto de lançamento oficial da campanha para as eleições legislativas de 28 de Março, em Blom, sector de Quinhamel, região de Biombo, o local escolhido pelo (…) PAIGC, para o "pontapé de saída"»; «À sua chegada à vila de Blom, Carlos Gomes Júnior, foi de imediato vestido de régulo local Kasma Có, baptizando-o com o nome de Abi Plaw N'djaka, uma honra inédita»; muito reconhecido, disse, no fim, CARLOS GOMES JR., «Tenho a plena certeza de que vão por-me ao colo, para que eu possa ser digno deste nome com que me rebaptizaram, Abi Plaw N'djaka, um nome que ostentarei com todo orgulho, por ser um filho da casa».

Durante a ponta final da campanha, HELDER VAZ (candidato a Primeiro-Ministro, pela Coligação Plataforma Unida) desdobrou-se em digressões pelos *santuários* da Guiné, *findindo* cola (fendendo a noz de cola, em português), encetando outras atitudes de juramento. Basicamente, depositava a sua cabeça (a sua *garganta*) nesses lugares, como sinal de sinceridade das suas promessas eleitorais. Iria desenvolver a Guiné. Caso falhasse, a sua cabeça, a sua garganta estariam (em jeito de sacrifício) nas mãos dessa Guiné aonde foi prestar os referidos juramentos (mais do que promessas, já se vê).

Depois disto, que me digam que essas entidades não existem; que só servem para, em momentos de aflição, encaixar prantos; que são importantes, mas lá no sub-mundo onde estão, de onde não devem sair (muito menos para vir a Bissau – ainda que sejam duas vezes por ano – fazer *concorrência* a políticos de carreira); que nada têm a dar e a ensinar à ilustrada elite bissau.

445 E são os mesmos que, na volta, dizem ser de evitar aquela solução de enquadramento institucional dos poderes autóctones… porque é cara.

O *forum*, que reunirá os *Lantindam*[446] ou *Bantoi*[447] do chão guineense, deve ser pouco numeroso na sua composição e económico[448], no seu funcionamento.

O indicador da racionalidade em alusão induzirá, desde logo, um número de sessões ou reuniões não muito alargado.

Neste caso, duas reuniões ordinárias por ano seriam razoáveis.

Sendo igualmente razoável a concentração da agenda em questões estratégicas e fulcrais da nação.

Cada comunidade tribal deveria ter direito a um assento no *Bantabá di Tera*, a ser preenchido de acordo com os critérios consensualmente admitidos pela respectiva comunidade.

Não é um assunto de muito fácil resolução, dado que se em várias comunidades tribais a estratificação política dá fácil visibilidade à resposta sobre quem pode ocupar o referido assento, em algumas (atento à natureza difusa da estrutura política aí ordenante), a saída já não se antolha tão evidente. Seja como for (estando-se perante uma estruturação concentrada ou difusa do *político*), uma margem determinante deve caber a cada comunidade tribal, para que, de modo endógeno, possa encontrar o seu representante no *Bantabá di Tchon*.

Um dos vértices da solução poderá consistir na circulação rotativa do assento pelas diferentes figuras (descentralizadas) liderantes da comunidade (que esta, importa vincar, livremente enquadraria e escolheria).

A duração do mandato dependeria do sentido da representatividade assumida: enquanto permanecesse no cargo que possibilitou o seu destacamento para

---

446 Homens grandes, em balanta.

447 Homens grandes, em mandjaku.

448 O *Conselho Económico e Social,* muito divulgado na África ocidental francófona, não corresponde ao modelo traçado no presente estudo. Preste-se, com efeito, atenção à sua composição e às suas funções.

De igual forma, prefiro deixar o *Conselho de Estado* na feição usual, em vez de insuflá-lo com mais componentes (autóctones) – insuflado como já está, com os Conselheiros constitucionalmente determinados e com os impostos pela Carta de Transição Política do golpe de 14 de Setembro de 2003.

Receio bem que a componente autóctone se veria diluída ou, quiçá, subvertida nessas amálgamas com um estilo muito definido de actuação (que, aliás, não se tem revelado proficiente).

O Senegal tem deambulado entre a saída bicameral e a do Conselho Económico e Social (esta mais estável). A primeira vigorou cerca de dois anos na era do Presidente DIOUF, mas, como não mobilizou a adesão do partido de WADE, este prometeu acabar com a experiência, mal chegasse ao poder. Promessa feita, promessa cumprida. Instalado no poder, a onda WADE ensaia logo a sua experiência: Amplia o Conselho Económico e Social, dá-lhe uma outra roupagem e fá-lo ocupar o lugar deixado pela 2.ª Câmara. Agora (ano de 2004) é a vez de o partido Socialista prometer que mal chegue ao poder eliminará esta experiência wadiana…

o *Bantabá di Tera*. De uma ou de outra forma, a autodeterminação organizacional de cada comunidade concernente seria aqui decisiva.

Creio que a presidência do *Bantabá di Garandiss* deve ser rotativa e escolhida por sorteio, de molde a que cada agregado sociológico aí representado não possa contar com a presidência mais do que uma vez antes de se concluir a roda.

Competiria, entre outros, ao *Bantabá di Tchon*: fazer propostas de leis, que endereçará à ANP, para apreciação e deliberação; requerer a fiscalização abstracta sucessiva da constitucionalidade de actos dos poderes públicos; emitir opiniões (e dirigi-las ao país, em geral, ou a outros órgãos de soberania) sobre os termos de uma criação ou revisão constitucionais; votar, em conjunto com a Câmara dos deputados, o acto de criação ou revisão constitucionais; reflectir sobre problemas relevantes que afectam ou podem afectar o país, podendo produzir conselhos dirigidos ao país em geral, a parte da comunidade guineense ou a determinados órgãos do Estado – neste particular, se o assunto bulir com a *dimensão profunda* da Guiné, as deliberações do *Bantabá di Tchon* devem ter força vinculativa, acarretando, portanto, o seu acatamento por outros órgãos do Estado; no que concerne à normação sobre o regime jurídico da família, da terra e das sucessões, ao *Bantabá di Tera* deve ser solicitado parecer prévio. Em matérias de dramática relevância nacional (como, por exemplo, a guerra, graves problemas de segurança nacional, a paz, a promoção da reconciliação da *guinendadi,* legiferação constitucional), a Assembleia Nacional Popular e o *Bantabá di Tchon* constituiriam uma terceira Câmara[449], pela junção das duas instâncias, com competência para a apreciação e decisão sobre o caso *decidendum.*

---

[449] A respeito de uma operação em certos aspectos semelhante a esta, na Ilha de Man, ver G.S. MAHLER, The "Westminster Model" Away from Westminster: Is It Always the Most Appropriate Model?, New York/London, M. E. Sharpe, 1997, p. 39.

Para uma aproximação à experiência tricameral da África do Sul, segundo a Constituição de 1983 (em moldes diferentes dos aqui construídos), *vide* P. BISCARETTI DI RUFFIA, La Costituzione Tricamerale Sudafricana del 1983: Una Ricetta Insufficiente per una Conflittuale Società Plurinazionale, *in* Estudios en Homenaje al Doctor Héctor Fix-Zamudio en sus Treinta Años como Investigador de las Ciencias Jurídicas, tomo I, México, Universidad Autónoma de México, 1988, p. 103-129 (em especial, p. 109-111, 114-116, 117-119, 122-124, 128-129). A *Câmara da Assembleia* (branca), a *Câmara dos representantes* (mestiça) e a *Câmara dos Delegados* (indiana) integravam o parlamento. De fora, ficavam os negros – reconduzidos (de acordo com a célebre política do *apartheid positivo* – anunciada pelo Primeiro-Ministro VERWOERD, no ano de 1959, perante o parlamento, e traduzida na criação de *Bantustans*) a uma série de *Bantustans,* apelidados também de *Homelands (terras natais)*, onde essa grande maioria da população sul-africana gozaria de autonomia administrativa (Kwa Zulu, Kwa Ndebele, Gazankulu, Lebowa, Qwaqwa, Ka Ngwane) ou, mesmo, independência (Transkei, Bophuthatswana, Venda, Ciskei). Se o *apartheid positivo* consistia na divisão administrativa do território em *Homelands* constituídos na base de critérios tribais,

Contextualizemos o esboço aqui formulado.

Seja na perspectiva de uma *segunda Câmara*, seja na de um corpo *sui generis*, o *Bantabá di Tchon* reflecte uma preocupação atinente ao bicameralismo. A segunda Câmara – que, aqui e ali, é denominada por *House of Lords*, Senado, *Bundesrat*[450], *House of* Chiefs, Câmara Alta[451] – distingue-se da Primeira Câmara (também conhecida por *House of Commons*, *House of Representatives*, *Chambre des représentants*[452], *Bundestag*, Câmara dos Deputados, Câmara Baixa, Assembleia do Povo). A primeira das instituições assenta algumas vezes

---

sem consideração pelo local de residência, o *apartheid negativo*, esse, colocava-se num distinto registo: tratava-se, fundamentalmente, de estabelecer legalmente uma série de medidas conducentes a diferenciar e a subordinar os não brancos aos brancos. E o que fazer à imensa mole de negros radicados nas chamativas (até ver) *províncias brancas*? Esse era um dos problemas que a Engenharia constitucional traduzida na Constituição de 1983 nem sequer na aparência se mostrou fadada a solucionar. Não faltaria quem avançasse com a hipótese de uma *Quarta Câmara*: «E non è qui il luogo per esaminare se sarà opportuno istituire una quarta Camera per la popolazione nera stabilmente residente entro la Repubblica (...) ovvero se risulterà preferibile tendere gradualmente ad una parificazione delle diverse componenti etniche della popolazione, sai pure sempre con acconcie misure di garanzia per tutti i diversi gruppi razziali e con strutture ispirate a forme di autonomia federale o regionale» (P.B. DI RUFFÌA, *op. cit.*, p. 129).

Para uma recensão de alguma legislação relativa aos *Homelands* [*Transkei Constitution Act*, de 30.5.1963, com as revisões de 1967/68/71/72/73; *Bantu Homelands Constitutions Act*, de 31.3.1971, com as revisões de 1972 e 1973; *Bophuthatswana Constitution Proclamation*, de 26.5.1972; *Ciskei Constitution Proclamation*, de 28.7.1972; *Lebowa Constitution Proclamation*, de 22.9.1972; *Venda Constitution Proclamation*, de 26.1.1973; *Gazankulu Constitution Proclamation*, de 26.1.1973], *cfr.* B.-O. BRYDE/H. HECKER, Verfassungsregister Afrika, *in* Verfassung und Recht in Übersee, 2. Quartal 1975, p. 272-273.

À volta da teoria do *apartheid*, *vide* E.P. DVORIN, Racial Separation in South Africa: An Analysis of Apartheid Theory, Chicago/London/Toronto, The University of Chicago Press/Cambridge University Press/W.J. Gage & Co., Limited, 1952.

450 D. HANF, Bundesstaat ohne Bundesrat?: Die Mitwirkung der Glieder und die Rolle Zweiter Kammern in evolutiven und devolutiven Bundesstaaten; eine rechtsvergleichende Untersuchung, 1. Aufl., Baden-Baden, Nomos Verlagsgesellschaft, 1998.

451 Note-se que se é essa a característica básica das Segundas Câmaras, casos há, porém, de inversão de sentido, à luz da qual se fala em Segunda Câmara para se referir à dos *deputados*, bem como se fala em Primeira Câmara, referindo-se aproximadamente ao Senado. São os casos da Alemanha e da Suécia (esta, antes de 1970). Pode-se ainda acrescentar ao rol a Holanda (com os seus *Estados Gerais* formados pela *Tweed kamer* – cujos membros são directamente eleitos pelo povo holandês – e pela *Eerst Kamer* – cujos membros são escolhidos pelos Conselhos Provinciais).

Em geral, sobre o lugar da Segunda Câmara postcomunista no Leste europeu, ver X. BOISSY, La Séparation des Pouvoirs Oeuvre Jurisprudentielle: Sur la Construction de l'Etat de Droit Postcommuniste, Bruxelles, Bruylant, 2003, p. 227 ss.

452 A Constituição burkinabé de 1991 (art. 78 ss.) consagrou uma segunda câmara (dos Representantes) agrupando as "forças vivas da nação".

no critério da hereditariedade (a título de exemplo: Grã-Bretanha, Botswana), outras vezes no do sufrágio, conquanto limitado.

Mas há um registo que não se encaixa perfeitamente nas duas alternativas a que aludi (bicameralismo *versus* unicameralismo). Trata-se do exemplo norueguês, a que o politólogo holandês A. LIJPHART[453] chamou "one-and-a-half chamber system". Neste caso, vota-se para a formação de um único corpo. Após a eleição, os eleitos dividem-se em duas câmaras. Assim, uma certa proporção (1/4, na Noruega, 1/3, na Islândia) é escolhida para integrar uma segunda câmara. Apesar desta nota, há que sublinhar o facto de, pontualmente, as duas câmaras se juntarem numa única.

5. Estado de Direito – Mais Um Pacote da Globalização? Ou o Sim e o Não a um Paradigma Guineense

Perguntar-se-á, remontando a uma das *perguntas de partida* sobre as quais assenta o presente estudo:

Existe um paradigma guineense de Estado (de direito)[454]?

Respondo que sim e que não.

Sim, porque esse paradigma está lá. Tenhamos apenas o *bom senso*, a coragem, a visão (ainda que anatemizada de *djintiu*[455]) e a energia (contraposta à preguiça) para irmos às fontes e nos saciarmos;

Não, porque a inércia, a modorra apoderou-se de nós; preferimos bater na tecla, já saturada, de "tudo já foi inventado" (no Norte[456]), "não vamos inventar a pólvora" e outras fórmulas do género.

Não, porque não é *in* descer-se tão baixo para catar algo, se noutras paragens mais a Norte nos oferecem algo mais vistoso.

Preferimos cuspir nas nossas fontes, ignorá-las, fechá-las.

---

[453] A. LIJPHART, Patterns of Democracy: Government Forms and Performance in 36 Countries, New Haven/London, Yale University Press, 1999, p. 202. A Islândia também conheceu um sistema parecido antes de 1991.

[454] *Cfr.*, assinalando uma acepção "mais larga", G. BURDEAU, L'Institutionalisation du Pouvoir, Condition de l'Etat de Droit, *in* BFDUC, Vol. LVI, 1980, p. 37.

[455] Literalmente, em kiriol, "gentio", com a conotação pejorativa de "incivilizado".

[456] Acentuando a contraposição "Norte"-"Sul", em detrimento de outras como Norte-Ocidente ou Norte-Leste (porque podiam descobrir-se mais semelhanças entre, por exemplo, a RFA e a RDA do que entre a RDA e a República Popular do Congo ou entre a RFA e a Costa do Marfim), *vide* BRUN-OTTO BRYDE, Überseerecht und Neokolonialismus, *in* Verfassung und Recht in Übersee, 1971, p. 52-53.

Não, finalmente, porque numa era de globalização (que globalização?!) é *in* misturarmo-nos na betoneira global para, à saída, não representarmos outra *coisa* senão tantos metros cúbicos do mesmo betão que os empreiteiros querem.

E sejamos claros: o *pacote de Estado de direito* enviado e importado[457] do Norte pode ser, numa perspectiva etnocentrística, uma peça da actual estratégia de "globalização"[458].

Nesse quadro, a luta pela independência económica deve jogar um importante papel, numa futura independência cultural (porque é disso que se trata, no fundo).

Aos operadores políticos e aos engenheiros jurídico-políticos na Guiné-Bissau se devem pedir uma visão e uma sensibilidade especiais para o substrato telúrico que visam ordenar.

A ser tida em conta essa substrução, um contributo para a afirmação de um eventual paradigma guineense do Estado (de direito) é a institucionalização de umas forças armadas sociologicamente plurais.

Isso poderá parecer a um observador desprevenido, nesse ponto de vista, algo inócuo ou mesmo gratuito.

Mas tal equilíbrio sociológico é reclamado por uma sociologia do equilíbrio assente na teoria do bom senso.

É perigosa e, a prazo, potenciadora de instabilidade política, social e militar a hiper-representação de uma franja étnica nas Forças Armadas.

A estabilidade que oferece é apenas aparente e circunstancial.

---

457 Espelhando alguma preocupação relativamente à *problemática do direito importado no contexto africano, vide* B.-O. BRYDE, Autochtones und importiertes Recht Afrika in ihrer Bedeutung für eine "afrikanische Genossenschaft", *in* Hans – H. Münkner (Hrsg.), Wege zu einer afrikanischen Genossenschaft – Möglichkeiten und Probleme der Anpassung der Organisationsform, Marburg/Lahn, Simon und Wagner, 1980, p. 129-140 (*vide* p. 129 ss.).

Do mesmo autor, ainda, Rechtssysteme, *in* Pipers Wörterbuch zur Politik: Dritte Welt, Gesellschaft-Kultur-Entwicklung (Nohlen/Waldmann, Hrsg.), München/Zürich, Piper, 1987, p. 471 ss.

458 A *globalização* pode ser captada também da forma como LUIGI BONANATE o fez: na perspectiva da globalização da guerra e do terrorismo. Assim, L. BONANATE, Capire il Mondo: Globalizzazione e Guerre Oggi, *in* Democrazia e Diritto, 1/2004, p. 102 ss.: «A globalização, anárquica, voltou a trazer a guerra; a guerra, violenta, despertou o terrorismo; o terrorismo, irrefreável, globalizou-se». *Dir-se-ia, verdadeiramente, que a humanidade havia aberto a caixa de Pandora e agora não sabe mais como reintroduzir nela o que dela fugiu.*

6. "Estado de Direito", "Democracia": Quem Engana Quem?

Uma questão pertinente (*Leitmotiv* deste meu percurso gnoseológico): do falhanço persistente e cada dia renovado do *Estado de direito* no espaço da África Ocidental (nomeadamente) – como se constata na Parte IV da presente dissertação –, pode-se induzir que ideia-força?

– Será a inadequação do conceito (do verbo) à realidade (terra, homem)?

– Ou será a inadequação da realidade (ou duma parte dela: o homem – já que a terra é mais um espaço simbólico do que algo realmente ponderoso[459]) ao conceito?

Seja como for (e não será irrelevante sondar e optar por uma ou outra resposta), a causa das causas – dessa localizada intangibilidade do Estado de direito – está no erro lógico-cronológico do percurso concretizativo do Estado de direito.

Para haver "Estado de direito", impor-se-ia, logicamente, que houvesse "Estado"[460] e "direito", antes de uma qualquer conjugação das duas parcelas da adição, de molde a que o somatório pudesse ser igual a "Estado de direito".

Aqui, uma de duas:

a) Ou importamos fidedignamente os arquétipos... e então temos de reconhecer que não somos o Estado consignado no catálogo importado (fornecido).

E aqui dá-se a supramencionada intangibilidade lógica.

Suponhamos um menino náufrago numa ilha deserta, um coqueiro e um arremedo de escada.

Com efeito, se para chegar ao fruto do coqueiro o menino precisa, indispensavelmente, duma determinada escada, não havendo escada que se abeire do coco, não haverá esse coco para o menino.

A alegoria do menino, da escada e do coco é a representação de nosoutros, do "Estado" e do "direito", respectivamente.

Mas enquanto não construirmos aquela escada, *não há* aquele coco.

O menino poderá continuar a pensar que tem aquele coco e tem esta escada, mas a vanidade deste solilóquio é indiscutível.

Poderá continuar a pensar que tem aquele coco, mas não tem; poderá continuar a pensar que tem esta escada, mas ela é inoperante; poderá continuar a contabilizar frustrações; todavia, poderá descer à terra (donde, apesar de todas as

---

[459] Passando-se ao lado dos determinismos ligados ao clima, geografia e outros que tais, que concitaram o labor de ilustres pensadores do calibre de um MONTESQUIEU.

[460] À volta da figura do *Estado*, *vide* F. BENVENUTI, L'ordinamento Repubblicano, Padova, Cedam, 1996, p. 3 ss.

alienadas divagações, nunca realmente saiu) e abraçar outro percurso, mais telúrico, mais adequado à condição de náufrago que, em boa verdade, é.

b) Ou tem arte e engenho para construir uma escada operante (ou outro instrumento eficaz) e chega ao coco, ou muda de alvo.

Talvez de tanto esperar ele agora não tenha apenas sede (a saciar com aquele coco), mas também fome... e o coco já não satisfaz plenamente esta necessidade.

De qualquer modo, já não terá (nem precisará de) aquela escada, nem, no caso de *mudar de vida*, aquele coco.

A atitude acabada de equacionar convoca-nos para uma releitura do Estado e do direito, assim como do "Estado de direito".

Daí fazer sentido a repescagem e valorização das instituições autóctones mais adequadas ao tempo e ao homem que somos hoje[461].

Urge, na verdade, proporcionar um adequado enquadramento jurídico-institucional às superstruturas autóctones.

Esses direitos deverão ser estudados, valorizados e enquadrados; essas instituições deverão ser estudadas, valorizadas e enquadradas.

Em poucas palavras, impõe-se um movimento de *riba tera*[462].

O medo de falhar não pode, nem deve, tolher tais passos.

---

[461] Até algumas potências coloniais guardaram alguma consideração (não poucas vezes cínica) por essas dimensões. Talvez motivadas pela ideia segundo a qual «Os vencidos não notam tanto a perda da sua independencia, quando o vencedor não lhes impõe pela força as suas instituições, nem ataca tradições que elles veneram» (assim, MARNOCO E SOUZA, Direito Político: Poderes do Estado – Sua Organização Segundo a Sciencia Politica e o Direito Constitucional Português, Coimbra, França Amado, 1910, p. 633).

Talvez por isso o Decreto de 18.11.1869 (que tornou extensivo às províncias ultramarinas o Código Civil) haja ressalvado, no seu art. 8.°, d) – que antes revogara toda a legislação anterior incidente sobre as matérias civis reguladas pelo mesmo código –, na Guiné, «os usos e costumes dos gentios denominados *grumetes* nas questões entre elles».

A.-L. DE ALMADA NEGREIROS, Colonies Portugaises: Les Organismes Politiques Indigènes, Paris, A. Challamel, Editeur, 1910, p. 19 ss.

E. SÍK (Histoire de l'Afrique Noire, Tome II, Budapest, Akadémiai Kiadó, 1961, p. 16-18) nega qualquer importância de princípio e alcance prático à política de *administração indirecta* interpretada em África, durante o movimento colonial europeu.

J.-B. FORGERON, Le Protectorat en Afrique Occidentale Française et les Chefs Indigènes, Bordeaux, Imprimerie de lUniversité, 1920.

E. BAILLAUD, La Politique Indigène de l'Angleterre en Afrique Occidentale, Paris/Toulouse, Hachette/É. Privat, 1917, p. XIII ss.

[462] Retorno à terra, em kiriol.

Isto não se confunde com o nativismo, expressão popularizada pelo antropólogo americano RALPH LINTON. Não há no *riba tera* qualquer preconceito acriticamente excludente de elementos alienígenas.

Pior não será, indubitavelmente, do que as experiências assimilacionistas protagonizadas no pós-independência do país.

Esta geração (a nossa) falhou catastroficamente e a espiral descendente desse falhanço geracional autorizaria, se fixarmos fotograficamente alguns momentos, a qualificá-la de geração mentecapta – perdoe-se-me a crueza do retrato, mas trata-se pura e simplesmente de um retrato. Importou (ou recebeu apenas) o figurino marxizado na década de 70, mas qual foi o resultado?

Ficámos sem saber se era peixe ou cavalo. Os jogos de cintura – típicos desta geração da "Reconstrução Nacional" – ora determinam uma viragem a Leste, ora a Ocidente, mas sempre piscando um olho ao lado momentaneamente oposto.

Encontram-se vestígios desta postura ainda no movimento libertador.

Somaram-se os anos titubeantes e o movimento pendular, qual iô-iô, manteve-se.

Balanço: frustrações. Bem-estar, nada; desenvolvimento, nada; liberdades, nada; igualdade, nada; soberania nacional, quase nada.

A páginas tantas (quer dizer, na década de 80), delineou-se uma maior aproximação ao *mercado*.

A liberalização do ambiente económico campeou; a corrupção fervilhou; empresários nasceram de uma gestação instantânea, para, logo a seguir, fazerem ir à bancarrota o sistema bancário que os fizera emergir;

À parte alguma melhoria do retrato macro-económico que a estatística ofereceu, do mesmo modo que no aspecto da soberania nacional, o balanço não era muito animador.

A liberalização chegou à vida política nos 90, para logo patentear flagrantemente o cinismo dos *actores* políticos.

A adesão aos postulados democráticos, então unanimemente (a partir de certa altura) proclamados, estava atrelada a uma reserva mental que, de quando em vez, as circunstâncias denunciavam.

Aqui, a "democracia" e o "Estado de direito" só valem para quem quer aceder ao poder ou nele permanecer, se e enquanto não dispuser de poder suficiente para, por meios antidemocráticos e anti-regime de "Estado de direito", aceder ao poder ou nele permanecer[463].

---

463 Trazendo à colação inquietações manifestadas, em momentos diversos e em países distintos, por personalidades como LAURENT GBAGBO (candidato derrotado nas presidenciais ivoirienses de 1990; muitos anos depois, tornar-se-ia Presidente da República), DOUSSOU (no Benim) e

Eis uma síntese chocantemente brutal do falhanço desta geração da "Reconstrução" e da "Democracia".

São cortinados de "democracia" e "Estado de direito" para entreter o Banco Mundial, o Fundo Monetário Internacional (é ver a teatralização que antecede a chegada ao país de cada delegação de uma dessas instituições), os investidores estrangeiros, os parceiros externos de desenvolvimento, enfim, a indefinida e difusa *comunidade internacional.*

Mas quem engana quem?

Perante este quadro desnorteante, o que é que há ainda a piorar para que se tolham os passos do *riba tera*?

O impasse do sistema político fala demasiadamente alto para que se possa fingir que está tudo bem.

E a insuflação de alguma genuinidade, alguma sinceridade e prudência no sistema político é de esperar desse movimento de *retorno à terra.*

Porquanto o Estado da Guiné-Bissau não é nem o *Estado de direito* cujo figurino tomou como bandeira (o do Norte), nem o *Estado de direito* que poderia ser se olhasse para o chão que pisa, valorizasse e aplicasse esse direito (o indígena), pertença do chão que ele pisa.

Ficou (morreu) no deserto, a meio caminho entre a fonte de água que ignorou, amesquinhou, a que voltou as costas e a miragem de *água-água* nos confins do horizonte.

A valorização do direito e instituições indígenas que proponho funda-se num critério a que chamarei de acomodação ao meio e ao tempo.

É uma verdadeira refundação constitucional o programa que sugiro, de forma a ultrapassar-se, entre outros, o problema da inautenticidade constitucional.

Para aqui devo convocar a tese do *bom senso* como *Leitlinie* da estrutura e funcionamento do *meu Estado* (e, já agora, *de direito*).

AGONJO (no Gabão), sublinha ÉTIENNE LE ROY (*op. cit.*, p. 135) a necessidade de, na transição democrática em curso (na altura), respeitar o jurídico, mas interroga-se: «Mais quelles formes respecter sans faire le jeu du Président et se donner les armes pour être battu?».

Sem entrar aqui em detalhes, quer-me parecer que este tipo de reserva (mental?) instalada, disseminada no seio da classe política africana (muitas vezes, meros pretextos para apoiar soluções antidemocráticas de conveniência) mina os campos da democracia e do chamado Estado de direito.

7. Um Caso Observado – A Experiência de Poder nos Chãos Mandjaku e Pepel

Aceitámos, à partida, uma reflexão sobre a temática do Estado de direito e, antes de tudo, do próprio Estado, com a firme convicção de que pontes de ligação deviam ser lançadas, tendo em vista aproximar, designadamente, domínios como a Ciência do Direito Constitucional, a Antropologia, a Sociologia ou a Ciência Política. É neste pressuposto que deve ser lido o presente ponto.

Encetei, faz tempo, um estudo de caso tendente a aclarar alguns aspectos que me eram nebulosos na mecânica do poder no grupo étnico mandjaku.

Preocupava-me quer o estádio actual do poder, quer a sua diacronia, no referido campo sócio-cultural.

Tentei, por assim dizer, apalpar os contornos do poder que se exerce (ou não se exerce) hoje e, bem assim, o poder tal como foi sendo exercido ao longo dos tempos.

Nesta última parte, divisam-se duas fases capitais:

O antes e o depois da vitória militar portuguesa nas campanhas de efectivação da colonização, baptizadas de *campanhas de pacificação*.

Algumas perguntas fizeram omnipresentemente a história desse trajecto indutivo. São elas:

a) É identificável uma autoridade política que irradiasse a todo o reino?

b) Será que há (como defendeu CLAUDE LÉVI-STRAUSS, há dezenas de anos, relativamente aos índios Nhambiquara do Mato Grosso) uma clara experiência de poder expressão de um sistema de mútuas garantias entre o grupo e o chefe (sistema que se traduzia na operação segundo a qual o grupo concedia a *autoridade* e as *prerrogativas* ao chefe, garantindo este segurança ao grupo)[464]?

c) Houve Estado mandjaku?

d) Como se processaria aí o controlo do poder político[465]?

---

[464] *Vide*, a respeito dos Estados Akan da Côte d'Ivoire e do Gana, CLAUDE-HÉLÈNE PERROT, Le Contrôle du Pouvoir Royal dans les Etats Akan aux XVIII et XIX Siècles, in G. Conac (sous la direction de), L'Afrique…, cit., p. 153.

[465] Ou existirá algo similar à primitiva realeza patriarcal e hereditária da Grécia retratada por HOMERO e HESÍODO? O rei-magistrado supremo, reunindo em si os atributos de juiz, chefe militar, administrador, sacerdote. Observa, contudo, A. CROISET (Les Démocraties Antiques, Paris, Ernest Flammarion, 1916, p. 24) que existiam, então, gérmenes de uma certo exercício liberal do poder: «Le roi homérique assemble les anciens pour juger; il convoque les grands (…), parfois même le peuple, pour les associer à ses résolutions les plus importantes».

e) Que direitos eram verdadeiramente fundamentais e de que espécie de tutela beneficiavam estes[466]?

f) Houve *Estado de direito* mandjaku?

Vejamos o que há a descobrir no tangente à questão formulada inauguralmente:

a) *Uma autoridade política para todo o território?*

No *item* introdutório desta análise sobre as *pistas do Sul*, tive ensejo de radiografar o esqueleto do poder no chão mandjaku.

Tal análise levou-me a assinalar no topo da pirâmide uma figura: o *Naciin* Baceâral.

Naciin Baceâral que mantinha uma relação de poder (de matizes simbólicas, mas não só) sobre os restantes *Baciin* do Chão[467] cada um destes *Pëciin* comporta um número apreciável de *Baciin.*

Por detrás desta repetição despistante de expressões, esconde-se uma claríssima linha estruturante do poder mandjaku:

No cume está o *Naciin* Baceâral, até aos limites da sua autoridade, que se assume como o soberano dos demais soberanos[468].

Ele é o rei cujo trono se situa no coração do chão mandjaku.

---

[466] *Cfr.* K. M'BAYE, The African Conception..., cit., p. 141-144, para quem «o mais importante órgão legislativo africano é invisível: composto por estes deveres, espíritos e antepassados. Os seus decretos, todavia, não são apenas legais, mas também morais e a sua acção estende-se à consciência individual uma vez que eles são os conselheiros e juízes de cada indivíduo». *A mentalidade africana é mística e o medo inspirado pelo meio obriga o africano a manter-se tranquilo em contemplação do passado e em respeito escrupuloso pelo que isso é.* O autor menciona como "privileged subjects of african law" os espíritos tutelares ("genii"), os mortos e os grupos. A estes sujeitos haveria que acrescentar o indivíduo; Todavia, «mesmo no interior do grupo, o papel do indivíduo como tal é relativamente menor nas relações jurídicas negro-africanas».

A propósito, na página 148 do trabalho citado, assinala-se que o Direito africano «assemelha-se a todos aqueles sistemas jurídicos que estão no início da sua evolução. Nesse estádio, o Direito é inseparável das ideias de justiça e rito». *Foi apenas gradualmente que os sistemas jurídicos europeus evoluíram para fora da moral e da religião* tendo então adquirido uma *existência independente.*

Observa M'BAYE (pág. 144) que os poderes do chefe na sociedade tradicional africana, «muito extensos nos sistemas menos estruturados, foram limitados nos chefados e nos Estados»; assim terá sido entre os Yorubas, os Bamileke, os Mende da Serra Leoa e os Mandingas do Senegal.

[467] Neste comprimento de onda parece também situar-se PIERRE BUIS, Essai sur la Langue Manjako de la Zone de Bassarel, Bissau, INEP, 1990, p. 8;

Quanto à ilha de Bissau, *vide* o manuscrito do P.e MANUEL ÁLVARES, de 1616, Etiópia Menor, Parte I, Cap. XI. Aduz o autor que «é o rei de Bissau imperador; este dá o arco e barrete ao de Bussis» (*Apud* A. TEIXEIRA DA MOTA, As Viagens..., cit., p. 90).

[468] Um verdadeiro *Naciin Baciin* (Rei dos Reis), algo semelhante ao lendário "Rei dos Reis" da ilha de Ítaca (Ulisses).

Outros reis estão ligados a esse coração chamado Baceâral e ao rei de Baceâral, seja ao nível dos pressupostos da entronização, seja ao do momento da entronização ou da pós-entronização.

Se cada um destes reinos (Pëciin) está geograficamente dividido em outros reinos (Pëciin), a verdade é que estes últimos são principados dependentes do respectivo rei.

A título de exemplo, os principados de Bukul, Bënitch, Pëtab dependem do Rei Babok[469].

O Rei de Pelundo terá os seus principados assim como os Reis de kalequiss e Kaiú[470] terão os seus, e assim por diante.

Mas qual o papel de cada um dos *baciin* dos principados na orgânica do Estado mandjaku?

Em entrevistas que fiz no terreno, uma das aproximações que eu ouvi, da parte de alguém altamente influente nesse sistema de poder, é a de que o régulo (Babok?) incarnaria a figura de Primeiro-Ministro, sendo o chefe de "cada uma das 21 tabancas" o equivalente a Ministro (responsável, portanto, por um, território devidamente delimitado).

As influências do modelo ocidentalizado parecem-me óbvias no pensamento acabado de expor.

Não deixa, porém, de ter alguma expressão no modo como as coisas se passam no terreno[471].

Os *baciin* dos principados de cada reino são coadjutores do respectivo rei, na sua acção governativa, em sentido amplo.

Ao nível de cada principado, o respectivo *Naciin* tem igualmente o seu *Namuân* e o seu *Nabitch* que são, por assim dizer, os seus conselheiros[472].

---

469 A antropóloga CLARA AFONSO DE AZEVEDO DE CARVALHO (Ritos de Poder e a Recriação da Tradição: os Régulos Manjaco da Guiné-Bissau, Lisboa, ISCTE, 1998, p. 4) prefere a designação de "chefe", para estes «responsáveis de níveis inferiores de organização integrados nos regulados»;

As expressões "régulo", "rei" e "soberano" são pela autora «empregues alternativamente para definir os detentores de poder localmente reconhecidos como a instância superior».

470 Segundo consta dos anais da tradição oral, Kaiú teria sido habitado por mandjakuss oriundos de Baceâral. Um Naciin Baceâral teria dado a um dos filhos o território de Kaiú. Após vicissitudes várias, quem acabou por assumir a primeira reinança de Kaiú foi outro filho do Rei de Baceâral.

471 Uma das entrevistas, mais ricas e interessantes, foi-me concedida pelo Régulo babok FERNANDO BATICÃ FERREIRA, não há muito tempo entronizado (mas desde há muito – com o fuzilamento, nos anos 70 do século XX, pelo Governo de Luiz Cabral, do seu irmão JOAQUIM BATICÃ FERREIRA, anterior Régulo – na regência do reino).

472 Denotando uma diferença de qualificação entre P. BUIS (*op. cit.*) e A. CARREIRA/J.B. MARQUES (Subsídios Para o Estudo da Língua Manjaca, Bissau, Centro de Estudos da Guiné Portuguesa, 1947):

Nabitch = Juiz, árbitro (PIERRE BUIS);

Nabitch = 2.° Conselheiro (A. CARREIRA);

A eles cumpre, entre outras, informar ao Príncipe do que se passa no território sob a sua alçada, cabendo a este levar o assunto ao conhecimento do rei.

Uma ilustração deste esquema de governação, em sentido lato, é-nos fornecida pelo *iter* legiferativo.

O rei, desencadeado o processo legislativo, convoca os príncipes para um Conselho do Reino onde problemas relevantes são normalmente discutidos.

Tomada uma medida por esse Conselho do Reino, ela é oficializada ("assinada", na expressão de uma das minhas fontes) pelo Rei no *Pëndjangui*[473].

Cada Príncipe repetirá o seu compromisso perante o *Pëndjangui*.

A partir daí, todos estão vinculados a cumprir a deliberação.

E quem não cumprir, quem violar (*Kin Ku riba trass*, em Kiriol) terá contra si uma sanção (de ordem transcendental... não é por acaso que a confirmação – promulgação? – é feita pelo rei perante um *iran*).

Segue-se a divulgação da medida legislativa, que é feita, no âmbito de cada principado, pelo correspondente *naciin*.

Chamará, então, este os seus súbditos aos quais dirá que a partir de determinada data esta é a medida em vigor.

Contudo, uma parte não negligenciável do sistema legiferativo assenta nas estruturas sociais de base, que poderiam corresponder, em certa medida, às sociedades civis da contemporaneidade ocidental.

A sociedade é dinamizada por camadas etárias ou geracionais claramente definidas, abrangendo todos os indivíduos que, pelo factor tempo de nascimento (observados os requisitos do género, quando é o caso), a elas estejam adstritos.

Ora, regista-se uma dinâmica envolvente de produção consuetudinária do direito em cada uma dessas camadas.

Trepando do patamar geracional mais baixo (um elemento mensurador dessas balizas é o período da iniciação) ao mais elevado, surpreendem-se sedimentos normativos em cada uma delas, tendencialmente aplicáveis a todo o patamar em referência.

Um exemplo de multipolaridade, surpreendível também a outros níveis do problema.

Namuân = Conselheiro (P. BUIS);

Namuân = 2.° Conselheiro (A. CARREIRA).

473 Um *iran* muito poderoso, consta. É tido o *iran* (qualquer *iran*) por entidade sobrenatural, com poderes sobrenaturais, corporizada em objectos de vária índole. Nas várias comunidades da Guiné, ostenta as designações seguintes: *chinabú* (felupe); *djânhur* ou *djanhuí* (banhum, kaboiana, kassanga); *nénême* (nalú); *aulé* ou *uli* (balanta); *êrandé* ou *êramindé* (bëdjugu); *bulom, bolom* ou *blom* (mandinga e beafada); *ossâl* (pepel); *ussai* (mankanh); *utchai* (mandjaku) – para algumas conjecturas de teor etimológico à volta do termo *utchai*, *vide* A. Carreira, Organização..., cit., p. 703-704.

Acrescente-se ainda a produção normativa das corporações de ofícios, com a sua vocação de abrangimento no âmbito de cada uma delas.

O resultado interessante é um Direito não escrito variável na sua direcção impositiva: de cima para baixo, *grosso modo*, o Direito político; horizontalmente: falando de várias componentes estruturais da sociedade. A abordagem cientificamente emancipatória das dimensões aqui estudadas (fazendo jus à visão não anárquica que os antropólogos culturais têm desse tipo de sociedades) é um túnel de comunicação com os problemas prementes com que se debate a estadualidade (e a estadualidade de direito) no Sul do dealbar do 3.° milénio.

A indagação formulada nas alíneas "a" e "d" – sobre um mecanismo de garantias mútuas entre o *Naciin* (quem manda) e a comunidade, bem assim sobre o controlo do poder político – talvez seja respondível através do seguinte indicador.

Quando um rei do chão mandjaku vai a Baceâral receber a reinança, o trono (ou, mais propriamente, o *bëfutchi*[474]), é-lhe solenemente dito, nesta localidade sagrada para todo o grupo étnico:

Você já é o pai do seu povo;

A justiça é só uma, seja para o seu filho, sua mulher ou um estranho;

Não faça nada de mal a ninguém;

Se um coitado se chegar a si, em busca de apoio, desde que note que esse indivíduo carece da sua ajuda, ajude-o;

Se quiser ficar no seu *kor*[475], deixe-o ficar;

Quando ele morrer, você deve responsabilizar-se pelo seu enterro.

Eis, portanto, uma série de compromissos que o Rei assume em Baceâral.

Desde o acto de entronização (ou momento em que recebe a vassoura sagrada da reinança), o Rei é orientado para um sentido de equilíbrio na sua actuação; para uma linha oposta à do abuso do poder.

É o que acontece quando, no acto-processo de entronização, por exemplo, o futuro Rei de Kaiú escuta, de quem está incumbido dessa missão, a fórmula sacramental segundo a qual *só quando o Naciin jurar servir e servir o seu povo é que este se transforma em seu escravo.*

Na verdade, o "servo" (o Rei) torna-se *senhor* só quando se empenhar em *servir* os *súbditos*. Por outras palavras, o *Senhor* só é *Senhor* dos *súbditos* quando e enquanto servir os súbditos. Uma bonita visão do poder, esta[476].

---

474 Em madjaku, a vassoura sagrada da reinança, que simboliza a assunção legítima desta.

475 Residência do soberano.

476 No mesmo registo parece-me situar o «chefe vazio» da narrativa de ALEX HALEY, "Raízes" (trad. do original "Roots"), Lisboa, Edição "Livros do Brasil", 1976, p. 104, 105. O jovem viandante mandinga KUNTA KINTE passou por uma "aldeia silenciosa" e veio a ser informado por

A prática dirá do cumprimento ou não dessas normas de conduta, mas já é bom que consuetudinariamente o *uso razoável do poder* haja logrado tal consagração.

Com tudo o que acabou de ser dito, tem a instituição judicial algo a ver. Antes do advento e consolidação do poder colonial no chão mandjaku, havia tribunais com uma certa autonomia face ao rei. Tribunais que funcionavam num registo da mais fina dialéctica e em que a sentença era pronunciada, no epílogo desse processo argumentativo, de acordo com a opinião consensualmente ou maioritariamente obtida no *Conselho* de que o rei faz parte, ao lado de outras entidades – não se resumindo a composição do conflito ao *Diktat* do chefe.

Com a consolidação, entretanto, do poder colonial, registou-se a tendência para a institucionalização da função judicial na figura do chamado Régulo.

Um exemplo de mecanismo de composição de conflitos de acordo com o Direito consuetudinário:

Havendo dúvidas, *e.g.*, quem deve assumir o poder, leva-se uma galinha a um *utchai*[477], onde ela é morta. O estado desta galinha, morta, evidenciaria quem teria ou não razão. A coloração das suas vísceras (nomeadamente, rins) ditará a solução do caso. Se a coloração for mais clara, a resposta à questão *sub iudice* é positiva; se for mais escura, a resposta será negativa. Então, dirão as partes, a justiça foi feita. Quem perder reconhece que perdeu.

A sociedade mandjaku integra uma clara estratificação oriunda das profundezas do tempo e que, ainda hoje, o tempo não aniquilou[478].

Vejamos como estão traçadas e como se comunicam as vias do poder.

Reconhece-se a existência de uma fidalguia no seio da qual saem os *baciin*. Refiro-me aos *batchatcha* e aos *babuucin*. Segmentos sociais – para não me comprometer, por ora, com conceitos de tipo *casta* ou similares – onde se vão

---

crianças da aldeia seguinte da razão do *silêncio* da referida aldeia: «As crianças apontando para o trilho disseram que o chefe da aldeia anterior insistira em fazer coisas de que a sua gente não gostava. Até que uma noite, não muito tempo atrás, em silêncio, tinham partido todos, com os seus pertences, para as cabanas de amigos e parentes, noutras aldeias, deixando para trás um "chefe vazio". Agora a todos prometia o chefe comportar-se melhor, se a sua gente voltasse».

Interessante é também a história que se pode colher a páginas 390 da obra citada. Trata-se da figura alegórica esculpida no guarda-sol que protegia o chefe dos Akan – "uma mão segurando um ovo". Isso representaria "os cuidados com que um chefe devia usar os seus poderes".

477 *Iran*, em kiriol.

478 Diz, e bem, KI-ZERBO, que «a África de ontem é ainda um dado contemporâneo. Não está nem passada nem, sob certos aspectos, ultrapassada». Mais: «para muitos africanos não existe África de ontem, ou, antes, essa é a única África que existe» (*cfr.* J. KI-ZERBO, História da África Negra, II, 2.ª ed., Mem-Martins, Europa-América, 1991, p. 372).

buscar os reis. Por via uterina, normalmente, se fixa, neste particular, a posição de cada indivíduo.

Disse "normalmente", pois é conhecida uma variante excepcional. Mas o que normalmente sucede é os filhos de uma mãe *natchatha* serem *batchatcha*; os filhos de uma mãe pertencente ao povo, serem do povo, fora, portanto, dos segmentos da nobreza acima delineados. Será, portanto irrelevante o *status* do pai.

A variante excepcional de que se falou está ligada à circunstância de o filho que resultar das relações entre uma mulher do povo e um homem *natchatcha* ser *nabuucim* – e não do povo, como a regra da filiação uterina determinaria.

Para JOAQUIM ESTÊVÃO DOS REIS, Chefe de Posto da Aministração colonial na Guiné, que fez um trabalho de recolha entre os mandjakuss de kalekiss, divide-se a sociedade mandjaku em três *classes*:

"*Bagam*" (que fundaram o *chão*); "*Batchatchal*" e *Babuucin* (fidalgos) – que produzem os reis e líderes de principados menores; "*Balok*" (plebeus) – donde podem provir também os líderes de principados menores[479].

Existem reinos onde os reis provêm necessariamente dos *Babuucin*, como existem outros em que os reis terão de pertencer aos *Batchatcha*. Neste último caso inscrevem-se, por exemplo, os reinos de Baceâral, Kaiú, Tame e Kanhob. Onde a regra é a de o rei dever pertencer aos *Babuucin*, temos os casos dos reinos Babok, Kalekiss, Pelundo, Pandim, Kadjíndjassa. CLARA DE CARVALHO vê, por exemplo, nas ocorrências dos finais da primeira metade do século XX entre os Babok (que giraram em torno da sucessão no trono) a expressão de uma «tensão estruturante desta sociedade entre as matrilinhagens e os descendentes por via agnática». Lembra a autora que «as terras de Canchungo constituíam a parcela privilegiada do território directamente controlado pelo régulo de Bassarel (*batchatcha*) e eram atribuídas ao filho primogénito de cada soberano empossado (*babucín*), rodando entre várias casas tal como o regulado rodava entre os representantes de matrilinhagens reinantes de diversos regulados subordinados»[480]. Constata que o sistema do *regulado* caiu em declínio graças (seria, pelo menos, a convicção reinante no chão mandjaku) a essas alterações no Direito consuetudinário, conseguidas através da cumplicidade entre o poder colonial e os *babuucin*.

Detecta ANTÓNIO CARREIRA, no seu trabalho respigado no Inquérito Etnográfico publicado por TEIXEIRA DA MOTA[481], afora as "castas" (onde incluiu os

---

479 Trabalho intitulado "Manjacos de Calequisse" e integrado no estudo de A. TEIXEIRA DA MOTA, Inquérito Etnográfico – organizado pelo Governo da colónia no ano de 1946, Bissau, 1947, p. 149.

480 CLARA DE CARVALHO, Ritos..., cit., p. 64.

481 A. TEIXEIRA DA MOTA, Inquérito..., cit., p. 124-126.

batchatcha, os *babuucin*, bem assim os indivíduos com alguma importância, praticantes de profissões de relevo que são transmitidas dentro da mesma família), também as "classes", onde insere, por um lado, os agricultores e profissionais, por outro, os profissionais com funções públicas e, finalmente, os guerreiros.

Na classe dos "agricultores e profissionais", integra: os *batak*[482] (ferreiros); *badjar* (lavradores); *baniu* (construtores de casas); *batchunka* (que ministram consultas de foro sanitário); *babuka* (parteiras); *baníngete*[483] (tecelões); *badjiss* (que fabricam tambores e outros instrumentos musicais); *batibe-gedjibi*[484] (peritos nas chamadas mutilações étnicas); *nacïëre-untem*[485] (que fabrica redes de pesca).

Na classe dos "profissionais com funções públicas", vamos deparar com: Os *bamuam* (segundo o texto referido, primeiros auxiliares dos régulos ou chefes de povoação – função que cabe aos homens, exclusivamente);

Babitch (de acordo com o texto em referência, segundos auxiliares dos régulos – função que também cabe exclusivamente aos homens); *Balass* (tocadores de *bumbulum* ou de tambor – privativo dos homens);

Babanda (que transmitem ordens);

Batiêma (que, na altura, caíra em desuso – traduz-se na classe dos descacadores da pele dos mortos, um ritual funerário antigo).

A classe dos *bandjafu* (guerreiros – de que se dizia estarem "praticamente desaparecidos" na década de 40 do séc. XX) fecha esta estratificação da sociedade em observação.

Para além das ditas "castas" e "classes", despontam ainda as categorias ou classes de idade, assim constituídas[486]:

Nambelando (rapaz dos 8 aos 13 anos);

Nagak (rapaz dos 14 aos 16 anos);

Nandjandja (dos 17 aos 20 anos);

Após o ritual da circuncisão (*kambatch*), o indivíduo é considerado *naniu ruth* (dos 21 aos 30), *naniu kor* (dos 31 aos 40) ou *naíla* (a partir dos 41 anos de idade).

---

482 *Rectius*: Bathak.

483 *Rectius*: Banhinguët.

484 *Rectius*: Guëdjibi.

485 Nacïëre-pthenk?

486 Sobre a importância dos *grupos de idade*, das *associações* e das *amizades institucionalizadas* enquanto «mecanismos por meio dos quais se podem formar laços calorosos e estreitos entre membros de uma sociedade não ligados pelo parentesco», *cfr.* MISCHA TITIEV, Introdução à Antropologia Cultural..., cit., p. 263.

Lamentou-se alguém a mim, num dos meus *n'pulma*[487] pelo chão mandjaku, que se verifica nestes anos dez do século XXI uma certa tendência para apoucar a "justiça tradicional". Acontecem conflitos, opta-se pela justiça estatal. Ouve-se dizer que fulano foi morto, as pessoas acorrem directamente à Polícia e começa a *djunda-djunda*[488]. E que só quando se sentem injustiçadas ("*ora ki é odja kuma é kalka eliss*", nas palavras do meu interlocutor) é que voltam ao "poder tradicional".

A orgânica da justiça acompanha a orgânica do próprio Estado mandjaku[489]. E, com isto, antecipa-se a resposta a detalhar mais à frente.

Retomando a questão da orgânica, é suposto funcionar a justiça na esfera de cada principado. Quando se via que, a esse nível, não emergia a solução aceite e acatada por todas as partes, recorria-se, então, ao "Régulo" – a última instância.

Numa dada fase da colonização, se se tratasse de um crime de homicídio, o Régulo encaminhava o caso à Administração colonial. Foi a plataforma de convívio encontrada entre o Estado colonial e o poder nativo[490].

Depois do que relatei e do que aduzirei, não restarão dúvidas de que estamos em presença de um autêntico Estado mandjaku, com poderes e funções devi-

---

487 Pesquisa, em kiriol.

488 Em kiriol, literalmente, puxa-puxa.

489 Para uma perspectiva do Direito criminal mandinga, ARTUR AUGUSTO DA SILVA, Direitos..., cit., 4.ª ed., Bissau, DEDILD, 1983, p. 126 ss.: «O diireito de punir residia, conforme os casos, ou no chefe da família (que devia ouvir os parentes de idade respeitável) ou no chefe da povoação, ou no chefe do território, assistido pelos notáveis (balulabé) ou no Mandimansa que julgava tendo como assessores os seus cortesãos».

Mas «a lei não era (...) igual para todos» – mais no que toca à «aplicação de penas do que à existência do crime». «O valor da vida de um homem ou preço do sangue dependia muito da sua casta e classe social e, dentro desta, o das mulheres era de metade do do homem, tal como na monarquia visigótica (Cod. Wis. Liv. III, Dit. 1 e 5). O preço de sangue de um ferreiro era de 2/3 do de um alfaiate».

«O chefe de família que matasse um escravo ou um seu filho nada sofria, a menos que o conselho de família o destituisse da chefatura por delapidação de bens familiares e não por crime de morte».

490 No âmbito do relacionamento entre a Administração colonial e as autoridades nativas, no mundo francês, *cfr.*, J. LOMBARD, Autorités traditionnelles..., cit., p. 124-156. Quanto ao universo colonial britânico, *vide*, do mesmo autor e na mesma obra, as páginas 158-195.

Ver art. 7.° do D-L n.° 39.666, de 20.5.1954: «As instituições de natureza política tradicionais dos indígenas são transitòriamente mantidas e conjugam-se com as instituições administrativas do Estado Português pela forma declarada na lei».

Art. 8.° do diploma citado: «Os agregados políticos tradicionais são genèricamente considerados regedorias indígenas, consentindo-se embora a designação estabelecida pelo uso regional (sobado, regulado, reino, *etc.*)».

damente estabelecidos, em que o *Naciin* e a comunidade são funcionalmente complementares, não sendo radicalmente absoluto o poder do *Naciin*. E não o é, pois a organização sócio-económico-familiar é o que é (ao acentuar a valência autonómica dos agregados sociais ou familiares; ao não conter muito extensas e intensas disparidades económicas no interior da comunidade). Desta sorte, não sobra um poder esmagador aos soberanos. É certo que existe uma forte dimensão espiritual nesse poder, mas não seria aqui muito tolerável um exercício chocantemente abusivo do poder.

No chão mandjaku, há uma nítida definição fronteiriça – os principados entre si e os reinos entre si.

Cada principado tem – salvo excepções como, *v.g.*, Ukunh, em Babok, que não tem *Naciin*, nem *kor* – a sua bolanha. Esta não pode ser vendida, nem é vendida. Pode é ser cedida a título de arrendamento. Esse terreno é propriedade do Estado-comunidade mandjaku.

Por cada bolanha, o líder do principado dá ao seu Rei um certo número de cabeças de gado bovino. O Rei, em contrapartida, para ser entronizado (para tomar o *bëfutchi*), deve levar cabeças de gado bovino ao Rei de Baceâral. Antigamente, para este acto, o rei deveria levar 150 cabeças de gado bovino a Baceâral.

Se houver certas cerimónias "di tera" no Principado, o respectivo *Naciin* deverá tirar do seu rebanho um boi ou uma vaca para sacrificar.

O Rei também não foge a esses deveres, cabendo-lhe (anualmemte, no caso do babok, foi-me contado) sacrificar uma vaca e uma cabra da sua pertença, numa cerimónia em prol do seu povo.

A engrenagem em que se traduzem os dados etno-jurídicos acabados de esboçar representa um circuito de amparo vinculando os *baciin* entre si e estes (cada um e todos eles) ao povo que dirigem.

Recorrentemente, esta dissertação vai desaguar a Baceâral.

Nunca é demais frisar que essa terra representa o centro do poder mandjaku. Confluem ali atributos vários que denotam o carácter sacratíssimo desse reino e a acção centrípeta que projecta no povo mandjaku[491].

---

491 «Ainda hoje [relembra A. MARTINS MEIRELES – Baiú (Gentes de Kaiú) I. Generalidades, *in* Boletim Cultural da Guiné Portuguesa, n.° 11, vol. III, 1948] os manjacos de Caió, Cajegute e Ilha de Geta não consideram verdadeiramente empossado no cargo de régulo aquele que não for prestar tributo de vassalagem ao régulo de Bassarel»;

J. ESTÊVÃO DOS REIS (*vide* A. TEIXEIRA DA MOTA, Inquérito..., cit., p. 149-150) sublinha, porém, que apesar da sua subordinação a Baceâral, os régulos de Bugulha, Pandim, Kanhob e Tame passaram a ver as respectivas nomeações dependentes dos *Badjak* (ou seja, conselheiros) desses regulados. O Rei de Baceâral deverá, contudo, ser informado.

Até ao momento em que estas linhas são manuscritas, o defunto Rei de Baceâral não foi substituído. É um processo moroso e dispendioso para o escolhido. Como nos tempos que correm não há garantias de que tais despesas serão mais tarde amenizadas com os influxos seguros de outros reinos, não é muito fácil a situação.

A asunção do poder em Baceâral não é, com efeito, tão linear como em certas paragens.

Para a identificação do futuro Rei, o *Namuân* Baceâral e *Këndjank* de Baceâral reúnem-se e desencadeiam o procedimento, que passa pela *prova da galinha* (qual arúspice romano) – em que a coloração das vísceras é sinónima de uma determinada solução.

As consultas a *irans* e *bapéné*[492] prosseguem até descobrirem que o predestinado (aquele que tem direito) encontra-se em tal localidade[493].

A indagação continua através de outros *bapéné* até se chegar a uma pessoa certa e determinada.

Aqui chegados, a operação (surpresa) culmina num assalto à casa do predestinado. A este é na altura atada uma corda feita com ramos de palmeira e conduzido (com a mulher com a qual pernoitava – passando a ser esta a *namáka*[494] do Rei, ainda que antes não a fosse), sem demora, ao reino.

O trajecto é este:

Primeiramente, seguem para Blëkëss (localidade cognominada *Pciin N'hath* – em português, reino feminino ou da mulher) onde o escolhido é deixado[495];

---

492 Adivinhos e curandeiros, em mandjaku.

493 Sublinhe-se que a matrilinhagem é aqui o critério da herança do reinado. *Cfr.*, neste sentido, CLARA CARVALHO, Ritos…, cit., p. 473, que aduz: «O reino não é herdado pelas *kakanda* locais, antes roda entre cinco "terras" ou reinos considerados dependentes de Bassarel (Babok ou Costa de Baixo, Caió, Cajegute, Jeta e Pecixe; note-se que nesta última ilha não existe qualquer memória de se herdar o reino em Bassarel)».

Na mesma direcção já se pronunciara ERIC GABLE (Modern Manjaco: The Ethos of Power in a West African Society (PhD. Dissert.), University of Virginia, 1990, p. 241).

494 Significa primeira esposa.

Descreve, entretanto, JOAQUIM ESTÊVÃO DOS REIS (*cfr.* TEIXEIRA DA MOTA, Inquérito…, cit., p. 149) este procedimento: Uma vez entronizado o Régulo de Baceâral, a *namáka* do Régulo falecido que ocupava imediatamente antes o cargo passa a ser a sua *namáka*. Esta é quem chefia o regulado de Blëkëss – e chefia-o até à sua morte, altura em que a sua genuína e primitiva *namáka* toma o poder em Blëkëss. Mas antes do falecimento da *namáka herdada*, a genuína e primitiva *namáka* (que, afinal, pode bem ser a 2.ª, 3.ª ou 4.ª – se atendermos ao rito da captura do futuro rei para a reinança de Baceâral) assume a chefia da povoação de Ojígia.

495 A direcção do reino de Blëkëss por uma mulher (assim como, em tempos idos, nos de Kadjíndjassa e Pandim) é interpretada por A. CARREIRA como índice da existência de um longín-

Constrói-se aí (os fidalgos constroem) uma barraca coberta de palha onde o escolhido ficará, entretanto, alojado;

É depois feita uma cerimónia no *Pëndjangui* onde é sacrificada uma galinha e é enchido um reservatório de vinho que permanecerá, de ora avante, sempre pendurado; o reservatório em alusão não deve ser descido ao solo, a não ser no acto de entronização no *Pëndjangui*.

Estamos a analisar um importante centro, ainda hoje, do poder *mandjaku*[496].

---

quo matriarcado entre os mandjakuss (*vide* A. TEIXEIRA DA MOTA, Inquérito Etnográfico..., cit., p. 123).

CLARA CARVALHO (Os Ritos..., cit., p. 473, nota 6) diz ter referido ao então (em Abril de 1992) Régulo de Blëkëss, assim como às suas mulheres, a informação segundo a qual o poder sobre esta localidade era atribuído à primeira mulher do régulo, "tendo a última soberana falecido nos anos trinta deste século" (xx). A resposta que obteve terá sido a de "nunca" terem "ouvido falar de tal tradição".

Não sei, é a minha opinião, se se deve falar aqui, com propriedade, de uma "tradição". Numa entrevista por mim realizada em Blëkëss, a 30 de Novembro de 2003, relatou-me um *nalass* de bumbulum e ritualista de nome SULUK a (sua) história da monarca de Blëkëss nos seguintes termos:

Em tempos idos, havia uma mulher que, saindo de P'tham a caminho da feira, passou por Blëkëss. Deparou com um ajuntamento de homens em torno de um temido e (então) desconhecido bicho (o *urëngan kadjar*, em mandjaku – algo agigantado e parecido com o caranguejo). Tentavam os referidos homens, munidos de uma série de materiais bélicos como machados e outros, matar o temido *monstro*. Mas não conseguiam. Perguntou-lhes a senhora o que é que estavam ali a combater. Aqueles indicaram-lhe a *coisa*. A mulher pediu-lhes que esperassem; desceu da cabeça a carga que transportava e (qual HÉRACLES, no decurso do seu *segundo trabalho* – e como preâmbulo ao *trabalho* principal) facilmente agarrou e dominou o *urëngan kadjar*.

Face a esta façanha, foi dito à senhora que ela deveria ficar em Blëkëss como a soberana deste reino. Uma mulher escura e de estatura mediana reinou, então, em Blëkëss. Ficou conhecida como *Namáka Blëkëss*. Após a sua morte, o *Pciin Namáka Blëkëss* passou para UTIMPLA que assim sucedeu àquela. UTIMPLA foi, por sua vez, sucedido, depois de falecer, por SÁMINGUI. Lutas de carácter místico pela reinança fizeram com que SÁMINGUI (o *legítimo*) abdicasse a favor de um oponente (da mesma família) que dava pelo nome de KÉSSAR (isto durante a presença colonial).

[496] Mesmo, repare-se, após a derrota militar sofrida pelo reino (ou confederação) mandjaku em 1914, na confrontação com a força colonial portuguesa, cuja coluna militar foi comandada pelo então Capitão TEIXEIRA PINTO, apoiada por africanos de outros (na sua quase totalidade) grupos étnicos arregimentados para o efeito (lembre-se do caso de ABDÚ INJAI).

Ditou tal derrota o fim da independência do reino mandjaku, a deportação do Rei de Baceâral (símbolo, então, da resistência do chão mandjaku, que ele encabeçava, contra a dominação estrangeira – e estrangeira na acepção mais ampla, abrangendo quer o ocupante europeu, quer os vizinhos africanos de outros grupos étnicos; não se esqueça que essa independência já vinha sendo assegurada há séculos face a comunidades, reinos e impérios que se foram suce-

Mas a sua dimensão extravasa os confins do reino mandjaku.

Consta que os mankanh e os pepéliss a ele recorrem. Trata-se de tribos irmãs da tribo mandjaku, tais são as afinidades linguísticas, culturais e sociológicas! Muito leva a crer que num passado não muito remoto tenham os três ramos (dos primeiros no território agora Guiné a estabelecerem contactos com os portugueses, desde o século XV) constituído um corpo étnico único[497].

---

dendo nesta região africana) para São Tomé e a imposição do domínio colonial efectivo ao chão mandjaku.

[497] *Cfr.*, nesta direcção, ARTUR MARTINS DE MEIRELES, Baiú..., cit., p. 626:

«Que os Manjacos, Papéis e Brâmes devem descender de um mesmo tronco comum, dadas as suas afinidades linguísticas, vida familiar, material e psíquica, como outros afirmam, é facto que se não contesta por se não terem argumentos a contrapor»;

FERNANDO ROGADO QUINTINO (Os Povos..., cit., p. 874) assevera que «as afinidades entre Manjacos, Papéis e Brames ou Mancanhas são muitas. Tantas que permitem concluir que os três grupos constituíam de facto no passado um só ramo étnico. Estruturados em reinos distintos, passaram a olhar-se sobranceiramente, o que não impedia que a gente dum grupo, sobretudo mulheres e crianças, frequentassem as feiras realizadas no chão do grupo diferente»;

J. BASSO MARQUES, Aspectos do Problema da Semelhança da Língua dos Papéis, Manjacos e Brames, *in* Boletim Cultural da Guiné, n.° 5, vol. II, 1947, p. 77-109.

AVELINO TEIXEIRA DA MOTA (Inquérito Etnográfico – organizado pelo Governo da colónia no ano de 1946, Bissau, 1947, p. 122) – dando notícia de alguns pontos do estudo sobre a "vida social dos Manjacos" da área da sede da antiga Circunscrição de Kantchun'u, que abarcava os regulados de Babok, Blëkëss, Bugudja, Kadjíndjassa, Kanhob, Pandim, Pelundo, Tame.

Sobre a "íntima afinidade" entre mandjakuss, mankanh (ou brames) e pepeliss, sublinha A. CARREIRA que «noutros tempos, não muito afastados ainda, o régulo de Bassarel escolhia e entronizava os régulos de Brâme Grande (Bula) e Brâme Pequeno (Có)».

Atente-se ainda numa ligação (relevando apenas do domínio mitológico?) entre o grupo étnico pepel e o beafada. De acordo com a lenda, a tribo pepel teria provindo de um caçador de Quínara, chão dos beafadas, das suas seis mulheres e da sua irmã mais velha. O caçador dava pelo nome de MEKAU e sua irmã PUNGUENHUM; as suas esposas INTENDE, DJOKOM, MALA, INTSOMA, KLIKËR e INTCHIPOLO.

De PUNGUENHUM teriam provindo os INTCHASSU (que usam o apelido Nanke e têm por símbolo a onça);

Da união de Mekau com Intende proviriam BATSUTU (que usam o apelido Djô e têm por símbolo o timba);

Da união com DJOKOM resultariam BASAFINTÉ (que usam o apelido Té e têm a lebre como símbolo);

Da união com MALA proviriam BATSÓ (que têm por apelido Kó e por símbolo o sapo);

Da união com INTSOMA, teriam provindo BADJUKUMÓ (que usam o apelido Ká e têm como símbolo a hiena);

Da união com KLIKËR, nasceriam BAIIGA (que usam o apelido Sá e têm como símbolo a frintambá);

Finalmente, da união de MEKAU com INTCHIPOLO proviria a linha INTSATE (que usa o apelido Indí e tem como símbolo o macaco).

São as sete *djorsson* (*gerações*, literalmente – ou linhagens) da tribo pepel.

Colhida em F.R. QUINTINO (Cultura Etiópica no Ocidente Africano, *in* Boletim Cultural da

É curioso e, provavelmente, não casual que esses dois grupos étnicos ainda mantenham alguns laços com Baceâral. Contaram-me que teria havido até um

---

Guiné Portuguesa, XVII, n.° 66, 1962, p. 342) – *cf.*, também, LANDERSET SIMÕES, Babel Negra…, cit., p. 61, 62 –, aí está a árvore genealógica da tribo:

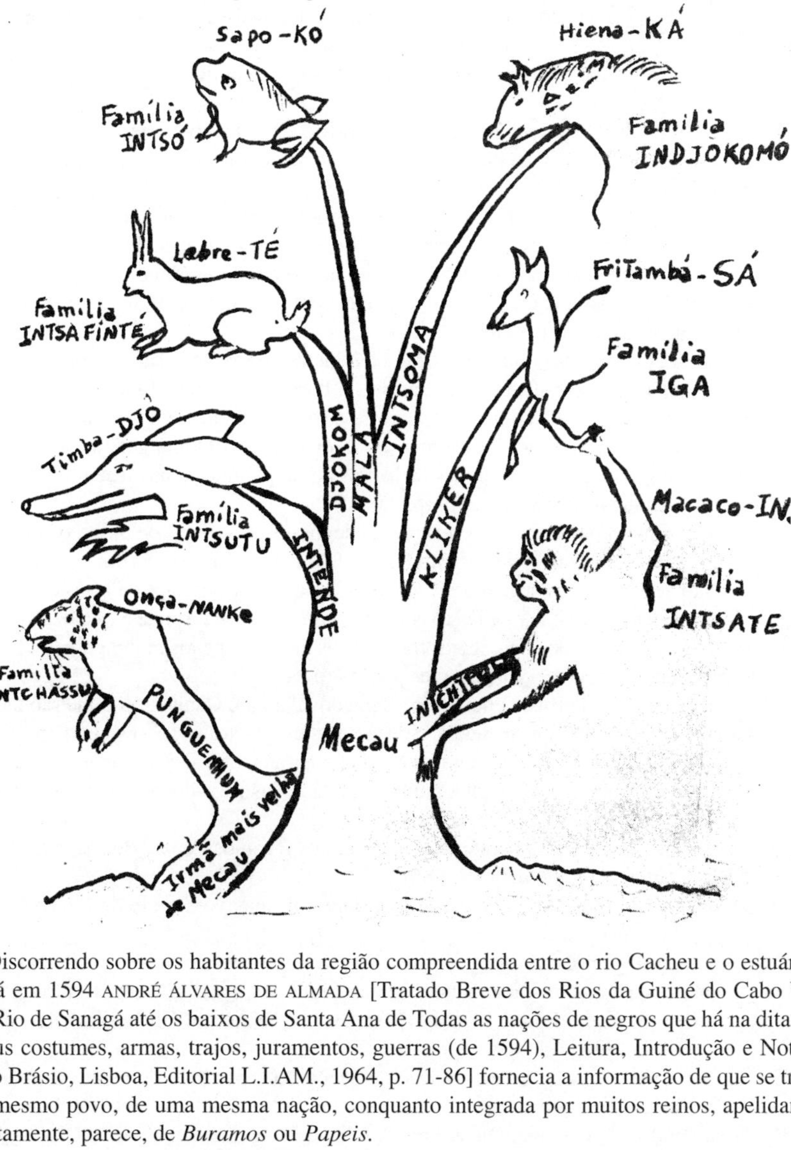

Discorrendo sobre os habitantes da região compreendida entre o rio Cacheu e o estuário do Geba, já em 1594 ANDRÉ ÁLVARES DE ALMADA [Tratado Breve dos Rios da Guiné do Cabo Verde dês do Rio de Sanagá até os baixos de Santa Ana de Todas as nações de negros que há na dita costa e de seus costumes, armas, trajos, juramentos, guerras (de 1594), Leitura, Introdução e Notas de António Brásio, Lisboa, Editorial L.I.AM., 1964, p. 71-86] fornecia a informação de que se tratava de um mesmo povo, de uma mesma nação, conquanto integrada por muitos reinos, apelidando-o indistintamente, parece, de *Buramos* ou *Papeis*.

O autor fê-lo nos seguintes termos:

Rei de Baceâral que era pepel. Daria pelo nome de Gueká. Terá sido quem, brincando com a sua origem *forasteira*, deixaria o seguinte dito: «Gueká! Ma n'ka pëthand, n'da methin»[498].

«(...) Porto das Ilhetas, terra dos mesmos Buramos, no qual à ida e à vinda nos apercebemos de água e refresco.

«Estes negros têm Rei. Usam as mesmas armas, vestidos, juramentos e tudo o mais que usam os Buramos» (p. 79).

«Correndo por este rio acima, que é o canal do Rio Grande, ao Norte dele vão estes Buramos; depois destes das Ilhetas fica outro Rei» (*sic*) «que se chama Bucis, sete léguas das Ilhetas, da mesma nação» (p. 80).

Há outros esteiros donde se metem e se acolhem os nossos navios, fugindo aos inimigos. «E estes negros são nossos amigos, e bons, principalmente o Rei dos Biçaos, que também é Buramo» (p. 80).

«(...) este juramento fazẽ os Banhũs, Buramos chamados por outro nome Papeis e os Chãos, que todas estas nasões estão misturadas; chamo juntas porque se entendem hũas cõ as outras, mas as terras estão diuididas e os Reinados».

«Sajndo desta barra de São Domingos dão nas Jlhetas de fora, que são tres piquenas, despovoadas, muỹ acheguadas à terra firme dos Papeis está hum ponto donde tomão muitas vezes hos mais dos nosos naujos, assi á jda como á vinda porto e se apersebem daguoa e mantimentos.

«Estes negros tem Rei e são da mesma nasão dos de São Domingos, andão vestidos de mesma maneira como os outros cõ as pelles de cabras ou de pallmas, q has fazem da maneira das pelles, e tragennas en lugar de callsas (...)» (p. 85).

«Pasando as Ilhetas per espasso de seis ou sete legoas estaa o porto de busix, o qual tãbẽ tem Rei e he da mesma nação dos das jlhetas e do Rio de São Domingos» (p. 85).

A propósito de Pëciss, «os negros desta terra e todos os mais Buramos e Papeis q todos são de hũa nação, limão os dentes de sima e de baixo por galantaria; é boa gente preta e fremoza, não tẽ mais q aquell dezar dos dentes limados e as negras trazẽ algũas dellas os peitos muito grandes; parece q é causa o malhar dos mãntimentos naquelles seus pilões» (p. 85).

«Passantte esta terra de Busix entra outro Reinado chamado Canhagutos, que são da mesma nação e guardão as mesmas leis e costumes, e huzão as mesmas armas he vestidos» (p. 86).

«Pasando os Canhagutos vai correndo a terra dos Bisãos, que são os Papeis q ficão ao longuo deste Rjo Grande, hadonde se recolhẽ muitos nauios nosos fogindo dos jngreses e françeses» (p. 86).

«Estaa tãbẽ ho estejro de Baboqua q he na terra dos mesmos Papeis Bisãos, que correm ao longo deste Rio Grande, ao norte delle» (p. 86).

[498] Traduzindo livremente: «Gueká! Tomei Baceâral, mas vós, gente de Baceâral, não me conheceis»;

Para uma abordagem da vertente territorial deste reino mandjaku, com sede em Baceâral e apanhando uma vasta área circundante, que entra até Bula, *cfr.* EVE CROWLEY, Contracts with the Spirits: Religion, Asylum and Ethnic Identity in the Cacheu Region of Guinea-Bissau (Ph.D. Dissert.), Yale University, 1990, p. 114 ss.

O reino teria sido constituído no começo do século XIX, partindo do centro Baceâral. Irradiou-se por uma vasta região que ia, nomeadamente, de Babok a Kalekiss, Blëkëss, Tame, Kanhob, Kaiú, Bugudja, Pandim, Kadjegute, Djeta, Peciss, Inhangabute, Timate, Mata de Okom, Kadjíndjassa, Pelundo, Djol, Kó e Bula.

Num trabalho publicado pelo *Centre de Linguistique Apliquée de Dakar*, o linguista DONEUX, explorando as ligações entre alguns idiomas utilizados no litoral guineense, fala de língua *manjak* como património do grupo mandjaku-pepel-mankanh, que se dividiria originariamente nas variantes Protocentral, Tchur e *Protomankân*.

Esse grupo linguístico teria em comum com o djola, banhum e balanta o facto de pertencerem ao grupo *Bak*, que, por sua vez, faz parte do grupo linguístico oeste-atlântico senegalo-guineense[499]. Eis a esquematização da proposta do autor:

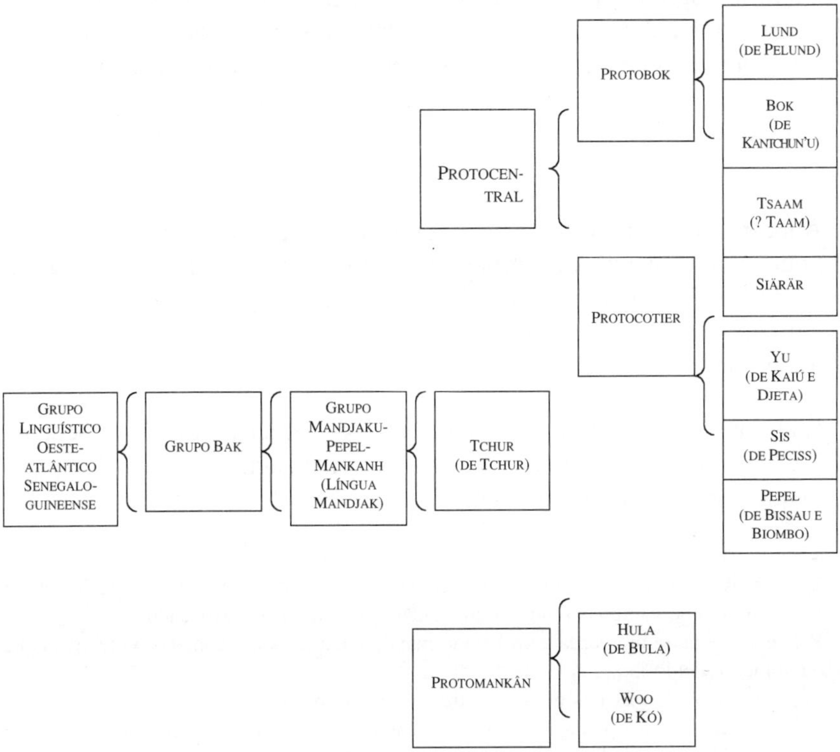

GRÁFICO 1 – *Grupo linguístico oeste-atlântico senegalo-guineense*

De toda a exposição precedente, flui uma certeza:

Existiu – pelo menos até à consolidação do colonialismo português, na segunda década do século XX – um Estado mandjaku, em que o poder alcançou

499 Ver J.L. DONEUX, Lexique Manjaku, Dakar, C.L.A de Dakar, Univ. Cheik Anta Diop, 1975, p. 2 ss.

L. SCANTAMBURLO, Dicionário Guineense, vol. I, Bubaque/Lisboa, FASPEBI/Colibri, 1999, p. 55 ss.

um grau apreciável de racionalização – pautando-se por subtis mecanismos de autocontenção e heterocontenção do poder – e onde um Direito, não positivado, artisticamente talhado e apurado por gerações e gerações, teve e continua a ter os seus destinatários, teve e continua a ter os seus acérrimos praticantes, apesar da sobranceria de uma *Guiné Progressista*[500].

O Estado existe, o *político* existe, mesmo se não nos barricarmos no momento antropológico – que sufraga uma concepção menos rígida daquela categoria. Por outras palavras, as próprias vertentes weberianas do *político* (na sua essência) abraçadas pela sociologia encontram expressão adequada nessa comunidade política (*i.e.*, autoridade exercida monopolística e efectivamente num certo território por determinados entes, que detêm o exclusivo da força legítima).

A mesma observação serve para os outros dois grupos étnicos (pepel e mankanh) que, com o mandjaku, formam o tronco étnico comum que liga o espaço que vai do rio Cacheu ao rio Geba[501]. A mesma independência – garantida até ao século XX –, a mesma consistência política e institucional, a mesma racionalização do poder e do direito.

É aí um dado assente a "autonomização do poder político"; a "sedentariedade"; a "coercibilidade"; uma certa "institucionalização"[502].

O que será isso senão um Estado?

---

[500] Conclui-se, enfim, por outras palavras, pela existência de uma experiência de poder onde um sistema mínimo de garantias mútuas entre a chefia e o povo está esboçado;

Pela existência de um verdadeiro Estado mandjaku, antes da colonização efectiva concretizada só em pleno século XX;

Pela existência de mecanismos de controlo do poder político;

Pela consagração e veneração de alguns *direitos fundamentais*, como, designadamente, o direito à vida, a liberdade de locomoção, o direito ao bom nome;

Pela existência, nesse espaço e nesse tempo, de um *Estado de direito minimal*.

Para uma aproximação à história desta região africana, *cfr.* WALTER RODNEY, History of the Upper Guinea Coast, Oxford, Clarendon Press, 1970, p. 6 ss. e 29. Identifica RODNEY um naipe de povos que, à data da colonização europeia, já viviam nesses espaços, compartilhando um certo espírito de autoctonicidade, uns mais do que outros. São eles os grupos djola (felupe), cassanga, banhum, pepel (que se espraiava entre o rio Cacheu e o rio Geba, subdividindo-se hoje em mandjaku, pepel e mankanh), balanta, bëdjugu. Isto tratando-se de grupos étnicos sediados no litoral. Mais para o interior, enumera os grupos mande, fula, nalu, cocoli, baga, landuma e temne.

[501] LANDERSET SIMÕES, Babel Negra..., cit., p. 54 ss., 62.

[502] Sobre esses conceitos, *cfr.* JORGE MIRANDA, Manual de Direito Constitucional, I, 5.ª ed., Coimbra, 1996, p. 47-48. Seriam, para o autor citado, notas características do Estado. Falta apenas mencionar a "complexidade de organização e actuação".

Se a clara e englobante estrutura do poder desvendada no chão mandjaku é extensiva à maioria dos principais grupos étnicos da Guiné[503], encontram-se, porém, exemplos que não se encaixam plenamente nesses moldes.

Basta espreitar-se para o caso felup, grupo étnico que não tem tradição de reinança – pelo menos de acordo com o formato corrente na Guiné. Os felupes não têm e não tiveram, ao que se sabe, reis ou chefes similares resultantes de uma tradição endógena[504].

---

503 *Cfr.*, para uma descrição dos órgãos de poder nas comunidades bëdjugu e fula, o estudo encomendado pela SNV e executado por individualidades ligadas ou não ao INEP, Estado Moderno..., cit., p. 5, 62-69, 84-89.

Na comunidade fula, o vértice superior da pirâmide política é ocupado pelo *Lam-dô* (*Régulo*), seguindo-se-lhe, por ordem decrescente de importância, os *Batulás* (Conselheiros), o *Djarga* (Chefe da Tabanca), o *Djoma-Gallé* (Chefe da Morança), o *Djoma Bmeigo* (Chefe da família). Os fulas (distintamente do que sucederia com a maioria dos grupos étnicos) «não se organizam em classes de idade» (assim A. ALASSANA SOW, Estudo de Caso: os Fulas, *in* SNV/INEP, Estado..., cit., p. 82).

Entre os bëdjugus, o observador é confrontado com a grande autonomia política e religiosa. E vamos ter aqui uma pulverização do poder, não tanto no grau e feitio da sociedade balanta, mas pulverização na mesma.

Funda-se tal ilação no facto de cada tabanca ter o seu *Oronhó* (*Régulo*) e, também, no modo como o poder é materializado na dita sociedade.

Cada tabanca tem a sua *Okinka* (sacerdotisa – escolhida pelo *Oronhó* – e personalidade de grande relevo no poder bëdjugu), o seu *Iakotó* (Conselho de Anciãos), o seu *Oum* (principal conselheiro e porta-voz do *Oronhó*), os seus *Okandenh* (líderes das diversas classes de idade que, a partir da faixa etária *kamabi*, em razão da matéria, podem integrar o *Iakotó*), os seus *Uam Motó* (linhagem ou *djorssom* a que pertence a tabanca em causa, donde provêm os que exercem o poder na sociedade bëdjugu), os seus *Ogonné* (os que carregam o *djongagu* e, assim, tentam obter respostas sobre a causa da morte da pessoa falecida) e, finalmente, os seus *Orachi* (homens reduzidos à condição de cativos pelas *Orebok*, mas que estão muito chegados ao círculo do poder, o que se explica «pelo facto de as mulheres serem detentoras de grandes poderes religiosos» na comunidade política bëdjugu).

Vide, ainda, RAUL M. FERNANDES, Dinâmica Social dos Bijagós, *in* BISE (Co-Ed. INEP/GEMiPLANO), 4/88, p. 7-12.

Englobando, no enfoque analítico, parte substancial das tribos guineenses, LANDERSET SIMÕES, Babel Negra..., cit., *passim* [Mandinga: p. 80, 89; Futa-Fula e Fula: p. 101, 107; Balanta: p. 126, 127; Nalú: p. 133-134, 137; Bëdjugu: 150, 151].

504 *Vide* a súmula do inquérito etnográfico executado por ANTÓNIO DA CUNHA TABORDA sobre os felupes de Suzana, na década de 40 do séc. XX (inserta na obra apresentada por A. TEIXEIRA DA MOTA, Inquérito..., cit., p. 127), onde o inquiridor afirma serem os régulos ou chefes então existentes nomeados pelas autoridades portuguesas.

De TABORDA e a respeito dos felupes, também "Felupe de Suzana", *in* Boletim Cultural da Guiné Portuguesa, n.° 18, vol. V, Abril, 1950.

ARTUR A. DA SILVA, Direitos..., cit., p. 173 ss.: «Na organização felupe, o primeiro motivo de espanto para um ocidental é a total ausência de um poder civil porque ela, como numa infinidade de povos africanos, baseia-se na tradição e no poder religioso ou, correctamente, no poder místico que alguns homens possuem» (p. 173);

Seria, contudo, um exercício interessante perscrutar até onde vai o poder dos ritualistas felupes. É conhecida a elevada consideração de que estes gozam na civilização felup. É consideração e verdadeira autoridade o que o ritualista ou *djambakuss* (*balobero*) detém, com o acompanhamento, é certo, dos chefes de família.

Na banda da orgânica do poder felup, situa-se, outrossim, o grupo étnico balanta[505].

«Não existe mesmo um rudimento de organização estatal, no sentido europeu do termo. Os homens são governados pelo costume e pela vontade dos mortos e, por isso, aquando das festas de iniciação, todos recebem uns rudimentos de cultura em que a revelação das normas de conduta está na base» (p. 174);

«A paz social é mantida pelo costume e pela vontade dos mortos, manifestando-se através dos tchinas»;

«(...) Na organização felupe, todo o poder pertence aos mortos, os vivos são agentes passivos desse poder. Daí uma igualdade absoluta entre todos os homens.

«Acontece que, para satisfazer as autoridades europeias que não compreendem a possibilidade de se viver sem um chefe, os felupes designam um, mas os seus poderes são nulos e ele só serve de intermediário entre as autoridades e o seu povo» – e escolhem, geralmente, o menos inteligente, «para dificultar os contactos com as autoridades» coloniais;

«Se quisermos encontrar, entre os felupes, um resquício de poder civil, só no conselho de anciãos, formado em cada tabanca pelos chefes de família e a que preside aquele, dentre eles, tido como mais inteligente: a tabanca toda reconhece e proclama o mais dotado, sem que os outros dotados se sintam melindrados ou encimados»; "inteligente" no sentido felupe significa «capacidade de discernimento aliada à faculdade de execução, ponderação e percepção rápida» (p. 175);

«O conselho de anciãos está praticamente em reunião permanente». Reúne-se no "meio da povoação", "debaixo de uma árvore frondosa", debatendo todos os assuntos da tabanca e das outras povoações e «quando é necessário, já as opiniões estão formadas» (p. 176);

«Em casos muito excepcionais – e tão excepcionais que há mais de 20 anos se não verificam – reúne-se um conselho ampliado dos anciãos, em que tomam parte delegados dos conselhos de tabanca, mas nunca à escala da tribo.

«Pode ir, raramente, à escala de uma região mas, no comum, reduz-se ao conselho de um grupo de tabancas» (p. 177).

O importante é, a meu ver, que se constata aqui a existência de algum poder civil que até se organiza em termos democráticos (ver última citação da página 175 do estudo que se acabou de indicar).

[505] Ver a obra colectiva SNV/INEP, "Estado Moderno...", cit., p. 22 ss. Destacam-se aqui, relativamente aos balantas, os seguintes aspectos: A inexistência de "qualquer especialização social" - que "tornaria desnecessário o aparecimento de qualquer estrutura embrionária de poder político"; a "inexistência de uma classe detentora dos bens de produção inviabiliza, também, qualquer embrião de estrutura política convencional".

Tudo ponderado, "não é de estranhar que nunca tenha existido régulos endógenos à comunidade balanta" (comunidade "sem uma classe política dominante") – *sic*.

Interessante é a observação ínsita na página 23, surpreendendo uma determinada postura, hoje, da comunidade balanta (da "elite urbana balanta") face ao poder:

Sem reis que do topo da pirâmide comunitária dirijam os destinos duma comunidade alargada, o que se constata é uma pulverização do poder ao nível micro-societário. Mais explicitamente, ao nível de cada família, cada morança, mas sem uma ou mais autoridades de cúpula, de natureza indígena, que confiram uma coordenação a essa constelação de poderes[506].

«A partir do momento em que não é mais possível à comunidade controlar a saída da mão-de-obra da comunidade; e a partir do momento em que a base da reprodução social da existência da comunidade começa a transitar do arroz para a castanha de cajú; a partir do momento em que o interesse pelos investimentos em bens de prestígio cedem lugar aos investimentos em bens de acumulação e de capital; e a partir do momento em que a comunidade percebe quão importante é o controle do poder de estado moderno, e inicia toda uma preparação no sentido de preservar essa vantagem; a comunidade balanta iniciou o seu processo de desmembramento interno, rumo a integração na nova unidade política mais global, denominada NAÇÃO GUINEENSE».

«A segunda grande questão em aberto reside na interrogação sobre quais as consequências, do ponto de vista da cultura política da comunidade balanta, da tomada do Poder de Estado pela elite urbana balanta sobre o comportamento e atitudes da comunidade balanta das zonas rurais».

Do ponto de vista estrutural, está-se perante uma comunidade que autores como DESCHAMPS não exitariam, provavelmente, em enquadrar no grupo das "Anarchies" [recuperando o sentido etimológico de "absence de commandement" – «sont des régimes fondés sur l'indépendance des groupes parentaux (familles et clans), temperée par l'action des associations, des alliances, et de certains personnages religieux. Il n'y a ni gouvernement, ni lois, mais seulement la coutume, héritée des ancêtres, connue de tous, obéie sans discussion. Les infractions à la coutume sont sanctionnées par des interventions mystiques, le mépris social, ou, dans les cas graves, par l'expulsion du groupe. C'est un anarchisme non individualiste, et qui suppose au contraire une forte conscience collective, une grande puissance des croyances religieuses et la conviction que l'ordre social existant correspond à l'ordre même du monde. Ces sentiments maintiennent le groupe, sans état et sans gendarmes»]: H. DESCHAMPS, Peuples et Nations..., cit., p. 146. Um dos exemplos referenciados é o dos Ibos da Nigéria, mas eles encontram-se em grande número «dans les civilisations de la forêt», sendo «la majorité chez les paléonigritiques».

R.E. GALLI/J. JONES, Guinea-Bissau..., cit., p. 13.

LANDERSET SIMÕES, Babel Negra..., cit., p. 126-127 (acerca das supostas origens deste grupo, ver p. 113-114).

506 JAMES PINTO BULL, no inquérito que fez no terreno sobre os balantas de Mansoa (*cfr.* A. TEIXEIRA DA MOTA, Inquérito..., cit., p. 141), reforça essa constatação, afirmando que «os régulos e chefes de povoação da actualidade» – 1946 – «foram nomeados pelas autoridades».

Sobre os balantas de Tite – e na direcção atrás indicada –, *vide* JORGE PINTO DA SILVA, no trabalho coordenado por Teixeira da Mota (Inquérito..., cit., p. 153), que se atira para a opinião segundo a qual parece tratar-se de uma sociedade que, «no sentimento gregário, pouco evoluiu acima do conceito familiar»;

Na senda desses e doutros trabalhos etnográficos que já vêm do período colonial, CARLOS RIBEIRO (no trabalho colectivo Estado Moderno..., cit., p. 51-54) fundamenta a desnecessidade de chefes na etnia balanta, deste modo:

«Na comunidade balanta não é preciso a existência de chefes, no sentido convencional do termo, porque a comunidade não se organiza em classes económicas mas, em classes de idade, por moranças, e por sexo. Cada família ou morança é totalmente autónoma na organização da sua actividade económica» (*sic*). Tratar-se-ia, na óptica de C. RIBEIRO (*op. cit.*, p. 25), de uma comunidade "com uma clara hierarquia baseada na graduação segundo a idade", sendo os homens mais velhos "aqueles que tomam todas as decisões importantes" – a consulta e transmissão da vontade dos antepassados cabem aos *homens grandes*. «Assim, cada morança, e nas morança cada membro, é muito independente. No entanto, isso não impede que as pessoas se organizem e colaborem sempre que as condições da actividade económica ou social assim o exigirem» (*sic*).

Mais à frente, sintetiza o sociólogo: «Na comunidade balanta não existem instituições convencionais que representam o exercício do poder político. O chefe de tabanca não controla e nem decide da vida das moranças que compõem a sua tabanca. O "Conselho de anciões" exerce mais a função de espaço de concertação e de coordenação do que uma função política de direcção efectiva da comunidade», «porque as normas, os valores e o sentido cultural predominante da comunidade não é objecto de qualquer intenção de alteração por parte de qualquer membro».

Se a caracterização da estrutura sócio-política não suscita reparos de maior, o mesmo já não se poderá dizer da fundamentação a ela anexa. Isso pelo subjectivismo escusado, inconsistente, improvado e improvável que tal justificação arrasta.

A martelar nesse lugar-comum (verdadeiro?) da horizontalidade da sociedade balanta, *cfr.*, ainda, INGER CALLEWAERT, no seu importante estudo "The Birth of Religion Among the Balanta of Guinea-Bissau", Lund (Sweden), Department of History of Religions. Univ. of Lund, 2000.

A tese, no âmbito da História da religião, seguindo o método da chamada Antropologia da religião, surpreendeu algumas importantes manifestações religiosas balantas. Estudou o novíssimo movimento religioso *Kiyang-yang* (que eu apelidaria de supernova, devido à espectacular magnitude da sua aparição em meados dos anos oitenta do século XX) e, bem assim, o *Fyere Yaabte*.

Martela aí a autora sueca na acefalia da referida comunidade («The Balanta society is an acephalous kinship-based society wet-rice cultivators with a semi-subsistence economy, under the authority of the elder man of the compound»), sem deixar, porém, de assinalar o papel dos *kiyang-yang* num processo de reformulação ou anulação dos «key-roles of power and influence» que a sociedade balanta oferece (*op. cit.*, p. 276, 277).

Os ditos papéis-chave de poder e influência estarão já em crise?

A *profetisa* fundadora dos *kiyang-yang*, NTOMBIKTE, assenta a sua doutrina revelada na afirmação da existência de um único deus, O N'AALA, opondo-se a determinadas práticas religiosas ancestrais.

«Ela quer», declara a autora, escapar à manipulação de um mundo espiritual cujos agentes destrutivos são feiticeiros.

«Ela quer quebrar o círculo vicioso da adivinhação, exigências do espírito, a inveja na relação de parentesco expressa pela feitiçaria».

«Ela quer confiar apenas em Nhaala e ela tem a missão para todo o Balanta: a cura de doenças e da esterilidade não pode ser realizada através de contratos com espíritos e de ofertas aos antepassados, mas através de reza e da medicina à base de ervas revelada por Nhaala» (*vide*, ainda, as reflexões contidas nas páginas 102 a 107).

Em risco estariam, por assim dizer:

O "monopólio da liderança gerontocrática" (em prol do crescimento da importância dos jovens – e das mulheres, em primeira linha – no esquema de liderança);

Alguma cedência da vertente parentesco, a favor do individualismo.

A "tensão" entre a discórdia, a "contestação global da sociedade gerontocrática estabelecida"

8. Ainda: Atomização de Pólos Marginais de Auto-Regulação

Dito tudo o que foi dito, uma interrogação continua a pairar. E ela parte do reconhecimento de um dado insofismável: o Estado ocidentalista guineense no primeiro decénio do século XXI.

Um Estado muito mal estruturado, mas com a clássica vocação ou pretensão de exclusivismo.

O que traduz, de imediato, um fosso entre a pretensão e o facto. Nesses interstícios em que a pretensão entra em bancarrota, revela-se uma facticidade não prevista, não querida e não tolerada pelo ocidentalista Estado da Guiné-Bissau – aquela que se atém à atomização dos pólos marginais de auto-regulação.

O Sul profundo que persiste, para lá das ficções totalizantes, no interior de núcleos étnicos nativos é suficientemente loquaz para não ser inaudível.

Paulatinamente, esta realidade sociológica vai tomando ciência do seu lugar e exorcizando os temores e complexos de décadas. Fá-lo mostrando-se.

Julgo ser nesse estado de espírito que se inscreve uma série de assunções de regulados em Babok (com o Senhor FERNANDO BATICÃ FERREIRA) e, um pouco antes, em Kaiú (com o Senhor PAULINO GOMES).

---

e a «formação de um autónomo domínio religioso como a área onde esta contestação pode ser realizada, permanece, principalmente, com a profetisa, ela mesma».

Isto a Sul do país.

A Norte, ocorre um mais «definido processo de diferenciação de domínios e o nascimento de um domínio religioso autónomo que emerge de uma versão mais compromissória da mensagem e acção de Ntombikte» (*op. cit.*, p. 277).

Lê-se, a páginas 47:

«So far we can state that the framework of the south goes together with an interpretation of Kiyang-yang as a radical break with the ordinary Balanta way of life, while the framework of the north goes together with an interpretation of kiyang-yang that to some extent falls back on procedures of the established way».

Vai daí, uma ilação:

«This analysis could contribute to the more general debate concerning the effects of modernisation and urbanisation in Africa, and the thesis that modernisation that fails does not promote secularisation but reinforces tradition».

A Guiné profunda do início do terceiro milénio da era cristã espelha essa derivação para o autóctone (do ponto de vista religioso, político e cultural), apesar das elites (muitas vezes incoerentemente, como já se demonstrou na presente dissertação).

O que ocorreu na Guiné-Bissau foi a falência do modelo de Estado importado do Norte. O que falta acontecer é uma síntese do (falido) modelo importado do Norte e do modelo autóctone.

Divisa-se o perigo de esta realidade cultural e institucional ser politiqueiramente aproveitada pelos detentores ou pelos pretendentes do poder estatal-ocidental, tal como sucedeu no período colonial, em que o poder colonial português tentou, e muitas vezes conseguiu, instrumentalizar as instâncias do poder nativo (legítimas ou fabricadas por si) em prol da sua política colonial, através da instilação de conflitos entre os chefes máximos das hierarquias tribais e da gestão interessada (interesseira) desses e doutros conflitos[507].

[507] *Vide* Relatório Suplementar de Informações, n.° 10, "Populações da Guiné", Reservado, Junho de 1971 – Comando-Chefe das Forças Armadas da Guiné.

§ 3.º PISTAS DO SUL ACULTURADO

1. A Mitologia Eleitoral: Sintoma de uma Patologia

Este Sul aculturado[508] tem vivido anos de perplexidades, atarantado face à ingência de descobrir um rumo certo para um continente à deriva, familiarizado com a deriva autoritarista dos regimes[509], com agudos conflitos internos e ex-

---

[508] A *aculturação* é aqui vista na perspectiva do contacto cultural entre sociedades que se exprime na dominância de uma delas (mais populosa ou mais avançada tecnologicamente) sobre a outra.

Vide, entre muitos, Mischa TITIEV, Introdução à Antropologia..., cit., p. 176 ss. O antropólogo observa que o termo é mais geralmente usado nos casos de estudos da influência da *cultura euro-americana* num «grupo não letrado e relativamente isolado».

[509] Na perspectiva de um suposto legado colonial do autoritarismo (a que as sucessivas gerações de políticos e cidadãos africanos estariam atavicamente amarradas? Será, com efeito, este um autoritarismo atávico?), *cfr.* M. CROWDER, Whose Dream Was it Anyway? Twenty-Five Years of African Independence, *in* African Affairs 86, no. 342 (1987 – January), p. 11-13.

Não sufragando exactamente a referenciada linha de M. CROWDER, apontava J.-Y. MORIN (L'Etat de Droit..., cit., p. 313) que «a integração do continente no mundo moderno fez-se sob o signo do colonialismo, do qual certas formas estavam nos antípodas do Estado de direito». Com efeito, salvo raras excepções, «os europeus introduziram o poder estatal nas suas colónias sem o antídoto que eles próprios tinham afinado contra os abusos do poder. Foi necessário, portanto, na véspera das independências, que os africanos se preparassem para domar o Leviatã, quaisquer que tivessem sido as garantias tardiamente inscritas nas Constituições».

Nutro uma particular desconfiança relativamente ao enjeite de responsabilidades deste tipo. O passado tem costas largas, sabemos, mas também sabemos não ser correcto transformar todas as gerações que se seguiram ao tal passado num bando de inimputáveis.

Para uma caracterização de regimes que nortearam no pós-independência o continente africano, *vide*, entre outros, JORGE MIRANDA, Manual de Direito Constitucional, tomo I (Preliminares, o Estado e os Sistemas Constitucionais), 5.ª ed., Coimbra, Coimbra Editora, 1996, p. 215 ss. – que agrupa num único *compartimento* os Estados da Ásia e da África, por terem em comum o contraste cultural, social, histórico, político e económico com os países da Europa, América do Norte, América Latina, da Austrália e Nova Zelândia.

LARS RUDEBECK, Observações Sobre a Democratização, na Guiné-Bissau e em Outros Países, Vinte Anos Após a Independência, *in* C. Cardoso/J. Augel (coord.), Guiné-Bissau – Vinte Anos de

ternos, com a deturpação da democracia[510], com o falimento do Estado, com a pobreza aguda, com a desesperança instalada, com a corrupção como exaltado modo de ser.

É a miragem da estabilidade político-social[511], é a tardança na construção de Estados coesos, é o falimento do projecto democrático e da jurisdicização do Estado.

Independência. Desenvolvimento e Democracia – Balanço e Perspectivas, Bissau, INEP, 1996, p. 357-365 (*maxime*, p. 362-363) – para quem «muito provavelmente, sem dissolução do paradoxo aparente duma contradição entre "modernidade" e poder democrático – paradoxo enraizado na vida política guineense desde a luta anti-colonial – no futuro não haverá nem desenvolvimento nem democratização».

510 LARRY DIAMOND [Introduction: Roots of Failure, Seeds of Hope..., cit., p. 5], tendo em vista a África post-colonial, emprega o termo "desecration of the rules of democratic competition", para defender que tal "desecration" e «the consequent exhaustion of political legitimacy are only symptoms or manifestations of democratic failure».

De forma algo drástica, enfatiza M.-P. ROY (Les Régimes Politiques du Tiers Monde, Paris, LGDJ, 1977, p. 316 ss.): «Le développement exige un pouvoir fort et stable», sendo a *heterogeneidade*, a *ineficácia* e a *instabilidade* perigos inerentes ao pluralismo. Perigos que «sont portés à leur paroxysme dans les sociétés sous-développées», tornando-se a situação dramática quando não existe um partido maioritário. «O multipartidarismo é então condenado, em nome da unidade nacional, da eficácia e da estabilidade».

Nem mais! MOBUTU SESE SEKU teria proclamado (de acordo com B.-N. AYITTEY, La Démocratie en Afrique Pré-coloniale, *in* Afrique 2000, n.° 2, Juillet-Septembre 1990, p. 39): «la démocratie n'est pas pour l'Afrique. Le chef africain ne partageait pas le pouvoir. Ce qu'il nous faut au Zaïre, c'est l'unité».

Uma pergunta inquietante [esta, de M. CHEMILLIER-GENDREAU, La Démocratie Pluraliste en Afrique, *in* G. Conac (sous la direction de), L'Afrique..., cit., p. 110]: «A democracia pluralista é bem adaptada a fundar a coerência necessária às sociedades africanas para que elas não se desagreguem?». Para a autora, existem em África «códigos culturais particulares e ritos cívicos permitindo um laço comunicacional autêntico, independente do exercício institucional da democracia pluralista».

511 Considerando os factores sócio-económicos determinantes na es(ins)tabilidade constitucional, *cfr.* E. KAFFT KOSTA, O Constitucionalismo Guineense e os Limites Materiais de Revisão, Lisboa, AAFDL, 1997, p. 115.

A respeito da conexão entre, por uma banda, a extensa mobilização de massas, bem como a ocorrência de luta armada para a libertação nacional e, por outra, uma vivência política post-colonial potencialmente conturbada, no capítulo da concretização da democracia, *vide* LARRY DIAMOND, Introduction: Roots of Failure, Seeds of Hope..., cit., p. 9-10. O princípio parece-me discutível, mas vejamos os moldes em que está esboçado por DIAMOND: «Uma (...) saliente variável no regime colonial foi a natureza da descolonização. Onde a transição para o autogoverno não requereu extensiva mobilização de massa e, especialmente, uma luta armada de libertação nacional, o novo Estado foi poupado a uma potencialmente forte fonte de pressão antidemocrática. Neste sentido, cinco de de seis casos se colocam em flagrante contraste com as experiências da Argélia, Angola, Guiné-Bissau e Moçambique».

É interessante o apontamento feito por U. STEUER [no seu estudo intitulado Geister und Gewehre: Ethnien, Macht und Staat in Guinea Bissau – Ein Beispiel aus Westafrika, *in* M. Massarrat/

A *disforia* é a impressão digital deste *Sul* nesta transição não se sabe para onde. A angustiante ambiência de turbação, *mal-estar*, inquietação, incerteza é a nota dominante susceptível de conduzir a um paralisante bloqueamento cultural ou civilizacional, em que grassa a desorientação axiológica[512].

Peguemos na nossa *mitologia* eleitoral.

O modelo eleitoral pressupõe meios financeiros, materiais e humanos.

Quando a condição necessária para a realização de eleições (cujo *timming* a Constituição e a lei eleitoral já fixaram) é o seu financiamento externo, perguntar-se-á: qual a autosustentabilidade do modelo?

Se uma das condições básicas da boa legiferação é, preordenando-se à aprovação das leis, certificar-se da existência de instrumentos materiais e económicos para a sua aplicação, como é que um modelo eleitoral como o nosso (eleições presidenciais por sufrágio universal de 5 em 5 anos, o mais tardar; eleições legislativas de 4 em 4 anos, o mais tardar; eleições autárquicas – quando começarem a realizar-se – de *x* em *x* anos) é dado à luz? Com os milhões que se gastam (que se têm de gastar) em campanhas cofinanciáveis pelo Estado, que, ressalvadas as distâncias, nos fazem lembrar as campanhas para a Casa Branca.

Será isto mais um caso de paternidade/maternidade irresponsável (do tipo: "vamos encher a casota de filhos; a vizinhança, fértil, que precisa de companhia para os seus filhos, há-de dar o leite, arroz, roupa, cama, quarto")?

E se a vizinhança não der? "Como não, se os seus filhos precisam da companhia dos nossos filhos?!".

Mas se, por absurdo, não der mesmo, lá teremos de assistir à morte dos nossos filhos. Filhos que essa mesma vizinhança fértil sempre propalou devermos gerar – com exigências/sugestões que por vezes roçavam as raias da chantagem pura: "Não haverá direito de passagem para o seu prédio encravado" (de nada me valendo a invocação dum direito potestativo); "ser-lhe-á vedado o acesso ao poço" (dos poucos que dão de beber à tabanca; "a mercearia do Sr. Neves cortar-lhe-á o fiado", que, aliás, me vem mantendo vivo, com mais ou menos juros

/G. Széll/H.-J. Wenzel (Hrsg.), Die Dritte Welt und Wir: Bilanz und Perspektiven für Wissenschaft und Praxis, Freiburg, Informationszentrum Dritte Welt, 1993, p. 371]. Entre outras afirmações, conclui: «Das Zentrum der politischen Macht stützt sich auf "alte Kämpfer", die dem Präsidenten mehr oder weniger treu ergeben sind».

512 A *disforia é com acerto retratada por* TITIEV (na obra já citada, a páginas 178-179). Parte da circunstância de por vezes ser «impossível para a sociedade imitadora adoptar toda a forma de vida do povo dominador». Nesse caso, seguir-se-ia «um período de transição, durante o qual a sociedade mais fraca continua a perder fé nos seus próprios valores tradicionais, mas não tem os meios suficientes para adoptar os mais desejáveis». E é a fase em que predomina a referida *disforia*, em que os membros da comunidade, face à necessidade de mudança, «parecem estar perturbados, inseguros e infelizes».

agiotas pagos e, de quando em vez, perdoados, para manter vivo o devedor e o negócio do credor.

Se bem repararmos, coabitam aqui duas chantagens contrapostas: a do credor e a do devedor.

A que nível ficará o fiel da balança? Será que o credor precisará sempre e inelutavelmente da companhia (miserável) dos meus filhos para os seus filhos? E se fechar a *torneira*? Assistiremos, alegremente realizados, à morte dos nossos filhos (porque os dele ficaram sem companheiros de brincadeira)? Então, trouxemos ao mundo essas crianças só para a satisfação dos caprichos do credor e, consequentemente, para que se mantenha (semi-)aberta a torneira dos nossos influxos materiais?

O Sul tem, definitivamente, de optar entre estas duas atitudes: conceber filhos (leia-se, "democracia", "Estado de direito", "economia de mercado") apenas para a satisfação dos caprichos da vizinhança realizada; ou gerar filhos porque são um referencial na nossa realização pessoal e familiar e porque estamos aptos (ou esperamos – trabalhando empenhadamente nesse sentido – vir a forjar as condições para tal) a criá-los adequadamente. Em suma, o que está em causa é o problema de paternidade ou maternidade irresponsável.

Terá dito MILTON OBOTE, Chefe de Estado ugandês, em seu tempo, que as eleições são a via para controlar o povo, não para o povo controlar o poder[513]. Eis uma das atitudes que marcam o fenómeno democrático no mundo africano. Um mundo onde se confrontam visões e atitudes divergentes sobre o alcance da democracia. Repare-se nas seguintes colocações de SAID ADEJUMOBI (da Nigéria)[514]:

«A natureza das eleições na era post-colonial em África inclinou-se assim em direcção a um modelo não competitivo regulado pelo Estado. Em países como o Togo, a República do Benim, Serra Leoa, Quénia, Zâmbia, Tanzânia, Angola e Sudão, havia um regime de partido único *de iure,* onde eleições de tirar partido ("make-shift" election) foram organizadas para legitimar a ordem política». Por outro lado, em países como a Gâmbia, Botswana, Mauritius, Zimbabwe e o Senegal, depois de 1976, «embora as eleições multipartidárias periódicas fossem mantidas, um regime de partido único, *de facto*, existiu nos termos do qual as eleições nem alteraram a *leadership, a administração ou o regime, que Guy Hermet descreveu como "eleições coercivas pluralistas"*. A excepção foi Mauritius onde os partidos se alternam no Governo através de eleições».

---

513 *Cfr.* D.L. COHEN, Elections and Election in Africa, *in* Y. Barongo (Ed.), Political Science in Africa: A Critical Review, London, Zed Books, 1983, p. 85 s.

514 S. ADEJUMOBI, Elections in Africa: A Fading Shadow of Democracy?..., cit., p. 63.

O último juízo formulado no troço acabado de citar encerra uma periculosidade de não desprezável monta. Na verdade, esta variante "*de facto*" não deixa de ser criticável: é a *procura* do *verdadeiro* e da *mudança* que levou a tantos desastres. Se o mesmo partido ganha quatro eleições legislativas seguidas porque a maioria dos eleitores assim quis, não é por isso que se vai reduzir o sistema a um sistema ("*de facto*") unipartidário.

2. Autodeterminação Interna e Intangibilidade das Fronteiras Herdadas da Colonização. Universalismo e Particularismos

Numa África onde as fronteiras político-geográficas[515] foram delineadas como foram, como construir e reconstruir os Estados[516]? Como viabilizar politi-

[515] B. SIMMA/D.-E. KHAN, Die koloniale Grenzziehung in Afrika im Lichte der Verfassungsrechtsordnung des deutschen Kaiserreiches, *in* W. Benedek/H. Isak/R. Kicker (ed.), Development and Developing International and European Law – Essays in Honour of Konrad Ginther, Frankfurt am Main/Berlin *et al.*, Peter Lang, 1999, p. 151-174. O estudo de caso em que se consubstancia o trabalho citado incide sobre o império colonial alemão.

Observa M.-P. ROY (Les Régimes Politiques du Tiers Monde, Paris, LGDJ, 1977, p. 184) que, na África negra, «as novas repúblicas constituiram-se em Estados antes de poderem constituir nações, ou, se se recusa este conceito demasiado europeu, antes de formarem conjuntos coerentes ancorados numa vontade de viver em unidade». Assim sendo, conclui o autor, o nacionalismo nos países colonizados «manifestou-se durante um tempo suficientemente longo e de uma maneira suficientemente eficaz para levar à independência, mas não engendrou sempre o nascimento de uma verdadeira nação».

PH. BRAUD, Science Politique – 2. L'Etat, Paris, Éditions du Seuil, 1997, p. 140-146.

A.A. NA-NA'IM, Possibilités et Limites de la Protection des Droits Humains dans les Constitutions des Pays Africains, *in* A.A. Na-Na'Im (dir.), Droits Universels, Voies de Recours Nationales – Mise en Œuvre des Droits Humains dans les Systèmes Juridiques Africains [Actes de la Conférence de Dakar du 11 au 13 Décembre 1997], London, Interights/Afronet/GTZ, 2001, p. 20 ss.

[516] Acerca dos modelos coloniais francês (jacobino-centralista), inglês (de governo indirecto) e holandês (de relativo respeito pela chefatura tradicional) de dominação e organização do aparelho de Estado, ver, entre outros, J.-J. PÉRENNÈS/H. PUEL, Démocratie et Développement au Sud, *in* "Problèmes Économiques", n.° 2.266, 11 Mars 1992, p. 3.

M.-P. ROY, Les Régimes Politiques..., cit., p. 15-19. ROY distingue as atitudes coloniais da França e da Grã-Bretanha pela nota de racionalidade e de empirismo, respectivamente: «Enquanto que a Grã-Bretanha não prosseguia uma política uniforme a um dado momento e tratava empiricamente, caso a caso, os problemas de cada uma das colónias da coroa, que, sucesivamente, se tornam autónomas, depois independentes, a França modifica o estatuto das suas colónias, em bloco, com um espírito de geometria cartesiana».

Recuperando uma discussão formulada a páginas 195 da "Théorie de la Démocratie", de SARTORI [(trad. do inglês – que era a tradução do original "Democrazia e Definizioni", 2.ª ed.,

camente os Estados africanos[517]? Como enquadrar o princípio da soberania nacional na aludida operação[518]? Quero crer que ostenta fraca razoabilidade qualquer pretensão de fazer, nestes primeiros anos do terceiro milénio, tábua rasa do dado presente que é o das fronteiras legadas pelos colonizadores europeus – sob pena de se potenciar a implosão (criadora?) do continente[519]. Mas que

---

Bologna, 1958 – por Christiane Hurtig), Paris, A. Colin, 1973], afigura-se-me questionável, por não provada, a vinculação causal que SARTORI parece sustentar entre a concepção empirista e a frutificação da democracia, assim como entre a concepção racionalista e a não frutificação da democracia.

Para JORGE MIRANDA, entre os factores determinantes da problemática constitucional da grande maioria dos Estados africanos (e asiáticos), destacam-se os seguintes: «a) A situação específica – consoante os casos – de criação, restauração ou modernização do Estado; b) A precariedade da unidade política (na maior parte dos casos, por ausência de nação ou por causa de fronteiras artificiais); c) A conexão estreita entre a situação do Estado e a da sociedade e a opção por certo sistema político e económico, com a correspondente definição de directrizes constitucionais; d) O volume das incumbências do Estado; e) O ascendente, seja qual for a forma que revista, do Poder Executivo, apesar das deficiências de Administração; f) As dependências externas, apesar dos esforços de libertação». Assim, JORGE MIRANDA, Manual de Direito Constitucional, tomo I, 5.ª ed., Coimbra, 1996, p. 215-216.

517 Não se ignora, contudo, o potencial perverso transportado pela aludida saída. Sob o enfoque da "maioria" e "minoria", testemunha C. J. EDWARDS [The Future of Rights and Democracy in a Multi-cultural society, *in* W. Krawietz/E. Pattaro/A. Erh-Soon Tay (ed.), Rule of Law: Political and Legal Systems in Transition, Berlin, Duncker & Humblot, p. 32]: «Se a sociedade tem uma pletora de grupos minoritários, cada um com algum poder, e se mais do que uma minoria opta por sair, pode estar, pois, fora dos meios do Governo a capacidade para corrigir todos simultaneamente e a anarquia pode bem resultar disso. Para pluralistas como DAHL, isso pode bem ser uma boa coisa, mas a anarquia resultante da inabilidade do Governo para governar uma sociedade despedaçada e a recusa de certas minorias em aceitar o ditame, embora do seu Governo, podem ser uma causa contributiva do derramamento de sangue visto em conflitos étnicos em várias partes do mundo, hoje».

Ver, também, J.-J. PÉRENNÈS/H. PUEL, Démocratie et Développement..., cit., 1992, p. 3.

518 ANDRÉ G. PEREIRA/FAUSTO DE QUADROS, Manual de Direito Internacional Público, 3.ª ed., Coimbra, Almedina, 1993, p. 311 ss.

519 Vai neste sentido a Resolução 16 (I) da sessão ordinária da OUA, de Cairo, desenrolada em Julho de 1964. Os Estados membros declararam então o compromisso de respeitar as fronteiras herdadas do colonialismo.

Afirma M.-P. ROY que a guerra de Biafra [ocorrida na Nigéria, a partir da secessão de 1967 declarada pelos Ibos no Leste, grupo étnico dominante nessa região; note-se que os Ibos, nos primeiros anos da Nigéria independente, representavam uma grande força no aparelho político e económico nacional; deu-se o golpe de Estado de Janeiro de 1966 e, em Maio do mesmo ano, a constituição de um Estado unitário – o que foi por muitos visto como uma tentativa de consolidação do poder Ibo; meia-dúzia de meses volvidos, um novo golpe de Estado – este, contra o poder, pró-Ibo, de IRONSI – na sequência do qual dezenas de milhares de Ibos foram chacinados e alguns milhões puseram-se em fuga com destino à zona Leste; foi neste contexto que os Ibos decidiriam, em Julho de 1967, proclamar a República do Biafra] demonstrou que os nigerianos recusaram «a recoloca-

lugar, aqui e hoje, para o princípio da autodeterminação[520]? O mesmo princípio da autodeterminação que serviu de rampa de lançamento às independências do pós-2.ª Guerra Mundial[521]. Será que o princípio da autodeterminação se esgotou com a consecução das independências[522]? Ou ainda vale no período pós-colonial, no interior dos próprios Estados agora independentes. O caminho parece-me ser (apesar dos riscos) um rotundo *não* ao esvaziamento da autodeterminação. Esta não pode ser reduzida a peça museológica.

É a própria Constituição guineense, datada de 1984, que determina, no seu art. 18/2, que a «República da Guiné-Bissau defende o direito dos povos à autodeterminação». Se assim é, a Constituição deve, *a simile*, aceitar o princípio da autodeterminação.

Sabe-se que também aqui residem riscos e é preciso tomar em consideração os cenários correspondentes, mas não é a atitude mais avisada (ainda que em nome da garantia da estabilidade da organização sócio-política do momento) desterrar a ideia da autodeterminação do povo.

A chamada *autodeterminação interna* (contraposta à *autodeterminação externa*, que se prende com a assunção pelo povo do seu "futuro estatuto inter-

---

ção em causa das fronteiras herdadas da descolonização» e que, na linha dos outros líderes africanos, «os dirigentes nigerianos mostraram que conferem um valor simbólico a este respeito» (assim, M.-P. ROY, Les Régimes..., cit., p. 151).

520 Sobre a *autodeterminação*, I. BROWNLIE, Principles of Public International Law, 3rd ed., Oxford, Clarendon Press, 1979, p. 593 ss.

ANTÓNIO E. DUARTE SILVA, A Independência da Guiné-Bissau e a Colonização Portuguesa, Lisboa, Afrontamento, 1997, p. 301 ss.

F.-F. SEIFERT, Autonomie oder Sezesion – Das Selbstbestimmungsrecht der Sri Lanka-Tamilen in der Diskussion um eine neue Verfassung Sri Lankas, *in* VRÜ 34 (2. Quartal 2001), p. 171-176.

R. GUERRA DA FONSECA, Autodeterminação, Soberania e Reforma Institucional das Nações Unidas, Separata da RFDUL, 2001, vol. XLII – n.° 2, p. 1070 ss.

521 Como um dos marcos mais importantes, assinale-se a Resolução 1514 (XV) de 1960 da Assembleia Geral das Nações Unidas – que consagra uma declaração sobre a independência dos territórios e povos colonizados – e, ainda antes, a Carta das Nações Unidas.

522 Ou, a modos de um autor, «O chamado "direito de autodeterminação" é natural para um cidadão britânico e sueco, mas abre perigosas perspectivas de enganos e erros quando aplicado a populações primitivas» [exactamente, A. BOTZÀRIS, África e o Comunismo, vol. II, *in* Estudos de Ciências Políticas e Sociais, n.° 46, Lisboa, Junta de Investigações do Ultramar (C.E.P.S.), 1961, p. 196]? Só para não deixar pendurada a oração, descontextualizando-a, completa-se: «o mesmo acontece com o "sufrágio universal" e todas as outras "liberdades democráticas" tão profusamente propagadas e exaltadas pelos organismos maçónicos e aproveitadas pelo comunismo».

Registe-se a opinião de J.A. DE AZEREDO LOPES (Entre Solidão..., cit., p. 874 ss.), segundo a qual «(...) contrariamente aos casos de descolonização o acesso à estadualidade não é, nem pode ser, a consequência primária do exercício do direito de autodeterminação pelo grupo-alvo».

nacional", libertando-se do direito de uma outra potência[523]) tem sido encarada pela cúpula governante africana como um atentado contra o que de mais sagrado há na vida sócio-política do continente: a unicidade política. Os primeiros passos (os menos titubeantes) da OUA comprovam tal espírito. Com efeito, se nos anos cinquenta do séc. XX, a ideia de autoderminação merecia fortes abraços da liderança africana, bastaria esperar uns anos mais para se desaguar em prescrições como as da Carta da OUA (art. 3.°) – que celebram a "soberania" e a "integridade territorial de cada Estado" – e constatar a reacção negativa suscitada pela mera enunciação da directriz autodeterminacional, em certa liderança africana. Estão lá para a demonstração seja a experiência do Biafra (nos anos 60 e 70 do século XX), seja a da Eritreia (até à solução negocial firmada em 1993 pelos secessionistas e os novos senhores da Etiópia – que partilharam antes o destino de luta contra o poder de Adis Abeba e que acabariam por derrubar este último), seja a da chamada Somalilândia ou do Catanga, do Zaire independente.

Está-se em face do princípio do *Uti Possidetis Iuris,* no seu esplendor: o direito deriva da posse que uma comunidade política estadual tem e *presume-se* a melhor posse da *coisa* pela banda desta[524]. A partir deste ponto, começa a intangibilidade das fronteiras herdadas da colonização.

Ao lado de aproveitamentos oportunísticos da situação, pode-se divisar igualmente uma certa preocupação relativamente à implosão do próprio Estado, caso seja mal gerido o problema da autodeterminação interna[525].

---

[523] M. POMERANCE, Self-Determination in Law and Practice: The New Doctrine in the United Nations, The Hague/Boston/London, Martinus Nijhoff Publishers, 1982, p. 37.

[524] *Uti possidetis (iuris)* é uma expressão que encontra raízes no sistema da Roma antiga, traduzível por «*segundo o que vós possuís*». Foi usada a figura para caracterizar o princípio proclamado em 1810 pelas Repúblicas hispano-americanas: *os limites dos Estados recém-formados serão as fronteiras das colónias espanholas que deram lugar àqueles*. Foi, como se viu, também usada (a princípio, não com esse *nomen iuris*) pelos Estados da OUA.

[525] A respeito do problema da autodeterminação interna, *vide* C. BLANCO DE MORAIS, O Direito à Autodeterminação dos Povos: O Caso do Estatuto Jurídico do Enclave de Cabinda, Lisboa, Edições da Universidade Lusíada, 1998, p. 228, 242, 262, 268-269, 284, 337;

JOSÉ ALBERTO DE AZEREDO LOPES, Entre Solidão e Intervencionismo: Direito de Autodeterminação dos Povos e Reacções de Estados Terceiros, Porto, Publicações da Universidade Católica, 2003, p. 491 ss., 857 ss., 874 ss. Quanto ao potencial de *desestabilização* da autodeterminação, tome-se nota das seguintes observações:

A aplicação do direito de autodeterminação dos povos comporta uma dimensão «desestabilizadora».

«Talvez por isso, olhando retrospectivamente, uma vez realizada a descolonização, ninguém – nem mesmo os países ocidentais, que antes apelavam ao reconhecimento da componente universal do direito de autodeterminação – tivesse interesse em insistir para lá do que tinha sido a descolonização». «O princípio tinha realizado a sua vocação "internacional" e, nos anos noventa, a

A situação não se me apresenta, contudo, insuperavelmente bloqueada. Fundamentalmente porque o meu ponto de partida é a não-violência e o meu ponto de chegada é a não-violência. Explico-me:

À partida, não-violência como forma consequente de prevenir e solucionar problemas políticos, económicos, sociais e culturais (ou, apenas, políticos, se se quiser atribuir a este termo uma conformação mais globalizante);

Neste quadro, a autodeterminação apresenta-se de modo perfeitamente natural, sem dramatismos – trata-se da *determinação* pelo *próprio povo* dos destinos desse mesmo povo, resulte deste processo seja a independência, seja a integração, seja a autonomia, seja um determinado modelo político, social, económico ou cultural;

Por seu turno, a abertura ao plural[526], que neste e nos capítulos precedentes defendi, é susceptível de potenciar a não-violência (e com isso, fecho o círculo).

Repisando, em princípio e por princípio, *não-violência*; violência, só em legítima defesa adequada.

Patenteia-se irrazoável o tique da tábua rasa do legado sociológico-político pré-colonial (legado que em muitas coordenadas fala tão alto, a ponto de constituir, de facto, um rival do que se designa por *Estado moderno*[527] em África – parecem, em boa verdade, ossaturas de Estados dentro dos tais *Estados modernos*). A situação guineense é reveladora:

A consolidação colonial comprimiu, naturalmente, o poder indígena.

O regime independentista promoveu (em várias zonas, exceptuando, nomeadamente, os Bijagós) o aniquilamento da instituição indígena do poder –

---

prática começou a orientar-se num sentido muito diferente, interno, representado pelo ideal democrático, na sua vertente institucional ou orgânica (as "instituições democráticas", as "eleições livres") e na sua vertente representativa-política, onde se deverá incluir o favor actual pela "autonomia" reconhecida a certos grupos humanos, que também se considera ser a forma mais aceitável de compatibilização entre a função reguladora do Centro e as aspirações do particularismo. Desta forma, fechar-se-ia a porta à secessão, porque, se o processo é *interno*, realiza-se constitucionalmente».

M. POMERANCE, Self-Determination..., cit., p. 37 ss.;

J.A. DE OBIETA CHALBAUD, El Derecho Humano de la Autodeterminación de los Pueblos, 1.ª reimpresión, Madrid, Tecnos, 1989, p. 76-77, *passim*.

R. FALK, The Rights of Peoples (In Particular Indigenous Peoples), *in* J. Crawford (ed.), The Rights of Peoples, Oxford, Clarendon Press, 1988, p. 31 ss.

B. PATEL, Human Rights and Peoples Rights in the Post-Colonial Context, *in* G.B. Kutudjian/A. Papisca (ed.), Rights of Peoples – Diritti dei Popoli – Droits des Peuples, Padova, CEDAM, 1991.

526 Abertura consubstanciada, para o caso em estudo, no *Bantabá di tchon*. Com esta técnica, não está em curso a secessão, mas antes o obviar à secessão.

527 Em torno da contraposição *Estado tradicional-Estado moderno*, *cfr.* D. GOETZE, Modernisierung, *in* Pipers Wörterbuch zur Politik: Dritte Welt, Gesellschaft-Kultur-Entwicklung (Nohlen/Waldmann, Hrsg.), München/Zürich, Piper, 1987, p. 359 ss.

no afã de unir a Guiné e a Guiné a Cabo Verde, assim como no de destruir elementos civilizacionais *retrógrados, antiprogressistas* – e a sua substituição por estruturas como os Comités de Tabanca, os Chefes de Tabanca ou os Chefes de Secção. O clima reinante nas zonas de intervenção do PAIGC nos primeiros anos da luta indiciava uma indisfarçável incomodidade no relacionamento entre as estruturas do poder indígena e do PAIGC[528]. O I.° congresso do PAIGC (ocorrido em Cassacá, no mês de Fevereiro de 1964) reflectiu essa tensão.

Nos primeiros anos a seguir à retirada da potência colonial portuguesa, assistiu-se à decapitação da autoridade indígena[529]. Régulos como JOAQUIM BATICÃ FERREIRA (na região de Cacheu), SAMBEL KOIO, SANKUN KOSSÉ, BONKO SANHÁ (na região de Bafatá) foram, então, julgados, condenados e fuzilados[530].

O golpe de Estado de 14 de Novembro de 1980 abriu as vias de um relacionamento desanuviado entre as duas instâncias de poder[531].

528 Fala MANUEL DOS SANTOS (ver o seu artigo sob o título "Guiné-Bissau: a Formação da Nação", *in* "A Construção da Nação em África. Os Exemplos de Angola, Cabo Verde, Guiné-Bissau, Moçambique e S. Tomé e Príncipe", Bissau, INEP, 1989, p. 194) de um *projecto nacional* (protagonizado pelo PAIGC) que teria estado a ser contrariado pelas *estruturas sociais tradicionais*, ao tentarem "criar poderes mais ou menos independentes, com bases étnicas". Discorda MAMADÚ JAO (Os Poderes Tradicionais no Período de Transição..., cit., p. 125) dessa colocação porque contrariaria a "realidade dos factos" – com efeito, «as ditas estruturas tradicionais (...) não foram criadas durante o processo da luta», antecederam até a criação do partido que conduzia a referida guerra, o PAIGC.

529 A antipatia para com as autoridades indígenas, seguida de medidas tendentes à sua supressão, aconteceram também em países como a Guiné Conakri e a Tanganika na década de sessenta.

530 Fuzilamentos em espaços públicos, com o público a assistir à cena e familiares revivendo gota a gota a angústia dilemática de ANTÍGONA.

531 No que tange à situação dos *traditional rulers* na Nigéria, antes e depois da independência, *cfr.* S. MONTINARI, Nigeria: Questione Etnica e Soluzioni Costituzionali, *in* «Il Costituzionalismo "Parallelo" delle Nuove Democrazie – Africa e America Latina», a cura di Michele Carducci, Milano, Giuffrè Editore, 1999, p. 63-115.

A "Richards Constitution", de 1946, delineou uma tentativa de fomentar a unidade da Nigéria. As soluções na altura avançadas esboçavam uma organização de tipo federal para a organização do território, com a criação de grandes regiões. No concernente ao federalismo nigeriano, *vide* D. BACH, Féderalisme et Gestion des Conflits: L'Expérience Nigériane, *in* Afrique Contemporaine, n.° 180, Octobre-Décembre 1996, p. 242-249.

Constata D. BACH a especificidade do federalismo nigeriano (federalismo que se desenvolveu a partir de uma dada altura "por cissiparidade") e tratando do projecto de Constituição anunciado, nos seus traços principais, pelo Presidente ABACHA, a 1.10.1995, traz à tona as disposições que previam o princípio da rotação nos cargos electivos mais importantes. Tem-se em vista uma série de funções como as de Presidente e Vice-Presidente da Federação, Primeiro-Ministro e Primeiro-Ministro Adjunto, Presidente da Câmara dos Representantes e Presidente do Senado. A rotação aplica-se às 6 zonas em que foi dividido o país. Neste prisma, conclui, os mentores do projecto pensavam que tais mecanismos permitiriam completar «a aplicação das quotas já em vigor (princípio

A abertura política multipartidária dos anos 90 do séc XX produziu a desaparição dos Chefes de Tabanca e Comités de Tabanca (enquanto órgãos do poder do Estado – porque os partidos políticos do novo regime iam tendo as suas antenas locais, na tentativa de preencher o pressentido vácuo); confrontou-se, então, o país com uma desertificação local do Estado – que, por sua vez, providenciara antes a aniquilação formal e policial dos resquícios de poder indígena que encontrou, não obstante as repescagens ensaiadas na última década do séc. XX[532].

---

do "carácter federal"), respondendo às preocupações de ponderação geo-étnica que dominaram os debates aquando das reuniões da conferência constitucional» (*ibid.*, p. 244-245). Uma nota crítica sobre um aspecto do federalismo nigeriano (p. 246): «Longe de promover a construção duma comunidade nacional mais integrada, o estabelecimento de novos Estados encorajou igualmente uma subida do provincialismo (denominado "*statism*", na Nigéria), estimulada por um modo etnicista de definição da comunidade de ligação dos cidadãos. A doutrina do carácter federal repousa, com efeito, na distinção operada no seio de cada Estado, entre os cidadãos nigerianos "alógenos" (*strangers*) e os "indígenas" (*indigenous people*). Fundada apenas no direito do sangue, esta categorização restringe, de repente, as possibilidades de integração dum cidadão numa comunidade que não seja a dos seus pais, avós ou, quando se trate de uma mulher, a do seu esposo. O *distinguo* é igualmente fonte de graves discriminações para o acesso à terra, ao ensino e à função pública dos Estados ou, ainda, às quotas nas universidades federais. Estes entraves político-constitucionais à atenuação das clivagens e "à mestiçagem" das identidades fazem com que cada nigeriano seja tratado como "alógeno" em trinta e cinco dos trinta e seis Estados e em 588 das 589 *colectividades locais* da Federação. Um tal contexto sociojurídico constitui um terreno particularmente favorável ao desenvolvimento das intolerâncias comunitárias e sectarismos etnoreligiosos. Em poucas palavras, o modo actual de funcionamento do federalismo nigeriano divide lá onde é suposto promover a coesão nacional».

S.K. PANTER-BRICK, Trois Exceptions à la Règle: Le Multipartisme à Maurice, au Botswana et au Nigeria, *in* G. Conac (sous la direction de), L'Afrique..., cit., p. 436 ss.

A Gâmbia, o Gana e a Zâmbia, só para nomear estes países, representam, pelo menos num certo período, uma tentativa de coabitação das estruturas de poder autóctone com as do poder nacional-aculturado. Os Camarões do consulado AHIDJO simbolizam a apropriação das estruturas dos chefados indígenas pela nova elite do poder. Aquelas entidades eram proclamadas *auxiliares insubstituíveis* do poder executivo.

532 Um fresco da situação vivida, então, pela relação *poder de Bissau-poder autóctone* é-nos revelado por duas notícias transmitidas pela Agência Lusa (citadas por CLARA A. DE AZEVEDO DE CARVALHO, Ritos de Poder..., cit., p. 17-18):

1.ª (Agência Lusa, Bissau, 3.10.1991): «O Parlamento guineense encerrou hoje em Bissau os trabalhos da terceira sessão extraordinária deste ano (...). Outro ponto aprovado pelos deputados, e que nesta sessão de encerramento suscitou viva discussão foi a definição clara das áreas de intervenção dos chefes tradicionais ou régulos.

«O deputado (...), em tom emotivo, pediu a palavra para protestar contra a inclusão de qualquer referência aos régulos nas resoluções finais dos trabalhos. Qualquer referência sobre o regulado significa um recuo e uma violenta derrota para nós (PAIGC), salientou (este deputado), membro do bureau político do PAIGC.

«Dois votos contra e duas abstenções não foram suficientes para impedir que a maioria dos deputados aprovasse a manutenção da referência aos chefes tradicionais nas resoluções finais, que

O quadro estava colorido nos tons da macrocefalia do Estado e da subvalorização (pelo dito Estado central) do local.[533]

Não fosse a teimosa vocação para sobreviver que tem animado as instituições indígenas, teríamos, nessa altura, a desertificação total nos dois campos.

Um grande desafio hoje é o de saber onde está e como salvaguardar o poder indígena nas oito Regiões, nos trinta e oito Sectores[534] e mais de três mil Tabancas em que se divide a República da Guiné-Bissau. Uma resposta traduz-se em dar luz e voz ao poder autóctone.

Reconhece S.M. LIPSET[535], na sequência de estudos elaborados nos anos 20 do séc. XX por E.A. ROSS[536] e G. SIMMEL[537], que o «estabelecimento de canais regulares para a expressão de interesses conflituantes ajudou a estabilizar a estrutura de um grande número de Estados-nações».

---

decidiram ainda remeter a apreciação da questão para as comissões permanentes de assuntos jurídicos e constitucionais e do poder local, e posteriormente para o governo».

2.ª (Agência Lusa, Bissau, 14.10.1991):

«Os '121', militantes críticos da direcção política do PAIGC, acusam 'Nino' Vieira de fomentar e desejar institucionalizar o regulado, disse hoje à agência lusa em Bissau fonte daquele grupo. "É com preocupação crescente que temos vindo a assistir a apelos insistentes aos régulos para a sua institucionalização, com poderes para o exercício efectivo de uma governação de tipo feudal", acrescentou a mesma fonte, referindo directamente João Bernardo Vieira como estando por detrás desses apelos.

«Os '121' estiveram reunidos sábado passado em Bissau e do encontro saiu um comunicado no qual aqueles militantes do partido no poder denunciam a existência de indícios que poderão conduzir à "etnicização da administração pública", facto que reputam de "atentatório à unidade nacional". "É evidente que se forem impostas à nação semelhantes estruturas de poder a unidade nacional será debilitada e posta em perigo, com consequências económicas, sociais e políticas imprevisíveis para a sociedade guineense", alertam os '121'. O grupo reafirmou ainda a sua "fidelidade aos ideais do PAIGC e a sua determinação de renovar para vencer"».

Doze anos volvidos (a 6.3.2004), foi-nos dado escutar do líder da União para a Mudança, no acto de apresentação do programa eleitoral do seu partido às eleições legislativas de 28.4.2004, a promessa de que *vão fazer as pazes com as nossas autoridades costumeiras, os nossos régulos*. Registe-se que esta formação política agrupa, actualmente e na sua proto-história, alguns dos quadros mais destacados dos "121", na última década do século XX.

[533] *Cfr.* LARS RUDEBECK, Kandjadja, Guinea-Bissau, 1976-1986: Observations on the Political Economy of an African Village, *in* Review of African Political Economy, 41, September 1988, p. 22. Do mesmo autor, ainda, The Effects of Structural Adjustment in Kandjadja, Guinea-Bissau, *in* Review of African Political Economy, 49, 1990, p. 42.

[534] Incluindo o Sector Autónomo de Bissau.

[535] Assim, S.M. LIPSET, Consenso e Conflito – Ensaios de Sociologia Política (trad. R. Marques do original Consensus and Conflict – de 1985), Lisboa, Gradiva, 1992, p. 167.

[536] E.A. ROSS, The Principles of Sociology, New York, Century, 1920, p. 164 s.

[537] G. SIMMEL, Soziologie, Berlin, Duncker & Humblot, 1923.

Recupero esse eixo dinâmico *conflito-integração*, no enquadramento da sociedade e cultura autóctones relativamente ao mundo aculturado que tenta envolver ou anular aquelas[538].

E é de uma extrema pertinência a análise do paradigma de intercâmbio societal de PARSONS[539]. O que me interessa aí é o *diálogo* entre estes dois *pré-requisitos* (ou *subsistemas*) *funcionais* (o vector *I-G* do quadro AGIL): o político (*G*), por um lado, e, por outro, as *comunidades*, o *público*(*I*). Ficam aqui de fora os subsistemas da economia (*A*), bem como da socialização (*L*)[540]. Na minha opinião, do ponto de vista da garantia de um sistema político e social saudável, mais perigoso do que afirmar os *particularismos* étnicos, culturais, *etc.*, é o seu artificial silenciamento (supostamente para que os fantasmas não apareçam – e um dos fantasmas é a ruptura no tecido social, a exacerbação da conflitualidade, a guerra)[541]. O estudo do caso guineense revela-nos a nocividade de tal estra-

---

538 Com algum interesse, num outro enfoque, *vide* M. BOMMES, Ethnizität als Praktische Organisationsressource, in Mohssen Massarrat (Hg.), Die Dritte Welt und Wir: Bilanz und Perspektiven für Wissenschaft und Praxis, Freiburg, Informationszentrum Dritte Welt, 1993, p. 355-364.

539 *Cfr.* TALCOTT PARSONS/R.F. BALES/E.A. SHILS, Working Papers in the Theorie of Action, New York, Free Press, 1953, cap. 3, 5.

T. PARSONS, General Theorie in Sociology, *in* R.K. Merton e outros (eds.), Sociology Today, New York, Basic Books, 1959, p. 39-78.

T. PARSONS, Pattern Variables Revisited, *in* American Sociological Review, 25 (1960), p. 467-483.

540 Privilegiando as trocas entre os subsistemas *I-G*, *I-L* e *L-G*, apenas quando e na medida em que «avançam os desenvolvimentos dos *sistemas de partidos competitivos*», *vide* S.M. LIPSET, Consenso..., cit., p. 172 ss. Da análise do esquema parsoniano, descortina LIPSET um modelo de 3 fases do "processo de construção da nação". A saber: «Na primeira fase, os impulsos de penetração e standardização dos centros nacionais aumentam as resistências territoriais e levantam problemas de identidade cultural. A questão de Robert E. Lee "sou um homem da Virgínia ou um americano?" é uma expressão típica das tensões *G-L* geradas pelos processos de construção nacional;

«Na segunda fase, estas oposições locais à centralização produzem uma *diversidade de alianças* que cruzam as comunidades da nação».

«Na terceira fase, as alianças no quadrilátero *I* entrarão no quadrilátero *G*, ganhando um certo grau de controle não somente sobre o uso de recursos nacionais centrais (trocas *G-A*), mas também sobre a canalização dos fluxos de legitimação de *L* para *G*, podendo encontrar expressão nas reformas dos direitos cívicos, em mudanças nos processos de recenseamento e de votação, em novas regras de agregação eleitoral e em extensões dos domínios da intervenção legislativa».

541 Mas como silenciar o insilenciável?

Partindo do postulado segundo o qual «a vida política reflecte as divisões étnicas», conclui M.-P. ROY (Les Régimes..., cit., p. 312-313), com base nos exemplos, nomeadamente, da Nigéria e do Zaire dos anos 60 do século XX, no sentido da existência de uma estreita correlação entre o número de partidos e o número de etnias. Assim, «a um pequeno número de grandes etnias cor-

tégia. Seria, de facto, um congelar de problemas, para, mais tarde, estes explodirem de forma brutal. A solução não pode ser outra senão a gestão equiponderada (estribada na assunção descomplexada de que *o problema* existe, de nada valendo tentar tapar o céu com as mãos) de ambas as vertentes: o *universalismo* e os *particularismos*.

A Câmara parlamentar que se avançou no § 2 do Capítulo II da Parte I é uma alternativa válida à patológica situação que marcou a história da Guiné: a ficção de que algo não existe, quando existe; a ficção de que algo existe na sua plena força normativa, quando não passa disso mesmo – ficção.

E qual a fundação onde assentar a defendida saída institucional?

A cortante divisão social que caracterizou a Inglaterra dos séculos XIII a XVIII (entre a elite proprietária de terras e os outros – do povo, nomeadamente – que legitimou a formação da *House of Lords* e da *House of Commons*) terá alguma expressão (se sim, a que nível?) na Guiné de hoje?

A estruturação federal do Estado seguida em países como a Austrália, o Canadá e outros (que pediu a representação de entidades interpostas, denominadas Estados ou Províncias) estará presente na Guiné de molde a poder justificar a existência aqui de uma segunda Câmara?

A necessidade de haver uma instância que ofereça um outro juízo mais, mais uma sensata ponderação, sobre certas matérias objecto de discussão e deliberação dos deputados (fugindo-se ao unilateralismo característico, apesar de tudo, do unicameralismo) poderá servir de fundamento para a solução institucional proposta para a Guiné?

Ou será que o argumento aflorado em Nauru, da exiguidade populacional, é suficientemente comovente para motivar o repúdio da via do *Bantabá di Tchon*? A talho de foice, diga-se, em abono da verdade, que a Guiné não abraça

---

responde um número restrito de partidos (Nigéria); um grande número de pequenas tribos conduz à formação de uma multitude de pequenos partidos (Zaïre)».

Na Nigéria, o *Northern Peoples Congress* seria a voz dos Haoussas e Fulanis, a Norte; a *Action Group* representaria os Yorubas, a Oeste; a *National Convention of Nigerian Citizens*, seria o partido dos Ibos, a Leste.

Advoga ROY que os partidos étnicos acentuam as «tendances centrifuges et les virtualités d'éclatement du pays».

Na minha opinião, a intolerância étnico-partidária a que se alude não é um problema resolúvel apenas ou fundamentalmente no quadro institucional importado (fundado na competição pura e dura). A resolução do problema passa pela paralela valorização do quadro institucional autóctone.

apenas uma dezena de milhar de habitantes, nem se circunscreve a um território de 21,3 Km^2 de superfície, como sucede no referido país da Oceânia. Isso a ser decisivo o factor quantitativo.

Mas o factor verdadeiramente decisivo que me empurra para o *Bantabá di Tchon* é a consciência que me domina da irreprimível diversidade contida neste cantinho baptizado de *Guiné-Bissau*. E de nada vale amordaçar esse factor de diversidade[542].

Bebamos nessa profunda fonte a água que faz a mecânica da Guiné profunda: a consensualização. Consensualização que a democracia belicista da contemporaneidade parece não potenciar plenamente. Daí a proposta de uma acomodação dos valores e instituições da Guiné profunda naquela democracia racionalizada e competitiva. O *Bantabá di Tchon* encaixa-se nessa dinâmica.

Praticámos e praticamos por inércia (facilidade, aparentemente, do deixa-estar) ou por modismos (ou por ambos) o esmagamento da ordem cultural africana. Isso aplica-se, inclusive, na interpretação e aplicação dos direitos consuetudinários pelos tribunais.

O constitucionalismo guineense furtou-se (desde cedo) à valência *normativa* da Constituição, calcorreando antes a via *nominalista*[543]. Quer dizer, a norma positiva, desde logo, vê-se ultrapassada, neste particular, pela dinâmica da realidade, numa abordagem em que a entidade consuetudinária vai ganhando terreno, derrogando aqui e ali o estatuído positivamente – não obstante o (sincero?) engajamento dos actores relevantes no sentido oposto[544].

---

542 Creio que a similar conclusão acabou por chegar parte da elite política guineense, no primeiro lustro do 3.° milénio (ver, *supra,* a declaração do líder da UM), mesmo os que teciam, anos antes, vivas reservas (quando não eram atitudes mais virulentas) a respeito da relação com as instâncias *costumeiras.*

543 Sobre a tripartição *Constituição normativa, Constituição nominal* e *Constituição semântica*: K. LOEWENSTEIN, Teoria de la Constitución (do original "Verfassungslehre"), 2.ª ed., 1970, p. 216 ss.

Numa perspectiva crítica, BRUN-OTTO BRYDE, Verfassungsentwicklung: Stabilität und Dynamik im Verfassungsrecht der Bundesrepublik Deutschland, 1. Aufl., Baden-Baden, Nomos Verlagsgesellschaft, 1982, p. 27 ss. A categorização das normas constitucionais colhível na citada *Habilitationsschrift*, vai no sentido de distinguir as "normative" e "symbolistische" Constituições, as "relevante" e "ritualistische" Constituições, as "anspruchsvolle" e "deskriptive" Constituições.

544 Acentuando a nota de "esquizofrenia entre a teoria e a prática", de que padeceriam as sociedades muçulmanas, *vide* A. YOUSRY, L'Etat de Droit en Droit Musulman, *in* L'Etat de Droit: Mélange en l'Honneur de Guy Braibant, Paris, Dalloz, 1996, p. 795. Relata, a propósito: «A regra incontestada regendo a criação e a titularidade do poder público (à excepção dos Xiitas) é a von-

Acha B.-O. BRYDE[545] não ser de difícil explicação o falhanço das Constituições post-coloniais: «o que se pode notar é que «o Direito Constitucional foi muito menos resiliente do que outras partes do Direito recebido. Na maioria dos Estados, o Direito introduzido pelo poder colonial não foi exactamente retido depois da independência, mas a ocidentalização do Direito foi mesmo reforçada, porque as novas elites foram frequentemente mais hostis ao Direito tradicional do que os administradores coloniais, que quiseram "manter nativos os nativos"» ("to keep the natives native")[546].

---

tade do povo expressa pela eleição (Baîah). A regra corânica, "os assuntos deles devem passar pela consulta entre eles"». «A insistência teórica reclamava a Baîah mesmo no caso de sucessão hereditária e no caso de usurpação, já que se procurou sempre conquistar o poder por todos os meios possíveis, mesmo pela ameaça e pela força legítima. A prática conservou-a como formalidade que deve ser assegurada». Ora, opina YOUSRY, esta divergência entre o princípio, do ponto de vista teórico, e a prática, «conservando a aparência da legalidade que não faz mais do que encobrir uma ilegalidade flagrante, impediu a evolução do Direito Público no Direito muçulmano, mas paralisou também a evolução pacífica da vontade do povo, já que não havia aí outros meios de mudança que não a força».

Sobre a problemática do *pluralismo legal* (teoria aplicável a países do Terceiro Mundo, mas também ao Ocidente industrializado), *vide* JØRGEN DALBERG-LARSEN, Legal Pluralism in a Historical Perspective, *in* W. Krawietz/E. Pattaro/A. Erh-Soon Tay (ed.), Rule of Law – Political and Legal Systems in Transition, Berlin, Duncker & Humblot, p. 15-22: «Uma visão natural da presente questão legal é assim que o ponto de vista monístico e pluralístico de uma forma ou de outra coexistem e que é uma tarefa muito importante para a teoria moderna da lei tentar compreender e responder, não só teoreticamente, mas também praticamente, à dialéctica entre tendências de unidade e tendências de pluralismo, não só nacionalmente, mas também internacionalmente» (p. 21). Observa que a evolução em direcção a uma pluralística concepção da lei encontrará opositores, seja do lado dos filósofos do Direito, seja do dos outros juristas. A razão para tal está no facto de que «muitos advogados, acreditarão naturalmente que isto é equivalente a abandonar importantes valores democráticos e constitucionais. Eu quero justamente sublinhar que é ilusório manter que a concepção não monística do Direito e a forma de pensamento não monística são inimagináveis no mundo ocidental. Além disso, eu considero benéfico para a democracia e o *rule of law* que a sua defesa se baseie numa realística percepção do carácter da presente situação jurídica» (p. 21-22).

Destacando algumas notas caracterizadoras dos regimes islâmicos, *cfr.* JORGE MIRANDA, Manual de Direito Constitucional, tomo I (Preliminares, o Estado e os Sistemas Constitucionais), 5.ª ed., Coimbra, Coimbra Editora, 1996, p. 220.

JOHN GRIFFITHS, What is Law?, *in* Journal of Legal Pluralism, 24, 1986, p. 1.

F. VON BENDA BECKMANN, Unterwerfung oder Distanz: Rechtssoziologie, Rechtsanthropologie und rechtsanthropolgischer Sicht, *in* Zeitschrift für Rechtssoziologie, 12, 1991, p. 97.

[545] B.-O. BRYDE, North and South…, cit., p. 699. Do mesmo autor, ainda, The Politics and Sociology of African Legal Development, Frankfurt, 1976, p. 9 ss.

[546] Para uma ponderação (nos meados da década de 70 do séc. XX) a respeito da dinâmica da transplantação de códigos eurocontinentais para o Sudão, *vide* C.F. THOMPSON, The Failure of

A transplantação de modelos constitucionais do Norte para o Sul foi sendo feita nos seguintes termos[547]: o modelo britânico navegou para as ex-colónias britânicas de África, Caraíbas e Ásia. Também havia inspirado algumas monarquias constitucionais como o Egipto, Jordânia e Iraque.

O modelo estadunidense tem mais força na Libéria, nas Filipinas, na Coreia du Sul e na América do Sul.

Por seu lado, o modelo francês (cristalizado na Constituição de 1958) serviu de inspiração a Estados vários, situados quer em África, seja no Paquistão.

Quanto ao modelo belga (de 1931), ele serviu de modelo às Constituições do Burundi e do Congo belga[548].

A Itália marcaria também a sua presença, envolvendo a Somália na sua Constituição de 1948.

A Alemanha aparece com a sua *Grundgesetz* de Bonn a influenciar a Constituição paquistanesa de 1973 e (em certa medida, indirectamente, via Constituição portuguesa de 1976) a de países africanos lusófonos.

A Constituição portuguesa de 1976 deixa fortes marcas nas Constituições dos Estados africanos que tinham sido colonizados por aquela potência.

Continental Codes in the Democratic Republik of the Sudan – An Analysis, *in* Verfassung und Recht in Übersee, 3./4. Quartal 1975, p. 407-421.

Vide, ainda, F. KÜBLER, Einführung, *in* B.-O. Bryde/F. kübler (Hg.), Tagung für Rechtsvergleichung (1985, Göttingen), Frankfurt am Main, Metzner, 1986, p. 7.

547 *Vide* M.-P. ROY, Les Régimes Politiques…, cit., p. 20, 22. ROY entende que um dos factores do mimetismo constitucional que afecta os países do Terceiro Mundo é «o apelo a *experts* estrangeiros. Estes jogam frequentemente um papel considerável na redacção das Constituições do Terceiro Mundo. Eles consideram o seu Direito nacional como tecnicamente perfeito e por natureza justo; é para eles um dever de filantropia comunicá-lo aos povos estrangeiros e de compelir a uma reprodução cega das suas regras».

548 Para ROY, a Lei Fundamental do Congo belga (de 1960) «é um exemplo caricatural de mimetismo constitucional».

CAPÍTULO III

SUBSÍDIOS DO DIREITO INTERNACIONAL OU INTERNACIONALIZAÇÃO/UNIVERSALIZAÇÃO DO ESTADO DE DIREITO – ESTADO DE DIREITO *URBI ET ORBI*?

1. A Condicionalidade Democrática e de Estado de Direito

O mundo *parece* envergar massivamente o uniforme do Estado de direito (talhado segundo os ditames estéticos em voga no *Norte*, de acordo com as medidas ditadas pelos estilistas deste espaço)[549].

Os particularismos são com desconfiança encarados, num ambiente onde ordena a unicidade (pelo menos verbal) feita universalidade, não sendo politicamente correcto o assumir omnipatente de perspectivas *indígenas*[550].

Defendeu PHILIP KUNIG que não existe um jus-internacionalista princípio de Estado de direito[551]. A ser verdade que o princípio em apreço descobre o seu

---

549 PETER HÄBERLE, referiu-se, a propósito da onda em torno da *Verfassungsstaatlichkeit*, a um "universalen Wachstumsschub" do modelo de Estado constitucional da União Europeia e do Atlântico (in Festschrift für Wolfgang Zeidler, Berlin, de Gruyter, 1987, p. 27).

P. ANDRÉS IBAÑEZ, Garantia Judicial dos Direitos Humanos, *in* Revista do Ministério Público, n.° 78, 1999, p. 26 ss.

Usualmente e nomeadamente, compreende esse modelo a tutela constitucional dos direitos fundamentais, a separação de poderes, a fiscalização da constitucionalidade dos actos do poder público por tribunal independente.

550 *Cfr.* J. HABERMAS, Droit et Démocratie: Entre Faits et Normes (trad. do alemão por R. Rochlitz e Ch. Bouchindhomme), Paris, Gallimard, 1997, p. 471, onde o autor constata que o Direito internacional está cada vez mais "desnacionalizado". Dá como exemplo do fenómeno a legitimidade invocada pelos "aliados" na 1.ª Guerra do Golfo, lendo o mesmo como um efeito da nova tendência da "dissolução da soberania dos Estados nacionais". Tal processo poderia conduzir a uma "nova ordem mundial de tipo universalista" – observa, contudo, HABERMAS que isso não é "mais do que uma esperança nascida do desespero".

Sobre a democracia como um "combat universel" (já que constitui "la condition nécessaire d'un développement humain"), J.-J. PÉRENNÈS/P. HUGUES, Démocratie et Développement au Sud, *in* Problèmes Économiques, n.° 2.266, 11 Mars 1992, p. 5.

H. HOFMANN, Geschichtlichkeit und Universalitätsanspruch des Rechtsstaats, *in* Der Staat, 1995, 34. Band, Heft 1, p. 1-32.

Acerca da mecânica de um dos protótipos da supranacionalidade, FERNANDO LOUREIRO BASTOS, A União Europeia – Fins, Objectivos e Estrutura Orgânica, Lisboa, 1993.

551 PH. KUNIG, Das Rechtsstaatsprinzip – Überlegungen zu seiner Bedeutung für das Verfassungsrecht der Bundesrepublik Deutschland, Tübingen, J.C. Mohr, 1986, p. 103, 105, 107-108, 486: *Não existe nenhum internacional (interestadual) princípio de Estado de direito; a ideia de Estado de direito visa a limitação do poder constitucional do Estado nacional* [«Ein "völkerrechtliches" – zwischenstaatliches – Rechtsstaatsprinzip gibt es nicht; die Idee des Rechtsstaats zielt auf die

espaço vital na interioridade dos Estados[552], torna-se complicado descortinar, sobre o *Estado de direito*, um princípio de Direito internacional público pers-

---

Begrenzung "nationalstaatlich verfaßter Herrschaft"» (p. 103)]. Este último dito foi colhido em PETER BADURA, Bewahrung und Veränderung demokratischer und rechtsstaatlicher Verfassungsstruktur in den internationalen Gemeinschaften, *in* VVDStRL, Heft 23, 1966, p. 37 – contextualizando: *coloca--se a questão da preservação e modificação da estrutura constitucional democrática e adequada, nas comunidades internacionais; assim, pressupõe-se, implicitamente, que o postulado da democracia e do Estado de direito também possam encontrar aplicação e dinamismo na entidade não estatal. Isto não é evidente. Pois a formação destas ideias resulta do quadro dos Estados nacionais e elas visam a determinação, o controlo e a limitação do poder constitucional do Estado nacional.*

No sentido de que a consecução de um *Rechtsstaat* europeu é a tarefa do nosso tempo, J.H. KAISER, Leitsätze des Berichterstatters über: Bewahrung und Veränderung demokratischer und rechtsstaatlicher Verfassungsstruktur in den internationalen Gemeinschaften, *in* VVDStRL, Heft 23, 1966, p. 33.

552 Em torno da *necessidade* ou não de uma Constituição para a Europa, siga-se o debate protagonizado por DIETER GRIMM [Does Europe Need a Constitution?, *in* European Law Journal, 282 (1995), p. 292-297] e JÜRGEN HABERMAS [Remarks on Deter Grimm's "Does Europe needs a Constitution?", *in* European Law Journal, 303 (1995), p. 305-307].

À conclusão tirada por GRIMM de que um Estado constitucional democrático pode ser, à data, adequadamente realizado apenas na estrutura nacional (e da rejeição duma Constituição europeia *porque não existe ainda um povo europeu*), contrapõe-se HABERMAS com a sua crença europeista – a identidade europeia significaria *unidade na diversidade nacional*. De resto, argumenta este último, talvez o federalismo alemão – tal como foi desenvolvido após a queda da Prússia e da superação das divisões de ordem confessional – não seja o pior modelo.

JORGE MIRANDA, Sobre a Chamada Constituição Europeia (artigo de opinião publicado em Portugal, a 2.7.2003). Ainda, *A "Constituição Europeia" e a Ordem Jurídica Portuguesa*, Separata de Colóquio Ibérico: Constituição Europeia, Homenagem ao Doutor Francisco Lucas Pires, BFDC, Stvdia Ivridica, 84, p. 537-559.

J. BACELAR GOUVEIA, Ilusão da Constituição Europeia, *in* D.N., 3.9.2004 (edição electrónica), para quem o tratado constitucional europeu, «de "Constituição" só tem mesmo o nome», acrescentando que a realidade enfrentada pela União Europeia nem é sequer «pré-federal».

ALBRECHT RANDELZHOFER, Schlußworte: Verfassungsstaatlichkeit im nächsten Jahrundert – Chancen für Gemeinsamkeit und Notwendigkeit der Vielfalt, *in* U. Battis/Ph. Kunig/I. Pernice/A. Randelzhofer (Hrsg.), Das Grundgesetz im Prozeß europäischer und globaler Verfassungsentwicklung, Baden-Baden, Nomos, 2000, p. 286-289.

Já em 1992, na sequência da aprovação do Tratado sobre a União Europeia em Maastricht, S. CASSESSE vaticinava: «Nel breve giro di qualche anno, il risultato di tutto ciò sarà una notevole *constitutional pluralism*, consistente in una mistura di disposizioni costituzionali nazionali e sovranazionali, non diversa da quelle di uno Stato federale come gli Stati Uniti d'America» (assim, S. CASSESSE, La Riforma Costituzionale in Italia, *in* RTDP, 4, 1992, p. 905).

Vide, também, G. JÁUREGUI, Estado, Soberanía..., cit., p. 59, 68 ss.: A concepção clássica de soberania (que se distinguiria pelas notas de "poder supremo", "poder originário" e "poder independente") estaria a perder terreno a favor de uma nova entidade ou de uma nova leitura do mundo; um novo Estado «internacionalmente imbricado e supranacionalmente integrado ou vinculado».

Repara JÁUREGUI que «a eventual aprovação de uma Constituição europeia coloca-nos ante uma dupla alternativa»: «O bien se sigue manteniendo la tesis clásica de una sola soberanía enten-

pectivável e aplicável a todos os Estados uniformemente. É uma ilação extraível da referida tese[553].

---

dida en su triple sentido de poder supremo, originario e independiente, o bien optamos por la idea de que es posible una soberanía compartida. Si optamos por la primera alternativa, todavía nos queda por resolver el problema de si tal soberanía debe corresponder a la UE, o a los Estados nacionales (...)».

Daí que o autor e outros enveredem pela estrada da relativização da soberania, não sem antes se assumir o princípio da subsidiariedade como critério de delimitação do domínio das instituições concernentes.

G. JELLINEK, Allgemeine Staatslehre, 3. Aufl., 7. Neudruck, 1960, p. 435-489 (sobre a história e natureza do conceito de soberania).

J. BODIN, Les Six Libres de la République (avec l'apologie de René Herpin), 2. Réimpression de l'édition de Paris, Jacques du Puis, 1583, Aalen, Scientia, 1977, Livre I, Chap. VIII.

PH. KUNIG, Schlußworte: Verfassungsstaatlichkeit..., cit., p. 281-286.

ALBRECHT WEBER, Der nationale Verfassungsstaat vor den Herausforderungen der Europäischen Integration, *in* Jorge Miranda (org.), Perspectivas Constitucionais – Nos 20 Anos da Constituição de 1976, vol. I, Coimbra, Coimbra Editora, 1996, p. 769 ss.

Um académico da Austrália, J. BURNHEIM [Democracy, Nation States and the World System, *in* David Held/Christopher Pollitt (Edit), "New Forms of Democracy", London, Sage, 1986, p. 224-226], constatando a persistência do sistema de Estados-nações, afiança: «Its probably too much to hope that the nexus between democracy and national autarchy can be broken in the first instance in those countries that have only recently gained their political, though not economic, independence. Their will to achieve national identity and independence is too deeply entrenched in their struggles against their colonial past and neocolonial present».

Num registo relativizante da soberania, *cfr.* J.L. PÉREZ TRIVIÑO, Los Límites Jurídicos del Soberano, Madrid, Tecnos, 1998, p. 180: a supremacia da soberania é relativa – *i.e.,* «sólo respecta al ámbito de competencias que le atribuye la regla que la creó»; a sua limitabilidade jurídica resulta das regras «que la constituyen en tal autoridad jurídica»; a soberania «no es necesariamente única e indivisible» – é que num mesmo ordenamento jurídico «puede haber distintas autoridades con competencias distintas y excluyentes».

«Farewell the Sovereign Nation-State?». Foi a pergunta posta por J. BENGOETXEA [The Withering Away of the State at the Turn of the Millenium, *in* W. Krawietz/E. Pattaro/A. E.-S. Tay (ed.), "Rule of Law – Political and Legal Systems in Transition", "Rechtstheorie" – Beiheft 17, Berlin, Duncker & Humblot, p. 3-13], a que fez, de imediato (p. 7), seguir a indicação de três suposições carentes de uma «séria revisão»: «1. The universality of the nation-state: to each nation one state and to each state one nation!»; «2. Law is nothing but state law! There can be no real law outwith the state»; «3. State souveregnity amounts to real power».

VON DER HEYDTE, Le Principe du Bon Voisinage en Droit International, *in* RFDL, Vol. XV, 1961-1962, p. 279 ss.

B. KRIEGEL, The State..., cit., p. 15-32.

J. PETOT, Modernisation ou Crise de l'État Démocratique, *in* Revue du Droit Public, n.° 3, 2000, p. 633-697 (em especial, p. 650-656, 656-669, 694-697).

G. GASPARRI, Vers des Nouvelles Formes de Souveraineté, *in* W. Krawietz/E. Paattaro/A. Erh-Soon Tay (ed.), Rule of Law..., cit., p. 103 ss.

[553] *Cfr.* R. DAHRENDORF/F. FURET/B. GEREMEK (direcção de L. CARACCIOLO – que moderou a entrevista), A Democracia na Europa (trad. de Maria J.V. de Figueiredo), Lisboa, Presença, 1993, p. 121.

A uma pergunta formulada por LUCIO CARACCIOLO, sobre a possibilidade de ser considerada a democracia como um "valor universal" (ou, pelo contrário, «a democracia só tem sentido em determinadas latitudes e longitudes» e tomando em conta «determinadas características antropológico-culturais»), responde GEREMEK: «Considero a democracia como princípio universal de organização do espaço público e, a este respeito, não aceito nenhum racismo subentendido[554]. Existem povos com uma tradição de democracia...»[555].

No caso que concita a minha atenção, não se tratará de incutir ou assumir qualquer *racismo* (nem *subentendido*, nem explícito) e, por essa via, relativizar o *Estado de direito*. Não é esse o ponto. O traçamento do *Estado de direito* ajustável às diversas realidades às quais se dirige e as quais pretende normar não implica de forma alguma a assunção ou inculca de um qualquer racismo.

O *racismo* pode, aliás, provir da atitude oposta – e provém, normalmente, desta atitude.

Seja como for, estamos em face de um conceito na moda[556]. Cada país reclama a sua pertença à comunidade dos *Estados de direito*[557]; as instituições

---

[554] Num registo aparentemente diverso, M. GONÇALVES FERREIRA F.°, Democracia Possível, *in* Enciclopédia Saraiva do Direito, vol. 23, R. Limongi França (coordenação), S. Paulo, Saraiva, 1977, p. 290. Sublinha o autor brasileiro: «É preciso educar para a democracia, pois a democracia não é forma de governo para qualquer povo em qualquer momento». Democracia (aquela "que é possível na realidade") que aí se entende como o «governo por uma minoria democrática, ou seja por uma elite formada conforme a tendência democrática, renovada de acordo com o princípio democrático, imbuída do espírito democrático, voltada para o interesse popular: o bem comum».

[555] Sobre o tratamento que se dá à democracia como uma "ditadura periódica" («elegemos os governantes e eles são ditadores por determinado período»), *vide* HUMBERTO MATURAMA, *in* "O Independente", n.° 366, de 19.5.1995 (separata "Vida"), p. 3.

[556] Quanto à "hegemonia do Estado de direito" – hegemonia que se manifestaria na vertente da sua consagração e da sua difusão planetária, *cfr.* J. CHEVALLIER, L''Etat de droit, 3e éd., Paris, Montchrestien, 1999, p. 7, 106-110, 118-133;

LUC HEUSCHLING [Etat de Droit, Rechtsstaat, Rule of Law – Quelques Réflexions sur les Mots et les Choses, *in* http://www.eur.nl/frg/iacl/papers/heuschling.html], que se refere a um *ius commune* da Europa, onde inclui o conceito de *Etat de droit* (já que o mesmo parece gozar de "une reconnaissance unanime en Occident, voire dans le monde entier").

[557] G. CONAC, Etat de Droit et Démocratie, *in* G. Conac (sous la direction de), L'Afrique…, cit., p. 506: «Consagrada nas Constituições dos Estados liberais, ela propaga-se graças a múltiplos processos de descolonização e de democratização. Seria apaixonante pesquisar como, sob formulações diversas, ela encontra as suas raízes nas diferentes culturas. O Estado de direito na sua versão moderna, enriquecido assim pela filosofia dos Direitos humanos, não é apanágio de qualquer cultura, nem de qualquer continente. Ela não pode ser reivindicada como monopólio de ninguém, nem como invenção de um só. Através de formulações diversas, ela testemunha uma

de carácter internacional fixam cláusulas muito apertadas para o acesso ao cobiçado estatuto; equacionam Estado de direito-democracia-direitos do homem, concluindo pela imbricação cerrada dos mesmos[558]; instâncias jurisdicionais de

---

comum aspiração à justiça e é da mais alta importância pesquisar como poderá ela ainda ser enriquecido».

Um dado com algum significado é o facto de cerca de 20 chefes de Estado e de Governo reunidos na Nigéria em Fevereiro de 2002, para debaterem a iniciativa NEPAD (o novo programa para o desenvolvimento em África), terem concluído pela necessidade de os Estados africanos promoverem a democracia, reconhecendo que os "fracos créditos democráticos" estão na base do fraco investimento externo em África.

É nessa onda que se localizam os Protocolos da CEDEAO sobre a Governação Democrática e a Declaração de Alger de 1999, da União Africana. O fio condutor seria privar de reconhecimento qualquer Governo que chegasse ao poder por vias inconstitucionais, nomeadamente através da força.

M. CHEMILLIER-GENDREAU, L'État de Droit au Carrefour des Droits Nationaux et du Droit International, *in* L'État de Droit – Mélanges en l'honneur de Guy Braibant, Paris, Dalloz, p. 91-92.

558 Não foi outra a direcção encetada, principalmente a partir da década de 1990, pela Conferência sobre a Segurança e Cooperação na Europa, que viria a dar lugar à Organização sobre a Segurança e Cooperação na Europa. Com efeito, o Estado de direito, a democracia pluralista e os direitos do homem são elevados à condição e símbolo de uma certa europanidade [a ponto de haver quem pense que o princípio do Estado de direito constitui uma regra de *ius cogens* europeu – J.-Y. MORIN, L'Etat de Droit: Émergence d'un Principe du Droit International, *in* R.C.A.I., tome 254 (1995), p. 335]. Aqui assim, o *Estado de direito* e a *democracia pluralista* são igualmente os pressupostos do respeito pelos direitos fundamentais. A este propósito, *vide* as conclusões do conclave de Copenhaga, de 29.6.1990; a Carta de 20.11.1990; no âmbito da Comunidade Europeia, a Resolução do Conselho Europeu de 28.11.1991, o Tratado de Maastricht e o Tratado de Amsterdam de 2.10.1997 (art. 6.°, §1). No art. 3.° do Estatuto do Conselho da Europa reconhece-se expressamente o princípio da preeminência do direito.

A não esquecer é também o papel da Comissão Internacional de Juristas na dinamização da ideia de Estado de direito. Neste quadro se situam, a título de exemplo: o *Acto de Atenas*, de 18.6.1955 e a *Declaração de Dili*, de 10.1.1959 – todos eles enfatizando a necessidade de o Estado se submeter à lei, o respeito pelos direitos do homem ou a independência do poder judicial.

Vide, ainda, a Convenção de Salvaguarda dos Direitos do Homem e das Liberdades Fundamentais, de 4.11.1950 (art. 13.°, 5.°-7.°).

Percurso similar tem feito a Organização das Nações Unidas. Veja-se a declaração da conferência mundial sobre os direitos do homem realizada em Viena, no mês de Junho de 1993, que concluiu pela necessidade de os Estados reforçarem as instituições nacionais e infra-estruturas que sustentam o *Estado de direito*, tudo na perspectiva da criação de condições que permitam a cada um o gozo dos *direitos universais e das liberdades fundamentais*.

Uma nota dissonante, durante a citada conferência foi dada pela intervenção do representante da República Popular da China (o Vice-Ministro dos Negócios Estrangeiros Lin Huakin), ao enfatizar que o mundo é, na sua maioria, terceiromundista e que cabe a esta maioria a tarefa de proteger "realmente" os direitos do homem e afastar os obstáculos materiais que impeçam a sua plena fruição no mundo.

Observa o governante chinês: «Para a grande maioria dos países em vias de desenvolvimento, os direitos do homem consistem antes de tudo em assegurar o pleno exercício dos direitos à existência e ao desenvolvimento. A ideia de que os direitos (...) são uma condição prévia e necessária ao desenvolvimento não tem fundamento; quando reina a pobreza e a penúria de alimentos e de roupas e as necessidades fundamentais das pessoas não estão garantidas, há que dar prioridade ao desenvolvimento. Doutra forma, os direitos do homem estão completamente fora de questão».

Amparando-se na Carta das Nações Unidas e nas normas de Direito internacional (nos termos das quais todos os países têm o direito de escolher os seus valores, os seus sistemas políticos, os seus caminhos para o desenvolvimento), a China sustenta nessa conferência mundial sobre os direitos do homem que «se a soberania de um Estado não estiver salvaguardada, os direitos do homem dos cidadãos estão fora de questão», não sendo mais do que sonhos quiméricos. «A ideia de que a questão dos direitos do homem ultrapassa as fronteiras e que o princípio da não ingerência… não se aplica aí é, na sua essência, uma forma da política do mais forte».

Já na reunião de Bangkok, de 29 de Março a 2 de Abril de 1993, destinada a preparar a já referida conferência mundial sobre os direitos do homem (de Junho de 1993, em Viena), transpirara na declaração final um sublinhado vivo a propósito da não instrumentalização dos direitos humanos a favor de estratégias de ingerência nos assuntos internos dos Estados e de afronta à soberania dos mesmos. A necessidade de se prestar igual atenção quer aos direitos de liberdade, quer aos direitos sociais (acabando com a "selectividade" de que tem gozado aqueles), insistindo igualmente no direito ao desenvolvimento, foi nesse *forum* defendida.

A China disse em voz alta aquilo que nos corredores da alta política internacional muitos actores murmuram – não vá o Banco Mundial (ou o Fundo Monetário Internacional ou a Ex.ª Sr.ª Dona *Comunidade Internacional*) escutá-los.

Quando o Banco Mundial (logo secundado por organismos das Nações Unidas como a UNESCO e o PNUD) insiste na *boa governação,* como receita a seguir pelos Estados (caso queiram contar com o seu apoio), não se refere a outra coisa senão à observância da legalidade e ao *Estado de direito*, em geral, à transparência, à responsabilização dos dirigentes políticos e à boa administração da coisa pública. Um Banco Mundial que, nos termos estatutários – como observa CHEVALLIER –, não deveria interferir politicamente e de forma directa no funcionamento dos Estados. Terá sido a *good governance* a fórmula descoberta para driblar tal proibição.

No âmbito africano, considere-se a "Declaração de Tunis" sobre os direitos do Homem (reunião africana preparatória – de 2 a 6 de Novembro de 1992 – da conferência mundial sobre os direitos do homem, que se realizaria em 1993).

Nos termos desta declaração, é tida como "indiscutível" a universalidade dos direitos do homem, mas são apontadas dificuldades "endógenas e exógenas" à sua implementação;

São aí tidos como indissociáveis os "direitos civis e políticos", assim como outros direitos («a liberdade política, se ela não é acompanhada pelos direitos económicos, sociais e culturais, permanece precária»; impõe-se, assim, uma política interna eficaz de desenvolvimento, o estabelecimento de relações económicas internacionais equitativas e a resolução do problema da dívida externa dos países em desenvolvimento);

Na Declaração de Tunis, os governos africanos quiseram vincar uma concepção africana dos direitos do homem (por exemplo, através do reconhecimento dos "direitos colectivos dos povos") e declararam que "nenhum modelo preconcebido" teria aptidões para ser ditado à escala universal e que convém ter sempre presentes os "dados históricos e culturais de cada nação" as "tradições, normas e valores dos povos concernentes";

Há quem veja nesta atitude um mero pretexto para o adiamento de reformas ou uma manobra de diversão; mas há quem descubra aí uma atitude realista ou quem enalteça aí o respeito pela cultura africana.

vária ordem sublinham vivamente a força do Estado de direito[559]; as potências relevantes fazem deles o motor da sua *cooperação* com o Sul[560].

Ouçamos J. CHEVALLIER: o processo de internacionalização do *Estado de direito* «testemunha bem os novos lances subjacentes ao tema do Estado de direito: este foi, com efeito, utilizado pelos países ocidentais como recurso ideológico e como arma política no afrontamento com o bloco soviético; e o seu predomínio doravante sem restrição mostra que o modelo jurídico-político liberal tornou-se hegemónico na vida internacional»[561].

Mais: «La diffusion du thème de l'Etat de droit est le sous-produit de l'effondrement du socialisme et des impasses du développement, qui ont entraîné le ralliement au modèle libéral d'organisation politique, fondé sur la démocratie et l'Etat de droit».

Fundamentalmente importantes, ainda: a Declaração Universal dos Direitos do Homem (de 1948) – segundo LABARTHE GONZALES, "el documento de más trascendencia jurídica y moral que ha tenido la humanidad" no século XX" (Hacia un Nuevo Estado de Derecho, *in* Revista del Foro (Lima-Peru), 1959, n.° 1, p. 613) –, o Pacto Internacional dos Direitos Civis e Políticos (de 1966) e o Pacto Internacional dos Direitos Económicos, Sociais e Culturais (de 1966). A DUDH vem sendo referenciada em vários textos constitucionais ora como parte integrante destes, ora como plataforma em função da qual as normas constitucionais devem ser interpretadas [para algumas ilustrações, *vide* FAUSTO DE QUADROS, L'Influence de la Convention Européenne des Droits de l'Homme sur les États Tiers, Anciennes Dépendences Belges, Danoises, Espagnoles, Françaises, Italiennes, Néerlandaises, et Portugaises (Separata de: Actes du Colloque à Strasbourg, le 8 Juin 2001, par l'Institut International des Droits de l'Homme), Bruxelles, Bruylant, 2002, p. 25-27].

559 Assim, o Tribunal Europeu que, na sua jurisprudência, se tem mostrado sensível à aplicabilidade directa das normas ínsitas na *Convenção de Salvaguarda.*

560 A título de exemplo, tome-se em atenção o aviso feito pelo Chefe de Estado francês FRANÇOIS MITERRAND durante a reunião de La Baule dos chefes de Estado africanos e francês. Aviso de que a França manter-se-ia atenta quanto à evolução da democracia nos Estados envolvidos, devendo ser fortalecida a cooperação com aqueles Estados que hajam enveredado claramente pela solução democrática. O que, bem vistas as coisas, significa a introdução da cooperação no arsenal dos armamentos de guerra pela democracia. Não benificiados seriam, com efeito, os regimes *que se comportassem de modo autoritário, não aceitando a evolução para a democracia* (citando MITERRAND, *vide* M. ROBINSON, Aid, Democracy and Political Conditionality in Sub-Saharan Africa, p. 93).

Acerca do expediente das Organizações Não Governamentais neste processo de *condicionalidades*, observa F. KOUDAWO que desde o «início dos anos 90, numerosos programas de apoio à democracia, domínio sensível onde os Estados podem ser acusados de ingerência nos assuntos internos, são de preferência financiados através de ONG do Norte em direcção à sociedade civil em África» [assim, Sociedade Civil e Transição Pluralista na Guiné-Bissau, *in* F. Koudawo/P.K. Mendy (ed.), Pluralismo Político na Guiné-Bissau. Uma Transição em Curso, Bissau, INEP, 1996, p. 76].

No capítulo da cooperação jurídica e *edificação do Estado de direito*, *cfr.* M. GENTOT, État de Droit et Coopération Internationale, *in* "L'État de Droit" – Mélanges en l'honneur de Guy Braibant, Paris, Dalloz, 1996, p. 341 ss.

561 J. CHEVALLIER, L'État..., cit., p. 125.

A *força de atracção* hegemónica do modelo de Estado de direito em voga é tamanha que «já não é questão de construir os modelos alternativos, mas de decalcar o mais fielmente possível as instituições dos países ocidentais»[562]. O Estado de Direito tornou-se hoje, em boa verdade, a «caução da legitimidade de todo o poder».

Uma derradeira constatação: «A imposição do modelo do Estado de direito é também o produto de *pressões* mais exercidas sobre os países do Leste e do Sul: as instituições europeias e as instituições financeiras internacionais têm assim fortemente favorecido, pela via da "condicionalidade democrática", a importação dos princípios e dos mecanismos do Estado de direito[563].

---

[562] J. CHEVALLIER, L'État…, cit., p. 129.

SAMUEL HUNTINGTON (The Clash of Civilizations?, *in* Foreign Affairs, 72/3, p. 22, 25; The Third Wave: Democratization in the Late Twentieth Century, Oklahoma, University of Oklahoma Press, 1991, p. 19) prognostica que a fonte dominante do conflito a nível mundial, terminada que está a *guerra fria*, seria, no futuro, de ordem cultural, não tanto económica ou ideológica, devendo opor-se o Ocidente contra o resto das civilizações (nomeia claramente as civilizações *confuciana*, *japonesa*, *islâmica*, *hindú*, *latino-americana* e também, mas dubitativamente, a *africana*, como o resto que iria confrontar-se com a civilização *eslavo-ortodoxa*); esta seria a verdadeira guerra, assente que a chamada guerra fria não teria passado de uma guerra no interior da civilização ocidental.

[563] Um exemplo a apontar seria a circunstância de a entrada no Conselho da Europa estar sujeita à observância pelo país candidato de certos parâmetros configuráveis como Estado de direito.

Outro exemplo residiria na condicionalidade que a União Europeia estabelece para a sua relação com os países *em vias de desenvolvimento*: a promoção da democracia e dos direitos do homem como requisito a preencher para que os Estados em causa benificiem (ou benificiem mais) da ajuda da União Europeia.

Muito justamente, destaca CHRISTIAN PIPPAN [Demokratie durch Völkerrecht? Zu den Menschenrechts- und Demokratieklauseln in den Verträgen der Europäischen Gemeinschaft mit Drittstaaten am Beispiel des Lomé-Abkommens, *in* W. Benedek/H. Isak/R. Kicker (ed.), Development and Developing International and European Law: Essays in Honour of Konrad Ginther on the Occasion of his 65th Birthday, Fankfurt a.M./Berlin/Bern/Bruxelles/New York/Wien, Peter Lang, 1999, p. 473] que desde 1989, *ano da assinatura do IV Acordo de Lomé entre a Comunidade Europeia (CE) e os Estados de África, Caraíbas e Pacífico, desenvolveu-se o acolhimento da chamada cláusula de direitos do homem e (mais tarde) cláusula da democracia nos tratados da Comunidade com Estados terceiros,* na perspectiva do aperfeiçoamento jurídico das relações externas da Comunidade Europeia.

Se, com efeito, no *Lomé I*, de 1975, assim como no *Lomé II*, de 1979, não se vislumbra uma ligação entre a democracia, os direitos humanos e o desenvolvimento, já se encontrará no *Lomé III*, de 1984, a menção à dignidade humana e aos direitos humanos (Preâmbulo e art. 4.°). O *Lomé IV*, de 1989, daria o passo em frente relatado por PIPPAN. Em 1995, efectivamente, a cláusula de direitos humanos e democracia introduzida na IV Convenção ACP-Comunidade Europeia clarificou decisivamente a relação preconizada entre Estado de direito, democracia, direitos humanos e cooperação (cooperação que visa um *desenvolvimento centrado no homem*), a ponto de a violação dos

A expansão do *Estado de direito* é um exemplo feliz da *difusão estimulante* recortada por KROEBER[564]. Querendo com isso significar a susceptibilidade de alastramento de certas ideias, mas podendo assumir, em cada um dos *territórios* concernentes, feições distintas.

A Guiné-Bissau viveu de modo intenso esse fenómeno de *condicionalidade democrática* durante os anos 80 e 90 do século XX.

O processo entremostrou-se com a liberalização económica encetada, a um tempo, por encomenda do exterior e, a outro, pelas pressões advenientes do interior convulso do caldeirão guineense. Tal ganhou notoriedade nos idos de 1983 (Março), quando, perante a crise económica com que se debatia o país, o poder ajustou um programa de estabilização económica, com o apoio técnico e financeiro do Banco Mundial e do Fundo Monetário Internacional.

Face ao descalabro dos principais índices macroeconómicos[565] (a inflação subiu; o *deficit* da balança de pagamentos, assim como o orçamental agravaram-se), que denunciam o fraco êxito do programa de estabilização económica, nasceria em 1987 o PAE (Programa de Ajustamento Estrutural), com o apoio técnico e financeiro das instituições de Bretton Woods e de certos parceiros[566].

A receita é clássica: fim aos monopólios estatais; privatização; liberalização do comércio; restrições à política dos subsídios estatais a certos bens es-

---

supracitados parâmetros poder constituir fundamento para a suspensão do tratado relativamente ao Estado violador. Países como Angola, Sudão, Togo, Zaire foram alvo deste tipo de medidas.

Vide, também, E. DENNINGER, Menschenrechte, Menschenwürde und Staatliche Souveränität, *in* Zeitschrift für Rechtspolitik, 2000, Heft 5, p. 192-196.

L. DIAMOND, Introduction: Roots of Failure, Seeds of Hope, *in* L. Diamond/J.J. Linz/S.M. Lipset (ed.), Democracy in Developing Countries: Africa, Colorado/London, Lynne Rienner Publishers/Adamantine Press Limited, 1988, p. 24.

PHILIPPE HUGON, Les Effets des Politiques d'Ajustement sur les Structures Politiques Africaines, *in* G. Conac (sous la direction de), L'Afrique…, cit., p. 90 ss.

H. MEINHARDT, How it Began: External Actors in the Early Phase of the Democratic Transition in Malawi, *in* VRÜ 34 (2. Quartal 2001), p. 220-240.

564 A.L. KROEBER, Cultural and Natural Areas of Native North America, *in* University of California Publications in American Archaeology and Ethnology, vol. 38, 1939.

565 Abrindo-se ao leque africano, e no contexto dos anos 80 do século XX, *cfr.* PHILIPPE HUGON, Les Effets des Politiques d'Ajustement sur les Structures Politiques Africaines, *in* G. Conac (sous la direction de), L'Afrique…, cit., p. 91 ss. Muito certeiramente, caracteriza-se aí a África desse tempo, ressalvados alguns casos, como o palco da «convergência (…) da regressão dos indicadores económicos e sociais e dos desequilíbrios financeiros internos e externos». É nessa ambiência que a crise política se propagou e os *programas de ajustamentos estruturais* floresceram.

566 PATRICK CHABAL, A Democracia em África: Que Perspectivas?, *in* C. Cardoso/J. Augel (coord.), Guiné-Bissau – Vinte Anos de Independência. Desenvolvimento e Democracia – Balanço e Perspectivas, Bissau, INEP, 1996, p. 314 ss. O autor menciona a opinião por alguns sustentada, segundo a qual haveria uma "agenda secreta do Banco Mundial", sendo política tal agenda.

senciais; reformas estruturais; diminuição das despesas públicas; redução do aparelho do Estado.

Apesar de alguns resultados espectaculares reflectidos (taxas de crescimento económico que se aproximaram dos dois dígitos percentuais, em 1989 – 9.6%; revitalização do comércio, com o consequente aumento de produtos disponíveis no mercado), alguns sinais negativos (como o desequilíbrio da balança comercial e a inflação) agudizaram-se.

Foi a vez, então, de surgir o PAE II (2.° Programa de Ajustamento Estrutural), em 1989 – para vigorar até 1991. O PAE II viria a ceder lugar ao Programa de Ajustamento Estrutural Reforçado previsto para 1994 a 1997.

Foi neste contexto de crise económica e de liberalização económica que a *condicionalidade democrática* encontrou chão fértil para se fazer ouvir e venerar. A *democratização* entrou no mercado como moeda de troca em relação a outras moedas: Democratizai-vos e receberão os nossos dólares[567]! Tal parece ser a divisa do Norte proclamada ao Sul, apesar de algumas convenientes cedências e exceptuações[568].

A Guiné-Bissau incorporou, então, a dita *condicionalidade democrática* (que remédio?), materializada no processo de liberalização da paisagem política dos anos 90 do século XX, numa ambiência internacional extremamente motivadora[569] (é o desmoronamento do sistema socialista na Europa e, por arrastamento, das filiais de outros cantos[570]).

---

[567] Ou Euro, ou Libras...

[568] Alguns chefes de Estado, num notável jogo de cintura, preferiram antecipar-se ao descalabro, convertendo-se em arautos da *democracia* e do *Estado de direito*, no início dos anos 90 do século XX. Figuram nesse rol (com mais ou menos sucesso) dirigentes como HOUPHOUËT-BOIGNY, na Costa do Marfim, BIYA, nos Camarões, RATSIRAKA, em Madagáscar, CAMPAORÉ, no Burkina-Faso e outros mais.

Vide A. AMOR, L'Émergence Démocratique dans les Pays du Tiers Monde: Le Cas des Etats Africains, *in* G. Conac (sous la direction de), L'Afrique en Transition..., cit., p. 55 ss.

Sintetiza G. CONAC (Le Processus de Démocratisation en Afrique..., cit., p. 34), do seguinte modo, o quadro reinante: «Quando o processo de democratização é bem conduzido pelo próprio chefe de Estado, seja por antecipação, seja sob a pressão mais ou menos forte da classe política e a ameaça de agitação nas universidades ou nas ruas da capital, os contadores são recolocados em zero. Quase sempre, a alteração constitucional permite-lhe sobreviver a uma transição democrática que as pressões exteriores e as reivindicações internas tornam muitas vezes inelutáveis. Certamente, em vários países a alteração constitucional se fez acompanhar de um *new deal* político no qual os Presidentes em funções foram as vítimas. Em Cabo Verde, as eleições organizadas segundo as novas normas constitucionais conduziram a uma alternância pacífica», tendo os novos partidos obtido a maioria que possibilitou a substituição no governo do antigo partido único.

[569] *Cfr.* P. KARIBE MENDY, A Emergência do Pluralismo Político na Guiné-Bissau, *in* F. Koudawo/P.K. Mendy (ed.), Pluralismo Político na Guiné-Bissau. Uma Transição em Curso, Bissau, INEP, 1996, p. 55-56.

É este o *Estado de direito* que temos hoje. Um *Estado de direito* feito de imposições e constrangidas assunções. É este o *Estado de direito urbi et orbi*. Falta é saber do alcance conceptual assumido e, bem assim, da autenticidade de tal assunção. Isso (mais do que qualquer inventário de referências normativas e discursivas sobre o *Estado de direito*) é que ditará a propriedade da suposta internacionalização ou universalização do *Estado de direito*.

Sabe-se que o Estado de direito mereceu consagração na maioria das Constituições do Leste e centro da Europa, derrubado que foi o *muro* que separava o mundo ocidental do comunista. Sabe-se, igualmente, que, na sua grande maioria, as Constituições africanas plasmaram, principalmente a partir dos anos 1990, o Estado de direito como um princípio essencial.

JACQUES-YVAN MORIN[571], no epílogo de um aturado recenseamento constitucional, em ordem a surpreender, em mais de centena e meia de textos, as várias manifestações do princípio do Estado de direito[572], concluíu pela presença, por

---

Em relação à afirmação produzida pelo Presidente NINO VIEIRA por ocasião do 10.° aniversário do *14 de Novembro* (em 1990), nos termos da qual "a liberalização económica" implicava a "abertura política, porque é na concorrência que se baseia o desenvolvimento", opina KARIBE MENDY: «Que o *status quo* já não era sustentável tornara-se agora mais do que evidente. No entanto, à diferença de alguns dirigentes africanos, o Presidente João Bernardo Vieira decidiu não remar contra a corrente, evitando, no processo, possíveis confrontos sangrentos».

570 Se a empresa-mãe falece, a filial definha-se. Os "donos do socialismo" deixaram cair o monopartidarismo; O político zambiano F. CHILUBA, perante este dado adquirido, questionou-se na altura: *quem somos nós africanos para continuar com o monopartidarismo*? [*vide* M. BRATTON/N. VAN DE WALLE, Towards Governance in Africa: Popular Demands and State Responses, *in* G. Hyden/M. Bratton (ed.), Governance and Politics in Africa, Boulder/London, Lynne Rienner Publishers, 1992, p. 35].

571 J.-Y. MORIN, L'Etat de Droit: Émergence d'un Principe du Droit International, *in* R. C. A. I., tome 254 (1995), p. 180 ss. Do mesmo autor e na mesma obra, ver p. 365-388, onde se estudam os princípios dimanantes de normas convencionais e da jurisprudência do Comité dos Direitos do Homem.

572 O mesmo autor, a páginas 389 e seguintes da obra citada, faz ressaltar, dos textos produzidos até meados dos anos 90 do século XX pelas Nações Unidas e relativos ao Estado de direito, os seguintes documentos:

«– Ensemble de règles minima pour le traitement des détenus (1955);

«– Projet de principes sur le droit en vertu duquel nul ne peut être arbitrairement arrêté ni détenu (1964)» – projecto que apesar de não ter merecido adopção integral, «inspirou o conjunto de princípios para a protecção de todas as pessoas submetidas a uma qualquer forma de detenção ou aprisionamento (1988);

«– Código de conduta para os responsáveis pela aplicação das leis (1979);

«– Garantias para a protecção das pessoas passíveis de pena de morte (1984, 1985);

«– Declaração dos princípios fundamentais de justiça relativos às vítimas da criminalidade e às vítimas de abuso do poder (1985);

exemplo, da "interdiction de l'arrestation ou de la détention arbitraire" em mais de 150 Constituições (de entre 175); do princípio da "indépendance du juge", em mais de 3/4 das Constituições consultadas; a "présomption d'innocence", em mais de 2/3 das Constituições; a "justiciabilité des droits fondamentaux"[573] e o *habeas corpus*, em mais de metade das Constituições.

Lucidamente, constata o autor que «as exigências mais concretas e constrangentes do Estado de direito não estão ainda cumpridas senão por um número muito restrito de Estados, para que se possa, fundando-nos nas suas normas internas mais elevadas, concluir pela existência de regras ou princípios de alcance universal, menos ainda de *jus cogens*».

«À excepção da independência dos juízes, princípio de que é, contudo, difícil avaliar a efectividade em numerosos países, o Estado de direito emerge *à peine* das Constituições». Mas a constitucionalização não chega para "instaurar" a "préeminence du droit"[574].

«– Princípios fundamentais relativos à independência da magistratura (1985), chamados "Princípios magistrados";

«– Conjunto de regras mínimas das Nações Unidas concernente à administração da justiça para menores (Regras de Pequim, 1985);

«– Conjunto de princípios para a protecção de todas as pessoas submetidas a uma qualquer forma de detenção ou de aprisionamento (1988);

«– Princípios relativos à prevenção eficaz das execuções extrajudiciais, arbitrárias e sumárias e aos meios da respectiva investigação (1989);

«– Princípios fundamentais relativos ao tratamento dos detidos (1990);

«– Princípios directores aplicáveis ao papel dos magistrados do Ministério Público (1990), chamados "Princípios Ministério Público";

«– Princípios de base relativos ao papel da advocacia (1990), chamados "Princípios advogado";

«– Projecto de declaração sobre a independência e imparcialidade do poder judicial, dos jurados e dos assessores e a independência dos advogados (relatório Singhvy, 1988);

«– Regras mínimas das Nações Unidas para a elaboração de medidas não privativas de liberdade (Regra de Tokyo, 1990);

«– Princípios para a potecção das pessoas atingidas por doenças mentais e para a melhoria dos cuidados de saúde mental (1991);

«– Declaração sobre a protecção de todas as pessoas contra os desaparecimentos forçados (1992);

«– *O direito a um processo justo: reconhecimento actual e medidas necessárias para reforçar este reconhecimento* (1994), relatório final e projecto de conjunto de princípios submetidos à Comissão dos direitos do homem pelos Srs. S. Chernichenko e W. Treat».

573 *Justiciabilité* que parece não conhecer fronteiras. Repare-se no projecto Tribunal Penal Internacional (corrija-se: salvo algumas fortificadas fronteiras, como os EUA). *Vide* B. GARZÓN REAL, A Corte Penal Internacional: Fim da Impunidade, *in* F. C. Gulbenkian (org.), Cidadania e Novos Poderes numa Sociedade Global (Conferência Internacional), Lisboa, F.C. Gulbenkian/ /Dom Quixote, 2000, p. 237-251.

574 J.-Y. MORIN, l'Etat..., cit., p. 183.

E questiona-se, tendo em mente o continente asiático (designadamente, China e Índia): «Como falar de universalidade a propósito de princípios que não se aplicariam a mais de metade da população mundial?»[575].

Para MORIN[576], «l'Etat de droit se situe dans l'ordre des moyens, alors que les droits et libertés appartiennent à l'ordre des fins». Os meios poderiam variar de acordo com cada cultura jurídica, sendo ainda eles *tributários* das *condições sócio-económicas*.

«O que é essencial e universal é a dignidade do homem, o seu direito à vida, a sua liberdade e a protecção destes atributos perante o poder».

2. Estado de Direito-Desenvolvimento: Equação Improvada

Uma relação muito frequente: *Estado de direito* e *desenvolvimento* económico. Qual deles é a causa ou o efeito do outro[577]?

É meu parecer que o *Estado de direito* não é causa, nem consequência do *desenvolvimento* económico.

Países vários da Ásia *engavetaram* a democracia e o *Estado de direito*, mas, depois, o próprio Norte não se coibiu de enaltecer o *milagre económico* daqueles.

---

575 J.-Y. MORIN, l'Etat..., cit., p. 325.

Sobre a temática, N. HORN, Einführung in die Rechtswissenschaft und Rechtsphilosophie, 2. Aufl., Heidelberg, Müller, 2001, p. 262-266.

576 J.-Y. MORIN, l'Etat..., cit., p. 460, 461.

577 W.W. ROSTOW, Les Étapes du Developpement Politique (trad. da obra "Politics and Stages of Growth" – London, 1971), Paris, Seuil, 1975, p. 385 ss. O autor sustenta a tese de que, sendo necessárias grandes reformas para que se possa atingir o desenvolvimento económico (ou o arranque nesse sentido), necessária se torna a afirmação de um poder forte (resvalando, caso seja preciso, para posturas autoritárias) em ordem a tomar e a fazer cumprir medidas que se imponham nesse período conturbado de criação de condições prévias ao desenvolvimento.

M. OLSON, Dictatorship, Democracy, and Development, *in* American Political Science Review, Vol. 87, 3, 1993, p. 567-576.

LARS RUDEBECK, Development and Democracy Notes Related to a Study of People's Power in Mozambique, *in* Colóquio INEP/CODESRIA/UNITAR, a Construção de Angola, Cabo Verde, Guiné-Bissau, Moçambique e S. Tomé e Príncipe, p. 351.

P. CHABAL, A Democracia em África: Que Perspectivas?, *in* C. Cardoso/J. Augel (coord.), Guiné-Bissau – Vinte Anos de Independência..., p. 325. Põe CHABAL em evidência a fragilidade e a pouca estabilidade da democracia. É que verificando-se «uma dissolução do consenso» ou um «descalabro na sua base económica, o próprio regime periga, podendo levar à sua queda (como na Alemanha dos anos 30)».

Por outro lado, não faltam países-bons-alunos da democracia e do *Estado de direito*, mas que não passam da cepa torta, *i.e.* do subdesenvolvimento.

Não se me afigura de despicienda monta o facto de, nas paragens africanas, as euforias democraticistas, de Estado de direito e de direitos humanos se arrefecerem, sistematicamente, logo que o fracasso económico vem à tona[578]. Tal constatação potencia a seguinte hipótese: o desenvolvimento económico (ou, ao menos, o não descalabro económico) é um microclima facilitador da afirmação do *Estado de direito*, democracia e direitos fundamentais[579].

Mais uma vez, o verdadeiramente relevante (fugindo a simplificações do género salientado) é isolar aspectos meritórios, *per se*, do *Estado de direito* e pugnar pela sua positivação e defesa. E mesmo que não constituam causa de desenvolvimento económico, constituirão, ao menos, factores de edificação de um Estado adequadamente estruturado e de uma vida humana digna.

---

578 Trazendo à colação a situação dos "pequenos dragões" da Ásia, ACHILE MBEMBE (Africa Sub-Sahariana Posta in Gioco di Fine Secolo, *in* Volontari e Terzo Mondo, n.° 1-2, 1981, p. 101) defende a necessidade de aumentar o valor geopolítico da África, por forma a beneficiar da ajuda financeira que os referidos "dragões" tiveram.

Por seu lado, KI-ZERBO vê na criação de alguns pólos regionais africanos fortes a condição do aumento do peso geopolítico do continente (Cercate l'Unità Africana e il Resto vi Sarà Dato in Sovrapiú, *in* Volontari e Terzo Mondo, n.° 1-2, 1981).

579 *Cfr.* L. DIAMOND, Introduction: Roots of Failure, Seeds of Hope..., cit., p. 24. Para DIAMOND, a estrutura e o carácter das forças armadas não podem ser identificados como «a primary independent cause of democratic failure in Africa». E continuou: «As I have argued in the case of Nigeria, the military has intervened to overthrow democratic regimes only when they have lost legitimacy because of poor performance economically and politically. In this sense, most such coups have been "reconstitutive" in that the officers have acted "out of a sense of social duty... with limited goals, intending merely to purify a contaminated political system, rather than to rule indefinitely"».

É meu parecer, contudo, que a santificação da acção militar no âmbito da *purificação* da democracia é uma via prenhe de perigos. O próprio autor concorda mais à frente que o problema é que «once the military intervenes in politics, its role conception begins to change. It becomes politicized, as it sees itself as the guarantor of political stability and national integrity or acquires an irresistible taste for the fruits of power».

Mais enfaticamente, «once the genie of military politicization is unloosed, it is very hard to put it back in the bottle».

Para cortar cerce o uso e abuso do mencionado expediente, o preferível, julgo (e é mesmo a História que fala), será não abrir a garrafa onde se encontra fechado o *génio*.

CAPÍTULO IV
A PROBLEMÁTICA ADOPTADA

"Böcke, zur Linken mit euch!" so ordnet künftig der Richter,
"Und ihr Schäfchen, ihr sollt ruhig zur Rechten mir stehn!"
Wohl! Doch eines ist noch von ihm zu hoffen; dann sagt er:
"Seid, Vernünftige, mir grad gegenüber gestellt!"»

(J.W. GOETHE)

1. **Demanda do Estado de Direito ou Demanda do Graal. A Problemática Ecológica ou Zero do Estado de Direito**

A demanda do *Estado de direito* é, a vários títulos, assemelhável à *demanda do Graal*: na verdade, quer o vaso, quer o *Estado de direito* são entidades místicas; entidades místicas que teriam existido e, a uma dada altura, desaparecido; são objectos que concitam a demanda de muita gente.

As dissemelhanças são, porém, de tomo: teria existido entre os cavaleiros da Távola Redonda um tal GALAAZ – o eleito de Deus que chegaria à capela incógnita, localizaria o sagrado vaso e o transportaria; o *Estado de direito* não teve essa sorte: não há GALAAZ que lhe valha; nem ele mesmo estaria em condições de ser encontrado uno (estilhaçado e pulverizado como estaria).

Lidar com o conceito de Estado de direito[580] é partilhar o espaço com uma entidade detentora de muitos nomes, conforme o lugar e o tempo a que se reportar – o que dificulta, por vezes, a rigorosa delimitação do conceito em apreço. DELF BUCHWALD[581] destacou a inevitável incompletude da *rule of law*. Este não é, segundo o autor, «a complete set of norms, and there is no way or method in sight by which to complete it»; e por duas razões: a primeira – «a maioria dos conceitos usados na formulação de normas particulares consiste em ser ambígua, vaga e aberta a mudanças da sua característica essencial no decurso do tempo» (é o exemplo de *justiça, igualdade, liberdade*);

Segunda – seria a consequência da *incompletude epistémica* dos princípios ("epistemic incompleteness of principles"). Vale isso por dizer, «Since these norms cannot be said to be fully or perfectly fulfilled at any given time, they allow of a vast variety of specifications, to be developed to suit particular legal disputes».

---

[580] *Vide*, H. PETERS, Geschichtliche Entwicklung und Grundfragen der Verfassung, Berlin/Heidelberg/New York, Springer-Verlag, 1969, p. 195-203, *passim*.

ROGÉRIO G.E. SOARES, Direito Público e Sociedade Técnica..., cit., p. 162-189.

C. EMERI, L'Etat de Droit dans les Systèmes Polyarchiques Européens, *in* Revue Française de Droit Constitutinnel, n.º 9, 1992, p. 27-41.

[581] D. BUCHWALD, The Rule of Law: A Complete and Consistent set of (legal) Norms?, *in* W. Krawietz/E. Pattaro/A. E.-S. Tay (ed.), "Rule of Law – Political and Legal Systems in Transition", "Rechtstheorie", Beiheft 17, Berlin, p. 155-160 (*maxime*, p. 159-160).

Seja como for, continua BUCHWALD, «a incompletude da *rule of law* não é para ser deplorada». «A *rule of law* não é certamente uma ideia de "tudo-ou--nada"» (*«an"all-or-nothing" idea»*).

Há uma analogia entre o *kuntangu* guineense e o *Estado de direito*. O *kuntangu* que tem muitos nomes, em muitos lugares: ora é *kuntangu*, ora arroz-água--e-sal, ora *ténis*. Mas não é por isso que *kuntangu* é de origem guineense ou algo que só à Guiné pertença. O prato pode ter distintos nomes, mas a *coisa* existe e é comida em vários lugares, independentemente dos nomes com que vai sendo crismada.

Portanto, a ideia de Estado de direito não é unipatrial, nem goza de uniformidade de perspectivação. Para além de tudo isso, assumo uma abordagem *laxista* e minimal do Estado de direito[582].

A questão da legitimação do direito tem sofrido, aqui e ali, algumas inflexões (conquanto não determinantes) direccionadas para a (sobre?)valorização do *modus decidendum*, em detrimento do *quid* da decisão. Assim, quando J. HABERMAS insiste na ideia da *acção comunicativa* e, nessa esfera, na ideia de *consenso* (um racional consenso assente em interesses universalizáveis), é uma teoria procedimentalista que dali emerge[583]: «(...) ao elaborar a teoria do agir comunica-

---

582 R. DAVID, Sources of Law, *in* International Encyclopedia of Comparative Law (vol. II – The Legal Systems of the World: Their Comparison and Unification, p. 98).

583 Assim, J. HABERMAS: O Discurso Filosófico da Modernidade, Lisboa, 1990, p. 9, 517; Teoría de la Acción Comunicativa, II, Madrid, 1992, p. 278;

De HABERMAS, outrossim, "Wie ist Legitimität durch Legalität möglich?", *in* Kritische Justiz, 1987, p. 1-16;

Droit et Démocratie..., cit., p. 67, 74-75, 80.

Tres Modelos Normativos de Democracia, *in* J. HABERMAS, La Inclusión del Otro – Estudios de Teoría Política, Barcelona/Buenos Aires/México, Paidós, p. 231-246 [«el poder de integración social que posee la solidaridad, que ya no cabe extraer sólo de las fuentes de la acción comunicativa, debería desplegarse a lo largo de los variados espacios públicos autónomos y los procedimientos institucionalizados de formación democrática de la opinión y de la voluntad común típicos del Estado de derecho» (p. 243); «Al concepto discursivo de la democracia le corresponde, por el contrario, la imagen de una sociedad descentralizada que, mediante la emergencia del espacio público, ciertamente se transmutó en una plataforma diferenciada para la percepción, identificación y deliberación de los problemas de la sociedad en su conjunto». Conclui que «El "sí mismo" (das "Selbst"), el sujeto de la comunidad jurídica que se organiza a sí mismo se esfuma en las formas comunicativas sin sujetos que regulan el flujo de la formación discursiva de la opinión y de la voluntad, de modo que sus resultados falibles tengan a su favor la presunción de racionalidad» (p. 245).

Vide, ainda, de HABERMAS, o seu *Droit et Démocratie*..., cit., p. 11: «A teoria da discussão é uma tentativa para reconstruir esta visão [que "encontra a sua expressão tanto pelo testemunho de uma consciência moral universalista quanto nas instituições liberais do Estado de direito democrá-

cional, eu escolhi uma outra via; substituo, com efeito, a razão prática por uma razão fundada na comunicação»[584]. Esta teoria consensual da verdade (a verdade como consenso) seria o enquadramento-base do modelo alternativo da discussão racional *sem constrangimento, livre de violência*[585] (alternativo ao modelo de repressão dos interesses assente na teoria dos conflitos – mas há espaço para a conjugação de ambos os modelos)[586]. Portanto, *consenso* como critério de verdade, como critério de justiça.

HABERMAS admite que a emergência da legitimidade a partir da legalidade não aparece como um paradoxo senão quando «se parte da premissa segundo a qual o sistema jurídico deve ser representado como um processo circular que reflui recursivamente em si mesmo e se autolegitima.

«O que contradiz a evidência: sem as iniciativas de uma população acostumada à liberdade, as instituições jurídicas da liberdade desintegram-se» (p. 149).

Por outras palavras, para que o paradoxo pudesse ser aqui reconhecido, impunha-se a validade da seguinte construção: «o sistema jurídico deve ser representado como um processo circular que reflui *recursivamente* em si mesmo e se autolegitima»;

Ora, a legitimidade funda-se na legalidade;

Logo, a «emergência da legitimidade a partir da legalidade» é um «paradoxo».

Quando N. LUHMANN enfatiza o mote da *legitimação pelo procedimento*, a sugestão não poderia ser mais explícita[587]. E seria através do *Rechtsstaat* que o carácter jurídico de uma Constituição se manifestaria[588].

---

tico"], de tal sorte que ela possa afirmar o seu autodomínio normativo face, simultaneamente, a reduções cientistas e a certas assimilações estéticas».

«Ao fim de um século que, como poucos outros, nos fez conhecer os tormentos da desrazão existente, nenhuma confiança numa razão essencialista sobreviveu.

«Por maioria de razão, uma modernidade que tomou consciência das suas contingências não pode passar de uma razão procedimental (...). A crítica da razão é usada pela razão, ela mesma».

584 J. HABERMAS, Droit et Démocratie..., cit., p. 17.

585 O discurso traduz-se, deste modo, numa comunicação em que os actores se submetem a si mesmos à «coacção não coactiva do melhor argumento», com o intuito de atingirem um acordo sobre a validade ou invalidade das pretensões problematizadas (sobre esta interpretação dos postulados habermasianos, *cfr.* THOMAS MCCARTHY, La Teoría Crítica de Jürgen Habermas, Madrid, Tecnos, 1987, p. 338).

586 J. HABERMAS, Raison et Légitimité. Problèmes de Légitimation dans le Capitalisme Avancé, Paris, Payot, 1978, p. 153.

Do mesmo autor, *vide*, ainda, Conocimiento e Interés, Madrid, Taurus, 1982, p. 284.

587 NIKLAS LUHMANN, Legitimação pelo Procedimento, Brasília, 1980, p. 26 ss.

Vide, ainda, de HABERMAS, o seu "Droit et Démocratie".

K. LARENZ, Metodologia da Ciência do Direito, 3.ª ed., Lisboa, F.C. Gulbenkian, 1997, p. 274 ss. LARENZ acha que LUHMANN «confunde o significado por que opta com o normativo, quando

O paradigma autopoiético entrou de rompante no pensamento jurídico. As reticências postas por F. VARELA[589] quanto à adequação do conceito de *autopoiesis* ao mundo dos fenómenos sociais foram por alguns autores afastadas. Se, laborando na área da biologia, F. VARELA afirma tal inadequação da *autopoiesis*[590] aos

escreve que a "legitimação pelo procedimento" ocupou o lugar "das antigas fundamentações jusnaturalistas" e que é legítimo "compensar a perda do Direito natural com o Direito processual"». Argui LARENZ que o Direito natural «foi uma resposta à questão relativa à pretensão de validade do Direito positivo ou uma justificação directa de determinadas exigências de conduta a partir da "natureza humana" ou da "razão"». O que aqui estaria em exame seria, pois, a «legitimação em sentido normativo» – não aquela perspectivada por LUHMANN (numa incidência sociológica).

588 Uma luminosa observação de LUHMANN pode-se encontrar em GOMES CANOTILHO, Constituição Dirigente e Vinculação do Legislador – Contributo para a Compreensão das Normas Constitucionais Programáticas, Coimbra, Coimbra Editora, 1982, p. 104-110;

FERNANDO J. BRONZE, A Metodomologia Entre a Semelhança e a Diferença (Reflexão Problematizante dos Pólos da Radical Matriz Analógica do Discurso Jurídico), Stvdia Ivridica 3 – Boletim da Faculdade de Direito da Universidade de Coimbra, Coimbra, Coimbra Editora, 1994, p. 271 ss. FERNANDO BRONZE focaliza a sua atenção na *exotropia* do «sistema da juridicidade» (inserida numa relação de *input-output* com a realidade), em desprimor de uma «radical "auto-reprodução em circuito fechado"» (*autopoietische Selbstreproduktion*) do mesmo.

589 F. VARELA, Principles of Biological Autonomy, New York, 1979, p. 54 ss.

590 O sistema autopoiético é por H. MATURANA/F. VARELA (Autopoiesis and Cognition, Boston/Dordrecht, 1980, p. 75 ss.) encarado enquanto *máquina* organizada como uma rede de processos para produção de componentes que, através de interacções e transformações contínuas, regenera sem parar a rede de processos para produção de componentes, conferindo uma unidade espacial à máquina. E vai-se dando, assim, a autogeração de componentes do sistema.

Uma boa definição ou caracterização de sistema *autopoiético* encontramo-la em G. TEUBNER, Intoduction to Autopoietic Law, *in* Gunther Teubner (ed.), Autopoietic Law: A New Approach to Law and Society, Berlin/New York, Walter de Gruyter, 1988, p. 3 ss.

ALF ROSS, On Law and Justice, London, 1958, p. 80 e seguinte.

M. GALVÃO TELES, A Competência da Competência do Tribunal Constitucional, *in* Legitimidade e Legitimação da Justiça Constitucional (Colóquio no 10.° Aniversário do Tribunal Constitucional – Lisboa, 28 e 29 de Maio de 1993), Coimbra, Coimbra Editora, 1995, p. 120 ss. Liga M. GALVÃO TELES a questão da *kompetenz-Kompetenz* do Tribunal Constitucional a um *momento reflexivo*, uma vez que «a proposição que afirma a competência da competência de um tribunal é autoreferente (parcialmente autoreferente)». O que conduziria a que tal proposição envolvesse «uma série infinita». Mais concretamente: «Seja a norma: o tribunal A tem competência para julgar se é competente para julgar se é competente para julgar os casos que lhe sejam submetidos. Na totalidade da sua extensão, tal norma significará, relativamente, por exemplo, a um caso X, que o tribunal A é competente para julgar se é competente para julgar o caso X; que o tribunal A é competente para julgar se é competente para julgar se é competente para julgar o caso X; e assim por diante».

Não muito aplaudentes, a respeito da abordagem autoreferencial ou autopoiética, são NIKOLAUS DIMMEL e ALFRED J. NOLL, Autopoiesis und Selbstreferentialität als "postmoderne Rechtsstheorie" – Die neue reine Rechtsslehre", *in* Demokratie und Recht, 1988, Heft 1, p. 379-400. Ser-

sistemas sociais (já que o apropriado aqui seria o conceito de "autonomia" – estar-se-ia perante uma ligação circular entre os processos organizacionais tradutora de uma auto-organização), autores há como N. LUHMANN[591] que afirmam a dimensão verdadeiramente autopoiética do sistema legal[592]. *Antes da lei e depois da lei, só a lei*, parece ser a divisa. Assim, «os subsistemas funcionais da sociedade são sempre sistemas autoreferenciais». «Essi presuppongono e riproducono se stessi; costituiscono le loro componenti partendo dalle loro stesse componenti, e tale chiusura "autopoietica" *è la loro unità*»[593]. Para LUHMANN,

---

viria toda essa fraseologia apenas como construções teóricas para a justificação das políticas neoliberais, nas vertentes económica, política e social.

[591] N. LUHMANN, L'Autoriproduzione del Diritto e i Suoi Limiti (trad. de A. Febbrajo do original "The Self-Reproduction of Law and its Limits", *in* G. Teubner, "Dilemmas of Law in the Welfare State", Berlin/New York, 1986), *in* Politica del Diritto, 1, Marzo 1987, p. 41-60.

G. TEUBNER, Evolution of Autopoietic Law, *in* Gunther Teubner (ed.), Autopoietic Law: A New Approach to Law and Society, Berlin/New York, Walter de Gruyter, 1988, p. 217-241.

G. TEUBNER, Die Episteme des Rechts, *in* D. Grimm (Hg.), Wachsensde Staatsaufgaben – sinkende Steuerungsfähigkeit des Rechts, Baden-Baden, Nomos, 1990, p. 126. Um dos temas fulcrais das reflexões de TEUBNER entronca no seu conceito de *racionalidade reflexiva* – algo que seria de preferir à racionalidade formal e à substantiva que fizeram carreira no Direito público. Estamos, de facto, ante um aparelho cognoscitivo de índole horizontal e interactiva que funciona nos seguintes termos: um *policy process* implica uma série de redes sociais, devendo estas (cada uma delas) levar em consideração, nos seus processos decisórios, os *custos difusos externos* da acção por elas encetadas. A nova atitude ecologista inscrever-se-ia neste modelo de racionalidade reflexiva.

[592] F. OST, Between Order and Disorder: the Game of Law, *in* Gunther Teubner (ed.), Autopoietic Law: A New Approach to Law and Society, Berlin/New York, Walter de Gruyter, 1988, p. 71, 77 ss. Este autor acredita que HANS KELSEN é um «pensador da autonomia, se não mesmo da autopoiesis, do sistema legal, bem antes da formulação bio-cibernética deste conceito»: «Longe de nós imaginar que Kelsen antecipou as actuais teorias biológicas e a sua transposição para o campo do Direito, o que ele indubitavelmente condenaria como "sincretismo de métodos". Contentar-nos-emos em manter que a concepção sistemática legal de Kelsen é, em vários pontos, muito chegada à visão hoje desenvolvida por via da autopoiesis».

Sobre o tema, ver o resumo de C. BLANCO DE MORAIS, As Leis Reforçadas: As Leis Reforçadas pelo Procedimento no Âmbito dos Critérios Estruturantes das Relações entre Actos Legislativos, Coimbra, Coimbra Editora, 1998, p. 180-182, 1004-1005.

[593] N. LUHMANN, L'Autoriproduzione del Diritto..., cit., p. 43, 44. O autor posiciona-se, na mesma página, pela aplicabilidade ao sistema jurídico dessa concepção teórica geral.

Ainda, N. LUHMANN, Closure and Openness: On reality in the World of Law, *in* Gunther Teubner (ed.), Autopoietic Law: A New Approach to Law and Society, Berlin/New York, Walter de Gruyter, 1988, p. 334-348: «The thesis of self-referentially closed systems thus leads to a dilemma. On the one hand, it underlines the scarcely deniable fact that no system is capable of carrying out operations in the system's environment».

«On the other hand, the rate of which structures of complex systems are built up requires the assumption of a non-random, structured environment that confines the system. A theory of

o sistema jurídico «é um *sistema normativamente fechado*», mas é, simultaneamente, um «*sistema cognitivamente aberto*». Na esteira de determinados enquadramentos da teoria dos sistemas, considera LUHMANN que a *abertura* e o *fechamento* não são termos contraditórios, antes «condições recíprocas»: «L'apertura di un sistema si basa sulla sua chiusura autoreferenziale, e la chiusura della riproduzione "autopoietica" si riferisce all'ambiente (parafraseando a conceptualização fornecida por ASHBY[594], a propósito da cibernética – para quem os sistemas cibernéticos seriam sistemas "abertos à energia, mas fechados à informação e ao controlo" –, «o sistema jurídico é aberto a informações cognitivas, mas fechado a controlos normativos»). Adianta, finalmente, que o «fechamento requer relações *simétricas* entre as componentes do sistema de modo que cada elemento sustente o outro e vice-versa. A *abertura cognitiva, por outro lado,* requer relações *assimétricas* entre o sistema e o seu ambiente»[595].

Seguindo por caminhos ligeiramente diferentes, F. OST elege um outro paradigma – o do jogo: «Tal parece-nos ter a vantagem de reter muitas das ideias da teoria autopoiética (autonomia do jogo, regulação interna, *etc.*)», ao passo que balanceando-os através da tomada em consideração do jogador, cujas estratégias, se bem que, obviamente, não puramente subjectivas e casuais, não podem por tudo isso ser reduzidas à implementação de um preestabelecido programa»[596].

---

knowledge based on the theory of self-referential systems must be capable of resolving this dilemma and satisfying both requirements» (p. 338).

A linha é, segundo se lê na página 346 do trabalho citado, a seguinte: «As for autopoiesis in general, it can also be said about autonomy that it either exists or does not. It cannot be realized a little bit. Neither can there be relative autopoiesis – and if so, compared with what?».

Interrogando-se sobre se a *autopoiesis* seria «um novo paradigma da teoria dos sistemas», *vide* D. ZOLO, Complessità e Democrazia: Per una Ricostruzione della Teoria Democratica, Torino, G. Giappichelli Editore, 1987, p. 279-336.

594 W.R. ASHBY, Principles of the Self-Organizing System, *in* H.M. Von Foerster/G.W. Zopf (eds.), Principles of Self-Organization, New York, Pergamon Press, 1962.

595 N. LUHMANN, L'Autoriproduzione del Diritto..., cit., p. 45.

Sobre o conceito de *sistema* e, em particular, a teoria sociológica como análise sistémica (com expressão no mundo do direito), *vide* ALFRED BÜLLESBACH, Princípios de teoria dos sistemas, *in* Kaufmann, A./Hassemer, W. (org.), Introdução à Filosofia..., cit., p. 409 ss.

Atesta o autor que os princípios sistémicos usados na análise dos sistemas sociais (bem como dos jurídicos) assumem os seguintes aspectos:

Teoria sistémica geral (*General Systems Theory*); teoria sistémica cibernética; Modelo *input-output* do sistema político; teoria sistémica funcional-estrutural e estrutural-funcional (T. Parsons; N. Luhmann); teoria de regulamentação cibernética do direito; teorias sistémicas de autocontrolo/auto-regulação (*autopoiesis*).

596 F. OST, Between Order and Disorder..., cit., p. 71, 83-94. Concretizando: «É este espaço intermédio entre a objectividade de um auto-regulado sistema e a subjectividade da acção dos joga-

Contra a inclinação formalista[597] (e na senda da renovada tradição que se seguiu à histórica sonegação de uma certa valência do Estado de direito pelo nazismo – tudo em prol da axiológica substancialização do Estado de direito, tudo pela socialidade do Estado de direito), grande parte do pensamento jurídico se tem posicionado[598]. O ponto seria refutar a fundamentação sociologista ou redutoramente positivista do poder e encontrar, nas dimensões mais ou menos transcendentes, as bases da afirmação deste[599].

---

dores – o espaço do jogo, o *locus* da transformação do projecto em sistema e o sistema em história, a mudança de desordem para ordem e de ordem para desordem – isso parece-nos ser simultaneamente constitutivo do social e capaz de ser melhor iluminado pelo modelo do jogo do que aquele da autopoiesis».

Por outras palavras, na linha de FEBBRAJO (Leggitimazione e Teoria dei Sistemi, *in* Sociologia del Diritto, 1984, 1, p. 32 (e a páginas 84), a vantagem do conceito de *jogo* sobre o de *autopoiesis* residiria na circunstância de aquele deixar aberta «a possibilidade de uma pluralidade de interpretações dos fenómenos sociais (de acordo com as quais a atribuição de significados é feita quer pelos jogadores, quer pelo árbitro, quer pelo público e tudo o mais), o que reduz particularmente o risco de nivelamento de todo o jogo das instituições sociais (políticas, legais ou económicas) no plano de uma singular racionalidade».

597 *Vide*, por exemplo, como um dos defensores do conceito formal de *Rechtsstaat,* R. THOMA (Rechtsstaatsidee und Verwaltungsrechtswissenschaft, in JöR, 1910, p. 196 ss.).

598 Sobre este problema da teoria do Estado de direito, *vide* J. CHEVALLIER, L'Etat de Droit..., cit., p. 11.

K. STERN, Das Staatsrecht der Bundesrepublik Deutschland, Band I (2. Aufl.)..., cit., p. 772 ss.

H.A. WOLFF, Das Verhältnis von Rechtsstaatsprinzip und Demokratieprinzip..., cit., p. 76-79.

F. SCHNEIDER, Die politische Komponente der Rechtsstaatsidee, *in* PVS, Bd. 9 (1968), p. 348.

K. SOBOTA, Das Prinzip Rechtsstaat..., cit., p. 457-461, 527-531.

Em jeito de sumária arqueologia do conceito de Estado de direito, *vide* P.L. VERDÚ, La Lucha..., cit., p. 135 ss. (elenca a tradição anglo-francesa das *Declarações de Direitos*, a dogmática germânica e italiana do Direito público e a jurisprudência gaulesa do Conselho de Estado). Para VERDÚ (*op. cit.*, p. 94), o Estado de direito, já nos anos 70 do século passado, deixara de ser «formal, neutral e individualista, para se transformar em Estado material de direito, enquanto adopta uma dogmática e pretende a justiça social».

599 J. BACELAR GOUVEIA, O Estado de Excepção no Direito Constitucional – Entre a Eficiência e a Normatividade das Estruturas de Defesa Extraordinária da Constituição, Coimbra, Almedina, 1998, p. 1477 ss.: «A justeza do Direito não pode ser dada pelo critério do poder, nem pode ser conferida pelo critério da sociedade: *a justeza do Direito só pode ser dada pela existência de um conjunto de princípios e valores que não são intrínsecos ao poder positivo ou ao poder social e que se lhes impõem, reunindo-se em torno da ideia da dignidade da pessoa humana*».

PAULO OTERO, Legalidade e Administração Pública: O Sentido da Vinculação Administrativa à Juridicidade, Coimbra, Almedina, 2003, p. 22 ss., 67, 209, 563 ss., 257-258 [onde, de uma forma cortante, o autor se posiciona neste sentido: «O mito da validade da Constituição ser independente do conteúdo axiológico dos seus preceitos, assentando na ideia kelseniana de que "todo e qualquer conteúdo pode ser Direito" e conduzindo a um "vazio jurídico", confere ao poder um primado sem limites, isto pela "renúncia a pensar a dimensão de 'justiça'", e contém o material genético de um

Se se concordar com E.-W. BÖCKENFÖRDE, está-se em presença de um dos "Schleusenbegriffen", quando se estiver em face do *Estado de direito*. Um conceito-represa refractário a uma definitiva definição[600].

O risco, aparentemente generalizado, de *preceitualização* de um (mero) conceito, que é o *Estado de direito* situa-se na linha do que já critiquei algures no interior deste trabalho: o sobrecarregamento conceptual, que levará ao esgotamento das potencialidades do próprio conceito[601]. Tudo isso num universo timbrado pela dinâmica do *jogo*[602], interpretado pelos *artistas* de acordo com certas regras estabelecidas, mas sem o aniquilamento de alguma criatividade estratégica e operacional. Nesta base, a *forma* pode, afinal, esconder a *verdade* – que poderá ser revelada na tal dinâmica de *jogo*, pela confrontação entre perguntas e respostas, acção e reacção.

Importa aqui trazer ao debate a relação nutrida entre a valência procedimental e a substancial do poder constituinte: bastará ao poder constituinte a

---

totalitarismo enquadrado no âmbito de um Estado de Direito formal ou, talvez mais propriamente, num "Estado contra-o-direito"». A inconstitucionalidade de normas constitucionais encontraria nesta dimensão um terreno fértil: «O "rochedo da ideia de Direito"» (expressão de KARL ENGISCH) «sintetizado na centralidade dos valores decorrentes da dignidade da pessoa humana concreta e viva, afirma-se como um limite intransponível ao decisor constituinte ou constituído»].

600 E.-W. BÖCKENFÖRDE, Entstehung und Wandel des Rechtsstaatsbegriffs, *in* Recht, Staat, Freiheit…, cit., p. 143: «Es gehört zu jenen von Wortsinn her vagen und nicht ausdeutbaren Schleusenbegriffen, die sich "objektiv" aus sich heraus, niemals abschließend definieren lassen, vielmehr offen sind für das Einströmen sich wandelnder staats- und verfassungstheoretischer Vorstellungen und damit auch für verschiedenartige Konkretisierungen, ohne sich dabei indessen inhaltlich völlig zu verändern, d. h. Ihre Kontinuität zu verlieren, und zu einer bloßen Leerformel herabzusinken». Traz o autor (p. 151) ao de cima o "carácter programático" do conceito de Estado de direito.

601 Não deve ser esta a linha doutrinária do Professor JORGE MIRANDA, no que concerne à problemática do Estado de direito, mas a imagem foi pelo constitucionalista esboçada quando, em geral, sustentou que «não devem ser levadas demasiado longe as decorrências dos conceitos – transformando-os em preceitos» (assim, J. MIRANDA, Manual de Direito Constitucional, tomo IV – Direitos Fundamentais –, 2.ª ed., Coimbra, 1993, p. 70).

602 A propósito da teoria do jogo, *cfr.* J. J. GOMES CANOTILHO, Direito Constitucional, 5.ª ed., Coimbra, 1991, p. 51 ss.;

A.-J. ARNAUD, Essai d'Analise Structurale du Code Civil Français. La Régle du Jeux dans la Paix Bourgeoise, Paris, 1973, p. 18 ss.;

M. DUVERGER, Xeque-Mate: Análise Comparativa dos Sistemas Políticos Semi-presidenciais, Lisboa, Rolim, 1978;

F. OST, Between Order and Disorder: the Game of Law, *in* Gunther Teubner (ed.), Autopoietic Law: A New Approach to Law and Society, Berlin/New York, Walter de Gruyter, 1988, p. 70-96.

prossecução de um *iter* juridicamente correcto? Ou bastará que a Constituição produzida seja uma Constituição *boa*?

A resposta afirmativa e exclusivística à primeira indagação leva a que se anule a importância do conteúdo da Constituição produzida, do ponto de vista da sua legitimação.

A resposta afirmativa e exclusivística à indagação segunda acarreta a anulação da importância do procedimento constituinte. Nesta óptica, desde que a Constituição seja *boa*, o procedimento a ela conducente é de somenos ou nula importância. A Constituição (*boa*) foi *ditada* por um Presidente ditador e imposta unilateralmente ao país? Que importa? A Constituição é, em si, virtuosa!

Parece óbvia, nesta abordagem, a importância do procedimento. A dialéctica da racional discussão[603] implicada por um procedimento onde os actores pensam, exprimem o que pensam, argumentam e contra-argumentam para, no epílogo, produzirem uma Constituição à luz da qual os órgãos e actores a jusante se regerão (procedimental e substancialmente).

Uma exploração coerente do hemisfério luhmanniano levaria à conclusão segundo a qual aquela Constituição *ditada* pelo ditador (fora de qualquer procedimento inclusivo) careceria de legitimação. Teríamos, na óptica da teoria sociológica dos sistemas, a suficiência das regras procedimentais para a legitimação da decisão. Aqui, o direito não se ligaria à justiça, assim como a justiça não se ligaria à verdade.

Vejamos o problema pelo filtro da limitabilidade do poder constituinte. Este encontra-se, em certa medida, limitado por condicionantes de ordem antropológica, sociológica[604], económica e cultural. Os constituintes não flutuam num vácuo social. Quer intencionalmente, quer não, acabam eles por respeitar, em maior ou menor medida, alguns parâmetros reais da vida comunitária. Há, com

---

603 Modelo destacado por J. HABERMAS, Droit et Démocratie: Entre Faits et Normes (trad. do alemão "Faktizität und Geltung. Beiträge zur Diskurstheorie des Rechts und des Demokratischen Rechtsstaats", 1992)..., cit.

604 N. LUHMANN [Stato di Diritto e Sistema Sociale (trad. de F. Spalla da Politische Planung), Napoli, Guida Editori, 1978, p. 40 ss.] observa que o «reconhecimento das condições sociais gerais do Estado de direito resulta particularmente difícil para a dogmática jurídica». Já que, na verdade, «o seu conceito de Estado de direito coloca em primeira linha a garantia da observância da norma jurídica».

Em torno de uma indagação sobre a *dogmática jurídica*, *vide* N. LUHMANN, Sistema Giuridico e Dogmatica Giuridica (Tradução de A. Febrajo de Rechtssystem und Rechtsdogmatik), Bologna, Il Mulino, 1978, p. 43 ss.

efeito, determinadas linhas de base que marcam a forma de ser e de estar dos seres humanos daquela comunidade à qual se dirigem os constituintes. Aquela plataforma antropológico-cultural consensual está presente nas cabeças dos constituintes, condicionando-as.

O ir contra a corrente não implica, porém, qualquer antijuridicidade ou anticonstitucionalidade. Pode acarretar, isso sim (mas tal não é forçoso), inefectividade normacional. Mas isso são outras contas.

Outro delicado problema é o da necessidade ou não de um *conceito geral de Estado de direito*. O Professor PHILIP KUNIG, da *Freie Universität Berlin*, posicionou-se desde, pelo menos, 1985 (ano da sustentação da sua *Habilitationsschrift* na Faculdade de Direito da Universidade de Hamburg – tese publicada em 1986), no sentido da superfluidade (*Überflüssigkeit*) de um conceito geral de *Rechtsstaat*[605], linha que não tem merecido muitos aplausos na doutrina.

Mas o juspublicista alemão admite que, se, no seu país, tal *Überflüssigkeit* é defensável, solução contrária, talvez, deva existir noutros países, noutras ordens constitucionais[606]. Tudo teria a ver com o grau de detalhe com que as diversas *componentes* do conceito fossem normativamente disciplinadas. E porque na ordem jurídica alemã (desde logo, a nível constitucional) a *Rechtsstaatlichkeit* se encontra normativamente esmiuçada, seria supérfluo recorrer-se a um *allgemeines Rechtsstaatsprinzip*, a um princípio tão abrangente como o do *Rechtsstaat*, *gerador de Untertopoi*[607].

---

[605] Assim, PHILIP KUNIG, Das Rechtsstaatsprinzip…, cit., p. 80, 464 («Der Rückgriff auf ein allgemeines Rechtsstaatsprinzip überflüssig wird»); p. 465, 468 («Wo kein allgemeines Rechtsstaatsprinzip in Geltung ist, kann auch über dessen angeblichen exzeptionell "hohen Rang" nicht mehr gesprochen werden», 469 (com interesse, ainda, p. 187 ss., 299, 472). Na mesma linha, *vide*, também, do mesmo autor, o artigo intitulado "Rechtsstaat", *in* Encyclopedia…, cit.

Num registo oposto, *vide* K. SOBOTA, Das Prinzip Rechtsstaat…, cit., p. 527. À pergunta se se deve desistir do *Rechtsstaatsprinzip*, responde SOBOTA no sentido negativo, alinhando, entre outros, os seguintes argumentos: *O Rechtsstaatsprinzip é um elemento suporte na arquitectura da Lei Fundamental. Quem o afasta desta construção, tende a desestabilizá-la. Várias afirmações elementares que concernem ao Rechtsstaat como tal não estão constitucionalmente positivadas.* Atente-se ainda na tentativa ensaiada nas páginas 19 a 21 de dissecar, do ponto de vista gramatical, a expressão *Rechtsstaat*.

[606] Patenteou-se tal asserção, nomeadamente, numa conversa tida comigo em Agosto de 2001, na cátedra do Professor, na F.U.B..

[607] PHILIP KUNIG, Das Rechtsstaatsprinzip…, cit., p. 256-258. A análise do autor obedece à bipartição *'Rechtsstaat' as a type* e *'Rechtsstaat' as a principle*: «While "Rechtsstaat" as a type covers all states, "Rechtsstaat" as a principle of constitutional law is confined to a particular state within whose constitutional law this principle may operate. "Rechtsstaat" as a principle is a legal

A minha problemática situa-se num registo mais acerado. Tenho para mim que não só é adiáfora uma cláusula geral de Estado de direito, como é ela mesma fonte de uma espiralagem infinda de problemas, cada vez mais complexos e insolúveis. Mais: a espiral é infecunda; daí que eu tenha optado por um paradigma *zero* do Estado de direito, qualificador de, praticamente, todos os Estados como Estados de direito[608]. Se a submissão do Estado a condicionantes jurídicas é o

---

norm» [*vide* o artigo de KUNIG "Rechtsstaat", *item* 2, *in* Encyclopedia of the Social and Behavioural Sciences].

A minha colocação, contudo, não aparta significativamente os momentos *tipológico* e *principial* – isto porque, duma forma ou de outra, não passariam, coerentemente, de duas faces de uma moeda única.

Quanto à situação na Europa do Leste, na despedida do segundo milénio (ressaltando o valor normativo do *Rechtsstaatsprinzip*, quanto mais não seja para suprir um eventual *"vacuum legis"*), *cfr.* D. LENTZ, Das Rechtsstaatsprinzip in der Verfassungsrechtsprechung mittel- und osteuropäischer Staaten..., cit., p. 84.

Sobre o tema, na *praxis* dos tribunais constitucionais da Europa do Leste do período referido, *cfr.* R. GROTE, Das Rechtsstaatsprinzip in der mittel- und Osteuropäischen Verfassungsgerichtspraxis, *in* J.A. FROWEIN/T. MARAUHN (Hrsg.), Grundfragen der Verfassungsgerichtsbarkeit in Mittel- und Osteuropa, Berlin *et al.*, Springer, 1998, p. 3 ss.

608 Numa direcção oposta, *cfr.* K. SOBOTA, Das Prinzip Rechtsstaat..., cit., p. 399 («Nicht jeder Staat ist Rechtsstaat»), p. 461-471, 472-517.

Foi para mim interessante meditar sobre as páginas do artigo de LUC HEUSCHLING divulgado na *Net* "Etat de Droit, Rechtsstaat, Rule of Law – Quelques Réflexions sur les Mots et les Choses"..., cit. (antecedendo a edição do livro com título semelhante: État de Droit Rechtsstaat Rule of Law, Paris, Dalloz, 2002), conquanto não me reveja nas várias construções ali exaradas. Equaciona o autor uma divisão do conceito de *Etat de droit* em duas direcções fundamentais, subdividindo uma delas, a outro tempo, em duas vias. Trata-se do conceito descritivo e do conceito normativo do *Etat de droit*. O último deles é dividido em *conceito normativo material* e *conceito normativo formal*. Ouçamos, sem mais detença, LUC HEUSCHLING.

«De um ponto de vista lógico, distingue-se primeiramente entre um conceito descritivo e um conceito normativo. O conceito *normativo* do direito, do Estado ou do Estado de direito refere-se a uma concepção ideal ou jusnaturalista do objecto tal como deveria ser. Ele exprime, portanto, um dever ser ou um *standard* em relação a uma realidade existente. É neste sentido que o utilizam os autores da Escola do Direito natural, do *Vernunftrecht,* como Hobbes, Rousseau, Montesquieu, Kant, *etc*. O adjectivo *normativo* nada tem pois a ver com o normativismo de Hans Kelsen que se qualifica ele mesmo de positivista "puro". Quanto ao conceito descritivo do direito, do Estado ou do Estado de direito, tal não faz mais que descrever ou reflectir a situação tal qual ela é, sem julgá-la, criticá-la ou, ainda, legitimá-la. O mais ilustre exemplo de uma tal conceptualização é evidentemente a obra de Hans Kelsen».

«A isso se ajunta uma última subdivisão no seio do conceito normativo que pode tomar duas acepções, formal ou material, as duas podendo ser combinadas. Fala-se, assim, de um conceito normativo *material*, quando o ideal assim esboçado vise essencialmente o fundo ou o conteúdo do direito. É considerado, então, como um *Estado de direito*, ou um *Estado* no sentido pleno do termo, o regime que respeite certos critérios de equidade e de justiça substancial, tal como, por exemplo, os direitos do homem. O conceito normativo formal, quanto a ele, exprime, face ao direito tal como

ponto de partida do *Estado de direito*, então temos de voltar ao *ponto de partida*, para que o *Estado de direito* possa afirmar-se sem sobrecargas teleológico-atributivas esmagantes para o próprio Estado de direito. Regressemos, portanto, ao

---

é, uma reivindicação incidindo sobre a forma, os seus procedimentos ou a sua ordem institucional. É o que legitima um discurso segundo o qual o *Estado de direito* supõe a existência, em primeiro lugar, dum parlamento eleito – como preconizam os liberais face ao absolutismo real – depois, de um controlo jurisdicional do mais desenvolvido, seja em relação à Administração, ao legislador e, mesmo, ao poder constituinte… A conotação normativa – ou ideológica, se se quiser – deste último conceito não é sempre bem compreendida, sendo o aspecto formal frequentemente confundido com o positivismo. Ora, o formalismo não deve ser confundido com o positivismo visto que existe um formalismo idealista ou normativo.

«Em resumo, vêem-se assim emergir no curso da história três tipos de conceitos (e não dois, como se tem tendência para dizer, distinguindo simplesmente o conceito material – *i.e.* jusnaturalista – do conceito formal – *i.e.* juspositivo): (1) um conceito *normativo*, *formal* e *material* – que alguns apelidam, outrossim, "integral" – (2) um conceito *normativo exclusivamente formal* e, enfim (3), um conceito descritivo».

Reconhece E.-W. BÖCKENFÖRDE (Entstehung und Wandel des Rechtsstaatsbegriffs…, cit., p. 164-169) que a consagração do conceito material de *Rechtsstaat* deveu-se à «rejeição do positivismo jurídico que se estabeleceu desde o fim da República de Weimar para se estender para lá das fronteiras da Alemanha». A experiência de desprezo pelo direito vivida no nacional-socialismo terá sublinhado essa tendência. O poder do Estado encontrar-se-ia vinculado a certos *princípios ou valores jurídicos supremos*. Citando: «Hinter der Vielfalt verschiedener Formulierungen erscheint der materielle Rechtsstaatsbegriff dadurch gekennzeichnet, daß die staatliche Gewalt vorab an bestimmte oberste Rechtsgrundsätze oder Rechtswerte gebunden erachtet und der Schwerpunkt staatlicher Tätigkeit nicht primär in der Gewährleistung formaler Freiheitsverbürgungen, sondern in der Herstellung eines materiell gerechten Rechtszustandes gesehen wird». Se isto é assim (se a preocupação é ancorar o Estado de direito a um fundo axiológico), se tal noção material encontra tamanha audiência, considera, porém, BÖCKENFÖRDE que às vezes se desconhece ou subestima o próprio significado e o alcance material das garantias jurídicas formais e dos procedimentos bem ordenados («… die materiale Eigenbedeutung formaler rechtlicher Garantien und geordneter Verfahren»).

Num tocante elogio ao jusnaturalismo, *vide*, A.M. HESPANHA, Prática Social, Ideologia e Direito nos Séculos XVII a XIX, Separata de "Vértice" n.° 340, 341, 342, Coimbra, 1972, p. 32. Tratar-se-ia de um direito «único, certo, claro, universal». «Tal direito só podia provir duma fonte tão perene e necessária como a "natureza". Mas tal fonte, sendo perene e necessária, é também uma fonte dócil, capaz de produzir à medida dos desejos. Por isso é que o "direito natural" – *das ewige Naturrecht*, como já lhe chamaram – reaparece constantemente no curso da história dos ideais sociais, sempre remoçado e correspondente aos anseios dos homens. Talvez ele não seja "natural", talvez nem seja "direito", mas é com certeza um outro nome da esperança e da fé humanas numa comunidade mais justa».

Tocante, simplesmente maravilhoso… mas a minha problemática é mais telúrica.

Ainda, PAULO FERREIRA DA CUNHA (Introdução à Teoria do Direito, Porto, Rés, s/d., p. 43 ss.), postulando que entre as duas posições (jusnaturalismo e positivismo), há «pontos de contacto»;

«há um legado híbrido a ter em conta, sempre: não pode haver bom jurista sem uma mínima base técnica e científica, sem o conhecimento básico do Direito tal como ele é (…); e também não

Estado de direito, enquanto reino da norma[609]. Há que despoluir o *Estado de direito*, há que adoptar uma problemática ecológica (não já no sentido, por muitos hoje defendido, de autêntica engorda, com mais uma componente – a conformação do Estado a valores ecológicos, de «desenvolvimento sustentável» –, do *Estado de direito*). Nesta senda, será, por exemplo, de afastar do corpo do *Estado de direito* a *democracia*[610].

Ainda que, por hipótese, fosse forjado um total consenso acerca dos *elementos* integradores do *Estado de direito*, nem por isso se mostraria este necessário[611].

---

pode o jurista, ou quem quer que com o Direito lide, confinar-se ao estrito articulado dos textos legais, sem uma dimensão de Justiça (ainda que assim se lhe não chame, e ela seja designada por *ratio legis* – razão da lei – ou algo semelhante) – e eis um importante contributo do jusnaturalismo».

FERREIRA DA CUNHA defende um jusnaturalismo "eclético", onde se conjugam factores como direito positivo, *direito natural histórico-social* e *direito natural absoluto* (imutável).

Sobre a inconstitucionalidade de normas constitucionais: «Se um positivista colocará no topo da pirâmide normativa, como norma fundamental, a Lei (provavelmente a Constituição, lei das leis), um jusnaturalista pode dar o primado aos princípios fundamentais de Direito ou (mais difícilmente) ao costume, e mesmo que se decida pelo primado da Constituição, poderá ver acima da Constituição escrita normas supra-constitucionais, no fundo uma Ordem de Valores (*Wertordnung*), ou seja, uma estruturada articulação de princípios fundamentais hierarquizados. Daí que se possa falar, com propriedade, de normas constitucionais inconstitucionais: isto é, normas da Constituição escrita atentatórias dos princípios (jusnaturais) da Constituição suprapositiva».

De PAULO FERREIRA DA CUNHA, também, O Século de Antígona, Coimbra, Almedina, 2003, p. 228 – em defesa (jusnaturalista) da ideia de inconstitucionalidade de normas constitucionais: «*lex iniusta non est lex*» – «ou, o que é o mesmo, será uma lei injusta».

Em 1995, patenteara já o autor (de forma, porventura, mais radical) a sua orientação fundamental. Veja-se, a propósito, o seu "Para uma História Constitucional do Direito Português", Coimbra, Almedina, 1995, p. 425: O Direito hodierno «vagueia à deriva, perigosamente, entre Cila e Caríbdis».

«Este vai-vém é signo da encruzilhada do Direito no presente: ir a pique na sua total descaracterização, ou reencontrar-se como coisa divina que é, ou pelo menos, como coisa sagrada, das mais sagradas coisas dos Homens (*humanarum et divinarum rerum notitia*)».

609 Ecoando a velha polémica que animou PLATÃO e ARISTÓTELES sobre o governo dos homens ou das leis, *vide* W. LEISNER, L'Etat de Droit: une Contradiction?, Paris, Cujas, 1977, p. 66: «A essência do Estado de Direito é o normativismo. Não é o Governo dos homens, é o reino das normas. Depois do inferno do poder arbitrário e o purgatório do Governo controlado, a existência pura da regra de direito significa o paraíso jurídico».

610 CARL SCHMITT já havia preconizado a existência de distintos Estados de direito, em função, nomeadamente, das concepções políticas em presença.

Sobre a relação entre o princípio de Estado de direito e o princípio democrático, *vide* K. SOBOTA, Das Prinzip Rechtsstaat..., cit., p. 444-451.

611 Em sentido diverso, parece, propugnando até um *Estado de direito (democrático)* com elementos como a «primazia dos direitos decorrentes da dignidade da pessoa humana», «regime político democrático», «princípio da constitucionalidade», «princípio da legalidade *lato sensu* da

A solução deve passar por uma desconstrução do conceito, a ponto de trazer à tona (constitucionalizando-os) os vectores que fertilizam o dogma do *Estado de direito* – desde que, *per se*, se mostrem viáveis. A fórmula *Estado de direito,* na sua simplicidade, tem, ao longo da sua história, patenteado uma certa funcionalidade pedagógica. Mas não foi inteiramente coroada de louros nesta empresa. Desta sorte, em vez de nos desgastarmos numa luta de utilidade duvidosa pela apropriação do conceito de *Estado de direito* por esta ou aquela perspectiva, seria mais profícuo que as várias dimensões de uma vida individual e social feliz fossem (através da ferramenta da *discussão/consenso*, com travo habermasiano) iluminadas e içadas à agenda pessoal e colectiva.

Quando L. LEGAZ Y LACAMBRA[612] escreve que «no es el echo de la limitación extrínseca del Estado por el Derecho lo que constituye a aquél como Estado de Derecho, sino el hecho de que la juridicidad que le es consubstancial, para servir a una concepción personalista, se extiende a cierto ámbito y se institucionaliza según ciertos contenidos que le confieren una fisionomía histórica concreta», toda a problemática ali presente suscita-me a seguinte reflexão: a que «ámbito» e a que «contenidos» se refere? Uma das dificuldades dessa tese está aí. Responder a tais perguntas implica a eternização de visões diferentes, oferecendo sempre o flanco a críticas de cada facção que não se mire nessas delimitações. Talvez servisse para a contenda sócio-política como estandarte de uma certa mundividência, mas talvez seja preferível desfraldar os vários estandartes que integram essa mundividência, inscrevê-los na agenda e lutar por eles, por cada um deles e por todos eles.

2. **Estado de Direito: Definições**

Liga-se o Estado de direito a uma linhagem de institucionalização do poder público. Isso mesmo vincou G. BURDEAU[613], ao estabelecer que «a realização do

Administração Pública» e «princípio da reserva de juiz independente», *cfr.* M. REBELO DE SOUSA/J. DE MELO ALEXANDRINO, Constituição..., cit., p. 53-56.

612 L. LEGAZ Y LACAMBRA, El Estado de Derecho..., cit., p. 85, 98.

Vide, também, G. BELUSSI, Stato di Diritto e Stato di Giustizia nella Prospettiva di una Filosofia dell'esistenza, *in* Rivista Internazionale di Filosofia del Diritto (Gennaio-Aprile 1964), p. 163: «tra Stato di giustizia e Stato legalità è (...) una contrapposizione assoluta»; entre um e outro conceito «non si dà relazione ma divorzio, non si dà passagio dialettico ma salto qualitativo».

613 G. BURDEAU, L'Institutionalisation du Pouvoir..., cit., p. 38 ss.

Ainda, JORGE MIRANDA, Manual de Direito Constitucional, tomo III, 3.ª ed., Coimbra, 1996, p. 157-159.

N. SALDANHA, Estado de Direito e Ordem Política..., cit., p. 474, 475.

Estado de direito (...) não pode ser obtida a não ser pela institucionalização do poder» (p. 38). Poder que, adianta BURDEAU, é uma "força e uma ideia". No quadro dessa institucionalização, «todo o poder dos governantes não é, no fundo, senão a exteriorização da energia contida na ideia de direito» – a conformação ou não a esta ideia determinaria a legitimidade ou não, a validade ou não dos actos praticados: «Il n'y a plus, de leur part, que prétention vaine ou manifestation de force. S'il s'agissait d'un agent administratif, pareil agissement serait qualifié de voie de fait. S'agissant des gouvernants il y a détournement de la fonction politique. La sanction en est la résistance à l'oppression, voire, dans les cas extrêmes, la révolution» (p. 40-41).

Partamos daqui para um *flash* sobre algumas tentativas de definição ou caracterização do *Estado de direito* colhidas na doutrina alemã[614].

Na 1.ª edição da obra "Das Staatsrecht der Bundesrepublik Deutschland", K. STERN[615], avança com uma proposta de definição do regime de Estado de direito assente nos pilares da liberdade, justiça e segurança jurídica [«Rechtsstaatlichkeit bedeutet Ausübung staatlicher Macht auf der Grundlage von Verfassungsmäßig erlassenen Gesetzen mit dem Ziel der Gewährleistung von Freiheit, Gerechtigkeit und Rechtssicherheit»].

Na edição de 1984 da mesma obra, o autor efectua a seguinte recomposição: «Rechtsstaatlichkeit bedeutet, daß die Ausübung staatlicher Macht nur auf der Grundlage der Verfassung und von formell und materiell verfassungsmäßig erlassenen Gesetzen mit dem Ziel der Gewährleistung von Menschenwürde, Freiheit, Gerechtigkeit und Rechtssicherheit zulässig ist»[616].

---

614 *Cfr.*, entre outros, BÄUMLIN/RIDDER, Art. 20 Abs. 1-3 III (GG), *in* AK-GG, Bd. 1, 1984.

H. DREIER, Der Rechstsstaat im Spannungsverhältnis zwischen Gesetz und Recht, *in* JZ, 1985, p. 353 ss. D. GRIMM, Reformalisierung des Rechtsstaats als Demokratiepostulat?, *in* JuS, 1980, Heft 10, p. 704-709.

K. HESSE, Grundzüge des Verfassungsrechts der Bundesrepublik Deutschland, 20. Aufl., Heidelberg, Müller, 1995.

JÖRN IPSEN, Staatsrecht I – Staatsorganisationsrecht, 15. Aufl., München/Unterschleißheim, Luchterhand, 2003, p. 205 ss.

615 K. STERN, Das Staatsrecht der Bundesrepublik Deutschland, Band I, Grundbegriffe und Grundlagen des Staatsrechts, Strukturprinzipien der Verfassung, 1. Auflage, München, 1977, p. 615 seg.

616 K. STERN, Das Staatsrecht der Bundesrepublik Deutschland, Band I, Grundbegriffe und Grundlagen des Staatsrechts, Strukturprinzipien der Verfassung, 2. Auflage, München, 1984, p. 781. O autor desenvolve mais à frente o seu princípio de *Rechtsstaat,* englobando os seguintes elementos: "Verfassungsstaatlichkeit"; "Rechtsgebundenheit"; "Gewaltenteilung"; "Gewaltenkontrolle"; "Übermaßverbot"; "Freiheitlichkeit"; "Rechtsgleichheit"; "Gerichtsschutz"; "Entschädigungssystems".

Qual será o importe das novas injunções[617]? Para além da insuflação de mais um elemento (*"Menschenwürde"*) no rol do menu da *Rechtsstaatlichkeit*, repare-se nas expressões *"formell"* e *"materiell"*, bem como na determinação traduzida pelo advérbio *"nur"* – afastando qualquer nesga de indefinição ou dúvida, quanto à necessidade de se fundar o exercício do poder do Estado naquelas dimensões previstas pelo autor.

U. SCHEUNER[618], por sua vez, acentua as dimensões da protecção da liberdade pessoal e política do cidadão, bem como da vinculação do exercício do poder público ao direito e à moderação.

Quanto a K.A. SCHACHTSCHNEIDER[619], exemplifica o autor, como partes do princípio de Estado de direito: o princípio da justiça, o princípio da liberdade, o princípio da igualdade, o princípio da proporcionalidade[620], o princípio social, a separação dos poderes, o princípio da constitucionalidade, o princípio da legalidade, o da conformação ao Direito, o princípio da protecção jurídica, o princípio da certeza, a segurança jurídica material, a protecção da confiança, o princípio da indemnização, a proibição da desnaturalização.

Para K.O. KOPP[621], o princípio do *Rechtsstaat* garante, mediante vinculação do executivo à lei e ao direito, não só a legalidade formal da Administração, mas também a liberdade do cidadão, a verdade material e a justiça da acção administrativa, a juridicidade e eficácia da execução das leis, a proporcionalidade de fim e meio, a segurança jurídica, a determinabilidade das medidas estatais, a eficácia da protecção jurídica do cidadão.

K.-H. SCHWAB e P. GOTTHOLD[622] avançam na seguinte direcção: o *Rechtsstaat* seria um Estado constitucional em que as normas fundamentais regulam o exer-

---

617 "daß die"; "nur"; "der Verfassung und"; "formell und materiell"; "menschenwürde"; "zulässig ist".

618 U. SCHEUNER, Die Neuere Entwicklung des Rechtsstaats in Deutschland…, cit.

619 K.A. SCAHTSCHNEIDER, Das Rechtsstaatsprinzip des Grundgesetzes, *in* JA, 1978, p. 185 ss.

620 Para uma aproximação a um conceito como a *Fairneß*, ver J. BERKEMANN, Fairneß als Rechtsprinzip – Eine Vorlesung, *in* Juristische Rundschau, 1989, Heft 6, p. 221-228.

621 K.O. KOPP, Verfassungsrecht und Verwaltungsverfahrensrecht. Eine Untersuchung über die verfassungsrechtlichen Voraussetzungen des Verwaltungsverfahrens in der Bundesrepublik und die Bedeutung der Grundentscheidungen der Verfassung für die Feststellung, Auslegung und Anwendung des Geltenden Verwaltungsverfahrensrechts, München, 1971, p. 54.

622 K.-H. SCHWAB/P. GOTTHOLD, Verfassung und Zivilprozeß, 1984, p. 5. Mais exactamente: «Ein Rechtsstaat ist nach heutiger Vorstellung ein Verfassungsstaat, in dem grundlegende Normen die Ausübung der staatlichen Macht regeln, und er ist ein Rechtsschutzstaat, in dem die Befolgung der Gesetze durch den Bürger und die staatlichen Organe gleichermaßen gesichert wird».

cício do poder do Estado; seria também um Estado de protecção jurídica em que o cumprimento da lei pelo cidadão e pelos órgãos do Estado será assegurado.

THEODOR MAUNZ e REINHOLD ZIPPELIUS[623] distinguem o "Gesetzesstaat" do "Gerechtigkeitsstaat". Algures entre o primeiro (o Estado de direito formal) e o segundo (o Estado de direito material), descobrem-se, enquanto *princípios do Rechtsstaat*: os *direitos fundamentais;* o *controlo judicial da acção do Estado*; a *vinculação constitucional*; a *vinculação à lei e ao Direito*; a *mensurabilidade,* a *previsibilidade* e a *determinabilidade da acção do executivo*; a *proibição do excesso*; o *princípio da proporcionalidade*; a *divisão e a separação de poderes.*

RUDOLF WEBER-FAS[624] cataloga, como dimensões do *Rechtsstaat*, os seguintes domínios: a justiça material; a garantia da protecção jurídica; a divisão de poderes; a legalidade do executivo; a segurança jurídica; a clareza da lei; a protecção da confiança; a proibição do efeito retroactivo; a proporcionalidade e a proibição do excesso; a proibição de leis ineptas.

K. DOEHRING[625] afirma que «in einem abstrakten Sinne könnte man jeden Staat, dessen Gemeinschaftsleben durch positives Recht geregelt ist, als "Rechtsstaat" bezeichen"».

INGO VON MÜNCH[626] observa, por seu turno, que a concepção actual de *Rechtsstaat* abraça tanto o seu conceito formal como o material. Por isso, *Rechtsstaat* é um Estado em que as manifestações de força do Estado estão vinculadas à lei e em que se destaca a ideia da justiça.

---

623 THEODOR MAUNZ/REINHOLD ZIPPELIUS, Deutsches Staatsrecht, 25. Aufl., München, 1984, § 12 II 2, § 12 III 1 a 6.

624 RUDOLF WEBER-FAS, Das Grundgesetz. Einführung in das Verfassungsrecht der Bundesrepublik Deutschland, 1983, p. 70 ss.

625 K. DOEHRING, Staatsrecht der Bundesrepublik Deutschland unter besonderer Berücksichtung der Rechtsvergleichung und des Völkerrechts, 3. Aufl., Frankfurt a.M., 1984, p. 231: traduzindo, num sentido abstracto, pode-se designar por *Rechtsstaat* todo o Estado cuja vida comunitária é regulada através do Direito positivo.

626 INGO VON MÜNCH, Staatsrecht, Band 1, 6. Neubearbeitete Aufl., Stuttgart/Berlin/Köln, Kohlhammer, 2000, p. 136 ss.: «Rechtsstaat ist (...) ein Staat, in welchem die staatlichen Machtäußerrungen anhand von Gesetzen messbar sind und der auf die Idee der Gerechtigkeit bezogen ist».

Não muito longe, situa-se GERMANO BELLUSSI [Stato di Diritto e Stato di Giustizia nella Prospettiva di una Filosofia dell'esistenza, *in* Rivista Internazionale di Filosofia del Diritto (Gennaio--Aprile 1964), p. 164], que vê o *Stato di diritto* como «quello Stato che non si appaga di una giustificazione storica, fattuale, della propria presenza nella storia, ma ricerca invece una sua giustificazione nell'adeguamento ad un metro di giustizia trascendentalmente intesa».

As amostras vertidas, designadamente, no § 6 do Capítulo I desta Parte I, bem como na Parte IV, reflectem um problema transversal ao estudo da estadualidade de direito: frenesim de desencontros. Estes são, de facto, tantos e tão recorrentes, que se torna imperioso colocar sobre a mesa a hipótese da sua (im)pertinência.

A linha de rumo por que se norteia o presente trabalho é a de uma sistemática desvalorização do macroconceito *Estado de direito* – que cederia o seu lugar a uma operação de "garimpo", em ordem a serem peneiradas e aproveitadas apenas as pedras verdadeiramente preciosas e com prestança.

Vários ensaios de definição e caracterização do *Estado de direito* foram plasmados nas páginas desta obra. Com efeito, fixaram-se os clássicos da doutrina germânica e, bem assim, os contributos mais recentes desse quadrante; as doutrinas portuguesa, espanhola e italiana, entre outras, mereceram (antes e depois destas páginas) o adequado enfoque.

Mas como definir uma dimensão tão fluída[627]? O percurso gnoseológico concluído no presente trabalho abre a seguinte janela de conceptualização do *Estado de direito*: Uma comunidade política cuja organização e acção se conformam ao direito posto.

---

[627] Fazendo alusão a três perspectivas de suporte do *Etat de droit* ("Droit contre l'Etat"; "Droit sans l'Etat"; *Réhabilitation de l'Etat* "par l'adoption d'une démarche historique"), *cfr.* J. CHEVALLIER, L'État…, cit., p. 120-123.

Por seu turno, LÉO HAMON [L'Etat de Droit et son Essence, *in* Revue Française de Droit Constitutionnel, n.° 4, 1990, p. 712] encontra a «assise» do «Etat de droit moderne» no «processus juridictionnel, permettant d'adapter les normes aux situations particulières (…)». Acentua que o *Etat de droit* realizar-se-á «par "la poursuite d'un équilibre" dans le respect du pluralisme et des procédures».

G. DIETZE, Staatsrecht und Rechtsstaat, *in* Klaus von Beyme (Hg.), Theory and Politics (Theorie und Politik) – Festschrift zum 70. Geburtstag für Carl Joachim Friedrich, Haag, Martinus Nijhoff, 1971, p. 526-554.

PARTE II

PONTO DA SITUAÇÃO DO DEBATE EM TORNO DO ESTADO DE DIREITO E RESPECTIVA CONFIGURAÇÃO NORMATIVO-JURISPRUDENCIAL

CAPÍTULO I

PONTO DA SITUAÇÃO NO DEBATE SOBRE O PRINCÍPIO DE ESTADO DE DIREITO

1. Legítima Defesa Preventiva da Democracia: Pena Capital Contra a Demo-Kratia

O Professor PAULO OTERO[628] capta, nos três fenómenos da contemporaneidade a seguir enunciados, a horizontalização do fenómeno totalitário, contaminando este a própria sociedade (já não só o Estado: totalitarismo vertical) e a sua democracia (daí falar o autor em Democracia Totalitária[629]):

«Um elemento revelador da impregnação totalitária da democracia consiste na divinização do princípio maioritário que, elevado a critério de verdade, pode subverter a ordem material de valores da democracia e transformar "democraticamente" o Estado em tirano».

Um outro elemento é a «degeneração do progresso técnico-científico». Como exemplos do referido fenómeno, teríamos: «a progressiva implementação de um modelo Orwelliano de sociedade de vigilância total»; «a centralidade da sociedade da informação e do inerente império das redes de comunicação» (*op. cit.* p. 8, 279-280).

Um outro elemento é o "Estado de partidos" – a crescente partidarização do Estado (a *sovietização da democracia*): a sua *colonização* por grupos de interesses; o carácter fictício da representação política parlamentar.

Constata o Professor OTERO (p. 281) que «os mecanismos internos de blindagem antitotalitária da democracia (...) suscitam fortes dúvidas sobre a sua própria legitimidade democrática» e que «os mecanismos internacionais (...) são precários, dependendo sempre mais dos interesses das potências mais fortes do que de qualquer juízo jurídico de oportunidade».

---

628 PAULO OTERO, A Democracia Totalitária – Do Estado Totalitário à Sociedade Totalitária. A Influência do Totalitarismo na Democracia do Século XXI, Cascais, Principia, 2001, p. 8, 278 ss.

629 Sobre a *democracia totalitária*, J.B. TALMON, Les Origines de la Démocratie (trad. do The Origins of Totalitarian Democracy), Paris, Calmann-Lévy, 1966 – autor a quem já se atribuiu o lançamento da mencionada expressão.

Equacionando a relação entre a democracia e o totalitarismo, R. ARON, Démocratie et Totalitarisme, Paris, Éd. Gallimard, 1965.

Mas tudo isso não constitui barreira significativa que impeça o autor de sustentar a seguinte tese: «A defesa antitotalitária da democracia, envolvendo a proibição do abuso da própria Constituição, isto em termos de se encontrar sempre vedada a utilização da democracia para destruir a própria democracia, justifica a existência de mecanismos repressivos de blindagem antitotalitária da democracia e legítima defesa da Constituição: o Direito Penal Político mostra-se ilustrativo deste mesmo propósito».

Assaltam-me terríveis dúvidas quando reflicto sobre os *mecanismos repressivos de blindagem antitotalitária da democracia* e, já agora, do *Estado de direito*. Quais mecanismos? Como evitar o aniquilamento lógico da própria democracia pela bem-intencionada *defesa antitotalitária da democracia*? Como sanear a dúvida que invade muita gente de boa fé a respeito da definição, alcance e seriedade do princípio democrático? Como evitar que, perante a suspeita de que um potencial vencedor do jogo democrático possa vir a proceder antidemocraticamente, se desregule, sempre, o relógio da democracia, atrasando-o para as zero horas – até se ter a garantia de que o provável vencedor pautar-se-ia depois segundo os parâmetros da democracia?

Recuperemos o exemplo[630], a todos os títulos iluminante, da Argélia e da Frente Islâmica de Salvação (FIS)[631]. A FIS não chegou ao poder porque o poder

---

[630] Na jurisprudência alemã, alguma expressão o assunto encontra em 2 BVerfGE 1 (1952), sobre a petição feita pelo Governo federal e endereçada ao Tribunal no sentido de ser declarado inconstitucional um partido de tendência neo-nazi (o Partido Socialista do *Reich*), com fundamento na acusação de que pretenderia tal partido prejudicar a *ordem democrática e liberal* e no Art. 21 Abs 2 GG (que determina: são inconstitucionais os partidos que, pelos seus fins ou pelo comportamento dos seus membros, atentem contra a ordem constitucional liberal e democrática (quer no sentido da sua mutação, quer no da colocação em perigo da existência da República Federal da Alemanha). O tribunal competente é, neste caso, o Tribunal Constitucional Federal.

Para além do SRP, o Partido Comunista Alemão (KPD) viu-se também dissolvido, em 1956 (tendo decaído, em Julho de 1957, no recurso que interpôs junto à Comissão Europeia dos Direitos do Homem, que, confirmando a decisão do *Bundesverfassungsgericht*, fundar-se-ia no art. 17 da dita Convenção, sobre a tutela de "direitos e liberdades"), por ordem do *Bundesverfassungsgericht*, no fluxo patrocinado pelo artigo 21/2 GG.

Se outras vítimas foram poupadas, talvez fosse para não exacerbar a relevância dessas vítimas (*cfr.*, não exactamente neste sentido, K. VON BEYME, La Protección del Ordenamiento Constitucional y del Sistema Democratico en la Republica Federal de Alemania, *in* Revista de Estudios Políticos, n.° 35, 1983, p. 76 ss.).

Pode-se ver uma recensão da jurisprudência do *Bundesverfassungsgericht* sobre a dita *ordem constitucional democrática e liberal* (que vai servindo de respaldo para a restrição de uma série de direitos fundamentais ou afirmação de certas directrizes – Art. 9 Abs. 2; 10 Abs 2 S. 2; 11 Abs 2; 18; 21 Abs 2; 73 Nr. 10 b; 87 a Abs 4 S. 1) em C. GUSY, Die "freiheitliche demokratische Grun-

lhe *cortou as vazas*, à força. Porque, alegadamente, ela não era genuinamente democrática (partidária da democracia), para o caso de ocupar o poder. E interrompeu-se, abruptamente, o idílio de um processo democrático inclusivo, a favor de um processo *democrático* selectivo – e selectivo com base na fidelidade ou não (quem determina e como se determina o grau de fidelidade?) ao espírito democrático. A doutrina *BUSH* da legítima defesa preventiva afinal não é assim

---

dordnung" in der Rechtsprechung des Bundesverfassungsgerichts, *in* AöR 1980, Heft 2 (105. Band), p. 279-310.

Pertinentes são as seguintes disposições da Lei Fundamental de Bonn: Art. 9 Abs. 2 [São proibidas as associações cujas finalidades ou actividade contrariem as leis penais ou as que se dirijam contra a ordem constitucional ou contra as ideias da conciliação nacional];

Art. 18 [Quem abusar da liberdade de expressão das opiniões, sobretudo da liberdade de imprensa (Art. 5 Abs. 1), da liberdade de ensino (Art. 5 Abs. 3), da liberdade de reunião (Art. 8), da liberdade de associação (Art. 9), do sigilo das correspondências, das comunicações postais e das telecomunicações (Art. 10), da propriedade (Art. 14) ou do direito de asilo (Art. 16a), para combater a ordem liberal e democrática, perde esses direitos fundamentais. A perda e a sua extensão são pronunciadas pelo Tribunal Constitucional Federal];

Art. 21 Abs. 2 [Os partidos que, pelos seus objectivos ou pelo comportamento dos seus membros, tendam a atentar contra a ordem constitucional liberal e democrática ou prejudicar ou pôr em perigo a existência da República Federal da Alemanha são inconstitucionais. Sobre a questão da inconstitucionalidade, decide o Tribunal Constitucional Federal];

Art. 33 Abs. 4 [O gozo dos direitos civis e cívicos, o acesso ao emprego público, assim como os direitos adquiridos na função pública são independentes da confissão religiosa. Ninguém deve sofrer prejuízo pela sua adesão ou não adesão a uma confissão religiosa ou concepção do mundo].

Sobre a polémica proibição do Partido Comunista Alemão, *cfr.* W. ABENDROTH, Sociedad Antagónica y Democracía Política: Ensayos sobre Sociología Política..., cit. [é aqui citado o estudo «La Prohibición del Partido Comunista de Alemania (KPD) por el Tribunal Constitucional Federal», p. 293-323].

Tudo cautelas que, diz-se, a terem sido usadas, liquidaria no ovo qualquer ascensão juridicamente limpa de um HITLER (investido pelo *Reichstag*), de um MUSSOLINI (investido pela Câmara dos Deputados) ou VICHY, que assentou o seu poder, nomeadamente, na Lei Constitucional de 10.7.1840, diploma *formalmente* inatacável.

Vide M. DUVERGER, Le Système Politique Français – Droit Constitutionnel et Système Politiques, 20e éd., Vendôme, PUF, 1990, p. 425-426. O conteúdo do *Etat de droit* é pelo autor fornecido nas páginas 425 a 428.

Do outro lado do Atlântico, o furor *McCartista* carimbou com o seu ferrete determinadas franjas sociais, usando-se todos os expedientes para restringir direitos fundamentais e políticos, assim como perseguir indivíduos ou instituições, sempre que conotadas com as ideologias *comunistas*.

Ver, também, M. OLAZABAL CABRAL, Democracia e Partidos Políticos Anti-democráticos, *in* Revista do Ministério Público n.° 59, 1994, p. 65-117.

631 Centrando-se na delicada relação entre o islão e a democracia, *vide* A. HARTMANN, Islam und Islamismus contra Demokratie?, *in* B.-O. Bryde/H. Dubiel/C. Leggewie (Hg.), Triumph und Krise der Demokratie – Gießener Diskurse, Gießen, Ferber'schen Universitätsbuchhandlung Gießen, 1995, p. 153-191.

tão nova[632]... a democracia previne-se excluindo do seu jogo os que, hipoteticamente, poderão violar as suas regras amanhã, se assumirem as rédeas do jogo. Ora, isto é um dos pontos que distinguem a democracia do *resto*. Ou o povo pode determinar se quer ou não quer a democracia, ou esta democracia não é democrática. Estamos em presença de um risco conatural à democracia.

A propósito da abordagem de C. CASTORIADIS[633] da *sociedade autónoma*, sintetiza F. OST[634], de forma certeira, a doutrina propugnada por aquele autor, nos seguintes termos[635]: «For Castoriadis, in fact, the autonomous society is the one that frees itself from a heteronomous relationship to its institutions and shows itself capable of rejecting its own system of established meanings». Nesta ordem de ideias, vão-se buscar à Grécia antiga e à Idade Moderna europeia indicadores de sociedades *autónomas* que se *auto-instituíram* («by altering their acquired systems of interpretation, they take the risk of looking for norms and forms of organization that no *a priori* programme determines»). A dimensão ontológica surpreendível nessa atitude *auto-instituinte* ilustra a irrupção de uma *forma* que a si mesma se altera como *forma*: «This form is, of course, that of democracy, the only mode of government that takes the risk of self-destruction – have we not seen, instead, that autopoietic systems strengthened their "closure" with the intention of escaping entropy?»[636].

O *risco de auto-destruição*... A legítima defesa preventiva da democracia decretada por uma parte (não poucas vezes, ínfima) do *demos* é a pena capital sentenciada contra a *demo-kratia* – por mais virtuosos que sejam os fundamentos. A democracia antidemocrática não é democracia.

Se em termos de guerrilha política, a *streitbare Demokratie* (tão veementemente sustentada por um KARL LOEWENSTEIN[637]) tem sustentabilidade lógica,

---

[632] Já se sabe que tal orientação foi esboçada (mas logo condenada pela ONU) no bombardeamento israelita, em 1981, de um complexo nuclear iraquiano.

[633] C. CASTORIADIS, La Logique des Magmas et la Question de l'Autonomie, *in* P. Dumouchel/ /J. P. Dupuy (eds.), L'Auto-organisation. De la Physique au Politique, Paris, Seuil, 1983, p. 421 ss.

[634] F. OST, Between Order and Disorder: the Game of Law, *in* Gunther Teubner (ed.), Autopoietic Law: A New Approach to Law and Society, Berlin/New York, Walter de Gruyter, 1988, p. 82-83.

[635] Deixa, porém, bem clara a sua distanciação relativamente à visão de CASTORIADIS, neste particular, preferindo FRANÇOIS OST o *game model*.

[636] F. OST, Between Order and Disorder..., cit., p. 83.

[637] K. LOEWENSTEIN, Contrôle Législatif de l'Extremisme Politique dans les Démocraties Européenes (Trad. Albertine Jèze), Paris, LGDJ, 1939. O esforço de LOEWENSTEIN, com destino à criação de barreiras preventivas e curativas contra desvios anti-democráticos, é notável. Está-se, aqui, em face de um verdadeiro compêndio de *streitbare Demokratie*. Qualifica de *naifs* os defen-

dificilmente se poderá dizer o mesmo quando o assunto é analisado de um ponto de vista estritamente jurídico ou filosófico. A *democracia guerreira* vale o que vale (e é muito, para quem queira fazer valer alguns valores que animam a democracia), mas abre campo à defensabilidade de métodos pouco *democráticos* por parte dos opositores dessa mesma democracia; a *democracia militante* abre espaço para a admissibilidade de outras *militâncias* diferentes e contrachocantes; dá cobertura, contra a orientação dos *guerreiros da democracia*, a todas as legítimas defesas, preventivas ou sucessivas, desencadeáveis pelos anti-democratas.

Nessa directriz de tutela forte da democracia (*a não tolerância dos intolerantes, em nome da própria tolerância*), podemos ainda situar KARL POPPER[638].

O problema da *toleration of the intolerant* foi estudado por JOHN RAWLS[639], podendo destacar-se na obra citada a seguinte linha de orientação:

«A justiça não exige que os homens passivamente assistam, enquanto outros destroem a base da sua existência»[640];

«As liberdades aos intolerantes podem persuadi-los a acreditarem na liberdade»[641];

«ainda que uma seita intolerante apareça, desde que não seja inicialmente tão forte que possa impor imediatamente a sua vontade, ou que não cresça tão rapidamente que o referido princípio psicológico[642] não tenha tempo para se afir-

---

sores da liberdade de opinião política que possibilitaram a subida de HITLER ao poder (p. 25); postula a supressão de partidos e associações subversivos (p. 22 ss.); aqui entra a legislação contra os uniformes partidários (isto teria a ver com barreiras contra a militarização dos partidos); contra o porte e uso de armas; contra a propaganda exagerada; contra as *falsas notícias*; sobre as restrições de direitos como os de expressão, de imprensa, de reunião; contra o apelo à revolta nas forças armadas; contra a deslealdade dos funcionários públicos; contra a infiltração de propaganda política estrangeira; a favor de uma eficiente polícia política, *etc*.

Um interessante exercício no âmbito da jurisprudência do Tribunal Europeu do Direitos do Homem, pode ser lido em S. EIFFLER, Die "wehrhafte Demokratie" in der Rechtsprechung des Europäischen Gerichtshofs für Menschenrechte, *in* Kritische Justiz, Heft 2, 2003, p. 218-225.

638 K. POPPER, Em Busca de um Mundo Melhor, Lisboa, Editorial Fragmentos, 1989, p. 221 ss.

639 J. RAWLS, A Theory of Justice, Cambridge/Massachusetts, The Belknap Press of Harvard University, 1971, p. 216-221. A análise incidiu, directamente, sobre a tolerância religiosa, mas (a intenção foi mesmo assumida pelo autor na página 217) a argumentação é extensível a outras questões.

640 «Justice does not require that men must stand idly by while others destroy the basis of their existence».

641 «The liberties of the intolerant may persuade them to a belief in freedom». E, acrescenta, tudo porque «aqueles cujas liberdades são protegidas por uma Constituição justa e dela beneficiam, ir-se-ão, com o tempo e caso se mantenham as circunstâncias, tornando fiéis a ela».

642 Princípio descrito na nota imediatamente anterior à presente.

mar, ela tenderá a abandonar a sua intolerância e a aceitar a liberdade de consciência»;

mas se a seita intolerante for inicialmente tão forte ou crescer tão depressa que as forças da liberdade não a possam converter à liberdade, a situação torna-se dilemática, escapando-se a sua resolução à abordagem puramente filosófica – dependerá, pois, das "circunstâncias" saber se, sob uma "Constituição justa", a "liberdade do intolerante" pode ser restringida, para "preservar a liberdade"[643];

«A conclusão, pois, é a de que embora uma seita intolerante não tenha por si só legitimidade para protestar contra a intolerância, a sua liberdade deve ser restringida apenas quando os tolerantes acreditem, sincera e justificadamente, que a sua própria segurança e a das instituições da liberdade estão em perigo»[644].

---

643 «Of course, the intolerant sect may be so strong initially or growing so fast that the forces making for stability cannot convert it to liberty. This situation presents a practical dilemma which philosophy alone cannot resolve. Whether the liberty of the intolerant should be limited to preserve freedom under a just constitution depends on the circunstances».

644 «The conclusion, then, is that while an intolerant sect does not itself have title to complain of intolerance, its freedom should be restricted only when the tolerant sincerely and with reason believe that their own security and that of the institutions of liberty are in danger».

CAPÍTULO II

CONFIGURAÇÃO NORMATIVA E JURISPRUDENCIAL DO ESTADO DE DIREITO A PARTIR DA ABORDAGEM ANALÍTICA DA CONSTITUIÇÃO DA GUINÉ-BISSAU

§ 1.° RASTREIO DA *RECHTSSTAATLICHKEIT* NA CONSTITUIÇÃO GUINEENSE, SEGUINDO O *MERIDIANO DE REFERÊNCIA* TRADICIONAL

1. Advertências e Catálogos

O *meridiano* a partir do qual procedo à ponderação e calibragem do Estado de direito, tal como o entendo, não é o anunciado na epígrafe do § 1. A minha dogmática é minimal[645]. Não obstante, resolvi encetar este exercício, quanto mais não seja para demonstrar a impertinência, a inconsequência daqueloutra atitude dogmático-metodológica.

A menção mais próxima da directriz do *Estado de direito* é aquela transportada pelo artigo 3.° CRGB. Seja como for, na esteira da via comummente seguida, identificou-se uma série de disposições constitucionais, disposições constitucionais que são tidas como emanações ou adjuvantes do *Estado de direito*. De forma, aqui ou ali, algo telegráfica, eis as disposições normativas ou referências mais relevantes:

1.ª Preâmbulo – 4.° §: a Constituição situa-se na linha «reafirmada pelas transformações profundas operadas na nossa sociedade pela legalidade, pelo

---

[645] Tendo por alvo a ordem constitucional espanhola, S. AGESTA (numa pegada que, a dado passo, eu não sigo) chamava a atenção para a importância essencial que assume num Estado de direito a determinação do *quê* (ou seja, «aquilo que quer proteger-se sujeitando o poder ao Direito» – algo que encontraria no art. 10.° da Constituição espanhola de 1978 alguma luz); um outro problema «são as técnicas, isto é, *como* obter essa sujeição do poder» (o art. 9.° da Constituição espanhola forneceria tais procedimentos técnico-jurídicos: princípio da legalidade; hierarquia normativa; publicidade das normas; não retroactividade das disposições não favoráveis ou restritivas de direitos individuais; segurança jurídica; interdição da arbitrariedade na acção dos poderes públicos; a responsabilidade dos poderes públicos por arbitrariedade). E se muitas destas *técnicas* vão entroncar no princípio da legalidade (submissão de todos ao cumprimento da ordenação jurídica), isso não seria, porém, tudo. Conviria «pôr ênfase em *o que* se protege, isto é, no que é que se considera como *princípio básico da convivência social*». Isto tudo porque o princípio da legalidade, enquanto simples respeito ao Direito estabelecido como Direito positivo, pode servir os mais variados fins, fins que até signifiquem a violação dos direitos humanos». Assim, S. AGESTA, O Estado de Direito na Constituição Espanhola..., cit., p. 29 ss.

direito e pelo gozo das liberdades fundamentais»; o articulado constitucional está «imbuído de humanismo», «que se reflecte nos direitos e liberdades aqui garantidos aos cidadãos, como conquistas irreversíveis do nosso povo».

2.ª Art. 1.°: «A Guiné-Bissau é uma República (...) democrática».

3.ª Art. 3.°: «A República da Guiné-Bissau é um Estado de democracia constitucionalmente instituída».

4.ª Art. 8.°, 59/2 e 126: «O Estado subordina-se à Constituição e baseia-se na legalidade democrática» (8.°/1); «A validade das leis e dos demais actos do Estado e do poder local depende da sua conformidade com a Constituição» (8.°/2); «A organização do Poder Político baseia-se (...) na subordinação» de todos os «órgãos de soberania» «à Constituição»; «Nos feitos submetidos a julgamentos não podem os tribunais aplicar normas que infrinjam o disposto na Constituição ou os princípios nela consagrados» (126/1)[646].

---

646 A última versão (de 13.4.05, apesar de, por erro, ter sido publicada com data anterior; a primeira decisão ocorreu na Conferência de 24 e 25 de Março) do Acórdão que recaiu sobre o Processo 1/2005 (Plenário) no STJ da Guiné-Bissau (tratava-se de um requerimento do Presidente da República de Transição dirigido ao Plenário do STJ, no sentido de este, interpretando um preceito da Carta de Transição Política, definir o *terminus* da transição política – e, julgo, do mandato do PRt) escusou-se a conhecer da inconstitucionalidade do diploma objecto do processo principal, que, em primeira e única instância, lhe foi submetido. O argumento essencial foi que o sistema de fiscalização da constitucionalidade reconhecido pelo 126 CRGB restringia tal via aos casos a julgar em tribunais de nível hierárquico inferior, para que o incidente subisse ao Plenário do STJ.

O meu dissentimento em relação à orientação que fez vencimento foi claro, tendo sido expresso na Declaração de Voto junto ao referido Acórdão, a seguir parcialmente reproduzida:

«1.° Não cabe ao Supremo Tribunal de Justiça (STJ), à luz da Constituição da República e demais leis vigentes, emitir a opinião interpretativa solicitada no ofício objecto deste Plenário.

2.° Ainda que (concedendo – o que não é o caso) tal expediente fosse juridicamente viável, deparar-se-nos-ia outra dificuldade: mesmo ao abrigo da invocada Carta de Transição Política (art. 28), ao Presidente da República de Transição (PRt), entidade que exarou a solicitação – não sendo "parte signatária" da mesma –, seria vedado recorrer à Plenária do STJ, para a dirimição de "conflitos decorrentes da aplicação ou da interpretação" da referida Carta. É o que resulta de uma interpretação a *contrario sensu*, em torno do citado art. 28 – nos termos do qual "Quaisquer conflitos decorrentes da aplicação ou da interpretação da presente Carta de Transição Política serão dirimidos pela plenária do Supremo Tribunal de Justiça a requerimento da parte signatária interessada". E o argumento de que o art. 4.° da referida Carta comete ao Presidente da República de Transição a atribuição de «Defender a Constituição da República, nos títulos e capítulos referentes (…) à presente Carta de Transição Política» (*sic*) não serve para dar ao PRt a legitimidade processual declarada no art. 28 da mesma Carta, que enumerou taxativamente as entidades que podem requerer ao STJ a dirimição dos aludidos conflitos.

3.° Retomando o ponto 1, não é vocação constitucional do Supremo Tribunal de Justiça ser "depositário" (ou seja guarda, testemunha, confidente, fiel intérprete) de documentos como a Carta de Transição Política. Não é essa a vocação de um órgão de soberania a quem incumbe um papel axial no respeito e na salvaguarda da Constituição da República. Não é vocação do Supremo Tri-

5.ª Art. 19: É dever fundamental do Estado «salvaguardar, por todas as formas, (...) a ordem democrática constitucionalmente instituída».

6.ª Art. 21: «As forças de segurança têm por funções defender a legalidade democrática e garantir (...) os direitos dos cidadãos».

---

bunal zelar (enquanto fiel depositário em que foi tornado ou em que se quer tornar) pela salvaguarda e boa interpretação e aplicação de documentos radicalmente inconstitucionais, como a Carta de Transição Política – a padecer, inclusive, de sério esgotamento político e sociológico – (seria uma contradição nos próprios termos).

4.° Levantei, em 24.3.2005, durante o julgamento do Processo 1/2005 (autos de interpretação da Carta de Transição Política, por forma a apurar-se a duração do período de transição) e reafirmo nesta última sessão, a questão da inconstitucionalidade das disposições consignadas na Carta de Transição Política (Carta), ao abrigo dos art. 8.° e 126 da Constituição (CRGB). Efectivamente, os preceitos e princípios da Carta ferem de morte a Constituição, havendo uma incompatibilidade irregateável entre as duas instâncias normativas. Ora, de acordo com o princípio da constitucionalidade, as leis e demais actos do Estado e do poder local valem apenas se e na medida em que forem conformes à Constituição (art. 8.° CRGB); regista-se, consequentemente, a inconstitucionalidade material e formal da Carta de Transição Política, na sua globalidade.

5.° Acontece que "nos feitos submetidos a julgamentos não podem os tribunais" (quaisquer tribunais) "aplicar normas que infrinjam o disposto na Constituição ou os princípios nela consagrados" (art. 126/2 CRGB);

Do ponto de vista de processo constitucional, relevam os n.ºˢ 2 e 3 do art. 126. Assim (n.° 2), "A questão da inconstitucionalidade pode ser levantada oficiosamente pelo tribunal, pelo Ministério Público ou por qualquer das partes" (não o fez o MP, nem o requerente, mas fê-lo primeiramente o Juiz Conselheiro autor desta declaração).

Tanto bastaria para se despoletar o mecanismo do art. 126/3: o incidente é, em separado, encaminhado para o Plenário do STJ, que deliberará, noutra sessão, sobre a questão específica da inconstitucionalidade, com efeito *erga omnes* (geral, portanto), donde o apagamento do acto normativo inconstitucional da ordem jurídica.

6.° Como interpretar tais comandos constitucionais?

7.° Trata-se de um controlo jurisprudencial por via incidental: o incidente de inconstitucionalidade é autonomizado e encaminhado para o Plenário. Ou seja, é suspenso o processo principal – Proc. 1/2005 (no âmbito do qual se levantou o incidente da inconstitucionalidade – que aqui surge como uma questão prejudicial), sendo autuado em separado e encaminhado o incidente da inconstitucionalidade para o Plenário do STJ.

8.° Está-se ainda em face de um controlo sucessivo (*a posteriori*), porquanto recai sobre acto normativo já formado, sendo a legitimidade impugnatória restrita às entidades previstas no 126/2 CRGB (para o caso vertente: juiz, *ex officio*, *sponte sua*, no quadro de um processo instaurado, já em curso). Tal resulta claramente da citada disposição.

9.° Se pode um juiz do Tribunal Regional, perante um processo que tenha de julgar, suscitar a hipótese da inconstitucionalidade de normas pertinentes e tal bastar para que o incidente siga em separado para o Pleno do STJ, seria ilógico, no nosso sistema, negar aos juízes do Pleno desse STJ a possibilidade de suscitar o incidente da inconstitucionalidade, obrigando esta suprema instância a aplicar normas inconstitucionais. Mais, no presente caso (Proc. 1/2005), o Pleno do STJ julga em 1.ª e única instância, reforçando-se as cautelas que sobre ele recaem, quanto à observância do princípio da constitucionalidade».

7.ª Art. 24: «Todos os cidadãos são iguais perante a lei, gozam dos mesmos direitos e estão sujeitos aos mesmos deveres, sem distinção de raça, sexo, nível social, intelectual ou cultural, crença religiosa ou convicção filosófica».

8.ª Art. 30/3: «As leis restritivas de direitos, liberdades e garantias têm de revestir carácter geral e abstracto, devem limitar-se ao necessário para salvaguardar outros direitos ou interesses constitucionalmente protegidos e não podem ter efeitos retroactivos, nem diminuir o conteúdo essencial dos direitos»[647].

9.ª Art. 31/2: «A declaração do estado de sítio em caso algum pode afectar os direitos à vida; à integridade pessoal, à identidade pessoal, a capacidade civil

[647] Diverge a formulação do art. 30/3 CRGB da sua congénere portuguesa, na omissão que aquela encerra de qualquer referência à obrigatoriedade de uma previsão constitucional expressa dos casos em que a lei pode restringir os direitos de liberdade. Comparemos:

Art. 30/3 CRGB (de 1984 – a partir do Bloco de Transição do fim do século XX) – «As leis restritivas de direitos, liberdades e garantias têm de revestir carácter geral e abstracto, devem limitar-se ao necessário para salvaguardar outros direitos ou interesses constitucionalmente protegidos e não podem ter efeitos retroactivos, nem diminuir o conteúdo essencial dos direitos»;

Art. 18/2 CRP (de 1976) – «A lei só pode restringir os direitos, liberdades e garantias nos casos expressamente previstos na Constituição, devendo as restrições limitar-se ao necessário para salvaguardar outros direitos ou interesses constitucionalmente protegidos».

Art. 18/1 CRP (de 1976) – «As leis restritivas de direitos, liberdades e garantias têm de revestir carácter geral e abstracto e não podem ter efeito retroactivo nem diminuir a extensão e o alcance do conteúdo essencial dos preceitos constitucionais».

Portanto, apenas uma diferença (tirando os substantivos atrelados à expressão "conteúdo essencial"), e esta atém-se à exigência de a lei restritiva de direitos de liberdade só poder existir «nos casos expressamente previstos na Constituição». Citando G. CANOTILHO e V. MOREIRA (Constituição da República Portuguesa Anotada, 3.ª ed., revista, Coimbra, Coimbra Editora, 1993, p. 151), «toda a restrição tem de estar expressamente credenciada no texto constitucional, tornando-se portanto necessário que a admissibilidade da restrição encontre nele *expressão suficiente e adequada* (parecendo de admitir, porém, que a previsão não necessita de ser *directa* para ser *expressa*)».

Desse espartilho se livrou a lei guineense, havendo apenas que observar os demais condicionalismos ínsitos na Constituição.

Verifica-se, pois, que a Constituição guineense desviou-se aqui do caminho seguido por uma das suas matrizes referenciais (a Constituição lusa).

J. REIS NOVAIS prefere encetar uma via diferente da seguida, até à data, pela doutrina portuguesa: a assunção clara da hipótese de restrição de direitos fundamentais não expressamente prevista em sede constitucional. Vinca o autor que «as restrições não expressamente previstas pela Constituição são inelutáveis, são necessárias, existem e têm uma expressão frequente na actividade normal do legislador, da Administração ou dos tribunais». Mas o autor não sustenta apenas a possibilidade de tais restrições existirem, como também a sua «legitimidade constitucional», «apesar da afirmação proibitiva aparentemente inequívoca do art. 18.°, n.° 2 da Constituição».

Ao tratamento do fenómeno como *verdadeiras restrições*, com a consequente aplicação dos parâmetros e critérios de controlo da constitucionalidade comuns às restrições constitucionalmente previstas, de forma expressa, opõe o autor uma outra atitude, oposta, que redundaria na tentativa de «iludir a sua natureza real de verdadeira afectação desvantajosa dos interesses de liberdade

e a cidadania, a não retroactividade da lei penal, o direito de defesa dos arguidos e a liberdade de consciência e de religião».

10.ª Art. 32 e 34: «Todo o cidadão tem o direito de recorrer aos órgãos jurisdicionais contra os actos que violem os seus direitos reconhecidos pela Constituição e pela lei, não podendo a justiça ser denegada por insuficiência de meios económicos» (art. 32)[648]; «Todos têm direito à informação e à protecção jurídica[649]» (art. 34).

11.ª Art. 33: «O Estado e as demais entidades públicas são civilmente responsáveis, em forma solidária com os titulares dos seus órgãos, funcionários ou agentes, por acções ou omissões praticadas no exercício das suas funções e por causa desse exercício, de que resulte violação dos direitos, liberdades e garantias, ou prejuízo para outrem» (responsabilidade civil das entidades públicas).

12.ª Art. 37/1 e 42/6: «A integridade moral e física dos cidadãos é inviolável» (37/1); «São nulas todas as provas obtidas mediante torturas, coacção, ofensa da integridade física ou moral da pessoa (...)» (42/6) [direito à integridade pessoal].

13.ª Art. 41/1/2: *Nullum crimen sine lege* (n.° 1); *Nulla poena sine lege* (n.° 2)[650].

---

constitucionalmente protegida». A segunda atitude, repudiada pelo autor, sigificaria subtrair o caso à observância de «requisitos próprios de Estado de Direito» que norteiam as restrições positivo-constitucionalmente previstas (ficando, assim, a perder a «Constituição de Estado de Direito»).

Não propõe, contudo, o autor a modificação do art. 18/2 CRP, por razões, creio, de oportunidade política (*vide*, J. REIS NOVAIS, As Restrições aos Direitos Fundamentais Não Expressamente Autorizadas pela Constituição, Coimbra, Coimbra Editora, 2003, p. 964, *passim*).

Em alternativa, dirige-se à doutrina (tendo como alvo a jurisprudência – designadamente, a justiça constitucional), sugerindo uma «compreensão adequada» do que o citado preceito «pode e deve significar em estado de Direito». Sobre essa reflexões, *id. ib.*, p. 953 ss., *et passim*.

Sobre a problemática em apreço, ver as reflexões produzidas por GOMES CANOTILHO em Direito Constitucional e Teoria da Constituição, 7.ª edição, Coimbra, Almedina, 2003, p. 1265--1266, 452 ss., 1277.

648 Desvenda-se uma delicada tensão entre a *justiça* e o *Estado de direito* numa declaração a seguir reproduzida, pronunciada por BÄRBEL BOHLEY no âmbito de um encontro proporcionado, em Junho de 1991, na cidade de Bonn, pelo Ministro federal da Justiça na Alemanha, reunindo personalidades de áreas como, por exemplo, a ciência, a justiça e a política (*in* Sonderheft 2 da ZG, 1991, p. 31: "40 Jahre SED-Unrecht, eine Herausforderung für den Rechtsstaat"): «Wir haben Gerechtigkeit gesucht, aber den Rechtsstaat bekommen» (*procurámos a justiça, mas conseguimos o Estado de direito*). Expressão, em certa medida, da tumultuosa transição vivida com a conversão da Europa comunista ao Ocidente, pode-se ainda ler: «Unser Problem war ja nicht, den westlichen Rechtsstaat zu übernehmen, unser Problem war, daß wir Gerechtigkeit wollten».

649 Deve-se entender que a informação a que se reporta aqui é uma informação de carácter jurídico, de contrário (ou seja, caso fosse informação *tout court*) seria o art. 34 redundante face ao que está consignado no 51/1.

650 *Cfr.* H. SCHULZE-FIELITZ, Der Rechtsstaat und die Aufarbeitung der vor-rechtsstaatlichen Vergangenheit, *in* DVBl 1991, Heft 17, p. 901, 902.

14.ª Art. 41/4: *Non bis in idem.*

15.ª Art. 42/2: Presunção de inocência dos arguidos, até ao trânsito em julgado da sentença condenatória.

16.ª Art. 48: Inviolabilidade do domicílio e dos meios de comunicação privada.

17.ª Art. 53: Liberdade de locomoção garantida a todos os cidadãos, no território nacional.

18.ª Art. 50: «É livre a criação intelectual, artística e científica que não contrarie a promoção do progresso social»[651].

19.ª Art. 51/1: «Todos têm o direito de exprimir e divulgar livremente o seu pensamento por qualquer meio ao seu dispor, bem como o direito de informar, de se informar e de ser informado sem impedimento nem discriminações» (liberdade de informação e de expressão).

20.ª Art. 52: Liberdade de consciência, de religião e de culto.

21.ª Art. 54/1: «Os cidadãos têm o direito de se reunir pacificamente em lugares abertos ao público, nos termos da lei» (direito de reunião)[652];

22.ª Art. 54/2: «A todos os cidadãos é reconhecido o direito de manifestar, nos termos da lei» (direito de manifestação).

23.ª Art. 55/1: «Os cidadãos têm o direito de, livremente e sem dependência de qualquer autorização, constituir associações, desde que estas não se destinem a promover a violência e os respectivos fins não sejam contrários à lei» (liberdade de associação).

A liberdade de associação vem marcando a sua presença no ordenamento constitucional guineense desde a Constituição de Boé (art. 17), passando pela de 1984 (art. 44) – estipulando-se em ambas que a «liberdade de associação» é garantida «nas condições previstas na lei», o que poderia abrir caminho a interpretações restritivas por parte do legislador ordinário.

Mas como articular a liberdade de associação sufragada no texto constitucional cunhado pela 3.ª revisão à Constituição de 1984 com a susceptibilidade de reconhecimento da personalidade jurídica aos entes de facto? Vejamos.

Ex vi dos números 1 e 2 do art. 158 do Código Civil (de 1966) – ainda não revogado por qualquer outra lei –, as associações adquirem personalidade jurídica pelo reconhecimento – e «O reconhecimento é individual e da competência

---

[651] A condicionalidade final (o que é isso de *promoção do progresso social*?) pode dar azo a situações caricatas e abusivas de restrições dos referidos direitos de liberdade, se não for encarada de forma razoável.

[652] Será que o direito de reunião deixa de existir nos *lugares não abertos ao público?!* É óbvio que não. Se a determinadas pessoas assiste o direito de se reunirem em *lugares abertos ao público*, igual direito assistirá às mesmas pessoas quando estiverem num *lugar não aberto a outras pessoas.*

do Governo, ou do seu representante no distrito quando a actividade da associação ou fundação deva confinar-se na área dessa circunscrição territorial».

Ora, o enquadramento técnico-jurídico parece, à primeira vista, ter sofrido com a Lei Constitucional n.° 1/93 alguma inflexão. É que se, antes desta 3.ª revisão constitucional à CRGB de 1984, esta dizia apenas que a liberdade de associação era garantida «nas condições previstas na lei» (art. 44), a formulação passou, depois, a ser outra: «Os cidadãos têm o direito de, livremente e sem dependência de qualquer autorização, constituir associações (...)». Qual o verdadeiro alcance desse preceito?

Será que a Constituição passou a sufragar o reconhecimento normativo incondicionado de pessoas jurídicas *stricto sensu* – como parece resultar da expressão "livremente e sem dependência de qualquer autorização" ínsita no n.° 1 do citado art. 55[653]?

A ser exacta esta opinião, teríamos, desde logo, uma desconformidade do art. 158/2 CC com a Constituição da República. Desconformidade que se traduziria em inconstitucionalidade do primeiro preceito. Nada mais simples. Nessa lógica, deixaria, doravante, de ser necessário um acto individual e discricionário da Administração pública que casuisticamente reconhecesse ou denegasse personalidade jurídica ao substrato.

Mas será mesmo assim?

Será legítimo pôr na boca do legislador de revisão tal asserção?

Comportará o direito, liberdade e garantia em apreço (como direito positivo de associação que é) mais mensagens, para lá da afirmação da liberdade de associação?

Autores como o Professor JORGE MIRANDA justificam a natureza de liberdade do direito em análise (enquanto direito individual) pela circunstância de não depender de "autorizações" de qualquer tipo. Mas na vertente institucional, o panorama talvez seja diferente.

Aqui chegados, talvez não seja irrelevante encararmos mais detidamente a figura de "autorizações" *vis-à-vis* à do "reconhecimento"[654].

---

[653] A redacção do 55 CRGB, a partir da 3.ª revisão passou a ser exactamente igual à do 46 CRP de 1976. Só não se transpôs o n.° 3 e parte do n.° 4 desta Constituição (neste último caso, trocou-se «nem organizações que perfilhem a ideologia fascista» pela expressão «nem organizações que promovam o racismo e o tribalismo»).

[654] Sobre os temas, *cfr.*, entre outros, MANUEL A. DOMINGUES DE ANDRADE, Teoria Geral da Relação Jurídica, vol. I, Coimbra, Almedina, p. 56-67.

C.A. DA MOTA PINTO, Teoria Geral do Direito Civil, 2.ª ed., Coimbra, Coimbra Editora, 1983, p. 267-278, 304 ss.

Vide, ainda, uns *Apontamentos de Teoria Geral do Direito Civil* (manuscritos) que circularam na academia conimbricense, nos anos 80 do século XX, supostamente das aulas do Doutor ORLANDO DE CARVALHO.

J. CASTRO MENDES, Introdução ao Estudo do Direito, Lisboa, PF, 1994, p. 141 s.

Por autorização dever-se-á entender, segundo a doutrina mais divulgada, o acto pelo qual se permite às pessoas colectivas ainda não reconhecidas existirem como entes de facto, ainda que tal actividade, precisamente devido a essa falta de reconhecimento, deva ser exercida através da personalidade de certos indivíduos.

Divisam-se, assim, duas contraposições fundamentais e, dentro de uma delas, duas outras: o regime de livre constituição das pessoas colectivas, por um lado, o de autorização, por outro. Dentro do regime de autorização, há aquelas situações em que a autorização exigida é normativa (a ordem jurídica permite às pessoas colectivas ainda não reconhecidas existirem como entes de facto, uma vez verificadas as condições fixadas genérica e abstractamente) e outras situações que configuram uma autorização por concessão (a ordem jurídica permite às pessoas colectivas ainda não reconhecidas existirem como entes de facto, mediante licença individual e discricionária da Administração pública).

Diversamente, o reconhecimento erige o ente de facto em centro autónomo de imputação subjectiva das relações atinentes à pessoa colectiva, ou seja, atribui personalidade jurídica ao substrato.

Duas categorias se contrapõem aqui: a do reconhecimento por concessão (*i.e.*, por acto individual e discricionário da Administração pública; esta atribuirá ou recusará, casuisticamente, personalidade jurídica ao substrato) e a do reconhecimento normativo (*i.e.*, por mero efeito da lei). Esta última, pode, por seu lado, ser incondicionado (dá personalidade jurídica de plano a todo o substrato de personalidade jurídica) ou condicionado (a lei impõe certas condições).

Constata-se, pois, que se o reconhecimento implica autorização, a inversa pode não ser verdadeira.

A esta luz, o que decorre do n.° 1 do 55 CRGB não será a refutação, por desnecessário, do reconhecimento, mas apenas a dispensa da autorização ("...livremente e sem dependência de qualquer autorização") – para funcionar como ente de facto.

Se assim é, faz-se mister aquilatar da congruência do reconhecimento por concessão consagrado no Código Civil com a liberdade de associação, tal como é percebida pela Constituição da Guiné-Bissau.

Se a amplitude da liberdade vai, num percurso ascendente, crescendo do reconhecimento por concessão ao reconhecimento normativo condicionado e ao reconhecimento normativo incondicionado, isto implica que ainda existe liberdade de associação no 1.° patamar (reconhecimento por concessão), ainda que em termos acanhados.

Nessa base – e tendo em devida consideração uma mundividência mais aberta que, aqui e ali, parece surpreendível na CRGB, no capítulo dos direitos fundamentais, a partir da 3.ª revisão constitucional –, sem embargo de parecer ser o 2.° patamar o visualizado pelo legislador de revisão, o reconhecimento por concessão ainda poderia ter o seu lugar – conquanto tremido – na nova ordem constitucional: o legislador teria querido abraçar o reconhecimento normativo condicionado, mas não o disse.

Destarte, ou a Constituição esclarece a suposição e a disposição civil se torna inconstitucional, ou o próprio legislador ordinário procede à revogação do art. 158 CC, consagrando um reconhecimento normativo, qualquer que ele seja.

Até lá (numa perspectiva de pura técnica de legiferação), pareceria defensável a vigência do reconhecimento por concessão.

Dizem a este propósito GOMES CANOTILHO e VITAL MOREIRA que «o conteúdo constitucionalmente garantido do direito de associação parece não abranger a garantia de aquisição de personalidade jurídica, como pessoa colectiva», podendo a lei ordinária determinar os pressupostos da aquisição da personalidade jurídica (art. 158 ss. CC). Em todo o caso, prosseguem os autores, «as exigências legais relativas à aquisição de personalidade jurídica não podem ser tais que ofendam directamente o exercício do direito de associação»[655].

Fica a pairar alguma perplexidade: As exigências corporizadas no art. 158/1 CC serão tais que brigariam flagrantemente com o exercício do direito de associação?

O reconhecimento por concessão, principalmente da forma como vinha sendo feito na Guiné dos anos 90, porá em causa o direito de associação?

Terá caído em desuso o reconhecimento por concessão?

É o que parece ter acontecido. Não por convicção de ilicitude ou inconstutucionalidade, mas por simplismo e acriticismo no exame do quadro legal.

Poder-se-á, contudo argumentar: Se para os partidos políticos se basta com o reconhecimento normativo condicionado (art. 8.° Lei 2/91)[656], por maioria de razão assim, no mínimo, deveria ser, com as demais pessoas jurídicas (todas?).

Mas é mais seguro que a lei resolva, de vez e expressamente, tais dúvidas.

Falei de simplismo e de acriticismo, para definir o ponto a que a *praxis* jurídico-administrativa guineense conduziu o processo de reconhecimento da perso-

[655] J.J. GOMES CANOTILHO/VITAL MOREIRA, Constituição da República Portuguesa Anotada, 2.ª ed., 1.° vol., Coimbra, Coimbra Editora, 1984, p. 264 s.

[656] Idêntica solução, aliás, preconizou a lei para as associações de empregadores e de trabalhadores (art. 17 Lei 8/91).

nalidade jurídica às associações. Mas a realidade é mais complexa do que aquilo que à primeira vista resulta desta oração. Vejamos. Passou-se a exigir, apenas, que as entidades que queiram obter o dito reconhecimento se apresentem no Cartório Notarial de Bissau com os respectivos estatutos, a acta da Assembleia Constituinte, a certidão de denominação, a abertura de uma conta bancária, a fotocópia de, pelo menos, 10 bilhetes de identidade dos asociados. Feita a escritura pública, segue-se a respectiva publicação no Boletim Oficial. Onde é que se foi buscar esse regime normativo? Onde se foi buscar essa modalidade de reconhecimento normativo condicionado? O *modus faciendi* é o introduzido, em Portugal, pelo DL 496/77, de 25 de Novembro – que deu a seguinte redacção ao 158 CC: «As associações constituídas por escritura pública, com as especificações referidas no n.° 1 do art. 167.°, gozam de personalidade jurídica». Algo diferente, convenhamos, da versão originária (não alterada expressamente na Guiné-Bissau independente), que dispunha, no seu n.° 1, que «As associações e as fundações adquirem personalidade jurídica pelo reconhecimento, salvo disposição especial da lei» e, no n.° 2, que «O reconhecimento é individual e da competência do Governo, ou do seu representante no distrito quando a actividade da associação ou fundação deva confinar-se na área dessa circunscrição territorial».

Conclusão: A *praxis* administrativo-jurídica guineense passou a aplicar o regime consignado no 158 CC pelo DL 496/77 português. Será fruto do tirocínio em Portugal de grande parte da nova classe jurídica guineense?

Traduzirá o dado aqui discutido um caso de afirmação do direito positivo português pós Estado Novo como fonte de direito na Guiné-Bissau?

Retomemos a catalogação.

24.ª Art. 56/1: «É garantida a liberdade de imprensa».

25.ª Art. 59/2: «A organização do poder político baseia-se na separação e interdependência dos órgãos de soberania».

26.ª Art. 63/1 e 77: carácter «livre, universal, igual, directo, secreto e periódico» do sufrágio nas eleições presidenciais e legislativas.

27.ª Art. 67, 80, 99: Juramentos do Presidente da República, dos deputados e dos membros do Governo nos respectivos empossamentos – a defesa da Constituição e das leis, a fidelidade à Constituição e às leis são notas de destaque nas fórmulas recitadas pelos empossados.

28.ª Art. 71/4: «O Presidente da República interino não pode, em caso algum, exercer as atribuições previstas» nos artigos 68, g), i), m), n), o), s), v), z) e 69/1, a), b), c) da Constituição[657].

---

[657] Os actos constitucionalmente vedados ao PR interino são os seguintes: nomeação e exoneração do PM, bem como dos restantes membros do Governo; demissão do Governo, em caso de

29.ª Art. 72/1: O Presidente da República responde judicialmente pelos crimes cometidos no exercício das suas funções.

30.ª Art. 112/1: Subordinação das autarquias locais e do seu poder regulamentar à Constituição e à lei[658].

31.ª Art. 116: A ANP pode, ouvido o Governo, dissolver os órgãos das autarquias locais, em caso de «prática de actos ou omissões contrários à lei»[659].

32.ª Art. 119: «Os Tribunais são órgãos de soberania com competência para administrar a justiça em nome do Povo».

33.ª Art. 120/4: «No exercício da sua função jurisdicional, os Tribunais são independentes e apenas estão sujeitos à lei» (independência dos tribunais)[660].

«grave crise política que ponha em causa o normal funcionamento das instituições da República»; dissolução da Assembleia Nacional, Popular «em caso de grave crise política»; Presidência do Conselho de Ministros; empossamento dos Juízes Conselheiros do STJ; nomeação e exoneração do Chefe do Estado Maior General das Forças Armadas; promulgação ou veto de leis, decretos-lei e decretos; declaração de estado de sítio e de emergência; concessão de títulos honoríficos e condecorações do Estado.

O PRi, repita-se, «não pode, em caso algum», exercer as sobreditas atribuições. Objectivamente, tais cuidados têm como efeito possível (para não me comprometer com qualquer ideia de imputação de tais *intenções* à norma constitucional) a melhor tutela do princípio democrático, desencorajando veleidades antidemocráticas e anticonstitucionais quanto ao acesso ao poder (não tem lá desencorajado muito, como as vicissitudes políticas e constitucionais a partir dos finais do século XX na Guiné-Bissau patenteiam). É que a *interinidade* presidencial é uma forte tentação para os constitucionalmente posicionados na grelha de partida, logo atrás do titular da *pole position*, eliminarem este, antidesportivisticamente. E se os poderes que, depois do antijogo, o *antijogador* (agora Presidente interino) possuirá forem mínimos, talvez tal cenário ajude a desencorajar as criticadas inclinações.

658 Na vertente da repartição dos recursos entre o poder central e o autárquico, EUGÉNIO CARLOS C.R. MOREIRA, A Repartição dos Recursos Públicos entre o Estado e as Autarquias Locais no Ordenamento Jurídico Guineense, Lisboa, Almedina, 2005, p. 499 ss.

659 Antes da revisão constitucional de 1996, que introduziu o texto acabado de citar, a CRGB, no art. 115/4, dava aos Comités Regionais de Estado a atribuição de anular «a execução de qualquer decisão emanada dos órgãos locais hierarquicamente inferiores quando violem a Constituição, as leis ou medidas dos órgãos superiores do poder de Estado (...)».

Aos Conselhos Regionais, a CRGB, no art. 110/4, incumbia a competência de «eleger e destituir os juízes assessores» dos correspondentes Tribunais Populares Regionais.

660 Fórmula similar à cristalizada no art. 120/4 CRGB suscitou algum debate no seio da constituinte portuguesa de 1975/1976. A questão era acrescentar ou não a expressão "e ao direito" à formulação "os tribunais estão sujeitos à lei".

Esta última formulação foi aprovada por unanimidade. Suscitou, contudo, as seguintes discussões, após a votação. Sigamos o debate na 1.ª pessoa (*in* Diário da Assembleia Constituinte, n.º 96, de 17.12.1975, p. 3114):

«O Sr. Presidente: – Vamos então a outro artigo.

Pausa.

Há uma declaração de voto.

O Sr. Fernando Amaral (PPD): – Pretendia fazer uma proposta de aditamento no sentido de

34.ª Art. 123/2: «No exercício das suas funções o juiz é independente e só deve obediência à lei e à sua consciência».

35.ª Art. 123/3: «O juiz não é responsável pelos seus julgamentos e decisões» – ressalvados os casos «especialmente previstos na lei», que darão lugar à responsabilidade criminal, civil ou disciplinar.

36.ª Art 130, e), g), h), i) j) – limites materiais de revisão: Os direitos de liberdade; o caráter universal, directo, igual, secreto e periódico do sufrágio «na

---

este artigo 3.° ficar com a seguinte formulação: "Os tribunais são independentes e apenas estão sujeitos à lei e ao direito."».

«Submetida à votação, foi rejeitada, com 18 abstenções. (PCP e MDP/CDE) e 44 votos a favor (PPD, alguns independentes, CDS e o Deputado de Macau)».

Na sequência dessa deliberação, o deputado José Luís Nunes (do PPD) apresentou a declaração de voto aqui exposta: «– Ora, nós votámos contra, porque pensamos, primeiro, que a expressão "o direito" é uma expressão suficientemente vaga e suficientemente imprecisa. Em segundo lugar, porque, mesmo dentro dessa vacuidade e imprecisão, abriria caminho àquilo que há bocado vimos que talvez não fosse conveniente, que era a possibilidade de o juiz se recusar a aplicar leis que fossem imorais e injustas. Em terceiro lugar, porque na expressão "o direito", pura e simplesmente pelo carácter ideológico, cabem, evidentemente, as formulações próprias da consciência individual do juiz e os diversos conceitos de direito que o juiz possa ter.

E parece-nos arriscado abrir um caminho ou iniciar um caminho nesse sentido.

Por isso, votámos contra».

(O orador não reviu.)

Numa linha distinta, usou da palavra o deputado do PPD Barbosa de Melo, para anunciar uma declaração de voto:

«– Nós propusemos e, consequentemente, votámos esta proposta de aditamento com base, no seguinte espírito: deixar aqui neste ponto uma abertura, uma válvula de segurança contrai...

O Sr. Presidente: – Peço aos Srs. Deputados o favor de não se ausentarem, pois tenho uma comunicação a fazer, que lhes interessa, com certeza, antes de saírem.Tenha a bondade.

O Orador: – Dizia eu: apresentámos esta proposta de aditamento para deixar aqui aberta uma válvula de segurança contra o, positivismo legalista. É certo que à palavra "lei" já foi dado aqui um sentido bastante amplo, mas há princípios materiais de justiça que são inerentes à civilização jurídica e que, quer queiramos, quer não, os tribunais não poderão deixar de aplicar, sob pena de se negarem a si mesmos. E era para fazer um apelo aos juízes de que não basta a ideologia inscrita na lei, porque a lei também é uma expressão ideológica, que há outros valores numa comunidade aberta, numa comunidade plural ou pluralista, que há outros valores que o juiz tem que ter em conta para proferir decisões de acordo com o sentimento jurídico dessa mesma comunidade, não de acordo com o seu sentimento pessoal. Era isto».

(O orador não reviu.)

A respeito da fórmula usada no Art. 20 Abs. 3 GG ("Gesetz und Recht"), *vide*, entre muitos autores citados no § 1 do Capítulo IV da Parte III, E. S.-AßMANN, Der Rechtsstaat, *in* Isensee/ /Kirchhoff (Hg)..., cit., p. 1004-1009. Reconhecendo algumas dificuldades que a exacta definição do termo "Gesetz" encerra, para efeito do Art. 20 Abs. 3 GG, adianta, quanto à 2.ª parte da fórmula bifronte, AßMANN (p. 1007): «Mit der getragenen, aber unscharfen Formel von "Gesetz und Recht" will die Verfassung vielmehr auf eine Grundfrage aller Rechtsstaatlichkeit, auf die Idee der Gerechtigkeit hinführen».

designação dos titulares de cargos electivos dos órgãos de soberania»; o «pluralismo político e de expressão», incluindo os partidos e o direito de oposição democrática; a separação (e interdependência) de poderes; a independência dos tribunais.

2. Guiné, Estado de Direito, Realidade Translegal e Cumprimento da Forma – Descompassos

O transcurso analítico acabado de ensaiar pela Constituição guineense, de molde a surpreenderem-se as dimensões tradicionalmente associadas à *estadualidade de direito,* legitima, insofismavelmente, a seguinte conclusão: a Constituição da Guiné-Bissau é uma Constituição de Estado de direito. E Estado de direito, mesmo na perspectiva da doutrina mais exigente (menos *laxista*).

O pior é a realidade translegal, a *praxis* sobre que deve assentar o edifício normacional.

Desenhemos uma grelha de 14 células e descobriremos (não sem alguma ponta de assombro) que a República da Guiné-Bissau tem preenchido, pelo menos desde o bloco temporal 1991-1994 até ao ano 2004, os grandes requisitos tradicionalmente ligados à ideia de *Estado de direito*: o princípio da constitucionalidade encontra expressão nos artigos 8.°/1/2, 112/1, 123/1 e 126/1 CRGB, encontrando-se igualmente reflectido nos artigos 67, 80 e 90 CRGB; o princípio da legalidade vem consagrado no Preâmbulo da Constituição e nos artigos 8.°/1, 41/1/2, 112/1 e 123/2, reflectindo-se, outrossim, no art. 116; a ideia da dignidade humana tem afloramento no art. 17/1; os direitos de liberdade e, em geral, a fundamentalidade de direitos descobrem-se no Preâmbulo da CRGB, nos artigos 4.°/1, 31/2, 37/1, 42/6, 48, 50, 51/1, 52, 53, 54/1/2, 55/1, 56/1, 130 e), f); o princípio da protecção jurídica vem, por sua vez, estatuído nos artigos 32 e 34; o princípio da igualdade nos artigos 24 e 25; o princípio da responsabilidade civil dos entes públicos em matéria, designadamente, de desrespeito pelos direitos de liberdade, nos artigos 33, 39/2, 41/6; o Estado social tem alguns reflexos nos artigos 5.°/2, 15, 16, 49/1/2, 17, 46/3, 58 CRGB; o princípio democrático, nos artigos 1.°, 2.°, 3.°, 4.°/4, 21, 45/5, 63/1, 77 e 130, g), h); o princípio da separação de poderes, nos artigos 59/2 e 130, i); o princípio da independência dos tribunais e da judicatura, nos artigos 120/4, 123/2/3 e 130, j); o controlo judicial da acção do Estado tem nos artigos 72 e 82 alguns exemplos; a ideia de justiça, no Preâmbulo da CRGB e no art. 3.° CRGB, frisando o ideário de uma sociedade *justa*, na definição da República da Guiné-Bissau; o princípio da proporcionalidade, ou proibição do excesso, nos artigos 21/2 CRGB (a propósito das medidas de polícia) e 30/3 CRGB.

Reproduzindo a situação em gráfico, teríamos, face ao ordenamento jurídico-constitucional guineense, a seguinte grelha, que conformaria alguns vectores tradicionais do *Estado de direito* na CRGB de 1984:

TABELA 2 – *Estado de Direito na CRGB*

Princípio da constitucionalidade: Arts. 8º/1/2, 67, 112/1, 123/1, 126/1	Princípio da legalidade: Preâmbulo; arts. 8º/1, 41/1/2, 67, 112/1, 116, 123/2	Dignidade humana: Art. 17/1	Fundamentalidade de direitos: Arts. 4º/1, 31/2, 37/1, 42/1/6, 48, 50, 51/1, 52, 53, 54/1/2, 55/1, 56/1, 130, e), f)	Protecção jurídica: Arts. 32, 34
Princípio da igualdade: Arts. 24, 25	Responsabilidade civil, indemnização: Arts. 33, 39/2, 41/6	Estado social: Arts. 5º/2, 15, 16, 49/1/2, 17, 46/3, 58	Princípio democrático: Arts. 1º, 2º, 3º, 4º/4, 19, 21, 45/5, 63/1, 77, 130, g), h)	Princípio da separação de poderes: Arts. 59/2, 130, i)
Princípio da independência dos tribunais e da judicatura: Arts. 119, 120/4, 123/2/3, 130, j)	Controlo judicial da acção do Estado: Arts. 72, 82	Justiça: Art. 3º	Proporcionalidade ou proibição do excesso: Arts. 21/2, 30/3	

Se, por hipótese, se conviesse em que são esses e só esses os requisitos a observar para que a um Estado se pudesse dar o epíteto de *Estado de direito*, a (Constituição da) Guiné-Bissau (a partir do início dos anos 90 do século XX) jamais teria deixado de ser *Estado de direito*.

O que sucede, todavia, é que a hipótese de sintonia da doutrina, jurisprudência e sociedade civil e política, na banda de um entendimento uno do *Estado de direito* não se verifica.

Outra dessintonia: a espaços, a Guiné viveu intensamente situações de negação prática de vários dos atributos atrás recenseados, sem embargo da sua formalização constitucional.

Eis, portanto, o impasse.

PARTE III

NA PISTA DA REPLEÇÃO DO CONCEITO DE ESTADO DE DIREITO

1. Algumas Proposições: Sobota e Habermas

Numa tentativa de classificação dos elementos do Estado de direito, pode-se colher em K. SOBOTA[661] a listagem de uma série de indícios dessa realidade tão discutida e tão carente de cristalização que responde pela designação de Estado de direito[662]. A autora tem um alinhamento algo provocatório, se assim se pode dizer, traduzido no larguíssimo amplexo do seu *Rechtsstaat*. Na aturada recensão, divisam-se os seguintes indícios:

Regime do Estado constitucional; carácter escrito da Constituição; primado do direito, em vez da força; limitação da força do Estado; Constituição jurídica do poder do Estado; unidade do Estado; liberdade; igualdade jurídica; democracia[663]; proibição do arbítrio; dignidade da pessoa humana; direitos fundamentais; separação de poderes; justiça; reserva de lei; certeza

---

661 K. SOBOTA, Das Prinzip Rechtsstaat..., cit., p. 253-259 (ver desenvolvimentos, a páginas 27-253).

J. DE ESTEBAN, Tratado de Derecho Constitucional I, Madrid, S. P. Facultad Derecho Universidad Complutense, 1998, p. 150-151, 191-222.

L. FAVOREU/P. GAÏA/R. GHEVONTIAN/J.-L. MESTRE/O. PFERSMANN/A. ROUX/G. SCOFFONI, Droit Constitutionnel, 2e éd., Paris, Dalloz, 1999, p. 49 ss. – onde se fala de 3 pilares do *État de droit* (a Constituição, a justiça constitucional e a divisão horizontal e vertical do poder).

L. HESSDÖRFER, Der Rechtsstaat: Sein Wesen und Wege zu seiner Verwirklung, Stuttgart, Schäffer, 1961, p. 117 ss., *passim*.

662 A *ambiguidade de sentido* de Estado de Direito é assim exemplificada por M.-J. REDOR (De L'Etat Lègal à l'Etat de Droit, 1992, p. 8 ss.): Dezembro de 1986: após as manifestações estudantis contra a reforma das universidades:

– Reacção do *Front National*: *a França deixou de ser Estado de Direito (pelo facto de a pressão dos manifestantes ter* implicado *a retirada do projecto do Governo)*!

⇔: Fraqueza do poder ⇒ Estado de não-direito.

– Reacção do *Parti Socialiste*: os atropelos cometidos pela polícia contra os manifestantes puseram em causa o Estado de Direito em França!

⇔: Robustez do poder ⇒ Estado de não-direito.

663 Também, W. HENKE, Demokratie als Rechtsbegriff, *in* Der Staat, 1986, 25. Band, p. 157-171.

jurídica; princípio da legalidade; princípio da proporcionalidade, entre muitos outros[664].

---

664 A autora reconhece que «Mit der Fülle der Gesichtspunkte hat der Rechtsstaatsbegriff Elastizität, aber keine Kontur gewonnen».

Mas vejamos os indícios da *Rechtsstaatlichkeit* elencados na obra e nas páginas acabadas de citar de K. SOBOTA:

1. *Verfassungsstaatlichkeit* (estadualidade da Constituição); 2. Carácter escrito da Constituição; 3. Regulação jurídica da acção soberana; 4. Primado do direito em relação à força; 5. Relação jurídica entre os detentores da soberania e os sujeitos à soberania; 6. Limitação do poder do Estado; 7. Constituição jurídica da autoridade do Estado; 8. Unidade do Estado; 9. Capacidade de acção do Estado; 10. Alta rigidez da Constituição; 11. Vinculação da Constituição; 12. Vinculação jurídica da Constituição; 13. Proibição da modificação do Art. 79 Abs. 3 GG; 14. Restrição da soberania nacional a favor de algumas normas de direitos fundamentais; 15. Validade das normas de direitos fundamentais independentemente das decisões da maioria; 16. Jurisdição constitucional; 17. Regime de liberdade; 18. Liberdade no sentido comum; 19. Antigo princípio da República; 20. Princípio da Administração; 21. *Ethos* da polis aristotélica; 22. espaço de pensamento liberalístico; 23. Moderno e kantiano princípio da República; 24. Autonomia; 25. Legalidade do executivo; 26. Democracia; 27. Princípio da representação; 28. Democracia directa; 29. Obrigação comum; 30. Positivação das garantias liberais clássicas; 31. Oposição ao Estado totalitário; 32. Igualdade jurídica; 33. Igualdade perante a lei; 34. Igualdade no exercício do direito; 35. *Ethos* da imparcialidade; 36. Conceito de aplicação de regras; 37. Ideia de clareza textual da norma; 38. Proibição do arbítrio; 39. Obrigação de motivação; 40. Liberdade de oposição; 41. Ordem da razão, racionalidade; 42. Direitos fundamentais; 43. Novos direitos fundamentais; 44. Dignidade humana; 45. Dever de respeito e protecção do Art. 1 Abs. 1 Satz 2 GG; 46. Segurança através da protecção da paz interna e externa; 47. Instituição dos direitos fundamentais; 48. Separação de poderes; 49. Lei da diferenciação constitutiva do poder do Estado; 50. Moderação, equilíbrio e controlo; 51. Tríade legislativo, executivo e judicial; 52. Construção federativa da *Bundesrepublik*; 53. Administração autónoma comunal; 54. Direitos de participação comunal; 55. legalidade; 56. Sujeição à lei; 57. Sujeição ao direito; 58. Validade jurídica; 59. Eficiência da ordem jurídica; 60. Justiça; 61. Primazia da lei; 62. Reserva da lei; 63. Poder limitado da Administração; 64. Princípio da certeza; 65. Princípio da tipicidade; 66. Clareza de competências; 67. Publicidade da acção do Estado; 68. Transparência; 69. Dever de pronúncia; 70. Justeza de funções na organização da Administração; 71. Direito de organização autónoma do Estado; 72. Eficiência do Estado; 73. Ordem; 74. Monopólio da força a favor do Estado; 75. Limites da privatização das tarefas do Estado; 76. Responsabilidade; 77. Dever de lealdade do funcionário; 78. Processos administrativos justos; 79. Divulgação dos planos; 80. Publicidade no procedimento administrativo; 81. Exigência de audiência no procedimento administrativo; 82. Participação no procedimento; 83. Tratamento leal dos interessados; 84. Precisão; 85. Informação; 86. Consulta do processo; 87. Motivação das decisões administrativas onerosas; 88. Imparcialidade da Administração; 89. Equidistância; 90. Procedimento administrativo do Estado de direito; 91. Proporcionalidade jurídica da Administração; 92. Justa medida na actividade do Estado; 93. Fidelidade do sistema, justiça do sistema; 94. Segurança do direito; 95. Protecção da confiança; 96. Proibição da retroactividade; 97. Proibição da retroactividade no Direito criminal; 98. Paz jurídica; 99. Força da lei; 100. Regimes transitórios; 101. Dever geral de concessão de justiça; 102. Independência do juiz; 103. Juiz legal; 104. Nenhum juiz em causa própria; 105. Imparcialidade do juiz, neutralidade, objectividade; 106. Esclarecimento fac-

Se se acompanhar J. HABERMAS[665], resumir-se-ia a ideia de Estado de direito na «necessidade de canalizar em termos jurídicos o poder detido pelo Estado de sancionar, de organizar e de aplicar a lei». Ora bem, está aí uma boa base de trabalho, para a discussão das pistas conducentes à repleção do conceito de Estado de direito.

---

tual e jurídico de um caso; 107. Rigor procedimental; 108. Direito de ser ouvido; 109. Direito à informação sobre matéria do processo; 110. Advogado, defensor oficioso; 111. Obrigação de motivação do juiz; 112. Tutela eficaz de Direito penal; 113. Princípio da legalidade; 114. Uso da acção penal; 115. Pressupostos formais da perda de liberdade; 116. Presunção de inocência; 117. *Proibição de instrução e aproveitamento de prova*; 118. *In dubio pro reo*; 119. Não à obrigação de testemunhar contra si próprio; 120. Penas justas; 121. Procedimento justo; 122. Igualdade de armas; 123. Acesso ao tribunal; 124. Proporcionalidade de Direito processual; 125. Protecção jurídica efectiva; 126. Continuidade da protecção jurídica; 127. Amnistia, indulto; 128. Protecção judicial face à autoridade pública; 129. Regra da ponderação no plano; 130. Responsabilidade do plano; 131. Responsabilidade administrativa; 132. Sacrifício (direito de indemnização por sacrifício de bens particulares); 133. Compensação especial; 134. *Rechtmäßigkeitsrestitution*; 135. Proporcionalidade; 136. Adequação; 137. Exigibilidade; 138. Proporcionalidade em sentido restrito; 139. Ponderação de bens; 140. Proporcionalidade de meios; 141. Proporcionalidade de Direito constitucional.

Uma outra abordagem (também ela expansiva, embora com alguma contenção) à temática dos *elementos* do *princípio do Estado de direito* é susceptível de ser encontrada em E. S.-AßMANN, Der Rechtsstaat..., cit., p. 1023, 1027, 1030-1035, 1037, 1039, 1040, 1041.

Refere-se VITAL MOREIRA (no seu *Administração Autónoma e Associações Públicas*, Coimbra, Coimbra Editora, 1997, p. 234) à *administração autónoma* na sua relação com o Estado Social, para se distanciar da ideia segundo a qual aquela «envolve também» uma «dimensão do Estado social». Tratar-se-ia, aqui, de uma «relação puramente instrumental» (aquela que intercorre entre Estado social e administração autónoma. Assim sendo, «a relação da administração autónoma com o princípio do Estado social é menos evidente do que com o princípio democrático e o princípio do Estado de direito».

Numa direcção distinta, *vide* PHILIP KUNIG, Das Rechtsstaatsprinzip..., cit., p. 13 ss. *et passim*.

[665] J. HABERMAS, Droit et Démocratie: Entre Faits et Normes (trad. por Rainer Rochlitz e Christian Bouchindhomme do alemão "Faktizität und Geltung. Beiträge zur Diskurstheorie des Rechts und des Demokratischen Rechtsstaats", Frankfurt am Main, Suhrkamp Verlag, 1992), Paris, 1997, p. 151, 152.

CAPÍTULO I
OS DIREITOS FUNDAMENTAIS?

§ 1.° QUE DIREITOS FUNDAMENTAIS?

1. **Descompassos, Mais Descompassos**

Uma forma de medir a seriedade da pista dos direitos fundamentais, na linha da repleção do *Estado de direito*, é, por exemplo, debruçar-se sobre a visão que se teve e tem a respeito do fenómeno da escravatura ao longo da história. Muitas escravaturas houve[666]. Uma delas foi a que levou o continente negro à exinanição, há não muitos anos e durante muitos anos a fio[667].

---

666 No tocante à Roma antiga, *vide* SANTOS JUSTO, A Escravatura em Roma, *in* BFDC, 1997, p. 19 ss.

667 A propósito, escutemos MONTESQUIEU (De L'Esprit des Lois, Livre XV, Chapitre V): «Si j'avais à soutenir le droit que nous avons eu de rendre les nègres esclaves, voici ce que je dirais:

«Les peuples d'Europe ayant exterminé ceux de l'Amérique, ils ont dû mettre en esclavage ceux de l'Afrique, pour s'en servir à défricher tant de terres.

«Le sucre serait trop cher, si l'on ne faisait travailler la plante qui le produit par des esclaves.

«Ceux dont il s'agit sont noirs depuis les pieds jusqu'à la tête; et ils ont le nez si écrasé qu'il est presque impossible de les plaindre.

«On ne peut se mettre dans l'esprit que Dieu, qui est un être très sage, ait mis une âme, surtout une âme bonne, dans un corps tout noir.

«Il est si naturel de penser que c'est la couleur qui constitue l'essence de l'humanité, que les peuples de l'Asie, qui font les eunuques, privent toujours les noirs du rapport qu'ils ont avec nous d'une façon plus marquée.

«On peut juger de la couleur de la peau par celle des cheveux, qui, chez les Égyptiens, les meilleurs philosophes du monde, étaient d'une si grande conséquence, qu'ils faisaient mourir tout les hommes roux qui leur tombaient entre les mains.

«Une preuve que les nègres n'ont pas le sens commun, c'est qu'ils font plus de cas d'un collier de verre que de l'or, qui, chez des nations policées, est d'une si grande conséquence.

«Il est impossible que nous supposions que ces gens-là soient des hommes; parce que, si nous les supposions des hommes, on commencerait à croire que nous ne sommes pas nous-mêmes chrétiens.

«De petits esprits exagèrent trop l'injustice que l'on fait aux Africains. Car, si elle était telle qu'ils le disent, ne serait-il pas venu dans la tête des princes d'Europe, qui font entre eux tant de conventions inutiles, d'en faire une générale en faveur de la miséricorde et de la pitié»?

Ora, o relativismo que subjaz ao fio condutor das ideias explanadas, nomeadamente, por MONTESQUIEU *(id. ibid.)* suscita em mim estas perguntas: onde começa e onde termina a *dignidade da pessoa humana*[668]? Que peso terá tal

---

O arrazoado citado tanto poderia ser a convicção do autor, como apenas um exercício retórico-argumentativo – seja como for, não deixa de reconhecer que em alguns países a escravatura se funde numa *razão natural* (para aclarar esse aspecto, *vide* o que MONTESQUIEU afirma, um pouco mais adiante, no Chapitre VIII do Livre XV: «Mais, comme tous les hommes naissent égaux, il faut dire que l'esclavage est contre la nature, quoique dans certains pays il soit fondé sur une raison naturelle; et il faut bien distinguer ces pays d'avec ceux où les raisons naturelles mêmes le rejettent, comme les pays d'Europe où il a été si heureusement aboli»). Sobre a origem da escravatura, ver as formulações tecidas por MONTESQUIEU, De L'Esprit des Lois, Livre XV, Chapitre II-IV.

[668] *Cfr.* P. KIRCHHOF, Der demokratische Rechtsstaat – die Staatsform der zugehörigen, *in* J. Isensee/P. Kirchhof (Hg.), Handbuch des Staatsrechts der Bundesrepublik Deutschland, Band IX, Heidelberg, Müller, 1997, p. 1012.

E. S.-AßMANN, Der Rechtsstaat…, cit., p. 1003.

K. SOBOTA, Das Prinzip Rechtsstaat…, cit., p. 485-486.

F. MODERNE, La Dignité de la Personne Comme Principe Constitutionnel dans les Constitutions Portugaise et Française, *in* Jorge Miranda (org.), Perspectivas Constitucionais – Nos 20 Anos da Constituição de 1976, vol. I, Coimbra, Coimbra Editora, 1996, p. 197 ss.

J.M. CARDOSO DA COSTA, O Princípio da Dignidade da Pessoa Humana na Constituição e na Jurisprudência Constitucional Portuguesa, *in* S. Resende/F.A. Zilveti (Coord.), "Estudos em Homenagem a Manoel Gonçalves Ferreira Filho", São Paulo, Dialética, 1999, p. 191-199.

W. HÖFLING, Artikel 1 GG, *in* Michael Sachs (Hg.), Grundgesetzkommentar, 3. Aufl., München, Beck, 2003, p. 78 ss.

DORSEN/ROSENFELD/SAJÓ/BAER, Comparative Constitutionalism: Cases and Materials, USA, Thomson/West (American Casebooks Series), 2003, p. 489-497: «The concept of dignity – and the related concept of the person – has a long and complex history in religeous traditions. Christian theology, for example, understands dignity as a value inherently bound to duties and obligations. Muslim and Confucian theology offer their own distinct interpretations of the concept. However, the understanding of dignity that is prevalent in most contemporary liberal democracies is largely inspired by the philosophy of the Enlightenment, particularly that of Immanuel Kant». «In German jurisprudence this philosophy has been promulgated as "object theory", attributed to Günter Dürig (…) and captured in the following definition: dignity is the right not to be turned into an object for someone else's needs» (p. 491).

H.C. NIPPERDEY, Die Würde des Menschen, *in* F.L. Neumann/H.C. Nipperdey/U. Scheuner (Hrsg.), Die Grundrechte: Handbuch der Theorie und Praxis der Grundrechte, 2. Band, 2. Aufl., Berlin, Duncker & Humblot, 1968, p. 1-50.

À luz do constitucionalismo belga, F. DELPÉRÉE, O Direito à Dignidade Humana, *in* S. Resende/F.A. Zilveti (Coord.), "Estudos em Homenagem a Manoel Gonçalves Ferreira Filho", São Paulo, Dialética, 1999, p. 151-162.

Em especial, sobre a tutela jurídica da criança, *vide* E. KAFFT KOSTA/HELENA EMBALÓ, Guiné-Bissau: A Protecção da Criança no Direito Positivo [estudo concluído em 1995], Bissau, Radda Barnen/LGDH, 2000, p. 6-7, 9-83.

A ideia inspiraria, em PAULO OTERO, a concepção de uma nova disciplina científica, a que chamou "Direito da Vida" (*vide* PAULO OTERO, Direito à Vida – Relatório sobre o Programa Conteúdos e Métodos de Ensino, Lisboa, 2003). O estudo deste domínio científico nas Faculdades de

valor na arquitectura do chamado *Estado de direito*? Onde localizar a fundamentalidade do direito?

2. **Direitos Fundamentais Entre o Norte e o Sul; Cardápio Guineense**

O povo felup condensa numa só palavra ideias e crenças como a "liberdade", a "paz" e a "felicidade". A palavra é *Kassumai*. É igualmente uma saudação. Liberdade, felicidade, paz (*kassumai*), pilares de uma forma de ser que hoje a filosofia e a dogmática dos direitos fundamentais, de uma certa forma, pretendem conjugar.

A Carta Africana dos Direitos do Homem e dos Povos[669], de 1981, tem sido lida na perspectiva da conjugação dos direitos de liberdade com os direitos sociais[670], assim como com os da *terceira geração* (direitos à paz[671] e ao desenvolvimento[672]). A tudo isso acrescem os direitos *dos povos*[673]. Tenta-se, de igual

---

Direito, defendido naquele interessante momento da investigação jurídica em Portugal, seria «um imperativo científico e um verdadeiro dever de coerência axiológica de uma ordem jurídica fundada no postulado da dignidade da pessoa humana», algo, em suma, implicado pela «revolução biológica» que a genética conheceu, desde a segunda metade do século XX (*op. cit.*, p. 15).

669 No mesmo registo poder-se-ia situar o Acto Constitutivo da União Africana, que proclama a necessidade de promoção dos direitos do homem e dos povos (art. 3.°, e), h)), de respeito pelos *direitos humanos* (art. 4.°, m)), de respeito pela *santidade* da vida humana (art. 4.°, m)), facultando à U.A. o direito de intervir em países africanos a braços com situações graves como, por exemplo, crimes de guerra, genocídio, crimes contra a humanidade (art. 4.°, h)).

670 Em T.H. MARSHALL (*cfr.* Sociology at the Crossroads, London, Heinemann, 1963; Class, Citizenship and Development, Westport, Greenwood, 1973) podem-se descobrir, quanto à Grã-Bretanha, três fases na evolução da previdência social (algo ligado ao desenvolvimento das sociedades industriais e à valorização dos direitos de cidadania):

Séc. XVIII – conquista de direitos civis (liberdade de religião, de expressão, *processo legal justo*, direito de propriedade, *etc.*);

Séc. XIX – conquista de direitos políticos (direito de voto, direito de participação política, *etc.*);

Séc. XX – conquista de direitos sociais (direito à educação, à saúde, à habitação, ao trabalho, a um rendimento razoável, à previdência social: em 3 palavras, segurança social e económica). É a imagem de marca do Estado-providência.

671 Para um exercício aplicável à experiência político-constitucional espanhola, ver ANTONIO E. PEREZ LUÑO, Derechos Humanos: Estado de Derecho y Constitución, 8.ª ed., Madrid, Tecnos, 2003, p. 535 ss.

672 Do peso da ideia de desenvolvimento na África independente dão-nos conta RENÉ DAVID/JOHN E.C. BRIERLEY em Major Legal Systems in the World Today – Na Introduction to the Comparative Study of Law, 3 rd. Ed., London, Steven & Sons, 1985, p. 572-573.

W.S. HEINZ, Menschenrechte, *in* Pipers Wörterbuch zur Politik: Dritte Welt, Gesellschaft-Kultur-Entwicklung (Nohlen/Waldmann, Hrsg.), München/Zürich, Piper, 1987, p. 323 ss.

modo, chamar a terreiro os ignorados deveres (fundamentais). Ignorados (ao menos, quanto à sua catalogação explícita) em vários sistemas jurídicos, e dos mais renomados – como, a título de exemplo, o alemão[674].

Qual dessas valências integrará o conceito de *Estado de direito*? Ou todas elas serão, a essa luz, relevantes? A partir de que nível e até que nível determinarão a qualificação de um Estado como de direito? A confrontação de teses protagonizada na Conferência das Nações Unidas dos Direitos Humanos, realizada em Junho de 1993, em Viena, deixou vincada a ideia de que existe uma leitura ocidental dos direitos humanos e uma leitura não ocidental. Na linha da frente desta leitura não ocidental, colocou-se a República Popular da China – apoiada, designadamente, por países islâmicos (a ponto de falar alguém de *coligação confuciano-islâmica*) e outros (estes, por vezes, muito discretamente, ao nível dos bastidores – que os tempos não vão para grandes franquezas). As fronteiras traduziram-se, assim, numa visão universalizante do paradigma ocidental do direito fundamental[675] e noutra

---

673 *Cfr.* P. KIRCHHOF, Der demokratische Rechtsstaat..., cit., p. 989-990.

J. CHEVALLIER, L'Etat de Droit..., cit., p. 111 – para quem o conceito de *direitos fundamentais* permite ultrapassar certas dificuldades, «ao integrar as diferentes gerações de direitos e liberdades». Reconhece CHEVALLIER, na página 115, que o *Etat de droit*, após a II Guerra Mundial, abandonou «os caminhos escarpados da teoria jurídica para se inscrever no direito positivo, a preço de uma sensível inflexão do seu conteúdo: estima-se então que a perfeição da arquitectura formal não tem significação em si, mas somente se ela é posta ao serviço de certos fins, a saber a protecção dos direitos e liberdades, que constituem, afinal de contas, o valor supremo; o desabamento dos regimes fascista e nacional-socialista permitiu exumar um fundamento liberal que tinha estado profundamente enterrado».

674 J. CASALTA NABAIS, O Dever Fundamental de Pagar Impostos, Coimbra, Almedina, 1998, p. 117 ss. Nesta importante investigação, CASALTA NABAIS refuta (no âmbito da relação entre os direitos e os deveres fundamentais) a tese da assimetria, justamente porque esta tese, «como contraste que é da ideia de unidade entre direitos e deveres fundamentais, que seria própria dos estados totalitários, está longe de ser a expressão fiel da realidade, já que nem nos estados totalitários há unidade (ou simetria) entre direitos e deveres fundamentais, mas sim e unicamente deveres que também são apelidados de direitos, nem nos estados de direito democrático se verifica em termos absolutos assimetria entre direitos e deveres, pois que há direitos que são também deveres, verificando-se assim em relação a estes uma *parcial* simetria entre direito e dever (p. 119)».

675 Reflectindo alguns problemas da dogmática dos direitos fundamentais, *vide* H. BETHGE, Aktuelle Probleme der Grundrechtsdogmatik, *in* Der Staat, 1985, p. 351-382.

JORGE REIS NOVAIS, As Restrições aos Direitos Fundamentais Não Expressamente Autorizadas pela Constituição (3 volumes), Lisboa, 2002.

Numa forte inclinação historicista, é importante o trabalho de G. OESTREICH, Die Entwicklung der Menschenrechte und Grundfreiheiten: Eine historische Einführung, *in* K.A. Bettermann/F.L. Neumann/H.C. Nipperdey (Hrsg.), Die Grundrechte: Handbuch der Theorie und Praxis der Grundrechte, 1. Band, 1. Halbband, Berlin, Duncker & Humblot, 1966, p. 1-123.

P. FRAISSEIX, Les Droits Fondamentaux, Prolongement ou Dénaturation des Droits de l'Homme?, *in* Revue du Droit Public, 2, 2001, p. 531-553. Vê o autor, na senda de L. FAVOREU,

avessa a qualquer universal-absolutismo do direito fundamental[676]. A Declaração de Viena acabou por reflectir tais divergências, sendo a *via per mezzo* encon-

---

a mudança de denominação em França das "libertés publiques" para os "droits fondamentaux" como um significativo momento que corresponde à superação da "légalité" pela "constitutionnalité" na dinâmica da ordem jurídica.

Acentuando a «judicialização inevitável», como um *"plus"*, no quadro das «novas fronteiras dos direitos», *vide* P.A. IBAÑEZ, Garantia Judicial..., cit., p. 11-29 (designadamente, p. 24-25, onde se debruça sobre a área da bioética, no quadro da enérgica inovação tecnológica e científica).

J. REIS NOVAIS, Renúncia a Direitos Fundamentais, *in* Jorge Miranda (org.), Perspectivas Constitucionais – Nos 20 Anos da Constituição de 1976, vol. I, Coimbra, Coimbra Editora, 1996, p. 263-335. Um dos critérios orientadores «do processo de ponderação conducente à decisão sobre a validade de uma renúncia a direitos fundamentais» seria o «princípio da dignidade da pessoa humana».

MARIA J. ESTORNINHO, Requiem pelo Contrato Administrativo, Coimbra, Almedina, 1990, p. 153 ss. (a respeito da vinculação da Administração pública aos direitos fundamentais – num sentido oposto à *fuga para o Direito Privado* protagonizada por aquela).

Sobre outras dimensões da problemática *renúncia a direitos, cfr.* ORLANDO DE CARVALHO, Teoria Geral do Direito Civil, Coimbra, Centelha, 1981, p. 183-200.

G. KOUBI/R. ROMI, Etat Constitution Loi, Paris, Litec, 1993, p. 150-156.

FAUSTO DE QUADROS, Omissões Legislativas Sobre Direitos Fundamentais, *in* Jorge Miranda (org.), Nos Dez Anos da Constituição, Lisboa, IN-CM, 1987, p. 57-66.

H.-R. LIPPHART, Grundrechte und Rechtsstaat, *in* Europäische Grundrechte Zeitschrift, 1986, Heft 4, p. 149-162.

N. LUHMANN, Grundrechte als Institution: Ein Beitrag zur politischen Soziologie, 2. Aufl., Berlin, Duncker & Humblot, 1974.

THOMAS GROß, Die Autonomie der Wissenschaft im europäischen Rechtsvergleich, Baden-Baden, Nomos, 1992, p. 37 ss., *et passim.*

A propósito da situação dos direitos humanos entre a pretensão de universalidade e a soberania estadual, *vide* E. DENNINGER, Der gebändigte Leviathan, 1. Aufl., Baden-Baden, Nomos, 1990, p. 249 ss.

Pondo em destaque a relação entre a protecção *comunitária* dos direitos fundamentais e a protecção nacional dos mesmos, *cfr.* M.A. DAUSES, Zur neueren Grundrechtsproblematik in der EG, *in* JZ 1980, Nr. 9, p. 295 ss.

E. STEIN/G. FRANK, Staatsrecht, 17. neu bearb. Aufl., Tübingen, Mohr Siebeck, 2000, p. 207 ss., 448 ss.

J.M. AROSO LINHARES, Entre a Reescrita Pós-Moderna da Modernidade e o Tratamento Narrativo da Diferença ou a Prova como um Exercício de "Passagem" nos Limites da Juridicidade (Imagens e Reflexos Pré-Metodológicos deste Percurso), Stvdia Ivridica, 59, Boletim da Faculdade de Direito, Coimbra, Coimbra Editora, 2001, p. 400 ss.

676 Assim, P. JERÓNIMO [Os Direitos do Homem à Escala das Civilizações – Proposta de Análise a Partir do Confronto dos Modelos Ocidental e Islâmico, Coimbra, Almedina, 2001, p. 245 ss.], que, entre o relativismo e o universalismo, escolheu o primeiro.

W.S. HEINZ, Menschenrechte, *in* Pipers Wörterbuch zur Politik..., cit., p. 324-325.

Para outros desenvolvimentos, *vide* JORGE MIRANDA, Direito Constitucional II (Parte III – Direitos Fundamentais), Lisboa, 1988, p. 35-38.

trada uma de considerar os valores ou circunstâncias culturais e religiosos na afirmação dos direitos humanos.

Desde a Escola Estóica, pelo menos, uma certa valorização filosófica de rudimentos dos direitos fundamentais se tem verificado. Residiria ali a externação teorético-filosófica larvar de direitos fundamentais[677]. Tal conclusão é induzível a partir de uma série de equações doutrinárias promanantes dos estóicos: a ideia de igualdade[678], a ideia de dignidade do homem, de todos os homens; a recondução da escravatura a pura malvadez; a manifestação de um certo cosmopolitismo, em concatenação com o direito natural. A contextura civilizacional – extremamente permissiva, no que respeita à postergação de alguns direitos hoje considerados fundamentais – onde esteve plantado o estoicismo torna ainda mais valiosa a contribuição filosófica da *Stoa Poikile* (Séc. IV a.C.-II d.C.).

Os direitos fundamentais reflectem, na opinião de HABERMAS[679], a «socialização horizontal dos cidadãos», no seu estado de nascença. Esse «instante de concessão recíproca de direitos» não é muito mais do que um «acontecimento metafórico» – que pode ser recordado e «ritualizado», mas não tornado permanente «sem a criação ou utilização funcional de um poder do Estado». Nesta perspectiva habermasiana «o processo de juridicização não pode limitar-se, de uma parte, às liberdades de acção subjectivas dos particulares e, de outra, às liberdades comunicacionais dos cidadãos». Tal processo deve «estender-se ao poder político».

O catálogo, hoje, dos direitos fundamentais[680] tem-se expandido consideravelmente, não obstante as chamadas de atenção provenientes, algumas vezes, de

---

677 *Cfr.*, entre outros, J.C. VIEIRA DE ANDRADE, Os Direitos Fundamentais na Constituição Portuguesa de 1976, 1.ª ed. (reimpressão), Coimbra, Almedina, 1987, p. 12 (na 2.ª edição da obra – do ano 2001 –, *vide* p. 14-15).

678 Que, mais tarde, é por S. TOMÁS DE AQUINO assim perspectivada [Suma Teológica, edição bilingue, latim-castelhano, vol. II, 1948, p. 804 ss. (I, q. 47, a. 1, 2)]: a sabedoria divina é a causa da distinção das coisas e da desigualdade «porque não seria perfeito o universo sem que em todas as coisas houvesse um só grau de bondade» (*«Sicut ergo divina sapientia causa est distinctionis rerum propter perfectionem universi, ita et inaequalitatis. Nom enim esset perfectum universum, si tantum unus gradus bonitatis inveniretur in rebus»*).

679 J. HABERMAS, Droit..., cit., p. 150.

680 Sobre o conceito, estrutura e restrições aos Direitos fundamentais, *vide*, *v.g.*, K. STERN, Die Grundrechte und ihre Schranken, *in* Peter Badura/Horst Dreier (Hg.), Festschrift 50 Jahre Bundesverfassungsgericht, 2. Band (Klärung und Fortbildung des Verfassungsrechts), Tübingen, Mohr Siebeck, 2001, p. 2-34.

D. FREITAS DO AMARAL, Direitos Fundamentais dos Administrados, *in* Jorge Miranda (org.), Nos Dez Anos da Constituição, Lisboa, IN-CM, 1987, p. 11-28.

PIEROTH/SCHLINK, Grundrechte – Staatsrecht II, 19. Aufl., Heidelberg, Müller, 2003, p. 6 ss., 12 ss., 16 (onde se avança com a seguinte definição: «Die Grundrechte des Grundgesetzes sind die

sectores conotados com um certo jusnaturalismo. Chamadas de atenção para a necessidade de os direitos fundamentais se aterem àqueles direitos *verdadeiramente* fundamentais. Num clima de expansibilidade como esse, mais difícil se nos torna a tarefa de recortar, de entre os muitos direitos fundamentais, aqueles susceptíveis de integrar, naturalmente, o *Estado de direito*[681].

Move-se numa ambiência dilemática traduzida ou na rendição às opções positivo-constitucionais por qualquer desenho de direitos fundamentais, ou na

---

die Ausübung der staatlichen Gewalt verfassungskräftig verpflichtenden subjektiven Rechte des einzelnen»).

A especificação dos variados direitos fundamentais vem estabelecida nas páginas 80 a 291. M. SCHWEITZER, Staatsrecht III – Staatsrecht, Völkerrecht, Europarecht, 7. Aufl., Heidelberg, Müller, 2000, p. 235-236.

Uma clarificante delimitação do conceito de direitos fundamentais face a outros como *direitos de personalidade, direitos dos povos, deveres fundamentais, interesses difusos, situações funcionais* e *garantias institucionais* pode-se ver em PAULO F. DA CUNHA, Teoria da Constituição II – Direitos Humanos Direitos Fundamentais, Lisboa/São Paulo, Verbo, 2000, p. 225-237.

Optando por um discurso pluralizante, em que se propõe a passagem do "eu" para "nós", no domínio da conceptualização dos direitos da personalidade, *vide* D. LEITE CAMPOS, Nós: Estudos sobre o Direito das Pessoas, Coimbra, Almedina, 2004, p. 151 ss. Insurge-se o autor contra a situação na sua opinião reinante, que se traduz na prevalência do direito de personalidade do mais forte sobre o do mais fraco: «qualquer direito da personalidade é considerado superior a qualquer outro. Basta que o que o invoca esteja em posição de vantagem, seja o mais forte» – tal como se levanta contra a sanção concedida pelo Direito a esse "desequilíbrio".

681 *Cfr.* J.C. VIEIRA DE ANDRADE, Os Direitos Fundamentais..., cit., (2.ª ed.), p. 77-78: «Este processo de alargamento, intensivo e extensivo, natural num ambiente de socialização, corre o risco de exceder-se e de se tornar num "jusfundamentalismo", quando é dominado por uma preocupação maximalista de enquadramento e de protecção – mas pode e deve ser contido dentro dos limites do razoável, para que não provoque o amolecimento e a descaracterização do conceito de direito fundamental». Interessantes também são as reflexões produzidas nas páginas 92-93: «Direitos fundamentais têm de ser os direitos básicos, essenciais, principais, que caracterizam a pessoa, mesmo que não estejam previstos no catálogo ou na Constituição, mas só esses. Desse modo, o elemento intencional do critério proposto, a referência ao princípio da dignidade da pessoa humana, deve ser enriquecido com esta nota, para afastar direitos individuais que não mereçam aquele qualificativo». Concede, no entanto, o autor que, por ser «mais difícil evitar o subjectivismo do intérprete sobre o que é ou não básico», «se há-de presumir que os direitos atribuídos na Constituição aos indivíduos são considerados essenciais, no tempo histórico, à dignidade dos homens que formam a comunidade, ao passo que tem de ser justificadamente provada a analogia necessária à "constitucionalização" dos direitos contidos nas leis».

Sublinhando o papel do Tribunal Constitucional português no «combate a um legicentrismo positivista e para o enraizamento da ideia da vinculação do legislador aos direitos fundamentais», mas sem abraçar de ânimo leve «uma qualquer "Jurisprudência de valores"», *cfr.* GOMES CANOTILHO, Jurisdição Constitucional e Intranquilidade Discursiva, *in* Jorge Miranda (org.), Perspectivas Constitucionais – Nos 20 Anos da Constituição de 1976, vol. I, Coimbra, Coimbra Editora, 1996, p. 871-887.

pré-assunção substancialística de certos e determinados direitos como verdadeiramente fundamentais.

Relativamente a qualquer das opções, militam argumentos ponderosos. Na verdade, o sufrágio da opção (de qualquer opção) positivo-constitucional simplifica o problema e reduz a margem de incerteza jurídica na matéria; mas, por seu turno, a pré-assunção substancialística de certos conteúdos – numa perspectiva anti-expansionista dos direitos fundamentais – casa-se bem com os postulados essenciais da boa legiferação (seria um convite ao legislador – constitucional, ordinário ou convencional – no sentido de fazer uma Constituição verdadeiramente constituinte, com um elevado potencial de perdurabilidade e estabilidade, não uma Constituição prolixa, circunstancial e avulsa).

O legislador constitucional guineense, na tentativa de fixação do âmbito e conteúdo dos direitos fundamentais, elegeu, no art. 29 da Constituição de 1984, a seguinte opção: «1. Os direitos fundamentais consagrados na Constituição não excluem quaisquer outros constantes das demais leis da República e das regras aplicáveis de direito internacional»; «2. Os preceitos constitucionais e legais relativos aos direitos fundamentais devem ser interpretados de harmonia com a Declaração Universal dos Direitos do Homem».

Num ambiente de positivação constitucional de um leque considerável de direitos fundamentais, como é o caso do constitucionalismo guineense, a formulação constitucional atrás citada deixa uma vasta zona de sombra que convém aclarar. Na verdade, se nos parece pacífico, por exemplo, o problema do valor paramétrico dos direitos fundamentais em relação à validade de normas infraconstitucionais[682], o que dizer dos direitos fundamentais considerados materialmente constitucionais, mas já não formalmente?

Uma resposta possível[683]: Se esses direitos são densificações possíveis do programa normativo-constitucional, eles farão parte do "bloco de constitucionalidade" (se forem, portanto, formas de revelação ou densificação de regras ou princípios positivamente consagrados na Constituição);

Se são direitos autónomos, nesta perspectiva, eles deverão fazer parte do "bloco de legalidade".

Será que o art. 29/2 CRGB é uma norma de recepção material[684]? Será antes uma norma de recepção formal? Falamos aqui da técnica legiferativa tam-

---

682 Os direitos fundamentais plasmados na Constituição são, portanto, um parâmetro no controlo da constitucionalidade de outros actos normativos.

683 GOMES CANOTILHO, Direito Constitucional, 5.ª ed., p. 1000 ss.

684 Sujeita ele as disposições da Declaração Universal dos Direitos do Homem aos parâmetros da CRGB?

bém conhecida por remissões extra-sistemáticas (para sistemas, portanto, estranhos ao sistema jurídico *a quo*).

O n.° 2 do art. 29 CRGB é uma norma *handicapée*, para as pretensões daqueles que intentam fazer, directamente, das disposições da DUDH também princípios constitucionais. Mas estas não são, de todo, princípios constitucionais[685].

Mais: Nem sequer se afigura legítimo fazer entrar a DUDH no xadrez constitucional, através da janela da sua recondução[686] a "regras e princípios de Direito internacional geral ou comum".

Desde logo, porque nem sequer existe no discurso constitucional uma disposição a ditar que essas *regras e princípios de Direito internacional geral ou comum integrem o direito guineense* (uma cláusula constitucional de recepção do Direito internacional geral ou comum)[687].

Sobraria a janela da cláusula de "não-tipicidade" (ou aberta) de direitos fundamentais, consignada no art. 29, n.° 1 CRGB...

---

685 Mas ainda que o outro membro ("integrados") lá fosse posto, poder-se-ia conceder naquele ponto?

686 Dela, DUDH.

687 Não desconhecemos o nexo de complementaridade entre a ordem jurídica interna e a internacional – porque, como enfatizou Paul de Visscher, «la société internationale et la société étatique, comme l'aveugle et le paralytique, sont solidaires et si les normes de droit international permettent aux États de coéxister, les techniques du droit interne sont encore indispensable pour permettre à ces normes de produire leur plein effet» (P. de Visscher, Cours Général de Droit International Public, *in* Recueil des Cours de l'Académie de Droit International, n.° 36, 1971-II, p. 25).

Entre as clássicas teses dualista e monista, interpõem-se hoje *nuances* que tendem a demarcar-se da visão *redutoramente* simplista surpreendível numa e noutra tese. Refiro-me às abordagens moderadoras dos dois pilares clássicos radicados, respectivamente, em H. Triepel (Volkerrecht und Landesrecht, 1889), D. Anzilotti (Il Diritto Internazionale nei Giudizi Interni, *in* Scritti di Diritto Internazionale Publico, Pádova, 1956) – por um lado – e Hans Kelsen, por outro.

Nuances, portanto, entre o dualismo radical de um Triepel e o monismo internacional (radical) de um Kelsen. É que para os dualistas, o Direito internacional e o interno são diferentes porque: aquele resulta da vontade de vários Estados, resultando o Direito interno da vontade de um Estado; os Estados é que são os sujeitos do Direito internacional, enquanto que no Direito interno seriam os indivíduos e as pessoas jurídicas *stricto sensu;* a norma internacional vale só e só quando for *recebida, transformada* internamente em lei (não bastando a ratificação), enquanto que a norma interna tem a sua validade estabelecida independentemente do Direito internacional (implicando, no máximo, a responsabilidade do Estado).

Por outro lado, Kelsen admite a anulação de toda a norma de direito interno que contrarie uma norma de Direito internacional. Esta perspectiva do monismo radical internacional kelseniano poderia talvez ter algum cabimento numa ordem internacional que fosse uma reprodução da mecânica federalista... Mas o mundo é ainda *Estados nacionais, soberania nacional* – apesar da *globalização,* das experiências organizacionais supraestaduais.

E, mais uma vez, o texto (constitucional) não ajudou para a *festa* dos internacionalistas e dos neo-jusnaturalistas:

Estatuiu-se ali que «os direitos fundamentais consagrados na Constituição não excluem quaisquer outros constantes (...) das regras aplicáveis de direito internacional».

Ora, sobre a *aplicabilidade* das regras de Direito internacional, a Constituição não disse nada...

Logo, parece artificioso, forçado partir-se dessas premissas para a ideia de que a DUDH *está na* Constituição formal e material ou mesmo – como sustentariam alguns – para a ideia da supraconstitucionalidade da Declaração Universal[688].

O momento estritamente hermenêutico da relação DUDH-CRGB deve despertar-nos para o carácter ancilar, subsidiário da Declaração Universal[689].

Exigir demais é "abraçar o céu"... E quem *abraça* o céu desabraça o chão[690].

Uma curta *tournée* pelo catálogo de direitos fundamentais (sem grandes preocupações com hierarquias – a serem admissíveis hierarquizações neste campo) descortinável em Constituições como a da Guiné-Bissau, a de Portugal e alguns países geográfica ou culturalmente próximos daqueles:

Direito à vida[691] (art. 36 CRGB); liberdade de locomoção (art. 53 CRGB); direito à integridade pessoal (art. 37, 38 CRGB); não retroactividade, em princí-

---

688 Mais uma vez, a problemática das normas constitucionais inconstitucionais.

689 Uma Declaração Universal que resulta de uma Resolução da Assembleia Geral das Nações Unidas (aprovada sem nenhum voto contra, com 48 votos a favor e 8 abstenções – URSS, Bielo-Rússia, Ucrânia, Checoslováquia, Polónia, Jugoslávia, Arábia Saudita e África do Sul), sem força vinculatória.

Isso não impediu que alguns vissem no seu *corpus* a força do *costume internacional* ou o repositório de "princípios gerais de direito comuns às nações civilizadas", não faltando quem veja nalgumas das suas proclamações regras de *ius cogens*. Questionando a «relevância prática» de conceitos como o *ius cogens* «na realidade de Direito Internacional, tal como este é concebido na relação entre os Estados», cfr. FERNANDO LOUREIRO BASTOS, A Internacionalização dos Recursos Naturais Marinhos, Lisboa, AAFDL, 2005, p. 122-124.

Tal posicionamento não impediu, contudo, o autor de sublinhar a «inquestionável necessidade de existirem normas de Direito Internacional capazes de enquadrar os comportamentos dos Estados, em particular quando está em causa o tratamento das pessoas físicas».

690 E. KAFFT KOSTA, Les Droits Fondamentaux, la Plateforme Herméneutique et la Judicature – ou le Juge entre l'Embrassement au Ciel et le Désembrassement de la Terre – (in Cahiers de l'AOA-HJF, 2003; 5e Assises et Colloques Scientifiques de l'Association Ouest Africaine des Hautes Juridictions Francophones, du 23 au 27 Juin 2003, à Ouagadougou, Burkina Faso).

691 Sobre o tema, E. KERN, Schutz des Lebens, *in* F.L. Neumann/H.C. Nipperdey/U. Scheuner (Hrsg.), Die Grundrechte: Handbuch der Theorie und Praxis der Grundrechte, 2. Band, 2. Aufl., Berlin, Duncker & Humblot, 1968, p. 51 ss.

pio, da lei (art. 38/4 CRGB)[692]; *nullum crimen sine lege*[693] (art. 41/1 CRGB); *nulla poena sine lege* (art. 41/2 CRGB); *ne bis in idem* (art. 41/4 CRGB); presunção de inocência (art. 42/2 CRGB); liberdade de associação (art. 55 CRGB); liberdade de constituição de partidos políticos (art. 4.°/1 CRGB); liberdade de reunião (art. 54/1 CRGB); liberdade de manifestação[694] (art. 54/2 CRGB); liberdade sindical (art. 45 CRGB); direito à greve (art. 47/1 CRGB); direito de propriedade privada (art. 12/1, c) CRGB); iniciativa económica (art. 11 CRGB); liberdade de consciência[695] (art. 52/1 CRGB); liberdade religiosa[696] (art. 52/1,

---

692 Sobre a irretroactividade da lei penal, como elemento estruturante do Estado de direito, *vide* J. LIMBACH (Gerechtigkeit im Rechtsstaat, *in* Zeitschrift für Gesetzgebung, 1993, Heft 4, p. 293-294), que se debruçou, a propósito, sobre o caso *Erich Honecker* no pós-RDA.

693 MARIA FERNANDA PALMA, Constituição e Direito Penal – As Questões Inevitáveis, *in* Jorge Miranda (org.), Perspectivas..., 1997, p. 236.

694 G.W. HEINEMANN, Plädoyer für den Rechtsstaat, Karlsruhe, C.F. Müller, 1969, p. 63-64 (*Achtung vor dem Gesetz und den Grundrechten*).

SÉRVULO CORREIA, O Direito de Manifestação – Âmbito de Protecção e Restrições, Coimbra, Almedina, 2006, p. 85-p. 94.

695 Como resolver eventuais colisões entre normas similares a esta que estipulam a liberdade de consciência, de crença, o direito de não ser incorporado no serviço militar, em tempo de guerra, contra a própria vontade, bem como a obrigatoriedade do serviço militar ou de protecção civil (por exemplo, Art. 4 Abs, 1, 3 S. 1 GG e Art. 12 a Abs. 1 GG)? Veja-se, nessa direcção, o exercício encetado por L.H. FOHMANN, no seu pequeno estudo *Konkurrenzen und Kollisionen im Grundrechtsbereich*, *in* EuGRZ 1985, Heft 3, p. 49-62 (à cabeça, as páginas 60-62).

Ver, também, W. HAMEL, Glaubens- und Gewissensfreiheit, *in* K.A. Bettermann/H.C. Nipperdey/U. Scheuner (Hrsg.), Die Grundrechte: Handbuch der Theorie und Praxis der Grundrechte, 4. Band, 1. Halbband, Berlin, Duncker & Humblot, 1960, p. 37-110.

JOSÉ LAMEGO, "Sociedade Aberta" e Liberdade de Consciência: O Direito Fundamental de Liberdade de Consciência, Lisboa, AAFDL, 1985, p. 31 ss., 83 ss.

MARIA DA ASSUNÇÃO ESTEVES, A Constitucionalização do Direito de Resistência, Lisboa, AAFDL, 1989, p. 139 ss.

696 Se, antes da independência, vigorou no ordenamento teoricamente vigente na Guiné (pelo menos, na *Metrópole*) – por via do poder colonial – um regime de religião de Estado (portanto, união entre o Estado e uma confissão – na vertente do regalismo), metamorfoseando-se depois em regime de separação, a partir da Constituição de 1911 (separação relativa – com tratamento, portanto, especial e privilegiado da religião católica – a partir da Constituição de 1933; separação absoluta, para não dizer laicismo, através da Constituição de 1911), com a independência, a Guiné passou a ter, pelo menos formalmente, um regime de separação absoluta (já que todas as religiões estão num plano de igualdade, não de supra-infra-ordenação – sobre a igualdade, *vide* MARCELO REBELO DE SOUSA, Lições de Direito Administrativo, vol. I, Lisboa, Lex, 1999, p. 122-123), um Estado laico. O art. 6.° determina a «separação entre o Estado e as instituições religiosas».

Põe-se igualmente aqui o problema congelado da vetusta Concordata de 1940 entre o Estado português e a Santa Sé (em vigor ainda na Guiné), flagrantemente inconstitucional em vários pontos, mas até agora (2004) intocada. Curiosamente, Portugal e o Vaticano já concluíram uma nova Concordata.

Vejamos as coordenadas históricas para a compreensão de uma cúmplice relação (a Concordata, o Estado, a Santa Sé).

A Concordata, celebrada, como já se disse, em 1940, condensava então o estatuto jurídico fundamental da confissão católica no espaço português. Por outro lado, as confissões não católicas encontrariam o grosso ou a parte mais nobre da sua regulamentação na Lei 4/71.

Dois problemas são desde já identificáveis:

1.°, o da vigência no ordenamento guineense post-independência; problema resolúvel com recurso à Lei 1 de 1973 (que determina a continuação da vigência na Guiné-Bissau de diplomas e actos não contrários aos interesses nacionais e não revogados); há ainda a destacar as disposições ínsitas na Lei 6/76, de 4 de Maio, nomeadamente no art. 15, que torna aplicáveis aos casamentos canónicos as normas consagradas naquela diploma.

2.°, o problema da constitucionalidade da Concordata. Inconstitucionalidade, dado que quer o *tratamento privilegiado* dado ao catolicismo, quer o "tratamento diferenciado" aí ínsito nem sequer reflectem o jogo das ponderações (*scilicet*: peso específico de cada confissão) que outros achariam suficiente para justificar a Concordata.

Uma análise fugaz da Concordata fornece-nos o seguinte quadro:

Art. 1.°: Reconhece-se personalidade jurídica à igreja católica (e ela assume, destarte, uma personalidade de Direito internacional);

Art. 3.°, 2.° § e 4.°: garante a livre constituição e actuação das associações da igreja católica, bem como a personalidade jurídica das mesmas;

Art. 8.°: isenções fiscais para eclesiásticos, templos e seminários;

Art. 17: garante assistência religiosa em escolas, hospitais, prisões e afins (art. 18 – nas Forças Armadas);

Art. 21, 1.° §, 1.ª parte: sujeição do ensino nas escolas públicas aos princípios da doutrina e moral católicas (de duvidosa constitucionalidade, face ao 49/4 CRGB) [*vide* Acórdão n.° 423/87 do TC português, *in* Diário da República, 1.ª série, n.° 273, de 26.11.1987 – encontra-se também editado em JORGE MIRANDA, Jurisprudência Constitucional Escolhida I, Lisboa, Universidade Católica Editora, 1996, p. 407-499];

Art. 21, 1.° §, 2.ª parte: ensino de religião e moral católicas em estabelecimentos de ensino público e não superior aos alunos cujos encarregados de educação não hajam pedido tal isenção (inconstitucionalidade, neste particular, face ao 49/4 CRGB);

Art. 24: Não ao divórcio das pessoas canonicamente matrimoniadas – do casamento "rato e consumado" (em contradição com a Lei 6/76);

Art. 26, 27, 28: para o Ultramar português.

Sustentando a inconstitucionalidade do art. 51/3 CC (e a sua incompatibilidade «com os princípios fundamentais que norteiam a regulamentação de situações privadas internacionais através do DIP»), *vide* A. MARQUES DOS SANTOS, Constituição e Direito Internacional Privado – O Estranho Caso do Artigo 51.°, n.° 3, do Código Civil, *in* Jorge Miranda (org.), Perspectivas Constitucionais: Nos 20 Anos da Constituição de 1976 (vol. III), Coimbra, Coimbra Editora, 1998, p. 378-387.

Relativamente à Itália, *vide* S. BERLINGÒ, Il ''Principio'': Una Garanzia Costituzionale ''Forte'' per i Raporti tra lo Stato e le Confessioni Religiose, *in* Politica del Diritto, n.° 1, Marzo 1996, p. 49-65.

6.° CRGB); liberdade de educação[697] (art. 49/3/4 CRGB); liberdade de expressão e informação[698] (art. 51 CRGB); direito à informação e protecção jurídicas[699] (art. 34 CRGB); *habeas data* (art. 5, LXXII, Constituição do Brasil, de 1988, ver também art. 35 CRP[700]); liberdade de imprensa (art. 56 CRGB)[701];

Ainda, JÓNATAS E.M. MACHADO, Liberdade Religiosa numa Comunidade Constitucional Inclusiva: Dos Direitos da Verdade aos Direitos dos Cidadãos (Boletim da Faculdade de direito – Stvdia Ivridica, 18, Universidade de Coimbra), Coimbra, Coimbra Editora, 1996, p. 154 ss., 180--181, 366 ss.

PAULO P. ADRAGÃO, A Liberdade Religiosa e o Estado, Coimbra, Almedina, 2002, p. 144-275, 339-356 e 376-385 (sobre a Concordata de 1940 e a Lei 4/71), 432 ss.

C. BLANCO DE MORAIS, Liberdade Religiosa e Direito de Informação – O Direito de Antena das Confissões Religiosas e o Serviço Público de Televisão, *in* Jorge Miranda (org.), Perspectivas Constitucionais – Nos 20 Anos da Constituição de 1976, vol. II, Coimbra, Coimbra Editora, 1997, p. 239-302.

ANTÓNIO M. MOREIRA, A Liberdade Religiosa, Braga, Editorial Franciscana, 1971 (onde se pode ver, ainda, em apêndice, a Declaração "Dignitatis Humanae" do Concílio Vaticano II – *Do direito da pessoa e das comunidades à liberdade social e civil em matéria religiosa*).

J.S. DE SOUSA, Religião e Direito no Alcorão, Lisboa, Estampa, 1986, p. 61 ss.

Em geral, sobre a igreja, *cfr.* P. MIKAT, Kirchen und Religionsgemeinschaften, *in* K.A. Bettermann/H.C. Nipperdey/U. Scheuner (Hrsg.), Die Grundrechte: Handbuch der Theorie und Praxis der Grundrechte, 4. Band, 1. Halbband, Berlin, Duncker & Humblot, 1960, p. 111-243.

697 H. PETERS, Elternrecht, Erziehung, Bildung und Schule, *in* K.A. Bettermann/H.C. Nipperdey/U. Scheuner (Hrsg.), Die Grundrechte: Handbuch der Theorie und Praxis der Grundrechte, 4. Band, 1. Halbband, Berlin, Duncker & Humblot, 1960, p. 397-445.

698 JÓNATAS E.M. MACHADO, Liberdade de Expressão: Dimensões Constitucionais da Esfera Pública no Sistema Social (Boletim da Faculdade de Direito – Stvdia Ivridica, 65, Universidade de Coimbra), Coimbra, Coimbra Editora, 2002, p. 416-663.

699 "Jurídicas", em vez de "jurídica", como consta da CRGB, para enfatizar a natureza da informação em jogo (de contrário, revelar-se-ia redundante o preceito, face ao que dispõe o art. 51).

Sobre alguns contornos deste direito à informação, *cfr.* SÉRVULO CORREIA, O Direito dos Interessados à Informação: Ubi Ius, Ibi Remedium – Anotação ao Acórdão do Supremo Tribunal Administrativo (1.ª Secção) de 2.5.1996, P. 40120, *in* Correia, Sérvulo/Ayala, B. Diniz de/Medeiros, Rui, Estudos de Direito Processual Administrativo, Lisboa, Lex, 2002, p. 313-321.

700 Sobre o caso português, em especial, J. BACELAR GOUVEIA, Os Direitos Fundamentais à Protecção dos Dados Pessoais Informatizados, Separata da Revista da Ordem dos Advogados, Ano 51, III, Lisboa, Dezembro 1991.

PAULO DE SOUSA MENDES, A Responsabilidade de Pessoas Colectivas no Âmbito da Criminalidade Informática em Portugal, Separata do vol. IV de Direito da Sociedade da Informação, Coimbra Editora, 2003, p. 385 ss.

701 *Cfr.* C.R. SUNSTEIN, Democracy and the Problem of Free Speech, New York/Toronto//Oxford/Singapore/Sydney, The Free Press, 1993, p. 53-92.

É indisfarçável, a partir do fim do século XX, o papel dos operadores empresariais da área da comunicação social no jogo político-mediático. Situação que atinge o paroxismo, quando a tendência para a concentração em escassas mãos de todo aquele leviatânico poder vai ganhando corpo. Poder de moldar a nossa *aldeia global* (tomando de empréstimo a fórmula imortalizada por Mars-

liberdade científica, artística e intelectual (art. 50 CRGB)[702]; liberdade de trabalho e de profissão (art. 47 CRP); direito à cultura (art. 17/2 CRGB); segurança do emprego (art. 46/2 CRGB); inviolabilidade do domicílio (art. 48/1/2 CRGB); inviolabilidade da correspondência[703] e de outros meios de comunicação privada (art. 48/1 CRGB); acesso à justiça[704] (art. 32 CRGB); responsa-

---

hall McLuhan – *vide,* acerca da relevância dos meios electrónicos de comunicação social, o seu *Understanding Media,* London, Routledge and Kegan Paul, 1964).

GUREVITCH/BLUMLER [Political Communication Systems and Democratic Values, *in* J. Lichtenberg (ed.), Democracy and the Mass Media, Cambridge, Mass., Cambridge University Press, 1990, p. 270] propõem 8 pontos que traduziriam a conduta dos *media* no âmbito do sistema político-constitucional. O que poderíamos chamar *8 mandamentos da lei de GUREVITCH e BLUMLER* consubstancia-se na seguinte lista:

«Observar o ambiente sócio-político, dando conta dos desenvolvimentos susceptíveis de interferir, positiva ou negativamente, no bem-estar dos cidadãos;

Definir as questões relevantes da ordem do dia política, identificar os assuntos chave, bem como as forças que os conceberam e que podem trazer uma solução para os mesmos;

Estabelecer plataformas que permitam aos políticos e aos porta-vozes doutras causas e doutros grupos de interesses defender as respectivas posições de forma inteligível e esclarecedora;

Permitir o diálogo entre uma diversidade de pontos de vista, bem como entre detentores do poder (actuais e futuros) e o público;

Criar mecanismos que permitam pedir aos responsáveis que prestem contas da maneira como exercem o poder;

Incitar os cidadãos a aprenderem a escolher e a estarem implicados, não apenas a seguir e observar o processo político;

Resistir, em nome de princípios bem definidos, aos esforços exteriores aos *media* que visam subverter a sua independência, a sua integridade e a sua capacidade de servir o público;

Respeitar o público como estando potencialmente envolvido e capaz de compreender o seu ambiente político».

Vide, ainda, P. KIRCHHOF, Der demokratische Rechtsstaat..., cit., p. 1009-1010.

J. CARPIZO, Los Medios de Comunicación Masiva y el Estado de Derecho, la Democracia, la Política y la Ética, *in* Boletín Mexicano de Derecho Comparado, Septiembre-Diciembre 1999, n.° 96, p. 743-764.

702 Onde se incluiria o direito de autor. Assim, e para outros desenvolvimentos, J. OLIVEIRA ASCENSÃO, Direitos de Autor e Direitos Fundamentais, *in* Jorge Miranda (org.), Perspectivas Constitucionais – Nos 20 Anos da Constituição de 1976, vol. II, Coimbra, Coimbra Editora, 1997, p. 181-193.

Também, do mesmo autor, A liberdade de Referências em Linha e os seus Limites, Separata da RFDUL, Vol. XLII, n.° 1, Coimbra, Coimbra Editora, 2001, p. 23-24.

703 D. OEHLER, Postgeheimnis, *in* F.L. Neumann/H.C. Nipperdey/U. Scheuner (Hrsg.), Die Grundrechte: Handbuch der Theorie und Praxis der Grundrechte, 2. Band, 2. Aufl., Berlin, Duncker & Humblot, 1968, p. 605-622.

704 J.M. SÉRVULO CORREIA/J. BACELAR GOUVEIA, Princípios Constitucionais do Acesso à Justiça, da legalidade Processual e do Contraditório; Junção de Pareceres em Processo Civil; Interpretação Conforme à Constituição do art. 525.° CPC – Anotação ao Ac. N.° 934/96 do Tribunal Constitucional, *in* ROA, ano 57, I, 1997.

bilidade[705] dos entes públicos, em caso de violação de direitos de liberdade ou "prejuízo para outrem" (art. 33 CRGB)[706]; direito de antena[707] dos actores

---

705 Descreve M. FROMONT (La Responsabilité de l'Etat en Droit Français, *in* Ministério da Justiça, Responsabilidade Civil Extra-Contratual do Estado – Trabalhos Preparatórios da Reforma, Coimbra, Coimbra Editora, 2002, p. 155-156, 164-167, 168), reportando-se ao ordenamento francês, um arco partindo de um primeiro momento de *irresponsabilidade*, seguindo-se-lhe o da *responsabilidade restrita* (sinalizado pelo *arrêt Blanco*, produzido pelo *Tribunal des Conflits*, em 8.2.1873, nos termos do qual: «la responsabilité qui peut incomber à l'État pour les dommages causés aux particuliers par le fait des personnes qu'il emploie dans le service public ne peut être régie par les principes qui sont établis dans le code civil pour les rapports de particuliers à particuliers. Cette responsabilité n'est ni générale, ni absolue; elle a ses règles spéciales qui varient selon les services et la nécessité de concilier les droits de l'État avec les droits privés») e culminando na situação de responsabilização clara do Estado francês, na matéria aqui vertida. Com efeito, opina o autor, nota-se uma grande sensibilidade e abertura da judicatura actual do Hexágono à questão da responsabilidade do Estado na sua relação com os particulares.

No que se atém ao panorama espanhol, *cfr.*, do mesmo volume, J.L. VILLA, La Protección Jurídica del Administrado: Las Acciones en Materia de Responsabilidad de la Administración Pública, p. 121-153. Concentra-se o autor nos aspectos procedimentais do problema.

706 No que concerne ao tema em alusão, *vide* R. MEDEIROS, Ensaio sobre a Responsabilidade Civil do Estado por Actos Legislativos, Coimbra, Almedina, 1992, p. 85 ss.

M.L. AMARAL, Responsabilidade do Estado-Legislador: Reflexões em Torno de uma Reforma, *in* Legislação – Cadernos de Ciência de Legislação (INA), 32, Outubro-Dezembro 2002, p. 5-21.

De MARIA LÚCIA AMARAL P. CORREIA, *vide*, também, Responsabilidade do Estado e Dever de Indemnizar do Legislador, Coimbra, Coimbra Editora, 1998, p. 688-708. Aventa a hipótese de a disposição constitucional portuguesa atinente à matéria em análise albergar a consagração «de forma única em direito comparado» de uma responsabilidade civil do Estado por actos legislativos ilícitos (p. 697). Concluiria, porém, neste sentido: «o instituto da "responsabilidade do Estado-legislador" não existe em direito português como não existe em qualquer outro direito positivo nacional conhecido, pelo que há que interpretar a redacção literal do art. 22 da CRP no contexto da regulação em que se insere – aí onde se diz que "o Estado e demais entidades públicas são civilmente responsáveis... por acções ou omissões praticadas no exercício das suas funções e por causa desse exercício, de que resulte a violação de direitos, suas funções e por causa desse exercício, de que resulte a violação de direitos, liberdades e garantias..." o termo *funções* deve ser entendido de forma a excluir a função legislativa». Dito de outro modo, «*por via de regra*», não são em Portugal indemnizáveis «os prejuízos sentidos pelos particulares por efeito de vigência de lei inconstitucional, lesiva de direitos, e ocorridos durante o período de tempo compreendido entre o momento da entrada em vigor da lei e o momento da declaração de inconstitucionalidade». Basicamente, porque Portugal não pode ser um caso único à margem daquilo que se passa noutros sistemas culturalmente próximos, onde a referida situação não daria lugar a indemnizações. Afinal estar-se-ia perante «a absoluta não originalidade», na matéria em apreço, da ordem jurídica portuguesa.

MARIA J. RANGEL DE MESQUITA, Liberdade Religiosa e Direito de Informação – O Direito de Antena das Confissões Religiosas e o Serviço Público de Televisão, *in* Jorge Miranda (org.), Perspectivas Constitucionais – Nos 20 Anos da Constituição de 1976, vol. II, Coimbra, Coimbra Editora, 1997, p. 371 ss.

JORGE MIRANDA, O Tribunal Constitucional em 2004, Separata de o "Direito I", 2005, p. 200-201 (inclinar-se-ia no Acórdão n.° 236/2004, de 13 de Abril para a consideração do art. 22 CRP

políticos (art. 57 CRGB); direito à identidade civil (art. 44 CRGB); direito à capacidade civil (art. 44 CRGB); direito à cidadania (art. 44 CRGB); direito ao bom nome e reputação (art. 44 CRGB); direito à reserva da intimidade da vida privada e familiar (art. 44 CRGB); direitos sociais em geral (art. 58 CRGB); direito à educação (art. 16, 49/1/2 CRGB); direito ao trabalho (art. 58 CRP); direito à segurança social (art. 46/3 CRGB); direito à saúde[708] (art. 15 CRGB); direito ao ambiente (art. 66 CRP); princípio da igualdade[709] (art. 24 CRGB), que sobrevoa toda a estrutura dos direitos fundamentais[710] [Hoje, é um dado praticamente assente a admissibilidade da discriminação benigna («benign discrimination»), em determinados nichos do ordenamento jurídico-social. Neste sentido, a jurisprudência americana fornece-nos interessantes materiais. Vejamos o caso *City of Richmond vs. J.A. Croson Company*[711]. Em causa estava, como se relata no Acórdão, «the tension between the Fourteenth Amendment's guarantee of equal treatment to all citizens, and the use of race-based mea-

---

como uma norma de garantia institucional que constitucionalizaria a responsabilidade civil em termos de, nesta matéria, o legislador ordinário não poder retroceder).

F. OSSENBÜHL, Die Hafttung des Staates für hoheitliche Akte der Legislative, Administrative und Judikative, *in* Ministério da Justiça..., cit., p. 169-181 (em particular, p. 172, 175, 176, 178, 179-181).

Em direcção à responsabilidade da Administração pública, *vide* SÉRVULO CORREIA, A Responsabilidade Civil da Administração, *in* BFDB, 1995, n.° 3, p. 67-122. Sustentava, então, SÉRVULO CORREIA que, apesar de não existir até à data no Direito guineense «uma cláusula geral expressa sobre a responsabilidade objectiva da administração, complementar da responsabilidade subjectiva, admite-se que se possam extrair da própria Constituição algumas directivas em que assentam as figuras da responsabilidade fundada no risco e da responsabilidade por factos lícitos» (p. 18).

707 B. DINIZ DE AYALA, O Direito de Antena Eleitoral, *in* Jorge Miranda (org.), Perspectivas Constitucionais – Nos 20 Anos da Constituição de 1976, vol. I, Coimbra, Coimbra Editora, 1996, p. 581 ss.

708 ANTÓNIO MARQUES DOS SANTOS, Os Seguros de Saúde, *in* A. Marques dos Santos, Estudos de Direito Internacional Privado e de Direito Público, Coimbra, Almedina, 2004, p. 563-567, 577-578.

709 J. MARTINS CLARO, O Princípio da Igualdade, *in* Jorge Miranda (org.), Nos Dez Anos da Constituição, Lisboa, IN-CM, 1987, p. 31-38 – que põe acento na igualdade como «elemento central da ideia de justiça» e como «uma ideia central na administração da justiça» (p. 38).

F. LUCAS PIRES, Teoria da Constituição de 1976: A Transição Dualista, Coimbra, 1988, p. 341 ss.

ANA PRATA, A Tutela Constitucional da Autonomia Privada, Coimbra, Almedina, 1982, p. 85-142.

H.P. IPSEN, Gleichheit, *in* F.L. Neumann/H.C. Nipperdey/U. Scheuner (Hrsg.), Die Grundrechte: Handbuch der Theorie und Praxis der Grundrechte, 2. Band, 2. Aufl., Berlin, Duncker & Humblot, 1968, p. 111-198.

710 JORGE MIRANDA, Direito Constitucional II (Parte III – Direitos Fundamentais), Lisboa, 1988, p. 104-112.

711 488 U.S. 469, 109 S.Ct. 706, 102 L.Ed.2d 854 (1989).

sures to ameliorate the effects of past discrimination on the opportunities enjoyed by members of minority groups in our society»[712].

O que está em causa em matérias desta natureza é a *affirmative action*: atribuição de algumas preferências em razão, por exemplo, da raça ou do sexo[713].

Outro diferendo relevante, nessa perspectiva, foi a que opôs a Metro Broadcasting, Inc. à Federal Communications Commission[714]].

Um critério que poderia desempenhar um papel clarificador nesta temática é a secular sentença: não faças a outrem o que não queres que te façam a ti. Pode ser que se essa sentença for levada a sério por todos e cada um dos indivíduos que fazem a humanidade (à cabeça, aqueles que mandam nos destinos da mole imensa dos que dão número aos países), os direitos fundamentais ultrapassem a fronteira da pura verbalização[715].

---

712 Para se inteirar do teor da citada decisão, *cfr.* E.L. BARRET JR./W. COHEN/J.D. VARAT, Constitutional Law: Cases and Materials, 8th. ed., Westbury, New York, The Foundation Press, Inc., 1992, p. 239-265.

713 Não falta quem veja nos programas de *affirmative action* um instrumento de grande utilidade para (nos parâmetros da *teoria da expectativa*) o incremento da motivação para a acção, para o trabalho, para a produtividade, para o crescimento. Assim, D.R. HAMPTON, Administração Contemporânea, 3.ª ed., São Paulo, McGraw-Hill, 1992, p. 73-74.

714 497 U.S. 547, 110 S.Ct. 2997, 111 L.Ed.2d 445 (1990). Veja-se a decisão em E.L. BARRET JR./W. COHEN/J.D. VARAT, Constitutional Law..., cit., p. 265-294.

715 Registando a exigência do respeito pelos direitos humanos e liberdades fundamentais, até como condição do reconhecimento de Estados (caso da Comunidade Europeia face aos Estados saídos da ex-URSS e à ex-Jugoslávia), N. NAVARRO BATISTA, La Prática Comunitaria sobre Reconocimiento de Estados: Nuevas Tendencias, *in* Revista de Instituciones Europeas, vol. 22, 1995, n.° 2, p. 475-507 (481 ss.).

Para mais desenvolvimentos em torno do vector referido *supra*, *cfr.* E. KAFFT KOSTA, Garantia dos Particulares face à Administração, *in* BFDB, n.° 4, Março 1997, p. 59-72. Distancio-me, presentemente, um pouco da afirmação aí ínsita, nos termos da qual não há Estado de direito sem a afirmação dos direitos fundamentais. Sigo a linha que tem trespassado a presente dissertação, de fórmulas menos simplistas.

CAPÍTULO II
A SEPARAÇÃO DE PODERES?

§ 1.° QUE SEPARAÇÃO DE PODERES?

1. O *Quantum* – Complicações para a Calibragem do Conceito

A separação de poderes do Estado tem sido encarada por muitos como um momento necessário de um Estado que se pretenda *de direito*.

O grande óbice com que se confronta quem se debruce sobre o assunto relaciona-se com a multiplicidade de esquemas existentes, no âmbito universal[716]. Esquemas de estruturação do poder do Estado: mais poder legislativo, menos poder legislativo; mais Chefe de Estado, menos Chefe de Estado; mais Governo, menos Governo; tribunal mais ou menos independente ou (como ironizou alguém[717]) tribunal *independência.*

As dificuldades aqui experimentadas prendem-se com o *quantum* de separação, de independência. Qual é, em rigor, a dosagem adequada, a dosagem aceitável?
Semelhantes dificuldades envolvem também a definição de *Estado de direito*: a dosagem dos ingredientes torna (até à data, pelo menos) irresolúvel o problema da calibragem e definição do *Estado de direito.*

2. A Maquete do Poder: Guiné 1999-2003 à Luz do Modelo Cibernético de Análise Segundo David Easton

A realidade política guineense que me foi dado observar a partir dos finais de 1999 (e, com maior exuberância, a partir de 2001) até, pelo menos, finais de

---

716 *Vide*, a propósito dos contornos da separação de poderes (no âmbito do princípio do Estado de direito), JORGE MIRANDA/RUI MEDEIROS, Constituição Portuguesa Anotada, Tomo I, Coimbra Editora, 2005, p. 61 (anotação ao art. 2.° da CRP).

J. REIS NOVAIS, Os Princípios Constitucionais Estruturantes..., cit., p. 34-36.

717 ORLANDO V.M. AFONSO, Poder Judicial: Independência in Dependência, Coimbra, Almedina, 2004.

2003 (por alturas do golpe de Estado de 14 de Setembro) espelha-se no gráfico a seguir desenhado. É, na verdade, a maquete da estruturação do poder do Estado na Guiné-Bissau daquele hiato temporal.

É esta a chave de símbolos utilizada:

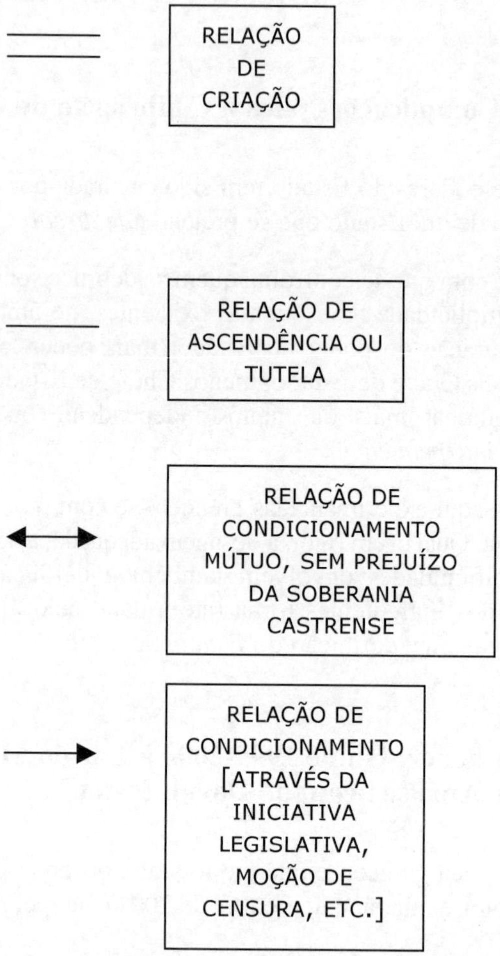

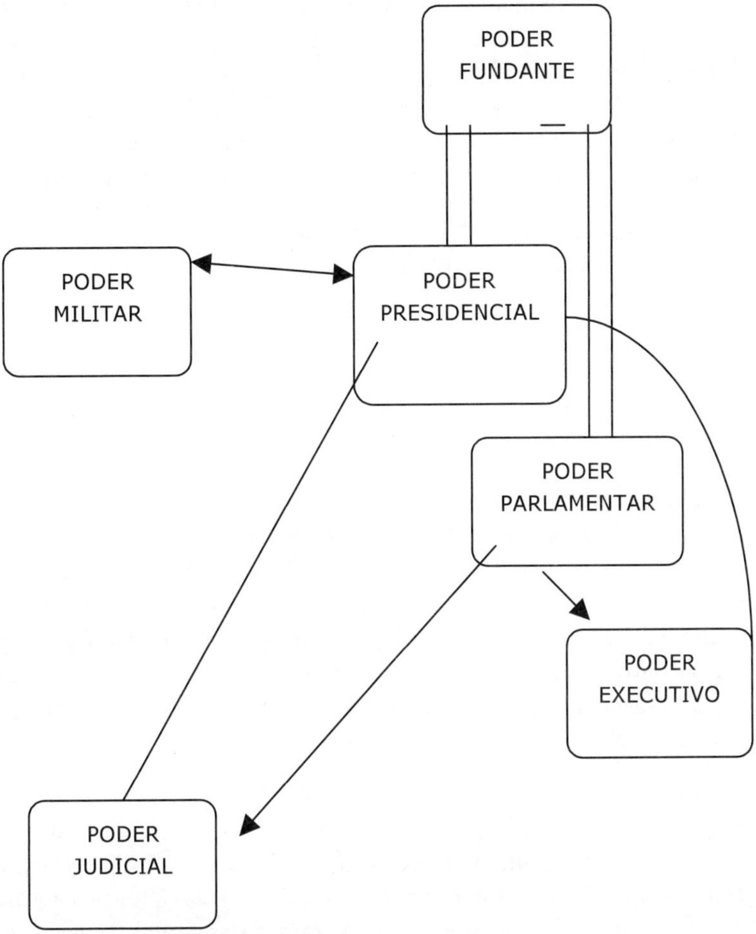

DIAGRAMA 13 – *Maquete do Poder: Guiné, 1999-2003*

O *poder fundante* designa o poder do povo ao qual se ligam as funções constituinte[718], referendária e eleitoral. É um poder que pode operar numa situação de normalidade constitucional ou de anormalidade constitucional.

A irrupção, aqui, do poder militar como um assumido poder do Estado traduz tão-somente a constatação de uma realidade que nos entra pelos olhos den-

[718] Recuperemos aqui a bifurcação *poder constituinte-poder constituído* [na linha rasgada por um SIEYÈS (Qu'est-ce le Tiers État?, 3e éd., Paris, 1789) ou HAMILTON, nos Estados Unidos da América].

tro. A *emancipação* (esmagante) do sector castrense que a guerra de *7 de Junho* tornou patente foi tamanha que tornou refém todos os outros órgãos de soberania[719]. Note-se que a *hipervalorização* dos portadores e manuseadores das armas verificou-se quer de um lado, quer do outro do *Polón di Brá*. Após a consumação do *assalto* (*i.e.*, golpe) *final* da Junta Militar, em Maio de 1999, completamente indisfarçável se tornou a tendência. Era *o poder*... e ponto final.

Relato dois episódios, com o fito de trazer à luz a ambiência reinante na Guiné durante a fase que medeia os finais do último milénio e os primeiros anos do presente. O primeiro episódio é de 1997, o último, de 2004. Quanto a este último, até à data da redacção destas páginas, só havia uma versão dos acontecimentos – veiculada por um alto dirigente partidário e atribuída a outro alto dirigente partidário e governamental, mas nem este, nem a cúpula militar se pronunciaram pública e oficialmente sobre o teor da versão tornada pública pelo primeiro.

A notícia, amplamente retratada no Apêndice 1 ("4"), reportava-se a um boato(?) sobre uma *conspiração nas Forças Armadas*[720]. A esse propósito, a RGB/MB, escreve o jornal, «acusa as FARP de ameaçarem a democracia». Mais esmiuçadamente: «O pronunciamento sobre a questão da inconstitucionalidade da nomeação de Carlos Correia, por parte das Forças Armadas representa uma ameaça contra a democracia, os partidos políticos e as instituições democráticas e assinala uma ingerência clamorosa e inaceitável na esfera de competência exclusiva do Supremo Tribunal de Justiça».

O segundo episódio aconteceu no dia 12/5/2004. Relaciona-se com a formação do governo do partido (PAIGC) vencedor das eleições legislativas. Terá dito o PM CARLOS GOMES JR. (Presidente do PAIGC) ao 1.° Vice-Presidente do PAIGC ter sofrido pressões dos militares e do PRt HENRIQUE ROSA na formação do seu governo. Mas aí vão as notícias conforme foram colhidas nas fontes:

12.5.2004 (entrevista à Bombolom FM):

O 1.° Vice-Presidente do PAIGC ARISTIDES GOMES recusou-se hoje a tomar posse do cargo de Ministro da Administração Territorial, Reforma Administrativa, Função Pública e Trabalho, pelos seguintes motivos:

---

[719] Incluindo o poder presidencial – que postergando a *neutralidade* que o *poder neutro* de BENJAMIN CONSTANT (Cours de Politique Constitutionnelle, Bruxelles, 1814) lhe reservou – esbarrou, a meio caminho, com a fortificação castrense. Nem poder neutral ou moderador [ao estilo da Constituição brasileira de 1824 e da portuguesa, de 1826 – *vide*, entre outros, TRINDADE COELHO, Manual Politico do Cidadão Portuguez, 2.ª ed. (adaptação e desenvolvimento inovatório da "Instruction Civique" do suíço NUMA DROZ), Porto, Typog a Vap. da Empresa Litteraria e Typographica, 1908, p. 530 ss.], nem poder supremo.

[720] *Vide* Diário de Bissau, n.° 77, de 9/9/1997, p. 1, 3.

1. Fora convidado pelo PM CADOGO JR. para Ministro dos Negócios Estrangeiros. 2. Não foi consultado para a nomeação a Ministro da Administração Territorial. 3. O PM CADOGO JR. disse-lhe ontem que os militares e o PR de Transição H. ROSA estão a colocar entraves ao nome de ARISTIDES para Ministro dos Negócios Estrangeiros. 4. As altas esferas militares disseram a ARISTIDES GOMES que não era verdade essa alegação de CADOGO JR. 5. Sobra o PRt – mas ARISTIDES GOMES diz que não acredita que H. ROSA seja homem para entrar numa aventura ilegal como essa. 6. É anticonstitucional qualquer interferência similar àquela invocada pelo PM. 7. O que aconteceu revela talvez alguma desconfiança do PM em relação à sua pessoa (aliás, o mesmo disse-lhe um dia que fora aconselhado a não permitir que ARISTIDES GOMES fique com a pasta do MNE, dado que esta daria visibilidade a ARISTIDES, seu rival).

14.5.2004: (Agência Bissau Media Publicações)[721]:

«Aristides Gomes rejeita cargo do Ministro territorial»

«O Vice-presidente do antigo Partido Único (PAIGC) Aristides Gomes disse ontem em conferência de imprensa que não tomou parte no acto do empossamento do novo governo por não concordou com o cargo do Ministro de Administração Territorial, Reforma Administrativa e Função Publica que nomeado pelo novo Primeiro Ministro Carlos Gomes Júnior. Aristides Gomes disse igualmente que não foi tomar posse por questão da sua dignidade porque segundo ele o Primeiro Ministro Carlos Gomes Júnior, tinha-lhe proposto para a pasta do Ministro dos Negócios Estrangeiros e das comunidades. Afirmando que na altura pediu ao primeiro Ministro para lhe deixar reflectir no assunto, este concordou com a opinião. Vice-presidente do PAIGC asseverou que depois da reflexão disse ao primeiro Ministro que concordou com a sua proposta do Ministro dos Negócios Estrangeiro e das comunidades alias, Aristides Gomes explicou igualmente que disse ao Primeiro Ministro "quanto a minha pessoa não tenho problema, mais eu penso que na qualidade do Vice-presidente do Partido eu devia ser consultado quanto a indigitação das pessoas para o Governo" afirmou segundo homem do PAIGC. Aristides Gomes asseverou ainda a imprensa que no dia seguinte ouviu as pessoas a dizerem de que ele vai ser trocado para pasta de Administração Territorial, Reforma Administrativa e Função Publica. "Então liguei para o Primeiro Ministro a perguntar-lhe o ocorrido, ele me disse que houve pressão por parte dos militares e do Presidente da Republica que eu não posso assumir a pasta dos Negócios Estrangeiros e das Comunidades", explicou o Aristides Gomes. Segundo homem do PAIGC disse que reafirmou ao Primeiro Ministro que este argumento não lhe convence porque ele conhece muito bem o

721 *In* http://www.agenciabissau.com

Presidente da República de Transição Henrique Pereira Rosa e trabalhou com actual Chefe de Estado em 1994 na Comissão Nacional das Eleições (CNE). "Falei igualmente com altos patentes militares do Estado Maior General das Forças Armadas que me disseram que eles não tem nada haver com este assunto e desconhecem, nunca falarão sobre ele com o primeiro Ministro", disse. Aristides Gomes disse ainda que ligou novamente para o Primeiro Ministro e este disse-lhe que não têm nada haver com este assunto ou mesmo que houvesse pressão ele não tem nada haver com isso porque quem vai tomar decisão final é o Primeiro Ministro. Vice-Presidente do PAIGC disse preocupado com a situação, a noite, ouviu o seu nome a Radio para ocupar o cargo de Ministro da Administração Territorial, Reforma Administrativa e Função Pública, e cargo que nem se quer falou com o primeiro Ministro sobre ele. Aristides Gomes foi ainda mais longe a explicar aos Jornalistas de que ele na qualidade de Vice-Presidente do Partido foi o cérebro intelectual da Campanha do PAIGC e também financiou largamente a Campanha eleitoral do Partido do Cabral, portanto, segundo a sua opinião, não merecia esse tratamento de ser nomeado para o cargo que não foi consultado. Vice-Presidente do Partido Amílcar Cabral considerou que este atitude do Primeiro Ministro como um acto de desconfiança pela sua pessoa porque segundo ele uma vez que o Primeiro Ministro lhe disse que as pessoas sempre lhe dizeram que se o PAIGC vencer as Eleições Legislativas de 28 de Março e se ele foi nomeado para cargo do Ministro das Negócios Estrangeiro e das Comunidades ele ira sabotar porque ele é o seu adversário derreto. Por seu torno Carlos Gomes Júnior actual Primeiro Ministro Recém Empossado considerou de estranha a atitude de Aristides Gomes» (*sic*). «Por: Dito Max
Fuente: ABMP».

Os incidentes relatados são apenas dois dos infindáveis exemplos de como a tecitura das estruturas do poder tem vindo a ser engendrada na Guiné e no horizonte temporal que delimita a presente investigação. Uma tecitura com *linhas* militares patentemente dominantes.

A análise do sistema político numa perspectiva meramente formal-*institucional* (pautada por um enfoque puramente estrutural-organizatório das instituições da sociedade política) pode não conseguir desvendar a centralidade do *poder militar*, ao longo da faixa temporal 1998-2004. Contudo, tal centralidade é efectiva.

Se se prestar atenção à dinâmica que flui e reflui entre o sistema político e o *ambiente*[722], outra conclusão não se poderá extrair que não seja a emer-

[722] Explorando o já clássico modelo cibernético de análise traçado por DAVID EASTON (The Political System, 1953; A Framework for Political Analysis, Englowood Cliff, 1965; A System of Political Life, New York, 1965).

gência e consolidação de um autêntico poder militar, na estrutura dos poderes do Estado.

Os *outputs* produzidos na Guiné pelo subsistema político (na sequência dos *estímulos* com que outros sistemas sociais o fustiga) traduzem, de modo exacto, a correlação de forças que eu quis surpreender com o conceito de poder militar.

Os próprios *inputs* ("demands" e "support"), provenientes de vários subsistemas sociais e destinados ao político, sustentam, em certa medida, a dominância castrense.

Tenhamos a paciência de ler os dados vertidos, nomeadamente, no título (*Apêndice I*) a que chamei "Anais de uma Testemunha Audiovisual e Presencial – ou os Conflitos, a Força, o Estado de Direito e a Democracia Escutados, Vistos e Sentidos na 1.ª Pessoa do Singular (a Plena Força dos Factos)", e far-se-nos-á luz sobre a *dinâmica* dos poderes de Estado na Guiné, nesta perspectiva da separação e interdependência entre eles. Com efeito, às *exigências* de mais e melhor democracia, de *verdadeiro Estado de direito*, vários subsistemas sociais adicionaram *apoios* de pendor fortemente filomarcial, *exigências* e *apoios* lançados à *caixa negra* representada pelo subsistema político.

Refiro-me a *inputs* oriundos quer do "ambiente interno" (guineense), quer do "externo" (Comunidade Internacional).

O efeito de retroacção (o *feedback loop*) a partir dos *outputs* empolou ainda mais os apoios filomarciais, fazendo com que se instale e solidifique uma cultura de sobrepujança do sector castrense no sistema de poder guineense.

A melhor forma que eu encontrei de, nesta matéria, fazer ciência foi reproduzir – tal como os captei, ao perscrutar as interacções em causa – os dados objectivos, as palavras e os nomes protagonizadores das *exigências* e dos *apoios* altamente condicionadores do chamado *Estado de direito* e, *in casu*, da separação de poderes.

Estou em crer que as *exigências* de *mais*, *melhor* e *genuíno Estado de direito*, *mais, melhor* e *genuína* democracia, oriundas do *ambiente interno* e, *maxime*, do *ambiente externo*, têm sido tantas e tais que os desastres protagonizados, nesse campo, pelo subsistema político não podem estar alheios a uma certa sobrecarga do sistema. E indisfarçável se revela a inoperância dos *gate-keepers* (à cabeça, os *"reguladores institucionais"*, como os partidos e outras instituições da «subpolítica», mas também os *"reguladores culturais"*, como vectores de socialização) para filtrar o caudal de *inputs*.

Foi ultrapassado o grau de suportabilidade do sistema político às *demandas* do *ambiente*. A quantidade e qualidade (complexidade) das *demandas* propiciaram *respostas* vazias, ineficazes, lentas, incongruentes em massa e confusas, da parte do subsistema político. O que pode ser a incubação de graves crises.

Daí a pertinência do postulado (uma das linhas de força desta dissertação) da redução da complexidade permanente – privilegiando a fixação-optimização de certos parâmetros, muitas vezes embrulhados no pacote global designado por *Estado de direito*.

3. O Porquê e o Para Quê da Separação de Poderes

Divisibilidade ou indivisibilidade[723] (a modos de BODIN[724]) dos poderes do Estado[725]? Para lá do hábito adveniente de altissonantes, ligeiras e persistentes repetições, porquê e para quê a separação de poderes[726]?

Ver-se-á daqui a nada em que fundamentos assentar a separação de poderes[727]. Por ora, basta-me direccionar a atenção para os aspectos a seguir explanados.

---

723 Partindo de uma concepção monista do poder (no que tange à legitimidade) e desenvolvendo uma ideia de lei (expressão da *vontade geral*), – tudo fundado num pretérito *contrato social* –, ROUSSEAU (O Contrato Social, II, 6, III, 1, Mem Martins, 1974) acaba por deixar a sua marca especial na (re)construção da doutrina da separação de poderes. Na feliz conclusão de N. PIÇARRA (A Separação dos Poderes como Doutrina e Princípio Constitucional – Um Contributo para o Estudo das suas Origens e Evolução, Coimbra, 1989, p. 139): «Ao proclamar a unidade política do corpo social e o princípio da soberania popular contra a sociedade de estados e contra o poder monárquico-aristocrático, Rousseau forneceu o mais sólido instrumento ideológico de ruptura com o sistema político-jurídico feudal (...)». «Ao reduzir o Estado ao Direito, o político ao jurídico e a soberania à lei, deu o último passo para converter a distinção entre função legislativa e função executiva na única classificação possível das funções estaduais, uma vez que todo e qualquer acto do Estado ou seria acto legislativo ou acto executivo. Com Rousseau, a distinção funcional, inicialmente de carácter prescritivo, assume um rigoroso carácter taxionómico».

724 BODIN, Les Six Libres de la République (avec l'apologie de René Herpin), 2. Réimpression de l'édition de Paris, Jacques du Puis, 1583, Aalen, Scientia, 1977.

725 *Cfr.* BLUNTSCHLI, Staatsgewalten, *in* Bluntschli's Staatswörterbuch in drei Bänden (bearbeitet und herausgegeben von Löning), 3. Band, Zürich, Friedrich Schulthess, 1872, p. 574-578.

726 Uma tentativa de resposta pode encontrar-se em D. FREITAS DO AMARAL/M. DA G.F.P.D. GARCIA, Parecer sobre a co-incineração, *in* D. Freitas do Amaral e M. da Glória Garcia/Jorge Miranda/P. Otero/M. da Assunção Esteves, O Caso Co-Incineração (Pareceres Jurídicos), 1.° vol.-tomo I, Lisboa, I.P.A., 2001, p. 31-54.

J. BACELAR GOUVEIA, O Estado de Excepção no Direito Constitucional – Entre a Eficiência e a Normatividade das Estruturas de Defesa Extraordinária da Constituição, Coimbra, Almedina, 1998, p. 1559-1584.

727 C. QUEIROZ, Constituição, Constitucionalismo e Democracia, *in* Jorge Miranda (org.), Perspectivas Constitucionais – Nos 20 Anos da Constituição de 1976, vol. I, Coimbra, Coimbra Editora, 1997, p. 462 ss.

A separação de poderes do Estado[728] justifica-se pela preocupação de afinar os mecanismos de racionalidade ligados à organização e à operacionalidade do aparelho estatal: primeiro ponto.

ARMANDO MARQUES GUEDES, L'Indépendance du Pouvoir Judiciaire une Précondition Nécéssaire au Travail d'une Cour Constitutionnelle, *in* Estudos em Homenagem a Joaquim M. da Silva Cunha, Porto, Fundação Universidade Portucalense Infante D. Henrique, 1999, p. 41-47.

X. BOISSY, La Séparation des Pouvoirs Oeuvre Jurisprudentielle: Sur la Construction de l'État de Droit Postcommuniste, Bruxelles, Bruylant, 2003, p. 17 ss. *et passim.*

728 Seja no sentido vertical, seja no horizontal. Separação de poderes, horizontal ou vertical, que, para SOBOTA (Das Prinzip Rechtsstaat..., cit., p. 487-489), «ist ein Bestandteil des rechtsstaatlichen Anliegens, das als Gebot der konstitutiven Differenzierung bezeichnet wird».

ARNDT/BENDA/DOHNANYI/SCHNEIDER/SÜSSMUTH/WEIDENFELD, Zehn Vorschläge zur Reform des deutschen Föderalismus, *in* Zeitschrift für Rechtspolitik, 2000, Heft 5, p. 201-206. As «dez propostas» – que não são tidas pelos autores como um «livro de receitas», nem como o remédio santo («Allheilmittel») para tudo (e tudo aqui tem a ver com a problemática do federalismo na Alemanha) – desenvolvem-se nos seguintes domínios: «Einführung einer Grundsatzgesetzgebung»; «Konkurriende Gesetze mit Widerspruchsrecht des Bundes»; «Möglichkeiten real konkurrierender Gesetzgebung»; «Rückverlagerung von Zuständigkeiten»; «Ausweitung funktionaler interregionaler Zusammenarbeit»; «Veränderung der Zustimmungspflicht»; «Reform des Abstimmungsverfahrens im Bundesrat»; «Abbau von Mischfinanzierung»; «Verbesserung steuerpolitischer Gestaltungsmöglichkeiten»; «Reform des Länderfinanzausgleichs».

Ver também W.A. TUMANOV, Das Rechtsstaatsprinzip in der rußländischen Verfassungspraxis..., cit., p. 79.

SÉRVULO CORREIA, O Controlo Jurisdicional da Administração no Direito Inglês, *in* Estudos de Direito Público em Honra do Professor Marcello Caetano, Lisboa, Edições Ática, 1973, p. 125 ss.

C. DEGENHART, Staatsrecht I: Staatszielbestimmungen, Staatsorgane, Staatsfunktionen, 12. neubear. Aufl., p. 82 ss.

N. PIÇARRA, Separação dos Poderes, *in* Polis, V, 1987, p. 682-714.

G. CONAC, État de Droit et Démocratie, *in* G. Conac (sous la direction de), L'Afrique..., cit., p. 504-505.

Sobre a separação de poderes na *Grundgesetz*, *cfr.* E. S.-AßMANN, Der Rechtsstaat, *in* Isensee/Kirchhoff..., cit., p. 1009-1023.

P. SCHNEIDER, Zur Problematik der Gewaltenteilung im Rechtsstaat der Gegenwart, *in* AöR, Bd. 82 (1957), p. 1-27.

G. JELLINEK, L'État Moderne et son Droit, II (trad. G. Fardis), Paris, M. Giard & É. Brière, 1913, p. 157 ss.

A. LIJPHART, Patterns of Democracy: Government Forms and Performance in 36 Countries, New Haven/London, Yale University Press, 1999, p. 127 ss., 140-142.

Para um retrato da situação latino-americana, *vide* M. KAPLAN, El Estado de Derecho: Una Perspectiva Histórico-Estructural, *in* Boletin Mexicano de Derecho Comparado, 94, 1999, p. 91: «La división y equilibrio de poderes son desvirtuadas por el predominio del Ejecutivo en detrimento del Parlamento y de la Judicatura. El régimen parlamentarista no es adoptado o fracasa (salvo en Chile entre 1891 y 1925 y en el Brasil imperial). Es generalmente adoptado el régimen presidencial, que deriva al presidencialismo (legal o dictatorial), y refuerza tendencias a la centralización y al autoritarismo; a la acumulación y confusión de poderes y funciones; a la encarnación

Em segundo lugar, intenta-se obviar ao abuso de poder que uma não divisão ou não separação de poderes traria potencialmente ao colo. Nada do que atrás dito ficou é novo, mas a névoa dos tempos tem obnubilado a força da sua verdade[729].

Dizer muito mais do que o que ficou dito não é nem necessário, nem fundado. Partindo desta posição, não será nem necessário, nem fundado estear no *Estado de direito* a separação de poderes. Se esta deve existir, não será porque assim o determina a *Rechtsstaatlichkeit*. Quer-se um Estado eficaz e eficiente? O critério da separação de poderes é (pode ser) mais um instrumento na prossecução desse desiderato[730].

E sobra um outro problema, que aparece sob a veste da pergunta *que separação de poderes?*

A impor-se o *imperativo* da estruturação do Estado nos moldes de uma separação dos poderes, importaria indagar sobre o *como* e sobre a intensidade desses desenhos.

Às diferentes funções do Estado corresponderão exactamente os mesmos poderes do Estado? Não parece ser o caso. Desde remotos passos da reflexão filosófico-política ou jurídica que a primeira vertente (funções do Estado) – reflectindo a plasticidade da divisão dos poderes, através dos tempos – tem aparecido, de forma definida ou difusa[731]. O outro passo consubstanciou-se no conjúgio entre uma função e um poder, não sem desembocar-se, mais tarde, num

personalizada y carismática del poder; a su ejercicio paternalista, arbitrario o despótico, al partido dominante (o de hecho único)».

729 Já LOCKE dizia (e nem ele estava, nesse ponto, a trazer à luz nada de verdadeiramente novo), no seu Ensaio sobre a Verdadeira Origem Extensão e Fim do Governo Civil – o 2.° dos *Two Treatises of Government* (tradução de J.O. Carvalho do original An Essay Concerning the True Original Extent, and End of Civil Government – 1690), Lisboa, Edições 70, 1999, § 144: «(...) como as leis, que são feitas de uma vez, e dentro em pouco tempo, têm uma força constante e duradoura, e precisam de execução, ou socorro perpétuo; por isso é necessário que haja um poder sempre em ser que olhe pela execução das leis que estão feitas, e que estão em voga. E por isso acontece muitas vezes estar o poder legislativo separado do executivo». Na obra em referência, LOCKE esboça uma série de poderes, a saber: o legislativo (respeitante à emissão de leis – faculdade reservada a assembleias representativas); o executivo (respeitante à aplicação das leis às situações concretas – faculdade a exercer através da administração e dos tribunais, atribuída ao rei e, bem assim, ao respectivo governo); o *federativo* (atinente às relações internacionais e à segurança do Estado – domínio pertencente ao rei); a *prerrogativa* (atinente à função governamental).

730 Com interesse, a obra de G. ZIMMER, Funktion-Kompetenz-Legitimation, Berlin, 1980.

731 Trazendo à tona o debate constitucional na América do século XVIII no concernente à separação dos poderes, *vide* B. MANIN, Frontières, Freins et Contrepoids: La Séparation des Pouvoirs dans le Débat Constitutionnel de 1787, *in* Revue Française de Science Politique, 1994, vol. 44, n.° 2, p. 257 ss.

abastardamento dos puros esquemas antes alinhavados. Veja-se o caso da função legislativa, bifurcada em direcção ao poder legislativo e ao poder executivo[732].

Para uns, a polémica resulta tão-somente da circunstância de não se considerar devidamente que há uma doutrina política e outra jurídica no que à separação dos poderes toca. Se na doutrina política a separação dos poderes se encontra geneticamente ancorada na variação polibiana[733] da Constituição mista (em que os poderes são estruturados de tal forma que a força de um poder seja *contrabalaçada* pela dos outros, garantindo, destarte, o equilíbrio da Constituição[734]), o que se passará no âmbito da doutrina jurídica, seria uma colagem

---

732 JORGE MIRANDA (Ciência Política – Formas de Governo, Lisboa, 1992, p. 94) prefere destacar aqui a ideia segundo a qual «1.°) Tanto às magistraturas romanas como à organização estamental falta uma ideia de especialização orgânico-funcional ou de distribuição de diversas faculdades, objectivamente consideradas, por mais de um centro subjectivo de poder; 2.°) Tanto a uma como a outra falta a conexão com a ideia de direitos fundamentais, porque os antigos não conheceram a liberdade política e o Estado medieval não curou senão de assegurar diante do Rei imunidades, privilégios, prerrogativas em concreto de estamentos, e não de direitos individuais dos homens enquanto tais». «Em último termo, a separação de poderes, nas suas múltiplas concretizações, correcções e adaptações – revelar-se-ia a projecção organizatória do Estado de Direito; e este só existiu com o constitucionalismo moderno».

733 POLÍBIO, Historias, Libro VI (FRAGMENTOS). O historiador grego, tendo em mente a experiência romana, insistia nesse aspecto integrador que é o de aquele sistema constitucional compreender os Cônsules, os Patrícios e os Plebeus, classes que davam corpo a órgãos políticos como, respectivamente, Cônsules (cuja legitimidade assentava no princípio monárquico), Senado (cuja legitimidade assentava no princípio aristocrático) e Comícios Tribunícios (cuja legitimidade assentava no princípio democrático). Décadas mais tarde, esta linha doutrinal (que séculos antes já havia sido, em certa medida, gizada por ARISTÓTELES – com a subtil diferença de este tratar a Constituição mista como uma forma de os órgãos de poder estarem ao alcance de todas as classes, enquanto POLÍBIO preferia sublinhar três caminhos incomunicáveis de acesso ao poder, cada classe o seu órgão constitucional e apenas o seu órgão) encontraria uma empolgante expressão em CÍCERO [A República (trad. para o alemão de K. Ziegler, *in* "Staatstheoretische Schriften", 3. Aufl., Berlin, 1984)].

734 Quando se estuda o contributo deixado por POLÍBIO na obra aqui citada, é de concluir que, pelo menos numa determinada abordagem, poucas novidades de monta os séculos seguintes ofereceram. A insistência do historiador, por exemplo, no equilíbrio de poderes, no equilíbrio do sistema político, resultante da afirmação da força de um certo poder que neutralizaria a força dos outros poderes, levando, portanto, a que cada um não ultrapasse a sua esfera (e todos permaneçam *nos limites constitucionalmente prescritos, porque, à partida, temem a fiscalização dos outros*), deixa pouca margem para inovações a muitas ideias por muitos e muitas vezes repetidas ao longo dos mais de 2000 anos que se seguiram. Na verdade já se entrevia a necessidade de o *poder travar o poder*.

Referindo-se à Constituição de Esparta promulgada por LICURGO, dizia POLÍBIO:

«Licurgo (...) promulgou uma instituição não simples, nem homogénea» – tendo juntado numa «as peculiaridades e vicissitudes das melhores Constituições». «Assim, evitava que uma delas se venha a desenvolver mais do que o necessário e derivar para a sua deterioração congénita;

da separação de poderes ao Estado de direito – algo que ganharia definição a partir do século XVII, na Inglaterra[735], parecendo implicar a *rule of law* a separação dos poderes[736].

ARISTÓTELES já vira na monarquia, aristocracia, república, tirania, oligarquia e democracia as seis formas de governo[737]. Anotava, porém, a possibilidade de ao nível de cada experiência político-estadual surgirem formas não puras (ou seja miscigenadas). São as Constituições mistas – caracterizadas pela presença e acomodação no sistema de pessoas de dissemelhantes origens sociais, que aí chegaram através de díspares mecanismos. Uma preocupação afim traduz-se na tentativa de juntar os diferentes segmentos sociais numa plataforma sócio-económica onde as diferenças tendam a ser cada vez mais atenuadas (daí que o culto da classe média seja um apanágio desta postura).

MONTESQUIEU aparece, em 1748 (muito depois, registe-se, de LOCKE ter publicado o seu célebre Tratado – sem a ressonância, contudo, do "De l'Esprit des Lois" –, onde a problemática da divisão de poderes se entrevia), com o seu *L'Esprit des Lois*, onde as principais questões atinentes à separação dos poderes são tematizadas, sintetizadas e cristalizadas de modo altamente impressivo, con-

---

neutralizada a potência de cada Constituição pelas outras, nenhuma teria um sobrepeso, nem prevaleceria em demasia» – com efeito, «equilibrada e mantida no seu nível, conservar-se-ia neste estado o máximo de tempo possível, de acordo com a imagem da navegação com vento contrário». A realeza não podia ensoberbecer-se, por temor ao povo, pois a este fora concedida competência suficiente na Constituição; o povo, por seu turno, não podia aventurar-se a depreciar os reis pelo medo que os anciãos infundiam, os quais, eleitos por votação, segundo os seus méritos, se prestavam sempre a decidir com justiça».

735 Neste sentido, *vide* N. PIÇARRA, A Separação dos Poderes como Doutrina e Princípio Constitucional – Um Contributo para o Estudo das suas Origens e Evolução, Coimbra, 1989, p. 37 ss., 143 ss.

736 Quanto ao enfoque histórico das vicissitudes da separação de poderes na Inglaterra, *vide* o excelente resumo de NUNO PIÇARRA, A Separação dos Poderes como Doutrina e Princípio Constitucional – Um Contributo para o Estudo das suas Origens e Evolução, Coimbra, Coimbra Editora, 1989, p. 44-62.

Cfr., ainda, MANUEL GARCIA-PELAYO, Derecho Constitucional Comparado, Madrid, Manuales de la Revista de Occidente, 1959, p. 283. Para o autor, não obstante MONTESQUIEU e tudo o que sobre a Inglaterra se escreveu no século XVIII, no sentido de promover esta como «ejemplo vivo de la separación de poderes», «lo cierto es que ésta jamás ha tenido realidad en Inglaterra, y que la situación, entonces y siempre, ha sido más bien el *heureux mêlange*, de que habla Voltaire». E na Inglaterra «siempre ha predominado un poder sobre los demás».

Quanto à situação nos Estados Unidos da América, *vide*, entre outros, MANUEL GARCIA-PELAYO, Derecho Constitucional Comparado…, cit., p. 350-442.

737 ARISTÓTELES, Política, VI, VII, (Trad. A.C. Amaral/C. Gomes, edição bilingue grego-português), Lisboa, Vega, 1998.

tribuindo, destarte, para o alargamento do campo de receptividade da separação dos poderes – içado à condição de vertente fundamental do Estado constitucional (a importância dessa obra de MONTESQUIEU[738] é patente na estruturação do

---

738 Acerca da construção de LOCKE e MONTESQUIEU, *cfr.* J.-Y. MORIN, L'Etat de Droit..., cit., p. 75 ss.;

MARCELLO CAETANO, Manual de Ciência Política e Direito Constitucional, Tomo I, 6.ª ed., Coimbra, Almedina, 1992, p. 192 ss.;

MARCELO REBELO DE SOUSA, Direito Constitucional I, Braga, 1979, p. 273 ss.;

VINÍCIO RIBEIRO, O Estado de Direito e o Princípio da Legalidade da Administração, 2.ª ed., Coimbra, 1981, p. 73 ss.;

JORGE MIRANDA, Ciência Política, Lisboa, 1992, p. 96 ss.;

D. FREITAS DO AMARAL, Ciência Politica, II, Lisboa, 1994, p. 166 ss.;

J. DA SILVA CUNHA, História Breve das Ideias Políticas, Porto, 1981, p. 247 ss.;

P.C. BACELAR DE VASCONCELOS, Teoria Geral do Controlo Jurídico do Poder Público, Lisboa, 1996, p. 139 ss.;

E. STEIN/G. FRANK, Staatsrecht, 17. neu bearb. Aufl., Tübingen, Mohr Siebeck, 2000, p. 104-106;

ROGÉRIO G. E. SOARES, Direito Público e Sociedade Técnica, Coimbra, Atlântida Editora, 1969, p. 146 ss. O Mestre da Escola conimbricense alerta para a necessidade de uma leitura contextualizada de *L'Esprit des Lois* e do seu autor, atribuindo à sua não efectivação o dado consolidado da hipervalorização de alguns aspectos da obra e a ocultação de outros. «Esquece-se», diz ROGÉRIO SOARES, a páginas 146-147, que a teoria da separação dos poderes «não é de modo algum o cerne do Espírito das Leis e que uma consideração integral de toda a obra levaria a um entendimento da teoria bastante diferente daquele que lhe foi dado». «Mas a consciência constitucional do século XIX vai encetar um processo de simplificação e dogmatização daquilo que em grande parte era um sistema de pensamento històricamente condicionado, não só no sentido de que tinha os olhos postos na situação política da França do seu tempo, como também no de que exprime as preocupações dum nobre mergulhado no clima espiritual dos salões e dos círculos de discussão dos cafés literários e, ainda, no de que teria, ao contrário do de LOCKE, arauto do Glorius Revolution, de manter uma prudente reserva nas suas críticas aos poderes constituídos» (*sic*).

Está, destarte, claro, para ROGÉRIO SOARES que «o que MONTESQUIEU tinha em mente era assegurar uma forma de Estado equilibrado, uma *constituição mista* em que os elementos monárquico, aristocrático e democrático se balanceassem para garantia dos direitos adquiridos». «Ao primeiro caberia uma função (ou poder executivo), ao segundo e ao terceiro uma participação no legislativo em câmaras separadas; e ao terceiro, como poder neutro, a de fornecer juízes extraídos da camada popular, por tempo determinado, para que não correspondesse a uma classe ou um grupo».

Reiterando (p. 150): «O pensamento do século XIX bastou-se com a ideia de que a separação de poderes, por corresponder a três formas lógicas de afirmação da actividade do Estado, ganhava um valor apodítico. Daquilo que tinha sido pensado como uma "règle de sagesse politique" fez-se um dogma do direito público, até mesmo uma categoria do pensamento jurídico. Com isso esqueceu-se que a tripartição dos poderes correspondia às necessidades dum *status mixtus*, principalmente orientado para a solução dos problemas de transição para as monarquias constitucionais».

Enfatiza o autor (e já vamos na página 153): «A organização pluralística da sociedade técnica põe de novo o problema da separação de poderes, todavia não, seguramente, com o sentido que lhe foi dado na feição tradicional. Do que agora se trata é de organizar o Estado de modo a que ele possa apresentar uma garantia contra o abuso do próprio poder e, simultâneamente, uma cau-

constitucionalismo liberal)[739]. Algumas linhas são reservadas, no § seguinte, para a análise das propostas de MONTESQUIEU, pelo que seria redundante ensaiar aqui o mesmo exercício. Bastará, no entanto, apontar o recurso ao argumento da *eficiência* para a separação advogada pelo autor entre os poderes legislativo e executivo ou entre executivo e judicial[740].

---

tela contra as forças sociais divergentes». «Isto significa que a teoria da separação de poderes vai ter necessidade de abandonar a formalização tradicional da sua utilização mecânica para se transformar num critério técnico da organização do Estado, que deve orientar-se pela ideia de uma separação de funções com vista a conseguir um contrapeso mútuo, mas não uma radical repartição» (uma *Gewaltentrennung*, em lugar duma *Gewaltenteilung*, conforme escreve HANS PETERS, no seu *Die Gewaltentrennung in moderner Sicht, Köln, Westdeutschen Verlag, 1954*).

«O problema hoje não é o de constituir uma barreira ao Estado, principalmente representado pelo executivo, para salvaguarda da liberdade do indivíduo, mas um, bastante mais vasto, de garantir a liberdade no contexto dum Estado e duma pluralidade de grupos. Querer vê-lo resolvido apenas com a contraposição legislativo-executivo é esquecer que falta agora a suposição política originária da distinção: um quadro de interesses da sociedade distinto dos valores do Estado; e que, por outro lado, os ataques à liberdade podem advir precisamente do poder legislativo».

W. KÄGI, Von der klassischen Dreiteilung zur umfassenden Gewaltenteilung, *in* "Verfassungsrecht und Verfassungswirklichkeit" – Festschrift für Hans Huber, 1961, p. 159 ss.

739 Vejamos o que, nesta matéria, diz PEREZ SERRANO ("Antecedentes del Problema", *in* "Debate del Principio de Separación de poderes" – Anales de la Real Academia de Ciencias Morales y Políticas, Cuaderno 1.°, Madrid, 1950, p. 13 ss.): «(...) la separación de poderes es un principio político general y mui moderno; en Aristóteles no se plantea la cuestión, apunta algo en Marsilio de Padua y Nicolás de Cusa en cuanto a la diferencia entre el legislativo y el ejecutivo, hay atisbos parciales, más bien por motivos de buen servicio, em Maquiavelo y Bodino, en Hooker y otros autores ingleses inspirados en nuestros juristas según investigaciones de Sr. González Oliveros y también en la práctica de la supeditación del Monarca al Parlamento». Locke seria o verdadeiro precursor da abordagem moderna da divisão de poderes, tocando também a temática da liberdade. Todavia, de acordo com o autor, só com "L'Esprit des Lois" de MONTESQUIEU se logrou atingir a afirmação sem *ambages* do princípio da separação de poderes.

740 MONTESQUIEU, De L'Esprit des Lois, Livre XI, Chapitre VI, Gallimard, 1995 (vol. I, p. 334, 336): «La puissance exécutrice doit être entre les mains d'un monarque, parce que cette partie du gouvernement, qui a presque toujours besoin d'une action momentanée, est mieux administrée par un que par plusieurs; au lieu que ce qui dépend de la puissance législative est souvent mieux ordonné par plusieurs que par un seul».

Mais adiante: «(...) le corps législatif ne doit point avoir le pouvoir de juger la personne, et par conséquent la conduite de celui qui exécute. Sa personne doit être sacrée, parce qu'étant nécessaire à l'État pour que le corps législatif n'y devienne pas tyrannique, dès le moment qu'il serait accusé ou jugé, il n'y aurait plus de liberté».

«Mais, comme celui qui exécute ne peut exécuter mal sans avoir des conseillers méchants et qui haïssent les lois comme ministres, quoiqu'elles les favorisent comme hommes, ceux-ci peuvent être recherchés et punis».

§ 2.º FUNDAMENTOS FILOSÓFICO-ESTRUTURAIS DA SEPARAÇÃO DE PODERES

1. A Racionalização do Estado

Na liberdade encontra CHARLES LOUIS DE SECONDAD MONTESQUIEU a alma da sua doutrina da separação dos poderes. É por referência à liberdade que o Barão de MONTESQUIEU vai alinhavar o seu pensamento sobre a melhor forma de governo e sobre a separação de poderes.

Sufraga o autor a ideia segundo a qual a liberdade política não é, forçosamente, decorrente da democracia, nem da aristocracia. Essa liberdade só existe em governos moderados, mas não em todo e qualquer governo moderado... Só naqueles onde não se abuse do poder. Mas – e segue-se o dito mais citado de MONTESQUIEU – «c'est une expérience éternelle que tout homme qui a du pouvoir est porté à en abuser; il va jusqu'à ce qu'il trouve des limites. Qui le dirait! la vertu même a besoin de limites.

«Pour qu'on ne puisse abuser du pouvoir, il faut que, par la disposition des choses, le pouvoir arrête le pouvoir. Une constitution peut être telle que personne ne sera contraint de faire les choses auxquelles la loi ne l'oblige pas, et à ne point faire celles que la loi lui permet»[741].

Estamos, portanto, em presença de um fascinante chamariz para a teorização do autor, que, em parte, explica a larga receptividade que a obra em alusão ganhou na altura[742-743-744]. Tudo estaria *perdido* «si le même homme, ou le

---

[741] CHARLES LOUIS DE SECONDAD MONTESQUIEU, De L'Esprit des Lois, Livre XI, Chapitre IV (vol. I..., cit., p. 325-326).

[742] CHARLES LOUIS DE SECONDAD MONTESQUIEU, De L'Esprit des Lois, Livre XI, Chapitre VI (vol. I..., cit., p. 327). Os esclarecimentos foram feitos nos termos a seguir expostos: Através da *puissance législative*, «o príncipe ou magistrado faz leis por determinado tempo ou para sempre, e corrige ou revoga as que foram feitas»; através da *puissance exécutrice des choses qui dépendent du droit des gens*, o príncipe ou magistrado «faz a paz ou a guerra, envia ou recebe embaixadas, garante a segurança, previne as invasões» (é o «poder executivo do Estado»); através da *puissance*

même corps des principaux, ou des nobles, ou du peuple, exerçaient ces trois pouvoirs: celui de faire des lois, celui d'exécuter les résolutions publiques, et celui de juger les crimes ou les différends des particuliers».

Desaconselha o Barão de MONTESQUIEU a reunião dos três poderes num único sujeito – para ilustrar o cenário criticado, aponta o caso da Turquia, onde o sultão concentrava em si todos esses poderes, levando, assim, a que aí reinasse um «affreux despotisme». Na linha do exemplo turco, as Repúblicas da Itália de então definiam-se por serem uma terra em que a liberdade dos cidadãos se encontrava enfraquecida. Aliás, assevera o autor, «Aussi les princes qui ont voulu se rendre despotiques ont-ils toujours commencé par réunir en leur personne toutes les magistratures; et plusieurs rois d'Europe, toutes les grandes charges de leur État».

E sobre o poder judicial, o que houve que dizer[745]?

---

exécutrice de celles qui dépendent du droit civil, o príncipe ou magistrado «pune os crimes ou julga os diferendos entre os particulares» (é o «poder de julgar»).

Tendo em mente a Constituição da Inglaterra – «une nation (...) qui a pour objet direct de sa constitution la liberté politique» –, MONTESQUIEU diz que «il y a dans chaque État trois sortes de pouvoirs: la puissance législative, la puissance exécutrice des choses qui dépendent du droit des gens, et la puissance exécutrice de celles qui dépendent du droit civil».

743 De forma particularmente incisiva (MONTESQUIEU, De L'Esprit..., cit., p. 328): «Lorsque, dans la même personne ou dans le même corps de magistrature, la puissance législative est réunie à la puissance exécutrice, il n'y a point de liberté; parce qu'on peut craindre que le même monarque ou le même sénat ne fasse des lois tyranniques pour les exécuter tyranniquement».

744 Por outro lado, «Il n'y a point encore de liberté si la puissance de juger n'est pas séparée de la puissance législative et de l'exécutrice. Si elle était jointe à la puissance législative, le pouvoir sur la vie et la liberté des citoyens serait arbitraire: car le juge serait législateur. Si elle était jointe à la puissance exécutrice, le juge pourrait avoir la force d'un oppresseur». A ressonância desta obsidiante ideia de liberdade propagou-se em círculos de ondas cada vez mais amplas. A simples separação de poderes foi sendo encarada como uma garantia da liberdade, reforçada esta pela ideia da lei (e da supremacia da lei) como a razão normativamente positivada. Foi, portanto, este o clima cultural que marcaria por muitos anos mais o pensamento ocidental. E, diga-se de passagem, a emergência do constitucionalismo moderno não acarretou imediatamente o estabelecimento do princípio da constitucionalidade, bem como da fiscalização da constitucionalidade das leis.

Separação de poderes que se assumirá também como «garantia da supremacia da Constituição» (C. STARCK, La Légitimité de la Justice Constitutionnelle et le Principe Démocratique de Majorité, *in* Legitimidade e Legitimação da Justiça Constitucional – Colóquio no 10.° Aniversário do Tribunal Constitucional – Lisboa, 28 e 29 de Maio de 1993, Coimbra, Coimbra Editora, 1995, p. 60-61.

Na mesma obra colectiva se pode destacar a comunicação de VIEIRA DE ANDRADE, "Legitimidade da Justiça Constitucional e Princípio da Maioria", p. 75-84 (e, em particular, as primeiras da "conclusão").

Cfr., ainda, M. GARCIA-PELAYO, Derecho..., cit., p. 154-157.

745 «Dans les États despotiques, le prince peut juger lui-même. Il ne peut dans les monarchies: la constitution serait détruite, les pouvoirs intermédiaires dépendants, anéantis» (assim,

«La puissance de juger ne doit pas être donné à un sénat permanent, mais exercée par des personnes tirées du corps du peuple dans certain temps de l'année, de la manière prescrite par la loi, pour former un tribunal qui ne dure qu'autant que la nécessité le requiert[746]. Mais: das três *puissances*, «celle de juger est en quelque façon nulle. Il n'en reste que deux»[747].

Alguns verão num certo antropopessimismo que perpassa na obra de um MONTESQUIEU ou de um LOCKE o motivo da opção de fundo pela doutrina da sepa-

---

MONTESQUIEU, *op. cit.*, Livre VI, Chapitre V). Como, na verdade, admitir, na monarquia, que o monarca assuma o poder de julgar, se é a parte que persegue os acusados de crimes e os faz punir ou absolver? Como, se é ele quem procede à confiscação? Como, se é ele quem tem a prerrogativa da graça? Não seria, portanto, razoável que o monarca fosse simultaneamente juiz e parte.

746 *Id., ibid*, p. 329 ss.: «De cette façon, la puissance de juger, si terrible parmi les hommes, n'étant attachée ni à un certain état, ni à une certaine profession, devient, pour ainsi dire, invisible et nulle. On a pas continuellement des juges devant les yeux; et l'on craint la magistrature, et non pas les magistrats». E avança (p. 330) este rasgo: «Il faut même que, dans les grandes accusations, le criminel, concurremment avec la loi, se choisisse des juges; ou du moins qu'il en puisse récuser un si grand nombre, que ceux qui restent soient censés être de son choix».

No tocante à repercussão de MONTESQUIEU nos EUA, repara C.G. LOZANO (El Estado Liberal de Derecho: Sus Elementos Configuradores, *in* BUC, 1962, p. 301): «En contraposición a esta aceptación íntegra del pensamiento de MONTESQUIEU, llevada a sus últimas consecuencias en la práctica, hay un punto en que – como tendremos ocasión de comprobar más adelante – la organización política americana ha abandonado las huellas de MONTESQUIEU. Es lo que respecta a la intervención del Poder judicial. Su situación en la doctrina montesquieuiana es muy tenue; su actuación frente al legislativo es de dependencia y frente al ejecutivo de completa falta de influencia; por el contrario en Norteamérica el Poder judicial juega un papel primordial con referencia al legislativo, a través del mecanismo del examen de la constitucionalidad de las leyes, y frente al ejecutivo, con la posibilidad de actuación judicial contra los acuerdos tomados por la Administración».

747 E como para temperar os tais poderes seria necessária «une puissance réglante», a parte do corpo legislativo composta por nobres adequar-se-ia a tal desiderato. Os nobres seriam aquela camada populacional (existiria sempre nos Estados) que se distinguia «par la naissance, les richesses ou les honneurs». O *plaidoyer* pela aristocracia aumenta de tom: «mais s'ils n'y avaient qu'une voix comme les autres, la liberté commune serait leur esclavage, et ils n'auraient aucun intérêt à la défendre, parce que la plupart des résolutions seraient contre eux. La part qu'ils ont à la legislation doit donc être proportionnée aux autres avantages qu'ils ont dans l'État: ce qui arrivera s'ils forment un corps qui ait droit d'arrêter les entreprises du peuple, comme le peuple a droit d'arrêter les leurs». Deste modo, será confiado o poder legislativo ao corpo de nobres e ao corpo escolhido para representar o povo, corpos separados no que toca aos interesses, deliberações e orgânica.

«Mas como um poder hereditário poderá ser induzido a seguir os seus interesses particulares e a esquecer aqueles do povo, «il faut que dans les choses où l'on a un souverain intérêt à la corrompre, comme dans les lois qui concernent la levée de l'argent, elle n'ait de part à la législation que par sa faculté d'empêcher, et non par sa faculté de statuer». *Faculté de statuer* que para MONTESQUIEU se resume ao «droit d'ordonner par soi-même, ou de corriger ce qui a été ordonné par un autre»; *faculté d'empêcher* seria o «droit de rendre nulle une résolution prise par quelque autre» (algo de que gozavam os tribunos da Roma antiga).

ração de poderes. *O homem é naturalmente mau* – daí serem de estabelecer mecanismos que sirvam de barreira preventiva ou correctiva aos aludidos impulsos malignos.

E se imperar a convicção de que *o homem é naturalmente bom* [o género de atitude que alimentou a vida e obra de um ROUSSEAU e que incitou SANTO AGOSTINHO a proclamar: «todo o ser enquanto é ser é bom, uma vez que, se é indeformável, é melhor que o deformável, e se é deformável, já que se torna menos bom ao deformar-se, é indubitavelmente bom. Ora todo o ser ou é deformável ou indeformável. Logo todo o ser é bom»[748]? Propiciará tal ponto de partida uma postura menos exigente (uma espécie de baixar da guarda), quanto à colocação de barreiras como a separação de poderes?

Pessimismo ou optimismo, uma coisa é certa: a separação de poderes é (fundamentalmente) um instrumento ao serviço da racionalidade do Estado. Um Estado mais eficaz e mais eficiente, no seu *modus essendi* e no seu *modus faciendi*.

2. Mais uma Vez: o *Cur* e o *Quid* da Separação de Poderes

A ideia da separação de poderes tem sido objecto de larga consagração, a nível mundial[749].

A degenerescência dos esquemas puros na moda em tempos, no que concerne à delimitação das funções do Estado (assunto de que se falou atrás), faz com que não se possa falar hoje de um monopólio da função legislativa pelo Parlamento[750]. A socialidade do Estado, nos dias que correm, vem reclamando outras intervenções e outros actores. Daí que não seja de estranhar que uma parte muito importante da legiferação caiba ao Governo (ao poder executivo – que arrebentou o cinturão que o cingia à mera função *executiva*), que ostenta impante o argumento da sua maior capacidade de (re)agir tempestiva e tecnicamente aos

---

[748] SANTO AGOSTINHO, O Livre Arbítrio, Braga, Faculdade de Filosofia, 1986, p. 214.

[749] Entre muitas outras instituições análogas, veja-se o caso da Comissão Internacional de Juristas. A problemática da separação de poderes obedeceu na citada estrutura uma atenção especial, dentro do sistema de *Estado de direito*. A ter em conta, é o Congresso do Rio, de 1962, e, particularmente, os Congressos posteriores, de Bangkok e Colombo. Nesta perspectiva, *vide* A. DIENG, Démocratie et Primauté du Droit, *in* G. Conac (dir.), L'Afrique..., cit., p. 465-469.

[750] PAULO OTERO, O Desenvolvimento de Leis de Bases pelo Governo, Lisboa, 1997, p. 79 e s.

desafios da legiferação. As leis gerais concretas e as leis individuais já não provocam grandes indigestões. Como observa o Professor MARCELO REBELO DE SOUSA[751], o «terceiro fôlego do Estado social» suscita-lhe algumas «pistas de reflexão», a saber: «Menos lei, mais auto-regulação não legislada, descentralização legislativa, mecanismos de consensualização social e lei mais sintonizada com a lógica interna das realidades sociais disciplinadas».

Dois planos de racionalidade se cruzam (a legiferação e a judicatura), não deixando de destacar-se o da legiferação, dado que a aplicação do direito encontra naquela a sua referência mais sólida e consistente. Reafirma HABERMAS[752] que, na medida em que «a prática da decisão judiciária está ligada às leis e à justiça, a racionalidade no exercício do direito depende da legitimidade do direito em vigor. Este, por seu lado, depende da racionalidade do processo legislativo, que, nas condições da separação dos poderes inerentes ao Estado de direito, não está à disposição dos órgãos que aplicam o direito»[753].

E num terreno tão movediço, como é este, verifica-se que a independência do juiz é, ainda, a última trincheira da separação de poderes – tão líquida é hoje a permeabilidade de outros centros do poder a infiltrações de poderes congéneres (veja-se o poder legislativo do poder executivo).

Eis-nos, de novo, ante as perturbantes e exasperantes perguntas: separação de poderes, porquê? Para quê? O que é? Perguntas sobre as causas, as finalidades e o conteúdo da separação de poderes.

Porquê e para quê separação de poderes? Antes de tudo, destaque-se o carácter contingente do fenómeno em estudo – contingente, por oposição a

---

751 MARCELO REBELO DE SOUSA, A Lei no Estado Contemporâneo, *in* Legislação – Cadernos de Ciência de Legislação, n.° 11, Outubro-Dezembro de 1994, p. 15 e s.

752 J. HABERMAS, Droit..., cit., p. 261.

753 Quanto ao controlo da constitucionalidade das normas, HABERMAS (*op. cit.*, p. 267) põe em relevo que, de um certo ponto de vista, «a lógica da separação dos poderes não é necessariamente posta em perigo pelas vastas competências do Tribunal Constitucional Federal». O autor dá conta, porém, mais adiante (p. 275-276), de algumas reticiências, quanto a esta matéria – se não estaria em jogo a separação de poderes, quando o Tribunal Constitucional se guia pela «*criação de direito* de inspiração política». *Vide*, ainda, as considerações aduzidas a páginas 281, 286 e 304 [aqui, o autor preconiza uma atitude de modéstia por parte do tribunal constitucional: este não deve assumir um «papel de Regente, em substituição do Delfim menor»; «sob o olhar crítico dum espaço público jurídico que se politizou (...) o tribunal constitucional pode ao menos jogar um papel de tutor»].

necessário. Não é uma necessidade histórica a separação de poderes, tal como, *a fortiori*, não o será um modelo específico de separação de poderes.

Preocupações várias nutriram a construção dos modelos: dividir para melhor reinar[754]; organização mais racional do Estado; contenção dos entusiasmos absolutistas e açambarquistas de certas entidades; melhor garantia dos direitos dos cidadãos.

O factor mais presente tem sido, no meu parecer, o da *organização racional do Estado*.

E quanto ao *quid* da separação de poderes?

Toca-se aqui o problema do conteúdo da especialização orgânico-funcional. Independência dos poderes? Interdependência? Dependência? Qual a dosagem de cada ingrediente? Como se entretecem as redes do poder?

Questões extremamente delicadas e de difícil resposta, que robustecem a minha opção pela abordagem contingencial da separação de poderes, numa perspectiva de dessacralização-desentronização de arquétipos.

---

754 À semelhança do que sucedeu por vezes na forma de Estado Monarquia Limitada, onde o fraccionamento dos poderes das instituições representativas se conjugava com o propósito de preservar o poder do monarca – parecendo que o grau de intensidade da divisão dos poderes é directamente proporcional à tentativa de manter inquestionável o poder do monarca. *Cfr.* JORGE MIRANDA, Ciência Política, Lisboa, 1992, p. 116.

§ 3.º PARTIDOCRACIA: O *REQUIESCAT IN PACE* EM HONRA DA SEPARAÇÃO DE PODERES?

1. **Omnipresença e Omnipotência do Partido**

O partido político (uma congregação de pessoas direccionada para a realização de determinados objectivos, desde logo, políticos[755]) sedimentou, a partir do século XX, a sua condição de elemento incontornável da vida sócio-política. A democracia vai-se fazendo com os partidos[756].

---

755 O termo provém, etimologicamente, da palavra latina *partitu*, que, por seu turno, provém de *parte*. O que põe em destaque a ideia de divisão, de conflito entre *partes* de um *todo* político.

No que tange à definição de partido em sentido restrito e em sentido amplo, *vide* JORGE MIRANDA, Ciência Política..., cit., p. 272-274.

Sobre se o unipartidarismo seria a expressão da "democracia africana", *vide* ZIEMER/ /HANISCH/WERZ, Politischen Parteien, *in* Pipers Wörterbuch zur Politik: Dritte Welt, Gesellschaft-Kultur-Entwicklung (Nohlen/Waldmann, Hrsg.), München/Zürich, Piper, 1987, p. 433-434.

756 Para uma teorização em torno do fenómeno partidário, *cfr.* MARCELO REBELO DE SOUSA, Os Partidos Políticos no Direito Constitucional Português, Braga, 1983, p. 17 ss. *et passim*;

Do mesmo autor (sobre a partidarização do sistema de governo e a revisão constitucional, em Portugal), também, "A Revisão Constitucional e a Partidarização do Sistema de Governo", *in* Jorge Miranda (org.), Nos Dez Anos da Constituição, Lisboa, IN-CM, 1987, p. 205-211.

M. GARCIA-PELAYO, Derecho Constitucional..., cit., p. 191 ss.

K. HESSE, Die verfassungsrechtliche Stellung der Parteien im modernen Staat [Bericht von K. Hesse], *in* VVDStRL, Heft 17 (1959), p. 11-52.

P. KIRCHHOF, Der demokratische Rechtsstaat..., cit., p. 1007-1009.

JORGE MIRANDA, Ciência Política..., cit., p. 110, 271-284 (e a bibliografia aí citada);

Partidos Políticos e Sociedade, Separata das Actas dos VIII Cursos Internacionais de Verão de Cascais (9 a 14 de Julho de 2001), p. 51-62.

F.A.F. VON DER HEYDTE, Freiheit der Parteien, *in* F.L. Neumann/H.C. Nipperdey/U. Scheuner (Hrsg.), Die Grundrechte: Handbuch der Theorie und Praxis der Grundrechte, 2. Band, 2. Aufl., Berlin, Duncker & Humblot, 1968, p. 457-506.

P. BADURA, Verfassung, Staat und Gesellschaft in der Sicht des Bundesverfassungsgerichts, *in* Peter Badura/Horst Dreier (Hg.), Festschrift 50 Jahre Bundesverfassungsgericht, 2. Band (Klärung und Fortbildung des Verfassungsrechts), Tübingen, Mohr Siebeck, 2001, p. 905 ss.

São conhecidos os vectores definitórios (os *discriminantes*) de *partido político* elencados por JEAN CHARLOT[757] e JOSEPH LA PALOMBARA/MYRON WEINER[758]. São eles:

a) a aspiração à durabilidade da organização[759];
b) A vontade de exercer o poder[760];
c) A procura do apoio popular[761];
d) A abrangência nacional da organização[762].

Trata-se de parâmetros discutíveis. Na verdade, a insuficiência ou a inespecificidade de alguns discriminantes são óbvias.

JEAN BAODOUIN[763] refere-se ao fenómeno poujadista para destacar um caso de efemeridade da organização partidária. Com efeito, a *União de Defesa dos Artesãos e Comerciantes* criada por PIERRE POUJADE em 1951, numa linha programática de combate aos *abusos* fiscais, fez furor nas eleições de 1956, mas foi-se abaixo com a derrocada do seu criador (o «lojista de Saint-Céré») e com o vendaval gaullista de 1958.

ALAN WARE, Political Parties and Party Systems, Oxford/New york, *etc.*, Oxford University Press, 1996, p. 17 ss., 147 ss., 257 ss.

E. JESSE, Das deutsche Parteiensystem nach den Wahlen 1994, *in* G. Hirscher (Hg.), Parteiendemokratie zwischen Kontinuität und Wandel – Die deutschen Parteien nach den Wahlen 1994, München, Hans-Seidel-Stiftung e.V./Akademie für Politik und Zeitgeschehen, 1995, p. 33-63.

J. IPSEN, Staatsrecht I – Staatsorganisationsrecht, 15. Aufl., München/Unterschleißheim, Luchterhand, 2003, p. 47-65.

757 J. CHARLOT, Os Partidos Políticos (trad. portuguesa), Lisboa, 1975.

758 Political Parties and Political Development, 1966.

759 Será o partido uma organização cuja esperança de vida política é superior à dos seus dirigentes. Seria nesse factor que residiria a diferença entre partido, facções de fundo pessoal, cliques e organismos *ad hoc.*

760 Seria o partido uma organização *cujos dirigentes,* em lugar da simples vontade de *influenciar* o poder, *têm vontade de exercê-lo.*

É assim que se distinguem os partidos *legalistas* (que visam participar no poder) dos *revolucionários* (que visam destruir o poder); bem como os *grupos de pressão* (que intentam apenas influenciar o poder com vista a conseguirem satisfazer interesses de ordem particular).

761 Partido seria uma organização que tem como *preocupação conseguir o apoio popular,* quer através da via eleitoral, quer de qualquer outra. A destrinça entre *partido, seitas puras,* círculos académicos estaria nesse factor.

762 Partido seria uma organização bem estabelecida e aparentemente duradoura, mantendo relações regulares e variadas com o escalão nacional. Os partidos de projecção prática regional não são partidos?! Os partidos de inspiração e vocação regionalistas não são partidos?!

763 Introdução à Sociologia Política (trad. de A. Moura do original *Introduction à la Sociologie Politique,* Ed. du Seuil, 1998), Lisboa, Estampa, 2000, p. 216 ss.

Por outro lado, a pretensão de durabilidade não é específica ao partido, pois outras organizações sociais (como associações culturais, desportivas ou laborais) também se encaixam nessa banda.

O vector da *vontade de exercer o poder*, por seu turno, quando é exacerbada a valência das probabilidades de acesso ao poder (não se contentando, portanto, com a mera *vontade* de exercer o poder) pode revelar-se um critério insuficiente. Senão, como explicar a natureza de partidos *eternos* e eternamente fora da estrada do poder?

Encontra-se em MARCELO REBELO DE SOUSA[764] a seguinte definição de partido político: *«agrupamento duradouro de cidadãos organizado tendo em vista participar no funcionamento das instituições, e formar e exprimir organizadamente a vontade popular, para o efeito acedendo, exercendo ou influenciando directamente o exercício do poder político»*.

Na Guiné, a situação de incontornabilidade do partido não é distinta, havendo que assinalar, nesse particular, uma enorme vivacidade da sociedade política – conquanto não faltem elementos que, a ser correcta a definição de partido proposta por JOSEPH LA PALOMBARA e MYRON WEINER[765], impregnem de alguma perplexidade o cenário vivido até ao 1.° lustro do 2.° milénio. Se, com efeito, a definição de partido político moderno (não um *protopartido*) passa pela observância de critérios como os da durabilidade da organização, vontade assumida dos dirigentes de tomar e exercer o poder, procura do apoio popular (o método eleitoral e qualquer outro servem), bem como uma organização a nível local bem firmada, se essa condicionalidade é válida, dizia, pelo menos a última delas está, em vários casos, longe de suceder no panorama político da Guiné-Bissau de 2005, designadamente[766]. Com partidos sazonais – que são fundados para

---

764 M. REBELO DE SOUSA, Direito Constitucional I, Braga, 1979, p. 181.

No art. 1.° da Lei n.° 2/91, de 9 de Maio (*Lei dos Partidos Políticos*) encontra-se uma definição próxima de partidos políticos: «organizações de cidadãos, de carácter permanente, constituídas nos termos da presente lei, com o objectivo principal de participar democraticamente na vida política do País e de concorrer em liberdade e igualdade para a formação e a expressão da vontade política do Povo, nos termos da Constituição e das leis vigentes».

GERTRUD ACHINGER, Conflitos Centrais na Sociedade Guineense e os Problemas da Democratização, *in* C. Cardoso/J. Augel (coord.), Guiné-Bissau – Vinte Anos de Independência. Desenvolvimento e Democracia – Balanço e Perspectivas, Bissau, INEP, 1996, p. 375 ss.

765 Destes politólogos norte-americanos, *vide* Political Parties and Political Development, 1966.

766 A *Lei dos Partidos Políticos* (Lei 2/91, de 9 de Maio), no seu art. 1.° abraça a seguinte noção de partidos políticos: «organização de cidadãos, de carácter permanente, constituídas nos

determinadas eleições, para, logo depois, voltarem ao limbo onde hibernam, até ao prenúncio de novos actos eleitorais[767] –, como os que por aí existem, impossível se torna vislumbrar o aludido enraizamento local. Fazem-se umas conferências de imprensa, umas entrevistas, para aparentar que o dito cujo se encontra ainda vivo, negoceiam-se algumas benesses com o poder (nada de estranho, pois quando tocar o sino do próximo pleito eleitoral, abandona-se o barco da *situação* e salta-se para o da *oposição*). Na Guiné, a oposição política padece de uma opositifobia desnorteante[768]. Daí a tendência para se encostar, sistematicamente, ao poder mandante, entregando-se, de forma ultrajante, a este. A oposição é, pois, sazonal. Isto é, à beira de cada desafio eleitoral, as oposições reestruturam-se para a luta pelo poder. Mas, mesmo aqui (durante esta fase), ocorrem dissidências (que convergem no poder mandante), sempre que os caminhos próprios de acesso ao poder forem espinhosos. Nessas alturas, surgem, de repente, *plataformas de consenso*, o engendrar de *Governos de unidade*, *Governos de reconciliação*, *acordos intraparlamentares, etc*.

Idêntica perplexidade assaltará o analista, quando confrontar a receita de M.-P. ROY[769] com a *praxis* política guineense. Se a "mobilização de massas", o "recrutamento das elites políticas nacionais", a "integração nacional" e a "resolução de conflitos" integram as principais funções afectas aos partidos políticos[770], com grande probabilidade de acertar estará quem diga que muitos partidos têm andado à margem das duas últimas funções.

---

termos da presente lei, com o objectivo principal de participar democraticamente na vida política do País e de concorrer em liberdade e igualdade para a formação e a espressão da vontade política do povo, nos termos da Constituição e das leis vigentes».

767 Entretanto, os subsídios concedidos pelo Estado ou pela *comunidade internacional* (no fundo, tem sido esta *senhora*, ao longo da 1.ª década da democracia liberal, a sustentar tais esquemas – em prol da instauração do *Estado de direito*, da *transição* e outros que tais) já entraram no património do partido (ou no dos que nele mandam).

768 Fobia, horror mórbido à condição de oposição de que resultam percursos políticos estranhamente erráticos.

769 M.-P. ROY, Les Régimes…, cit., p. 543.

770 Também S.M. LIPSET/S. ROKKAN, Estruturas de Clivagem, Sistemas Partidários e Alinhamentos de Eleitores (*in* S.M. LIPSET, Consenso e Conflito – Ensaios de Sociologia Política, Lisboa, Gradiva, 1992, p. 165-166) sublinha em tons muito vivos algumas características do sistema partidário, como a via para a integração nacional. Dirá mesmo que até as «eleições totalitárias» (que «podem não fazer muito sentido com base numa perspectiva ocidental») «servem importantes funções de legitimação». Neste quadro, «Qualquer que seja a estrutura do sistema político, os partidos têm servido como agentes essenciais de mobilização e, enquanto tal, ajudado a integrar as comunidades locais na nação ou numa federação mais vasta. Isso era verdade nos primeiros sistemas partidários competitivos, mas é-o igualmente nas nações de partido único da era pós-colonial».

Mas o fenómeno de partidos cresceu, em tamanho e intensidade, a ponto de enclausurar o Estado e a sua democracia. Uma manifestação deste estado de coisas vê-mo-la na relativização hodierna do princípio da representação. O representante do povo acaba por servir o partido (ou as potências que aí gravitam) cuja bandeira defende, não o povo que, entre outras coisas, o guindou, pelo voto, à condição de seu *representante*.

A própria viabilização de candidaturas presidenciais passa normalmente pelos apoios, mais ou menos velados, de partidos às mesmas.

O partido disseminou as suas células por toda a sociedade, fazendo-se omnipresente e, não poucas vezes, omnipotente.

Tudo isso tem um nome: *partidocracia*[771].

---

[771] Quanto ao assunto, *vide* a entrevista concedida pelo Prof. E.-W. BÖCKENFÖRDE ao Prof. J.J.G. ENCINAR, em Janeiro de 1995, no *Bundesverfassungsgerricht* [*cfr.* J.J. GONZALEZ ENCINAR, Sobre el Derecho y el Estado: Una Conversacion con el Professor E.-W. Böckenförde, *in* Anuario de Derecho Constitucional y Parlamentario, n.° 7, 1995 (Murcia), p. 18]. O enfoque é orientado aqui para a melhor composição da classe política – muitas vezes prejudicada pela *Parteienstaatlichkeit*: «(...) hoje, e porque o sistema de partidos impede, em certa medida, a sua existência, faltam elites políticas. Naturalmente, numa democracia, a elite política necessita de ser legitimada pelos eleitores. Mas a questão é como conseguir que aquelas pessoas que têm os conhecimentos e a competência necssários cheguem a ocupar os cargos políticos. É a democracia de partidos, tal como se desenvolveu, um instrumento útil para levar a cabo essa selecção? Não se converteu a carreira política quase exclusivamente num ir escalonando posições no interior de um partido? Muitas pessoas que reúnem as condições necessárias para o desempenho de cargos públicos, mas que não estão dispostas a passar por aí, renunciam por esse motivo à política. Com isso se abre o campo, cada vez mais, àqueles que vão à política para "fazer carreira"». *Se daí cabe esperar que os próprios partidos entendam que não devem enfocar o problema unicamente sob o ponto de vista e com um cálculo partidista,* é algo que diz não saber. Talvez o que há a fazer seja continuar a estudar o tema, conclui.

Definindo o Estado social de direito como um «verdadeiro» «*Estado de partidos*», *vide* MARCELO REBELO DE SOUSA, Direito Constitucional I – Introdução à Teoria da Constituição, Braga, Livraria Cruz, 1979, p. 130-131.

Para um transcurso histórico sobre os partidos políticos no constitucionalismo português, *cfr.* MARCELO REBELO DE SOUSA, Direito Constitucional I..., cit., p. 133 ss.

De M. REBELO DE SOUSA, *cfr.*, de igual modo, Legitimação da Justiça Constitucional e Composição dos Tribunais Constitucionais, *in* Legitimidade e Legitimação da Justiça Constitucional (Colóquio no 10.° Aniversário do Tribunal Constitucional – Lisboa, 28 e 29 de Maio de 1993), Coimbra, Coimbra Editora, 1995, p. 225.

PAULO OTERO, A "Desconstrução" da Democracia Constitucional, *in* Jorge Miranda (org.), Perspectivas Constitucionais – Nos 20 Anos da Constituição de 1976, vol. II, Coimbra, Coimbra Editora, 1997, p. 640, 641. Caracteriza-se aqui a democracia consagrada na Constituição de 1976 como «uma democracia estrangulada ou sufocada na sua real representatividade por uma oligarquia partidária arrogante nas suas prerrogativas, tal como o foram os monarcas absolutos do século XVII». Clama OTERO pela «democratização da democracia representativa», que deveria passar, nomeadamente, pela «autolimitação dos partidos políticos» e pelo «reforço dos mecanismos de democracia representativa».

Ainda, P. OTERO, A Democracia Totalitária..., cit., p. 205 ss.;

O Estado dos nossos dias tem uma relação especial com a separação de poderes[772]. De enorme ressonância teorética e prática, surgem questões como o lugar dos partidos na engrenagem da representação política ou o papel dos partidos na mecânica da separação de poderes. Aqui o que é que vamos encontrar? Constata-se a emergência e o incremento de vários fenómenos sócio-institucionais que vieram agitar a lagoa mansa da separação de poderes. Estou a pensar nos *grupos de pressão* e, fundamentalmente, nos *partidos*.

Se classicamente a linearidade das fronteiras era tal que permitia a localização e delimitação precisa do legislativo *versus* executivo, hoje, na moderna democracia representativa, o partido veio introduzir um factor de confusão, ao meter o poder legislativo e o poder executivo dentro de uma só camisola partidária. Nessas circunstâncias, a tendência será para o parlamento se reduzir

---

Legalidade e Administração Pública: O Sentido da Vinculação Administrativa à Juridicidade, Coimbra, Almedina, 2003, p. 130 ss., 139 ss.

C. BLANCO DE MORAIS, As Leis Reforçadas: As Leis Reforçadas pelo Procedimento no Âmbito dos Critérios Estruturantes das Relações entre Actos Legislativos, Coimbra, Coimbra Editora, 1998, p. 955-956.

C. FUSARO, La Rivoluzione Costituzionale: Alle Origini del Regime Post-partitocratico, Messina, Rubbetino Editore, 1993, p. 37 ss.

ANDREA PIRAINO, Dopo lo Stato dei Partiti la Democrazia delle Comunità, *in* il Politico, 177, 1996, p. 197-221. PIRAINO sustenta um *novo sistema* a que chamou *democracia comunitária* («democrazia comunitaria»), como via de superação do esgotamento do *stato dei partiti*. Acha importante, nesta senda (e será o *primeiro passo*), que se lance um *forte apelo* ao país, por forma a conseguir-se o engajamento das comunidades sócio-culturais locais (no caso italiano, lideradas pela A.N.C.I. – Associação Nacional das Comunas Italianas).

ANTÓNIO VITORINO, Entrevista ao Boletim da Ordem dos Advogados (n.° 36, Março/Abril 2005, p. 16) – para quem «a vida político-partidária tem que levar uma reforma de fundo» e os partidos políticos são «instituições do séc. XIX, que já não respondem a desafios do séc. XXI».

Defende VITORINO uma *alteração profunda* do *critério de selecção do pessoal político*. Tal passaria por uma «alteração da lei eleitoral onde se sublinhasse mais a personalização da escolha dos deputados em detrimento do controlo dos directórios partidários. E isto como alavancagem da transformação do funcionamento dos partidos políticos, da sua democracia interna e dos seus métodos de abertura à sociedade e de escolha do pessoal político».

Ver, também, J. BLONDEL, Party Systems and Patterns of Government in Western Democracies, *in* Canadian Journal of Political Science 1, n.° 2, June 1968, p. 180-203.

772 Algumas linhas escritas a seguir à referência a esta nota de roda-pé são reproduções duma conferência por mim proferida em 2000 [E. KAFFT KOSTA, A Separação e a Interdependência dos Poderes, Conferência proferida aos Deputados da ANP, em 29.6.2000 (não publicada)].

Aflorações ao tema foram igualmente tratadas numa prelecção a parlamentares, em 1997 [E. KAFFT KOSTA, Acto Normativo: Panorâmica Geral da Tipicidade e Hierarquização, Prelecção no quadro do Curso sobre a Feitura das Leis, ministrado aos deputados e técnicos da ANP, de 23.6.1997 a 2.7.97 (orientado pelo Prof. Doutor Marques dos Santos, Mestres Paulo de Sousa Mendes e E. Kafft Kosta, Drs. Marta T. Almeida e J.M. Oliveira)].

a uma muleta do aparelho executivo. Uma muleta acrítica e subserviente do Governo. De tal forma que o eixo dos freios e contrapesos (*checks and balances*), o eixo do controlo, tende a deslocar-se da relação *Parlamento-Governo* para a relação *oposição parlamentar-Governo*.

Daí o papel estratégico, crucial da *oposição* na viabilização do sistema de separação de poderes[773]: a bem do edifício democrático; a bem da salvaguarda dos direitos fundamentais do cidadão.

Dizia o Doutor ROGÉRIO SOARES «se, como diz o povo, "quem dá é pai", quem garante a subsistência facilmente tem a tentação de se converter em pai tirano».

A tentação (latente ou patente nos Estados contemporâneos) de o poder executivo cercear, molestar direitos, garantias e liberdades dos cidadãos porque... ele "dá".

Daí a proeminência estratégica de uma oposição esclarecida, aguerrida e responsável.

Com isso, ganha o parlamento, ganha o sistema no seu todo.

Daí insistir-se nas incompatibilidades, no esforço de preservar o que resta da separação (pessoal) entre os órgãos de soberania: incompatibilidade entre o mandato de deputado e o cargo de membro de Governo; incompatibilidade entre a função de juiz e a de deputado; incompatibilidade entre a função de juiz e outra função pública ou privada, excepto a docência e investigação jurídicas, assim como intervenções análogas na área jurídica; incompatibilidade entre o cargo de Presidente da República e o exercício de outros cargos (devido à sua função arbitral e à necessária imparcialidade), *etc., etc., etc.*

Desenha-se, repare-se, uma forte tendência, que é a de os destinos da vida partidária serem ditados por um núcleo relativamente restrito de indivíduos[774]

---

[773] Relativamente à compreensão do direito de oposição, M. REBELO DE SOUSA, Die Politischen Parteien und der Recht der Opposition in Portugal, Beiheft; Jahrbuch des öffentichen Rechts der Gegenwart, neue Folge, Band 41, Tübingen, Mohr, 1993, p. 313-316.

[774] ROBERTO MICHELS cunhou tal ideia de *lei de bronze da oligarquia* (*vide*, do autor, La Sociologia del Partido Politico nella Democrazia Moderna, Torino, 1912). Uma lei inevitável: *É a organização que funda o primado dos eleitos sobre os eleitores*. Sustentará o autor a tese de o grau de democracia interna num partido ser inversamente proporcional ao seu tamanho e ao grau de organização.

Destaca, com efeito, o discípulo de MAX WEBER, através da sua «*lei de ferro da oligarquia*», a inevitabilidade da oligarquia, para as grandes organizações (que são uma necessidade para a democracia)... mas, paradoxalmente, o fenómeno oligárquico tende a pôr em xeque a própria democracia.

Explicite-se: para que muitas pessoas possam exercer uma relevante participação política, é necessária uma organização; assente a organização, torna-se inviável a sua direcção por um largo

à cabeça dos partidos[775] – que, por sua vez, (pre)tendem a ditar as suas leis aos destinos do país, no seu todo[776]. E os partidos – e é esta uma verdade que dói – «aman la libre discusión en proporción inversa a su fuerza numérica»[777].

Se, para R. MICHELS, os partidos não são democráticos[778], logo, "a democracia não é democrática", eu diria, para o caso que me ocupa presentemente, que a partidocracia é o *requiescat in pace* em honra da separação de poderes.

---

espectro de pessoas; a partir deste estágio, emergem os líderes permanentes (ou profissionais) e a burocracia (substituindo-se à *democracia representativa*); evolui-se, posteriormente, para a oligarquia, que, após *assentar arraiais,* dedica-se fundamentalmente a criar condições para a sua manutenção do poder, relegando para plano secundário a prossecução dos interesses desse largo espectro de pessoas que sustentaram e sustentam a elite.

Debruçando-se sobre a vida e as teorias construídas por ROBERTO MICHELS, ver, entre outros, M. BRAGA DA CRUZ, Teorias Sociológicas: Os Fundadores e os Clássicos (Antologia de Textos), I Volume, 4.ª ed., Lisboa, Gulbenkian, 2004, p. 477 ss.

775 L. HAMON (L'Etat de Droit et son Essence…, cit., p. 711) acha mesmo que «Estado de direito e Estado de partidos são de inspirações contrárias… e isto esclarece a relação do Estado de direito com a teoria da separação dos poderes». Neste enfiamento, «(…) o controlo de constitucionalidade (…) inscreve-se no seu esforço contra "o regime exclusivo dos partidos"».

Cfr., também, DUVERGER [Xeque-Mate: Análise Comparativa dos Sistemas Políticos Semipresidenciais (trad. do original "Echec au Roi", Paris, Albin Michel, 1978), Lisboa, Rolim, 1978, p. 157], segundo o qual DE GAULLE foi o «artífice principal» da mutação ocorrida em França que redundou na colocação do partido no centro da vida política, regendo-se por uma estrita disciplina (DE GAULLE, «que desprezava o regime dos partidos, estabeleceu-o em França onde nunca funcionara salvo durante escassos anos que se seguiram à Libertação»).

Lançando uma ponte para o *Estado Novo*, registe-se que este apareceu com «um firme propósito de evitar um regime de partidos» (FILIPE A. BAPTISTA, Regime Jurídico das Candidaturas, Lisboa, Cosmos, 1997, p. 40). A realidade acabou por revelar não um *regime de partidos,* mas um regime de partido: o único. FILIPE A. BAPTISTA vê na União Nacional e, mais tarde, Acção Nacional Popular, um «verdadeiro partido» – «que dispunha de uma organização permanente e fruía de todos os apoios e facilidades, a par da sua função de apresentação de candidatos» (*op. cit.*, p. 41).

Vide, também, M. BRAGA DA CRUZ, O Partido e o Estado no Salazarismo, Lisboa, 1988, p. 251.

M. REBELO DE SOUSA, Os Partidos Políticos no Direito Constitucional Português, Braga, Livraria Cruz, 1983, p. 183: «No plano jurídico, é patente a preocupação de não consagrar constitucional ou legalmente qualquer exclusivo no exercício das funções representativa e de titularidade do poder político do Estado.

«É, portanto, no plano da prática constitucional que se torna clara a existência de um sistema de partido político liderante».

776 Talvez eu deva aludir, mais uma vez, à necessidade de a outras instâncias sócio-político-culturais ser aberto um espaço condigno no sistema de poder.

777 M.L. GONZALEZ, Hacia…, cit., p. 630.

778 *Vide*, a este propósito, ainda, D. HELD, Introduction: New Forms of Democracy?, *in* D. Held/C. Pollit (ed.), New Forms of Democracy, London, Sage Publications/The Open University, 1986, p. 9.

Na verdade, os longos e múltiplos tentáculos do polvo (sem ofensa) que responde pelo nome de partidocracia podem reduzir a pouco mais que nada o princípio da separação de poderes – tamanha é a sua ubiquidade no sistema político.

Quando o Chefe de Estado se encontra geneticamente condicionado pelo partido, por este igualmente constrangido na sua acção política; quando o parlamento se reduz a caixa de ressonância de vozes de comando partidárias; quando o Governo não é senão o fidelíssimo executor de directivas partidárias; quando as eleições políticas (quaisquer que sejam elas) são gizadas e protagonizadas essencialmente pelos Estados-Maiores partidários; quando a política, nomeadamente, judicial é determinada por tais cúpulas partidárias; quando, com mais ou menos descaramento, tais cúpulas se permitem orientar ou telecomandar o sistema judicial; quando tudo isso acontece (a não se inverter a tendência), aproxima-se inexoravelmente a hora de rezarmos pela alma da separação dos poderes e pedir que ela *descanse em paz*.

2. Factores Étnicos, Culturais, Religiosos e de Urbanidade-Ruralidade: Parâmetros Únicos de Distinção entre Partidos Guineenses

Se se encarar a democracia pelo prisma do *modelo maioritário*, trazendo à ribalta a oposição dicotómica *esquerda-direita*, não se encontrarão certamente significativas diferenças entre os partidos políticos guineenses[779]. É que, neste país, a dimensão sócio-económica, ideológica e simbólica (expressa na fórmula *esquerda-direita*) dissolveu-se[780], a ponto de os partidos existentes não apresentarem entre si divergências de relevo, a nível programático e operacional (confrontem-se, por exemplo, os programas eleitorais apresentados na campanha das

779 Um outro parâmetro a equacionar é a colocação dos partidos habitantes da paisagem política guineense nas conhecidas categorias *partidos de quadros, partidos de massas, partidos de reagrupamento* ou *de eleitores* [Em torno dos conceitos apontados, *cfr.*, por exemplo, MARCELO REBELO DE SOUSA, Direito Constitucional, I, Braga, 1979, p. 195 ss.; Os Partidos Políticos no Direito Constitucional Português, Braga, Livraria Cruz, 1983, p. 634-635; JEAN BAUDOUIN, Introdução à Sociologia Política, Lisboa, Estampa, 2000, p. 224 ss.].

Que partidos se enquadram na primeira e duvergeana dicotomia? A designação *partido de agrupamento (catch-all-party*, na senda de OTTO KIRCHHEIMER*), partido eleitoral de massas* (segundo a proposta de GIOVANI SARTORI, ao lado de *partido parlamentar eleitoral* e de *partido de organização de massas*) ou *partido de eleitores* (como sugeriu JEAN CHARLOT, a par de *partido de individualidades* e *partido de militantes*) aplicar-se-ia a algum dos vários partidos guineenses?

780 Se os que eram a favor do voto real se posicionaram no dia 28.8.1789 à direita do hemiciclo e os que defendiam a Revolução francesa, à esquerda, como estão, hoje e na Guiné, alinhadas as bancadas parlamentares?

legislativas de 2004). Os *itens* capitais da contraposição tradicional entre a esquerda e a direita têm passado pelo sentido da resposta às questões sobre a intensidade da intervenção do Estado na economia, sobre a propriedade dos meios de produção, sobre a redistribuição das riquezas (questão conectada com as políticas de segurança social); acrescentou-se, noutro momento, a questão ecológica e a da vertente participativa da democracia[781] – para se referirem apenas as mais chamativas[782].

O mais importante é, por conseguinte e no ordenamento alvo, a classificação de acordo com dimensões outras, como a étnica ou cultural, a religiosa, a da urbanidade-ruralidade, dimensões essas inscritas no chamado *modelo de consenso*[783].

---

781 Estas últimas questões integram os valores *postmaterialistas*, na esteira de R. INGLEHART (The Silent Revolution: Changing Values and Political Styles Among Western Publics, Princeton, 1977).

782 Onde, porém, colocar a *política da terceira via* ensaiada, por exemplo, pela vaga TONY BLAIR de meados dos anos noventa do século XX (preparada desde a sua ascensão em 1994 à liderança do Partido Trabalhista e praticada desde a tomada do poder em 1997 pelo *New Labour*)? «Terceira Via» que se desdobra nos seguintes eixos programáticos (cito A. GIDDENS, *op. cit.*, p. 440-441): *Reforma do sistema global* (aberto à democracia no espaço transnacional e susceptível de contribuir para um maior controlo pelos Estados da economia internacional); *reconstrução do Governo; reconstrução de economia* (numa perspectiva de sua miscigenação entre a regulamentação e a desregulamentação); *reforma do Estado-Providência*; cultivo da sociedade civil; aposta ecológica (conjugação do desenvolvimento com a defesa do ambiente).

783 Para maiores detalhes a respeito desta abordagem (onde se mencionam, ainda, aspectos como o «apoio ao regime», a «política exterior» e o «post-materialismo»), *cfr.* A. LIJPHART, Las Democracias Contemporáneas (trad. de E. Grau, do original "Democracies", Yale University, 1984), Barcelona, Ariel, 1987, p. 143 ss.

§ 4.° SEPARAÇÃO E INTERDEPENDÊNCIA: CONFLITUALIDADE IRREDUTÍVEL OU IMBRICAÇÃO INELUTÁVEL?

1. **Primeiras Linhas**

Alguns pilares da estrutura do Estado serão aqui trazidos à luz do dia, de molde a evidenciar-se o papel de cada um deles e as relações que presidem à convivência de todos eles.

Nesta base, passar-se-á em revista uma série de instâncias de poder[784], a começar pelo poder legislativo[785] e a terminar no judicial[786], passando pelo poder presidencial, pelo poder executivo e, em alguns casos, poder militar[787].

---

784 Diz JEAN-JACQUES ROUSSEAU: «Se o soberano quiser governar, ou se o magistrado quiser fazer leis, ou se os súbditos recusarem obedecer, a desordem sucede à regra, a força e a vontade já não agem concertadamente e o Estado dissolvido cai deste modo no despotismo ou na anarquia» ("O Contrato Social", Livro III, Cap. I).

Insistindo, nomeadamente, em certos índices duma nova racionalidade da dinâmica jurídico-institucional, *cfr.* G. BERTI, Diritto e Stato: Riflessioni sul Cambiamento, Padova, CEDAM, 1986, p. 39-63, 373-393, 395-412.

G. LEIBHOLZ, Problemas Fundamentales de la Democracia Moderna, Madrid, Instituto de Estudios Politicos, 1971, p. 177 ss.

785 Neste particular, desenrolando o seu libelo contra o parlamentarismo, *vide* MANNEQUIN, Le Problème Démocratique ou la Politique du Sens Commun, Paris/Bruxelles, Librairie Internationale/A. Lacroix, Verboeckhoven, 1870, p. 441-442.

No sentido de que a manutenção de uma democracia estável foi, estatisticamente falando, conseguida mais entre os Estados que adoptaram o parlamentarismo do que entre aqueles que seguiram o presidencialismo, *vide* A. STEPAN/C. SKACH, Constitutional Frameworks and Democratic Consolidation: Parliamentarism vs. Presidentialism, *in* World Politics, 46, October 1993, p. 1 ss.

786 E. BENDA, Die dritte Gewalt im sozialen Rechtsstaat, *in* M. Hohnstock (Hg.), Der Rechtsstaat in der Krise – Autorität und Glaubwürdigkeit der demokratischen Ordnung, Stuttgart, Seewald Verlag, 1972, p. 282-295.

787 Para LÉO HAMON (L'Etat de Droit et son Essence, *in* Revue Française de Droit Constitutionnel, n.° 4, 1990, p. 712), o *Etat de droit* moderno «trouve son assise dans le processus juridic-

Poder militar a que em Estados e democracias estabilizados é comum atribuir o carácter de dimensões de poder marginais ao tronco constitucional. Diz mesmo o Professor GOMES CANOTILHO que «estes poderes, "ao lado" ou "fora" de um enquadramento normativo-constitucional, são hoje reconhecidamente incompatíveis com o Estado democrático-constitucional»[788].

Dois focos guiam hoje o movimento constitucional africano, em matéria de separação e interdependência de poderes do Estado, *maxime* no concernente ao vector legislativo-executivo-presidencial. Tem-se deambulado entre o enfoque presidencialista americano (ou seja, um executivo sob a égide única do chefe de Estado) e o enfoque bifronte gaulês.

Na primeira focalização, situam-se países como o Benim e a Nigéria, num e noutro caso com resguardos especiais previstos de molde a salvaguardar-se a unidade nacional (as várias vice-presidências de coloração étnico-regional, na Nigéria; a responsabilização criminal e política do Presidente da República, por impulso parlamentar, no Benim).

Na outra focalização, aparece, de uma banda, um Primeiro-Ministro[789] (oriundo da dinâmica parlamentar) que, chefiando o Governo, responde perante o Parlamento e, da outra, um Presidente da República (eleito directamente pelo povo ou pelo parlamento) que não responde perante o Parlamento[790].

Quer-se com a técnica da separação de poderes[791] obviar aos desvios ditatoriais que inundam a história política africana do pós-independência, mas o sis-

---

tionnel, permettant d'adapter les normes aux situations particulières, par opposition aux rigidités de l'administration ou des textes adoptés par le législateur».

Cfr., igualmente, THOMAS GROß, Gremienwesen und Demokratische Legitimation [Sonderdruck aus "Schriftenreihe der Hochschule Speyer", Band 145: "Gremienwesen und Staatliche Gemeinwohlverantwortung" (Beiträge zu einem Forschungssymposium des Forschungsinstituts für Öffentliche Verwaltung)], Berlin, Duncker & Humblot, 2001, p. 18.

788 J.J. GOMES CANOTILHO, Direito Constitucional, 5.ª ed., Coimbra, Almedina, 1991, p. 702.

789 A figura é também por vezes denominada "Comissário Principal" (Guiné-Bissau, da independência até 1980), "Chanceler", "Premier", "Ministerpräsident", "President" (Botswana) ou Taoiseach (Irlanda). *Vid.* A. LIJPHART, Patterns of Democracy: Government Forms and Performance in 36 Countries, New Haven/London, Yale University Press, 1999, p. 117.

790 Fala M. DUVERGER (Institutions Politiques et Droit Constitutionnel: 1/Les Grands Systèmes Politiques, 13e éd., Paris, PUF, 1973, p. 27-29) numa certa manifestação do regime presidencial como algo que poderia ser simbolizado «pela figura heráldica da águia com duas cabeças» (com um Presidente e um Primeiro-Ministro, ambos chefes do governo). Indaga o autor: «Não exprimirá essa águia uma outra forma de impossibilidade de governar, no caso de ser verdade que todo o reino, dividido contra si próprio, morrerá?».

791 Sobre o tema, *vid.* J.M. SÉRVULO CORREIA, Acto Administrativo e Âmbito da Jurisdição Administrativa, Separata de Estudos em Homenagem ao Prof. Doutor Rogério Soares, Boletim da

tema não está isento de riscos e deméritos, apesar de, se adequadamente interpretado pelas entidades envolvidas, comportar importantes méritos[792].

Os Estados Unidos da América e a Alemanha conheceram expressões e vivências que espelham em certos momentos as várias dominâncias protagonizadas por determinados poderes do Estado.

É assim que se ouve falar na Alemanha do *Gesetzsstaat*, do *Justizsstaat* e do *Verwaltungsstaat* – querendo nomear o sistema em que o poder com certa dominância é o legislativo, o judicial ou executivo, respectivamente.

As dominâncias protagonizadas nos Estados Unidos da América são muito conhecidas e foram catalogadas de *congressional government*, *government by the Judiciary*[793] e *President's leadership*.

Faculdade de Direito da Universidade de Coimbra, Stvdia Ivridica 61, Coimbra, Coimbra Editora, p. 1172-1181: o acto administrativo é visto como «um modo de densificar a cláusula geral de jurisdição administrativa» «adequado à conjugação desta com o princípio constitucional da separação e interdependência de órgãos e funções».

J.M. SÉRVULO CORREIA, Legalidade e Autonomia Contratual nos Contratos Administrativos, Coimbra, Almedina, 1987, p. 25-32.

MARCELO REBELO DE SOUSA, Direito Constitucional I – Introdução à Teoria da Constituição, Braga, Livraria Cruz, 1979, p. 273 ss.

B.A. ACKERMAN, The New Separation of Powers, *in* Harvard Law Review, 113 (2000), p. 633-729.

G. KOUBI/R. ROMI, Etat Constitution Loi..., cit., p. 157-229.

ALFRED KATZ, Staatsrecht: Grundkurs im öffentlichen Recht, 13., neubearbeitete Auflage, Heidelberg, Müller, 1996, p. 86-91.

MARCELLO CAETANO, Manual de Direito Administrativo, vol I, 10.ª ed., Coimbra, Almedina, 1990, p. 13, 14.

D. FREITAS DO AMARAL, Direito Administrativo, vol II, Lisboa, 1988, p. 7 ss.

792 Retratando alguns pontos de impasse existentes seja no sistema parlamentarista, seja no presidencialista, A. BAAKLINI, Legislative Structure and Constitutional Viability in Societies Undergoing Democratic Transition, *in* Abdo Baaklini/Helen Defosses (Ed.), Designs for Democratic Stability: Studies in Viable Constitutionalism, New York/London, M. E. Sharpe, 1997, p. 128 ss.

Para uma confrontação dos sistemas presidencialista e parlamentarista, *vide* A. LIJPHART, Patterns..., cit., p. 117 ss.

ANDRÉ GONÇALVES PEREIRA, Sistema Eleitoral e Sistema de Governo, *in* Jorge Miranda (org.), Nos Dez Anos da Constituição, Lisboa, IN-CM, 1987, p. 193-202 – onde se chama a atenção para a «necessidade de considerar quer o sistema eleitoral quer o sistema partidário como elementos constitutivos da própria definição do sistema de Governo».

793 O juiz WALTER CLARK produziu em 1914 uma sentença nesse sentido – expressão que EDOUARD LAMBERT divulgou na Europa como "gouvernement des juges" (*vide* o seu "Le Gouvernement des Juges et la Lutte Contre la Législation Sociale aux Etats-Unis, l'Expérience Américaine du Controle Judiciaire de la Constitutionalité des Lois", 1921, p. 8 ss.).

Quer tudo isso dizer que, de acordo com determinados contextos históricos, um certo e determinado poder emerge, sobrepondo-se aos demais[794]. Um exemplo deste exercício é-nos fornecido pela mutação registada na jurisprudência e no próprio corpo da *Supreme Court* americana[795], por ocasião dos embates entre o *New Deal* do Presidente FRANKLIN ROOSEVELT e a *Supreme Court* (onde pontificavam os *nine old men* – juízes conservadores que, sustentando um certo liberalismo económico, fizeram frente à política social traçada pela Administração americana)[796]. A partir de 1937, com efeito, renovou-se a *Supreme Court* e Roosevelt desembaraçou-se de mais uma *força de bloqueio*[797] (recuperando uma expressão que fez furor na política portuguesa, durante o *cavaquismo* governamental e *soarismo* presidencial).

A nação guineense tem vivido uma experiência particular, no que concerne às relações dinamizadas entre si pelos poderes da República, pendendo quase sempre a balança para as bandas do *Palácio*[798] e do *seu* executivo.

[794] Quanto ao caso americano, *cfr.* P.L. VERDÚ, La Lucha por el Estado de Derecho, Bolonia, Publicaciones del Real Colegio de España, 1975, p. 43 ss.

[795] Atinente a este órgão, *vide* A. DE TOCQUEVILLE, De la Démocratie en Amérique (3 tomes), Paris, Michel Lévy Frère, 1864, p. 250 ss.

[796] Muitas (13) e importantes leis foram, em pouco mais de 16 meses, declaradas inconstitucionais pela *Supreme Court*, inviabilizando grande parte da política económica do executivo.

A história vem de longe. Remonta, em certa medida, ao momento (1803) em que o Chief Justice MARSHAL, ao proceder à interpretação do art. 3.°, secção 2.ª da Constituição, sustentou o direito de a *Supreme Court* declarar uma lei sem efeito, em caso de inconstitucionalidade. Tal ocorreu no âmbito do processo Marbury *versus* Madison. O postulado básico foi a supremacia da Constituição no mundo das normas jurídicas positivas. Consequentemente, ao juiz, incumbido que é da missão de declarar o que é direito, cabe o dever de identificar as leis inconstitucionais e promover a sua anulação.

Apesar desse passo de gigante, a *Supreme Court* autoconteve-se nesta matéria de controlo da constitucionalidade das leis, exarando, até 1860, apenas mais uma sentença.

[797] F. ROOSEVELT venceu claramente as eleições de 1936, onde o *New Deal* foi o cavalo de batalha apresentado. Desta sorte, saiu reforçado o Presidente nos seus propósitos e debilitada a linha conservadora da *Supreme Court*. A cartada final jogada pelo Presidente foi a reforma da *Supreme Court*. Fê-la ao fazer aprovar um projecto de lei nos termos do qual o Presidente poderia nomear um juiz adjunto a substituir o juiz com mais de 70 anos e meio de idade. O projecto de lei é de Fevereiro de 1937. Sufragou-se F. ROOSEVELT no expediente constitucional do art. II, Secção II, n.° 2: «(...) com o parecer e acordo do Senado, designará [o Presidente] (...) juízes do Supremo Tribunal (...)». Assim foram sendo reformados os conservadores e admitidos novos juízes.

[798] Sobre os perigos que espreitam a separação de poderes, *vide* J. HABERMAS, Droit et Démocratie: Entre Faits et Normes..., cit., p. 458 ss.

Observa WALTER LEISNER que em nome do Estado de direito «les pouvoirs de l'Executif s'accroissent tous les jours, les pouvoirs de ce même Gouvernement que le Rechtsstaat entend limiter»[799].

A crer em LEISNER, o Estado de direito «é, em última análise, o adversário das autonomias»; «La légalité est centralisatrice, elle accroît les pouvoirs des organes de l'État, elles les intègre dans l'unité de l'État-norme, produisant ainsi l'unité du pouvoir tout court. C'est à juste titre, comme tempérament à l'unitarisme de leurs constructions, que les plus grands théoriciens de l'État de Droit, et surtout Kelsen lui-même, ont été des fédéralistes convaincus – tout en éliminant les véritables bases du Fédéralisme: la multiplicité des pouvoirs originaires».

Ora, seria precisamente aqui (na opinião de LEISNER) que residiria a «mais perigosa ilusão da Rechtsstaatlichkeit»: «les grandes traditions de la Liberté, surtout celle des Anglo-saxons, démontrent que c'est dans la pluralité des pouvoirs, représentés par une multiplicité d'organes, que réside la véritable garantie de la Liberté (...)»[800].

Reproduziu-se, no fundo, uma resposta ouvida frequentemente, quando se trata de saber o *para quê* da separação de poderes. Não sei se é válida a resposta, até porque, como já deixei consignado supra, o critério da racionalidade organizativo-funcional do Estado se oferece como o mais plausível e transversal. Sem embargo de eu sufragar o pluralismo social (desenbocável, eventualmente, numa pluricracia, como multiplicidade de centros de poder), não se me oferece evidente a *necessidade* de certas maquetes de separação de poderes.

2. A Posição do Poder Legislativo

Uma ideia muito visitada em obras de carácter politológico é a de o modelo de democracia *de Westminster* (também conhecido como *modelo maioritário* – onde a maioria é que governa) produzir uma relação entre o poder legisla-

799 W. LEISNER, L'Etat de Droit: une Contradiction? *in* Recueil d'Etudes en Hommage à Charles Eisenmann, Paris, Cujas, 1977, p. 76. Conclui o autor: «La véritable garantie de la Rechtsstaatlichkeit – elle n'est pas entre les mains des représentants du peuple, mais entre celles des Gouvernants. Plus le perfectionnisme normatif s'accentue sous forme réglementaire, moins le contrôle parlementaire gardera un sens, moins les juges arriveront encore à exercer efficacement leur contrôle. L'État de droit parfait se résoudra en négation absolue de tout genre de contrôle, dans un normativisme si parfait que seulement ses auteurs dans leurs cabinets ministériels sauront pénétrer son labyrinthe».

800 *Id. ibid.*, p. 78.

tivo[801] e executivo marcada pela prevalência do executivo[802]. Contrariamente, o *modelo de consenso* (onde a regra da maioria se encontra limitada) proporcionaria uma relação mais equilibrada (portanto, sem dominância de um sobre o outro) entre esses poderes.

Para além dessa conjectura, avança-se, por vezes, com a ideia segundo a qual o modelo de consenso[803] produziria (tenderia a produzir) um poder legislativo bicameral[804], enquanto que o modelo de Westminster[805] (na sua versão mais pura) estaria fadado a produzir um poder legislativo unicameral[806].

---

801 Em matéria de revisão constitucional e de separação de poderes, *vid.* A. D'OLIVEIRA MARTINS, La Revisión Constitucional y el Ordenamiento Portugués, Lisboa/Madrid, Edições Estado & Direito, 1995, p. 337-338.

Acerca do poder legislativo na República romana, MONTESQUIEU, De L'Esprit des Lois..., cit., Livre XI, Chap. XVI.

802 *Cfr.*, numa análise envolvendo a experiência francesa e africana, A. DELEHEDDE, L'Afrique en Transition vers le Puralisme Politique: le Rôle du Parlement, *in* G. Conac (dir.), L'Afrique..., cit. 1993, p. 459.

A sobreposição do executivo relativamente ao legislativo que, na prática, se vem observando já havia sido focada por MONTESQUIEU (De L'Esprit des Lois..., cit., Livre XI, Chap. VI).

No que tange à experiência portuguesa, *cfr.* PAULO OTERO, Legalidade e Administração Pública..., cit., p. 144-145. Observa o autor (de forma particularmente acutilante) que, numa interpretação sistemática da política do «facto consumado», a Assembleia da República tem vindo a ser ultrapassada pelo executivo. Mais: «a própria competência exclusiva do parlamento em matéria de revisão constitucional encontra-se ameaçada pela intervenção do executivo no quadro da União Europeia: a prática tem revelado que o executivo negoceia e aprova em termos comunitários textos de tratados sujeitos a aprovação parlamentar que são materialmente contrários à Constituição, observando-se que a sua ratificação determina revisões constitucionais em que o parlamento anda a reboque das posições políticas do executivo. Poderá mesmo começar a afirmar-se que, por via da competência governamental de negociação de convenções internacionais no seio da União Europeia, se desenvolveu um poder implícito do executivo determinar o sentido e a oportunidade da revisão constitucional, subalternizando completamente o parlamento».

803 Exemplificativamente, a Confederação Helvética – com os seus Conselho Nacional (constituído por deputados eleitos directamente, segundo o princípio da proporcionalidade) e Conselho dos Estados (constituído por deputados dos cantões, cabendo a cada um destes a eleição de um número determinado).

804 Sobre o sistema bicameral, *cfr.*, entre outros, R. GNEIST, Der Rechtsstaat und die Verwaltungsgericht in Deutschland..., cit., p. 168 s.

MARNOCO E SOUZA, Direito Político: Poderes do Estado – Sua Organização Segundo a Sciencia Politica e o Direito Constitucional Português, Coimbra, França Amado, 1910, p. 409-433. O autor estuda quer a teoria unicameral, quer a bicameral (descrevendo, quanto a esta última, as diversas formas de organização da segunda Câmara – senados hereditários, senados régios, senados cooptativos, senados electivos e senados mistos, consoante os seus membros sejam escolhidos, respectivamente, de acordo com o critério da hereditariedade, por nomeação régia, pela própria Câmara, por eleição popular ou pela combinação de critérios anteriores).

Alinha os argumentos a favor do unicameralismo – que vão desde a igualdade social, até à tese de SIEYÈS de que sendo a lei vontade do povo e este não pode ter, simultaneamente, duas von-

Entre as duas paredes mestras, colocam alguns os *parlamentos híbridos* – *híbridos* porquanto se trataria de «categorias intermédias»[807].

---

tades diferentes, o corpo legislativo representante desse povo não deve ser senão uno. Pelo caminho, mais argumentos são apresentados, como o da inutilidade de uma segunda Câmara, quando ela vem a reproduzir decisões da primeira Câmara, ou da perigosa conflitualidade decorrente do caso de a segunda Câmara votar de forma contrária à primeira Câmara, ou, finalmente, da inadmissibilidade de, no bicameralismo, «uma parte mínima da nação» poder «retardar indefinidamente, e até impedir para sempre, utilíssimas reformas, embora pedidas pela unanimidade do país».

A favor do bicameralismo, alinha MARNOCO E SOUZA as «justificações anti-scientificas» (p. 414-417) – segunda Câmara como «auxiliar do rei»; necessidade de valorização da expressão conservadora das segundas Câmaras e expressão progressista das Câmaras baixas; reconhecimento da maior autoridade de alguns cidadãos sobre outros, pelo «esplendor do nascimento», pela riqueza, pela reputação ou pelos «merecimentos» – e o «verdadeiro fundamento do systema bicameral», mais científico (sob o «aspecto politico»: «a segunda camara encontra a sua justificação na necessidade de corrigir os excessos e os abusos a que a camara dos deputados pode ser levada, concentrando em si todo o poder do Estado, tornando o poder executivo e judiciario seus servidores, e não respeitando direitos publicos nem privados»; *i.e.*, «uma assemblêa única, não tendo num corpo independente um centro de resistencia legal, constitue a mais perfeita organização do despotismo»; é que as assembleias numerosas «inclinam-se sempre para os excessos, visto as paixões de cada membro serem excitadas pelas de todos, que se consideram irresponsaveis»; «sob o aspecto legislativo»: «A função legislativa offerece grandes difficuldades para ser bem desempenhada, sendo necessario examinar, com todo o cuidado, os assumptos sobre que ella versa, a fim de se elaborarem leis em harmonia com as necessidades do país»; «Ora, a segunda camara contribue para o melhor exercicio desta função, em virtude do novo exame a que é submettido o projecto»; e aqui valeria o aforismo popular de que dois olhos vêem mais do que um).

Rejeita a teoria unicameral, por a história ter demonstrado a sua inconsistência: «o funcionamento regular e normal das instituições politicas exige duas camaras» (p. 411).

805 A título de exemplo, a Nova Zelândia.

806 Concernente à solução monocameral ou bicameral, *vide*, entre outros, G. SARTORI, Ingegneria Costituzionale Comparata: Strutture, Incentivi ed Esiti, 4.ª ed., Bologna, Società Editrice il Mulino, 2000, p. 197-203. Constata o autor que onde os poderes das duas Câmaras são desiguais, «a mais débil é sempre a Câmara alta» (*Câmara dos Lordes* ou *Senado* ou *Bundesrat*). Se em tempos que já lá vão a Câmara alta tinha a «última palavra», nos dias que correm é a palavra da Câmara baixa (*Câmara dos Comuns*, *Câmara dos Representantes*, *Bundestag*, *Câmara dos Deputados*) que tende a prevalecer.

807 Retratando (mas, logo a seguir, repudiando – por entender que são, em última instância, unicamerais) a Islândia e a Noruega nesse grupo híbrido, *cfr.* A. LIJPHART, Las Democracias..., cit., p. 106-107. De acordo com a ponderação do autor, haveria que acrescentar a Islândia e a Noruega à lista de parlamentos unicamerais. Nos legislativos unicamerais, filiam-se, sem dúvida, parlamentos como os de Angola, Cabo Verde, Dinamarca (bicameral, até 1953), Finlândia, Guiné-Bissau, Israel, Luxemburgo, Moçambique, Nova Zelândia (bicameral, até 1950), Portugal, S. Tomé e Príncipe, Suécia, entre outros. Bicamerais são os parlamentos da Alemanha, Austrália, Áustria, Bélgica, Canadá, EUA, França da IV e V Repúblicas, Grã-Bretanha, Holanda, Irlanda, Itália, Japão, Suíça, *etc.*

Retomando o estudo de LIJPHART, pelo facto de os parlamentos da Noruega e da Islândia (eleitos como corpo único) se autodividirem, depois da eleição, em duas «câmaras» (os deputados elegem uma parte – 1/4 e 1/3, respectivamente – dos seus membros para constituir uma «segunda câmara»), «não é correcto considerar as duas fracções resultantes como câmaras separadas de um

A ter sustentáculo lógico a construção atrás ensaiada (de corresponder o unicameralismo ao modelo de Westminster e o bicameralismo, ao de consenso), seria hipotetizável, como certeiramente observa LIJPHART, que o unicameralismo residisse nas sociedades mais *homogéneas*[808], alojando-se o bicameralismo nas sociedades *plurais*. Pela análise, todavia, de um simples quadro, que arruma, de um lado, os países dotados de parlamentos unicamerais e, do outro, aqueles que dispõem de parlamentos bicamerais (num total de 21), constata o autor que «entre estas variáveis não há mais do que uma vaga relação»: «O unicameralismo dá-se mais frequentemente nas sociedades não plurais do que nas plurais e semi-plurais», é certo, mas «encontramos, com a mesma frequência, o bicameralismo nos três tipos de sociedade». O quadro desenhado foi o subsequente:

	Sociedade não plural	Sociedade semiplural	Sociedade plural
Parlamento Unicameral	Dinamarca; Islândia; Noruega; Nova Zelândia; Suécia	Finlândia	Israel; Luxemburgo
Parlamento Bicameral	Austrália; Irlanda; Japão; Reino Unido	Alemanha; Canadá; EUA; França (IV Rep.); França (V Rep.); Itália	Áustria; Bélgica; Países Baixos; Suíça

TABELA 3 – *UNI/Multicameralismo e UNI/Pluralidade Societal*

parlamento bicameral». Verifica-se, em abono da verdade, que, na Noruega, as duas secções partilham comités legislativos conjuntos, cabendo, até (na Holanda e na Noruega), à plenária de todos os parlamentares a resolução de divergências entre os dois órgãos.

Desenham-se (*op. loc. cit.*, p. 110 ss.), por ordem crescente de importância (a subida de degrau dá-se a partir do 5.° elemento) as seguintes diferenças entre o sistema parlamentar unicameral e o bicameral: cabe à 2.ª Câmara o papel de freio à 1.ª Câmara; a 1.ª Câmara é, geralmente, mais numerosa que a 2.ª (exceptuando o caso da Inglaterra); a 1.ª Câmara tem, em regra, um mandato menos longo do que a 2.ª (à excepção da Suíça, em parte); a 2.ª Câmara pauta-se, em regra, pela eleição escalonada dos seus membros (parte dos membros é renovada antes do término do mandato); a 2.ª Câmara encontra-se quase submetida à 1.ª, no que toca ao poder formal – à excepção de uns quantos casos, como os EUA, a Itália, a Bélgica e a Suíça, em que ambas as câmaras dispõem de poderes formais equivalentes; a 2.ª Câmara é eleita indirectamente ou apenas designada (Grã-Bretanha, Irlanda, Canadá), enquanto que a 1.ª Câmara é directamente eleita – gozando, destarte, de maior legitimidade democrática relativamente às segundas Câmaras que não foram eleitas de forma directa; finalmente, a sobrerepresentação das minorias pode ser pré-desenhada para a 2.ª Câmara (podendo ser beneficiadas minorias como as pequenas unidades territoriais, certas camadas sociais, como a nobreza).

808 Um autor de nome VACHEROT já sustentara, há largas dezenas de anos, a ligação entre as sociedades homogéneas e governos simples. Aquelas exigiriam estes. Daí a sua preferência, nestas hipóteses, pelo sistema unicameral [*apud* MARNOCO E SOUZA, Direito Político: Poderes do Estado – Sua Organização Segundo a Sciencia Politica e o Direito Constitucional Português, Coimbra, França Amado, 1910, p. 412].

O cruzamento do esquema em tabela com uma arrumação do sistema parlamentar em "bicameralismo sólido"[809], bicameralismo *ligeiro* e "bicameralismo insignificante" fornecem as seguintes orientações: se a Suíça, a Holanda, a Bélgica e a Áustria pertencem ao lote das *sociedades plurais*, apenas a Suíça dispõe de um sistema bicameral "sólido"; a Holanda e a Bélgica não seriam mais do que "ligeiramente bicamerais". Para complicar ainda mais as coisas, vamos encontrar Estados como Israel e Luxemburgo (todos eles comportando *sociedades plurais*) na lista de países com parlamentos unicamerais ou (caso da Áustria) *quase unicamerais*.

Mas há que ter em consideração, creio, o reduzido número das amostras que fundamentam a tese enunciada. Que quadros se nos ofereceriam, se a abordagem fosse mais abrangente? A tal acresce a dificuldade em enquadrar os países nas tipologias de sociedade aí eleitas. O que se entende por sociedades semiplurais? Os EUA são uma sociedade plural ou, apenas, semiplural?

Uma análise sociológico-política de 22 países (esgotando-se a composição da CPLP e da CEDEAO e integrando ainda a Alemanha no painel) forneceu-me o seguinte quadro[810]:

Parlamento	Unicidade Societal	Semipluralidade Societal	Pluralidade Societal
Unicameral	Cabo Verde; Portugal; S. Tomé e Prín.	Gâmbia; Mali[811]; Níger; Timor Leste	Angola; Benim; Côte d'Ivoire; Gana; Guiné-Bissau; Guiné-Conakri; Moçambique; Senegal; Serra Leoa; Togo
Bicameral	Alemanha	Burkina Faso	Brasil; Libéria; Nigéria

TABELA 4 – *UNI/Multicameralismo e UNI/Pluralidade Societal em 22 países*

809 Acentua LIJPHART (*op. cit.*, p. 115) ser «surpreendente que os quatro casos de bicameralismo estável» (Alemanha, Austrália, EUA e Suíça – conforme um quadro classificatório de 14 democracias) correspondam a sistemas federais e que dois destes quatro países, Suíça e EUA, sejam ambos exemplos taxativos de separação de poderes».

810 Adaptação do esqueleto do quadro exposto em A. LIJPHART, Las Democracias..., cit., p. 108. Vinte e dois países em análise, integrando a Alemanha, a CEDEAO e a CPLP.

811 Mali é um modelo a estudar. A Constituição define o modelo parlamentar como unica-

A primeiríssima ilação a extrair do quadro expositivo anterior é que, à excepção da Libéria, Nigéria e do Burkina Faso, todos os países africanos da amostra estão dotados de parlamentos unicamerais – pouco importando se se enquadram na unicidade societal, na semi-pluralidade societal ou na pluralidade societal (que quase faz o pleno).

Tal situação poderia induzir o analista a supor: 1.°, que é irrelevante, para efeito de opção pelo uni ou bicameralismo, o carácter unitário, semiplural ou plural da sociedade; ou, até (2.°), que a pluralidade societal determina o unicameralismo – o que seria, no mínimo, curioso.

Creio, porém, ser outra a análise a encetar. São outros os caminhos da compreensibilidade do fenómeno ora captado.

Na verdade, existem umas pedrinhas (que não serão assim tão pequeninas quanto isso) na engrenagem do sistema. Essas pedrinhas (que podem perturbar a racionalidade de toda a construção) são o decalque que, em África, é usual fazer-se de modelos do ex-colonizador[812] e são, também e fundamentalmente, a ficção da homogeneidade que perpassa em toda a classe política. Ficção de uma sociedade homogénea e una. Tal unicidade simulada (com o simétrico abafamento compulsivo da pluralidade) – embrulhada numa espécie de *arrenego, cruzes, figas!*, como se a mera pronúncia da pluralidade acarretasse os piores agoiros – é o combustível desta repulsa apriorística da solução bicameral[813]. A centrifugofobia dita tudo.

Poder-se-ia invocar, outrossim, o factor financeiro, para a preterição do bicameralismo, mas o argumento não se me afigura convincente. É que, sem prejuízo da montagem de uma operação de engenharia financeira que torne comportáveis os custos, os ganhos que se obtêm com uma justificada assembleia bicameral compensariam os gastos. Ganha-se em estabilidade social e política, em paz social, ganha-se em governabilidade do sistema, o que é uma realização de valor inestimável.

Se a tabela não confirma as parelhas *unicidade societal-unicameralismo*, *pluralidade societal-bicameralismo*, não se deve – tendo em conta as *pedrinhas*

---

meral (art. 59). Não obstante, o desenho do Alto Conselho das Colectividades abre uma saída situável entre o monocameralismo e o bicameralismo (*vide* art. 105)

812 É oportuno atender aqui às considerações que, a propósito da relação entre o «cultural background» e o «constitutional type», fez G.B. POWELL JR. [Contemporary Democracies: Participation, Stability, and Violence, *in* Arend Lijphart (Ed.), Parliamentary *versus* Presidential Government, Oxford/New York..., Oxford University Press, 1992, p. 230-231].

813 Uma solução já muito rodada por este mundo fora e desde tempos remotos. Com efeito, para Atenas, Esparta, Creta, Roma ou Cártago, a experiência de uma assembleia pluricameral não constituía uma incógnita. O mesmo se passava com os antigos povos germanos e várias monarquias da idade média, para não se falar dos Estados da modernidade.

ora referidas – precipitar-se na via da anulação pura e simples desse exercício, como se de algo completamente irrelevante se tratasse. Continuo a sentir e a acreditar na valia da aludida dimensão. Sinto e acredito que, uma vez removidas as *pedrinhas*, há condições para que a racionalidade das ditas parelhas se imponha.

Rimando pelo diapasão da unicidade societal, temos a Alemanha, S. Tomé, Cabo Verde e Portugal (na minha leitura, todos eles marcados por uma identidade nacional que se sobrepõe claramente a particularismos de qualquer natureza)[814]. O desvio da Alemanha em direcção ao bicameralismo, pese embora a sua unicidade societal, é entendível, nomeadamente, se se tomar em atenção o carácter federal da forma de Estado aí reinante.

Regista-se apenas um único caso (o da Libéria) em que o bicameralismo se relaciona unicamente com a pluralidade societal[815]. Nos restantes dois (Brasil e Nigéria), haverá que considerar, ainda, o vector federal.

Pode-se, igualmente, tentar cruzar factores como o volume populacional, a forma de Estado, o uniparlamentarismo e o biparlamentarismo[816]. Vejamos alguns tópicos enquadradores:

Sendo federal um Estado, põe-se o problema da forma de expressão dos variegados interesses protagonizados por cada unidade política infrafederal. E, no quadro citado (p. 109 da obra de LIJPHART), todos os países organizados segundo a forma de Estado federal optaram pelo bicameralismo[817]. Não falta quem aí veja o reconhecimento de uma directriz que aponte para uma espécie de relação de causalidade necessária *federalismo-bicameralismo*.

Não se mostra, porém, verificada, no quadro em alusão, a correspondência *Estado unitário-unicameralismo*. Os exemplos apontados que contrariam tal direcção (dado que a despeito de se tratar de Estados unitários, sufragaram o bicameralismo) mencionam a Bélgica, a França (na IV e na V Repúblicas), a Itália, o Japão, os Países Baixos, o Reino Unido e a Irlanda[818].

O quadro fornece também um subsídio para a análise do vector volume populacional-uni/biparlamentarismo, «o factor mais relevante», na expressão de

814 Há quem considere a Alemanha uma sociedade semi-plural.

815 Acrescente-se o exemplo do Burkina, enquadrado na semipluralidade societal.

816 *Vide* A. LIJPHART, Las Democracias..., cit., p. 109.

817 Indicam-se os seguintes países: Alemanha, Austrália, Canadá, EUA (considerados grandes), Áustria e Suíça (considerados pequenos).

818 No cruzamento do Estado unitário com o unicameralismo, desfilam-se alguns exemplos: Dinamarca, Finlândia, Islândia, Israel, Luxemburgo, Noruega, Nova Zelândia e Suécia.

LIJPHART[819]. E a verificação foi a de que todos os países *grandes*[820] organizaram-se de acordo com o modelo bicameralista. Por sua vez, à excepção da Irlanda, todos os países *pequenos* e unitários optaram pelo unicameralismo parlamentar. Ao bicameralismo há que acrescentar, ainda, dois países *pequenos*, mas federais (a Áustria e a Suíça).

3. A Posição do Presidente da República

O apelo sedutor da sereia presidencialista que vem chegando aos Presidentes da Guiné-Bissau (uma vez Presidentes) – a partir, designadamente, de textos constitucionais da vizinhança oesteafricana e da dinâmica institucional daí procedente – tem-se revelado demasiado sitiante para aqueles Chefes de Estado[821].

Aí vão alguns exemplos: aquando da assinatura do instrumento negocial que faria da Guiné-Bissau membro da UMOA, algumas fricções eclodiram, de forma mais ou menos velada, entre a Presidência e o Governo (ou entre a ala ninista do PAIGC e a ala saturninista do mesmo partido, que albergava uma massa compósita de personalidades almejando um espaço político-partidário outro que não o liderado pelo General NINO). Tratava-se da questão de o Presidente dever firmar (negociar?) o acordo ou não, assim como do papel do executivo no referido processo. As fontes de inspiração a nível da África ocidental davam algum cabedal à Presidência. É assim que a Constituição nigerina de 26.12.1993 dispõe, no art. 117, que «Le Président de la République négocie et ratifie les Traités et le Accords Internationaux»[822].

Outro fresco da vida político-constitucional guineense é a derivação presidencialista[823] do regime koumbista, simbolizada (foi apenas um dos vários

---

819 O autor refere, contudo, que «a dimensão de um país não proporciona uma adequada explicação à diferença entre o bicameralismo firme e o que não o é» (*op. cit.*, p. 115).

820 Tomaram-se por grandes os países com dez milhões de habitantes ou mais; pequenos, os que contam com uma população inferior a dez milhões.

821 Sobre alguns poderes do PR, J.J. GOMES CANOTILHO/VITAL MOREIRA, Os Poderes do Presidente da República (especialmente em matéria de defesa e política externa), Coimbra, Coimbra Editora, 1991, p. 42-114.

822 Nesta linha seguem muitos outros textos constitucionais da zona.

823 À luz da realidade política conformada pela Constituição da Federação russa de 12.12.1993, destacando a «lógica presidencial» desta Constituição, *cfr.* FRAISSEIX, La Constitution Russe du 12 Décembre 1993: Vers un Nouvel État de Droit?, *in* Revue du Droit Public, 6, 1994, p. 1779-1791. Pode-se encontrar uma tradução portuguesa da referida Constituição em Polis, n.° 1, Outubro-Dezembro 1994, p. 173-202.

momentos de ruptura) pela recusa da "diminuição" dos poderes afectos ao PR e operada pela revisão constitucional feita pela ANP, antes do seu consulado. Esta revisão visava, entre outras coisas, a redução dos poderes de um outro Presidente da República – NINO VIEIRA. Curiosamente, na altura do processo revisionista, o PRS (então liderado, *de facto et de iure*, pelo Dr. KOUMBA YALÁ) pronunciara-se a favor do texto revisto. Uma vez PR, o Dr. KOUMBA YALÁ e o PRS, de que era líder natural (*de facto*), evoluíram para uma posição situável exactamente nos antípodas daquela protagonizada enquanto oposição. Eis, em boa verdade, uma lição a corroborar a linha de rumo tida por mim, há muito, como verdade de fé: a criação e alteração da lei com *fotografias digitalizadas* a orientarem todo o processo e todos os legifazedores não são um bom método.

Na Guiné, o Poder Presidencial (pois é disto que se trata, sem subterfúgios, nem simulações) anda numa onda de reivindicação muda de um espaço destacado na arquitectura dos poderes do Estado. É capaz de ter função executiva – no presidencialismo – e *moderadora*, no parlamentarismo ou no semipresidencialismo[824]. Uma *moderação* algo chegada ao *poder neutro* idealizado, no século XIX, por BENJAMIN CONSTANT, traduzida no papel de árbitro e dinamizador do jogo político atribuído ao Chefe de Estado[825]. Quaisquer que sejam as circunstâncias,

---

[824] Um esquemático desenho, por exemplo, da experiência semipresidencialista portuguesa pode-se encontrar em JORGE MIRANDA, A Experiência Portuguesa de Sistema Semipresidencial, *in* Direito e Cidadania, n.° 1 (1997), p. 9-25.

[825] Sobre os contornos do poder neutro, *cfr.* J.M. SÉRVULO CORREIA, Legalidade e Autonomia Contratual..., cit., p. 182;

J. BACELAR GOUVEIA, O Estado de Excepção..., cit., p. 1589-1590.

C. SCHMITT, La Defensa de la Constitución: Estudios Acerca de las Diversas Especies y Posibilidades de Salvaguardia de la Constitución (tradução de M.S. Sarto da obra Der Hüter der Verfassung, Berlin/München, Duncker Humblot), Madrid, Tecnos, 1983, p. 213-236, 245-251.

MARNOCO E SOUZA, Direito Político: Poderes do Estado – Sua Organização Segundo a Sciencia Politica e o Direito Constitucional Português, Coimbra, França Amado, 1910, p. 74-75, 801-808 (nestas, sobre as atribuições do poder moderador). Faz MARNOCO E SOUZA notar (conquanto não se comprometa com tal via, distanciando-se mesmo dela na página 75) o concebimento deste poder ("quarto poder") «assentava sobre a necessidade de coordenar os outros tres, mantendo unidade e a harmonia entre elles». «O poder legislativo, o executivo e o judicial devem cooperar para a realização dos fins do Estado. Não raras vezes se dão desharmonias entre estes poderes, que é preciso fazer desapparecer por meio de uma força que mantenha a sua unidade e coordenação. Esta força não pode pertencer a nenhum dos outros poderes, porquanto este poderia servir-se della para comprometter a vida delles. Por isso, não ha outra solução, senão admittir um quarto poder» (p. 74).

E segue-se a posição (p. 75): «Apesar de taes razões, não nos parece admissivel este quarto poder do Estado». Justamente porque a «unidade do Estado não deriva da existencia do poder moderador, mas da harmonia e coordenação espontanea de todos os poderes». «E, se a possibilidade de conflictos entre os poderes exige um poder especial para os resolver e afastar, então como se hão de resolver os conflictos e divergencias que venham a surgir entre o poder moderador e qual-

o carácter universal e directo do sufrágio[826] para a escolha do Presidente alimenta as apetências de afirmação do Poder Presidencial. É, reconheça-se, um dos dois poderes – a par dos Deputados – que se submetem ao crivo popular, nesse estilo. Quando tal acontece, a pergunta que se segue é óbvia e natural: se os deputados são representantes do povo, sê-lo-á menos o Presidente? Já se está ver a *mouvance* presidencial a cochichar e a gesticular freneticamente: *não, não é aceitável! Não aceitemos tamanha aberração! Após uma duríssima (e caríssima) campanha eleitoral, palmilhando (ou rodando) as tabancas e vilas da Guiné, bebendo água não mineral de lusas ou gaulesas nascentes (sim, porque temos de mostrar ao povo que somos do povo), fazendo mil promessas (em sabida violação de um dos preceitos do Decálogo), empenhando o carisma do candidato*[827], *como podemos aceitar tamanha desconsideração! Igualar ou subordinar o Presidente ao Deputado, que só fez campanha (também ela duríssima e caríssima) no seu Círculo eleitoral! Não, não aceitemos!*

---

quer outro poder do Estado? A admissão de um poder moderador unicamente serve para tirar a independencia aos outros poderes do Estado».

O poder moderador «tem sido sempre nas constituições que o teem admittido um meio de subordinar o poder legislativo ao poder executivo, com todos os inconvenientes que dahi podem resultar».

«A acção que elle exerce sobre todos os outros é deleteria, e, sob a apparencia enganadora de uma função de coordenação, encobre aspirações de dominio e tyrannia».

826 Ouçamos M. DUVERGER (Xeque-Mate…, cit., p. 63 ss.): «Em democracia, o sufrágio universal equivale à sagração de Reims na antiga monarquia, e é ele que confere o poder supremo de onde emanam todos os outros. Pelo voto dos cidadãos, um presidente recebe do povo soberano o direito de actuar em seu nome, tal como o rei o recebia do deus supremo pela unção com santos óleos. Este direito é em seguida subdelegado às autoridades subordinadas. Mas vai perdendo a força à medida que se afasta do titular da soberania. O sufrágio indirecto é menos poderoso que o sufrágio directo: o eleito do povo prevalece sobre o eleito dos eleitos do povo». E, remata DUVERGER: «Em direito, a eleição popular do presidente torna-o igual da Assembleia nacional que também emana do sufrágio directo universal». Sobre a hipótese, por outros defendida, da «preeminência do chefe de Estado» – com base no argumento de que o mandato presidencial está concentrado nas mãos de um indivíduo, ao passo que o mandato dos deputados estaria disperso pelas mãos de tantos indivíduos quantos os deputados que integram o parlamento –, o autor posiciona-se contra.

A comparação parece-me feliz. Quando CLODOVEU, o rei dos Francos e fundador da monarquia dos Francos, foi baptizado em 496 pelo Bispo S. REMÍGIO, a histórica Reims ganhou os privilégios de local de sagração dos reis da França. Por um lado, a sagração real de Reims, por outro, a sagração do povo.

827 O peso do líder tem-se revelado decisivo na Guiné, em vários momentos. Consideremos as primeiras eleições pluralistas de 1994 com os binómios NINO-PAIGC, KOUMBA-PRS (este repetiu, melhorando, o desempenho, nas eleições seguintes).

A FRANÇA tem o seu DE GAULLE-UDR. Achei gracioso o diálogo entre M. DUVERGER e um deputado acabado, então, de ser eleito, em 1962, ao tempo em que DE GAULLE (*vid.* Xeque Mate…, cit., p. 158) era Presidente. Ao felicitar o deputado «pelo brilhante êxito que obtivera logo na 1.ª volta». O jovem deputado não se fez rogado e abriu o coração e a razão: «Não tenho mérito

Se for verdadeira a conclusão que aponta para a igualdade entre o Presidente e o parlamento, quem dirimirá e como serão dirimidos os conflitos entre os dois órgãos *iguais*? São, a este respeito, conhecidas as soluções propugnadas na República de Weimar. Aí, perante um impasse desse calibre, o Presidente – eleito por todo o povo[828] – pode dissolver o parlamento, abrindo-se o processo eleitoral (a concluir dentro dos 60 dias subsequentes à dissolução), com vista à renovação do mandato parlamentar[829]; em contrapartida, o parlamento (2/3 dos deputados) pode votar a deposição do Presidente, o que, a acontecer, abrirá um processo de *referendum* à aludida proposta do parlamento. Se do *referendum*, resultar um *sim* à proposta de deposição do Presidente, este cai, devendo-se realizar novas eleições para a escolha do Presidente; caso resultar um *não* no *referendum*, quem cai (dissolvendo-se) é o parlamento proponente (mantém-se o Presidente), devendo realizar-se novas eleições legislativas[830].

A reivindicação presidencialista – uma reivindicação do lusco-fusco, na Guiné – tem tido por estrela guia o sistema estadunidense. Não será, contudo, uma repetição de todas as características do modelo em alusão[831], mas apenas de

---

nenhum. Se tivessem apresentado um saco de batatas com o rótulo gaullista, teriam obtido tantos votos como eu». Portanto, mais do que o programa ou o valor dos candidatos, acaba por ser determinante o carisma do *leader*.

828 Art. 41 Weimarer Reichsverfassung (1919): «(1) Der Reichspräsident wird vom ganzen deutschen Volke gewählt».

Alguns adversários do sufrágio universal na eleição presidencial indicam o fenómeno Marechal HINDENBURG na Alemanha do ano de 1925 e seguintes, para destacarem a impropriedade desse método eleitoral na escolha de um Presidente. Com efeito, o Feld-Marschall von Benckendorff und Hindenburg, herói da I.ª Guerra Mundial (aclamado como o responsável pela vitória contra os russos, na batalha de Tannenberg), foi eleito Presidente do *Reich* em 1925, inaugurando, com as suas atitudes, a destruição da República de Weimar. Pouco antes da sua morte, teve mesmo ocasião de fazer (reconhecer) HITLER Chanceler, em 1933.

829 Assim, Art. 25 Weimarer Reichsverfassung (1919): «(1) Der Reichspräsident kann den Reichstag auflösen, jedoch nur einmal aus dem gleichen Anlaß. (2) Die Neuwahl findet spätestens am sechzigsten Tage nach der Auflösung statt».

830 Art. 43, (2) Constituição de Weimar: «(2) Vor Ablauf der Frist kann der Reichspräsident auf Antrag des Reichstags durch Volksabstimmung abgesetzt werden. Der Beschluß des Reichstags erfordert Zweidrittelmehrheit. Durch den Beschluß ist der Reichspräsident an der ferneren Ausübung des Amtes verhindert. Die Ablehnung der Absetzung durch die Volksabstimmung gilt als neue Wahl und hat die Auflösung des Reichstags zur Folge».

831 Um PR chefe do Governo; independência como nota definidora da relação entre o PR e o parlamento – seja ele unicameral ou bicameral (sucedendo nos EUA que a 1.ª Câmara, a dos Representantes, tem um mandato de 2 anos e a 2.ª Câmara, a dos Senadores, um mandato de 6 anos, renovando-se 1/3 da mesma, de 2 em 2 anos) –, não sendo permitido ao PR dissolver o parlamento, nem devendo o PR responder politicamente perante o parlamento; interdependência a regular o relacionamento entre os órgãos de soberania (por exemplo: o veto do PR a actos normativos, veto

algumas. Parece que o fundamental, para os apaniguados da via americana, é a construção de um modelo onde o Presidente da República *presida*, realmente[832].

A pressão é forte e não se cinge ao espaço guineense. Num trabalho editado em 1997, sugestivamente intitulado *The U.S. Presidential System as a Model for the World*, J.L. SUNDQUIST formula um verdadeiro panegírico ao referido sistema. O autor sintetiza em três pontos as motivações da falada tendência para a adopção em crescendo do presidencialismo no mundo[833]. «Perhaps the most important reasons that countries have been moving away from the pure parliamentary structure in the direction of the U.S. model are these: the recognized need for strong and decisive leadership, and the perception that such leadership is more likely to be provided by a single individual than by the often diffuse collective decision-making machinery set up by parliaments; the added governmental legitimacy that accrues when the head of the government gets his or her mandate directly from the people rather than from an inner circle of party

---

que o parlamento pode superar, mediante uma maioria agravada; necessidade de um acto de concordância do parlamento como condição de viabilidade de tratados, nomeações para cargos, *etc.*); possibilidade de *impeachment* a decidir pelo parlamento contra o PR.

O anteprojecto da Plataforma Programática de Transição já apontava para uma convergência em direcção ao presidencialismo [*vide* PAIGC, Anteprojecto da Plataforma Programática de Transição; Anteprojecto do Programa do PAIGC; Anteprojecto dos Estatutos do PAIGC (Para o II Congresso Extraordinário do PAIGC), Bissau, D.I.P.C do CC do PAIGC, B, II, 1 – o 1.° documento foi aprovado pelas Resoluções Gerais n.° 3/90, de 1.9.1990, do Comité Central do PAIGC] ao afirmar: «A evolução actual da conjuntura política para uma crescente democratização da sociedade e a vigência futura do multipartidarismo exige a existência de um Presidente da República chefiando o executivo». Assinale-se que o teor do documento citado constituía para o PAIGC «a base das negociações a promover com as forças vivas da Nação».

A registar também é o facto de o Anteprojecto de Plataforma Programática de Transição consignar já o princípio da «liberdade de criação de formações políticas» (*ibid.* B, II, 2).

À luz da Constituição guineense de 1984, mas não só (e no tangente ao presidencialismo), DUARTE SILVA (p. 160) referiu-se ao presidencialismo como algo que é «simultaneamente desejado e temido». Isto atento ao exercício que se fazia no sentido de serem conjugados o exercício colegial do poder e a «hegemonia presidencial» (A.E. DUARTE SILVA, Formação e Estrutura da Constituição de 1984, *in* BFDB, N.° 4, Março 1997, p. 153-160).

[832] *Vid.*, a propósito do argumento da maior estabilidade, G.B. POWELL, JR, Contemporary Democracies…, cit., p. 223, 228, para quem, «the presidential systems provided more executive stability than either of the other designs».

Do ponto de vista prático e simples, o que pretendia um Presidente como DE GAULLE era uma clarificação do organograma político nacional, por forma a que não restassem dúvidas quanto ao facto de que era ele, Presidente, quem mandava: mandava no Primeiro-Ministro, assim como no seu Governo, cabendo a estes a execução das decisões do Presidente.

[833] J.L. SUNDQUIST, The U.S. Presidential System as a Model for the World, *in* Abdo Baaklini/Helen Defosses (Ed.), Designs for Democratic Stability: Studies in Viable Constitutionalism, New York/London, M. E. Sharpe, 1997, p. 53-54.

leaders; the heightened sense of political participation that comes from the opportunity given to voters to make the choice among candidates for head of state and then to hold the successful candidate directly accountable rather than indirectly through a party».

SUNDQUIST não deixa, em todo o caso, de reparar no facto de que «virtualmente, todos os países, na América latina e em África, que adoptaram o sistema presidencial degeneram, mais cedo ou mais tarde, em ditadura». Aos autores de textos constitucionais de pendor presidencialista, dá sete conselhos[834]: «adopt an electoral system that prohibits, or at least discourages, ticket splitting for national office»;

«provide for a runoff presidential election whenever no candidate wins a majority in the initial balloting»;

«either establish a unicameral legislature or limit the powers of the less representative body in a bicameral structure»;

«avoid any requirement for extraordinary majorities in the legislature's decision making»;

«allow elected officials a reasonable "breathing space" between elections»;

«provide a means whereby a government that is clearly ineffective for whatever reason can be expeditiously reconstituted or replaced»;

«provide a workable procedure for keeping the constitution current through amendment».

4. A Posição do Poder Executivo

A posição do poder executivo pode ser encarada na perspectiva da observância do critério da legalidade. A legalidade que é por quase todos considerada como um momento essencial do *Estado de direito*[835]. Mas atenção às várias leituras de que a legalidade é objecto. É assim que o Professor MARCELLO CAETANO[836] define o princípio da legalidade como sendo aquele segundo o qual «nenhum órgão ou agente da Administração Pública tem a faculdade de praticar actos que possam contender com interesses alheios senão em virtude de uma norma geral anterior». Sublinha o autor corresponder o desenvolvimento da acção administrativa a uma «dupla necessidade»: «de justiça para os cidadãos e

834 J.L. SUNDQUIST, The U.S...., cit., p. 62-70.

835 *Cfr.*, nessa corrente, J. MIRANDA, Ciência..., cit., p. 110.

836 MARCELLO CAETANO, Manual de Direito Administrativo, vol I, 10.ª ed., Coimbra, Almedina, 1990, p. 28-31.

de eficiência para a própria Administração[837]. E o saber antecipadamente como proceder é, quer para os cidadãos quer para os órgãos administrativos, uma garantia essencial de segurança». Se, «na aurora dos regimes liberais», a Administração deveria «mover-se dentro dos limites traçados pelas leis votadas nas assembleias legislativas, isto é, estava condicionada por um poder superior que a transcendia (*Administração condicionada*)», mais tarde (na vigência da Constituição portuguesa de 1933), o que se verificou foi que «certos órgãos administrativos que simultâneamente são órgãos da soberania[838] (é o caso do Governo) foram conquistando o poder de fazer leis» (está-se já na esfera da *«Administração condicionante»*). Conclui o juspublicista que «a importância da submissão da Administração à lei não reside já na subordinação de um poder, que por natureza seria executivo, a outro poder, esse soberano e legislativo». «O valor da legalidade passou a estar na generalidade[839] dos comandos que os órgãos administrativos têm de aplicar por igual aos casos idênticos submetidos à sua decisão ou operação».

O poder executivo é um poder operativo-vital na ossatura dos poderes do Estado, assumindo-se cada vez mais como uma instância incontornável em todo o desenvolvimento do agir estadual. Tal agigantamento encontra uma expressão nos poderes legislativos de que goza hoje o executivo, nos extensos poderes de

---

837 *Vide* E. KAFFT KOSTA, Garantia dos Particulares face à Administração, *in* BFDB, n.° 4, Março 1997, p. 59-72. Na torrente, o problema da inoperância do Contencioso administrativo (entregue, à sombra do art. 20 do D-L 7/92, de 27 de Novembro, a um Tribunal de Contas impreparado e indisponível para a missão; razão porque, e outras mais havia, propusera nas referidas Jornadas Jurídicas de 1994 a opção, nesta fase, pelo foro comum, como sede para o contencioso administrativo).

838 Quanto ao conceito de órgão de Estado, *vide* H. KELSEN, Hauptprobleme der Staatsrechtslehre, Tübingen, Mohr (Siebeck), 1911, p. 450-465.

839 A conjugação da generalidade com o Estado de direito é descortinável, por exemplo, em JORGE MIRANDA, Manual de Direito Constitucional, tomo V (Actividade Constitucional do Estado), 2.ª ed., Coimbra, Coimbra Editora, 2000, p. 147 ss. A admissibilidade das leis individuais e das leis-medida que hodiernamente se verifica não as dispensa, na opinião de JORGE MIRANDA, do cumprimento das seguintes condições: «têm de obter uma legitimação constitucional específica ou, no mínimo, de não colidir com o princípio da igualdade; não podem abrir diferenciações arbitrárias; não podem impor encargos a uns cidadãos e não a outros; não podem submeter os cidadãos ao capricho do poder administrativo à margem de uma ordem normativa; têm de possuir um conteúdo "materialmente geral" – ou seja, têm de respeitar, actualizando-os, os princípios constitucionais relevantes no caso; e o legislador fica vinculado a atribuir o mesmo efeito a uma situação igual justificativa da disciplina anterior» (p. 149).

MANUELA M.R. DA SILVA GOMES, Admissibilidade Jurídico-Constitucional da Lei-Medida, *in* Estudos em Homenagem a Joaquim M. da Silva Cunha, Porto, Fundação Universidade Portucalense Infante D. Henrique, 1999, p. 441-492.

conformação afectos ao mesmo (não obstante os emagrecimentos que ciclicamente têm sido postulados, no que respeita ao Estado)[840].

5. A Posição do Poder Judicial (Controlo dos Actos do Legislador e da Administração – a Juridicização e Tribunalização em Voga)

Se não se quiser recuar mais, que se faça apelo ao *Conselho Nocturno* de Platão[841], para se aquilatar duma preocupação que há muito vem dizendo *presente* no espírito dos homens, qual seja a de controlar através de certos parâmetros a validade de certos actos normativos, mesmo estando estes num patamar muito elevado da legiferação.

Aqui e ali, alguma jurisprudência tem sido habitualmente indicada como momentos de consagração da via do controlo dos actos legislativos. Neste quadro se situa a exuberantemente citada sentença do *Chief Justice* do *Supreme Court* americano Marshal no caso *Marbury versus Madison*, exarada no ano de 1803. Alçam também outros, no que respeita à Inglaterra, um precedente julgado pelo *Chief Justice* Sir Edward Coke: O *Caso Dr. Bonham*, de 1610[842].

---

840 *Cfr.* P. OTERO [Parecer sobre a Co-incineração, *in* D. Freitas do Amaral e M. da Glória Garcia/Jorge Miranda/P. Otero/M. da Assunção Esteves, O Caso Co-Incineração (Pareceres Jurídicos), 1.° vol. – tomo I, Lisboa, I.P.A., 2001, p. 11-113], que, depois de sublinhar que o princípio da separação de poderes inculca que «a Assembleia da república não pode administrar legislando, nem legislar como se fosse um órgão administrativo», defende ser «o respeito pelos princípios da responsabilidade de actuação, da boa fé e da confiança» «a expressão mais visível de um regular funcionamento das instituições democráticas em termos interorgânicos» (sem esquecer que esse respeito é inerente «a um Estado de Direito democrático».

Vide, também, MARIA DE ASSUNÇÃO ESTEVES, Parecer sobre a Co-incineração, *in* D. FREITAS DO AMARAL..., cit., p. 157 ss.

Uma das facetas do problema vem tratada por JORGE MIRANDA no trabalho intitulado "Sobre a Reserva Constitucional da Função Legislativa", *in* Jorge Miranda (org.), Perspectivas Constitucionais – Nos 20 Anos da Constituição de 1976, vol. II, Coimbra, 1997, p. 883 ss.

Para uma caracterização da função legislativa na Guiné-Bissau, J. REIS NOVAIS, Tópicos de Ciência Política e Direito Constitucional Guineense, Lisboa, AAFDL, 1996, p. 140 ss.

LUÍS S. CABRAL DE MONCADA, Ensaio Sobre a Lei, Coimbra, Coimbra Editora, 2002, p. 98 ss.

J.A.G. DE SOUSA PINHEIRO, "O Sistema de Actos Legislativos e o Sistema de Governo: A Experiência Portuguesa", 2000, p. 318-320.

841 *Vide*, a propósito, infra.

842 Nesta direcção, *cfr.* L. HEUSCHLING, Etat de Droit, Rechtsstaat, Rule of Law – Quelques Réflexions sur les Mots et les Choses, *in* http://www.eur.nl/frg/iacl/papers/heuschling.html. Tendo em mente a Alemanha, a França e a Inglaterra, o autor diz que ao lado de uma «tradition dominante qui va dans le sens de la suprématie du parlement, il existe néanmoins un courant minoritaire dans

Estaremos a viver, como aludiu JACQUES CHEVALLIER, um momento de *sacralização* do juiz[843]? Tenho as minhas dúvidas, quando olho à minha volta – isto é, quando olho para a Guiné-Bissau, no momento em que estas palavras são alinhavadas[844]. Seja como for – e partindo do pressuposto de que CHEVALLIER

---

ces trois pays qui prône, avec plus ou moins de succès, l'instauration d'un contrôle juridictionnel ou quasi-juridictionnel des actes du législatif». Reconhece o autor na ideia de «jurie constitutionnaire» preconizada por EMMANUEL SIEYES uma manifestação desta corrente, tendo o seu *début* no *Sénat* napoleónico. Na Alemanha, cita o exemplo de MOHL.

843 Evoca, nomeadamente, o combate protagonizado por juízes, a partir da última década do século XX, contra a corrupção política (a operação "mani pulite", na Itália, é um exemplo) e crimes financeiros.

844 Três momentos susceptíveis de calibrar o *Estado de direito* guineense e a separação de poderes (RDP Áf., Agosto 2001):

1.°. As chuvas de 2001 testemunharam a decisão política do PR YALÁ de expulsão da organização islâmica Ahmadiyya [refira-se que se trata de uma entidade religiosa reconhecida e a operar no país desde 1993 (*vide*, do mesmo ano, Despacho n.° 3/GSE – ou seja, do Secretário de Estado da Cultura, Juventude e Desportos). Esta organização, de acordo com o resumo feito no *site* da internet da RDP África, dirigida por paquistaneses, estaria, com a sua actuação, a criar divisões na comunidade muçulmana e a interferir na vida política do país. Daí a sua expulsão.

Na sequência da referida decisão, um conselheiro do PR para assuntos sociais e religiosos demitiu-se, por muitas vezes o Presidente não considerar os seus conselhos.

A Ahmadiyya interpôs, então, uma providência cautelar (a expulsão consumara-se, entretanto), com fundamento na violação da liberdade religiosa e na incompetência do Presidente da República (já que caberia ao tribunal tal decisão).

O Juiz (do Tribunal Regional de Bissau) deferiu a providência cautelar, por a decisão presidencial ser formal e organicamente inconstitucional (essa era uma decisão que deveria caber aos tribunais), considerando nula e de nenhum efeito a mesma.

Seguidamente, houve uma manifestação de rua da comunidade muçulmana, em apoio à decisão do Presidente KOUMBA YALÁ.

No início de 2005, o PGR exara um Despacho que teve como efeito o retorno ao país da referida congregação religiosa (invocou-se a laicidade do Estado e a liberdade religiosa). Mas a imprensa noticiou terem sido agredidos, no dia 14.2.2005, três membros da Ahmadiyya em Gabú por muçulmanos, num sinal de intolerância destes em relação àquela congregação.

A medida do PGR pareceu ter merecido o apoio do Ministro da Justiça (Dr. RAIMUNDO PEREIRA) e da Presidente em funções do STJ, a julgar, nomeadamente, pelas declarações prestadas na sessão de inauguração do remoçado tribunal de Bafatá.

A 6.3.2005 (ouve-se, nomeadamente, na RDN), o PM CARLOS GOMES JR disse, no Leste do país, no epílogo de um Conselho de Ministros realizado no Boé, que a Ahmadhiyya estava de novo suspensa, alegando tratar-se de uma *decisão política*... E o "Estado de direito"? E a "mudança" relativamente ao regime deposto (do PR KOUMBA)? O Ministério Público e, em geral, o *poder judicial* foram aqui comummente vistos como desautorizados pelo Executivo.

2.°. O caso RGB (congresso):

A presidência do STJ (através de decisão assinada pelo respectivo Vice-Presidente) ordenara no ano anterior o registo dos órgãos dirigentes da RGB "eleitos" no conturbado congresso do pós-guerra de 7 de Junho (ala HELDER VAZ).

não tinha em mente e em vista este cantinho do Ocidente africano, até porque talvez não reunisse este os requisitos que preenchem o conceito de Estado de direito perspectivado pelo autor –, parte o autor da ideia de que o *culto do direito* «aboutit en fait à la *sacralisation du juge*». E o itinerário é como segue: «alors que l'Etat légal repose sur la figure du *"représentant"*, au nom de la primauté de la *"volonté générale"* et l'Etat providence sur celle de l'*"énarque"*, au nom des exigences de la *"Raison"*, l'Etat de droit met en avant la figure du *"juge"*, en donnant la primauté à l'*"éthique"*»[845].

Seguiu-se uma acção de impugnação do congresso pela ala de SALVADOR TCHONGO, no Tribunal Regional de Bissau.

Mais tarde, o juiz do processo faz um ultimato às partes: (tem a decisão preparada, subentendi) ou se entendem ou a decisão que tomará poderá prejudicar o partido (!).

Mais tarde, a sentença saiu: Procedente a impugnação do Congresso da RGB.

A Direcção de HELDER VAZ reagiu: qualificou de vergonhosa a sentença; disse que o juiz MAMADÚ SAIDO BALDÉ foi pressionado pelo PR no sentido de assim decidir e prometeu, para mais informações, uma conferência de imprensa em Portugal (com ZINHA VAZ e FERNANDO VAZ). Vai recorrer para o STJ.

3.°. (RDP Áf., 6.9.2001): «Juízes rejeitam interferência presidencial».

«Os magistrados guineenses interpretam recentes posições assumidas pelo chefe de Estado como uma ameaça à separação de poderes; em carta aberta divulgada na imprensa local, a Associação de Magistrados Guineenses refere que Koumba Yalá se tem intrometido directamente nos assuntos judiciais, apelidando os seus agentes de corruptos e de incompetentes» [o PR apelidou-os].

«Entretanto, o PGR Rui Sanhá foi exonerado pelo PR e substituído pelo Presidente do Tribunal de Contas Caetano N'Tchama». Diz o diploma que foi ouvido o Governo.

(RDP Áf., 7.9.2001): «Magistrados movem acção judicial ao PR».

A intenção foi expressa, em conferência de imprensa, pelo Vice-Presidente do STJ, que anunciou a entrega imediata da queixa à PGR.

845 J. CHEVALIER, L'Etat de Droit, 3e éd., Paris, Montchrestien, 1999, p. 134.

A conclusão não é diferente, se se pegar na identificação entre a função de juiz e a *rule of law*, assente nos postulados muito conhecidos na cultura jurídica inglesa de que só existe lei quando há um juiz para sancionar essa lei.

Recuperemos aqui o já clássico adágio *ubi non est iustitia, ibi non potest esse ius*. Onde não existe justiça não existe direito?

Registe-se que, atinente ao caso francês, durante a III Repúbica, a doutrina fez do controlo da constitucionalidade das leis a condição da passagem do Estado legal ao Estado de direito.

P. FRAISSEIX, Les Droits Fondamentaux, Prolongement ou Dénaturation..., cit., p. 553: «Au régime traditionnel de la démocratie symbolisé par la prééminence du législateur comme producteur de normes, succède un régime nouveau conférant au juge une place de choix comme arbitre normateur des oppositions particularistes».

G. CONAC, Le Juge et la Construction de l'Etat de Droit en Afrique Francophone, *in* "L'Etat de Droit": Mélanges en l'Honneur de Guy Braibant, Paris, Dalloz, 1996, p. 105-119: o juiz, aquele «ingénieur des sociétés en transition» (p. 115).

É uma grande voz quem tem o seguinte conceito do juiz[846]:

«o representante originário da comunidade no seu todo e da sua última intencionalidade axiológica, não de qualquer ideologia política, partido ou classe». «Sujeito esse que unicamente se poderá ver no *juiz* – nos tribunais ou na função judicial verdadeiramente independentes». E o primeiro fundamento apontado pelo autor foi no sentido de que é próprio da função judicial – «com ser essa verdadeiramente a *eidos* de juiz e de qualquer tribunal enquanto tal» – a «atitude de imparcialidade». «Ele é, deve ser, *tertium inter partes*».

O chamado *Terceiro poder*[847] debate-se com a insolúvel questão da sua legitimação[848], num mundo institucional onde os esquemas de democraticidade

---

[846] A. CASTANHEIRA NEVES, A Revolução e o Direito. A Situação de Crise e o Sentido do Direito no Actual Processo Revolucionário (separata da Revista da Ordem dos Advogados), Lisboa, 1976, p. 231 ss.

[847] No que tange à situação do poder judicial relativamente ao problema da separação de poderes, *vide* TH. GROß, Selbstverwaltung der Gerichte als Voraussetzung Ihrer Unhabhängigkeit?, *in* Die Verwaltung, Beiheft 5, 2002, p. 217, ss.; *idem*, Selbstverwaltung der Gerichte als Voraussetzung Ihrer Unhabhängigkeit, Sonderdruck der DRiZ, September 2003, p. 297-302;

De TH. GROß, *vide*, ainda, Verfassungsrechtliche Möglichkeiten und Begrenzungen für eine Selbsverwaltung der Justiz, *in* Zeitschrift für Rechtspolitik, 9, 1999, p. 361-365;

N. PIÇARRA, A Separação dos Poderes como Doutrina e Princípio Constitucional – Um Contributo para o Estudo das suas Origens e Evolução, Coimbra, Coimbra Editora, 1989, p. 258 ss.;

JORGE MIRANDA, Funções, Órgãos e Actos do Estado, Lisboa, 1990, p. 273, 274 (a "reserva da jurisdição" é aqui considerada «uma reserva de competência e reduto essencial da separação de poderes em Estado de Direito»);

De JORGE MIRANDA, também, Ciência Política – Formas de Governo (apontamentos das lições ao 1.° ano jurídico), Lisboa, 1992, p. 110;

J. BACELAR GOUVEIA, O Estado de Excepção no Direito Constitucional – Entre a Eficiência e a Normatividade das Estruturas de Defesa Extraordinária da Constituição, Coimbra, Almedina, 1998, p. 1564, 1565;

M.L. GONZALEZ, Hacia un Nuevo Estado de Derecho, *in* Revista del Foro (Lima-Peru), 1959, n.° 1, p. 627, 628.

F.R. ENSTE, Rechtsfrieden im Rechtsstaat, *in* NVwZ 1987, Heft 7, p. 565.

Focalizando-se na relação entre Estado de direito e tribunais constitucionais, *vide* PABLO LUCAS VERDÚ, La Lucha por el Estado de Derecho, Bolonia, Publicaciones del Real Colegio de España, 1975, p. 71-75.

G. LEIBHOLZ, Problemas Fundamentales…, cit., p. 189 ss.

[848] Interrogando-se (ao referir-se ao legislador e ao juiz) sobre a existência de duas fontes de legalidade ("Legalitätsquellen"), *vide* R. HERZOG, Staat und Recht im Wandel: Einreden zur Verfassung und Ihrer Wirklichkeit, Goldbach, Keip Verlag, 1993, p. 199 ss.

Sobre o ponto, A. CASTANHEIRA NEVES, O Actual Problema Metodológico da Interpretação Jurídica – I, Coimbra, Coimbra Editora, 2003, p. 33.

ascendem a altares fundamentantes e legitimantes[849]. E a posição (terceira no *ranking*, última entre os clássicos poderes) do poder judicial poderá não ser hoje alheia a esse *handicap* com que parte na corrida.

Já se experimentou em França o modelo da indigitação dos juízes segundo a fórmula utilizada para a designação dos parlamentares – a eleição dos juízes pelo povo. Foi um fiasco: intentava-se, supostamente, alcançar um poder judicial independente, imune às nefastas influências do executivo – produziu-se, porém, um poder judicial ferido por outros vícios não menos graves; um poder mascavado[850], um poder exautorado. No fim, acabou por ser adoptado, de novo, o modelo de designação pelo poder executivo.

Já MANNEQUIN[851] defendera fortemente, nos anos 1870, a orientação em referência, ao formular as seguintes propostas:

«L'administration judiciaire se composerait de juges en nombre suffisant pour les besoins de la population. Les juges seraient élus par le suffrage universel, comme ceux-ci également, leur fonction serait temporaire: Ils seraient responsables, comme tout le monde, pour tout dommage que l'erreur, la négligence ou la malveillance de leur part causerait (...)». Aliás, nem sequer estima que a função de juiz esteja em relação de incompatibilidade com outras funções, «ni qu'elle *[a função do juiz]* suppose des conditions exceptionnelles d'éligibilité. C'est aux électeurs à bien choisir, et aux candidats à savoir s'ils doivent accepter la responsabilité d'une fonction pour laquelle ils manqueraient d'aptitudes».

Mais adiante: «Comme toutes les fonctions politiques la Cour de Cassation émanerait du suffrage universel, ou tout au moins de l'élection par les juges»[852].

O que esteve na base da eleição popular (pode-se, de resto, recuar à antiga Grécia e encontrar na Helileia um exemplo de tribunais cujos juízes provinham da escolha do povo) é uma preocupação a ter hoje em conta no desenho das alternativas viáveis: como garantir e aprofundar a independência e a sensação de legitimidade do poder judicial?

---

849 Ver, por exemplo, G. FERRARA, Giurisprudenza Costituzionale e Democrazia: Quale Valori, Quale Teoria?, *in* Scritti su la Giustizia Costituzionale, in Onore di Vezio Crisafulli, I, Padova, CEDAM, 1985, p. 325-328.

850 Reflectindo sobre uma certa inclinação judicialista, *cfr.* V. WRIGHT, From the Droit de l'Etat Towards the Etat de Droit, *in* Rivista Trimestrale di Diritto Pubblico, 1, 1999, p. 15-51 (*maxime*, p. 28-43, 43-50).

851 Le Problème Démocratique ou la Politique du Sens Commun, Paris/Bruxelles, Librairie Internationale/A. Lacroix, Verboeckhoven, 1870, P. 263-265.

852 «La Cassation serait chargée de rendre annuellement compte au peuple de l'administration judiciaire, et le peuple nommerait des délégués, c'est à dire formerait une assemblée générale en dehors de l'administration judiciaire, bien entendu, pour entendre ce compte rendu, l'approuver ou le discuter et délibérer sur les intérêts généraux de la société judiciaire».

É, neste prisma, importante que o juiz deva apresentar um *bilhete de identidade* de idoneidade técnica e ética. Laborando ele numa área de grande complexidade técnica, o mínimo que se deve exigir dele é o domínio dos principais instrumentos técnico-jurídicos que será chamado a utilizar na sua actividade profissional; julgando ele actos, sujeitos e comportamentos de acordo com certos parâmetros ético-jurídicos, o mínimo que se exige ao juiz é ele pautar-se por idênticos padrões ético-jurídicos.

São aspectos que muito dificilmente o *povo* em geral considerará de forma rigorosa. Para além disso, vem a hipótese da politização/partidarização do processo eleitoral, que são um mal-em-si[853].

Os EUA praticam, em certos casos, a nível estadual o sistema electivo. Com efeito (tirando os casos em que: na esfera estadual, o Governador do Estado nomeia o juiz do Estado; no âmbito federal, o Juiz Federal é nomeado pelo Presidente dos EUA; acontecendo o mesmo com os Juízes dos Tribunais de Apelação e do Supremo Tribunal Federal), o modelo eleitoral é usado para recrutamento de juízes – ora em plataformas não partidárias, ora em plataformas partidárias, ora arrancando de uma nomeação pelo Governador para, posteriormente, ser submetido a referendo o nome do indivíduo, concluída aquela fase de prova.

Eis-nos, portanto, ante a necessidade de adoptar um figurino nos termos do qual os juízes são nomeados por um órgão composto por juízes e representantes de certos poderes com forte legitimação democrático-eleitoral, salvaguardando a presença de uma maioria de juízes no dito órgão. Seria o mesmo órgão a estrutura competente para superiormente reger a judicatura e a vida dos tribunais[854]. A liderança do poder judicial não deve abdicar da componente eleitoral para a

---

853 Politização-partidarização que se torna natural num sistema eleitoral como o supracitado.

854 Refere-se GOMES CANOTILHO [A Questão do Autogoverno das Magistraturas Como Questão Politicamente Incorrecta, *in* Antunes Varela/D. Freitas do Amaral/Jorge Miranda/J.J. Gomes Canotilho (org.), Ab Vno ad Omnes: 75 anos da Coimbra Editora 1920-1995, Coimbra, Coimbra Editora, 1998, p. 254] ao carácter recente da constitucionalização dos conselhos de magistratura. Tal fenómeno está ligado à Constituição francesa de 1946, alastrando-se às Constituições da Itália de 1947 (com um *Consiglio Superiore della Magistratura*, nos termos do art. 104, presidido pelo Presidente da República – *vide*, neste ângulo, S. BARTOLE, Autonomia e Indipendenza del Ordine Giudiziario, Padova, CEDAM, 1964), da França de 1958 (refira-se que o modelo francês que vem marcando o ritmo do poder judicial não só em França como na francofonia define-se por ter na presidência do *Conseil Supérieur de la Magistrature* o Presidente da República e na vice-presidência, o Ministro da Justiça – *Garde des Sceaux* – art. 64, 65), de Portugal de 1976, da Espanha de 1978 (aqui, os membros do Conselho são, desde meados dos anos 80 do século XX, todos eleitos pelo parlamento), da Guiné-Bissau de 1984, *etc*.

Sobre esta temática, *vide*, ainda, O. AFONSO, A Independência do Poder Judicial Garantia do Estado de Direito, *in* Sub Judice, n.° 14, Janeiro/Março 1999, p. 45-52.

sua designação. Eleições entre os pares e pelos pares; eleições pelo órgão de cúpula do mesmo poder; eleições por todos os juízes profissionais. Em qualquer dos casos, que a capacidade eleitoral passiva se restrinja a juízes do tribunal de cúpula.

Se se caminhar para um sistema onde a liderança do poder judicial tenha de passar pelo crivo das eleições pelo povo, uma forma de cauterizar os vícios típicos desse sistema deve ser a restrição da capacidade eleitoral passiva aos juízes de cúpula[855].

Três sistemas foram ensaiados na Guiné-Bissau: o primeiro, de nomeação dos juízes pelo poder executivo (ou poder, *tout court*, dado o regime, de partido único, ostentar a característica de o líder do partido dominante ser simultaneamente Chefe de Estado e de Governo, alastrando o seu poder à própria Assembleia Nacional Popular – não esquecer o seu peso no *Conselho de Estado*);

O segundo, em que os juízes são nomeados pelo Conselho Superior da Magistratura Judicial, órgão de disciplina dessa magistratura, formado por representantes dos juízes e funcionários judiciais, assim como por representantes do Presidente da República e da Assembleia Nacional Popular (ou melhor, de

---

[855] Vale a pena citar a seguinte passagem de GOMES CANOTILHO (A Questão..., cit., p. 259) onde o juspublicista exprime as suas reservas sobre uma radicalização do autogoverno e da independência da magistratura, por via da e com base na sua assunção enquanto poder legitimado pelo povo na urna:

«Como é de intuir, estamos a um passo do problema da legitimação democrática dos juízes e do problema da conversão da administração dos tribunais através de órgãos autónomos e separados numa arena política. Estaremos preparados para as consequências deste avanço dos tribunais na função de *indirizzo* político da justiça? Será "politicamente correcto" e, para utilizarmos as perigosas formulações hegelianas, "historicamente necessário", realizar a ideia de independência colectiva e de autogoverno atribuindo o estatuto de poder autónomo do Estado aos magistrados»?

Precavendo-se contra erróneas interpretações que o seu pensamento pode suscitar, prossegue: «Esta perplexidade – insista-se neste ponto susceptível de mal entendidos – não pretende pôr em causa o acquis político e jurídico-constitucional da independência dos tribunais. Esta consegue-se não através da "peregrinação judicial" no âmbito das políticas de justiça, mas através de uma série de instrumentos e princípios de feição garantística que são resumidamente os seguintes:

Existência de reserva absoluta de lei da Assembleia da República quanto ao estatuto dos tribunais (*cfr.* artigo 167/1 e que, a nosso ver, devia ser lei orgânica reforçada) e existência de uma reserva de lei relativa quanto à organização e competência dos tribunais e do Ministério Público e estatuto dos respectivos magistrados (*cfr.* CRP, artigo 168/1-q);

Independência funcional (decisória) de cada juiz, pois cada juiz é independente qualquer que seja a sua categoria na hierarquia dos tribunais (...);

Submissão dos juízes às fontes de direito com valor de lei jurídico-constitucionalmente consagradas ou recebidas;

Independência interna perante todos os outros órgãos judiciais e da administração da justiça;

Reserva de jurisdição exclusiva quanto a determinadas matérias».

certas formações políticas com assento parlamentar)[856], sendo o Presidente e o Vice-Presidente do Supremo Tribunal de Justiça (por inerência, Presidente e Vice-Presidente do Conselho Superior da Magistratura Judicial) nomeados, de entre os Juízes Conselheiros, pelo Presidente da República (art. 21/1 da Lei n.° 9/95 – Estatuto dos Magistrados Judiciais) ou, mais tarde, eleitos de entre os seus pares e pelos seus pares (art. 21/1/2 da Lei n.° 1/99 – Estatuto dos Magistrados Judiciais, promulgado pelo Presidente da República Interino Bacai Sanhá, ao abrigo do art 6.°/1, q) do *Pacto de Transição Política* de 21.5.1999 e ao arrepio do art. 71/4 CRGB);

O terceiro sistema decorre dos artigos 29 e 32/2 da Lei n.° 3/2002 – Lei Orgânica dos Tribunais Judiciais. Propugna-se neste sistema a eleição do Presidente e Vice-Presidente do STJ por *todos os juízes*[857].

Alguma controvérsia foi despoletada após o golpe de Estado de 14 de Setembro de 2003, a propósito da interpretação exacta deste preceito. De um lado, o Ministro da Justiça VAMAIN, o Bastonário da Ordem dos Advogados ABDÚ MANÉ e parte, pelo menos, da sua direcção, alguns actores políticos e alguns

---

[856] Sustentei no grupo de trabalho que estudou e sugeriu, em 1999, a derrogação do Estatuto dos Magistrados Judiciais, no que tange ao art. 61, que não se devia, então, ir *de oito para oitenta*. Ou seja, da situação da altura (em que os juízes estavam em impotente minoria face aos representantes do PR e da ANP) para outra exactamente oposta – uma omnipotente maioria.

Este último cenário, sendo atractivo no imediato, poderia revelar-se complicado no futuro para o próprio poder judicial. O *deficit* de legitimação democrática dos magistrados pode ser atenuado com um Conselho Superior da Magistratura Judicial onde os órgãos do Estado com legitimação democrática (PR e ANP) e os juízes coabitem equilibradamente.

Seria uma forma de obviar à censura que os políticos e a sociedade têm tendência a – em situações de crise – fazer de um certo corporativismo autogestionário da classe dos magistrados. Assim, o poder judicial abre-se a outros órgãos de soberania, sem pôr em causa a sua autonomia. Não se trata de iludir a observação formulada por GOMES CANOTILHO ("A Questão do Autogoverno...", cit., p. 255) de que «nem os membros laicos [do Conselho Superior da Magistratura] podem de algum modo beneficiar da qualidade de representantes dos magistrados, mesmo que se tratasse de uma representação de interesses, nem os membros togados eleitos pelas corporações ou classes de magistrados podem socorrer-se da legitimidade político-representativa do parlamento». A janela que, por essa via, se abre à sociedade não deve e não tem de minar o edifício de um poder judicial independente.

Nesta óptica, adequado seria que a composição do Conselho Superior da Magistratura Judicial obedecesse ao esquema da maioria atenuada dos juízes nesse órgão.

[857] A propósito do sistema de escolha dos juízes do Tribunal Constitucional Federal da Alemanha, *vide* a entrevista concedida pelo Prof. E.-W. BÖCKENFÖRDE ao Prof. J.J.G. ENCINAR, em Janeiro de 1995, no Bundesverfassungsgerricht [*cfr.* J.J. GONZALEZ ENCINAR, Sobre el Derecho y el Estado: Una Conversación con el Professor E.-W. Böckenförde, *in* Anuario de Derecho Constitucional y Parlamentario, n.° 7, 1995 (Murcia), p. 11-13].

NADAIS/VITORINO/CANAS, Lei Sobre Organização Funcionamento e Processo do Tribunal Constitucional (Introdução e Normas Complementares), Lisboa, AAFDL, 1984, p. 17 ss.

magistrados, defendendo que prevalece o regime da Lei n.° 1/1999, na medida em que esta seria uma "lei especial" (para a qual, de resto, na opinião das citadas figuras, teria remetido a Lei n.° 3/2002 – uma "lei geral" –, ao terminar os preceitos legais com a expressão "nos termos da lei") – consequentemente, o Presidente e o Vice-Presidente do STJ seriam eleitos apenas pelos Juízes-Conselheiros do STJ;

Do outro, certos magistrados que sustentam uma leitura das disposições normativas em apreço legitimadora da extensão da capacidade eleitoral activa a todos os juízes (Sectoriais, de Direito e Conselheiros), por ser a mais correcta e, supostamente, por couraçar melhor o poder judicial contra os seus inimigos (internos e externos) de investidas corruptoras (lá dizia ARISTÓTELES – *Política*, cit., III,15,1286a –, «Tal como um grande volume de água, a massa não está tão sujeita à contaminação quanto o pequeno número»).

Vejamos:

Determina o art. 21 da Lei n.° 1/99 ("Estatuto dos Magistrados Judiciais"):

(1) «O Presidente do Supremo Tribunal de Justiça é eleito de entre os seus pares, por um período de 4 anos, renovável uma vez e por igual período»;

(2) «O Vice-Presidente do STJ é eleito de entre os seus pares em 2.ª votação por um período de 4 anos».

Por sua vez, dita o art. 29 da Lei n.° 3/2002 ("Lei Orgânica dos Tribunais Judiciais"): «O Presidente do Supremo Tribunal de Justiça é eleito por todos os Juízes, por um mandato de quatro anos, renovável uma só vez e por igual período nos termos da lei»;

Art. 32/2 da Lei n.° 3/2002 ("Lei Orgânica dos Tribunais Judiciais"): «O Vice-Presidente do Supremo Tribunal de Justiça é eleito por todos os Juízes, por um período de quatro anos, renovável uma só vez e por igual período nos termos da lei».

Tudo visto e ponderado, no essencial, os preceitos dos dois diplomas chamados à liça apenas diferem no seguinte: o Estatuto dos Magistrados Judiciais, de 1999, usa a expressão *eleito "de entre os seus pares"*;

A Lei Orgânica dos Tribunais Judiciais, de 2002 (publicada, efectivamente, em 2003), usa a expressão *eleito "por todos os Juízes"*.

Quid iuris?

1.° Não é a mesma coisa dizer "de entre os seus pares" ou "por todos os Juízes". Quando o legislador quer restringir ou especificar, fá-lo sem peias e claramente. A título de exemplo, *vide* art. 22/2 da Lei 3/2002 (o Pleno «é constituído por todos os juízes que compõem as Câmaras»).

Não o fez. É um forte indicador da intenção do legislador no sentido de alargar a base eleitoral no caso vertente.

Se o legislador quisesse manter o *status quo*, nem seria necessário voltar a aprovar uma *nova* disposição contendo exactamente a mesma norma.

Não é consistente o argumento segundo o qual quando o art. 29 L. 3/2002 proclama que o Presidente do STJ é eleito por todos os juízes, deve aí subentender-se «...todos os juízes Conselheiros do STJ»!

O apêndice *"nos termos da lei"* que acompanha os artigos 29 e 32 da Lei 3/2002 nunca poderia, deste modo, significar a manutenção do regime consignado no art. 21/1/2 da Lei 1/1999. Quis-se, claramente, instituir um novo regime eleitoral, no que concerne à capacidade eleitoral activa – e só nesta. O efeito útil do referido apêndice (a ter algum) será o de aproveitar as normações eventualmente localizáveis noutras fontes legislativas (não se remete forçosamente para uma determinada lei, nem para um determinado preceito duma lei) que não contradigam os postulados essenciais plasmados nas 4 partes em que se dividem os arts. 29 e 32/2. Pois a haver incompatibilidade, prevalece, no caso em exame, o estatuído no 29 e 32/2.

2.° O recurso ao adágio (um *topos* hermenêutico de grande utilidade na hipótese em discussão) *lex posterior derrogat priori* soluciona a controvérsia. E soluciona-a alargando a "todos os juízes" da ordem jurisdicional contemplada na referida Lei Orgânica dos Tribunais Judiciais (dos Tribunais de Sector, dos Tribunais Regionais, dos Tribunais de Círculo, se e quando houver, bem como do Supremo Tribunal de Justiça) o direito de votar na eleição do Presidente e do Vice-Presidente do STJ.

3.° Haveria, destarte, uma revogação tácita dos n°s 1 e 2 do art. 21 da Lei 1/99 operada pelos artigos 29 e 32 da Lei 3/2002 (uma lei estruturante, no panorama do edifício judicial). Revogação, mais precisamente, da normação "eleito de entre os seus pares", tomando o lugar desta o comando "eleito por todos os Juízes" – isto porque o dispositivo legal de 2002 é, neste particular, ábsono com o art. 21/1/2 da Lei 1/99.

4.° É conhecido um outro aforismo que ganhou o seu lugar ao sol no mundo da metodologia jurídica. Trata-se do aforismo *legi speciali per generalem non derogatur*[858].

Será qualificável nesses moldes o caso em análise?

Se sim, qual é *geral*, qual é *especial*?

Creio que outro encaminhamento prestar-se-ia melhor à resolução adequada do problema. Mas ainda que, concedendo, se considere a Lei 1/99 *especial* e a Lei 3/2002, *geral*, o assunto não fica, de forma alguma, arrumado. Caberia,

---

[858] Lei geral não revoga lei especial.

Cfr. J. DE OLIVEIRA ASCENSÃO, O Direito: Introdução e Teoria Geral – uma Perspectiva Luso-Brasileira, 6.ª ed., Coimbra, Almedina, 1991, p. 541 ss.

a seguir, sondar os desígnios *inequívocos* do legislador[859]. O próprio Código Civil aponta uma saída adequada: «A lei geral não revoga a lei especial, excepto se outra for a intenção inequívoca do legislador».

Esta intenção do legislador flui, de modo flagrante: da *letra da lei*, nas conexões lexicais ali surpreendíveis; da teleologia norteadora dos artigos 29 e 32/2 da Lei 3/2002; de uma adequada aproximação *sistemática* dos preceitos; e pode ser captada nos *trabalhos preparatórios* (que nos fornecem a *occasio legis*).

De pouco, ou mesmo nada, valerá o argumento de que o alargamento da base eleitoral comporta o risco da politização do processo eleitoral ou da sua corrupção por empresários, sem embargo de, em tese, poder concordar-se com as suas linhas gerais. Digo isso por duas ordens de razões. Em primeiro lugar, peca por tardia a argumentação, atento a que, tratando-se de um problema de política legislativa, é uma discussão oportuna e determinante, mas antes de consumada a lei, a montante, portanto, da promulgação e vigência da lei; consumada que esteja a produção legislativa, resta aplicar a lei ou revogá-la – até à sua revogação, a alternativa é que não há alternativa à sua aplicação. Terá razão o biólogo chileno HUMBERTO MATURAMA quando, causticamente, afirma que «os cientistas dirão seja o que for, não de acordo com o que sabem mas de acordo com o que desejam»[860]?

Em segundo lugar, a politização ou *empresarialização* não são monopólio da votação alargada a todos os juízes. A solução é os protagonistas do processo eleitoral se precaverem contra esse género de intromissões, não participando nelas, denunciando-as, demarcando as fronteiras sagradas entre a política e o tribunal[861], entre o tribunal e o empresariado.

---

859 Na opinião de VAZ SERRA (Anotação ao Acórdão do STJ de 11.7.1966, *in* RLJ, 99.° Ano, 1967, n.° 3330, p. 332-335), quanto ao art. 7.°/3 CC, o problema «é, pura e simplesmente, de interpretação da lei posterior, resumindo-se em apreciar se esta quer ou não revogar a lei especial anterior». «A regra, por vezes afirmada, de que a *lex generalis* não revoga a *lex specialis* (*lex posterior generalis non derrogat legi priori speciali*) não seria mais, quando muito, do que uma presunção fundada em que normalmente a lei geral não quer revogar a lei especial; tratando-se, como se trataria, de uma simples presunção, não será aplicável quando se mostre que a lei geral posterior quer revogar a lei especial anterior».

Seguindo idêntico trilho, A. NETO/H. MARTINS, Código Civil Anotado, 5.ª ed., 1984, [Art. 7.°]: «A lei que altera um regime, geral não se presume que altere normas especiais que, para casos particulares, dispõem de modo diferente; em contrapartida, a lei especial (isto é aquela cuja previsão se insere na de outra lei – lei geral – como caso particular, para este estabelecendo um regime diferente) posterior, derroga a lei geral anterior» (*sic*).

860 Depoimento ao jornal "O Independente", n.° 366, de 19.5.1995 (separata "Vida"), p. 3.

861 Para uma equacionação das fronteiras entre os tribunais constitucionais, o direito e a

Os poderes de facto mandantes determinaram, finalmente, que o caminho a seguir pela magistratura judicial deveria ser outro que não o da legalidade aqui sustentada. O Conselho Nacional de Transição (por acção ou por omissão, directa ou indirectamente), com a pronta chancela de alguns políticos e juristas, determinaram, com efeito, que as eleições no STJ seriam feitas ao abrigo de uma norma legal revogada. Pecado original que, inevitavelmente, ensombrará o *poder judicial*, adiando o seu projecto emancipatório e de independência. Eu já havia alertado, a tempo, para essa prenda envenenada dos poderes de facto mandantes. A aceitação da *prenda* pela judicatura enredaria esta numa teia de conúbios esquisitos, contraproducentes e anestesiantes; a sua rejeição (e consequente adopção da legalidade como princípio vital – apesar de se prefigurar como a via mais árdua) seria emancipatória[862].

Para um poder supercontrolante e omnicontrolante, as perguntas que se impõem são: onde é que a judicatura vai catar a água com que sacia a sua sede de poder[863]?

---

política, *vide* O. BACHOF, Estado de Direito e Poder Político: Os Tribunais Constitucionais entre o Direito e a Política (trad. de J.M. CARDOSO DA COSTA), Coimbra, FDUC, 1980.

J. IPSEN, Staatsrecht I – Staatsorganisationsrecht, 15. Aufl., München/Unterschleißheim, Luchterhand, 2003, p. 235-237.

J. LIMBACH (Hrsg.), Das Bundesverfassungsgericht: Geschichte – Aufgabe – Rechtsprechung, Heidelberg, Müller, 2000, p. 14-15.

CRISTINA QUEIROZ, Os Actos Políticos no Estado de Direito – O Problema do Controle Jurídico do Poder, Coimbra, Almedina, 1990, p. 205 ss.

ANTÓNIO BARBAS HOMEM, Reflexões sobre o Justo e o Injusto: A Justiça como limite do Direito, *in* RFDL, Vol. XXXIX, 2, 1998, p. 628-630.

862 Acabaram por escolher ou aceitar (ou acatar contra a vontade) a primeira via.

863 Uma magistratura com uma intervenção em crescendo no processo político. Assim, C. GUARNIERI/P. PEDERZOLI, Los Jueces y la Política: Poder Judicial y Democracia (trad. de M.A.R. de Azua, do original La Puissance de Juger, Paris, Éditions Michalon, 1996), Madrid, Taurus, 1999, p. 163 ss.

Sobre esta temática, *vide* o incisivo estudo de GOMES CANOTILHO, A Questão do Autogoverno das Magistraturas Como Questão Politicamente Incorrecta, *in* Antunes Varela/D. Freitas do Amaral/Jorge Miranda/J.J. Gomes Canotilho (org.), Ab Vno ad Omnes: 75 anos da Coimbra Editora 1920-1995, Coimbra, Coimbra Editora, 1998, p. 247 ss. Identifica o Professor GOMES CANOTILHO seis problemas fundamentais associados hoje ao "renascimento" do poder judicial, a saber: o problema da "legitimação do poder judicial"; o do "autogoverno das magistraturas"; o da "responsabilidade dos juízes"; o da "automovimentação mediática dos agentes do poder judicial"; o da "politicização" dos "poderes neutrais"; e, finalmente, o problema da "concretização dos princípios da justiça em tempos de crise da lei e do direito regulativo estatal".

Observa muito argutamente o autor que «através da religitimação funcional a magistratura fez esquecer a querela da sua própria legitimação». E interroga-se se «será mesmo assim». «Ter-se-ão libertado os juízes da tradicional angústia da autolegitimação»?

Quis custodiet custodes?

Bastar-nos-ia um platoniano «Conselho Nocturno»? Quem guardaria o «Conselho Nocturno»[864]?

Quando a Constituição guineense proclama os tribunais como "órgãos de soberania com competência para administrar a justiça em nome do Povo" (art. 119), faz mais do que repetir um *lugar comum* (ergue, verdadeiramente, as fundações de uma legitimação suficiente do corpo judicial)?

Um exercício hipotético: A Constituição foi feita e modificada pelos "representantes" do povo[865];

A Constituição define os tribunais como "órgãos de soberania com competência para administrar a justiça em nome do Povo"[866];

Concede, portanto, ao tribunal a prerrogativa de órgão de soberania[867];

Mais uma interrogação: a relegitimação funcional da magistratura «não terá sido conseguida à custa de uma discutível politização dos juízes? Como é sabido – e com isso tocamos ao de leve o problema da automovimentação mediática – há quem lamente a "teatralidade da justiça" e a insustentável leveza da politização do poder judicial». Politização essa que «anda de braço dado com o chamado associacionismo democrático dos juízes através do qual são agitados interesses corporativos gerais e reivindicações autonómicas e representativas, para além de nele se entrecruzarem tácticas associativas divergentes e conflitos de *leadership* entre as várias correntes políticas e profissionais e até entre categorias de magistrados».

C. GUARNIERI, L'Indipendenza della Magistratura, Padova, CEDAM, 1981, p. 53-67.

M. LUCIANI, Giurisdizione e Legittimazione nello Stato Costituzionale di Diritto (ovvero: di un Aspetto Spesso Dimenticato del Rapporto fra Giurisdizione e Democrazia), *in* Politica del Diritto, vol. XXIX, n. 3, 1998, p. 365-382.

CRISTINA QUEIROZ, Interpretação Constitucional e Poder Judicial: Sobre a Epistemologia da Construção Constitucional, Lisboa, Faculdade de Direito da Universidade de Lisboa, 1997, p. 29-34.

[864] «Conselho Nocturno» designa, como é sabido, um conjunto de vigilantes desenhado por Platão, destacando-se cada um deles pela sua virtude. Caberia a este Conselho Nocturno (nocturno, porque reunir-se-ia ao pôr do sol) o estudo dos decretos legislativos e da administração dos magistrados, por forma a sondar a sua compatibilidade com normas emanadas por um poder com a característica de irreversibilidade (PLATÃO, As Leis, XII, n°s 960 b7, 10; 951 d5, 7; 960 d5).

O Conselho Nocturno é um dos antepassados remotos dos actuais Tribunais Constitucionais.

[865] Num primeiro tempo (1984 – que é a data da Constituição referida), não se afigura, de todo, correcta a afirmação de uma genuína "representação" do povo pelos constituintes (atento à natureza monocolor desse parlamento, à sombra de uma única bandeira partidária, com exclusão do resto da "população" que não se revia no modo-de-ser então prevalecente).

As revisões constitucionais que lançariam e consolidariam a abertura política, económica e social da década de 90 ampliaram a fonte de legitimação dos representantes, tornando menos fictícia a referência aqui ao mandante povo.

[866] O art. 123/2 CRGB vinca a independência funcional, ao prescrever que, no exercício das sua funções, «o juiz é independente e só deve obediência à lei e à sua consciência».

[867] O último "inter pares", mas sempre vai sendo alguma coisa...

E dá ao tribunal a atribuição de administrar a justiça[868];
Devendo essa administração da justiça ser feita "em nome do Povo".

O que flui do normativo constitucional nem sequer chega a ser um respaldo popular da febril procura de legitimação de um poder complexadamente carente, a esta luz. Bem vistas as coisas, o fazedor da Constituição não se compromete. Antes, amarra o *poder* judicial à âncora de julgar sempre "em nome do povo", nunca em nome próprio. Constata-se, em suma, que o dispositivo constitucional que serviria para saciar a sede de legitimação do poder dos juízes, não é, afinal, mais do que uma trela curta fortemente atada ao pescoço destes.

Mas se se quiser esticar o texto, de forma a ele poder servir de expressão de uma legitimação popular do poder judicial, começa-se a mover no âmbito da livre *recreação*, onde tudo é permitido.

O que se nos patenteia iniludível é um *deficit* de legitimação democrática da judicatura, por mais voltas que sejam executadas[869].

Tal carência deve ser um convite ao juiz para respeitar o direito *posto* pelo órgão que do povo recebeu essa incumbência e que ao escrutínio periódico do

---

868 J.J. GOMES CANOTILHO, Derecho, Derechos; Tribunal, Tribunales, *in* Revista de Estudios Políticos, 60-61 (Nueva Época), Abril-Septiembre 1988, p. 819-829.

869 A divergir desta orientação, *cfr.* A. CASTANHEIRA NEVES, Da Jurisdição no Actual Estado-de-Direito, *in* Antunes Varela/D. Freitas do Amaral/Jorge Miranda/J.J. Gomes Canotilho (org.), Ab Vno ad Omnes: 75 anos da Coimbra Editora 1920-1995, Coimbra, Coimbra Editora, 1998, p. 183. Assevera CASTANHEIRA NEVES ser convocada a comunidade a «integrar e a superar todos os poderes que no seu seio actuem, os quais só nela se legitimam e enquanto intencionalmente a representem». «O que implica que esses mesmos poderes – dentre eles decerto o legislativo e o judicial – devem ser compreendidos e institucionalizados de modo a concorrerem todos, convergente e complementarmente ou correlativa e integradamente, para a realização da intenção político-jurídica unitária que a comunidade historicamente assume, sem que, portanto, nenhum desses poderes se possa arrogar a exclusiva ou sequer a preferencial legitimação comunitariamente representativa».

Por outro lado (*vide* p. 186), «é ao assumir também, ou ao fazer-se também intérprete da intenção jurídico-social da comunidade, que a função jurisdicional se pode dizer verdadeiramente a administrar a justiça "em nome do povo" e se legitima como "órgão de soberania" independente num "Estado-de-Direito democrático». Isto porquê? Porque «se órgão de soberania é aquele em que se exprime o "soberano" e se o soberano democrático é o povo, é igualmente assumindo ou interpretando com independência a intenção do mesmo povo (a intenção comunitária global) – i. é, actuando ou exprimindo-se directamente em seu nome – que um órgão ou função se podem dizer soberanos e democráticos».

Ainda, A. UMBERTO DE SOUZA JÚNOR (O Supremo Tribunal Federal e as Questões Políticas: O Dilema Brasileiro entre o Ativismo e a Autocontenção no Exame Judicial das Questões Políticas, Porto Alegre, 2004, p. 103 ss.), para um rasgado elogio à legitimidade democrática dos juízes. Um dos postulados reveladores dessa legitimidade democrática do juiz seria este: «Todo o poder emana do povo; logo a jurisdição emana do povo».

povo submete a sua própria manutenência[870]. Um convite para a autocontenção dos entusiasmos judicialistas[871]. O que não significa, de forma alguma, reduzir montesquianamente a judicatura à mera condição de "bouche qui prononce les paroles de la loi", "des êtres inanimés qui n'en peuvent modérer ni la force ni la rigueur"[872].

O que dizer dos *assentos?*

O instituto do *assento* tem a ver com normas materiais *recompostas* por um acórdão do STJ, normas que são emitidas quando se regista uma contradição de julgados. Um dos propósitos é a segurança e certeza do direito, assim como a uniformização da jurisprudência[873].

---

[870] Tocando a problemática da relação entre o legislativo e o judicial, *vide* J. HABERMAS, Droit..., cit., p. 191-192. Opina HABERMAS no sentido de a legislação dever estar separada da justiça e de esta ser impedida de se "programar ela mesma" – «É o que explica o princípio que sujeita o aparelho judiciário ao direito em vigor».

[871] À luz da *Grundgesetz*, ver as considerações de OTTO BACHOF, Grundgesetz und Richtermacht (1959), *in* Wege zum Rechtsstaat – Ausgewählte Studien zum öffentlichen Recht; Mit einen bibliographischen Anhang; Zun 65. Geburtstag des Autors; in Verbindung mit ihm hrsg. Von Ludwig Fröhler u.a., Königstein/Ts, Athenäum, 1979, p. 172-196.

F.A.F. VON DER HEYDTE, Judicial Self-restraint eines Verfassungsgerichts im Freiheitlichen Rechtsstaat, *in* G. Leibholz/H.J. Faller/P. Mikat/H. Reis (Hg.), Menschenwürde und freiheitliche Rechtsordnung – Festschrift für Willi Geiger, Tübingen, Mohr (Siebeck), 1974, p. 909-924.

SÉRVULO CORREIA, Direito do Contencioso Administrativo..., cit., p. 170 ss. A respeito da Grã-Bretanha, faz-se aqui luz sobre as incursões sindicadoras do judiciário nos domínios do político e do executivo, bem como a compressão da doutrina do *ultra vires*.

P. OTERO, Legalidade e Administração Pública..., cit., p. 288, 289.

P. BONAVIDES, O Art. 45 da Constituição Federal e a Inconstitucionalidade de Normas Constitucionais, *in* RFDL, vol. XXXVI, 1995, p. 5 ss.

[872] CHARLES LOUIS DE SECONDAD MONTESQUIEU, De l'Esprit des Lois, Livre XI, Chapitre VI (Gallimard, 1995, vol. I, p. 337; *vide* ainda as considerações produzidas a páginas 362-370).

Assumindo uma postura claramente privilegiadora de um poder "criador" do juiz, *vide* A. CASTANHEIRA NEVES, "Da Jurisdição"..., cit., p. 178 ss. Assinala CASTANHEIRA NEVES uma tripla normatividade jurídica dentro da função jurisdicional – uma normatividade jurídica "subjectiva", uma normatividade jurídica "objectiva" e uma normatividade jurídica constituinte. Nesta normatividade jurídica constituinte, que seria complementar às restantes, «vai implicado o poder juridicamente constituinte ou criador da jurisdição, sendo certo que é justamente na circunstância de competir à função judicial a concreta decisão dos "conflitos e litígios entre os sujeitos de direito" – o mesmo é dizer, a histórico-socialmente concreta realização do direito – que o pensamento jurídico encontra actualmente base para afirmar o inegável "poder criador e normativo do juiz"».

L. HAMON, L'Etat de Droit et son Essence, *in* Revue Française de Droit Constitutionnel, n.° 4, 1990, p. 707.

CRISTINA M.M. QUEIROZ, Direitos Fundamentais (Teoria Geral), Coimbra, Coimbra Editora, 2002, p. 290 ss.

[873] Sobre o tema, em geral, ANTÓNIO CASTANHEIRA NEVES (que postula a inconstituciona-

Importa assinalar o art. 2.° CC: *«Nos casos declarados na lei, podem os tribunais fixar, por meio de assentos, doutrinas com força obrigatória geral»*.

Vejamos alguns apontamentos de direito comparado:

a) Portugal:

– A questão teve contornos polémicos, orientados para a questão da sua constitucionalidade, na vigência do CC de 1966 e da CRP de 1976.

– Com a reforma do CPC (através do DL 329-A/95, de 12 de Dezembro), deu-se a revogação dos art. 763-770 CPC que regulavam o recurso para o Tribunal Pleno, bem como a revogação do art. 2.° CC que atribuía carácter de fonte de direito ao *assento*.

O DL 329-A/95 aprovou o art. 732-A CPC. Este preceito consagrou a figura de «revista ampliada» (algo descortinável também nos art. 437 ss. CPP) – sem a força obrigatória geral e sem o carácter de irrevisibilidade dos *assentos*.

O art. 17/2 do DL 329-A/95 foi ao ponto[874] de atribuir aos «assentos já proferidos» a natureza dos acórdãos emanados à sombra dos art. 732-A e 732--B CPC.

– O Acórdão do TC 743/96, de 18.9.96 viria a considerar inconstitucional a figura do *assento*.

b) Brasil:

Matéria similar à dos *assentos* é aquela apelidada no Brasil de *súmulas vinculantes* (ou *efeito vinculante das decisões judiciais*).

---

lidade dos *assentos,* numa frontal investida contra JOSÉ DE OLIVEIRA ASCENSÃO), O Instituto dos «Assentos» e a Função jurídica dos Supremos Tribunais *in RLG* (ano 105.° e ss.);

O Problema da Constitucionalidade dos Assentos (Comentário ao Acórdão n.° 810/93 do Tribunal Constitucional (1994), p. 7-64.

OLIVEIRA ASCENSÃO (que sustenta a não inconstitucionalidade dos *assentos* – acabando por considerar «ociosa a discussão suscitada sobre a constitucionalidade dos assentos»), O Direito – Introdução e Teoria Geral, 9.ª ed., 1995, p. 316 ss. [= 6.ª ed. (1991): p. 298 ss.].

Acórdão n.° 810/93, de 7 de Dezembro do Tribunal Constitucional português, Iin *DR,* II Série, n.° 51, de 2.3.1994.

PIRES DE LIMA/ANTUNES VARELA, Código Civil Anotado, vol. I, 4.ª ed., Coimbra Editora, 1987, p. 52-53.

[874] Considerado, nomeadamente, por MENEZES CORDEIRO (A Inconstitucionalidade da Revogação dos Assentos, *in* Jorge Miranda, *Perspectivas Constitucionais,* I, Coimbra Editora, 1996, p. 797-811) de duvidosa constitucionalidade.

No que diz respeito ao ordenamento jurídico guineense, assinalem-se os seguintes tópicos:

O teor supracitado do art. 2.° CC, bem como do 763 ss. CPC;

A consagração constitucional e a assunção jurisprudencial da orientação segundo a qual, em matéria de controlo da constitucionalidade, as decisões do Supremo Tribunal (quando desempenhe o papel de Tribunal Constitucional) gozam de *força obrigatória geral* (expressão que tem sido entendida como atributiva de *força de lei* àquelas, dando cobertura à vinculação de todos os órgãos e autoridades às mesmas). Preceitua o 126/4 CRGB «*4. As decisões tomadas em matéria de inconstitucionalidade pelo plenário do Supremo Tribunal de Justiça terá força obrigatória geral e serão publicadas no Boletim Oficial*»;

A prossecução da *estabilidade jurisprudencial* ou *uniformização da jurisprudência* através, também, por exemplo, do recurso de revista decidido em reunião conjunta das Câmaras do STJ (art. 728 ss. CPC – todavia, sem o peso de um *assento*) ou do recurso penal para a *fixação de jurisprudência* (art. 10/1, d), 288, 295 ss. CPP).

Está aqui em discussão o princípio da separação de poderes. O modo como a uniformização da jurisprudência é no caso vertente acautelada (espraiando-se por decisões, de pendor legislativo, com efeito vinculante geral e obrigatório) será compaginável com a directriz constitucional da separação de poderes?

Se ao menos essa figura tivesse cobertura na Constituição positiva...[875]

À luz do instituto do *assento*, o Supremo Tribunal de Justiça escolhe de entre as diferentes interpretações possíveis da norma em apreço ou enuncia normas tendentes a colmatar lacunas de que padeça o sistema. Considerando a descrição acabada de fazer, bem como o facto de decorrer da lei a atribuição de *força obrigatória geral* aos *assentos*, a questão que se põe é se isso fere (e, caso afirmativo, em que medida) a directriz constitucional da separação de poderes (entre o legislativo e o judicial).

O problema não é complicado, quando é a própria Constituição a indicar essa via (*v.g.* art. 126 CRGB). Efectivamente, este é um dos casos em que a *inconstitucionalidade de normas constitucionais* não merece grande sustentabilidade.

---

[875] *Cf.* GOMES CANOTILHO, Direito Constitucional e Teoria da Constituição, 7.ª ed., Coimbra, Almedina, 2003, p. 938-939. Para o autor, se essa decisões «forem apenas vinculantes para os tribunais integrantes da mesma ordem e susceptíveis de revisão (nos termos fixados por lei) a sua configuração ainda é a de um acto de *jurisdição* destinado a dizer-se o direito e a assegurar uma tendencial uniformização».

Mais delicado é o caso da figura promanar exclusivamente de fontes *constituídas*.

Se, como postula uma doutrina muito seguida, os *assentos* gozam de inalterabilidade e de caducidade (aqui, apenas caso seja revogado por uma lei posterior ou de a legislação que a serviu de suporte ser alterada em sentido diferente), pergunta-se se não se está em presença da infiltração do poder judicial na função legislativa.

Não obstante as dúvidas que de momento me envolvem no estudo desta matéria, inclino-me, por ora, para a posição sustentada pelo Professor GOMES CANOTILHO (*op. loc. cit.*). A circunscrição da vinculatividade do *assento* à ordem jurisdicional concernente e a revisibilidade do mesmo parecem-me razoáveis e susceptíveis de preservar o essencial do princípio da separação de poderes.

Mas as colocações antecedentes (no que toca ao apego à lei) tão pouco significarão uma servil resignação do juiz à vegetativa e reptícia condição de *yes man*, face aos outros poderes-mandatários do povo. A sua apoliticidade[876], independência[877] – imparcialidade no carácter e na acção ultrapassa os enquadramentos referidos atrás. A sua menor legitimidade *democrática* não é chamada quando o que na barra está é a justiça com objectividade, isenção, imparcialidade. Tal é o patamar ético inegociável da judicatura[878]. Uma judicatura cuja legitimação é directamente proporcional à sua equidistância política e rectidão[879].

Impendendo, desde logo, sobre o juiz a proibição da decisão de *non liquet*, mesmo perante uma lacuna, dá para perceber que o juiz não se esgota num robó-

---

876 NIKLAS LUHMANN prefere falar aqui da "neutralização política" da "função política da jurisprudência" (*vide* o seu Funktionen der Rechtsprechung im Politischen System, *in* Politische Plannung, p. 47 ss.).

877 *Cfr.* E. PACIOTTI, Ruolo della Magistratura in uno Stato Democratico (alla Luce della Esperienza Italiana nei Primi Anni), *in* Questione Giustizia, n. 2-3, 1994, p. 360 ss.

E. BENDA, Der befangene und der unbefangene Richter, *in* M. Hohnstock (Hg.), Der Rechtsstaat in der Krise – Autorität und Glaubwürdigkeit der demokratischen Ordnung, Stuttgart, Seewald Verlag, 1972, p. 301-308 (*maxime*, p. 303 ss.).

H. KELSEN, Drei Kleine Schriften: Der Staat als Integration (Wien, 1930)/Unrecht und Unrechtsfolge im Völkerrecht (Wien/Berlin, 1932)/Rechtsgeschichte gegen Rechtsphilosophie? (Wien, 1928), Scientia Verlag Aalen, 1971, p. 60 ss.

878 *Cfr.* EMÍLIO KAFFT KOSTA, Les Droits Fondamentaux..., cit.

879 Nos Estados emergentes (onde a própria ideia de instituição está por sedimentar, estando em causa um processo de construção-sedimentação das instituições do Estado), a justeza desse teorema é mais patente. Isso numa mundividência aparentemente inebriada pelo licor da legitimação democrática (poder conferido pelo povo), sobre o poder judicial – ao qual já nem sequer parece bastar a eleição da respectiva direcção pelos pares –, sujeito a várias provações, ao longo de anos e sistematicamente.

tico desempenho. A própria natureza (hermenêutica) da ciência no interior da qual se move o juiz indicia um desempenho mais humano[880].

O que se reclama é interdependência *ma non troppo*. A independência do poder judicial deve ser contra os outros poderes (formais e informais – poderes económicos e sociais); e contra os contrapoderes.

Contra os poderes e contrapoderes que pisem o risco da lei.

Cautela, pois: a invocação da *interdependência* é muitas vezes o encobrimento de uma rastejante pretensão de dependência.

Daí independência *in dependência*, apesar de ser uma insinuante realidade, não ser o caminho.

A interdependência é uma realidade, é uma necessidade. Mas deve ser vista com as necessárias cautelas, com a saudável desconfiança, de forma a não obliterar a independência, que é outra necessidade.

Sob o ângulo da legitimação, a injunção constitucional dirigida ao juiz parece eloquente: Exercer a sua função "com total fidelidade aos princípios fundamentais e aos objectivos" da Constituição[881].

---

[880] *Cfr.* F. FERRARA, Interpretação e Aplicação das Leis, 3.ª ed., Coimbra, Arménio Amado, 1978, p. 111 ss.

Ver, ainda, ANTÓNIO MENEZES CORDEIRO, Tendências Actuais da Interpretação da Lei: do Juiz-Autómata aos Modelos de Decisão Jurídica, *in* Revista Jurídica, n.° 9 e 10, Jan./Jun., 1987, p. 7-15.

De PAULO F. DA CUNHA (Memória, Método e Direito – Iniciação à Metodologia Jurídica, Coimbra, Almedina, 2004, p. 119 ss.), pode-se colher o seguinte apontamento (comparando a atitude do jurista e do músico, como intérpretes): «a Metodologia do Direito consiste essencialmente em duas coisas: na arte de interpretar (uma hermenêutica) e na arte de convencer (uma retórica). Na música, ambas existem».

«O problema dos teóricos muito depurados do Direito é que são como aqueles engenheiros de som que não vão a concertos, porque, ao vivo, a qualidade de som é terrível»... aqueles não vão a tribunais.

«O problema dos práticos é que, quando não confessam a si próprios um grande subjectivismo interpretativo (o que pode até envolver angústias deontológicas), fingem acreditar numa univocidade hermenêutica».

«Quando Alain recorda aquele "puissant pianiste" que era capaz de igualar o Beethoven das três últimas sonatas, e que sentado ao piano, parecia o próprio compositor, na sua máscara "surda e cega", não nos está certamente senão a dar uma ideia cabalmente plástica (e sonora) do juiz (ou intérprete) *bouche de la loi* de que fala Montesquieu. E que é o protótipo do positivismo legalista interpretativo: uma encarnação da lei – *viva vox legis*».

[881] Art. 123/1 CRGB.

Sobre a função do juiz num Estado de direito democrático, *vide* E.S.-JORTZIG, Aufgabe, Stellung und Funktion des Richters im demokratischen Rechtsstaat, *in* NJW 1991, Heft 38, p. 2377-2383.

No tempero de uma sábia autocontenção criativa da judicatura com a salvadora reaproximação ao texto (resistindo-se à forte e fácil tentação para a fuga em direcção a constelações hiperjusnaturalistas) está a chave do problema.

Na vertente institucional – considerando sempre cada realidade de modo particular –, a organização da judicatura[882] deve ser estabelecida por forma a tutelar a venerabilidade, o mérito, a equidistância, a imparcialidade e a independência do *terceiro poder*[883]. E independência, quer *«ad intra»*, quer *«ad extra»*[884].

---

[882] Tocando nalguns dos vários ângulos da dimensão organizatória da justiça, na sua relação com o *Rechtsstaat*, B. ASBROCK, Entlastung der Justiz zu Lasten des Rechtsstaats?, *in* Zeitschrift für Rechtspolitik, 1992, Heft 1, p. 11-15;

Die Richterblockade – "Ein Anschlag auf das Vertrauen in den Rechtsstaat"?, *in* Kritische Justiz, 1987, p. 346-351.

F. IPPOLITO, Democrazia e Costituzione, *in* Questione Giustizia, n. 2-3, 1994, p. 415.

[883] Para um apanhado comparativístico em torno desta matéria, *vide* THOMAS GROß, Selbstverwaltung der Gerichte als Voraussetzung Ihrer Unhabhängigkeit?, *in* Die Verwaltung, Beiheft 5, 2002, p. 217, ss. Frisa GROß que nas discussões juspolíticas têm-se cristalizado três elementos do fortalecimento de uma administração autónoma da justiça. A saber, afirmação de comissões encarregues da eleição dos juízes, a criação de uma estrutura autónoma de administração da justiça, bem como a administração autónoma a nível de certos tribunais. Verifica o autor que, na federação, o processo de escolha de juízes para os diferentes cargos se distingue através da nota da multiplicidade. Por um lado, a nível do *Bund* (Art. 95 Abs. 2 GG) e da Constituição de certos *Länder* (Brandenburg – Art. 109 Abs. 1; Bremen – Art. 136 Abs. 1; Hamburg – Art. 63 Abs. 1; Hessen – Art. 127 Abs. 3; Schleswig-Holstein – Art. 43 Abs. 2; Thüringen – Art. 89 Abs. 2), a intervenção obrigatória de uma comissão encarregue da eleição dos juízes é jurídico-constitucionalmente afirmada.

Em Baden-Württenberg, a referida comissão só intervém, porém, quando não se chegue a um acordo entre o *Präsidialrat* e o Governo. Nas Constituições de Berlim (Art. 82 Abs. 2) e de Schleswig-Holstein (Art. 43 Abs. 3), está, além disso, previsto que os Presidentes dos Tribunais Superiores dos Länder sejam directamente escolhidos pelo Parlamento. Mas nos restantes oito *Länder* decide apenas o executivo.

Vide, ainda, um trabalho do mesmo autor, com título idêntico, Selbstverwaltung der Gerichte als Voraussetzung Ihrer Unhabhängigkeit, *in* DRiZ, September, 2003, p. 297 ss.

C.G. LOZANO, El Estado Liberal de Derecho: Sus Elementos Configuradores, *in* Boletin de la Universidad Compostelana, 1962, p. 317-318. Sublinha LOZANO que se a hierarquia entre os órgãos judiciais é necessária, «sus efectos deben reducirse al reparto de los asuntos según su transcendencia o al conocimiento de los sucesivos recursos, pero de ningún modo ha de servir como medio de imposición del órgano superior sobre el inferior». Portanto, a independência assegura-se também ao nível intrajudicial.

O. BÄHR, Der Rechtsstaat, Eine Publicistische Skizze, Neudruck der Ausgabe 1864, Scientia Aalen, 1961, p. 15-16, 52.

R. GROTE, Das Rechtsstaatsprinzip in der mittel- und Osteuropäischen Verfassungsgerichtspraxis, *in* J.A. Frowein/T. Marauhn (Hrsg.), Grundfragen der Verfassungsgerichtsbarkeit in Mittel-

und Osteuropa, Berlin, *etc.*, Springer, 1998, p. 31-32: «Der Schwerpunkt der Verfassungsrechtsprechung zur richterlichen Unabhängigkeit auf ihrem Schutz vor Einflußnahmen der Exekutive».

S.A.-G. Y BLANCO, El Estado de Derecho y el Poder Judicial Independiente, *in* Revista de Administración Pública, 1960, ano XI, n.° 31, p. 11-55.

De um ponto de partida diferente (porque equacionado unicamente em função do estatuto do Ministério público), *vide* J.M. SANTOS PAIS, Le Statut Constitutionnel et la Structure Interne du Ministère Public, *in* Documentação e Direito Comparado, n.° 67/68, 1996, p. 59-60, 75. Sintetiza, nos seguintes pontos, as questões fundamentais que se colocam sobre o Ministério Público (comuns, às vezes, ao sistema da *common law* e ao continental europeu: «Est-ce que le Ministère Public est un organe administratif (Allemagne) ou judiciaire (Belgique, Portugal)? Appartient-il au pouvoir exécutif (Allemagne, Belgique, France) ou au pouvoir judiciaire (Espagne, Portugal)? Malgré le fait d'être considéré comme appartenant au pouvoir exécutif, est-ce que le Parquet peut être considéré comme appartenant au corps judiciaire (Allemagne, Belgique, France)? S'agit-il d'une véritable magistrature telle que la magistrature du siège (Belgique, France, Portugal) ou pas (Espagne)? Quels sont les intérêts qu'il est appelé à protéger: l'intérêt du Gouvernement, l'intérêt public ou l'intérêt de la loi?».

Vide, ainda, ANTÓNIO ALMEIDA SANTOS, O Ministério Público num Estado de Direito Democrático, *in* Revista do Ministério Público, 76, 1998, p. 9-24.

E.S. CORWIN, The Constitution and What it Means Today, 14th ed., Princeton University Press, p. 266, 267.

884 A propósito destas duas manifestações, *cfr.* M. DE R. Y RIVACOBA, Legitimidad e Independencia del Poder Judicial en el Estado Democratico de Derecho, *in* Direito e Cidadania, ano III, n.° 8, 1999/2000, p. 179-182:

independência *ad extra*, como aquela relativa aos outros poderes (susceptível de ser posta em crise através, nomeadamente, duma «abierta oposición e injerencia en el ejercicio de sus atribuciones» ou de formas «subrepticias» de pressão), bem como a outras potências estrangeiras [«(...) hay que añadir (às anteriores formas) en la actualidad los peligros que proceden de la intervención extranjera, peligros más graves y reales hoy que nunca, y sobre todo para los países de menor significación e influencia en sus relaciones con los restantes, sea tal intervención descarada o mal encubierta, sea directa, sobre las personas de los jueces, o indirecta, que se ejerce a través de los gobiernos y amenazado con penosas repercusiones de orden internacional»];

independência *ad intra*: «(...) está relacionada de modo muy estrecho con la organización del próprio Poder judicial. Menos perceptible en sí misma, y también menos dramática en los ataques que sufre, que la relativa a los otros poderes del Estado, es la que con mayor frecuencia está expuesta a ser desconocida y avasallada, con interferencias que casi se podrían llamar cotidianas en el quehacer habitual de los jueces. Dicho con brevedad, se trata de que el juez de mayor jerarquía no sea a la vez superior en sentido administrativo, esto es, que no dependa de él como funcionario y en lo disciplinario el de menor categoría (por ejemplo, en materias como calificaciones, correctivos, traslados, ascensos, incluso licencias o vacaciones); para lo cual, hace falta que el que juzga no gobierne el poder».

SÉRVULO CORREIA/RUI MEDEIROS/B. DINIZ AYALA, Vers une Protection Juridictionnelle des Citoyens en Europe, *in* S. Correia/B.D. Ayala/R. Medeiros, Estudos de Direito Processual Administrativo, Lisboa, Lex, 2002, p. 25-35.

Muito prudencialmente, clamou BRUN-OTTO BRYDE[885] apodando de «unrealistic» o cenário «attractive to lawyers whereby a democratic constitution with the help of an activist court will transform a pre-democratic society into a democratic one»[886].

A sedução para activismos desse quilate é forte, mas há que delimitar o que é factível e o que é contraproducente, na perspectiva, portanto, da salvaguarda da própria instituição jurisdicional, prestando culto, com sinceridade e seriedade, à lei. Uma afinada sensibilidade é exigível ao poder judicial (e, neste, o órgão de controlo da constitucionalidade[887]) para se afirmar como uma instância válida

---

[885] Constitutional Courts in Constitutional Transition, *in* F. Van Loon/K. Van Aeken (eds.): 60 maal recht en 1 maal wijn – Rechtssociologie, Sociale Problemen en Justitieel Beleid, Liber Amicorum prof. Dr. Jean Van, Houte, Acco Leuven, Amersfoort, 1999, p. 235.

[886] Situa BRYDE (op. loc. cit.) a "transição constitucional" na esfera de um movimento caracterizado pela «introdução de uma nova Constituição democrática e de Estado de direito em países com um passado não democrático».

Ver, outrossim, G. KAMINIS, La Transition Constitutionnel en Grèce et en Espagne, Paris, LGDJ, 1993, p. 1-2, 4 ss.

F. LUCAS PIRES, Teoria da Constituição de 1976: A Transição Dualista, Coimbra, 1988, 125 ss.

[887] A propósito da justiça constitucional, *vide* o importante trabalho de KELSEN, La Garantie Juridictionnelle de la Constitution (La Justice Constitutionnelle), *in* RDPSP 1928, Tome XLV, p. 197-257 (em particular, p. 221 ss.).

RUI MEDEIROS, A Decisão de Inconstitucionalidade: Os Autores, o Conteúdo e os Efeitos da Decisão de Inconstitucionalidade da Lei, Lisboa, Universidade Católica Portuguesa Editora, 1999, p. 49 ss., 289 ss., 533 ss., *passim*.

SOVERAL MARTINS, Processo e Direito Processual, 2.° vol. – Processos Heterocompositivos, Coimbra, Centelha, 1986, p. 120-154.

Sobre a relação entre o controlo da constitucionalidade e o Estado de direito, *vide* JORGE MIRANDA, Manual de Direito Constitucional, tomo II (Constituição e Inconstitucionalidade), 3.ª ed., totalmente revista e actualizada, Coimbra, Coimbra Editora, 1991, p. 387-390.

Do mesmo autor, *vide*, também, o 6.° tomo do Manual [Manual de Direito Constitucional, tomo VI (Inconstitucionalidade e Garantia da Constituição), Coimbra, Coimbra Editora, 2001, p. 13-21], onde se defende que, por força do princípio de identidade ou de não contradição, não seria aceitável que «no interior da mesma Constituição originária, obra do mesmo poder constituinte formal», surgissem «normas constitucionais inconstitucionais».

VITAL MOREIRA, Princípio da Maioria e Princípio da Constitucionalidade: Legitimidade e Limites da Justiça Constitucional, *in* Legitimidade e Legitimação da Justiça Constitucional (Colóquio no 10.° Aniversário do Tribunal Constitucional – Lisboa, 28 e 29 de Maio de 1993), Coimbra, Coimbra Editora, 1995, p. 178.

J.M.M. CARDOSO DA COSTA, A Jurisdição Constitucional em Portugal, Separata do Número Especial do BFDUC – «Estudos em Homenagem ao Prof. Doutor Afonso Rodrigues Queiró» – 1986, Coimbra, 1987, p. 5-52.

O. BACHOF, Verfassungswidrige Verfassungsnormen? (1951), *in* Wege zum Rechtsstaat – Ausgewählte Studien zum öffentlichen Recht; Mit einen bibliographischen Anhang; Zum 65.

Geburtstag des Autors; in Verbindung mit ihm hrsg. Von Ludwig Fröhler u.a., Königstein/Ts, Athenäum, 1979, p. 1-48.

Uma boa tradução (municiada com uma nota prévia) do trabalho acabado de citar pode ser vista em O. BACHOF, Normas Constitucionais Inconstitucionais? (trad. e nota prévia de J.M.M. CARdoso da COSTA), Coimbra, Almedina, 1994.

Sobre o papel dos acórdãos com força obrigatória geral do Tribunal constitucional, no domínio do sistema das fontes do direito, *vide* J. OLIVEIRA ASCENSÃO, Os Acórdãos com Força Obrigatória Geral do Tribunal Constitucional como Fonte de Direito, *in* Jorge Miranda (org.), Nos Dez Anos da Constituição, Lisboa, IN-CM, 1987, p. 251-263.

Na esfera do controlo da constitucionalidade, *cfr.* M. GALVÃO TELLES, Inconstitucionalidade Pretérita, *in* Jorge Miranda (org.), Nos Dez Anos da Constituição, Lisboa, IN-CM, 1987, p. 267-343.

Do mesmo, "A Concentração da Competência para o Conhecimento Jurisdicional da Inconstitucionalidade das Leis", *in* "O Direito", 1971, p. 173-210.

P. OTERO, Legalidade e Administração Pública..., cit., p. 220, 221.

A respeito do *Comité Constitutionnel* e, mais tarde, do *Conseil Constitutionnel, vide* J.-Y. MORIN, L'Etat de Droit: Émergence d'un Principe du Droit International, in Recueil des Cours de l'Académie International, tome 254 (1995), p. 111-116.

No que toca à jurisprudência do *Conseil Constitutionnel* sobre o próprio órgão e o controlo da constitucionalidade, entre 1959 e 1988, *cfr.* CONSEIL CONSTITUTIONNEL, Jurisprudence du Conseil Constitutionnel: Table Trentenaire, 1959-1988, Imprimerie Nationale, p. 201-226.

Incidindo sobre a história do controlo da constitucionalidade e do *Conseil Constitutionnel*, bem como a sua organização, atribuição e competências, *vide* o importante livro de F. LUCHAIRE, Le Conseil Constitutionnel, Paris, Economica, 1980.

O Venerado *Conseil d'Etat* reclama o seu lugar na história, nesta luta pela juridificação do Estado. Com efeito, desde que esse órgão foi lançado ao mundo, com a Constituição de 22 de Frimário do Ano VIII (15.12.1799), alguns séculos foram percorridos e a sua relevância cresceu grandemente.

A epopeia iniciou-se com a inspiração de SIEYÈS;

desenvolveu-se com o projecto redigido por BOULAY DE LA MEURTHE, membro da Comissão Legislativa dos Quinhentos (projecto esse escrito, «sinon sous la dictée, du moins sur les indications de Sieyès» – assim, CNRS, Le Conseil d'État – Son Histoire à Travers les Documents d'Époque, 1799-1974, Paris, CNRS 1974, p. 23-28), na sequência da deliberação, no mês anterior – Brumário –, das duas Assembleias do Directoire – Conseil des Anciens e Conseil des Cinq Cents – que apontava para a criação de duas comissões encarregues de preparar as mudanças a imprimir às instituições orgânicas da Constituição;

passou pela frustração de SIEYÈS [captada fielmente no seguinte troço da p. 25 da obra acabada de citar, que é um fragmento de um documento redigido por SIEYÈS e chamados «observations constitutionnelles»: «Observations constitutionnelles dictées au citoyen Boulay (...), dans les derniers jours de Brumaire de l'an VIII et qu'il m'a rendues après les avoir fait transcrire, mais rien n'est plus incomplet que ce canevas dicté à la hâte.

«C'est d'après ces idées qu'a été écrite la Constitution adoptée avec apparence de satisfaction, changée ensuite, altérée de plus en plus et enfin successivement abolie»;

e respeitada neste confronto dialéctico, que é, no fundo, a dinâmica dos poderes do Estado[888].

---

e prosseguiu com a redacção de um novo projecto, ditado por BONAPARTE a outro membro da Comissão, DAUNOU, projecto que previa um *Conseil d'Etat* único e que se aproximaria muito da versão consignada, mais tarde, na Constitution du 22 Frimaire An VIII (veja-se, em particular, o *Titre VI* dessa Constituição, sobre a responsabilidade dos funcionários públicos).

Sobre o *Conseil d'Etat*, ainda, C. DEBBASCH/J.-C. RICCI, Contentieux Administratif, 5e éd., Paris, Dalloz, 1990, p. 204-222.

J.M.L. ULLA, Orígines Constitucionales del Control Judicial de las Leyes, Madrid, Tecnos, 1999, p. 19 ss.

Erigindo, «em última instância», o princípio democrático como o «limite supremo da jurisdição constitucional», a propósito do constitucionalismo costariquenho, *vide* R.H. VALLE, El Principio Democrático como Límite de la Jurisdicción Constitucional, *in* Boletín Mexicano de Derecho Comparado, n.° 88, 1997, p. 221-230. Para o autor, os limites do poder interpretador da Constituição «están determinados por la condición de órgano constituido de los tribunales constitucionales, lo que les impide reformarla mediante procedimientos diversos de los expresamente autorizados por aquélla» (p. 229). Contra isso, de pouco valeria o critério americano da "living Constitution". O juiz constitucional não pode arrogar-se de substituto do legislador. Nesta ordem de ideias, «sólo la existencia de una teoría coherente de la Constitución, basada sobre el principio democrático, puede impedir que los tribunales constitucionales caigan en el activismo judicial, puesto que si los preceptos y los principios constitucionales se encuentran fundados en una sólida teoría de aquel derecho, es evidente que el margen de discrecionalidad de los jueces constitucionales se vería sustancialmente reducido» (p. 230).

Contra o sistema reinante à sombra da Carta Orgânica do Império Colonial, de 1933 de concentração da fiscalização da constitucionalidade no Conselho Ultramarino, por não ser um «autêntico órgão jurisdicional», *vide* JORGE MIRANDA, Contributo para uma Teoria da Inconstitucionalidade (Suplemento à RFDUL), Lisboa, FDUL, 1968, p. 205-208.

888 A dificuldade em gerir esses equilíbrios está evidenciada no supracitado trabalho de BRYDE (ele mesmo académico e juiz do Tribunal Constitucional Federal alemão), quando, relativamente ao tribunal constitucional (sistema que o autor considera, a páginas 242, ter claras vantagens numa transição constitucional), diz:

«A constitucional court will probably be able to make the greatest contribution to a new democratic system when the political system exhibits sufficient democratic and rule-of-law elements to accept decisions of a court constraining powerful political actors but retains so many traces of pre-democratic traditions that it can benefit from the court's guidance». E o poder do tribunal nesse contexto também dependeria "do seu próprio comportamento estratégico": «It can hardly win an all out confrontation with the political actors in a yet unsettled constitutional situation»; «On the other hand, with too deferential a behaviour it will lose credibility and become disfunctional as a check on the abuse of government power».

Por outras palavras (p. 242) os juízes não devem "sobrestimar" os poderes que detêm. «They have to be careful not to overestimate their powers only to have their limits shown off and at the same time not to lose credibility by giving in to powerful interests. Only if they manage this difficult balancing act they can build up the necessary support in the political system to play a meaningful role».

Vide, outrossim, O. BACHOF, Der Richter als Gesetzgeber? (1977), *in* Wege zum Rechtsstaat – Ausgewählte Studien zum öffentlichen Recht; Mit einen bibliographischen Anhang; Zun 65.

Difícil será não concordar com NICOLAS CALERA, quando sentencia: «Esta tensión de buscar la perfecta justicia, aún a sabiendas de su imposibilidad, será la única gran justicia que pueda reinar entre los hombres»[889].

Nesta incessante busca da justiça, escusado será dizer que o poder judicial ocupa uma posição estratégica e impostergável. Todavia, o superinflacionamento da sua posição não só é postergável, como nefasto.

Geburtstag des Autors; in Verbindung mit ihm hrsg. Von Ludwig Fröhler u.a., Königstein/Ts, Athenäum, 1979, p. 344-358.

[889] NICOLAS MARIA LOPEZ CALERA, Mitificación y dialéctica en el Estado de Derecho, *in* Anales de la Cátedra "Francisco Suarez", 1971, Fascículo 1.°, n.° 11, p. 116.

§ 5.° FORMAS E SISTEMAS DE GOVERNO – DESENTRONIZAÇÃO DOS ARQUÉTIPOS

1. Guiné: o Resvalar Para Patamares Presidencialistas; Fotografias Legendadas do Esquema Político; Propostas de Desencalhe

Tem vindo a Guiné a viver sob o signo do resvalamento recorrente e persistente para patamares presidencialistas do sistema de governo. Senão vejamos:

De 1973 a 1980, LUIZ CABRAL, o Presidente do Conselho de Estado, como Chefe de Estado, é, no fundo, também Chefe do Governo (apesar da figura do Comissário Principal – TCHICO TÉ e, a seguir, NINO);

De 1980 a 1999, o Presidente do Conselho de Estado e (mais tarde) Presidente da República NINO VIEIRA é, como Chefe de Estado, no fundo e em grande medida, também Chefe de Governo. Pode-se ilustrar esta proposição com a coabitação NINO-SAÚDE MARIA (Primeiro-Ministro); com o apagamento posterior da figura do PM; com a coabitação NINO-CARLOS CORREIA (PM), antes das primeiras eleições pluralistas; a coabitação NINO-CARLOS CORREIA, após a exoneração do primeiro PM do pós-eleições multipartidárias (SATURNINO COSTA); com a coabitação NINO-SATURNINO (PM), que – apesar de algumas movimentações autonomistas (meros fogos de vista?) da ala saturninista no PAIGC e de outros pretendentes do poder – não desmente, antes confirma, aquela natureza presidencialista;

Entre 1998 e 1999, o PR NINO (já enfraquecido) partilha o poder com o Comandante Supremo da Junta Militar, ANSUMANE MANÉ: formam um Governo de Unidade Nacional cujo PM – indicado por A. MANÉ – aparentava-se com um *Comissário-Principal* estreitamente ligado à (e dependente da) JM e ao respectivo *leader*[890];

---

[890] Ver o gráfico da Parte III, Cap. II, § 1, sobre a realidade política guineense entre finais de 1999 e finais de 2003.

De 1999 a 2000, o Presidente da República interino MALAM BACAI e o *Co-Presidente* da República Brigadeiro ANSUMANE MANÉ[891] (que pela força derrubou o poder constitucional – e que era mais Presidente do que o Presidente da República interino) face ao PM FADUL eram (principalmente o Brigadeiro) as verdadeiras figuras da soberania;

Eu consideraria, sem muita chalaça, a ambiência institucional e constitucional dos poderes de facto (e não só) na Guiné-Bissau de meados de 2000 como *o contributo guineense para a teoria da separação dos poderes*. Ali entra o Poder Militar[892], o poder legislativo, o poder executivo, o poder judicial, o poder da imprensa (que destrói e recria a seu bel-talante).

De 2000 a 2001, o PR eleito KOUMBA YALÁ é, no fundo, como Chefe de Estado, também ele Chefe do Governo (apesar da figura do PM CAETANO N'TCHAMA)[893]. É elucidativa esta notícia divulgada pela RDP África[894] a 18.9.2001: «O PAIGC reagiu à ameaça do chefe de Estado, que na segunda-feira disse estar disposto a assumir a chefia do governo se o primeiro-ministro Faustino Imbali não for capaz de levar a bom termo a sua governação[895]».

«Segundo Hélder Proença, Vice-Presidente do PAIGC, a posição de Kumba Ialá reflecte um espírito de golpe de estado constitucional, que o presidente pretender levar a cabo»[896] (*sic*).

«Outra reacção conhecida é a do secretário-geral do partido União Para a Mudança, Rambout Barcelos, segundo o qual a democracia guineense não se compadece com semelhantes ameaças»[897].

---

891 O Brigadeiro, então CEMGFA, já tinha sido acusado antes de «usurpação de competências» do Ministro da Defesa, na gestão corrente e na administração da instituição militar. Foi em 1996 (*vid.* Diário de Bissau, n.° 34, de 9.12.1996, p. 16).

892 A cotação do militar estava, realmente, em alta – sempre a subir, como se verificará *infra* (Parte IV, CAP. III, § 4).

893 Preenchendo e desenvolvendo as linhas aqui tracejadas, há uma conferência (não editada) por mim dada a 29.6.2000, em Bissau, no quadro de um seminário internacional "sobre a Ética Democrática e Protocolo Parlamentar", conferência intitulada "A Separação e Interdependência dos Poderes" e dirigida aos deputados da ANP.

894 *In* http://.rdp.pt/africa/h/news/africa_news02.htm

895 O que foi feito do candidato presidencial que proclamava ser o candidato melhor preparado e vocacionado para defender a Constituição?

896 Golpes há muitos…

897 É de registar esta mudança posicional de um influente político, apoiante do movimento insurreccional de 1998-1999, que viu o seu nome envolvido no golpe abortado de 2000.

Seguiu-se a catanada final ministrada pelo Presidente YALÁ ao poder judicial: O Presidente e o Vice-Presidente do STJ e do CSMJ, assim como alguns juízes foram (por Decreto-Presidencial ou por Despacho da nova Direcção nomeada do STJ, ou sem um, nem outro) afastados das suas funções[898].

Todas estas tergiversações incitam-me a lançar a seguinte pergunta: porque não a opção clara por um sistema presidencial? Nada de pecaminoso, já se vê. *Pecado* é, talvez, sob a capa de um sistema semipresidencial[899], praticar-se o presidencialismo.

Dizer o que ficou dito é, desentronizando os vários arquétipos dos sistemas de governo e, bem assim, das formas de governo, olhar sem preconceitos para todas (ou quase todas) as propostas colocadas comummente à mesa do debate e optar por aquela que se nos afigurar a mais adequada, com a convicção de que não se está em face de uma varinha de condão e que o determinante não é o esqueleto, mas sim o *animus*. Lá dizia CROISET[900] que as *formas de governo*[901] «ne sont que des cadres offerts au jeu plus ou moins libre des forces de l'individu» e que uma vez estabelecidas são boas ou más «selon la valeur des hommes qui les font servir à leurs desseins».

---

898 Contra tal acção reagiu a já de si esfrangalhada *classe* dos magistrados, com uma greve de trinta dias, mais algumas estrondosas declarações (entradas de leão, saídas de sendeiro). Mas o Poder Presidencial devia ganhar e ganhou a batalha que se anunciava. Em bom Kiriol, «si bu odja kabessa pirdi, punta bariga». A desorientação ética prevaleceu.

899 Distinguindo três subtipos no semipresidencialismo, *vide*, MAURO VOLPI, Le Forme di Governo Contemporanee tra Modelli Teorici ed Esperienze Reali, *in* Quaderni Costituzionali, 2, 1997, p. 265 ss. 1.° subtipo: vigente na Áustria, Irlanda e Islândia (caracterizado por um «funzionamento di tipo parlamentare e dalla netta preminenza dell'ambito del potere esecutivo del Primo ministro, che è il vero *leader* della maggioranza»); 2.° subtipo: vigente em Portugal e na Finlândia (caracterizado por uma «effettiva diarchia nell'ambito del potere esecutivo, che si basa non su un rapporto gerarchico, ma su una separazione delle competenze, stabilita nella Costituzione, la quale attribuisce al Presidente importanti poteri»); 3.° subtipo: vigente na França da V República e extensível, em princípio, a vários dos ex-Estados socialistas europeus, como a Polónia, a Roménia e a Ucrânia.

A V República francesa é por alguns catalogada de *presidencialista* (A. HAURIOU/J. GICQUEL, Droit Constitutionnel et Institutions Politiques, 7e éd., Paris, Éditions Montchrestien, 1980, p. 859 ss.); algures, de «regime ultrapresidencial» (G. VEDEL, Cinquième République, *in* O. Duhamel/Y. Meny, Dictionnaire Constitutionnel, Paris, 1992, p. 138, 139); havendo ainda quem preferisse a designação de tipo *semipresidencial*, inserido nos *regimes constitucionais* (O. DUHAMEL, Le Pouvoir Politique en France, Paris, 1993, p. 72, 73).

900 A. CROISET, Les Démocraties Antiques..., cit., p. 332-333.

901 Acerca das formas de governo contemporâneas, MAURO VOLPI, Le Forme di Governo Contemporanee..., cit., p. 247-281.

A história está ilustrada por uma paleta de variadíssimas cores, no que à *forma de governo*[902] e ao *sistema de governo*[903] concerne.

Encarando o problema de acordo com algumas tipologias que as doutrinas constitucionalistas e politológicas vêm ensaiando[904], constata-se a construção de *formas de governo* como a monarquia absoluta, a monarquia limitada ou constitucional, o governo jacobino, o governo representativo liberal, o governo cesarista, o governo fascista, o governo leninista ou a democracia representativa.

Sem dramatismos extremados, reconheça-se em algumas das modalidades em referência alguma possibilidade de existência (tanto mais que existiram ou existem historicamente) e reconheça-se nas combinações possíveis na paleta a racionalidade que se impuser.

Quanto aos *sistemas de governo*, com maior vigor ainda se deve advogar o relativismo das soluções, bem como a desentronização destas.

Com efeito, escolher entre o sistema de governo simplesmente representativo, sistema de governo convencional, sistema de governo parlamentar, sistema de governo presidencial ou sistema de governo semiparlamentar (e, neste caso, na sua feição orleanista ou na sua feição semipresidencial) não pode corresponder a uma lógica de ou tudo ou nada, como se de uma opção entre o céu e o inferno se tratasse.

A dose de poderes conferida constitucionalmente ao PR da Guiné-Bissau tem sido ultrapassada pela prática desenvolvida pelas várias presidências que preencheram a vida política nacional, até, pelo menos, 2003. Por outras palavras, a Guiné tem tido Presidentes mais *governantes* do que poderia permitir o sistema formal. Mais um ponto, portanto, da distanciação entre a proclamação jurídica e a *praxis*, numa marcante esquizofrenia[905]. A França é, em determinados períodos do século XX, um dos exemplos de contrastes desta envergadura. Trata-se de

---

[902] «Forma de uma comunidade política organizar o seu Poder, o seu governo (em sentido lato) ou estabelecer a diferenciação entre governantes e governados» (JORGE MIRANDA, Governo, *in* Polis, III, p. 76 ss.).

[903] O modo como estão estruturados os «órgãos do poder político soberano do Estado» (MARCELO REBELO DE SOUSA, Direito Constitucional, I..., cit., p. 323 ss.). Ou «sistema de órgãos da função política», reportando-se apenas à «organização interna do governo e aos poderes e estatuto dos governantes (JORGE MIRANDA, Governo..., cit., p. 77).

[904] JORGE MIRANDA, Ciência Política..., cit., p. 113 ss.

[905] Mais uma manifestação dessa incompatibilidade é frisada por M. JAO [Ideologia e Prática de Intervenção Rural. Uma Abordagem Sobre a Zona I, *in* C. Cardoso/J. Augel (coord.), Guiné-Bissau – Vinte Anos de Independência. Desenvolvimento e Democracia – Balanço e Perspectivas, Bissau, INEP, 1996, p. 259], no que concerne ao carácter discursivamente prioritário do sector agrícola, para o desenvolvimento da Guiné.

um caso em que os poderes efectivamente exercidos pelo PR ultrapassam de longe aqueles outorgados pela Constituição.

A relação entre os poderes que compõem os órgãos de soberania passa, na Guiné, pelo reconhecimento dos seguintes dados:

a) O PR é, tal como a ANP, eleito de acordo com a regra do sufrágio universal[906];

b) A forma de Estado unitária;

c) A Constituição é escrita e rígida[907];

d) Está consagrado o princípio da constitucionalidade, garantido pelo controlo jurisdicional da constitucionalidade dos actos;

e) Está constitucionalmente previsto o recurso ao referendo;

f) O parlamento é unicameral, sendo constituído por 102 deputados[908], eleitos segundo o sistema proporcional, na variante de HONDT;

---

906 O sufrágio universal revela-se importante no maior ou menor peso institucional do PR. O que muitas vezes ocorre é a associação da eleição presidencial em bases mais restritas com o menor peso institucional da presidência. Veja-se o exemplo alemão, em que o *Bundespräsident* é eleito pelo parlamento, reunido apenas para esse fim, sendo metade do citado colégio constituída pelos deputados federais e a outra metade integrada pelos delegados das Assembleias legislativas dos 16 Estados.

O *Bundeskanzler* e o seu Governo podem ser derrubados pelo parlamento, desde que haja uma alternativa de Governo – expediente designado por moção de censura (ou de desconfiança) construtiva (utilizada em 1982, quando o *Bundeskanzler* HELMUT SCHMIDT, do SPD, caiu, para dar lugar a HELMUT KOHL, da CDU, por causa da *transferência* do Partido Liberal, até à data parceiro do SPD, para a coligação com a CDU). A ideia, como se sabe, é evitar situações caóticas e de instabilidade governativa. Julga-se vulgarmente que na base da ascensão ao poder do nacional-socialismo em 1933 estão situações de instabilidade governativa advenientes da inexistência de mecanismos (como o acabado de descrever) capazes de garantir alguma ordem e normalidade, o que teria contribuído para o descrédito do sistema parlamentar. A República de Weimar, com os seus episódios de desarmonia interpartidária e de pouca durabilidade dos Governos, consubstanciaria as condições básicas para o seu próprio derrube.

Se o *Bundestag* é eleito por todo o povo, já o *Bundesrat* não o é. Aqui, cada Estado tem os seus representantes (3 a 6) no *Bundesrat*.

Em circunstâncias excepcionais, pode o *Bundestag* ser dissolvido pelo *Bundespräsident* (é o que pode suceder quando os actores político-partidários não logram arregimentar apoios para a formação do Governo), devendo o Presidente da Federação proceder à imediata convocação de eleições.

907 Sobre esta temática, *vide*, entre outros, J. BRYCE, Constituciones Flexibles y Constituciones Rígidas, 2.ª ed., Madrid, IEP, 1962;

A.V. DICEY, Introduction to the Study of the Law of the Constitution [1888], E.C.S. Wade (MacMillan), 1939.

908 Constata A. LIJPHART (Las Democracias…, cit., p. 229) que todos os países democráticos observados, exceptuando a Suécia, Portugal e Grécia, que tenham menos de 24 milhões de habitantes, contam com um parlamento (bicameral ou monocameral) constituído por não mais do que 212 membros.

g) De 1994 a 2004, o sistema partidário guineense caracteriza-se, em termos numéricos, por uma considerável expansão (mais de 25 partidos) – se bem que seja de crer que os anos próximos representem o início da descida da montanha, por atingir o sistema o seu ponto de saturação;

h) No mesmo hiato temporal, o poder foi exercido, fundamentalmente, por dois partidos (o PAIGC, entre 1994 e 1999; o PRS, entre 2000 e 2003; houve, porém, algumas zonas de turbulência preenchidas por outros actores, se bem que seja aí vislumbrável alguma participação dessas ou doutras formações políticas – são as fases turvas dos golpes de Estado; a não esquecer é o Governo de Base Alargada PRS/RGB, que inaugurou o ascenso ao poder dessas formações políticas, para rapidamente se dar um litigioso divórcio traduzido na exoneração do Governo dos membros da RGB); o arranjo pós-eleitoral de que resultou o Governo de Base Alargada PRS/RGB corresponde a uma *coligação minimamente confortável*, corresponde (para recuperarmos uma expressão utilizada por W.H. RIKER[909]) a uma *coligação estritamente ganhadora* – porque o somatório dos mandatos dos dois partidos produz a maioria na ANP, dispensando o recurso a outras parcerias supérfluas[910]; A grande questão residia em saber se se tratava de uma *coligação ganhadora minimamente afim*[911], uma articulação assente em afinidades entre as duas formações políticas e na exclusão de partidos supérfluos dessa *mandjuandadi*; efectivamente, a soma dos 38 deputados do PRS com os 29 da RGB dá uma confortável maioria parlamentar à governação (65.6%)[912]; mas, pouco tempo depois, aconteceu o falecimento da coligação; é verdade que, do ponto de vista político-ideológico, os partidos guineenses não patenteiam significativas clivagens (se é que exista a mais ligeira clivagem), apesar de alguns tentarem fazer crer que a situação é exactamente outra. É verdade que ambos eram, antes, da oposição; tudo isso é verdade, mas era à nascença (ou, mesmo, no momento da *concepção*) uma *morte anunciada* – eram projectos de liderança

909 W.H. RIKER, The Theory of Political Coalitions, New Haven, Conn., Yale University Press, 1962, p. 32 ss.

910 Nas eleições legislativas de 1999, os 102 mandatos estavam assim distribuídos: PRS, 38; RGB, 29; PAIGC, 24; UM, 3; PSD, 3; AD, 3; UNDP, 1; FDS, 1.

911 Sobre esta concepção, *vide* R. AXELROD (o seu promotor), Conflict of Interest: A Theory of Divergent Goals with Applications to Politics, Chicago, Markham, 1970, p. 165 ss.

912 Também era matematicamente factível uma coligação PRS/PAIGC, dado que propiciaria uma maioria parlamentar de 60.7%. Matematicamente… mas o ambiente político de confrontação acérrima entre as referidas formações tornava improvável tal exercício. Mas tudo é possível na política, em geral, e na política guineense, em particular. Aliás esse exercício (arranjos parlamentares entre o PAIGC e o PRS) acabou por se verificar nas legislativas de 2004, não obstante as virulentas confrontações protagonizadas até antes dos arranjos entre, nomeadamente, aqueles partidos. Parece que o que importa são os números. Ou serão todos eles *afins*, política e ideologicamente falando?

incompatíveis; é por demais evidente que a plataforma (negativa) de os partidos terem estado juntos *contra* algo ou *contra* alguém não basta, para viabilizar uma coligação governante – uma plataforma positiva;

i) O sistema partidário e o político, em geral, está impregnado da alma étnica e religiosa; a etnicidade e a religiosidade são vertentes determinantes na fisionomia e na essência do sistema; os partidos, praticamente todos, estão *possuídos* pelo impulso étnico ou religioso;

j) O poder legislativo ostenta uma nítida superioridade, quando é comparado com o executivo[913];

k) Ao PR cabe o papel de arbitrar (é suposto, pelo menos) o jogo político, impendendo sobre si a tarefa de libertar o sistema de impasses políticos que possam ocorrer (o que pode levar à dissolução da ANP – e à consequente convocação de eleições legislativas antecipadas –, bem como à exoneração do PM ou à demissão do Governo; goza ainda o PR do direito de vetar diplomas recebidos da ANP ou do Governo, para promulgação); O sistema padece, neste ponto, de algumas debilidades. Comecemos pelo último aspecto – o veto e a promulgação do PR.

Dispõe a Constituição, no seu art. 69/1, c), que é da competência do PR «promulgar ou exercer o direito de veto no prazo de 30 dias contados da recepção de qualquer diploma da ANP ou do Governo para promulgação» [trata-se dos "decretos" da ANP (futuras leis) – art. 107 do Regimento da ANP – e de diplomas do executivo (futuros "Decretos" e "Decretos-lei")].

Estipula, ainda, a Lei Fundamental (art. 69/2) que «O voto do PR sobre leis da ANP pode ser superado por voto favorável da maioria de 2/3 dos deputados em efectividade de funções». Significa isso que o veto presidencial a diplomas do Governo é insuperável.

E se o Chefe de Estado não vetar, nem promulgar, no prazo de 30 dias?

Não se trata de uma mera hipótese. O *laboratório* político-constitucional guineense já conheceu essa experiência (aludo ao engavetamento presidencial da Lei Constitucional – *rectius,* Decreto da ANP – que procedera à revisão constitucional alargada, em 1999; engavetamento porquanto o PR YALÁ não vetou, nem promulgou, durante anos, o referido diploma).

O que fazer?

---

913 D. ZOLO (Il Pincipato Democratico, Milan, Feltrinelli, 1992, p. 204 ss.), reflectindo sobre a temática, num outro registo, aparentemente, propõe uma nova divisão de poderes que considere a perda de pontos registada pelo poder legislativo, no seu confronto com o executivo. Nessa óptica, o poder de aprovar leis ordinárias deveria ser conferido ao Governo, ficando o parlamento com poderes inspectivos e de controle alargados sobre a acção da Administração pública.

Será de considerar tacitamente promulgado o diploma objecto de congelamento presidencial? Ou será de considerar tacitamente vetado?

Há um grande silêncio das normas constitucionais, a propósito do referido assunto.

Não creio que se possa extrair do clausulado constitucional a orientação da promulgação tácita.

O legislador constituinte preferiu deixar (e mal – mas deixou) à livre dialéctica política a resolução deste impasse político-constitucional.

Esta interpretação é tão fundada, quanto é certo que, perante uma situação análoga, o mesmo legislador constituinte, 23 artigos mais adiante, determina a ratificação tácita, quando a ANP não se pronunciar, no prazo de 30 dias, sobre a pretensão governamental de ratificação de Decretos-lei (art. 92/3 CRGB: «Os Decretos-Lei aprovados pelo Governo no uso da competência legislativa delegada, serão remetidos à ANP para ratificação, dispondo esta de um prazo de 30 dias para o efeito, *findo o qual o diploma será considerado ratificado*»). Ratificação tácita, repare-se, de actos normativos de um órgão (Governo) que depende politicamente (também) do órgão (ANP) ao qual compete a ratificação.

Do ponto de vista estritamente jurídico, o que há a fazer não é muito. Existem procedimentos de combate político susceptíveis de descongelar o diploma. Mas, do ponto de vista puramente jurídico, o sistema protege o *Presidente congelador*.

De lege ferenda, julgo ser de positivar na matéria em apreço uma clara orientação.

Uma saída possível seria a promulgação tácita.

Outra debilidade do sistema reside no relacionamento entre órgãos de soberania que se traduza na dissolução, exoneração ou demissão de outros.

Trato aqui do poder do PR de dissolver a ANP, «em caso de grave crise política, ouvidos o Presidente da ANP e os Partidos Políticos nela representados» (69/1, a) CRGB).

Trato igualmente do poder presidencial de demitir o Governo, «em caso de grave crise política que ponha em causa o normal funcionamento das instituições da República, ouvidos o Conselho de Estado e os Partidos Políticos representados na ANP» (69/1, b) e 104/2, CRGB);

Falo também da demissão do Governo, por força da «não aprovação pela segunda vez consecutiva do Programa do Governo», da «aprovação de uma moção de censura» ou da «não aprovação de uma moção de confiança por maioria absoluta dos Deputados em efectividade de funções» (85/5, 104/1, b), d) CRGB).

Creio fazer sentido adoptar as soluções protagonizadas pela Lei Fundamental de Bonn (art. 67) e pela Constituição espanhola de 1978 (art. 113 e 114) – que têm a ver com a *moção de censura construtiva*.

Num sistema como o vigente na Guiné (conquanto jamais haja ocorrido) não é assim tão distante a hipótese de bloqueamentos político-constitucionais decorrentes do uso não devidamente ponderado do instituto da moção de censura. Derruba-se o Governo e segue-se um vazio institucional (que a transformação do governo demitido em governo de gestão[914] não preencherá) plenamente entrópico. Ou, para obviar à entropia, emergem, salvadoras, soluções de colorações autocráticas, como o Governo de Iniciativa Presidencial.

Daí ser de positivar o que chamaríamos *moção de censura viabilizante*. Quer dizer, as forças parlamentares apoiantes da moção de censura devem garantir, previamente, alternativas viáveis da edificação de um outro governo com suficiente respaldo parlamentar.

Vejamos o caso da *bomba atómica* presidencial: a dissolução do parlamento (69/1, a) CRGB). Dissolve-se o parlamento, e o que se segue?

A Constituição não estipula claramente um limite temporal que obrigue o Chefe de Estado a marcar (antes do fim da legislatura interrompida com a dissolução) a data para a realização das eleições. Não estipula, mas devia fazê-lo.

O PR está condicionado na sua decisão apenas pelos limites temporais e circunstanciais do art. 94/1 CRGB: indissolubilidade da ANP nos primeiros 12 meses posteriores à sua eleição e nos últimos 6 meses do mandato do PR, bem como na vigência do estado de sítio e de emergência. Afora isso, tudo pode acontecer. E *tudo* pode significar (e já significou, no mandato do PR YALÁ) não realização de eleições legislativas.

Pode-se até decretar a realização de eleições, mas porque não há dinheiro, vai-se protelando, quase indefinidamente, a sua efectivação. O argumento é: *não há dinheiro; estamos a envidar todos os esforços para a angariação dos recursos necessários e para a realização das eleições na data marcada; solicitamos à comunidade internacional que disponibilize os recursos (financeiros, materiais e humanos) necessários.*

Até à reunião dos requisitos atrás identificados, o parlamento está dissolvido – chegando-se mesmo a pôr em causa a directriz constitucional da «subsistência do mandato dos deputados até à abertura da Legislatura subsequente às novas eleições», não obstante a dissolução da ANP: congelem-se os vencimentos dos deputados; bloqueiem-se os subsídios devidos a estes pelo Estado, e assim por diante.

E com o golpe de Estado de 2003, alguns actores políticos e militares (ou político-militares) fizeram erguer um Conselho Nacional de Transição no

---

914 Em torno da figura, D. FREITAS DO AMARAL, Governo de Gestão, 2.ª ed., Cascais, Principia, 2002.

lugar da Assembleia Nacional Popular (declarada *extinta* pelos novos poderes saídos do golpe – não bastava a *dissolução* decretada pelo PR YALÁ, agora derrubado pelo golpe de Estado, aliás "renunciado", impunha-se corroborá-la, enfatizá-la e decretar a desaparição pura e simples da ANP – pois, na verdade, dois corpos não podem ocupar o mesmo espaço; são, em matéria de vencimentos e regalias, equiparadas as estruturas dirigentes da *Transição* às estruturas *extintas*; ficcionam-se atributos legislativos e políticos... e tudo está bem).

Ainda que não se tivesse verificado o longo parêntesis golpista de 2003--2004 [a que se seguiu um outro entrevisto em 6 de Outubro de 2004 e que se traduziu na *extinção* e câmbio da estrutura castrense e na colocação em sentido da Presidência da República de Transição, ANP, Governo e cúpula judicial – o *6 de Outubro* é um contragolpe (*contra* o golpe de *14 de Setembro de 2003*), que se ficaria, no fim, devido a condicionantes endógenas e, principalmente, exógenas, por um *golpe de* (no) *Estado-Maior*], o facto é que *dissolvido* o parlamento, muitos meses decorreram e as eleições legislativas não foram feitas.

Como evitar tais anomalias?

Repita-se que o PR não se encontra vinculado (constitucionalmente) a marcar as eleições num determinado prazo (como manda, por exemplo, a Constituição portuguesa – 60 dias, *ex vi* do 113/6 CRP)[914-a].

E ainda que houvesse um comando similar ao do 113/6 CRP, sempre se poderia escudar na falta de dinheiro. O pior é que mesmo depois de finda a legislatura (4 anos), a falta de dinheiro pode persistir...

Constata-se, assim, que uma faculdade instituída com vista a ser despoletada «em caso de grave crise política» e para pôr cobro a essa crise, não tem outra tradução e consequência senão a manutenção (ou, até, agravamento) da crise política, da turbação das águas em que navegam as instituições.

Sustento, por isso, um regime distinto: o da *dissolução viabilizante do parlamento* – traduzível em duas nótulas básicas, a saber, vinculação do PR à obrigação de marcar a data das eleições no próprio acto de dissolução e a obrigatoriedade de as eleições serem efectivadas no prazo de 90 dias.

O PR deverá, antes de decretar a dissolução do parlamento, ponderar se há condições objectivas para o sufrágio eleitoral no horizonte temporal de 90 dias. Não havendo, impõe-se-lhe um refreamento das impulsões dissolutórias.

[914-a] O PR encontra-se legalmente adstrito (*ex vi* do art. 3.°/1 LEPRANP) ao poder-dever («*Compete ao*») de marcar as eleições «*com a antecedência de 90 dias*»... a contar da data do Decreto Presidencial de marcação (o que pode significar que entre a data da marcação e a da realização das eleições não pode intercorrer um período inferior a 90 dias). Mas do enunciado normativo não flui, nomeadamente, a obrigatoriedade de o PR marcar, logo no Decreto Presidencial de dissolução da ANP, a data das eleições legislativas.

Um problema subsiste, porém: o Chefe de Estado não é (formal-constitucionalmente falando) o Chefe do Governo; significa isso que para que o Chefe de Estado possua todos os dados necessários ao esclarecimento da situação (reunião das condições objectivas para as eleições), carece da colaboração do poder executivo. Ora, o poder executivo (em caso, nomeadamente, de solidariedade com as forças parlamentares não interessadas na dissolução e em eleições antecipadas) pode não alinhar com os propósitos dissolutórios. Neste contexto, natural será que o executivo sonegue dados que possam confirmar estarem reunidas as condições objectivas para a realização da eleição legislativa. Mas persistindo o PR na dissolução da ANP, sabe-se que o Governo (apesar da força da CNE) desfruta de um amplo terreno de acção no processo eleitoral – o Governo não cumpre (ou fá-lo com excesso de zelo) as tarefas integrantes do processo eleitoral[915].

1.° Na última hipótese (última fase), acontece uma convergência de duas forças: o PR (que queria e quer a dissolução da ANP; jamais quis eleições antecipadas) e o Governo (que não queria a dissolução; não queria, nem quer eleições antecipadas). A esta convergência chamaríamos *convergência inviabilizante*[916].

2.° Ademais, pode dar-se o seguinte figurino: o PR queria e quer a dissolução da ANP, querendo igualmente eleições antecipadas; o Governo queria e quer a dissolução, bem como as eleições antecipadas. À hipótese diagramatizada chamaríamos *convergência viabilizante* (que não levanta, em princípio, problemas de maior, já que se impõe apenas cumprir o destino normal do processo dissolutório).

3.° Um outro quadro traduz-se na seguinte linha: o PR queria e quer a dissolução da ANP, mas não quer eleições antecipadas; o Governo nunca quis a dissolução, mas (uma vez decidida esta) quer eleições antecipadas. Temos aqui uma *divergência ora inviabilizante, ora viabilizante*, consoante a orientação finalmente dominante for, respectivamente, a do PR ou a do Governo.

4.° Um caso de *convergência inviabilizante*: o PR e o Governo (bem como, já agora, alguma força parlamentar) queriam e querem a dissolução; todos eles não queriam, nem querem (ou querem-na, oportunisticamente, apenas mais tarde – o que, na prática, pode equivaler ao mesmo) a eleição antecipada[917].

---

915 Disporá, contudo, o PR de uma outra arma: a demissão do Governo, adveniente da grave crise institucional imperante.

916 Para a ilustração desta e de outras construções, ver diagramas das páginas seguintes.

917 Parece ter sido esse o caso do processo dissolutório efectivado pelo PR YALÁ.

Sigamos, pela ordem exposta, os seguintes diagramas:

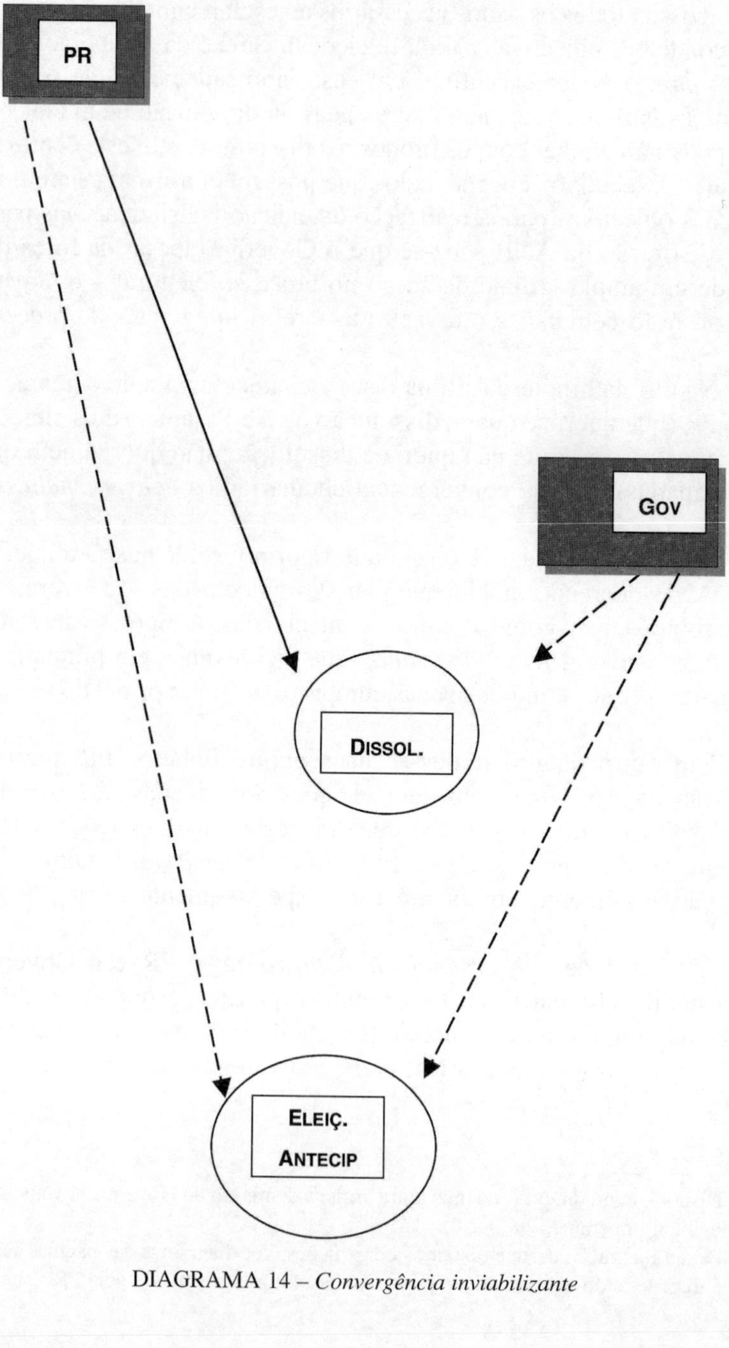

DIAGRAMA 14 – *Convergência inviabilizante*

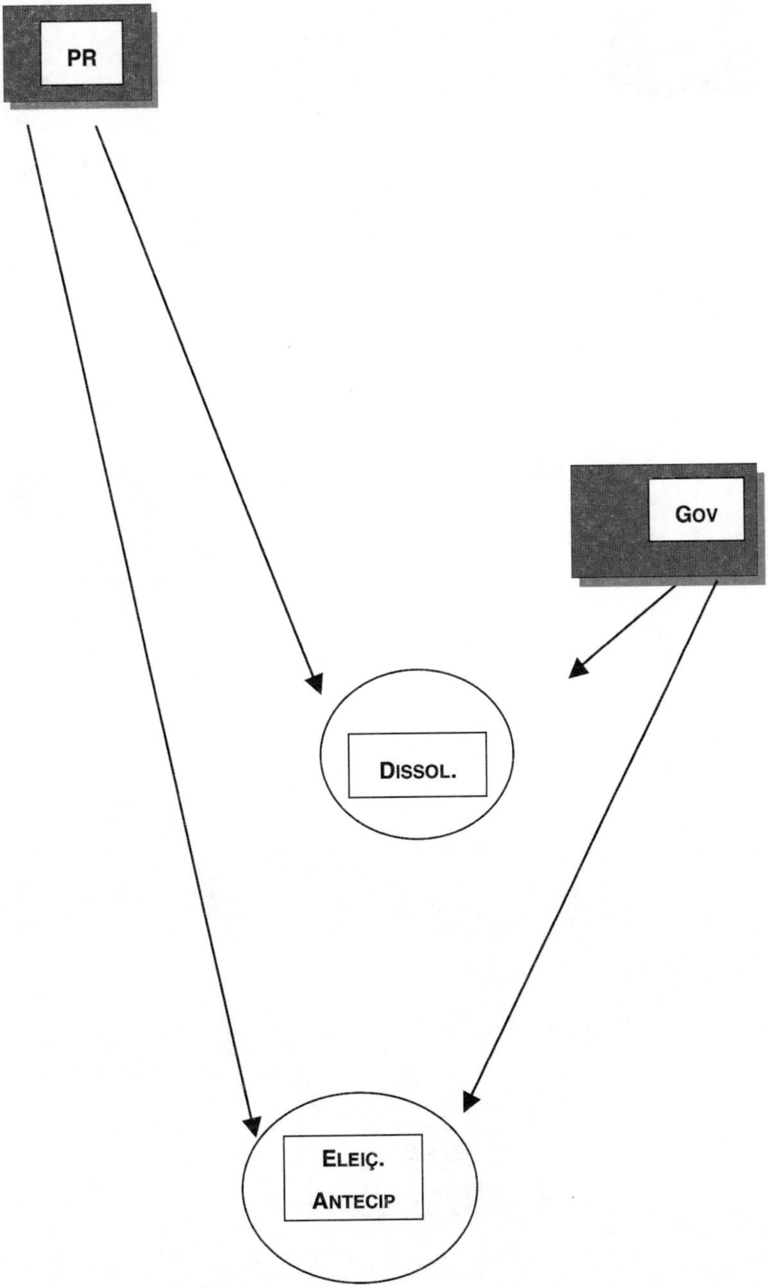

DIAGRAMA 15 – *Convergência Viabilizante*

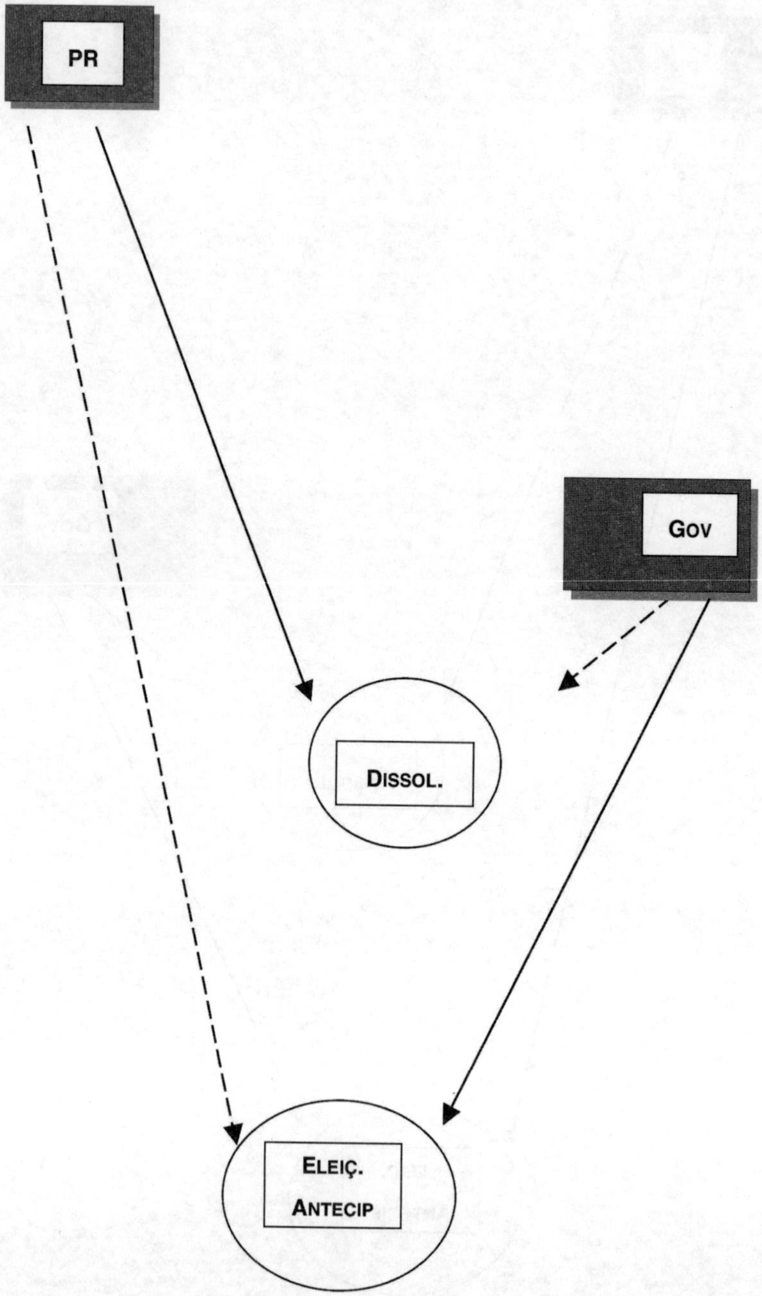

DIAGRAMA 16 – *Divergência ora inviabilizante, ora viabilizante*

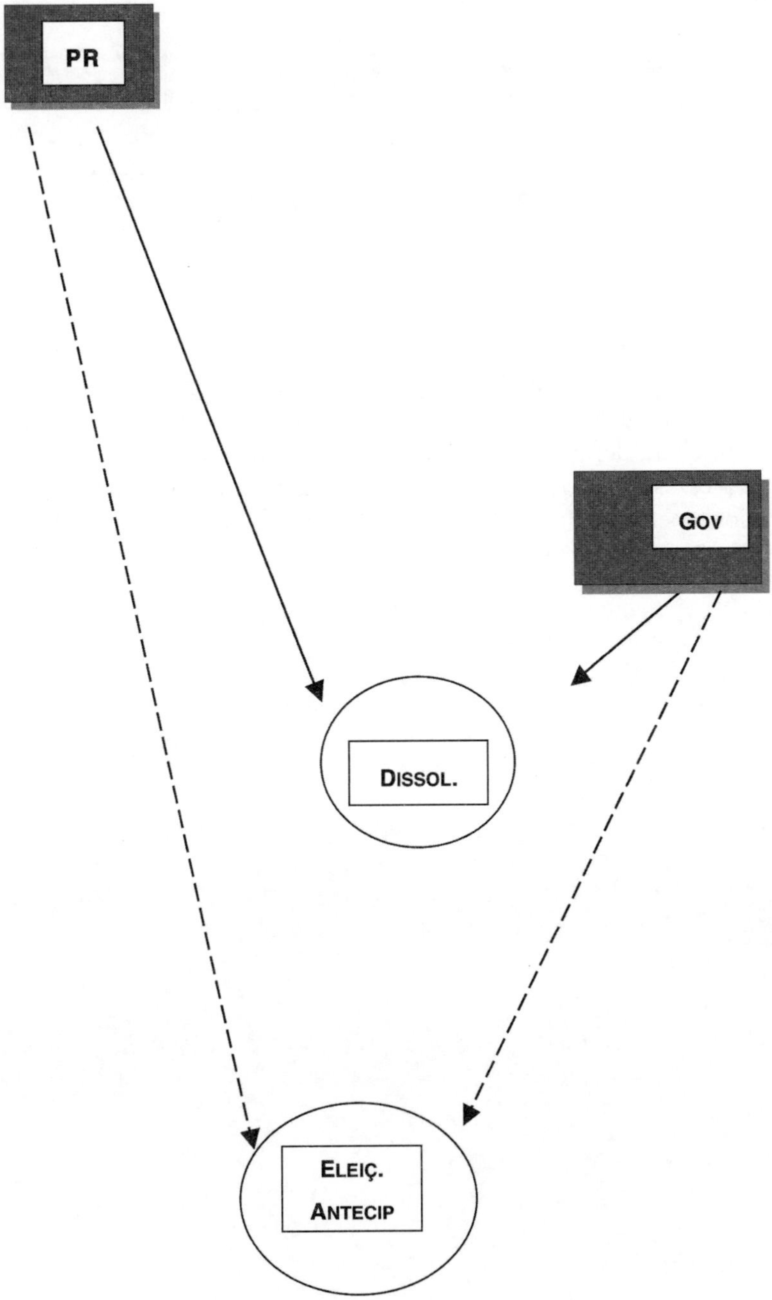

DIAGRAMA 17 – *Convergência inviabilizante*

Sendo:

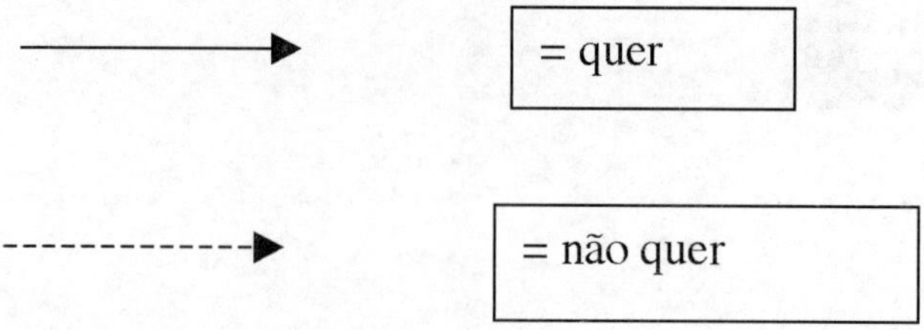

À laia de remate, não se pode deixar de registar e negritar uma apetência presidencialista do sistema de governo guineense. Algum fundamento onto-sociológico para tal derivação? Refiro-me ao juízo do tipo: o *homo* guineense reclama um chefe definido. Seja como for, os factos denotam uma certa inclinação para esses terrenos (a espaços, questionada, aparentemente, em atenção a exercícios hipermusculados do poder protagonizados por certos chefes – e causadores de não insignificantes traumas colectivos).

A ilustrar tal linha estruturante do sistema de governo guineense, repare-se no esquema a seguir delineado:

QUADRO SINÓPTICO DO SISTEMA DE GOVERNO
À LUZ DO AMBIENTE POLÍTICO-CONSTITUCIONAL GUINEENSE
Tópicos para uma Problematização
(Cotejo entre a *Constituição Engavetada* e a Constituição de 1984, em 2007)

A. OBSERVAÇÕES PRÉVIAS

1. O Governo tem uma dupla responsabilidade política, perante o PR (expressa, por exemplo, no poder de *demissão*) e perante a ANP (expressa, por exemplo, na *Moção de Censura* e de *Confiança*);
E o PR pode dissolver a ANP [69/1, a)].

2. O sistema semi-presidencial pendeu na *CRGB Engavetada* para a ANP (com a autonomização do Governo e acantonamento do PR).

3. O sistema semi-presidencial pende na *CRGB* actual para o PR.

4. 1.º Problema:
Como conciliar o duro e imponente sistema de consagração eleitoral do PR com um figurino constitucional em que ele se reduz ao papel de *Rainha da Inglaterra?*
Está-se aqui, portanto, em presença de um factor conflitual.

5. 2.º Problema:
A chave que abre e fecha algumas *portas* fundamentais tem estado no *poder militar*.

B. QUADRO SINÓPTICO DO SISTEMA DE GOVERNO À LUZ DO AMBIENTE POLÍTICO-CONSTITUCIONAL GUINEENSE

(Cotejo entre a *Constituição Engavetada* e a Constituição de 1984, em 2007)

CRGB ENGAVETADA	CRGB VIGENTE
→ Art. 152: Ausência do território sem assentimento da ANP; ou em viagens sem carácter oficial e de duração não superior a 8 dias, sem prévia informação à ANP: ⇒ perda do cargo ("de pleno direito").	→ Não existe
→ Art. 156, g) (162): O PR declara o estado de sítio e de emergência, só com autorização prévia da ANP.	→ 68, v); 85/1, i): O PR declara o estado de sítio e de emergência após *"pronúncia"* da ANP [*NB.*: esta *"pronúncia"* foi pelo Regimento da ANP (L 7/94) convertida em *"autorização"*; logo, inconstitucionalidade da norma regimental]
→ 157, k): O PR preside ao Conselho de Ministros, quando o PM lho solicitar.	→ 68, m): O PR preside ao Conselho de Ministros, quando entender.
→ 157, l): O PR nomeia o PGR sob proposta do Governo.	→ 68, p): O PR nomeia e exonera o PGR, ouvido o Governo.
→ 159/1/2/6: Promulgação tácita.	→ 69/1, c): Não há promulgação tácita. ⇒ impasse apenas resolúvel pela dinâmica política.
→ 161 (223, f)): Falta de referenda do Governo/PM de Decreto-Presidencial sobre actos que requeiram proposta ou audição do Governo, bem como os actos legislativos do Governo ⇒ inexistência do Decreto-Presidencial.	→ Não existe referenda.

CRGB ENGAVETADA	CRGB VIGENTE
→ 182, g): A ANP fiscaliza a aplicação do estado de sítio e de emergência.	→ Não existe.
→ 184, a): ANP aprova, entre outros, tratados ou acordos sobre matéria da sua competência legislativa reservada.	→ Não existe.
→ 186, 187: Inflação de matérias sob reserva absoluta e relativa de competência legislativa da ANP.	→ 86, 87: âmbito menor.
→ 215/1, f): "implica a demissão do Governo" a aprovação de moção de censura (...); → 215/2: "o PR pode demitir o Governo no caso de aprovação de moção de censura" (...), "ouvidos os partidos representados na ANP e o Conselho de Estado"; ⇔ Dá, aparentemente (só aparentemente), maior protagonismo ao PR... Mas: o 215/2 devia equivaler ao actual 104/2, todavia trocou-se a expressão *«grave crise política»* por *«moção de censura»* e *«moção de confiança»*. → Há campo para a fiscalização da regularidade dos actos da ANP.	→ 85/5, 104/1, d): Aprovação da **moção de censura ⇒ demissão do Governo. ⇔ Não dá, literalmente, um claro protagonismo ao PR.
→ 215/2 ⇔ : Dá, de facto, menor protagonismo ao PR.	→ 104/2: O PR pode demitir o Governo em caso de grave crise política que ponha em causa o normal funcionamento das instituições, ouvidos o Conselho de Estado e os partidos políticos.
→ 157, e): O PR pode: "Dissolver a ANP observados os limites impostos na Constituição e na lei". → 192 (≈ 94 CRGB actual): → limites temporais e circunstanciais; ≠ ⇒ inexistência; → subsistência do mandato dos deputados; → mas silêncio sobre «grave crise (...)» prevista na CRGB actual: 69/1, a).	→ 69/1, a) [75, a), 94, 95]: O PR pode dissolver a ANP, em caso de grave crise (...) ouvidos o PANP, os partidos (...) e o Conselho de Estado.
→ 157: O PR pode: nomear o PM tendo em conta os resultados eleitorais e ouvidos os partidos representados na ANP.	→ 68, g): O PR pode nomear e exonerar o PM tendo em conta os resultados eleitorais e ouvidas as forças políticas representadas na ANP.
→ 217: Imunidade criminal dos membros do Governo. → 183, e): A ANP decide da suspensão de membro de Governo: para seguimento de processo judicial.	→ Não existe.

CRGB ENGAVETADA	CRGB VIGENTE
→ 239: O Presidente do STJ é eleito pelos seus pares.	→ Não existe. → Mas a lei vigente estipula o alargamento do colégio eleitoral a todos os juízes.
→ 241: Compete ao STJ: → verificar a morte e declarar a incapacidade física ou psíquica do PR e declarar os impedimentos temporários; → *idem, idem* (...) de qualquer candidato a PR; → constatar a perda do mandato do PR.	→ Não existe.
→ Em suma: clarificação dos poderes do STJ.	
→ 288 ss.: sistema mais amplo de fiscalização da constitucionalidade: → Preventiva; → Sucessiva: Abstracta; Concreta...	→ 126: sistema de fiscalização incidental.
→ 298: limite temporal de revisão: 5 anos; mas revisão extraordinária, por maioria de 4/5.	→ 127: não há limite temporal.
→ 300, k), l): mais limites materiais de revisão; autonomia local; direitos e regalias dos combatentes da liberdade da pátria.	
→ 302: obrigatoriedade da promulgação da lei de revisão.	→ Não existe.

** NÓTULAS SOBRE A MOÇÃO DE CENSURA
[Subsídios para um Estudo de Caso: Moção de Censura da ANP contra o Governo de 19.3.07]

I. Algumas Repetições

→ 85/5, 104/1, d): Aprovação da moção de censura ⇒ demissão do Governo.
⇔ Não dá, literalmente, um claro protagonismo ao PR.

CRGB ENGAVETADA (não promulgada, nem vetada):
{{ 215/1, f): "implica a demissão do Governo" a aprovação de moção de censura (...);
215/2: "o PR pode demitir o Governo no caso de aprovação de moção de censura" (...), "ouvidos os partidos representados na ANP e o Conselho de Estado";
⇔ Dá, aparentemente (só aparentemente), maior protagonismo ao PR...
Mas: o 215/2 devia equivaler ao actual 104/2, todavia trocou-se a expressão *«grave crise política»* por *«moção de censura»* e *«moção de confiança»*.
- Há campo para a fiscalização da regularidade dos actos da ANP.
Na realidade: 215/2 ⇔ : Dá, de facto, menor protagonismo ao PR.}}

II.

→ A democracia, sendo um jogo, abraça o instituto da moção de censura, até como uma saída dissuasora de expedientes aconstitucionais ou anticonstitucionais, mas o jogo tem regras, que devem ser acatadas. Este apontamento vale também para o processo que norteou a moção de censura de 19 de Março de 2007.
Falou-se da (e entidades responsáveis assumiram isso) suspeita de corrupção de deputados, para derrotar (só?) a moção; falou-se da corrida contra o tempo (e entidades responsáveis assumiram isso) para, queimando etapas, não se permitir aos apoiantes do Governo conquistar simpatias de deputados que eram tidos como apoiantes da moção; falou-se de uma data de movimentações contrachocantes.
Mas tudo isso desperta-me algumas inquietações:

A naturalidade-normalidade com que é encarado esse fenómeno degradante e corrosivo chamado corrupção («compra de consciência»). Porque é que os deputados que tomaram conhecimento da dita «compra» e dizem ser contra a mesma não se queixam em sede própria (180/1,a), 66,a) CPP ou 176/1, 177/2, 179 CPP)? O crime tem 1 nome: *corrupção passiva ou activa* (247, 248/1 CP); e a omissão é enquadrável no tipo legal do *crime de não promoção* de procedimento criminal contra alguém (231 CP e 177/2 CPP).
As invocadas movimentações justificarão a *desconstrução/destruição* da lei e da Constituição?
Tornarão tolerável a inconstitucionalidade de preceitos regimentais que alarguem (para além do círculo de 1/3 dos deputados) a outras entidades a competência para requerer a moção de censura?
A resposta é *não*. No respeito escrupuloso pelo juridicamente ordenado está *a* saída.

III.

1. São estes os parâmetros normativo-constitucionais:

→ Art. 68, g) – *São atribuições do PR nomear e exonerar o PM, tendo em conta os resultados eleitorais e ouvidas as forças políticas com assento parlamentar*;

→ Art. 104 – *São causas da demissão do Governo o início de nova legislatura, a não aprovação pela 2.ª vez consecutiva do programa do Governo, a aceitação pelo PR do pedido de demissão do PM, a morte ou impossibilidade física permanente do PM, a não aprovação da moção de confiança, a aprovação da moção de censura e, por iniciativa do PR, em caso de grave crise política que ponha em causa o funcionamento das instituições da República*;

→ Art. 85/1, f) – *Compete à ANP votar moções de confiança e de censura ao Governo*;

→ Art. 85/4 – *A iniciativa da moção de censura é reservada a pelo menos 1/3 dos deputados em efectividade de funções* (no caso, o requerimento, oral ao que consta, foi do líder do Grupo Parlamentar do PAIGC – contra o estabelecido constitucionalmente);

→ Art. 85/5 – *A aprovação da moção de censura por maioria absoluta dos deputados em efectividade de funções implica a demissão do Governo*.

2. São estes os parâmetros normativo-regimentais:

→ Art. 15, g) – *Compete aos deputados apresentar moções de censura ao Governo*;

→ Art. 20/1, f) – Qualquer Grupo Parlamentar pode apresentar moções de censura ao Governo [haverá, porém, inconstitucionalidade, se o grupo parlamentar for < a 1/3 dos deputados em efectividade de funções: 85/4 CRGB;

- Invocou-se igualmente a competência, em termos de iniciativa: da Mesa da ANP; de Líderes de Bancada que representem 1/3 dos deputados; de 2/3 dos Membros da Comissão Competente em razão da matéria... mas tudo isso é incorrecto, pois o preceito invocado aplica-se exclusivamente aos «debates de urgência» (60.º-A/6 RANP)];

→ Art. 58/1 ----------→ 67/1, b),d) (regras sobre a fixação da ordem do dia e o uso da palavra por deputados); ≠ 60-A/2, c)/3-6 (regras sobre Debates de Urgência); 86/4 (actos que revestem forma de Moção); 87/2 (fórmula do Preâmbulo da Moção);

→ Art. 58-A/1 – (critério da estabilidade da *Ordem do Dia*);

→ Art. 101 - Regras sobre o encerramento do debate [mas, no caso *sub iudice*, o debate «encerrado» foi o «de urgência», focalizado na situação de crise económica, restauração da autoridade do Estado e estabilidade institucional (que nem culminou numa deliberação votada)... não o da moção, que nem se iniciou!];

→ Art. 74 -----------→ 25, h) [dispensabilidade da Discussão e votação imediata de certos actos], i) [indispensabilidade da Discussão da Moção; no caso, a grande maioria de deputados inscritos acabou por não (poder) intervir – cerca de 80 inscritos e de 8 intervenientes].

3. São estes os parâmetros de Impugnação:

→ Reclamação ao PANP (de 25 deputados, ao PANP, requerendo a nulidade da deliberação sobre a votação da moção de censura, por inconstitucionalidade e ilegalidade);

→ Contencioso judicial (recurso possível, para impugnar a legalidade do processo);

→ Contencioso de fiscalização (incidental) de constitucionalidade [do art. 20/1 f) RANP – incidente acoplado à acção principal a que se alude no *item* anterior].

IV.

1. São estas as decorrências da aprovação da moção de censura:

→ 85/5 CRGB - *A aprovação da moção de censura por maioria absoluta dos deputados em efectividade de funções implica a demissão do Governo*;

→ 104/1, d) CRGB – *Constitui causa de demissão do Governo a aprovação da moção de censura*;

→ 25/2,*g*) RANP – O PANP deve comunicar ao PR e ao PM, «para os efeitos previstos no art. 104.º da Constituição,» os resultados das votações sobre moções de censura ao Governo;

→ Há lugar para um Decreto Presidencial de demissão do Governo, por causa da moção de censura.

Trata-se de um *Decreto certificativo*, diria. Algo inserível na esfera da fiscalização política.

O que significa que se o PR tiver elementos que provem a existência de violação grosseira da Constituição e da lei no processo da moção, ele poderá não *confirmar* a demissão do Governo?

Mas não *confirmando* o PR a demissão, pode-se instalar um clima de confrontação ou bloqueamento na relação entre o parlamento e o governo, designadamente; esse clima poderia dar cobertura à demissão do Governo pelo PR, por força do 104/2 CRGB; outra decorrência eventual poderá ser a dissolução do parlamento, a coberto do 69/1,a) CRGB.

§ 6.° FUNDAMENTOS RACIONAIS E CULTURAIS DA PROPOSTA DE UM PADRÃO ESTRUTURAL

1. Considerações Curtas

A separação de poderes, ela mesma, não é um elemento vital do Estado de direito, tendo mais a ver com a *eficiência* do Estado do que com a essência vital do Estado de direito.

Sustentou o Professor THOMAS GROß, na sua *Habilitation*, a tese de que o princípio de Estado de direito implica que a organização e a acção do Estado sejam racionais. Está ali imanente uma compreensão diferente da separação de poderes – o que está em causa e o que releva não é só dividir os poderes; importante é, também, o elemento de racionalidade do Estado[918].

Mas eu diria que o próprio dogma da separação dos poderes, jungida, acho, à ideia de eficiência do Estado, não é um *elemento* (nas suas variadíssimas manifestações e articulações) sem o qual o Estado não seja ou deixe de ser de direito[919].

---

918 Assim, THOMAS GROß, Das Kollegialprinzip in der Verwaltungsorganisation, Tübingen, Mohr Siebeck, 1999, p. 199 ss.

À volta do tema, TH. DANWITZ, Der Grundsatz funktionsgerechter Organstruktur. Verfassungsvorgaben für staatliche Entscheidungsstrukturen und ihre gerichtliche Kontrolle, *in* Der Staat, 1996, Heft 3, p. 329 ss.

919 De outra opinião é, em certa medida, JORGE MIRANDA (Ciência Política..., cit., p. 110: «(...) é essencial ao Estado de Direito, pelo menos, a separação de poderes no tocante ao poder judicial (...)»;

vide, ainda, SANCHEZ AGESTA, O Estado de Direito na Constituição Espanhola..., cit., p. 25: «Na raiz profunda da ideia de Estado de Direito está (...) a limitação do poder».

Trata-se de um dos pontos que, na visão do autor, confirmam a validade da separação de poderes, embora já não nos moldes do Estado liberal (para mais informação, *vide* p. 109-110 da obra citada).

A própria separação de poderes já não é tão cortante (se alguma vez chegou a sê-lo)[920]: como é que não se vai fechar os olhos à musculada intervenção legiferativa do executivo[921], num Estado que, pela sua *socialidade,* deve abandonar a cómoda posição de invisibilidade, abstenção e inacção, no que se refere à esfera dos direitos dos seus cidadãos[922]? Como ignorar que está morto e incinerado o dogma da *generalidade* da lei[923]? Como é que se pode desconhecer o facto de o *indirizzo* político ser uma função distribuída por vários pólos de poder (Presidente da República; Assembleia Nacional Popular; Governo)? Não se concentra, portanto, tal função num único órgão do poder do Estado[924].

---

920 A respeito da separação de poderes, ver J.J. GOMES CANOTILHO, Direito Constitucional, 5.ª ed., Coimbra, Almedina, 1991, 700-711; Jorge MIRANDA, Funções, Órgãos e Actos do Estado, Lisboa, 1990, p. 10 ss. e 77ss.

921 *Cfr.* J. CAUPERS, Co-incinerar (em Lume Brando) os Princípios do Estado de Direito e da Democracia Representativa?, *in* Forum Iustitiae, n.° 14, Agosto de 2000, p. 38-41. Reconhece que «os parlamentos são cada vez mais legisladores excepcionais, tendo, inversamente, os governos alargado e consolidado crescentemente a sua actividade legislativa, sendo a legislação de produção governamental muito mais abundante do que a de origem parlamentar»; e considera «precipitada» a conclusão segundo a qual «o parlamento pode fazer tudo – ou quase tudo –, desde que o faça mediante a aprovação de uma lei». Neste sentido, o princípio da separação e interdependência de poderes constitucionalmente plasmada «exige que a Assembleia da República respeite o espaço funcional político-administrativo do Governo – aquilo a que se vai chamando *reserva da administração*, sob pena de grave perturbação no equilíbrio constitucional de poderes, com o executivo transformado numa espécie de "comissão parlamentar"».

ANA PAULA DOURADO, O Princípio da Legalidade Fiscal na Constituição Portuguesa, *in* Jorge Miranda (org.), Perspectivas Constitucionais – Nos 20 Anos da Constituição de 1976, vol. II, Coimbra, Coimbra Editora, 1997, p. 431 ss.

922 Como sintetiza JORGE MIRANDA (Ciência..., cit., p. 108): «De vários quadrantes, vai-se preconizar a sua superação. Cientificamente insustentável, ele não seria mais politicamente adequado».

Referindo-se a um repúdio da *separação de poderes liberal* protagonizado pela Constituição portuguesa de 1933, *vide*, J.M. SÉRVULO CORREIA, Legalidade e Autonomia Contratual nos Contratos Administrativos, Coimbra, Almedina, 1987, p. 186.

923 Lá se dizia no DIGESTO DE JUSTINIANO: «8. O direito não se estabelece em atenção aos indivíduos, mas em geral» – D. 1, 3 (Ulp. 3 Sab.). Assim, DIGESTO DE JUSTINIANO, versão castelhana por A. D'ORS/F. HERNANDEZ TEJERO/P. FUENTESECA/M. GARCIA-GARRIDO/J. BURILLO, "El Digesto de Justiniano", tomo I, Pamplona, Editorial Aranzadi, 1968, p. 56.

924 *Cfr.* J.M. SÉRVULO CORREIA, Legalidade..., cit., p. 214 ss.

J.J. GOMES CANOTILHO, Direito Constitucional..., cit., p. 710-711: «Por função de *direcção política (indirizzo político)* entender-se-á aqui a conformação dos objectivos político-constitucionais mais importantes e a escolha dos meios ou instrumentos idóneos e oportunos para os conseguir». É «tendencialmente normativa» tal função (de *decisão* ou direcção política – através da *individualização de fins* e *indivualização de meios*) num sistema constitucional de cariz democrático. Diferentemente, portanto, dos sistemas constitucionais autoritários (em que «a função de direcção do governo identifica-se com direcção do Estado», tendendo a «concentrar-se num órgão» e não respeitando as «normas-fins constitucionalmente fixadas». Conclui o autor, relativamente à

Na opinião de DAHRENDORF, existem 4 tipos fundamentais de governo democrático: o americano, o britânico, o francês e o alemão[925]. O americano seria caracterizado por uma total separação de poderes (duvida DAHRENDORF que a real separação de poderes possa funcionar fora dos EUA – «e até se pode funcionar bem nos EUA»; «seja como for, existe»); o britânico «dispõe do governo mais forte de todas as democracias» – o que se deve «à não separação de poderes» (já que o governo exerce um controlo automático sobre o parlamento) e à inexistência dum Supremo Tribunal (acresce a falta duma Constituição escrita); o alemão, onde o governo não é forte (seria, provavelmente, o mais frágil dos 4 sistemas, mas é, segundo o sociólogo alemão, o sistema onde a democracia política e o desenvolvimento económico se afirmaram com maior sucesso); finalmente, o francês (no sistema da V República, reduziu-se «excessivamente o papel do poder legislativo», tendendo o sistema para uma «hipertrofia do poder presidencial» – mas o sistema da V República «funcionou melhor do que os regimes parlamentares da III ou da IV»)[926].

2. **Lições do 7 de Junho de 1998**

Que lições extrair, a propósito do tema em exame, do golpe de Estado de 7 de Junho de 1998?

Salta à vista o seguinte quadro consequencial objectivo dimanante do processo golpista de *7 de Junho*:

Consciência de poder da estrutura militar.

Constituição portuguesa de 1976, pela existência de um «policentrismo institucional», policentrismo que implicaria o «alargamento dos titulares da função de direcção política». Isso englobaria, nomeadamente, o Presidente da República, a Assembleia e o Governo.

925 R. DAHRENDORF/F. FURET/B. GEREMEK, A Democracia na Europa (Direcção: Lucio Caracciolo), Lisboa, Editorial Presença, 1993, p. 114.

926 Sobre a matéria, *cfr.* JORGE MIRANDA, Ciência Política..., cit., p. 107 ss.

B. GEREMEK [DAHRENDORF, R./FURET, F./GEREMEK, B., A Democracia..., cit., p. 117], que preconiza «para os países que acabam de se libertar do comunismo», uma «democracia parlamentar, com um parlamento e um governo fortes, com um Presidente da República que poderia servir de juiz de última instância» (portanto, não a um sistema presidencial). O governo deveria gozar de estabilidade, podendo essa estabilidade «ser-lhe garantida pelo mecanismo do voto de confiança construtiva, a partir do modelo alemão». Pressupõe GEREMEK um parlamento forte, no domínio da legislação e do controlo sobre o governo. A forma democrática parlamentar fomentaria a participação do cidadão na política, evitando a transferência da «iniciativa política» para a «praça pública» (sublevações, manifestações, greves, *etc.*), pois isso seria a morte dessas experiências democráticas.

Decorre do dado acabado de expor que os militares fizeram refém (sequestraram) os outros poderes do Estado e o próprio Estado.

O verdadeiro poder do Estado é o militar. Diluir esse *poder militar* noutro poder do Estado, como é corriqueiro em experiências constitucionais e democráticas estabilizadas, é pura ficção, no espaço temporal que decorre entre 1998 e 2005, pelo menos.

Consciência de poderio eleitoral da tribo balanta.

Consciência de poderio militar da tribo balanta.

Dos dois factores alineados imediatamente atrás nasceu aquilo a que alguns chamam *balantização* do Estado[927].

A história pós-colonial, nomeadamente, guineense revela uma falta de tacto no lidar com a questão étnica do poder.

Da independência (indo mesmo ao processo de luta de libertação) até *14 de Novembro de 1980*, o país viveu sob a marca de uma caboverdianização do poder

---

[927] O caso "17 de Outubro", que, com base na acusação de que um grupo de indivíduos estaria envolvido na preparação de um golpe de Estado, levou ao julgamento, condenação e execução de alguns supostos autores. O episódio deixou marcas indisfarçáveis na consciência étnica do Balanta (*vide* quadro eleitoral – resultados eleitorais – de 1994).

A ler com atenção é, neste contexto, a entrevista (alguns anos depois da redacção destas linhas) dada por FAUSTINO FUDUT IMBALI ao jornal Kansaré, n.° 42, de 30.5.2005, p. 3-5. Resume-se a entrevista a um ataque contra KOUMBA YALÁ, revelando o que o entrevistado julga ser o estratagema tribalista concebido e executado por YALÁ, com o único fito de alcançar o poder. Isola IMBALI 3 «factos sócio-históricos» que KOUMBA teria utilizado para atingir os seus objectivos, mobilizando a comunidade balanta: explorou «o papel que os balantas jogaram durante a época da luta de libertação nacional»; «as memórias das vítimas do *Caso de 17 de Outubro* que ele utiliza como um achaque político»; «tentou convencer os quadros balantas formados nas universidades européias que, no tempo do regime do PAIGC, não tinham sido valorizados na administração pública» (*sic*).

Segundo IMBALI, um antigo Primeiro-Ministro do regime koumbista, «Koumba aponta sempre os dedos a um inimigo subjectivo "eles". Koumba diz são "eles" que não querem que sejamos dirigentes deste país, querem que sejamos seus tractores. Ele aponta de propósito estes "eles" invisíveis, como uma linha de combate bem definida» ("eles" que seriam os inimigos dos balantas).

Adverte IMBALI que se KOUMBA continuar «a bater na tecla da divisão para reinar» um «drama poderá acontecer», apesar de ainda não se ter verificado qualquer guerra entre as populações guineenses, devido aos factores supracitados.

O que em meados de 2005 se ouve nas tabancas – de acordo com IMBALI – é que «há aqueles que querem tirar o poder aos balantas», «aquelas pessoas de praça». E segue-se mais um aviso, em tonalidades já mais enigmáticas: «Estou em crer e receio que alguma coisa venha acontecer a partir disto».

Chama a atenção para o facto de estar a ser atacado no seio da comunidade balanta (ele e o Eng. ALAMARA NHASSE), por causa desta demarcação face ao projecto koumbista. São acusados de ignorantes e *traidores*, deixando, consequentemente, de ser identificados pelos *seus* como balantas.

Conclui IMBALI que se KOUMBA pretendia ontem «ser o orgulho dos balantas ele está a transformar-se numa vergonha indelével para os balantas».

(que remonta, aliás, às profundezas do período colonial: Administradores, Chefes de Posto – os maiorais de então, imediatamente abaixo dos portugueses da Metrópole).

Situação que revela uma inépcia a todos os títulos incompreensível por parte dos detentores do poder – autores, actores e beneficiários dessa arquitectura do poder, se se tiverem em conta as realidades do país.

O consulado ninista ficou em certas alturas pontuado por uma sobrerepresentação da tribo pepel no poder[928]. Mesmo se descontarmos alguma *sagesse* do Presidente NINO na abordagem desse fenómeno.

O consulado koumbista ostentou, *grosso modo*, uma enorme falta de cuidado e tacto na abordagem do fenómeno da etnicidade[929]. Veja-se, a propósito, a estrutura do poder em cuja cúpula predominaram sistematicamente os balantas (ainda que, no tempo do último governo, de iniciativa presidencial, a laborar num clima de unicidade do poder do Estado – Presidente da República –, o problema se tenha, aparentemente, esbatido).

2001 foi o ano do ensaiar cauteloso, tímido, sofisticado e não muito perceptível daquilo que se poderia chamar *desbalantização* do poder. O processo, objectivamente falando, traduziu-se na aproximação principalmente à componente fula da sociedade.

Um exemplo (sinónimo da consciência de que a *balantização* é excessiva): exoneraram-se em 2001 Juízes Conselheiros do STJ (inclusive o Presidente e o Vice-Presidente do STJ), *mandaram-se* "à procedência" Juízes Conselheiros, mas foram nomeados Juízes Conselheiros e o Presidente do STJ, sem contar (numa primeira fase) com um único balanta (o que é estranho e, talvez, iníquo).

Uma saída vislumbro para este emaranhado de questões: abordagem de frente, pragmática, do fenómeno tribal; equilíbrio étnico razoável na estrutura e no povoamento do poder[930].

---

928 Situação posta a relevo em jornal ou panfleto de um partido no período de transição para o multipartidarismo.

929 Uma percuciente análise da questão da etnicidade pode-se encontrar em JOHANNES AUGEL, no seu artigo "A Etnicidade de Cada Um", *in* J. Augel/C. Cardoso, Transição Democrática na Guiné-Bissau e Outros Ensaios, Bissau, INEP, 1996, p. 175-185.

Vide, também, A. GIDDENS, Sociologia..., cit., p. 248 ss.

930 *Cfr.* A. CROISET, Les Démocraties Antiques, Paris, Ernest Flammarion, 1916, p. 329. Destaca-se aí a atitude aristotélica («mais dócil à realidade»), que privilegia «a relação que existe entre as formas de governo e o estado económico, intelectual, moral da sociedade (...)».

A respeito da experiência suíça, belga e jugoslava (em que até a composição dos tribunais constitucionais reflectiam as «diversidades linguístico-culturais»), *vide* MARCELO REBELO DE SOUSA, Legitimação da Justiça Constitucional, *in* Legitimidade e Legitimação da Justiça Constitucional:

Certas intervenções do PR YALÁ no poder judicial [2001: exoneração de Juízes Conselheiros, inclusive o Presidente e o Vice-Presidente do STJ; nomeação de Juízes Conselheiros; nomeação do Presidente do STJ; nomeações (pelo CSMJ?) de Juízes de Direito e de Sector, renomeação de Juízes Conselheiros, nomeação de Juízes Conselheiros como Juízes de Direito, *etc., etc.*] configuram um assalto, bem sucedido, a curto prazo, ao poder judicial. Não obstante as reacções (inconsequentes, contraditórias, ambíguas e esquisitas da chamada classe dos magistrados; intermitentes, inconsequentes e impotentes da classe política; inconsequentes, divididas e impotentes de parte da *sociedade civil*) que teve de enfrentar.

Passou despercebido algum mal-estar de certos elementos da classe política que se opuseram, aparentemente, a este assalto da Presidência da República ao poder judicial.

Esse incómodo resulta de o PR ter feito precisamente o que parte dessa classe queria que, a favor dela, o Presidente da República interino e as forças político-militares dominantes fizessem, aquando do processo golpista de *7 de Junho de 1998*[931].

O que foi que, entretanto, mudou para legitimar essa "mudança" de orientação estratégica?

A resposta não pode ser outra: a liderança do Supremo Tribunal de Justiça (do Dr. DJALÓ PIRES, para o Dr. EMILIANO DOS REIS);

A liderança do processo político guineense (de uma amálgama difusa e transversal de Plataforma da Mudança, para o PRS);

Estatuto dos Magistrados Judiciais [Lei 1/1999, na altura em fase de alteração ou recém alterada e, mais tarde, plenamente vigente – note-se que o PR YALÁ põe em causa a sua vigência porque foi promulgada a lei por um PR interino (inconstitucionalidade formal, portanto... mas, dirão outros, legitimada pelo Pacto de Transição, Pacto firmado por um vasto leque de partidos políticos,

---

Colóquio no 10.° Aniversário do Tribunal Constitucional – Lisboa, 28 e 29 de Maio de 1993, Coimbra, Coimbra Editora, 1995, p. 219.

Reflectindo similar abordagem, *vide*, também, na mesma obra colectiva acabada de citar, L. FAVOREU, Legitimação da Justiça Constitucional, p. 233, 235: «Il en va de même de l'appartenance à un groupe ou communauté linguistique, religieux ou éthnique; cela rassure et donne confiance dans les hypothèses où c'est nécessaire, c'est-à-dire au cas de société plurielle ou pluricomposée».

[931] Lembro-me nessa altura dos sobe e desce incessantes ao gabinete de um Juiz Conselheiro do STJ protagonizados por dirigentes políticos (e não só) na altura imperantes. Os conclaves envolviam alguns magistrados e teriam por fito "rebentar com o Supremo Tribunal de Justiça": destituir grande parte dos Juízes Conselheiros e substituí-la por "gente de confiança".

Juízes interessados não faltariam.

inclusive o PRS, então liderado pelo, mais tarde, PR KOUMBA YALÁ, que agora vem pô-lo em causa)].

A *transição constitucional guineense* pautou-se, realmente, por atitudes de ir e vir dificilmente aceitáveis – políticos que defendiam a mudança violenta do poder, uma vez no poder, defendem o oposto (retorno ao bom senso? Puro situacionismo, em termos de princípios político-jurídicos?).

O padrão estrutural da separação de poderes que concita o meu apoio desenvolve-se através de uma pauta minimalista e adogmática. São organogramas não petrificados, dotados de um elevado teor de relativismo.

CAPÍTULO III
A DEMOCRACIA?

«Malo periculosam libertatem quam quietum servitium» *(Palatino da Posnânia, citado por* J.-J. ROUSSEAU, *O Contrato Social, Liv.* II, *Cap.* IV*)*

§ 1.° QUE DEMOCRACIA?

1. Demo+Cracia = Soma Deslumbrante [Δημο + κρατια]

As duas conhecidíssimas parcelas da adição produziram um sacrossanto resultado, séculos e séculos fora.

"Povo"[932] (o habitante de uma área geográfica; o povo, como conjunto de homens livres – são algumas das significações possíveis) e "poder" (poder, autoridade, soberania, força, lei, governo, poder político – são significações, algumas, que o termo *kratos* foi carregando) conjugam-se de um modo fortemente entrançado num *governo do povo*[933]. Mas nada de ilusões. É que, salvo raríssi-

---

[932] Se se olhar para a antiguidade grega, constatar-se-á traduzir o vocábulo a ideia de comunidade (desde logo, ateniense) reunida na chamada *ekklesia*. "Povo" mereceu no movimento paigcista, até aos anos 70 do século XX, uma significação *progressista* (identificação com o PAIGC e com os ideais e programas deste), por contraposição a "população" – os outros.

[933] De forma particularmente plástica, LINCOLN destacara em 1862, no seu discurso proferido no campo de batalha de Gettysburg, o que julgava ser a essência da democracia: o «governo do povo, pelo povo e para o povo». De modo arguto, aduz G. SARTORI (La Démocratie..., cit., p. 25) possuir a proclamação lincolniana mais de literário do que de lógico. Nem por isso, porém, constitui, na opinião deste autor, tal proposição um paradoxo: «empregar o termo democracia no seu sentido literal suscita um debate normativo cuja natureza é mesmo a de permanecer inacabado, de prosseguir *ad infinitum*, assim como *ad indefinitum*».

AFONSO D'OLIVEIRA MARTINS é da opinião de que a Constituição portuguesa de 1976, ao adoptar uma «concepção de *Administração estruturalmente democrática*», «quis deixar claro que a Administração e as suas estruturas devem existir não só *pelo Povo, em função do Povo e para o Povo*, mas também *com* (o contributo e o controlo) *do Povo*» (A. D'OLIVEIRA MARTINS, Constituição, Administração e Democracia, *in* "Nos 25 Anos da Constituição da República Portuguesa de 1976" – Evolução Constitucional e Perspectivas Futuras, Lisboa, AAFDL, 2001, p. 504, 480, 481, 487).

ANTHONY BIRCH, The Concepts and Theories of Modern Democracy, London/New York, Routledge, 1993 (em especial, p. 45-68).

P. BARILE/E. CHELI/S. GRASSI, Istituzioni di Diritto Pubblico, 8.ª ed., Padova, Cedam, 1998, p. 26 ss.

BRUN-OTTO BRYDE, Kritik der Volks-Demokratie – Demokratie diesseits und jenseits des Nationalstaats, *in* B-O. Bryde, H. Dubiel, C. Leggewie (Hg.), Gießener Diskurse: Triumph und Krise der

mas excepções, não é o povo, em peso e directamente, quem governa[934]. O mais das vezes, há instâncias mais restritas que assumem o poder e actuam em nome do povo. Trata-se da democracia indirecta[935].

Demokratie – Vorlesegung, Gießen, Ferber'schen Universitätsbuchhandlung, 1995, p. 27-46: *A autoridade do Estado deve partir do povo, mas o povo deve também definir-se à luz do princípio democrático. A exclusão de maiores grupos da população com recurso a uma noção restritiva de povo não é uma realização particularmente boa, mas sim uma restrição da democracia* [«Staatsgewalt muß dann nicht nur vom "Volk" ausgehen, sondern "Volk" muß auch im Licht des demokratischen Prinzips definiert werden. Der Ausshluß großer Gruppen der Bevölkerung mit Hilfe eines restriktiven Volksbegriffs ist keine besonders gute Verwirklichung, sondern eine Einschränkung von Demokratie» (p. 43-44)].

Sobre as *origens sociais* da democracia, *vide* B. MOORE JÚNIOR, Social Origins of Dictatorship and Democracy: Lord and Peasant in the Making the Modern World, London, Allen Lane The Penguin Press, 1967.

Y. SCHEMEIL, Democracy Before Democracy, *in* International Political Science Review, vol. 21, 2, 2000, p. 99 a 120 – que alarga os horizontes da discussão sobre a democracia a civilizações não gregas como a egípcia e a mesopotâmica.

M.A. SAEZ, Gobernabilidad, Crisis y Cambio: Elementos para el Estudio de la Gobernabilidad de los Sistemas Políticos en Épocas de Crisis y Cambio, Madrid, Centro de Estudios Constitucionales, 1994, p. 117-123.

934 Considerando, num certo sentido, o "povo" uma "abstracção" e uma "ficção", «a que não corresponde nem pode corresponder nada de real, no sentido de existente», *vide* L. CABRAL DE MONCADA, Do Valor e Sentido da Democracia (Ensaio de Filosofia Política), Coimbra, Coimbra Editora, 1930, p. 36 ss. Faz MONCADA apelo ao célebre dito nietscheano [no livro *Werke in drei Bänden (Band 2: Also sprach Zarathustra und andere Schriften),* Köln, Könemann Verlag, 1994]: «Staat heisst das kälteste aller Ungeheuer; kalt lügt es auch; und diese Lüge kriecht aus seinem Munde: ich der Staat bin das Volk». *«Eu, o Estado, sou o povo»*, seria (segundo NIETSCHE) a descarada mentira que sai da boca do mais horrendo dos monstros – o Estado.

935 *Cfr.* H.A. WOLFF, Das Verhältnis…, cit., p. 79.

Contra essa modalidade pronunciou-se MUAMMAR AL QATHAFI no seu "Livro Verde" (Tripoli/Lisboa, E.P.E.E.P.D.). Obra apresentada pelo próprio como «a solução teórica definitiva do problema da máquina de governar» (p. 5). Para o político líbio, a democracia representativa (a representação) «é uma impostura»: o parlamento não pode representar o povo; o parlamento é a falsificação da democracia; «a verdadeira democracia só se pode estabelecer pela participação do próprio povo e não através da actividade desses substitutos» (p. 7 ss.).

Mas, curiosamente, QATHAFI não poupa sequer o referendo, que qualifica de «impostura face à democracia» (p. 23 ss.).

Também o sistema de partidos é rejeitado, porquanto «é a "máquina de governar" da ditadura contemporânea». Isto porque representa o poder de uma fracção sobre o conjunto» – é um sistema que *faz abortar a democracia* (p. 12 ss.).

Quais, então, as soluções do *Livro Verde*?

«Democracia directa de uma maneira organizada e eficaz – através de uma adequada «organização popular de base», cuja ausência representa a razão do malogro da «velha tentativa de democracia directa»; «Não há democracia sem congressos populares» e «comités populares por toda a parte» (p. 24 ss.).

Postula, a este respeito, ROBERT DAHL[936] uma série de oito indicadores essenciais para a detecção de uma democracia razoavelmente representativa:

---

936 R.A. DAHL, Polyarchy: Participation and Opposition, New Haven, Yale University Press, 1971, p. 3.

Situando a democracia no mundo moderno, *vide* a excelente síntese de I.S. TELLES, Democracia..., cit., p. 268-278.

B. KRIEGEL, The State..., cit., p. 93-94.

F. LANCHESTER, Riflessioni sulle Innovazioni Istituzionali ed i Pericoli delle "Democrazie a Basso Rendimento", *in* Politica del Diritto, vol. XXVI, n. 2, 1995, p. 145-182.

Em geral, sobre o sentido e valor da democracia e outras considerações adjacentes, *vide* A. KATZ, Staatsrecht (13. Aufl.)..., cit., p. 68-80.

E. STEIN/G. FRANK, Staatsrecht, 17. neu bearb. Aufl., Tübingen, Mohr Siebeck, 2000, p. 54 ss.

J. MARITAIN, L'Homme et l'Etat, Paris, PUF, 1953, p. 58 ss.

J. MARITAIN, Christianisme et Démocracie, New York, Éditions de la Maison Française, Inc., 1943, p. 65-83.

L. CABRAL DE MONCADA, Do Valor e Sentido da Democracia (Ensaio de Filosofia Política), Coimbra, Coimbra Editora, 1930 (em particular, p. 14-25, 35-42, 98-108).

L. METZLER, L'Humanisme Juridique: L'Evolution du Droit sous l'Angle Culturel, Bruxelles//Luxembourg, Emile Bruylant/Imprimerie de la Cour Victor Buck, 1952, p. 39-44.

JORGE MIRANDA, Constituição e Democracia, Lisboa, Petrony, 1976, p. 16-20.

ADELINO M. DE ALMEIDA, A Doutrina Social da Igreja e a Democracia Cristã, Lisboa, IDL, 1986.

R.C. MACRIDIS, Ideologias Políticas Contemporâneas – Pensamento Político, Brasília, Editora Universidade de Brasília, 1980, p. 33 ss.

J.R. MONTERO/R. GUNTHER/M. TORCAL, Légitimité, Mécontentement et Désaffection dans les Nouvelles Démocraties: les Cas de l'Espagne, *in* Revue Française de Science Politique, vol. 49, 2, 1999, p. 171-204.

Y. PAPADOPOULOS, Democrazia e Referendum, *in* Rivista Italiana di Scienza Politica, 2, 1995, p. 197, 199 ss.

A. D'ATENA, Il Principio Democratico nel Sistema dei Principi Costituzionali, *in* Jorge Miranda (org.), Perspectivas Constitucionais – Nos 20 anos da Constituição de 1976, vol I, Coimbra, Coimbra Editora, 1997, p. 437 ss.

F.L. LOPES CARDOSO, Referendo: Uma Questão Actual, Lisboa, Dom Quixote, 1992, p. 11-19.

MARIA G.F.P. DIAS GARCIA, A Constituição e a Construção da Democracia, *in* Jorge Miranda (org.), Perspectivas Constitucionais – Nos 20 Anos da Constituição de 1976, vol. II, Coimbra, Coimbra Editora, 1997, p. 569-576.

M.A. SAEZ, Gobernabilidad..., cit., p. 123-126.

THOMAS GROß, Grundlinien einer pluralistischen Interpretation des Demokratieprinzips, *in* Redaktion Kritische Justiz (Hg.), Demokratie und Grundgesetz, 2000, p. 93 ss.

K. DOEHRING, Demokratiedefizit in der Europäischen Union?, *in* DVBl 1997, Heft 19, p. 1133-1137.

G. HANEY, Staatsgewalt, Demokratie und Gesellschaft, *in* Kritische Justiz, 1990, p. 209 ss.

E. TODD, Após o Império: Ensaio sobre a Decomposição do Sistema Americano, Lisboa, Edições 70, 2002, p. 55 ss.

K. YALÁ, Os Pensamentos Políticos e Filosóficos, vol. II, Bissau, Editora Escolar, 2003, p. 7.

Eleições livres e transparentes; voto[937] (a par de outras manifestações) como factor determinante na formação de instituições vocacionadas para governar[938]; liberdade de constituição de associações e de integração nestas[939]; direito de voto; elegibilidade, quanto a certos cargos políticos; direito de os líderes políticos entrarem em compita pelo voto popular; haver alternativas várias, no que diz respeito às fontes de informação; liberdade de expressão[940].

---

937 Ficou-me na retina uma reportagem televisiva (produzida pela BBC e difundida, a 21.4.2001, pela SIC Notícias, no programa "O Século do Povo"). Um verdadeiro monumento à democracia, o trecho que a seguir relato. Aparece no fim uma senhora negra sul-africana caracterizando a sua primeiríssima participação no 1.° sufrágio universal que determinou o fim do *apartheid* (*one man, one vote*):

Estava ali sózinha na caixa (destinada ao exercício da votação)... *Não acredita* [fez um gesto expressivo, apalpando-se – como se quisesse certificar-se de que era ela que ali estava, nesse sublime momento de autodeterminação]. Esboçou um gesto eloquente de quem está a apor uma cruz no boletim de voto. *Pareceu-lhe, no momento, estar no céu... "Unforgetable"*.

A democracia é isso – não muito mais que isso.

E voto universal, até onde for razoável. Longe vai a era em que, por exemplo, se reconhecia que [em Portugal] «não se concede o voto ás mulheres nem aos analfabetos, pelo receio do espirito reaceonario d'um tal eleitorado» (nesses exactos termos, CAMPOS LIMA, O Estado e a Evolução do Direito, Lisboa, Aillaud, Alves & C.a e Bertrand, 1914, p. 249). Bem, não tão longe assim – se atendermos ao facto de só a partir de 1971 um civilizado país como a Suíça reconheceu à mulher o direito de voto (e mais exemplos poderíamos acrescentar).

938 No dizer de BAUDOUIN (Introdução à Sociologia Política, Lisboa, Estampa, 2000, p. 191), a urna de voto é «o espaço metafórico por excelência da democracia liberal, em que o indivíduo se despoja por um momento da sua veste social para se tornar um cidadão abstracto e esclarecido que, independentemente da sua classe e da sua fortuna, é convidado a julgar livremente uma política e mesmo a sancionar um governo».

939 A uma curiosa explosão criativa de organizações da *sociedade civil* (parâmetro que ULRICH BECK epitetou de *subpolítica*, querendo abarcar aquele fervilhar de movimentos que não operam nos meandros formais da democracia política, mas são importantes na perspectiva do aprofundamento da democracia participativa) se assistiu nos anos 90 (e seguintes) do séc. XX. Certeiramente, observou F. KOUDAWO, no que toca à fase pós-eleitoral de 1994 (Sociedade Civil e Transição Pluralista na Guiné-Bissau..., cit., p. 88): «(...) a redistribuição dos quadros no mercado de trabalho depois das eleições tem evidenciado uma nítida propensão a apostar nas ONG e associações depois da corrida política e as suas desilusões. Estas evoluções não são isentas do risco de induzir uma certa bastardia de componentes da sociedade civil transformadas em ninhos transitórios para aves migratórias, e por conseguinte instrumentalizadas para fins alheios à própria sociedade civil».

940 G. SARTORI (La Démocratie..., cit., p. 107, 370) propõe a seguinte definição de *democracia*: ela é «o procedimento que engendra uma poliarquia na qual a concorrência sobre o mercado eleitoral tem por efeito a atribuição do poder ao povo». Indicam-se, ainda, as seguintes linhas: «De um ponto de vista normativo, a definição da democracia é directamente originária do sentido literal do termo "poder do povo". Pode-se dizer que o que *deveria ser* a democracia equivale à sua definição etimológica. Existem, entretanto, três concepções normativas diferentes: a concepção negativa, a concepção realista e a concepção perfeccionista (ou utópica). Tomado como conceito negativo,

Por esse prisma, a Guiné-Bissau integraria o lote de democracias representativas, não fosse a pecha (fundamental, já se vê) das *eleições livres e transparentes (limpas)*. Alguém contestará: são elas *razoavelmente* transparentes ou limpas... Ora, os episódios rocambolescos do processo eleitoral de 2004 deixam no ar um odor a suspeição – bem vistas as coisas, desde a nascença do processo eleitoral (*i.e.*, recenseamento eleitoral) que esse mesmo odor se sentia. Baixemos a fasquia e facilitemos a sua transposição para a Guiné, agora democrática[941].

---

o termo democracia indica o que *não deveria ser*; o normativismo realista diz o que *poderia ser*; enquanto que o normativismo utópico apresenta a imagem da sociedade perfeita que *deve ser*».

941 Se se fizer apelo aos instrumentos propugnados por G. BUIGHAM POWELL JR. (Contemporary Democracies..., cit., *passim*) – abstencionismo, durabilidade do executivo (estabilidade) e violência considerável – para a aferição da *performance* duma democracia, a *democracia* guineense fica numa posição muito delicada, seja do ponto de vista da estabilidade do executivo (atento às episódicas quedas de governos, nomeações e exonerações), seja do da violência (se atendermos ao longo golpe militar de 1998-1999, às frequentes tentativas de golpes de Estado, consumadas – como o de 2003 – ou abortadas, como várias denunciadas pelo poder e apelidadas de *inventonas* por certa oposição, ou liquidadas – como, por exemplo, sustentaria o regime, a que culminou na morte de ANSUMANE MANÉ). No capítulo de "golpes" ou "tentativas de golpes", a Guiné regista, antes da instauração da democracia, a título de exemplo: o golpe de 14 de Novembro de 1980;

o *caso Saúde Maria*, de Março de 1984;

o *caso 17 de Outubro de 1985* (que levou à detenção de muitos indivíduos, entre os quais os Coronéis Paulo Correia, João da Silva, Buota Nambatcha, Pedro Gomes Ramos, Nhasse Nambera, Fore N'bitna, Braima Bangurá, Ghare Ialá Nhanta, Lamine Cissé, 6 Tenentes Coronéis, 14 Majores, 13 Capitães, 7 Primeiros Tenentes, 6 Tenentes, 7 Alferes; o Dr. Viriato Pã, os Coronéis Paulo Correia, Pedro Ramos, Braima Bangurá, assim como os Tenentes Coronéis Binhanquerem Na Tchande e N'bana Sambú acabaram por ser julgados, condenados à morte e, efectivamente, executados; a condenação à pena de morte abrangera, porém, 12 indivíduos) – sobre esta matéria, contendo listas de nomes e pertinentes informações, *vide* Zamora Induta, Guiné: 24 Anos de Independência - 1974-1998, Lisboa, Hugin, 2001, p. 26 ss.;

o *caso Iafai Camará*, de Maio de 1987 (altura em que circulou o *boato* segundo o qual este militar estaria relacionado com movimentações golpistas);

o *caso 17 de Março de 1993*, protagonizado por RAMBO, aliás MAMA CASSAMÁ (na sequência do qual viria a ser julgado e ilibado JOÃO DA COSTA, líder do PRD) – após o golpe de 1980, este foi, nas palavras de ZAMORA INDUTA «o único caso interno de confronto militar ocorrido até ao dia 7 de Junho de 1998» (*op. cit.*, p. 35).

Cingindo-nos ao processo eleitoral, revela F. DELFIM DA SILVA (no livro "Guiné-Bissau: Páginas de História Política, Rumos da Democracia", Bissau, Firkidja Editora, 2004, p. 241 ss. – em que o autor traz ainda ao dia dados historiográficos curiosos, a respeito da política guineense do post-independência), quanto às eleições legislativas de 1994 e 1999, a existência de «desajustamentos que ameaçam a justiça eleitoral». O autor debruçou-se sobre os desequilíbrios proporcionados na Guiné pela aplicação do sistema proporcional, na variante de HONDT, tal como foi desenhado e tem vindo a ser interpretado.

Do mesmo autor, ainda, ver o seu "Guiné-Bissau: Eleições Legislativas de 2004", Bissau, Firkidja Editora, 2004, p. 55-56 – onde é discutida a problemática da etnicidade e sucesso eleito-

Para quem parta da proposição «o povo tem sempre razão»[942], torna-se evidente a fundamentação da democracia. A democracia surge, assim, como uma proposta de viabilização da convivência social e política em que cada cabeça tem reservada a sua quota parte na definição dos destinos colectivos, de que, aliás, faz parte.

O *ter sempre razão* não me parece que possa significar que toda e qualquer decisão ou orientação emanada pelo povo seja um modelo de lógica e de virtudes. É tão-só a constatação de que o sistema democrático é o mais aceitável, na perspectiva apontada. A solução alternativa (depositar nas mãos e cabeças de um ou poucos iluminados – os que nunca cometem erros – a condução total dos destinos colectivos) não se afigura razoável. Diversamente, o *Sócrates* de PLATÃO[943] proclamara: «– Enquanto os filósofos não forem reis nas cidades ou

---

ral, isso tendo em conta as eleições legislativas de 2004. Conclui DELFIM DA SILVA: «as etnias *mais numerosas* (...) são *pequenas demais* para suportar com sucesso ambições tribalistas de poder ou representação. Daí a *necessidade de se abrirem*».

942 Nesses exactos termos, *cfr.* G. SARTORI, Théorie..., cit., p. 133. Autor que, na página 195, observa que «a democracia desenvolve-se com sucesso nos países anglófonos» (por força da concepção empirista aí reinante), ao passo que nos países onde a mentalidade racionalista dá o tom, a sua fragilidade não se equipara senão às suas ambições. Quando (p. 379) SARTORI lança a pergunta «pode haver uma via não-ocidental para a democracia?», para lá do óbvio, não esconderia tal colocação – já de si provocatória – um certo etnocentrismo?

A propósito (ou a despropósito), conclui A. LIJPHART (Patterns of Democracy..., cit., p. 57 ss.), no epílogo de um trabalho comparativístico em torno de uma série de países, que das 20 democracias que foram continuamente democráticas desde os anos 40 (ou antes) do séc. XX, todas são economicamente desenvolvidas, industrializadas e urbanizadas (caber-lhes-iam os níveis mais elevados no "Índice de Desenvolvimento Humano" do PNUD – *índice* que, como é sabido, conjuga factores como a vida longa e saudável, o conhecimento e o *standard* decente de vida, para avaliar cada país –, o que suportaria a conclusão segundo a qual a extensão no tempo da experiência democrática «está fortemente correlacionada com o desenvolvimento»;

na mesma direcção se inscreve a obra, do mesmo autor, "Las Democracias..., cit., p. 54 ss.;

Num outro enfoque, chegou, por exemplo, S.P. HUNTINGTON – The Third Wave: Democratization in the Late Twentieth Century, Norman/London, University of Oklahoma Press, 1993, p. 59, 234 – à conclusão de que os factores económicos «have significant impact on democratization but they are not determinative»; ou, mais precisamente, «An overall correlation exists between the level of economic development and democracy yet no level of pattern of economic development is in itself either necessary or sufficient to bring about democratization»; de resto, «a vulnerabilidade de governos eleitos» ao golpe de Estado variaria «com o nível de desenvolvimento sócio-económico da sociedade»); todas – à excepção do Japão – pertencem ao mundo judaico-cristão ocidental, situando-se a maioria delas na área do Atlântico Norte.

F. FURET (DAHRENDORF/FURET/GEREMEK, A Democracia na Europa..., cit., p. 105).

R. DAHRENDORF (DAHRENDORF/FURET/GEREMEK, A Democracia na Europa..., cit., p. 107).

943 PLATÃO, A República, Livros V e VI.

Sustentando a inaceitabilidade de uma abordagem similar, *vid.*, R. DAHRENDORF, (DAHRENDORF/ /FURET/GEREMEK, A Democracia na Europa..., cit., p. 101).

aqueles a quem hoje se dá o nome de reis e soberanos não forem verdadeira e seriamente filósofos, enquanto o poder político e a filosofia não se encontrarem num mesmo indivíduo, enquanto os muitos caracteres que actualmente perseguem um ou outro destes objectivos de modo exclusivo não forem impedidos de agir assim, não terão o fim, meu caro GLÁUCON, os males das cidades, nem, segundo me parece, os do género humano, e nunca a cidade que nós descrevemos será realizada, na medida em que o pode ser, e verá a luz do dia»[944]. Distingue-se nos *Diálogos* o *filósofo* (que ama a sabedoria, a *sofia* – ou, por outras palavras, «aquele que quer saborear toda a ciência, que se entrega alegremente ao estudo e nele se revela insaciável») do mero *filodoxos* (aquele que segue as opiniões, as *doxai* – aquele que sente «afeição e amor» «apenas» pelas coisas «que são o objecto da opinião», não, portanto, da *ciência*). Assim, ao *Sócrates* platoniano pareceu mesmo necessário esclarecer tal dado a fim de mostrar que «a uns convém por natureza consagrar-se à filosofia e governar na cidade e aos outros não se consagrarem à filosofia e obedecerem ao chefe».

Mas o *povo* (que o *Sócrates* de PLATÃO considera «impossível» ser «filósofo») até pode decidir que o caminho que quer trilhar é o da sua total entrega, qual cordeiro (auto)sacrificado, às mãos e cabeças de uns tantos *filósofos*. E se assim for, lá teremos de trilhar a vereda do governo iluminado e da demissão cívico-política global, democraticamente decidida. Só desta forma a democracia mantém o seu sentido genuíno. Só assim a democracia se distanciará de outras formas menos *democráticas*. Só nesse sentido será lídimo asseverar que o modelo democrático é o único que se encontra geneticamente vinculado ao convívio das diferenças[945].

A democracia[946] (é comum evocar-se nestas circunstâncias o belo e fatigado elogio pronunciado por W. CHURCHILL: «A democracia é a pior de todas as

---

944 Contrapondo a inviabilidade da conjugação da "política" com o "saber" (desviando-se, assim, do ideal platónico – desvio, aliás, reconhecido por ARISTÓTELES), J. HELLER, Imaginem Que (trad. de C. Rodriguez de *Picture This* – de 1988), Lisboa, Difusão Cultural, 1991, p. 34-35.

945 Doutrina cara a pensadores como N. BOBBIO ou K. POPPER.

946 O tempo que se respira é um tempo de *incertezas*, quanto à definição do rumo e da própria ideia da democracia. E.T. GESLOWSKA (El Tiempo…, cit., p. 154) utiliza a expressão «democracias inciertas», referindo que a «incertidumbre sobre la teoría de la democracia afecta a todas las democracias contemporáneas, independientemente de si son *grandes, históricas, estables, viejas* o *jóvenes*». E, quanto a isso, procurar «factores socioeconómicos concluyentes es un esfuerzo estéril».

Sobre o princípio ou modelo democráticos e (no caso do trabalho citado logo a seguir) a indagação sobre a democraticidade do modelo constitucional português de democracia, *vide* PAULO OTERO, A "Desconstrução" da Democracia Constitucional, *in* Jorge Miranda (org.), Perspectivas

formas de governo, à excepção de todas as outras») tem sido equacionada de diversas maneiras, passando pela sua caracterização como sistema pautado por regras gerais cujo respeito permite aos cidadãos solucionarem os problemas pacificamente (*regras do jogo* e *jogadores*, dispensando o recurso a meios violentos)[947],

---

Constitucionais – Nos 20 Anos da Constituição de 1976, vol II, Coimbra, Coimbra Editora, 1997, p. 601-641.

A. D'OLIVEIRA MARTINS, La Revisión Constitucional y el Ordenamiento Portugués, Lisboa/Madrid, Edições Estado & Direito, 1995, p. 334.

De A. D'OLIVEIRA MARTINS, *vide*, também, o seu artigo "Legalidade Democrática e Legitimidade do poder Político na Constituição", *in* Jorge Miranda (org.), Perspectivas Constitucionais – Nos 20 Anos da Constituição de 1976, vol. II, Coimbra, Coimbra Editora, 1997, p. 577 ss.

J.M.D. BARROSO, Formas e Tempos Políticos da Democratização: O Caso Português [Separata da Revista Prospectivas, n.° 10-12, Abr-Dez 1982], Coimbra, Fundação Oliveira Martins, 1982.

K. KÖNIG, Das demokratische Prinzip im Grundgesetz, *in* DVBl, 1971, Heft 4, p. 137-140.

HARTMUT KRÜGER, Die Entscheidungsbefugnis in der demokratischen Ordnung des Grundgesetzes – Bemerkungen zur aktuellen Diskussion über das Mehrheitsprinzip in der Demokratie –, *in* BayVBl, 1998, Heft 12, p. 353-359.

E.-W. BÖCKENFÖRDE, Demokratie als Verfassungsprinzip, *in* Isensee/Kirchhof (Hrsg.), Handbuch des Staatsrechts der Bundesrepublik Deutschland, Band I, Heidelberg, C.F. Müller Juristischer Verlag, 1987, p. 887-950.

MONTESQUIEU, De L'Esprit..., cit., Livre III, Chapitre III. No Liv. VIII, Chap. XVI, MONTESQUIEU traz à ribalta a relação tamanho-democracia: «Il est de la nature d'une république qu'elle n'ait qu'un petit territoire: sans cela elle ne peut guère subsister. Dans une grande république, il y a de grandes fortunes, et par conséquent peu de modération dans les esprits: il y a de trop grands dépôts à mettre entre les mains d'un citoyen; les intérêts se particularisent; un homme sent d'abord qu'il peut être heureux, grand, glorieux, sans sa patrie; et bientôt, qu'il peut être seul grand sur les ruines de sa patrie.

«Dans une grande république, le bien commun est sacrifié à mille considérations; il est subordonné à des exceptions; il dépend des accidents. Dans une petite, le bien public est mieux senti, mieux connu, plus près de chaque citoyen; les abus y sont moins étendus, et par conséquent moins protégés».

Por seu turno, R.A. DAHL/E.R. TUFTE (Size and Democracy, Stanford, Stanford University Press, 1973, p. 12-16, 17 ss.) catalogam uma série de 27 argumentos e contra-argumentos esboçados aqui e ali para se fundar a opção pelas *smaller democracies* ou pelas *larger democracies*. Argumentos agrupados em 8 blocos: *participação do cidadão; segurança e ordem; unidade e diversidade; interesse comum; lealdades; vida emocional; racionalidade*; *controlo de leaders*.

M. GARCIA-PELAYO, Derecho Constitucional..., cit., p. 173 ss., 345 ss.

K. SOBOTA, Das Prinzip..., cit., p. 480-481, *passim*.

E.G. DE ENTERRÍA, La Democracia y el Lugar de la Ley, *in* Civitas (Revista Española de Derecho Administrativo), 1996, p. 609-622.

J.L.F. ARTILES/M.F. MUÑOZ, Los Limites de la Democracia, *in* Boletim Mexicano de Derecho Comparado, Jan-Abril 1998, vol. 91, p. 123 ss.

[947] Assim, N. BOBBIO, Democracia e Paz, *in* Balanço do Século, Lisboa, 1990, p. 28; do mesmo autor, também, O Futuro da Democracia – Uma Defesa das Regras do Jogo, 6.ª ed., Rio de Janeiro, Paz e Terra, 1997, p. 20, *passim*: «(...) mesmo para uma definição mínima de democracia,

até à sua redução a um sistema (teoria *realista*) que permite o afastamento dos governantes pela *força* do voto, não pela violência[948], passando, ainda, por aquela abordagem que preconiza o papel do povo num exercício do poder, seguindo o método parlamentar, da forma mais efectiva, mais ampla e mais intensa (como um A. ROSS).

LOCKE[949], esse, descobre no poder da maioria a viabilização da democracia e do próprio pacto original fundador da sociedade humana. A maioria «tem direito de governar». E a *ratio* é simples: «todo aquele que sair do estado natural para se unir em sociedade civil, cede todo o poder que for necessário aos fins para que ele se uniu à maioria da sociedade, salvo se eles convêm expressamente em algum número maior do que o da maioria».

A aproximação de KELSEN[950] ao problema em análise destacou a ligação da postura metafísico-absolutista à autocracia e a ligação do relativismo epistemológico e axiológico à democracia.

---

como é a que aceito, não bastam nem a atribuição a um elevado número de cidadãos do direito de participar direta ou indiretamente da tomada de decisões coletivas, nem a existência de regras de procedimento como a da maioria (ou, no limite, da unanimidade). É indispensável uma terceira condição: é preciso que aqueles que são chamados a decidir ou a eleger os que deverão decidir sejam colocados diante de alternativas reais e postos em condição de poder escolher entre uma e outra. Para que se realize esta condição é necessário que aos chamados a decidir sejam garantidos os assim denominados direitos de liberdade, de opinião, de expressão das próprias opiniões, de reunião, de associação, *etc.* – os direitos à base dos quais nasceu o estado liberal e foi construída a doutrina do estado de direito em sentido forte, isto é, do estado que não apenas exerce o poder *sub lege*, mas o exerce dentro de limites derivados do reconhecimento constitucional dos direitos "invioláveis" do indivíduo».

Em concatenação com as situações de excepção, *vide* E.-W. BÖCKENFÖRDE, Ausnahmerecht und Demokratischer Rechtsstaat, *in* Die Freiheit des Anderen: Festschrift für Martin Hirsch [Hans Jochen Vogel/Helmut Simon/Adalbert Podlech (Hrsg.)], Baden-Baden, Nomos, 1981, p. 259-272.

948 Nesta corrente, K. POPPER, Em Busca de um Mundo Melhor (trad. do "Auf der Suche nach einer besseren Welt"), 2.ª ed., Lisboa, Editorial Fragmentos, 1989, p. 55, 198 ss.

Interessante também é a obra de J.A. SCHUMPETER, Capitalism, Socialism and Democracy, 5th ed., London, George Allen & Unwin Ltd., 1976, p. 235-268 *et passim.* SCHUMPETER define o método democrático como aquele «institutional arrangement for arriving at political decisions in which individuals acquire the power to decide by means of a competitive struggle for the people's vote» (p. 269).

Atinente a uma "noção procedimental de democracia", *vide* ANTONIO Z. GIUSTINIANI, Stato Costituzionale ed Espansione della Democrazia, Padova, CEDAM, 1999, p. 233-236.

949 J. LOCKE, Ensaio sobre a Verdadeira Origem Extensão e Fim do Governo Civil..., cit., Cap. VIII (95-99).

950 H. KELSEN, Vom Wesen und Wert der Demokratie, Tübingen, J.C.B. Mohr (P. Siebeck), 1920, *passim.*

Neste turbilhão de ideias, a liberdade é por outros vista como «fundamento e limite» da democracia. Dirá o Professor J. MIRANDA, que a liberdade *revela-se fundamento*, «visto que a participação na condução dos destinos comuns pressupõe a liberdade. E revela-se limite, visto que a democracia (...) não pode pôr em causa a liberdade, e a maioria é sempre maioria de conjuntura, não maioria definitiva, pronta a esmagar os direitos da minoria».[951]

Vamos buscar a teoria democrática funcional, bem como a teoria institucionalista dos direitos fundamentais[952] e casá-las com o princípio democrático. E eis que nos surge o art. 55/3 CRGB. De acordo com os ditames da teoria democrática funcional, o processo político-democrático é a condicionante teleológico-funcional dos direitos fundamentais. Daí promana esta inferência, entre várias outras: os direitos fundamentais são, simultaneamente, deveres – que o mesmo é dizer, o indivíduo não é a medida desses direitos; o exercício de tais direitos não está na total disponibilidade dos respectivos titulares. Assim sendo, qualquer direito que transgrida os quadros essenciais do sistema democrático é ilegítimo. Esta colocação, como se referiu há bocado, é captável, em certa medida, no limite à liberdade de associação consubstanciada no n.° 3 do art. 55 CRGB. Diz esta disposição constitucional que as organizações que promovam o racismo e o tribalismo «não são consentidas».

Recorde-se que na óptica da teoria institucionalista dos direitos fundamentais, tal limite teria por fito salvaguardar o direito de associação enquanto instituto.

A teoria democrática funcional o que claramente sustenta é que organizações de natureza, no caso *sub iudice*, racista ou tribalista podem pôr em risco o sistema democrático – e, por isso, não devem ser consentidas.

Poder-se-á indagar se o legislador guineense de revisão quis, no art. 55/3 CRGB, enveredar pelos postulados da teoria democrática ou se pretenderia ele não proibir para construir e preservar um determinado sistema democrático num

---

951 J. MIRANDA, Ciência Política..., cit., p. 199-200. O que ficou dito tem ainda mais razão de ser quando nos situamos no contexto da África negra, onde o *consenso*, como modo de vida e de governação, não deve ser obliterado.

M. CHEMILLIER-GENDREAU, La Démocratie Pluraliste en Afrique..., cit., p. 109.

952 Sobre o tema, em geral, J.C. VIEIRA DE ANDRADE, Os Direitos Fundamentais..., 1.ª e 2.ª ed...., cit.;

PIEROTH/SCHLINK, Grundrechte – Staatsrecht II, 19. Aufl...., cit.;

J.J. GOMES CANOTILHO, Direito Constitucional, 5.ª ed...., cit., p. 518-520;

Do autor, ainda, Direito Constitucional e Teoria da Constituição, 6.ª ed., Coimbra, Almedina, 2002, p. 377 ss.;

JORGE MIRANDA, Manual de Direito Constitucional, tomo IV (Direitos Fundamentais), 2.ª ed...., cit;

STEIN/FRANK, Staatsrecht, 17. Aufl., Tübingen, Mohr Siebeck, 2000, p. 448-456.

determinado Estado, mas sim, e ainda antes, para construir e preservar o próprio Estado.

Encontramos em J. HABERMAS[953] a explanação de uma *teoria da discussão*, apta, por assim dizer, a explicar a legitimidade das regras, regras que o «legislador político» pode a todo o momento modificar. Com efeito, «o procedimento democrático permite o livre jogo dos temas e contribuições, de informações e razões», justificando a suposição, apenas suposição, de que os resultados serão razoáveis. O *modelo da discussão* ou da *deliberação* substituiria o do *contrato*. Isto porque «a comunidade jurídica não se constitui através dum contrato social, mas em virtude de um acordo estabelecido através da discussão».

Eu creio ser de postular o seguinte olhar, para o princípio democrático: no plano das relações interestaduais e intraestaduais, é a salvaguarda do radical intimista de cada dimensão (estadual ou de nível inferior) que deve prevalecer. Dentro desse círculo mínimo, funcionaria a linha democrática, sem espaço para intervenções exógenas censórias.

O que os *Diálogos* de PLATÃO (acima expostos) deixam evidente é a formulação do problema fundamental da teoria do Estado: *Quem deve governar?* O povo, em peso? A maioria? A elite[954]? A minoria?

Já se viu que o que a história tem registado é a repetição da mesma pergunta pelas pessoas que se debruçaram sobre aquela área do conhecimento, mesmo que para, logo, se afastarem dos postulados platonianos. Responderá, destarte, um ROUSSEAU[955]: Quem deve governar é a *vontade colectiva*, a da *maioria*, não da *minoria*. KARL MARX responderia, da sua banda, *é o proletariado* (a maioria, não a minoria dos capitalistas).

Rejeitando mesmo, por «insuficiente» ou até *incorrecta*, a pergunta de partida «quem deve governar» (que suscitaria respostas «autoritárias»), POPPER propõe, em alternativa, a seguinte pergunta: «Como estabelecer as nossas instituições políticas de modo a que os detentores do poder, incapazes e desonestos,

---

953 HABERMAS, Droit et..., cit., p. 478-479, *passim*.

954 *Cfr.* P. BACHRACH, The Theory of Democratic Elitism – a Critique, London, University of London Press Ltd., 1969, p. 93-106.

J.C. ISAAC, Oases in the Desert: Hannah Arendt on Democracy Politics, *in* American Political Science Review, vol. 88, 1, 1994, p. 160 ss.

A. DE ARAÚJO, O Poder e as Elites: A Caminho de um Elitismo Democrático, Lisboa, 1995 (em particular, p. 330 ss.).

955 M. MANCINI, Democrazia, Ordinamento e Costituzione: da J.-J. Rousseau a F.P.G. Guizot, *in* RIFD, 2000, n.° 2, p. 161-191.

não possam causar nenhum dano grave?». Eis, para POPPER[956], o problema fundamental da teoria do Estado, «formulada em termos muito mais humildes» – não o platoniano. É nesta correnteza que POPPER responde com a «democracia»: «a democracia permite libertarmo-nos, sem derramamento de sangue, de governantes maus, incapazes ou tirânicos»[957].

Penso que não é de afastar a fundamentalidade da questão platoniana do poder. A questão popperiana[958] reveste-se de uma contagiante pertinência, mas, bem vistas as coisas, reconduz-se à questão matricial da lavra platoniana. Com efeito, a pergunta «Que podemos nós fazer para estabelecermos as nossas instituições políticas de tal sorte que os governantes maus ou incapazes (que naturalmente procuramos evitar, mas que apesar de tudo podem surgir) causem o mínimo possível de danos?» e a resposta «A democracia» descendem ambas da indagação «Quem deve governar?» (de quem, afinal, são parentes em linha recta). É, se for preciso dizer mais, o *topos* da ordem (genética) a ditar as suas leis.

Na sua obra de referência, F.H. HAYEK[959] circunscreve uma série de três argumentos a favor da democracia: «A democracia é o único método de mudança pacífica até agora descoberto pelo homem»[960]; «a democracia constitui importante salvaguarda da liberdade individual»; a formação que as instituições democráticas proporcionam às pessoas sobre a mecânica dos negócios públicos.

---

956 K. POPPER, Em Busca…, cit., p. 55, 198, 199.

957 POPPER já dizia nos anos 40 do séc. XX (Prediction and Prophecy and their Significance for Social Theory, *in* Proceedings of the 10th Annual Congress of Philosophy, I, Amsterdam, 1948, p. 90) que chamava democracia ao «sistema de governo» modificável sem violência e chamava tirania ao resto.

958 Uma análise do pensamento popperiano pode-se encontrar em R.F. CRESPO, Democracia y Relativismo: Un Estudo Crítico de la Filosofía Política de Karl Popper, *in* Persona y Derecho, n.° 33, 1995, p. 85-177.

959 FRIEDRICH A. HAYEK, Los Fundamentos de la Libertad, 4.ª ed. (trad. de The Constitution of Liberty, University of Chicago Press, 1959), Madrid, Unión Editorial, S.A., 1975, p. 148 ss.

960 Cita-se, a este propósito, um texto novecentista de J.F. STEPHEN (a que não pude aceder) inserido no livro *Liberty, Equality, Fraternity*, London, 1873 (p. 27): «Estamos de acordo em que há que tratar de fortalecer-se contando cabeças, em vez de quebrá-las… Não é o sector mais sábio o triunfador, mas aquele que em momento próprio mostra a sua fortaleza (e um dos elementos constitutivos desta é, sem dúvida, a sabedoria), alistando a seu favor a máxima quantidade de simpatia activa. A minoria não cede porque esteja convencida do seu equívoco, mas porque se convenceu de que é minoria».

2. Democracia e Estado de Direito: Relação de Enriquecimento, Não de Necessidade

E eis-nos na altura, logo a abrir, de dizer que entre *democracia* e *Estado de direito* não circula uma relação de necessidade[961].

---

[961] Noutra direcção, *vid.* G. PÜTTNER, Der Informale Rechtsstaat..., cit., p. 69; V. ZANGARA, Lo Stato di Diritto in Evoluzione..., cit. p. 68-69.

CRISTINA QUEIROZ (Interpretação Constitucional e Poder Judicial: Sobre a Epistemologia da Construção Constitucional, Coimbra, Coimbra Editora, 2000, p. 5, *passim*) prefere falar numa «relação circular de efeitos recíprocos entre os princípios jurídico-constitucionais do *Estado de direito* e da *democracia*».

Para W. KÄGI [Rechtsstaat und Demokratie (Antinomie und Synthese), *in* Festgabe für Zaccaria Giacometti, "Demokratie und Rechtsstaat" (herausgegeben von M. Imboden...), Zürich, Polygraphischer Verlag A. G., 1953, p. 107], a relação entre *Rechtsstaat* e democracia «é um problema central» do desenvolvimento do moderno *Staatsrecht*, divisando um *regresso* da *síntese* do *Rechtsstaat* e democracia.

Ver, ainda, GOMES CANOTILHO (Direito Constitucional e Teoria da Constituição, 7.ª ed., 2003, p. 97 ss.), que salienta que o Estado constitucional «não é nem deve ser apenas um Estado de direito»; ele «tem de estruturar-se como *Estado de direito democrático*».

E indaga-se: *haverá "dois corações políticos"?:*

Balançaria o coração entre a vontade do povo e a *rule of law. Esta angústia* está presente na divisão, nos Estados Unidos, entre os *constitucionalists* e os *democrats; na Alemanha,* na muito debatida antinomia entre *Rechtsstaat* e *Demokratie;* em França, com a contraposição vincada por Constant *liberdade dos modernos (*fundada na *distanciação perante o poder* e na valorização da pessoa na sua individualidade feita de necessidades, desejos e "prazeres privados"*)-liberdade dos antigos (*assente na *participação na polis,* no cumprimento de funções cívicas, em alheamento face aos direitos e esfera íntima do indivíduo*)* [A propósito da colocação do indivíduo nesta relação tensa com o político, contextualizando-a historicamente, na visão de constant, *vide* JEAN BAUDOUIN, Introdução à Sociologia..., p. 151: CONSTANT «não é» «um anarquista ignorante do papel da autoridade política». O que se passa é que ele «simplesmente coloca a sua esperança num governo representativo, saído das "capacidades", situado a distância racional do povo e das "classes perigosas"». «O liberalismo de Constant fixa-se na junção de duas épocas: a das monarquias ditas absolutas, cujos excessos suscitam uma primeira vaga liberal, e a dos "despotismos democráticos", como o dos Jacobinos e mesmo de Napoleão, que demonstra que a atribuição da soberania ao povo não previne obrigatoriamente contra a arbitrariedade».].

Na opinião de GOMES CANOTILHO (que já vem plasmada desde, pelo menos, o seu Direito Constitucional, 5.ª ed., Coimbra, Almedina, 1991, p. 45), «O Estado concebe-se hoje como constitucional democrático, porque ele é conformado por uma lei fundamental escrita (...) e pressupõe um modelo de legitimação tendencialmente reconduzível à legitimação democrática». De acordo com o autor (p. 350), o princípio da democracia, que «significa, em termos políticos – que são os de LINCOLN – "o poder do povo, para o povo e pelo povo"», «é também uma condensação de várias dimensões concretizadoras do fundamento e legitimação do poder político (princípio da

A democracia não tem de existir para que se possa considerar um Estado como *de direito*. Na verdade uma coisa é a *democracia*, outra coisa é o *Estado de direito*. O que se pode admitir é uma relação de enriquecimento entre os citados pilares[962].

---

soberania popular, princípio eleitoral, princípio partidário, princípio representativo, princípio participativo)».

Acerca do binómio *democracia participativa* e *legiferação*, ver JORGE MIRANDA, Funções, Órgãos e Actos do Estado, Lisboa, 1990, p. 256 ss.

No capítulo do procedimento administrativo, sobre *participação, vide* J.M. SÉRVULO CORREIA, O Direito à Informação e os Direitos de Participação dos Particulares no Procedimento e, em Especial, na Formação da Decisão Administrativa, *in* Leg., n.° 9/10, 1994, p. 146 ss.

Ver, também, a "Introduction" à colectânea "The Rebirth of Democracy: 12 Constitutions of Central and Eastern Europe", edited by THE INTERNATIONAL INSTITUTE FOR DEMOCRACY, Strasbourg, Council of Europe Press, 1995, p. 5 ss.

Sobre a temática, *vide*, ainda, F. SEJERSTED, Democracy and the Rule of Law: Some Historical Experiences of Contradictions in the Striving for Good Government, *in* Jon Elster/Rune Slastad (ed.), Constitucionalism and Democracy, Cambridge/Oslo, Cambridge University Press/ /Unversitetsforlaget, 1988, p. 131-152.

Sobre o conceito de *democracia* e de *desenvolvimento* e a relação entre ambos, *cfr.* I.F.I. SHIHATA, Democracy and Development, *in* International Comparative Law, Vol. 46, 3, 1997, p. 635- -643: A definição de *democracia* adoptada é a de «sistema onde cidadãos comuns têm um significativo, mesmo que indirecto, papel nos negócios do Estado, incluindo a formulação de políticas e leis e a sua implementação» (p. 635);

«*Desenvolvimento* no sentido amplo cobre todas as formas de progresso humano e o gozo de uma melhor qualidade de vida. Não está limitado ao melhoramento material das condições económicas (*e. g.* elevados rendimentos *per capita*) ou melhores *standards* físicos de vida; cobre o progresso humano em todos os seus aspectos, incluindo uma justa distribuição dos frutos do crescimento e direitos políticos sob uma forma de governo baseada em ampla participação» (p. 635);

«*Crescimento económico* é mais restrito, usualmente expresso em termos do incremento anual do produto interno bruto e do produto interno bruto *per capita*» (p. 636).

Com alguma sensatez, o então dirigente do Banco Mundial observa: «Frequentemente, mas não sempre, países mais democráticos são também mais desenvolvidos e países mais desenvolvidos são também mais democráticos» (aponta o caso dos países da OCDE). Mas, prossegue SHIHATA, «Seja como for, é difícil concluir que um dos dois processos precede necessariamente o outro (...)» (p. 637-638).

H.F. ILLY/E. KAISER/J. RÜLAND, Verwaltung, *in* Pipers Wörterbuch zur Politik..., cit., p. 632 ss.

B.-O. BRYDE, Die Rolle des Rechts im Entwicklungsprozeß, *in* B-O Bryde/F. Kübler (Hg.), die Rolle des Rechts im Entwicklungsprozeß: Referate der Fachgruppe "Grundlagenforschung" anläßlich der Tagung für Rechtsvergleichung im Sept. 1985. Mit Beiträgen von B-O. Bryde, u.a. und einem Diskussionsbericht von W. Blau, Frankfurt am Main, Metzner, 1986, p. 9-36.

962 Em sentido não totalmente igual, *cfr.* H.A. WOLFF, Das Verhältnis von Rechtsstaatsprinzip..., cit., p. 84-85.

Vide, ainda, JORGE MIRANDA (Ciência Política..., cit., p. 190 ss.), que sufraga a ideia de se optar pela nomenclatura *Estado de direito democrático*, por forma a esta poder abranger ambos

Coloca-se, nos dias que correm, o problema da expansão[963] extensiva e intensiva da democracia[964] – questão que alguns enxertam na temática das *novas*

---

os conceitos. Do mesmo autor, Manual de Direito Constitucional, tomo I (Preliminares, o Estado e os Sistemas Constitucionais), 5.ª ed., Coimbra, Coimbra Editora, 1996, p. 356 ss.

Vide, ainda, sobre o assunto, E.S.-AßMANN, Der Rechtsstaat..., cit., p. 1039-1040.

PH. KUNIG, Das Rechtsstaatsprinzip..., cit., p. 482.

A respeito da relação entre o Estado de direito e a democracia, *cfr.*, por exemplo, O. KIMMINICH, Demokratie..., cit., p. 21 ss. (*maxime*, p. 26-29, onde se lê que «Freiheit, Rechtsstaat und Demokratie bilden eine Einheit»).

963 Para abordar uma das vertentes da expansão, preste-se atenção ao *boom democrático* que o mundo testemunhou entre os meados dos anos 70 e finais do século XX (de uns irrisórios 25% para os 70%, aproximadamente). O movimento não se tem livrado, porém, de algumas (significativas) oscilações, os fluxos e refluxos da praxe, transportadores de algumas marcas que questionam a consistência das conquistas democráticas. Disso mesmo dá conta S. ADEJUMOBI (Elections..., cit., p. 59), ao concluir: «Após cerca de uma década em que o processo de renovação política começou em África, o projecto democrático parece estar em crise na maioria dos Estados africanos. Parece haver uma gradual, mas perigosa reinstitucionalização de regimes autocráticos e autoritários revestidos de trajos democráticos». «In some cases, yesterday's despots and military tyrants have resurfaced as today's "born-again" democrats to re-establish or perpetuate their rule, while in others, a new genre of budding autocrats are emerging».

Uma das áreas onde os mencionados refluxos do processo de democratização africana se têm feito sentir é a eleitoral. A propósito, remata o autor, com 5 propostas: «promover o constitucionalismo e a *rule of law*, o que garantirá alguma relativa justiça e abertura em questões eleitorais; assegurar a neutralidade e relativa autonomia da infra-estrutura institucional das eleições – o corpo eleitoral, o judiciário, a imprensa e a polícia; autorização à sociedade civil para agir como fornecedora de valores e práticas democráticos no Estado; melhorar a pobreza material do povo, responsável frequentemente, por "clientelismo e servidão" eleitoral; e, finalmente, dedicar-se ao problema da crise de acumulação em África, que faz da captura do poder do Estado um inestimável projecto político, para a qual todas as tácticas, limpas ou sujas, são permissíveis».

Para desenvolvimentos comparativísticos no âmbito dos sistemas eleitorais, *cfr.* IDEA, The International IDEA Handbook of Electoral System Design, Stockholm, p. 17 ss.

Fixa S. HUNTINGTON (The Third Wave..., cit., p. 3) o início da *3.ª vaga da democratização* às zero hora e vinte e cinco minutos do dia 25 de Abril de 1974, em Lisboa. Foi quando uma estação de rádio difundiu a canção "Grândola Vila Morena", senha dirigida às unidades militares estabelecidas em Lisboa e fora dela, no sentido de avançarem para a concretização do golpe de Estado protagonizado por oficiais integrados no Movimento das Forças Armadas (MFA). Centra HUNTINGTON a sua atenção (p. 5 ss.) em processos de transição para a democracia verificados ou esboçados, entre cerca de três dezenas de países, em Portugal, no Brasil (1973/1974, com, respectivamente, o plano de *distensão* política do General EMÍLIO MÉDICI e com a intenção de abertura política manisfestada pelo Gen. ERNESTO GEISEL), em Espanha (com a liberalização política entreaberta pelo PM CARLOS ARIAS, na fase terminal do franquismo – ainda em vida, portanto, do *Generalíssimo*), na Grécia, com a queda do *regime dos Coronéis*.

A «first wave of democratization» situar-se-ia entre 1826 e 1926 – antes, poder-se-iam considerar democráticos apenas a Suíça (excluindo a mulher do exercício democrático), os EUA (excluindo, certamente, os negros e índios) e a França, como frequentemente se diz (se bem que

formas de democracia[965]. Neste particular, quando CARL SCHMITT[966], sonhava que «um dia, através de engenhosas invenções», qualquer indivíduo «sem sair da sua

---

seja por todos sabido que apenas no início do século XX foram consagrados regimes abertos inteiramente ao sufrágio universal de indivíduos adultos, com instituições do poder político controladas pelo povo; aconteceu em dois Estados, a Austrália e a Nova Zelândia) e a «first reverse wave», entre 1922 e 1942; a «second wave of democratization», entre 1943 e 1962 (a «second reverse wave», entre 1958 e 1975); a «third wave of democratization», teria arrancado em 1975 (*id. ibid.*, p. 13-26); a «third reverse wave» é interrogativamente situado a partir de 1990, período que coincide com o regresso ao autoritarismo em duas democracias da 3.ª vaga. Sobre a fundamentação teorética das *waves*, *vid.*, do mesmo autor e na mesma obra, as páginas 31-46 e 290-294.

Também, B. GEREMEK (DAHRENDORF/FURET/GEREMEK, A Democracia na Europa…, cit., p. 99). A. LIJPHART, Las Democracias…, cit., p. 52 ss.

964 Num contexto em que a autocracia «no osa decir su nombre», identificando-se «com el derecho, la democracia, la República» (assim, M. KAPLAN, El Estado…, cit., p. 85.).

965 D. HELD (Introduction: New Forms of Democracy?…, cit. p. 1-7) concorda – reflectindo a linha seguida pelos autores do livro citado – que *novas formas, genuinamente, de democracia, há hoje poucas, se é que há alguma.* Tudo não passaria daquelas *novas iniciativas "debaixo", bem assim como novos desenvolvimentos das agendas políticas que procuram alterar sistematicamente a forma dominante da democracia contemporânea – isto é, que procura alterar a democracia liberal ou representativa pelo incremento do escopo ou transformação dos métodos de decisão democrática.* Atente-se, neste particular, nas enormes potencialidades oferecidas pelas tecnologias de informação ao desempenho do sistema democrático.

Isso mesmo é realçado por IAN MCLEAN [Mechanisms for Democracy, *in* D. Held/C. Pollit (ed.), New Forms of Democracy, London, Sage Publications/The Open University, 1986, p. 135 ss.], quando, se bem que em termos cautelosos, diz possibilitarem as novas tecnologias uma larga gama de processos que de outro modo (fisicamente) seriam impossíveis. Não estaríamos, propriamente, perante a vitória total e definitiva da democracia directa sobre a representativa. A mais-valia transportada, designadamente, pelo voto electrónico ou pelas sondagens de opinião alarga os horizontes da participação do cidadão na vida política e afina os mecanismos do funcionamento do aparelho democrático, mas não permite arquivar a democracia directa, nem solucionar todos os problemas na ordem do dia.

Vide, também, C.J. EDWARDS, The Future of Rights and Democracy…, cit., p. 25. EDWARDS recenseia «three possibles ways of apportioning the task of decision-making in society: 1. to delegate all decision-making to a single person or small group of people; 2. to involve all the people in the decision-making process; 3. to involve as many of the people as possible in the selection of decision-makers, with a mechanism of close control by the people over the decision-makers».

T. ZITTEL, Elektronische Demokratie – ein Demokratietypus der Zukunft?, *in* Zeitschrift für Parlamensfragen, 2000, Heft 4, p. 903-925.

ALFONSO DI GIOVINE, Democrazia Elettronica: Alcune Riflessioni, *in* Diritto e Societá, 3, 1995, p. 403 ss.: «(…) è la democrazia diretta – nella sua dimensione formale (referendum) e informale (sondaggio) – il vero campo d'elezione della democrazia elettronica, il terreno, cioè, in cui le illimitate possibilità offerte dalle nuove tecnologie appaiono a molti come un formidabile ricostituente per le nostre gracili democrazie». O que flui do estudo de DE GIOVINE é uma postura de *pessimismo prudente* (como, aliás, se conclui, a páginas 413) quanto à questão de saber o que esperar

habitação» pudesse, com um aparelho, «exprimir as suas opiniões sobre questões políticas», sendo aquelas opiniões «automaticamente registadas por uma central»,

---

destas novas tecnologias de informação no terreno da democracia: *totalitarismo electrónico*? Optimização de uma ágora da democracia?

P. HIRST/S. KHILNANI, Introduction, *in* Paul Hirst/Sunil Khilnani (Ed.), Reinventing Democracy [The Political Quaterly], Oxford/Cambridge (USA), Blackwell Publishers, 1996, p. 5-6.

T. WRIGHT, Reinventing Democracy?, *in* Paul Hirst/Sunil Khilnani (Ed.), Reinventing Democracy [The Political Quaterly], Oxford/Cambridge (USA), Blackwell Publishers, 1996, p. 10, 15.

Diz G. BURDEAU (A Democracia – Ensaio Sintético, 3.ª ed., Mem-Martins, Publicações Europa-América, 1975, p. 125): «O Poder do povo ainda só se exterioriza no *contrôle* exercido pelo povo. Mas este Poder que controlamos perde, por isso mesmo, o seu primitivo prestígio; visto que nada pode sem o consentimento popular, porque não fixará o povo por si próprio as medidas em que consente? Passando dos governantes aos governados, a iniciativa – e não apenas a vigilância – o grupo fica investido da autoridade soberana. Isso seria uma nova metamorfose da ideia democrática, mas não a última. Porque se trata de saber com que fim o seu detentor vai usar desta autoridade?».

R. SCHMALZ-BRUNS, Reflexive Demokratie: Die Demokratische Transformation Moderner Politik, 1. Aufl., Baden-Baden, Nomos, 1995, p. 159 ss., 167 ss., 205 ss.

Aplaudindo o triunfo do capitalismo e da democracia liberal, como *o ponto final da evolução histórica da humanidade* (e a expansão universal da democracia ocidental como *a forma final do governo humano)*, F. FUKUYAMA, The End of History and the Last Man, London, Penguin Books, 1992; The End of History?, *in National Interest,* 16, 1989.

O entusiasmo adialéctico despertado em FUKUYAMA pela retumbante vitória da grande corrente demo-liberal na batalha contra o *Segundo Mundo* traduziu-se, numa fase inicial, na *constatação* de que a *história* atingiu o topo e se cristalizou nessa forma, para todo o sempre.

Seria a consecução do ideário hegeliano de um Estado homogéneo e universal.

Mas será sustentável ter a humanidade atingido assim o «ponto final da evolução ideológica» e a «democracia ocidental» logrado a sua consolidação universal como «a forma final do governo humano»?

Ora se é verdade que grande parte do ideário demo-liberal é reivindicado nos quatro cantos do mundo, também não é menos verdade não estar tal ideário isento de reparos, defeitos, contradições e leituras não convergentes. Acresce (e é este o argumento decisivo) ser dificilmente sustentável a paragem no tempo sugerida por essa leitura fukuyamiana. A humanidade feita sonho colectivo em marcha não se revê em estatismos simplistas do género em análise. A história é um rio ou um lago?

Numa posição contrária à inaugurada por FUKUYAMA, situou-se J. DE S. E BRITO (A Democracia e o Fim da História, *in* Themis – Revista da Faculdade de Direito da UNL –, n.° 1, 2000, p. 127-136).

D. ZOLO, Il Pincipato Democratico, Milan, Feltrinelli, 1992, p. 9, 79 ss.

D. ZOLO, Complessità e Democrazia: Per una Ricostruzione della Teoria Democratica, Torino, G. Giappichelli Editore, 1987, p. 157 ss.

J.M.F. I SARDA/J.M. CUBAS, La Teoria Postempirista de la Democracia de Danilo Zolo: Una Aproximación, *in* Revista de Estudios Políticos, 84, 1994, p. 287-303.

H. HILL, Legiferação e Modernização Administrativa, *in* Legislação, 23 (1998), p. 39-58 (*maxime*, p. 58).

Em geral, no tocante à democracia liberal, são importantes os estudos de S. BERNSTEIN reunidos na obra colectiva "Démocratie Libérale" (volume integrado na série Histoire Générale des Sistèmes Politiques, dirigida por Maurice Duverger e Jean-François Sirinelli; o volume integra

tocava SCHMITT numa faceta característica da evolução tecnológica a que o século XX viria a assistir, com as tecnologias da informação e outras vertentes científicas.

O mundo vai pedindo cada vez mais e melhor democracia[967], e parece que o ciclo das exigências insiste em manter-se aberto. Mais democracia? Democracia cada vez mais directa e participada? Para J.-J. ROUSSEAU[968], «A tomar o termo no rigor da acepção, nunca existiu verdadeira democracia, e nunca existirá[969]. É contra a ordem natural que o grande número governe e que o pequeno seja governado. Não se pode conceber que o povo permaneça constantemente junto para se ocupar dos negócios públicos e vê-se facilmente que não poderia estabelecer comissões para isso sem mudar a forma de administração». Destacando as dificuldades que envolvem um sistema com os mencionados recortes, prossegue o nosso autor, indagando, «quantas coisas difíceis de reunir não supõe este governo? Em primeiro lugar, um Estado muito pequeno em que o povo seja fácil de reunir e em que cada cidadão possa facilmente conhecer todos os outros; em segundo lugar, uma grande simplicidade de costumes que previna a multiplicidade de assuntos e as discussões espinhosas; em seguida, muita igualdade nas categorias e nas fortunas, sem o que a igualdade não poderia subsistir muito tempo nos direitos e autoridade; finalmente, pouco ou

---

estudos de S. Bernstein, P. Guillaume, Morris, J. Portes e N. Roussellier), Paris, P.U.F., 1998: p. 9 ss.; 375 ss.; 689 ss.; 913 ss.

N. DE FREDERICIS, Lo Stato Contemporaneo tra Democrazia e Liberalismo, *in* Il Politico – Rivista Italiana di Scienze Politiche, 1997, n. 3, p. 381-401. Sustenta o autor que a democracia liberal contemporânea é a consequência histórica da síntese cultural entre o «princípio do governo pelo povo» (reafirmado pela revolução americana e pela francesa) e o «conceito de governo limitado» (*incorporado* no séc. XX).

966 C. SCHMITT, Verfassungslehre, Berlin, 1928.

967 Ciclicamente, vai-se falando também da *crise* da democracia. *Vide* N. BOBBIO, La Crisi della Democrazia e la Lezione dei Classici, *in* Crisi della Democrazia e Neocontrattualismo, Roma, Ed. Riuniti, 1985, p. 32-33 – para o autor, a «ingovernabilidade», a «privatização do público» e o «poder invisível» «são três aspectos da crise da democracia». Exemplifica com a Itália de então, onde «la crisi della democrazia è aggravata anche dalla crisi dello stato di diritto (…) e dalla crisi dello stato *tout court* (…)».

ANTONIO J. PORRAS NADALES, Representación y Democracia Avanzada, Madrid, Centro de Estudios Constitucionales, 1994, p. 11 ss., 117-126.

F.F. RIDLEY, Using Power to keep Power: The Need for Constitucional Checks, *in* Parliamentary Affairs, vol. 44, 4, 1991, p. 450-452.

968 J.-J. ROUSSEAU, O Contrato…, cit., Livro III, Cap. IV. Traça, igualmente, o autor nesta sede as condições para uma democracia directa.

G.-CHRISTOPH VON UNRUH, Notwendige Elemente einer demokratischen Verfassung: Betrachtungen EUGEN SCHIFFERS zur Verfassungsreform, *in* NVwZ 1991, Heft 7, p. 635-637.

969 Disso nos dá também conta MANNEQUIN (Le Problème…, cit., p. 443): «On dit souvent de la démocratie que c'est une utopie, parce que pour la réaliser il faudrait trop de vertu chez les gouvernants et chez les gouvernés».

nenhum luxo, pois o luxo é o efeito das riquezas ou torna-as necessárias; corrompe ao mesmo tempo o rico e o pobre, um pela posse, outro pela cobiça; vende a pátria à inércia, à vaidade; tira ao Estado todos os seus cidadãos para os sujeitar uns aos outros e todos à opinião».

Entretanto, algumas experiências, mais ou menos sérias, foram encetadas em alguns países africanos e asiáticos, com vista, dizia-se, a aproveitar as dimensões endógenas dessas democracias[970]. Mas a qualidade da *democracia* está em íntima correlação tanto com o perfil da elite[971] político-cultural como com o da massa imensa dos demais cidadãos[972].

Para a experiência e devir da democracia na Guiné-Bissau, seleccionei as seguintes variáveis[973] (que determinarão o sucesso do modo de vida democrático): mais e melhor educação[974]; mais e melhor desenvolvimento econó-

---

970 Para o caso indonésio, *cfr.* M.-P. ROY, Les Régimes..., cit., p. 189. SUKARNO quereria «restabelecer as velhas práticas democráticas das aldeias de Java, Bali, Soulawesi, inspirando-se nas 3 tradições, reflectindo uma concepção de vida baseada na unidade da comunidade, mais do que no indivíduo, a saber: *Gotong-Rojong* ou assistência mútua, *Mushawarah*, ou consulta mútua, e *mufakat* ou acordo mútuo».

971 Para uma definição de "elite" e para a sua confrontação com a envolvência africana, *cfr.* G. ENDRUWEIT, Eliten, *in* Pipers Wörterbuch zur Politik: Dritte Welt, Gesellschaft-Kultur-Entwicklung (Nohlen/Waldmann, Hrsg.), München/Zürich, Piper, 1987, p. 141-150.

972 Sobrevalorizando um dos aspectos («quality of citizens»), B.R. BARBER, The Challenge of Civil Society and the Myth of Formal Constitutions, *in* Paul Hirst/Sunil Khilnani (Ed.), Reinventig Democracy, Oxford/Cambridge (USA), Blackwell Publishers, 1996, p. 155.

973 Para uma informação mais global sobre a temática, *vid.*, entre outros, S.P. HUNTINGTON, The Third Wave..., cit., p. 37 ss.

Por seu lado, L. DIAMOND ["Preface", *in* L. Diamond/J.J. Linz/S.M. Lipset (ed.), Democracy in Developing Countries: Africa, Colorado/London, Lynne Rienner Publishers/Adamantine Press Limited, 1988, p. XVI] caracteriza assim a democracia (ou, explica, aquilo que R. DAHL designa por "poliarchy"): «um sistema de governo que satisfaz as três condições essenciais: significativa e extensiva *competição* entre indivíduos e grupos organizados (especialmente partidos políticos) para todas as posições efectivas de poder governamental, em intervalos regulares excluindo o uso da força; um nível altamente inclusivo de *participação política* na selecção de líderes e políticos, ao menos através de eleições regulares e justas, de modo a que nenhum grupo social seja excluído; e um nível de *liberdades civis e políticas* – liberdade de expressão, liberdade de imprensa, liberdade de constituir e de se juntar a organizações – suficientes para assegurar a integridade da competição política e participação».

974 Diria PÉRICLES, toda a nossa cidade é educação.

Não chegaria ao ponto a que chegou M.G. FERREIRA F.° (Democracia Possível..., cit., p. 290-291): «É preciso educar para a democracia» (até aqui, nada tenho a contestar), «pois a democracia não é forma de governo para qualquer povo em qualquer momento».

Defendendo que o analfabetismo não constitui óbice à *democracia local*, *vid.* Y. NOUGUERÈDE, Coopération Internationale, Démocratie et Développement, *in* G. Conac (sous la di-

mico[975]; assunção mais séria dos postulados democráticos, por parte da elite politica e cultural indígena. A conjugação dialéctica desses três factores bastarão, na Guiné, para a consecução de uma democracia de alto rendimento.

Identifica HUNTINGTON[976] quatro áreas geoculturais com problemas de ordem democrática. Uma das áreas é justamente a África negra, com o seu cortejo de ditaduras, monopartidarismo, regimes militares, ou combinação das três formas. Tinha o autor em mente os anos noventa do século vinte. Mas não se registou uma mutação fundamental nessa matéria, nos anos que correm.

Recuperemos o exercício já realizado noutro lugar desta obra. Trata-se da teoria democrática do *consenso*. Seguindo as pisadas de LIJPHART[977], mesmo em

---

rection de), L'Afrique en Transition Vers le Pluralisme Politique, Paris, Economica, 1993, p. 473-474.

Dando conta do nível académico razoável de alguma elite política guineense na 1.ª legislatura multipartidária, *vid.* CARLOS CARDOSO, Classe Política e Transição Democrática na Guiné-Bissau, *in* F. Koudawo/P.K. Mendy (ed.), Pluralismo Político na Guiné-Bissau. Uma Transição em Curso, Bissau, INEP, 1996, p. 159: «Os líderes dos partidos de oposição são geralmente quadros com formação superior e as estruturas superiores dos partidos são igualmente encabeçadas por indivíduos com um nível de formação académica relativamente alto. A nível da Assembleia Nacional Popular verifica-se que cerca de 36% dos deputados possuem um nível de formação igual ou superior ao médio, ascendendo o número dos que possuem formação superior aos 26%. Os que não possuem nenhuma instrução constituem cerca de 22%, sendo na sua maioria antigos militantes do PAIGC (…)». A nível do governo, «mais de 95%» dos seus membros possuíam «uma formação superior, verificando-se ao mesmo tempo um grande equilíbrio em termos de área de especialização (direito, engenharia civil e agrícola, filosofia, sociologia, *etc.*) e apesar de uma relativa predominância de indivíduos com formação em economia».

975 Em torno da vertente económica no processo democrático africano, *vid.* M. DEBÈNE, La Dimension Economique de la Transition Démocratique en Afrique, *in* G. Conac (dir.), L'Afrique…, cit., p. 113-123.

P.K. MENDY, A Emergência do Pluralismo Político…, cit., p. 19.

976 HUNTINGTON, The Third Wave…, cit., p. 294-315 – identificando os obstáculos, em geral, segundo 3 categorias: política, cultural, económica.

R.A. DAHL, Democracy and its Critics, New Haven, Yale University Press, 1989, p. 252, 314.

977 A. LIJPHART, Las Democracias…, cit., p. 15-16. Reconhece o autor que tomou de empréstimo a parelha "democracia maioritária"-"democracia de consenso" a ROBERT G. DIXON JR. (Democratic Representation: Reapportionment in Law and Politics, New York, Oxford University Press, 1968, p. 10). Quanto às expressões – que LIJPHART usou em circunstâncias diversas – *democracia consociativa* e *democracia de consenso*, esclarece o próprio que no livro em análise «utiliza-se o termo *consenso* em vez de *consociativo*» (que usou no livro Democracy in Plural Societies: a Comparative Exploration, New Haven/London, Yale University Press, 1977), «não só porque o primeiro é mais curto – e mais fácil de reter – que o segundo, mas porque existem diferenças cruciais entre os respectivos significados». Acresce a tudo isso o facto de os seus escritos anteriores terem «como ponto de partida a democracia consociativa», contrastando-a com a regra da maioria. O que

cenários de *divisões sociais politicamente relevantes*, a teoria consensual pode valer. E valeria desde que se observassem dois requisitos fundamentais: que as diferentes linhas divisórias *não sejam cumulativas*; que as principais formações partidárias estejam implantadas em *todos os grupos sociais estruturalmente importantes*. Faltando estes requisitos, poder-se-á verificar um agravamento dos conflitos, conducente à destruição do próprio sistema. Trouxe à colação os modelos em referência para reintroduzir aqui a opção já definida *supra* a favor de um modelo bicameral, com sobrepujança da Câmara dos Deputados (ou Câmara Baixa), para a Guiné-Bissau.

Na verdade, essa especial forma de bicameralismo seria uma forma de recuperar o *Sul profundo* na democracia guineense[978]. A franja sociológica não sufragável nos moldes da democracia clássica teria assento (num *Bantabá di tera*) no sistema democrático, enriquecendo-o. Estou a pensar, por exemplo, nos *régulos* e nas figuras mais simbólicas (onde o *regulado* não exista ou onde seja necessário ir mais além numa abordagem inclusiva, com o fito de recuperar a cultura consensualista própria da mundividência africana). A maioria não deixa de mandar, mas aqueles que a *modernidade* (colonialismos, independências) emudeceu e apoucou (os poderes indígenas) poderão contribuir – com a sua sabedoria e o seu saber-fazer – para o enriquecimento do sistema democrático. Esse *apport* viria africanizar a democracia: uma condição para ser vivida intensamente pelos actores e utentes do sistema, não como algo imposto de fora para dentro ou como algo levianamente importado por uma classe política aculturada. Ripostar-se-á: «Mas tal opção encarece o sistema». Replicarei: Não é líquido que

---

não se passaria no estudo "Las Democracias...", dado começar aqui com uma análise do modelo maioritário, do qual deduz «o modelo de consenso como seu oposto lógico». Contudo, «as quatro características da democracia consociativa – ampla coligação, autonomia dos partidos, proporcionalidade e veto da minoria – são claramente recognoscíveis nas oito características da democracia de consenso descritas» na obra acabada de mencionar, «ainda que não coincidentes com elas». Para uma caracterização mais exaustiva dos dois modelos *vid.*, do mesmo autor e na mesma obra, p. 19-50.

Ainda a propósito da *democracia consociativa*, *vide* C. BLANCO DE MORAIS, As Leis Reforçadas..., cit., p. 988 ss.

J. BOTELLA, "Introducción": A. LIJPHART, Las Democracias Contemporáneas, Barcelona, Ariel, 1987, p. 10-13.

[978] Estas ideias e estes textos (a par de outros, sustentando a mesma tese) foram trabalhados por mim por volta do ano 2000, com base, nomeadamente, em trabalhos de campo focalizados nas etnias mandjaku e pepel. Acabariam por ser divulgados nas Jornadas Jurídico-Constitucionais da Faculdade de Direito de Bissau, que decorreram de 7 a 9 de Junho de 2004, em Bissau, enquanto texto da conferência proferida por mim, sob o título "O Poder Autóctone na Arquitectura do Estado – Bicameralismo?" (*vide* Actas das referidas Jornadas).

encareça o sistema. Com efeito, uma certa redução do número de deputados da outra Câmara, acompanhada de uma composição e funcionamento do *Bantabá di Tchon* que prime pela concisão, poderá obviar, em certa medida, à crítica atrás esboçada. Mas, se mesmo assim, se mantiver uma fatia de gastos que dantes não se faziam, fica a convicção de que existem outros benefícios que suplantam, de longe, os anteriores problemas contabilísticos. Na verdade, para além do potencial de pacificação social transportado pelo modelo gizado, a institucionalização deste modelo poderá contrariar a estratégia seguida pelos políticos de "ouvir" e "considerar" tais instâncias (o país real, de facto) apenas nos momentos eleitorais e por motivos eleitoralistas.

§ 2.° O PESO DO CONCEITO E DA FORMA-MÉTODO-PROCEDIMENTO NA ESTRUTURA DO CONCEITO DEMOCRACIA

1. A Forma: Conteúdo Vital da Democracia

A forma é o conteúdo mais importante da democracia.

Vou dizer porquê.

Tenho para mim que o princípio democrático (a democracia, ela mesma) não é tanto um meio, como um fim em si mesmo. A redução da democracia a um expediente, meio (trampolim) para a consecução de certos fins (poder, desenvolvimento, *etc.*) pode levar ao *caso guineense* (levantamento militar de 7.6.1998). Aqui, a frustração antegozada por alguma classe política (na *situação* ou na oposição) de se ver arredada do poder por mais um lustro foi a pedra angular do edifício conspirativo[979]. Se não, como compreender a viragem ocorrida em alguns políticos, que, antes do levantamento, se pronunciavam contra o recurso à violência no convívio democrático, para, a partir da sublevação, já tecerem loas (foi impressionante a argumentação político-*jurídica* na altura desfiada, a propósito)

---

[979] Cinco ingredientes misturados deram no *cocktail* do *7 de Junho*. Há outros ingredientes, mas registo, por ora, estes, que têm de comum o facto de se referirem à figura do Presidente NINO: ser este figura de proa na guerra colonial; destituir o Presidente LUIZ CABRAL, no golpe de Estado de 14 de Novembro de 1980, encerrando o programa da unidade Guiné-Cabo Verde; demitir, na nova democracia e nos cânones constitucionais, o Governo do Primeiro-Ministro SATURNINO – o que despoletaria reacções catabólicas, a nível do partido no poder; apresentar-se – face às *performances* reivindicadas pelo Governo do Primeiro-Ministro CARLOS CORREIA e tendo em conta o peso carismático do PR (que o último congresso do PAIGC revelou, a despeito da mecânica do mesmo) – como provável vencedor do previsto embate eleitoral; por isso, frustração antesofrida pelos partidários da mudança.

Se a todos esses ingredientes se juntarem alguns erros estratégicos e tácticos do regime ninista, constatar-se-á estar madura a *situação* golpista. Toda a gama de sujeitos a que se aludiu há três ou mais linhas atrás uniu-se, circunstancialmente, para depor NINO.

àquela forma de fazer política[980]? Uma autêntica queima de incenso à Junta Militar ("Junta do Povo"), ao Brigadeiro ("General") Mané, à violência ("revolução popular"), à linha política, filosófica, antropológica (sabe-se lá mais o quê) de CABRAL[981]. Temos em mãos um precedente verdadeiramente suicida para a

[980] Em certos momentos, assaltou-me a impressão de que a Guiné não merece a classe política que tem (o horizonte temporal perscrutado vai do pré-guerra de *7 de Junho de 1998* ao golpe de *14 de Setembro de 2003*): falta-lhe sistematicamente patriotismo, não hesitando em enveredar por manobras (por mais perigosas, violentas e prejudiciais que possam ser para a nação), desde que pense serem aptas a conduzi-la ao poder ou a dificultar a vida ao inimigo. Num ambiente como este, difícil será esquadrinhar (e encontrar) os últimos abencerrages da causa democrática. O batel da política transformou-se na *barca de Caronte* – o destino da travessia e os passageiros estão feitos um com o outro.

[981] Quando um dia CABRAL for relido (mas for lido, mesmo – porque já verifiquei, mais de uma vez, que um destacado dirigente político guineense que dias antes tecera rasgados elogios ao pensamento de CABRAL, não me foi capaz de apontar uma só ideia desse grande líder político, para além dos batidos lugares-comuns), talvez se consiga fazer diminuir o apelo gratuito (politicamente oportunista e, as mais das vezes, vazio) à sua memória. Talvez se descubra a natureza puramente humana de CABRAL, dessacralizando-o, desdeificando-o.

É, sem dúvida, de enaltecer a sua agilidade política (um certo maquiavelismo político, até) na organização do PAIGC e na condução da luta de libertação nacional. Contudo, resulta para mim óbvia a impotência de CABRAL para resolver o *teorema da unidade Guiné-Cabo Verde*. Parece que o mesmo já pressentia essa impotência no período que antecedeu a sua morte (pela intensidade das contradições que o problema despertava).

Um curto desvio, para trazer à luz um debate televisivo difundido pela RTGB a 12.8.1999. Estava em discussão a norma da elegibilidade para certos cargos de soberania (introduzida na Constituição revista em 1999, mas não promulgada à data da entrevista). O Dr. SILVESTRE ALVES (que defendia a tal norma restritiva da capacidade eleitoral passiva apenas a cidadãos guineenses de origem, filhos de pais guineenses de origem) disse, em alusão aos cabo-verdianos da luta armada do PAIGC, que quando um estrangeiro entra na guerra num país que não é o dele, ou é mercenário ou tem outras intenções. Mais, acha (ou será outro participante – Sr. LUCAS SILVA?) estranho que o PAIGC tenha sido fundado só por cabo-verdianos. No debate, participaram, entre outros, os políticos mencionados, assim como uma das filhas do Eng.° AMÍLCAR CABRAL.

Terminado o desvio (que espelha, justamente, o *imbroglio* cabraliano), ouçamos e reflitamos sobre alguns registos: quando CABRAL diz a MANUEL ALEGRE (escritor e militante antifascista português), de acordo com este, que se for assassinado, será pelos seus companheiros de luta; quando, perante uma falha ou desleixo na guarda da sede do PAIGC, CABRAL se insurgiu contra os militares que tinham essa missão, dizendo que estes podiam negligenciar a segurança dele CABRAL, mas que velassem pela segurança das instalações em causa, considerando a importância dos documentos ali depositados; quando prestarmos alguma atenção ao que se diz, à boca pequena, do comandante guerrilheiro OSVALDO VIEIRA, que não escondia a sua opinião de que, com a independência, os cabo-verdianos do PAIGC mandariam em Cabo Verde e os guineenses, na Guiné (não faltando quem visse nessa posição a causa da sua morte, ocorrida antes da independência...).

Para algumas informações em torno do homicídio que vitimou A. CABRAL, *vide*, entre literatura vária, ARISTIDES PEREIRA, Guiné-Bissau e Cabo Verde – Uma Luta, Um Partido, Dois Países,

democracia. Por isso digo: a democracia pode ser um *meio para*, mas é, igualmente, um *fim em si* – aperfeiçoável sempre e sempre dentro da dinâmica democrática.

A democracia é o conteúdo de uma forma e a forma *para um* conteúdo. Se não estiver presente a componente *formal*, então são horas de se começar a *rezar* (também aqui) *pela alma da democracia*. Exemplos, pela negativa, do que se acabou de arrazoar, são os episódios subsequentes ao levantamento de *7 de Junho*: afirma-se pretender "consolidar a democracia" e serve-se, entretanto, de métodos antidemocráticos (forma) para a sua consecução; afirma-se pretender defender a Constituição e viola-se, entretanto, essa mesma Constituição, nos seus aspectos axiais[982].

Lisboa, Editorial Notícias, 2002, p. 202 («... em Conacri, sobretudo durante a segunda metade de 1972, era nitidamente perceptível a degradação do ambiente que se instalara em consequência do trabalho de sapa levado a cabo pela PIDE») e 223 [«Quando discutimos a questão da sucessão de Cabral à frente do PAIGC, percebemos que muitos guineenses não foram apenas movidos pelo anticabo-verdianismo, mas também por um certo receio de que a continuação de um responsável, ao mais alto nível, de origem cabo-verdiana ou cabo-verdiano, na direcção, pudesse significar a destruição do Partido ou viesse a dar um outro assassínio. Fidélis Cabral de Almada foi o porta-voz de toda uma corrente de dirigentes guineenses que, nessa altura, estavam com esse receio». Diz PEREIRA não acreditar «que a proposta do Fidélis Cabral de Almada em propor Nino Vieira tivesse reflectido anticabo-verdianismo». «Porém, o Nino tinha toda a razão quando disse que não aceitaria assumir a chefia da direcção porque não se sentia capaz de dirigir o Partido naquele momento»].

SPÍNOLA deixou entrever a situação de CABRAL, numa entrevista concedida ao jornalista PETER WEBB (da revista *Newsweek*), em 5.12.1971 (*vid.* A. SPÍNOLA, No Caminho do Futuro, Lisboa, Agência-Geral do Ultramar, 1972, p. 243 ss.). Interrogado sobre a sua opinião acerca de CABRAL, responde, arteiramente, o então Governador da Província da Guiné: «(...) considero Amílcar Cabral um homem inteligente, que por isso mesmo já compreendeu perfeitamente as teses que defendemos, e portanto, com muito maior força de razão, as terá aceite no seu foro íntimo. De resto, trata-se de um homem que é tão guinéu como eu, pois também não lhe corre sangue guinéu nas veias; e tão-pouco pode considerar-se que esteja ligado aos guinéus pelo coração, pois se o estivesse já teria vindo ao nosso encontro».

Avancemos cerca de vinte e seis anos depois e aterremos em Dezembro de 1999. O que a seguir se relatará é susceptível de reflectir a idiossincrasia da alma guineense e de explicar a não resolução (será resolúvel?) do *teorema da unidade Guiné-Cabo Verde*:

– Diário de Bissau, n.° 166, de 10.12.1999: «Artigo 5.° funcionou nas urnas» (já citei *infra*, com algum pormenor, este editorial). A linha forte que perpassa no texto traduz-se na ideia de que os resultados eleitorais de Novembro de 1999 sufragaram, «de uma forma legítima e democrática», o art. 5.° da Constituição revista, não obstante a «não homologação» desta norma. Com efeito, «o assunto não morreu com a não homologação da lei»; «e se o art. 5.° não passou, o povo passou-o nas urnas».

982 Um curtíssimo *filme documentário*, a ilustrar o carácter surrealista da mundividência e da vida política guineense (26 de Novembro de 1998, ANP, debate parlamentar):

A Guiné dos últimos 5 anos do século XX era este retrato: de uma perspectiva e vivência *elitistas* da democracia (da Transição[983] Constitucional ao golpe de *7 de Junho*[984], exclusive), para um niilismo democrático (aqui camuflado pela condenação de um passado alegadamente antidemocrático e pela promessa de um amanhecer radiosamente democrático).

Numa linha paradoxal, a situação poderia ser enquadrada numa epígrafe como esta: *Guiné-Bissau – ou Como se Pode Negar o Método Democrático Defendendo o Método Democrático.*

Há que terçar armas pela democracia, na democracia.

Afirmar o contrário (ou proceder de modo contrário) equivale a um eterno regresso a um mítico presente: vale dizer, os que não respeitam sistematicamente a "forma" tenderão a fazer do seu momento de ruptura a *idade do ouro* do sistema (com a sua humanidade inocente e pura, com a sua perpétua primavera, com a sua paz e abundância e *dolce vita*) ou uma espécie de Saturnal.

Mal acorde, porém, da festa, o escravo descobrirá que a toga que evergara não fez dele senhor.

O debate parlamentar de hoje esteve enviesado, salva a intervenção do deputado CARRINGTON CÁ e, talvez, uns poucos mais. É a sustentabilidade de um qualquer levantamento militar em democracia; é o factor atiçador da confrontação; é a violação da Constituição, para, em seguida, se defender *intransigentemente* e convenientemente a mesma Constituição; aliás, ainda hoje o parlamento violou um limite circunstancial de revisão – em estado de sítio ou de emergência, conquanto não declarado, não se deve fazer uma revisão constitucional. Compreende-se que alguns ainda não se sintam completamente libertos e senhores de si, para enfrentarem tamanha empresa. Notou-se, com efeito, o tom invulgarmente unanimista, salvo raras excepções (o caso mencionado de C. CÁ), pelo menos na sessão de hoje. O facto de estarem numa zona controlada pela Junta Militar, o facto de se viver ainda um clima de tensão militar e social pode constranger os deputados. E isso é suficiente para uma revisão constitucional violar tal dispositivo constitucional. Poder-se-á levantar a questão de ser uma revisão muito delicada (extensão do mandato até Março – 4 meses –, quando, não fosse o levantamento armado de *7 de Junho*, o respectivo mandato já haveria findado em meados de 1998.

[983] Alguns «traços da transição» em referência se podem encontrar em F. KOUDAWO, Eleições e Lições, Bissau, Ku Si Mon, 1994, p. 7-12;

CARLOS CARDOSO, Les Spécificités de la Transition Démocratique, *in* J. Augel/C. Cardoso, Transição Democrática na Guiné-Bissau e Outros Ensaios, Bissau, INEP, 1996, p. 59-70.

E. KAFFT KOSTA, O Constitucionalismo Guineense e os Limites Materiais de Revisão, Lisboa, AAFDL, 1997, p. 242 ss.

[984] A inscrever-se o *7 de Junho* na III.ª República (a Liberal-Democrática, que arrancou, *formalizando-se,* em 1991 e se *materializou* a partir de 1994, com as primeiras eleições pluralistas), esse fenómeno (e alguns que se lhe seguiram) pode ser catalogado como de *deriva desintegracionista ou desconstrucionista.*

Dantes era a não-democracia[985], agora é que é a democracia autêntica[986]. Só que, mal ele conclui o auto-elogio, já outros estarão a tentar derrubar este edifício, pelo mesmo método... e o ciclo da democracia[987] selvagem eterniza-se.

---

985 Alguns instantâneos do clima político (democrático?) da Guiné de 1996:

– *vid.* Diário de Bissau, n.° 2, de 23.10.1996, p. 1, 6: «Padre insulta o Presidente da República, Primeiro-Ministro e membros do Governo no decurso de uma missa dominical».

Autoridades ouvem o Padre. «O Padre Paulo Iero tratara em plena missa dominical Nino Vieira, Manuel Saturnino Costa e membros do seu executivo de "bandidos, mandfros"» (ou quererão escrever "malandros"?), «"e corruptos, que desviam as ajudas externas para os seus benefícios próprios", nomeadamente na construção de casas e implantação de hortas». Nessa reunião com as autoridades locais (Governo da Região de Oio, Comissário Regional da Polícia) e o Secretário Regional do PAIGC, na missão católica de Mansoa, o Padre «reconheceu a culpa, alegando que se encontrava nervoso» e que foi um desabafo.

Vid. Diário de Bissau, n.° 4, de 25.10.1996, p. 1: «Finalmente o Ministro do Interior no Parlamento».

«O caso dos deportados de Espanha voltou ontem a aquecer o Parlamento. Os ministros, Amaro Correia, do Interior, e Fernando Delfim da Silva, dos Negócios Estrangeiros e das Comunidades Guineenses, compareceram, mas deixaram muitas perguntas ficaram por responder. Não conseguiram convencer os deputados e recusaram entrar em pormenores» (*sic*).

Vid. Diário de Bissau, n.° 5, de 26.10.1996, p. 1, 3: «Novo embaixador francês entrega Cartas Credenciais a Nino Vieira», ontem. «François Chapellet» «assegurou a Nino Vieira todo apoio do Governo de Paris nas suas opções quer a nível nacional ou sub-regional ou ainda junto a União Europeia» (*sic*). «F. Chapellet realçou (...) que a França felicitou a transição democrática há bem pouco levada a cabo e hoje bem sucedida» na Guiné-Bissau «e manifestou a disposição do seu país em apoiar a sua consolidação e aprofundamento».

Vid. Diário de Bissau, n.° 10, de 4.11.1996, p. 3: À luz da IV Convenção de Lomé (ratificada pela ANP, na sua última sessão), e citando o jornal, «qualquer ajuda da CE aos países da ACP está condicionada ao processo de democratização, o respeito pelos direitos humanos e a conservação do meio ambiente».

– Parlamentares querem mais verdades sobre a gestão do ex-Ministro da Comunicação Social, HELDER PROENÇA.

Vid. Diário de Bissau, n.° 11, de 5.11.1996, p. 5: «Desde Amílcar (...) que a Guiné-Bissau não tinha, tal como hoje tem, uma presença internacional tão notável» (aludia à presidência guineense do Conselho de Segurança das Nações Unidas – não esquecer que é o MNE quem fala –, prestando homenagem à ambição e empenho do PR NINO, quando «pouca gente acreditava nas chances de sucesso»).

986 É nesta movimentação que registamos a carta subscrita pelo Presidente do PAIGC (Dr. FRANCISCO BENANTE) e dirigida ao "Comandante Supremo da Junta Militar" (Brig.° ANSUMANE MANÉ), na qual o PAIGC acusava altas patentes das Forças Armadas (os senhores Emílio Costa, Bitchofola Na Fafé, Bubo Natchut, José Zamora Induta, Tagme Na Uaie) de fazerem campanha a favor do PRS e contra o PAIGC, fustigando mesmo os candidatos MALAM BACAI SANHÁ e FRANCISCO BENANTE (*vid.* Diário de Bissau, n.° 170, de 20.12.1999, p. 3-6). A missiva reconhecia o «esforço» e o «empenhamento da Junta Militar em restabelecer o processo democrático na Guiné-Bissau», «tendo em conta o espírito da Lei, da Junta Militar e o papel das Forças Armadas»

E não se descobre a forma de a *transição* transitar para algum lado[988]. "Transição", uma palavra vazia de destino, nestas paragens. É comum falar-se hoje de *transição* aqui, *transição* ali, *transição* acolá, mas *transição* donde e para onde? Uma transição que bebeu o elixir da perpetuação nos anos 90 do séc. XX. Havendo a assinalar nas pegadas da história retrocessos afivelando a máscara da transição (exemplos: o golpe de Estado de 1998/1999; as governações que se lhe seguiram; as *convenientes*, mas ingénuas "mudanças"; o clima de conspiração e a esperança de uma nova conspiração para aclarar as águas – que mais não fazem que turvá-las de sangue e incertezas e do adiar da esperança)[989]. O problema é que o problema prévio não foi definido – e se foi, não foi assumido: transição donde e para onde? Transição para um ambiente de confronto de orientações pacífico, democrático e livre? Transição, enfim, para uma

e finalizava pedindo ao Comandante Supremo da Junta Militar a «averiguação da veracidade dos factos acima alegados».

Querer-se-á com a declaração exposta frisar que os militares não devem intervir na política? Saudável sensibilidade democrática, sem dúvida…

Em resposta, o Capitão Tenente ZAMORA INDUTA diz que BENANTE «tem que provar as suas acusações e há um fórum próprio para resolver essas questões» (*sic*) – o judicial.

Na mesma direcção seguiu o Major NA FAFÉ: pede «um favor especial ao Francisco Benante» – que «deixe os balantas em paz»; diz que irá «remeter o caso ao tribunal»; «gostaria que o Benante fosse mais claro» e que este tirasse «da manga o que está a magicar»; chama atenção a BENANTE «para que tome cuidado com as mãos que o estão a empurrar», porque o que ele BITCHOFLA quer «é ver a cara dessas pessoas»; «e tenham a coragem de mostrarem as caras e não utilizarem o Benante como a cortina»; pede a BENANTE para não o difamar «porque para a próxima não responderei desta maneira»; apela ao Chefe do Estado-Maior, V. SEABRA, «que fale com Benante aconselhando-o a não meter boca em assuntos militares».

987 Essa democracia sem forma.

988 É de notar que desde que em Janeiro de 1991 o Presidente NINO anunciou o início da transição do regime de partido único para o pluripartidarismo (ano pomposamente, ao estilo da época, cognominado "Ano da Democratização"), que não se vê forma de extirpar da *praxis* política guineense o "processo de transição". Em 2005, ainda se fala de *transição*. Em 1991, surgiram à luz do dia 3 novos partidos (FD, FDS, PCD), dando corpo à abertura político-democrática anunciada. Mas a RGB/MB (legalizada em Dezembro de 1991) já havia sido fundada, no exílio lisboeta, em 27.7.1986. O mesmo se dirá da FLING, legalizada em Maio de 1992, mas fundada em Dakar desde 1962. Em 1994, as primeiras eleições legislativas e presidenciais foram efectuadas, eleições consideradas pela generalidade dos observadores atentos como democráticas e livres.

Sobre o cenário anterior à referida abertura política (desde a proclamação da independência em Madina do Boé, a 24.9.1973), *vide* J.B. FORREST, Guinea-Bissau: Power, Conflict and Renewal in a West African Nation, Boulder, Westview Press, 1992, p. 53.

989 A (interminável) transição constitucional guineense é a histórica transição alimentar verificada na Guiné entre o "pom" e o "DJABI" – que afinal é também ele pão e nada mais que "pom", embora dissemelhante no tamanho e na forma.

elevação contínua do *Estado de direito democrático*? Tudo isto contrasta com a vida política guineense dos anos 1998 a 2003 (e, em certos momentos, 2004 e 2005), pelo menos.

De pouco servirá, neste ângulo, a tentativa de construir uma legitimação revolucionária e fundar nela a *idade de ouro* da democracia. A legitimação revolucionária (equiparável a uma legitimação emocional) em que se respalda o poder nascido de uma "revolução" (*e.g.* comunista: que invoca e exerce uma "ditadura democrática") pode carecer de confirmação "racional", em dois momentos, pelo menos:

Logo após a assunção do poder, por via eleitoral[990];

Nos momentos seguintes.

Como é que o poder se permite invocar o respaldo popular só porque, há algum tempo, numa circunstância particular, o povo se levantou ou apoiou um levantamento, em consequência do qual alguém se alcandorou ao poder? Quem nos garante que o povo ainda o apoia (se é que chegou a apoiá-lo)?

A diferença entre a "democracia popular" e a *democracia democrática* (ou democracia sem apelidos) está no método[991], na racionalidade (*democracia*

---

[990] Sobre o lugar de um *status activus processualis* ao longo do eixo participação--processo (democrático), P. HÄBERLE, Verfassung als öffentlicher Prozeß, Berlin, Duncker & Humblot, 1978.

HABERMAS (Droit..., cit., p. 441), esse, diz que «a teoria da discussão explica a legitimidade do direito pelo procedimento (...) e pelas condições comunicacionais que permitem supor que os processos de edição e de aplicação do direito conduzirão a resultados racionais».

Lateralizando, mas não tão fora do eixo do problema, afirmávamos já que, por exemplo, no âmbito do agir administrativo, «a deslocação-diluição da actividade administrativa do acto conclusivo ou final no fazer-se, *iter* da formação da decisão, é o resultado lógico da combinação que hoje se tenta realizar entre o princípio burocrático e o princípio participativo, já que esta síntese não se pode ensaiar senão no *iter* da formação da decisão» [E. KAFFT KOSTA, Do Acto Administrativo ao Procedimento Administrativo, *in* BFDB, N.° 3, JUNHO 1995, p. 106, 111.

M. NIGRO, Il procedimento Amministrativo fra Inerzia Legislativa e Trasformazione dell'Amministrazione (a propósito d'un recente disegno di legge), Milano, 1990, p. 14-15.

[991] Na opinião de SARTORI (Théorie..., cit., p. 192) a doutrina anglo-americana da democracia «explica a sua própria democracia e não a dos outros». «Nous, les Européens, il faut nous gagner à la démocratie, et par conséquent il faut nous l'expliquer entièrement, car nous cherchons son "essence". Ni les Anglais ni les Américains n'ont à se soucier de l'essence; il suffit qu'ils se concentrent sur les procédures».

Para uma definição de democracia enformada por uma abordagem *procedimental-estutural*, *cfr.*, J.A. SCHUMPETER, Capitalism..., cit., p. 269, para quem o método democrático consiste num «institutional arrangement for arriving at political decisions in which individuals acquire the power to decide by means of a competitive struggle for the people's vote». Sem dúvida, um importante momento na balizagem conceptual da democracia.

democrática)/emotividade ("democracia popular") e na presunção ("democracia popular")/facticidade (*democracia democrática*) – por outras palavras, vontade presumida/vontade efectiva. Presunção de boa ou de má fé, facticidade adequadamente avaliada ou não.

2. **Vectores Potenciadores de uma Melhor Democracia**

Das variáveis motrizes de uma melhor democracia, destaco, no contexto guineense[992], estas três: mais e melhor educação; mais e melhor desenvolvimento económico; comprometimento mais sério da elite política e cultural com a democracia.

E com o que ficou dito, tocou-se numa série de factores envolventes da democracia. Factores que condicionam o desabrochar da flor democrática.

Distinguir os tais factores desabrochantes não equivale, de qualquer forma, à adesão a qualquer abordagem fundamentalista-expansiva da democracia. Diz GIOVANNI SARTORI[993] (e com ele, em certos registos, não concordo): «Nas regiões onde a democracia nunca foi estável, nem eficaz – compreendendo aqui um certo número de países europeus – o nível de critérios é consideravelmente mais baixo. Nestes casos, uma sociedade política é considerada como democrática mais em razão do seu mecanismo do que do seu êxito; ela representa um certo arranjo, mais que um estado da sociedade. Este carácter político mais limitado resulta do facto de aí se insistir menos na igualdade e mais na liberdade». «A democracia verifica-se então pela liberdade das eleições, pela concorrência dos partidos e por um sistema de governo representativo. Seria injusto pedir-lhe mais; pois só um bom funcionamento durável dos mecanismos democráticos permite à democracia enraizar-se na sociedade»[994].

---

[992] Restrinjo a análise ao referido enquadramento histórico-espacial, assente que a democracia «is not an automotive universal, a blueprint to be followed regardless of conditions» (como justamente sentenciou BENJAMIN R. BARBER, The Challenge of Civil Society..., cit., p. 146).

[993] G. SARTORI, Théorie..., cit., p. 378.

Estimulantes são os enfoques surpreendíveis em J.R. CARRACEDO (Democracia Mínima. El Paradigma Democratico, *in* Revista de Estudios Políticos, Julio-Septiembre 1995, n.° 89, p. 165-189. Sustenta ser o «contenido mínimo específico del régimen democrático» «su vinculación necesaria a unos principios de justicia y a la garantía y promoción de los derechos humanos, no sólo en el ámbito de las relaciones nacionales sino también en el de las internacionales».

[994] O "nível médio" do termo *democracia* (o que ele significa "normalmente") seria representado pela «existência de um Estado de direito que garanta a liberdade política, a segurança pessoal e uma justiça imparcial».

Alude-se ao que eu chamaria horizonte minimal (ou círculo restrito) de exigências. Até aqui, tudo bem. Só não entendo porque é que, por força desse critério, um país democraticamente não estável é de se considerar democrático e outro país democraticamente estável já não o será, mesmo respeitando os critérios anteriores (só porque o patamar de exigência aplicável a ele foi colocado – com que critério? – mais acima).

Outra perspectivação do fenómeno democrático, reconduzível, no fundo, à pré-compreensão acabada de isolar, é a do género daquela fustigada por um editorial da *AAPS News Letter*[995]: a *caricatural identificação de democracia com eleições e multipartidarismo.*

Ora, está aí o perigo das conceptualizações expansivas. Democracia é isso (eleições e multipartidarismo) e já é muito[996].

Podem-se, isso sim, questionar, isolar os vários itens da alegada agenda democrática[997] genuína e pugnar pela sua consagração e realização (liberdade de imprensa, independência dos tribunais, separação dos poderes, *etc.*).

Fácil será aqui precisar o que *é* a democracia – dado se apresentar clara a "fronteira entre um sistema democrático e um sistema não democrático". Mas o problema complica-se quando se aplica a mesma noção ao Terceiro Mundo (países *em vias de desenvolvimento*, designadamente). Nesta hipótese, «o nível dos critérios torna-se tão fraco que se pode muito bem perguntar se a expressão democracia é ainda apropriado». Perora o autor: Neste caso, fala-se de democracia «simplement pour indiquer qu'un système politique donné n'est pas une dictature patente, une dictature qui ne permet aucune liberté, aucune opposition, aucune dépendance des tribunaux» (*sic*).

995 "The State and Democracy in Africa", *in* AAPS News Letter, New Series, n.° 17/18, December 1994 – March 1995, p. 10.

. M. BRATTON, Are Competitive Elections Enough?, *in* Africa Demos, vol. III, n.° 4, March 1995, p. 7, seg.

996 O que traz pressuposta a adesão ao postulado democrático elementar de que os cidadãos decidem. Talvez tenha SCHUMPETER (Capitalism..., cit., p. 262) razão quando garante que «o cidadão típico cai a um nível inferior de rendimento mental, logo que ele se intrometa na política» [«(...) the typical citizen drops down to a lower level of mental performance as soon as he enters the political field. He argues and analyzes in a way which he would readily recognize as infantile within the sphere of his real interests. He becomes a primitive again. His thinking becomes associative and affective»]. Mas a exploração, até às últimas consequências, da problemática schumpeteriana da democracia não poderia conduzir senão ao respeito pela decisão da maioria desses *cidadãos típicos*, caso estes constituam a maioria da comunidade concernente.

997 Veja-se a alusão do Governador português da Guiné, ANTÓNIO DE SPÍNOLA (No Caminho..., cit., p. 303-305), por ocasião das eleições extraordinárias para Deputado, pelo Círculo da Guiné (19.1.1972): «acorreu às urnas a quase totalidade dos eleitores recenseados (...)».

A minha proposta de orientação, também nesta matéria:

Cura de emagrecimento às palavras mobilizantes (em prol da sua maior densidade significacional)[998];

Responsabilização conceptual adveniente de um percurso focalizador autárcico, em que cada conceito carrega sobre si a sua responsabilidade existencial própria, sem ser necessário gerar, desnecessária e contraproducentemente, outras concepções, deste modo transformadas à viva força em mães de aluguer.

[998] Casos de democracia e Estado de direito.

CAPÍTULO IV

AS FRONTEIRAS E OS CONTEÚDOS DO PRINCÍPIO DO ESTADO DE DIREITO

«(...) quer na guerra, quer no tribunal, em toda a parte, em suma, cumpre ou executar as ordens da cidade e da pátria ou obter a revogação pelas vias criadas pelo direito»
(SÓCRATES, no Diálogo com CRÍTON – segundo PLATÃO)

§ 1.° ABEIRAMENTOS COMPARATIVÍSTICOS, REFLEXÕES ESSENCIAIS E PROPOSTA DE TRAÇADO FRONTEIRIÇO

1. **Primeiras Luzes; Finamento do Estado de Direito por Obesidade**

Sedimentos vários foram sendo, ao longo dos últimos séculos, identificados e ordenados pelos mais destacados juristas (juspublicistas, em especial), na perspectiva da construção de um conceito de Estado de direito cada vez mais virtuoso, cada vez mais consistente.

Visa-se, nitidamente, obter um potentado lógico capaz de abraçar, num todo coerente, uma miríade de componentes e vectores dedutivisticamente extraíveis do conceito-potentado *Estado de direito*[999].

---

[999] Assevera JORGE MIRANDA (Manual de Direito Constitucional, tomo IV, 2.ª ed., Coimbra, Coimbra Editora, p. 177 ss.) não equivaler o *Estado de Direito* a *Estado sujeito ao Direito*, «porque não há Estado sem sujeição ao direito no duplo sentido de Estado que age segundo processos jurídicos e que realiza uma ideia de Direito, seja ela qual for».

Para o autor, «Estado de Direito só existe quando esses processos se encontram diferenciados por diversos órgãos, de harmonia com um princípio de divisão do poder, e quando o Estado aceita a sua subordinação a critérios materiais que o transcendem; só existe quando se dá limitação material do poder político; e esta equivale a salvaguarda dos direitos fundamentais da pessoa humana».

Consolidando a sua posição face ao problema, assinala que «devem figurar-se como postulados ou requisitos do Estado de direito (passíveis de graduação e de conformação específicas consoante os sistemas jurídicos e políticos) os seguintes:

A definição e a garantia efectiva, no mínimo, dos direitos à vida e à integridade pessoal, da liberdade física e da segurança individual, da liberdade de consciência e religião, bem como da regra da igualdade jurídica entre as pessoas;

A pluralidade de órgãos governativos, independentes ou interdependentes quanto à sua subsistência e com funções distintas, competindo nomeadamente, ao parlamento o primado da função legislativa;

A reserva da função jurisdicional aos tribunais, independentes e dotados de garantias de independência dos juízes;

O princípio da constitucionalidade, com fiscalização, de preferência jurisdicional, da conformidade das leis com a Constituição;

As intenções podem estar pejadas de virtude, mas os resultados estão enevoados de perplexidade.

Este movimento ciclópico na rota da erecção de um conceito virtuoso de Estado de direito esconde uma verdade inadiável: para lá da exaltação esténica de um bulímico Estado de direito, esconde-se um Estado de direito a padecer de uma profunda astenia.

O Estado de direito está extenuado, em resultado da sobrecarga conceptual a que vem sendo crescentemente submetido. O seu esfalfamento ou esgotamento já é inabafável.

Nos momentos primeiros da minha meditação sobre o tema da tese que ora se apresenta, encontrava-me impregnado da seguinte inclinação intuitiva:

Explorar novos, e cada vez mais dinâmicos, subprincípios, a partir de um estruturante princípio, o do Estado de direito democrático, delimitando-se claramente o âmbito do Estado-de-não-direito[1000].

O princípio da legalidade da Administração, com anulação contenciosa dos regulamentos e actos administrativos ilegais;

A responsabilidade do Estado pelos danos causados pelos seus órgãos e agentes».

Vide, outrossim, o seu livro intitulado "Teoria do Estado e da Constituição", Coimbra, Coimbra Editora, 2002, p. 8-9.

J.J. GOMES CANOTILHO, Direito Constitucional, 5.ª ed..., cit., p. 176 ss., 347 ss.: tal como o princípio republicano e o princípio democrático, por exemplo, o princípio de Estado de direito é por GOMES CANOTILHO considerado *princípio estruturante* do regime político. Haveria uma concatenação entre princípios e regras, fazendo com que a Constituição aparecesse como um sistema interno baseado em princípios estruturantes fundamentais «que, por sua vez, assentam em subprincípios e regras constitucionais concretizadoras desses mesmos princípios» (p. 186). Os *princípios estruturantes* seriam densificados por *princípios gerais fundamentais* e estes, por *princípios constitucionais especiais*. Exemplificando as relações de densificação (p. 187):

Princípio estruturante [princípio de Estado de direito (art. 2.°, 9.° CRP)] {{ Princípios Gerais Fundamentais: Princípio da constitucionalidade (art. 3.°/3 CRP); Princípio da independência dos tribunais (art. 207 CRP); Princípio da legalidade da Administração (art. 115/6/7 CRP) { Princípios Constitucionais Especiais: princípio da prevalência da lei; princípio da reserva da lei }; Princípio da vinculação do legislador aos direitos fundamentais (art. 18 CRP) {Princípios Constitucionais Especiais: Princípio da proibição do excesso (art. 18/2); princípio da não retroactividade das leis restritivas (art. 18/3), *etc.*}

Princípio estruturante [princípio democrático] {{Princípios Gerais Fundamentais: Princípio da separação e interdependência dos órgãos de soberania (art. 119 CRP) {Princípios Constitucionais Especiais: Princípio da tipicidade dos órgãos de soberania; Princípio da reserva constitucional no que respeita à formação, composição, competência e funcionamento dos mesmos órgãos}; *etc., etc.*

[1000] Sobre o *código binário* Estado de direito/e de não direito, *vide* J.J. GOMES CANOTILHO, Estado de Direito, Lisboa, Gradiva, 1999, p. 9 ss. Vemos assim que «*Estado de direito* é um Estado ou uma forma de organização político-estadual cuja actividade é determinada e limitada pelo

A marcha das investigações veio, entretanto, a revelar-me outras luzes, menos românticas, menos afirmativas, quase pirrónicas (não tivesse eu, neste comenos, uma opinião tão vincada sobre a problemática ou uma postura tão natural quanto à perspectiva de errar – nada que se abeire de qualquer pavor inibitório de errar).

A alternativa vislumbrada foi a de, partindo do finamento[1001] do Estado de direito, explorar princípios que possam alimentar um Estado funcional (o caso, *e.g.*, dos critérios que aproximem a organização e operação estaduais duma Guiné-profunda), sem necessidade de, numa dinâmica dedutivística, propor um

---

direito»; *Estado de não direito* definir-se-ia como «aquele em que o poder político se proclama desvinculado de limites jurídicos e não reconhece aos indivíduos uma esfera de liberdade ante o poder protegida pelo direito». Mais esmiuçadamente (página 13): «De uma forma quase intuitiva, o leitor sabe o que *não* é um Estado de direito»; é aquele «em que as leis valem apenas por serem leis do poder e têm à sua mão força para se fazerem obedecer. É aquele que identifica direito e força, fazendo crer que são direito mesmo as leis mais arbitrárias, mais cruéis e mais desumanas. É aquele em que o capricho dos déspotas, a vontade dos chefes, a ordem do partido e os interesses de classe se impõem com violência aos cidadãos. É aquele em que se negam a pessoas ou grupos de pessoas os direitos inalienáveis dos indivíduos e dos povos».

Resta, contudo, solucionar um problema: «a partir de que limite as leis e medidas injustas transportam maldade suficientemente intensa para que sejam legítimas as suspeitas de um Estado de não direito»? Seguindo a *fórmula de Radbruch*, responde GOMES CANOTILHO (p. 14): «Atingir-se-á o "ponto do não direito" quando a contradição entre as leis e medidas jurídicas do Estado e os princípios de justiça (igualdade, liberdade, dignidade da pessoa humana) se revele de tal modo *insuportável* (critério da insuportabilidade) que outro remédio não há senão o de considerar tais leis e medidas como injustas, celeradas e arbitrárias e, por isso, legitimadoras da última razão ou do último recurso ao dispor das mulheres e homens empenhados na luta pelos direitos humanos, a justiça e o direito – o *direito de resistência*, individual e colectivo».

Mas, na verdade – e é a minha constatação –, por mais rarefeita que se apresente a fórmula de Estado de direito (e de não direito), um problema persiste, qual seja o do limite a partir do qual ou para lá do qual se deve adoptar uma ou outra fórmula. Qual é a medida exacta da *suportabilidade*? E se for *suportável*, será *Estado de direito* o Estado em questão? Tentemos recensear mentalmente os Estados de-não-direito, de acordo com essa proposta de orientação. A dificuldade é colossal, os resultados, não imunes a desnorteantes subjectivismos.

Quando GOMES CANOTILHO sustenta um «Estado com qualidades, como atributo do constitucionalismo e do Estado de Direito Democrático, não restará indefinível o problema de saber que qualidades»?

1001 Não se nos oferece aqui o quadro dilemático de ou «matar o doente para pôr termo à doença», ou «prevenir ou curar a doença», traçado por SÉRVULO CORREIA [Os Contratos Económicos Perante a Constituição, *in* Jorge Miranda (org.), Nos 10 Anos da Constituição, Lisboa, IN-CM, 1986, p. 99, 100], a propósito da admissibilidade ou não da «utilização de contratos pela Administração para a prossecução de quaisquer objectivos não directamente ligados à gestão do seu património privado ou à condução do economato dos seus serviços». E não há dilema pela simples razão de que parece já não haver doente.

sobrealimentado princípio de Estado de direito onde caberia tudo e, afinal, nada. O Estado de direito não deve ser engajado na procura panaceica dos remédios para todos os problemas da sociedade. De contrário, será a falência, o estafamento do próprio conceito.

Finou-se o Estado de direito. Causa de óbito:
Obesidade.

O título do *item* em análise (*As Fronteiras e os Conteúdos do Princípio do Estado de Direito*) poderia encaminhar-nos, com trejeitos sedutores, para um afadigado recortar de elementos e subelementos que comporiam o *puzzle* total *Estado de Direito*.

A minha visão é, porém, esta:
A realização dos pretensos elementos do Estado de direito traduz (pode traduzir) a valorização do homem, da sociedade e do Estado.

Podem os tais elementos ser – para lançar mãos do Léxicon informático – componentes do *upgrade* do homem, da sociedade ou do Estado... Não elementos estruturais do Estado de direito.

Numa ambiência de sacralização global do Estado de direito como é aquela que se vive hoje, dizer o que ficou dito pode roçar a blasfémia, a autêntica heresia, mas outra vereda não encontro.

A divindade *Estado de direito* encontra-se insculpida e glosada num sem número de Constituições, em textos de Direito internacional, em leis, em trabalhos doutrinários da mais díspare altura, em orientações várias de índole política e económica emanadas por Estados ou por instituições internacionais, que é difícil manter-se quedo e surdo ao seu apelo.

Fundem-se, numa única panela, o Estado de direito, os direitos do homem, a democracia, o desenvolvimento, fazendo-se crer que sem o divo (leia-se, Estado de direito) não existiria jamais desenvolvimento[1002]. A este propósito,

---

1002 Veja-se, exemplificativamente: a Déclaration de Maurice (18 de Outubro de 1993), *in* Actes de la Cinquième Conférence des chefs d'Etat et de Gouvernement des Pays Ayant le Français en Partage, Secrétariat de la Conférence; a Declaração e Programa de Acção de Viena, culminar da conferência mundial sobre direitos do homem – 25.6.1993.

Evidenciando uma aproximação algo realística ao problema, *vide* R. BADINTER, Quelques Réflexions sur l'Etat de Droit en Afrique, *in* G. Conac (dir.), L'Afrique..., cit., p. 9.

G. CONAC, État de Droit et Démocratie, *in* G. Conac (dir.), L'Afrique..., cit. p. 485-487. Constata CONAC que se o Estado de direito e a democracia correspondem a noções diferentes, «na prática como na teoria, elas são complementares». «La démocratie c'est la transposition politique

é curial definir, previamente, em que é que consiste o *Estado de direito* e o *desenvolvimento*. Só depois dessas precisões a resposta à pergunta em tela não correrá o risco de ser um dogma sem consistência. Seja como for, haveria que reduzir a um *mínimo definidor* o conceito de Estado de direito (que constitucionalmente vista essa roupagem) para que pudesse ser universalizável o instituto[1003].

Quando SEYMOUR MARTIN LIPSET vaticina[1004] que quanto mais elevado for o nível de vida de uma nação, maiores são ali as chances de instauração de um regime democrático, o que há a dizer? Exemplos como a Alemanha da 1.ª metade do século XX (será apenas uma das *excepções* à *lei*?) arruínam o vaticínio.

Eu contraporia a esse o teorema seguinte: quanto mais pobre e dependente é um Estado, maiores as probabilidades de *instauração* da democracia. Tal equivale a dizer: a curto prazo, é viável, pois a pressão da *comunidade internacional* é sufocante e as contrapartidas prometidas e esperadas são importantes (relativamente). O pior é, a seguir, a prova dos nove – a consistência, manutenção e aprofundamento da obra.

Por outro lado, sem ironia, não me parece demonstrado que o subdesenvolvimento implique *sobrepoder*, nem que este implique aquele.

Outra crença é a de que a democracia é elemento necessário do Estado de direito. Creio, porém, poder haver Estado de direito sem democracia. É o que sucede normalmente – diacronicamente, a trajectória do nosso mundo comprova-o; sincronicamente, a situação actual do mundo, em globo ou parcelarmente, atesta-o.

Fixam-se variegados registos para "Estado de direito", uma iniciativa que, longe de aclarar, concorre para uma maior nebulização conceptual da temática em apreço[1005].

---

de l'État de droit et l'État de droit, la traduction juridique de la démocratie». Democracia e Estado de direito são, para CONAC, «comme deux aimants s'orientant vers le même pôle».

1003 *Cfr.* N.M.L. CALERA, Mitificación..., cit., p. 95: Houve e há uma «mitificación del Estado de derecho en la praxis política (...), sobre todo en determinados contextos sociales politicamente subdesarrollados».

L. DIAMOND, Introduction..., cit., p. 16-17, 29.

G. SARTORI, Théorie..., cit., p. 381.

1004 *Cfr.* S.M. LIPSET, L'Homme et la Politique, Paris, Le Seuil, 1963, p. 57 ss.

1005 Terá razão KARL POPPER no seu horror às *perguntas do tipo «o que é?»*? Será ali enquadrável a pergunta *essencialista* "o que é Estado de direito"? Registe-se que para POPPER perguntas dessa natureza «nunca têm razão de ser» – «não têm interesse filosófico nem científico». Assim, KARL POPPER, O Realismo e o Objectivo da Ciência – Pós-Escrito à Lógica da Descoberta Científica, 1.° vol., Lisboa, D. Quixote, 1992, p. 270 ss. Explicita adiante (p. 271) o seu pensamento afirmando que «uma resposta a uma pergunta essencialista (uma pergunta o-que-é?) nunca é fecunda, pois as palavras, conceitos ou noções nunca passam de simples instrumentos, úteis para a formulação das nossas teorias».

Apresentando três níveis distintos de percepção do conceito de Estado de direito, *cfr.* JACQUES-YVAN MORIN, L'État de Droit..., cit., p. 30 ss.

O jurista do Quebeque dá conta de que a noção apresenta «pelo menos dois, senão três níves de sentidos que se misturam frequentemente nos autores e na linguagem corrente, mas que devem ser diferenciados, por preocupação de clareza.

«O nível mais abstracto é o da filosofia política; o segundo compreende simultaneamente os princípios jurídicos gerais, o género daqueles que se encontram nas Constituições dos Estados e nos instrumentos internacionais, assim como as regras ou meios concretos que o direito positivo põe à disposição das pessoas para a protecção efectiva dos seus direitos e liberdades».

O autor menciona o "Etat de droit au *sens technique*", como um nível mais restrito que os dois outros.

«Por que meios e segundo que regras – pergunta MORIN – se podem actualizar os valores que subentendem os direitos individuais e o Estado de direito no sentido filosófico? Como realizar os princípios gerais que não fazem mais que esboçar o seu conteúdo jurídico? A protecção das liberdades e direitos fundamentais não seria efectiva sem a existência de vias de recurso permitindo obrigar o poder e seus agentes a respeitá-los e atrair a sua atenção para as violações que eles teriam cometido.

«Estes recursos variam de um Estado para outro, tanto na sua apelação quanto no seu conteúdo, mas formam geralmente um conjunto mais ou menos desenvolvido de procedimentos, de mecanismos de controlo e de instituições próprias a vigiar e refrear, se necessário, aqueles que exercem o poder nas suas diversas formas».

Esta panóplia de técnicas jurídicas e de instituições cujo objecto é fornecer garantias reais ao indivíduo na sua relação com os poderes do Estado (legislativo, executivo, administrativo ou jurisdicional) é que constituiria o Estado de direito em sentido concreto.

«É assim, por exemplo, o acesso ao juiz, o *habeas corpus*, os direitos de defesa nos processos, o controlo da legalidade dos actos administrativos e da constitucionalidade das leis».

O autor referiu-se às Declarações de Atenas e Nova Deli, produzidas, respectivamente, pelos congressos de 1955 e 1959 da Comissão Internacional de Juristas [*vid.* International Commission of Jurists, the Rule of Law in a Free Society, N.S. Marsh (dir. publ.), 1959, p. 2-3], para salientar a projecção conquistada no plano internacional por esta leitura *stricto sensu* de *Estado de direito*.

A Comissão Internacional de Juristas tem insistido, na verdade, na vertente institucional, processual e garantística da *submissão* do *poder ao direito*.

A Constituição dos Estados Unidos da América fornece, na perspectiva do autor, um "repertório" significativo deste entendimento do Estado de direito.

Basta, para tal, que se tenha em atenção o arrazoado no artigo I, Secção IX, n.° 2 e 3, Secção X, art. III, secções II e III e, bem assim, nos aditamentos IV a VIII (aprovados em 25 de Setembro de 1789 e ratificados em 15 de Dezembro de 1791).

J.-P. HENRY, Vers la Fin de l'Etat de Droit?, *in* RDPSP, 1977, n.° 6, p. 1208: «Numa formulação teórica, o Estado de direito é um sistema de organização no qual o conjunto das relações sociais e políticas está submetido ao direito». Significa tal que «as relações entre indivíduos, mas também as relações entre indivíduos e poderes, se inscrevem num comércio jurídico feito de direi-

Importa aqui repescar algumas considerações de MANUEL LABARTHE GONZALEZ[1006], que denotam o desvio que me impele a sondar outros caminhos, outros enquadramentos para o *Estado de direito*, longe deste empolamento em crescendo. Depois de proceder à delimitação do seu Estado de direito, parte o autor para a seguinte precisão:

«Sólo un Estado en el que toda la actividad administrativa sobre todo la policía se encuentre colocada a reserva y bajo la preeminencia de la ley y sólo a base de ésta sean admisibles las ingerencias en la esfera de la libertad del individuo, se llama, pues, Estado de derecho. O pior vem depois: «Ahora bien, la ley dentro de un Estado de Derecho debe reunir determinadas condiciones de rectitud, razonabilidad, justicia y generalidad. Una ley tiene que ser recta, es decir, de acuerdo com los postulados morales. Una ley que no realice o no tenga en cuenta los valores éticos no es ley dentro de un régimen de derecho». O mesmo juízo negativo merecerá a lei quando não submetida «a la normatividad de la razón»[1007], quando não realize «el valor de la justicia» e quando não se paute pela «generalidad».

São generalizações deste quilate que a dado passo me puseram de sobreaviso sobre – para focar apenas um caso – o potencial de vacuidade e dissonância carregado por certas ramificações da tese maioritária do Estado de direito. Neste contexto, com laivos neokelsenianos, foi-me surgindo como racional o alargamento do *apelido* "de direito" a (quase) todas as comunidades políticas. O resto será, para mim, uma questão de militância constitucional.

Na via que repilo, vai-se, como na Alemanha post-nazi, ao ponto de fazer brotar do conceito latíssimo de Estado de direito uma série extensa de princípios e regras que a extasiada jurisprudência se encarrega de cunhar, numa espécie de *vade retro Nazismus*!

---

tos e obrigações». É o Estado de direito (*vide*, do mesmo autor e da mesma obra, p. 1222) «um sistema que assegura em princípio o primado do direito sobre a força nas relações sociais e políticas».

J. RIVERO, État de Droit, État du Droit, in L'État de Droit: Mélange en l'Honneur de Guy Braibant, p. 610.

N.M.L. CALERA, Mitificación y dialéctica en el Estado de Derecho, *in* Anales de la Cátedra "Francisco Suarez", 1971, Fascículo 1.°, n.° 11, p. 99.

M. LABARTHE GONZALEZ, Hacia un Nuevo Estado de Derecho, *in* Revista del Foro (Lima-Peru), 1959, n.° 1, p. 623-626.

M.-J. REDOR, De L'Etat Lègal à l'Etat de Droit, Paris, Economica-Presses Universitaires d'Aix-Marseilles, 1992, p. 304 ss.

D. BOUTET, Vers l'Etat de Droit: La Théorie de l'Etat et du Droit, Paris, l'Harmattan, 1991.

1006 M.L. GONZALEZ..., cit., p. 624.

1007 Para algumas reflexões a respeito da *essência da lei*, *cfr.* S. TOMÁS, Tratado da Lei, Porto, RÉS, p. 5 ss.

Acentuando a componente *naturalista* na abordagem do fenómeno *lei*, *vide* S. TOMÁS, Tratado da Justiça, Porto, RÉS, p. 58-60.

São eles a *Verhältnismässigkeit* (proporcionalidade)[1008], o princípio da segurança, direccionada para a protecção da confiança do cidadão[1009], a clareza da lei[1010], o direito do acusado a um *faires Verfahren*[1011], *et cætera, et cætera.*

2. **Sobrevoo em Aeroplano Emprestado**

Elege, por exemplo, JACQUES-YVAN MORIN[1012] uma grelha de análise através da qual algumas «régles ou institutions particulièrement importantes, qui peuvent servir d'indicateurs ou de témoins de l'Etat de droit» são cotejadas, num universo de cento e setenta e cinco Constituições, a saber:

«a) les principes de la justiciabilité des droits fondamentaux et le recours de l'habeas corpus;

1008 *Vide* Entscheidungen des Bundesverfassungsgerichts (BVerfGE), vol. 27, p. 1, 5.

1009 *Vide* BVerfGE, vol. 59, 1981, p. 128.

Sobre o princípio da segurança jurídica, atestam P. TULEJA/K. WOJTYCZEK (La Protection des Droits Acquis Élément Constitutif de l'État de Droit? Remarques sur la Jurisprudence Constitutionnelle Polonaise, *in* Revue Internationale de Droit Comparé, 3, 1995, p. 737-762) que a jurisprudência do Tribunal Constitucional polaco entre 1989 e 30.6.1994 (p. 761-762, onde se registam 8 decisões *conformes* e 7 *não conformes*) pretendeu conciliar dois valores distanciados, a saber, necessidade de mudança em direito e necessidade de segurança jurídica. E o caminho ensaido foi o de estear-se no princípio da protecção dos direitos adquiridos:

«La transition vers la démocratie, l'État de droit et l'économie de marché dans les pays de l'Europe Centrale et Orientale pose des problèmes juridiques inconnus ailleurs. Il convient de citer en premier lieu la tension existant entre la nécessité de changement dans le système juridique et le besoin de sécurité juridique. Le pouvoir entreprend des réformes qui remettent en question les droits que l'État n'est plus en mesure de garantir ou des privilèges incompatibles avec les valeurs démocratiques. Par ailleurs, l'idée d'un État de droit démocratique suppose une législation stable que l'on ne puisse pas modifier arbitrairement et d'une manière imprévisible et qui permette à l'individu de prévoir et de préparer son activité future. Est-il possible de réaliser les réformes nécessaires tout en garantissant aux citoyens la sécurité juridique? La jurisprudence constitutionnelle et la doctrine juridique s'efforcent en Pologne de résoudre ce dilemme en posant des conditions que le législateur doit respecter pour introduire des changements dans le système juridique. Ceci a abouti à la reconnaissance du principe de protection des droits acquis comme s'imposant au législateur. Selon ce principe (…) un droit subjectif de l'individu de même q'une "expectative" de droit ne peuvent être supprimés ou limités arbitrairement» (p. 738).

JORGE NOVAIS, As Restrições…, cit., p. 745 ss.

1010 BVerfGE, vol. 20, 1966, p. 150.

Sobre vários dos critérios apontados, *vide* J. CAUPERS, Relatório sobre o Programa, Conteúdo e Métodos de uma Disciplina de Metódica da Legislação, *in* Legislação, 35 (2003), p. 40-41, 58-59.

1011 BVerfGE, vol. 46, 1977, p. 42.

1012 *Id.*, *ibidem*, p. 124 ss.

b) en ce qui concerne le principe du procés équitable, ce seront l'indépendance et l'impartialité des juges;

c) pour ce qui est du principe des droits de la défense, nous mentionnerons l'interdiction de la détention arbitraire et la présomption d'innocence;

d) le principe de la réparation des violations des droits fondamentaux;

e) le principe de l'Etat de droit, qui les résume tous».

Seguindo a trilha já percorrida pelo autor acabado de citar e servindo-se dessa grelha para perscrutar a sensibilidade de 24 Constituições da Europa Ocidental (assim como de Constituições ou projectos de Constituições de 46 Estados africanos e da Carta Africana dos Direitos do Homem e dos Povos) à problemática do "Estado de direito", o quadro que se nos depara é o seguidamente descrito.

3. **Ocidente Europeu**

No bloco constitucional europeu-ocidental circunscrito [Constituições – ou revisões constitucionais – de Luxemburgo (1768), Suécia (1809), Noruega (1814), Áustria (1867, 1929, 1988), Suíça (1874), Finlândia (1919), Liechtenstein (1921), Irlanda (1937), Islândia (1944), Itália (1947), Alemanha (1949), Dinamarca (1953), França (1958), Chipre (1960), Mónaco (1962), Malta (1964), Grécia (1975), Portugal (1976), Espanha (1978), Turquia (1982), Países Baixos (1983), Andorra (1993), Bélgica (1994) e Grã-Bretanha[1013]], o "Estado de direito" estaria plasmado ou tratado nos seguintes moldes:

1013 A situação britânica destaca-se, à partida, por não dispor de uma Constituição formal. Há que frisar, contudo, que o Estado britânico ratificou (em 1951) a Convenção Europeia da Salvaguarda dos Direitos do Homem e das Liberdades Fundamentais, de 4.11.1950, não tendo sido operada, todavia, a sua incorporação no direito interno pelo parlamento.

Atento a tudo isso e ao facto de o país aceitar a jurisdição das instituições sediadas em Strasbourg, põe-se o problema de saber como compatibilizar os *statutes* e a *common law* com esse catálogo de direitos fundamentais representado pela convenção, alguns fazendo parte do núcleo clássico do conceito de Estado de direito.

Trata-se de um problema cuja solução não tem sido linear.

Indo ao arrepio da tradição jurídica inglesa e para obviar aos deméritos assacados à falta de uma Constituição formal, lançou-se no inicio dos anos 90 do século XX (mais precisamente, em 1991), na Grã-Bretanha, um projecto de Constituição escrita para este país, Constituição que se situaria no cume do sistema normativo.

O projecto, publicado pelo Institute for Public Policy Research e fruto de alguns anos de trabalho conjunto de personalidades destacadas da vida britânica, fez algumas incursões nos

"Princípio da justiciabilidade dos direitos fundamentais"; *habeas corpus* [das vinte e quatro Constituições analisadas, onze consagram a "justiciabilidade dos direitos fundamentais", a saber, da Suíça (art. 113/1), do Liechtenstein (art. 43), da Itália (art. 24 – "Todos podem agir em juízo para tutela dos seus direitos e interesses legítimos"), da Alemanha (art. 19/4 – *Quem for ofendido nos seus direitos pela autoridade pública tem a via jurisdicional aberta*), da Dinamarca (art. 63/1), de Malta (art. 46/1), da Grécia (art. 20/1), de Portugal (art. 20, n.° 1 e 5 – "A todos é assegurado o acesso ao direito e aos tribunais para defesa dos seus direitos e interesses legalmente protegidos, não podendo a justiça ser denegada por insuficiência de meios económicos";

"Para defesa dos direitos, liberdades e garantias pessoais, a lei assegura aos cidadãos procedimentos judiciais caracterizados pela celeridade e prioridade, de modo a obter tutela efectiva e em tempo útil contra ameaças ou violações desses direitos")[1014], de Espanha (art. 24/1) – "todas as pessoas têm o direito de obter a tutela efectiva dos seus direitos e interesses legítimos pelos juízes e tribunais, não podendo em nenhum caso ser denegada a justiça" –, art. 53/2 – "qualquer cidadão poderá pedir a tutela das liberdades e dos direitos a que se referem o art. 14 e a secção I do capitulo II perante os tribunais ordinários mediante um procedimento baseado nos princípios de preferência e de sumariedade e, quando for caso disso, através do recurso de amparo perante o Tribunal Constitucional"), da Turquia (art. 36/1) e de Andorra (art. 41/1).

No que se circunscreve à providência do *habeas corpus*, treze dos 24 países identificados *supra* positivaram-na constitucionalmente. São eles a Suécia (c. II, art. 9.°/1/2), a Áustria (art. 6.°/1 do texto de 1988), a Islândia (art. 65/1), a Alemanha (art. 104/2 – *só ao juiz cabe decidir sobre a admissibilidade e sobre a prorrogação da privação da liberdade*), a Dinamarca (art. 71/4/6), a França (art. 66, § 2), o Chipre (art. 11/7), Malta (art. 34/6/7), Portugal (art. 31/1/2/3 – "Haverá *habeas corpus* contra o abuso de poder, por virtude de prisão ou detenção ilegal, a requerer perante o tribunal competente"), a Espanha (art. 17/4 – "A lei regulará um processo de *habeas corpus* com vista à imediata colocação à disposição do Juiz de toda a pessoa detida ilegalmente"; "A lei também determinará a duração máxima da prisão provisória" – art. 53/2), a Turquia (art 19/9), a Holanda (art. 15/2 – «quem for privado da liberdade sem

---

domínios da fiscalização da constitucionalidade (por altas instâncias judiciais cujos juízes seriam escolhidos à margem de qualquer intervenção política) e dos direitos fundamentais, nomeadamente.

[1014] Da análise da jurisprudência do Tribunal Constitucional, retira JORGE MIRANDA a indicação de que, a despeito da não aplicação em Portugal de instrumentos como o *recurso de amparo* ou a Verfassungsbechwerde, os mecanismos para a defesa dos direitos fundamentais revelam-se «satisfatórios» (assim, JORGE MIRANDA, O Tribunal Constitucional em 2004..., p. 194 ss.).

ser por ordem de um tribunal poderá solicitar a um tribunal que ordene a sua libertação»;

«Neste caso, ele será ouvido por um tribunal dentro do prazo estabelecido por lei»;

«Se considerar ilegal a privação da liberdade, o tribunal ordenará a libertação imediata») e Andorra (art.9.°/3)];

b) "Princípio do direito de defesa, da proibição da prisão ou detenção arbitrária"

[vinte e um dos vinte e quatro Estados recenseados, contêm normas constitucionais que sufragam o princípio acabado de enunciar. Vejamos:

Luxemburgo (art. 12); Suécia (c. II, art. 8.°, 9.°/1/20, 20/1); Noruega (art. 99/1); Áustria (art. 1.°/1/2 do texto de 1988); Liechtenstein (art. 32/1/2); Irlanda (art. 40/4/7); Islândia (art. 65/1); Itália (art. 13 – «A liberdade pessoal é inviolável.

«Não se admite forma alguma de detenção, de inspecção ou de busca pessoal nem qualquer outra restrição à liberdade pessoal senão por acto fundamental da autoridade judicial, nos casos e nos termos da lei.

«Em casos excepcionais de necessidade e urgência, taxativamente indicados na lei, a autoridade de segurança pública pode adoptar providências provisórias, que têm de ser comunicadas, dentro de quarenta e oito horas, à autoridade judicial, e, se esta não as validar nas quarenta e oito horas seguintes, elas considerar-se-ão revogadas e privadas de qualquer efeito.

«É punida qualquer violação física e moral sobre as pessoas sujeitas a restrições de liberdade.

«A lei estabelece os limites máximos da prisão preventiva»);

Alemanha (art. 104/1 – A liberdade da pessoa só pode ser restringida com fundamento numa lei formal e com observância das formas por ela prescritas – e 104/2);

Dinamarca (art. 71/2/6); França (art. 66 – «Ninguém pode ser arbitrariamente detido.

«As autoridades judiciárias, guardiãs da liberdade individual, asseguram o respeito deste princípio, de harmonia com a lei»); Chipre (art. 11/2/3); Mónaco (art.19/1); Malta (art. 34/1); Grécia (art. 5.°/3 e 6.°/1); Portugal (art. 27/2 – "Ninguém pode ser total ou parcialmente privado da liberdade, a não ser em consequência de sentença judicial condenatória pela prática de acto punido por lei com pena de prisão ou de aplicação judicial de medida de segurança" –, art. 27/3 – Exceptua-se do princípio estabelecido no n.° precedente a privação da liberdade, pelo tempo e nas condições que a lei determinar, aos casos seguintes: detenções em flagrante delito; detenção ou prisão preventiva por fortes indícios de prática de crime doloso a que corresponda pena de prisão cujo limite máximo seja superior a três anos; prisão, detenção ou outra medida coactiva sujeita a controlo judicial, de pessoa que tenha penetrado ou permaneça irregularmente no território nacional ou contra a qual esteja em curso processo de extradição ou de expulsão; prisão disciplinar imposta a militares, com garantia de recurso para o tribunal competente; sujeição de um menor a medidas de protecção, assistência ou educação em estabelecimento adequado, decretadas pelo tribunal competente; detenção por decisão judicial em virtude de desobediência a decisão tomada por um tribunal ou para assegurar a comparência perante autoridade judiciária competente; detenção dos suspeitos, para efeitos de identificação, nos casos e pelo tempo estritamente necessários; internamento de portador de anomalia psíquica em estabelecimento terapêutico adequado, decretado ou confirmado por autoridade judicial competente – e art. 28/4 – "A prisão preventiva está sujeita aos prazos estabelecidos na lei"); Espanha (art. 9.°/3); Turquia (art. 19/2/3/4); Holanda (art. 15/1/2/3, 113/3 – "Ninguém pode ser privado da liberdade senão por sentença judicial"); Andorra (art. 9.°/1/2); e Bélgica (art. 7.°/39)].

c) Quanto ao princípio da presunção de inocência, ele encontra-se plasmado em seis, das 24, Constituições, a saber, da França (art. 9.° da de 1789), de Chipre (art. 12/4), de Malta (art. 39/5), de Portugal (art. 32/2 – "todo o arguido se presume inocente até ao trânsito em julgado da sentença de condenação, devendo ser julgado no mais curto prazo compatível com as garantias de defesa"), da Espanha (art. 24/2 – todos têm direito à presunção de inocência), de Andorra (art. 10.°/2).

d) Princípio da "reparação da violação de direitos fundamentais" pelo Estado [dez das 24 Constituições contemplam este princípio: a da Áustria (art. 7.° – texto de 1988); a do Liechtenstein (art. 32/3); a da Itália (art. 24, § 4 – "A lei determina as condições e os modos de reparação dos erros judiciários"); a de Chipre (art. 11/8); a de Malta (art. 34/4); a de Portugal (art. 27/5 – "A privação da liberdade contra o disposto na constituição e na lei constitui o Estado no dever de indemnizar o lesado nos termos que a lei estabelecer" – e 29/6 – "os cidadãos injustamente condenados têm direito, nas condições que a lei prescrever, à revisão da sentença e à indemnização pelos danos sofridos"); a da Turquia (art. 19/10) e, finalmente, a de Andorra (art. 92)].

e) Princípio do "processo justo: independência dos juízes e imparcialidade dos tribunais".

A consagração clara da imparcialidade dos tribunais encontra-se vertida nas Constituições de Chipre (art. 30/2), Malta (art. 39/1) e Andorra (art. 10.°/1).

A independência dos juízes encontra-se respingado em 17 Constituições: Suécia (c. XI, art. 2.°); Áustria (art. 87/1); Liechtenstein (art. 99/2); Islândia (art. 35/2); Itália (art. 104, § 1 – "A magistratura constitui uma ordem autónoma e independente de qualquer outro poder");

Alemanha (art. 97/1 – "os Juízes são independentes e apenas submetidos à lei");

Dinamarca (art. 64); França (art. 64, § 1 – "Ao Presidente da República compete velar pela independência das autoridades judiciárias"); Chipre (art. 30/2); Mónaco (art. 88/2); Malta (art. 39/2); Grécia (art. 87/1); Portugal (art. 203 – "Os tribunais são independentes e apenas estão sujeitos à lei")[1015]; Espanha (art. 117/1 – "A justiça emana do povo e é administrada em nome do rei por juízes e magistrados que integram o poder judicial, independentes, inamovíveis, irresponsáveis e sujeitos unicamente ao império da lei"); Turquia (art. 9.° e 138/1); Andorra (art. 85/1) e Bélgica (art. 30/1).

f) "Princípio fundamental do Estado de direito".

De entre o leque de Constituições aqui enumeradas, cinco consagram patentemente o princípio do Estado de direito, enquanto tal. Trata-se de um princípio-guia no processo hermenêutico-jurídico a partir do qual se vão pretensamente aclarando certas zonas menos claras do sistema e preenchendo certos vazios normativos.

Está-se em face das Constituições portuguesa (art. 2.° – "A República Portuguesa é um Estado de direito democrático")[1016], espanhola [Preâmbulo –

1015 A propósito de fórmulas similares ao referido, *cfr.*, por exemplo, V. PEREIRA DA SILVA, "Como a Constituição é Verde": Os Princípios Fundamentais da Constituição Portuguesa de Ambiente, *in* "Nos 25 Anos da Constituição da República Portuguesa de 1976" – Evolução Constitucional e Perspectivas Futuras, Lisboa, AAFDL, 2001, p. 198, 199, 215. De VASCO PEREIRA DA SILVA, ainda, Em Busca do Acto Administrativo Perdido, Coimbra, Almedina, 1998, p. 83 ss.

1016 *Cfr.* JORGE MIRANDA, Manual de Direito Constitucional, tomo IV (Direitos Fundamentais), 2.ª ed., Coimbra, Coimbra Editora, 1993, p. 177-186.

J.J. GOMES CANOTILHO, Estado de Direito..., cit., p. 21-23: «o Estado de direito transporta *princípios* e *valores* materiais razoáveis para uma ordem humana de justiça e de paz». «A forma que na nossa contemporaneidade se revela como uma das mais adequadas para colher esses princípios e valores de um Estado subordinado ao direito é a do *Estado constitucional de direito democrático e social ambientalmente sustentado*». Integra o autor nesse «roteiro» para o *aprofundamento* do *Estado direito* várias dimensões como o *Estado constitucional*, o *Estado democrático*, o *Estado social* e o *estado ambiental*, «ou melhor», «um Estado comprometido com a sustentabilidade ambiental» (o *Umweltrechtsstaat* da doutrina alemã – *Estado de direito de ambiente*).

Aliás, «a pretensão de universalidade do Estado de direito se reconduz, no final do milénio, à formatação de um Estado dotado de *qualidades*: *Estado de direito*, *Estado constitucional*, *Estado democrático*, *Estado social* e *Estado ambiental*».

Interpreta GOMES CANOTILHO (p. 30 s.) do modo seguinte a fórmula do art. 2.° CRP «A República Portuguesa é um Estado de direito democrático»: «Isso significa que o Estado de direito

"A nação espanhola (...) proclama (...) a vontade de (...)" "consolidar um Estado de direito que assegure o império da lei como expressão da vontade

---

é democrático; é democrático e só sendo-o é que é Estado de direito; o Estado democrático é Estado de direito e só sendo-o é que é Estado de democrático».

Com efeito: «Tal como existe um *Estado de direito democrático*, também só existe um *Estado democrático de direito*, isto é, sujeito a regras jurídicas».

As *dimensões essenciais* do Estado de direito seriam as seguintes (p. 49-52): «O Estado *deve subordinar-se ao direito*»; «O Estado actua ou age *através* do direito»; «O Estado de direito é *informado e conformado por princípios* radicados na consciência jurídica geral e dotados de *valor* ou bondade intrínsecos».

Localiza o autor (p. 30-31) a «expressão jurídico-constitucional» do Estado de direito num «complexo de *princípios e regras* dispersos pelo texto constitucional» a seguir exemplificativamente enumerados: princípio da constitucionalidade (art. 3.°); *controlo judicial da constitucionalidade de actos normativos* (art. 277 ss.); princípio da legalidade da administração (art. 266); *princípio da responsabilidade do Estado por danos causados aos cidadãos* (art. 22); *princípio da independência dos juízes* (art. 218); *princípios da proporcionalidade e da tipicidade no domínio de medidas de polícia* (art. 272); *regime garantístico dos direitos, liberdades e garantias* (art. 17, 18, 24 ss.); *direito de acesso aos tribunais* (art. 20, 268); *reserva de lei em matéria de restrição de direitos, liberdades e garantias* (art. 18/3).

Para PAULO FERREIRA DA CUNHA (Teoria da Constituição, II – Direitos Humanos Direitos Fundamentais, Lisboa/São Paulo, Verbo, 2000, p. 251 ss.),

«Hoje, o Estado de Direito, que alguns pensaram independente e até antagónico da democracia e dos direitos, não pode passar sem ambos. Donde se possa dizer que "O Estado de Direito é um Estado de Direitos fundamentais", e que estes só plenamente ganham sentido no quadro de um Estado de Direito (o que implicará, hodiernamente, por exemplo, uma efectiva aplicação do princípio da separação dos poderes, a todos os níveis)».

E, em alusão a uma situação que também na presente dissertação foi surgindo, opina: «Não perfilhando nós uma visão estadualista, somos todavia sensível à situação dramática dos direitos em casos, como os de vários países africanos, onde se assiste ao perecimento do Estado. Aí tem de ser o Estado reconstituído (ou construído) para haver efectivos direitos.

«Noutros lugares, parece que deve começar a ser em alguns domínios desactivado para que subsistam... Não há solução universal».

Sobre o princípio da legalidade, SÉRVULO CORREIA, Legalidade e Autonomia Contratual nos Contratos Administrativos, Coimbra, Almedina, 1987, p. 17 ss., 188 ss., 196-197, 204-212, 236-240.

MARCELO REBELO DE SOUSA, Lições de Direito Administrativo, vol. I..., cit., p. 81-89. *Id.*, O Princípio da Legalidade Administrativa na Constituição de 1976, Separata da "Revista Democracia e Liberdade", Lisboa, 13, Janeiro 1980.

M. ESTEVES DE OLIVEIRA, Direito Administrativo, vol. I, Coimbra, Almedina, 1980, p. 289-323.

N. SALDANHA, Estado de Direito e Ordem Política, *in* Enciclopédia Saraiva de Direito, vol. 33, R. Limongi (coordenação), S. Paulo, Saraiva, 1977, p. 478-480.

J.O. GOMES, Fundamentação do Acto Administrativo, 2.ª ed., Coimbra, Coimbra Editora, 1981, p. 9-10.

V. RIBEIRO, O Estado de direito e o Princípio da Legalidade da Administração, 2.ª ed., Coimbra, Coimbra Editora, 1981, p. 66 ss.

J.M. COUTINHO DE ABREU, Sobre os Regulamentos Administrativos e o Princípio da Legalidade, Coimbra, Almedina, 1987, p. 131 ss.

J.R. DE ANDRADE, A Revogação dos Actos Administrativos, 2.ª ed., Coimbra, Coimbra Editora, 1985, p. 11, *passim*.

ADÉLIO P. ANDRÉ, Vinculação da Administração e Protecção dos Administrados, Coimbra, Coimbra Editora, 1989, p. 94 ss.

P. OTERO, Conceito e Fundamento da Hierarquia Administrativa, Coimbra, Coimbra Editora, 1992, p. 83-95.

Do mesmo autor, A Competência Delegada no Direito Administrativo Português, Lisboa, AAFDL, 1987, p. 115-116.

D.F. AMARAL/J. CAUPERS/J.M. CLARO/J. RAPOSO/P.S. VIEIRA/V.P. DA SILVA, Código do Procedimento Administrativo Anotado, Coimbra, Almedina, 1992, p. 31-32.

J. TAVARES, Administração Pública e Direito Administrativo – Para o seu Estudo e Compreensão, Coimbra, Almedina, 1992, p. 69-71.

MARIA J. ESTORNINHO, A Fuga para o Direito Privado: Contributo para o Estudo da Actividade de Direito Privado da Administração Pública, Coimbra, Almedina, 1996, p. 175 ss. *Id.*, Princípio da Legalidade e Contratos da Administração, Separata do BMJ, n.° 368, Lisboa, 1987, p. 40 ss.

LUÍS S. CABRAL DE MONCADA, Lei e Regulamento, Coimbra, Coimbra Editora, 2002, p. 31 ss., 804 ss.

R. BARRILLON/M.-H. BERARD, *et al.*, Lexique Droit Administratif, Paris, PUF, 1979, p. 95--97, 150.

F. LEDDA, La Legalità nell'amministrazione: Momenti di Sviluppo e Fattori di "Crisi", *in* G. Marongiu/Gian C. de Martin (org.), Democrazia e Amministrazione. In Ricordo di Vittorio Bachelet, Milano, Giuffrè, 1992, p. 153 ss.

Na mesma obra colectiva, *vide* P.A. CAPOTOSTI, Verso una nuova Configurazione del Principio di Legalità?, p. 133-140.

ANTÓNIO P. BARBAS HOMEM, A Utilização de Princípios na Metódica Legislativa, *in* Legislação, Cadernos de Ciência de Legislação, n.° 21 (1998), p. 95 ss., 116.

C. DE MALBERG, Contribution à la Théorie Générale de l'État, I, Paris, Sirey, 1920, p. 498.

J. RIVERO, Direito Administrativo, Coimbra, Almedina, 1981, p. 19-21, 90-102.

À luz da ordem constitucional do *Estado Novo*, posicionara-se já ROGÉRIO SOARES (*vide* o seu Direito Público e Sociedade Técnica..., cit., p. 186 ss.) contra a inclinação formalista do Estado de direito, acabando por atribuir ao jurista teórico «o dever de, nas suas construções, se fazer eco do grito de alarme de moralistas, sociólogos e politólogos», em ordem a proporcionar ao Estado de direito «o sentido dum Estado de justiça». Conclui, com a plástica elegância que lhe é típica, com uma autêntica profissão de fé no Estado de direito: O Estado de direito «É fundamentalmente uma obra de intenção e de tensão, um "trabalho" simultâneo de Prometeu e Sísifo.

«Mas não o empreender é danar irremediávelmente o homem da sociedade técnica e súbdito do Estado moderno. Só lhe resta, se ainda tiver a lucidez do desespero, exclamar como o Bastardo da peça de Shakespeare: "Mad world, mad king, mad composition"».

Uma tentativa de reconstituição histórica da vida do princípio do Estado de direito no ordenamento português pós-Estado Novo não será factível sem um mergulho nas águas turvas (mas deliciosamente fundantes e iluminantes) da Constituinte de 1975/1976 que gerou a Constituição de 1976. É o que se intentará realizar nas subsequentes linhas.

Estava em discussão o seguinte texto (art. 3.°/4): «4. O Estado está submetido à Constituição e funda-se na legalidade democrática.

A formação, composição, competência e actividade dos órgãos de Soberania são as definidas na Constituição». Sobre o conceito de Constituição na doutrina portuguesa, *vide* PAULO FERREIRA DA CUNHA, Do Conceito de Constituição na Doutrina Portuguesa Contemporânea, (Separata de Estudos em Homenagem ao Prof. Doutor Rogério Soares) *Stvdia Ivridica*, 61, Boletim da F.D.U.C, Coimbra, Coimbra Editora, 2001.

O deputado do PPD PEDRO ROSETA apresentou, então, em nome do seu Grupo Parlamentar uma proposta justificada nos seguintes termos (*in* Diário da Assembleia Constituinte n.° 28, de 8.8.1975, p. 119):

«Pretendemos a qualificação expressa da República como Estado de Direito. As razões são várias. Já foram expostas por nós na declaração de voto dos Deputados representantes do Partido Popular Democrático na Comissão. Em primeiro lugar entendemos que o Estado de Direito é uma reivindicação constante dos que lutam contra todas as ditaduras. Foi também uma reivindicação muito importante para aqueles que lutaram contra a ditadura opressiva que caiu no 25 de Abril. Em segundo lugar entendemos, e talvez seja a razão principal, que a formulação do que consta no projecto de Constituição é incompleta e não caracteriza o Estado de Direito. O conceito de Estado de Direito é caracterizado, a nosso ver, por cinco componentes que têm de se verificar simultaneamente. Ora, da redacção proposta pela Comissão resulta claramente que só estão contemplados dois desses elementos, importantes sem dúvida: o princípio de capacidade e a subordinação de todos os órgãos de Soberania à Constituição. Mas não estão os outros que a consciência dos povos hoje quer ver consagrados como garantia contra o arbítrio do poder. Em primeiro lugar, a expressão "Estado de Direito" faz-nos entender o direito como um conjunto de valores permanentes, um corpo evidentemente restrito, mas um corpo de valores permanentes recolhidos na evolução cultural da humanidade. Estes valores permanentes devem fazer sempre face a qualquer arbítrio do poder e são aqueles que, no caso de serem violados, correspondem ao despotismo e implicam a opressão da pessoa humana. Em segundo lugar, o princípio da separação dos poderes e a independência dos órgãos de Soberania. Este princípio, aliás este complemento do Estado de Direito, visa evitar que algum órgão do Estado se venha a arrogar, pela concentração de poderes, um poder absoluto e incontrolado. Finalmente, o princípio importantíssimo de que os conflitos entre governantes e governados só podem ser decididos com justiça com a intervenção de um órgão jurisdicional independente e imparcial. É evidente que no programa do Partido Popular Democrático, e, aliás, no programa de outros partidos, nomeadamente no programa do Partido Socialista, está consagrada a aspiração de que o Estado Português seja um Estado de Direito. Nada melhor, portanto, por todas estas razões, do que colocar uma afirmação clara nesta sede dos princípios fundamentais.

Tenho dito».

(O orador não reviu.)

Por seu turno, o PS manifestando a sua preferência pelo conceito "legalidade democrática", em detrimento do conceito "Estado de direito", avançou, pela voz do deputado ANTÓNIO REIS, os seguintes argumentos (*in* Diário da Assembleia Constituinte n.° 28, de 8.8.1975, p. 119): «Nós preferimos aqui a expressão "legalidade democrática" e não a expressão "Estado de Direito" que efec-

---

tivamente está consagrada na nossa declaração de princípios, precisamente em função do tal fenómeno de anexão terminológica e ideológica a que temos vindo a assistir nesta Assembleia e para marcarmos posições e classificarmos conteúdos da expressão. No entender do Partido Socialista, o Estado de Direito, a realidade que lhe está subjacente – Estado que faz o corte com qualquer arbitrariedade totalitária – só pode efectivamente ter a sua plena realização no contexto de uma sociedade socialista. E de uma sociedade socialista tal como nós a concebemos e não certamente como o PPD a percebe. Precisamente por isso, achamos conveniente substituir a expressão "Estado de Direito", porque esta é uma expressão que tem vindo, tal como a expressão de há pouco "pluralismo", a ser consagrada no vocabulário da Revolução portuguesa. E consideramos que a expressão "legalidade democrática" pode evitar a utilização, ou melhor, a interpretação burguesa do Estado de Direito e a utilização do Estado de Direito para fins que não seriam certamente os fins das classes trabalhadoras.

A expressão "legalidade democrática" permite, por isso, fazer a inserção desse Estado de Direito na realidade política, económica e social da Revolução portuguesa; permite, por isso, dar-lhe o conteúdo que é aquele que figura, de facto, na declaração de princípios do PS.

Tenho dito».

(O orador não reviu.)

Apoiando a proposta do PPD, diz o deputado FREITAS DO AMARAL (*in* Diário da Assembleia Constituinte n.° 28, de 8.8.1975, p. 720): «O CDS considera também, tal como o PPD, que era extremamente valioso que na Constituição pudesse figurar a expressão "Estado de Direito", que é um valor fundamental do património jurídico e cultural dos países com o mesmo tipo de civilização e cultura que o nosso.

Risos.

Por esta razão tínhamos redigido também uma proposta em que nos referíamos a que o regime democrático obedece aos princípios fundamentais do Estado de Direito, com a subordinação do Estado e de todos os seus órgãos e agentes à constituição e à legalidade democrática.

O facto de o PPD ter apresentado primeiro uma proposta que vai no mesmo sentido e até sob certo aspecto é mais completa que a nossa faz-nos desistir de apresentar a nossa proposta. Daremos, portanto, o nosso apoio à proposta do PPD. Já agora permitir-me-ia acrescentar que lamento que o Partido Socialista não perfilhe e não adira à inclusão na Constituição dessa expressão "Estado de Direito" que figura na sua declaração de princípios. Se agora vê uma conotação burguesa, parece que a anexação ideológica tinha sido feita pelo Partido Socialista. E que agora, depois dessa anexação ideológica, o que o Partido Socialista faz numa reviravolta de 180 é um arrependimento ideológico».

(O orador não reviu.)

O deputado do PPD JORGE MIRANDA usou da palavra para sustentar o que se segue (*in* Diário da Assembleia Constituinte n.° 28, de 8.8.1975, p. 720, 721):

«Esta expressão "Estado de Direito" pode, porventura, ser tomada, e tem-no sido efectivamente, em dois sentidos: no sentido formal e no sentido material. Podemos tomar "Estado de Direito" Estado de Direito, concerteza, todos sabem, no sentido de mero respeito por uma legalidade, seja ela qual for, mas devo dizer desde já que quando o PPD preconiza que nesta Constituição se faça referência a "Estado de Direito" não é, evidentemente, no sentido de uma consagração dessa observância formal da lei, seja ela qual for. Não há Estado de Direito quando se obedece a leis fascistas. Não há Estado de Direito quando se obedece a leis estalinistas, pelo contrário, o Estado de Direito, tal como o entendemos, é Estado de Direito em sentido material, é Estado de Direito quando exige um conteúdo determinado que deve existir nas leis de um país, e, em primeiro lugar, na Constituição de um país. Esse conteúdo é aferido por certos valores, pelos valores de justiça, de progresso, de transformação, e nós entendemos que entre esses valores de justiça, precisamente, se contam os valores de justiça social e entendemos assim que o verdadeiro Estado de Direito é um Estado tendente à criação de uma sociedade em que exista efectivamente justiça social. E para o nosso partido essa sociedade é uma sociedade socialista. Todavia, o facto de porventura ainda não existir essa sociedade socialista não vai tirar o valor à afirmação do Estado de Direito, porque desde logo, na afirmação do Estado de Direito, vai a crença na pessoa humana, vai a crença na superioridade da pessoa humana relativamente aos detentores do poder; vai também a crença em que essa pessoa humana é um valor insubstituível, que não pode ser instrumentalizada por qualquer Estado, por qualquer polícia, por qualquer arbítrio.

Quando nós defendemos que nesta Constituição se diga que Portugal, que a República, é um Estado de Direito, estamos ainda a prestar homenagem a todos aqueles que em quarenta e oito anos do fascismo lutaram contra os arbítrios da PIDE/DGS, contra os arbítrios de leis fascistas, contra os arbítrios de nova repressão indiscriminada, que atingiu particularmente as classes trabalhadoras. Quando nós defendemos que nesta Constituição se diga que Portugal é um Estado de Direito, nós estamos a defender que a sociedade socialista que queremos instaurar, que queremos construir em Portugal, seja uma sociedade construída com respeito integral pelos direitos fundamentais da pessoa humana, entre, os quais se contam as liberdades e as garantias.

Já foi dito, pelos membros da Comissão dos Princípios Fundamentais que aí representarem o Partido Popular Democrático, que nós entendemos que o conceito "Estado de Direito" se pode induzir de outro preceito da Constituição, nomeadamente da formulação dada ao n.° 4 do artigo 3.° No entanto, a explicitação da afirmação de que Portugal é um Estado de Direito tem ainda um valor muito importante, um significado muito importante, porque permitirá, para além dessa indução, que todos nós, ao interpretarmos a Constituição, vamos interpreta-la – eventualmente integrar as suas lacunas – de harmonia com esses valores de justiça, de respeito pela pessoa humana, crença num progresso feito não contra os direito da pessoa humana, mas com observância desses direitos, dessas liberdades.

E eu permitia-me ainda dizer que, embora o Partido Socialista agora tenha recuado relativamente ao seu programa, eu permitia-me dizer que a prática do Partido Socialista, efectivamente, tem sido da defesa do Estado de Direito e seja-me permitido ainda apelar para essa prática no sentido de o Partido Socialista concordar com que a Constituição, a nossa futura Constituição, consagre o conceito do Estado de Direito».

(O orador não reviu.)

Fez-se depois ouvir o PCP, pela voz do deputado VITAL MOREIRA (*in* Diário da Assembleia Constituinte n.° 28, de 8.8.1975, p. 721):

«Sr. Presidente, Srs. Deputados: Depois da intervenção do Deputado Jorge Miranda, do PPD, creio que está reforçado o receio aqui manifestado pelo Deputado António Reis, do PS, pela interpretação dada à expressão "Estado de Direito". Na realidade, não se pretende apenas introduzir na Constituição um conceito que descritivamente abrange determinados elementos, como o princípio da legalidade, o princípio da constitucionalidade e o princípio da jurisdicionalidade, pretende-se introduzir também toda uma outra série de elementos, toda uma ideologia, e ela resultou clara, da intervenção do Sr. Deputado Jorge Miranda. E essa ideologia é a ideologia da abstractivação, da absolutivação, da hipostasiação do direito, como algo que contenha em si, incondicionado, eterno e absoluto, um conjunto de valores que ele indicou. Para nós o direito não é isso, para nós, tal como há leis fascistas e leis antifascistas, há um direito fascista e um direito antifascista. Para nós, o direito, tal como as leis, tem um conteúdo de classe e corríamos o risco, isso sim, de introduzir, através desta expressão, uma concepção de direito que nenhum marxista pode, efectivamente, aceitar. Não é certo que o conceito "Estado de Direito" tenha surgido após a Revolução Francesa e na França. O conceito "Estado de Direito" é um conceito alemão; é um conceito – direi mesmo – prussiano; é um conceito em que, além dos elementos que aqui foram indicados e com os quais concordamos e queremos pôr na Constituição (nomeadamente os princípios da legalidade e da constitucionalidade), além de tais elementos, há outro – os da hipostasiação de uma realidade, que, para nós, é tão social como a lei.

Pausa.

E gostaria de perguntar se aqueles que defendem com tanto empenho a introdução na Constituição do conceito "Estado de Direito" são também aqueles que, apesar de tudo...

O Sr. Casimiro Cobra (PPD): – Quem assinou o direito corporativo?

O Orador. – Ainda não acabei, Sr. Deputado!

O Sr. Casimiro Cobra: – Já se adivinha...

O Orador: – ... são também aqueles que, apesar de tudo, não se bastam com a indicação daqueles elementos que dizem querer introduzir na Constituição com o conceito "Estado de Direito".

Se esses elementos são os que dizem – o princípio da legalidade, o princípio da constitucionalidade –, então ponhamos esses princípios na Constituição, e deixemos o conceito "Estado de Direito" para os teóricos de direito constitucional e para os ideólogos, referentes à ideologia, que queiram adoptar quanto ao princípio».

(O orador não reviu.)

Do lado do PPD, o deputado Moura Guedes expressou a sua "estranheza" em relação à posição agora manifestada pelo PS sobre a fórmula em discussão. E fê-lo assim (*in* Diário da Assembleia Constituinte n.° 28, de 8.8.1975, p. 722):

«Causou-me uma certa estranheza na medida em que, depois de ter visto incluída no programa do Partido Socialista a expressão "Estado de Direito", é com estranheza natural que a vejo neste momento rejeitada.

Isto suscita-me um breve comentário. Há terrores, há medos, há repulsas de ordem terminológica que creio que só a psicanálise poderia explicar, ou, talvez, a teoria pavloviana dos reflexos condicionados.

Agitação na Sala.

Creio que, de qualquer maneira, teremos todos que deixar de ter medo das palavras e das conotações que lhe terão sido dadas pelo uso abusivo que outros fizeram delas. Temos que ter a coragem de restituir os conceitos à sua plena autenticidade.

Ora, nessa autenticidade real, o conceito "Estado de Direito" continua a ser um conceito plenamente válido, na perspectiva e na valoração democrática, como salvaguarda dos direitos do indivíduo contra a hipertrofia e eventuais arbitrariedades do Estado.

É claro que o conteúdo prático do conceito terá de vir a ser dado na Constituição, noutras sedes, quando se estabelecerem os conteúdos dos direitos e garantias individuais, quando se estabelecer a expressão dos poderes do Estado.

Mas creio que a sua afirmação inicial nesta sede na Constituição Política é importante na medida em que representa uma advertência, uma salvaguarda prévia dos direitos das pessoas, para excluir quaisquer dúvidas, quaisquer ambiguidades sempre perigosas nesse choque que sabemos constante e sempre possível do poder político com os direitos das pessoas».

(O orador não reviu.)

Seja como for, o deputado Pedro Roseta apresentou, em nome do PPD, a proposta de substituição do art. 3.°/4 a seguir enunciada (*vide*, em igual sentido, o n.° 4 do art. 1.° do projecto de Constituição apresentado pelo PPD *in* Diário da Assembleia Constituinte n.° 145, de 9.7.1975, p. 1):

«4. A República é um Estado de Direito organizado segundo o princípio da separação e interdependência dos órgãos de soberania e com directa subordinação de todos eles à Constituição. Os tribunais e a administração pública devem obediência à lei».

A mesma foi rejeitada, com 79 votos a favor e 117 votos contra.

A outra redacção acabaria por ser aprovada com apenas 1 voto contra.

É importante dar um golpe de vista à declaração de voto que o deputado Manuel Alegre fez em nome do grupo parlamentar do PS (*in* Diário da Assembleia Constituinte n.° 29, de 9.8.1975, p. 738):

«Sempre lutámos e continuamos a lutar pela construção de um verdadeiro Estado de Direito em Portugal! A existência de um Estado de Direito em Portugal foi, aliás, uma reivindicação democrática durante a luta contra o fascismo. Por isso, a declaração de princípios do Partido Socialista, aprovada na clandestinidade, utilizou a expressão "Estado de Direito".

Mas a Constituição que estamos a elaborar, com um período de vigência correspondente ao período de transição e subordinada às disposições vinculativas do pacto/plataforma em muitos dos seus aspectos fundamentais, não poderia consagrar o conceito abstracto de "Estado de Direito", por este, globalmente, conter princípios diferenciados, cuja exequibilidade, se não a sua própria existência legal, não se poderia conseguir na sociedade portuguesa do presente momento histórico.

É que, sabe-se, o pacto/plataforma não comporta, antes, pelo contrário, nega-o, o princípio da divisão e da separação de poderes essencial ao "Estado de Direito", afastando-se, na sua formulação e nos seus objectivos políticos, para o período de transição, do conteúdo jurídico tradicional daquele conceito.

Também, por esta razão, preferimos a expressão «legalidade democrática», que, integrando e incluindo muitos dos princípios fundamentais no "Estado de Direito", e de cuja realização e desenvolvimento prático não poderemos prescindir, deverá só excluir aqueles outros nitidamente afastados e postergados pelo pacto, e que de antemão se sabe não poderem funcionar por a eles se opor um compromisso político firmado entre o MFA e os partidos chamados a elaborar a Constituição, tudo sem quebra do entendimento de que o Estado deverá sempre subordinar-se ao direito positivo.

Não se pode, por outro lado, ignorar que estamos a viver uma situação revolucionária e que mais importante do que consagrar na Constituição uma expressão abstracta, sem possibilidade de concretização durante o período transitório, é definir com clareza o princípio da legalidade democrática, no qual a revolução se deve fundamentar.

Não cremos que haja contradição entre legalidade democrática e Estado de Direito. Tem-se procurado criar, isso sim, uma oposição artificial entre revolução e legalidade democrática. Mais: evoca-se frequentemente a revolução para violar a sua própria legalidade.

Também pode haver quem esteja interessado neste momento em consagrar a expressão "Estado de Direito" para espartilhar ou negar a revolução. Optámos, pois, pela expressão «legalidade democrática», que tem um conteúdo mais preciso e mais concreto e cujo respeito é condição fundamental para que se possa construir no nosso país, no quadro de uma sociedade socialista democrática, um verdadeiro Estado de Direito, onde não mais seja possível o arbítrio e onde, também, não mais se evoque um direito abstracto para violar as liberdades concretas dos cidadãos ou para manter, seja sob que forma for, a exploração do homem pelo homem».

Pela banda do PPD, atente-se, ainda na declaração de voto apresentada pelo deputado PEDRO ROSETA e assumida, em representação do PPD, pelo próprio, assim como pelos deputados ANTÓNIO BARBOSA DE MELO e ARTUR CUNHA LEAL – todos da Comissão sobre os Princípios Fundamentais da Assembleia Constituinte (*in* Diário da Assembleia Constituinte n.° 29, de 1.8.1975, p. 603):

«A formulação aprovada pela Comissão é incompleta, pois contempla apenas alguns dos componentes que caracterizam o Estado de Direito: os princípios da legalidade e da subordinação dos órgãos de soberania à Constituição.

Tínhamos em vista deixar claramente consagrados os seguintes princípios:

1.° O direito, entendido como conjunto de valores permanentes recolhidos na evolução cultural da Humanidade, tem de presidir sempre às relações entre os detentores do Poder e os cidadãos, com exclusão total do arbítrio do Poder, que sempre leva à violação dos direitos fundamentais e da dignidade da pessoa humana;

2.° A divisão dos poderes e a interdependência dos órgãos de soberania, para que nenhum órgão do Estado se venha arrogar, pela concentração, um poder absoluto e incontrolado, que conduz inevitavelmente ao despotismo;

3.° A subordinação de todos os órgãos de soberania à Constituição;

4.° O princípio da legalidade;

5.° Os conflitos entre os governantes e governados só serão decididos com justiça pela intervenção de um órgão jurisdicional independente e imparcial».

A postura do PCP mostra-se claramente na declaração de voto apresentada pela deputada ALDA NOGUEIRA sobre o parecer da Comissão sobre ao Princípios Fundamentais (*in* Diário da Assembleia Constituinte n.° 25, de 2.8.1975, p. 623):

«(...) a expressão "Estado de Direito", utilizada ou proposta pelo PPD, também, ao que creio, pelo CDS, contraposta à expressão "legalidade democrática", pode levar a equívocos importantes, porque, de certo modo, tende a hipostasiar a realidade jurídica, a conferir-lhe um conteúdo extremamente abstracto e a impedir a sua devida inserção numa determinada realidade histórica, com a sua dimensão económica, social e política. Por isso, nós optámos pela expressão "legalidade democrática", que nos parece manter o essencial do que se quer dizer com a expressão «Estado de direito», e, ao mesmo tempo, dar-lhe esse conteúdo real de inserção numa determinada realidade histórica, social, económica e política».

Uma declaração muito definida é a do deputado CARLOS ALBERTO DA MOTA PINTO – do PPD (*in* Diário da Assembleia Constituinte n.° 29, de 9.8.1975, p. 739):

«Sr. Presidente, Srs. Deputados: É para fazer uma declaração de voto relativamente ao nosso comportamento na votação do n.° 4 do artigo 3.°

O Partido Popular Democrático votou o n.° 4 do artigo 3.°, não obstante a batalha que travou para que fosse consagrado neste ponto, expressa e solenemente, o carácter de Estado de Direito da República Portuguesa. O n.° 4 que foi votado recolhe, porém, duas das ideias fundamentais do Estado: o princípio de constitucionalidade de toda a actividade do Estado e o princípio de legalidade democrática.

Para nós, o conceito de Estado de Direito exprime de uma forma muito mais directa e precisa as realidades correspondentes, do que a mera referência ao princípio da legalidade. Com a noção de Estado de Direito cobre-se tudo aquilo a que se refere o princípio da legalidade democrática e introduzir-se-ia no texto constitucional uma conotação fortíssima no sentido da tutela e defesa dos direitos, liberdades e garantias fundamentais da pessoa humana, como estes são exigidos pela consciência jurídica universal em quaisquer sistemas económicos e sociais e como estes estão sedimentados em cartas e declarações internacionais várias. Temos receio que a mera referência ao princípio da legalidade possa servir a quem esteja interessado em espartilhar a Revolução Portuguesa numa mera obediência formal à lei, com um total desprezo da independência e separação dos poderes do Estado e do necessário respeito pelos direitos e liberdades fundamentais da pessoa humana.

Nota, porém, o Partido Popular Democrático que a legalidade em que se vai fundamentar a actividade do Estado tem de ser, nos termos do texto aprovado, democrática. Com esta exigência não se introduz, para nós, no texto apenas uma indicação relativa ao mecanismo de elaboração da lei; introduz-se uma exigência relativa ao próprio conteúdo da lei. Introduz-se obviamente na legalidade produzida pelos detentores do poder um decisivo elemento crítico com vista a neutralizar o absolutismo da lei.

O Partido Popular Democrático espera que os tribunais, independentes e imparciais, que havemos de consagrar, superando quaisquer alienações verbalistas ou qualquer feiticismo de linguagem, saibam tirar desta exigência todas as consequências que ela comporta no plano da interpretação e da integração da lei, a fim de se acabar de vez com o despotismo da lei formalmente correcta, que será sempre a expressão do despotismo do poder constituído».

(O orador não reviu.)

No mesmo quadrante político (PPD), registe-se também a declaração de voto conjunta dos deputados MARCELO REBELO DE SOUSA, CARLOS ALBERTO COELHO DE SOUSA e MÁRIO PINTO, considerando "negativa" a "não consagração expressa do princípio do Estado de direito" (*in* Diário da Assembleia Constituinte n.° 132, de 3.4.1976, p. 4449):

«Votámos a favor do texto da Constituição em globo com a convicção de que – com todos os seus erros ou defeitos – corresponde a um marco histórico fundamental na institucionalização da democracia e no avanço reformista para o socialismo humanista no nosso país».

«Dos pontos negativos realçaremos a não consagração expressa do princípio do Estado de Direito (...)».

«No seu todo, em coerência com a opção social-democrática que esteve subjacente à nossa candidatura à Assembleia Constituinte pelo Partido Popular Democrático, votamos favoravelmente o texto da Constituição, crentes de que o seu saldo é francamente positivo e esperançados de que todos os verdadeiros democratas (e por maioria de razão os que apontam para uma sociedade socialista humanista e democrática) tudo farão para que a democracia triunfe irreversivelmente em Portugal.

A Constituição agora votada é apenas um primeiro passo na institucionalização da democracia. Que os outros se não percam por incúria grave dos democratas e dos partidos democráticos portugueses».

popular" –, art.° 1.°/1 – "A Espanha constitui-se em Estado social e democrático de direito (...)"][1017], turca (art. 2.° e 5.°), andorrana (art. 1.°/1) e monegasca (art. 2.°/2).

Noutras Constituições do contingente em análise, as alusões ao Estado de direito são menos incisivas, atendo-se muitas vezes a pretensos aspectos parcelares do dito Estado de direito.

A Constituição de Bonn, no art. 28/1, faz submeter a ordem constitucional dos *Länder* aos princípios do Estado de direito republicano, democrático e social ("Die verfassungsmäßige Ordnung in den Ländern muß den Grundsätzen des republikanischen, demokratischen und sozialen Rechtsstaates im sinne dieses Grundgesetzes entsprechen")[1018].

Outras disposições a ter em conta são as dos arts. 23/1 e 20.

4. Vizinhança Geográfica: África Ocidental (CEDEAO) – Arrumação em Razão da Matéria

Lancemos agora um olhar sobre Estados do Oeste do continente africano.

Seguindo a esquematização colhida em JACQUES-YVAN MORIN[1019], vejamos o que a dizer há, a propósito do "princípio da justiciabilidade dos direitos fundamentais" e do *habeas corpus*.

[1017] S. AGESTA, O Estado de Direito na Constituição Espanhola..., cit., p. 29-30: O conteúdo do Estado de direito «tem uma definição substantiva no art. 10.° da Constituição espanhola», quando reza: «A dignidade da pessoa, os direitos invioláveis a ela inerentes, o livre desenvolvimento da personalidade, o respeito à lei e aos direitos dos outros, são fundamentos da ordem política e da paz social». Observa AGESTA que o artigo referenciado «parece desenvolver-se numa série de círculos concêntricos que vão ampliando o primeiro conceito» – a dignidade da pessoa. Mais adiante: «No respeito da dignidade está (...) a base do Direito, e um Estado de Direito significa não apenas que os cidadãos e os poderes públicos se encontram sujeitos à Constituição e ao resto da ordenação jurídica, mas que essa ordenação jurídica deve realizar tudo aquilo que for adequado para que a pessoa tenha plena dignidade e possa desenvolver livremente a sua personalidade.

Para uma análise comparativa dos sistemas político-constitucionais espanhol e português, *vide* A.J. FERNANDES, Os Sistemas Político-constitucionais Português e Espanhol, Lisboa, Europa Editora, s/d.

[1018] Ecos dos trabalhos preparatórios, a respeito da norma constitucional em referência, encontram-se em JöR, Neue Folge, Band 1, 1951 (Art. 28), p. 244 ss.

[1019] *Id., ibid.*, p. 159 ss.

Em geral, sobre o primado do Estado de direito em África, P. ARSAC/J.-L. CHABOT/H. PALLARD, Etat de Droit, Droits Fondamentaux et Diversité Culturelle, Paris, L'Harmattan, 1999.

O universo constitucional considerado abrange os seguintes Estados e os seguintes textos constitucionais:

Libéria (1986); Côte D'Ivoire (1960); Senegal (1963); Gâmbia (1970, 1994); Guiné-Bissau (1984); Benim (1990); Guiné-Conakri (1990); Serra Leoa (1991); Burkina Faso (1991); Mali (1992) Togo (1992); Gana (1992); Cabo Verde (1992); Níger (1992); Nigéria (1999).

Bem feitas as contas, arregimentei 15 Constituições que de comum têm, entre outras, a circunstância de partilharem uma determinada zona geográfica: a África Ocidental subsaariana.

a) O princípio da justiciabilidade dos direitos fundamentais vem consagrado nas seguintes Constituições e nos termos a seguir alinhavados: Senegal (art. 81 – o poder judicial é o guardião dos direitos e liberdades definidos pela Constituição);

Gâmbia (art. 28/1);

Guiné-Bissau (art. 32 – "Todo o cidadão tem o direito de recorrer aos órgãos jurisdicionais contra os actos que violem os seus direitos reconhecidos pela Constituição e pela Lei, não podendo a justiça ser denegada por insuficiência de meios económicos");

Benim (art. 7/1, a) da Carta Africana dos Direitos do Homem e dos Povos – por remissão do art. 7.° da Constituição da República do Benim, nos termos do qual "les droits et les devoirs proclamés et garantis par la Charte Africaine des Droits de l'Homme et des Peuples adoptée em 1981 par l'Organisation de l'Unité africaine et ratifiée par le Benin le 20 Janvier 1986 font partie intégrante de la présente Constitution et du Droit béninois" –, que estipula: «Todas as pessoas têm direito a que a sua causa seja apreciada.

«Este direito compreende [...] o direito de submeter aos órgãos nacionais competentes qualquer acto que viole os direitos fundamentais reconhecidos e garantidos pelas convenções, as leis, os regulamentos e os costumes em vigor»);

Serra Leoa (art. 28/1);

Burkina Faso (art. 125 – «Le pouvoir judiciaire est gardien des droits et libertés définis dans la présente Constitution»);

Mali (art. 81/2/3 – não fora o artigo definido "le" que se antepôs a "gardien", poder-se-ia remeter para o art. 125 da Constituição burkinabé, porquanto são quase exactamente iguais);

Togo (art. 113/3 – "Le Pouvoir Judiciaire est garant des libertés individuelles et des droits fondamentaux des citoyens");

Gana (art. 2.°/1 e 33/1);

Cabo Verde (art. 20/1 – "A todos é garantido o direito de acesso à justiça, independentemente da sua condição económica, e o direito de obter, em prazo razoável, a tutela efectiva dos direitos ou interesses legítimos junto dos Tribunais" – e art.° 20/2 – "A todos é garantido, nos termos da lei o direito de defesa, o patrocínio judiciário e o acesso à informação e consulta jurídica");

Nigéria (art. 35/4/5).

b) No que ao *habeas corpus* se atém, o instituto vem, duma ou doutra forma, regulado nas Constituições seguintes:

Guiné-Bissau (art. 39/3 – «a prisão ou detenção ilegal resultante de abuso de poder confere ao cidadão o direito de recorrer à providência do "habeas corpus"»);

Togo (art. 15/2 – «quiconque est arrête sans base légale ou détenu au-delà du délai de garde à vue peut, sur sa requête ou sur celle de tout intéressé, saisir l'autorité judiciaire désignée à cet effet par la loi» – e art. 15/3 – «L'autorité judiciaire statue sans délai sur la légalité ou la régularité de sa détention»);

Cabo Verde (art. 34/1 – «qualquer pessoa detida ou presa ilegalmente pode requerer *habeas corpus* ao tribunal competente» –, art. 34/2 – «qualquer cidadão no gozo dos seus direitos políticos pode requerer *habeas corpus* a favor de pessoa detida ou presa ilegalmente» – e art. 34/3 – «O Tribunal, no prazo máximo de dez dias, deverá proferir decisão sobre o pedido de *habeas corpus*»);

Nigéria (art. 35/4).

c) "Princípio do direito de defesa, da proibição da prisão ou detenção arbitrária".

Trata-se de um princípio largamente consagrado nas Constituições dos Estados da África ocidental.

Prescreve, por exemplo, a Constituição da Côte d'Ivoire, no seu art. 60, que «nul ne peut être arbitrairement détenu».

A do Senegal deixa claro, no art. 6.°, *in fine*, ser a defesa «un droit absolu dans tous les états et à tous les degrés de la procédure». Linhas antes, proclama-se a inviolabilidade da liberdade da pessoa humana, proclamação que servirá, porventura, para banhar de luz a interdição da prisão ou detenção arbitrárias.

Na Guiné-Bissau, o direito de defesa, da proibição da prisão ou detenção arbitrárias encontra expressão nos artigos 42/3 («o arguido tem direito a escolher defensor e a ser por ele assistido em todos os actos do processo, especificando a lei os casos e as fases em que essa assistência é obrigatória»), 31/2 (que não admite, mesmo no caso limite da declaração do estado de sítio, que se ponha em causa o «direito de defesa dos arguidos») e 38/2 («ninguém pode ser total ou parcialmente privado de liberdade, a não ser em consequência de sentença judicial condenatória pela prática de acto punido pela lei com pena de prisão ou de aplicação judicial de medida de segurança»).

No que respeita ao Benim, afiguram-se importantes as seguintes disposições:

Art. 17, *in fine* (toda a pessoa acusada de um delito deve beneficiar, no decurso de um processo público, de «toutes les garanties nécessaires à sa libre défense»);

Por força do art. 7.°/1, c) da Carta Africana dos Direitos do Homem e dos Povos de 1981 («o direito de defesa, incluindo o de ser assistido por um defensor da sua escolha» cabe a todas as pessoas), bem como o art. 4.°, *in fine* da Carta («ninguém pode ser arbitrariamente privado» do direito à «vida e à integridade física e moral da sua pessoa»).

No Burkina Faso, reza o último parágrafo do art. 4.° da Constituição que «le droit à la défense y compris celui de choisir librement son défenseur est garanti devant toutes les juridictions».

Tentando obviar às prisões e detenções arbitrárias, aí está o § 2.° do art. 3.° («nul ne peut être arrêté, gardé, déporté ou exilé qu'en vertu de la loi»).

No Mali, «le droit à la défense, y compris celui de se faire assister par l'avocat de son choix est garanti depuis l'enquête préliminaire» (art.9.°).

Na República Togolesa, «nul ne peut être arbitrairement privé ni de sa liberté ni de sa vie» (art. 13/2, 15), gozando o acusado de garantias processuais indispensáveis à sua defesa (art. 18).

O direito de defesa vem garantido a todos no n.° 2 do art 20, nos n.ºs 5 e 10 do art. 33 da Constituição de Cabo Verde.

A proibição da prisão ou detenção arbitrárias é descortinável no n.° 1 do art. 28, quando se assevera que «todos têm direito à liberdade e segurança, ninguém podendo ser privado parcial ou totalmente da sua liberdade senão em virtude de sentença judicial condenatória pela prática de actos punidos por lei com pena de prisão ou de aplicação judicial de medidas de segurança»;

Na Nigéria (art. 36/4/6).

d) E onde localizar o princípio da presunção de inocência?

A Constituição da Guiné-Bissau é taxativa a este respeito, quando assevera que «todo o arguido se presume inocente até ao trânsito em julgado da sentença de condenação».

Afina pelo mesmo tom a Constituição beninense, quando diz no art. 17: «toute personne accusée d'une acte délictueux est présumée innocente jusqu'à ce que sa culpabilité ait été légalement établie au cours d'un procès public durant lequel toutes les garanties nécessaires à sa libre défense lui auront été assurées».

No Burkina Faso, o art. 4.° deixa claro que «tout prévenu est présumé innocent jusqu'à ce que sa culpabilité soit établie».

No Mali, «tout prévenu est présumé innocent jusqu'à ce que sa culpabilité soit établie par la juridiction compétente» (art. 9.°).

Usando, quase *ipsis verbis*, as expressões acabadas de expor, a Constituição togolesa proclama que «tout prévenu ou accusé est présumé innocent jusqu'à ce que sa culpabilité ait été établie à la suite d'un procès qui lui offre les garanties indispensables à sa defense» (art. 18).

Cabo Verde inclui no elenco dos princípios do processo penal o da presunção de inocência de todo o arguido «até ao trânsito em julgado de sentença condenatória» (fá-lo no art. 33 da Constituição);

A Nigéria trata a matéria no art. 36/5 da sua Constituição («Every person who is charged with a criminal offence shall be presumed to be innocent until he is proved guilty»).

e) Princípio do "processo justo: independência dos juízes e imparcialidade dos tribunais".

Em geral, as Constituições africanas incluídas no perímetro traçado páginas atrás dão forma ao princípio epigrafado[1020].

Dispõe, a propósito, a Constituição da Côte d'Ivoire, no art. 57/2, que "les juges ne sont soumis, dans l'exercice de leurs fonctions, qu'à l'autorité de la loi".

No § 3.° do mesmo artigo estipula que o Presidente da República "est garant de l'indépendance des juges".

Dita o art. 80 da Constituição senegalesa: «le pouvoir judiciaire est indépendant du pouvoir législatif et du pouvoir exécutif[1021]. «Il est exercé par

---

[1020] A.A. NA-NA'IM, Protection des Droits Humains dans les Systèmes Juridiques Pluriels de l'Afrique: Étude Comparative, *in* A.A. Na-Na'Im (dir.), Droits Universels, Voies de Recours Nationales..., cit., p. 60 ss.

[1021] Fornecendo instantâneos do *Estado de direito* na Europa central e oriental, *vide* o relatório (redigido por Dominik Lentz) das discussões publicado em Frowein/Marahun (Hg.), Grundfragen..., cit., p. 81 ss. A compreensão material e formal do Estado de direito foi objecto de discussão no aludido colóquio. A tentação de atribuir a um princípio geral de Estado de direito uma importância estruturante nas novas democracias do Centro-Leste europeu (sublimando-se nesse processo o papel da judicatura) é aparentemente irresistível.

S. HEITMANN, Rechtsstaat West und Rechtsgefühl Ost, *in* NJW 1994, Heft 33, p. 2131-2133.

Ainda, A. CASTANHEIRA NEVES, Da Jurisdição no Actual Estado-de-Direito, *in* Antunes Varela/D. Freitas do Amaral/Jorge Miranda/J.J. Gomes Canotilho (org.), Ab Vno ad Omnes: 75 anos da Coimbra Editora 1920-1995, Coimbra, Coimbra Editora, 1998, p. 207. Para CASTANHEIRA NEVES, se o *Estado-de-Direito* actual «é aquele Estado ou sistema político em que a intenção axiológico-normativa, diferenciada, se circunscreve ao direito, o certo é que o direito é nesse Estado uma ordem ou subsistema de sentido axiológico-material – mesmo que queiramos reduzir esse sentido ao mínimo da axiológica pressuposição da dignidade humana e dos direitos fundamentais –, e que essa sua ordem ou subsistema não deixa de intencionar uma axiológica validade fundamentante, só porque outras ordens ou subsistemas do sistema político não se afirmam com esse sentido

le Conseil Constitutionnel, le Conseil d'Etat, la cour de cassation et les cours et tribunaux».

Por outro lado, a Constituição da Guiné-Bissau estatui que "no exercício da sua função jurisdicional, os tribunais são independentes e apenas estão sujeitos à lei" (art. 120/4).

Virando a sua atenção para o juiz, em especial, estabelece o n.° 2 do art. 123/2 que "no exercício das suas funções o juiz é independente e só deve obediência à lei e à sua consciência".

No art. 125 da Constituição beninense, descortina-se que «le pouvoir judiciaire est indépendant du pouvoir législatif et du pouvoir Exécutif». E, ainda, que «il est exercé par la cour suprême, les cours et tribunaux créés conformément à la présente constitution».

Na mesma direcção se inscreve o art. 127, nos termos do qual «le Président de la République est garant de l'indépendance de la justice». Centrando-se mais nos juízes, diz o § 2.° do art. 126: «Les juges ne sont soumis, dans l'exercice de leurs fonctions, qu'à l'autorité de la loi.

«Les magistrats du siège sont inamovibles».

Segundo o art. 129 da Constituição Burkinabé, «Le pouvoir judiciaire est indépendant».

Para tal, a Constituição erige o Presidente em «garant de l'indépendance du pouvoir judiciaire» (art. 131).

De salientar que, tal como em várias outras Constituições da África francófona, o Presidente da República é também o Presidente do Conselho Superior da Magistratura, sendo o Ministro da Justiça o Vice-Presidente do órgão em apreço.

Para a Constituição maliana (art. 81), «le pouvoir judiciaire est indépendant des pouvoirs exécutif et legislatif», sendo o poder judicial «le gardien des libertés définies par la (…) constitution».

O Presidente da República é tido constitucionalmente como garante da independência do poder (art. 82).

Similar trajecto segue a Constituição togolesa, em cujo art. 113 se lê: «Le Pouvoir judiciaire est indépendant du pouvoir législatif et du pouvoir exécutif.

«Les juges ne sont soumis dans l'exercice de leurs fonctions qu'à l'autorité de la loi.

«Le Pouvoir Judiciaire est garant des libertés individuelles et des droits fondamentaux des citoyens».

---

ou não têm a mesma significação intencional. Antes o autêntico sentido do Estado-de-Direito, com ser um Estado-de-Direito material, está em nele se reconhecer e garantir ao direito aquela intenção (…)». A corroborar a direcção acabada de gizar, *vide*, ainda, na obra citada, p. 192, 214, 215, 221, 222, 226. Mesmíssima inclinação já se descobria no autor, numa obra dos anos 70 do século XX: é *A Revolução e o Direito…*, cit., p. 233 ss.

A inamovibilidade dos "magistrats du siège" vem preconizada no art. 114 e a consideração do Presidente da República como «garante da independência da magistratura» aparece no art. 115.

Respeitante à Constituição de Cabo verde, ela fixa, no n.° 3 do seu art. 221, que «os tribunais são independentes e estão apenas sujeitos à lei».

Quanto aos juízes, em especial, eles são, no "exercício das suas funções", "independentes e só devem obediência à lei e à sua consciência" (art. 243/3).

E o Níger não destoa, quando reafirma (art. 99) que «le pouvoir judiciaire est indépendant du pouvoir législatif et du pouvoir exécutif», sendo o primeiro exercido pela *Cour Suprême*, as *cours* e os tribunais criados nos termos constitucionais.

Para o art. 101, os juízes «ne sont soumis dans l'exercice de leurs fonctions qu'à l'autorité de la loi», tendo o Presidente da República o papel de «garant de l'indépendance des juges».

Na Nigéria, pode-se surpreender a independência das *courts* ou *tribunals* no art. 36/1 da Constituição.

A enunciação poderia prosseguir, mantendo-se, todavia, o teor, fundamentalmente, no mesmo registo:

Independência do poder judicial, independência dos tribunais, independência dos juízes.

No que tange à imparcialidade dos tribunais, propriamente, atente-se nesta série de registos:

Constituição do Benim, que, no seu art. 7.°, declara parte integrante da Constituição o conjunto de direitos e deveres regulados na Carta Africana dos Direitos do Homem e dos Povos, de 1981.

Ora, o art. 7.°/1, d) da Carta proclama que «todas as pessoas têm direito a que a sua causa seja apreciada». Entre outros, este direito abrangeria o de «ser julgado, num prazo razoável, por um tribunal imparcial».

A Constituição burkinabe, por seu lado, estatui directamente, no seu art. 4.°, que «tous ont droit à ce que leur cause soit entendue par une juridiction indépendante et impartiale».

A Constituição togolesa não se afasta do trilho que se tem vindo aqui a observar.

Diz, na verdade, o seu art. 19 que «toute personne a droit en toute matière à ce que sa cause soit entendue et tranché équitablement dans un délai raisonnable par une juridiction indépendante et impartiale».

O art. 36/1 da Constituição nigeriana dá-nos uma indicação quanto à preocupação com a imparcialidade dos tribunais ou das *courts*.

f) Princípio da "reparação de violação de direitos fundamentais" pelo Estado.

Reconhece a Constituição gambiana, no seu artigo 15/6, o direito de indemnização a favor de indivíduos que hajam sido ilegalmente presos ou detidos.

A Guiné-Bissau, na esteira da Constituição portuguesa de 1976, resolve o problema em apreço, através de um feixe de formulações concatenadas.

Trata-se do art. 33 da Constituição, sobre a responsabilidade das entidades públicas, que assim estatui: «O Estado e as demais entidades públicas são civilmente responsáveis, em forma solidária, com os titulares dos seus órgãos, funcionários ou agentes, por acções ou omissões praticadas no exercício das suas funções e por causa desse exercício, de que resulte violação dos direitos, liberdades e garantias, ou prejuízo para outrem».

Para os titulares de cargos políticos, em especial, estatui-se que eles «respondem política, civil e criminalmente pelos actos e omissões» em que incorram «no exercício das suas funções» (art. 61).

O art. 41/6 determina, para «os cidadãos injustamente condenados», o «direito, nas condições prescritas na lei, a revisão e a indemnização pelos danos sofridos».

Para os juízes, a responsabilidade (ou irresponsabilidade) é fixada pelo art. 123/3 nos seguintes moldes: «O juiz não é responsável pelos seus julgamentos e decisões. «Só nos casos especialmente previstos na lei pode ser sujeito, em razão do exercício das suas funções, a responsabilidade civil, criminal ou disciplinar».

Quanto aos deputados, manda o n.° 1 do art. 82 que «nenhum deputado pode ser incomodado, perseguido, detido, preso, julgado ou condenado pelos votos e opiniões que emitem no exercício do seu mandato», estabelecendo o n.° 2 que «salvo em caso de flagrante delito a que corresponda pena igual ou superior a dois anos de trabalho obrigatório, ou de prévio assentimento da Assembleia Nacional Popular, os deputados não podem ser detidos ou presos por questão criminal ou disciplinar, em juízo ou fora dele».

De acordo com a Constituição da Nigéria (art. 35/6), as pessoas ilegalmente presas ou detidas gozam do direito a indemnização.

A Constituição beninense traz apenas uma referência à punição do agente do Estado culpado de actos de tortura e outros similares. Atente-se neste texto: «Tout individu, tout agent de l'Etat qui se rendrait coupable d'acte de torture, de sévices ou traitements cruels, inhumains ou dégradants dans l'exercice ou à l'occasion de l'exercice de ses fonctions, soit de sa propre initiative, soit sur instruction, sera puni conformément à la loi» (art. 19/1).

É que «tout individu, tout agent de l'Etat est délié du devoir d'obéissance lorsque l'ordre reçu constitue une atteinte grave et manifeste au respect des droits de l'homme et des libertés publiques».

A Serra Leoa (art. 17/4 da Constituição), tal como várias Constituições de África Ocidental anglófona, concede o direito a indemnização a todos aqueles que tenham sido ilegalmente presos ou detidos.

Mais clarificadora é a Constituição togolesa, na medida em que, segundo ela, «les dommages résultant d'une erreur de justice ou ceux consécutifs à un fonctionnement anormal de l'administration de la justice donnent lieu à une indemnisation à la charge de l'Etat, conformément à la loi» (art. 19/4).

A Constituição do Gana atribui às pessoas ilegalmente presas ou detidas o direito à indemnização (art. 14/5).

Cabo Verde regula essa questão da responsabilidade no art. 135 da Constituição. Reproduz-se, na íntegra, o teor da mencionada norma «1. Os titulares de cargos políticos respondem política, civil e criminalmente pelos actos e omissões que praticarem no exercício das suas funções e por causa delas, nos termos da lei.

«2. Os crimes cometidos pelos titulares de cargos políticos denominam-se crimes de responsabilidade cabendo à lei defini-los, estabelecer as sanções aplicáveis e os efeitos destas, que deverão sempre incluir a perda do cargo ou do mandato e a impossibilidade de exercer cargos políticos por um período não inferior a dez anos.

«3. Ficarão ainda impossibilitados de exercer cargos políticos por um período não inferior a cinco anos os titulares sancionados com a perda de cargo ou de mandato pela prática de grave ilegalidade».

Fora deste esquema – e em determinadas condições – estão os deputados e os parlamentares, os quais «pelos votos e opiniões que emitirem no exercício das suas funções», «não respondem civil, criminal ou disciplinarmente».

g) "Princípio Fundamental do Estado de direito".

Tal como foi caracterizado páginas antes, o princípio agora tratado vem enunciado (mais ou menos incisivamente) em várias Constituições do espaço geográfico em referência[1022].

[1022] Salienta GORAN HYDEN ("A democracia é possível em África"..., cit.) que aquando das independências «ninguém pensou em cláusulas constitucionais para controlar o poder», tal seria a fé depositada nos dirigentes.

De notar são, porém, as iniciativas como as patrocinadas pela Comissão Internacinal dos Juristas já em 1961, por exemplo. Neste quadro, *vide* Congrès Africain sur la Primauté du Droit, Lagos, 3-7 Janvier 1961, Rapport sur les Travaux du Congrès, Genève, Commission Internationale des Juristes, 1961, p. 9, 33 ss. O congresso (que reuniu magistrados, professores, advogados e outros profissionais do direito oriundos de 23 países africanos e 9 de outros continentes) culminou com uma *Lei de Lagos*, que insistia no primado do Direito – «un principe dynamique qui doit être mis en oeuvre pour faire prévaloir la volonté du peuple, consolider les droits politiques

Segue-se a enumeração dessas Constituições.

A da Guiné-Bissau (art. 3.°) – que ao Estado de direito faz, para certa linha, uma longínqua alusão, quando qualifica a República como um «Estado de democracia constitucionalmente instituída».

A da Nigéria (art. 14).

A República de Benim, no encalço de vários Estados de cultura jurídico-política de matriz gaulesa, insere o postulado do Estado de direito no Preâmbulo da Constituição.

Ali, os constituintes cristalizaram a sua determinação solenemente anunciada de «créer un Etat de droit». Há que registar o paroxismo da formulação, a despeito da polémica que tem percorrido a doutrina e jurisprudência do Hexágono e da francofonia, a propósito da relevância jurídica dos preâmbulos, autêntico *chá de Tolentino* do debate jurídico francófono.

O Preâmbulo da Constituição da República da Guiné-Bissau contempla similar indicação.

Na Serra Leoa, está o problema solucionado no art. 6.°/4 da respectiva Constituição.

Quanto ao Burkina Faso, o «Peuple souverain» declara-se, nas primeiras linhas do preâmbulo da Constituição, «animé de la volonté d'édifier un Etat de droit garantissant l'exercice des droits collectifs et individuels, la liberté, la sûreté, le bien-être, le développement, l'égalité et la justice comme valeurs fondamentales d'une société pluraliste, de progrès et débarrassée de tout préjugé».

No Togo, os constituintes afirmam-se decididos a «bâtir un Etat de droit dans lequel les droits fondamentaux de l'homme, les libertés publiques et la dignité de la personne humaine doivent être garantis et protégés», na convicção de que «un tel Etat ne peut être fondé que sur le pluralisme politique, les principes de la démocratie et de la protection des droits de l'Homme tels que définis par la charte des Nations Unies de 1945, la Déclaration Universelle des droits de l'Homme de 1948 et les Pactes Internationaux de 1966, la Charte Africaine des Droits de l'Homme et des Peuples adoptée en 1981 par l'Organisation de l'Unité Africaine». Vem tudo isso no preâmbulo da Constituição, que os próprios constituintes declararam fazer parte integrante da Constituição.

A lei fundamental do Gana (no seu Preâmbulo) também consagra o princípio do Estado de direito.

De forma categórica, a Constituição da República de Cabo Verde dá forma à problemática que aqui nos vem ocupando: o Estado de direito.

---

de l'individu et réaliser des conditions économiques, sociales et culturelles adaptées aux aspirations et propres à l'épanouissement de la personne humaine, dans tous les pays, qu'ils soient ou non indépendants».

Para além da aproximação ao tema que se detecta no art. 3.°/2, existem mais duas disposições constitucionais que tangem o problema.

Falo do art. 2.°, sob a epígrafe "Estado de direito Democrático", que se desenvolve nos seguintes termos:

Organiza-se o Estado cabo-verdiano em «Estado de direito democrático» «assente nos princípios da soberania popular[1023], no pluralismo de expressão e de organização política democrática e no respeito pelos direitos e liberdades fundamentais».

O n.° 2 concretiza que Cabo Verde «reconhece e respeita na organização do poder político a natureza unitária do Estado, a forma republicana de governo, a democracia pluralista, a separação e a interdependência dos poderes, a separação entre as Igrejas e o Estado, a independência dos Tribunais, a existência e a autonomia do poder local e a descentralização democrática da Administração Pública».

1023 Sustentando ser o princípio da soberania popular a «charneira entre o sistema de direitos e a construção de um Estado de direito democrático», *vide* J. HABERMAS, Droit et Démocratie: Entre Faits et Normes, Paris, Gallimard, 1997, p. 168, 181, 189, 196. Princípio da soberania popular que engendraria, «tal como ele é interpretado pela teoria da discussão» (*vide*, ainda, p. 485): o «princípio da protecção jurídica completa do indivíduo, garantida por uma justiça independente»; o «princípio da legalidade da Administração e do controlo desta pela Justiça e pelo Parlamento»; o princípio da separação entre o Estado e a sociedade. Na perspectiva da *teoria da discussão*, o princípio da soberania popular enuncia que «todo o poder político se deduz do poder dos cidadãos fundado na comunicação». Se se considerar isso como «um processo cuja função é resolver problemas, esta prática deve a sua força de legitimação a um *procedimento democrático* que tem por função garantir um tratamento racional das questões políticas».

Acrescenta HABERMAS (*op. cit.*, p. 187-188, nesta última, atente-se no gráfico que reproduz o *modelo processual da formação racional da vontade política*) a possibilidade de ser desenvolvida a *ideia de Estado de direito* «a partir de princípios segundo os quais o direito legítimo é gerado pelo poder fundado na comunicação, estando este, por sua vez, transformado em poder administrativo por meio do direito legitimamente produzido».

O próprio direito positivo (*op. cit.*, p. 488, 153-154, 190, 199) deverá a sua legitimação a um «procedimento de formação da opinião e da vontade» que se presume razoável, não a um «direito moral superior».

Em boa verdade, seguindo o autor (*op. cit.*, p. 148-149) «l'émergence de la légitimité à partir de la légalité n'apparaît comme un paradoxe que si l'on part de la prémisse selon laquelle le système juridique doit être reprèsenté comme un processus circulaire qui reflue récursivement en lui-même et s'*auto*légitime. Ce que contredit déjà l'évidence: sans les initiatives d'une population *accoutumée* à la liberté, les institutions juridiques de la liberté se désintègrent».

Para uma discussão sobre a imanência ou não da soberania no perfil genético do Estado (permita-se-me esta colocação do problema), *cfr.* H. KELSEN, Il Problema della Sovranità e la Teoria del Diritto Internazionale: Contributo per una Dottrina Pura del Diritto (= "Das Problem der Souveränität und die Theorie des Völkerrechts. Beitrag zu einer Reinen Rechtslehre" Tübingen, Mohr, 1920), Milano, Giuffrè, 1989, p. 79 ss.

Na alínea c) do art. 7.°, qualifica-se mesmo como uma das tarefas fundamentais do Estado garantir o respeito pelos «princípios do Estado de direito democrático».

O Níger vai para lá da mera declaração inserta no Preâmbulo («volonté de bâtir un Etat de droit») e consagra mesmo nos articulados constitucionais (art. 9.°/1) a República do Níger como «Estado de direito».

5. Carta Africana dos Direitos do Homem e dos Povos

A Carta Africana dos Direitos do Homem e dos Povos, de 28 de Junho de 1981, transporta alguns subsídios que devem ser tidos em conta no caso vertente.

Em observância das opções temáticas feitas precedentemente, confiramos o que a Carta Africana tem a dizer (ou não).

O princípio da justiciabilidade dos direitos fundamentais flui do art. 7.°/1, a) da Carta; com efeito, «todas as pessoas têm direito a que a sua causa seja apreciada», compreendendo este direito o de «submeter aos órgãos nacionais competentes qualquer acto que viole os direitos fundamentais reconhecidos e garantidos pelas convenções, as leis, os regulamentos e os costumes em vigor».

O *habeas corpus* não encontra qualquer ressonância no clausulado da Carta Africana dos Direitos do Homem e dos Povos.

Quanto ao princípio do direito de defesa, ele se transluz nalgumas disposições, como o art. 7.°/1, c) «direito de defesa, incluindo o de ser assistido por um defensor da sua escolha»), art. 7.°/2 [«ninguém pode ser condenado por uma acção ou omissão que não constitua, no momento da sua prática, uma infracção legalmente punível.

«Nenhuma pena pode ser infligida se não estiver prevista no momento em que a infracção foi cometida» – trata-se, em ambas as hipóteses, da irretroactividade dos crimes e penas], art. 6.°, *in fine* («ninguém pode ser preso ou detido arbitrariamente»); art. 5.° (que proíbe a «tortura física ou moral, as penas ou os tratamentos cruéis, desumanos ou degradantes»).

Na alínea b) do n.° 1 do art. 7.°, «o direito de presunção de inocência até que a sua culpabilidade seja declarada por um tribunal competente» está contemplado como direito de todas as pessoas.

Princípio do Processo Justo; judicatura independente e tribunais imparciais: pode-se colher o essencial deste princípio no art. 7.°/1, d) («o direito de ser julgado, num prazo razoável, por um tribunal imparcial»), art. 7.°/2, *in fine* (que determina o carácter pessoal e intransmissível) das penas e art. 26 (o dever que é imposto aos Estados partes na Carta Africana de «garantir a independência dos tribunais»).

Princípio da reparação da violação de direitos fundamentais pelo Estado: a Carta conservou-se muda a este respeito. Consciente deste vazio, a Comissão Africana dos Direitos do Homem e dos Povos, à qual cabe «promover os direitos do homem e dos povos e assegurar a respectiva protecção em África» (art. 30 e 45) emanou em 1992 uma resolução na qual se pronunciava no sentido de as pessoas cujos direitos foram violados serem devidamente compensadas.

O *princípio fundamental do Estado de direito* não vem cristalizado na Carta Africana, tendo os fundadores desta preferido proclamar alguns elementos que tradicionalmente andam integrados naquele princípio, sem contudo lograrem desenvolver esgotantemente tais elementos.

6. **Vizinhança Arquetípica, Geográfica e Linguística**

Pretende-se, neste lugar, isolar e deitar um olhar, ainda que de modo fugidio, para determinados países que muito têm a ver com o estado actual do constitucionalismo guineense e captar as roupagens que o Estado de direito enverga nesses sítios.

Um nicho a considerar tem como elo relevante a vizinhança geográfica (daí que países integrantes da CEDEAO tenham sido alvo desta espreitadela, no parágrafo precedente);

Outro bloco tem como elo relevante a vizinhança linguística (e, por isso, deitar-se-á um olhar aos Estados da CPLP)[1024];

E porque se trata de uma referência incontornável (quer directamente, quer, sobretudo, mediatamente) na formulação de certas directrizes constitucionais na Guiné-Bissau, outro olhar será lançado em direcção à Alemanha.

Sempre que possível, oportuno e relevante, serão nutridas as abordagens individualizadas com focalizações normativas, jurisprudenciais e doutrinárias, a propósito da problemática do Estado de direito.

1024 Assinale-se a existência de algumas intersecções em dois dos três círculos analíticos: a da Guiné-Bissau, que pertence, simultaneamente, à CEDEAO e à CPLP; a de Cabo Verde, com os mesmos predicados acabados de reconhecer à Guiné-Bissau.

6.1. ***Alemanha***

a) *Topografia Normativa*

Art. 28 Abs. 1 GG – «Die verfassungsmäßige Ordnung in den Ländern muß den Grundsätzen des republikanischen, demokratischen und sozialen Rechtsstaates im Sinne dieses Grundgesetzes entsprechen»[1025].

Art. 23 Abs. 1 GG (introduzido na sequência da revisão constitucional de 21.12.1992[1026]) – «Zur Verwirklichung eines Vereinten Europas wirkt die Bundesrepublik Deutschland bei der Entwicklung der Europäischen Union mit, die demokratischen, rechtsstaatlichen, sozialen und föderativen Grundsätzen und dem Grundsatz der Subsidiarität verpflichtet ist und einen diesem Grundgesetz im wesentlichen vergleichbaren Grundrechtsschutz gewährleistet. Der Bund kann hierzu durch Gesetz mit Zustimmung des Bundesrates Hoheitsrechte übertragen. Für die Begründung der Europäischen Union sowie für Änderungen ihrer vertraglichen Grundlagen und vergleichbare Regelungen, durch die dieses Grundgesetz seinem Inhalt nach geändert oder ergänzt wird oder solche änderungen oder Ergänzungen ermöglicht werden, gilt Artikel 79 Abs. 2 und 3»[1027].

Art. 20 Abs. 3 GG – «Die Gesetzgebung ist an die verfassungsmäßige Ordnung, die vollziehende Gewalt und die Rechtsprechung sind an Gesetz und Recht gebunden»[1028].

[1025] A ordem constitucional dos *Länder* deve respeitar os princípios do Estado de direito republicano, democrático e social, no sentido desta Lei Fundamental.

[1026] *Vide* BGBl, I, p. 2086 ss. Importa referir, a propósito da revisão ao artigo 23, a Einigungvertragsgesetz de 23.9.1990 (*vide* BGBl, II, p. 885 ss.), que teve por objecto o *trato* de unificação entre a República Federal Alemã e a República Democrática da Alemanha.

[1027] Para a edificação de uma Europa Unida, a República Federal da Alemanha comparticipa no desenvolvimento da União Europeia, que se sujeita aos princípios federativos, sociais, de Estado de direito e democráticos, bem como ao princípio da subsidiariedade, garantindo uma protecção dos direitos fundamentais substancialmente comparável àquela da presente Lei Fundamental. A Federação pode, para o efeito, transferir os direitos de soberania, através de uma lei aprovada pelo *Bundesrat*. Vale o Art. 79 Abs 2 e 3, para a instituição da União Europeia, assim como para as modificações das suas bases convencionais e outros textos comparáveis que modifiquem ou completem esta Lei Fundamental no seu conteúdo ou tornem possíveis tais complementos ou modificações.

A versão anterior estabelecia, apenas: «Dieses Grundgesetz gilt zunächst im Gebiete der Länder Baden, Bayern, Bremen, Großberlin, Hamburg, Hessen, Niedersachsen, Nordrhein-Westfalen, Rheinland-Pfalz, Schlewig-Holstein, Württemberg-Baden und Württemberg-Hohenzollern. In anderen Teilen Deutschland ist es nach deren Beitritt in Kraft zu setzen».

[1028] O poder legislativo está vinculado à ordem constitucional, o poder executivo e o judicial estão vinculados à lei e ao direito.

Cfr. N. HORN, Einführung in die Rechtswissenschaft und Rechtsphilosophie, 2. Aufl., Heidelberg, Müller, 2001, p. 261-262.

Art. 1 Abs. 3 GG – «Die nachfolgenden Grundrechte binden Gesetzgebung, vollziehende Gewalt und Rechtsprechung als unmittelbar geltendes Recht»[1029].

b) *Leituras Jurisprudenciais*

De todas as disposições atrás referidas da *Grundgesetz*, apenas duas (Art. 28 Abs. 1 e 23 Abs. 1 Satz 1) referem expressamente (sem mais) o *princípio* do *Rechtsstaat*.

As outras disposições foram sendo trazidas à colação pela potente doutrina e jurisprudência da Alemanha, vendo aí os seguidores dessa orientação uma manifestação do princípio do Estado de direito[1030].

Prescrutemos alguns Acórdãos do Tribunal Constitucional alemão[1031]:

• *Decisão* do 2.° *Senat* de 8.5.1973 – BVerfGE 35, pág. 41, 47[1032]

«Das vorlegende Gericht ist zwar der Auffassung, bei Geltung des § 232 Abs. 2 ZPO in Kindschatssachen werde das Postulat der Gerechtigkeit in unerträglichem Maße zugunsten des Gebotes der Rechtssicherheit mißachtet und

[1029] Os direitos fundamentais (enunciados nos artigos seguintes) vinculam os poderes legislativo, executivo e judicial enquanto direitos directamente aplicáveis.

[1030] Assim, CRISTOPH DEGENHART, Staatsrecht I: Staatszielbestimmungen, Staatsorgane, Staatsfunktionen, 10. Auflage, Heidelberg, 1994;

KLAUS STERN, Das Staatsrecht der Bundesrepublik Deutschland, Band II: Staatsorgane, Staatsfunktionen, Finanz- und Haushaltsverfassung, Notstandsverfassung, § 20 III;

R. BÄUMLIN/H. RIDDER, Art. 20 (GG), *in* Rudolf Wassermann (Hg.), Reihe Alternativkommentare [Kommentar zum Grundgesetz für die Bundesrepublik Deutschland, Band 1, Luchterland, 1984];

BVerfGE 35, pág. 41, 47; BVerfGE 39, pág. 128, 143; *cfr*, ainda, BVerfGE 2, pág. 380--381, 403.

[1031] No que concerne, em geral, à jurisprudência constitucional no quadro das funções do Estado e sobre o modelo e mecânica do controlo da constitucionalidade na Alemanha, *vide* W. ZEIDLER, Die Verfassungsrechtsprechung im Rahmen der staatlichen Funktionen (insbesondere Arten, Inhalt und Wirkungen der Entscheidungen über die Verfassungsmässigkeit von Rechtsnormen) Nationalbericht (Bundesverfassungsgericht der Bundesrepublik Deutschland), *in* VII Conferência dos Tribunais Constitucionais Europeus, Lisboa, TC, 1987, p. 9-46.

Para um quadro facilitador de comparações entre os regimes dos tribunais constitucionais europeus, ver os restantes relatórios nacionais ínsitos no livro citado.

Para além dos acórdãos referenciados atrás e à frente, *vide*, BVerfGE 7, 194 (196); BVerfGE 20, 323 (331); BVerfGE 21, 378 (388); BVerfGE 22, 322 (329); BVerfGE 25, 269 (290); BVerfGE 33, 367 (383); BVerfGE 41, 323 (326); BVerfGE 49, 148 (164); BVerfGE 52, 131 (144, 145); BVerfGE 70, 297 (308).

[1032] Que concluiu pela compatibilidade do § 232 Absatz 2 da *Zivilprozeßordnung* com a *Grundgesetz*.

damit gegen das in Art. 20 Abs. 3 GG verankerte Rechtsstaatsprinzip verstoßen. Das ist indessen nicht der Fall.

«Das Rechtsstaatsprinzip (Art. 20 Abs. 3 GG) enthält nicht für jeden Sachverhalt in allen einzelheiten eindeutig bestimmte Gebote oder Verbote von Verfassungsrang, sondern ist ein Verfassungsgrundsatz, der der Konkretisierung je nach den sachlichen Gegenheiten bedarf, wobei allerdings fundamentale Elemente des Rechtsstaates und die Rechtsstaatlichkeit im ganzen gewahrt bleiben müssen (BVerfGE 7, 89 [92 f.]; 28, 264 [277])»[1033].

• *Beschluß* do 2.° *Senat* de 22.1.1975 – BVerfGE 39, pág. 128, 143-[1034]

«§ 46 Abs. 4 Satz 1 SG (F. 1968) verstößt nicht dadurch gegen das Rechtsstaatsprinzip (Art. 20 Abs. 3 GG), daß die verlängerte Dienstzeitanforderung auch für die bei Inkrafttreten der Vorschrift bereits ausgebildeten Berufssoldaten gilt»[1035].

• *Beschluß* do 1.° *Senat* de 1.7.1953 – BVerfGE 2, pág. 380, 381, 403-[1036]

«Verstößt das Beanstandungsgesetz nicht gegen Art. 3 und Art. 14 GG, so bleibt doch noch zu prüfen, ob sich die Verfassungswidrigkeit nicht aus anderen verfassungsrechtlichen Gesichtspunkten ergibt (vgl. Hierzu BVerfGE 1, 14 [41, 45]).

«Dabei ist zu berücksichtigen, daß das Verfassungsrecht nicht nur aus den einzelnen Sätzen der geschriebenen Verfassung besteht, sondern auch aus gewissen sie verbindenden, innerlich zusammenhaltenden allgemeinen Grundsätzen und Leitideen, die der Verfassungsgesetzgeber, weil sie das vorverfassungsmäßige Gesamtbild geprägt haben, von dem er ausgegangen ist, nicht in einem besonderen Rechtssatz konkretisiert hat».

«Zu diesen Leitideen, die auch den Landesgesetzgeber unmittelbar binden, gehört das Rechtsstaatsprinzip; das ergibt sich aus einer Zusammenschau der

---

1033 *Grosso modo*: o princípio do Estado de direito (Art. 20 Abs. 3 GG) não contém, para cada situação, determinada ordem ou proibição de nível constitucional. Trata-se de um princípio constitucional cuja concretização deve levar em conta os elementos fundamentais do Estado de direito e a *Rechtsstaatlichkeit* no seu todo.

1034 Que decidiu pela compatibilidade do § 46 *Absatz* 4 *Satz* 1 da *Soldatengesetz* (na versão da 6.ª revisão de 10.1.1968 – *vid. Bundesgesetzblatt* I, p. 56) com a *Grundgesetz*.

1035 O Acórdão não vê incompatibilidade entre o *Rechtsstaatsprinzip* e o caso em apreço. Com efeito, não viola o princípio do *Rechtsstaat* (Art. 20 Abs. 3 GG) a exigência de tempo de serviço prolongado também para aqueles que, à entrada em vigor da disposição, sejam já soldados profissionais formados.

1036 Que conclui pela nulidade da *Landgesetz* da Renânia do Norte-Vestefália sobre o *Beanstandungsrecht in Haftentschädigungssachen*, de 3.8.1951.

Bestimmungen des Art. 20 Abs. 3 GG über die Bindung der Einzelgewalten und der Art. 1 Abs. 3, 19 Abs. 4, 28 Abs. 1 Satz 1 GG sowie aus der Gesamtkonzeption des Grundgesetz.

Das Rechtsstaatsprinzip enthält als wesentlichen Bestandteil die Gewährleistung der Rechtssicherheit»[1037].

Colhe, portanto, este importante Acórdão o princípio do Estado de direito não tanto numa norma determinada, mas numa *vorverfassungsmäßige Gesamtbild.*

Da visão de conjunto dos preceitos constitucionais citados, assim como da concepção global da *Grundgesetz*, extraiu-se o princípio do Estado de direito.

Arranca, a seguir, a dinâmica dedutivística com base num macroprincípio (o *Rechtsstaat*), a partir do qual vão sendo *descobertos* e aplicados outros e outros princípios[1038].

[1037] Sublinha que o Direito constitucional é constituído não só por frases isoladas da Constituição escrita, mas também se encontra ligado à consciência, princípios gerais internamente consistentes e ideias orientadoras. A estas ideias orientadoras, que também vinculam directamente o legislador do Land, pertence o princípio do Estado de direito. Isto evidencia-se a partir duma síntese das disposições do Art. 20 Abs. 3 GG, sobre a vinculação dos poderes individuais, bem como dos Art. 1 Abs 3, 19 Abs. 4 e 28 Abs. 1 Satz 1 GG e a partir da concepção geral da Grundgesetz. O princípio do Estado de direito encerra, como componente essencial, a garantia da segurança jurídica.

[1038] Para um apanhado comparativístico à volta das *raízes* do *Estado de direito* na Rússia/URSS, Polónia, Checoslováquia, Hungria, Jugoslávia, Roménia e Bulgária, *vide* o estudo de K.-J. KUSS, Rechtsstaatliche Wurzeln in der Osteuropäischen Staaten, *in* JöR, vol. 34, 1985, p. 589-658.

Relativamente à Rússia pós-comunista, assinala WLADIMIR A. TUMANOV um trajecto distinto para a jurisprudência constitucional: «Das rußländische Verfassungsgericht hat bislang noch keine allgemeine Rechtsstaatstheorie entwickelt» (assim, W. TUMANOV, Das Rechtsstaatsprinzip in der rußländischen Verfassungspraxis, *in* Jochen Abr. Frowein/Thilo Marauhn (Hrsg.), Grundfragen der Verfassungsgerichtsbarkeit in Mittel- und Osteuropa, Berlin/Heidelberg, *etc.* Springer, 1998, p, 78-79.

Para alguns esclarecimentos relativamente à Eslováquia, ALEXANDER BRÖSTL, Challenges to the Rechtsstaat – Model in Slovakia, *in* W. Krawietz/E. Pattaro/A. E.-S. Tay (ed.), "Rule of Law – Political and Legal Systems in Transition", Berlin, Duncker & Humblot, p. 315-323.

Quanto à Polónia, a seguir à derrocada do bloco dos Estados comunistas europeus, *vide* ADAM CZARNOTA, Meaning of Rule of Law in Post-Communist Society, *in* W. Krawietz/E. Pattaro/A. E.-S. Tay (ed.), "Rule of Law – Political and Legal Systems in Transition", "Rechtstheorie" – Beiheft 17, Berlin, Duncker & Humblot, p. 179-196.

Uma pertinente focalização em direcção ao constitucionalismo português pode-se encontrar em MARIA LÚCIA AMARAL/JÖRG POLAKIEWICZ, Rechtsstaatlichkeit in Portugal, *in* Rainer Hofmann/ /Joseph Marko/Franz Merli/Ewald Wiederin (Hrsg.), Rechtsstaatlichkeit in Europa, Heidelberg, Müller, 1996, p. 141-166.

c) *Leituras Doutrinárias*

Em CHRISTOPH DEGENHART[1039] (seguindo uma orientação que já vem de longa data), lê-se que «Zentralbegriff des Staatsrecht ist der Rechtsstaat als der

---

[1039] Staatsrecht I – Staatsorganisationsrecht, 18. Aufl., Heidelberg, Müller, 2002, p. 96 ss. Cingindo-se à África ocidental francófona, *cfr.* N.-T. MIPAMB, Renouveau Constitutionnel et Etat de Droit en Afrique de l'Ouest Francophone, *in* VIJJA, N.° 3 & 4 (2003), p. 107-143.

Para o Direito constitucional japonês, *vide* H. KURIKI, Demokratie und Rechtsstaatlichkeit aus dem Blickwinkel des japanischen Verfassungsrechts, *in* U. Battis/Ph. Kunig/I. Pernice/A. Randelzhofer (Hrsg.), Das Grundgesetz im Prozeß europäischer und globaler Verfassungsentwicklung, Baden-Baden, Nomos, 2000, p. 227-241.

Em geral, *cfr.*, para uma perspectiva histórica do Estado de direito: O. VON BÄHR, Der Rechtsstaat..., cit.;

A. BARATTA, Zur Entwicklung des modernen Rechtsstaatsbegriffs, *in* Liber Amicorum B.C.H. Aubin, 1979, p. 1 ss.;

R. VON GNEIST, Der Rechtsstaat..., cit. (1879), 3. Aufl., 1958;

H. HELLER, Rechtsstaat oder Diktatur? (1929), *in* Gesammelte Schriften, Band II, 1971, p. 443-462;

D. SCHINDLER, Über den Rechtsstaat, 1934;

C. SCHMITT, Legalität und Legitimität (1932), 4. Aufl., Berlin, Duncker & Humblot, 1988;

F.J. STAHL, Die Philosophie des Recht, Bd. II: Rechts- und Staatslehre auf der Grundlage christlicher Weltanschauung..., cit., 2. Aufl., 1846;

R. THOMA, Rechtsstaatsidee..., cit.

R. ZIPPELIUS, Teoria Geral do Estado, 2.ª ed., Lisboa, Fundação Gulbenkian, 1984, p. 152-157.

H. LÜTTGER, Rechtsstaat als Aufgabe, *in* Juristische Rundschau, 1988, Heft 2, p. 45-49.

Em especial, sobre o conceito e conteúdo do Estado de direito, *cfr.*:

L. ADAMOVICH, Demokratie und Rechtsstaat, *in* Österreichische Juristen-Zeitung (ÖJZ), 1971, p. 292 ss.;

AFONSO QUEIRÓ, Lições de Direito Administrativo, I, Coimbra, 1976, p. 293-308 (assumindo uma clara aproximação substantivada do *Estado de direito*).

F. BAPTISTA, Constituição Económica e Delimitação de Sectores, *in* BFDB, N.° 2, Set. 1993, p. 32, 42;

E. BENDA, Der Soziale Rechtsstaat, *in* Handbuch des Verfassungsrechts der Bundesrepublik Deutschland, hg. von E. Benda, W. Maihofer, H.J. Vogel, 2. Aufl. Berlin/New York, Walter de Gruyter, 1994, p. 719-797;

K.A. BETTERMANN, Der Tolale Rechtsstaat: Zwei Kritische Vorträge, Hamburg, Jungius, 1986, p. 3-37 [a correcta definição do *Rechtsstaat* é assim enunciada: «Ein Staat ist in dem Maße Rechtsstaat, in dem Ausübung der öffentlichen Gewalt rechtlich geregelt und die Einhaltung dieser Regeln gerichtlich kontrollierbar ist» (p. 37)... um *Rechtsstaat* que funcionaria «mit praktischer Vernunft statt mit eifernder Ideologie, mit commen sense statt mit Radikalität» (*sic*)] – portanto, exercício do poder público juridicamente regulado e cumprimento da lei judicialmente controlável; razão prática, em vez de fervorosa ideologia; bom senso, em vez de radicalidade;

E.-W. BÖCKENFÖRDE, Entstehung und Wandel des Rechtsstaatsbegriffs..., cit.;

V. BUSSE, Herausforderungen für den Rechtsstaat nach Schaffung der deutschen Einheit – Erwartungen, Möglichkeiten, Grenzen anhand ausgewählter Beispiele, *in* Zeitschrift für Rechtspolitik, 1991, Heft 9, p. 332-336;

W.H. HEINEGG, Rechtsstaatlichkeit in Deutschland, *in* Rainer Hofmann/Joseph Marko/ /Franz Merli/Ewald Wiederin (Hrsg.), Rechtsstaatlichkeit in Europa, Heidelberg, Müller, 1996, p. 107-139.

R. HOFMANN, Rechtsstaatsprinzip und Europäisches Gemeinschaftsrecht, *in* Rainer Hofmann/ /Joseph Marko..., cit., p. 321-336.

M. CAETANO, Manual de Direito Administrativo, vol. I, 10.ª ed., Coimbra, Almedina, 1990, p. 51-53;

M. CAETANO, Manual de Direito Administrativo, vol. II, 10.ª ed., 3.ª reimp., Coimbra, Almedina, 1990, p. 1202;

G. CANOTILHO/V. MOREIRA, Constituição da República Portuguesa Anotada, 2.ª ed., 1.° vol., Coimbra, Coimbra Editora, 1984, p. 72 ss.;

À roda do corporativismo, nas suas variadas manifestações, bem como do Estado de direito, *vide* VITAL MOREIRA, Neocorporativismo e Estado de Direito Democrático, *in* Questões Laborais, 14, 1999, p. 174-188. Tenderia o neocorporativismo a pôr em causa princípios como o da «igualdade de tratamento e da imparcialidade do Estado perante as organizações sociais», o «direito de contratação colectiva entre sindicatos e organizações patronais», a «reserva da função de representação política para os partidos políticos», a «soberania e reserva parlamentar na formulação das leis» e o «princípio da responsabilidade da maioria parlamentar-governamental pela condução da política do país» (p. 183-186). Sugere, mais adiante, algumas medidas correctivas (p. 186-187).

Postula VITAL MOREIRA (p. 187) que «se dê a César (isto é, ao poder político) o que é de César – a saber, a condução da política do país – e aos "parceiros sociais" o papel de participação consultiva quanto às decisões políticas, reservando o exercício delegado de poderes públicos para funções derivadas e secundárias».

J. CATTEPOEL, Der unbestimmte Rechtsbegriff als Problem der Rechtssprache, *in* Rechstheorie, Band 10, 1979, p. 231 ss.;

C. DEGENHART, Staatsrecht I: Staatszielbestimmungen, Staatsorgane, Staatsfunktionen, 12. neubearbeitete Auflage, C. F. Müller Verlag, 1996, p. 105 ss., 125 ss.;

E. DENNINGER, Das Maß als Mitte von Freiheit und Zwang. Zum Begriff des sozialen Rechtsstaates, *in* ARSP, Bd. 48 (1962), p. 315 ss.;

O. DEPENHEUER, Zufall als Rechtsprinzip, *in* JZ 1993 (4), p. 177;

U. DIEDERICHSEN, Innere Grenzen des Rechtsstaats, *in* Der Staat, 1995, Heft 1, p. 35;

G. DIETZE, Staatsrecht und Rechtsstaat, *in* Festschrift zum 70. Geburtstag für Carl Joachim Friedrich, Haag, Nijhoff, 1971, p. 526-554;

De DIETZE, ver também o seu Rechtsstaat und Staatsrecht, *in* K.D. Bracher/C. Dawson/W. Geiger/R. Smend (Hg.), Die moderne Demokratie und ihr Recht/Modern Constitutionalism and Democracy, Festschrift für Gerhard Leibholz, Tübingen, Mohr (Siebeck), 1966, p. 17-48;

C. FEDDERSEN, Beschwerdeausschuß *versus* Menschenwürde und Rechtsstaatsprinzip: ein unvereinbarer Gegensatz?, *in* ZRP 1993, Heft 12, p. 479-482;

RICARDO SÁ FERNANDES, Modelos de Desenvolvimento para a África, *in* BFDB, N.° 5, Março 1998, p. 330-331;

E. FORSTHOFF, Stato di Diritto in Trasformazione (tradução de L. Riegert e C. Amirante do original Rechtsstaat im Wandel, Stuttgart, W. Kohlhammer Verlag, 1964), Milano, Giuffrè, 1973;

E. FORSTHOFF, Rechtsstaat Oder Richtersstaat? – Die Gefährdung der Rechtssicherheit durch die Rechtsprechung, 1970, p. 7-21;

CH. GÖRISCH, Die Inhalte des Rechtsstaatsprinzips, *in* JuS, 1997, Heft 11, p. 988 ss. – passa em revista elementos do *Rechtsstaat* como: regime de Estado constitucional, liberdade, igualdade jurídica, direitos fundamentais, separação de poderes, vinculação à lei, protecção judicial, sistema de indemnização de Direito público, proibição de excesso;

G.W. HEINEMANN, Plädoyer für den Rechtsstaat, Karlsruhe, C. F. Müller, 1969, p. 9-21 (*Der demokratische Rechtsstaat als theologisches Problem*);

K. HESSE, Der Rechtsstaat im Verfassungssystem des Grundgesetzes, *in* Festgabe für R. Smend, 1962, p. 71-95;

L. HEUSCHLING, État de Droit Rechtsstaat Rule of Law, Paris, Dalloz, 2002, p. 31 ss.;

H. HUBER, Niedergang des Rechts und Krise des Rechtsstaates, *in* Demokratie und Rechtsstaat (Festgabe für Z. Giacometti), 1953, p. 59 ss.;

H. HUND, Polizeiliches Effektivitätsdenken contra Rechtsstaat, *in* ZRP 1991, Heft 12, p. 463-468;

M. JACHMANN, Das Berufsbeamtentum – Säule der Rechtsstaatlichkeit, *in* Zeitschrift für Beamtenrecht, 2000, Heft 6, p. 181-190;

H. JAHRREIS, Demokratischer Rechts-Staat und Rechtsprechung: Der Rechtsweg-Staat des Bonner Grundgesetz (1950), *in* Mensch und Staat, 1957, p. 113-133;

W. KÄGI, Rechtsstaat und Demokratie (Antinomie und Synthese), *in* Festgabe für Zaccaria Giacometti, Zürich, Polygraphischer Verlag A. G., 1953;

U. KARPEN, Bedingungen des Effizienz des Rechtsstaates, *in* JA 1992, Heft 3, p. 70-76 (para lá da questão dos *elementos* do *Rechtsstaat*, o autor faz uma curta incursão na área da descrição das condições de eficiência do *Rechtsstaat* num Estado);

ALFRED KATZ, Staatsrecht: Grundkurs im öffentlichen Recht, 13., neubearbeitete Auflage, Heidelberg, Müller, 1996, p. 81-105;

H. KELSEN, Rechtsstaat und Staatsrecht, *in* Die Wiener Rechtstheoretische Schule, Bd. II, p. 1525 ss.;

O. KIRCHHEIMER, Über den Rechtsstaat, *in* Politische Herrschaft: fünf Beiträge zur Lehre vom Staat, Frankfurt am Main, Suhrkamp, 1967;

G. KISKER, Neue Aspekte im Streit um den Vorbehalt des Gesetzes, *in* NJW, 1977, Heft 30, p. 1313-1320;

M. KLOEPFER, Gesetzgebung im Rechtsstaat, *in* VVDStRL, Heft 40 (1982), p. 63-98;

PH. KUNIG, Das Rechtsstaatsprinzip – Überlegungen…, cit.; *Id.*, Rechtsstaat, *in* Encycl…., cit.; de KUNIG, ainda, Der Rechtsstaat, *in* Peter Badura/Horst Dreier (Hg.), Festschrift 50 Jahre Bundesverfassungsgericht, 2. Band (Klärung und Fortbildung des Verfassungsrechts), Tübingen, Mohr Siebeck, 2001, p. 421-444;

W. LEISNER, L'Etat de Droit: une Contradiction?…cit.; "Abwägung überall" – Gefahr für den Rechtsstaat –, *in* NJW, 1997, Heft 10, p. 636-639;

JUTTA LIMBACH, Gerechtigkeit im Rechtsstaat, *in* ZG, 1993, Heft 4, p. 291;

J. BAPTISTA MACHADO, Introdução ao Direito e ao Discurso Legitimador, 9.ª reimpressão, Coimbra, Almedina, 1996, p. 58-59;

H. MAURER, Rechtsstaatliches Prozessrecht, *in* Peter Badura/Horst Dreier (Hg.), Festschrift 50 Jahre Bundesverfassungsgericht, 2. Band (Klärung und Fortbildung des Verfassungsrechts), Tübingen, Mohr Siebeck, 2001, p. 467-503 (o autor insere igualmente, *vide* p. 469, nos *Elemente des Rechtsstaatsprinzips* as regras da *Grundgesetze* sobre a *Rechtsschutz* e a *Gerichtsbarkeit*;

P. SOUSA MENDES, Princípios Constitucionais de Organização Judiciária, *in* BFDB, n.° 1, Nov. 1992, p. 24, 25;

C.-F. MENGER, Das Gesetz als Norm und Maßnahme, *in* VVDStRL, Heft 15 (1957), p. 3-34;

CASTANHEIRA NEVES, Curso de Introdução ao Estudo do Direito (policopiado), Coimbra, 1971-72, p. 137-141;

Justiça e Direito, Separata do volume II do BFDUC, 1976, p. 9 ss., 66-67, 69: «A lei só vincula juridicamente (...) se e enquanto nela se puder ver a expressão autêntica (intencional-material) do direito» (p. 67); «o verdadeiro Estado democrático assim como o verdadeiro Estado-de-direito, não será o Estado simplesmente de legalidade, mas aquele em que a *última palavra* de validade e a própria *medida do poder* é o direito. O Estado de justiça e de jurisdição, se quisermos» (p. 69);

F. OSSENBÜHL, Vertrauensschutz im sozialen Rechtsstaat, *in* DÖV, 1972, p. 25-36;

U.K. PREUß, Nachträge zur Theorie des Rechtsstaats, *in* Mehdi Tohidipur (Hg.), Der bürgerliche Rechtsstaat, Frankfurt am Main, Suhrkamp, 1978, p. 82-100;

J. PIETZCKER, Vorrang und Vorbehalt des Gesetzes, *in* JuS, 1979, Heft 10, p. 710-715;

G. ROBBERS, Rückwirkende Rechtsprechungsänderung, *in* JZ 1988, Heft 10, p. 485-489;

G. ROELLECKE, Die Bindung des Richters an Gesetz und Verfassung, *in* VVDStRL, Heft 34 (1976), p. 7-42;

H.H. RUPP, Rechtsstaat oder Richterstaat? Die Gefährdung der Rechtssicherheit durch die Rechtsprechung, *in* Georg Lanzenstiel, "Rechtsstaat oder Richtersstaat", München, Evangelischer Presseverband für Bayern, 1970, p. 22-32; Die Bindung des Richters an das Gesetz (...), *in* NJW, 1973, p. 1769-1774; K.A. SCHACHTSCHNEIDER, Das Rechtsstaatsprinzip des Grundgesetzes, *in* JA, 1978, p. 185 ss.;

F. SCHARPF, Die politischen Kosten des Rechtsstaates, Tübingen, Mohr, 1970;

U. SCHEUNER, Die Neuere Entwicklung des Rechtsstaats in Deutschland, *in* Hundert Jahre deutsches Rechtsleben (Festschrift zum hundertjährigen Bestehen des deutschen Juristentages 1860-1960), Bd. II – hrsg. von E. Von Caemmerer –, Karlsruhe, Müller, 1960;

E. SCHMIDT-AßMANN, Der Rechtsstaat, *in* Isensee/Kirchhoff (Hg.), Handbuch des Staatsrechts der Bundesrepublik Deutschland, Bd. I (Grundlagen von Staat und Verfassung), Heidelberg, Müller, 1987, p. 987-1043; Art. 19 IV GG als Teil des Rechtsstaatsprinzips, *in* NVwZ, 1983, Heft 1, p. 1-6;

P. SCHNEIDER, Zur Problematik der Gewaltenteilung im Rechtsstaat der Gegenwart, *in* AöR, Bd. 82 (1957), p. 1-27;

W. VON SIMSON, Die Deutschen und ihr Rechtsstaat, *in* Der Staat, Bd. 21 (1982), p. 97-112;

J. GOYDKE, Reabilitierung als Justizaufgabe, *in* Festschrift für Walter Remmers, Vertrauen in den Rechtsstaat – Beiträge zur deutschen Einheit im Recht (Hrsg. von J. Goydke, D. Rauschning, R. Robra, H.L. Schreiber, Ch., Wulff), Köln-Berlin-Bonn-München, Carl Heymanns Verlag KG, 1995, p. 369-381.

C. STARCK, Der Rechststaat in der politischen Kontroverse, *in* JZ, 1978, p. 746-750;

K. SOBOTA, Das Prinzip Rechtsstaat..., cit.;

Staat, in dem die Ausübung staatlicher Macht umfassend rechtlicher gebunden ist»[1040].

Também ali a concertação entre os artigos 20, 1.° e 28 GG traduz o princípio do *Rechtsstaat*, concretizando-se este – no seu sentido material – prima-

---

M. REBELO DE SOUSA/L. MARQUES GUEDES/L. MARQUES MENDES, Uma Constituição Moderna para Portugal (A Constituição da República Revista em 1997), Queluz, 1997, p. 73-74;

K. STERN, Das Staatsrecht der Bundesrepublik Deutschland, Band I, Grundbegriffe und Grundlagen des Staatsrechts, Strukturprinzipien der Verfassung, 2. Auflage, München, Beck, 1984, p. 781-867;

D. SUHR, Rechtsstaatlichkeit und Sozialstaatlichkeit, *in* Der Staat, Bd. 9 (1970), p. 67 ss.;

W. THIELE, Gewaltenteilung – greifendes Verfassungsprinzip oder bloße Fiktion, *in* DöD, 1982, p. 145-153;

R. WAHL, Os Custos Burocráticos do Estado Social de Direito, *in* Revista da Administração Pública, n.° 28, 1985, p. 191-211 (o autor debruça-se sobre a potencialidade do princípio do Estado social de direito geradora de burocracia, como compensação da igualdade, previsibilidade, segurança e ponderação; e conclui que «a crítica à burocracia marca o ponto no qual o direito público é posto em confronto com os efeitos e as consequências da sua dogmática»);

R. WEBER-FAS, Rechtsstaat und Grundgesetz: Mannheimen Antrittsvorlesung, Pfullingen, Neske, 1977;

R. ZIPPELIUS, Teoria Geral do Estado, 2.ª ed. (tradução de António Cabral de Moncada do original Allgemeine Staatslehre, 3. Aufl., München, C. H. Beck'sche Verlagsbuchhandlung, 1971), Lisboa, Fundação Calouste Gulbenkian, 1984, p. 152 ss.

LUÍS S. CABRAL DE MONCADA, Lei e Regulamento, Coimbra, Coimbra Editora, 2002, p. 839-840.

No concernente à extensão democrática ou social do Estado de direito, *vide*:

W. ABENDROTH, Zum Begriff des demokratischen und sozialen Rechtsstaates im Grundgesetz der Bundesrepublik Deutschland..., cit., p. 114-144;

O. BACHOF, Begriff und Wesen des Sozialen Rechtsstaates (1954), in Rechtsstaatlichkeit und Sozialstaatlichkeit. Aufsätze und Essays. Herausgegeben von Ernst Forsthoff, 1968, p. 201 ss.;

E. FORSTHOFF, Begriff und Wesen des Sozialen Rechtsstaates. Die Auswartige Gewalt der Bundesrepublik Deutschland, *in* E. Forsthoff (Hg.), Rechtsstaatlichkeit und Sozialstaatlichkeit: Aufsätze und Essays, Darmstadt, Wissenschaftliche Buchgesellschaft, 1968, p. 165-200;

J. HABERMAS, Droit..., cit., p. 480 (entre o Estado de direito e a democracia, não existe simplesmente «uma relação histórica contingente», mas «um laço conceptual ou interno»; «é o *processo democrático* que transporta toda a carga da legitimação»): «Aos olhos da concepção procedimentalista do direito, as pressuposições comunicacionais e as condições procedimentais que presidem à formação democrática da opinião e da vontade são, por conseguinte, as únicas fontes de legitimidade. Isso não é compatível nem com a concepção platoniana segundo a qual o direito positivo pode extrair a sua legitimidade de um direito superior, nem com a denegação empirista de toda a legitimidade que ultrapasse a contingência das decisões legislativas»;

O. KIMMINICH, Demokratie und Rechtsstaat, *in* O. Kimminich/H. Kramer/K. Kröger/D. Merten/ /R. Scholz, Rechtsfrieden im Rechtsstaat, Katholische Akademie Schwerte, 1984, p. 21-32; Die Verknüpfung der Rechtsstaatsidee mit den anderen Leitprinzipien des Grundgesetzes, *in* DÖV, 1979, p. 765-772.

[1040] A noção central do Direito público é o Estado de direito como Estado no qual o exercício do poder do Estado está vinculado ao Direito.

cialmente nos direitos fundamentais, aos quais o legislador está directamente vinculado (Art. 1 Abs. 3, 20 Abs. 3 GG)[1041].

BÄUMLIN e RIDDER – observando, muito embora, que nem no art. 20 GG, nem em qualquer outro lugar a *Grundgesetz* operou a *normalização* do *Rechtsstaatsprinzip* e que o art. 28 Abs. 1 Satz 1 (não obstante conter ele a expressão «Grundsätzen des republikanischen, demokratischen und sozialen *Rechtsstaates* im Sinne dieses Grundgesetzes»), só por si, isoladamente, revela-se insuficiente – não se afastam da aludida orientação.

Fazem os autores referência, no art. 20 Abs. 2 Satz 2, à "separação de poderes", no art. 20 Abs. 3, ao "Estado de direito formal" e, no Abs. 1, ao "Estado de direito material"[1042].

1041 DEGENHART, Staatsrecht..., cit., p. 98. Espraia-se o autor, nomeadamente, na enunciação de algumas manifestações do princípio do Estado de direito na *Grundgesetz*, tais como a separação de poderes («Der Grundsatz der Gewaltenteilung bezeichnet eine der zentralen Errungenschaften des freiheitlichen Rechtsstaates. In der Ordnung des Grundgesetzes bestehen freilich zahlreiche Gewaltenverschränkungen und – balancierungen». *Id. ibid.*); a segurança e certeza do direito (proibição da retroactividade da lei e protecção da confiança); a primazia e reserva da lei; a proibição do excesso [*Verhältnismäßigkeit* – proporcionalidade –: adequação (*Geeignetheit*), necessidade (*Erforderlichkeit*) e *Proportionalität* (ou *Verhältnismäßigkeit* em sentido próprio); garantia de protecção jurídica].

K. HILLERMEIER, Der Rechtsstaat als Garant der Grundrechte, *in* BayVBl 1984, Heft 19, p. 577-582.

J. HABERMAS, Droit..., cit., p. 411, 418. A ler com atenção, da obra citada de HABERMAS, p. 459 ss., 471, 474, onde problemas como a *crise do Estado de direito* e a *desvalorização da Constituição* são encarados à luz do *paradigma procedimentalista* do direito [em torno da chamada *crise* do Estado de direito, *vide* H. HUBER, Niedergang des Rechts und Krise des Rechtsstaates, *in* Demokratie und Rechtsstaat (Festgabe für Z. Giacometti), 1953, p. 59 ss.; O. BACHOF, Der Rechtsstaat in der Krise, *in* M. Hohnstock (Hg.), Der Rechtsstaat in der Krise – Autorität und Glaubwürdigkeit der demokratischen Ordnung, Stuttgart, Seewald Verlag, 1972, p. 9-30; G. FASSO, Stato di Diritto e Stato di Giustizia, *in* RIFD, 1963, p. 107-115; P. GILLES, Rechtsstaat und Justizstaat in der Krise, *in* Neue Justiz 5/1998, p. 225-229].

Interessa trazer a este lugar as reflexões expostas por HABERMAS a páginas 493, no ponto em que insiste na ideia segundo a qual a *norma* desencadeia as *liberdades subjectivas*, mas também *domestica* o potencial conflitual das *liberdades subjectivas* (e fá-lo só enquanto for legitimado em sede das liberdades comunicacionais).

TH. MASTRONARDI, Mediation – Ein Kommunitaristishes Modell?, *in* Kurst Seelmann (Hg.), Kommunitarismus *Versus* Liberalismus, Stuttgart, Franz Steiner Verlag, 2000, p. 71 ss.

1042 *Cfr.* RICHARD BÄUMLIN/HELMUT RIDDER, Art. 20 Abs. 1-3 III (GG), *in* Kommentar zum Grundgesetz für die Bundesrepublik Deutschland (Reihe Alternativkommentare), Band 1, Neuwied/ /Darmstadt, Luchterhand, 1984, p. 1316-1317.

Em geral, sobre o liame *democracia-Estado de direito,* R. BÄUMLIN, Die Rechtsstaatsliche

KLAUS STERN – após ter opinado no sentido de que a *Grundgesetz* de Bonn operou uma síntese entre o Estado de direito liberal e o social, assim como entre o Estado de direito formal e o material –[1043], parte para a enunciação dos *elementos* do princípio do Estado de direito (subsumíveis a partir deste)[1044]:

Refere-se, então, para ressaltarmos alguns pontos, ao *Regime de Estado constitucional*; à *liberdade*; *igualdade jurídica*; *separação de poderes*; *vinculação ao Direito* (onde se destacam, nomeadamente, a primazia e a reserva da lei e a questão das *leis-medida*, duma certa – não geral, portanto – *proibição da retroactividade,* bem como da clareza e certeza da lei); *protecção jurídica*; *proibição do excesso* (precisando-se esta através dos critérios da *adequação*, *necessidade* e *proporcionalidade stricto sensu*).

Antes (a páginas 781), fornece KLAUS STERN a seguinte definição do problema: «Rechtsstaatlichkeit bedeutet daß die Ausübung staatlicher Macht nur auf der Grundlage der Verfassung und von formell und materiell verfassungsmäß erlassenen Gesetzen mit dem Ziel der Gewährleistung von Menschenwürde[1045], Freiheit, Gerechtigkeit und Rechtssicherheit zulässig ist».

Afora, nomeadamente, o olhar reservado que PHILIP KUNIG[1046] lançou sobre a estrutura e irradiação do princípio do *Rechtsstaat*, pode-se dizer que a doutrina germânica navega tranquilamente no lago da expansibilidade do *Rechtsstaat*.

Demokratie. Eine Untersuchung der Gegenseitigen Beziehungen von Demokratie und Rechtsstaat, Zürich Poligraphischer Verlag, 1954.

C. BLANCO DE MORAIS, As Leis Reforçadas: As Leis Reforçadas pelo Procedimento no Âmbito dos Critérios Estruturantes das Relações entre Actos Legislativos, Coimbra, Coimbra Editora, 1998, p. 108, 956 ss.

[1043] K. STERN, Das Staatsrecht der Bundesrepublik…, I…, cit., p. 785: «In dieser Erkenntnis löst sich die Antithese liberaler und sozialer, formeller und materieller Rechtsstaat weitgehend auf. In beiden Fällen geht es eine Synthese».

[1044] K. STERN, Das Staatsrecht…, cit., p. 783 (onde informa ter seguido aqui as considerações que já no início dos anos 70 do século passado fizera no seu *Rektoratsrede* – "Der Rechtsstaat", Kölner Universitätsreden 1971, p. 7 55), p. 784, 787-867.

[1045] Com preciosas informações dos trabalhos preparatórios sobre a disposição concernente da GG, *vide* JöR, Neue Folge, Band 1, 1951 (Art. 1). A norma que depois ficou consignada na GG ("Die Würde des Menschen ist unantastbar" – "a dignidade do ser humano é intangível") merecera diversas colocações da parte de deputados como MANGOLDT (CDU) ou SCHMID (SPD) [que propusera a seguinte redacção: «Die Würde menschlichen Lebens wird vom Staate geschützt». A fuga a um certo jusnaturalismo também levou outro deputado, HEUß, a formular a seguinte proposta: «Die Würde des menschlichen Wesens steht im Schutz der staatlichen Ordnung»].

W. HÖFLING, Artikel 1 GG, *in* Michael Sachs (Hg.), Grundgesetzkommentar, 3. Aufl., München, Beck, 2003, p. 78-115.

[1046] PH. KUNIG, Das Rechtsstaatsprinzip – Überlegungen zu seiner Bedeutung für das Verfassungsrecht der Bundesrepublik Deutschland…, cit.

d) *Conclusão*

Apesar do já longo debate sobre o E.D., o resultado, em termos da sua consagração no Direito constitucional positivo alemão, não se me afigura muito convincente (apenas duas menções[1047]: embrulhadas na "Bundestaatlichkeit" – no art. 28 Abs. 1; e na unidade europeia – art. 23 Abs 1 Satz 1[1048]).

Jurisprudencial e doutrinariamente, foi crescendo em progressão geométrica o Estado de direito; em termos de direito positivo, nem por isso. Uma análise da história constitucional alemã revela o cenário que a seguir se descreve.

α) Na "Verfassung des Deutschen Reichs" (*die Frankfurter Reichsverfassung*[1049]) – de 28.3.1849 –, não se descortina qualquer menção do vocábulo *Rechstsstaat*.

Uma certa visão do Estado de direito poderia descobrir, no máximo, alguns sinais (ténues) desse *princípio* em meia-dúzia de disposições constitucionais. É o Abschnitt III, Art. III, § 80, Satz 2[1050]; é o Abschnitt III, Art. III, § 84, Satz 1[1051]; Abschnitt IV, Art. VII, § 113[1052]; Abschnitt V, Art. I, § 126, a), b), e), f), g)[1053]; Abschnitt VII, Art. I, § 190[1054]; Abschnitt VII, Art. II, § 194[1055].

1047 E não uma, como se lê em alguns autores.

1048 Esta, só na revisão constitucional de 1992 enxertada no artigo 23, em substituição duma versão mais *doméstica* da mesma disposição.

1049 Também conhecida por Paulskirchen-Verfassung.

Para um bosquejo sobre a dimensão democrática no constitucionalismo alemão desde *Frankfurt* até *Berlin*, passando por *Weimar* e *Bonn*, G. ROELLECKE, Von Frankfurt über Weimar und Bonn nach Berlin: Demokratische Verfassungen in Deutschland und die gesellschaftliche Entwicklung in Europa, *in* Juristen Zeitung, Februar 2000, p. 113-117.

1050 «Der Kaiser hat das Recht des Gesetzvorschlages. Er übt die gesetzgebende Gewalt in Gemeinschaft mit dem Reichstage unter den verfassungsmäßigen Beschränkungen aus».

1051 «Ueberhaupt hat der Kaiser die Regierungsgewalt in allen Angelegenheiten des Reiches nach Maaßgabe der Reichsverfassung».

1052 «Jedes Mitglied leistet bei seinem Eintritt den Eid: "Ich schwöre, die deutsche Reichsverfassung getreulich zu beobachten und aufrecht zu erhalten, so wahr mir Gott helfe"».

1053 Que estende a competência do Tribunal do *Reich* à área da violação da Constituição do *Reich* pelo *Reichsgewalt* ou por um Estado membro, assim como à da interpretação da Constituição do *Reich* e da Constituição dum *Land*.

1054 «Der Kaiser, welcher die Regierung antritt, leistet vor den zu einer Sitzung vereinigten Häusern des Reichstages einen Eid auf die Reichsverfassung.

Der Eid lautet: "Ich schwöre, das Reich und die Rechte des deutschen Volkes zu schirmen, die Reichsverfassung aufrecht zu erhalten und sie gewissenhaft zu vollziehen. So wahr mit Gott helfe"».

1055 «Keine Bestimmung in der Verfassung oder in den Gesetzen eines Einzelstaates darf mit der Reichsverfassung in Widerspruch stehen».

β) A "Verfassung des Deutschen Reichs" (*die Bismarcksche Reichsverfassung*) – de 16.4.1871 – não se refere ao "Estado de direito".

γ) Na "Verfassung des Deutschen Reichs" (*die Weimarer Reichsverfassung*) – de 11.8.1919 –, poder-se-ia, forçando a vista, descobrir alguns sinais da *Rechtsstaatlichkeit* nas seguintes disposições:

Art. 1 Abs. 2 (democracia)[1056];
Art. 1 Abs. 1 (republicanismo)[1057];
Art. 5 (constitucionalidade)[1058];
Art. 42 (juramento do Presidente do *Reich*)[1059];
Art. 102 («Die Richter sind unabhängig und nur dem Gesetz unterworfen»).

δ) A "Grundgesetz für die Bundesrepublik Deutschland" (das Bonner Grundgesetz) – de 23.5.1949 – fornece as seguintes normas:

Art. 28 Abs. 1 Satz 1 (a ordem constitucional dos *Länder* deve respeitar os princípios de um "Rechtsstaat" republicano, democrático e social, nos termos da GG)[1060];

Art. 23 Abs. 1 Satz 1 (Europa unida, através do *Rechtsstaat*, *democracia*, *etc.*)[1061];

Art. 20 Abs. 3 (vinculação dos poderes executivo e judicial à "lei" e ao "direito")[1062] – diferentemente do que se estatui, mais à frente, no art. 97 Abs 1

[1056] «Die Staatsgewalt geht vom Volke aus».

[1057] «Das Deutsche Reich ist eine Republik».

[1058] «Die Staatsgewalt wird in Reichsangelegenheiten durch die Organe des Reichs auf Grund der Reichsverfassung, in Landesangelegenheiten durch die Organe der Länder auf Grund der Landesverfassungen ausgeübt».

[1059] «Der Reichspräsident leistet bei der Übernahme seines Amtes vor dem Reichstag folgenden Eid:

Ich schwöre, daß ich meine Kraft dem Wohle des deutschen Volkes widmen, seinen Nutzen mehren, Schaden von ihm wenden, *die Verfassung und die Gesetze des Reichs wahren*, meine Pflichten gewissenhaft erfüllen und Gerechtigkeit gegen jedermann üben werde».

[1060] «Die verfassungsmäßige Ordnung in den Ländern muß den Grundsätzen des republikanischen, demokratischen und sozialen Rechtsstaates im Sinne dieses Grundgesetzes entsprechen».

[1061] «Zur Verwirklichung eines Vereinten Europas wirkt die Bundesrepublik Deutschland bei der Entwicklung der Europäischen Union mit, die demokratischen, rechtsstaatlichen, sozialen und föderativen Grundsätzen und dem Grundsatz der Subsidiarität verpflichtet ist und einen diesem Grundgesetz im wesentlichen vergleichbaren Grundrechtsschutz gewährleistet».

[1062] «Die Gesetzgebung ist an die verfassungsmäßige Ordnung, die vollziehende Gewalt und die Rechtsprechung sind an Gesetz und Recht gebunden».

Para um cirúrgico exame desta disposição normativa, *cfr.* E.S.-AßMANN, Der Rechtsstaat..., cit., p. 1004-1009;

da mesma GG (em que se determina a submissão do juiz apenas à "lei")[1063] e diferentemente da Constituição de Weimar (onde a vinculação dos juízes "apenas" à "lei" é preconizada no art. 102)[1064];

FRANKENBERG, Art. 20 Abs. 1-3 IV (GG), *in* Denninger/Hoffmann-Riem/Schneider/Stein (Hg.), Kommentar zum Grundgesetz für die Bundesrepublik Deutschland (Reihe Alternativkommentare), Band 2, 3. Aufl., Neuwied/Kriftel, Luchterhand, 2001];

FRIEDRICH E. SCHNAPP, Art. 20 (GG), *in* Ingo von Münch/Philip Kunig (Hg.), Grundgesetz--Kommentar, Band 2, München, Beck, 2001, p. 1-35;

E. STEIN, Art. 20 (GG), *in* Rudolf Wassermann (Hg.), Reihe Alternativkommentare [Kommentar zum Grundgesetz für die Bundesrepublik Deutschland, Band 1, Luchterland, 1984];

R. BÄUMLIN/H. RIDDER, Art. 20 Abs. 1-3 III (GG), *in* Denninger/Ridder/Simon/Stein (Hg.), Kommentar zum Grundgesetz für die Bundesrepublik Deutschland (Reihe Alternativkommentare), Band 1, Neuwied/Darmstadt, Luchterhand, 1984;

M. SACHS, Art. 20 (GG), *in* Michael Sachs (Hg.), Grundgesetzkommentar, 3. Aufl., München, Beck, 2003, p. 829-868;

K.-P., SOMMERMANN, Art. 20 Abs. 3 (GG), *in* Mangoldt/Klein/Starck (Hg.), Bonner Grundgesetz-Kommentar, Bd. 2, 4. Aufl., p. 104-158;

H.D. JARASS, Art. 20 (GG), *in* Jarass/Pieroth (Hg.), Grundgesetz für die Bundesrepublik Deutschland, 6. Aufl., München, Beck, 2002, p. 509-541;

G. ROELLECKE, Art. 20 (GG), *in* Umbach/Clemens (Hg.), Grundgesetz – Mitarbeiterkommentar, Bd. I, Heidelberg, Müller, 2002, p. 1282-1300;

H. SCHULZE-FIELITZ, Art. 20 (Rechtsstaat), *in* Horst Dreier (Hg.), Grundgesetz-Kommentar, Bd. II, Tübingen, Mohr Siebeck, 1998, p. 128-209.

1063 «Die Richter sind unabhängig und nur dem Gesetze unterworfen».

Sobre esta questão, *cfr.* W. MEYER, Art. 97 (GG), *in* von Münch/Kunig (Hg.), Grundgesetz--Kommentar, Bd. III, 5. Aufl., München, Beck, 2003, p. 671-681;

B. PIEROTH, Art. 97 (GG), *in* Jarass/Pieroth (Hg.), Grundgesetz für die Bundesrepublik Deutschland, 6. Aufl., München, Beck, 2002, p. 1024-1028;

C.D. CLASSEN, Art. 97 Abs. 1 (GG), *in* Mangoldt/Klein/Starck (Hg.), Bonner Grundgesetz-Kommentar, Bd. 3, 4. Aufl., München, Franz Vahlen, 2001, p. 1185-1209;

S. DETTERBECK, Art. 97 (GG), *in* Michael Sachs (Hg.), Grundgesetzkommentar, 3. Aufl., München, Beck, 2003, p. 1973-1983;

H. SCHULZE-FIELITZ, Art. 97 (GG), *in* Horst Dreier (Hg.), Grundgesetz-Kommentar, Bd. III, Tübingen, Mohr Siebeck, 2000, p. 480-503;

N. BERNSDORFF, Art. 97 (GG), *in* Umbach/Clemens (Hg.), Grundgesetz-Mitarbeiterkommentar, Bd II, Heidelberg, Müller, 2002, p. 1063-1083;

R. WASSERMANN, Art. 97 (GG), *in* Rudolf Wassermann (Hg.), Reihe Alternativkommentare (Kommentar zum Grundgesetz für die Bundesrepublik Deutschland), Band 2, Luchterland, 1984, p. 1119-1151;

HOLTKOTTEN, Art. 97 (GG), *in* Kommentar zum Bonner Grundgesetz, 1981, p. 99-110;

HERZOG, Art. 97 (GG), *in* Theodor Maunz/Günter Dürig/Matthias Herdegen, u.a., Grundgesetz Kommentar, 8. Aufl., Beck, 2003, p. 4 ss.;

K. STERN, Das Staatsrecht der Bundesrepublik Deutschland, Band II: Staatsorgane, Staatsfunktionen, Finanz- und Haushaltsverfassung, Notstandsverfassung, München, C. H. Beck'sche Verlagsbuchhandlung, 1980, p. 906 ss.

1064 «Die Richter sind unabhängig und nur dem Gesetz unterworfen».

Art. 20 Abs. 1 (democracia)[1065];

Art. 21 Abs. 2 (funcionalização; democracia; ordem liberal constitucional)[1066];

Art. 1 Abs. 3 [os direitos fundamentais vinculam os poderes (...), sendo de aplicabilidade directa][1067];

Art. 56 Abs. 1 (juramento do Presidente federal)[1068].

Terminada a digressão pelos quatro textos constitucionais, resta dizer uma ou duas coisas.

Seja na *Paulskirchen-Verfassung*, seja na *Bismarcksche Reichsverfassung*, seja na *Weimarer Reichsverfassung*, seja, finalmente, na *Bonner Grundgesetz*, o discurso textual não abraça uma visão macrocéfala e irradiante do *Rechtsstaat*.

A construção entretanto operada em relação ao *Rechtsstaat* encerra o risco de colocar o conceito numa contraproducente rota de permanente expansibilidade. A insegurança que daí deriva é óbvia – beliscando, até, um dos seus, supostamente, muitos *filhos* (o *princípio da segurança jurídica*).

O *Estado de direito* não pode ser aquele *princípio passe-partout* ao qual o causídico ou o juiz recorre (por preguiça – lei do menor esforço – ou carência de argumento, jurídico ou político), sempre que se mostrar útil e mais barato. O *Estado de direito* não deve alimentar estratégias ou tácticas de mero oportunismo no equacionamento das questões jurídico-judiciais ou políticas, pois esse é o caminho da descredibilização do conceito: a sua manipulabilidade.

A guinada para a substancialização conceptual do *Estado de direito* a que se tem assistido é, até certo ponto, compreensível, quando nos reportarmos à (conturbada) vivência alemã, no século XX. GUSTAV RADBRUCH foi, a este respeito, particularmente acutilante na sua circular de 1945 (logo após a II Guerra

---

1065 «Die Bundesrepublik Deutschland ist ein demokratischer und sozialer Bundesstaat».

1066 «Parteien, die nach ihren Zielen oder nach dem Verhalten ihrer Anhänger darauf ausgehen, die freiheitliche demokratische Grundordnung zu beeinträchtigen (…) sind verfassungswidrig».

1067 «Die nachfolgenden Grundrechte binden Gesetzgebung, vollziehende Gewalt und Rechtsprechung als unmittelbar geltendes Recht».

1068 «Der Bundespräsident leistet bei seinem Amtsantritt vor den versammelten Mitgliedern des Bundestages und des Bundesrates folgenden Eid:

"Ich schwöre, daß ich meine Kraft dem Wohle des deutschen Volkes widmen, seinen Nutzen mehren, Schaden von ihm wenden, das Grundgesetz und die Gesetze des Bundes wahren und verteidigen, meine Pflichten gewißenhaft erfüllen und Gerechtigkeit gegen jedermann üben werde. So wahr mir Gott helfe"».

Mundial) endereçada aos estudantes de Heidelberg[1069]. Faz RADBRUCH carregar o espírito *positivista* o odioso das arbitrariedades, crueldades e injustiças verificadas no nazismo.

Palco, realização e foco de duas sangrentas e destrutivas *guerras mundiais,* intervaladas por um curto espaço de duas décadas, palco, realização e foco dos atentados mais brutais e degradantes à condição humana, a Alemanha viu-se confrontada com as questões, a um tempo dirigidas ao passado, a outro, ao futuro: *Porquê* e *como*?

Porque é que tais vicissitudes ocorreram?
Como prevenir (evitar) a emergência de casos similares?

A tendência para encontrar a suma explicação do fenómeno alemão na diabólica dinâmica de um indivíduo (o *Führer* do *III Reich* – HITLER) – dado que certa historiografia não se tem cansado de repetir – não colhe. Assim como não colhe o outro argumento siamês: a (mera) *formalização* do *Estado de direito* no âmbito da Constituição de Weimar e de Bismarck.

Vejamos o tema da personalização hitleriana do mal. Será razoável acreditar que essa massa imensa do povo germânico (onde se pontificaram os *quadros* – sempre disponíveis, nestas ocasiões) estivesse, durante o regime nacional-socialista, totalmente hipnotizada pelo poder *sobrenatural* do seu *Führer*, a ponto de apoiar[1070] os desígnios do regime?

No tocante à formalização, é racionalmente sustentável que a conquista do poder por ADOLF HITLER se deve à feição formal que caracterizaria o princípio do Estado de direito?

[1069] G. RADBRUCH, Cinco Minutos de Filosofia (circular endereçada aos estudantes de Heidelberg, em 1945) [Apêndice ao livro Filosofia do Direito, vol. II, 3.ª ed. (tradução de L. Cabral de Moncada), Coimbra, Arménio Amado Editora, 1953, p. 219-222].

Estou contra as jurisprudências flutuantes (a que eu chamaria *Jurisprudência dos Interesses – do eu, do Estado, dos chefes, do regime, do partido e outros que tais –*), que, à sombra de certos interesses, vão aniquilando a lei positiva.

O que tenho, pois, por prevalecente é a hipótese do *Primeiro Minuto* de RADBRUCH «*lei é lei*»; não a do *2.° Minuto* «*direito é tudo aquilo que for útil ao povo*».

[1070] Activo empenhamento e não "indolência *material*", como hipotetizaram F. HASE, K.-H. LADEUR e H. RIDDER (*vid.* Nochmals: Reformalisierung des Rechtsstaats als Demokratiespostulat?, *in* JuS, 1981, Heft 11, p. 798;

Para conferir o diálogo científico estabelecido entre aqueles autores e DIETER GRIMM, a propósito do tema central do artigo, *vid.*, também, o trabalho deste último (que antecedeu o acabado de citar e intitulado "Reformalisierung des Rechtsstaats als Demokratiepostulat?"), *in* JuS, 1980, Heft 10, p. 704-709.

A minha resposta às duas questões é *não*. O problema não está num homem, nem na arquitectura constitucional-legal[1071].

[1071] Sobre os limites ao poder de revisão constitucional (aflorando também este caso), *cfr.*, EMÍLIO KAFFT KOSTA, O Constitucionalismo…, cit., *passim.*

MARCELO REBELO DE SOUSA, Direito Constitucional I – Introdução à Teoria da Constituição, Braga, Livraria Cruz, 1979, p. 75 ss.

J.J. GOMES CANOTILHO, A 2.ª Revisão da Constituição da República e a Identidade Constitucional, *in* Revista Jurídica, n.° 13/14, 1990, p. 257-259.

GOMES CANOTILHO/VITAL MOREIRA, Fundamentos da Constituição, Coimbra, Coimbra Editora, 1991, p. 300 ss.

GOMES CANOTILHO/VITAL MOREIRA, Constituição da República Portuguesa Anotada, 2.ª ed., 2.° vol., Coimbra, Coimbra Editora, 1985, p. 562-569.

S. PINHEIRO-FERREIRA, Breves Observações sobre a Constituição Política da Monarchia Portugueza Decretada pelas Cortes Geraes Extraordinarias e Constituintes, reunidas em Lisboa, no anno de 1821, Paris, Rey e Gravier/J.P. Aillaud, 1837, p. 9-10.

J.M. TELLO DE MAGALHÃES COLAÇO, Ensaio sobre a Inconstitucionalidade das Leis no Direito Português, Coimbra, França e Arménio, 1915, p. 80-94.

MARCELLO CAETANO, Constituições Portuguesas, 4.ª ed., Lisboa, Verbo, 1978, p. 157.

M.B. CHORÃO, Temas Fundamentais de Direito, Coimbra, Almedina, 1991, p. 137-147 ("Perspectiva Jusnaturalista da Revisão Constitucional").

E. CORREIA BAPTISTA, Os Limites Materiais e a Revisão de 1989 – A Relevância do Direito Costumeiro, *in* Jorge Miranda (org.), Perspectivas Constitucionais: Nos 20 Anos da Constituição de 1976 (vol. III), Coimbra, Coimbra Editora, 1998, p. 67-115.

G. CONTINI, La Revisione Costituzionale in Italia, Milano, Giuffrè, 1971, p. 279-327.

J. CATSIAPIS, La Constitution de la Grèce du 11 Juin 1975, *in* RDPSP, Novembre-Décembre 1975 (n.° 6), p. 1597.

M. CONTRERAS, Sobre las Transformaciones Constitucionales y sus Limites, *in* Revista de Estudios Políticos, n.° 10 (Nueva Epoca), Julio-Agosto 1980, p. 165-184.

S.M. CICCONETTI, Revisione Costituzionale, *in* Enciclopedia del Diritto, XL, p. 145-156.

J. VILAS NOGUEIRA, La Constitución y la Reproducción del Orden Político Fundamental, *in* Revista de Estudios Políticos, 1981, n.° 21, p. 53-71.

M.-F. RIGAUX, La Théorie des Limites Matérielles à l'Exercice de la Fonction Constituante, Bruxelles, Maison F. Larcier, 1985, p. 13 ss.

HERBERT KRÜGER, Subkonstitutionelle Verfassungen, *in* DÖV, 1976, Heft 18, p. 613-614.

Na linha da consideração das revisões formais (assim como da jurisprudência constitucional) como vectores do *desenvolvimento do Direito constitucional* sob a égide da *Grundgesetz* de Bonn, *vide* U. BATTIS/PH. KUNIG/I. PERNICE/A. RANDELZHOFER, Vorwort [Das Grundgesetz im Prozeß europäischer und globaler Verfassungsentwicklung (herausgegeben von U. Battis, Ph. Kunig, I. Pernice und A. Randelzhofer)], Baden-Baden, Verlagsgesellschaft, 2000, p. 7-9.

M.M. CELSO, Principi Supremi dell'Ordinamento Costituzionale e Forma di Stato, *in* Diritto e Societá, n.° 3, 1996, p. 303-323.

L. HEUSCHLING, État de Droit Rechtsstaat Rule of Law, Paris, Dalloz, 2002, p. 609 ss.

Mais precisamente, a respeito do poder constituinte, A. PORRAS-NADALES, Notas Sobre la Teoria del Poder Constituyente y la Experiencia Española, *in* Revista de Estudios Políticos, 1981, n.° 24, p. 180-190.

A barragem normativa estava lá e, no entanto, foi quebrada. Há que deslocar o eixo do debate para outro terreno que não o da configuração do Estado de direito numa perspectiva mais ou menos substancializante[1072].

Quando uma pessoa assassina outra, a culpa do homicídio não deve, em princípio, residir no Direito (na lei), que proíbe e penaliza tal conduta; tente-se, isso sim, localizar a culpa no homicida e nas suas circunstâncias. Similar juízo deve-se fazer no tangente ao Estado de direito. Ao Direito não se deve pedir mais do que ele pode dar.

O peso enorme do legado nazi, aliado ao impulso tendente a marcar distância em relação a esse universalmente impopular legado, está, por certo, na origem da fúria substancialista de vários autores e jurisconsultos teutónicos – como se isso obviasse à emergência de uma anormalidade similar à que ocorreu no período em referência.

A permanente fuga para a frente por que se têm pautado o pensamento e a prática jurídica, neste particular, é de repensar. É de reponderar o juízo que se tem feito sobre o Estado de direito à luz da Lei Fundamental alemã. Uma Lei Fundamental que, diga-se de passagem, foi instaurada em condições extremamente delicadas[1073]. Pode-se dizer que pendia sobre os actores constituintes da

---

B. BRANCHET, La Révision de la Constitution sous la V République, Paris, LGDJ, 1994, p. 63 ss.

JORGE MIRANDA, A Constituição de 1976 – Formação, Estrutura, Princípios Fundamentais, Lisboa, Petrony, 1978, p. 234-256.

A. BARBOSA DE MELO/J.M. CARDOSO DA COSTA/J.C. VIEIRA DE ANDRADE, Estudo e Projecto de Revisão da Constituição da República Portuguesa de 1976, Coimbra, Coimbra Editora, 1981, p. 298-303.

M. DE LUCENA, Rever e Romper (Da Constituição de 1976 à de 1989), *in* RDES 1991, n.° 1-2, p. 1-75.

L.M.P. NOGUEIRA DE BRITO, Sobre o Poder de Revisão: O Problema da Auto-Revisão Constitucional (2.° vol.), Lisboa, FDUL, 1995, p. 203, 204, *passim.*

I.G. DA SILVA MARTINS, Cláusulas Pétreas, *in* Jorge Miranda (org.), Perspectivas Constitucionais – Nos 20 Anos da Constituição de 1976, vol. I, Coimbra, Coimbra Editora, 1996, p. 145 ss.

LUZIA CABRAL PINTO, Os Limites do Poder Constituinte e a Legitimidade Material da Constituição, BFDUC – Stvdia Ivridica 7, Coimbra, Coimbra Editora, 1994, p. 30 ss., *passim.*

D. MURSWIEK, Die verfassunggebende Gewalt nach dem Grundgesetz für die Bundesrepublik Deutschland, Berlin, Duncker & Humblot, 1978, p. 162 ss.

1072 Na direcção oposta, M. AFONSO VAZ, Lei e Reserva da Lei: A Causa da Lei na Constituição Portuguesa de 1976, Porto, 1992, p. 253 – para quem a fórmula "Estado de Direito Democrático" é «ilógica e de difícil sustentação» já que «a subordinação do Estado à limitação heterónomo-transcendental do Direito supra-positivo» é a «*primária variante* do Estado de Direito».

1073 Para algumas luzes em torno da situação de coacção sob a qual teriam trabalhado os Constituintes de 1975/1976, *cfr.* JORGE MIRANDA, Um Projecto de Revisão Constitucional [Con-

Lei Fundamental de Bonn a *espada de Dâmocles*, suspensa não por Dionísio ou seus servos, mas pelas forças aliadas ocupantes da Alemanha ocidental. E a espada nem sequer, a meu ver, estava subtilmente resguardada. A ostentação da espada assumia contornos pouco compagináveis com o amor-próprio de um (qualquer) povo. Ilucidativo, a este propósito, parece ser o seguinte documento – produzido, em Junho de 1948, pela conferência de Londres das seis potências e entregue, com mais dois outros, a 1.7.1948, em Frankfurt, pelos Governadores militares das três zonas oeste-alemães ocupadas aos *Ministerpräsidenten* dos *Länder* da Alemanha ocidental. *Grosso modo*, o texto autoriza a convocação de uma assembleia constituinte para a elaboração de uma Constituição a ser, ulteriormente, ratificada pelos *Länder*.

Das três versões do mesmo documento[1074] (em inglês, francês e alemão), reproduzirei aqui, parcialmente, a inglesa.

«SUBJECT: Constituent Assembly.

«*The Military Governors of the US, UK, and the French Zones of occupation in Germany*, in accordance with the decisions of their respective Governments, authorise the Ministers-President of the states of their respective zones *to convene a constituent assembly to be held not later than 1 September 1948*» (...).

«The total number of delegates to the constituent assembly will be determined by dividing the total populations at the last census by 750.000 or some similar figure as may be recommended by the Ministers-President and approved by the Military-Governors» (...).

«*The constituent assembly will draft a democratic constitution* wich will establish for the participating states a *governmental structure of federal type* wich is best adapted to the eventual re-establishment of German unity at present disrupted, and wich will protect the rights of the participating states, provide adequate central authority, and contain *guarantees of individual rights and freedoms*.

«If the constitution as prepared by the constituent assembly does not conflict with these general principles, the Military Governors will authorize the submission for ratification» (...).

O que o período acabado de transcrever cruamente desnuda é a prisão dos constituintes alemães a determinados quadros constitucionais, prisão decretada pelas potências ocidentais ocupantes. Onde está a auto-determinação duma

---

tendo um Apêndice com Intervenções Várias sobre a Constituição e a Primeira Revisão Constitucional], Coimbra, Coimbra Editora, 1980, p. 204-205.

[1074] *Document 1. Cfr.* Entstehungsgeschichte der Artikel des Grundgesetzes, in JöR, neue Folge, Bd. 1, 1951, p. 1 ss. Os destaques em itálico são da minha lavra.

assembleia constituinte? É que (ditaram os que podiam): *não pode haver conflito, de contrário os que podem decapitam o processo constituinte.*

É a *Bonner Grundgesetz* sob o signo da espada de Dâmocles (*rectius*: da espada dos Comandantes-Chefes das potências aliadas vencedoras da II.ª Grande Guerra)[1075].

Nestas circunstâncias, era manifestamente improvável o estabelecimento de outra Constituição (melhor: *Lei Fundamental*) que não a que viria a ser aprovada.

A conjugação do circunstancialismo histórico captado no documento com aquilo que a *Grundgesetz* acabaria por estabelecer no art. 146 GG (antes, 149) fornece mais um contributo ao argumento segundo o qual não houve *freie Entscheidung* (liberdade de decisão) na criação desta *Grundgesetz*. A não ser assim, porque razão, na verdade, insistir a Constituição num dado, a todos os títulos óbvio? Qual a necessidade de determinar que a *Grundgesetz* perde a sua validade no dia da entrada em vigor de uma Constituição adoptada pelo *povo alemão em plena liberdade de decisão*[1076]? Não é o que sucede quando entra em vigor uma nova Constituição[1077]?

O art. 146 GG é a subtil *marca do contraste* deixada para a posteridade pelos constituintes alemães de Bonn, a atestar que a *Grundgesetz* careceu (na sua génese) de liberdade de decisão em relação àqueles que a aprovaram. Daí a radical provisoriedade da *Grundgesetz*.

Os *constituintes* de Bonn redigiram e a doutrina e jurisprudência encarregaram-se de encetar esta incessante fuga para a frente (pelo menos, no que ao *Rechtsstaat* diz respeito).

1075 Em Maio de 1955, com a assinatura do tratado de Bonn pelo Chanceler ADENAUER e pelos representantes dos EUA, Inglaterra e França, marcou-se a oficialização de um processo de devolução da soberania à República Federal da Alemanha.

1076 Rezava assim a disposição: «Dieses Grundgesetz verliert seine Gültigkeit an dem Tage, an dem eine Verfassung in Kraft tritt, die von dem deutschen Volke in freier Entscheidung beschlossen worden ist».

A versão actual (introduzida no início dos anos 90 do século XX, por alturas da unificação alemã e tendo em vista esta unificação) não difere significativamente da primeira: «Dieses Grundgesetz, das nach Vollendung der Einheit und Freiheit Deutschlands für das gesamte deutsche Volk gilt, verliert seine Gültigkeit an dem Tage, an dem eine Verfassung in Kraft tritt, die von dem deutschen Volke in freier Entscheidung beschlossen worden ist».

1077 Para uma análise dos momentos mais importantes dos trabalhos preparatórios conducentes à redacção desta disposição da Lei Fundamental, *vide* Entstehungsgeschichte der Artikel des Grundgesetzes..., cit., p. 924 ss.

6.2. *Comunidade de Estados da África do Oeste (CEDEAO) – Arrumação em Razão do Território: Um Relance*

6.2.1. *BENIM*

a) *Topografia Normativa*

Art. 2.°: «A república do Benim é (...) democrática»;

Art. 128: No exercício das suas funções, os juízes não estão submetidos senão à «autoridade da lei».

6.2.2. *BURKINA FASO*

a) *Topografia Normativa*

Art. 31: «O Burkina Faso é um Estado democrático (...)».

6.2.3. *CABO VERDE*

a) *Topografia Normativa*

Art. 2.°: «1. A República de Cabo Verde organiza-se em Estado de Direito Democrático (...)»;

Art. 3.°: «2. O Estado subordina-se à Constituição e funda-se na legalidade democrática, devendo respeitar e fazer respeitar as leis»;

Art. 7.°, c): Uma das tarefas fundamentais do Estado é garantir o respeito pelos princípios do «Estado de Direito Democrático»;

Art. 210/1: «No exercício das suas funções, os tribunais são independentes e apenas estão sujeitos à Constituição e à lei».

6.2.4. *CÔTE D'IVOIRE*

a) *Topografia Normativa*

Art. 2.°: A República da Côte d'Ivoire é «democrática e social».

Art. 57: No exercício das suas funções, os juízes não estão submetidos senão à «autoridade da lei».

6.2.5. *GÂMBIA*

a) *Topografia Normativa*

Capítulo I, Secção 1, Subsecção (2): Os poderes do Estado têm de ser exercidos de acordo com a Constituição.

6.2.6. *GANA*

a) *Topografia Normativa*

Cap. I, 1(1): Os poderes do Estado têm de ser exercidos de acordo com a Constituição.

Cap. XI, 125 (1): O Poder judicial é independente e submetido apenas à Constituição.

6.2.7. *GUINÉ-BISSAU*

a) *Topografia Normativa*

Art. 3.°: «A República da Guiné-Bissau é um Estado de democracia constitucionalmente instituída (...)»;

Art. 8.°/1: «O Estado subordina-se à Constituição e baseia-se na legalidade democrática»;

Art. 120/4: «No exercício da sua função jurisdicional, os Tribunais são independentes e apenas estão sujeitos à lei».

Art. 123/2: «No exercício das suas funções, o juiz é independente e só deve obediência à lei e à sua consciência».

6.2.8. *GUINÉ CONAKRI*

a) *Topografia Normativa*

Art. 1.°: A Guiné é uma República «democrática e social»;

Art. 81: No exercício das suas funções, os magistrados não estão submetidos senão à «autoridade da lei».

6.2.9. *LIBÉRIA*

a) *Topografia Normativa*

Art. 2.°: As normas constitucionais vinculam todas as autoridades e pessoas.

6.2.10. *MALI*

a) *Topografia Normativa*

Art. 25: Mali é uma República democrática e social;

Art. 81: O poder judicial é independente dos poderes executivo e judicial.

6.2.11. *NÍGER*

a) *Topografia Normativa*

Art 4.°: A República do Níger é democrática e social;

Art. 8.°: «A República do Níger é um Estado de direito»;

Art. 100: No exercício das suas funções, os juízes são independentes e estão submetidos apenas à «autoridade da lei».

6.2.12. *NIGÉRIA*

a) *Topografia Normativa*

Chap. I, Part. I, 1 (1): As normas constitucionais vinculam todas as autoridades e pessoas;

Chap. II, 14 (1): A República Federal da Nigéria baseia-se nos princípios da «democracia e justiça social».

6.2.13. *SENEGAL*

a) *Topografia Normativa*

Art. 1.°: Senegal é uma República «democrática e social»;

Art. 90: No exercício das suas funções, os juízes não estão submetidos senão à «autoridade da lei».

6.2.14. *SIERRA LEONE*

a) *Topografia Normativa*

Cap. II, 5, (1): A República da Serra Leoa deverá ser um Estado baseado no princípio da democracia.

Cap. VII, 120, (3): No exercício das suas funções, o poder judicial deverá submeter-se apenas a esta Constituição ou a qualquer outra lei e não deverá ser sujeita ao controlo ou direcção de qualquer outra pessoa ou autoridade.

6.2.15. *TOGO*

a) *Topografia Normativa*

Art. 1.°: «A República togolesa é um Estado de direito (...), democrático e social».

Art. 113: No exercício das suas funções, os juízes não estão submetidos senão à «autoridade da lei»[1078].

6.3. *Comunidade dos Países de Língua Portuguesa (CPLP)*

6.3.1. *ANGOLA*[1079]

a) *Topografia Normativa*

Art. 2.°: «A República de Angola é um Estado democrático de direito (...)»;

Art. 120/3: «No exercício da função jurisdicional os tribunais são independentes, apenas estão sujeitos à Lei e têm direito à coadjuvação das outras autoridades»;

Art. 127: No exercício das suas funções, os juízes são independentes e apenas devem obediência à Lei».

6.3.2. *BRASIL*[1080]

a) *Topografia Normativa*

Preâmbulo da Constituição da República Federativa do Brasil;

Art. 1.° – A República Federativa do Brasil «constitui-se em Estado Democrático de Direito (...)»[1081].

6.3.3. *CABO VERDE*[1082-1083]

a) *Topografia Normativa*

Art. 2.°: «1. A República de Cabo Verde organiza-se em Estado de Direito Democrático (...)»;

1078 Verifica-se, assim, que à excepção das Constituições do Togo e de Cabo Verde, nenhuma outra usa a expresão *Estado de direito*.

1079 Lei Constitucional de 1992 (revista pela LC n.° 18/96, de 14 de Novembro).

1080 Constituição de 1988 (que sofreria várias alterações posteriores).

1081 MANOEL GONÇALVES FERREIRA F.°, Democracia Possível, *in* Enciclopédia Saraiva do Direito, vol. 23, R. Limongi França (coordenação), S. Paulo, Saraiva, 1977, p. 294;

A.B. COTRIM NETO, Estado de Direito, *in* Enciclopédia Saraiva de Direito, vol. 33, p. 467 ss.

1082 Constituição de 1992 (alterado em 1999).

1083 Reproduzidas as disposições mencionadas no ponto 6.2.3., por razões ligadas à comodidade de leitura.

Art. 3.°: «2. O Estado subordina-se à Constituição e funda-se na legalidade democrática, devendo respeitar e fazer respeitar as leis»;

Art. 7.°, c): Uma das tarefas fundamentais do Estado é garantir o respeito pelos princípios do «Estado de Direito Democrático»;

Art. 210/1: «No exercício das suas funções, os tribunais são independentes e apenas estão sujeitos à Constituição e à lei».

6.3.4. *GUINÉ-BISSAU*[1084-1085]

a) *Topografia Normativa*

Art. 3.°: «A República da Guiné-Bissau é um Estado de democracia constitucionalmente instituída (...)»;

Art. 8.°/1: «O Estado subordina-se à Constituição e baseia-se na legalidade democrática»;

Art. 120/4: «No exercício da sua função jurisdicional, os Tribunais são independentes e apenas estão sujeitos à lei».

Art. 123/2: «No exercício das suas funções, o juiz é independente e só deve obediência à lei e à sua consciência».

6.3.5. *MOÇAMBIQUE*[1086]

a) *Topografia Normativa*

Art. 1.°: Moçambique é um Estado «democrático e de justiça social»;

Art. 3.°: Moçambique é um «Estado de Direito».

Art. 217/1: «No exercício das suas funções, os juízes são independentes e apenas devem obediência à lei».

6.3.6. *PORTUGAL*[1087]

a) *Topografia Normativa*[1088]

Art. 2.°: «A República Portuguesa é um Estado de direito democrático (...)»;

1084 Constituição de 1984 (revista, nomeadamente, em 1993, 1995, 1996).

1085 Reproduzidas as disposições mencionadas no ponto 6.2.7., por razões ligadas à comodidade de leitura.

1086 Constituição de 2004.

1087 Constituição de 1976 (revista em 1982, 1989, 1992, 2001, 2004, 2005).

1088 Pode-se ver a diversificada jurisprudência constitucional portuguesa sobre o assunto, em JORGE MIRANDA/RUI MEDEIROS, Constituição..., cit., p. 58-60.

Art. 3.°/2: «O Estado subordina-se à Constituição e funda-se na legalidade democrática»;

Art. 203: «Os tribunais são independentes e apenas estão sujeitos à lei».

6.3.7. *S. TOMÉ E PRÍNCIPE*[1089]

a) *Topografia Normativa*

Art. 6.°: A República de São Tomé e Príncipe «é um Estado de Direito Democrático (...)»;

Art. 121: «Os tribunais são independentes e apenas estão sujeitos às leis».

6.3.8. *TIMOR-LESTE*[1090]

a) *Topografia Normativa*

Art. 1.°/1: «A República Democrática de Timor-Leste é um Estado de Direito Democrático (...)»;

Art. 2.°/2: «O Estado subordina-se à Constituição e às leis»;

Art. 6.°, b): um dos «objectivos fundamentais do Estado é «garantir e promover» «o respeito pelos princípios do Estado de Direito Democrático»;

Art. 119: «Os tribunais são independentes e apenas estão sujeitos à Constituição e à lei»;

Art. 121/2: «No exercício das suas funções, os juízes são independentes e apenas devem obediência à Constituição, à lei e à sua consciência».

7. **Retorno às Primeiras Luzes ou Pantagruel e Hidra de Lerna**

Lancemos âncora no porto onde principiou esta viagem (que o mesmo é dizer, na introdução ao presente parágrafo).

Intentei fornecer (e a operação continua algures) um quadro no interior do qual fui fazendo a colagem de elementos-normas-princípios tradicionalmente considerados como integrantes do conceito de Estado de direito.

O resultado não concitou qualquer entusiasmo da minha parte. Deste modo, mantenho-me sensível (atitude que me invadiu a partir de um determinado

---

[1089] Texto de 1990, revisto em 2003 (Lei n.° 1/2003).

[1090] Constituição de 2002.

momento do processo especulativo) à viabilidade de uma desconstrução dogmática por forma a:

1.°, desinchar o conceito de Estado de direito, na linha da formulação de uma dogmática minimal do mesmo, procedendo, em suma, à lipoaspiração do pantagruélico Estado de direito.

O desinchar do conceito pode vir a revelar um Estado de direito cuja caracterização esteja basicamente circunscrita aos quadros de um Estado jurídico ou de juridicidade. Nada mais.

Aliás, transcendendo um pouco as balizas que delimitam a dissertação ora apresentada, poder-se-ia mesmo aventar a seguinte hipótese:

Um problema actual da dogmática do Direito constitucional em geral é o da sua lipoaspiração.

E isso não tem uma relevância meramente estética, pois, na medida justa em que o liberta de cargas não essenciais, tornará mais aptos, mais ágeis e mais saudáveis os conceitos.

Pense-se, a título de exemplo, na dogmática dos direitos fundamentais.

Há um ponto de contacto entre o que sucede com os objectos materiais e o conceito de Estado de direito.

Vejamos:

A elasticidade dos objectos tem um limite para além do qual não se pode ir, sob pena de se deformar o objecto concernente:

Uma mola, um pedaço de cartão, um pedaço de madeira ou de plástico, uma fita elástica, tudo isso pode ser dobrado e, mal se liberte esta pressão, o objecto volta à posição inicial.

Isto é elasticidade. Mas se se dobrar o objecto para além do limite adequado, ele não volta à posição inicial (mesmo depois de se libertar a pressão: ou se deforma – os casos, por exemplo, da mola, que fica mais extensa, do pedaço de cartão, que fica com um vinco; ou se parte – os casos, por exemplo, da fita elástica, do pedaço de madeira ou plástico).

Esta lei estende-se ao conceito de Estado de direito: Há um limite para além do qual não pode ir a elasticidade do princípio do Estado de direito (ou do princípio democrático), sob pena de se deformar o próprio princípio.

O risco é de deformação ou, até, ruptura do conceito hiperesticado.

2.°, apontar para uma ideia de Estado (*de direito*, já agora) para a Guiné-Bissau, com o elemento de autoctonicidade em destaque.

E *faz falta* o bom-senso.

Coligindo algumas elucidações dicionarísticas à volta do termo "bom senso", constato as seguintes focalizações:

«aplicação perfeita da razão para julgar ou raciocinar com ponderação e com base na experiência da vida em cada caso particular da vida; equilíbrio, senso comum» (Dicionário Enciclopédico Koogan/Larousse/Selecções); «a recta razão» (Dicionário Prático Ilustrado – Novo Dicionário Enciclopédico Luso-Brasileiro, Edição actualizada e aumentada por Lello & irmão, 1992); «critério são; faculdade de bem ajuizar nas circunstâncias ordinárias da vida» (Dicionário da Língua Portuguesa, 6.ª ed., Porto Editora, 1987).

Anda, desta sorte, o termo "bom senso" ligado a "prudência", "ponderação", "equilíbrio", "sensatez", "juízo", "tino".

Tenho dificuldades em lidar, por exemplo, com a prática de Estados exportadores do *Estado de direito* dispostos a levar avante o *negócio* aonde for interessante e, até, por via da exportação das rebeliões violentas, pronunciamentos, golpes de Estado, revoluções e epítetos congéneres.

Um Estado de direito cozinhador de golpes de Estado noutros Estados, com o fito(?) de ajudar a implantar um *genuíno* Estado de Direito desmereceria o qualificativo "de direito", caso se abraçasse a orientação maximalista em voga do Estado de direito.

Mas sendo diferente a minha postura, no que toca à extensibilidade do referido conceito, aceitaria de bom grado a autonomização da exportação das rebeliões como um mal-em-si e a emancipação da não exportação das rebeliões como um bem-em-si.

Como entender, realmente, estes jogos de salão?

"Estados de direito" feitos (que se vangloriam do patamar elevadíssimo, refinadíssimo a que se alcandoraram, nesse capítulo), julgando-se no direito e dever civilizacionais de modelar (ou inspirar a modelação, que é, praticamente o mesmo) outros Estados, à imagem e semelhança do seu *deus* jurídico-civilizacional, comportam-se de duas maneiras antictonicamente diferentes, consoante lidem com realidades internas (ou próximas) ou com (algumas) realidades alienígenas.

No primeiro caso, a democracia é para respeitar; o poder instituído é para respeitar e, se for caso para tanto, para mudar dentro dos parâmetros estabelecidos pela Constituição e pelas demais leis – a violência não é remédio; do exterior pode vir inspiração, endogenicamente alcançada, nunca modelos exogenicamente impostos.

No segundo caso, a democracia é para respeitar, se e enquanto for genuína (vá-se lá saber o que é isso) – de contrário, haverá que proceder, ou mandar proceder, à sua renovação (a célebre e esvaziada *mudança*, mil vezes gritada, mil vezes engavetada, mil vezes pronunciada para embustear incautos – na concepção dos embusteiros); o poder – desde que seja rotulado de não sentir genuinamente a democracia, o Estado de direito, ser dado à corrupção – deve ser corrigido, de preferência pela via mais segura: a força das armas, não a do voto popular que o consagrara – não vá o diabo tecê-las e, na volta, o não-genuinamente democrático, ganhar de novo o ámen do povo; aí está, a violência como remédio, principalmente para quem vê os touros de palanque[1091] (incluem-se aqui os detentores do telecomando que a milhas vão ditando o que a gente deve ou não fazer, os telecomandados que, valendo-se da argúcia ou falta de carácter que se lhes reconhece, se colocam na crista da onda, como membros do *entourage* do líder, representantes disto e daquilo, conselheiros deste e daquele, ideólogos disto e daquilo, todos e cada um, indistintamente, à cata da sua oportunidade de, finalmente, *ser gente* – neste particular, é interessante rememorar o que em Bissau se dizia nos tempos que precederam imediatamente o golpe de Estado de 7 de Junho de 1998-7 de Maio de 1999: *se houver guerra, não vou, desta vez, ficar em casa*);

Do exterior vem inspiração, imposição e munição, porque o que importa é a mudação.

Ora, as atitudes diametralmente opostas que acabámos de ver constituem um factor, mais um, de *deficit* de crédito do conceito nortense aqui tratado.

Falta-lhe genuinidade. São incongruências a mais, patranha a mais, que legitimam todas as dúvidas sobre quase tudo o que está no interior desse circuito de falácia e incoerência.

Tenho para mim, estava a dizer, que o bom senso deve ser o ponto de partida para a repleção do conceito de "Estado de direito" e a directriz que, dentro de cada "Estado de direito", deverá orientar a estruturação e funcionamento dos poderes do Estado.

Traduz tal rumo a aceitação do influxo telúrico na acomodação dos poderes do Estado – *i.e.*, do influxo, *v.g.*, dos poderes autóctones na arquitectura constitucional do Estado guineense de hoje.

Revela-se-nos nas equacionações acabadas de formular um teorema: o do bom senso – segundo o qual a parelha *arquitectura* e *praxis* do bom senso é directamente proporcional ao grau de implantação de um *Estado de direito*.

[1091] O que não se tem revelado fácil é encabrestar os touros.

Os primeiros passos da minha abordagem da fenomenologia do Estado de direito encaminharam-se, como assinalei atrás, no sentido da fixação de elementos constitutivos do fenómeno.

Movia-me o propósito de achar algo que pudesse contribuir para a afirmação universal do "Estado de direito", para que este pudesse ser «tomado a sério»[1092].

Revelou-se-me, entretanto – e à margem da intuição inicialmente reinante –, um fenómeno e um conceito-dístico onde se vão inscrevendo ou desinscrevendo as dimensões que para cada civilização, cada quadrante, cada indivíduo são ou não relevantes.

Uma palavra de ordem, um *slogan* que de suporte serve às mais heterogéneas, às mais desencontradas ideias e estratégias.

Daí que eu me tivesse despertado para a importância do retorno ao grau zero conceptual:

Todos os Estados são, em princípio, Estados de direito.

Veremos, mais adiante, as *nuances* que podem envolver a referida conceptualização.

Todos os Estados seriam, em princípio, Estados de direito.

Sem desprimor, em princípio, por cada uma das diversas dimensões que cada um queira inocular no conceito-dístico, pois impor-se-á, então, uma categórica, séria e autónoma valoração dessas dimensões:

É, com efeito, contraproducente esta gravidação sempre em crescendo da ideia de Estado de direito, através, designadamente, do aceno com o *slogan* do *verdadeiro* Estado de direito[1093].

E mesmo que depois se pretenda eleger certos e determinados elementos como requisitos inegociáveis do Estado de direito, seria brutalmente difícil fixar um conceito operativo de Estado de direito.

Não é a dificuldade da empresa que me faz desistir da sondagem do Estado de direito nos moldes tradicionais, é, antes, a vanidade dessa empresa.

[1092] Expressão cara a GOMES CANOTILHO [*vid.*, do autor, Estado de Direito, Lisboa, Gradiva, 1999; também o seu trabalho "Tomemos en Serio Los Derechos Economicos, Sociales y Culturales", *in* Revista del Centro de Estudios Constitucionales, 1998 (1), p. 239-260].

[1093] No que à democracia se refere, *cfr.* G. SARTORI, Théorie de la Démocratie, Paris, A. Colin, 1973, p. 130. Opina SARTORI que «os julgamentos de valor não são nem verdadeiros, experimentalmente, nem lógicos ou ilógicos, mas objectos de preferências. Assim, quando dizemos que os verdadeiros valores são a liberdade ou igualdade, nós não fazemos mais do que afirmar que são esses os valores que preferimos». É, segundo o autor, nos planos empírico, lógico e axiológico que se pode provar que a democracia é verdadeira.

Pode ser um interessante exercício de recreação cívico-tecnológica, mas não mais. A fusão hipostática do *"Estado"* com o *"Direito"*, num *"Estado de Direito"* (entidade cujos contornos se têm mostrado indefiníveis), não me parece prestável.

Mais fecundo seria o isolamento desses elementos, integrados por forma a justificarem uma agenda valorativa autónoma.

Consolidando, repito, todo o Estado é, em princípio, Estado de direito.

O patamar mínimo é que exista Estado – na minha variante minimal-laxista[1094] – e um direito que rege a estrutura dinâmica desse Estado[1095] (colar-se-ia *Estado de direito* a *Estado jurídico*).

1094 Para um esboço dessa visão minimal-laxista do Estado, *cfr.* o nosso, «O Constitucionalismo Guineense e os Limites Materiais de Revisão», Lisboa AAFDL, 1997, p. 28, 29 *et passim.*

No que concerne ao Estado de direito, ouçamos um autor insuspeito, na perspectiva suprareferida – GOMES CANOTILHO (Estado de Direito..., cit., p. 32): «Saber se o "governo de leis" é melhor do que o "governo de homens", ou vice-versa, é, pois, uma questão mal posta: o governo dos homens é sempre um governo *sob* leis e *através* de leis. É, basicamente, um governo de mulheres e de homens segundo a lei constitucional, ela própria imperativamente informada pelos princípios jurídicos radicados na consciência jurídica geral».

Será que não se estará a dar aqui razão ao conceito elástico ou laxista de Estado de direito (todo o governo – dos homens – é um governo sob leis e através de leis)?

Do mesmo autor, *vide,* ainda, Direito Constitucional..., cit., p. 353 ss.

ALF ROSS, Sur les Concepts d'«État» d'«Organes d'État» en Droit Constitutionnel, in Droits, 23, 1996, p. 131-133.

HERMANN HELLER, Teoria del Estado, México, F.C.E., p. 43 ss.

1095 Uma conceptualização do Estado poder-se-á encontrar em J.K. BLUNTSCHLI, Staat, *in* Bluntschli's Staatswörterbuch in drei Bänden (bearbeitet und herausgegeben von Löning), 3. Band, Zürich, Friedrich Schulthess, 1872, p. 521-531.

H. KELSEN, Teoria Geral do Direito e do Estado, S. Paulo/Brasília, Martins Fontes/Editora Universidade de Brasília, 1990, p. 183 ss.

L. CABRAL DE MONCADA, Problemas de Filosofia Política: Estado – Democracia – Liberalismo – Comunismo, Coimbra, Arménio Amado, 1963, p. 14 ss. Também a sua "Filosofia do Direito e do Estado, II (Doutrina e Crítica)", Coimbra, Coimbra Editora, 1965, p. 160 ss.

A.M. HESPANHA, Para uma Teoria da História Institucional do Antigo Regime, *in* A.M. HESPANHA, Poder e Instituições na Europa do Antigo Regime (colectânea de textos), Lisboa, F. C. Gulbenkian, 1984, p. 26 ss.

M. MIAILLE, Introdução Crítica ao Direito, 2.ª ed., Lisboa, Moraes, 1979, p. 121-135.

Na peugada de JHERING, CAMPOS LIMA, O Estado e a Evolução do Direito, Lisboa, Aillaud, Alves & C.a e Bertrand, 1914, p. 109-132, 132 ss.

H. LASKY, O Direito no Estado, Lisboa, Editorial Inquérito, 1939, p. 7-11.

MARCELO REBELO DE SOUSA, Direito Constitucional I – Introdução à Teoria da Constituição, Braga, Livraria Cruz, 1979, p. 108 ss.

JORGE MIRANDA, Manual de Direito Constitucional, tomo III (Estrutura Constitucional do Estado), 2.ª ed., revista (reimpressão), Coimbra, Coimbra Editora, 1988, p. 7 ss.

Se o que foi dito não for bastante, acrescentar-se-á:

A repleção do tipo Estado de direito depende dos factores tempo e lugar, que o mesmo é dizer território, sociedade, cultura num momento determinado.

A repleção do tipo "Estado de direito" é que vai definir, depois, o perfil de cada Estado de direito em concreto.

Esta missão conta com o contributo dos operadores jurídico-sociais de cada sociedade (doutrina, jurispridência, legisladores, políticos, *etc.*), dependendo, portanto, dos influxos destes operadores e do *feedback* oriundo da sociedade, daquela sociedade.

O resultado desses influxos e refluxos (que num ir-e-vir dialéctico vão deixando impressões digitais em cada comunidade de seres humanos) será o Estado de direito, aquele Estado de direito daquele Estado.

É assim que o Reino Unido da Grã-Bretanha é uma monarquia (portanto, uma compressão da lógica democrática – vejamos a importância pelos quatro ventos propalada do factor democracia na definição do perfil de Estado de direito!)[1096], mas quem se lembrou de anatemizar a Grã-Bretanha como um Estado de não direito?

A.E. DUARTE SILVA, A Natureza da Formação do Estado: O Caso da Guiné-Bissau, *in* BFDB, n.º 4, Março 1997, p. 176-210.

H. HELSENHANS, Staat, *in* Pipers Wörterbuch zur Politik: Dritte Welt, Gesellschaft-Kultur--Entwicklung (Nohlen/Waldmann, Hrsg.), München/Zürich, Piper, 1987, p. 551-560.

V.I. LENINE, O Estado e a Revolução – A Doutrina do Marxismo sobre o Estado e as Tarefas do Proletariado na Revolução (1917), *in* V.I. Lenine, Obras Escolhidas, II, Lisboa/Moscovo, Editorial «Avante»/Edições Progresso, 1978, p. 225-227. Com base na interpretação na obra de F. ENGELS, "A Origem da Família, da Propriedade Privada e do Estado" [cite-se aqui *A Origem da Família, da Propriedade Privada e do Estado*, *in* Marx/Engels – Obras Escolhidas (trad. J.P. Gomes, a partir de K. Marx/F. Engels, Werke, edição do Institut für Marxismus-Leninismus beim ZK der SED, Dietz Verlag, Berlin, 1956-1968)], Moscovo/Lisboa, Progresso/Avante, 1985, p. 213-374.

1096 No sentido de que o Estado de direito e o Estado providência «são em princípio possíveis sem democracia», *vide* J. HABERMAS, Droit et Démocratie: Entre Faits et Normes, Paris, Gallimard, 1997, p. 93. Testemunha o autor (a páginas 105) que se se voltar a HOBBES, numa perspectiva kantiana, a leitura que se imporia seria antes um HOBBES «teórico de um Estado de direito burguês sem democracia» e não propriamente o «apologista de um absolutismo sem freio».

Contextualizemos historicamente o *Leviathan* de HOBBES e veremos o papel desempenhado pela violenta guerra civil que antecedeu a sua publicação em 1651. A preocupação fundamental residia na consecução da paz social, um valor que se fez supremo, justificando mesmo o poder absoluto do Estado, contanto que este poder possa garantir tal paz social. *Cfr.* THOMAS HOBBES, Leviatã ou Matéria, Forma e Poder de um Estado Eclesiástico e Civil, Lisboa, Imprensa Nacional – Casa da Moeda, 1995.

Sobre a «hipótese hobbesiana», *vide* N. BOBBIO, La crisi della democrazia..., cit., p. 11 ss.; A. MENEZES CORDEIRO, Tratado de Direito Civil Português I, Parte Geral, Tomo I, 3.ª ed., Coimbra, Almedina, 2005, p. 70 (enfatizando o papel de HOBBES na transposição da metodologia cartesiana para o domínio das ciências humanas, que se traduziria, nomeadamente, na formação de uma nova

Nos Estados Unidos da América, a nomeação dos juízes da *Supreme Court* (e não só) é como é, e nem por isso o pensamento maioritário se lembrou ainda de catalogar por isso o país de *Estado de não direito*.

A monarquia saudita dos primeiros anos do séc. XXI não se encontra no *index* da antidemocracia, do não Estado-de-direito. Todavia, o aparelho de Estado encontra-se dominado quase inteiramente pela linhagem real; não se compadece com qualquer oposição interna ao sistema; a monarquia, fundando-se numa legitimação religiosa e apoiando-se no poder do petróleo (que lhe permite garantir um sistema de protecção social relevante), encontra-se confortavelmente – em troca de certas contrapartidas – sob o guarda-chuva norte-americano e ocidental.

Quid inde?

Advogo, que há um núcleo minimal que caracteriza o Estado de direito, determinando a sua existência.

Nessa base, os tradicionalmente chamados "elementos" do Estado de direito não o são, na realidade. São tão-somente vectores dinâmicos fertilizantes (emulativos) do Estado de direito.

Por outras palavras, podem contribuir, designadamente, para a melhoria do desempenho dum Estado de direito, mas não são partes organicamente integrantes do próprio corpo do *Rechtsstaat.*

Tenho vindo a martelar na hipótese-tese segundo a qual *todo* o Estado é, em princípio, Estado de direito.

Temos aí apenas o culminar de um processo reflexivo que arrastou a problematização e consolidação de postulados vários.

Importa, por exemplo, saber, à partida, o porquê da dita conclusão.

Mais explicitamente, porque é que, em princípio, todo o Estado é Estado de direito.

As respostas são, pelo menos, três:

Porque todo o Estado funda a sua criação no direito (naquele, no mínimo, por ele criado);

Porque todo o Estado funda, em princípio, a sua actuação no direito (naquele, no mínimo, por ele criado);

Porque todo o Estado é limitado, em princípio, pelo direito (por aquele, no mínimo, criado por ele)[1097].

---

sistemática jurídica – a articulação da tríade *sociedade, Estado, poder* assenta, assim, em axiomas como a sobrevivência, a naturalidade da guerra, a insegurança, bem como a necessidade de ser esta ultrapassada recorrendo ao Estado e à sociedade, à custa da liberdade).

1097 Não exactamente no sentido apontado *supra*, mas ressaltando a exigência de o Estado estar «adstrito ao seu próprio Direito positivo», até «por uma necessidade lógica de coerência e de

Essa resposta trifurcada concorreu para a construção da seguinte premissa (maior):

Todo o *Estado de direito* rege-se, na sua criação e actuação pelo direito, sendo (auto)limitado pelo direito (direito, no mínimo, criado por ele);

Ora, todo o Estado rege-se, na sua criação e actuação pelo direito (direito que o limita e que é, no mínimo, criado por ele Estado); a sujeição, portanto, do Estado ao seu próprio direito positivo – enquanto não o alterar – é o reduto mínimo intransigível do Estado de direito.

Logo, conclui-se, todo o Estado é, em princípio, Estado de direito[1098].

Antes de me apegar a uma certa proposição, várias outras hipóteses foram objecto das minhas ponderações.

Meditei sobre uma hipótese esboçada num delineamento parecido com dois círculos secantes[1099].

Assim representada:

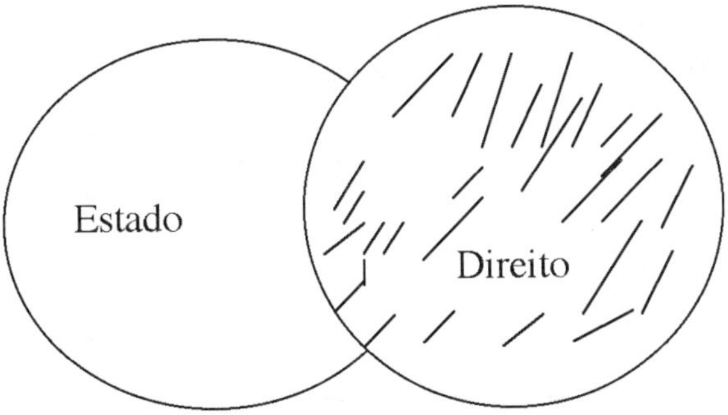

DIAGRAMA 18 – *Círculos Secantes*

coesão social», *vide* JORGE MIRANDA, Manual de Direito Constitucional, tomo III (Estrutura Constitucional do Estado), 3.ª ed. (reimpressão), Coimbra, Coimbra Editora, 1996, p. 159.

1098 Esquematicamente, premissa maior – A ⌒ B; Premissa menor – C ⌒ B; conclusão – C ⌒ A.

Sendo ⌒ correspondente, grosso modo, a "rege-se" ou "é".

Um modelo algo divergente do acima exposto traduzir-se-ia na subtituição da expressão "todo" (íncita nas duas derradeiras etapas do raciocínio) pelas expressões "o Estado α", "O Estado β", "O Estado γ", e assim por diante.

Este último modelo teria talvez melhor aptidão para alimentar o diagrama dos círculos secantes (no seu último figurino) apresentado mais adiante. Denota, verdadeiramente, uma quase universalização do Estado de direito.

1099 Sobre estes conjuntos geométricos, mas aplicados já à relação entre a moral e o direito, *cfr*, entre outros, MIGUEL REALE, Lições Preliminares de Direito, 10.ª ed., Coimbra, Almedina 1982, p. 41-44.

De acordo com o conjunto geométrico acima exposto, nem tudo o que é Estado é Direito (nem todo o Estado é de Direito);

Nem tudo o que é Direito é Estado (nem todo o Direito é do Estado).

Os postulados nos quais eu me baseio e a trajectória indutiva já percorrida não se revêem, em princípio (salva a hipótese patológica do Estado que assenta na *negação anárquica, sistemática, total e radical do direito por ele posto*), no referido axioma.

Diferentemente do que vai dito supra, imaginemos uma construção na base de dois círculos concêntricos, representando o maior o Direito e o menor, o Estado.

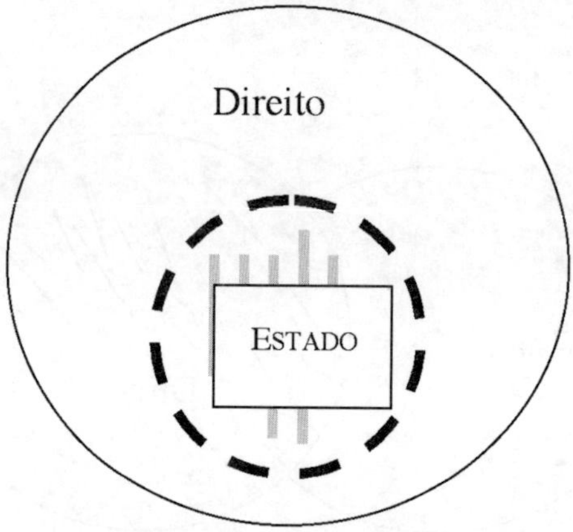

DIAGRAMA 19 – *Círculos Concêntricos*

Os dois círculos concêntricos analisam-se nestes termos:

Tudo o que é Estado é Direito (todo o Estado é de Direito);

Nem tudo o que é direito é Estado (nem todo o direito é do Estado).

Ora bem – patenteia a figura gizada –, há um mínimo necessário de Direito no Estado (em todo e qualquer Estado).

Pode haver no círculo do Estado uma multiplicidade de pontos de fuga para o direito que determinem uma comunicação mais intensa entre as duas instâncias;

E quanto mais pontos de fuga para o direito comportar o círculo do Estado, mais juridificado será o Estado.

Algures entre os dois cenários apresentados anteriormente, podemos desenhar este:

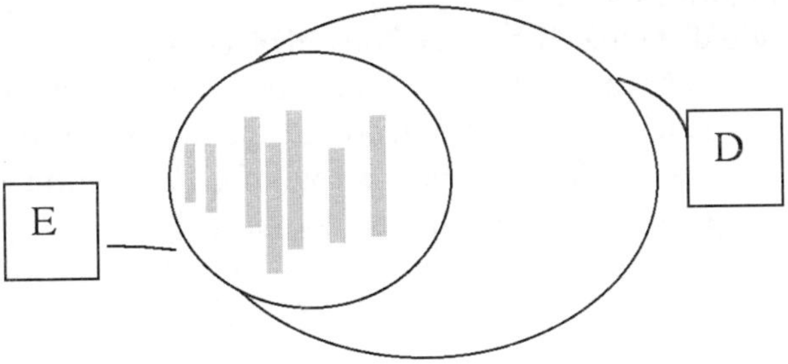

DIAGRAMA 20 – *Cenário Intermédio*

Sendo E = Estado;
D = Direito.

Equivalendo o cenário à tese de que:

Quase todo e qualquer Estado é Estado de Direito (quase todo o Estado é de Direito); nem tudo o que é Direito é Estado (nem todo o Direito é do Estado).

Na mencionada perspectiva, só uma dimensão marginal dos Estados cai fora do qualificativo "Estado de Direito".

Só, a bem dizer, muito excepcionalmente se pode admitir a hipótese da existência de um Estado que não contenha os requisitos mínimos exigíveis para que um Estado seja considerado de direito.

Recentremos o problema e clarifiquemos a nossa posição.

O postulado básico é o de que o Estado de direito é a comunidade política regida pelo direito;

Ora, todo o Estado é regido, em princípio, pelo direito;

Logo (e é a decorrência lógica de ambas as premissas), todo o Estado é, em princípio, Estado de direito.

A premissa menor é a síntese ou o somatório dos resultados que indagações de natureza indutiva propiciaram.

Basicamente, importaria saber se o *Estado* α *é regido pelo direito*, se o *Estado* β *é regido pelo direito*, se o *Estado* γ *é regido pelo direito*, se o *Estado* δ *é regido pelo direito, etc., etc., etc.,* até se perfazer o universo dos Estados existentes.

O somatório das parcelas indutivamente descobertas permitiu chegar à segunda proposição:

Todo o Estado é, em princípio, regido pelo direito.

O trabalho de sapa consistira na operação que ora se apresenta:

Todo o Estado de direito postula a organização e funcionamento do Estado segundo ditames jurídicos;

Ora, o Estado da Guiné-Bissau está organizado e funciona segundo ditames jurídicos [o Estado senegalês, *idem*; o Estado português, *idem*; o Estado saudita, *idem;* o Estado brasileiro, *idem*; o Estado sulcoreano, *idem*; o Estado sérvio, *idem*; o Estado argelino, *idem*; o Estado marroquino, *idem*; enfim, os Estados que formam o atlas da actual geografia política do mundo];

A conclusão é inevitável: a Guiné-Bissau [sem esquecer os outros] é um Estado de direito.

Num degrau mais elevado da espiral irá assentar a construção que foi sublinhada – quando foi prometido recentrar o problema e clarificar o posicionamento do autor deste trabalho – e que se alimenta precisamente dos subsídios fornecidos pelos raciocínios mais especificamente direccionados a determinadas realidades estaduais.

O resultado destas aproximações será uma espécie de imbricação de silogismos em que uns (os mais específicos) concorrem para a explicitação do silogismo maior e para a definição da sua ambiência espacial.

No tal degrau mais elevado da espiral teremos, assim, a seguinte tese:

O Estado de direito é a comunidade política regida pelo direito;

Ora, todo o Estado é, em princípio, regido pelo direito; logo, todo o Estado é Estado de direito.

A única alternativa lógica à tese *todo o Estado é Estado de direito* seria esta:

Todo o Estado é Estado de direito, à sua maneira (adoptando, pois, uma qualquer adjectivação que lhe seja apropriada). Mas será que a leitura em causa não redundará na relativização-anarquização da fisionomia do Estado de direito?

Como os extremos se aproximam!

É que a tal relativização-anarquização da fisionomia do Estado de direito acaba por ser também o resultado no qual redunda uma tese dos antípodas – aquela que se afadiga a apertar mais e mais as malhas da referida qualificação, tecendo sempre mais e mais elementos estruturantes do conceito, elementos cuja presença e observância em cada Estado são condições essenciais para a consolidação desse Estado como sendo de direito: todo o Estado é Estado de direito, à sua maneira.

É o resultado que, a vazante, a tese da sobreinflação do conceito de Estado de direito provoca.

Isso, ainda que os propósitos dos defensores da estratégia sobreinflacionista do Estado de direito estejam, aparentemente, ou queiram estar, do lado oposto da barricada.

Se o resultado acabará por ser esse, como creio, porque não poupar energias e tempo, assumindo aquelas à partida o destino conceptual inelutável de que todo o Estado é Estado de direito à sua maneira?

E, já agora, porque não obviar à anarquização consubstanciada na tese *todo o Estado é Estado de direito, à sua maneira*, optando pela tese de que *todo o Estado é, em princípio, Estado de direito*?

Na linha do que temos vindo a perscrutar, o *Estado juridicamente organizado e submetido à lei jurídica* (direito escrito ou consuetudinário) é *Estado de direito*. Só estaria, eventualmente fora do qualificativo "*Estado de direito*" aquele *Estado assente na negação anárquica, sistemática, total e radical do direito (a saber, o direito por ele posto)*[1100]. Situação deveras marginal e inusitada, convenhamos.

A minha convicção é a de que a estratégia sobreinflacionista relativamente ao Estado de direito implica a própria ancilose do Estado de direito enquanto conceito, desde logo.

O "Estado de direito" é claramente uma *palavra mobilizante*.

Mas vale a pena desmistificá-lo, emagrecê-lo, para, na autárquica viabilidade de cada um dos seus supostos "elementos", se encontrar o campo nítido de defesa dos aludidos postulados.

Há que proclamar a independência dos "elementos" do Estado de direito: na medida em que cada um deles provar que é capaz de (sobre)viver sem o cordão umbilical da *Metrópole "Estado de direito"*.

Se se quiser valorizar o rosário de conceitos e princípios que sobrecarregam o (super)conceito Estado de direito, cada um deles deve dar a sua prova de vida (vencer o teste de vitalidade), justificar a sua necessidade e a sua importância, reivindicar um lugar no *corpus* normativo da comunidade política onde esteja inserto.

Se a segurança jurídica está entre os princípios comummente reclamados pelos autores como fazendo parte da estrutura do Estado de direito, então em

---

1100 Sê-lo-á se se considerar apenas o vector *output* [ou seja, a edição do direito pelo Estado, a vincular apenas outros sujeitos – de acordo, por exemplo, com a teoria do *Estado-poder* (sobre os contornos deste conceito, *vid.* supra, N. 163)]?

nome dessa mesma segurança jurídica, são horas de lipoaspirar substancialmente o Estado de direito, se não for mesmo o caso de embalsamar essa moldura cutânea e partir para a vivificação de cada componente fundamental que der prova de vida e de utilidade no ambiente histórico onde se insere.

O Estado de direito foi transmudado na Hidra de Lerna pelos demiurgos do Estado de direito sobreinflacionado... e agora temos a *coisa*.

As cabeças são tantas; as tentativas malpropícias e inconsequentes de decapitação têm sido contraproducentes, dado que provocam uma multiplicação exponencial das ditas; a procura da cabeça decisiva não tem tido êxito;

O lago tornou-se inabitável e intransitável.

A *coisa* tem mesmo de ser aniquilada.

Está aí um dos *Trabalhos* que o pensamento jurídico da hodiernidade deve tomar por incumbência:

Libertar da Hidra o lago.

§ 2.° O PESO DO CONTEÚDO E DA FORMA-MÉTODO-PROCEDIMENTO NA ESTRUTURA DO PRINCÍPIO DO ESTADO DE DIREITO

1. **Genuinidades, Legitimidades: Armadilhas Letais**

A minha problemática é a de um minimal Estado de direito formal, que não cede, mesmo perante os traumatismos civilizacionais alimentadores da substancialização em crescendo do Estado de direito e de conceitos vizinhos[1101].

O Estado de direito, para ser um conceito operativo e *universalizável*, deveria referir-se a um direito minimal. Vale dizer, círculo minimal de direitos, garantia minimal, enfim, uma projecção minimal e fundamental de direitos.

[1101] Sobre a tricotómica classificação do Direito, do Estado e do Estado de direito sugerida, num determinado enfoque epistemológico, por LUC HEUSCHLING, entre *concept normatif formel et matériel* (chamado *integral,* por alguns), *concept normatif exclusivement formel* e *concept descriptif*, *cfr.* L. HEUSCHLING, État de Droit Rechtsstaat Rule of Law, Paris, Dalloz, 2002; Etat de Droit, Rechtsstaat, Rule of Law – Quelques Réflexions sur les Mots et les Choses, *in* http://www.eur.nl/frg/iacl/papers/heuschling.html.

Ainda, M.L.F. ESTEBAN, The Rule of Law in the European Constitution..., cit., p. 65 ss., 153 ss., 179 ss., onde se tenta dissecar o conteúdo do princípio do Estado de direito no contexto da Comunidade Europeia, aparecendo a *Rule of law* como instrumento da integração europeia.

J. IPSEN, Staatsrecht I – Staatsorganisationsrecht, 15. Aufl., München/Unterschleißheim, Luchterhand, 2003, p. 205-268. Para analisar as várias facetas do *Rechtsstaat*, o autor alarga-se a temas-elementos como separação das funções do Estado (tocando, inclusive, a União Europeia), a vinculação jurídica dos órgãos do Estado (e, aqui, a dicotomia "lei" e "direito" do Art. 20 Abs. 3 GG é apreciada, bem como a primazia e reserva da lei), a protecção jurídica através de tribunais independentes, o sistema do *Bundesverfassungsgericht* e do controlo da constitucionalidade de normas.

ARTHUR KAUFMANN, "Stato della Lege" e "Stato di Diritto", *in* RIFD, Gennaio-Aprile 1964 (Fascicolo I-II), p. 214 ss. Na esteira, aliás, do seu Mestre RADBRUCH, KAUFMANN situa o *Rechtsstaat* a meio caminho «entre justiça e segurança jurídica, entre liberdade e disciplina, entre forma e conteúdo». O problema do *Rechtsstaat* é, para o autor, apenas o de encontrar a «justa medida».

Estado de que direito? Tentei, na etapa primeira das minhas reflexões, responder a essa indagação recenseando um núcleo minimal e fundamental de direitos cuja existência seja a condição necessária e bastante para a consideração de um Estado como de direito[1102] – para, mais tarde, desembocar mesmo numa ruptura total com qualquer aproximação substancializante[1103].

[1102] Essa impostação iria entroncar na temática da Constituição material. O que é Constituição material? Responder-se-ia a tal indagação recenseando um núcleo minimal e fundamental de normas que são a alma duma determinada Constituição, normas que, uma vez eliminadas ou essencialmente alteradas, conduzem à descaracterização fundamental dessa Constituição.

Cfr. PHILIP KUNIG, Rechtsstaat..., cit.: «O sentido actual de Rechtsstaat refere-se primeiramente a certas características, tais como a separação de poderes, a independência do poder judicial, a necessidade de a acção administrativa estar baseada na lei» ou o «recurso a tribunais contra actos de governo». «Isto está interrelacionado com questões substantivas como a salvaguarda da justiça através da conformidade à lei do corpo legislativo» em atenção à *mais elevada posição do direito constitucional*, aos *direitos e liberdades individuais*, aos *direitos democráticos básicos* e à *protecção contra a discriminação*.

G. CHIARELLI, Elasticitá della Costituzione, *in* RTDP, 1952, p. 323 ss., 328 ss.

V. CRISAFULLI, Lezioni di Diritto Costituzionale, I – Introduzione al Diritto Costituzionale Italiano, 2.ª ed., Padova, CEDAM, 1970, p. 91-100. Do mesmo autor, ainda, Le Système de Contrôle de la Constitutionnalité des Lois en Italie, *in* RDPSP, 1, Jan.-Fév. 1968, p. 84.

C. MORTATI, La Costituzione in Senso Materiale, Milano, Giuffrè, 1998, p. 15-51, 201-208.

G. JELLINEK, Gesetz und Verordnung. Staatsrechtliche Untersuchungen auf rechtsgeschichtlicher und rechtsvergleichender Grundlage, Freiburg i.B., Mohr, 1887, p. 262 – onde o conceito aparece caracterizado como leis «que regulam a organização fundamental do Estado e a delimitação das competências dos órgãos estatais directos». Aduz JELLINEK terem, nesse sentido, todos os Estados normas constitucionais. A inclinação formal da *Constituição em sentido material* de G. JELLINEK é óbvia.

H. KELSEN [Allgemeine Staatslehre, 1. Aufl., Berlin, Julius Springer, 1925, p. 251-253], por seu turno, insiste numa ideia de Constituição em sentido material atinente a normas que se destinam a disciplinar os órgãos cimeiros do Estado e as relações dos sujeitos do poder estatal: «Unter Verfassung im materiellen Sinne versteht man demgemäß jene Normen, die sich auf die obersten Organe (Verfassung im engeren Sinne) und – wie man sich auszudrücken pflegt – das Verhältnis der Untertanen zur Staatsgewalt (Verfassung im weiteren Sinne) beziehen».

A propósito do carácter *politicamente vazio* e *juridicamente neutro* de *sintagmas* como *Rechtsstaat, État de droit, Stato di diritto* ou *Rule of Law*, *cfr.* (na peugada de KELSEN) S. COTTA, Les Droits et l'Etat de Droit, *in* W. Krawietz/E. Pattaro/A. E.-S. Tay (ed.), "Rule of Law – Political and Legal Systems in Transition", "Rechtstheorie" – Beiheft 17, Berlin, Duncker & Humblot, p. 176 ss.

C. SCHMITT, Verfassungslehre, Berlin, Duncker & Humblot, 1928 – a *Constituição em sentido material* (Constituição positiva, aqui) como *decisão política fundamental*.

F. RICCOBONO, Appunti per una Storia di «Costituzione in Senso Materiale», *in* Quaderni della Rassegna Parlamentare – La Costituzione Materiale: Percorsi Culturali e Attualità di un'Idea (a cura di A. Catelani e S. Labriola), Milano, ISLE/Giuffrè Editore, 2001, p. 161, 167 *et passim*.

[1103] Num percurso (e com resultado), em certa medida, divergente, *vide* JORGE MIRANDA, Ciência Política..., cit., p. 189-190.

Como já asseverei atrás, a forma é o conteúdo essencial da democracia.

Deitemos um golpe de vista sobre o Madagáscar do início de 2002, um exemplo patente da distanciação entre a proclamação e a *praxis* do *Estado de direito*, um pouco por toda a África.

O autoproclamado Presidente da República Malgaxe indigitou o Primeiro-Ministro[1104]. O mesmo "Presidente" organizara dias antes uma cerimónia num estádio de futebol com, ao que consta, cerca de 100.000 pessoas, para assumir a posse no cargo de PR. Lembre-se que se instalou uma crise política e social, após a 1.ª volta das presidenciais, que se traduziu no questionamento por MARC RAVALOMANANA dos resultados publicados pelas autoridades eleitorais e reiterados pelo Supremo Tribunal – resultados que deram uma vitória, mas não por maioria absoluta, ao mesmo RAVALOMANANA. É que este reivindica a maioria absoluta, logo na 1.ª volta, recusando, por isso, ir à 2.ª volta. Mas como todas as entidades constitucionalmente relevantes insistem na necessidade de uma 2.ª volta, o candidato enveredou pela táctica das manifestações

---

De JORGE MIRANDA, ainda, Parecer sobre a co-incineração, *in* D. Freitas do Amaral e M. da Glória Garcia/Jorge Miranda/P. Otero/M. da Assunção Esteves, O Caso Co-Incineração (Pareceres Jurídicos), 1.° vol.-tomo I, Lisboa, I.P.A., 2001, p. 73-74. Tendo em vista a relação entre os órgãos do Estado, as «grandes aquisições do Estado de Direito, em rumo de progressiva densificação (mais cedo ou mais tarde consoante os países e as circunstâncias)» são deste modo elencadas:

O «princípio representativo»; a «pluralidade de órgãos de função política»; a «independência dos tribunais e a sua reserva de jurisdição»; a «criação de mecanismos de fiscalização ou de controlo interorgânico (e intraorgânico), sejam de mérito ou de legalidade e constitucionalidade»; a «divisão pessoal de poder»; a «divisão temporal» e «político-temporal» de poderes; a «divisão territorial ou vertical» de poderes; a «divisão político-partidária» de poderes.

GOMES CANOTILHO, Direito Constitucional, 5.ª ed...., cit., p. 352 ss. Ver, igualmente, do mesmo autor, Direito Constitucional (vol. II), Coimbra, Almedina, 1981, p. 13 ss.

MARCELO REBELO DE SOUSA, Direito Constitucional, I..., cit., p. 298.

SÉRVULO CORREIA, Legalidade e Autonomia Contratual..., cit., p. 190 ss.

PAULO OTERO, O Poder de Substituição em Direito Administrativo: Enquadramento Dogmático-Constitucional (2 vol.), Lisboa, Lex, 1995, p. 7, 110 ss., 124 ss., 525-526, 551 ss. [«o Estado não está sujeito apenas à lei que cria, seja porque o pluralismo envolve uma concepção plural da ordem jurídica, seja porque o Estado de Direito material se afasta do positivismo, apelando para valores e princípios que transcendem o poder público e o limitam (...)»; «O Estado de juridicidade está (...) vinculado à ideia de Direito justo que lhe é superior, anterior e indisponível»; ou seja, «existem princípios jurídicos fundamentais que, independentemente de estarem positivados, vinculam o legislador, inclusive o legislador constituinte». O grande respaldo é, para PAULO OTERO, a ideia da dignidade da pessoa humana; a *comparticipação* da Administração (tal como, por exemplo, a jurisdição) na realização da *ideia de Direito* legitimaria uma recusa de obediência a «flagrantes "leis injustas"»; «a Administração deverá recusar-lhes obediência, decidindo *contra legem* ou *contra constitutionem*, sem prejuízo de tais decisões estarem sujeitas a controlo judicial»].

[1104] Notícias da RTP África, em 28.2.2002.

de rua, greves, *etc.* – que tiveram uma forte e espectacular repercussão. No seguimento dessas manobras de envolvimento, acabou, como se viu, por encenar a sua tomada de posse.

Na falada cerimónia de "investidura", o "Primeiro-Ministro" defendeu (para justificar a sua indigitação inconstitucional e ilegal por um PR autoproclamado de forma inconstitucional e ilegal) que a legitimidade sobrepõe-se à legalidade[1105].

Discordo desse tipo de fraseado ou daquilo que lhe está subjacente: a niilificação do próprio *Estado de direito*, sob o pretexto da prossecução de um autêntico Estado de direito.

Como resultado desse carnaval de democracia, Madagáscar teve, a partir de finais de Fevereiro de 2002, dois presidentes, dois governos, duas capitais[1106]. Dois presidentes (o constitucional, DIDIER RATSIRAKA; o autoproclamado, MARC RAVALOMANANA – que recusou ir à 2.ª volta das presidenciais pois acha que ganhou e acusa o outro de fraude); dois governos (o constitucional, do consulado RATSIRAKA; o do autoproclamado – que nomeou um outro PM e outros Ministros; promoveu, até 4 de Abril de 2002, a invasão dos ministérios e outros edifícios públicos pelos seus apoiantes – que forçaram a instalação dos novos titulares, o que ocorreu sem qualquer resistência militar, não obstante o *estado marcial* declarado pelo Presidente RATSIRAKA); duas capitais (Tamatabe – nova capital escolhida pelos partidários do Presidente constitucional RATSIRAKA, que, perdendo a capital, parecem esgueirar-se suavemente para uma outra cidade, transformada em trincheira do regime; Antananarivo – cidade capital, até à data, que o autoproclamado aceita).

Em Abril de 2002, o Tribunal Constitucional do Madagáscar anuncia RAVALOMANANA como vencedor da contenda eleitoral...

Perguntar-se-á: o que tem a ver o episódio com o Estado de direito? A resposta é: tudo.

A divergência entre a proclamação e a *praxis* do Estado de direito é, com efeito, muitas vezes (e, em particular, nos países do Sul) camuflada com invocações de dimensões supostamente mais genuínas, com invocações da *legitimidade* (colocada em guerra contra a legalidade) – como se não fosse básico e fundamental o respeito pela lei.

[1105] Um tanto distante do que preconiza um MAUS, por exemplo: «A justiça inerente à lei é garantida pelo procedimento próprio que preside à sua génese» (I. MAUS, Entwicklung und Funktionswandel des bürgerlichen Rechtsstaates, *in* M. Thoidipur (Hg.), Der bürgerliche Rechtsstaat I, Frankfurt am Main, 1978, p. 15; de INGEBORG MAUS, *vide*, também, Bürgerliche Rechtstheorie und Faschismus. Zur sozialen Funktion und aktuellen Wirkung der Theorie Carl Schmitts, München, Fink, 1980).

[1106] Reportou a BBC (rádio) o assunto, de forma ampla, na sua emissão de 5.3.2002.

2. Minimalismo Normacional; Adimplemento das Regras do Jogo ou o Padrão Socrático

Mesmo quando o que se tem em vista seja a normalização constitucional e política (por exemplo, da Guiné), a cura e profilaxia podem passar pelo minimalismo normacional (seja, portanto, na vertente da formulação normativa, seja na do acatamento das directrizes): formular o mínimo fundamental e operativo; acatar, pelo menos, aquele mínimo fundamental operativo.

E um brilhante monumento ao acatamento da Lei foi a atitude de SÓCRATES perante a justiça, o tribunal e a Lei[1107]. De pouco valeu a argumentação[1108] arduamente tecida por CRÍTON no sentido de convencer o grande Mestre (que dizia, em geral, apenas saber que nada sabia) a fugir, salvando-se de uma condenação iníqua[1109].

1107 PLATÃO, Crítão ["Diálogos", S. Paulo, Clássicos Cultrix, 1964, p. 119-134].

1108 «(...) Sócrates, acho que cometes uma injustiça entregando-te, quando te podes salvar»;«(...) atraiçoas também os teus filhos; podendo criá-los e educá-los, tu queres ir-te, abandonando-os; no que te concerne, fiquem êles entregues à sua sorte; a dêles, é natural, será a sorte costumeira dos que caem na orfandade»; «Tu me dás a impressão de estares escolhendo a tua maior comodidade. Deve-se, porém, escolher o que escolheria um homem bom e de brio, ao menos quando se vive dizendo não ter outra preocupação na vida senão a da virtude».

Uma análise do problema pode ser vista em PLATÃO, utifron, Apologia de Sócrates, Críton (tradução, introdução e notas de J.T. Santos), 4.ª ed., Lisboa, INCM, 1993, p. 103 ss.

ANTÓNIO J. DE BRITO, Sócrates e a Obediência à Lei, *in* Estudos em Homenagem a Joaquim M. da Silva Cunha, Porto, Fundação Universidade Portucalense Infante D. Henrique, 1999, p. 71-85.

PLATÃO, Apologia de Sócrates. Críton (tradução, introdução e notas de M. de O. Pulquério), Lisboa, Edições 70, 1997, p. 55-58 – observa PULQUÉRIO não existir «contradição entre o *Críton* e a *Antígona* no que concerne à atitude do homem perante a lei: em ambos os casos se verifica o sacrifício da vida na obediência à lei que a consciência individual identifica com a justiça». Conclui o tradutor que este papel «da consciência individual na solução da problemática equacionada pelo Críton deve ser salientado para uma correcta interpretação do diálogo». «Não se trata aqui da defesa, em abstracto, de um princípio de obediência às leis do Estado, aplicável em qualquer tempo a qualquer cidadão. Platão não está neste momento, interessado na construção duma tese de alcance universal. É o caso particular de Sócrates que o ocupa, é o desejo de apresentar a morte do filósofo, não como resultado evitável de um acaso infeliz, mas como consequência natural de uma vida consagrada à filosofia, no contexto específico da Atenas do séc. V a.C.».

1109 *Vide* PLATÃO, Defesa de Sócrates ["Diálogos", S. Paulo, Clássicos Cultrix, 1964, p. 13-38]. Os termos da acusação: «SÓCRATES é réu de pesquisar indiscretamente o que há sob a terra e nos céus, de fazer que prevaleça a razão mais fraca e de ensinar aos outros o mesmo comportamento».

Àqueles que o condenaram, SÓCRATES teria lançado o seguinte discurso:

«Por não terdes esperado mais um pouco, Atenienses, aquêles que desejarem injuriar a cidade vos lançarão a fama e a acusação de haverdes matado Sócrates, um sábio. Sim, dir-me-ão

Mas essa estrada foi refutada por SÓCRATES (desde logo esteando-se na razão[1110]: «Quanto a mim, não é de agora, sempre fui dêste feitio: não cedo a nenhuma outra de minhas razões, senão à que minhas reflexões demonstram ser a melhor»).

SÓCRATES pergunta a CRÍTON, «Um homem que pratica a ginástica e segue aquela norma dá atenção ao louvor, à censura, ao parecer de tôda gente ou sòmente ao de quem porventura é médico ou instrutor de ginástica?», para mais adiante concluir que «não é absolutamente com o que dirá de nós a multidão que nos devemos preocupar, mas com o que dirá a autoridade em matéria de justiça e injustiça, a única, a Verdade em si».

Quando pôs a questão de averiguar se era justo ou injusto que ele tentasse sair da cidade (fugir), sem a permissão dos atenienses, sublinhou um ponto de partida: «não devemos dar máxima importância ao viver, mas ao viver bem»; e «viver bem, viver com honra e viver conforme a justiça é tudo um».

A decisão surge fluída: «jamais se deve proceder contra a justiça»; «Nem mesmo retribuir a injustiça com a injustiça, como pensa a multidão, pois o procedimento injusto é sempre inadmissível»[1111].

---

sábio, embora não o seja, os que vos quiserem malsinar. Se aguardásseis mais algum tempo, a natureza mesma satisfaria a vossa vontade. Bem vêdes a minha idade, já distante da vida e próxima da morte. Não dirijo essas palavras a todos vós, mas aos que votaram pela minha morte.

«Para êsses mesmos, acrescento o seguinte: talvez imagineis, senhores, que me perdi por falta de discursos com que vos poderia convencer, se na minha opinião se devesse tudo fazer e dizer para escapar à justiça. Engano! Perdi-me por falta, não de discursos, mas de atrevimento e descaro, por me recusar a proferir o que mais gostais de ouvir, lamentos e gemidos, fazendo e dizendo uma multidão de coisas que declaro indignas de mim, tais como costumais ouvir dos outros. Ora, se antes achei que o perigo não justificava nenhuma indignidade, também me pêsa agora da maneira por que me defendi; ao contrário, muito mais folgo em morrer após a defesa que fiz, do que folgaria em viver após fazê-la daquele outro modo. Quer no tribunal, quer na guerra, não devo eu, não deve ninguém lançar mão de todo e qualquer recurso para escapar à morte. Com efeito, é evidente que, nas batalhas, muitas vêzes se pode escapar à morte arrojando as armas e suplicando piedade aos perseguidores; em cada perigo, tem muitos outros meios de escapar à morte quem ousar tudo fazer e dizer. Não se tenha por difícil escapar à morte, porque muito mais difícil é escapar à maldade; ela corre mais ligeira que a morte. Neste momento, fomos apanhados, eu, que sou um velho vagaroso, pela mais lenta das duas, e os meus acusadores, ágeis e velozes, pela mais ligeira, a malvadez. Agora, vamos partir; eu, condenado por vós à morte; êles, condenados pela verdade a seu pecado e a seu crime. Eu aceito a pena imposta; êles igualmente. Por certo, tinha de ser assim e penso que não houve excessos».

[1110] F.M. CORNFORD, Principium Sapientiae – As Origens do Pensamento Filosófico Grego, Lisboa, F.C. Gulbenkian, 1981, p. 204, 231.

[1111] «(...) ainda que tenhamos de experimentar momentos quer inda mais dolorosos, quer mais suaves, o procedimento injusto, em qualquer hipótese, não é sempre, para quem o tem, um mal e uma vergonha?».

E diriam a "verdade" se as Leis (emanações da vontade soberana e democrática do povo) dissessem: «(...) quer na guerra, quer no tribunal, em tôda a parte, em suma, cumpre ou executar as ordens da cidade e da pátria ou obter a revogação pelas vias criadas pelo direito».

Nada mais lapidar. Pode-se cumprir o direito, estipulando mais e cumprindo mais, mas não se pode cumprir o direito ficando aquém dessa fronteira inicial e fundamental. É um dos padrões que inspiram o meu pensamento e que salpica indelevelmente o presente trabalho, em muitas áreas. O padrão socrático.

PARTE IV

O ESTADO CONCRETO EM FACE DO ESTADO DE DIREITO

CAPÍTULO I

O SER E O DEVER SER: O ESTADO E O ESTADO DE DIREITO

«Ius est realis ac personalis hominis ad hominem proportio, quae servata servat societatem; corrupta, corrumpit»
(DANTE ALIGHIERI)

§ 1.° ENQUADRAMENTO GERAL

1. Tese, Antítese, Síntese ou: Fardo Normológico-Teorético; Potência da Praxis; Aligeiramento do Fardo e Sua Assunção Total

Os trechos da vida real *fotografados* e expostos mais à frente[1112] permitiram-me verificar o quão distante o *ser* está, por vezes (muitas vezes), do *dever ser*; o Estado, do aclamado *Estado de direito*; o Estado concreto (de carne e osso e alma e chão), do exaltado *Estado de direito*[1113]. A trajectória indutiva percorrida fornece informações susceptíveis de apontar para uma flagrante relativização do chamado *Estado de direito* e da própria *democracia*[1114]. São monumentos que se adoram e se profanam com uma facilidade incrível e num espaço de tempo, por vezes, ínfimo, pelo mesmo ente – com os argumentos mais desencontrados[1115]. Os actores políticos parecem interpretar de forma exageradamente lúdica a teoria do jogo, na dinâmica político-constitucional.

Ao mesmo tempo, outro jogo de dissimulação é desenvolvido pelos mesmos actores: o *poder autóctone existe*, mas *não existe*[1116].

1112 *Fotografias* arrumadas em apêndice (I), por razões ligadas à comodidade de leitura e a considerações de pendor estético – já que o estilo não seria muito ortodoxo em dissertações académicas nesta área do saber.

1113 *Cfr.*, entre outros, G. BERTI, Stato di Diritto Informale, *in* Rivista Trimestrale di Diritto Pubblico, 1992, p. 7 ss.

1114 A recensão acaba por parecer cansativa e, a partir de certo momento, de leitura pouco atraente, mas a ciência também se faz de momentos como estes. Era importante demonstrar à saciedade aquilo que se pode afigurar óbvio, embora nem por isso confirmado pela *praxis*. A não ser assim, poder-se-ia correr o risco da *fundamentação insuficiente* de uma afirmação teimosamente óbvia e teimosamente ignorada. Preferi assumir o risco de despertar uma leitura pouco entusiasmante.

1115 Incidindo sobre a realidade soviética, onde capta a nítida distância entre a teoria do Estado e aquilo que se fazia, de facto, *vide* H. CHAMBRE, Le Pouvoir Soviétique, Introduction à l'Étude de ses Institutions, Paris, L.G.D.J., 1959.

Ver, também, G. SARTORI, Théorie..., cit., p. 370.

1116 *Vide, supra*, a especificação desse exercício.

Disse P. LUCAS VERDÚ[1117]: «Supremacía de la ley, Estado de Derecho, seguridad jurídica, garantías jurídicas, igualdad ante la ley, principio de legalidad..., todas son bellas palabras, ecos de un recuerdo lejano, si se comparan, en la actualidad, con el desprecio de la ley, el desorden jurídico, la retroactividad de la ley, los tribunales de excepción».

No trajecto que separa e liga o ser ao dever ser, muita coisa se construiu e desconstruiu, em abono de uma ou de outra abordagem[1118]. Assistiu-se a uma paciente edificação da *Constituição material* – e, de entre os vários artífices desta obra, podem-se destacar os juspublicistas alemães, no período que se seguiu à 2.ª Grande Guerra. A preocupação residia na construção de uma sociedade onde o pluralismo e a democracia fossem valores consolidados[1119]. A sinistra aventura belicista e redutora de liberdades dos anos antecedentes preencheu o subcons-

---

[1117] P. LUCAS VERDÚ, La Lucha…, cit., p. 62.

[1118] *Cfr.*, por exemplo, U. DIEDERICHSEN, Innere Grenzen des Rechtsstaats, *in* Der Staat, 1995, Heft 1, p. 41-42, 57.

G. SARTORI, Théorie…, cit., p. 66-68, que distingue os argumentos *perfeccionista, hiper-realista* e *cepticista*, no ângulo da compreensão da democracia.

J.-Y. MORIN, L'Etat…, cit., p. 54.

GOMES CANOTILHO, Direito Constitucional, 5.ª ed…., cit., p. 155-159.

G. RADBRUCH, Filosofia do Direito, vol. I, 3.ª ed. revista e acrescida (tradução de L. Cabral de Moncada), Coimbra, Arménio Amado, 1953, p. 49 ss. Para RADBRUCH, «o direito só pode ser compreendido dentro da atitude que refere as realidades aos valores (*wertbeziehend*)». «O direito é um facto ou fenómeno *cultural*, isto é, um facto referido a valores».

Não aceita o autor que possa haver «uma justa visão de qualquer obra ou produto humano, se abstrairmos do fim para que serve e do seu valor. Uma consideração cega aos fins, ou cega aos valores, é pois aqui inadmissível, e assim também a respeito do direito ou de qualquer fenómeno jurídico». Esta conclusão é o culminar do raciocínio a seguir descrito:

«Que o direito é obra dos homens e que, como toda a obra humana, só pode ser compreendido através da sua ideia, é por si mesmo evidente. Reconheceremos isso mesmo, se tentarmos definir qualquer obra humana, por mais simples que seja – por exemplo, uma mesa – sem tomarmos em consideração, primeiro que tudo, o fim para o qual ela foi feita. Uma mesa pode, sem dúvida, definir-se como uma prancha assente sobre quatro pernas. E contudo, se dermos esta definição de mesa, logo surgirá a seguinte dificuldade: há mesas que não têm quatro pernas, mas têm três, duas, uma perna só, e há-as até sem pernas, como as dobradiças, por forma a que só vem afinal a constituir elemento essencial do conceito de mesa a ideia de prancha. Esta, porém, também não se distingue de qualquer outra tábua, ou grupo de tábuas reunidas, a não ser pela finalidade. E assim chegaremos à conclusão de que o respectivo conceito, o conceito de mesa, por último, só pode definir-se, dizendo que mesa é um móvel que serve para sobre ele se colocarem quaisquer objectos destinados às pessoas que em torno dele podem vir a achar-se».

[1119] *Cfr.*, para mais informações, a respeito, J.H. KAISER, Einige Umrisse des deutschen Staatsdenken seit Weimar, *in* AöR, 1983, p. 5 ss.

ciente de grande parte desses artífices. E talvez fosse, na altura, indeclinável tal chamamento.

Assistiu-se também (num registo fortemente vinculado à problemática acabada de anunciar) a uma aturada dissecação da questão dos limites materiais à revisão constitucional. Ia-se desde a refutação dessa limitabilidade (pontificando-se, com alguma coerência, autores como HANS KELSEN e ADOLF MERKL[1120])[1121], até à sua defesa incondicional[1122].

Ao longo do segmento a que se foi aqui fazendo referência, houve quem propusesse «resolver o paradoxo que constitui a emergência da legitimidade a partir da legalidade». O caminho: «a compreensão dos direitos fundamentais», com o auxílio da «teoria da discussão» – que serviria igualmente para «clarificar a coerência interna que existe entre os direitos do homem e a soberania popular»[1123].

A presente Parte do trabalho é a sede onde são postos a dialogar o Estado (o concreto) e o chamado *Estado de direito*. Inevitáveis se revelariam reflexões sobre o ser e o dever ser (entre o Estado – o concreto – e o "Estado de direito"). De capital importância se mostram as indagações sobre o porquê (e o efeito) da divergência derrapante entre o *Estado de direito* proclamado e o *Estado de direito* praticado. E eis que chegámos ao capítulo final da Parte IV (remetido, par-

---

1120 A. MERKL, Die Lehre von der Rechtskraft, Leipzig/Wien, 1923.

1121 Nesta direcção, ainda, A. ROSS, Theorie der Rechtsquellen, Wien, 1929; On Self-reference and a Puzzle in Constitutional Law, *in* "Mind", 78, 1969, p. 1 ss. Partindo da *autoreferência*, o autor crê que existe uma impossibilidade lógica de uma Constituição incluir normas da sua própria revisão.

1122 Sobre o tema – assumindo uma *tese pragmaticista* –, E. KAFFT KOSTA, O Constitucionalismo Guineense e os Limites Materiais de Revisão…, cit.

Ver, ainda, S. M. CICCONETTI, La Revisione della Costituzione, Padova, 1972, p. 255 ss.

GOMES CANOTILHO, O Problema da Dupla Revisão na Constituição Portuguesa, Separata da Revista "Fronteira", Coimbra, 1978.

JORGE MIRANDA, A Constituição de 1976 – Formação, Estrutura, Princípios Fundamentais…, cit.; Manual de Direito Constitucional, tomo II (Introdução à Teoria da Constituição), 2.ª ed. (reimpressão), Coimbra, Coimbra Editora, 1988, p. 151 ss.

J. BAPTISTA MACHADO, Participação e Descentralização, Coimbra, 1978, p. 125 e seg.

AFONSO QUEIRÓ, Uma Constituição Democrática. Hoje – Como?, Coimbra, 1980,

R. CHANCERELLE DE MACHETE, Os Princípios Estruturais da Constituição…, cit.

1123 J. HABERMAS, Droit…, cit., p. 110, 141, 148, 149.

Acerca da problemática da legalidade na mundividência cristã, H. KRAMMER, Friedenspflicht des Bürgers und Gewissenspflicht des Christen: Verantwortung des Christen zwischen Gewissen und Recht, *in* O. Kimminich/H. Kramer/K. Kröger/D. Merten/R. Scholz, Rechtsfrieden im Rechtsstaat, Schwerte, Katholische Akademie Schwerte, 1984, p. 63-77 (*maxime*, p. 65 ss.).

cialmente, como já se explicou, para apêndice): abrimos os olhos, os ouvidos e os demais sentidos a uma determinada realidade (a guineense) e fizemos dela um laboratório onde testámos várias impressões e teorias, a propósito do "Estado de Direito". O termo laboratório é apropriado, já que a Guiné dos últimos cinco anos[1124] do século XX, bem como a dos primeiros cinco do 3.° milénio é um autêntico palco onde quase tudo se vem ensaiando, em matéria de ciência constitucional e política (com decepcionantes resultados, é certo, mas com uma importância científica inquestionável). Não faltaram guerras, não faltaram exercícios de autoritarismos, exercícios (proclamatórios) de democracia e de *Rechtsstaatlichkeit*. Era importante surpreender, capturar em flagrante tais exercícios, sob pena de fracassar a análise científica que este estudo pretende ser.

Em jeito de cristalização, aqui, de uma *síntese* da *tese* da Parte III (intitulada "Na Pista da Repleção do Conceito de Estado de Direito") e da *antítese* da Parte IV (intitulada "O Estado Concreto em Face do Estado de Direito"), direi que entre as colocações teoréticas ou normológicas em ordem à repleção do *Estado de direito* (localizáveis na Parte III) e a força da *praxis* ostentada (na Parte IV), a síntese superadora que propomos traduz-se, a um tempo, no aliviar da carga teorética e normacional e, a outro, no exercício de uma prática consequente das colocações teorético-normacionais ora aliviadas. Lipoaspiração, destrince das *coisas* – chamando cada uma delas que vingue pelo seu nome próprio –, adimplemento franco das directrizes resultantes do exercício em referência.

1124 Estes últimos talvez menos interessantes para o estudioso, dado traduzirem-se, muitas vezes, em repetições de cenas já vistas nos derradeiros cinco anos do século XX – a ponto de não merecerem o destaque que obteve o quinquénio anterior, no que toca ao caudal de informações aqui reproduzidas.

CAPÍTULO II

O ESTADO DE DIREITO: ENTRE PROCLAMAÇÃO E PRAXIS (FACTORES EXPLICATIVOS)

§ 1.° ENQUADRAMENTO GERAL

1. **"Estado de Direito" (entre comas) – O Divórcio Entre a Voz e a Praxis**

Escreveu alguém:

«Selon une opinion généralement partagée, la caractéristique fondamentale du constitutionalisme – et du droit public généralement – des Etats africains serait d'être sans réel impact; celui-ci serait affecté d'une crise permanente, due à la fois à son inadéquation, à son inapplication et à son ineffectivité»[1125].

[1125] Assim, JEAN DU BOIS DE GAUDUSSON, Les Solutions Constitutionnelles des Conflits Politiques, *in* Afrique Contemporaine, n.° 180, Octobre-Décembre, 1996, p. 250 ss.

Assinala o autor três importantes momentos no constitucionalismo africano *post*-independência. No primeiro, com a independência, o Direito constitucional foi recebido e consagrado; entretanto, com os golpes de Estado desencadeados em 1963, o Direito Constitucional foi marginalizado e combatido;

De seguida, foi reactivado mas ao constitucionalismo liberal sucederia um constitucionalismo legitimador do poder monocrático e unipartidário (a argumentação para isso: «À situação de crise dos Estados africanos, provocada pela descolonização e pelo subdesenvolvimento, corresponde um direito e poderes de crise, as autoridades fundem-se na permanência objectiva da crise a que elas dão dimensões imaginárias para descartar todos os limites, "de jure e de facto"»); a partir de 1989, «com a desatracação da "transição" beninense, a situação alterou-se.

«O constitucionalismo entrou, de ora em diante, numa fase de intensa actividade, sob a conjunção de influências externas e internas (...)».

JEAN PIERRE HENRY, no seu estudo intitulado Vers la Fin de l'Etat de Droit? (in RDSP, 1977, n.° 6, p. 1233 ss.), encarrega-se de prognosticar a «sclérose complète du système» caso o «développement de la non-effectivité» do Direito, provocado pelo fenómeno da «inflation juridique», assente arraiais.

Insiste HENRY na possibilidade de tais ocorrências darem azo a um «crescimento do fenómeno de desorganização e o agravamento da perda de confiança na norma jurídica esvaziada de todo o conteúdo».

Para o autor, «a evolução actual da sociedade em direcção à procura de uma normalização (...) que conduz à proliferação de regras de direito inaplicáveis, pode levar a uma lassitude e a uma

Debruçando-se sobre BENEDETTO CROCE, GIOVANNI SARTORI afirma:

«Tendo partido de uma falsa distinção entre a realidade e o ideal ou, antes, não tendo prestado atenção a essa distinção, Croce não encontrou jamais a justa relação entre os dois, quer dizer equilíbrio entre o que é e o que deve ser.

«No plano metodológico, este caso mostra eloquentemente a que ponto é importante aparecer claramente a relação entre os factos e os valores e como essencial é o papel que joga esta distinção»[1126].

Distinguem-se aí duas fases no percurso teorético de CROCE. A primeira, que termina em 1924, seria caracterizada como a fase "antidemocrática", centrando-se na política «tal como ela é verdadeiramente».

Isso dever-se-ia à sua «incapacidade de distinguir a realidade do ideal». Decorrência lógica: sobreposição da realidade ao ideal.

A partir de 1924, inauguraria CROCE um percurso inverso, qual seja o da sobrevalorização do ideal traduzida num "liberalismo ético".

E começam os choques no interior do pensamento de CROCE: «De um lado, encontra-se a política das relações de forças, segundo a tradição maquiaveliana; do outro, uma ética extra-política estabelecida num mundo "mais elevado e diferente"».

---

vontade, mesmo minoritária, do corpo social de ser efectivamente governado», ou seja, poderá conduzir à emergência de um «poder forte cujas decisões e escolha não seriam mais o reflexo automático das diversas vontades expressas pelo corpo social».

E prossegue na sua análise.

Do ponto de vista político, «uma tal evolução marcaria o fim de um sistema pluralista essencialmente ligado à possibilidade dum controlo do poder.

«Do ponto de vista do sistema de organização social, por falta de submissão do poder às normas jurídicas, ela marcaria pelo menos o fim do Estado de direito».

Alerta para a possibilidade de estas reflexões parecerem pessimistas, mas elas não seriam, talvez, mais do que «a descrição de um fenómeno cuja falta de *recuo* torna a percepção difícil».

Aduz que «é, talvez, da essência da visão racionalista da organização social vir a terminar na desorganização total.

«Com efeito, o Estado de direito não é, porventura, mais do que a etapa de uma evolução na qual o homem acreditou que podia submeter a vida à sua racionalidade».

MICHELLE CARDUCCI [Transizioni e «Parallelismi», *in* M. Carducci (a cura di), Il Costituzionalisme «Parallelo» Delle Nuove Democrazie – Africa e America Latina, Milano, Giuffre, 1999, p. 3], falando de um "*diritto comune" delle transizioni costituzionali*, repara que «un recente autorevole indirizzo di sociologia della politica ha osservato che una delle caratteristiche specifiche della fragilità dei regimi politici del terzo mondo risiede nella persistenza di un fenomeno qualificabile come *façade constitutionnelle*, al cui interno, cioè, il rapporto fra fatto e norma costituzionale non sfocia in alcun tipo di qualificazione previsionale certa».

[1126] GIOVANNI SARTORI, Théorie de la Démocratie (trad. de Christiane Hurtig), Paris, A. Colin, 1973, p. 33-35.

Dá-se, assim, uma contradição entre o realismo político e o liberalismo de CROCE, assim como entre o seu realismo e o seu liberalismo ético[1127].

A incompatibilidade entre as duas *facetas* de CROCE traduzir-se-ia, primeiro, no seu *excesso de realismo* e, depois, no seu *excesso de moralismo*.

Um dado extremamente preocupante do ponto de vista, nomeadamente, do movimento constitucional, é o fenómeno do *putsch*, que trespassou a África nas últimas décadas do século XX e nos primeiros anos do XXI[1128].

Pergunto-me se os defensores da orientação maximalista do Estado de direito não encontrariam nessa enfiada de factos motivo para recuarem rio acima e fixarem, nessas paragens, certas condições genéticas da afirmação daquele princípio. Uma delas (a condição mor) não deveria ser o repúdio do *putsch* como instrumento para a *melhoria* ou *purificação* do Estado de direito?

Um dado que se me afigura evidente é o de que o "Estado de direito" que se pretende melhorar e que emerge dos escombros de um outro "Estado de direito" violentamente destruído inaugura um círculo de ferro da violência que pode minar a sua própria base genética.

A justificação de que um determinado Estado de direito é meramente formal (textual), portanto não *autêntico*, não deve bastar para legitimar uma reorientação putschista do pretenso Estado de direito em direcção a um *mais autêntico*. Não acompanho atitudes como as do antigo Presidente do Perú, FUJIMORI, que, na sequência do *autogolpe* de 5.4.1992, invocou a *democracia real* para fundamentar a sua acção de aniquilamento da (anterior) *democracia formal*. A *culpa* era da Constituição (democrática) de 1979... E o povo aplaudiu.

1127 Sobre as causas do realismo político, *cfr.* JOHN H. HERZ, Political Realism and Political Idealism, Chicago, University of Chicago Press, 1951.

Para HERZ, está na história o "berço da desilusão realista", já que as tentativas falhadas, repetidamente falhadas da construção dum mundo melhor, de *reforma* da vida política, *etc.*, representam um chão fértil para a cultura do realismo.

1128 Entre as vicissitudes constitucionais que a África Ocidental vem experimentando, o Benim inaugurou a era das "Conférences Nationales" (*golpes de Estado* ou *revoluções*, de acordo com a inclinação de cada um), que são processos de *transição democrática* em que a *sociedade civil* é chamada a jogar um papel muito visível, à margem das instituições existentes e do *corpus* normativo vigente.

Vide, neste particular, GÉRARD CONAC, Etat de droit et démocratie, *in* G. Conac (Dir.), L'Afrique..., cit., p. 491.

Projectando algumas luzes sobre a transição para o multipartidarismo na Guiné-Bissau, *vide* C. CARDOSO, A transição Democrática na Guiné-Bissau: Um Parto Difícil, *in* Soronda, n.° 17 (Janeiro 1994), p. 5-30.

L. BARBOSA RODRIGUES, A Transição Constitucional Guineense, Lisboa, AAFDL, 1995.

Ressaltava E.T. GESLOWSKA[1129] a «actitud pragmática» do Ocidente quando este se viu «obrigado» a apoiar em 1992 «moral y políticamente a los militares argelinos en su enfrentamiento con los fundamentalistas, aunque esto significaba nada menos que dejar de lado la regla de oro de la democracia *one man, one vote, one time*, pues en las circunstancias de la transición democrática de Argelia la aplicación de esta norma democrática favorecía a las fuerzas políticas antidemocráticas». Mais um esforço de depuração, que, afinal e contra a intenção primeira, desarma o próprio sistema de democracia e de "Estado de direito", pela contradição em que enreda estes.

Quando houver dessintonia entre o "discurso" e a "prática" do Estado de direito, a solução é lutar pela exequibilidade do "discurso" com as armas admitidas pelo *Estado de direito* – e o *putsch*, pela natureza das coisas, não é uma dessas armas, não faz parte dessa panóplia.

Só assim o Estado de direito e os seus militantes ganharão credibilidade[1130].

[1129] El Tiempo de las Democracias Inciertas, *in* Revista de Estudios Politicos, 86, 1994, p. 174.

[1130] Parafraseando R. DWORKIN (Taking Rights Seriously, London, Duckworth, 1977), impõe-se levar a sério o *Estado de direito* (não há outra solução, para os que adoram *o Altíssimo*). Tentando responder à pergunta «why take rights seriously», DWORKIN argumenta (*op. cit.*, p. 205): «The institution of rights is therefore crucial, because it represents the majority's promise to the minorities that their dignity and equality will be respected. When the divisions among the groups are most violent, then this gesture, if law is to work, must be most sincere»;

«The Government will not re-establish respect for law without giving the law some claim to respect. It cannot do that if it neglects the one feature that distinguishes law from ordered brutality. If the Government does not take rights seriously, then it does not take laws seriously either».

Para uma crítica ao Taking Rights Seriously de DWORKIN, *vide* NEIL MACCORMICK, Legal Right and Social Democracy – Essays in Legal and Political Philosophy, Oxford, Clarendon Press, 1982, p. 126-153. Nesta sua penetrante análise do(s) trabalho(s) de DWORKIN, MACCORMICK diz que «Taking Rights Seriously has a right to be taken seriously, but it would be only too easy to take it to pieces at the level of textual criticism for inconsistencies and shifts of position» (p. 127).

Mais adiante (p. 128): «The key fact about Dworkin is that he is a pre-Benthamite; the perspective of jurisprudence since Bentham with its insistence on the separation of expository and censorial jurisprudence, legal facts and legal values, he finds as inimical to grasping the truth as did the pre-Raphaelites find that other perspective which they abandoned in their painting. Dworkin's stated ambition is to restate legal theory in such terms as reunify exposition and censorship. Legal theory in this programme is not divided from but an intimate part of moral and political theory. As important as anything else in Dworkin's writing are the elements of ethics and politics which he finds essential to the elucidation of laws and rights».

E, para o autor, o falhanço da proposta dworkiniana estaria na circunstância de o «constructive model will not take the weight which Dworkin puts upon it. The natural model has a certain attraction in that it founds upon a claim that there is in some sense 'an objective "order of values" ' (as W.G. MACLAGAN put it) to which our specific judgments are oriented and which our statements of principle attempt to capture».

Em meados dos anos noventa do século XX, a energia democrática e constitucional que percorria o continente negro despertava leituras entusiasmadas e, por vezes, entusiasmantes sobre a perenidade e efectividade do aludido movimento[1131].

Daí para cá (mas não só) tem-se, porém, assistido a uma paulatina manobra de envolvimento da razão anticonstitucional que, em jeito de cilindro compressor, tem rolado sobre as cidades e selvas e planícies e desertos de África.

Não vejo, em boa verdade, os índices que JEAN DU BOIS DE GAUDUSSON via e que atestavam, no dizer do autor, «que la proclamation de l'Etat de droit n'est pas simplement incantatoire»[1132].

1131 Destacou RUI C. MACHETE (Os Princípios Estruturais da Constituição de 1976 e a Próxima Revisão Constitucional, *in* Revista de Direito e de Estudos Sociais, 1987 (II da 2.ª Série), p. 337 ss., 344) a «tensão dialéctica entre o normativo e o fáctico» como instância de verificação do significado de uma Constituição. A força normativa da Constituição (na expressão de KONRAD HESSE: "Die normative Kraft der Verfassung", Tübingen, 1959), «a sua capacidade para conformar a realidade de acordo com o dever ser que expressa, encontra as suas possibilidades e limites nas estruturas fácticas que pressupõe e sobre que incide».

1132 *Cf.* JEAN DU BOIS DE GAUDUSSON, Les Solutions..., cit., p. 251.

Muito prudentemente, todavia, GAUDUSSON chamara atenção linhas antes para a conveniência de o aludido movimento não ser sobrestimado, nem o seu alcance generalizado dado saber-se «qu'en ce domaine rien n'est irréversible».

A razão de ser de tanto entusiasmo tem a ver com a seguinte constatação (pág. 252): No espaço de alguns meses, o conjunto de Estados africanos (...) se dotou de regimes constitucionais, fundados, todos, nos mesmos princípios.

Foram consagrados, com efeito, o controlo político dos governos, sistemas de controlo da constitucionalidade de actos do poder, o multipartidarismo, a garantia dos direitos fundamentais.

A tudo isso some-se a «apparition d'un contexte politique qui permet aux textes constitutionnels de ne plus être des coquilles vides», ou seja o multipartidarismo e a competição eleitoral.

Sobre o espírito a dada altura reinante na Alemanha do Pós-Queda do Muro, *cfr.* H.-J. JENTSCH, Der Rechtsstaat – von vielen ersehnt, von wenigen angekommen: Ein Plädoyer für seine Akzeptanz, *in* ZRP 1995, Heft 1, p. 9 13.

Falando duma «césure profonde entre le droit et le fait» nos sistemas constitucionais do Terceiro Mundo, *vd.* MAURICE-PIERRE ROY, les Régimes Politiques du Tiers Monde, Paris, LGDJ, 1977, p. 9.

GIOVANI SARTORI (Théorie de la Démocratie, Paris, A. Colin, 1973, p. 166) sintetiza as preocupações com a *décalage*, no interior do próprio discurso político, entre o declarado e o querido, o reconhecer que «la langue politique est le plus souvent soit un procédé pour parvenir et se maintenir au pouvoir, soit un ensemble de moyens pour pousser à l'action». Ilustra este pensamento lembrando GEORGE ORWELL, segundo o qual «o grande inimigo da linguagem clara é a falta de sinceridade», dito que este aplica também à linguagem política porque existiria um laço privilegiado entre «a política e a degradação da linguagem».

Cfr, ainda, JACQUES CHEVALLIER, L'Etat de droit, 3e éd., Paris, Montchrestien, 1999, p. 132, que adverte para o facto de certas "proclamações solenes" não serem no entanto suficientes para atestar a "existência de um autêntico Estado de direito".

Verifico – e é um dado calibrável através de uma razoável análise comparativa – existir na África Ocidental uma considerável distância entre o "Estado de direito" oficialmente postulado e o "Estado de direito" efectivamente existente. Se, por exemplo, aos militares está vedado o exercício da política (se devem estar confinados à caserna), a prática confere-lhes, em muitas circunstâncias, o estatuto de primeiro poder, entre os poderes do Estado[1133]. É, como disse algures *supra*, o divórcio entre a voz e a *praxis*[1134] – vislumbrando-se sinais de *casamento putativo* das duas entidades, nas faixas sociais menos informadas (mas não entre a elite).

A expressão "Estado de direito" pu-la entre comas para destacar o meu não compromisso com as leituras reinantes sobre a mesma.

Não me revendo, como não me revejo, nas estratégias açambarquistas que circulam em torno do conceito de Estado de direito, diria, porém, que, se forem eleitos nos Estados afro-ocidentais alguns tópicos amplamente tidos como elementos característicos do conceito, descobrir-se-á quão tortuosa e longa é a distância que se interpõe entre o dito e o feito[1135].

1133 É a minha opinião, a respeito da Guiné de, nomeadamente, Junho de 2000.

Acrescente-se esta pequena nota: é intrigante uma contradição – políticos que atiçaram os militares e se serviram dos militares (bajulando-os, ou por medo ou por interesse) para a *Mudança*, criticam, depois, outros políticos por, alegadamente, estes se apoiarem nos militares para sustentar a sua governação.

Auctoritas, non veritas facit legem! Parece ser a fórmula levada ao pé da letra (deturpando até, se necessário, o primeiro substantivo) pelos políticos guineenses.

1134 A perspectiva habermasiana pode-se encontrar, entre várias outras páginas, nas p. 154--155 do seu Droit…, cit.

1135 Reflectindo a preocupação com o transportar de critérios juscomparativísticos da área da civilística para a do Direito público, *cfr.* RAINER GROTE, Rechtskreise im öffentlichen Recht, *in* Archiv für öffentlichen Rechts, 126 (2001), 1, p. 9-59.

A preocupação que está na ordem do dia tem a ver com a adequação ou não da tradicional divisão dos sistemas jurídicos existentes no mundo em famílias (*Rechtskreise*). As famílias já conhecidas enquadrarão também o vector juspublicístico (nomeadamente a jusconstitucionalística)? Ou haverá que descobrir outros modelos, outros critérios de agrupamento?

As 7 grandes famílias (mais tarde, estabilizadas em 8 – com a eliminação da família soviética e com a elevação à dignidade de *família* do direito japonês, assim como do chinês) identificadas por ARMINJON/NOLDE/WOLFF (Traité de Droit Comparé, I, Paris, 1950, p. 42: francesa; germânica; inglesa; soviética; escandinava; islâmica; indú) adequar-se-ão ao novo e reivindicativo Direito público, em busca do seu espaço vital?

M. MORIGI, Effectiveness of the Constitutions of Angola, Mozambique and Guinea-Bissau with Regard to the State of Human Rights in these Countries, *in* V. Piergigli/I. Taddia (a cura di), International Conference on African Constitutions, Bologna, November 26th-27th, 1998 (CISR), Torino, G. Giappichelli Editore, 2000, p. 288-291.

Vejamos. O pressuposto inevitável de todo o edifício que se tem vindo aqui a autopsiar é a Constituição e o respeito pelos seus ditames;

A independência da judicatura é geralmente tida como uma dimensão estruturante do modelo tão festejado desde, pelo menos, o Pós-Grande Guerra;

Na mesma linha milita a proibição da prisão ou detenção arbitrárias.

Comecemos por este último.

Como já se viu no capítulo IV da parte III, é ampla a consagração formal deste *indirizzo*, no universo da África Ocidental.

Confirme-se: Côte d'Ivoire (art. 60 da Constituição); Senegal (art. 6.° da Constituição); Guiné-Bissau (art. 42/3, 31/2 e, *maxime*, 38/2 da Constituição); Benim (art. 17, 7.° da Constituição, 7.°/1 e 4.°, *in fine* da Carta Africana dos direitos do Homem e dos Povos de 1981); Burkina Faso (art. 3.°/§ 2.°); Mali (art. 9.°); Togo (art. 13/2, 15, 18); Cabo Verde (art. 20, 33/5/10 e, principalmente, 28/1); Nigéria (art. 35, 45/2/3 da Constituição de 1999).

A dita proibição da prisão ou detenção arbitrárias dificilmente se compagina com um quadro coincidente com o seguinte cenário hipotético:

O indivíduo, não obstante o supracitado ditame constitucional, é arbitrariamente preso, mas, recorrendo ao *habeas corpus*, vê esta providência silenciada pela inacção do tribunal competente[1136].

De nada ou muito pouco valerá a proibição da detenção ou prisão arbitrárias, se, perante uma ocorrência qualificável como encarceramento ditado apenas pelo capricho ou receio de quem pode, a reacção nos termos legais da vítima – providência de *habeas corpus*[1137] – vem a ser considerada apenas largos meses depois.

Quais os préstimos, a esta luz, da muito falada proposta de RENÉ DAVID (Os Grandes Sistemas do Direito Contemporâneo, São Paulo, Martins Fontes, 1986: família romano-germânica, Common Law, e as ordens jurídicas socialistas – as 3 grandes; família islâmica; indú; direitos do Extremo Oriente; de África e Madagáscar)?

Parece, pois, necessária uma abordagem menos petrificada do Direito comparado, no campo, desde logo, da publicística.

1136 Situação similar ter-se-á verificado quanto a prisioneiros políticos e de guerra reduzidos a essa condição na sequência da vitória da Junta Militar no longo processo golpista de 1998/1999.

1137 Esvazia-se, destarte, de sentido o *habeas corpus (ad subjiciendum)* pois o carcereiro não apresenta o corpo do encarcerado, nem sequer sai uma ordem judicial a promover essa acção.

E quando sai, já a vítima penou tempo de mais.

Eis chegada a altura de saber quem e como é que se responsabiliza pela conduta suprarelatada.

Mais uma petição que entra, mais meses e meses, anos e anos a suportar a lentidão da justiça por força de lei imposta e aquela resultante de variáveis puramente arbitrárias.

Quando tiver a sorte de obter uma sentença favorável, mais uma barreira se lhe interpõe em relação à almejada reparação:

Eis, portanto, como não só se pode inviabilizar um comando normativo, como encorajar os destinatários da proibição a devassá-lo.

Quando a detenção-prisão ou, talvez melhor, encarceramento – para descomplicarmos o que a prática judiciário-prisional complicou – acontece e a Polícia Judiciária jura desconhecer, o Ministério Público diz estar a Leste de tudo, os tribunais afirmam nada saber, até se descobrir quem fez o quê, onde está quem, quando foi o quê, onde está a chave, a destrinça entre certos preciosismos como detenção, prisão e prisão preventiva já perdeu sentido.

Se, na verdade, a Legislação penal adjectiva da Guiné-Bissau interdita a prisão preventiva para lá de 20 dias, se, entretanto, a acusação provisória não for deduzida; para lá de 45 dias, se a acusação definitiva não for apresentada; 6 meses, se, em 1.ª instância, não tiver, entretanto, ocorrido condenação; 10 meses, se não tiver sido proferida condenação transitada em julgado; se tudo isso vem cunhado na lei, a prática registou, nomeadamente em 1999, 2000 – já para não falarmos dos anos anteriores à III.ª República[1138] –, prisões preventivas, sem acusação provisória, que se prolongam por meses... e, todavia, a lei é clara.

Dir-se-á, extático, mas a mesma lei faculta à vítima neste caso, por se mostrarem ultrapassados os prazos máximos por lei permitidos, a concessão de *habeas corpus*! Ora, este é mais um dos episódios da carência de efectividade do direito posto guineense, mais uma secção da cadeia de inadimplementos normativos no país[1139].

E a detenção?

Enquanto, por um lado, a lei insiste na sua definição como privação da liberdade por período superior a 48 horas, em que o detido não pode ser colocado em prisões destinadas ao cumprimento da prisão preventiva ou à execução de pena privativa de liberdade, a medida de tempo utilizada pelos *detidos* é a de dias.

Mais, se a mesma lei processual condiciona a detenção fora de flagrante delito a uma apertada malha de situações que devem forçosamente ser observadas para que ela possa ter lugar (para comparência a um acto processual a que

---

A "requisição" dos autos *para consulta e fiscalização da legalidade* por parte do "fiscal da legalidade" – a Procuradoria-Geral da República.

Mais uma "requisição", mais outra até ao fenómeno químico da sublimação dos autos. O corriqueiramente catalogável como sumiço processual – afinal um tique não adstrito exclusivamente aos causídicos conluiados com o *cartório*.

[1138] Para uma proposta de datação da história constitucional guineense, *cfr.* EMILIO KAFFT KOSTA, O Constitucionalismo Guineense e os Limites Materiais de Revisão, Lisboa, 1997, p. 189 ss.

[1139] Reportando-se, em geral, à África da independência, *cfr.* THIERRY MICHALON, À la Recherche de la Légitimité de l' Etat, *in* Revue Française de Droit Constitutionnel, 34, 1998, p. 289 ss.

haja faltado, a ordem do juiz ou do Ministério Público, neste caso, é requisito necessário; ordem de oficiais da polícia ou equiparados, assim como de inspectores da Polícia Judiciária, naqueles casos em que for punível o crime de que vem indiciado o suspeito com pena de prisão superior a três anos ou haja indícios fortes *de que o suspeito se prepara para fugir à acção da justiça;* faz-se ainda mister a apresentação de um mandado de detenção).

Apesar desta teia legal engenhosamente tecida, governantes houve, nesta faixa temporal em que me debruço, que *ordenaram* detenções fora de flagrante delito. Interessante foi, posteriormente, o arremendar de fundamentos legais seja para, num caso, atestar que os indivíduos se encontravam tão só instalados no complexo da Polícia de Segurança Pública para serem ouvidos – durante dias – ou, noutro caso, converter em *slow motion* um suposto delito de liberdade de imprensa cometido por um deputado de forma a que possa caber nas fronteiras da detenção em flagrante delito legalmente estipuladas.

Compreende-se a alusão cinematográfica se se atender ao recorte conceptual adoptado pela lei. Assim, flagrante delito é considerado todo o crime que se está a cometer ou que se acabou de cometer, presumindo-se tal situação quando o agente for perseguido por qualquer pessoa ou encontrado com objectos e sinais ilustrativos de que acabou de cometer o delito ou nele participou.

Mas o filme pecou pela falta de qualidade artística dos efeitos especiais.

No que toca à independência da judicatura, a concordância (nos textos constitucionais) que merece é considerável.

Desde a Constituição da Côte d'Ivoire (art. 57/2) à do Níger (art. 99, 101), passando pela senegalesa (art. 80), pela bissauguineense (art. 120/4 e 123/2), beninense (art. 125, 126/2 e 127), burkinabé (art. 129, 131), maliana (art. 81 e 82), togolesa (art. 113, 114 e 115), pela cabo-verdiana (art. 221/3 e 243/3), todas dedicam uma atenção especial à garantia da independência da judicatura.

Uma fugaz menção merece ainda a independência dos tribunais na Constituição nigeriana (art. 36/1).

Mas será que a apregoada *independência dos tribunais, independência do poder judicial, independência dos juízes* tem uma correspondência exacta com o que se passa no terreno?

A fotografia disponível evidencia, mais ou menos patentemente, diferenças, de país para país, no grau de seriedade e de implementação do postulado da independência da judicatura no espaço geográfico em referência[1140].

[1140] *Cf.* JACQUES-YVAN MORIN, L'Etat..., cit., p. 167-168, que observa que «en Afrique subsaharienne, les normes nationales représentent souvent un idéal que l'on trouve énoncé, d'ailleurs, dans les préambules des constitutions:

Avancemos para o pressuposto primeiramente indicado, a lealdade constitucional, que, aliás, acoita os precedentes.

Quer tome forma no texto constitucional, quer não, parece líquido que, lá onde haja, a Constituição existe para ser respeitada, sendo vinculativos, para todas as entidades, os seus ditames.

Haverá, portanto, que encarar sem ambages esses ditames, interpretá-los e aplicá-los da mesma forma.

Deslustra-se inteiramente a directriz da lealdade à Constituição quando, por exemplo, esta propugna a democracia enquanto modo-de-ser do Estado, mas, em contrapartida, a sociedade política, pendularmente, vai-se aproximando ou afastando desse modo-de-ser apenas de acordo com as conveniências do momento e das tácticas. Tudo, afinal, para servir interesses egoísticos localizados.

Não há sinceridade e, com isto, é um dos alicerces do edifício constitucional que se está a corroer.

E quando o foco inicial e principal desse *deficit* de sinceridade constitucional é a própria elite política, a situação, então, reveste-se de uma particular gravidade[1141].

"créer" un Etat de droit (Benin), L'instaurer (Burundi), l'édifier (Burkina Faso), le construire (République Centrafricaine), le bâtir (Togo).

«Un tel dessein suppose l'existence de normes, certes, mais encore de conditions socio-économiques et d'une coopération dont les dimensions internationales retiendront plus loin notre attention».

[1141] Retratando, em certa medida, este panorama, *cfr.* LARRY DIAMOND, Introduction: Roots of Failure, Seeds of Hope, *in* L. Diamond/J.J. Linz/S.M. Lipset (ed.), Democracy in Developing Countries: Africa, Colorado/London, Lynne Rienner Publishers/Adamantine Press Limited, 1988, p. 13.

Sublinha Diamond: «Uma outra óbvia fonte de declínio democrático foi a falta de engajamento com princípios democráticos e normas procedimentais».

«Where democracy has failed, the abuse of power and failure to play by the rules of the game have been prominent and even pervasive features of political life.

«It is a short and easy, and not wholly inappropriate, step to extrapolate from this behaviour that political beliefs and values have been anti- or at least a democratic.

«As a leading historian of Africa has recently argued» (refere-se a Crowder: Whose dream was it Anyway?) «most nationalist leaders accepted and participated in democratic elections during decolonisation as a means to an end, a vehicle or condition for independence.

«"It is clear that for all but a few leaders – Seretse khama of Botswana and Dauda Jawara of the Gambia being the notable exceptions – the commitment to liberal democracy was a transitory one"».

«As massas só servem para serem manipluladas» – palavras de um Tenente, em cima de um carro blindado, ao contemplar a multidão que no dia 25 de Abril de 1974 aplaudia os militares gol-

Quando um político se declara militante intransigente da causa da democracia, o mais sensato é, nas paragens da África Ocidental, para só falar destas, tomar a declaração como algo feito sob reserva mental.

Vou explicar-me. O regime é democrático (apenas formalmente, diriam alguns), ao poder chega-se apenas por via do voto popular (directa ou indirectamente) e dele se sai também por essa via ou pela dos mecanismos que o povo ou os seus representantes normativamente fixaram.

Se o nosso político está do outro lado do muro ou, por outras palavras, da parte de fora do banquete do poder, uma de duas. Ou ele acredita que vai conseguir entrar no festim com um convite (voto do povo, via democrática) – e, então, as probabilidades de as declarações pró-democracia serem verdadeiras, pelo menos para a fase em questão, aumentam; ou ele não acredita que vai conseguir entrar no regabofe com o dito convite – e, portanto, as probabilidades de as declarações pró-democracia serem falsas aumentam espectacularmente.

Mas se o nosso político já se encontra na mesa do banquete, convém filtrar a sua declaração de amor à democracia do seguinte modo: no caso de o mesmo acreditar que não vai ser desconvidado para o seguinte prato (não estando ele ainda saciado, como normalmente não está, pois mesmo após o terceiro ele ainda *está para mais*), as probabilidades de a declaração ser verdadeira aumentam;

No caso de ele não acreditar que vai manter o convite, as probabilidades de a declaração de paixão democrática ser falsa multiplicam-se.

Nesta sub-hipótese, descobre-se o claro propósito de enganar os declaratários (os convidadores – o povo e os financiadores do banquete), havendo, antes de tudo, uma clara divergência entre a declaração e a vontade real do declarante.

O que se tem sempre em mente, verdadeiramente, é arrepiar caminho por atalhos à primeira vista mais fáceis.

Será tal opção inconstitucional e antidemocrática? O que importa? Depois (e durante) arregimenta-se alguma интеллигéнция da praça para branquear o negócio. Estão sempre disponíveis e prontos alguns *intelectuais*, *ideólogos* e afins.

É vê-los afadigados a (re)arrumar conceitos, definir visões; transmutar um golpe de Estado anticonstitucional em início revolucionário de um novo dia; travestir uma intentona em *inventona*[1142] (para branquear a conspiração

pistas. São, apenas, cenas de um filme ("Capitães de Abril"), mas que muitos políticos interpretam fervorosamente e com o maior dos cinismos.

1142 Disse um interveniente num daqueles debates radiofónicos realizados nas antenas da Rádio Difusão Nacional da Guiné-Bissau durante a guerra de 7 de Junho (mais concretamente,

falhada ou descoberta antes da consumação) ou uma *inventona* em intentona (para *limpar* adversários incómodos); para-constitucionalizar orientações políticas de sentido contrário à Constituição; enfim, esmagar a Constituição com a cara mais angelical do mundo, fundando-se exteriormente numa fidelidade jurada a essa mesma Constituição. Enfim, uma experiência não desconhecida das alimárias da *Animal Farm*, de ORWELL – com as metamorfoses que os *Sete Mandamentos* (inscritos na parede alcatroada do grande celeiro) sofreram, até se reduzirem a um único (*Todos os animais são iguais, mas alguns são mais iguais do que outros*)[1143].

no dia 16.7.1998) – face à informação veiculada por um jornalista de que a RTPI teria avançado que o levantamento militar de 7 de Junho já estaria a ser preparado havia um ano e que o Presidente da República NINO VIEIRA estava a par de tudo – que a não reacção em tempo útil das autoridades de então foi para que depois não se dissesse que eram montagens de NINO para eliminar opositores.

[1143] GEORGE ORWELL, *Animal Farm* – escrito em 1943-1944 (trad. portuguesa: O Triunfo dos Porcos, 3.ª ed., Lisboa, P&R, 1980).

No início da revolução *animalista*, os 7 mandamentos eram estes:

«*1) Tudo o que anda com dois pés é inimigo.*

2) Tudo o que anda com quatro patas ou tem asas é amigo.

3) Nenhum animal usará roupa.

4) Nenhum animal dormirá na cama.

5) Nenhum animal beberá álcool.

6) Nenhum animal matará outro animal.

7) Todos os animais são iguais.»

Paulatina e inexoravelmente, foram sofrendo as seguintes transformações, inspiradas ou ditadas pela nomenclatura suína:

1) + 2): «Quatro pernas bom, duas pernas melhor» [estribilho ditado aos carneiros pelo porco Squealer (uma espécie de Ministro da Propaganda) e repetido oportunamente por aqueles (em substituição do *Quatro pernas bom, duas pernas mau!* – o «princípio básico do animalismo», para consumo dos animais cuja estupidez não lhes permitia decorar e apreender os 7 Mandamentos, redução operada por Snowball, um dos suínos que, com Napoleão, lideravam a *Farm*, mas que acabaria por ser expulso dela por Napoleão)]*;*

4): Nenhum animal dormirá na cama com lençóis;

5): Nenhum animal beberá álcool em excesso;

6): Nenhum animal matará outro animal sem causa;

7) [+ 3)?]*: Todos os animais são iguais, mas alguns são mais iguais do que outros.*

Os tópicos a seguir tracejados podem ser emparelhados com certas experiências políticas. Vejamos:

→ As *Manifestações Espontâneas* que Napoleão ordenara que, uma vez por semana, se levasse a efeito «para celebrar os triunfos e lutas da Animal Farm» fazem-me lembrar alguns episódios da história política guineense.

→ «Camarada Napoleão tem sempre razão»!

→ O corvo Moses que, sem trabalhar, ainda recebia da nomenclatura suína 1 decilitro de cer-

Se os fáceis atalhos implicarem mortandade de inocentes, destruição do país, regressão e depauperização do país, aniquilamento institucional do país, *o que importa*? Os *nobres* fins não justificam os meios? Não conseguiu, porventura, chegar a Ministro? A Presidente disto e daquilo? A Presidente de todos? A Primeiro-Ministro? A *Vice* deste ou daquele? A Director(a) disto e daquilo? A General? A Comandante? A Conselheiro(a) deste e daquele? A Embaixador(a)? A Chefe disto e daquilo? Não apareceu na televisão? Não adquiriu casas "modelos d'Europa"? Não possui amantes (ou amásias) em cada bairro de Bissau (segurança *oblige*!) com casa posta e mesadas chorudas e férias para *controlo médico* em Dakar, Lisboa, Paris ou Londres? Não dispõe de viaturas topo de gama (e de preço)? Não viaja, semana sim semana não, para todos os continentes, em *extenuantes* missões que de bom grado dispensaria, não fosse o seu *zelo patriótico* (sem embargo de nada se saber acerca do que leva e do que traz – para o país, é claro)? Não andou já ou anda com um pelotão de guarda-costas a enxamear a sua inchada figura? Não logrou chegar a *Julgador?* A *Pro-*

---

veja, como ração. O único desempenho era: poisado num tronco, discursar sem cessar, *urbi et orbi* (ou seja, para o povão animal): «– *Lá em cima, camaradas! – lá em cima, logo por detrás daquela nuvem preta, está a Montanha de Açúcar, aquele feliz país onde os animais repousam dos seus trabalhos para sempre!*».

A admiração do narrador é meramente retórica. Quando declarava ser difícil de entender a atitude dos porcos para com o corvo. Isto porque todos diziam ser mentira a sua história, mas a sua permanência na quinta não só era tolerada como promovida pelos porcos.

Ora, se contextualizarmos o reaparecimento do corvo Moses nesse verão de trabalho árduo, escassa alimentação, muita privação, pelas bandas dos animais (à excepção dos porcos e cães da guarda pretoriana e poucos mais), compreende-se tudo.

Mais: está ali, em geral, uma das explicações do casamento entre o Estado e a religião. A dimensão anestesiante da religião.

→ Depois de venderem o fiel, servil, laborioso, já velho, magoado e doente cavalo Boxer a um Magarefe (o fim já se vê), os porcos mentiram que tinham-no enviado para um médico veterinário. Morreu na clínica, não foi possível trazerem o cadáver, mas antes de morrer só pensou nos ideais da revolução e no enaltecimento do grande líder – e isso teria sido testemunhado pelo porco Squealer:

«– Foi a cena mais comovente a que já assisti! disse Squealer, levando a pata aos olhos e enxugando uma lágrima. Estive ao seu lado até ao último instante. No final, muito débil para poder falar, Boxer sussurrou aos meus ouvidos que a sua única mágoa era não ter conseguido terminar o moinho. Para a frente camaradas! Para a frente em nome da Revolta. Viva a Animal Farm! Viva o camarada Napoleão! Napoleão tem sempre razão! Estas foram as últimas palavras, camaradas.»

→ A cena final, espreitada pelos restantes animais

(Convívio entre a nomenclatura suína e proprietários humanos, na sala daquela – que metia batota no jogo de cartas, álcool, elogios mútuos de tratamento vil aos *súbditos*):

Olhavam, mas não conseguiam distinguir o porco do homem e vice-versa.

curador? Ao Tribunal de Contas (que nada contaria porque um só homem não faz este tribunal e, ademais, há contas que não devem sequer ser feitas, não vá o diabo tecê-las)? A líder disto ou daquilo? À Direcção desta ou daquela ONG? Não conseguiu estabelecer-se e firmar-se como um empresário de sucesso? Não conseguiu, enquanto empreiteiro, ganhar obras públicas sem concursos públicos ou com concursos ciciados? Não conseguiu, enquanto empresário, negócios com o Estado (autênticos *pactos leoninos*, em que o Estado sai sempre desgraçado) em condições esquisitas? Não conseguiu ganhar processos judiciais impossíveis de ganhar? Não conseguiu livrar-se de execuções judiciais, à partida inelutáveis? Não lhe foram concedidos, numa *reputadíssima* universidade estrangeira, Licenciatura + Mestrado + *PhD in Thesis*, apenas nove meses após a matrícula num novo curso (gestão e parto normais e naturais, afiança-se)? Não foi guindado ao estatuto radiofónico de analista político, jurídico, internacional e outro que tal? Valeu a pena. Pois quando a alma é pequena... tudo vale a pena[1144].

O ventriloquismo vai dando o tom à política em África: a barriga dita o que se fala; é a barriga a falar ou a fala unicamente através da barriga e em prol da barriga[1145]. E muitos quando falam, fazem-no nessa directriz: *da* barriga, *pela* barriga e *para* a barriga.

A desleal relação entre Idomeneo *e* Poseidon *encontra paralelo com aquela que o político mantém com o povo, com as dissemelhanças* diagramadas no fim deste troço. Resumamos o mito:

Idomeneo, Rei de Creta, aliou-*se* às forças gregas na guerra contra Tróia.

Terminada a guerra (*com* a vitória dos aliados gregos), foi o Rei e os *seus* soldados confrontados *com uma terrível tempestade no mar,* quando regressavam a Creta de barco;

1144 Pelo pecaminoso trocadilho, que me remita o poeta da *Mensagem*, mas os tempos são outros.

Onde param as nobres e altruísticas causas? A elite ancorou-se a MACCHIAVELLI e não há nada a fazer. Alguns, quiçá, jamais hajam lido uma linha desta referência mítica da política guineense. Cada passo dado por eles é, todavia, a fidelíssima reprodução dos seus ensinamentos, na vertente mais caricatural e pérfida que se possa imaginar.

1145 Diz sabiamente o kiriol, «si bu odja kabessa pirdi, punta bariga». Ou seja, na minha leitura, quando se perde a cabeça, pergunte-se à barriga.

Numa interpretação diversa, mais imediatista, *vide* A. BIASUTTI, Kriol-Putugîs (Esboço-Proposta de Vocabulário), 2.ª ed., Bubaque, 1987, p. 234 («Muitas vezes a fraqueza do entendimento depende da má alimentação»).

Nisto, faz Idomeneo um trato *com* Poseidon (Neptuno) – o Deus grego dos mares: se o seu barco ultrapassasse *com* êxito a tempestade, *ele sacrificaria a primeira* pessoa q*ue* encontrasse em terra firme.

Uma vez em terra firme, a *primeira* pessoa *com* quem se encontrou foi, afinal, o seu filho único, Idamante...

Após uma série de vicissitudes caracterizadas pela *escusa ao cumprimento* da promessa[1146], por indicação do oráculo de Poseidon, a promessa de sacrifício (do filho) é perdoada, sob as seguintes condições:
Idomeneo deve abdicar do trono e auto-exilar-se;
Idamante e Ilia deverão reinar.
No fim, aceites essa condições, decreta Idomeneo que prevalecerá a paz.

Mas Idomeneos há muitos!
A história faz-me, como disse, lembrar um paralelo com a sociedade política contemporânea:

1.° Similitudes:

– ***Idomeneo*** ⇔ **actores políticos**;	***Poseidon*** ⇔ **povo**;

2.° Diferenças:

– ***Poseidon*** { . Não se deixou enganar; . Cobra a promessa; . Perdoa, por fim, mas impõe a abdicação do trono e o exílio do promitente.	**Povo** { . Deixa-se enganar; . Não cobra promessas; . Perdoa sempre, sem contrapartidas.

1146 – Idomeneo, quando descobre Idamante, finge rejeitar o seu filho, avisando a este que jamais deveriam encontrar-se, tudo para ludibriar Poseidon;

– Tentativa de mandar Idamante à Grécia;

– Idomeneo oferece-se para ser sacrificado em vez do seu filho (isto, após uma tormenta que caiu sobre Creta, quando Idamante se preparava para fugir, donde surgiu um monstro marinho espalhando terror em Creta; Idomeneo interpretou o fenómeno como um sinal da fúria de Poseidon);

– Arbace (Conselheiro do Rei) oferece-se para ser sacrificado em lugar do Rei e do filho deste;

– Idamante enfrenta e aniquila o monstro;

– Idomeneo conduz a multidão ao oráculo de Poseidon (o que contribuiu para agravar a angústia do Rei, dado temer um mais violento acesso de fúria de Poseidon);

– Idamante, descobrindo agora a razão da indiferença do pai, oferece-se em sacrifício;

– Ilia (a namorada troiana – ex-cativa dos cretenses – de Idamante) oferece-se para ser sacrificada no lugar deste.

2. Teoria da Coerência em Vez de Delinquência Constitucional; Democracia Guineense ou o Destino de Tântalo

Esquematizou certeiramente JÜRGEN HABERMAS a ligação funcional *poder político-Direito estadual,* ao reconhecer que «o Direito tem por função constituir um código binário do poder», dado conferir uma forma jurídica ao poder político (Direito como meio de organização do poder do Estado), assim como ao sublinhar ter o poder político por função «constituir um código binário do Direito», na medida em que o poder político contribui para a institucionalização estadual do Direito[1147].

Eis, para mim, a base suficiente de arranque para o enquadramento da problemática do Estado de direito[1148].

Esta é uma ocasião para enfatizar o valor potenciador da coerência no âmbito do tema *Estado de direito.*

Descobriu-se nas páginas precedentes a descomunal distância que se interpõe muitas vezes entre uma proclamação do Estado de direito nas suas multifacéticas expressões e a *praxis* efectivamente vivida e realizada desse mesmo Estado de direito[1149].

Mensurou-se igualmente o risco que tal afastamento comporta, na perspectiva da afirmação consistente do Estado de direito.

[1147] *Cf.* JÜRGEN HABERMAS, Droit et Démocratie..., cit., p. 161-162. O autor ilustra o segundo código com o exemplo dos tribunais (alçados, assim, à condição de órgãos de Estado), cujas decisões sobre o justo e o injusto gozam de carácter impositivo. Tal dever-se-ia à função (instrumental) do plano político que se traduz no código binário do direito.

Em contrapartida, o código primeiramente referido reconhece desde logo a quem detém o poder político o direito de dar ordens a outrem.

Destas duas funções ("recíprocas"), distingue HABERMAS as funções próprias: "realização de fins colectivos", para o poder político; "stabilisation d'attentes de comportement" (que o mesmo é dizer, segurança jurídica adveniente da possibilidade de os sujeitos calcularem as consequências dos seus comportamentos, bem como da dos outros), para o direito.

[1148] Um domínio onde reina a "pusilanimidade", por detrás de "fórmulas retóricas".

Assim, JÜRGEN HABERMAS, Droit..., cit, p. 12.

A convergência, neste particular, da minha posição com a do autor não vai, porém, muito para além disso.

[1149] A. CROISET aludia (Les Démocraties Antiques, Paris, Ernest Flammarion, 1916, p. 3) à importância da prática no quadro da análise duma Constituição política nestes moldes:

«(...) une constituition politique n'est par elle-même, qu'un cadre abstrait: la manière dont elle est mise en œuvre est la chose importante et la vraie réalité».

Não é despropositado lembrar aqui que até a estabilidade constitucional depende de factores reais que se jogam ao nível das dimensões sociais e económicas inerentes a cada Estado.

A conclusão surge-me quase axiomática:

a) O incremento dum "Estado de direito" (seja na variante minimal ou maximal) é directamente proporcional à coerência da sua proclamação (ou seja das proclamações que diacronicamente, cada entidade relevante vai fazendo em torno do tema forte);

b) O incremento dum "Estado de direito" (seja na variante minimal ou na maximal) é directamente proporcional à coerência da sua proclamação e *praxis* (quer dizer, entre o dizer e o agir políticos, este último é considerado a instância de verificação e controle da seriedade do verbo);

c) O incremento dum "Estado de direito" (seja na variante minimal, seja na maximal) é inversamente proporcional à distância que separa a sua proclamação da sua *praxis*.

Entre os anunciados três grupos de *variáveis* descobre-se uma intensa *correlação (positiva)*[1150] – surgindo a *coerência da voz* e a *coerência entre a voz e a praxis* como *variável independente*, ou seja aquela que implica efeitos sobre uma outra (a *dependente*). Não se revela, no entanto, determinante captar se a correlação traduz uma *relação causal* (o que se alcançaria, nomeadamente, através do teste das *variáveis de controlo*) ou nem tanto. Importante já é registar a frequência e a regularidade com que as ocorrências acontecem.

Estão anunciados os termos elementares duma teoria da coerência nas proclamações e entre a proclamação e a *praxis* do *Estado de direito democrático*.

Congruência que não existiu, por exemplo, na abordagem da constitucionalidade feita pelo regime do Dr. KOUMBA YALÁ. Na verdade, quando o Presidente YALÁ se permite exonerar o Presidente e o Vice-Presidente do STJ, fá-lo com o argumento de que teriam sido estes eleitos ao abrigo de uma lei formalmente inconstitucional (a Lei 1/99)[1151].

1150 Ou tratar-se-á daquilo a que na metodologia da investigação se chamou *correlação espúria?*

Definindo *correlação* (distinta da *causalidade*) como «existência de uma regulação regular entre dois conjuntos de ocorrências ou variáveis» e *correlação espúria,* como «uma associação entre duas variáveis que *parece* ser verdadeira, mas que na verdade é causada por outro factor ou factores», *vide* A. GIDDENS, Sociologia..., cit., p. 646.

1151 RÁDIO BOMBOLOM: 13.6.2002: Disse, na sua declaração de voto, o líder da bancada parlamentar do PRS (Eng.° SOLA N'QUILIM NABITCHITA) – face à Resolução acabada de aprovar pela ANP, com o voto contra do PRS, que, entre outras, ataca a decisão presidencial de nomear um Presidente do STJ (Dr. SEDJA MAM), que, por sua vez, nomearia o Vice-Presidente do STJ (Dr. SAIDO BALDÉ), não reconhecendo estes como legítimos titulares de tais órgãos:

Concordo com essa leitura (não tanto com o *modus procedendi* escolhido pela Presidência da República) já que é constitucionalmente vedado a um Presidente da República interino promulgar seja uma lei, decreto-lei ou decreto (art. 71/4, 68, s) CRGB). A circunstância do então Presidente interino ter-se escudado no *Pacto de Transição* não colhe.

Seja como for – para além do procedimento e da gestão política do problema não terem sido os mais adequados –, registem-se os seguintes dados, que primam todos pela incongruência:

O próprio Presidente da República (o Presidente constitucional YALÁ) conferira posse, *nos termos da Constituição* aos sobreditos Presidentes e Vice-Presidentes do Supremo Tribunal de Justiça[1152].

Outros diplomas legais promulgados pelo Presidente da República interino BACAI SANHÁ foram, porém, respeitados pelo regime de KOUMBA YALÁ. Vejamos alguns casos:

D-L n.° 3/99, de 20 de Agosto, *in* Suplemento ao BO n.° 34 (*Lei de Bases das Telecomunicações*)[1153];

DL n.° 7/99, de 20 de Agosto, *in* Suplemento ao BO n.° 34 (*cria o Instituto das Comunicações da Guiné-Bissau*)[1154];

O parlamento não procede correctamente, quando insiste em aprovar "resoluções" que «não resolvem» nada;

A via jurídica correcta é a de pedir a fiscalização da constitucionalidade dos actos presidenciais com os quais não se concorde;

O PR pode nomear e exonerar o PSTJ porque a lei que substituiu esse regime pelo das eleições foi promulgada por um Presidente da República interino – logo, uma inconstitucionalidade, dado que a CRGB proíbe tal acto a um Presidente da República interino.

Um intervalo, para perguntar, aquando do acto reportado na al. c), porque é que o PR não havia provocado a fiscalização da constitucionalidade da lei inconstitucionalmente promulgada, em vez de, mais tarde, exonerar e nomear o PSTJ, o Vice-PSTJ e Juízes-Conselheiros?

[1152] Reza o Termo de Posse do Presidente do STJ e firmado, publicamente, pelo PR, pelo empossado e pelo Secretário do CSMJ, a 6.12.2000: «Foi por sua exc. Koumba Yala Kobde Nhanca, Presidente da República e Primeiro Magistrado da Nação, declarado conferida a posse nos termos da al, z) do Artigo 68 da Constituição, conjugado com o artigo 25 n.° 1 al, a) da Lei n.° 1/99 de 11 de Outubro» (*sic*).

[1153] Promulgada a 25.8.1999. Com a curiosa particularidade de ter sido publicada (com a data de 20.8.1999) antes da sua promulgação (em 25.8.1999). A deplorável tradição guineense de pré-datações e de engavetamento de actos legislativos tem de ser corrigida. Não faz sentido uma lei ser aprovada, promulgada (quando se promulga), enviada para publicação e ela ficar (com número e data pré-atribuídos) longos e longos meses sem publicação efectiva – condição da sua vigência. A insegurança jurídica é, pois, total.

Fazendo eco de peripécias várias pelas quais passa a publicitação de leis na Guiné, no horizonte temporal em apreço, KAFFT KOSTA/RICARDO H. DA PALMA BORGES, Legislação Económica da Guiné-Bissau, Coimbra, Almedina, 2005, p. 7 ss.

[1154] Reproduzem-se aqui as observações ínsitas na nota precedente.

Decreto 13/99, de 31 de Agosto (fixa o subsídio diário a título de ajuda de custo, a abonar aos servidores do Estado que se deslocam ao Estrangeiro em missão de serviço)[1155];

Lei n.° 3/99, de 7 de Setembro (estabelece as bases gerais da condição militar); Lei n.° 5/99, de 7 de Setembro (estabelece a lei orgânica de base de organização das Forças Armadas); Lei n.° 6/99 (estabelece a Lei da Defesa Nacional e das Forças Armadas);

D-L n.° 14/99, de 15 de Novembro (cria a Administração dos Portos da Guiné-Bissau e aprova os respectivos Estatutos).

De um «Relatório do S. I. E.» (de que se falou, aquando da crise interna da RGM/MB) – relatório produzido a propósito do congresso da RGB/MB de Agosto de 1999 e dirigido ao Presidente do referido partido –, consta a seguinte passagem: «Que o grupo de 6 oficiais indigitados a asseguramento do III.° congresso da RGB, a convite do mesmo partido informamos que só assistimos o congresso no seu último dia, no local fomos recebidos pela Presidente da Câmara Sr.ª ZINHA VAZ[1156]» (*sic*).

«(...) Usou de palavra Dr. DOMINGOS FERNANDES, que parece juntar voz com presidente de mesa do congresso, segundo este e de adiar o congresso para depois da eleição e posteriormente convocar o congresso extraordinário»... «Tendo referenciado os locais mais quente durante o conflito de 7 de Junho, tais como poilão de Bra, Irak 1 e Irak 2[1157], inteiramento[1158], *etc., etc.*», o Dr. DOMINGOS FERNANDES «adiantou ainda que se o seu partido perder a eleição, tem que haver uma nova guerra» (*sic*).

A coerência está, muitas vezes, ausente nos actores políticos[1159], em geral[1160]. No fundo, são coerentes nas suas incoerências, são coerentemente incoe-

---

1155 Promulgada pelo PRi, a 7.6.1999.

1156 A Senhora D. ZINHA VAZ era também, ao tempo, uma alta dirigente da RGB/MB. Estaria na base da fundação de um novo partido político (UPG), em 2005, perdida que foi a RGB para a ala do Dr. SALVADOR TCHONGO DOMINGOS e perdidas que foram as legislativas de 2004, sob o estandarte da coligação Plataforma Unida Mufunessa Larga Guiné, dirigida pelo Dr. HELDER VAZ.

1157 Áreas situadas nos subúrbios de Bissau onde operações bélicas várias foram desenvolvidas, durante a guerra de 7 de Junho.

1158 *Rectius*: Enterramento (Bairro situado nos arredores de Bissau e palco de confrontações militares entre as forças governamentais e os revoltosos da Junta Militar).

1159 Enquanto a doutrina se esfalfa no sentido, por exemplo, de uma metodologia jurídica inspirada no postulado da coerência (K. GÜNTHER, Ein normativer Begriff der Kohärenz für eine Theorie der juristischen Argumentation, *in* Rechtstheorie, 1989, 20. Band, p. 163-190), no reino da política guineense, trata-se de um ser não-existente.

F.F. RIDLEY retrata muito bem o cenário de colapso da democracia, por descrédito da classe política. São os ídolos com pés de barro, que ameaçam os templos da democracia. Assim, RIDLEY,

rentes. Por volta de Dezembro de 1998, os dados observados permitiram plasmar as seguintes reflexões:

– A nova classe política emergente (oposição e poder) perdeu, neste e por causa deste conflito político-militar (levantamento de 7 de Junho[1161]), uma opor-

---

Feet of Clay: Threat to the Temples of Democracy, *in* Parliamentary Affairs, vol. 48, 4, 1995, p. 617-631 (especialmente, p. 617-619).

Terá razão SHAKESPEARE, quando disse que *o demónio, por conveniência sua, pode citar as Escrituras*?

[1160] Para alguns importantes detalhes sobre uma anunciada «conspiração na Forças Armadas», em Setembro de 1997, que despoletou uma chuva de curiosas reacções (espelhando um *iter* de incoerência da parte de certos actores políticos), *vide* os relatos de "9.9.1997" inseridos no Apêndice I ao presente estudo.

Diz a RGB/MB, após enaltecer o contributo do ex-CEMGFA, SANUSSI SOARES CASSAMÁ, que essa «é a única forma de as Forças Armadas servirem este país no momento actual, longe das querelas políticas, normais em democracia e sem prestação de apoio a esta ou aquela ala do PAIGC, pois tal gesto viola profundamente a Constituição».

O que a história regista, contudo, é que se a ala beneficiada com o apoio das Forças Armadas for aquela próxima à oposição, já é uma "boa forma de as Forças Armadas servirem" o país. Ou será que (prestando atenção à expressão "no momento actual") o espírito de apartidarismo das Forças Armadas veementemente enaltecida pela citada posição da RGB/MB valia exclusivamente para aquele determinado "momento"?

O que dizia, na oposição, de ANSUMANE MANÉ (BRIC-BRAC) antes do 7 de Junho contraria patentemente o que a partir dessa data (e, para outros dessa mesma linha, até certa data) essa mesma família política passou a dizer do homem.

Em 18.9.1998, a RDN deu conta de um comício realizado por formações políticas da oposição em Bissorã dia(s) antes, onde o fio condutor se traduziu na mensagem segundo a qual os militares (da Junta Militar) tinham, em 7 de Junho de 1998, o direito de defender a ordem democrática.

Numa emissão da RDN, em 3.9.1998, BACIRO DABÓ elogiando o porta-voz da Junta Militar ZAMORA, fazia eco de uma alegada advertência deste militar aos políticos: que não se pendurem no levantamento armado de 7 de Junho para atingir os seus objectivos políticos. Estaria a fazer alusão a dirigentes políticos baseados no Norte da Guiné, responsáveis por supostas campanhas de instigação à guerra.

[1161] «Um levantamento militar sem pretensões de poder»… Foi, dizia-se, apenas uma forma de apelo às negociações. Rotulou-se também o fenómeno como «um caso único na costa ocidental de África», não tendo faltado quem acrescentasse «em África» ou, mesmo, «no mundo». Em geral, esses chavões dão expressão à mania guineense das originalidades.

Vemos isso no júbilo com que se acolheu: o «cumprimento escrupuloso dos acordos de cessar-fogo» [o de Praia foi realçado, porque, sem qualquer presença de forças internacionais no terreno, ia-se respeitando tal acordo (o Bureau Político do PAIGC e Grupos de "intermediação", de "boa vontade" não deixaram escapar a ocasião para se mostrarem e parecerem úteis)… até à sua violação! Outros acordos se seguiram. Igualmente se seguiram mais (auto)aplausos à nossa especificidade, ao facto de cumprirmos os acordos, apesar de termos uma força de interposição muito reduzida];

«o clima de irmandade reinante entre as partes conflituantes»;

«o clima de reconciliação verdadeira, genuína»;

tunidade[1162] para demonstrar, por actos e por palavras, como se exerce a democracia[1163].

1.°, ao contribuir para o desencadeamento da acção (já que parte dela terá instigado o conflito);

2.°, ao posicionar-se atrás dos revoltosos (servindo de suporte político e social a estes) desde o início da intentona; outros optaram, num primeiro tempo, por um silêncio longo e revelador, para mais tarde acabarem mesmo por se aliar à Junta Militar[1164];

---

os abraços, as lágrimas que selavam cada (re)encontro dos irmãos desavindos e em guerra, *etc., etc., etc.* – e foi o que se viu...

1162 Aliás, a história da Guiné-Bissau independente tem sido o registo de sucesivas frustrações dos guineenses, após os grandes e promissores movimentos históricos: independência total (entrada em Bissau do PAIGC); *14 de Novembro*; Democracia pluralista (com o desempenho pouco conseguido do primeiro Governo – o dos *fidjus di tera*).

1163 Listei um dia, de um lado, alguns momentos de revelação antiditatorial (ou filodemocrática – com feição, por vezes, não genuína) do consulado ninista, a partir da instauração do multipartidarismo e da democracia pluralista, e, por outro lado, alguns momentos de revelação antidemocrática (ou filoditatorial) dos regimes pós golpe de Estado de 1998-1999. O resultado não podia ser menos curioso. Não vou importar os resultados minuciosos dessa listagem, para não enfadar. Abrirei apenas algumas janelas para umas poucas informações, altamente representativas: o culto (tolerado) da violência verbal de uma certa oposição (contra o próprio NINO – atingindo, por vezes, níveis inauditos, dela não se livrando a própria mãe); muito contundentes, nesta linha, são os líderes partidários KOUMBA YALÁ, AMINE SAAD, HELDER VAZ – este, em particular, numa entrevista e conferência de imprensa pouco antes do levantamento militar do 7 de Junho de 1998; a atitude de NINO perante aquele Acórdão do STJ sobre a inconstitucionalidade da nomeação do Governo de CARLOS CORREIA – atitude conciliadora de, apesar do Acordão, voltar a consultar os partidos e voltar a nomear e empossar o Governo, o mesmíssimo Governo, intacto, do Eng.° CARLOS CORREIA [encenação redundante, prontamente elogiada por toda a oposição, como um sinal mais do espírito democrático do PR NINO (!) e de maturidade da democracia guineense]; prisão de jornalistas e políticos pelo PM N'TCHAMA (*vide* notas de 27 e 28 de Maio de 2000).

1164 JM a quem era atribuída toda a razão nas suas reivindicações e no *modus faciendi* adoptado. Ouvia-se dizer «JM tem razão... porque todo o povo a apoiou» ou «quase todos, para não dizer todos, os partidos a apoiam»; ou «quase todos os deputados – representantes do povo – a apoiam».

É vulgar induzir-se tal argumentação aqui e ali. Não se sabe, para já, em que método de sondagem de opinião se baseia, se é que houve alguma.

Mais (e mais importante): se a maioria do povo apoia, logo tem razão?

É curioso que, na volta [quanto à questão das inelegibilidades para os órgãos de soberania de indivíduos que não sejam *guineenses de origem, filhos de guineenses de origem* – em discussão na ANP, em Maio de 1999 –, perfilando-se então uma esmagadora maioria (pelo menos, antes da consumação do golpe em 7 de Maio de 1999) na ANP a sustentar tal inelegibilidade], surjam os mesmos a dizer que:

É necessário um referendo para saber qual a opinião do povo;

É questionável a competência (orgânica) dos deputados na matéria;

3.°, ao continuarem muitos desses políticos, com o "fim" das hostilidades, a acicatar e a defender a continuação da guerra, preferindo esta à solução negocial[1165].

A *delinquência constitucional* ganhou foros de cidade. Foi a expressão que me ocorreu para caracterizar uma destacada linha de pensamento e acção incidente na organização e funcionamento do Estado guineense (abençoada por uma tão tortuosa quanto artificiosa argumentação político-jurídica de alguns operadores do Direito – ou da política –, prontos a recalcar as suas convicções técnicas, em prol do posicionamento político circunstancial; há sempre um argumento que se solta da cartola)[1166].

Em última instância, a maioria não tem razão, *etc.*

Portanto, o adágio *vox populi, vox Dei* é questionado apenas quando a afirmativa não convém ao operador.

A propósito deste velho adágio, uma certa desconfiança é captável em FRANCIS HAMON [Vox Imperatoris, Vox Populi? (Réflexion sur la Place du Référendum dans un Etat de Droit), *in* "L'État de Droit" – Mélanges en l'honneur de Guy Braibant, Paris, Dalloz, 1996, p. 389-402], no tocante à figura do referendo. Ao adágio *vox populi, vox Dei*, substitui, dubitativamente, F. HAMON estoutro: *Vox imperatoris, Vox populi* (ou «voix du Président, voix du peuple») – na medida em que não é o povo quem determina o conteúdo das questões a ele submetidas, por *referendum* (o seu autor é, em França, o Presidente).

1165 E, depois da guerra, *vae victis*! Não estava presente o caudilho gaulês BRENO, nem se saqueou Roma, mas os que praticaram crimes contra a paz e a ordem pública (*v.g.* organização terrorista – art. 203 CP; associação criminosa – art. 206 CP; instigação à prática de crime – art. 208 CP), crimes contra a segurança do Estado (*v.g.* alteração do Estado de direito – art. 221 CP; atentado contra o Chefe de Estado – art. 222 CP), mantiveram-se intocados; os derrotados, irão ser julgados por prática do hediondo crime de traição à pátria e outros de igual valia.

1166 Vamos ao arrolamento de alguns factos (que giram em torno da criação e revisão constitucionais, da sua *praxis* e de algumas decisões político-jurídicas):

Revisão constitucional que autoprorrogou o mandato da ANP (por maioria superior a 2/3).

Revisão em estado de sítio [ainda que não declarado; a realidade era esta: restrição da liberdade de locomoção; restrição à circulação a partir de determinada hora; tropa (estrangeira e nacional – de um e do outro lado) em posição de combate]. Portanto violação, em certa medida, dum limite circunstancial de revisão, o que implica inconstitucionalidade].

Não tendo sido promulgado o referido Decreto da Assembleia, esta começou a actuar como se a Lei Constitucional já estivesse em vigor. O presidente da ANP (*vide* nota de 12.4.1999), BACAI SANHÁ, disse mesmo na "Sessão Extraordinária" do dia 12.4.1999 (que discutiu, emendou, acrescentou e aprovou o relatório da Comissão Parlamentar de Inquérito sobre o tráfico de armas para Casamance):

A maioria para a aprovação do projecto de lei foi mais do que a suficiente;

o PR não promulgou, mas também não vetou, dentro do prazo constitucional;

como, em caso de veto, a ANP pode ultrapassar o mesmo, por 2.ª votação, com maioria de 2/3;

e como a maioria que aprovou o projecto de LC ultrapassou a barreira dos 2/3,

A democracia na e para a Guiné-Bissau (devido, nomeadamente, à forma oportunística com que dela se serve grande parte da sua classe política) arrisca-

---

a ANP considera perfeita a Lei Constitucional votada, independentemente da promulgação do PR!

[Creio, contudo, que na ordem constitucional guineense do momento não há promulgação tácita, não havendo forma de superar juridicamente essa inacção. *De iure constituendo*, O eixo do problema desloca-se para a positivação da promulgação tácita ou para a dispensa ou não de promulgação do Decreto da Assembleia (futura Lei Constitucional)].

Um parêntesis recto, para contar um episódio acontecido meses depois:

O já Presidente da República interino BACAI SANHÁ viu-se com o Decreto da ANP que reviu a Constituição [critico neste processo de revisão em curso no dia 3 de Maio de 1999 o autofechamento da ANP. Na verdade, o processo ficou amputado, dado que não sobrevieram a auscultação e discussão públicas do projecto, como havia sido ajustado na CERCLE; os juristas ligados à CERCLE não puderam, sequer, dar uma afinação última ao trabalho].

O tempo passava e não havia promulgação (na minha opinião, porém, nem sequer seria pertinente a questão da promulgação – vedado a presidentes interinos). E foi ultrapassado o prazo constitucional para a promulgação. Só que os partidos políticos já se comportavam como se a Constituição já estivesse em vigor. Parecia que as forças da oposição parlamentar enveredavam pela via do facto consumado e da vigência da Constituição a partir da data pré-acordada pela ANP: 5.7.2001.

A história, afinal, repete-se. Veja-se (supra), a propósito, o caso das legiferações do consulado BACAI na presidência da ANP. E a inércia quanto à promulgação do Decreto da ANP de revisão constitucional (art. 5.°) do mesmo BACAI SANHÁ, quando depois chegou ao cargo de Presidente da República interino (não pela sua interinidade – dado que em certas circunstâncias que convidariam à moderação ditada por tal circunstância, ele não se coibiu de sancionar o acto – mas por motivos eleitorais, dado que parecera-me, então, que o mesmo queria candidatar-se a PR e, não querendo perder os votos dos atingidos pelo artigo 5.°, decidiu não decidir.

Quanto a este célebre artigo 5.°, diga-se, a talhe de foice, que o que revelaram os debates parlamentares (*vide* nota de 5.5.1999 lançada *infra,* no Apêndice I) dos dias imediatamente anteriores ao assalto final de 7 de Maio de 1999 foi um parlamento e um PAIGC unidos em torno de uma matriz radical-nacionalista. Só dois deputados, ALI KADRA e REGALLA, se opuseram às inelegibilidades agravadas (fortemente) para os cargos de Presidente da República (mantendo o *statu quo*) e (na parte final, também) de Presidente da ANP, PM, Presidente do STJ, PGR, Chefe do Estado-Maior General das Forças Armadas.

Este clima não era de então; já fervia, por exemplo (mas há que recuar muitos anos acima, para deparar com a raiz do problema), na presidência ninista. Esta foi apaziguando as hostes, amainando a tempestade, mas não se pode dizer que se trata de coisa nova. O alinhamento era já nessa altura este: por um lado, os "radicais" nacionalistas – mesmo dentro do PAIGC – (SATURNINO, H. PROENÇA, SANCA e outros) e, por outro, os considerados moderados (FILINTO BARROS, DELFIM, BERNARDINO CARDOSO e outros). Entre as duas paredes, NINO emitia até (genuinamente?) sinais de que privilegiava a última, aparecendo, em última instância, a ampará-la, quando necessário. Não deixou tal conduta de gerar animosidades, da parte de certos sectores – animosidades que foram crescendo (e maquiavelicamente geridas) até à guerra de 7 de Junho. As perguntas da praxe: terá NINO sido vítima dessa manifestação contemporizadora, conciliatória? Tivesse ele estendido antes a mão ao sector radical-nacionalista, consolidaria a sua posição? Um sinal a não menosprezar é

se a ser o *destino de Tântalo* (algo dramaticamente necessário, aparentemente de fácil consecução, mas que, no último instante, foge a quem o tenta alcançar... sempre e sempre).

Tal como o Rei da Lídia [condenado pela divindade: JÚPITER atirou-o ao inferno tártaro; foi condenado a uma fome e sede devoradoras – no rio, a água foge-lhe quando quer beber; à beira de uma ávore, a fruta escapa-lhe quando quer comer], parece ter caído sobre a democracia guineense uma maldição, a da eterna necessidade e eterna intangibilidade.

3. **Da Não Imprescindibilidade de um Hiperalimentado Estado de Direito – Um Sublinhado Mais**

A coerência nas proclamações e a coerência entre a proclamação e a *praxis* do Estado do direito e da democracia têm por referência primitiva uma abordagem minimal-realista do fenómeno alvo.

A partir dali, os degraus de consolidação do Estado de direito (autonomamente justificados) que se vão seguindo (mais direitos, melhores direitos; melhores estruturas, *etc.*) mais não serão do que um *plus* a uma conquista elementar, rudimentar, mas fundamental.

O que tenho por adquirida, entretanto, é a não imprescindibilidade (passe a dupla negativa) – e a perniciosidade, mesmo – dum conceito hiperalimentado de Estado de direito.

Aqui chegados, mais uma série de conclusões se deve plasmar: a teoria e a normação do Estado de direito não satisfazem; a *praxis* não satisfaz; logo, impõe-se mais verdade na normação-teorização e mais verdade na *praxis*.

---

a posição da ANP em Julho, a respeito da revisão constitucional, pela circunscrição de cerca de 9 cargos de soberania a guineenses originários, filhos de guineenses originários.

Tomadas, não obstante, de medidas de fundo (desaconselháveis para um parlamento, ainda que legitimamente "prorrogado": só deveria ater-se a medidas não estruturantes e/ou urgentes, em prol da ultrapassagem pacífica do conflito político-militar): "retirada de confiança política ao PR" (exigem que este renuncie ao cargo).

Designação e empossamento do Presidente da ANP MALAM BACAI SANHÁ como Presidente da República interino (o que não se encaixa com a CRGB).

Pacto de Transição Política (em discussão, a 20.5.1999).

CAPÍTULO III

OS CONFLITOS, A FORÇA, O ESTADO DE DIREITO E A DEMOCRACIA

«Quand une république est parvenue à détruire ceux qui voulaient la renverser, il faut se hâter de mettre fin aux vengeances, aux peines et aux récompenses même.

«On ne peut faire de grandes punitions, et par conséquent de grands changements, sans mettre dans les mains de quelques citoyens un grand pouvoir.

«Il vaut donc mieux, dans ce cas, pardonner beaucoup que punir beaucoup; exiler peu qu'exiler beaucoup; laisser les biens que multiplier les confiscations.

«Sous prétexte de la vengeance de la république, on établirait la tyrannie des vengeurs.

«Il n'est pas question de détruire celui qui domine, mais la domination.

«Il faut rentrer le plus tôt que l'on peut dans ce train ordinaire du gouvernement, où les lois protègent tout, et ne s'arment contre personne»

(Charles Louis de Secondad Montesquieu, De l'Esprit des Lois, XII,18).

«Quando os governantes se degladiam são os povos que sofrem»

(Alfred Döblin, Viagem ao Destino = "Schicksalsreise").

§ 1.° ENQUADRAMENTO GERAL

1. Violência no Trato Político: Normalização de uma Anormalidade

Assiste-se nesta era conturbada da vida da humanidade à normalização de uma anormalidade:

A violência no trato político. Chame-se a isso golpe de Estado ou levantamento militar, conflito étnico[1167], conflito político-militar, revolução[1168], *etc., etc., etc.*

Violência no trato político que começa desde o corriqueiro trato entre os agentes políticos e se prolonga até às *mudanças* na macro-estrutura política e social[1169].

1167 Sobre o tema, D. ROTHERMUND, Ethnische Konflikte, *in* Pipers Wörterbuch zur Politik: Dritte Welt..., cit., p. 178 ss.

1168 De forma muito plástica, fala B. SCHLINK [no seu "Rechtsstaat und revolutionäre Gerechtigkeit", *in* Neue Justiz, 10/1994, p. 436-437] da revolução como a *hora zero* do Estado de direito: «Die Revolution ist die Nullstunde des Staatsrechts wie auch des Rechtsstaats». «Sie ist [conclui SCHLINK] die Stunde der ungebundenen, der revolutionären Gerechtigkeit».

Sobre a *revolução* e conceitos próximos, *cfr.*, igualmente, Barrington MOORE JR., Social Origins of Dictatorship and Democracy..., cit., p. 413, 414, 505, 506, *passim*. Identifica MOORE JR. três tipos de *revoluções*: «bourgeois revolutions», que culminaria no modelo ocidental de democracia; «conservative revolutions from above ending in fascism»; «peasant revolutions», que conduziria ao comunismo.

H.W. TOBLER, Revolutionen, *in* Pipers Wörterbuch zur Politik..., cit., p. 483 ss. Destaca, justamente, o autor o *uso inflacionado do conceito de revolução no Terceiro Mundo*. Para TOBLER, na maioria dos casos, as ditas revoluções não passam de golpes de Estado (*Staatsstreiche*), *pronunciamentos*, revoltas militares ou outras figuras do género. Sublinha como marcas essenciais do conceito de revolução a mudança na estrutura social (em especial, a transformação da ordem política) – não uma mera mudança de pessoal dirigente, mas dos fundamentos sociais do poder político.

H.-W. KRUMWIEDE/P. TRUMMER, Befreiungsbewegungen/Guerilla, *in* Pipers Wörterbuch zur Politik..., cit., p. 85 ss.

J.-W. LAPIERRE, Análise dos Sistemas Políticos (trad. de "L'Analyse des Systèmes Politiques", PUF), Lisboa, Rolim, s/d, p. 228.

1169 J.B. GAUDUSSON e M. GAUD ["Présentation", *in* Afrique Contemporaine, n.° 180, Octobre-Décembre 1996, p. 3-10] reconhecem, em relação ao continente negro, que a história fez da

Será a guerra a continuação da política por outros meios (como, no século XIX, sentenciaria CARL VON CLAUSEWITZ[1170]) ou será, antes, a política a continuação da guerra por outros meios (como contrapôs CARL SCHMITT)[1171]?

Está-se em presença de duas posturas distintas de raiz. O ponto de partida, na verdade, é distinto numa e noutra hipótese. Onde situar a ideia platoniana da política enquanto governo através da ciência e persuasão, não através da força? Da superioridade da política em relação a formas de arte diversas como a da guerra (*Estratégia*), a da Eloquência ou a do Direito (*Jurisprudência*)?

São suficientemente copiosos os casos de golpes de Estado e insurreições armadas em Estados que seguem (e enquanto seguem) a estratégia democrática de poder, para que esta comunidade de homens se sinta compelida a parar bruscamente e meditar sobre a causa das coisas.

O porquê da aparente normalização duma aparente anormalidade?

Pergunta-se ALBERT EINSTEIN[1172]: «Como é possível» que uma minoria «consiga impor à massa do povo a sua cupidez, povo que tem só a sofrer e a perder com uma guerra (falando da maioria, não excluo os soldados de qualquer patente que escolheram a guerra como profissão, convencidos de contribuírem para a defesa dos mais altos interesses da sua estirpe, e de que, o ataque é muitas vezes o melhor método de defesa)»?

África «une poudrière aux mille conflits potentiels». Calcula entre cinco e dez milhões de pessoas mortas em África, no espaço de 30 anos, por causa de conflitos. Só na guerra de secessão biafrense (sustentada, segundo os autores, pela Côte d'Ivoire e Gabão, em concerto com a França, na perspectiva de enfraquecer a gigante Nigéria) conta-se entre 500.000 e dois milhões de mortos.

Não se ignora um dado que o constitucionalismo norteamericano consagrou, através da Declaração de independência de 1776, que consiste no reconhecimento de que existindo os governos para garantir os direitos dos homens (como a vida, a liberdade, a procura da felicidade), *o povo tem o direito de mudar, abolir ou estabelecer uma nova forma de governo* sempre que esta se revelar destrutiva da supracitada finalidade.

1170 Deste teorizador da arte bélica, *vide* "De la Guerre", Paris, 1960.

1171 De SCHMITT, *vide* "Teoría del Partisano" (trad. Castelhana da obra Theorie des Partisanen), Madrid, 1966.

1172 S. FREUD/A. EINSTEIN, Porquê a Guerra? – Reflexões sobre o Destino do Mundo, Lisboa, Edições 70, 1997, p. 61.

Idênticas preocupações haviam afectado IMMANUEL KANT, a ponto de deixar para a posteridade o ensaio *A Paz Perpétua – Um Projecto Filosófico* (1795/96) (*vide* I. KANT, A Paz Perpétua e outros opúsculos – trad. de Artur Morão: do original "Zum Ewigen Frieden, ein Philosophischen Entwurf..."), Lisboa, Edições 70, 1992, p. 119 ss. (ver, entre outros, os *artigos preliminares* 1.° e 5.°, *para a paz perpétua entre os Estados:* «5. Nenhum Estado deve imiscuir-se pela força na constituição e no governo de outro Estado»... Ai se os nossos exportadores de *Estados de direito* observassem tal projecto kantiano!).

Depois de classificar de incompleta a resposta esteada na detenção por essa minoria da escola, imprensa e, na maior parte dos casos, organizações religiosas, EINSTEIN avança para outra questão: «como é possível que as massas se deixem inflamar pelos meios referidos, até ao holocausto de si próprios?».

A resposta encontrada foi a de que «o homem tem dentro de si o prazer de odiar e de destruir». «Em situações normais a sua paixão está latente, e somente emerge em circunstâncias excepcionais; mas é muito fácil atiçá-la e elevá-la à altura de uma psicose colectiva»[1173].

Na carta-resposta de S. FREUD[1174] (duas empolgantes epístolas – que EINSTEIN e FREUD se endereçaram mutuamente, no início dos anos 30 do século XX – sobre os fundamentos da guerra e da paz e as saídas para a prevenção da guerra), este reafirma a seguinte construção:

«O senhor admira-se do facto de que seja tão fácil entusiasmar os homens para a guerra, e suspeita que algo, uma pulsão do ódio e da destruição, actua neles, facilitando tal incitamento. Mais uma vez, não posso senão partilhar sem restrições a sua opinião. Acreditamos na existência de semelhante pulsão e, justamente nos últimos anos, esforçámo-nos por estudar as suas manifestações. Permita-me, pois, que lhe exponha uma parte da teoria das pulsões a que chegámos na psicanálise, após muitos tateios e vacilações.

«Supomos que as pulsões do homem são apenas de dois tipos: umas que tendem a conservar e a unir – denominamo-las "eróticas", inteiramente no sentido de Eros do *Banquete* platónico, ou "sexuais", ampliando deliberadamente o conceito popular da sexualidade –, e outras que tendem a destruir e a matar: concebemo-las como a pulsão de agressão ou de destruição».

«Qualquer destas pulsões é tão imprescindível como a outra, e da sua acção conjunta e antagónica brotam as manifestações da vida».

Nesta base, «quando os homens são incitados à guerra haverá neles um grande número de motivos (...) que responderão afirmativamente». E um deles é o «prazer da agressão e da destruição».

A solução não está na *eliminação total* das «tendências agressivas humanas», mas em tentar *desviá-las* «de modo que já não encontrem a sua expressão na guerra».

Voltando à *mitológica doutrina das pulsões*, a chave residiria nesta ideia: «Se a disposição à guerra é um produto da pulsão de destruição, o mais fácil será

1173 Não foi ADOLF HITLER quem disse que «a grande massa do povo é mais facilmente vítima de uma grande mentira que de uma pequena»?

1174 S. FREUD/A. EINSTEIN, Porquê a Guerra?..., cit., p. 63-75.

apelar para o antagonista desta pulsão, para o Eros. Tudo o que estabelecer laços afectivos entre os homens deve actuar contra a guerra»[1175].

Uma adenda: «importa empenhar-se mais em educar uma camada superior de homens dotados de pensamento autónomo, inacessíveis à intimidação, que lutem pela verdade e aos quais incumba a direcção das massas dependentes». Catalogando-a de «esperança utópica», aduz, todavia, FREUD que a situação ideal «seria a de uma comunidade de homens que tivessem submetido a sua vida pulsional à ditadura da razão», renunciando-se aos laços afectivos entre eles».

De repente, FREUD confronta o destinatário com três saídas, para evitar a guerra:

A saída *utópica,* referida agora mesmo;

As «restantes» (mas acontece que estas «não prometem um resultado imediato»; e «é difícil pensar em moínhos cuja moedura é tão lenta que se poderia morrer de fome, antes de se ter farinha»);

A casuística, que se traduz na ideia de que será «melhor que em cada caso particular se procure enfrentar o perigo com os recursos disponíveis na altura».

Tudo, afinal, arranca e entronca no factor conflito, a força motriz da vida e do mundo[1176]. Ouçamos as palavras de um grande homem dirigidas a um outro grande homem. É MARTIN LUTHER KING[1177] em relação ao assassinato de MALCOM X:

1175 Tal como na fórmula cristã «ama o teu próximo como a ti mesmo», o que se disse acima «é fácil de exigir, mas difícil de realizar».

1176 ANTÓNIO P. MONTEIRO, Sumários de Introdução ao Estudo do Direito (policopiado) [De harmonia com as Lições proferidas pelo Prof. Doutor CASTANHEIRA NEVES ao 1.° ano jurídico de 1977], Coimbra, 1978, p. 102-103.

Directamente, A. CASTANHEIRA NEVES, Introdução ao Estudo do Direito ("Sebenta Nova"), Coimbra, p. 122-132: «Uma sociedade de pura integração e sem conflitos não existe, e uma sociedade em contínuo, radical e irrecuperável conflito é impossível» (p. 127).

JOHANNES AUGEL, Conflito e Mudança Social, *in* J. Augel/C. Cardoso, Transição Democrática na Guiné-Bissau e Outros Ensaios, Bissau, INEP, 1996, p. 79-91.

No campo do Direito Internacional Público, *vide*, entre muitos, M. AKEHURST, Introdução ao Direito Internacional, Coimbra, Almedina, 1985, p. 249 ss.

ALBINO A. SOARES, Lições de Direito Internacional Público, 4.ª ed., Coimbra, Coimbra Editora, 1988, p. 425 ss.

JORGE MIRANDA, Direito Internacional Público I, Lisboa, 1991, p. 439 ss.

J.L. BRIERLY, Direito Internacional, 4.ª ed., Lisboa, F.C. Gulbenkian, 1979, p. 355 ss.

1177 MARTIN LUTHER KING, Eu Tenho um Sonho – A Autobiografia de Martin Luther King –, org. por C. Carson (trad. de F. Agarez do original «The Autobiography of Martin Luther King Jr», 1998), Lisboa, Bizâncio, 2003, p. 295. O homem que pronunciou um dos mais belos, um dos mais hipnóticos, tocantes e mais bem estruturados discursos de todos os tempos: "*I have a dream*" (uma tradução portuguesa pode ser encontrada nas páginas 373 a 378 do livro *Grandes Discursos Políticos*, organizado por L. Serrão, editado em V.N. de Gaia, no ano de 2004, pela Editora Ausência).

«O assassinato foi uma lamentável tragédia. Oxalá saibamos tirar deste trágico pesadelo a lição de que a violência e ódio só geram mais violência e ódio, e de que a palavra de Jesus continua a dirigir-se a cada Pedro em potência: "Mete no seu lugar a tua espada"[1178]. «Com certeza que vamos continuar em desacordo, mas temos de discordar sem recorrer à violência para exprimir a nossa discordância. Vamos continuar a suportar a tentação do rancor, mas temos de aprender que o ódio é um fardo demasiado pesado para um povo que quer avançar com dignidade para o seu encontro com o destino».

Os apoios mais ou menos velados de Estados do Norte aos golpes e àquelas insurreições no Sul são uma manifestação nem sequer subtil de etnocentrismo antropológico-filosófico[1179].

Trata-se, por um lado, da rejeição (por intoleráveis) dessas realidades anormais no *Norte* (nos seus próprios Estados) pressupostamente por causa da estratégia e destino democráticos dos mesmos Estados e, por outro, da exportação ou, pelo menos, patrocínio dessas realidades anormais no *Sul*... que passam, pressupostamente, a ser consideradas *normais*, por não se tratar de *democracias consolidadas* ou por se tratar de democracias apenas formais, *não genuínas*.

Os antecedentes deste fácil modelo comercial de *export-import* da democracia são localizáveis, por exemplo, na Grécia Antiga, onde Atenas exportava, inculcava a sua Constituição democrática às cidades que pretendia dominar[1180].

Age de tal forma que o verdadeiro Estado de direito (a máxima da tua acção) seja, por todos os meios, alargado a qualquer país: esta parece ser a máxima interiorizada por várias potências no seu relacionamento com outros Estados.

O vector é, tendencialmente, do sentido Norte-Sul.

Vector que não será alheio a uma apropriação cultural de certos símbolos (*v.g.* "democracia", "Estado de direito") por uma parte da comunidade internacional que se arroga de guardiã da pureza do templo.

1178 Mateus, 26:52.

1179 Entendendo por etnocentrismo (desde logo, cultural) a atitude pela qual uma cultura é julgada de acordo com a bitola da cultura do *julgador*. Algo que o *relativismo cultural* (a abordagem de uma dada cultura a partir dos seus valores e significados intrínsecos) se oferece disposto a contrariar.

1180 A exportação da democracia vem de longe, afinal.

Cf. A. CROISET, Les Démocraties Antiques, (...), cit., p. 268. Dá-se aqui conta de que Atenas impunha a sua Constituição e «supprimait au besoin l'autonomie de celles que résistaient, comme Mélos».

Um dado curioso e revelador:

Os observadores[1181] (fiscalizadores) das eleições legislativas e presidenciais provêm, normalmente, do Norte e operam, normalmente, no Sul.

Há, outrossim, o vector Sul-Sul na *observação eleitoral*, mas é obnubilado pelo peso da fiscalização do Norte.

O mais importante é constatar que o vector Sul-Norte não funciona, nesta matéria.

Já estou a ver o sorriso rasgado e escarnecedor de um fleumático londrino ante a perspectiva da chegada de um grupo de observadores (fiscalizadores) oriundos de diversos Estados centro-africanos para fiscalizar a regularidade das eleições legislativas.

Ou o desembarque em Washington de observadores oesteafricanos para a fiscalização das eleições presidenciais nos EUA.

Suponho, contudo, que o sorriso do Washingtoniano não será tão escarnecedor quanto o do inglês, atento às vicissitudes das eleições presidenciais pós--BILL CLINTON, que opôs GEORGE W. BUSH ao candidato democrata AL GORE.

Eis senão quando se descobriu, então, na América, que a opacidade e confusão no processo eleitoral não são património exclusivo e inalienável do Sul.

Foram contestações, réplicas, tréplicas – e assim por diante – dos resultados eleitorais; foi a recusa dos resultados; foi a ineficiência do sistema estabelecido; foram as dúvidas; foram as acusações; enfim, nada a que, para os lados de cá (Guiné e vizinhanças), a gente não seja familiar.

Registe-se o seguinte dado, objectivamente observável, aliás:

A procura do verdadeiro Estado de direito (dando de barato a boa-fé do *procurador*) pode levar a intervenções violentas ou de apoio à violência num outro país, onde esse Estado de direito não é o verdadeiro[1182], com vista (supostamente) à implantação dum verdadeiro Estado de direito[1183].

[1181] Em matéria de "observação" das eleições, ver Y. BEIGBEDER, Le Contrôle International des Elections, Bruxelles/Paris, Bruylant/LGDJ, 1994, p. 25-35, 128-131, 165-169, 176-178.

[1182] Regista R. GROTE [Das Rechtsstaatsprinzip in der mittel- und Osteuropäischen Verfassungsgerichtspraxis, *in* J.A. Frowein/T. Marauhn (Hrsg.), Grundfragen der Verfassungsgerichtsbarkeit *in* Mittel- und Osteuropa, Berlin, *etc.*, Springer, 1998, p. 20] que o *Rechtsstaat* «könne nicht mit nicht-rechtsstaatlichen Mitteln verwirklicht werden».

Cfr., também, T.V. SATHYAMURTHY, The Constitution as an Instrument of Political Cohesion in Postcolonial States: The Case of India, 1950-1993, *in* Abdo Baaklini/Helen Defosses (Ed.), Designs for Democratic Stability: Studies in Viable Constitutionalism, New York/London, M. E. Sharpe, 1997, p. 147, 148, *passim*. Focalizando-se no caso indiano, trata o autor dos limites da coesão política interna e a Constituição, assim como do recurso a meios não constitucionais para a oposição política.

[1183] Em 9 de Fevereiro de 1999, a RDP África noticiou a cimeira ministerial União Europeia-África, Caraíbas e Pacífico em Dakar.

Há uma comunidade de atitude que liga os políticos da alegre paróquia guineense a certos pólos ocidentais exportadores da democracia e do Estado de direito e acicatadores de conflitos[1184]:

Tal como Frei Tomás, os bons princípios por eles apregoados valem só para os outros. Praticar eles mesmos os princípios, artisticamente declamados, nem por sombras!

Estamos entregues à delinquência política, internacional e constitucional[1185].

Tudo vale a pena – para as potências ou potências em germinação – se a geoestratégia tornar isso conveniente.

Em discussão estaria um novo Quadro Comunitário de Apoio aos países ACP.

Proclama-se aí que a observância do princípio democrático seria uma das condicionantes desse apoio.

Estávamos em plena guerra em Bissau.

Por ocasião da cimeira, uma delegação da U.E., sob a presidência alemã, foi recebida pelo Presidente senegalês DIOUF. Segundo o Secretário de Estado dos Negócios Estrangeiros português Luís Amado, presente na referida audiência, o Presidente DIOUF teria dito que as forças senegalesas retirar-se-iam de Bissau, mas nos termos da interpretação que fazia do acordo de Abuja (não quis, no entanto, AMADO revelar os termos dessa interpretação).

Face às informações compulsadas aqui e ali, ocorre-me indagar: mas que estilo é esse de exportação de modelo democrático que o *Norte* está a fazer para o *Sul*?

Num regime democrático (pelo menos formalmente), um país da União Europeia apoia a subversão armada (logo, um método antidemocrático) para derrubar um poder democraticamente estabelecido (e removível de acordo com a técnica democrática)!

E, na volta, vem-se dizer que se um Estado não optar pela democracia não consegue ou perde a ajuda que o novo Quadro Comunitário de Apoio consigna!

1184 Numa abordagem geral sobre a teoria do conflito, *vide* V. GESSNER, Recht und Konflikt: eine soziologische Untersuchung privatrechtlicher Konflikte in Mexiko, Tübingen, Mohr (Siebeck), 1976, p. 170 ss.

E. KAFFT KOSTA, O Direito Internacional do Mar e a Solução dos Conflitos Internacionais, Lisboa, FDL, 1993, p. 7-12, 13 ss.

R. DAHRENDORF, Class and Class Conflict in Industrial Society, London, Routledge, 1957. O sociólogo centra a sua análise na relevância do conflito quanto à dinâmica social (conflito fundado na separação entre os detentores do poder e os não detentores do poder – destrinça que se aparta da proposta marxista de conflito baseado na separação de classes).

Sobre a caracterização de três das mais importantes correntes sociológicas (*funcionalismo* – onde pontificam COMPTE e DURKHEIM –, *perspectiva do conflito* – defendida por MARX, DAHRENDORF, entre outros –, *interaccionismo simbólico* – ligado a GEORGE HERBERT MEAD e, indirectamente, a MAX WEBER), A. GIDDENS, Sociologia…, cit., p. 16 ss.

1185 Tratando-se da distinção entre crimes comuns e crimes políticos, fala FIGUEIREDO DIAS do «estatuto de favor» conferido em certa medida nos nossos tempos aos delinquentes políticos relativamente aos delinquentes comuns e aos tempos anteriores, em que, por exemplo, o crime de lesa-majestade era severamente punido – estava-se ainda no século XIX.

Sublinha o penalista de Coimbra que a confluência das ideias e da vertente positivista da ciência criminológica propiciou o acentuar da «relatividade da noção de crime político» – e cita

ALAIN GOUTTMAN, num artigo publicado na "Lumiéres Noires Magazine" de 11 de Julho de 1999 (p. 7 e 8) – e intitulado «...Des Affaires Africaines – jusqu'à quel point? Guiné-Bissau: Le Portugal Marque un Point contre la France» –, equacionava a matéria da seguinte forma:

Portugal apoiou ANSUMANE MANÉ (alguém "*praticamente analfabeto*"), a rebelião de 1998/1999, portanto, contra um Presidente eleito (NINO)[1186].

A acção de Portugal dever-se-ia à aproximação de NINO à francofonia e visaria arrastar a Guiné-Bissau para a sua (de Portugal) esfera de influência.

Mas Portugal, curiosamente, já apoia o governo angolano contra a UNITA, contando-se entre os mais firmes aliados do MPLA.

O historiador, escondendo mal a sua amargura face ao desempenho da França no episódio guineense, aponta firmemente o dedo em direcção a Portugal, a quem acusa de envolvimento na manobra golpista de 1998/1999.

Pelo caminho, desqualifica, nomeadamente, o Brigadeiro[1187]:

Evidencia, *a posteriori*, a sua descrença no referido encontro de Banjul e na frase do Presidente anfitrião YAHYA JAMMEH, ao fazer, então, votos que seja enterrado o machado de guerra «tão profundamente que ninguém o poderá desenterrar»[1188].

---

o dito de HONORÉ DE BALZAC "Les conspirateurs vaincues sont des brigands; victorieux, ils sont des héros" –, bem como da «falta de "perversidade" criminal do delinquente político».

Imperioso se torna, porém, não esquecer uma série de casos de sinal oposto que marcaram e marcam os nossos tempos. Fê-lo, de resto, o autor, ao indicar os casos de regimes totalitários (onde o crime político é severamente punido, sendo reputados tais casos como os mais graves), assim como de várias democracias ocidentais.

1186 Apontando para um envolvimento do Governo português, ver artigo de LUÍS DELGADO no DN (*cfr., infra, Apêndice I*, Entrada 296).

1187 «Il est vrai que pour tout honnête homme de notre temps qui aurait eu le loisir d'observer ce grand maigre dégingandé en tenue camouflée à Abuja le 2 Novembre 1998, peinant à apposer une signature au bas d'un chiffon de papier, ce général de république bananière n'aurait pas représenté grand-chose:

ne sait-il pas, de notoriété publique, à peine lire et écrire?

«Le 31 octobre, à Banjul, convié à défendre sa position devant les chefs d'Etat de la sous--région – du moins ceux qui n'avaient pas mieux à faire ailleurs – n'a-t-il pas laissé le plus souvent s'exprimer à sa place Emílio da Costa, Lieutenant-colonel de l'armée de l'Air, au prétexte qu'il ne voulait pas du pouvoir pour lui-même!».

1188 «Le salon de l'hôtel où se tenait la conférence», opina ALLAIN GOUTTMAN, «n'était autre qu'une salle de théâtre aménagée pour la circonstance, mais dont la scène et le grand rideau rouge restaient parfaitement visibles, ce qui ne manqua pas de gêner quelques participants:

– "S'agissait-il, écrivit l'envoyé de l'hebdomadaire Jeune Afrique, des prémisses d'une véritable négociation ou d'une simple mise en scène, d'une comédie sans lendemain?".

«Six mois plus tard, la réponse est connue: Côte face, l'homme de main en béret rouge lisait son texte et amusait la galerie.

«côte pile, en coulisse le Portugal écrivait des répliques et tirait les ficelles.

«Et la France, dans tout ça? Ah! La France…».

Acreditar em tudo isso seria, para o articulista, «ignorar inteiramente a política singularmente activa que Portugal conduz hoje em África».

Com efeito, Portugal «n'a jamais admis le rapprochement avec ce qu'il est convenu d'appeller la France», ou seja a zona franco e a francofonia.

A antiga metrópole lusitana não se mostra disposta a «deixar escapar seja quem for deste espaço lusófono», «que se afirma hoje com agressividade»[1189].

Consubstanciará a guerra da Guiné de 1998/1999 uma confrontação de potências estrangeiras por imperativos geoestratégicos?

Que papel, especificamente, caberá a Portugal, França[1190], Senegal e à Guiné Conakri?

1189 Atente-se no que explana GOUTTMAN.

«On voit aujourd'hui les Portugais s'agiter autour du nouveau pouvoir bissau-guinéen et de "leur homme à Bissau", le Premier ministre Francisco Fadul, en offrant "aide" et "coopération". «Mais de quelle aide pourra-t-il bien s'agir lorsque l'on sait que le Portugal se trouve être lui-même, de toute l'union européenne, le pays le plus "aidé", véritable boulet pour les finances européennes?» (O que em Kiriol se poderia ilustrar com o dito *bambudu bambu, pembidu pembi* – ou seja, o trazido às costas traz às costas, o arregaçado colhe no regaço).

«En fin de compte, sans doute et comme en Angola où il a eu le tort de jouer Dos Santos contre Savimbi, le Portugal se retrouvera toujours à cause de sa faiblesse congenitale, le dindon d'une force qui lui échappera, celui qui, finallement, endosse avec une certaine inconscience de redoutables responsabilités historiques et tire les marrons du feu au profit des plus puissants que lui. «Pauvres pays et pauvres peuples dont ne se soucient ni les dirigeants ni leurs commanditaires étrangers. «Et pauvre Nino Vieira, resté trop longtemps sourd aux avertissements! «Et dont le va-et-vient pathétique de l'ambassade du Portugal et inversement avait fini par ressembler à la course éperdue du liévre à travers les champs!».

1190 Para alguns apontamentos sobre o papel da França no conflito de 1998/1999 na Guiné-Bissau, *cfr.* F.-X. VERSCHAVE, Noir Silence: Qui Arrêtera Françafrique, Paris, Les Arènes, 2000, p. 71-79.

O autor menciona (ver página 71) os "três E" (referindo-se ao cordão *Élisée-Estado-maior-Elf*), dizendo que estariam envolvidos na Guiné numa "nouvelle guerre secrète" (a de *7 de Junho*).

Quanto ao desempenho da França, cita-se no livro o Embaixador francês acreditado em Dakar. Nesses termos, ANDRÉ LEWIN teria afirmado ao jornal senegalês *Le Nouvel Horizon* de 25.7.1998:

«Je ne vais pas vous faire la comptabilité des munitions, des équipements, des réparations de véhicules, des heures d'avion qui ont servi à convoyer des équipements divers y compris des gilets pare-balles, des rations alimentaires, des fusées éclairantes, *etc.* C'est de la mauvaise foi que de dire que l'armée française a lâché l'armée sénégalaise ou le Sénégal dans cette opération *[en Guinée-Bissau]*».

VERSCHAVE testemunha no seu livro que em finais de Janeiro de 1999, antes da chegada da força de interposição da CEDEAO (ECOMOG), uma bateria de canhões franceses de 155 mm foi enviada às forças ninistas (governamentais, entenda-se). «Cela provoque une brève mais très violente relance de la guerre civile, tuant plus d'une centaine d'habitants de Bissau. L'ambassadeur de France François Chappellet confie peu après à un diplomate: "*Si nous avions eu plus tôt cette artillerie de 155 mm, nous aurions gagné*". Un "*nous*" édifiant!».

Algum deles sustentaria pretensões neocolonialistas em relação ao pomo da discórdia[1191]?

Inadmissível, insustentável, inedificante jorrar tanto sangue, esmagar tanto, instalar tamanha insegurança (cujos efeitos perduram por longo tempo e são dificilmente apagáveis), operar tamanhas e tantas fracturas sociais[1192].

De que tipo de Estado de direito e de democracia são os exportadores destas *mercadorias*?

Que tipo de Estado de direito e de democracia é este que os exportadores dizem querer implantar ou querer implantado nestas *républiques bananières*?

Caso eu alinhasse na ceva do Estado de direito (*vaca sagrada* do pensamento jurídico e político de há décadas), apostaria sem problemas na tese de que se deve inserir na argamassa do Estado de direito a não violentação de outro Estado de direito.

Com isso, refiro-me ao respeito por outros Estados, à não exportação de instabilidades e *revoluções* de conveniência.

Nessa ordem de hipótese, um Estado que habitualmente se dedicasse à aludida delinquência *extra muros*, a essa pirataria além-fronteiras, perderia o atributo "de direito", porquanto a prática minaria o próprio terreno da edificação do Estado de direito.

Perderia sustentabilidade o princípio, se a lógica da delinquência *extra muros* prevalecesse na convivência entre as nações[1193].

Resumindo e redizendo, um Estado estruturalmente talhado e actuante, nos termos da falada delinquência *extra muros*, desmereceria o qualificativo "de direito".

Porém, a minha abordagem do fenómeno não é o da engorda. Nem por isso, todavia, deixa de ser pertinente o exercício acabado de fazer. Terei é de reorientar a bateria argumentativa e as conclusões para o modelo por mim escolhido, vale dizer o valor em si da ideia, desfuncionalizada do superabarcante conceito

---

[1191] Será uma fatalidade, uma inevitabilidade o regresso à África de novas formas de colonização, como alguém já prognosticou?

[1192] Cantou o artista «ku pass i ka tudu, ma cin pass tudu i ka nada» (a paz não é tudo, mas sem paz tudo é nada). Quando terminou a guerra de 1998/99 na Guiné, o que, secretamente, cada guineense pedia era que essa catarse colectiva em que nos tínhamos afundado durante 9 meses desse à luz um clima de reconciliação da família guineense; um clima que não permitisse jamais que recorrêssemos às armas para o combate político ou social. Mas, afinal, tudo não passava de votos piedosos e, para mais, secretos. A racionalidade do irracional parece imbatível.

[1193] Actua-se, às vezes, sob a capa de cooperante, fazendo lembrar aqueles *bombeiros* que apagam o fogo com gasolina.

de Estado de direito, priorizando uma operação em várias frentes, tantas quantas as dimensões viáveis do chamado "Estado de direito".

Pude escutar nas primícias de 2002 uma conversa. Testemunhava alguém a sua frustração quanto às novas(?) tendências da política internacional (protagonizada principalmente pela Administração americana). O indivíduo é um dos que vaticinavam, com um pendor algo *naïf*, o inaugurar de uma nova era no Direito internacional com os atentados às *Twin Towers* e ao *Pentagon* realizados no dia 11 de Setembro de 2001 – uma era de respeito pelo Direito internacional, enfim a *Nova Ordem Mundial*.

Dava, então, conta da sua decepção com as novas(?) atitudes dos Estados Unidos da América pós-ataque aos Taliban no Afeganistão, que (numa postura simplista, no dizer crítico do Ministro alemão dos Negócios Estrangeiros, J. FISCHER)[1194] ameaçam unilateralmente, sem cobertura das Nações Unidas, atacar e invadir o Iraque, procedendo à substituição do regime, com a alegação de que este é um foco de irradiação do terrorismo.

A mesma ameaça a pender sobre o Irão.

A pergunta urgente: com que legitimidade se arroga um Estado o direito de mudar o regime de um outro?

Atitudes desse jaez inundam a história contemporânea. Veja-se a actuação dos EUA no Panamá, invadido sob o pretexto de que NORIEGA apoiava o narcotráfico.

Tornando à nossa conversa, observa um outro interlocutor ser a estupefacção do outro resultado de uma certa ingenuidade – que *sempre se procedeu a mudança de regimes de fora para dentro*.

É, deveras, preocupante esta normalização do fenómeno em apreço, observo eu.

Como ler a tópica argumental desembrulhada, sucessivamente e atabalhoadamente, pela Administração Estadunidense para sustentar a sua pretendida operação contra o Iraque, por forma a depor o Presidente SADHAM HUSSEIN e substituí-lo por um outro personagem[1195]?

1194 Posturas e acções que virão a ser invocadas pelo Ministro dos Negócios Estrangeiros britânico JOHN COOK, para sustentar a sua decisão de se demitir do cargo. Dirá, então, COOK (numa aberta crítica ao processo argumentativo utilizado para legitimar a invasão ao Iraque pelas forças lideradas pelos EUA e pelo Reino Unido) que o trabalho dos serviços secretos foi usado não para ajudar a construir uma decisão, mas para justificar uma decisão já tomada.

1195 Na perspectiva do enquadramento da "operação liberdade iraquiana" não já na ideia da *legítima defesa preventiva* (da Administração estadunidense), nem na da *autorização implícita* do Conselho de Segurança da ONU (dos britânicos), mas sim no *direito à intervenção humanitária unilateral*, secundariamente invocado para dar cobertura à operação (reforçado pelo argumento da *necessidade política* – «já que os Estados liberais não devem esperar serem atingidos para tomar medidas contra agressores contumazes e tão pouco tolerar regimes tirânicos que oprimem o seu próprio

Eis a ementa utilizada: Eixo do mal (em conjunto com o Irão e a Coreia do Norte); fomentador do terrorismo internacional; desrespeito pelos direitos humanos; opressão do próprio povo iraquiano; antidemocraticidade do regime; prevenção relativamente à perspectiva de o Iraque vir a desenvolver armamento biológico e atómico, *etc*.

A par dessa construção doutrinária, a potência galáctica foi inspirando e moldando tribunais penais internacionais como o de Ruanda e da antiga Jugoslávia.

A nobreza dos objectivos é tocante: dizer *não* à impunidade, relativamente a crimes contra os direitos do homem, contra a humanidade, entre outras modalidades.

Graças à referida iniciativa, um ex-Presidente (SLOBODAN MILOSEVIC) foi detido e despachado para Haia, envolto o processo numa inusitada parangona mediática; graças à referida iniciativa, supostos autores do genocídio ruandês de tutsis e hutus *moderados* experimentaram a incomodidade do banco dos réus.

Mas, incoerência(?) das incoerências, o líder da galáxia disse um rotundo *não* ao Tribunal Penal Internacional. Ou, por outra, viabilizaria o TPI se, e só se, se procedesse à redução da clientela potencial do respectivo banco dos réus: todos os outros, à excepção, nomeadamente, de políticos, diplomatas, militares americanos.

---

povo»), ver J.M.P. DELGADO, Base Política e Jurídica da "Operação Liberdade Iraquiana" e a Necessidade de Auto-preservação do Estado Liberal, *in* Nação e Defesa, 2.ª série, n.° 108, 2004, p. 207-235.

Em geral, sobre esta temática e questões próximas ver uma obra fundamental: JOSÉ ALBERTO AZEREDO LOPES, Entre Solidão e Intervencionismo: Direito de Autodeterminação dos Povos e Reacções de Estados Terceiros, Porto, Publicações da Universidade Católica, 2003, p. 1049-1051, 1065--1070 – em que se aborda a legítima defesa *preemptiva,* quanto à invasão do Iraque.

Perante o alargamento do âmbito da legítima defesa a que as crises bélicas e de segurança do início do milénio deram cobertura, AZEREDO LOPES propugna a observância de "pressupostos mínimos" como a *proporcionalidade* (não devendo ser a resposta *excessivamente desproporcional*), a *adequação* (aos objectivos estritos da legítima defesa), o carácter *não interno* do ataque terrorista e a comunicação imediata das medidas militares adoptáveis ao Conselho de Segurança da ONU, no sentido de este assumir as suas responsabilidades em matéria de segurança e paz internacionais.

Contra a legítima defesa «intemporal», «preventiva» ou «preemptiva», ergue estes argumentos: Não é aceitável «que um Estado possa recorrer à força em legítima defesa para eliminar uma ameaça terrorista necessariamente futura».

Os critérios deveriam ser os seguintes:

O dever internacional de combater o terrorismo caberia, em primeira linha, ao Estado «que, directa ou indirectamente, exerce a sua jurisdição sobre os agentes ou organizações terroristas».

«Se assim é, os Estados que não cumprirem esta obrigação apenas ficarão sujeitos a que contra si seja invocado o direito de legítima defesa *se, pelo menos, outros ataques forem iminentes; ou seja praticamente inevitáveis e a ocorrer num lapso de tempo muito breve*. Este *standard* só estará por isso cumprido se, adaptando a fórmula do célebre caso do *caroline*, o ataque já tiver sido lançado de forma irrevogável, mesmo que ainda não concretizado».

No caso do ataque ao Iraque, este *standard* não foi atingido.

Ainda que os EUA venham a retractar-se e a integrar o projecto do TPI, esta atitude da Administração BUSH desferiu uma seriíssima catanada no sonho jus-internacionalista da contemporaneidade[1196].

Desnudou uma verdade trágica que quase todo o mundo teimava em não querer confessar ter visto – à força de querer singularizar a nova época: quem tem feito e desfeito o direito (desde logo, o internacional) é quem pode mais.

Parece elucidativa a atitude (algo seguidista) tomada pela União Europeia em 2002, perante a postura norte-americana: abre a(s) janela(s) para que os Estados membros, cada Estado membro, celebre, se quiser, acordos bilaterais com os EUA que salvaguardem a intocabilidade, nessa matéria, dos cidadãos norte-americanos.

Reduzir o Direito Internacional a um Direito Internacional dos Pequeninos, das conveniências circunstanciais, encolher o TPI à dimensão de um Tribunal Penal Internacional dos Pequeninos é fulminar no ovo o feto que já se tinha por gigante.

Um outro *não* foi pronunciado pelos EUA contra o protocolo de Kyoto, em matéria, portanto, da salvaguarda ecológica do planeta.

O que fazer?

1196 A respeito do Tribunal Penal Internacional, *vide* ALBERTO COSTA, Tribunal Penal Internacional: Para o Fim da Impunidade dos Poderosos, Mem Martins, Editorial Inquérito, 2002.

Uma incisiva reflexão em torno do problema, associado ao do terrorismo e direitos fundamentais, bem como ao delineamento do princípio da liberdade, pode-se ler em JORGE MIRANDA, Os Direitos Fundamentais e o Terrorismo: os Fins Nunca Justificam os Meios, Nem Para um Lado, Nem Para Outro, Separata da RFDUL, vol. XLIV – n.os 1 e 2, p. 649 ss.

Preocupam o Professor "notícias ou sugestões" como as que apontam para a adopção de medidas como detenções ou prisões por tempo ilimitado ou sem assistência de advogado, escutas telefónicas ou buscas sem autorização judicial, discriminações baseadas na raça, nacionalidade ou religião, expulsões ou extradições à margem das garantias processuais, tribunais de excepção, policiamento pelas Forças Armadas, em substituição das forças policiais. Contra este estado de coisas, avisa que «A segurança é o ambiente do Direito, mas nunca pode prevalecer sobre o próprio Direito».

Sobre as reticiências dos Estados Unidos, a propósito do TPI (país que até avançara, no Congresso, com uma iniciativa legislativa de "protecção aos militares norte-americanos no estrangeiro", nos termos da qual seriam sancionados os Estados que ratificassem o Estatuto de Roma de 1998, que cria o Tribunal Penal Internacional), JORGE MIRANDA parece extrair, nomeadamente, do *11 de Setembro*, as seguintes ilações: «sem a cooperação internacional nada é possível de sólido e duradouro»; «nenhum poder militar é suficiente para prevenir um terrorismo globalizado num mundo globalizado como o de hoje»; «a justiça não pode equivaler a retaliação ou a justiça de vencedores, mas sim a justiça, "segundo o devido processo jurídico", tal como se pretende que o Tribunal Penal Internacional venha a realizar».

Um sublinhado mais forte: «O terrorismo globalizado não diz respeito somente a este ou àquele Estado, por mais poderoso ou – simultaneamante – mais vulnerável que seja. Diz respeito a toda a comunidade internacional; é ela que também é ofendida. Por isso, só pode ser vencido a partir de instrumentos jurídicos desta mesma comunidade internacional. Por isso, só pode ser vencido sem transigências com qualquer desrespeito ou degradação dos direitos fundamentais».

Nisto tudo, que seriedade restará às tentativas exógenas de induzir ou transfundir ideias de democracia e de Estado de direito em paragens exóticas espalhadas por esse mundo?

Não há democracia na ilha *x*? – bombardeia-se a ilha e organizam-se eleições fiscalizadas por observadores internacionais[1197]; prometem-se algumas ajudas enquadradas num (condicionadas por um) programa de consecução da Boa Governação, defesa dos direitos do homem, democracia e assim por diante.

O Estado *y* não é Estado de direito? – inocula-se um golpe de Estado (instantâneo ou vagaroso) para se implantar um puro Estado de direito.

Ora, o ponto é o seguinte:

Em que é que consiste esse Estado de direito?

Em que é que consiste essa democracia?

Com base num objecto tão relapso a definições ou fixações conceptuais, alimentam-se prepotências, subversões, guerras, matanças, degradações, misérias[1198].

1197 Que, imediatamente a seguir ao encerramento das urnas, darão uma conferência de imprensa na qual considerarão o processo eleitoral *livre e justo*.

Logo a seguir, estão no aeroporto, abandonando o país. É que a CNE só dias depois estará em condições de divulgar os resultados provisórios.

Ora, a pergunta impõe-se, se os organizadores do processo eleitoral (chame-se, como na Guiné, Comissão Nacional de Eleições ou tenha outro nome) não vierem a ser, depois, *transparentes, livres e justos*, no acto da proclamação dos resultados eleitorais? Virão novos observadores? Voltarão aqueles que lá estiveram?

1198 MANNEQUIN (Le Problème…, *cit.*, p. 53-54, 278-279), distanciando-se em relação à doutrina histórica (uma "étrange philosophie") segundo a qual a guerra, as castas e as tiranias são *moyens de civilisation,* cataloga a mesma como «une doctrine aveugle, insensée et immorale», vendo nela «la négation la plus complète de la science, de la liberté et de la justice». Ouçamo-lo, a páginas 213, 214 e 215: «Aussi simple que soient les conditions de leur existence, du moment que les hommes vivent en présence les uns des autres sans se quereller, se battre et se tuer continuellement, du moment, autrement dit, qu'ils vivent en paix, il faut admettre qu'ils connaissent et qu'ils observent certaines lois naturelles qui sont les lois de la justice; la paix, en effet, la paix vraie et durable n'est pas autre chose que l'accord des hommes sur le terrain de la justice.

«Les hommes les plus primitifs connaissent les douceurs de la paix, cela n'est pas douteux; la guerre elle même suppose la paix, comme la nuit suppose le jour, comme la négation suppose l'affirmation; d'ailleurs, à moins de la faire seul à seul toujours, il faut s'entendre, c'est à dire vivre en paix avec ses semblables pour la faire en commun; d'ailleurs enfin, la paix est une nécessité pour l'homme, dans quelque condition sociale qu'on puisse lui supposer».

Vide, ainda, P.L. VERDÚ, La Lucha por el Estado de Derecho, Bolonia, Publicaciones del Real Colegio de España, 1975, p. 127 ss.

CROISET, Les Démocraties Antiques, Paris, Ernest Flammarion, 1916, p. 137.

C.L.S. MONTESQUIEU, De L'Esprit des Lois, Livre I, Chapitre II (vol. I, p. 91-93). Sustenta MONTESQUIEU que o desejo que HOBBES atribui aos homens de se subjugarem mutuamente «não é

O contraditório, porém, é que, mesmo dando de barato que é logrável uma fixação conceptual óptima e consensual das ideias atrás anunciadas, muitos dos próprios arautos da ideia pura, apenas de maneira selectiva e oportunística as utilizem como pauta das suas acções internamente e além-fronteiras.

Destarte, o argumento que serviu para bombardear a ilha x, já é despiciendo em relação à ilha z (ponderadas que sejam algumas variáveis: o situar-se na esfera de domínio do Estado concernente, o ser aberto aos comandos deste; O valor geo-estratégico, entre outras), que goza de um tratamento especial.

Se aqui é legítimo um golpe militar para alterar o regime (democrático), acolá não o é (só através de meios pacíficos e constitucionais a mudança dos titulares do poder se deve dar).

A guerra do Iraque (de 2003), desencadeada pela coligação liderada pelos EUA e Grã-Bretanha, ensina que:

A democracia e o "Estado de direito" devem ser plantados através da persuasão e sedução... não à lei da bomba; a persuasão e a sedução são o melhor adubo da democracia e do "Estado de direito" (seja qual for o conteúdo deste):

Quando, à lei da bomba, a democracia e o Estado de direito são introduzidos num país (principalmente de fora para dentro), está-se a armadilhar a ideia assim introduzida.

A máxima atrás alinhavada [*age de tal forma que o verdadeiro Estado de direito* (a máxima da tua acção) *seja, por todos os meios, alargado a qualquer país*] – e especificada na afirmação precedente segundo a qual a procura do verdadeiro Estado de direito pode conduzir a intervenções violentas num outro país, com o fito de se implantar o verdadeiro Estado de direito – poderá dar-se como *lei universal da natureza* (recuperando a expressão adoptada por KANT)[1199], sem se contradizer e anular a si mesma?

A minha resposta é *não.*

Se tal máxima for tida como lei universal, o resultado lógico seria o guilhotinamento do próprio conceito de Estado de direito.

Daí que proponha a seguinte directriz (que traduz um *imperativo hipotético*):

É imperativo que cada Estado (de direito) trate os outros Estados como Estados de direito.

---

razoável». Com efeito, a ideia de «empire» e da dominação «est si composée, et dépend de tant d'autres idées, que ce ne serait pas celle qu'il aurait d'abord».

Sobre o pensamento de THOMAS HOBBES, ver o seu Leviatã ou Matéria, Forma e Poder de um Estado Eclesiástico e Civil, Lisboa, Imprensa Nacional – Casa da Moeda, pág. (*maxime*, 517 ss.).

1199 IMMANUEL KANT, Fundamentação (...), cit., 45 ss.

Mas, perguntar-se-á, porquê?

porque decorreria dessa máxima uma atitude de comedimento;

porque esse comedimento impediria qualquer tentativa de sobrepor a sua imagem à do outro;

porque essa tentativa de sobreposição da sua imagem à do outro (sinónima de um certo complexo de sobrepujança cultural) é antitética da paz (paz que é um valor-em-si)[1200];

porque em situação de guerra existe a propensão para a restrição de algumas dimensões do clássico Estado de direito (mas ainda que deste tenhamos uma visão minimal ou laxista, mesmo aquele núcleo irredutível do conceito pode, em tais circunstâncias, sofrer restrições prejudiciais);

Mais. Ainda que a visão tida do Estado seja uma visão niilista, dir-se-á sempre que aquelas dimensões ora extirpadas da estrutura do Estado de direito, uma vez procurados e logrados os seus próprios espaços de fundamentação, tendo, por assim dizer, vencido a necessária prova de vida, são componentes de uma racionalizada comunidade política e, por essa via, salutar se assume a luta pela sua edificação... e são dimensões potencialmente em risco de liquidação ou, pelo menos, compressão, numa situação de guerra ou de não-paz[1201].

Em suma:

só há paz se (eis um requisito insuficiente, mas necessário) todos os Estados se tratarem como de direito (se, por outras palavras, não se servirem do dogma do Estado de direito para provocarem ou alimentarem instabilidade ou guerras noutros Estados)[1202];

ora, é imperativo que todo o *Estado de direito* tenha na paz um requisito necessário (ou o clima mais propício) ao seu desenvolvimento;

logo, é imperativo que cada Estado (de direito) trate os outros Estados como de direito.

1200 Reconhecendo a dogmática do *Rechtsstaat* como algo ao serviço da paz jurídica, *cfr.* K. SOBOTA, Das Prinzip Rechtsstaat – Verfassungs- und verwaltungsrechtliche Aspekte, Tübingen, Mohr Siebeck, 1997, p. 487.

E. BENDA, Frieden und Verfassung, *in* Archiv des öffentlichen Rechts, 109. Band, 1984, p. 1-13.

F.R. ENSTE, Rechtsfrieden im Rechtsstaat, NVwZ 1987, Heft 7, p. 567.

1201 A respeito de uma temática não muito distante da que se expõe acima, *vide* K. KRÖGER, Bürgerprotest zwischen Friedenspflicht und Widerstand, *in* O. Kimminich/H. Kramer/K. Kröger/ /D. Merten/R. Scholz, Schwerte, Katholische Akademie Schwerte, 1984, p. 47-61.

1202 Parecendo relevar, na antiga Atenas, a desbelicização (ou a minimalização bélica) em situação de paz, a par da consequente mobilização, na paz, para a ciência e evolução noutras áreas, *vide* A. CROISET, Les Démocraties Antiques, Paris, Ernest Flammarion, 1916, p. 111.

A corrente tradicional na teoria do Estado de direito usa até referir este como a tentativa de domação da força.

O exercício do Estado estaria deslizantemente pendurado no fio que liga a força ao direito[1203].

Sintetiza KLAUS STERN nestes termos as preocupações vigentes na matéria em apreço:

«Es geht um die existentielle Frage: was ist das Lebenselexier des Staates: Macht oder Recht?»[1204] .

E se a força, poder e domínio são a essência do Estado, a «Rechtsstaatlichkeit will diese Macht bändigen» (pretende *domar* essa força).

2. A "Major Pars" e a "Melior Pars": Tensão Estruturante

Inspirando-se no caso das eleições presidenciais de 1992 nos EUA, B. GEREMEK observa que a respectiva campanha eleitoral revelou poder a democracia gerar o *perigo antidemocrático*. Quer dizer, «os processos democráticos podem ser utilizados por demagogos antidemocráticos»[1205].

1203 À luz da *Grundgesetz*, sobre o chamado *Primats des Recht vor der Macht*, *cfr.* K. SOBOTA, Das Prinzip Rechtsstaat..., cit., p. 473. Regista a autora que a *Grundgesetz* não conhece a categoria *Macht*, preferindo a expressão *Gewalt* (*v.g. Staatsgewalt, vollziehender Gewalt, etc.*: Art. 1 Abs. 1 Satz 2; Art. 20 Abs. 2, 3). «Gewalt in diesem Sinne hat Macht bereits in rechtliche Form gebracht, ist gewissermaßen Synthese aus einem als pur gedachten Recht und einer als schier gedachten Macht». Por esse motivo, «sollte das Verhältnis zwischen Recht und Macht keinen Platz in der Rechtsstaatsdogmatik erhalten».

Veja-se, ainda, N. ACHTERBERG, Antinomien Verfassungsgestaltender Grundentscheidungen, *in* Der Staat, 8 (1969), p. 159, 162.

PH. KUNIG, Das Rechtsstaatsprinzip – Überlegungen..., cit., p. 267.

1204 *Cf.* KLAUS STERN, Das Staatsrecht..., cit., p. 766-767.

F. DARMSTAEDTER, Rechtsstaat oder Machtstaat? – Eine Frage nach der Geltung der Weimarer Verfassung, Beiheft des ARWP (Heft 26), Berlin – Grunewald, Walther Rothschild, 1932, p. 31 ss., 122 ss.

Para L. HESSDÖRFER (Der Rechtsstaat..., cit., p. 117-119), «Macht ohne Recht ist Willkür, Recht ohne Macht ist Schwärmerei».

«Das oberste Gesetz der justitia protectiva gebietet: Alle Macht von Menschen über Menschen muß *begrenzt* sein. Unbeschränkte Macht widerspricht dem Recht».

1205 *Cfr.* R. DAHRENDORF/F. FURET/B. GEREMEK, A Democracia..., cit., p. 102. Diz, a propósito, o autor (p. 101) que «a democracia, mesmo a mais sólida, está sempre ameaçada». Isto «porque a democracia é, por definição, por excelência, um regime frágil, que se defende mal»; «os sistemas não democráticos, autoritários, são sempre mais fortes».

R.S. RUDERMAN, Democracy and the Problem of Statesmanship, *in* The Review of Politics, vol. 59, 4,1997, p. 759-787.

Está ali um risco conatural à própria ideia de democracia. O que fazer? *Blindar* o sistema? Como? Deixar o sistema funcionar pela sua própria conta e risco? Renunciar à democracia?

SARTORI evocou a frase de TAINE "Dix millions d'ignorances ne font pas un savoir" (formulada no prefácio deste ao "Origines de la France Contemporaine", 1870) para, no epílogo, defender o carácter despropositado das perguntas do tipo "porque é que é a maioria que conta mais"?, "porque razão a fracção maior deverá corresponder a maior *valor*? – se se considerar que "um valor não é um peso".

Acentua SARTORI que a questão é capciosa, dado que «o que está em causa não é um valor, mas uma técnica ou o meio que os sistemas democráticos escolhem para a tomada de decisões». Assim, a regra processual mais «adaptada ao funcionamento de um regime democrático» consiste naquela segundo a qual as escolhas que são queridas «pelo maior número de indivíduos» são aquelas que devem prevalecer – *e é tudo*[1206].

Sugere SARTORI que se inspire na história das ordens monásticas para o aperfeiçoamento do sistema democrático e, dentro deste, dos modelos eleitorais. Com efeito, as formas ensaidas desde o século VI por essas ordens no capítulo da escolha dos respectivos superiores (afastada que seria a opção pelo critério da hereditariedade e da força) – onde o princípio da *majors pars* (maioria) não tinha sido divorciado do da *sanior pars* (parte mais sã) ou da *melior pars* (melhor parte) – devem merecer a devida consideração.

Será de evitar (como?) que uma maioria *desqualificada* domine uma minoria *qualificada*, indago eu, na esteira das anteriores indagações?

Vai avisando SARTORI que «se a *major pars* não se interessa pela escolha da *melior pars*, as democracias não têm mais do que uma fraca chance de sobrevivência». Mais: não pode um regime democrático resistir à prova de vida que se lhe depara, a menos que consiga sair-se bem enquanto sistema de governo.

A resposta a todas as inquietações atrás entrevistas está, acredito, na funcionalidade do sistema e... ponto final. A dominância da *major pars* é um dado assente no nosso tempo. A técnica a seguir, no quadro do sistema democrático, para que a *melior pars* possa dar o seu contributo na direcção da coisa de todos é que é um permanente desafio de engenharia jurídico-política. Falo em *funcionalidade do sistema* já que ela pode ser determinante, também hoje, na admissão de certas aberturas ademocráticas como aquelas por mim sustentadas a propósito dos poderes *di tera*, na *Guiné profunda*.

[1206] G. SARTORI, Théorie de la Démocratie..., *cit.*, p. 84-86, 90-91.

§ 2.° GOLPE DE ESTADO OU A SÍNDROME DE IMUNODEFICIÊNCIA ADQUIRIDA DO ESTADO DE DIREITO DEMOCRÁTICO

1. **Factores e Analogias**

Está-se em face de um fenómeno estruturante do Estado africano *post*-colonial, tal é a frequência, a extensão e a profundidade da sua ocorrência.

Sucedeu e vai sucedendo em África; sucedeu e vai sucedendo na América Latina, onde quase todos os países viveram a experiência de golpes de Estado militares; sucedeu amplamente e vai sucedendo no Médio-Oriente e na outra Ásia; sucedeu na Europa. Trata-se de uma vetusta e universal prática da vida política (que JULIUS CÆSAR executou e sofreu; CLAUDIUS utilizou; NAPOLEÃO BONAPARTE usou, no golpe, sem derramamento de sangue, de 18 Brumário).

O paralelismo com a SIDA, hoje, parece-me flagrante: tal como a SIDA que mata seres vivos, não existe, à data, vacina contra esse vírus do "Estado de direito democrático"; traduzem-se num conjunto de sintomas que caracterizam uma afecção patológica; ambos aniquilam as células do sistema de defesa do organismo, debilitando-o dramaticamente; são os dois altamente contagiosos; matam inexoravelmente (até à data da redacção deste trabalho).

O golpe de Estado, em sentido próprio, é um fenómeno pelo qual é derrubado e tomado o poder político num Estado, recorrendo à força militar.

Um dos efeitos perversos dos golpes de Estado e métodos afins é a diminuição da segurança do direito. A segurança que irradia é apenas aparente. Senão, vejamos:

Os órgãos que intervêm no processo legiferativo fazem-no a medo (medo do destino futuro das leis por eles produzidas; da questionabilidade amanhã – que pode ser mesmo amanhã – de tão laboriosas construções legais), ainda que disfarçado por uma ostentação de poder, que não ultrapassa a ressaca dessa mesma ostentação;

Todo o tráfico jurídico vê-se infectado pelo vírus da insegurança [o parlamento deve/devia (tem/tinha poderes para) legislar? O Governo (substancialmente de gestão) deve/devia (tem/tinha poderes para) legislar? O Presidente da República (substancialmente provisional) deve/devia (tem/tinha poderes para) promulgar?].

É o caos. E não é um exercício puramente académico. A Guiné-Bissau, a partir de 1999, é um laboratório dessas experiências político-constitucionais:

Com o PRi BACAI SANHÁ, do golpe de 1998/99 (ao pôr-se em causa, por exemplo, a promulgação do Estatuto dos Magistrados Judiciais e do CSMJ – e quem o fez foi o PR constitucional YALÁ);

Com o PRt HENRIQUE ROSA, do golpe de 2003;

Com o Governo de Unidade Nacional, do golpe de 1998/1999;

Com o Governo de Transição, do golpe de 2003 (este viu a sua acção posta em causa, mesmo ao nível de contratos internacionais, pelo Governo – constitucional – de CADOGO JR.[1207]).

MAURICE-PIERRE ROY reúne alguns factores explicativos da assunção do poder pelas forças militares[1208]. Fala em factores estruturais [onde insere os factores políticos ("la carence des structures constitutionnelles"; "l'impuissance des forces politico-administratives"; "les conceptions idéologiques des militaires"); os factores sócio-económicos – "les facteurs économiques"; "les facteurs sociaux", onde destaca a existência de minorias privilegiadas, corrupção e tensões sociais violentas], em factores conjunturais (onde destaca a intervenção estrangeira, as solicitações dos civis, o sentimento de humilhação e frustração, a degradação da economia, bem como a salvaguarda de interesses corporativos).

2. **Profilaxia e Cura de uma Pandemia**

Opina-se muitas vezes que por detrás de um golpe de Estado estão crises não resolvidas.

Creio residir aí um desafio para o movimento constitucional em geral e para o constitucionalismo guineense, em especial.

Como arquitectar e construir o edifício político-constitucional de molde a prevenir ou solucionar conflitos (adquirido que está o facto de o conflito ser um dado natural numa comunidade de homens)[1209], dentro de quadros que primem

---

1207 O contrato de fiscalização marítima firmado com uma empresa europeia, representada por HELDER PROENÇA, em Bissau – negócio celebrado com o Governo de Transição chefiado por ARTUR SANHÁ.

1208 MAURICE-PIERRE ROY, les Régimes (...), cit., p. 478 ss.

1209 *Vide*, K. POPPER [Em Busca de um Mundo Melhor, 2.ª ed., Lisboa, Editorial Fragmentos, 1989, p. 111], para quem «uma sociedade sem conflitos seria inumana» – «a sociedade humana necessita de paz, mas necessita igualmente de conflitos sérios e de ideais».

pela racionalidade (enquanto lógica e razoabilidade), quer das estruturas, quer dos actores do sistema?

Outra questão pertinente é saber se haverá alguma relação entre o nível de desenvolvimento sócio-económico do país e a *vulnerabilidade* ao fenómeno golpista[1210].

Os bloqueamentos do fluxo constitucional, político e democrático podem representar um convite irresistível ao golpe de Estado.

Terá *sentenciado* um dos golpistas que derrubou KWAME N'KRUMAH, Coronel AFRIFA, que «lá onde não existia qualquer meio constitucional de exercer uma oposição política ao governo de partido único, as forças armadas seriam automaticamente chamadas a tornar-se a oposição oficial ao governo»[1211].

Hoje, o critério afigura-se-me outro: lá onde a oposição política não está capacitada para aceder ao poder pela via democrática instituída, as forças armadas são instrumentalizadas para esse fito[1212].

1210 Respondendo afirmativamente, *cfr.*, S.P. HUNTINGTON, The Third Wave: Democratization in the Late Twentieth Century, Norman/London, University of Oklahoma Press, 1993, p. 234: «In general, the vulnerability of elected governments to overthrow by coups varied with the level of socio-economic development of the society».

1211 Assim, MAURICE-PIERRE ROY, les Régimes..., cit., p. 483.

1212 Caminha-se, assim, num sentido contrário àquele desenhado por W. BECKER (*vide* o seu *Die Freiheit, die wir meinen – Entscheidigung für die liberale Demokratie*, München, Piper, 1982, p. 68), em que, em homenagem ao respeito pelas regras da democracia, os partidos no poder e os partidos que *perderam as eleições* se devem engajar na via do respeito pela legalidade e da não violência. Os partidos governantes não deveriam *restringir a acção política dos partidos e dos cidadãos*, os partidos da oposição não deveriam obstaculizar a acção governativa, nem mudar pela força o governo.

Para BECKER (p. 77), significa a democracia que *uma parte do povo domina a outra parte do povo durante um determinado período.* E a parte dominante só não desmancha o acordo sobre a renúncia à violência se a sua vontade (maioritária) for respeitada. A aceitação do princípio da maioria encontraria, deste modo, a sua razão de ser na ideia da *domesticação* da contenda política.

Ainda, P.L. VERDÚ, La Lucha..., *cit.*, p. 131 – «Sólo mediante la atenuación de los extremismos, de las exigencias maximalistas, estableciendo el contraste conforme al método democrático: elecciones libres, auténticas, disputadas; discusión parlamentaria; propaganda libre con igualdad de oportunidades y decisión mayoritaria, cabe llegar a una síntesis siempre claro está que vencedores y derrotados acepten tal decisión».

N.M.L. CALERA, Mitificación y dialéctica..., *cit.*, p. 104, 113, 114: «(...) la gran vía para gozar de un Estado de Derecho consiste en esa ductibilidad del poder y en esa dosis de sensibilidad política de la sociedad, que permitan evitar los inmovilismos y un frecuente y desmesurado revolucionarismo».

TH. MANNEQUIN, Le Problème Démocratique..., *cit.*, p. 439, 448-449. Algo cruamente, testemunha o autor (p. 450) o seu pessimismo quanto à possibilidade de, a partir das Forças Armadas e

E exerceriam o poder elas mesmas ou endossá-lo-ão a civis prontos a patrocinar a "justa" *revolução* dos militares (aliás, de "todo o povo")[1213].

Os «fins» justificarão «os meios», à moda do *realismo político* de MACHIAVELLI[1214]? Qual o peso relativo de cada uma das partes do centauro Quíron na dinâmica do poder[1215]?

Dita o art. 132.° da Constituição Venezuelana de 23 de Janeiro de 1961:

«*As Forças Armadas Nacionais* formam uma instituição apolítica, obediente, *organizada* pelo Estado *para assegurar* a defesa nacional, a estabilidade das instituições democráticas e *o respeito pela Constituição e pelas leis*, cujo acatamento estará sempre acima de qualquer outra obrigação. As Forças Armadas estarão ao serviço da República e em caso algum ao serviço de uma pessoa ou facção política»[1216].

Disposições normativas similares encontram-se em várias Constituições latino-americanas.

Daí até os militares interiorizarem (e exteriorizarem) um estatuto de intérpretes, fiscalizadores e garantes do ordenamento constitucional, vai apenas um pequeno passo.

E a corporação militar não se tem coibido de dar tal passinho. Ela é, na verdade, useira e vezeira nesse exercício.

Desde a América Latina à África, passando pela Ásia e (não tanto, ultimamente) Europa[1217].

---

do rei, advir, nomeadamente, a justiça: «Ce que les peuples doivent chercher avant tout, en politique, c'est la vérité, c'est la liberté, c'est la justice; mais cela ne leur viendra jamais des rois ni des armées».

1213 E segue-se o cortejo de Governos de Unidade Nacional, de Reconciliação Nacional, de Transição, de Gestão, *etc*. Esta última manifestação vem retratada em M. DUVERGER, Contribution à l'Etude de la Légitimité des Gouvernements de Fait, *in* RDPSP, 1945, Tome 60, p. 85 ss.

1214 *Cfr.* N. MACHIAVELLI, O Príncipe, São Paulo, Cultrix, p. 113: «Nas acções de todos os homens, especialmente os príncipes (…) os fins é que contam». «Faça, pois, o príncipe tudo para alcançar e manter o poder; os meios de que se valer serão sempre julgados honrosos e louvados por todos, porque o vulgo atenta sempre para aquilo que parece ser e para os resultados».

1215 *Cfr.* N. MACHIAVELLI, O Príncipe…, cit., p. 111.

O centauro Quíron – que educou Aquiles e outros vultos mitológicos da antiguidade – representaria o lado humano e o lado animal. Segundo Machiavelli, tal simboliza a necessidade de o príncipe ter ambas as naturezas «pois uma sem a outra não subsiste». Do lado animal, é preciso «ser raposa para reconhecer as armadilhas, e leão para amedrontar os lobos».

1216 Optei pela tradução de JORGE MIRANDA: Constituições de Diversos Países, II.° volume, 3.ª ed., Lisboa, INCM, 1987.

1217 A respeito de movimentações golpistas ou castrenses na democracia em Estados como Portugal, Espanha, Grécia, Turquia, Chile de PINOCHET, entre outros, *vid.* S.P. HUNTINGTON, The Third Wave…, cit., p. 231-253.

Garante-se constitucionalmente o apartidarismo e a apoliticidade das forças armadas, mas quando a leitura da função militar se resvala para terrenos pantanosos como aqueles acabados de indicar, tudo pode acontecer. Desde o partidarismo até à politicização mais engajada, sempre sob a veste diáfana duma falsa neutralidade político-partidária.

Não carregam o ónus adveniente do combate político, contudo fazem política. Isso tem um nome: concorrência desleal.

A maior fidelidade, o melhor serviço que os militares podem prestar à Constituição é a sua neutralidade no jogo político e conformação ao poder político instituído.

Surpreendemos, de quando em quando, uma subtil (e, por vezes, ostensiva) cumplicidade entre as forças armadas e as forças políticas, tendo por fito o alcance ou a preservação do poder. Nada mais pernicioso, do ponto de vista do sistema democrático.

Repisa SAMUEL HUNTINGTON[1218] que o derrube de governos através de golpes de Estado requer normalmente ou o apoio da alta hierarquia militar, ou o de importantes grupos civis, ou o de um influente actor estrangeiro, ou alguma combinação dos factores acabados de nomear.

O que tenho por certo é que a corte (essa corte) às casernas pelos políticos é o fuzilamento da democracia, lá onde esteja instituída[1219].

A pressão do poder militar nas democracias frescas, mesmo que já esteja consumada a *transição*, manifesta-se sob a capa da *preservação das conquistas da revolução* (Portugal pós-25 de Abril) ou da *garantia da ordem institucional da República* (Chile). Prolongamentos institucionais da presença militar são então construídos ou dinamizados: chamem-se-lhes Conselho da Revolução (Portugal), Conselho de Segurança Nacional (Turquia) ou algo similar.

1218 S.P. HUNTINGTON, The Third Wave: Democratization in the Late Twentieth Century, Norman/London, University of Oklahoma Press, 1993, p. 234 ss.

1219 Observou CROISET (*Les Démocraties Antiques*, Paris, Ernest Flammarion, 1916, p. 194--195), a propósito da Grécia antiga, que o «espírito de partido, na Grécia, foi sempre mais forte que o sentimento de solidariedade cívica». Isso porque quer a aristocracia, quer a *democracia vitoriosa* solicitam a intervenção do exterior (inimigo) nas contendas existentes internamente, sempre que dela carecerem.

Mais explicitamente (p. 290): Na decadência que afectou o mundo grego «tous les partis sont également responsables. Aristocrates et démocrates ont cela de commun qu'ils se détestent, qu'ils ne voient en toute circonstance que leur intérêt immédiat, leur intérêt de classe, et que tous les moyens leur sont bons pour s'assurer un succès momentané; non seulement l'appel aux cités voisines et grecques, mais aussi l'appel à l'étranger proprement dit, aux Macédoniens d'abord, aux Romains ensuite».

Algo que, salvas as devidas distâncias, me faz lembrar posturas pouco patrióticas de alguns políticos guineenses em determinados momentos da vida do país.

Um discurso estereofónico muito ouvido e aclamado – tinha público garantido – no pós-democracia da Guiné-Bissau (anos 90 do Século XX), no seio da elite política, era o do apelo à violência, a um belicismo que sempre me pareceu algo *naïf*.

Partia de políticos de alto(?) coturno, eram deputados, dirigentes partidários, gente *anónima*.

Frase da moda: "Nó tem di fuguia, nin ci duss dia son"[1220]; "precisamos de um KABILA nesta terra"[1221].

Em plena democracia, padecendo, é certo de falhas importantes, mas democracia, *quand-même*!

Os estudiosos da matéria do golpe de Estado costumam descrever o fenómeno mediante os seguintes substantivos: facilidade; rapidez.

Parece, todavia, que devem ser revistos os manuais, por aquilo que nos foi dado observar na Guiné-Bissau de 1998 a 1999 e na Côte d'Ivoire de 2002 a 2003.

As dificuldades que se apresentaram aos putschistas na Guiné-Bissau, em 1998 e 1999 (Brigadeiro ANSUMANE MANÉ *versus* Presidente da República NINO VIEIRA – com sucesso do primeiro) e em 2000 (Brigadeiro ANSUMANE MANÉ *versus* Presidente da República KOUMBA YALÁ – com a derrota do primeiro, poderiam constituir, aliadas a outros antídotos, um factor dissuasor contra tentações putschistas. Porquanto agora os *kabilas* da Guiné já devem ter percebido que o "nó na fuguia" pode ser contraproducente. Não é remédio santo ou fácil e pode virar-se contra o próprio enfermeiro que administra o medicamento[1222] – o médico, esse, está ou põe-se a milhas, daí que dificilmente seja contaminado pelo medicamento. São os patronos externos e internos.

1220 Do kiriol, literalmente, "temos de disparar, mesmo que seja apenas durante dois dias". Por outras palavras, "temos de rebentar uma guerra, ainda que durante dois dias apenas".

A seguir (à vitória), vem: "anóss ku luta" (nós é que lutámos) – e é a vindicação de benesses.

À volta do conceito de guerra, em particular no âmbito do Terceiro Mundo, *vide* V. MATTHIES, Kriege, *in* Pipers Wörterbuch zur Politik..., cit., p. 295 ss.

1221 Alusão ao líder rebelde zairense (aliás, da República Democrática do Congo) que derrubou o regime de Mobutu Sese Seko nos anos 90 do século XX. LAURENT DESIRÉ KABILA opôs-se militarmente durante anos ao Presidente MOBUTU SESE SEKO. Acabaria por tirar-lhe o bastão do poder, morrendo MOBUTU no estrangeiro. Mas não saboreou KABILA durante muito tempo o ceptro, dado que (a esta parte não faziam alusão os kabilófilos guineenses, até porque o *filme* é cronologicamente linear e esta parte da narração era então desconhecida, por não ter acontecido à data) foi morto, numa (frustrada) tentativa de golpe de Estado, por outros adversários.

1222 Haja juízo... Mas parece que há quem queira persistir no erro.

Há que convir em que tal cumplicidade encerra uma correspondência biunívoca. São os políticos que vão defendendo a necessidade de serem melhoradas as condições de vida do pessoal castrense, modernização dos equipamentos, o seu estatuto especial e sagrado de vanguarda da nação, garante da Constituição e da democracia, entre outros epítetos, esperando cativar e *domar* o sector militar;

É a elite militar que se coloca no lugar de Julieta e se deixa seduzir pelas serenatas dos Romeus que invadem os arames farpados.

Nisto tudo, difícil será saber quem monta quem[1223].

1223 Na sequência de uma desmontada tentativa de golpe de Estado (que alguns qualificaram de *inventona*) os supostos autores foram publicamente apresentados à *comunidade nacional* e *internacional* no apelidado *Forum* de Paz e Reconciliação, em Bissau, a 11.6.2002.

Na ocasião, disse o Chefe de Estado Maior General das Forças Armadas, General VERISSIMO SEABRA (a 2.ª figura na Junta Militar que depôs militarmente o regime anterior, em 1998-1999) que estão cansados de prender pessoas e, por isso, pede aos políticos que os ajudem. Se há democracia, sentencia este militar, então que os políticos não se encostem aos militares._

«Anóss nó kansa!» («nós estamos cansados», em português), exclamou dramaticamente o CEMGFA. Diz que estão cansados de prender, prender os seus próprios camaradas.

É preciso, a meu ver, ler com muita atenção o que se acabou de relatar.

Foi uma alta figura da hierarquia militar estabelecida.

Mais do que um apelo, essas palavras encerram, na minha leitura, uma constatação. Como a história é recorrente!

Na mesma sessão, em que ficou no ar a descoberta e desmantelamento de uma intentona golpista de natureza étnico-religiosa (tribos islamizadas, *maxime* mandinga – grupo étnico a que pertence o Brigadeiro ANSUMANE MANÉ – e beafada, esta outra de islamização mais recente), foram reproduzidas gravações áudio da deposição de alguns elementos alegadamente envolvidos no *Komplott*.

Ouviu-se, então, uma declaração atribuída ao Tenente-coronel ALMAMI ALAN CAMARÁ, segundo a qual este não se sentiu satisfeito com a morte de ANSUMANE MANÉ.

Ouviu-se ainda uma outra voz (um dos implicados) que dizia haver que vingar ANSUMANE MANÉ e matar o Presidente da República KOUMBA YALÁ.

Discursou também o Presidente da República YALÁ que adianta estarem implicados a ala de SALIF SADJO do Mouvement des Forces Démocratiques de Casamance e elementos da Guiné-Bissau instalados na Gâmbia, assim como na Guiné-Bissau. Ameaça, por isso, atacar a Gâmbia, cujas autoridades estariam envolvidas no processo de desestabilização do país.

Argui o Chefe de Estado que quando estavam na oposição (ele e o seu Partido da Renovação Social) *nunca se aproximaram dos quartéis...*

Para o Dr. KOUMBA YALÁ, na democracia, qualquer cidadão pode candidatar-se a Presidente da República ou a deputado.

Se assim é, pergunta, porquê o recurso a meios subversivos para chegar ao poder?

Deixa um apelo aos políticos: não ao espírito democrático diplomático, mas sim ao espírito democrático assumido.

Se a classe política guineense pensasse e agisse (sempre) assim, a democracia sairia fortalecida e o "Estado de direito" aprofundado, sem necessidade de derramamento, vão, de sangue,

E o povo... essa mole informe e inânime, pronta a vitoriar o vitorioso.

A experiência oeste-africana ensina que só o mais forte pode contar com ele. Por isso, a 1.ª lição é nunca *dar parte de fraco*. Se for necessário fazer *bluff*, que assim seja, porque se fores ou pareceres fraco perdes o poder e perdes o povo, tenhas ou não razão, tenhas ou não legitimidade (*legalidade*, dirá o outro) democrática. *Vae victis!*

Se para executar um golpe de Estado militar, basta, muitas vezes, alardear algum poderio e ensaiar umas quantas manobras, o cabo das tormentas situa-se após a assunção do poder pelos *revolucionários* (que *golpistas* é, então, um termo proscrito).

---

destruição de infra-estruturas, aniquilamento da confiança dos operadores económicos, desestabilização da alma da população, desestruturação do Estado, e assim por diante.

Mas não é assim que pensam e agem sectores importantes da classe política guineense.

A ser verídica a informação veiculada no citado certame, não se dataria unicamente nessa altura o envolvimento de guerrilheiros casamancenses em movimentações político-militares ou golpistas no território guineense.

A acção golpista protagonizada pelo Brigadeiro ANSUMANE e Junta Militar para a Consolidação da Democracia, Paz e Justiça contou inegavelmente com o apoio, designadamente em combatentes no terreno, de independentistas casamancenses.

Tal é testemunhado mais ou menos disfarçadamente por depoimentos, nomeadamente, de dirigentes do MFDC, principalmente no pós-conflito de 7 de Junho.

E para quem viveu a referida guerra na Guiné (em Bissau, particularmente), tal envolvimento é um truísmo, não obstante as sistemáticas refutações da Junta Militar durante a guerra (ouça-se o depoimento do porta-voz da Junta à Rádio Bombolom/Voz da Junta militar, em que aquele nega categoricamente que a Junta estivesse à espera de qualquer apoio dos guerrilheiros de Casamance).

O próprio Dr. KOUMBA YALÁ, na altura ainda não Chefe de Estado, mas chefe do terceiro maior partido político, declarou (*vide* observações reunidas na Parte IV do presente estudo – deslocalizadas muitas delas para o Apêndice I) ter ele dito ao Brigadeiro ANSUMANE MANÉ, após a sua exoneração pelo Presidente NINO, que agisse. Infiltrava-se, então, em casa de MANÉ, sita no Quartel General, com o disfarce de mulher (para se esquivar, supõe-se, de olhares indiscretos). Não se tratava de um incitamento à acção judicial ou de outra ordem pacífica, mas de acção armada.

Para além dos dados do Apêndice I, o canal 2 da RTP fez luz sobre o assunto, na sua edição de 18.8.2000, com a seguinte notícia: o PR KOUMBA declarou que foi ele quem deu luz verde ao Brig. ANSUMANE MANÉ para desencadear o levantamento militar de 7 de Junho de 1998.

Com base nessa revelação de KOUMBA, o Comité Central do PAIGC decidiu pedir à PGR a instauração de processo crime contra o PR KOUMBA, por incitamento à violência. O estranho, a meu ver, é que quem defendeu esta opção do PAIGC foi F. BENANTE e HELDER PROENÇA (respectivamente, Presidente e Vice-Presidente, à data, do partido); o primeiro, personalidade (Assessor, nomeadamente) destacada da Junta Militar e o último, apoiante aberto e engajado (no mínimo) da Junta Militar (e, em 2005, destacado apoiante de NINO, nas eleições presidenciais desse ano).

De tudo o que se arrazoou na actual nota, uma conclusão se desprende:

Os actores militares e políticos tomaram o gosto ao gatilho e à pólvora e nada há a fazer. Ou há tudo a fazer, *i.e.*, recomeçar *da capo*…

O dilema é, por essas alturas, governar ou não governar[1224]?

Da análise dos diferentes processos golpistas ocorridos pelo mundo fora retira-se uma lição:

Resolve-se o dilema assumindo os militares aberta, franca e directamente as rédeas do poder; ou "entregando" o poder aos civis (leia-se à vanguarda política que, de uma ou de outra forma, apoiou os golpistas), preferindo governar por interposta entidade.

A primeira modalidade é arriscada, dado poderem os militares governantes queimar-se na ineficácia e ineficiência da governação (quando não corporizarem todos e mais alguns vícios da governação, vícios cujo diagnóstico e crítica alimentaram a plataforma argumentativa do movimento golpista). É uma via pouco utilizada.

A segunda modalidade é também ela arriscada. Lá diz o adágio: *Quem quer vai, quem não quer manda.*

E ei-los a telecomandarem (a partir dos Estados-Maiores ou dos Conselhos Revolucionários ou dos Comandos Supremos) o Governo, o Presidente, o Tribunal, a Procuradoria-Geral da República, o Parlamento.

O risco é o de perder as rédeas do poder, não se livrando, porém, do ónus de comandar, à distância, é certo, os titulares aparentes do poder. A distância raramente é tal que impeça o mandante de se chamuscar quando a labareda estiver a consumir os mamposteiros.

Esta segunda modalidade pode ter por móbil a fuga à *labareda.*

Estranho (ou talvez não) é não esperarem normalmente os golpistas qualquer vaga de fundo no interior do povo que possa inviabilizar a sua marcha para o poder, mas agarrarem-se, após a vitória, tão freneticamente ao barómetro da popularidade. Um febril terror de *caírem da rocha Tarpeia.*

Seja qual for a modalidade escolhida, não raras vezes (quem sabe se para salvar as aparências), algumas instituições do regime derrubado são preservadas, com as adequadas pinceladas. Entram, por exemplo, no lote a Constituição e o parlamento.

Um lugar comum nos golpes de Estado militares é a promessa do «regresso às casernas» a partir do encerramento do processo golpista – em voga desde que o dito foi proclamado pelo General NEGUIB, no Egipto, em 1952.

1224 A propósito dos «tipos de governo com interferência militar», *vide* Jorge MIRANDA, Ciência Política – Formas de Governo, Lisboa, 1992, p. 136 ss. Distingue-se aqui entre os «governos puramente militares», os «governos militares ideológicos», os «governos de base militar» e, finalmente, os «governos de vigilância militar».

Presente está quase sempre uma declarada despretensão, um não apego ao poder, uma atitude a roçar o alheamento franciscano face a benesses e ao poder político secular.

O mais difícil depois é *regressar*, mesmo, *às casernas*, uma vez provado o champanhe do poder político. E a manipulação dos milhões (de dinheiros... e de almas, já agora)? E as vivendas? E as chorudas mercancias? E as viajatas (de *serviço*)? E as *Suas Excelências*?

Todo o pretexto é, por isso, bom para se ir adiando o dia do *regresso às casernas*.

Ou porque estas ainda não estão equipadas com *splits*, ou porque um *item* do programa da rebelião não está ainda integralmente realizado, ou porque o problema das patentes está por resolver, ou porque ainda é necessário ter os políticos à trela curta – como invocou o Brigadeiro ANSUMANE MANÉ nos seus últimos actos de rebelião[1225].

Inspirado num trabalho publicado no *The Economist* de 29.8.1987 (p. 36), apresenta-nos SAMUEL HUNTINGTON[1226], por vezes com algum sal, uma lista de dez regras a aplicar pelos regimes democráticos e destinadas a prevenir os golpes de Estado ou, pelo menos, a derrotá-los[1227]. São *regras* a ler com atenção, apesar da piada aqui e ali esboçada. O autor mostra-se mesmo convicto de que vários governantes que seguiram tais regras conseguiram, por esse motivo, proteger-se vitoriosamente contra golpes de Estado. São eles ADOLFO SUÁREZ e FELIPE GONZÁLEZ (Espanha), KARAMANLIS e PAPANDREOU (Grécia), GARCÍA, FUJIMORI[1228] (Perú), ALFONSÍN, MENEM (Argentina), COLOR (Brasil), OZAL, AQUINO.

[1225] Declarara o Brigadeiro A. MANÉ, na rebelião golpista contra o Presidente da República KOUMBA YALÁ, quando se autoproclamou Chefe do Estado-Maior General das Forças Armadas e se opôs às graduações acabadas então de fazer (a declaração foi radiodifundida, através da Rádio Difusão Nacional, a 20.11.2000):

«Nó pui korda na cé rabada nó larga, ma ci é na djanti nó na djunda korda» (na tradução do kiriol para o português, «atámos-lhes uma corda à cintura e demos-lhes alguma trela, mas se eles apressarem os passos, vamos puxar a trela»).

[1226] S.P. HUNTINGTON, The Third Wave..., cit., p. 251 ss.

[1227] Interessante é também o *item* de LOEWENSTEIN sobre a rebelião, sedição e golpe de Estado, inserto no seu estudo intitulado "Contrôle Législatif de l'Extremisme Politique dans les Démocraties Européenes"..., cit., p. 15 ss.

[1228] Não contra autogolpes, por certo...

Num estilo particularmente duro, o desempenho das elites políticas do Terceiro Mundo foi analisado por H.C.F. MANSILLA, no seu artigo "Algunas Insuficiencias de la Democracia Contemporánea: Una Crítica de las Teorías de la Transición Latinoamericana", *in* Revista de Estudios Políticos, 108, 2000, p. 86-91. No interior dessas páginas, faz o autor a seguinte apreciação do Perú do

A lista – encimada com a epígrafe "*Curbing Military Power, Promoting Military Professionalism*" – desenvolve-se nos seguintes pontos:

Expulsar ou reformar prontamente todos os *oficiais potencialmente desleais*[1229].

Punir implacavelmente os líderes de tentativas de golpes contra o governo, *pour décourager les autres*.

Clarificar e consolidar a cadeia de comando nas forças armadas; Remover ambiguidades ou anomalias tornando claro que o chefe civil do governo é o comandante das forças armadas.

Reduzir o tamanho das forças armadas.

Usar o dinheiro poupado com a redução do número de militares para aumentar salários, pensões, benefícios e melhorar as condições de vida nas forças armadas.

Reorientar as suas forças militares para missões militares.

Reduzir drasticamente o número de tropas estacionadas na capital e em torno da capital; deslocalizá-las para as fronteiras ou para zonas relativamente afastadas e despovoadas.

Dê-lhes brinquedos. Quer isso dizer novos e sofisticados equipamentos bélicos[1230].

«Porque os soldados, como qualquer um, gostam de ser adorados, aproveite toda a oportunidade para se identificar com as forças armadas»[1231].

«Desenvolva e mantenha uma organização política que seja capaz de mobilizar apoiantes nas ruas da capital se houver uma tentativa de golpe de Estado».

Creio ser – e já pude debruçar-me sobre a problemática no capítulo a ela destinado – normalmente secundarizada, quando não ignorada, ostensivamente

---

Presidente FUJIMORI: «En el Perú el autogolpe del Presidente Alberto Fujimori en Abril de 1992 abarcó la disolución del Parlamento y de la Corte Suprema de Justicia, las dos medidas más aplaudidas y apoyadas por el grueso de la población. El "nuevo" aparato judicial está conformado, empero, casi totalmente por los antiguos jueces y funcionarios, cuyos niveles de corrupción y corruptibilidad han ascendido en los últimos años. El "nuevo" parlamento denota los mismos defectos que el anterior, además de un marcado descenso en la calidad del debate».

1229 Quer estejam do lado do regime autoritário deposto, quer do das forças que apoiaram a assunção do poder pelo regime democrático.

1230 «Give them toys. That is, provide them with new and fancy tanks, planes, armored cars, artillery, and sophisticated electronic equipment (ships are less important; navies do not make coups). New equipment will make them happy and keep them busy trying to learn how to operate.

1231 «Attend military ceremonies; award medals; praise the soldiers as embodying the highest values of the nation; and, if it is constitutionally appropriate, appear yourself in uniform».

ignorada, a inspiração que o modelo constitucional e institucional do *Sul* profundo poderia representar para a ultrapassagem de certas crises, ora anestesiantes, ora explosivas, que apoquentam este *Sul* à beira e a meio caminho entre as quimeras das metrópoles do Norte e as *ultrapassadas* tabancas do *Sul* que teimam em ser presente.

Um caso palpitante: Como é que à 1.45 H deste 4 de Janeiro de 2003, instante em que redijo estas linhas, se acomodam vinte e três partidos políticos legalizados mais dois a aguardar o registo no Supremo Tribunal de Justiça, a partir do qual começarão a gozar de personalidade jurídica?[1232]

Ora, o que não se pode esconder – muito embora seja *politicamente correcto* tentar esconder isso – é a incidência tribal de vários desses partidos ou a *burmedjização*[1233] de uns quantos.

Todos se proclamam partidos de vocação pan-nacional, mas poucos o são na realidade.

E mesmo aqueles que, na realidade, o são têm fases durante as quais há uma espécie de resvalar para os citados particularismos, fruto da liderança que circunstancialmente conduza o partido.

Com tantos partidos registados[1234] [por exemplo: PAIGC; FD, PCD (coligados na aliança Democrática); RGB; FDS; PUSD; FLING; PDP, MUDE, PRD (reunidos na UM); PRS; LIPE; FCG-SD; PSD; UNDP; PRP; PDS; ASG; PSGB; PDSSG; PUN; PST; PPG] e outros em vias disso, como o PMP, com tanta segmentação das respectivas bases sociais, onde é que se pretende chegar?

O destino imediato é a ingovernabilidade (ou porque as coalizões são estruturalmente inconsistentes, já que reunidas apenas para somar votos e repartir *tachos*, ou porque os outros que não acederam à governação vêem esta apenas como a coisa dessoutros).

Para mim, a chave do problema está na expansibilidade dos partidos para abrangências nacionais (sem prejuízo, quiçá, de os partidos minoritários, sem vocação governativa, valorizarem particularismos étnicos ou regionais).

Para lá, na verdade, da dialéctica do poder segundo o modelo do Norte, deve-se preservar uma plataforma institucional autóctone, por forma a ser encarada e harmonizada certa conflitualidade.

[1232] Em Dezembro de 2004, contar-se-ia com 28 partidos legalizados; em Abril de 2005, 21 candidatos presidenciais, para as eleições de Junho; em 2007, 33 partidos.

[1233] Partidos circunscritos, fundamentalmente, a uma comunidade mestiça (os *burmedjuss*).

[1234] O rol não é exaustivo.

O caminho será aceitar e desdramatizar a realidade étnica, aceitá-la de frente, até para potenciar a estratégia pan-nacional[1235].

Parece algo contraditória tal asserção, mas, em última análise, não é.

O percurso inverso demonstrou, à saciedade, a sua cabal inoperância. O recalcamento da questão étnica, ficcionando a sua inexistência, assemelha-se à manutenção de ingredientes culinários numa panela de pressão ao lume hermeticamente fechada, sem válvula.

A válvula do sistema deve ser, nomeadamente, a equacionação descomplexada da representatividade étnica nas estruturas sociais e políticas do Estado.

Estamos em presença de um exercício ainda não resolvido na Guiné-Bissau.

Talvez porque não pareça muito *civilizado* pensar assim. E vai-se fingindo que o problema não existe; vai-se tapando o sol com a peneira.

A consequência é uma desajeitada sobrerepresentação de um sector da sociedade (*v.g.*, cabo-verdianos, na I.ª República; pepeliss, numa certa fase da II.ª e III.ª República, conquanto sem grande expressão; balantas, na sub-fase involutiva post-7 de Junho da III.ª República).

É possível e necessário um equilíbrio inteligente na questão *poder e etnicidade*.

É possível e necessária a conciliação do mérito com tal representatividade.

A paz social e a evolução harmónica do país exigem esse mecanismo.

Perguntar-me-ão: e os resultados eleitorais?

O critério que propugnamos é este: a aritmética democraticista deve ser equiponderada com o imperativo da harmonia e paz sociais.

Através dos óculos do critério da equiponderação social, será inteligível, razoável e aceitável a operação acabada de sustentar.

Estabeleceu-se, praticamente, na História Constitucional que a erupção em grande e trágica escala, do totalitarismo de Estado, assim como do Estado providência[1236] constituíram molas propulsoras para a consolidação de uma perspectiva substancial do Estado de direito.

[1235] JEAN-CLAUDE MARUT ["La Rébellion Casamançaise Peut-elle Finir?", *in* Afrique Contemporaine, n.° 180, Octobre-Décembre 1996, p. 81-82] critica a atitude imediatista do poder senegalês em relação ao conflito de Casamance, que seria a de tentar abafar o problema, em lugar de procurar entender o «fondement de cette crise du modèle stato-national». Abafar o problema, como se «o facto de quebrar o termómetro fizesse baixar a febre».

[1236] A propósito da teorização sobre o Estado-providência, destacam-se as influentes obras de T.H. MARSHALL (Sociology at the Crossroads, London, Heinemann, 1963; Class, Citizenship

Nessa direcção, vai JACQUES CHEVALLIER: «La théorie de l'Etat de droit a été confrontée au XXe siécle à un *double défi*:

«Desafio proveniente da aparição de regimes totalitários cuja ordem jurídica, conquanto bem estruturada, não se apoia em qualquer dos valores subjacentes ao Estado de direito; desafio também proveniente do advento de um Estado providência, modificando em profundidade o substrato liberal no qual estava fundado o Estado de direito.

«Estes dois desafios não se situam no mesmo plano: enquanto que o primeiro faz ressaltar certas condições intrínsecas ao sistema do Estado de direito, o segundo conduz a inflectir os princípios tradicionais; não obstante, um e outro vão contribuir para fazer emergir uma concepção substancial do Estado de direito»[1237].

Faz-se, mister, no meu parecer, experimentar um terceiro trajecto indagativo, atinente ao *modus procedendi* para a aquisição do poder: Que desafio encerra o *putsch*?

Resposta: A redução do "Estado de direito" à forma.

Parece bizarro, mas é mesmo assim. Não é, a bem dizer, a substancialização o caminho, mas a forma.

Quem, sob o pretexto de que não se cumpriram requisitos substanciais do Estado de direito, lança mão da força redentora para derribar um regime e fundar um venerável Estado de direito, devia capacitar-se de que ao fazer o que fez transgrediu os postulados básicos do seu *Estado de direito*, qual seja a genesíaca observância da forma.

Não é a multiplicação de embaraços conceptuais o importante. Para começar, já não seria pouco entrar pela porta antes de curar do recheio da casa.

---

and Development, Westport, Greenwood, 1973) e de G. ESPING-ANDERSEN (The Three Worlds of Welfare Capitalism, Cambridge, Polity, 1990).

Relevam aqui os *direitos sociais*. Uma nova geração de direitos que integrariam o catálogo dos direitos fundamentais e do *Estado de direito*, dando corpo à cidadania.

1237 JACQUES CHEVALLIER, L'Etat..., cit., p. 95.

§ 3.° O CASO DA ÁFRICA POST-COLONIAL

1. La Baule e Meia Dúzia de Condicionalidades Democráticas

O Presidente da República francesa FRANÇOIS MITERRAND marcou a agenda política dos últimos anos, quando, na cimeira franco-africana de La Baule ocorrida de 18 a 21 de Junho de 1990, fez entender que o seu país preconizava uma cooperação reforçada com os Estados africanos que enveredassem de forma clara pela via democrática.

Significava isso estarem os *outros* Estados fora da lista especial de beneficiários da cooperação francesa.

Foi incisivo o então Chefe de Estado francês ao propugnar, segundo os dados da imprensa, o seguinte "esquema" para os seus parceiros africanos: «système représentatif, élections libres, multipartisme, liberté de la presse, indépendance de la magistrature, refus de censure».

A linha político-diplomática de condicionamento das ajudas ao desenvolvimento à opção democrática do Estado alvo já havia sido protagonizada, de forma pouco pacífica, por um Ministro francês da Cooperação em 1981, JEAN-PIERRE COT.

Revelador foi que em La Baule a única voz que se ergueu claramente contra a mencionada orientação saiu do Presidente tchadiano HISSÈNE HABRÉ, afivelando o argumento da ingerência da França nos assuntos internos dos Estados africanos. Algum tempo depois foi HABRÉ deposto[1238].

Para certos estadistas, tal orientação francesa (assim como de alguns Estados e instituições ocidentais: EUA, Canadá, Alemanha, Reino Unido da Grã-Bretanha, Bélgica, CEE/UE) traduz apenas uma transformação do neocolonialismo. Figuram nesta abordagem contestatária o líder líbio MUAMMAR AL QATHAFI, o Presidente zimbabueano ROBERT MUGABE, o Rei de Marrocos HASSAN II.

1238 *Cfr.* ALAIN-SERGE MESCHÉRIAKOF, Le Multipartisme en Afrique Francophone, Illusion ou solution? *in* G. Conac (dir), L'Afrique..., cit., p. 69 ss.;

GÉRARD CONAC, Les processus de Démocratisation en Afrique, *in* G. Conac (dir.), L'Afrique..., cit., p. 26 ss.

O condicionamento da vital ajuda ocidental aos Estados em Vias de Desenvolvimento, em particular africanos (para centrarmos o objecto do nosso estudo numa dimensão mais limitada), a reformas políticas jogou um papel que não se pode desvalorizar inteiramente nas transformações políticas e económicas que sacudiram o continente na década de noventa do século vinte[1239].

Houve, é certo, outros factores – tais como o contagiante exemplo de outros quadrantes geográficos, a queda de um certo paradigma político-ideológico, alguma convulsão intestina –, mas não se deve perder de vista o factor *pecúnia* (o factor **p**)[1240].

2. Golpes, Factos e Factos

A *festa* dos modernos golpes de Estado na África post-colonial começou, praticamente, com o começo do fim da época colonial.

Desde aí, o carnavalesco desfile de golpes de Estado, com este nome ou outro, tem sido incessante em África.

Mas um *festival non-stop* tem um limite de saturação para além do qual ele não é justificável, nem suportável para o auditório – os actores, esses, como se vão revezando, talvez nunca experimentem o tal estado de espírito.

Entre os anos 60 e 70 do século XX, a partir, portanto, da grande vaga das independências africanas, ocorreram dezenas de golpes de Estado na África negra (no espaço de apenas 12 ou 15 anos)[1241].

[1239] *Cfr.* RAINER GROTE, Rechtskreise im öffentlichen Recht, *in* AöR, 126 (2001), p. 18 ss. O autor é da opinião de que três *ondas de recepção* do Direito constitucional no mundo são identificáveis: A 1.ª teria sucedido a partir da Constituição americana de 1787, de documentos constitucionais franceses do século XVIII e da Constituição espanhola de Cadiz, de 1812 (a América latina encarregou-se, então, de *receber* tais influências); a 2.ª aconteceria no pós-2.ª Guerra Mundial, com a propagação dos modelos constitucionais francês, britânico e socialista (os alvos foram, desta vez, as antigas colónias situadas em África e noutros continentes); a 3.ª aconteceria, nos anos 80 do século XX, com a queda do comunismo na Europa oriental, a superação do *apartheid* na África do Sul e a difusão da democracia e do sistema de Estado de direito em África, América latina e Ásia.

[1240] Usualmente, no cardápio do libelo dos fazedores de golpe de Estado figura o atraso ou desregramento económico do país.

Será, pois, o desenvolvimento um elemento (dado conferir um arcabouço suplementar de legitimação ao poder instituído) dissuasor do golpe?

[1241] Entre os anos 60 e 80 do séc. XX, mais de 70 golpes e 13 assassínios de chefes de Estado ocoreram em África.

Cf. MAURICE-PIERRE ROY, Les régimes..., cit., p. 476;

BRUN-OTTO BRYDE, The Politics and Sociology of African Legal Development, Frankfurt, 1976, p. 23 ss. – fazia então notar B.-O. BRYDE que um relance sobre 43 sistemas constitucionais

De 1960 a 1975, foi um corropio de assalto armado ao poder que as décadas seguintes se limitaram a ampliar[1242].

– Em 23.7.1952, um pequeno grupo de "oficiais livres" conduziu um golpe de Estado no Egipto que se traduziu no derrube do Rei FAROUK e no surgimento de GAMAL ABDEL NASSER; 6.10.1981: o Presidente SADAT foi assassinado.

– Sudão: 1958 – IBRAHIM ABBOUD derruba o regime; 25.5.1969 – o Cor. EL NIMEIRI lidera um golpe de Estado, tornando-se PM; Julho de 1971 – o Partido Comunista Sudanês executa um golpe de Estado contra NIMEIRI; alguns dias mais tarde, militares anticomunistas recolocam NIMEIRI no poder; 1976 – tentativa de golpe; 6.4.1985 – golpe contra o Presidente NIMEIRI; entretanto, há um recrudescimento da guerra civil; 30.6.1989 – golpe de OMAR HASSAN AHMAD AL-BASHIR; 2003 – rebelião de Darfur;

– Em 13.6.1963, o Togo juntou-se à primeira fila do desfile da violência política, ao ser palco do assassínio do Presidente SYLVANUS OLYMPIO; 13.1.1967: golpe de EYADÉMA contra GRUNITZKY; 23.9.1986: tentativa de golpe; 25.3.1993: tentativa de golpe.

– Congo: Agosto de 1963: o Presidente YOULOU foi derrubado do poder; 31.7.1968: o Presidente MASSAMBA-DEBAT foi derrubado pelo Capitão MARIEN NGOUABI, transformando o Estado na *República Popular do Congo*; 16.3.1977: NGOUABI foi assassinado; Outubro de 1997: o Presidente PASCAL LISSOUBA foi derrubado pelas forças de NGUESSO, com o apoio militar de Angola.

– Em Junho de 1965, o chefe militar HOUARI BOUMEDIENNE (Ministro da Defesa) derruba AHMED BEN BELLA, na Argélia; a intervenção nos anos 90

---

africanos no ano de 1975 permitia assinalar a existência de 19 regimes militares, 2 mantiveram-se fiéis ao modelo de Westminster (Gâmbia e Botswana). A maior parte dos outros milita no sistema de partido único, no qual apenas uns tantos permitiam uma certa participação dentro da armação dos "democratic one-party-systems" (seriam, por exemplo, os casos da Tanzânia e do Quénia).

1242 Distancio-me das profissões de fé na violência como arma de mudança política na democracia.

Ignorando o contexto político e internacional em que foi produzida a declaração, cabe-me exprimir o mesmo afastamento em relação ao que BERNARD A. NKEMDIRIM afirmou em 1976 (*cfr.* BERNARD A. NKEMDIRIM, The Formation of National States and Collective Violence in Africa, *in* Claude Summer (ed.), African Philosophy, 2nd edition – Proceedings of the Seminar on African Philosophy: Addis Abeba, 1-3 December 1976 –, Addis Abeba, University, 1998, p. 236):

«(…) Contrary to the conventional wisdom that political conflict and political turmoil represent discontinuities or break down in the political process this paper presents an argument which views collective violence as one of the most constructive chapters of the new states.

«It helps to propel the African societies towards modern politics and nationhood».

Os tumultos subversivos, o culto, tantas vezes gratuito e contraproducente, da violência político-militar não se me afigura hoje praticável, tendo em vista a orientação democrática e a do falado Estado de direito.

das forças armadas, no sentido de ser estancada a tentativa da Frente Islâmica de Salvação de chegar ao poder por via eleitoral, deu lugar a uma mortífera guerra civil.

– República Centro-Africana: o primeiro golpe foi protagonizado, a 1 de Janeiro de 1966, pelo Coronel JEAN BEDEL BOKASSA, contra o Presidente DAVID DACKO, instaurando a monarquia.

O Coronel (aliás, Presidente vitalício, a partir de 2 de Março de 1972; aliás, Marechal, a partir de 19 de Maio de 1974; aliás, Imperador, a partir de 4 de Dezembro de 1977) BOKASSA seria afastado do trono pelo seu antecessor – que ele afastara anos antes – DAVID DACKO, por meio de um golpe de Estado que aconteceu em 21 de Setembro de 1979;

Tendo sido eleito Presidente em 1981, DACKO viria, porém, a 20 de Setembro do mesmo ano, a ser compelido a entregar o poder aos militares (a KOLINGBA); 2002 – golpe;

15.3.2003: após a retirada da Missão de Manutenção de Paz das Nações Unidas (MINURCA), os rebeldes de BOZIZÉ derrubam PATASSÉ.

– Líbia: em 1 de Setembro de 1969, foi a vez da Líbia conhecer uma mudança de regime pela força. Aconteceu quando uma Junta Militar, donde sobressaía MUAMMAR AL QATHAFI, depôs o Rei IDRISS.

– Foi o Congo Kinshasa (depois Zaire, com MOBUTU, mais tarde República Democrática do Congo, com KABILA), que, a 14 de Setembro de 1960, ajudou a inaugurar a era post-independência dos golpes de Estado militares.

O então Coronel MOBUTU assumiu militarmente o poder, *devolvendo-o* a seguir aos civis.

Antes do golpe mobutista, o Congo havia sido dirigido pelo Presidente da República JOSEPH KASAVUBU e pelo Primeiro-Ministro PATRICE LUMUMBA, os primeiros após a independência de 30 de Junho de 1960.

Com a secessão do Catanga proclamada por MOÏSE TSCHOMBÉ em 11 de Julho de 1960, o Congo conhecia mais um episódio convulsivo na sua história, antes do primeiro acto golpista de MOBUTU.

Pelo caminho ficou o Primeiro-Ministro PATRICE EMERY LUMUMBA, que, detido em Janeiro de 1961 por militares chegados ao então Chefe do Estado-Maior J.D. MOBUTU, foi entregue ao seu inimigo TSCHOMBÉ. Na noite de 17 de Fevereiro de 1961, foi assassinado.

O 2.° acto, esse, ocorreria a 25 de Setembro de 1965, quando MOBUTU resolve assumir as rédeas do poder (proclamou-se Presidente da República e Primeiro-Ministro)[1243].

1243 *Cf.* L.S. OLIVEIRA, "Zaire", *in* Polis – Enciclopédia verbo da Sociedade e do Estado, p. 1556-1557.

– 20.5.1997: a "Alliance des Forces Démocratiques pour la Libération du Congo" – liderada por LAURENT KABILA e reunindo forças de proveniência e apoios vários, como Uganda ou Ruanda – tomou o poder a MOBUTU, mercê de uma oposição armada bem sucedida; Janeiro de 2001 – assassínio do Presidente LAURENT-DÉSIRÉ KABILA pelos seus guarda-costas; assumiu o poder o filho JOSEPH KABILA; Junho 2004 – 2.ª tentativa de golpe.

– Comores: mais de 19 golpes ou tentativas desde a sua independência, em 1975; 1978 – assassínio do Presidente SOILIH e assunção do poder por ABDALLAH; finais dos anos 90 – assassínio de ABDALLAH e golpe; 28.9.1995 – novo golpe, contra DJOHAR, conduzido pelos mercenários de BOB DENARD, igual a vários outros; DJOHAR regressaria ao poder, após as forças francesas terem feito render-se os golpistas; 1999 – golpe de AZALI ASSOUMANI;

– Chegaria a vez do Benim [na altura, Daomé; só a partir de 30 de Novembro de 1975 (re)adquire o nome de Benim] exibir-se na *passerelle* dos golpes.

E foram muitas as ocasiões: 1963; 1965; 1967; 1969; 1972.

Um nome a reter: Tenente Coronel MATHIEU KEREKOU, que liderou a *passerelle* em Outubro de 1972, institui um regime de feição marxista-leninista, chama Benim ao país e, muitos anos depois (em 1996), ainda consegue jogar e ganhar o jogo democrático, entrando no segundo milénio da era cristã como Presidente da República do Benim.

– Burundi: a monarquia constitucional, instaurada com a independência em 1 de Julho de 1962, sofre um golpe palaciano (tudo em família) quando o filho do Rei MWAMBUTSA IV, NTARE V depôs o pai do trono a 8 de Julho de 1966; poucos meses depois, NTARE V cai do poder, graças a um golpe que instaura a República (foi a 28 de Novembro de 1966), liderado pelo Tenente-Coronel MICOMBERO; o mesmo que assistiu, no poder, a uma frustrada tentativa de golpe de Estado em 30 de Abril de 1972, mas que não resistiria ao golpe palaciano conduzido por três dezenas de oficiais, a 1 de Novembro de 1976; os conspiradores acabariam, em 9.11.1976, por nomear o Tenente-Coronel J.B. BAGAZA como Chefe de Estado; 1987: o Major PIERRE BUYOYA derruba o Cor. BAGAZA; 1993: assassinado o Presidente eleito MELCHIOR NDADAYE – um Hutu – pelas forças armadas dominadas por Tutsis, o que mergulhou o país em guerra civil; 1994: morrem o Presidente burundês NTAYAMIRA e o de Ruanda JUVÉNAL HABYARIMANA, num desastre de avião – o que motivou uma onda de violência nos dois países; 1996: golpe de Buyoya.

– Gana: 24.2.1966: assinala-se o golpe de Estado que derrubou KWAME N'KRUMAH, ausente do país, na ocasião; ao poder subiu o General ANKRAH que presidia a um Conselho Nacional de Libertação; 13.1.1972: golpe liderado pelo Cor. ACHEAMPONG contra AKUFFO-ADDO; 4.6.1979: JERRY RAWLINGS lidera golpe contra AKUFFO-ADDO (os dois últimos chefes de Estado – AKUFFO e ACHEAMPONG –, bem como vários oficiais, são executados); 31.12.1981: o Tenente da Força Aérea RAWLINGS volta a liderar um golpe – desta vez, contra o Presidente HILLA LIMANN. Induzido a organizar eleições, fê-las em 1992 e em 1996, tendo sido, ele e a sua força política, declarados vencedores. Mas observadores e oponentes vários consideram o processo eleitoral fraudulento.

– Nigéria: 15.1.1966: golpe de Estado, que colocou no poder o Gen. AGUYI IRONSI; Julho de 1966: golpe liderado pelo Tenente-Coronel JACK GOWON, oriundo do Norte (de sublinhar que o líder deposto e morto, General IRONSI, provém do Leste, a região dos Ibos). Muitas personalidades também foram mortas.

2.° acto da tragédia: golpe de Estado em 29.7.1975 contra o golpista JACK GOWON (GOWON que 5 anos antes vencera uma guerra civil de quase 3 anos, desencadeada com a proclamação, a 29.5.1967, da independência da região Leste – a República do Biafra – por um Ibo, o Ten. EMEKA OJUKWU) – à cabeça da Nigéria ascende o General MURTALA MOHAMMED;

M. MOHAMMED seria morto, a 13.2.1976, na sequência de uma falhada tentativa de golpe; 31.12.1983: o Gen. MUHAMMAD BUHARI lidera um golpe; Agosto de 1985: o Gen. BABANGIDA, 3.ª figura do Conselho Militar Superior, liderado por BUHARI, afasta, pacificamente, este; Abril de 1990: tentativa de golpe contra BABANGIDA; 17.11.1993: SANI ABACHA depôs SONEKAN.

– Seychelles: 5.6.1977 – golpe contra JAMES MANCHAM; para o poder, foi RENÉ; 1981 tentativa de golpe de MIKE HOARE.

– Guiné Equatorial: 1979 – golpe de TEODORO NGUEMA MBASONGO contra o Presidente MASIE NGUEMA BIYOGO ÑEGUE NDONG; Março de 2004 – 64 indivíduos foram detidos em Harare e considerados mercenários com a missão de derrubar o Presidente MBASONGO.

– Burkina Faso: quando em 1966, as forças armadas intervieram militarmente afastando o primeiro Presidente da República do então Alto Volta, YAMÉOGO, começou a história golpista do pós-independência neste país oeste-africano.

No poder os militares colocariam o General SANGOULÉ LAMIZANA; fora dele colocariam YAMERGO;

Em 1980 (25 de Novembro), novo golpe, a derrubar o Presidente LAMIZANA (que, entretanto, havia retomado a senda da democracia em 1971, permitindo a constituição e funcionamento de partidos políticos e realizando eleições em 1978, cujas presidenciais vencera, cabendo à União Democrática Voltaica a maioria absoluta nas legislativas). A acção foi liderada por um comité militar presidido pelo Coronel SAYE ZERBO[1244]; 1982: golpe de JEAN-BAPTISTE OUÉDRAOGO contra ZERBO;

1244 *Cf.* M. ALVES DE OLIVEIRA, "Alto Volta", *in* Polis – Enciclopédia Verbo da Sociedade e do Estado, 1, p. 272.

Em 4.8.1983, coube a vez a THOMAS SANKARA de chegar ao poder pela força.

Em 15 de Outubro de 1987, é SANKARA assassinado.

A partir dali, surge BLAISE CAMPAORÉ a liderar o chamado processo de «Rectification».

– Uganda: a peça é um bocado comprida e um tanto fastienta, avisa-se:

Fevereiro de 1966 – EDWARD MUTESA II é derrubado por um golpe militar, no seguimento do qual MILTON OBOTE assume todos os poderes e suspende a Constituição[1245];

25.1.1971 – o Presidente OBOTE é afastado militarmente do poder, a 25 de Janeiro (enquanto participava numa conferência internacional – da *Commonwealth* – em Singapura), pelo General IDI AMIN DADA, na altura Chefe do Estado-Maior do Exército;

1979 – assume a oposição o poder, com o envolvimento dos militares, depois de a Tanzânia invadir em Novembro de 1978 o país, o que ocasionou a fuga de IDI AMIN DADA (entrementes, YUSUF LULE é eliminado por GODFREY BINAISA, tornando-se este Chefe de Estado);

27.7.1985 – o General BASÍLIO O. OKELLO toma Kampala e derruba do poder MILTON OBOTE que, entretanto, havia regressado ao poder em 1980;

1986 – BASÍLIO O. OKELLO é derrubado por YOWERI MUSEVENI, chefe do Uganda Peoples Army (UPA) – transformado mais tarde na National Resistance Army (NRA), na sequência da fusão com o Democratic Party (DP), de YUSSUF LULE.

– Serra Leoa: Março de 1967 – o PM SIAKA STEVENS foi preso pelo Brig.° LANSANA; 23.4.1967 – um grupo de militares, sob a liderança do Brig.° JUXON-SMITH prende LANSANA e suspende a Constituição; Abril de 1968 – a "Revolta dos Sargentos" derruba o "National Reformation Council" dirigido por SMITH; O PM SIAKA retoma o cargo de PM; 29.4.1992 – o Cap. STRASSER lidera o golpe que conduziu ao exílio o Presidente MOMOH; 25.5.1997 – o Maj. JOHNNY PAUL KOROMA derruba o Presidente KABBAH e convida a "Revolutionary United Front" a integrar o governo; Março de 1998 – com a intervenção da ECOMOG, liderada pela Nigéria, o Presidente KABBAH é reinstalado no poder; 6.1.1999 – tentativa de golpe protagonizada pela RUF.

[1245] O Primeiro-Ministro MILTON OBOTE havia procedido a uma série de prisões de vários dos seus ministros, numa altura em que vários destes preparavam estratagemas para derrotar OBOTE no próprio partido, o Uganda People's Congress (UPC).

Face à tentativa protagonizada pelo Rei (Uganda era, então, uma monarquia constitucional) de contrariar tais prisões, este foi deposto por OBOTE. E assim terminou o *Namulondo* (o trono).

Para uma sucinta análise desse e doutros fenómenos da experiência política ugandesa, *cfr.* GÉRARD PRUNIER, L'Ouganda: Une Démocratie Populiste Autoritaire, *in* Gérard Conac (dir.) L'Afrique..., cit., p. 369 ss.

– Congo: a 31 de Julho de 1968 o Capitão MARIEN NGOUABI opera um golpe de Estado substituindo o Presidente da República MASSEMBA-DEBAT e transformando o Estado na *República Popular* do Congo.

– Mali: a 19 de Novembro de 1968, o Coronel MOUSSA TRAORÉ desferiu o primeiro golpe de Estado na República do Mali (vítima: MODIBO KEITA, o primeiro Presidente do Mali independente); 26.3.1991 – golpe contra TRAORE.

– Somália: palco de conflitos internos endémicos e internacionais congénitos (reivindicação de Ogaden, nas mãos da Etiópia), o país foi sacudido em 1969 por um golpe de Estado conduzido por uma Junta Militar presidida pelo General MUHAMMAD BARRE (que permaneceria à testa de um Conselho da Revolução, nos anos subsequentes); foi então morto o Presidente da República ABDIRACHID ALI SHERMARKE.

– Madagáscar: em 1972, o General RAMANANTSOA tomou o poder pela força, à frente de um conjunto de militares derrubando o 1.° PR PHILIBERT TSIRANANA.

Dessa data a 1975, viu-se o assassinato do Coronel RATSIMANDRAVA que se tinha alcandorado à direcção do país, após a renúncia de RAMANANTSOA e a assunção do poder pelo Capitão-de-Fragata DIDIER RATSIRAKA. RATSIRAKA que protagonizaria no 3.° milénio, em plena democracia, uma peleja eleitoral, no mínimo esquisita, que ditou a sua derrota, diz-se, a favor do seu opositor RAVALOMANANA – ao que chegou a democracia!

– Ruanda: mais um país onde a instabilidade tem sido palavra de ordem; *Leitmotiv*: desentendimento entre Hutus e Tutsis;

Em 1973, conhece um golpe de Estado[1246]; 1994 – conflito étnico entre Hutus e Tutsis, com centenas de milhar de mortos; um momento capital neste violento conflito é o derrube, a 6.4.1994, do avião onde seguiam os Presidentes do Ruanda (HABYARIMANA) e do Burundi (NTARYAMIRA), ambos Hutus; morreram os dois]; 16.7.1994: os Tutsis da RPF, comandados por KAGAME consumaram a derrota do governo Hutu.

– Niger: o Tenente-Coronel SEYNI KOUNTCHÉ desferiu em Abril de 1974 o primeiro golpe de Estado ao derribar o 1.° Presidente do Níger independente, HAMANI DIORI, passando o país a ser dirigido pelo Cor. SEYNI KOUNTCHÉ;

[1246] A desavença *étnica* em apreço tem contaminado não só o Ruanda, como o Burundi e como também o Zaire (hoje, República Democrática do Congo).

Pondo em destaque esse "potencial desestabilizador" da "questão étnica", representação duma "questão geopolítica" da mais elevada monta, *cfr.* THIERRY VIRCOULIN, Au Coeur des conflits, L'Etat, *in* Afrique Contemporaine, n.° 180, Octobre-Décembre 1996..., cit., p. 201].

Remontando ao ano de 1957 (não significa, porém, tal data o ano zero da questão), localizaremos um documento histórico no desenvolvimento da conflitualidade entre os Tutsis e os Utus.

Intitula-se "Manifesto dos Bahutu" e sublinha vivamente que o problema «é antes de tudo um problema de monopólio político de que dispõe uma raça, a Mututsi».

Em Janeiro de 1996, IBM (IBRAHIM BARÉ MAÏNASSARA), antigo Ajudante de Campo do Presidente SEYNI KOUNTCHE, concretiza um golpe de Estado contra o Presidente MOHAMED OUSMANE, eleito em Janeiro de 1993, tornando-se Chefe de Estado. Transmuda-se, depois, em Chefe de Estado democrático, mercê de algumas operações de feições democráticas.

A 9 de Abril de 1999, é assassinado, metralhado, o General MAÏNASSARA, num golpe dirigido pelo Major DAOUDA MALAM WANKÉ (nomeado, na sequência, chefe de Estado). A acção foi executada pala sua própria guarda. A junta militar que assumiu, então, o poder considera o acto um «accident regrettable»...

– Etiópia: a vetusta Etiópia do *Leão de Judá,* TAFARI – que sucedeu ao falecido MENELEC II, tendo sido proclamado em 1930 "Negus" e apelidado HAILÉ SELASSIÉ –, foi rasgada por um golpe militar que afastou HAILÉ SELASSIÉ, em setembro de 1974;

SELASSIÉ – descontando o interregno da ocupação italiana sucedida entre 1936 e 1941, altura em que forças militares inglesas e etíopes expulsaram da Etiópia o domínio italiano, dando lugar a um renomeado por SELASSIÉ *Império da Etiópia* – reinara mais de quatro décadas;

Havia clivagens no seio do generalato, entre liberais e radicais; o Coronel MENGISTU HAILÉ MARIAM ocupa a Presidência em 1977; no aludido intervalo, o General AMAN ANDOM, que assumira o poder, é fuzilado em 1974, tendo merecido igual destino, em 1977, o Presidente TEFERI BENTI; em Maio de 1991, a Frente Revolucionária Democrática do Povo Etíope (que agrupava a Frente de Libertação do Povo de Tigre e outros movimentos de carácter étnico) tomou Addis Ababa, o que fez com que MENGISTU se exilasse no Zimbabwe.

– Tchade: o conturbado Tchade assistiu a um golpe de Estado militar, liderado por KAMOUGUE, quando, a 13 de Abril de 1975, é morto o Presidente TOMBALBAYE.

Para o seu lugar colocou-se o General FÉLIX MALLOUM.

Este viria, em 1979, a ser derrubado, ocupando o seu posto o Tenente-Coronel KAMOUCHE;

No início da década de oitenta, as confrontações que opuseram GOUKOUNI a HABRÉ deram, a um primeiro tempo, a vitória militar àquele. Mas com a retirada das forças da Líbia, que haviam amparado GOUKOUNI, não de forma puramente desinteressada, provavelmente, HABRÉ ripostou e conseguiu a vitória.

– Senegal – conflito de Casamance; um conflito de "baixa intensidade" que se arrastou durante as últimas duas décadas do século XX e a primeira do XXI.

– Libéria: em Abril de 1980, com o golpe de Estado conduzido por SAMUEL K. DOE (no decurso do qual o Presidente TOLBERT JR seria deposto e executado), este Estado, em direcção ao qual antigos escravos africanos das Américas fizeram o mar de volta, agora sem grilhetas, com o sonho de reencontrar a sua memória, o seu sangue e o seu chão perdidos em tempos, este Estado ao qual antigos escravos regressaram para firmar, desceu, desde esse Abril de 1980, aos infernos; são guerras que nunca mais terminam, instabilidade, tentativas de golpe de Estado; o próprio SAMUEL DOE foi selvaticamente torturado e assassinado pelos seus inimigos em Setembro de 1990; CHARLES TAYLOR lidera a rebelião que pôs fim ao regime de DOE (mas não à guerra civil);

Em Julho de 1997, decorridos que foram quase 10 anos de guerra civil, um dos líderes rebeldes, CHARLES TAYLOR, ganhou as eleições presidenciais realizadas sob o guarda-chuva da CEDEAO e do braço armado desta, a ECOMOG; 11.8.2003 – o Presidente TAYLOR foi forçado a deixar o poder, para um exílio na Nigéria.

– Guiné-Bissau: Na noite de 14 de Novembro de 1980, uma alta figura militar, com uma reputação mítica de chefe de guerra contra o poder colonial português, capitaneou um golpe de Estado na Guiné-Bissau; chama-se JOÃO BERNARDO VIEIRA (ou NINO ou KABI NA FANTCHAMNA, nomes *de guerra* por que é conhecido) e as vítimas foram o Presidente do Conselho de Estado da Guiné-Bissau e o projecto cabraliano da Unidade Guiné-Cabo verde;

1983, 1985, 1993: tentativas de golpe, na versão das autoridades.

Em 7 de Maio de 1999, dá-se o longo parto do golpe de Estado iniciado na alvorada do dia 7 de Junho de 1998 pelo ex-Chefe do Estado-Maior das Forças Armadas, Brigadeiro ANSUMANE MANÉ, e amparado por uma notável plêiade de figuras e partidos políticos, da oposição e da situação (de entre estes últimos, os que se encontravam mais para o lado da oposição do que para o do poder, devido a certos dissensos que, ao longo dos tempos, mas principalmente com a demissão do primeiro Governo do PAIGC saído das primeiras eleições pluripartidárias, se foram acumulando);

A 14 de Setembro de 2003, um golpe de Estado militar pôs fim ao controverso consulado koumbista. Se bem que o Presidente deposto haja, depois, firmado e lido (perante uma delegação da CEDEAO[1247], a partir da sua residência,

[1247] No final da missão desenvolvida de 15 a 17 de Setembro de 2003, a delegação (formada pelos Ministros dos Negócios Estrangeiros do Gana – que chefiou a mesma –, Nigéria, Senegal, Guiné-Conakri e Cabo Verde), na presença do Coordenador-Residente do PNUD e do Embaixador do Brasil (em representação da CPLP), produziu e divulgou um comunicado no qual, entre outras coisas, alegava que «Após intensivas discussões e concertações a delegação chegou à conclusão seguinte»: «As Forças Armadas declararão que não estão interessadas no poder e regressarão às casernas» [registe-se que, o Chefe do Estado-Maior das Forças Armadas, Gen. VERÍSSIMO SEABRA, cabeça visível do golpe, já se havia autoproclamado Presidente da República]; formação de um «Governo de Unidade Nacional de Transição», a integrar só por civis, «através de amplas consultas»; «O Presidente Koumba Yalá concordou voluntariamente em deixar o poder no interesse da Unidade Nacional, paz e estabilidade do país».

para onde fora conduzido em regime de prisão domiciliária, dizia-se[1248]) uma declaração de *renúncia*[1249] ao cargo (mais um contributo do país à teoria e *praxis* política: a *renúncia* coactivamente voluntária)[1250].

1248 De acordo, porém, com o Vice-CEMGFA, Gen. EMÍLIO COSTA, o Dr. YALÁ era um homem livre – «desde que foi para a sua casa, ele é livre»; «colocamos um aparato militar em sua casa para poder manter a sua segurança e dos seus familiares».

1249 *Vide* Apêndice 11-a (na linha, de resto, da *Renúncia* do Presidente NINO – *cfr.* Apêndices 9, 10 e 11). A declaração (a que vem publicada «na íntegra» em Apêndice, extraída do Jornal Gazeta de Notícias, de 19.9.2003, aparece amputada de alguns acréscimos divulgados no Diário de Notícias de 18.9.2005 – nomeadamente, esta promessa: "agradeço ao povo da Guiné-Bissau e reitero a minha disponibilidade, porque a luta política vai continuar") não vem, em nenhum passo, qualificado como "renúncia", conquanto possa ser considerada como tal, de um ponto de vista substancial. O declarante utilizou, uma só vez, a expressão "decidi deixar o cargo de Presidente da República".

Os elementos que precedem e servem de fundamentação a esta *decisão* são os sequentes: «(...) decidi, soberana e livremente, proclamar o seguinte: Admitimos todos a extrema gravidade da situação actual e, se ele persistisse, ocorreria uma vez mais em detrimento do valente povo guineense.

«Devemos também mostrar ao mundo o nosso empenho na persecução da nossa experiência democrática e no cumprimento da Constituição» (*sic*).

«É em nome dessas preocupações (...) que, na sequência de uma mediação da CEDEAO (...), proponho este compromisso aos (...) chefes da Forças Armadas: (...)».

Declaração de Renúncia que KOUMBA viria a impugnar judicialmente, através de uma acção intentada no Tribunal Regional de Bissau, em Março de 2005, visando conseguir a declaração da sua nulidade, por ter sido feita mediante coacção. O propósito seria desimpedir o caminho da candidatura às eleições presidenciais de 2005, atento a que a Constituição, momeadamente, veda ao Presidente renunciante a possibilidade de concorrer às «eleições imediatas» e às que sejam efectuadas «no quinquénio imediatamente subsequente à renúncia» (art. 66/3 CRGB).

Mas face a um tempo de reacção do tribunal não do agrado do projecto koumbista, bem como ante uma propalada intenção do Supremo Tribunal de Justiça de inviabilizar a aludida candidatura, KOUMBA YALÁ ameaçou, em 30.3.2005, assumir o poder (revogando a sua *carta de renúncia*), caso se concretize aquele cenário.

Em resposta, o PM CADOGO JR diz, a 31.3.2005, que *Estado é Estado* e que reagiriam com força a uma situação de desordem pública.

«Não houve golpe de Estado na Guiné-Bissau. Há uma crise de sucessão, que resulta da demissão de Kumba Ialá», teria dito (Expresso, de 20.9.2003) em Bissau o Presidente do Gana e da Comunidade Económica dos Estados da África Ocidental (CEDEAO), JOHN KUFUOR – que, tal como os chefes de Estado do Senegal e da Nigéria, bem como vários Ministros de outros países, havia viajado para Guiné-Bissau, após a consumação do golpe militar, na expectativa, quiçá, de remediar a situação.

1250 Não inteiramente original, é certo (*cfr. Apêndice 1*, nota de rodapé 199).

Alguns excertos da declaração foram divulgados pelo jornal português Diário de Notícias, de 18.9.2003:

«O discurso de renúncia de Kumba Ialá, gravado ontem de manhã, foi difundido ao final da tarde. Depois de referir o "papel de destaque (da Guiné-Bissau) no combate pela dignidade

– Moçambique: 1982 – guerra civil (com forte interferência estrangeira) protagonizada pela RENAMO e FRELIMO; 1986 – o Presidente MACHEL morre num desastre aéreo.

---

dos povos africanos", Kumba Ialá declara "soberana e livremente" que "devemos mostrar ao mundo o nosso empenho na persecução da nossa experiência democrática e do cumprimento da constituição" perante a "extrema gravidade da situação"». «Assim, "colocando os interesses da Guiné-Bissau acima dos nossos interesses pessoais" e "na sequência de uma mediação da CEDEAO (Comunidade Económica para o Desenvolvimento dos Estados da África Ocidental), proponho um compromisso aos nossos irmãos chefes das Forças Armadas"». «São nove pontos no total: "a nomeação de um governo civil de unidade nacional e transição liderado por uma personalidade guineense que reuna o consenso nacional"; "que as eleições gerais se realizem num período razoável"; "em nome da unidade nacional decidi deixar o cargo de Presidente da República"; "apelo à disciplina, unidade e renascimento nacional em torno do novo Governo"; "apelo à CEDEAO, à UA, à ONU, à UE, à CPLP para que apoiem o Governo de unidade nacional e lhe permitam cumprir o calendário eleitoral"; "agradeço às forças militares terem evitado a perda de vidas humanas"; "apelo à diáspora guineense para que participe no renascimento nacional"; "agradece aos Chefes de Estado africanos e especialmente aos da CEDEAO"; "agradeço ao povo da Guiné-Bissau e reitero a minha disponibilidade, porque a luta política vai continuar"».

Bissau voltou a estar nas bocas do mundo, como a gente gosta. Foi um corropio de diplomatas, estadistas, rios de tinta nas publicações, engarrafamentos na internet, e nas rádios, para ficarmos por estes meios de comunicação.

Vou reproduzir – sem mais comentários, que já os fiz aqui, noutros lugares – um trabalho jornalístico de H. TECEDEIRO, publicado no DN, a 18.9.2003:

«O adeus de Kumba»

Helena Tecedeiro

«Kumba Ialá aceitou ontem abandonar a Presidência da Guiné-Bissau, renunciando ao cargo, num discurso transmitido pela rádio e televisão, depois de intensos esforços diplomáticos. Após a renúncia, a delegação da Comunidade Económica para o Desenvolvimento dos Estados da África Ocidental (CEDEAO), que medeou o acordo entre o agora ex-chefe de Estado e o líder golpista, general Veríssimo Seabra, frisou que a sublevação militar não será reconhecida.

«A CEDEAO sublinhou, em comunicado, que não aceitará nenhum "Governo que chegue ao Poder através de meios inconstitucionais ou pelo uso da força". Apelando à "restauração da ordem constitucional e do Estado de direito", a CEDEAO enfatizou a necessidade de o próximo Governo de transição ser composto exclusivamente por civis. Referindo, também, que as Forças Armadas guineenses já mostraram não estar "interessadas no Poder político e que regressarão às casernas".

«Em Bissau, milhares de pessoas manifestaram o seu apoio ao Comité Militar para a Reposição da Ordem Constitucional e Democrática, nome da junta militar saída do golpe. Entre as palavras de ordem, podia ouvir-se "viva os defensores da pátria e da democracia!", "saudamos a restituição da legalidade pelas nossas forças armadas", "não queremos organizações que defendem os presidentes e esquecem o sofrimento que eles impõem aos seus povos".

«As 48 horas de intensas negociações foram sempre mediadas pela CEDEAO, deixando, mais uma vez, tal como em São Tomé e Príncipe, a CPLP (Comunidade de Países de Língua

– Guiné Conakri: 3.4.1984 – golpe do Tenente Cor. LANSANA CONTÉ, após o falecimento (a 26.3.1984) do Presidente AHMED SÉKOU TOURÉ.

– Camarões: 1984 – tentativa de golpe contra BIYA.

– Mauritânia: 1984 – golpe de AHMED TAYA; 8.6.2003: tentativa de golpe; 3 de Agosto de 2005: golpe contra TAYA.

– Tunísia: 7.11.1987 – golpe de ZINE BEN ALI derruba BOURGUIBA.

– Lesoto: Fevereiro de 1990 – LEKHANYA afasta do poder e exila o Rei MOSHOESHOE II; Agosto de 1994 – o Rei LETSIE III executa um golpe, suspendendo o parlamento; pouco tempo depois, seria, no entanto, obrigado a restaurar o governo eleito.

– Gâmbia: 1981 – tentativa de golpe (derrotada pelas forças senegalesas, que intervieram a pedido do Presidente gambiano) protagonizada por KUKOI SAMBA SANYANG; a 22 de Julho de 1994, o jovem capitão YAYA JAMMEH[1251] derrubou, através de um golpe de Estado, o Presidente DAWUDA JAWARA. Vários *casos* seguir-se-iam, consideradas tentativas de golpe de Estado.

– Côte d'Ivoire: tardou, mas chegou o fim da *insularidade* da Côte d'Ivoire. Insularidade porquanto, numa região e num continente profundamente marcados por guerras, golpes de Estado, instabilidade política e social, a Costa do Marfim vinha marcando a diferença com um percurso de paz social e política, a par de relativo sucesso económico.

Mas a *ilha* acabaria por juntar-se ao *continente*, mercê daquela força de atracção que a natureza evidencia quando estão em órbita dois astros de massas notavelmente desiguais.

Tal fenómeno ocorreu logo na quadra natalícia de 1999.

Portuguesa) na sombra. Esta última mandatou os bons ofícios do embaixador português em Bissau, Jorge Jacob de Carvalho, e do embaixador brasileiro, Arthur Vivacqua Meyer. Os embaixadores deveriam procurar uma solução honrosa para Kumba Ialá, discutir os termos da renúncia e um período de transição estável. No entanto, a diplomacia lusófona acabou por ser ultrapassada pela francofonia, tal como se pode depreender do discurso do ex-presidente. Kumba Ialá refere explicitamente que a sua demissão veio "na sequência de uma mediação da CEDEAO".

«Os militares golpistas, com ligações a Portugal, solicitaram uma delegação da CPLP, para contrabalançar os esforços africanos da CEDEAO. Lisboa chegou a contactar o ministro dos Negócios Estrangeiros timorense, Ramos Horta, para chefiar essa delegação, mas este não tinha disponibilidade nas próximas semanas. Devido a problemas "logísticos", a delegação não seguiu para Bissau».

[1251] O pensamento de JAMMEH é revelado numa entrevista ao *Vanguard*, de 14.10.1996 (citada por S. ADEJUMOBI, Elections in Africa: A Fading Shadow of Democracy?..., cit., p. 66), onde a democracia é qualificada como algo que não é para africanos, onde os direitos humanos são etiquetados como «illegitimate sons of Africa» devendo ser enviados para «six feet down».

Aquilo que havia começado como um «banal motim» de escassas dezenas de soldados,[1252] rapidamente se propagou em golpe de Estado, no dia 24 de Dezembro.

[1252] Cerca de 100 soldados (como noticiava o jornal senegalês Le Temoin, na sua edição n.° 491, de 29 de Dezembro de 1999 a 3 de Janeiro de 2000) bastaram para a destruição do orgulho ivoiriense, chamado estabilidade.

Quando, por volta das 13.30 H de 23 de Dezembro de 1999, cerca de 100 jovens soldados marfinenses regressados da República Centro-africana, de uma longa missão de manutenção de paz, no âmbito da MINURCA, ocuparam algumas artérias de Abidjan, disparando tiros esporadicamente, houve quem pensasse tratar-se duma questão menor a ultrapassar facilmente.

Reivindicavam os seus salários em atraso.

Ocupam a RTI (Radio TV Ivoirienne), cortam determinadas artérias rodoviárias da capital, ensaiam o isolamento do aeroporto internacional Houphouet Boigny.

As negociações com o poder são encetadas, mas, durante as mesmas, os soldados acrescentam mais outro ponto no caderno reivindicativo, qual seja a libertação de personalidades políticas detidas desde Outubro de 1999, pertencentes ao partido de ALASSANE DRAMANE OUATTARA, o Rassemblement des Républicains, da oposição marfinense. Provocou tal acrescentamento de última hora algum mal-estar entre o *entourage* presidencial, a começar pelo próprio Chefe de Estado, tendo, no entanto, sido determinado o prosseguimento das negociações no dia seguinte.

Mas é no dia seguinte que aparece de rompante o General ROBERT GUEÏ (ex-Chefe do Estado-Maior das Forças Armadas, entretanto afastado do oficialato, na sequência de um seu suposto envolvimento na preparação de um golpe de Estado que não chegou a conhecer a luz do dia; ex-Ministro de governos anteriores), perante a televisão a proclamar: «À partir de cet instant, le Président Henri Konan Bédié n'est plus le président de la République».

Alegando representar os jovens soldados amotinados, anuncia a criação de um *Comité de Salut Public*, dissolve o Parlamento, o Governo, o *Conseil Constitutionnel* e a *Cour Suprême*.

Entretanto, a onda militar golpista invadira a prisão (MACA – Maison d'Arrêt et de Correction d'Abidjan) de Yopougon, onde se encontravam encarcerados os dirigentes do Rassemblement des Républicains, libertando-os, assim como os mais de 6000 presos de delito comum.

Há pontos de interrogação nesta história atinentes ao espectacular surgimento do General GUEÏ na manobra golpista da véspera do Natal de 1999.

O ex-Chefe de Estado-Maior das Forças Armadas (oriundo de uma das ramificações dos yacoubas, na zona ocidental – Man – da Côte d'Ivoire) encontrava-se fora da capital para festejar o Natal, quando teria recebido a notícia segundo a qual a sua esposa teria sido alvo, em Abidjan de uma tentativa de sequestro por soldados revoltosos (*vide* o artigo de PAUL MICHAUD, «Is it Africa's "good coup" ?», *in* New African, February 2000).

Sai o nosso General (afastado, compulsivamente, das Forças Armadas), *a galope* rumo à capital para, diz-se, salvar a esposa e, *en passant*, como quem não quer a coisa, «balayer la maison pour tout remettre en ordre» (a *maison* é, neste caso, não a sua vivenda, mas o país) – nas próprias palavras de GUEÏ, relatadas por um colaborador de "Le Temoin" (..., cit., p. 7), BEN MOCTAR.

Chegado à capital no dia 23 de Dezembro, depara-se ao General uma manifestação de apoio popular e militar.

Acto contínuo, o mesmo proclama o derrube do Presidente da República e a dissolução dos órgãos suprareferenciados.

Menos de 48 horas a seguir ao início do movimento golpista, surge, de várias franjas da

---

sociedade marfinense, o apoio ao golpe. São os partidos políticos, incluindo o Parti Démocratique de Côte d'Ivoire, antigo partido governante;

São (todos, praticamente) os chefes das Forças Armadas, da Polícia e da *Gendarmerie*.

De nada valeu o apelo do Presidente BEDIÉ à «résistance populaire» para fazer face a um «coup de force rétrograde et grotesque». A Côte d'Ivoire havia já integrado a coluna dos (muitos) Estados africanos onde o poder supremo pertence aos homens das armas, não ao povo, pelo voto.

Nesta história toda, uma palavra tonitruante: *Ivoirité*.

Uma ideia-força que mobilizou um povo contra a outra parte da *população* (adaptando e desconstruindo a fraseologia PAIGCista dos anos 60/70 – que distinguia entre o P*ovo*, afecto ao PAIGC, e a *população*, todos os outros), considerada alógena.

No dia 22 de Dezembro de 1999, antes de ser deposto (e refugiar-se, sucessivamente, no 43.° *Bataillon d'Infanterie de la Marine* das forças armadas francesas colocado nas proximidades do aeroporto da capital, no Togo e em Paris), o Presidente HENRI KONAN BÉDIÉ encerrava o seu discurso perante os deputados com esta interrogação-bomba cujos estilhaços alvejavam, simultaneamente, muitos dos seu adversários políticos internos e externos e uma franja considerável da população, não autóctone:

«Quelles sont ces personnes qui se disent Ivoiriennes les jours pairs et non Ivoiriennes les jours impairs?».

Primeiro atingido: o líder do Rassemblement des Républicains, ALASSANE OUATARA, catalogado de Burkinabe e, por isso, de acordo com o ordenamento jurídico ivoiriense, sem capacidade eleitoral passiva para o cargo de Presidente da República, cargo há muito perseguido por este antigo Ministro e Primeiro-Ministro da Côte d'Ivoire, antigo n.° 2 do FMI e do BCEAO, Banco Central dos Estados da África do Oeste. Como ele, milhões de habitantes desse tradicionalmente hospitaleiro país sentiram-se marginalizados, se assim se pode dizer. Um Estado com cerca de três milhões de Bourkinabés, 800.000 Senegaleses, 150.000 Libaneses, 20.000 Franceses.

A ideologia hipernacionalista da *Ivoirité*, vivamente defendida por HENRI KONAN BÉDIÉ, teria sido elaborada, conta-se, no seio do gabinete do ex-Presidente BÉDIÉ, mais precisamente pelo Director de Gabinete JEAN NOËL LOUKOU, historiador (*vide* artigo de CHARLES KOUADIO, Le Crépuscule des Fachos Baoulé, *in* Le Témoin..., cit., p. 7; sobre o *affaire* OUATTARA – ou a(s) sua(s) nacionalidade(s) –, *vide*, ainda, a edição n.° 329 do África International, p. 16-19) uma outra componente susceptível, talvez, de ajudar a explicar o desenlace da véspera do Natal de 99 é o nível de consideração em que o regime de KONAN BÉDIÉ se situava, do ponto de vista de entidades externas, estaduais ou não.

O governo socialista gaulês de JOSPIN e a presidência de CHIRAC disfarçavam já mal o incómodo que a governação marfinense lhes provocava.

Similar estado de espírito poder-se-ia verificar num sector da Administração dos Estados Unidos da América.

Perscrutemos a opinião do articulista PAUL MICHAUD (in New African..., cit.):

«When Bedie took his campaign to Paris – where he sent a number of high-level officials to explain to the press and government the reasons behind his decision to deny Outtara his Ivorian nationality, *French officials* – especially the Africa advisers to Socialist prime minister Lionel Jospin, but also some Gaullists close to President Jacques Chirac – *said* "they had had *enough*"

---

and that *Bedie*, Whom they claimed had become an "embarrassment" to the French, *might best be sacked*».

E prossegue: «this opinion was apparently shared by the US.

«According to sources close to Lionel Jospin, Africa specialists at the State Department and the *White House* had indicated to the French a desire to see Bedie gently removed from office.

«This was to pave the way for a return of the World Bank and other aid agencies to help the country – which has also become in recent years an important center of the US economic presence in Africa».

Cosendo as bandas, observa o autor, «strangely enough, in a evident demonstration of an old adage which says "the true capital of Côte d'Ivoire its not Abidjan but Paris", the French capital had played host before the coup to three other celebrated Ivorians – none of them part of Bedie's official delegation and hardly supporters of Bedie or his government.

«Yet the three men had arrived almost simultaneously in Paris with Bedie's official spokesmen».

As três figuras não são, nada mais, nada menos, que ALASSANE OUATTARA (que passou uma temporada em França antes de regressar à Côte d'Ivoire alguns dias após o golpe), ROBERT GUEÏ (que o New African revela ter sido visto em Paris nos meses de Novembro e Dezembro de 1999, tendo GUEÏ regressado à Côte d'Ivoire apenas duas semanas antes do golpe) e LAURENT GBAGBO (líder do Parti Socialiste Ivoirien, que seria proclamado vencedor das eleições que se seguiram ao golpe de 24 de Dezembro de 1999).

As condições impostas pelas autoridades francesas para dar refúgio a KONAN BÉDIÉ, após o golpe que o afastou do poder, traduzir-se-iam no não contacto com os órgãos de comunicação social e com antigos membros do governo ou personalidades interessadas no seu retorno ao poder (lê-se no artigo citado).

Importa citar o último parágrafo do artigo, que vem na sequência do que se acabou de colocar supra.

«Interestingly, while Bedie is being cut off from the world by the very French officials he thought were interested in his being maintained in power, Gueï, on the other hand, is being surrounded by French advisers in Abidjan.

«And foreign journalists based in Europe and elsewhere are being flown in to interview him.

«Their stories have all quite eulogistic.

«Which gives the game so badly away – media access (both foreign and local) to African coup leaders have traditionally been difficult in the first few weeks of the coup.

«Not Gueï! Might not this be a deliberate PR attempt by his French mentors to make the coup acceptable abroad?

«Not surprisingly, all the interviews so far published say how terrible Bedie was as president.

«Plus ça change, or in popular French, c'est du pareil au même.

«Nothing changes – in French politics!»

BÉDIÉ permitiu-se, inclusive, escarnecer do todo-poderoso MICHEL CAMDESSUS, Director-Geral do FMI, a quem rotulara de "petit commis".

Um semi-deus, por essas bandas, reduzido à condição de vulgar caixeiro viajante…

Isso, num contexto de degradação de certos índices macro-económicos; de escândalo da malversação de 18 biliões de FCFA que tinha como destino o fundo de apoio ao ajustamento estrutural; de suspensão por parte da Comissão Europeia das ajudas ao país; de avaliação negativa pelo

Foi a *première* da Côte d'Ivoire na *epopeia* golpista dos nossos tempos;

Mas o espectáculo *teria* de repetir-se, como sucederia, por exemplo, em 2002[1253], com LAURENT GBAGBO, Presidente da República, a rechaçar uma primeira fase da tentativa de golpe de Estado; GUEÏ acabou por ser afastado do poder, na sequência de uma eleição alegadamente ganha por LAURENT GBAGBO, cujos resultados GUEÏ não reconhecia.

– S. Tomé e Príncipe: Julho de 2003 – golpe; algum tempo depois, foi negociado e conseguido o retorno do Presidente MENEZES ao poder.

3. **Democracias Africanas: Legado de Sila?**

Desdobrado o *index necrológico*, como foi no *item* precedente, o que há a dizer?

É hora de as elites africanas perceberem (e agirem em conformidade) que o *putsch* (golpe de Estado, pronunciamento ou levantamento militar) acaba por congerar, as mais das vezes, maior corrupção, maiores injustiças (e o Jota grande[1254] prometido vem minguando, que nem à lupa se vê), mais impunidade, mais atraso, maior instabilidade, mais fuga de cérebros, de investidores, de capital, menos democracia, menos "Estado de direito", menor coesão nacional, mais sectarismo, mais tribalismo.

O papel dos agentes políticos e militares envolvidos no mencionado processo acaba por revelar-se, pois, negativo, quanto mais não seja por não darem solução aos problemas que motivaram o comportamento em causa, nem concretizarem as promessas feitas[1255].

Banco Mundial e FMI, em Novembro de 1999, do programa 1998-2001 do crescimento; de suspensão pelo BM e FMI do desbloqueamento de 132,8 biliões de FCFA, com vista a apoiar o orçamento geral do Estado.

1253 Aconteceu em Novembro, quando uma desencadeada tentativa de golpe de Estado foi repelida pelas forças lealistas. O foco da rebelião alastrou-se, entretanto, ao Norte do país e ao Oeste.

Entre negociações, confrontações militares e acordos assinados em França – para serem postos em causa entre as hostes lealistas acompanhadas por grandes manifestações de massas –, a Côte d'Ivoire entrou em 2003 com o país dividido fundamentalmente em várias partes. A Sul, o poder constitucionalmente instituído;

A Norte, o poder da sublevação, esmagadoramente muçulmana.

A Oeste, alguns focos de rebeldia na mancha contígua à Libéria.

1254 De "Justiça".

1255 Numa perspectiva redutora, tais fracassos em catadupa podem abrir caminho à imputação de todas as culpas ao multipartidarismo.

Assinalando tal hipótese, *cf.* MAURICE-PIERRE ROY, Les Régimes..., cit., p. 318:

O destino das democracias africanas será o legado de Sila[1256]?

É a subordinação do poder político ao poder militar[1257]? Com a agravante de este último tendencialmente não *partir*...

Ou será que o exemplo do Imperador romano AUGUSTO vai inspirar os chefes africanos (controlar, assumindo, a chefia directa das forças armadas)?

Muito argutamente, interroga-se GAUDUSSON se, «instrumentalisé», dessa forma, «par les acteurs politiques, le droit n'en vient-il pas à être saisi par la politique et à ne plus assurer sa fonction pacificatrice?

«Interprétées à des fins conflictuelles, les procédures et les règles ne sont pas nécessairement considérées comme des moyens de résoudre un conflit, mais comme des armes destinées à le provoquer et à le durcir».

Apesar de tudo (dos limites ao "recours au droit") será isso preferível, na opinião do autor, ao recurso à força, contribuindo para a «intériorisation de la constitution et de l'Etat de droit».

Integrando-se no carnaval de golpes militares, podem-se surpreender, curiosamente, algumas movimentações filolegalistas, uma espécie de apoteose do rito jurídico e judicial[1258].

«Le "multipartisme cahotique" offre alors un terrain idéal pour les coups d'Etat militaires... De Fait, rares sont les pays qui n'ont pas connu, à un moment ou un autre depuis 1945, le gouvernement de l'armée.

«On ne relève guère que Ceylan, Maroc, Costa Rica, Liban, Jordanie et Guyana.

«Cette militarisation du pouvoir politique se révèle d'ailleurs une source de déboires pour les partis».

1256 O General romano que, apoquentado politicamente (o poder político exigia-lhe que entregasse as suas legiões, subordinando-se àquele), marcha sobre Roma, faz executar os seus inimigos políticos e coloca pessoas da sua confiança no poder, partindo de seguida para outras paragens.

1257 Assumindo uma pedagogia de sentido contrário, ver JORGE MIRANDA, Constituição e Democracia, Lisboa, Petrony, 1976, p. 352-353. Trazendo à colação as vicissitudes da Assembleia Constituinte portuguesa e a Plataforma de Acordo Constitucional do pós-25 de Abril, veja-se (para além das páginas acima citadas) *id. ib.*, p. 145 ss.

1258 *Cfr.* JEAN DU BOIS DE GAUDUSSON, Les Solutions Constitutionnelles..., cit., p. 250 ss.

Nota o autor uma «évolution sensible qui est le signe d'un changement des esprits, de la classe politique et des médias, et de la perception qu'ils ont des règles constitutionnelles.

«A referência às normas e à legalidade tornou-se uma passagem inevitável da legitimidade, tanto face à opinião pública interna como à comunidade internacional».

Entra aqui a resolução judicial de conflitos políticos, já que «os procedimentos e o recurso ao juiz servem de instrumentos estratégicos da acção política».

«Uma tal hipótese (ilustra GAUDUSSON) realizou-se de maneira espectacular em Madagáscar, onde o chefe do Estado se demitiu na sequência da execução dum procedimento de "empêchement"».

Eleito em 10.6.1993, o Presidente ZAFY (o primeiro da III.ª República) entrou em conflito com a Assembleia Nacional. Seguiu-se a adopção por esta de uma moção de *impeachment* contra o Pre-

É manipulação – a um tempo, pueril e lúdica, a outro, cínica e engenhoqueiramente desestruturante – do material jurídico.

Está no ar (que respiram os putschistas) um horror ao que não tenha a aparência legal. O esforço de formatação legal dos comportamentos e actos roça às vezes o caricato.

Contas feitas (e algumas parcelas da adição podem merecer dúvidas se são ou não são verdadeiros golpes de Estado), a África viu desde 1960 mais de 80 golpes de Estado[1259].

---

sidente da República, nos termos do art. 50 da Constituição. Motivos invocados: promulgação tardia das leis; violação do princípio da separação dos poderes (por exemplo, em matéria judicial).

A *Haute Cour Constitutionnelle* decide, então, nomeadamente, que houve violação da Constituição, por falta de promulgação de certas leis pelo PR;

«qu'il échet par conséquent de déclarer l'empêchement définit du Président de la République en application de l'article 50 de la Constitution». Na mesma altura, o PR informa que abandonará o cargo a 10 de Outubro, sem referir sequer a decisão da *Haute Cour Constitutionnelle.*

Jogos similares do empurra (em que um órgão de soberania, no caso, o parlamento, se esquiva dos mecanismos que o ordenamento jurídico-político lhe confere para animar contendas com outro órgão de soberania, preferindo encostar-se aos tribunais) foram também empregues noutros pontos do continente africano. No caso acabado de assinalar, os deputados poderiam avançar com uma moção de censura contra o governo. Coisa que não fizeram, dado poder conduzir o PR a dissolver a Assembleia Nacional, tendo em conta as vicissitudes políticas recentes.

Relata-se ainda o caso Nigerino, onde a solução malgache poderia pegar, não fosse a intervenção dos militares.

Com efeito, debatendo-se os deputados com a falta de maioria bastante para pôr em xeque o Presidente da República OUSMANE – que aqueles acusam de ser um factor de bloqueio institucional –, lembraram-se o Presidente da Assembleia Nacional e o Governo de bater à porta da *Cour Suprême.*

Subscreveu, então, o Presidente do parlamento, em concertação com o Governo, um requerimento à *Cour Suprême* pedindo a declaração de *empêchement absolu* do chefe de Estado, sufragando-se no art. 44 da Constituição.

Fundamentos: o comportamento do Presidente da República e a revelada incapacidade deste em respeitar as suas obrigações constitucionais.

A voz militar falaria, entretanto, mais grosso.

1259 *Vide* ZYAD LIMAM, "Coups d'État – l'Histoire Sanglante", *in* Afrique Magazine, n.° 164, Mai 1999, p. 73, 75. Calcula o articulista em mais de 80 as mudanças de regime ocorridas em África, entre 1960 e 1999, por via da força. À média, portanto, de 2 golpes de Estado por ano.

Identificando, na altura, 26 chefes de Estado em exercício que eram militares, de origem militar, antigos chefes de guerra ou de guerrilha, conclui LIMAM que «les armes restent donc, démocratisation ou pas, l'un des meilleurs moyens de faire carrière en politique»... em África, diga-se de passagem.

LIMAM, sintetizando alguma reflexão de foro politológico que se vai fazendo, a propósito das causas do fenómeno golpista, dá conta de que a primeira leva de golpes assentava no facto de os militares representarem a única força organizada numa nação frágil em que as elites civis falharam;

a segunda leva (nos anos 60 do séc. XX) envolta no turbilhão da guerra fria, ou eram golpes de inspiração marxista ou de inspiração capitalista;

Perde-se a conta das tentativas falhadas de golpes de Estado, tantas são elas... algumas delas provavelmente inventadas, com fins inconfessáveis, pelo poder estabelecido, mas muitas com certeza.

Cerca de 30 chefes de Estado ou de governo mortos na enxurrada subversiva.

Feitas as contas, apenas meia dúzia de países foi, por enquanto, poupada ao deprimente espectáculo de golpes de Estado, tentativas de golpes ou guerras intestinais (que, em primeira e última instância, têm por móbil a conquista do poder de mandar numa população e num território). São eles o Botswana, Cabo Verde, Djibouti, Mauritius, Namíbia e Tanzânia.

Quererá o falado carnaval de golpes significar a falência ou, mais que falência, a irresistível inaplicabilidade da democracia em África[1260]?

Tenho as minhas dúvidas. Parece-me ser irresistível é uma reformatação do modelo democrático, de molde a poder livrar-se do lastro inútil da fixidez e da reprodução acrítica de receitas heteroditadas.

O primeiro passo da longa caminhada será sempre cumprir a *forma*. De contrário, desacredita-se o sistema e desacreditam-se os respectivos operadores[1261].

---

a terceira leva (a dos anos 80 do séc. XX) traria os golpes de carácter étnico;

a quarta (nos anos 90) inauguraria os chamados golpes económicos, assim caracterizados: «Marginalizados pela democratização, os seus orçamentos sempre em redução, os oficiais agarram-se ao poder para sobreviver».

Tem, no entanto, o autor a clarividência de reconhecer que há golpes que vão buscar várias inspirações (económica, étnica, social), como o caso do Níger.

1260 Falava LARRY DIAMOND, nos anos oitenta do século XX – tendo em mente os países da Ásia, África e América Latina – na situação periclitante da via democrática (*vide* L. DIAMOND, Introduction…, cit., p. IX-X):

«To be sure, there is no guarantee that the secret and continuing democratic progress will not be reversed.

«If the past is any guide, many of the new democratic and semidemocratic regimes are likely to fail.

«Indeed, a number appear to be perched precariously on the precipice of new breakdowns into one-party or military rule or even chaos».

As conclusões do *Colóquio Internacional sobre "Forças Armadas e Democracia em África: Caso do Níger"* indicam o caminho da insuficiência da cultura democrática, quer a nível das populações civis, quer a dos militares, como uma das razões endógenas das crises institucionais nesse país e, em geral, em África. Por outro lado, invoca-se a cultura da impunidade (da comissão de golpes de Estado) como um perigo contra a democracia, devendo tais práticas ser sancionadas, sob pena de as crises institucionais se instalarem permanentemente em África. Assim, K. IKHIRI, Conclusions du Colloque International sur "Armée et Démocratie en Afrique": Cas du Niger et Perspective, 2000.

1261 GORAN HYDEN (*vide* o seu testemunho no jornal português Público de 28.8.1998), um politólogo sueco, aposta no Botswana como dos poucos exemplos (quase o único) de implantação

Num sistema democrático, não existem golpes de Estado *bons*[1262].

Não são de hoje os desassossegos que dão pelo nome de golpe de Estado. Em 1870, por exemplo, MANNEQUIN[1263], que afirma ter, na "construção racional" do autor, a *associação militar* o carácter de uma instituição acidental ou contingente, remata aconselhando ser «bom» e «salutar» *que a democracia não esqueça jamais este carácter das forças armadas.*

De forma lapidar, «toda a instituição política que repouse na força armada ou que conte com ela para a sua conservação é tirânica; e todo o povo que a tolere é cúmplice da tirania».

Descobre MANNEQUIN na exclamação de um Ministro «La légalité nous tue!» e no clima social então reinante em França a explicação para a facilidade com que o abuso do poder é geralmente admitido.

«Com semelhantes disposições entre os governantes e os governados», observa, «os golpes de Estado, essas revoluções audaciosas que os governos fazem contra os povos, rasgando o mandato que receberam, não têm nada que nos possam admirar».

---

da democracia liberal. Seria esse país «um exemplo de que a democracia liberal é possível na África».

Quanto a uma eventual incompatibilidade entre a democracia e as culturas africanas, opina no sentido de existirem «muitas vezes formas democráticas de vivência a nível local, mas que não são facilmente transferíveis para o nível nacional».

Vaticina HYDEN que no horizonte de 20 a 25 anos (o depoimento é de 1998) «surgirão formas de democracia que não serão exactamente as que os europeus e os norte-americanos mais desejariam.

«O Uganda já está a tratar de combinar formas africanas de governação com métodos democráticos.

«Não proíbe a existência de partidos políticos, mas coloca restrições à sua capacidade de actuação, de modo a que não se tornem os actores principais do processo de tomada das decisões políticas.

«A evolução africana durante as duas próximas décadas poderá comparar-se ao que tem vindo a acontecer em países asiáticos, como a Coreia do Sul, Taiwan e a Tailândia».

Tendo por pano de fundo a conflitualidade político-social então reinante no Zimbabwe e no Quénia, observa HYDEN o seguinte: «Nos países onde os governos se recusam a reconhecer os direitos dos cidadãos, creio que as pessoas ficam cada vez mais furiosas e da sua cólera surgirá a mudança.

«Do conflito entre governação autoritária e forças populares interessadas em alguma forma de democracia, a democracia nascerá, mesmo que não seja uma democracia liberal».

1262 Ver a revista norte-americana *Times*, edição de 17 de Janeiro de 2000, onde se fala do "Africa's good coup".

O caso marfinense do golpe de Estado de 24 de Dezembro de 1999 seria um deles, na opinião de muitos analistas.

1263 TH. MANEQUIN, Le problème Démocratique ou la Politique..., cit., p. 184-189, 191-194, 201.

Considera MANNEQUIN os golpes de Estado como «le *summum* des abus du pouvoir politique»[1264].

4. Export e Import do Estado de Direito/Democracia: A Regra do Faz-De-Conta

Recensearam-se percursos golpistas em vários Estados da África Negra.

Poder-se-ia atravessar o Atlântico e encontraríamos, na América Latina, laboratórios tão ou mais ricos de subversão da ordem estadual.

A Oriente, eis o grande continente asiático não muito parco em experiências do género.

A própria Europa, *maxime* a Sul, conserva fresca a memória de golpes militares e intervenções desse jaez.

Estará nesses dados o corroborar da tese da relação causa-efeito entre falência da democracia e subdesenvolvimento ou vice-versa?

[1264] Interroga-se depois, «O que há de mais grave, com efeito, de mais monstruoso, que a razão que os determina no espírito dos governantes, se se julga isso sem *parti pris*, sem prejuízo, honestamente?

«No entanto, a sua razão de ser no espírito dos governantes me admira menos que a facilidade com que os governantes os realiza».

Por não conhecer na história um único exemplo de golpe de Estado frustrado por causa da «resistência puramente constitucional» que provocava, declara MANNEQUIN não conhecer nada mais «humiliant pour un peuple, de plus accusateur pour ses institutions, de plus accablant pour la politique traditionnelle qui le dirige que la simple énonciation d'un pareil fait.

«Para triunfar sobre um governo perjuro e prevaricador que se insurge ele mesmo contra as instituições do seu país, é necessária uma insurreição, isto é uma revolução; é necessário que os amigos generosos da liberdade se exponham à morte, combatendo os seus concidadãos; é necessário transtornar, durante muitos anos amiúde, as condições normais do comércio, da indústria e do trabalho; é necessária, numa palavra, a guerra civil com todas as suas desastrosas consequências!».

Que pensar de uma semelhante garantia contra os golpes de Estado e dos legisladores que não sabem encontrar outra?

«Os golpes de Estado são raros» (estávamos em 1870); sim, mas eles são possíveis, e isso basta; aliás porque são eles raros?

«Porque são geralmente inúteis; porque a faculdade de abusar é tão grande com as nossas instituições tradicionais que os nossos governantes nos dão de todas as formas e a cada instante os trocos de um golpe de Estado permanente, contra o qual mal se ousa protestar»; «os povos não querendo insurgir-se por cada abuso que os fere e os seus governos tendo um grande cuidado em fazer de todo o protesto relativo aos abuso de poder uma questão revolucionária (assim, p. 188-189).

Ouçamos o juspublicista de Gießen e Juiz do *Bundesverfassungsgericht*, BRUN-OTTO BRYDE:[1265]

«The ascendancy of such systems» (alusão às chamadas "imperfect democracies" que não se perfectibilizam e dos regimes autoritários que não são "tutelary democracies", mas antes "cleptocracies"), «especially military regimes throughout the whole developing world, in countries with completely different historical and cultural backgrounds allows the hypothesis that there is a connection between failure of democracy and underdevelopment».

Aponta o Professor B.-O. BRYDE o erro que é o facto de muitos analistas do Norte e mesmo governantes do Sul verem a referida conexão na perspectiva de falta de experiência democrática e de perícia das massas iletradas.

Conclui, desta forma, o autor que «a conexão entre subdesenvolvimento e regime autoritário é mais propriamente entre pobreza, crise económica e sistema político».

Já que quando ao povo é permitido, ele sabe como usar a urna de voto.

Está ali, exemplifica, o caso das vitórias eleitorais de INDIRA GHANDI, na Índia, a segunda ocorrida depois do seu sucessor ter-se provado incapaz de governar como deve ser o país[1266].

[1265] BRUN-OTTO BRYDE, North and South in Comparative Constitutional Law – From Colonial Imposition Towards Transnational Constitutionalist Dialogue (offprint), *in* W. Benedek, H. Isak, R. Kicker (ed.), Development and Developing International and European Law – Essays in Honour of Konrad Ginther on the Occasion of his 65th Birthday, Frankfurt, *etc.*, Peter Lang, 1999, p. 700, 702.

[1266] É que, aduz o autor, «a ciência política e a teoria económica demonstraram amplamente «a correlação entre bem-estar económico e decisões dos eleitores.

«Se transferirmos estas conclusões para países pobres do Terceiro Mundo, nos quais os governos, por razões muitas vezes fora do seu controlo, são incapazes de satisfazer as expectativas do eleitorado», pode-se vaticinar «a derrota do Governo em cada eleição.

«Considerando os recursos à disposição do governante, a tentação para prolongar a estada no poder por meios não democráticos é forte».

Acrescenta que a desigualdade excessiva favorece a transferência do poder económico para o poder político – e vice-versa –, através, nomeadamente, da corrupção.

Trazendo à colação a "terceira vaga" da democratização (*cf.* SAMUEL P. HUNTINGTON, The Third Wave: Democratization in the Late Twentieth Century Norman/London, University of Oklahoma Press, 1993, p. 3 ss.), o Professor B.-O. BRYDE, identifica uma (a) questão em aberto: se a "história se repetirá" ou se a "democracia constitucional" terá "melhor chance", à segunda.

Subsistem, na verdade alguns "problemas básicos" não resolvidos, a saber:

«As dificuldades para satisfazer as aspirações dos eleitorados nas sociedades pobres, as tensões entre a *democracia maioritária* e sociedades multi-étnicas, desigualdades externas favorecendo a corrupção».

Um outro factor, o fundamentalismo religioso, "juntou-se aos inimigos da democracia" hoje no mundo.

Um conceito operativo de *fundamentalismo religioso* pode ser o reflectido por GIDDENS (Sociologia..., cit., p. 561): «abordagem desenvolvida por grupos religiosos que apelam a uma

Um sinal de optimismo(?), para concluir:

«A mais importante diferença é a de que os modelos autoritários de desenvolvimento provaram-se desastrosos.

«A teoria de desenvolvimento discute a democracia já não como um impedimento, mas como uma pré-condição para o desenvolvimento».

Esta oração não impediu o jurista teutónico de formular, páginas atrás (700), um juízo franco e forte sobre a diferença entre o que vai na alma e o que sai da boca dos doadores estrangeiros e agências internacionais de desenvolvimento:

«Despite lip-service to democracy and human rights, foreign donors and international development agencies also tend to prefer authoritarian stability to democratic unrest».

O próprio exportador da democracia e do Estado de direito não faz tenção, bem feitas as contas, de o seu produto ser *devidamente* consumido pelo destinatário final.

Faz voz grossa, mas o que lhe mais importa é que haja ordem estável na coutada. Assim ao menos para ali vai exportando outros produtos[1267], recebendo menos *turistas*-trabalhadores, menos *sans-papiers* da coutada, vilegiaturando mais seguramente.

Faz voz grossa, mas faz vista grossa.

A regra deste jogo do faz-de-conta é esta: o exportador da democracia e do Estado de direito finge querer que o receptor use, ou use adequadamente, o produto, mas, na realidade, tanto se lhe dá como se lhe deu.

O receptor/importador finge querer o pacote, mas quer é o outro pacote (pecuniário), sendo-lhe indiferente o pacote Estado-de-direito-democracia.

Ora, porque quer é o outro pacote, tem de falar muito e agir um pouco nos cânones do Estado-de-direito-democracia, *para inglês ver* – essoutro.

Portanto, cada um dos operadores da rede *Export-Import* do Estado-de-direito-democracia sabe que o outro sabe que ele só está a fingir.

Ao *Tartufe* de Molière não ficam a dever nada.

---

interpretação literal das escritas ou textos básicos e acreditam que as doutrinas que emergem destas leituras deveriam ser aplicadas a todos os aspectos da vida social, económica e política». O fundamentalista religioso *acredita* «que apenas é possível uma visão do mundo e que a sua visão é a correcta: não existe espaço para ambiguidades ou múltiplas interpretações».

[1267] Como armamento e outros brinquedos militares. Engajamentos que sobrecarregam as já escanzeladas finanças dos países do 3.° Mundo, absorvendo as despesas militares, em média, mais de 5% do PIB e até 20% das despesas do Estado. Nesses termos, *vide* D.P. HEWITT, Les Dépenses Militaires des Pays en Développement, *in* Problèmes Économiques (France), n.° 2555, 26.12.1991, p. 11-15.

A regra (não escrita) é por todos conhecida; os resultados são, à partida, conhecidos.

Perguntas que urgem:
Que adianta um jogo assim? Quem ganha o quê? Quem perde o quê?

A atitude conformada do exportador não esconderá uma descrença na real qualidade do produto de exportação?

Estamos perante a glorificação da lei da *hypocrisis* do tráfico internacional do Estado-de-direito-e-democracia.

Perante o paradoxo do exportador que prefere que o importador consuma o produto da concorrência, porque o seu não é adequado.

Isto posto, ou o importador percebe o estado de alma (ou de ciência) do exportador (apesar da dissimulação do exportador) – e é o início do fim do tráfico (conduz, a prazo, à falência do negócio ou, pelo menos, redução drástica da sua rentabilidade), arriscando-se, pelo caminho, o exportador a candidatar-se a *vendedor de banha de cobra*;

Ou o importador não percebe – e vai prosseguindo o negócio, *de foz em fora*.

Seja como for, é essa uma frágil base de sustentação para um negócio tão rendível.

A base é um enredo de falácias. Verbalmente coerentes, mas incoerentes com a *praxis*.

Se, com efeito, as *laudes* sobre as virtudes do Estado de direito e da democracia são proclamadas no Norte para o Norte, também o são aquando da sua exportação para o Sul e relativamente ao Sul.

O pior é a *praxis*, porque cobrir de lauréis o divino Estado-de-direito e a divina democracia quase todos fazem ou, talvez melhor, verbalizam.

E a falácia confirma-se, mesmo quando o falaz diz "não estou a falaciar" (que é o que permanentemente assegura, *ipsis verbis* ou por outros verbos), sabendo que o outro sabe – ou começa a saber – que ele está a falaciar.

Vai-se adensando e incrustando o labéu de falaz no exportador do Estado-de-direito e democracia[1268].

[1268] E se o nosso exportador falaz vier um dia a dizer "eu estou a falaciar"?

Teremos mais outro paradoxo. O dito seria equipolente à sua contraditória "eu não estou a falaciar".

Como desmanchar, então, o paradoxo lógico?

Todo esse raciocínio (assente na circunstância de a sua validade implicar o desarranjo de

Pelo andar da carruagem, não se verificando uma reorientação diferente das tendências acabadas de esboçar, a solução talvez venha a residir em cada Estado garantir a sua *auto-suficiência alimentar*, que o mesmo é dizer cultivar (e bastar-

---

todo o saber) evoca outros paradoxos como, *e.g.*, o do *ser humano que só gosta de seres humanos que não gostam de si mesmos*.

Gostará esse ser humano de si mesmo?

Para desatarmos o paradoxo, poder-se-á responder que o ser humano gosta de si mesmo apenas sob a condição de não gostar de si mesmo?

Idêntico *imbroglio* apoquentou a Matemática a partir dos últimos anos do século XIX e começos do XX. A torre inclinou-se perigosamente quando as suas fundações foram remexidas – falo da teoria dos conjuntos.

Começaram a sê-lo com a descoberta no ano de 1897 por BURALI FORTI de que o *conjunto dos ordinais* não fazia sentido – eis o paradoxo FORTI (*vide*, a este propósito, BOUVIER, La Théorie…, cit.).

No desenvolvimento dessa pista, foi a vez de GEORG CANTOR (1845-1918) – ele mesmo uma referência fundamental no desenvolvimento da teoria dos conjuntos – capacitar-se de que a *existência* do *conjunto de todos os conjuntos*, assim como do *conjunto de todos os cardinais* encerraria contradições.

A situação era esta:

CANTOR definira o teorema segundo o qual Card $\cup$ < Card $\wp(\cup)$

[sendo card $\wp(\cup)$: Cardinal do conjunto das partes de $\cup$;

<: desigualdade estrita;

≤: desigualdade lata]

Ora, apurar-se-ia depois, sendo $\cup$ o conjunto de todos os conjuntos, $\wp(\cup)$ é um conjunto. Logo, este último é um elemento de $\cup$.

A implicação é, afinal, a seguinte:

Card $\wp(\cup) \leq$ card $\cup$

O que não se compagina com o teorema primeiramente enunciado.

O filósofo e matemático inglês BERTRAND RUSSEL anunciaria em 1905 o paradoxo do conjunto dos conjuntos que não pertencem a si próprios. Pertence a si unicamente sob a condição de não pertencer a si próprio.

É o paradoxo de RUSSEL.

Suponhamos:

$E = \{x, y, z\}$

$E \in E$?

Se $E \in E$ por definição de E, sendo E um elemento de si mesmo, não pertence a E.

Se $E \notin E$ por definição de E, não sendo E um elemento de si mesmo, pertence a E.

As antinomias na estrutura da teoria dos conjuntos que a desocultação dos paradoxos trouxe à superfície abalaram profunda e espectacularmente a ciência da Matemática, ao ponto de tal revelação ser tida pelos estudiosos da disciplina como causa de uma das maiores crises, senão mesmo a maior crise, da história da Matemática.

Tal, contudo, acabou por ser apenas um desafio.

O desafio conduziu à percepção de que as antinomias são susceptíveis de superação. O que se imporia descobrir seria um formalismo apropriado, a partir de uma aturada análise das causas e da natureza do dito paradoxo.

-se, hedonisticamente[1269], com) o seu próprio *Estado de direito*, a sua própria *democracia*.

5. **Procissão Violenta e África Anestesiada**

Salvo raríssimas excepções, a África negra tem assistido, anestesiada e impotente, ao cortejo de tomada (e manutenção, diga-se de passagem) do poder pela força.

Não tanto pela falta de solidariedade dos restantes governantes africanos (mas, em certa medida, também por isso)... Pois os líderes africanos já aprenderam a lição, repetidamente ditada pela história recente, de que quando a casa do vizinho do lado estiver a arder *convém* ajudá-lo a apagar o fogo. É também uma questão de inteligência. Para cá do gesto altruístico, reside também a atitude egoística de evitar a eventual propagação do incêndio à minha palhota.

Os líderes africanos sabem de cor a lição, mas muitas vezes não agem em conformidade. Seja por carência de meios financeiros (a base de todos os outros), seja por carência de vontade e interesse.

Uma pedrada no charco estagnado da impotência africana foi a operacionalização da ECOMOG (a força de interposição da CEDEAO – Comunidade Económica dos Estados da África do Oeste). A ECOMOG, com altos e baixos, tem representado a partir da sua intervenção na Libéria, na alvorada dos anos noventa do século vinte, uma seta a rasgar um caminho diferente: o da ingerência[1270] em assuntos internos dos Estados membros da CEDEAO, numa dinâmica de ataque a um foco localizado de *incêndio* antes que se propague.

Está a fazer doutrina a via seguida pela CEDEAO. Tanto assim é que a OUA, já nos anos noventa do século vinte, começou a engrossar a sua voz no capítulo dos conflitos intra-estaduais, reclamando um lugar no respectivo processo de superação. Já não se quer ficar pelo seu papel tradicional, adstrito à resolução dos diferendos interestaduais. Papel que a OUA foi desempenhando com o respaldo da Carta da Organização da Unidade Africana, de 25.5.1963 e, bem assim, do artigo 12 do Protocolo de Mediação, Conciliação e Arbitragem, de 1964 – em cujos termos, a Comissão de Mediação, conciliação e Arbitragem tem a sua competência circunscrita "unicamente aos litígios entre Estados"

[1269] Porque o bom é o que me faz feliz.

[1270] Atribuindo, entre outros motivos, ao valor da *não ingerência* alguma responsabilidade pelo gorar das «perspectivas reais de integração» africana, *cfr.* S. VASQUES, A Integração Económica Africana: Textos Fundamentais, Lisboa, Fim de Século, 1997, p. VIII ss.

Hoje (a partir fundamentalmente, da sua 29.ª sessão ordinária da conferência dos Chefes de Estado e de Governo, no Egipto, Cairo, de 28 a 30 de Junho de 1993), a OUA – entretanto transformada em União Africana – clama por um papel mais interventivo na resolução dos conflitos intra-estaduais, respeitando, é certo, o *consentimento das partes em conflito*.

Pode ver-se nos dois passos relatados (*i.e.*, intervenção da ECOMOG na Libéria; declaração da Conferência dos Chefes de Estado e de Governo africanos de Cairo – 28 a 30 de Junho de 1993) uma interpelação ao tradicional critério da não-ingerência[1271].

Interpelação que viria, mais tarde, a ser aprofundada pela União Africana, na sua cimeira de Addis Abeba no inicio de Fevereiro de 2003.

No mencionado certame, consagra a União Africana o princípio da ingerência para a resolução de conflitos no continente.

Nesse sentido, determinou a cimeira o envio de forças militares ao Burundi[1272].

[1271] Para uma aproximação ao conceito de ingerência, *cf.* F. MELEDJE DJEDJRO, L'OUA et le Règlement des Conflits, *in* Afrique Contemporaine…, cit., p. 211. «O que encobre a noção de ingerência?», pergunta o autor, para logo responder: «No sentido lato, ela designa todas as formas de acção verbais, normativas ou materiais pelas quais uma instância terceira tenta influenciar a política ou a situação dum Estado.

«No sentido restrito, a ingerência relaciona-se com o uso de meios operacionais – eventualmente, militares – pelos quais a fronteira do Estado alvo é violada. «É, evidentemente, esta última acepção que levanta as mais vivas reticências».

[1272] Sobre os vários patamares da resolução de conflitos, potenciais ou efectivos, *vide* a «Agenda pour la Paix» (do Secretário-Geral das Nações Unidas BOUTROS BOUTROS-GHALI);

«Diplomatie préventive, rétablissement de la paix et maintien de la paix. Rapport présenté par le Secrétaire général en application de la déclaration adoptée par la réunion au sommet du Conseil de Sécurité le 31 janvier 1992, Nations Unies, New York, 1992;

Déclaration de la Conférence des Chefs d'Etat et de Gouvernement du Caire de 1993.

§ 4.° ESTUDO DO CASO GUINEENSE: ANAIS DE UMA TESTEMUNHA AUDIOVISUAL E PRESENCIAL – OU OS CONFLITOS, A FORÇA, O ESTADO DE DIREITO E A DEMOCRACIA ESCUTADOS, VISTOS E SENTIDOS NA 1.ª PESSOA DO SINGULAR (UMA ENTREABERTA)

1. **Democracia e Estado de Direito de Conveniência; o Império do Facto; Anacronia in Media Res**

GIOVANNI SARTORI[1273] escreveu algo que capta o essencial das vicissitudes por que têm passado os conceitos de democracia e Estado de direito na Guiné-Bissau a partir dos anos 90. Citemos: «O revolucionário do nosso tempo é desfavorecido, pois ele já não encontra à sua frente um corpo rígido como o Estado autocrático que não se pode destruir senão pela força, mas antes um corpo flexível, o Estado democrático, que nada impede de se reformar.

«Para justificar no interior da democracia a revolta contra a democracia, é necessário, então, aumentar a parada, reivindicando uma hiperdemocracia.

«Visto que as democracias existentes são indirectas, é conveniente invocar a democracia directa; visto que elas se limitam ao controlo do poder, é necessário exigir a tomada directa do poder»; «e visto que o poder popular não é verdadeiramente exercido, é oportuno exigir que ele seja tomado à letra».

E enquanto o que relevar for não «construir uma nova democracia», mas «demolir aquelas que existem», «estes argumentos exercem um inconcebível atractivo».

Os nossos revolucionários pelas bandas do Sul, servindo-se da panóplia mais antidemocrática, permitem-se questionar a autenticidade da democracia do regime ao qual se opõem... para, logo a seguir, esporearem e tentarem manipular os homens das armas, de acordo com os seus desígnios[1274].

1273 GIOVANNI SARTORI, Théorie..., cit., p. 335.

1274 C. WRIGHT MILLS (L'Elite du Pouvoir, Paris, Maspero, 1969, p. 316 seg.) reportando-se à manipulabilidade ou teleguiabilidade das massas, refere-se a elas não como «público agindo de

A paz, pão e verdadeira democracia prometidos são sistematicamente adiados para o *day after* à queda do regime que se combate.

Que não se admire se um dia o poder estabelecido resolver jogar por antecipação.

O relacionamento entre os agentes políticos deve assentar na lealdade constitucional, com a necessária exclusão de meios de combate político anticonstitucionais.

O que sucedeu no Chile durante o consulado de SALVADOR ALLENDE[1275] oferece-nos algumas pistas para análise.

O Presidente ALLENDE governava, então, tendo do outro lado da barricada uma oposição (o Partido Nacional e Democracia Cristã em frente única) que gozava de maioria nas duas câmaras do parlamento. O clima de crispação política era tórrido. Ele é o Congresso que nega provimento a várias iniciativas legislativas sem cuja aprovação a governação ficaria *entre a bigorna e o martelo*; ele é o Presidente que resolve recorrer a uma lei de 1932 para dar cobertura à sua política de estatização, escapando-se das malhas parlamentares do seu tempo; ele é o Congresso que, reagindo, aprova uma revisão constitucional nos termos da qual se proibia ao governo nacionalizar empresas sem a cobertura de lei apreciada e aprovada pelo parlamento[1276]; ele é o parlamento que aponta as suas baterias contra membros de governo de ALLENDE, produzindo muitas acusações constitucionais contra estes e levando, por essa via, à demissão dos visados; ele é o parlamento que, deparando com a inconsequência jurídica duma sua moção (de Agosto de 1973) que fustigava o Presidente como violador da Constituição[1277], resolve estimular um golpe de Estado militar, atento a que a via de "golpe de Estado legal" se mostrava inepta.

Quando reflicto no caso chileno, dou comigo a pensar nas semelhanças, nas flagrantes semelhanças, com a Guiné-Bissau de 1998.

---

forma autónoma, mas como massas que se manipulam do exterior» e cuja atenção é orientada em direcção a certos pontos «para as transformar em multidões de manifestantes».

1275 Com alguns elementos informativos sobre o *putsch* que derrubou o regime dirigido por ALLENDE e sobre o envolvimento do Governo americano, através de HENRY KISSINGER, *vide* O. LE WINTER, Democracia e Secretismo, 2.ª ed., Mem-Martins, Europa-América, 2002, p. 42-46.

1276 Sobre este "double blocage" no sistema constitucional chileno, *cfr.* MAURICE-PIERRE ROY, Les Régimes…, cit., p. 481-482.

1277 Inconsequente, dado não ter sido aprovada pela maioria de 2/3 exigíveis, maioria que não conseguira obter nas eleições legislativas de Março de 1973. Mas tal iniciativa (é a opinião, por exemplo, de MAURICE-PIERRE ROY – *id. ibid.*) não passava de uma "formalidade" para justificar o ambicionado golpe de Estado militar.

O golpe de Estado que se consumou em 7 de Maio de 1999 revelou um princípio normalmente muito acobertado pela classe política deste tempo, mas pacificamente aceite pela mesma, salvo raras excepções: se me é difícil chegar ao poder pela via democrática, então devo recorrer à violência armada.

A democracia de conveniência leva a que autoproclamados (e insuspeitos) democratas vistam a pele (pelo menos tacitamente), de golpistas ou filogolpistas.

Se, pelo jogo democrático, me parece difícil derrubar do poder alguém ou uma instituição, então é legítimo o recurso à força armada[1278].

O esquema atravessa uma parte considerável do espectro político, funcionando nestes moldes: antes, eu era democrata; durante a sublevação militar, eu engaveto a democracia; depois da sublevação vitoriosa (que me içou ao poder) volto a ser democrata[1279].

Alguns dias após a eclosão do 7 de Junho, dei comigo a pensar neste dilema de certa oposição guineense:

Condenar o golpe (afirmando o valor da democracia – ideal por que dizem bater-se) e adiar *sine die* a "alternância" no poder (fim aparentemente único dessa oposição) ou apoiar o golpe (já que estão de acordo com o resultado primeiro dessa tentativa: o afastamento do Presidente NINO) e perder a face de democratas (o Secretário-Geral da U.M., AMINE SAAD, dissera recentemente – antes desta guerra – que o programa mínimo da oposição deve ser o afastamento do PAIGC, por *K.O.*; o resto – programa maior –, ver-se-á...)[1280].

1278 Até um democrata festejado como o político senegalês ABDOULAYE WADE (histórico dirigente, na altura – e eternamente, vaticinava-se – na oposição) parece ter-se deixado cair na tentação, ao proclamar, em finais de Janeiro de 2000 (escutei, na RFI – se a memória não me trai), que os militares tinham de se levantar se as coisas continuassem assim no Senegal. Surgiram logo vozes a condenar essa tirada, lembrando que Senegal era uma democracia e que os militares deviam obediência ao poder civil.

1279 O destacado operacional e comandante da Junta Militar que executou o golpe de Estado de 7 de Junho, na Guiné-Bissau, TAGME NA WAY, citado pela "Gazeta de Notícias", de 30.7.1999, confessara de forma inequívoca que «lutar contra Nino não podia ser através da democracia. A democracia não o tira do poder. Só as armas».

1280 Olhando para o compacto temporal dos últimos anos do séc. XX e começos do XXI, a Guiné mostra-nos uma sucessão permanente do que eu chamaria coligações negativas (negacionistas) – ou seja aquelas coligações cuja fundação e manutenção dependem exclusivamente da manutenção de um inimigo comum. Veja-se o caso das coligações que, no seio da oposição, foram ensaiadas, inviabilizadas e concretizadas, por ocasião das primeiras eleições legislativas e presidenciais da era multipartidária. Os inimigos de estimação eram NINO/PAIGC.

Veja-se o caso da Junta Militar de 1998/1999. O que é que unia esse corpo compósito? A negação do Presidente NINO. Como dizia o outro, o que junta a Junta é o que não querem: NINO. E se este se afastar, continuará a *concórdia*?

Veja-se o caso das coligações das eleições legislativas e presidenciais que se seguiram ime-

Descortina-se um exercício sofístico e falacioso com que certos espíritos entretêm o auditório para justificarem o recurso à força, como instrumento de acesso ao poder: o alvo representa a ditadura (mesmo que antes não a tenham sentido – ou tendo mesmo afirmado o contrário)... E, por isso, todos os meios são legítimos para o derrubar[1281];

O processo e acto (violento) de derrube do regime e assunção do poder não é um golpe[1282] (é uma revolução; ou é outra coisa mais suave – até porque os

---

diatamente ao golpe de Estado de 7 de Maio de 1999. Todos contra o PAIGC e o seu candidato presidencial. Obtida a vitória da antiga oposição, foi o desmoronar de todo o edifício.

Logo a seguir, por ocasião das eleições legislativas antecipadas (convocadas após sucessivas demissões de governos PRS/RGB-MB – do Primeiro-Ministro CAETANO N´TCHAMA –, do PRS – dirigido pelo Primeiro-Ministro FAUSTINO IMBALI – e do Primeiro-Ministro ALAMARA NHASSÉ, também ele do PRS; seguiu-se um 4.° governo de iniciativa presidencial, co-conduzido pelo Primeiro-Ministro MÁRIO PIRES, do PRS – co-conduzido, pois ele mesmo se intitulou mero contra-mestre do navio da governação; neste particular, a diferença em relação aos seus predecessores está apenas no confessar), perfilou-se outra coligação negativa: a de (quase) todas as forças da oposição contra KOUMBA. Do mesmo lado da barricada, vêem-se agora o PAIGC(!), antigos(?) inimigos do PAIGC, anteriores amigos de KOUMBA (atente-se, também, nas alianças arquitectadas nas presidenciais de 2005; no Governo do FCD; no do PEPN/AEPG).

Na verdade, o programa político das forças políticas guineenses tem-se esgotado nos *programas mínimos*.

1281 Como sustentou um político e advogado guineense (CARLOS PINTO PEREIRA) nas antenas da RDP África, a 26.6.1999.

Quando FAUSTINO FUDUT IMBALI (este acrescento redigi-o em Junho de 2005, muito depois de a presente dissertação estar praticamente concluída), enquanto candidato às presidenciais de 19.6.2005, recolocou (o depoimento foi produzido numa conferência de imprensa e difundido, designadamente, pela Pindjiguiti, no noticiário das 13 horas de 9.6.2005) uma questão que há muito circulava em certos meios, valendo-se de uma alegada acusação de NINO a MALAM BACAI, em como BACAI teria preparado a guerra de *7 de Junho*, revelou alguma mudança de atitude da parte da elite política (de que o próprio IMBALI é parte sonante) quanto ao real (des)valor da guerra, de golpes ou certas "revoluções" no ambiente de democracia. A elite política já começou, suponho, a perceber que tais fenómenos são uma armadilha contra a democracia. Perante a referida acusação contra BACAI, o candidato IMBALI desafia o candidato MALAM a esclarecer a sua posição, rotulando este como um dos factores de divisão no seio do PAIGC, daí não poder garantir estabilidade ao país. Importante é ainda a seguinte conclusão de IMBALI (em kiriol), no epílogo das suas investidas contra BACAI: *Esta guerra* (de 7 de Junho) *não nos serviu de nada, «nem um pedacinho»; foi só atraso para o país.*

Enfim, pena que só em meados de 2005, a elite política guineense tenha começado a perceber isso (inúmeras mortes depois; enormes destruições depois; anos de atrasos depois; anos de desregramentos depois; carradas de desilusões depois). Ainda bem que a *mudança* (aquela para a democracia) tenha começado a operar em certas consciências.

1282 Quanto ao aspecto genético, os *manuais* do golpe eficiente ensinam que normalmente divisam-se no seio da sociedade castrense fracturas que separam esta de acordo com as orientações políticas, os interesses corporativos e a questão geracional (*vide*, não exactamente como esse *manual*, M.-P. ROY, Les Régimes..., cit., p. 502). Do lado guineense, a questão, aparentemente, gera-

militares regressariam aos seus lugares, que são os quartéis, entregando a outros órgãos legítimos o poder[1283]).

O facto é que, recorrentemente, têm relutância em retornar à dita caserna. Mostram-se irresistíveis à tentação de determinar os rumos das carreiras e acontecimentos políticos no país, que consideram feudos a eles afectos.

Na esteira do político e General e Presidente nigeriano IBRAHIM BABANGIDA[1284], «while we do not know those who will succeed us, we definitely know those who will not».

A Guiné-Bissau também deu a sua contribuição nesta matéria. O seu contributo em matéria de política comparada registou-se quando o Comandante Supremo da Junta Militar que operaria o golpe militar de 1998/99 (Brig. ANSUMANE MANÉ) se dirigiu a dirigentes do PAIGC e, num encontro radiodifundido, ditou o afastamento do Coronel SATURNINO COSTA – potencial e anunciado candidato – à corrida para a liderança daquele partido[1285]. Ficou memorável o estilo

---

cional que no pré-*putsch* de 1998/1999 se punha nas FARP, acabaria por não se corroborar durante o processo putschista. Assim, se a geração do CEMGFA ANSUMANE MANÉ era vista como "ultrapassada" pelos jovens e promissores oficiais, nada impediu que muitos destes se ligassem àquele (e aos muitos *antigos combatentes* que viriam a juntar-se ao movimento juntista) em 1998-99.

1283 E foi o que se viu logo a seguir! Clientelização do Estado, açambarcamento do poder, subversão das instituições da República, *etc.*, *etc.*, *etc.*

1284 Citado por SAID ADEJUMOBI, Elections…, cit., p. 64.

1285 É, aliás, o próprio Coronel SATURNINO COSTA quem diz, em entrevista ao Diário de Bissau de 30 de Agosto de 2000, p. 1, 8-11, "fui afastado da liderança do PAIGC por Ansumane Mané".

Diário de Bissau (DB) – «Qual é um desses camaradas militares que pediu ao senhor para se afastar da política»? Responde MANUEL SATURNINO COSTA (MSC), «**foi o Ansumane Mané é que disse para que eu me afastasse do PAIGC – ele era na altura o Comandante Supremo da Junta**, e todo o poder político do país estava condicionado à Junta Militar, **por isso acatei**».

DB – «O seu afastamento a troco de quê»?

MSC – «Não sei… mas acatei a decisão e fui para casa».

DB – «Mas falou directamente com Ansumane Mané ou recebeu o recado dele»?

MSC – «Mandou-nos chamar na Base Aérea e transmitiu-nos essa preocupação, e ninguém respondeu-lhe. Mas estou preocupado porque infelizmente desde essa altura, nunca mais tive oportunidade de falar com Ansumane para perguntar-lhe fundamentalmente as razões que estiveram na origem dessa decisão. A direcção do partido nunca se dignou a perguntar da minha situação, para dizer pelo menos, porque é que este "gajo" está a ser afastado do partido, porque nessa altura exercia a função de Presidente interino do partido».

DB – «Qual era o seu sentimento»?

MSC – «O meu sentimento era muito simples: percebi que havia um mal entendido, e quem era responsável por esse mal, não sei… Desconheço».

Talvez seja misturar alhos com bugalhos, mas não resisto à tentação de citar este outro passo da entrevista:

DB – «Um dos casos que tem agitado a opinião pública, e muitos têm merecido comentários, foi o caso da morte de Nicandro Pereira Barreto. Nós sabemos que o senhor foi há algum

vexatório em que se dirigiu a este histórico dirigente e estadista[1286]. Quem saiu, objectivamente, beneficiado com a tal irrupção do Brigadeiro em terrenos político-partidários foi o Dr. FRANCISCO BENANTE, que viria mesmo a ser eleito, em Congresso, Presidente do PAIGC, parte do qual (exceptuando a ala ninista e incluindo ANSUMANE MANÉ e vários dos seus próximos) sustentaria a candidatura de MALAM BACAI (*Presidente da República Interino*, após o derrube de NINO e antes da eleição de KOUMBA) às presidenciais de 1999, ganhas por KOUMBA com 72% de votos.

A Guiné-Bissau do pós-golpe da Junta Militar até à morte do Brig.° ANSUMANE MANÉ (na sequência da tentativa de golpe – o 2.° golpe – de Novembro de 2000) reflectia a seguinte situação: bicefalia na chefia do Estado (bicefalia com forte pendor para o poder militar: relação BACAI/FADUL-ANSUMANE; bicefalia na chefia do Estado); bicefalia na chefia do Estado (relação NINO-ANSUMANE: 1998-1999); bicefalia na chefia do Estado [relação KOUMBA-ANSUMANE: 1999-2000; com manifestações pontuais de KOUMBA – directa ou indirectamente – de não querer conformar-se com essa limitação do "seu" poder. Aliás, o mote da sua campanha, numa certa fase, e que conquistou a simpatia e adesão de uma difusa

---

tempo chamado pelo Ministério Público, para prestar declarações sobre este caso de homicídio. Muitas pessoas sustentam que depois de ter sido ouvido, o senhor remeteu-se ao silêncio. O que tem a dizer a esse respeito»?

MSC – «Não! Acho que isso é normal. O porquê de me chamar não sei explicar. Mas quero deixar aqui bem claro, que quando estávamos a preparar a minha moção de estratégia para a liderança do partido – eu, Nicandro e Conduto – quando fui impedido de apresentar a minha candidatura, duas semanas depois Nicandro foi assassinado». Adianta mais à frente que «os assassinos de Nicandro Barreto, segundo informações, levaram consigo documentos que estávamos a preparar, nomeadamente a minha moção de estratégia e muitos outros documentos». Para o Coronel, «vir», nesta matéria, «atrás de Manel ou Conduto é desviar-se das pistas da morte do Nicandro».

[1286] Pertinente será recuperar aqui a síntese do comunicado do CEMGFA, TAGME NA WAIE, reagindo a rumores de guerra iminente e a críticas formuladas contra a instituição castrense por alguns políticos, nos dias quentes do pré-anúncio dos resultados eleitorais definitivos da segunda volta das presidenciais de 24.7.2005 (assim, http://www.noticiaslusofonas.com – de 9.8.2005). No contexto de um certo impase resultante da não aceitação dos resultados eleitorais da 2.ª volta das presidenciais. O CEMGFA destacou, então, a diferença entre a situação do momento e a do passado recente, em que *os militares se envolviam em disputas políticas e ditavam as regras na política, «através das suas chefias militares e com a cumplicidade de civis*, que se designam como políticos»: «viu-se aqui, neste país, durante sublevações militares, pessoas que se dizem *políticos* e que hoje se atrevem a criticar as Forças Armadas, *em uso de uniforme e armas de guerra*» (os itálicos são meus).

Esta observação corrobora as nossas descrições e conclusões feitas há alguns anos e que, desde então, foram registadas na presente dissertação, quer no respectivo corpo, quer no *Apêndice* I, *Entrada* 121.

faixa populacional[1287] receosa quanto à militarização do poder (*juntalização* do poder). De resto, o capital de simpatia captado pela Junta Militar até à queda do PR NINO foi rapidamente desbaratado (a comemoração do 2.° aniversário de *7 de Junho*, um ano após a vitória final, foi um *flop*[1288]; há manifestações ditatoriais do poder; fala-se de corrupção em larga escala – caso das licenças de pesca, da desorganização[1289] do Tesouro Público, *etc*.)].

Tudo serve para amparar e disfarçar uma realidade incómoda.

Quando, por exemplo, a revisão constitucional do pós-golpe, em 1999, tomava uma inclinação não concordante com determinada franja social, começaram a ouvir-se vozes questionando a legitimidade da Assembleia Nacional Popular, antes (durante o processo golpista) rotulada de órgão (*o órgão*) de soberania, representante máximo da nação e outros superlativos.

Lembrou-se, de repente, que a ANP tinha o seu mandato caducado; que (revela TONY TCHECA – um jornalista tido como bem informado) a prorrogação desse mandato foi por imperativos estratégicos. Ou seja, pretendia-se evitar que o levantamento fosse considerado pela comunidade internacional um golpe de Estado. Obviar-se-ia, assim, à condenação internacional do levantamento.

1287 O mesmo povo que divinizara *o Brigadeiro* e a J.M. Diga-se, de modo mais frio, que o fenómeno "7 de Junho" (e ulteriores desenvolvimentos) configura uma sucessão de acontecimentos que foram precipitando cada um dos seus patamares.

Quanto ao envolvimento populacional, ela não foi tão generalizado e intenso a favor da Junta como poderia parecer. A fuga de Bissau para o interior não contraria tal afirmação, uma vez que é a fuga do cenário da guerra para paragens supostamente pacíficas (aliás, quando uma destas localidades pacíficas se via ameaçada pela guerra, a fuga populacional prosseguia...). Fogem à condição de capim, na linha do ditado africano que diz: *quando os elefantes lutam, o capim é que paga.* Ou conheço mal este povo, ou tivesse sido sufocado o *levantamento* nas primeiras semanas da guerra, a adesão "generalizada e intensa" seria a favor do Governo e da democracia do *statu quo*.

Não sei se esta aparente adesão à Junta traduziria nas vésperas do levantamento uma "situação revolucionária" (na terminologia marxista-leninista). A situação estava má, mas esperavam-se melhorias (tenha-se em consideração o desempenho macro-económico – e talvez não só – do então Governo de CARLOS CORREIA).

O que é importante dizer é que houve, quer antes, quer durante, quer depois do *7 de Junho*, um inteligente aproveitamento do acontecimento por parte de certas forças políticas (no e fora do poder).

Falar de "revolução do 7 de Junho", como ouvi um quadro guineense (que ascenderia a altíssimos cargos governativos, no pós-*7 de Junho* – e que em 2005 mudaria de concepção sobre essa "revolução", reduzindo o seu valor a nada) dizer, parece um exagero – a mudança de governo tanto podia ocorrer por iniciativa do PR, como pela pressão da sociedade, como, ainda, pelo voto popular.

1288 *Vide*, *infra*, crónicas relativas ao dia 7.6.2000.

1289 Organizada?

Pareceu-me significativo que o golpe final de 7 de Maio de 1999 tivesse ocorrido escassas horas a seguir às discussões parlamentares (de 5 de Maio de 1999) que tinham como ponto mais candente a capacidade eleitoral passiva e exigências para uma série de cargos na estrutura do Estado.

Pareceu-me interessante verificar que a quase totalidade dos deputados defendia claramente a reserva a cidadãos guineenses de origem, filhos de pais guineenses de origem, dos cargos como os de Presidente da República, Presidente da Assembleia Nacional Popular, Presidente do Supremo Tribunal de Justiça, Primeiro-Ministro, Chefe de Estado-Maior General das Forças Armadas, Chefes de Estado-Maior de cada um dos três ramos das Forças Armadas, Procurador-Geral da República, Presidente do Tribunal de Contas e Provedor de Justiça.

Tratava-se do célebre artigo 5.° do projecto de lei de revisão constitucional, que acabaria por ser aprovado por uma retumbante maioria dos deputados.

Na discussão, transmitida em directo, via rádio, no dia 5 de Maio de 1999, ficou patente a adesão dos deputados, em ambiente crispado de discussão, ao agravamento dos requisitos de elegibilidade.

Só duas vozes se fizeram ouvir no Palácio Colinas do Boé contra a citada orientação: a do deputado AGNELO AUGUSTO REGALLA – que abandonaria a sala – e a do deputado ALI KADRA.

O deputado REGALLA fazia equivaler a orientação restritiva a uma "segregação racial para servir interesses inconfessáveis", à xenofobia, ao *apartheid*, ao racismo.

Do lado oposto da barricada, um deputado (ABDÚ SALAM?) remata que a Guiné já ofereceu tudo ao estrangeiro, aos de fora: mãos, pés, *etc*. *Só nos restam os olhos* (*i.e.*, a nacionalidade). E segue com uma pergunta retórica: *Agora vamos oferecer os olhos e ficar como a minhoca?*

Pelo mesmo tom afinaram muitos deputados: TEODORA INÁCIA GOMES (PAIGC); CARLITOS BARAI (PRS); ZECA MARTINS (PAIGC); FRANCISCO CONDUTO DE PINA (PAIGC); CARRINGTON CÁ (PAIGC); ALADJE MANUEL MANÉ (líder da Bancada do PAIGC); RUI MENDES (RGB); EMBUNHA INCADA (PRS) – para quem as restrições poderiam abranger até cargos como o de Director-Geral.

Fiquei sem saber claramente em que sector se posicionara o influente deputado do PAIGC HELDER PROENÇA, figura de proa da chamada *ala renovadora* desta formação política. De não esquecer o papel importante deste político, durante a guerra de 7 de Junho – na campanha política, pelo menos, contra o poder estabelecido que a Junta Militar combatia.

Não me parece, contudo, forçado aventar a hipótese de este ágil político acompanhar na altura o movimento de opinião maioritário (seja no parlamento como, sustento eu, no país). Isso sem embargo de ter sido ele a apresentar perante a ANP um documento de reflexão (da autoria de quem?) cujas conclusões divergiriam da orientação que faria vencimento. Para além de dados circunstanciais, atente-se na sua interpelação ao deputado ZECA MARTINS durante o debate, onde PROENÇA afirmou que apresentara aquele documento só para contribuir para uma decisão esclarecida dos deputados e que ZECA MARTINS conhecia as suas posições sobre a matéria. Aliás, avisa, ele era tão ou mais genuinamente guineense que ZECA MARTINS, não o afectando a disposição constitucional em discussão[1290].

[1290] Esta revisão global da Constituição foi aprovada com a assinalada maioria parlamentar, mas não chegou a ser promulgada (foi *engavetada*), não tanto por escrúpulos do Presidente da República interino MALAM BACAI SANHÁ [ex-Presidente da ANP que chegou à chefia do Estado, na sequência do derrube militar do anterior Presidente da República – ou, antes, se se preferir, na sequência da sua *renúncia* –, por aplicação do art. 71/2 CRGB (a mesma saída seria, provavelmente, explorada caso o Presidente NINO tivesse sido assassinado no comício da Chapa de Bissau, de 6.6.1998, ou na manhã de 7 de Junho de 1998, como confessou o líder da Junta Militar ANSUMANE MANÉ ter sido o plano); é curiosa a solução, se verificarmos que o art. 66/3 estipula que «se o Presidente da República renunciar ao cargo não poderá candidatar-se às eleições imediatas, nem às que sejam realizadas no quinquénio imediatamente subsequente à renúncia». A este propósito, o deputado e então líder da RGB HELDER VAZ propôs, na discussão na especialidade em torno da revisão constitucional reatada em 2001, a seguinte norma: Que «em caso de substituição interina decorrente de **vacatura** [*no dissa es artigu suma ki sta li, ess númeru úniku ki sta li atualmente... (em português, deixemos este artigo como aqui está, este número único que aqui está actualmente)*] ao Presidente interino é permitida a prática dos actos previstos nos artigos 156, f) e g) e art. 157» ligados à inviabilidade constitucional de uma promulgação por um Presidente interino, ditada pelo art. 71/4, 68 s.) CRGB (porque já não os teve em relação a vários actos legislativos), mas, sustento, por imperativos de táctica e aritmética eleitorais. O Presidente interino ficou entalado (algures, entre o fogo e a frigideira) entre a promulgação (que provocaria o afastamento em relação a si, nas eleições presidenciais, da esmagadora maioria do eleitorado – a fiar na correspondência entre a representação parlamentar e o eleitorado, assim como na percepção que eu tinha, pela observação do fenómeno político –, eleições para as quais me parecia indisfarçável o pré-posicionamento e a apetência deste político) e o veto (que provocaria o afastamento de uma parte do eleitorado que se sentia lesada pelo aludido comando constitucional – tratava-se de uma parte sem grande expressão quantitativa, mas não se desperdiçam balas em vésperas de combates, principalmente quando sabemos que o principal adversário faria o pleno se explorasse os argumentos opostos).

Na discussão, na generalidade, que viria a ser feita em torno da revisão constitucional a seguir à vitoria final da Junta Militar (7 de Maio de 1999) e à vitoria eleitoral do PRS e do seu candidato presidencial K. YALÁ, registaram-se as seguintes orientações dos deputados (os discuros foram em kiriol):

- LIUNA NANDIBA (PRS): a guerra de 7 de Junho revelou que há guineenses que dizem ser guineenses e que têm 2, 3 e até 4 passaportes. Estes são guineenses só quando os guineenses estão bem, mas quando a Guiné não está bem aparecem com outros passaportes, dizendo que não são guineenses. «Mas uma coisa é certa: Ami n'ka odja interesse di no tene es artigu. Guiniensis mos-

Pareceu-me significativo que o golpe final de 7 de Maio de 1999 tivesse ocorrido escassas horas a seguir a estas discussões parlamentares. Os apontamentos que, a quente, rabiscara eu foram exactamente estes:

---

tranu dja na es eleisson ku passa, eliss ku na kudji kin ku na sedu sé Presidente. I Guiniense maduru na é aspektu. É maduru. N'ka odja necessidadi di nó pui es. **Nó pudi dignifika Presidência di Repúblika no pui guiniense originàriu, ma naun di pai i mains**. **I muitu duru** pa mi, na nha forma di odja, di mi pessual (...). N'misti fala boss kuma, **é artigu, povu, na é ileisson ku passa, é mostranu el** (...). N'penssa kuma nim ki es ka tem, **povu na mostranu** amanha é sibi kim ku é na vota na el». Em síntese, é dispensável a exigência em discussão, porque o povo (tal como demonstrou nas eleições anteriores) saberá em quem votar.

• FERNANDO VAZ (RGB): «Artigu 5.° i um artigu inkonstitucional. Pabia i ta viola art. 24 di atual konstituisson. Por outro lado, art. 130 ku ta papia sobre limites materiais de revisão konstitucional violadu també. Pabia na si alínea e) i ta fala kuma kualker revisão di konstituisson ka dibi toka, portanto, é capítulo di direitos, liberdades i garantias. Por outro lado, i ka ta tem em konta lei di nacionalidadi, i ta viola propriu lei di nacionalidadi». «**I um artigu racista**». Em resumo, o art. 5.° é inconstitucional e racista.

• MÁRIO MENDES (PAIGC): subscreve a proposta do líder parlamentar da RGB sobre o artigo 5.°. «Ma si no kuri mas pa trass, tantu no dona di noss (seguiu-se uma expressão ininteligível) ku ka tene certidom. Kuma ke na pudi justifika kuma i cidadon di origem? Na kal baze?»

«Pa kila ku ami n'ta prupui kuma **ess puntu 5** (seguiu-se uma expressão ininteligível) **pa i kai**». Refuta, portanto, o art. 5.°, até porque a cidadania originária é de difícil prova, pois muitos dos avós não têm certidão de registo de nacimento.

• CARLOS COSTA (PRS): referindo-se ao art. 5.°, «é kussa dibi di dissadu suma ki sta, pur enkuantu».

«Anoss ku sta li, anoss i ka tudu povu di Guiné, apesar di no sedu deputadu, apesar di no sedu, 'tantu, representantis di povu; ma n'é momentu é kussa i taun pulémiku ku no ka pudi fala kuma ess i opinion di povu di Guiné-Bissau.

«Suma no ka pudi tici povu tudu pa é intchinu na kau (...), no ka tene lokal n'de ku no pui povu pa puntal na mumentu, n'pensa kuma no dibi dixa ba é kuza, **no ta dixal di mumentu**, si kontra polémika kontinua, prontu, **um dia no ta bai** a um **konsulta popular**».

«Entretantu, mesmu tendu ess opinion, ami n'misti ba, 'tantu, tchoma atensson di, 'tantu, dignissimus diputadus pa passadu históriku ku no ta fala, n'bom, pa mutivus istórikus ku manda es artigu aoss no tenel li na konstituisson; 'tantu, no sta na dibati.

«Pruntu, n'ta n'tindi kuma si aoss no ticil li – purtantu, no sta durante um tempu longu na papia sobre es artigu – i bom pa ka no tomal levianamente, pensandu kuma, pruntu, alguin pul li so pa pui. I tem um passadu istóriku, suma na fala (alguin falal li kil dia): Te aoss guiniensis, purtantu, é tene na kabessa kuzas ku passa, formas kuma ké relaciona ku utruss djintiss ku bin di fora (...).

«N'misti fala kuma i tem um ressentimentu, ressentimentu ku faci kom ki i parcinu é lei li sin. I dipuss tambi, i bardadi kuma **na tudu tera di mundu i tem é sistema di filtragem**: Pa bu tchiga a determinadus kargus i tem tudu um konjuntu di mekanismus, purtantu, ku ta difikulta ki ku no pudi fala *assalto ao poder.* No tene um izemplu mas recenti: I kazu di Perú, n'de ku Presidente Fujimori i ba biass na um tera n'de ku no ta pensa ba i istrangeru, i tchiga i fika la; é barssal, purtantu, i riba si tera». Posiciona-se no sentido de ouvir, eventualmente, no futuro, o povo, em referendo. Compreende, no entanto, a motivação histórica do aludido preceito, ligada a ressentimentos, reconhecendo que em todos os países há um sistema de filtragem para o acesso a certos

"Esta postura da ANP, agora, não teria também por móbil acicatar o Brigadeiro ANSUMANE MANÉ a pegar de novo em armas?"

---

cargos – na mira de evitar que ocorram fenómenos similares ao que se verificou com a fuga do Presidente nipo-peruano FUJIMORI.

• ALADJE MANUEL MANÉ (PAIGC): «Suma ki Presidenti sibi, anoss no tem stadu mais fora di ki dentru; ess i artigu ku no konssigui djubi (reportava-se às disposições normativas do projecto de lei de revisão constitucional sobre as quais opinara, imediatamente antes).

«**Relativamente a artigu 5.°, bankadas, tem si puzisson** ki na devida altura (...) kada bankada na bin manifesta na ora di votasson». Relega, portanto, para momento posterior – em sede de votação – o posicionamento de cada bancada parlamentar, a respeito do art. 5.°.

• PEDRO VAZ (RGB): «**Artigu 5, n'pensa kuma i sta dja ultrapassadu**; só ku n'misti tchoma ba atensson a respeitu di koncesson di cidadania: Alguin ora ki pidi konsesson di cidadania i bom pa kil pididu pa i kuri si tramitis normais. I ka son pa alguin tchiga logu pidi, dadu si bilhete di identidadi sin i ka kuri ki tramitis normais». Julga ultrapassado o diferendo, preferindo aconselhar maior rigor na concessão da cidadania a estrangeiros.

• EMBUNHA INCADA (PRS): «Anó no misti fala, na artigu 5 pontu 5, mass suma (...) bankada ka riuni inda no ka pudi prununcia sobri kussa. Ma no no ta lembra kuma **ess artigu no votal ba** i sta ba presenti kil dia 73 diputadu; é vota 72 a fabur, 1 fala si boka kasta la. Mass i riba mass, n'ka sibi kal ki kurridur. Ma (seguiu-se uma expressão ininteligível), si djinti foi inflexível ma pa djinti kabanta fala djinti kuma so kanta po, utru kussas». Regista e estranha a mudança de posição de vários deputados nesta matéria (dado que o artigo havia sido antes aprovado por 72 deputados, entre 73, com apenas uma abstenção), prometendo que a sua bancada divulgará, oportunamente, a respectiva orientação.

• HELDER VAZ (RGB): «No kana toka na *questão* di artigu 5.° *porque* djintis papia dja del izaustivamenti» (não vai tocar na questão do art. 5.°, porque já se falou disso exaustivamente).

• MAMA SAMBA (RGB): **I dibi di tiradu** (nó é?), ki kiston di meramente i kubri ki nacionalidadi ku tudus fazi» (*sic*).

• MALAM BANJAI (UM): têm «notas em relação ao artigo 5.° (...), mas penso que **não devo fazer qualquer explanação** sobre este assunto porque os meus colegas deputados já haviam feito isso. Se me for permitido pelo Sr. Presidente, **remeteria** apenas o texto que preparámos».

• DANIEL GOMES (PAIGC): «Tudu djintis ku nasci li é dibi tene direitus segundu sé kapacidadis pa é luta i é ascindi a postus ku sta konsignadu na kostituisson. Pabia di kila la, es artigu 5.° na sistema di eligibilidade, anó no pensa kuma no ta bin afasta tchiu, tchiu-tchiu, si no ba aproval manera ki sta di kil ki fundamental na omi, kil direitus ki tem, ki no ta odjal i ta sta enraizadu na manga di tratadus».

«No pensa kuma é pontu 5 i dibi di kai, si redasson dibi di kai, pa salvaguarda es no eterogeneidadi social ki no tené. No ta pui ba son i **pa postus di Presidenti di República i afins i dibi di sedu ba cidadauns guiniense di origem**. Sin menciona si ancestrais, elis també é dibi di sedu cidadauns guiniensis di origem». Propõe que a restrição se fique pelo cargo de PR e afins, em vez de estar como está.

• DOMINGOS FERNANDES (não se trata do primeiro líder da RGB): referindo-se ao art. 5.°/5, propõe: «**I pa iliminal** pura i simplismenti» (que seja eliminado o art. 5.°/5).

• SOLA N'QUILIM NABITCHITA (líder da bancada do PRS): propugna a manutenção no n.° 5 do art. 5.° dos cargos de Presidente da República, Presidente da ANP e Presidente do STJ. Os restantes cargos poderiam cair.

• VICTOR MANDINGA (PCD): «Anoss no sta di akordu ku artigu 5.°, ma no misti tchoma

[Considere-se a sua origem gambiana e a sua inacessibilidade, por via da nova disposição constitucional, a cargos tais como Presidente da República,

---

atensson um kussa: Art. 5.° kata diferencia, suma ki sta li skritu, na si pontu 4 ("a lei não poderá estabelecer distinção entre cidadãos guineenses originários e naturalizados").

«Artigu 5.°, na si pontu 5 dipuss, i ka kistom di guiniensis naturalizadus i guiniensis originarius; i ka bardadi, purke guiniensis naturalizadus i ki ki adkiri nacionalidadi. Guiniensis originarius i ki ki lei ta fala kuma pai ou main i guiniensis.

«Es artigu ta bin fala: "Entre os guineenses originários" kem ki pudi faci ess, kem ki ka pudi faci ess.

«**N'ta konkorda ku artigu 5.° na siguinte kondisson: Tudu djinti tem ki tissi papel**; Kin ki ka tissi papel ka pudi sedu *Presidente da República*, nim *Primeiro-Ministro*, nim nada. Purki ninguim ka pudi bin fala kuma: Naun, n'tene tistimunha pabia nha pape padidu na tal data, na tal kau. Em síntese, concorda com o art. 5.°, na condição de todos apresentarem documentos comprovativos da sua nacionalidade originária e da dos seus pais. Rejeita aqui o recurso à prova testemunhal (prova testemunhal que a Lei 3/98, no seu art. 107/4 admite, relembre-se).

• ABEL DE CARVALHO (líder da Bancada da RGB): «Tendo em base textu konstitucional revistu, ki ka promulgadu, bankada parlamentar di RGB ta bin apresenta es siguintis propostas di alterasson»:

Art. 5.°, n.° 5 – «Anoss no ta faci finka pé, no ta seta di kuma cidadon ku pudi manda nes tera pa es kargu ku no ta prupui pa orgauns di suberania no ta da es siguinti redasson, purtantu komo alterasson: "**São privativos dos guineenses, filhos de pai ou mãe guineense de origem, os cargos de**: Presidente da República; Presidente da Assembleia Nacional Popular; Presidente do Supremo Tribunal de Justiça". Ou seja, apresenta a proposta da respectiva bancada.

• FRANCISCO BENANTE (líder da Bancada do PAIGC): «N'ta admira, na elegibilidadi di Presidenti no ta fala "guineense de origem, filhos de pais de origem" i ki dibi di tem 35 anus. Ker dizer, si no pui kela na interpretasson jurídika aplikadu so na anu 2008 ku no na tem Presidenti. Purki ali no tem inda independência ku 27 anus komo Stadu di Repúblika da Guiné-Bissau. Mas antis di kela i ka Guiné-Bissau, i ka Guiné-Bissau, i Purtugal. No misti o no ka misti, em termus jurídikus assim ki ista. I ka signifika kuma n'tem li intensson di nega nha natureza di afrikanu, di guinense.

«Mé na konjuntura internacional, pa alguin tene 35 anu pa e pudi kumsa elegidu, si i nanci mesmu na 73, pa i kompleta 35 anu, i tem ki sedi 2008. I Presidenti ke no na tem ba dja desdi pa Luiz Cabral te li i di ba ke? No tem ku pensa na es [atente-se, porém, em que a ser válido e verdadeiro o argumento formulado pelo deputado e se se levar o mesmo às últimas consequências, o jovem que fará 35 anos em 2008 seria ainda apenas o pai do futuro candidato, não o candidato – como diz].

«Ora ki na tchiga pa kudji djintis, povu pudi. I ka precizu pa alguin substituil. I no povu, nunde ku no sinta sin, nin ke no kandidata tudu i sibi kin ki i misti».

«Ami n'ta limita ba so (n'fala ami li né kazu, i ka di bankada inda) pa fala kuma **tudu fidju de origem di Guiné i pudi kandidata a é postu** (...), povu ke na bai kudji».

«(...) Nunde ke no ista nel será ke no tem kriterio di apreciasson de fala kuma mesmu ki reflexu ke no tem na no mente "djinti bermedju"... purke ora ke djinti de konakri na entra pa li, djinti de Senegal na entra pa li no ka ta fassi kela kazu. Referência ke no ta tem i em relasson a djinti burmedju; ma n'sibi kuma i um processu istóriku kolonial ki é utilizadu ba komo intermediário; i normal pa no povu guarda um certu mal em relasson a ess, mé anoss ke tem ke ultrapassa kelala, pa sedu objetivu».

«(...) No ultrapassa kelala, ku independência, ku formasson, no ista na rispita guutru ku reciprocidadi komo fidju di um tera. I ki tendéncia de bermedju i ma ta viza son Cabo Verde; no tem ke t'ral. Ba falecidu Zé Carlos, ba Manecas Rambout Barcelos, ba Regalla, ku bu ta sibi kons-

Chefe do Estado-Maior General das Forças Armadas (postos que é legítimo pensar que o cabeça de cartaz do levantamento de 7 de Junho não desdenharia, apesar de alguns dizeres)];

---

cientemente sé pape ka tem nada ligasson ku ki tera. No na mata elis son purke é bermedju? Naun! N'k'odja kelala. No tem ke ultrapassa komplexu ki na pui no tera em atrazu...

[interjeição do Presidente da ANP Jorge Malú, a partir da Mesa: «Es i kolegas di segunda esquadra»! Observe-se que os senhores Benante, Regalla e Barcelos (?) estiveram detidos (nessa esquadra de Bissau?) na sequência da última insurreição armada do Brigadeiro Ansumane Mané, em Novembro de 2000, contra o Presidente Koumba Yalá, que culminou na morte daquele; eles foram conduzidos à prisão sob a alegação de envolvimento no referido caso, catalogado de tentativa de golpe de Estado].

«N'sibi i pensadu (está a referir-se o deputado à norma do art. 5.°) pa opurtunismu polítiku na um determinadu momentu, kela é verdade, eleisson (a expressão parece ser esta, pelo que me foi dado perceber) i ess; el kimanda n'ka tem pa kondena, mé cirkunstancia atual i ta mostranu kuma i ka um kuza státiku, no pudi odja um saída, no ista iluminadu, no odja dritu.

«Ainda i «ta bin kontraria propriamente Deklarasson Universal di Direitu di Omi (...)».

«Mé ora ke no na fassi es distrinsson muitu baixu, n'ta odja kema i ka da». O preceito em discussão contraria a Declaração Universal dos Direitos do Homem; sustenta que a restrição deve ficar-se pela exigência da cidadania de origem do candidato; seriam dispensáveis as demais exigências, porque o povo, «mesmo que nos candidatemos todos», sabe quem quer.

• ANTÓNIO TOMÉ VAZ (RGB): «Talvez i foi sorti, na nha manera di n'tindi, é konstituisson ka promulgadu, i riba trass. Ma si no djubi, i facidu ba na um kontextu determinadu n'de ki tene ba objetivus klarus – na mumentu ki koncibidu i aprovadu, i mandadu pa ci promulgasson. Ma né mumentu, n'ta punta, né mumentu ke Guiné-Bissau sta nel, ke prublemas ku passa, ke situassons ke no mati li tudu, será ke i akonseliável ess tipo di Konstituisson? Será ke ess tipo di Konstituisson i ta bai na ki diresson di tolerância i di umanismu ou di konkórdia ke anoss no misti konstruí né mumentu?».

«Na artigu 5.°. Nó tem ke fleksibiliza em nomi di tolerância, no tem ke konstruí um Konstituisson n'de ke tudu djinti na kibi».

«Suma ki kargus ke anoss no pui na art. 5.° i um kargus ke sujeitu a eleisson (si dunu na bai ilegidu, i na votadu, i na passa pa filtru), na ki bazi ke ano no tchiga konkluson kuma no dibi de dizagraval i no reduzi també **kargus ke dibi di prutegidu**: I no kudji 3 cargus di soberania, ki **Presidente di Repúblika**, ki um Kargu, **Presidente di Supremu Tribunal** (ke també tribunais ke na bai garanti ezatamente ki direitus di ki cidadons ke n'na fala ba pa i tem justissa de faktu) i no kudji **Presidenti di ANP**, ki *órgão* legislativu».

«N'pensa ki utruss kargus abaixu dé 3 (...) i ta dixadu a konsiderasson purke mass kuaze i kargus ke djintiss ta dezignadu parel, kazu Primeru Ministru, pur ezemplu, u ta pul bu konsulta partidus pulítikus. I kin ke ta prupul i partidu ke ganha, *etc.* Da la pa bass, no pensa kuma no dibi fleksibiliza na é aspektu, suma ke nhá kolega issplika ba dja, pa, di faktu, nó tene um Konstituisson bom». Para que tenhamos uma boa Constituição, sustenta o deputado, é necessário reduzir a três (PR, PSTJ, PANP) os cargos sujeitos às restrições do art. 5.°. Diz que talvez tenha sido feliz o facto de a Constituição revista não ter sido promulgada à data.

• ANTÓNIO DA SILVA (PRS – 2.° Secretário da Mesa da ANP): «Omi ke ka ta muda i omi ke, n'bom n'pudi ta fala, i ka bali. Ami i um di ke deputadu di ke cem di legislatura passadu ke vota ba é lei. N'votal numa *situação* mutu diferente, mas aoss *situação* i utru, N'taum, si aoss no na fala de tolerância, no na fala de *reconciliação*, i no misti djunta família guiniense, n'odja kuma no dibi di muda pensamentu».

«Mas ami, **na artigu 5.°, pontu 5**, si pa toma em konta, **i so Presidente di Repúblika** (pa

"a acicatar a *burmedju*[1291] *connection* no sentido de empurrar a Junta Militar (já que esta franja social teria muito peso – através, supostamente, da União para a Mudança – na Junta Militar) para a resolução armada do conflito?

---

mi... Ess i ka puzisson di bankada). Pabia Presidente di República kila i último kuza ku no pudi sobra ke el pa pudi, ker dizer, mostra no identidade, ma restu, no dissa pa povu bai kudji». Defende, agora, que o art. 5.° se deve limitar ao PR. Diz ter mudado de posição porque na situação actual pesam valores como a reconciliação, a tolerância e a unidade da família guineense.

• KARAMBÁ TURÉ (UM – Líder da Bancada): «Anoss ki no fala, no pensa parci no na tem *razão*. Ma, sin pa ofendi ninguin ahn: Mintida ta leba mindjer kassa, ma i ka ta sintandal. Sintimentu di povu goci é odja kuma artigu 5.° manera ke ano no difindil ba i sin ki dibi di sedu. Ess i grandi kussa. Ano no sta satisfeitu kuma povu kada dia ess tera li no na sinti kuma ó ke prublema tem no dibi di djunta mon pa rezolvil. I ka kuma ki ki diputadu Benante fala li, na kazu di ba Rambout, ba Regalla, um djintis ku tem kor. Purki ess ke djintis ta djubi nel, ba djintis ku tem kor. Ma i ka kila la; i um prublema di konvivéncia purki anoss no ka pudi vivi izoladu».

«Anó no ta sta de akordu (art. 5.°), si djinti na mantil (purke li no na bai pa konsensu), si djinti na mantil, no ta agrava so siguinti manera: Kargu di Presidente di República, kul utrus kargus tudu ke faladu i na agravadu pa djintis ki tene dupla nacionalidade. Mesmu abó bu renuncial antis di eleissoins, bu dibi di sta vedadu, bu ka pudi konkuri postu di Presidenti di República, kargu di Presidenti di República. Djinti di dupla nacionalidade. Si no na mantil. Si *não*, i ta kai kompletamente. Si anoss tudu i guineense, n'tom lei ta fala kuma no tem mesmu igualdadi perante lei. No ka pudi tem guinensis de primeira, segunda, tercera klass».

Em conclusão, propõe a UM: «**Pa agrava djintis ki tene dupla nacionalidade** i dipuss **basta so bu mamé ó bu papé sedu guineense di origem abó i guineense di origem**» (deveria ser vedada a um indivíduo com dupla nacionalidade a possibilidade de se candidatar ou aceder ao cargo de PR e outros elencados no art. 5.°; deve bastar-se com o requisito da nacionalidade guineense de origem de um dos progenitores). Tende, portanto, a "aliviar" a formulação constitucional que constava do projecto de revisão.

«Pa ess konstituisson p'é passa di forma ki na dibatidu pa anoss tudu no *á* benificia di um lei ke no tem ke pui na no kabessa kuma *também*, *há* um kussa li: No ka pudi bata mixi na Konstituisson kualker ora. Ess i pa futuru assons ke no na bin dezenvolvi. Purke talvez partidus pudi tem ez na kabessa: *Ah, n'ganha, bom n'na ba mixi na Konstituisson*. I bom pa i kiriadu mekanismus ki kana permiti djinti di kualker manera bata mixi na lei fundamental. El Kumanda ess tarbadju ku no na fazi, n'pensa kuma i bom pa no tchiga na um konsensu no vota um dukumentu li ki na ba prumulgadu pa Presidente de República **pa i sirbinu,** si i necessáriu, **pa 50 anu**. Ess i **proposta** ki n' fazi. Ma ess i ka proposta, i nha deseju».

• ARMANDO QUINTUNDA (PRS): «No tem pa aprova kuza certu. Ninguin ka na inventa utru kuza mass *senão* ser kuma i tem ess triss kargu ke anoss no tem ku vota li, nin no ka na seta um estrangeru ke no ka kunsi tambi pa no bin da ess lugar kuma kualker alguin. I ka pussível. Ami, nha forma di odjal kuma ke juristas ke kunsi kuzas dritu, na lebal, ami n'ka na seta kila, ami n'kasta di akordo». Reafirma, em síntese, a doutrina do art. 5.°, quanto aos «três cargos» submetidos à discussão.

• FRANCISCA VAZ TURPIN: «Lei ten na tudu parte di mundu, i ami n'sta di akordo kuma no ka pudi dixa no Konstituisson sem um *restrissão* em *relação* a kin ke na sedu *Presidentes da República* purke *senão* kualker estrangeru pudi ba tchiga é *país* i sedu ba *Presidente da República.* I bom, **i bom pa no pui kuma i dibi di sedu fidju di pai ó mai guineense**. Que o PR deve ser guineense, filho de pai ou de mãe guineense.

[1291] Mestiço, mulato (literalmente, vermelho) em kiriol.

Quando ouvi, no mesmo dia, na Rádio Bombolom (rebaptizada, na altura e para a altura, de Rádio Voz da Junta Militar) a leitura da carta do Presidente da República NINO VIEIRA ao Brig. MANÉ informando-o da marcação das eleições para 28 de Novembro de 1999 e, bem assim, da carta resposta do Brigadeiro ao Presidente, em que se congratulava com a marcação das eleições, mas ameaçava que qualquer "manobra" entre 4 de Maio de 1999 e 28 de Novembro de 1999 implicaria a retoma dos combates, anotei, em jeito de indagação, se isso equivaleria a uma *preparação psicológica para os próximos combates.*

Um outro suculento condimento para o *assalto final (a kabantada*[1292] *ou o sambrass*[1293]*)*: acabava de ser noticiado que a Mesa Redonda de Genebra sobre a ajuda à Guiné-Bissau ultrapassara *todas as expectativas.* A Comunidade Internacional prometeu, então, cerca de duzentos milhões de dólares americanos, para além de outras ajudas.

Dinheiro em caixa[1294], vamos à *kabantada* (teriam pensado alguns)!

À *Dona Comunidade Internacional* arranjar-se-iam alguns trocadilhos retóricos e vazios. Para quem é[1295]...

1292 *Terminus*, em kiriol.

1293 *Terminus*, em kiriol.

1294 Ou em promessa.

1295 No jogo, está também, à sua medida, envolvida a *comunidade internacional sub-regional.* Esta nota de rodapé é escrita em meados de 2005, quando eu já havia dado por encerrada toda a análise concernente ao binómio *comunidade internacional-Estado de direito.* Achei, pois, adequado inserir aqui o depoimento de uma figura importante, na minha opinião, no golpe que ocorreria em 14 de Setembro de 2003. De resto, foi o próprio quem, na aludida ocasião, disse ter estado desde as primeiras horas da manhã de 14 de Setembro em contactos com o exterior (em nome do Comité Militar autor do golpe, presume-se), tendo, por exemplo, falado variadíssimas vezes, num curto período de tempo, com o Chefe de Estado senegalês WADE.

Refiro-me ao Dr. JOÃO JOSÉ DA SIVA MONTEIRO (UCO), no programa Retroinformação de 15.5.2003 da Rádio Pindjiquiti. O painel de comentadores estava a analisar os contornos dos Acórdãos do STJ que, nomeadamente, aceitaram as candidaturas de NINO VIEIRA e KOUMBA YALÁ às presidenciais de 19.6.2003. O referido político guineense defendia, então, os polémicos Acórdãos (ambos, ou no próprio corpo do Acórdão, ou na minha Declaração de Voto, qualificavam de golpe de Estado a sublevação militar em referência, de reduzida credibilidade e de fraca consistência jurídica as *renúncias* subsequentes a esta) e dele pude ouvir o seguinte: *grande parte dos Presidentes da sub-região oeste africana contactados após o golpe de 14 de Setembro de 2003 parecia já ter-se conformado com o golpe na Guiné-Bissau; só depois da oposição do Presidente da Nigéria, OBASANJO, o Presidente WADE informaria, telefonicamente, a ele, JOÃO JOSÉ DA SILVA MONTEIRO, que o golpe não seria aceite pelas potências da zona; foi, assim, preciso recorrer ao estratagema da renúncia do Presidente deposto YALÁ – negociada com este.*

Parece ter surtido o efeito esperado – as instituições da *transição* não foram internacionalmente ostracizadas e os apoios financeiros e políticos não foram (mais do que anteriormente, pelo menos) congelados.

Algumas peças colocadas no estrangeiro ocupar-se-iam da representação. Os subterfúgios juridiqueiros a que se lança mão na Guiné-Bissau para justificar (dessa forma) o injustificável assemelham-se a truques ilusionistas que não primam pela subtileza, mas que angariaram num certo auditório uma assinalável aceitação. Servem para impressionar a "comunidade internacional".

Basta puxar à colação um instituto jurídico, embelezar a faladura e aí está.

Viveu-se na Guiné (no horizonte temporal desta pesquisa) um tempo do poder *do* facto.

O império *do* facto, em que o jurídico (e o jurista) se inclina subservientemente à condição de: continente para todo e qualquer conteúdo; servo de qualquer senhor; embrulho mais ou menos artístico para a "comunidade internacional" ver. Embrulho descartável ao mínimo sinal de missão cumprida. Um exemplo elucidativo poderia ser a falada Mesa Redonda de Genebra, em 1999. Mal a comunidade de financiadores deu o seu *placet* para os célebres 200 milhões de dólares, a Junta ultima o derrube do Presidente NINO. É verdade que, dias antes, as forças senegalesas e conakri-guineenses haviam regressado aos seus países, que a reduzida e impotente força da ECOMOG ainda estava acantonada em Bissau. Curioso, no mínimo, é que quase instantaneamente à celebração do compromisso dos milhões (com o Primeiro-Ministro FRANCISCO FADUL em digressão internacional), dá-se o assalto a Bissau.

O ponto da situação que eu faria do debate em torno do conflito político-militar aberto em 7 de Junho de 1998[1296] é nos termos que se seguem.

[1296] Uma leitura distinta da nossa pode-se encontrar em J. VIEIRA CÓ, As Consequências Jurídico-Constitucionais do Conflito Político-Militar da Guiné-Bissau, Bissau, Associação "Rete Guinea Bissau" Onlus – Verona, 2001;

J.A. DE AZEREDO LOPES (Entre Solidão…, cit. p. 857-870) manifesta-se convicto de que neste caso se estava «perante um problema de realização do direito de autodeterminação interna».

Mais, os revoltosos «detinham o controlo da grande maioria do país» e, «a certo ponto, os combates opunham senegaleses a guineenses – numa demonstração fáctica de que, se o consentimento tinha validado a intervenção, tinha deixado de a validar» (e terá sido isso que o Conselho de Segurança «depressa percebeu»). Sigamos a análise.

«No caso da Guiné-Bissau foi interessante, portanto, verificar como a justificação da revolta militar foi sempre colocada no plano da *ilegitimidade* do poder estabelecido, consequência da violação do direito de autodeterminação interna. E como daí resultou, na opinião generalizada, a ilegitimidade da intervenção estrangeira, ela própria desencadeada por uma solicitação ilegítima».

A tendência, em muitos quadrantes políticos e sociais é para dizer: o culpado neste conflito militar é o Presidente NINO[1297], porque poderia fazer cessar a guerra, optando pelas negociações, antes do recrudescer daquela[1298].

Mas quem abriu as hostilidades? Quem deu os primeiros tiros? Quem matou primeiro? Esse primeiro momento é inocente? Passa-se um apagador sobre isso? Faz-se de amnésico?

Esta atitude faz-me lembrar a clássica *anacronia in media res* que a *narrativa analéptica* (no dizer de G. GENETTE) nos oferece. *Scil.*: faz-se corresponder o início do discurso a um período mais adiantado da diegese[1299].

Vejamos.

Arranca-se do dia 8 ou 9 (ou dias subsequentes) de Junho de 1998: é o meio da *diegese* – um começo da narração *in media res.*

A partir dessa data [data em que o PR poderia ter dialogado, e não dialogou, em que o PR poderia acabar pacificamente com a guerra (rendendo-se? Abdicando?), e não acabou com ela], o *discurso narrativo* começa a rememorar as vicissitudes que se preordenam à *diegese* (recuo temporal): relata alguns – os que interessam ao narrador – antecedentes longínquos e próximos do levantamento, mas quando chega a 6 de Junho de 1998, dá um salto clandestino entre 6 e 8 (e seguintes) de Junho de 1998... e fecha-se o círculo, para, no segmento temporal seguinte, concluir-se. O que sucedeu no dia 7 de Junho, ou não é mencionado, ou é branqueado.

Este *salto clandestino* sobre o dia 7 de Junho é uma contribuição dos nossos narradores políticos à teoria da literatura. Um momento de capital importância da diegese ou história (7) não entra na *sintagmática do discurso*.

Há que regressar ao tempo da descomplicação – em que *A* significa *A* e apenas *A*.

Para tal, é toda uma geração que deverá reposicionar-se e agir de modo diferente.

A geração dos libertadores legou um país, uma nação, uma identidade. A geração dos libertadores produziu quadros que somos nós (alguns, ardósias algo degradadas).

1297 Numa espécie de festa judaica das expiações.

1298 Bem, fá-lo-ia mais tarde... Contudo, replicariam aqueles, deveria e poderia ter sido antes.

1299 GÉRARD GENETTE, Figures III, Paris, Éditions Seuil, 1966.

Cfr., ainda, V.M. DE AGUIAR E SILVA (Teoria da Literatura, 8.ª ed., Coimbra, Almedina, 1988, p. 711 ss., 745 ss.), que define as anacronias como «desencontros entre a ordem dos acontecimentos no plano da diegese e a ordem por que aparecem narrados no discurso».

A nossa geração esbanjou com alguma liberalidade o legado. Preferiu esconder-se no fala-barato (quanto mais discursos, melhor; quanto melhor ataviado o discurso, melhor), nos fatos *Armani* ou *Fera di Bandé*[1300] (engravatados ou auto-enforcados), no atiçamento de guerras intestinas, na promoção da incompetência, na corrupção erigida em bandeira nacional.

A Terra não carece de guerra; precisa é de trabalho dos seus filhos, sendo responsabilidade das gerações mais novas legar ao futuro uma *Guiné melhor*.

A *geração da luta* cumpriu um invejável desígnio histórico; a subsequente tem outro grande desígnio: deixar uma Guiné próspera, avançada e cada vez mais dignificada.

Os que não tiveram oportunidade ou idade para co-fazer a epopeia da libertação podem sentir uma pontinha de inveja, mas o país não precisa, até à data, de novos heróis libertadores. Precisa, isso sim, de heroicidade no trabalho. De política e de políticos, nem tanto.

A epopeia da luta de libertação deixou, como se viu, as gerações subsequentes com uma espécie de *handicap* de heroicidade, que recorrentemente almejam superar. E uma aventura militarista vem mesmo a calhar. Há, porém, que virar a página, aplaudir a geração da luta, mas desembainhar a epopeia da consolidação da nação, do desenvolvimento e dignidade nacional. É *o* caminho.

As guerras que explodiram a partir do *7 de Junho* e ameaçam ensombrar o primeiro decénio do segundo milénio guineense arrastaram o país para um hobbesiano *estado de natureza*, em que a força bruta é elevada à dignidade de referência determinante de todo o direito. Urge, pois, um *pacto* que desarme as almas e normalize a vida dos homens e mulheres que fazem este projecto de nação. Não se mostra *necessário* (enquanto assim quiserem esses) que o *pacto* deposite cegamente os destinos, a liberdade (à qual renunciariam) desses homens e mulheres nas mãos de uma chefia absoluta e ilimitada (que, demais a mais, nem sequer é parte no mencionado pacto)[1301], em troca de uma qualquer paz, de uma qualquer segurança e protecção garantidas pelo chefe. Se tal renúncia cega não é uma *necessidade*, quem é que, pelo menos num instante, perante a caótica depredação, não foi invadido por essa hobbesiana tentação[1302]?

[1300] Feira de Bandim (ou Bandé).

[1301] A esse estado de coisas parece, numa primeira fase, ter-se rendido uma série de correntes, como a de um CALVINO ou de um LUTERO.

[1302] O contexto histórico (de guerras e destruições) da obra de T. HOBBES não explicariam algumas propostas do mesmo?

Sobre o tema, além da obra citada de HOBBES, *vide* J.M. BUCHANAN, The Limits of Liberty. Between Anarchy and Leviathan, Chicago/London, The University of Chicago Press, 1975, p. 147 ss.

2. Factos, Factos, Factos – Reflexões Contextualizantes

O desenrolar das crónicas[1303] a entremostrar neste *item* (e deslocalizadas para o *Apêndice 1*) tem por desiderato encetar uma digressão ao húmus dos factos – algumas vezes, de uma surpreendente e impressiva pregnância, no que concerne à sua capacidade de revelar verdades tantas vezes escamoteadas, tantas vezes amordaçadas, tantas vezes mascaradas.

Factos que escancaram as portas e janelas revelando a forma como, entre as quatro paredes de certos Estados, se constrói, desconstrói e se destrói o "Estado de direito" e a "democracia"[1304].

Em 1917 escreveu VILFREDO PARETO[1305]: «Arrivé à ce point grâce à l'induction, nous avons les éléments d'une théorie. Il faut maintenant la constituer; c'est-à-dire abandonner la méthode inductive pour la méthode déductive, et voir quelles sont les conséquences des principes que nous avons trouvés ou cru trouver. Nous comparerons ensuite ces déductions avec les faits. S'ils concordent, nous conserverons notre théorie; s'ils ne concordent pas, nous l'abandonnerons».

Algumas pré-compreensões tive de *abandonar* a partir de determinados pontos do percurso investigativo; outras viram-se *confirmadas*; algumas nasceram e *confirmaram*-se só numa fase bem avançada da operação.

Como já se referiu anteriormente, houve que deslocalizar, para um apêndice, o grosso dos elementos consubstanciadores da viagem indutiva ao longo dos caminhos que conduziram ao núcleo central. A preocupação foi a de descongestionar o bloco central da tese (conquanto me tenha, não poucas vezes, assaltado a tentação de manter tudo aqui, neste mesmo parágrafo) e aligeirar a sua leitura.

Mantém-se, contudo, apesar do estilo pouco ortodoxo, a importância, a fundamental importância, dos *anais* (situados no mencionado apêndice), pois cada um dos elementos deles constantes acaba por sufragar os *Leitgedanken* que nutrem o trabalho ora apresentado.

Quando um operador da *Rechtsstaatlichkeit* se posiciona contra a violência, para quatro anos depois defender e alimentar a violência no trato político, se-

---

1303 Desgraçadamente (ou afortunadamente, para quem terá de ler este conciso trabalho), importantes anotações minhas respeitantes ao período que começa em 22 de Novembro de 2000 (contendo, além da narração de factos ou notícias, muitas reflexões pessoais para a tese) foram perdidas, dado que constavam dos blocos de notas que estavam na minha bagagem extraviada na ligação aérea entre Frankfurt e Bisaau, em 2003.

1304 Remete-se para os elementos ínsitos no Apêndice 1.

1305 V. PARETO, Traité de Sociologie Générale..., cit., p. 451.

guindo-se, mais tarde, uma atitude caracterizada pela justaposição de dois impulsos contraditórios (não à violência, enquanto discurso útil para a preservação do estado de coisas vigente; sim à violência, sempre que ela se revelar útil), a desvalorização dos *grandes valores* como a democracia e o *Estado de direito* surge inevitável;

Quando uma entidade da elite impulsionadora do Estado de direito denuncia sinais de intromissão do poder político nos tribunais, clamando pela independência destes, para, alguns anos volvidos, estar na linha da frente dos comportamentos que arruínam aquela independência (ainda que o discurso seja outro), escudando-se a entidade em causa num poder circunstancial ou em projecto, está quase tudo dito;

Reticências do mesmo jaez não deixarão de surgir, quando algumas forças sustentam, no passado, o apartidarismo das forças militares e de segurança e, mais tarde, a promoção de umas forças armadas *fiscalizadoras da democracia e da Constituição* (*fiscalização preventiva, fiscalização sucessiva* concreta ou *fiscalização sucessiva* abstracta – e, em qualquer dos casos, acompanhada de reactividade susceptível de pôr as coisas no devido lugar; da baioneta ao lança-foguetes, os recursos são inúmeros, para se corrigir o funcionamento das instituições públicas); a situação torna-se mais delicada, quando os próprios militares começam a achar que tal procedimento é legítimo;

Quando a guerra é elevada ao estatuto de fazedora da justiça, os beligerantes, açulados a radicalizarem a guerra, quando a irracionalidade da guerra (atestada pela carnificina, sem critério, de inocentes) se mostra em toda a sua baixeza, quando tudo isso ocorre, a *reposição da legalidade*, como fim, não pode dar cobertura aos referidos desvios (mesmo que se diga ser o último episódio a última vez que se recorre às armas – e, verificou-se, há sempre uma próxima vez).

O Apêndice I fornece alguns instantâneos de derivações racistas e xenófobas, pondo, até, por vezes, em causa redutos intangíveis dos direitos fundamentais.

As crónicas evidenciam, outrossim: a vanidade da guerra (de quase todas elas), não obstante as justificações que se vão arregimentando a seu favor; a descredibilização da função política, mercê do vaivém dos políticos e das políticas, em vagas que se entrechocam e anulam sucessivamente;

O patológico inadimplemento da Constituição e das leis, disfarçado numa fraudulenta veneração constitucional e legal – a par da confecção de instrumentos paraconstitucionais de diversa índole;

A *nacionalização* de conflitos intrapartidários – com algumas mãos (e cabeças) do exterior do partido e, até, do país –, com o argumento de que é a democracia e o Estado de direito que carecem de aprofundamento ou autentificação;

A facilidade com que se derrapa para um exercício da política, onde o direito à vida e à integridade pessoal, a liberdade de imprensa, bem como outros direitos de liberdade, são sistematicamente violados – numa sã vizinhança com a prepotência[1306];

O plantio de conflitos e de golpes de Estado, por *engenheiros* internacionais, com o propósito declarado de vir a colher-se um melhor Estado de direito[1307];

A boleia da desregulação do Estado e da sociedade que alguns actores políticos não se coíbem de declarar apanhar (para mais facilmente realizarem os seus projectos de poder – projectos de poder que muitas vezes se esgotam no dia em que o poder lhes chega às mãos);

O poder efectivo como instância de legitimação política, social e jurídica;

A tutela da democracia pelos militares (situação resultante da atracção dos militares pela política e dos políticos pelo guarda-chuva militar – tudo embrulhado em depoimentos de equidistância recíproca dos dois corpos, salpicados, aqui e acolá, por sinais de autêntica rendição dos actores políticos, traduzidos em caudais enormes de lisonja), potenciadora de congelamentos parentéticos da democracia, sempre que se revelar conveniente (justificativos mais sofisticados encomendar-se-ão, oportunamente – é, enfim, uma questão de ginástica verbal);

A maquiavelização da política[1308];

A separação de poderes de conveniência[1309];

A enorme plasticidade da *independência* dos tribunais, entre os actores políticos e judiciais[1310];

A politização da agenda do Ministério Público;

1306 *Vide* Apêndice I, N. 210.

1307 Um exercício que encontra ressonância na antiga Grécia. Na verdade, a exportação da rebelião, seja por Atenas (democrática), seja por Esparta (oligárquica) era feito sob o embrulho do justo apoio às facções *defensoras da liberdade* nos territórios onde se quer implantar ou consolidar a *liberdade*.

1308 Apêndice I, N 146.

1309 Apêndice I, N 240.

1310 Apêndice I, N 148, 154, 248.

A hipermusculação da vida social e política; as autopromoções, no quartel e fora dele[1311];

A indiferença da *comunidade internacional* às cenas de desregulação antidemocrática dos Estados (as *proclamações* condenatórias contam pouco);

Os desvios impunes de bens públicos, para proveitos particulares; a corrupção generalizada;

A tribalização e racialização do combate político – contraponto de uma *affirmative action* a favor da maioria deserdada, ainda por realizar?

A insustentável efemeridade do poder na Guiné.

Com o texto da dissertação há largos meses encerrado, dois acontecimentos protagonizaram, em 2005, o *fechamento do anel* cujo delineamento arrancou com as turbulências de *7 de Junho de 1998*: o regresso triunfal do Dr. KOUMBA ao país, após uma curta ausência no estrangeiro; o regresso apoteótico do General NINO ao país, após um exílio de cerca de seis anos; a concorrência entre os dois políticos nas eleições presidenciais de 19 de Junho de 2005 e a aliança entre os mesmos, na 2.ª volta de 24 de Julho, com KOUMBA (em 3.° lugar) a apoiar NINO contra BACAI (os dois apurados).

Abramos aqui um longo parêntesis (mais um), antes de reavermos os tais regressos, para o tratamento de um problema acorrentado a estes refluxos *gloriosos* (até porque assumiu contornos político-judiciais tórridos no final da estação seca de 2005, logo antes das primeiras chuvas): o da relevância jurídica da renúncia do PR ao seu mandato.

Assumo as seguintes leituras hermenêuticas em torno do art. 66/3 da Constituição da Guiné-Bissau, segundo o qual «Se o Presidente da República renunciar ao cargo não poderá candidatar-se às eleições imediatas, nem às que sejam realizadas no quinquénio imediatamente subsequente à renúncia»[1312].

1311 Apêndice I, N 149.

1312 O texto que se segue corresponde à declaração de voto do autor, enquanto Juiz Conselheiro do Supremo Tribunal de Justiça, no Acórdão de 9 (ou 10).5.2005 alusivo ao processo 3/05, de verificação da candidatura de KOUMBA YALÁ às eleições presidenciais de 19.6.2005 (esta declaração de voto de vencido, em parte, espelha a concordância com a decisão de aceitação da cadidatura, mas a discordância em relação aos fundamentos que mereceram vencimento no Plenário, a padecer de alguma inconsistência, devida, quiçá, a alguns condicionamentos endógenos e exógenos; a decisão esteia-se, essencialmente, no princípio da irretroactividade das leis restritivas de direitos, liberdades e garantias – leia-se, do artigo 23/2 da CTP, que interdita o PR renunciante

1.° O legislador constitucional exprime uma valoração negativa, quanto ao uso do expediente da renúncia, accionado para extrair dividendos políticos.

Com efeito:

a) O Presidente da República (PR) pode querer levantar o espantalho da renúncia para amedrontar as hostes, enrigecendo a sua posição;

b) Face à proibição, consignada no art. 66/2 CRGB, de o PR se candidatar a um terceiro mandato consecutivo (10 anos + 5 anos), o PR pode querer contornar tal proibição através da seguinte táctica: antes de terminar o seu segundo mandato (por exemplo, no 8.° ou 9.° ou 10.° ano) o PR renuncia ao cargo (dá-se então a vagatura do cargo); faz eleger um testa-de-ferro, nas eleições presidenciais imediatas; pouco tempo depois, o PR testa-de-ferro renuncia; há novas eleições às quais o anterior PR concorre... e ganha um novo mandato de 5 anos.

Resultado: o PR fará três mandatos quase ininterruptos, violando a razão de ser do art. 66/2 – que é a de evitar a permanência do PR no poder por demasiado tempo (segundo a Constituição, por mais de 10 anos seguidos). O risco é a hipertrofia do poder presidencial e a cristalização da classe política, avessas à salutar renovação de ideias e de homens.

c) Replicar-se-ia: bem, mas não se transgrediu o teor literal do art. 66/2 – pois este diz que o PR «não pode candidatar-se a um terceiro mandato consecutivo (...)».

Treplicar-se-á, contudo, que a táctica usada é uma batota que mata, efectiva e juridicamente, a norma prevista no 66/2 CRGB.

d) A *ratio essendi* do art. 66/3 CRGB é exactamente esta: evitar a batota do consórcio PR renunciante-PR testa-de-ferro, para fortalecer a posição do primeiro.

2.° Se as coisas e o direito são como são, é lógico que uma "renúncia" (instituto com dignidade constitucional) declarada no âmbito ou na sequência de uma alteração inconstitucional da ordem constitucional (chame-se golpe de Estado ou algo semelhante) não deverá ter qualquer valor constitucional. E de pouco

---

de se candidatar no prazo aí previsto – e no carácter *não impeditivo* da dita renúncia, por ser um acto "meramente político").

No que toca à figura da *renúncia*, bem como aos exercícios aqui simulados, *cfr.* GOMES CANOTILHO/VITAL MOREIRA, Constituição da República Portuguesa Anotada, 3.ª ed., revista, Coimbra, Coimbra Editora, 1993.

Esboçando, a respeito, importantes e promissoras linhas de investigação, *vide*, outrossim, de PAULO OTERO, o *Sumário da Lição de Síntese* à sua prova de agregação, intitulado *A Renúncia do Presidente da República na Constituição de 1976*, Lisboa, 2003. Só em Agosto de 2005 tive acesso a este sumário – não divulgado no circuito comercial –, pelo que me foi impossível (ao relatar o taludido Acórdão, ao redigir a Declaração de Voto e este segmento da dissertação) explorar alguns filões surpreendíveis nessa (naturalmente) sintética obra. Uma dessas aberturas traduz-se no cenário (*vide* p. 17) da «consolidação na ordem jurídico-constitucional» do acto de renúncia inválido.

valerá, julgo, recorrer ao 23/2 da Carta de Transição Política de 28 (diz-se, pois o original só tem mês e ano) de Setembro de 2003 – que proíbe o «Presidente da República renunciante» de «candidatar-se às eleições presidenciais no quinquénio imediatamente subsequente à declaração de renúncia», pois, como sustentei na minha Declaração de Voto de Vencido, exarada, a última, em 13.4.2005, no âmbito do Processo n.° 1/2005 – Plenário (sobre a interpretação do art. 18 da Carta de Transição Política, requerida pelo Senhor Presidente da República de Transição, a propósito da delimitação do período de transição – declaração para a qual se remete), a própria Carta de Transição Política é, na sua globalidade, material e formalmente inconstitucional[1313]. E cabe na esfera deste processo promover (no caso presente, foi por impulso da parte – o candidato) a fiscalização incidental da constitucionalidade do art. 23/2 da Carta da Transição Política, ao abrigo do 126 CRGB[1314] – se não se quiser controlar mesmo a constitucionali-

---

1313 Numa perspectiva distinta, mas fornecendo valiosos apontamentos sobre a relação entre a Carta de Transição Política e a Constituição da Guiné-Bissau, bem como acerca do enquadramento do poder político na CTP, *vide* F. FALCÃO OLIVEIRA, Direito..., cit., p. 134 ss.

1314 Em meados dos anos 90 do passado século, nutríamos uma atitude de condescendência face ao art. 15, m) da Lei 7/94, interpretando-o como um sinal de um certo temperamento abstraccionista do sistema guineense da fiscalização da constitucionalidade.

Por isso, defendíamos então (nos livros e na jurisprudência), que não se devia fechar «irrazoável e inadequadamente o leque de controlabilidade afastando, por inconstitucional, esse preceito do Regimento da ANP que atribuía aos deputados poderes para requerer ao STJ a declaração de inconstitucionalidade de normas, para os efeitos do art. 126 CRGB.

A nossa posição de abertura incitava o legislador constitucional a avançar para a positivação clara, sem ambages, de um sistema de fiscalização da constitucionalidade com componentes abstractas, concretas, preventivas e sucessivas.

Muitos anos transcorridos, não se efectivou ainda qualquer passo nesse sentido.

As reacções desencadeadas a propósito do Acórdão n.° 1/97 do STJ sobre o Decreto Presidencial n.° 5/97 (de nomeação do PM Carlos Correia) foram para nós uma lição – tirando alguns aspectos.

A lição de que os operadores judiciais guineenses acham mais seguro que os tribunais não fujam da letra da lei (mesmo que alguns, quando convém, advoguem o contrário).

Foi uma lição, pois permitiu-nos abandonar tentações de uma jurisprudência demiúrgica, *salvadora da pátria*, excessivamente engajada na construção de soluções de desbloqueamento do sistema.

O nosso percurso é da aproximação ao *texto* e da responsabilização de quem deve produzir o *texto* (leia-se, norma jurídica).

O art. 126 CRGB só prevê um sistema de fiscalização incidental, concentrando-se no Plenário do STJ a decisão sobre a matéria [art. 126/2: «A questão da inconstitucionalidade pode ser levantada oficiosamente pelo tribunal, pelo Ministério Público ou por qualquer das partes»;

Art. 126/3: «Admitida a questão da inconstitucionalidade, o incidente sobe em separado ao STJ que decidirá em plenário».

Significa que é no âmbito de um processo principal que as entidades nomeadas no 126/2 (Juiz, Ministério Público ou partes) podem invocar a inconstitucionalidade de uma norma. A

dade do acto de renúncia, por suposta ausência de carácter normativo desse acto político. Subscrevemos a doutrina que admite, em regra, a inexistência de actos políticos *stricto sensu*, não sendo relevantes argumentos como o da não previsão constitucional de um sistema de fiscalização da constitucionalidade de tais actos. De igual modo, não parece adequado desviar-se da questão essencial levantada no processo em julgamento (que é a conformidade jurídico-constitucional dos referidos actos – preceito da Carta de Transição e o próprio acto de *renúncia*), contornando-a com soluções que *acalmam a dor* mas *não saram a ferida* (ou seja, aceita-se a candidatura, mas não se toca nas causas principais que se alega deverem fundamentar a não aceitação da candidatura).

Seja como for, quer em sede de fiscalização incidental da constitucionalidade, quer em sede da verificação da licitude da candidatura, o Pleno do STJ pode sempre conhecer da licitude de uma renúncia do PR (aqui entrando a inexistência ou a invalidade do acto de renúncia).

Como enquadrar a referida *renúncia* no âmbito da liberdade da vontade do renunciante?

A coacção presume-se, aqui. E não é razoável, nem lícito que se faça impender sobre o PR *renunciante* (nessas condições) o ónus de provar que foi (e como foi) coagido.

A coacção que os dados factuais revelam, ou é física (absoluta) ou é moral (relativa ou psicológica).

Coacção física, se o PR foi obrigado, irresistivelmente, através de meios violentos, a assinar a carta de renúncia, não dispondo, pois, de qualquer liberdade de acção;

Coacção moral, se o PR foi levado, através de meios violentos ou de ameaça ilícita, a assinar a carta de renúncia – tendo-o feito por recear a concretização de um mal (quer contra si, contra os seus bens ou contra um terceiro), mas conservando ainda o coagido uma relativa liberdade de acção, pois sempre poderia pra-

---

partir daí, o tribunal reduz a autos as peças processuais relevantes e fá-lo subir (em separado) ao STJ.

O processo principal fica, entretanto, suspenso, até à notificação do Acórdão do STJ sobre a matéria da inconstitucionalidade – que vincula todos os órgãos e autoridades.

O art. 15, m) do Regimento da ANP – ao permitir aos deputados desencadear a fiscalização abstracta da constitucionalidade – não se encaixa, pois, no preceituado no art. 126 CRGB.

Deve ser, por conseguinte, declarado (nos termos do 126/1/2/3/4 da Constituição) inconstitucional.

E, se esse normativo legal (incrustrado numa lei de valor reforçado) for utilizado para o acesso ao controlo abstracto da constitucionalidade, deve-se promover a recondução ao Plenário do STJ do respectivo incidente de inconstitucionalidade.

ticar o acto (assinar a renúncia) ou recusar-se a fazê-lo (sofrendo, eventualmente, o mal de que foi ameaçado).

Vejamos a factualidade dos casos em exame:

Um PR é destituído do poder pela força [portanto, por meios que a Constituição condena – *cfr.* art. 2.°/2, 8.°, 20/3, 63/1/2, 85/1, e), 72 CRGB – e que a lei penal criminaliza e sanciona, nos termos do 203 CP (o «forçar a autoridade pública a praticar um acto, a abster-se de o praticar ou a tolerar que se pratique»), do 213 CP ("participação em motim armado") e do 222 CP (atentado contra a vida, a integridade física ou a liberdade do Chefe de Estado, bem como a consumação desses crimes)];

No lugar do PR (agora vago) é colocado, inconstitucionalmente, uma outra figura;

Os autores do acto escrevem (será assim?) uma Declaração [em que o assinante, «em nome» de certas «preocupações» atinentes à «extrema gravidade da situação actual» e à necessidade de «mostrar ao mundo o nosso empenho na persecução da nossa experiência democrática e no cumprimento da Constituição» (*sic*) propõe, entre outros, aos «chefes das Forças Armadas» o «compromisso» de «deixar o cargo de Presidente da República»] e dão ao PR, já deposto militarmente, para este assinar, o que é feito a 17.9.2003 [alega, mais tarde, o Dr. KOUMBA YALÁ que agira sob coacção (afirmação corroborada, numa declaração de 14 membros do Comité Militar autor do golpe, sem a assinatura de outros, que teria dado entrada na Vara Cível do Tribunal Regional de Bissau, a 18.4.2005, a solicitação desta instância, no âmbito de uma acção proposta por KOUMBA YALÁ, a impugnar a validade da referida renúncia – e tenho para mim que a decisão deste processo de candidatura deve ser tomada, sem necessidade de aguardar a sentença da 1.ª instância sobre o referido processo)].

O país ganharia (os autores ganhariam), pois "enganaram" a "comunidade internacional" (ou parte da "comunidade internacional" aconselhou os autores do golpe a forjarem uma declaração de renúncia para "enganarem" a outra parte da "comunidade internacional"), convencendo esta de que não houve golpe, mas sim *renúncia pacífica*, *civilizada*, *democrática*, tudo nos estritos termos da Constituição (contra a qual, afinal, acabou de se atentar). Assim, livra-se o país de sanções internacionais, no espírito da *condicionalidade democrática*, que vai sendo mais propalada do que accionada.

Ora, havendo coacção (como, repita-se, é de presumir que nestes casos haja) e tal coacção física ou coacção psicológica for patente e determinante, tornando irreconhecível o acto jurídico praticado (a renúncia) –, a consequência é a inexistência desse acto de um poder político do Estado.

Em Direito Constitucional, a inexistência ostenta as seguintes notas: não produção de qualquer efeito jurídico; insanabilidade; afectação do acto no seu todo; direito de resistência pelos cidadãos; não sujeição ao respeito pelo caso julgado; carácter não necessário da decisão jurisdicional[1315].

Tudo porque se considera que não há acto (o *Nichtakt – não acto* – dos germanófonos), ou que o acto equivale a um não acto.

Sublinhe-se, finalmente, que a inexistência dispensa uma qualificação constitucional expressa do acto como tal.

Não é razoável, nem lícito que esse PR, forçado de modo inconstitucional a abandonar o cargo, seja também forçado a prescindir de um direito que o cidadão tem de se candidatar às eleições presidenciais. Perderia duas vezes – e em ambas as vezes, inconstitucionalmente. E (socorrendo-se da gíria desportiva) sairia, eventualmente, *beneficiado o infractor.*

Com a atitude nesta Declaração de Voto preconizada, confere-se o peso merecido à *cultura da constitucionalidade*, desvalorizando-se a *cultura da inconstitucionalidade* (travestida, muitas vezes, em engenharias constitucionais de duvidosa qualidade técnica – alimentadas, por exemplo, por pretensões de fazer um potencial *interino*, a mexer na sombra, ocupar a cadeira presidencial, de dar um outro nome ao golpe de Estado, um outro nome à violação da Constituição, com a agravante de os próprios autores do golpe não terem pejo em dizer, com todas as letras, que fizeram um golpe de Estado).

Com a declaração da inconstitucionalidade, as fronteiras entre o político e o judicial estariam aqui clarificadas. Os políticos encontrariam no tribunal o fiscalizador sereno e implacável dos seus actos, pronto a dizer que a tomada e a manutenção do poder pela força é inconstitucional, demarcando-se dos fenómenos de atipicidade ou anormalidade que vão sendo invocados *ao gosto do freguês.*

3.° Mas se a renúncia tiver sustentabilidade jurídica e for válida (o que não é o caso), qual a solução definida pela Constituição?

Aqui a fronteira temporal mede 5 anos (o quinquénio a contar da data da renúncia). Quer isso dizer que nos 5 primeiros anos a partir da renúncia, o PR renunciante não poderá concorrer a quaisquer eleições presidenciais.

[1315] Quanto ao *valor do acto inconstitucional,* uma linha dogmática interessante é (em moldes por vezes inovatórios) desenvolvida por M. REBELO DE SOUSA, na sua monografia "O Valor Jurídico do Acto Inconstitucional I", Lisboa, 1988, p. 103 ss.

Se a renúncia tiver acontecido no dia 1 de Janeiro de 2000, o renunciante está proibido de concorrer às "eleições imediatas" que se seguirem a 1.1.2000. Imaginemos que estas foram marcadas para 1 de Abril de 2000. Ora bem, a estas eleições o PR renunciante não pode candidatar-se. Se, por uma casualidade (a que já nos vamos habituando), acontecerem novas eleições em 1 de Abril de 2002 e outras em 25 de Dezembro de 2004, o PR renunciante continua a não poder candidatar-se.

Mas o PR renunciante já poderá concorrer a qualquer eleição presidencial marcada a partir de 2 de Janeiro de 2005. Terminou na véspera o seu *período de nojo*. É o que significa a frase contida no n.° 3 do art. 66 da Constituição: «nem às que sejam realizadas no quinquénio imediatamente subsequente à renúncia».

Isso na hipótese de ser válida a renúncia – o que no caso em julgamento não tem sustentabilidade jurídica.

4.° Em síntese, na decorrência do que foi arrazoado *supra*, a renúncia do Presidente KOUMBA YALÁ KOBDE NHANCA deve ser considerada inexistente. Essa renúncia, a do Presidente NINO VIEIRA e todas as renúncias obtidas por força de uma alteração inconstitucional do regime (apelide-se o acto de *golpe de Estado* ou não) não devem vingar juridicamente.

5.° Os preceitos da *Carta de Transição Política* (e a *Carta*, globalmente) que possam ser invocados para dar cobertura às aludidas inconstitucionalidades deviam ser declarados inconstitucionais, no quadro da fiscalização incidental despoletada nos presentes autos.

6.° Talvez esteja coberto de razão quem pensar que os rios de tinta e de verbo despoletados na Guiné por certas querelas de coloração político-constitucional são, afinal, a expressão e resultado de uma tarefa ociosa;

Talvez se venha a concluir que o país e as instituições, que mobilizaram (e dramatizaram) todas as suas forças – e durante bastante tempo – para debater, decidir, rearranjar tais problemas, ensandeceram.

Seja como for, urge dizer algo, no turbilhão de atarantação que caracteriza o problema político-constitucional guineense neste primeiro quinquénio do terceiro milénio. E foi o que se tentou aqui dizer – para este e para outros casos de *renúncia ao cargo de Presidente da República*[1316].

1316 Os Acórdãos en alusão provocaram vivas reacções de todos os quadrantes políticos e sociais guineenses (e não só).

Encerro aqui o longo parêntesis, no seio do qual deu para descortinar o índice de consistência (ou da sua ausência) do chamado *Estado de direito* (na sua vivência real e falaz), na República da Guiné-Bissau.

Tome-se nota da seguinte informação (são depoimentos dos próprios dirigentes políticos) divulgada pela Rádio Bombolom, no noticiário das 14 horas do dia 12.5.2005:

DR. FAUSTINO IMBALI: Diz que se impunha *chamar as coisas pelos seus nomes*. Por isso, divulga uma conversa tida entre o Sr. JOAQUIM CHISSANO, Enviado Especial do Secretário-Geral da ONU à Guiné-Bissau, e os subscritores da Carta de Transição Política [a sociedade política, a castrense(?) e a civil], numa reunião havida em 6.5.2005. CHISSANO terá transmitido, então, um pedido aos subscritores da *Carta de Transição*, no sentido de a reapreciarem, alterando-a ou *autorizando o Supremo Tribunal de Justiça a não aplicar os preceitos da mesma*. Terá CHISSANO dito, na ocasião, que o Plenário do STJ reunira, mas estaria a ter dificuldades em tomar uma decisão e, por isso, pedia aos políticos que facilitassem a vida ao Supremo Tribunal de Justiça, nos moldes atrás referidos. A resposta dada por um presente ao Enviado Especial teria sido, sempre segundo IMBALI, que a melhor alternativa seria dar protecção ao STJ.

A gravidade desta informação é tal que, a ser verídica, equivaleria, no meu entender, à ruína da independência do poder judicial (precisamente na sua cúpula). Não chegaram ao meu conhecimento quaisquer reacções de desmentido provenientes do poder judicial, através dos seus órgãos dirigentes, o que adensa mais o desconforto e o clima de suspeição referenciados pelo testemunho do Dr. IMBALI. Se o processo decisório do Supremo Tribunal de Justiça já estaria a transpirar (para não dizer mais) para o nível da sociedade política nacional e internacional, o poder judicial perdeu, precisamente, um dos vectores mais simbólicos da sua independência: o sigilo do processo decisório (a decisão, essa, é de publicitar).

Mas, em boa verdade, não é exacta a afirmação de que *o Plenário do STJ estaria a ter dificuldades em decidir* (deixando-se com tal mensagem a insinuação de que ou haveria, da parte de todos os Juízes Conselheiros, acobardamento, medo de decidir ou alguma teia inconfortável de compromissos ou haveria incompetência para decidir, por incapacidade técnica). Se o Plenário do STJ é composto por todos os 6 Juízes Conselheiros (incluindo os que lá estão como Presidente e Vice-Presidente), estou em condições de afirmar que eu não fiz parte desse *Plenário em dificuldades* (falo por mim); nunca tive *dificuldades* na matéria, nunca experimentei durante o processo qualquer situação de pusilanimidade, jamais tive pruridos na questão decidida. Consistentemente, tenho vindo a sustentar nestes anos, em todos os *fora* (poucos, por dever de ofício) onde problemas similares se discutiam, a posição por mim assumida nos últimos processos. Portanto, também não tive *dificuldades* (como se especulou noutra sede) na suposta pressão desenvolvida, de um lado, pela *comunidade internacional* (pela rejeição de certas candidaturas) e, do outro, pela falange koumbista (que estaria a ameaçar com insurreições). Jamais tive *conversas* com quaisquer *partes* nesta contenda, nem com mediadores, nem com agentes de bons ofícios: fui – até dizer o meu voto na Conferência da decisão dos autos em apreço – eu, a minha solidão e a minha consciência. Ora, se pelo menos um dos seis membros do Plenário, teve esta postura, não se pode dizer que o mesmo Plenário estaria a debater-se com *dificuldades*, a ponto de suscitar o favor dos políticos para estes alterarem a Carta de Transição Política ou *autorizarem* o Supremo Tribunal a não aplicar a mesma. Chamem-se *as coisas (ou as pessoas) pelos seus nomes* e deixe-se de generalizações abusivas.

Finaliza IMBALI, sustentando que a decisão do Supremo Tribunal «acabou com a transição política», porque foi à revelia da Carta de Transição. Logo, os órgãos de transição (*a começar pelo*

Dizíamos que ambos os regressos, pela forma como ocorreram, foram tidos como sinais de algum *deficit* de autoridade do Governo de GOMES JR. – que não contou neste caso com o respaldo do *Poder Militar*. Aliás, duas declarações pro-

---

Supremo Tribunal de Justiça) não têm razão de existir. Daí que peça a demissão do STJ, porquanto esta prestou um mau serviço ao país, fazendo-o regredir dez anos.

O leitor não muito prevenido careceria de ouvir o discurso do Primeiro-Ministro da Guiné--Bissau e Presidente do partido governante (o PAIGC) – Sr. CARLOS GOMES JR. –, feito em 6.6.2005, num dos hotéis da capital, na cerimónia de apresentação do programa eleitoral do candidato do PAIGC às presidenciais de 19.6.2005 (Sr. MALAM BACAI SANHÁ), para apreender suficientemente a verdade deste conturbado processo (o discurso foi, no mesmo dia, difundido, nomeadamente, no noticiário das 14 Horas, pela Bombolom e pela TGB, no *telejornal* das 21 Horas):

Perceptivelmente agastado e defraudado com as decisões do Supremo Tribunal de Justiça de não rejeição das candidaturas de NINO VIEIRA e KOUMBA YALÁ, o P-M CARLOS GOMES JÚNIOR disse (na presença de dezenas de apoiantes da campanha, do, ao que se relatou, corpo diplomático acreditado em Bissau e de vários convidados), em kiriol, «nós fomos traídos pelo poder judicial» (nó foi traídu pa puder judicial»). Fiquei algo surpreendido com esse "nós", mas, logo a seguir, o PM rearranjava a afirmação, acrescentando que «o povo da Guiné-Bissau foi traído pelo poder judicial» («povu di Guiné-Bissau traídu pa puder judicial»). Afinal, o "nós" era todo o "povo" da Guiné-Bissau...

Para o chefe do poder executivo, o "poder judicial" tinha de afastar, rejeitar as candidaturas em foco (entenda-se, de NINO e KOUMBA). Mas *o poder judicial não teve coragem de sancionar aqueles candidatos* («eles não tiveram coragem de sancionar ninguém»). E se o poder judicial não disse o que o direito manda (que *direito*?), «nós vamos sancionar esses candidatos nas urnas»; «nós não estamos mais dispostos a brincar com o futuro dos nossos filhos».

Grave, extremamente grave, de todos os pontos de vista grave, o que o PM disse. Que tipo de *Estado de direito* é esse que se diz querer implantar ou consolidar? Que tipo de separação de poderes é esse? Quando o PM diz que, com os Acórdãos de aceitação das candidaturas de KOUMBA e NINO, «nós fomos traídos pelo poder judicial», é de se perguntar "nós quem". Ora, há *traição* quando houve promessa, combinação prévia entre o *traidor* e o *traído*. Mas não deve ser esse o relacionamento institucional entre os órgãos de soberania em alusão (entre o "Poder Judicial" e o Poder Executivo; entre aquele e o Presidente da República; entre aquele e o Poder Militar; entre aquele e os partidos políticos; entre aquele e a Comunidade Internacional). Não pode haver, não deve haver lugar para promessas de sentenças. Se as houver, é natural que haja desilusões, mas tais *promessas* ou *compromissos* são juridicamente insustentáveis e eticamente condenáveis. O *compromisso* do Juiz é com a verdade, a sua verdade (daí a tantas vezes citada, e outras tantas incompreendida, fórmula clássica: «o juiz é independente e só deve obediência à lei e à sua consciência» – art. 123/2 CRGB). E não há lugar para *compromissos*, quer gratuitos, quer compensados. Da mesma forma, não pode existir entre os titulares do Poder Judicial e os titulares de outros órgãos de soberania qualquer relação de *fidelidade* que suplante o tal compromisso com a verdade.

Finalmente, não pode haver lugar para cobardias na função judicial – tem sido sempre essa a minha linha de rumo, na judicatura e, em geral, na vida. Daí que, também aqui, a declaração do Primeiro-Ministro peque por generalização abusiva.

Talvez prestasse um grande serviço ao *povo*, se o Primeiro-Ministro CADOGO JR. dissesse tudo o que a respeito deste processo de verificação de candidaturas dá mostras de saber, mas não

duzidas na sequência de tais factos pelo PM e pelo Ministro da Presidência do Conselho de Ministro, respectivamente, em nome do executivo, revelam, em certa medida, tal estado de espírito. No primeiro caso, deplora-se (por causa do depoimento de KOUMBA, nos termos do qual ele revogaria a sua *declaração de renúncia* e assumiria a Presidência da República, caso o Tribunal não viabilizasse a sua candidatura às presidenciais de 19 de Junho de 2005)[1317] o clima de

---

diz frontalmente: houve combinações? Com que conteúdo? Com quem (nomes)? Com que contrapartidas? Isso seria corajoso e sério.

DR. SILVESTRE ALVES: Diz ter acolhido com grande surpresa a decisão do STJ. É que, na *Carta*, a proibição ao PR *renunciante* referia-se não a anteriores ou a futuros Presidentes, mas ao PR *deposto* (entenda-se, KOUMBA). A *renúncia* foi simplesmente uma «forma de dar uma satisfação à comunidade internacional» [mais um apoio a favor das minhas *investidas* contra as aludidas artimanhas];

Afirma que *quando as coisas começam mal, tarde ou cedo se endireitam*. Isto porque *haviam começado mal no CNT* (Conselho Nacional de Transição), quando não se definiu (ou se definiu mal) qual o diploma legal que deveria gerir as eleições no STJ (situação que permitiu a eleição da Direcção actual desse órgão de soberania). Para SILVESTRE ALVES, tal facto levou a que o STJ tivesse a Direcção que tem, em vez de gente mais qualificada, disposta a assumir o risco, não sensível a ameaças ou influências. O STJ deixou-se influenciar pelo medo e por ameaças, decidindo politicamente, em vez de juridicamente.

D. ZINHA VAZ: A decisão do STJ não é jurídica, mas política. Isso flui dos contactos que tiveram (nomeadamente, ela e outros actores da vida política) com o Enviado Especial do Secretário-Geral da ONU, JOAQUIM CHISSANO. Mas, se assim for, o órgão com essa aptidão deveria ser a ANP, não o STJ.

O que se passou trata-se do adiamento de um problema, que nos pode custar caro, mais tarde.

Nesta onda de contestação se inscreveu também um padre católico italiano com muitos anos de Guiné (Pe DIONISIO FERRARO), que, ao comentar o processo político e eleitoral, disse à RFI (depoimento difundido em 24.7.2005 – no dia da 2.ª Volta das presidenciais de Julho de 2005): *Se o tribunal tivesse tido personalidade, não deixaria passar as candidaturas de NINO e de KOUMBA* (avisa, depois, que falava enquanto “Padre DIONÍSIO”, não em nome da Igreja);

O poder executivo funciona mais ou menos; o resto não funciona; o parlamento não funciona (até porque tem muitos deputados analfabetos… e, exclama, «quantos deputados comprados!»).

1317 KOUMBA depositou, em Março de 2005, no Tribunal Regional de Bissau, a impugnação da referida *Declaração de Renúncia*. Declaração que muitos entendem impeditiva de uma eventual candidatura às próximas eleições presidenciais.

O Supremo Tribunal de Justiça viabilizaria a candidatura de KOUMBA YALÁ – o que não impediria, contudo, este de, segundo declaração do PRt aos *media*, ocupar o edifício da Presidência da República, na madrugada de 25 de Maio de 2005, durante algumas horas. O assalto foi tornado público, quando se difundiu pela rádio o comunicado do CEMGFA no qual se exigia aos que introduziram o Dr. KOUMBA no complexo da Presidência que dali o retirassem até às 8 horas do mesmo dia. Por volta das 12 horas, o PRt foi conduzido à Presidência, já sem a presença de KOUMBA, cujo paradeiro as autoridades civis diziam, entretanto, desconhecer.

Surgiu, entrementes, uma manifestação *espontânea* que se dirigiu à residência privada do PRt H.P. ROSA para expressar a este o seu apoio, seguiu para o Supremo Tribunal de Justiça – onde

desafio à ordem pública, prometendo o PM responder com força a um cenário como o retratado e sublinhando que *Estado é Estado*. No segundo, condena-se o facto de NINO ter aterrado, a 7.4.2005, no Estádio 24 de Setembro, num helicóptero militar conakriguineense, sem autorização de sobrevoo (ou, mesmo, contra a proibição de tais operações), acabando também o mesmo aparelho por aterrar na Marinha de Guerra. Diz que esta violação terá contado com o patrocínio de *autoridades oficiais* do país, pelo que seriam instauradas investigações para o apuramento de responsabilidades… Nos dois fenómenos o arrastamento de multidões que percorreram a cidade em manifestações de apoio às duas personalidades deixou indispostas as autoridades governamentais.

Fecha-se aos poucos o *anel*. O Presidente KOUMBA, vilipendiado e afastado em 14 de Setembro de 2003, regressa triunfalmente à cena política no regaço da massa popular – e militar – (as mesmas que em 2003 o abandonaram? Algumas?)[1318];

---

os manifestantes *espontâneos* teriam dirigido insultos aos respectivos magistrados, dado que, segundo o parecer dos que apareceram (e dos que não apareceram?), o STJ não deveria admitir a candidatura de KOUMBA YALÁ, nomeadamente –, passou pela casa de KOUMBA, onde foram recebidos e dispersos a tiro, finalizaram a digressão na sede nacional do PRS (partido que lançou a candidatura de YALÁ às presidenciais de 19.6.2005), que vandalizaram e pilharam, queimando e destruindo, ainda, 3 viaturas e outros equipamentos (a ser exacto o relato do *Kansaré* de 30.5.2005, pág. 10, 1.ª coluna).

No dia seguinte, KOUMBA declara à comunicação social, na sua casa, que jamais esteve no edifíco da Presidência da República, que o povo é que o conduzirá de novo a esse lugar, através das urnas, reduzindo-se o caso do *assalto* madrugador à Presidência a uma montagem do poder, com vista a impedi-lo de ir às eleições.

Foi uma semana muito quente, em termos de clima político: manifestações e contramanifestações, marchas e repressões, ameaças e exortações à paz, um corropio de iniciativas, que passaram, inclusive, por uma *task force* em Bissau, nos dias 20 e 21 de Maio de 2005, dos Presidentes OBASANJO (da Nigéria – Presidente em exercício da UA), WADE (do Senegal – que receberia, horas depois, KOUMBA em Dakar no dia 21, numa visita relâmpago), TANJA (do Níger – Presidente em exercício da CEDEAO), bem como o Primeiro-Ministro da Guiné Conakri, DIALLO. Missão aparentemente fracassada, pois se a intenção (pelo menos – no que se refere ao Chefe de Estado nigeriano, segundo certa comunicação social) era dissuadir KOUMBA de tentar reocupar a chefia do Estado, por via da autoproclamação, constatar-se-ia a insistência de YALÁ em considerar-se Presidente da República, já não candidato às eleições de 19.5.2005. Após a aceitação da sua candidatura, KOUMBA, numa polémica declaração, autoproclamou-se Chefe de Estado, manifestando-se disposto a cumprir o resto do seu mandato, interrompido pelo golpe de Estado de 14 de Setembro de 2003. Foi a acentuação de mais uma crise política, que deixou apreensiva a sociedade guineense e entidades externas.

[1318] O próprio Comité Militar que o destituíra produz um documento que depositará no Tribunal, em meados de Abril de 2005, onde se afirma que a "declaração de renúncia" à chefia do Estado lida e assinada por KOUMBA YALÁ tinha sido produzida sob coacção do mesmo Comité Mili-

O Presidente NINO, vilipendiado e desterrado em 1998-1999, regressa apoteótica e messianicamente ao país, acolhido respeitosamente pelo Poder Militar, fervorosamente pelo povo (os mesmos que o sacrificaram em 1999? Alguns?) e por amigos (com e sem aspas)[1319].

A auréola que, pelo menos em meados de 2005, rodeou os dois políticos acabados de nomear é a de *salvadores da pátria* – após terem sido sacrificados como *traidores da pátria*.

Valeu a pena?

---

tar (como se ainda fosse necessário provar o óbvio). O documento terá sido assinado por quase todos os membros, à data, desse organismo, à excepção de BITCHOFLA NA FAFÉ e ZAMORA INDUTA, conforme noticiou a RDP África, em 21.4.2005. Sustentam, por essa via, o desimpedimento de KOUMBA, de forma a poder apresentar-se, em pleno gozo dos seus direitos cívicos, ao pleito eleitoral de Junho de 2005.

1319 KOUMBA e NINO apresentaram as suas candidaturas às eleições presidenciais de Junho de 2005. Das 21 candidaturas às presidenciais, poucas restaram. O xadrez político baralhou-se, reorientando-se quase tudo em torno dos candidatos KOUMBA, MALAM e NINO. Dissidências aconteceram, então, desistências também, a favor de um dos três candidatos – tudo, alegadamente, em prol do *melhor projecto* do outro. Assim, se o candidato SOW desiste a favor de NINO, o candidato TCHONGÓ fá-lo a favor de KOUMBA, o candidato IANCUBA já o tinha feito a favor de MALAM; se ZINHA VAZ (e UPG), AMINE SAAD, AGNELO REGALA (e UM), CARLOS SCHWARZ (e demais deputados, já independentes, saídos da bancada do PUSD de FADUL), UCO MONTEIRO, BOTCHÉ CANDÉ (ex-PAIGC; ex-Ministro de KOUMBA; actual deputado eleito pelo PRS, autoproclamado agora independente) apoiam MALAM, constatar-se-á que JOSÉ DE PINA (co-fundador do PRS; ex-Ministro de KOUMBA; ex-candidato a PR, nas primárias do PRS, preterido a favor de KOUMBA) declara o seu apoio a NINO (por ser este um «homem de sabedoria», com um «passado histórico interessante» e pela sua postura, designadamente no que concerne aos valores da unidade nacional; na sua declaração de apostasia, radiofonicamente difundida a 6.6.2005, JOSÉ DE PINA – DUTCHI – diz que sai, assim, do PRS, pois este partido «tornou-se um partido incendiário» e «reles», factor de divisão do povo guineense) e que ALAMARA NHASSE (ex-Primeiro Ministro de KOUMBA, ex-Presidente do PRS, líder do PRN), enaltecendo o passado de NINO e os seus valores de unidade nacional, concede o seu apoio a este; HELDER PROENÇA (dirigente, entretanto "suspenso", do PAIGC; ex-dinamizador da Ala Renovadora deste partido, conotada com a Junta Militar que depusera NINO) juntara-se há algum tempo à *mouvance* ninista, tendo trabalhado na fase final da organização do regresso de NINO ao país, em 2005, após o exílio de 1999, assumindo um papel de primeiríssimo plano na mecanização da campanha ninista às Presidenciais de 2005 – aliás, é, entre outras, o Mandatário do candidato.

O cenário não escapou à fina e frontal análise política de IDRIÇA DJALÓ – líder do PUN e candidato presidencial. Observa IDRIÇA (ressaltando a hipótese da reorganização da conflitualidade política, por ocasião das presidenciais de 2005) que a tendência revelada nesta campanha eleitoral, até 6 de Junho de 2005, é a de os apoiantes da Junta Militar no conflito de 7 de Junho de 1998 se reagruparem à volta do candidato MALAM e de os apoiantes de NINO, nesse conflito militar, se reagruparem em torno do candidato NINO. De facto, retirando um ou outro exemplo, o *retrato de campanha* confirmou, em certas alturas, pelo menos, a referida hipótese.

No dominical 24 de Julho de 2005, o anel fechou-se. Votou-se para a segunda volta das presidenciais, que testemunhou o embate de NINO (candidato independente) e MALAM (candidato oficial do PAIGC). Na batalha dos apoios, KOUMBA colocar-se-ia, na 2.ª volta, ao lado do General. O mesmo se passou com FADUL, MÁRIO ROSA e vários outros personagens, também eles candidatos não apurados ou desistentes.

Ao lado de MALAM, salientaram-se adesões como a de IAIA DJALÓ[1320].

Desfilavam-se apoios, *negociavam-se* apoios[1321]. Era a guerra de nervos. E nesta guerra de nervos, a última parte da campanha foi complicada para a candidatura de MALAM (incluindo parte do PAIGC e o Primeiro-Ministro) – que até terminara a 2.ª volta em 1.° lugar. A dada altura, parecia que o *marketing* não funcionava. A imagem, o estilo, a mensagem do candidato, a pouca felicidade na lida dos factos políticos, por parte da candidatura de MALAM, não prenunciavam um bom desfecho eleitoral, apesar da lubrificada máquina do PAIGC (e do Governo, já agora)[1322].

[1320] Outras declarações de apoio se seguiram. Foi o caso da de ANTONIETA ROSA GOMES. Esta (que se ficou pela 12.ª posição, entre os 13 candidatos que correram na 1.ª volta), declarou formalmente, alguns dias depois do final da 1.ª volta, que ela e o seu partido apoiavam *incondicionalmente* o candidato do PAIGC MALAM BACAI (viria a mesmo a ser apresentada como *a porta-voz da candidatura*). Poucos dias antes, após a divulgação dos resultados da 1.ª volta, declarara ANTONIETA, formalmente, que não apoiariam nem BACAI, nem NINO, já que ambos eram filhos do mesmo pai – o PAIGC – e portadores de um passado negro...

Surgiu também FERNANDO GOMES nas fileiras de BACAI. GOMES que, derrotado na 1.ª volta das presidenciais de 1999/2000, manifestara, na 2.ª, o seu apoio a KOUMBA contra BACAI, dado que este estaria, segundo GOMES, indiciado num caso de corrupção.

[1321] Um candidato partidário usou o termo algumas vezes, para ilustrar tentativas de aproximação ensaiadas com outro político (ex-candidato), com vista a angariar o seu suporte.

Drenotam-se as seguintes directrizes tácticas na campanha eleitoral das presidenciais de 2005:

a) *Faço, mas, antes e/ou depois de fazer, acuso o(s) outro(s) de ser(em) ele(s) quem faz exactamente isso*. Acusações do tipo *corrupção eleitoral* (compra e venda de votos), *exuberância financeira, recepção de apoios obscuros, compromissos internacionais obscuros, golpismo quase inato, manobras desestabilizadoras, estratégias étnico-tribalistas, etc.*

b) Sempre que um círculo político-social declara o seu apoio a um candidato, aparece logo um outro membro (às vezes "desconhecido" ou desqualificado pelo círculo) a declarar apoio ao rival do apoiado pelo círculo e a atacar este como indigno e vendido.

[1322] O prenúncio do malogro de MALAM BACAI entremostra-se nas seguintes ocorrências:

1. A CNE divulgou os resultados provisórios da 1.ª volta – com MALAM à frente (35.45% dos votos – longe, muito longe, dos 60% anunciados por um seu apoiante, AGNELO REGALLA, ao cair do pano da campanha eleitoral, divulgando uma alegada sondagem), NINO em 2.° (28.87% – acima dos 20% atribuídos pela sondagem referida) e KOUMBA em 3.° (muito acima dos 7% que a dita sondagem lhe vaticinava à beira das urnas).

2. Em 24 de Junho de 2005, registou-se mais um desastre nacional: a repressão de uma

manifestação do PRS na Avenida Amílcar Cabral. Pretendiam protestar contra alegadas fraudes da 1.ª volta das presidenciais (reivindicando a vitória do candidato YALÁ).

A repressão das forças policiais provocou 4 mortos, vários feridos e detidos (entre os quais o Secretário-Geral do PRS ARTUR SANHÁ).

Reagiram, entre outras, ALAMARA NHASSÉ (do PRN) – condenando a acção policial e pedindo a demissão do PM, bem como do Ministro da Administração Interna –, NAMBEIA (Presidente interino do PRS) – exigindo a demissão do PM, do MAI e do Comissário-Geral da Polícia de Ordem Pública – e NINO (que condenou a reacção desproporcionada das forças de segurança).

3. Responde o PM CARLOS GOMES JR que ele é um indivíduo trabalhador – deixando no ar a ideia de que tem a sua vida, para além da política, da função de líder partidário e governamental.

4. A imprensa faz eco (*vide* http://www.noticiaslusofonas.com de 2.7.2005) da informação segundo a qual NINO, MALAM e KOUMBA deslocaram-se ao Senegal, onde tiveram conversações com o Presidente WADE.

5. No âmbito dessa temporada senegalesa facilitada por WADE, KOUMBA deu uma conferência de imprensa em Dakar na qual aceitou ("em nome da democracia" e dos "interesses superiores do país") os resultados eleitorais provisórios divulgados pela CNE.

6. BACAI disse que mantém contactos com KOUMBA, para conseguir o apoio deste na 2.ª volta. Não poupou encómios a KOUMBA (que qualifica de "figura incontornável" no cenário político guineense, "patriota", *defensor do país*).

7. Volvidos alguns dias, NINO e KOUMBA regressam a Bissau, juntos, no mesmo avião militar senegalês disponibilizado pelas autoridades de Dakar (MALAM regressara sózinho, a 28 de Junho).

8. No dia 2.7.2005, KOUMBA dá uma conferência de imprensa, em Bissau, na qual manifesta o seu apoio total ao candidato NINO na 2.ª volta. Enalteceu, então, uma série de virtudes do General [no comício da 2.ª volta, realizado a 17.7.2005 (radiodifundido pela Bombolom no noticiário das 14 H do dia seguinte) no Ilhéu de N'Fanda, no Sul do país (face ao engajado apoio de KOUMBA a NINO) proclama, porém, BACAI (a esse presumível eleitorado PRS) que sabe que é o *corpo* de KOUMBA que neste momento está com NINO – a *alma* de KOUMBA, essa, está com ele BACAI].

9. No dia 2.7.2005, o PM CADOGO JR disse à comunicação social em Cabo Verde – onde se encontra para uma visita de cerca de 24 horas, a seguir à qual partiria para Portugal, contando regressar à Guiné no dia seguinte – que se NINO ganhasse as eleições de 24 de Julho, demitir-se-ia do cargo de Primeiro-Ministro, pois não tinha condições para coabitar «com um bandido e um mercenário que traiu o seu povo» (http://www.noticiaslusofonas.com) [mas, a 4 de Agosto do mesmo ano, segundo a fonte aqui citada – no meio da contestação aos resultados que ditaram a vitória, na 2.ª volta, de NINO, contestação protagonizada pelos apoiantes de BACAI, onde se destaca como figura de proa –, enfatizando ter sido o processo eleitoral "livre e transparente", declarou já CARLOS GOMES JR., num encontro com os representantes em Bissau da Comunidade Internacional, que o seu governo não iria demitir-se e que «se manterá firme na prossecução de actividade governativa». Razões: a «legitimidade democrática que lhe foi conferida nas urnas»; os «compromissos que decorrem do contrato eleitoral estabelecido com o povo guineense»; as

A CNE divulga, a 28 de Julho, os resultados provisórios da 2.ª volta, que dão a vitória a NINO por uma margem de quase cinco pontos percentuais (216.167 contra 196.759 votos)[1323].

«conquistas registadas durante o exercício governativo»; os «compromissos com os parceiros de desenvolvimento»]

10. No comício de abertura, em Bissau, na zona de N'Tula, da 2.ª volta das presidenciais, realizado em 8.7.2005, MALAM BACAI (ao lado do PM CADOGO JR) diz que o Gen. TAGME NA WAI (o actual CEMGFA) vai ser o *seu Chefe do Estado-Maior*. Se ganhar as eleições, «General TAGME NA WAI *i nó Chefi di Estadu-Maior*», repete várias vezes. Ou seja, vai reconduzi-lo no cargo. Isto, disse, para garantir a paz e a continuidade da reconciliação nas Forças Armadas.

Interrogo-me se será esta declaração inflamada uma tentativa de responder à coligação NINO/KOUMBA? Deve-se frisar que a liderança partidária (PAIGC de CADOGO JR) que apoia a candidatura de MALAM pretendeu sempre (ao que consta – e que os factos e os próprios envolvidos nunca lograram desmentir, convincentemente) afastar TAGME do cargo de CEMGFA (este chegara ao posto por imposição dos seus apoiantes, contra as orientações dos poderes civis, depois do derrube, em 2004, do antigo Estado-Maior das Forças Armadas – em que o CEMGFA, SEABRA, foi morto) – a ponto de se falar, em 2005, de um *Komplott* do PM CADOGO JR e outras personalidades a este ligadas para o afastar e/ou assassinar, bem como a outros altos oficiais (o caso, nomeadamente, de BUBO NA TCHUT e NA FLAK).

11. Em plena 2.ª volta, a 16.7.2005, por volta das 5 horas, registaram-se tiroteios no Ministério do Interior, tendo perecido na acção dois agentes da Secreta, e ficado um ferido, ao que se disse. Não há sinais de os supostos atacantes terem sofrido baixas. O EMGFA, através do CEME, diz tratar-se de uma acção isolada; o candidato BACAI afirma que não é um acto islolado, mas sim com propósitos políticos. Alguma imprensa fez passar a informação de que se tratava de uma operação realizada por alguns militares do regimento dos comandos. A 20 de Julho, o Ministro da Administração Interna MUMINE EMBALÓ desvenda que, segundo investigações policiais em curso, um deputado (do PRS, PANA – embora tenha omitido o nome, com a justificação de que as diligências investigativas e processuais estavam em curso, a descrição não tolerava dúvidas) teria financiado a operação, em que se envolveram para-comandos expulsos e indivíduos da Segurança do Estado (deixa no ar a suspeita de *montagem* engendrada por certas forças – até porque, segundo o Ministro, o que um deputado ganha não dá para financiar acções desse tipo). Na mesma conferência de imprensa, o Ministro desvendou uma outra informação fruto das investigações realizadas (pelo seu Ministério?): afinal as (4) mortes (e os feridos, também?) que ocorreram na fatídica manifestação de 24 de Junho de 2005 (ao longo da Avenida Amílcar Cabral), não tiveram como causa disparos dos *seus* polícias, mas sim disparos dos próprios manifestantes (deixa no ar a suspeita de *montagem* engendrada por certas forças). Os polícias envolvidos teriam dito que apenas dispararam para o ar. Aliás, segundo o raciocínio do governante, seria impensável o contrário. A polícia nunca atiraria pelas costas, contra pessoas em fuga – assente que está terem sido os manifestantes alvejados na nuca…

[1323] Na madrugada que antecedeu o anúncio do Presidente da CNE, A Directoria de Campanha de MALAM (que no dia anterior se mostrara pronta para receber os resultados, tendo, até, minimizado o episódio da *tentativa de assalto* à CNE denunciada antes pelo Presidente da CNE – e que teria estado na base da decisão de anunciar já os resultados apurados, bem como da de solicitar reforço de segurança – apelando à criação dessas condições de segurança à CNE e à publicação dos resultados) proclamou que não aceitará os resultados a divulgar mais tarde pela Comissão Nacional de Eleições (recorde-se que reivindicações de teor similar já haviam sido feitas pela candidatura de KOUMBA, a seguir à proclamação dos resultados da 1.ª volta, mas que, após a repressão policial da manifestação de 24 de Junho e da subsequente declaração de aceitação, sob reserva, dos resultados eleitorais feita por KOUMBA, foram abandonadas).

Diz a campanha de BACAI ter reclamado na CNE e pedido a recontagem dos votos das regiões de Bissau, Biombo e Bafatá.

A CNE desencadeou os mecanismos de operacionalização da recontagem, mas, depois, declarou que já não queria a recontagem e sim anulação pura e simples da eleição nas referidas regiões eleitorais (nos termos do teletexto da RTP, de 29.7.05, a CNE «revelou hoje que a campanha de Malam Bacai Sanhá retirou a reclamação para a recontagem dos votos, mas apresentou outra a exigir a anulação da votação presidencial em 3 regiões».

Riposta a Directoria de Campanha de NINO (de acordo com a mesma fonte) que as reclamações de BACAI não têm fundamento e que a «reviravolta é impossível», pois a vitória de NINO é «irreversível».

A tensa e perigosa situação político-militar, que ameaçava resvalar para o caos (com BACAI e CADOGO JR. reiterando vivamente a decisão de não aceitarem os resultados quer provisórios, quer definitivos divulgados ou a divulgar pela CNE), terá estado na origem de um invulgarmente duro comunicado da CEDEAO, divulgado a 8 de Agosto de 2005 (ver http://www.noticiaslusofonas.com), segundo o qual a instituição «deplora as declarações do governo e do candidato à Presidência Malam Bacai Sanhá, em que anunciaram recusar os resultados (provisórios) divulgados pela Comissão Nacional de Eleições (CNE), órgão independente».

Diz que «essa atitude vai contra todos os princípios democráticos, na medida em que todas as reclamações relativas às eleições devem fazer-se pela via constitucional e não por ameaças, nem pela auto-proclamação dos resultados». Apelando ao «sentido de responsabilidade» de CARLOS GOMES JR. e BACAI SANHÁ, solicita a estes que aceitem os resultados das eleições. Prossegue o comunicado, sublinhando «a firme determinação» dos dirigentes da CEDEAO «na fiscalização do final do processo de transição e reafirma que está pronta a tomar medidas de sanção contra toda e qualquer pessoa que tente comprometer a paz, a democracia e a autoridade da lei na Guiné-Bissau».

Contextualiza o "Notícias Lusófonas": «Na sequência das várias diligências e análise das reclamações, a directoria de campanha de Bacai Sanhá, alegando a existência de boletins de voto falsos, exige a reabertura das urnas para se poder proceder a uma recontagem dos votos e, ao mesmo tempo, detectar se há novos casos de procedimentos irregulares».

«Por seu lado, a directoria de campanha de "Nino" Vieira recusa a abertura das urnas, justificando a rejeição pelo facto de os prazos de reclamação já terem sido ultrapassados e por as actas-síntese das mais de 2.200 assembleias de voto terem sido confrontadas, sem que se verificassem alterações dos resultados».

A 10.8.2005, a CNE publica os seguintes resultados, agora definitivos: *eleitores inscritos – 538.472; votantes – 422.978 (78.55%); abstenção – 115.494 (21.45%); votos brancos – 5.362 (1.27%); votos nulos – 4.129 (0.98%); votos sob protesto e reclamação – 562 (0.13%); NINO – 216.167 (52.35%); BACAI – 196.759 (47.65%).*

O General foi, assim, declarado vencedor.

Na véspera deste anúncio, BACAI afirmara que rejeitaria os resultados que a CNE se preparava para publicar e que iria interpor recurso da decisão para o STJ.

Seguiu-se um recurso de BACAI para o Supremo Tribunal de Justiça, nos termos basicamente

Se a democracia funcionar e os resultados forem considerados certos e, principalmente, aceites, mais um passo terá sido dado em direcção ao fechamento do círculo desta nossa análise[1324].

Valeu a pena?

similares aos anteriormente esboçados (recontagem dos votos nos três círculos mencionados; peritagem dos respectivos boletins de voto; repetição da votação).

A 19 de Agosto de 2005, o Plenário do STJ (cinco dos seis Conselheiros em funções e presentes) decidiu, por unanimidade, rejeitar o recurso, por extemporaneidade (as invocadas irregularidades não teriam sido objecto de reclamação nos locais onde supostamente ocorreram e em tempo útil).

1324 Eleição de NINO, essa, que (num artigo de opinião publicado no DN de 31.7.2005 – http://dn.sapo.pt/2005/07/31/opiniao/potugal_falha_guinebissau.html) L.M. VIANA considera «uma tragédia» para a Guiné «e um lamentável fracasso para a diplomacia portuguesa» – o «maior *flop* diplomático português na política lusófona». Insurge-se o articulista contra a incompetência e ineficácia do Governo português, captadas nas seguintes observações: «(…) que dizer do Governo português, que escolhe um candidato (…), Malam Bacai Sanhá, a quem depois não apoia com o mínimo de competência? Não lhe arranjou financiadores (Nino conseguiu muito mais dinheiro que ele em Portugal através de Valentim Loureiro, Manuel Macedo e outros), não trabalhou politicamente apoios internacionais, deixou que o Presidente Wade do Senegal promovesse o apoio de Kumba Ialá a Nino Vieira».

Os dados alinhados nesta nota e nas precedentes trazem à tona, mais uma vez, uma situação: o *deficit* de autenticidade com que, não poucas vezes, se joga o jogo da democracia e do Estado de direito. Todos os meios, portanto, são lídimos para o fim supremo – o poder; e a disponibilidade para acatar os resultados da consulta popular é escassa – a não ser que se ganhe ou, perdendo-se, não se disponha de meios de oposição.

PARTE V

CONCLUSÕES[1325]

[1325] Gizadas, basicamente, no estilo *copia e cola* (a partir das páginas antecedentes), estas *conclusões-recapitulações* são uma bússola na floresta textual da dissertação, em que os ponteiros indicam o essencial das orientações próprias do autor.

INTRÓITO

1. **Pontos de Interrogação [ou perplexidades que seguiram a concepção e nascença desta tese]**

O tema objecto da presente dissertação ("Estado de direito") presta-se a multifárias aproximações, não obstante a aparente (quase) unanimidade que se verifica na doutrina em torno de certos paradigmas expansivos (factores já de si entrópicos) do conceito em exame. Se não há acordo quanto ao exacto conteúdo do conceito (retrato de um certo caos que afecta o *programa do Estado de direito*), há-o, pelo menos, no sentido de caminhar-se para uma *engorda* em crescendo do dito.

A trajectória da minha reflexão partiu da configuração de um pantagruélico Estado de Direito, desenvolveu-se, mais tarde, numa tentativa de lipoaspiração do Estado de direito (por forma a resultar da operação um Estado de direito minimal) e culminou (para já) na assunção da ideia de que o conceito "Estado de direito" (com "d" minúsculo ou maiúsculo) é desnecessário.

Mais útil e operativo será afirmar cada uma das dimensões virtuosas que se pretendam partes do "Estado de direito", lutar, em campo aberto, para a sua plena realização e contra o seu adiamento, inadimplemento ou desnaturação.

Mas pensar sobre o *Estado de direito* (na Guiné, nomeadamente) é pensar também sobre o *Estado*. Que modelo de *Estado*? Que relação com o *direito*? Com que *direito*? Daí que tenha sondado a estadualidade, numa contextualizada compreensão, isolando os aspectos potenciadores de um Estado eficiente, capaz de fazer bom uso do meio telúrico que o envolve; daí que haja tentado surpreender, numa considerável recolha de dados, a banda genética relevante e, bem assim, a relação entre a proclamação e a *praxis*, no domínio do chamado Estado de direito.

A captação de alguns momentos eloquentes da evolução constitucional guineense serviu para desnudar a quilométrica distância que separa o pregão do *Estado de direito* da *praxis* do *Estado de direito.*

PARTE I

Na Trilha Genética do Estado de Direito

1. **Vinhos Novos em Velhos Odres**

I. No tocante ao *Estado de direito,* o que se tem feito, ao longo dos tempos, não é senão um exercício de enchimento do odre (não muito novo) com vinhos novos.

É o que podemos constatar *na trilha genética do Estado de direito.*

CAPÍTULO I
Pistas do Norte

1. **Tópicos**

I. O Norte é essencial na história do conceito de *Estado de direito*. Daí que os caminhos deste estudo tenham passado pelos seguintes lugares: Grécia antiga; Roma antiga; outras paragens da antiguidade (miscelânea do *Norte* e *Sul*); Idade Média; Estado de polícia; vertente liberal do Estado de direito; vertente aliberal do Estado de direito; Estado de direito social e democrático. Pelo caminho, encetámos um balanço de várias teorias do *Estado de direito*, a partir de diferentes flancos geojurídicos.

§ 1.° GRÉCIA ANTIGA

1. **Atenas, Democracia Segregatícia, Constituição**

I. Atenas (*a Grécia da Grécia*, no dizer dos antigos) jogou um papel importante na construção dessa ideia de *Estado de direito* e de uma certa ideia de democracia. Isso apesar de indicadores contraditórios aqui e ali captáveis na análise da sua estrutura política social.

§ 2.° ROMA ANTIGA

1. **Descompassos**

I. Eis, em poucas letras, o estado do *Estado de direito* romano: uma sólida estruturação do poder político romano; uma organização do poder distante da que o Estado contemporâneo (muitos destes) consagrou, no capítulo, por exemplo, da separação dos poderes; um precário culto e exercício da democracia; um notável trabalho de edificação do sistema legal e do aparelho judicial; uma deficiente tutela dos direitos directamente ligados à *dignidade da pessoa humana* – tutela que excluía uma gama considerável da população e, onde existia, não primava pela profundidade.

§ 3.° OUTRAS PARAGENS DA ANTIGUIDADE (MISCELÂNEA DO NORTE E SUL)

1. **Egipto, Assíria, Caldeia, Descendência de Heber, Índia, Pérsia, Fenícia, Cartago**

I. À luz dos paradigmas dominantes da *Rechtsstaatlichkeit*, de Estado de direito, o Egipto antigo não teria nada.

II. Não se registam, na civilização assírio-caldaica, notícias de ingredientes nítidos do que hoje a doutrina dominante designa por "Estado de direito".

III. Não são captáveis, na antiga civilização hebraica, os sinais reivindicados pelo conceito de Estado de direito que vai fazendo história.

IV. É tarefa ingrata (porque condenada ao fracasso) tentar descobrir no tecido sócio-político hindú dos tempos antigos as componentes actuais do *Estado de direito*.

V. A Pérsia antiga não se amolda aos ditames do que se vem considerando *Estado de direito*.

VI. A Fenícia não preenche os critérios do que a doutrina maioritária considera *Estado de direito*.

VII. Similar qualificação se pode fazer relativamente aos cartagineses.

§ 4.° A IDADE MÉDIA

1. **Notas Breves**

I. Alguma expressão já começaram a ganhar, durante a Idade Média, preocupações como alguns direitos do indivíduo, alguma limitação jurídica do poder do soberano, a racionalização e convergência do poder em direcção a alguns pólos dominantes.

Como quer que seja, seria pura perda de tempo partir para a descoberta das características atribuídas hoje ao Estado de direito, porquanto estas ou não existiam, ou existiam em grau pouco significativo.

§ 5.° O ESTADO DE POLÍCIA

1. **Ingredientes Básicos**

I. O Estado de polícia obedece a uma certa conformação jurídica da vida social e política, conformação, é verdade, relativizada pela insindicabilidade dos actos do soberano. Seja como for, os vectores tradicionais do *Estado de direito* não se encontram presentes na referida etapa.

CAPÍTULO I
Pistas Ocidentais

1. **Polifonia e Poliformismo**

I. A polifonia que a diversidade linguística empresta ao conceito *Estado de direito* assenta pouco no domínio do acorde e desnuda o carácter polifórmico das abordagens que, nas mais díspares latitudes, se vai ensaiando em torno da ideia de Estado de direito.

2. **A Palavra e a Coisa**

I. Sem desprimor pelo esforço relevantíssimo de construção ou reconstrução desenvolvido pelos operadores jurídicos germânicos (a saber, doutrina, jurisprudência, entre outros) em torno do conceito de *Rechtsstaat*, não se afigura aceitável qualquer assenhoreamento deste conceito e, muito menos, da ideia de Estado de direito pelo universo germânico.

II. Pode-se dizer que *a palavra apareceu já depois da coisa se ter posto em marcha*. Partindo da evidência de que a palavra pretende representar a "coisa", não parece correcto apagar ou olvidar a "coisa". Ora, a sensação que se tem é que a "coisa" é tornada invisível a troco da hipostasiação do verbo. O *Estado de direito* tem sido um *signo* cujo *significante* não se tem visto, perdido que está este na amazónica floresta de conjecturas sobre a sua existência e, em caso afirmativo, a sua conformação.

III. Se começarmos pela plataforma mínima da problemática do Estado de direito – a ideia básica de Estado de direito –, descobriremos as suas manifestações nas profundezas do tempo e na abrangente multiplicidade espacial.

IV. Trata-se de um dado localizável nas mais inesperadas paragens, onde a cultura dominante (ou alto-falante) nem sequer descortina ou reconhece a existência do Estado... *Eppur si muove*! E, contudo, existe ali Estado e ali existe *ideia*, pelo menos, do que se convencionou nomear *Estado de direito*.

3. O Senso Comum

I. À primeira vista, é de eleger o *senso comum* como pista semiótica determinante na repleção do conceito *Estado de direito* – lateralizando certas metafísicas flutuantes? Assumo uma outra problemática: a do bom senso.

4. Da Impertinência da Solução Substancialista

I. O *indirizzo* substancialista do conceito de Estado de direito é a expressão duma corrente *juridicamente correcta* que ganhou hoje foros de cidade e que perpassa, impada, em quase toda a juspublicística hodierna.

II. Mas o que está por demonstrar é a pertinência da orientação substancialista.

Mesmo que, no momento imediatamente seguinte à unânime declaração de fé nesse Estado de direito substancialmente alimentado, impere a discórdia quanto ao conteúdo exacto dessa mesma substância.

III. Tal desacordo, saído de um acordo de partida (acordo de que não haverá, de ora avante, acordo), relega o conceito de Estado de direito para a categoria de estandarte furta-cor, ao sabor das oportunidades e dos interesses altissonantes.

O mesmo é dizer, a anulação da potência representativa do próprio conceito.

Porque se as cores do estandarte são tão cambiantes, e cambiantes por força desses indicadores tão volúveis, dificilmente a bandeira içada poderá guiar tantas e tão distintas entidades, tendo cada uma delas aderido à causa porque, à partida, nela havia visto certas e determinadas cores nas quais se revia.

IV. Sustento, assim, que se o *indirizzo* substancialista do Estado de direito é, de algum modo, importante, no quadro da luta multisecular pela garantia e sedimentação de certos valores humanos e organizatórios, esse percurso substancializante já não será determinante, nem sequer importante, para a atribuição a um Estado do epíteto civilizacional "de direito".

V. O substancialmente determinante é, ao cabo e ao resto, a forma – a recondução a Estado de direito de todo o Estado juridicamente organizado e submetido à *lei* jurídica vigente (seja aquela que é emanação do Direito escrito, seja aquela que resulta do Direito consuetudinário).

5. Algumas Depurações

I. A *auto-limitação* acaba por ser uma tentativa de compatibilização da doutrina da anterioridade do Estado com a da submissão do Estado ao direito. Se se tiver por dado adquirido a anterioridade do Estado face ao direito, como explicar a sujeição do Estado ao direito (a um direito por ele posto), senão através da autolimitação ou autovinculação do próprio Estado?

II. Assiste-se à ressurgência da visão jusnaturalista, a par da ideia de Estado de direito material.

III. A minimalidade do *meu* Estado de direito encontra-se alojada no próprio cerne conceptual do Estado de direito.

É-me, verdadeiramente, de relevância marginal o fenómeno normativo-inflacionista (que, de alguma maneira, representa uma das carruagens do Estado providência – conquanto não seja o tal fenómeno monopólio desta forma de organização política, social e económica).

IV. A nota tónica, a força gravitacional que determina o Estado de direito reside nas entranhas da própria arquitectura do Estado de direito.

V. Quanto menor for o Estado de direito melhor será o Estado de direito... tanto menor, tanto mais forte. O miolo conceptual reduzidamente definido permitiria a sua própria reificação, uma sorte de fusão hipostática do verbo com a realidade.

VI. Com isso, ganha-se o escape a um círculo esgotado de argumentações e contra-argumentações que, ao fim e ao cabo, não acrescentam nada de decisivo, nem clarificam a ciência jurídica.

VII. Acresce a tal dividendo, de racionalização de meios e energias, a circunstância de possibilitar a nossa higienizada construção uma rampa de lançamento em direcção aos verdadeiros problemas disfarçados pela *vexata quaestio* da *Rechtsstaatlichkeit.*

VIII. Ganhar-se-á a catapulta a partir da qual serão definidos e atacados todos e cada um desses verdadeiros problemas.

IX. Não há que esperar pelo dia do suicídio final do Estado de direito. Temos, em nome da eutanásia, de antecipar esse dia, matar o monstro e fundar na sepse da sua inextricável desordem uma ordem nova, simples e clara. Uma ordem que se distancie da anomia embrulhada no pantagruélico afã da ordem velha de tudo embocar no Estado de direito.

6. **Rule of Law**

I. Há que fundear o fenómeno potestático nos ditames dum instrumento racional e, logo, previsível a que se chame lei ou, diversamente, dever-se-á estribar tal fenómeno nas determinações casuísticas de quem, afinal, manda?

II. Tirando as pequenas diferenças atrás mencionadas (mesmo sem se trazer à liça a abordagem minimal-anulante do *Estado de direito*, desenvolvida na presente dissertação), creio ser de admitir que *rule of law* e *Rechtsstaat* andem à volta do mesmo problema e signifiquem ambos, em última instância, a mesma coisa.

§ 7.° VERTENTE LIBERAL DO ESTADO DE DIREITO

1. **O Fim da História?**

I. Existe uma comunhão, em certa medida, de várias notas identificadoras entre o *Estado liberal de direito em sentido material* e o *Estado liberal de direito em sentido formal* (também chamado Estado liberal de legalidade). O entroncamento onde as duas concepções começam a divergir é representado pela evasão em direcção ao jusnatural (e a consequente heterolimitação do Estado), protagonizadas pelo *Estado liberal de direito em sentido material*, bem como pelo apego ao juspositivo (e a consequente autolimitação do Estado) assumidos pelo *Estado liberal de direito em sentido formal* (ou seja, *Estado liberal de legalidade*).

§ 8.° VERTENTE ALIBERAL DO ESTADO DE DIREITO

1. **Primeiras Linhas**

I. O nacional-socialismo hitleriano, o fascismo mussoliniano, o Estado Novo salazarista e o franquismo, na Espanha, formam um conjunto de doutrinas situáveis no campo aliberal, que no presente parágrafo se tentará definir. O mesmo se pode dizer, conquanto por fundamentos distintos, do marxismo-leninismo, tal como foi aplicado historicamente na URSS e em várias partes da Europa e do mundo.

§ 9.° O ESTADO SOCIAL E DEMOCRÁTICO DE DIREITO

1. **Vectores Fertilizantes do Conceito**

I. A palavra de ordem dirigida ao Estado é redistribuição. A socialidade criou um Estado-Robin dos Bosques: que tira aos ricos (mas não só, como se verifica) para dar aos pobres (mas não só, como se verifica).

II. Vectores como a justiça social e o bem-estar, enquanto referências teleológicas do Estado contribuíram, entre outros, para a roupagem duma experiência de poder que responde pelo nome de Estado social de direito.

III. Outros vectores também fertilizaram a dita experiência: a fundamentação democrática da sociedade e do Estado; o aumento da relevância dos direitos sociais; a activação do Estado, numa postura radicalmente diferente da pura abstenção defendida durante muito tempo por muitos; tal atitude condiz com a cobertura legal à discricionariedade administrativa; com o alargamento descomplexado do poder legislativo a favor do executivo, pondo em crise o antigo quadro da separação de poderes; com a questionação da pertinência de uma das *vacas sagradas* do pensamento jurídico – o carácter geral e abstracto da lei.

§ 10.° PONTE A LIGAR OS CAPÍTULOS I E II DA PARTE I

I. O que as *pistas do Norte* nos evidenciam – desde o mundo antigo à nossa contemporaneidade – é um esforço de conter o poder e a sociedade em cercados de normativa racionalidade.

II. Com cercados de maior ou menor altura, maior ou menor robustez, maior ou menor intransponibilidade, é o que, na verdade, pudemos captar, ao seguirmos a *pista* da antiga Grécia, da antiga Roma, de *outras paragens da antiguidade* (onde, pelos vistos, inserimos algumas experiências civilizacionais do Sul, como, por exemplo, a egípcia ou a hindú – em que foram respigados dados civilizacionais como os assírio-caldaicos, hebraicos, persas, fenícios ou cartagineses).

III. Com cercados de maior ou menor eficácia, foi o que a Idade Média nos mostrou.

IV. E mostrar-se-nos-ia o mesmo, ainda, no Estado de Polícia e no Estado aliberal de direito.

V. O que se assistiu posteriormente foi a uma tentativa de consolidação dos ganhos no milenar percurso do Estado de direito:

VI. Viu-se, assim, com o Estado liberal de direito, o respeito pelos direitos do indivíduo ser considerado uma das referências principais na fundamentação do Estado; a separação de poderes, ser transformada em elemento necessário do conceito de *Estado de direito*; a defesa da legalidade, considerada uma missão dos tribunais (órgão a que caberia a missão de controlar jurisdicionalmente outros poderes – à cabeça, o Governo);

VII. Com a evasão para o jusnatural ou a fixação no juspositivo, o Estado liberal de direito cindiu-se em duas vias – a saber, a do Estado de direito em sentido material e a do Estado liberal de direito em sentido formal;

VIII. Esse problema de fundo emigrou para o Estado de direito social, que se destaca do movimento anterior pela valorização do social na construção e funcionamento dos instrumentos do Estado e do direito.

IX. A emigração do problema prosseguiria, entretanto, em direcção ao Sul.

CAPÍTULO II
Pistas do Sul

§ 1.° FRONTISPÍCIO

1. O Imperativo Hipotético da Diferença

I. Enquanto a aculturação – de influxos nortenses – não volatilizar o Sul profundo, enquanto este continuar a deter a força social que ainda hoje detém, a arquitectura e a construção do *Estado de direito* devem caminhar no sentido da integração das duas vertentes da vida sócio-político-cultural nesse Sul: as *profundezas* do Sul e os dados da aculturação.

II. Parece que, nesta matéria, quanto menos provinciano (quanto mais globalizado, mais descomplexado se quer apresentar um analista, mais provinciano acaba por se revelar).

III. Impõe-se-nos, genuinamente, consequentemente, recuperar certos paradigmas civilizacionais que nos são inerentes, sem medo de sermos considerados *arriérés,* à margem do espírito do milénio.

IV. É embebido nessa atitude que parto para a compreensão do conceito de *Estado de direito* e, antes mesmo, do próprio Estado.

V. Existem, basicamente, dois sistemas de poder e de direito que no Sul (desde logo, na Guiné de hoje) desconfiadamente se interpelam. Resulta daí uma mescla de desconhecimento, ciúme, temor, ânsia de subjugação ou niilificação do outro (neste caso, o vector não é biunívoco, antes assentando numa única direcção: ocidental-indígena). Tenho em mente a complexa teia de relações que liga o poder e o direito ocidentalizados ao poder (*rectius*: a cada um dos poderes e direitos) autóctone, nativo, indígena.

2. Clarificações

I. Os primeiros anos do séc. XX (nem é preciso ir-se mais além) evidenciam autênticos reinos autóctones no território da actual Guiné-Bissau, com todos os ingredientes clássicos do Estado: um território devidamente delimitado; uma população de uma inquestionável homogeneidade; um poder político operativo, jurídica e praticamente enquadrado.

II. Existiu – pelo menos até à consolidação do colonialismo português, na segunda década do século XX – um Estado mandjaku, em que o poder alcançou um grau apreciável de racionalização – pautando-se por subtis mecanismos de autocontenção e heterocontenção do poder. É aí um dado assente a "autonomização do poder político"; a "sedentariedade"; a "coercibilidade"; uma certa "institucionalização".

III. Na fenomenologia do poder mandjaku, por exemplo, destacam-se o *Naciin Baciin* (*Rei dos Reis,* com sede em Baceâral) e vários outros *Baciin (Reis)*, todos eles inseridos numa sólida estrutura política. Ao nível de cada principado, o respectivo *Naciin* tem igualmente o seu *Namuân* e o seu *Nabitch* que são, por assim dizer, os seus conselheiros.

IV. O declive (que não aniquilamento) dos Estados nativos, dos poderes indígenas acentuou-se ainda mais, no caso guineense, com a substituição do poder colonial pelo Estado nacionalista.

V. Na dicotomia endogenia-exogenia, a Guiné tem privilegiado a última.

VI. A impressão com que se fica é a de que a *tradição* não é tida nem achada na engenharia do Estado post-colonial guineense. Vai *servindo*, aqui e acolá, anteontem ou hoje, para – conjunturalmente, oportunisticamente, manipulatoriamente – resolver problemas de somenos importância, deixando pendente a abordagem e solução das questões estruturantes.

§ 2.° PISTAS DO SUL PROFUNDO

1. **A Parábola da Canoa**

I. A parábola da canoa enterrada no actual centro de Bissau, durante o longínquo tempo colonial, é uma alegoria do desnorte e estagnação da terra dos guinéus.

II. A carga metafórica transportada pela canoa condensará ainda a ideia de que a colonização de África por alguns países europeus é um ruído que veio alterar o *iter* evolutivo da política e da sociedade africanas.

2. **Teoria Celular da Estática e Dinâmica do Poder**

I. As pistas que o Sul nos oferece para a arrumação do Estado e do direito são detectáveis através de uma teoria celular da estrutura e funcionamento do poder político (teoria celular da estática e dinâmica do poder político). Com efeito, agarrando a experiência guineense (generalizável, em grande medida, a muitos países africanos), existem no *corpo político* algumas estruturas claramente perceptíveis: uma estrutura estadual importada; uma estrutura política autóctone, nativa; uma eventual estrutura conciliatória.

II. Na estrutura estadual importada, ocorre a dissolução dos alvéolos celulares, que anda jungida à afirmação esmagante da estrutura estadual importada, içada à condição, neste particular, de *conjunto* de elementos e não de *conjunto de conjuntos.*

III. Na estrutura política autóctone verificar-se-ia a afirmação dos tecidos celulares, algo semelhante à justaposição acêntrica de *conjuntos.*

IV. Poder-se-á ver na estruturação conciliatória o reconhecimento do carácter autopoiético ou autoreferencial do sistema, nunca saliente da post-modernidade.

V. Com efeito, o figurino mostra-nos uma inclinação para a multipolaridade do Estado, conquanto envolvido por uma cúpula integradora de cariz ocidentalizado. A autoreferencialidade manifesta-se aqui na circunstância de o modelo traçado indicar um esquema de fundamentação que começa numa dimensão, projecta-se noutra, retornando esta ao ponto de partida, para também o fundamentar.

VI. Dizer isso é reconhecer, antes de mais, a natureza radicalmente multipolar do Estado guineense, que, olhando (devendo olhar) frontalmente para as variadas células difundidas pelo território hoje apelidado de Guiné-Bissau, vê (deve ver) nelas elementos de potenciação de um todo-nacional não esmagante ou niilificador das autarcias, devendo erguer-se à condição de alfaiate das junções dos diferentes tecidos celulares, qual remendador de *tchapa-tchapa*. Por sua vez, o factor integrador representado pelo Estado-alfaiate acaba por potenciar a salubridade de cada uma das diversas células.

VII. A relação que aproxima alguns subconjuntos (grupos étnicos) tem a natureza de *interacção transitiva entre subconjuntos* – exprimindo-se através do seguinte diagrama de Venn (os lacetes que ligam B-C, C-D, B-D exprimem relações de equivalência sobre o referencial **E**):

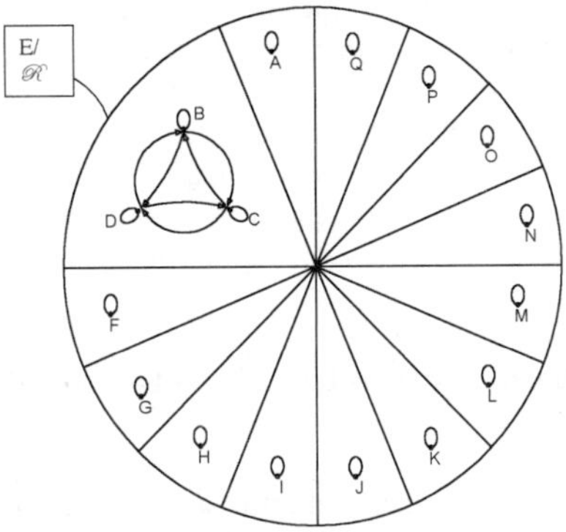

3. Guiné: Séculos de Multipolaridade Sócio-Política

I. A história assinala a falência do projecto centralista do império do Gana (século III a XIII), do império do Mali (séc. XIII e seguintes), do do reino de Kaabu (séc. XIII-XIX). Pelo meio, outras tentativas abortadas foram ocorrendo, numa sucessão de indicadores que apontam para a inconsistência da tal directriz niilificadora das organizações políticas periférico-nativas.

II. Não se mostra, pois, consistente o lugar-comum que fez escola, em cujos termos nesta região (Nigrícia Ocidental, no dizer de alguns, ou Senegâmbia, no de outros) terão existido durante, designadamente, o séc. XIX apenas três grupos de Estados: Estados "Jalofos", "Mandingos" e "Peuls".

III. Cioso, com efeito, da sua individualidade, cada Estado foi combatendo, subtraindo-se ao domínio do outro. De facto, a era colonial portuguesa encontrou uma situação geo-política de não muito fácil leitura: os pontos do fluxograma do poder político partiam, no sentido descendente, do interior para o litoral, mas de facto, não chegavam a desaguar na costa.

IV. O sistema manteve-se, em grande medida, incólume durante as investidas ou insinuações coloniais. Na verdade, quando a própria potência colonial (naquela fase, realmente em potência) é obrigada a pagar *dacha* aos soberanos da terra, está tudo dito quanto à sede efectiva da soberania (é o próprio Chefe do Estado-Maior português que, em 1915, reconhece ser a autoridade de Portugal na Guiné, pelo menos até 1912, «puramente nominal», «com ocupação apenas das vilas de Cacheu e Bissau e o porto militar de Goli» – e mesmo estas localidades, como se prova no corpo da presente dissertação e nos *Apêndices II* e ss., não podiam ser consideradas de domínio português, antes do fim das *guerras de pacificação*).

V. Pelo menos a respeito dos balantas, mandjakuss e pepeliss, a colonização portuguesa não passou, praticamente, de uma mera declaração de intenções ou apenas uma intenção, antes de 1913/1914 (uma colonização que acabaria por fazer-se, mas com africanos e graças a estes, fundamentalmente).

VI. Igualmente sintomática – se bem que devamos botar quase tudo na conta de lances político-diplomáticos no sentido de seduzir os reis pepeliss e outros próximos, assim como afastar a restante concorrência europeia, França em primeira linha (todavia não é de afastar também nessa operação uma cartada político-diplomática lançada pelo Rei Bissau BACAMPOLO CÓ) – é a recepção com pompa e circunstância tida pelo filho primogénito do Rei BACAMPOLO CÓ na corte de Portugal.

VII. Descortinar-se-ão ali as reminiscências da dinâmica político-diplomática que caracteriza o tripé Portugal-Guiné-França desde os anos 80 e 90 do séc. XX aos primeiros anos do séc. XXI? De uma banda, é Portugal que intenta anular a influência dos gauleses na Guiné; de outra banda, é a França que intenta fazer exactamente o mesmo a Portugal; entre os dois, é a autoridade que intenta tirar partido dessas quezílias, aproximando-se tacticamente de um deles (ou de terceiros) ou insinuando apenas uma aproximação.

VIII. Por detrás da *máscara* ocidentalista da organização política e jurídica envergada pelo Estado guineense, esconde-se, impante, o substrato, a alma de uma África profunda que, por conveniências e conivências várias, vem sendo (hetero ou auto) enclausurada. A manutenência *ad aeternum* desta situação não é viável. É, por isso, inelutável, na Guiné, um movimento de *riba tera*.

4. Uma Vez Mais: Multipolaridade; Invisibilidade do Estado Total. Por Uma Arquitectura Constitucional Inclusiva

I. A multipolaridade é um traço ancestral estruturante dos povos do chão hoje conhecido por Guiné-Bissau. E a equação macropolítica da actualidade guineense deve ser resolvida considerando aquele postulado.

II. Na Guiné, não é tão-somente a mão do Estado que é invisível, mas todo o corpo do Estado.

III. E é nessas paragens que sentimos a mutipolaridade do *Estado-total*, do Estado pretensiosamente total, por força da invisibilidade deste Estado-total. Como continuar a ignorar uma realidade tão encandeante?

IV. É uma necessidade instante que se tome tenência duma realidade aparentemente banal, mas dotada de um peso estratégico para a cabal compreensão do fenómeno do poder nas paragens guineenses: os grupos étnicos agora enlaçados no projecto nacional-estadual não foram tidos nem havidos por Portugal na erecção da Guiné-colónia.

V. Hoje, as instâncias indígenas do poder devem ser ouvidas, respeitadas e valorizadas no projecto de fortalecimento do Novo Estado da Guiné-Bissau.

VI. Através duma estruturação adequada do poder que dê espaço à expressão e participação livres e criativas das estruturas autóctones do poder... até quando continuarem ainda a fazer sentido.

VII. A Guiné-Bissau do ano 2002, por exemplo, parece ser, de facto, uma *união incorporada*, onde os reinos ou regulados foram incorporados na união perdendo aqueles grande parte da sua autonomia (embora ainda gozem de alguma), mas mantêm a carga simbólica de reinos ou, pelo menos, *regulados*.

VIII. A democracia (ou o Estado de direito) é a forma de uma função (dimensão teleológica) minimal: a governabilidade do sistema. Daí que não seja despropositado temperar a democracia – tal qual viajou do Ocidente para as savanas e selvas subsaarianas – com o ingrediente autóctone.

IX. Porquê dizimar ou (pior?) fingir que estão dizimados os (sub) *conjuntos* étnicos em que se consubstancia o *conjunto Estado da Guiné-Bissau*?

X. Porquê insistir numa unicidade nacional forjada na razia de particularismos tão vivos (ainda) no espaço guineense?

XI. Por que ignota razão se vai alimentando uma ficção desse calibre (a disseminação do *factor* π, uniformizando o conteúdo do *referencial* em multidões de π, desenquadrados de quaisquer conjuntos sociológico – políticamente relevantes)?

XII. Para quê continuar o delírio ficcional, se a realidade fala mais alto do que a ficção?

XIII. Se os catalogados "sem etnia" rondam apenas 0.8%, segundo dados de 1991 – ainda que fossem hipervalorizados os de etnias "mixtas" (1.6%), que de forma alguma significam seres destribalizados, mas, fundamentalmente, cruzamento entre tribos ou entre estas e outras entidades sociológicas – revela-se-nos de forma retumbante a falsidade em que assentam as fundações do Estado post-colonial guineense.

XIV. O que eu proponho aqui é uma arquitectura constitucional inclusiva.

XV. A consideração das estruturas político-sociais existentes, se inteligentemente arquitectada e com bom senso gerida pode até ser um elemento de afirmação natural, consensual e, por isso, robusta do Estado. De um Estado que tem de considerar o pluralismo, nomeadamente jurídico, que o antecedeu e que ainda sobrevive... não obstante as ficções e cenários virtuais com que prefere laborar. Não foi S. TOMÁS DE AQUINO quem disse que da unidade provém primeiramente a igualdade e, depois, a multiplicidade? O pluralismo sociológico deve aqui conduzir a um pluralismo de poderes, reclamando um enquadramento positivo-constitucional adequado.

XVI. Quanto mais, na arquitectura e dinâmica do poder político, se considerar a tradição política profunda consolidada e estruturada do povo que enforma e é dirigida por esse poder, maior é a probabilidade de esse Estado gozar de governabilidade.

XVII. O que se arrazoou até aqui é a demonstração do seguinte teorema: a consideração da tradição política profunda, sólida e estruturante de um povo é directamente proporcional à governabilidade do respectivo sistema político.

XVIII. As altas instâncias de poder indígena devem ter voz e lugar na arquitectura do novo poder ocidentalizado, seja ao nível autárquico, seja ao nível nacional – sempre na perspectiva da sustentada arquitectura constitucional inclusiva, onde a *Guiné profunda* poderia rever-se, com a sua metodologia consensual de prevenção e resolução de problemas e conflitos.

XIX. A instância em alusão poderá apelidar-se *Bantabá di Garandiss* (ou *Bantabá di Tera* ou *Bantabá di Tchon*), onde os *régulos* e outros líderes indígenas tenham assento e voz, na perspectiva do que se poderia apelidar de critério da subsidiariedade.

XX. Deverá ser essa instância sociológico-política regida por padrões de consensualidade decisória, devendo admitir-se o recurso ao critério maioritário só como última alternativa.

XXI. A instituição que tenho em mente pode ser uma sorte de segunda câmara parlamentar (ou – não reconduzível exactamente a uma segunda câmara parlamentar – uma instância *sui generis*) reunindo, nomeadamente, as referidas autoridades indígenas e, quiçá, anteriores chefes de Estado.

XXII. O que aqui se vem sustentando fere algumas sensibilidades políticas *pró-modernistas*, dado que poderia equivaler a um retrocesso no caminho do "desenvolvimento". Pergunto, que *desenvolvimento*?

XXIII. Alguns mais facilmente apoiariam um enquadramento institucional em quase tudo semelhante ao aqui esboçado, caso servisse para repescar alguma *elite* política, social, cultural ou corporativa de Bissau. Mas não me parece nem necessária, nem viável, nem dotada de racionalidade económica tal repescagem.

XXIV. O *forum*, que reunirá os *Lantindam* ou *Bantoi* do chão guineense, deve ser pouco numeroso na sua composição e económico no seu funcionamento.

XXV. Uma margem determinante deve caber a cada comunidade tribal, para que, de modo endógeno, possa encontrar o seu representante no *Bantabá di Tchon*.

XXVI. Um dos vértices da solução poderá consistir na circulação rotativa do assento pelas diferentes figuras (descentralizadas) liderantes da comunidade (que esta, importa vincar, livremente enquadraria e escolheria).

XXVII. A duração do mandato dependeria do sentido da representatividade assumida: enquanto permanecesse no cargo que possibilitou o seu destacamento para o *Bantabá di Tera*.

5. Estado de Direito: Mais Um Pacote da Globalização? Ou o Sim e o Não a Um Paradigma Guineense

I. Existe um paradigma guineense de Estado (de direito)?

II. Respondo que sim e que não.

III. Sim, porque esse paradigma está lá. Tenhamos apenas o *bom senso*, a coragem, a visão (ainda que anatemizada de *djintiu*) e a energia (contraposta à preguiça) para irmos às fontes e nos saciarmos;

IV. Não, porque a inércia, a modorra apoderou-se de nós; não, porque não é *in* descer-se tão baixo para catar algo, se noutras paragens mais a Norte nos oferecem algo mais vistoso; não, finalmente, porque numa era de globalização (que globalização?!) é *in* misturarmo-nos na betoneira global para, à saída, não representarmos outra *coisa* senão tantos metros cúbicos do mesmo betão que os empreiteiros querem.

V. O *pacote de Estado de direito* enviado e importado do Norte pode ser, numa perspectiva etnocentrística, uma peça da actual estratégia de "globalização".

VI. Um contributo para a afirmação de um eventual paradigma guineense do Estado (de direito) é a institucionalização de umas forças armadas sociologicamente plurais.

VII. O aludido equilíbrio sociológico é reclamado por uma sociologia do equilíbrio assente na teoria do bom senso.

VIII. É perigosa e, a prazo, potenciadora de instabilidade política, social e militar a hiper-representação de uma franja étnica nas Forças Armadas. A estabilidade que oferece é apenas aparente e circunstancial.

6. "Estado de Direito", "Democracia": Quam Engana Quem?

I. Do falhanço persistente e cada dia renovado do *Estado de direito* no espaço da África Ocidental (nomeadamente) – como se constata na Parte IV da presente dissertação –, pode-se induzir que ideia-força?

II. Será a inadequação do conceito (do verbo) à realidade (terra, homem)? Ou será a inadequação da realidade (ou duma parte dela: o homem – já que a terra é mais um espaço simbólico do que algo realmente ponderoso) ao conceito?

III. A causa das causas – dessa localizada intangibilidade do Estado de direito – está no erro lógico-cronológico do percurso concretizativo do Estado de direito:

IV. Para haver "Estado de direito", impor-se-ia, logicamente, que houvesse "Estado" e "direito", antes de uma qualquer conjugação das duas parcelas da adição, de molde a que o somatório pudesse ser igual a "Estado de direito".

V. Em poucas palavras, impõe-se um movimento de *riba tera*.

VI. A adesão aos postulados democráticos, unanimemente (a partir de dos anos noventa) proclamados, estava atrelada a uma reserva mental que, de quando em vez, as circunstâncias denunciavam:

VII. Aqui, a "democracia" e o "Estado de direito" só valem para quem quer aceder ao poder ou nele permanecer, se e enquanto não dispuser de poder suficiente para, por meios antidemocráticos e anti-regime de "Estado de direito", aceder ao poder ou nele permanecer.

VIII. São cortinados de "democracia" e "Estado de direito" para entreter o Banco Mundial, o Fundo Monetário Internacional.

IX. E a insuflação de alguma genuinidade, alguma sinceridade e prudência no sistema político é de esperar desse movimento de *retorno à terra.*

X. Porquanto o Estado da Guiné-Bissau não é nem o *Estado de direito* cujo figurino tomou como bandeira (o do Norte), nem o *Estado de direito* que poderia ser se olhasse para o chão que pisa, valorizasse e aplicasse esse direito (o indígena), pertença do chão que ele pisa.

XI. É uma verdadeira refundação constitucional o programa que se sugere, de forma a ultrapassar-se, entre outros, o problema da inautenticidade constitucional.

7. Um Caso Observado – A Experiência de Poder nos Chãos Mandjaku e Pepel

I. Quanto à juridificação presente nas comunidades políticas constitutivas da Guiné (neste caso, a mandjaku), para além da componente legiferativa *institucional*: uma parte não negligenciável do sistema legiferativo assenta nas estruturas sociais de base, que poderiam corresponder, em certa medida, às sociedades civis da contemporaneidade ocidental.

A sociedade é dinamizada por camadas etárias ou geracionais claramente definidas, abrangendo todos os indivíduos que, pelo factor tempo de nascimento (observados os requisitos do género, quando é o caso), a elas estejam adstritos.

Ora, regista-se uma dinâmica envolvente de produção consuetudinária do direito em cada uma dessas camadas.

Trepando do patamar geracional mais baixo (um elemento mensurador dessas balizas é o período da iniciação) ao mais elevado, surpreendem-se sedimentos normativos em cada uma delas, tendencialmente aplicáveis a todo o patamar em referência.

Vê-se, pois, um exemplo de multipolaridade, surpreendível também a outros níveis do problema.

II. Acrescente-se ainda a produção normativa das corporações de ofícios, com a sua vocação de abrangimento no âmbito de cada uma delas.

O resultado interessante é um Direito não escrito variável na sua direcção impositiva: De cima para baixo, *grosso modo*, o Direito político; horizontalmente: falando de várias componentes estruturais da sociedade.

III. Desde o acto de entronização (ou momento em que recebe a vassoura sagrada da reinança), o Rei de Baceâral é orientado para um sentido de equilíbrio na sua actuação; para uma linha oposta à do abuso do poder.

IV. Neste sentido é clarificadora a fórmula sacramental a pronunciar no acto-processo de entronização pelo futuro rei de Kaiú, segundo a qual *só quando o Naciin jurar servir e servir o seu povo é que este se transforma em seu escravo.* Ou seja, o "servo" (o Rei) torna-se *senhor* só quando se empenhar em *servir* os *súbditos*. Por outras palavras, o *Senhor* só é *Senhor* dos *súbditos* quando e enquanto servir os súbditos.

V. Eis um indicador de que estamos em presença de um autêntico Estado mandjaku, com poderes e funções devidamente estabelecidos, em que o *Naciin* e a comunidade são funcionalmente complementares, não sendo radicalmente absoluto o poder do *Naciin.*

VI. A engrenagem em que se traduzem os dados etno-jurídicos acabados de esboçar representa um circuito de amparo vinculando os *baciin* entre si e estes (cada um e todos eles) ao povo que dirigem.

8. Inda: Atomização de Pólos Marginais de Auto-Regulação

I. O Estado ocidentalista guineense no primeiro decénio do século XXI é um Estado muito mal estruturado, mas com a clássica vocação ou pretensão de exclusivismo. O que traduz, de imediato, um fosso entre a pretensão e o facto. Nesses interstícios em que a pretensão entra em bancarrota, revela-se uma facticidade não prevista, não querida e não tolerada pelo ocidentalista Estado da Guiné-Bissau – aquela que se atém à atomização dos pólos marginais de auto-regulação.

II. O Sul profundo que persiste, para lá das ficções totalizantes, no interior de núcleos étnicos nativos é suficientemente loquaz para não ser inaudível.

§ 3.° PISTAS DO SUL ACULTURADO

1. A Mitologia Eleitoral: Sintoma de Uma Patologia

I. O Sul Aculturado caracteriza-se, até ao primeiro lustro do terceiro milénio, pela miragem da estabilidade político-social, pela tardança na construção de Estados coesos, pelo falimento do projecto democrático e da jurisdicização do Estado.

II. Os modelos eleitorais vigentes nos Estados do Sul confrontam-se com graves problemas de autosustentabilidade, mercê da armadilha representada pelas condicionantes financeiras, materiais e humanas.

2. Autodeterminação Interna e Intangibilidade das Fronteiras Herdadas da Colonização. Universalismo e Particularismos

I. O princípio da autodeterminação não se esgotou, em África, com a consecução das independências. Vale no período pós-colonial, no interior dos próprios Estados agora independentes. O caminho parece-me ser (apesar dos riscos) um rotundo *não* ao esvaziamento da autodeterminação. Esta não pode ser reduzida a peça museológica.

II. A chamada autodeterminação interna (contraposta à *autodeterminação externa*, que se prende com a assunção pelo povo do seu "futuro estatuto internacional", libertando-se do direito de uma outra potência) tem sido encarada pela cúpula governante africana como um atentado contra o que de mais sagrado há na vida sócio-política do continente: a unicidade política.

III. A questão da intangibilidade das fronteiras legadas pela colonização está, por vezes, ligada a receios de fenómenos implosivos susceptíveis de afectar o próprio Estado, se for mal administrada a problemática da autodeterminação interna.

IV. Mas porque o nosso ponto de partida e de chegada é a não-violência, os aludidos receios não podem ser bloqueantes. Vale dizer:

V. À partida, não-violência como forma consequente de prevenir e solucionar problemas políticos, económicos, sociais e culturais (ou, apenas, políticos, se se quiser atribuir a este termo uma conformação mais globalizante);

VI. Neste quadro, a autodeterminação apresenta-se de modo perfeitamente natural, sem dramatismos – trata-se da *determinação* pelo *próprio povo* dos destinos desse mesmo povo, resulte deste processo seja a independência, seja a integração, seja a autonomia, seja um determinado modelo político, social, económico ou cultural;

VII. Por seu turno, a abertura ao plural, que neste e nos capítulos precedentes defendi, é susceptível de potenciar a não-violência (e com isso, fecho o círculo).

VIII. Repisando, em princípio e por princípio, *não-violência*; violência, só em legítima defesa adequada.

IX. A consensualização pode ser achada nas dimensões do que designamos por *Guiné profunda*. Consensualização que a democracia belicista da contemporaneidade parece não potenciar plenamente. Daí a proposta de uma acomodação dos valores e instituições da Guiné profunda naquela democracia racionalizada e competitiva. Tal directriz não se conjuga com a prática (por inércia ou por modismos – ou por ambos) do esmagamento da ordem cultural africana (dinamizado por transplantes de modelos constitucionais do Norte para o Sul).

X. Neste particular, o constitucionalismo guineense furtou-se (desde cedo) à valência *normativa* da Constituição, calcorreando antes a via *nominalista*. Quer dizer, a norma positiva, desde logo, vê-se ultrapassada, pela dinâmica da realidade, numa abordagem em que a entidade consuetudinária vai ganhando terreno, derrogando aqui e ali o estatuído positivamente – não obstante o (sincero?) engajamento dos actores relevantes no sentido oposto.

CAPÍTULO III

Subsídios do Direito Internacional ou Internacionalização/ /Universalização do Estado de Direito – Estado de Direito *Urbi et Orbi*?

1. A Condicionalidade Democrática e de Estado de Direito

I. O *Estado de direito* que temos hoje é um *Estado de direito* feito de imposições e constrangidas assunções. É este o *Estado de direito urbi et orbi*. Falta é saber do alcance conceptual assumido e, bem assim, da autenticidade de tal assunção. Isso (mais do que qualquer inventário de referências normativas e discursivas sobre o *Estado de direito*) é que ditará a propriedade da suposta internacionalização ou universalização do *Estado de direito*.

2. Estado de Direito-Desenvolvimento: Equação Improvada

I. Não se me afigura de despicienda monta o facto de, nas paragens africanas, as euforias democraticistas de Estado de direito e de direitos humanos se arrefecerem, sistematicamente, logo que o fracasso económico vem à tona. Tal constatação potencia a seguinte hipótese: o desenvolvimento económico (ou, ao menos, o não descalabro económico) é um microclima facilitador da afirmação do *Estado de direito*, democracia e direitos fundamentais.

CAPÍTULO IV

A Problemática Adoptada

1. Demanda do Estado de Direito ou Demanda do Graal. A Problemática Ecológica ou Zero do Estado de Direito

I. O risco, aparentemente generalizado, de *preceitualização* de um (mero) conceito, que é o *Estado de direito* situa-se na linha do sobrecarregamento conceptual, que levará ao esgotamento das potencialidades do próprio conceito.

II. A minha problemática situa-se num registo mais acerado. Tenho para mim que não só é adiáfora uma cláusula geral de Estado de direito, como é ela mesma fonte de uma espiralagem infinda de problemas, cada vez mais complexos e insolúveis. Mais: a espiral é infecunda; daí que eu tenha optado por um paradigma *zero* do Estado de direito, qualificador de, praticamente, todos os Estados como Estados de direito.

III. Se a submissão do Estado a condicionantes jurídicas é o ponto de partida do *Estado de direito*, então temos de voltar ao *ponto de partida*, para que o *Estado de direito* possa afirmar-se sem sobrecargas teleológico-atributivas esmagantes para o próprio Estado de direito. Regressemos, portanto, ao *Estado de direito,* enquanto reino da norma. Há que despoluir o *Estado de direito*, há que adoptar uma problemática ecológica (não já no sentido, por muitos hoje defendido, de autêntica engorda, com mais uma componente – a conformação do Estado a valores ecológicos –, do *Estado de direito*). Nesta senda, será, por exemplo, de afastar do corpo do *Estado de direito* a *democracia*.

IV. A solução deve passar por uma desconstrução do conceito de *Estado de direito*, a ponto de trazer à tona (constitucionalizando-os) os vectores que fertilizam o dogma do *Estado de direito* – desde que, *per se*, se mostrem viáveis.

V. Em vez da luta desgastante (e de duvidosa utilidade) pela apropriação do conceito de *Estado de direito* por esta ou aquela perspectiva, seria mais profícuo que as várias dimensões de uma vida individual e social feliz fossem iluminadas e içadas à agenda pessoal e colectiva.

VI. Uma das dificuldades das teses maximalistas, no que tange ao conteúdo do *Estado de direito*, reside no facto de a tentativa de responder a tais perguntas implicar a eternização de visões diferentes, oferecendo sempre o flanco a críticas de cada facção que não se mire nessas delimitações. Talvez servisse para a contenda sócio-política como estandarte de uma certa mundividência, mas talvez seja preferível desfraldar os vários estandartes que integram essa mundividência, inscrevê-los na agenda e lutar por eles, por cada um deles e por todos eles.

VII. As amostras vertidas no presente trabalho reflectem um problema transversal ao estudo da estadualidade de direito: frenesim de desencontros. Estes são, de facto, tantos e tão recorrentes, que se torna imperioso colocar sobre a mesa a hipótese da sua (im)pertinência.

VIII. A linha de rumo por que se norteia a nossa dissertação é a de uma sistemática desvalorização do macroconceito *Estado de direito* – que cederia o seu lugar a uma operação de "garimpo", em ordem a serem peneiradas e aproveitadas apenas as pedras verdadeiramente preciosas e com prestança.

IX. *Estado de direito* é a comunidade política cuja organização e acção se conformam ao direito posto.

PARTE II
Ponto da Situação do Debate em Torno do Estado de Direito e Respectiva Configuração Normativo-Jurisprudencial

CAPÍTULO I
Ponto da Situação no Debate sobre o Princípio de Estado de Direito

1. Legítima Defesa Preventiva da Democracia: Pena Capital Contra a Demo-Kratia

I. Assaltam-me terríveis dúvidas quando reflicto sobre os *mecanismos repressivos de blindagem antitotalitária da democracia* e, já agora, do *Estado de direito*. Quais mecanismos? Como evitar o aniquilamento lógico da própria democracia pela bem-intencionada *defesa antitotalitária da democracia*? Como sanear a dúvida que invade muita gente de boa fé a respeito da definição, alcance e seriedade do princípio democrático? Como evitar que, perante a suspeita de que um potencial vencedor do jogo democrático possa vir a proceder antidemocraticamente, se desregule, sempre, o relógio da democracia, atrasando-o para as zero horas – até ter-se a garantia de que o provável vencedor pautar-se-ia depois segundo os parâmetros da democracia?

II. A legítima defesa preventiva da democracia decretada por uma parte (não poucas vezes, ínfima) do *demos* é a pena capital sentenciada contra a *demo-kratia* – por mais virtuosos que sejam os fundamentos.

III. A *democracia guerreira* vale o que vale (e é muito, para quem queira fazer valer alguns valores que animam a democracia), mas abre campo à defensabilidade de métodos pouco *democráticos* por parte dos opositores dessa mesma democracia; a *democracia militante* abre espaço para a admissibilidade de outras *militâncias* diferentes e contrachocantes; dá cobertura, contra a orientação dos *guerreiros da democracia*, a todas as legítimas defesas, preventivas ou sucessivas, desencadeáveis pelos anti-democratas.

§ 1.° RASTREIO DA RECHTSSTAATLICHKEIT NA CONSTITUIÇÃO GUINEENSE, SEGUINDO O MERIDIANO DE REFERÊNCIA TRADICIONAL

1. Advertências e Catálogos

I. O *meridiano* a partir do qual procedo à ponderação e calibragem do Estado de direito, tal como o entendo, não é o de *referência tradicional*. A minha dogmática é minimal.

II. Não obstante, resolvi encetar este exercício, quanto mais não seja para demonstrar a impertinência, a inconsequência daqueloutra atitude dogmático-metodológica.

2. Guiné, Estado de Direito, Realidade Translegal e Cumprimento da Forma – Descompassos

I. O transcurso analítico ensaiado a partir da Constituição guineense, de molde a surpreenderem-se as dimensões tradicionalmente associadas à *estadualidade de direito,* legitima, insofismavelmente, a seguinte conclusão: a Constituição da Guiné-Bissau é uma Constituição de Estado de direito. E Estado de direito, mesmo na perspectiva da doutrina mais exigente (menos *laxista*).

O pior é a realidade translegal, a *praxis* sobre que deve assentar o edifício normacional – pois em vários momentos o divórcio (não declarado) entre os dois vectores é total.

PARTE III
Na Pista da Repleção do Conceito de Estado de Direito

CAPÍTULO I
Os Direitos Fundamentais?

§ 1.° QUE DIREITOS FUNDAMENTAIS?

1. Descompassos, Mais Descompassos

2. Direitos Fundamentais Entre o Norte e o Sul; Cardápio Guineense

I. O catálogo, hoje, dos direitos fundamentais tem-se expandido consideravelmente, não obstante as chamadas de atenção provenientes, algumas vezes, de sectores conotados com um certo jusnaturalismo.

II. Num clima de expansibilidade como esse, mais difícil se nos torna a tarefa de recortar, de entre os muitos direitos fundamentais, aqueles susceptíveis de integrar, naturalmente, o *Estado de direito*.

III. Move-se numa ambiência dilemática traduzida ou na rendição às opções positivo-constitucionais por qualquer desenho de direitos fundamentais, ou na pré-assunção substancialística de certos e determinados direitos como verdadeiramente fundamentais.

De facto, relativamente a qualquer das opções, militam argumentos ponderosos. Na verdade, o sufrágio da opção (de qualquer opção) positivo-constitucional simplifica o problema e reduz a margem de incerteza jurídica na matéria; mas, por seu turno, a pré-assunção substancialística de certos conteúdos – numa perspectiva anti-expansionista dos direitos fundamentais – casa-se bem com os postulados essenciais da boa legiferação (seria um convite ao legislador – constitucional, ordinário ou convencional – no sentido de fazer uma Constituição verdadeiramente constituinte, com um elevado potencial de perdurabilidade e estabilidade, não um Constituição prolixa, circunstancial e avulsa).

IV. Um critério que poderia desempenhar um papel clarificador nesta temática é a secular sentença: *não faças a outrem o que não queres que te façam a ti*. Pode ser que se essa sentença for levada a sério por todos e cada um dos indivíduos que fazem a humanidade (à cabeça, aqueles que mandam nos destinos da mole imensa dos que dão número aos países), os direitos fundamentais ultrapassem a fronteira da pura verbalização.

CAPÍTULO II
A Separação de Poderes?

§ 1.° QUE SEPARAÇÃO DE PODERES?

1. O *Quantum* – Compilações Para a Calibragem do Conceito

I. O grande óbice que enfrenta quem se debruce sobre a separação de poderes (encarada por uns como um momento necessário de um Estado que se pretenda *de direito*) relaciona-se com a multiplicidade de esquemas existentes, no âmbito universal.

II. As dificuldades aqui experimentadas prendem-se com o *quantum* de separação, de independência. Qual é, em rigor, a dosagem adequada, a dosagem aceitável?

2. A Maquete do Poder: Guiné 1999-2003 à Luz do Modelo Cibernético de Análise Segundo David Easton

I. A irrupção, na Guiné, do poder militar como um assumido poder do Estado traduz tão-somente a constatação de uma realidade que nos entra pelos olhos dentro. A *emancipação* (esmagante) do sector castrense que a guerra de *7 de Junho* tornou patente foi tamanha que tornou refém todos os outros órgãos de soberania. Note-se que a *hipervalorização* dos portadores e manuseadores das armas verificou-se quer de um lado, quer do outro do *Polón di Brá*. Após a consumação do *assalto* (*i.e.*, golpe) *final* da Junta Militar, em Maio de 1999, completamente indisfarçável se tornou a tendência. Era *o poder*... e ponto final.

II. A tecitura das estruturas do poder tem vindo a ser engendrada na Guiné, e no horizonte temporal que delimita a presente investigação, com *linhas* militares patentemente dominantes.

III. A análise do sistema político guineense numa perspectiva meramente formal-*institucional* pode não conseguir desvendar a centralidade do *poder militar*, ao longo da faixa temporal 1998-2004. Contudo, tal centralidade é efectiva.

IV. Se se prestar atenção à dinâmica que flui e reflui entre o sistema político e o *ambiente*, outra conclusão não se poderá extrair que não seja a emergência e consolidação de um autêntico poder militar, na estrutura dos poderes do Estado.

V. Os *outputs* produzidos na Guiné pelo subsistema político (na sequência dos *estímulos* com que outros sistemas sociais o fustiga) traduzem, de modo exacto, a correlação de forças que eu quis surpreender com o conceito de poder militar.

VI. Os próprios *inputs* ("demands" e "support"), provenientes de vários subsistemas sociais e destinados ao político, sustentam, em certa medida, a dominância castrense.

VII. Às *exigências* de mais e melhor democracia, de *verdadeiro Estado de direito*, vários subsistemas sociais adicionaram *apoios* de pendor fortemente filomarcial, *exigências* e *apoios* lançados à *caixa negra* representada pelo subsistema político.

VIII. O efeito de retroacção (o *feedback loop*) a partir dos *outputs* empolou ainda mais os apoios filomarciais, fazendo com que se instale e solidifique uma cultura de sobrepujança do sector castrense no sistema de poder guineense.

IX. As *exigências* de *mais*, *melhor* e *genuíno Estado de direito*, *mais, melhor* e *genuína* democracia, oriundas do *ambiente interno* e, *maxime*, do *ambiente externo*, têm sido tantas e tais que os desastres protagonizados, nesse campo, pelo subsistema político não podem estar alheios a uma certa sobrecarga do sistema.

X. Foi, em boa verdade, ultrapassado o grau de suportabilidade do sistema político às *demandas* do *ambiente*. A quantidade e qualidade (complexidade) das *demandas* propiciaram respostas vazias, ineficazes, lentas, incongruentes em massa e confusas, da parte do subsistema político.

XI. Daí a pertinência do postulado da redução da complexidade permanente – privilegiando a fixação-optimização de certos parâmetros, muitas vezes embrulhados no pacote global designado por *Estado de direito*.

3. O Porquê e o Para Quê da Separação de Poderes

I. A separação de poderes do Estado justifica-se pela preocupação de afinar os mecanismos de racionalidade (eficácia e eficiência) ligados à organização e à operacionalidade do aparelho estatal; intenta-se obviar ao abuso de poder que uma não divisão ou não separação de poderes traria potencialmente ao colo.

II. Nada do que atrás dito ficou é novo, mas a névoa dos tempos tem obnubilado a força da sua verdade.

III. Dizer muito mais do que o que ficou dito não é nem necessário, nem fundado. Partindo desta posição, não será nem necessário, nem fundado estear no *Estado de direito* a separação de poderes. Se esta deve existir, não será porque assim o determina a *Rechtsstaatlichkeit.*

§ 2.° FUNDAMENTOS FILOSÓFICO-ESTRUTURAIS DA SEPARAÇÃO DE PODERES

1. **A Racionalização do Estado**

I. A separação de poderes é (fundamentalmente) um instrumento ao serviço da racionalidade do Estado. Um Estado mais eficaz e mais eficiente, no seu *modus essendi* e no seu *modus faciendi.*

2. **Mais Uma Vez: O *Cur* e o *Quid* da Separação de Poderes**

I. A degenerescência dos esquemas puros na moda em tempos, no que concerne à delimitação das funções do Estado, faz com que não se possa falar hoje de um monopólio da função legislativa pelo Parlamento.

II. A independência do juiz é, ainda, a última trincheira da separação de poderes – tão líquida é hoje a permeabilidade de outros centros do poder a infiltrações de poderes congéneres (veja-se o poder legislativo do poder executivo).

III. Porquê e para quê separação de poderes? Antes de tudo, destaque-se o carácter contingente do fenómeno em estudo – contingente, por oposição a necessário. Não é uma necessidade histórica a separação de poderes, tal como, *a fortiori*, não o será um modelo específico de separação de poderes.

IV. Preocupações várias nutriram a construção dos modelos: dividir para melhor reinar; organização mais racional do Estado; contenção dos entusiasmos absolutistas e açambarquistas de certas entidades; melhor garantia dos direitos dos cidadãos. O factor mais presente tem sido, no meu parecer, o da *organização racional do Estado.*

V. E quanto ao *quid* da separação de poderes? Independência dos poderes? Interdependência? Dependência? Qual a dosagem de cada ingrediente? Como se entretecem as redes do poder?

VI. São questões extremamente delicadas e de difícil resposta, que robustecem a minha opção pela abordagem contingencial da separação de poderes, numa perspectiva de dessacralização-desentronização de arquétipos.

§ 3.° PARTIDOCRACIA: O *REQUIESCAT IN PACE* EM HONRA DA SEPARAÇÃO DE PODERES?

1. **Omnipresença e Omnipotência do Partido**

I. Se, como propõem alguns, a definição de partido político moderno (não um *protopartido*) passa pela observância de critérios como os da durabilidade da organização, vontade assumida dos dirigentes de tomar e exercer o poder, procura do apoio popular (o método eleitoral e qualquer outro servem), bem como uma organização a nível local bem firmada, se essa condicionalidade é válida, dizia, pelo menos a última delas está, em vários casos, longe de suceder no panorama político da Guiné-Bissau de 2004, designadamente. Na Guiné, a oposição política padece de uma opositifobia desnorteante. Daí a tendência para se encostar, sistematicamente, ao poder mandante, entregando-se, de forma ultrajante, a este. A oposição é, pois, sazonal. Isto é, à beira de cada desafio eleitoral, as oposições reestruturam-se para a luta pelo poder. Mas, mesmo aqui (durante esta fase), ocorrem dissidências (que convergem no poder mandante), sempre que os caminhos próprios de acesso ao poder forem espinhosos.

II. Se classicamente a linearidade das fronteiras era tal que permitia a localização e delimitação precisa do legislativo *versus* executivo, hoje, na moderna democracia representativa, o partido veio introduzir um factor de confusão, ao meter o poder legislativo e o poder executivo dentro de uma só camisola partidária. Nessas circunstâncias, a tendência será para o parlamento se reduzir a uma muleta do aparelho executivo. Uma muleta acrítica e subserviente do Governo. De tal forma que o eixo dos freios e contrapesos (*checks and balances*), o eixo do controlo, tende a deslocar-se da relação *Parlamento-Governo* para a relação *oposição parlamentar-Governo*.

III. A partidocracia é o *requiescat in pace* em honra da separação de poderes.

IV. Isso porque os longos e múltiplos tentáculos do *polvo* que responde pelo nome de partidocracia podem reduzir a pouco mais que nada o princípio da separação de poderes – tamanha é a sua ubiquidade no sistema político.

§ 4.° SEPARAÇÃO E INTERDEPENDÊNCIA: CONFLITUALIDADE IRREDUTÍVEL OU IMBRICAÇÃO INELUTÁVEL?

1. **Primeiras Linhas**

I. A nação guineense tem vivido uma experiência particular, no que concerne às relações dinamizadas entre si pelos poderes da República, pendendo quase sempre a balança para as bandas do *Palácio* e do *seu* executivo.

II. Sem embargo de eu sufragar o pluralismo social (desenbocável, eventualmente, numa pluricracia, como multiplicidade de centros de poder), não se me oferece evidente a *necessidade* de certas maquetes de separação de poderes.

2. **A Posição do Poder Legislativo**

I. Se a tabela exposta neste lugar não confirma as parelhas *unicidade societal-unicameralismo, pluralidade societal-bicameralismo*, tal se deve à existência de algumas pedrinhas. Essas pedrinhas (que podem perturbar a racionalidade de toda a construção) são o decalque que, em África, é usual fazer-se de modelos do ex-colonizador e são, também e fundamentalmente, a ficção da homogeneidade que perpassa em toda a classe política. Ficção de uma sociedade homogénea e una. Tal unicidade simulada (com o simétrico abafamento compulsivo da pluralidade) – embrulhada numa espécie de *arrenego, cruzes, figas!*, como se a mera pronúncia da pluralidade acarretasse os piores agoiros – é o combustível desta repulsa apriorística da solução bicameral. A centrifugofobia dita tudo.

3. A Posição do Presidente da República

I. A criação e alteração à lei com *fotografias digitalizadas* a orientarem todo o processo e todos os legifazedores não são um bom método (método por que se tem pautado a Guiné, desde a *abertura política*, pelo menos).

II. Na Guiné, o Poder Presidencial anda numa onda de reivindicação muda de um espaço destacado na arquitectura dos poderes do Estado.

4. A Posição do Poder Judicial (Controlo dos Actos do Legislador e da Adm. – a Juridicização e Tribunalização em Voga)

I. O poder executivo é um poder operativo-vital na ossatura dos poderes do Estado, assumindo-se cada vez mais como uma instância incontornável em todo o desenvolvimento do agir estadual. Tal agigantamento encontra uma expressão nos poderes legislativos de que goza hoje o executivo, nos extensos poderes de conformação afectos ao mesmo (não obstante os emagrecimentos que ciclicamente têm sido postulados, no que respeita ao Estado).

5.

I. Se não se quiser recuar mais, pode-se trazer à lembrança o *Conselho Nocturno* de Platão, para se aquilatar duma preocupação que há muito vem dizendo *presente* no espírito dos homens, qual seja a de controlar através de certos parâmetros a validade de certos actos normativos, mesmo estando estes num patamar muito elevado da legiferação.

II. O chamado *Terceiro poder* debate-se com a insolúvel questão da sua legitimação, num mundo institucional onde os esquemas de democraticidade ascendem a altares fundamentantes e legitimantes. E a posição (terceira no *ranking*, última entre os clássicos poderes) do poder judicial poderá não ser hoje alheia a esse *handicap* com que parte na corrida.

III. É, na Guiné-Bissau, importante a adopção ou reforço de um figurino nos termos do qual os juízes são nomeados por um órgão composto por juízes e representantes de certos poderes com forte legitimação democrático-eleitoral, salvaguardando a presença de uma maioria de juízes no dito órgão. Seria o mesmo órgão a estrutura competente para superiormente reger a judicatura e a vida dos tribunais.

IV. A liderança do poder judicial não deve abdicar da componente eleitoral para a sua designação. Eleições entre os pares e pelos pares; eleições pelo órgão de cúpula do mesmo poder; eleições por todos os juízes profissionais. Em qualquer dos casos, que a capacidade eleitoral passiva se restrinja a juízes do tribunal de cúpula.

V. Se se caminhar para um sistema onde a liderança do poder judicial tenha de passar pelo crivo das eleições pelo povo, uma forma de cauterizar os vícios típicos desse sistema deve ser a restrição da capacidade eleitoral passiva aos juízes de cúpula.

VI. Para um poder supercontrolante e omnicontrolante, as perguntas que se impõem são: onde é que a judicatura vai catar a água com que sacia a sua sede de poder? *Quis custodiet custodes*? Bastar-nos-ia um platoniano "Conselho Nocturno"? Quem guardaria o "Conselho Nocturno"?

VII. Patenteia-se iniludível um *deficit* de legitimação democrática da judicatura. Tal carência deve ser um convite ao juiz para respeitar o direito *posto* pelo órgão que do povo recebeu essa incumbência e que ao escrutínio periódico do povo submete a sua própria manutenência. Um convite para a autocontenção dos entusiasmos judicialistas. O que não significa, de forma alguma, reduzir montesquianamente a judicatura à mera condição de "bouche qui prononce les paroles de la loi", "des êtres inanimés qui n'en peuvent modérer ni la force ni la rigueur".

VIII. Tão pouco significarão as referidas colocações uma servil resignação do juiz à vegetativa e reptícia condição de *yes man*, face aos outros poderes-mandatários do povo. A sua apoliticidade, independência-imparcialidade no carácter e na acção ultrapassa os enquadramentos referidos atrás. A sua menor legitimidade *democrática* não é chamada quando o que na barra está é a justiça com objectividade, isenção, imparcialidade. Tal é o patamar ético inegociável da judicatura.

IX. No tempero de uma sábia autocontenção criativa da judicatura com a salvadora reaproximação ao texto (resistindo-se à forte e fácil tentação para a fuga em direcção a constelações hiperjusnaturalistas) está a chave do problema.

X. Na vertente institucional – considerando sempre cada realidade de modo particular –, a organização da judicatura deve ser estabelecida por forma a tutelar a venerabilidade, o mérito, a equidistância, a imparcialidade e a independência do *terceiro poder*. E independência, quer *«ad intra»*, quer *«ad extra»*.

XI. Nesta incessante busca da justiça, o poder judicial ocupa uma posição estratégica e impostergável. Todavia, o superinflacionamento da sua posição não só é postergável, como nefasto.

§ 5.° FORMAS E SISTEMAS DE GOVERNO – DESENTRONIZAÇÃO DOS ARQUÉTIPOS

1. Guiné: o Resvalar Para Patamares Presidencialistas; Fotografias Legendadas do Esquema Político; Propostas de Desencalhe

I. Tem vindo a Guiné a viver sob o signo do resvalamento recorrente e persistente para patamares presidencialistas do sistema de governo. Desde 1973 (ou 1975) a 2003, que assim tem sido.

II. A Guiné tem tido Presidentes mais *governantes* do que poderia permitir o sistema formal. Mais um ponto, portanto, da distanciação entre a proclamação jurídica e a *praxis*.

III. Destaca-se, portanto, uma apetência presidencialista do sistema de governo guineense. Algum fundamento onto-sociológico para tal derivação? Refiro-me ao juízo do tipo: o *homo* guineense reclama um chefe definido. Seja como for, os factos denotam uma certa inclinação para esses terrenos (a espaços, questionada, aparentemente, em atenção a exercícios hipermusculados do poder protagonizados por certos chefes – e causadores de não insignificantes traumas colectivos).

IV. Em face da história político-constitucional guineense, porque não uma opção clara pelo sistema presidencial? Nada de pecaminoso, já se vê. *Pecado* é, talvez, sob a capa de um sistema semipresidencial, praticar-se o presidencialismo.

V. Dizer o que ficou dito é, desentronizando os vários arquétipos dos sistemas de governo e, bem assim, das formas de governo, olhar sem preconceitos para todas (ou quase todas) as propostas colocadas comummente à mesa do debate e optar por aquela que se nos afigurar a mais adequada, com a convicção de que não se está em face de uma varinha de condão e que o determinante não é o esqueleto, mas sim o *animus*.

VI. Sem dramatismos extremados, reconheça-se em algumas das modalidades em referência alguma possibilidade de existência (tanto mais que existiram ou existem historicamente) e reconheça-se nas combinações possíveis na paleta a racionalidade que se impuser.

VII. Quanto aos *sistemas de governo*, com maior vigor ainda se deve advogar o relativismo das soluções, bem como a desentronização destas.

VIII. Com efeito, escolher entre o sistema de governo simplesmente representativo, convencional, parlamentar, presidencial ou semiparlamentar (e, neste caso, na sua feição orleanista ou na sua feição semipresidencial) não pode corresponder a uma lógica de ou tudo ou nada, como se de uma opção entre o céu e o inferno se tratasse.

IX. A relação entre os poderes que compõem os órgãos de soberania passa, na Guiné, pelo reconhecimento dos seguintes dados: a) O PR é, tal como a ANP, eleito de acordo com a regra do sufrágio universal; b) A forma de Estado unitária; c) A Constituição é escrita e rígida; d) Está consagrado o princípio da constitucionalidade, garantido pelo controlo jurisdicional da constitucionalidade dos actos; e) Está constitucionalmente previsto o recurso ao referendo; f) O parlamento é unicameral, sendo constituído por 102 deputados, eleitos segundo o sistema proporcional, na variante de Hondt; g) De 1994 a 2004, o sistema partidário guineense caracteriza-se, em termos numéricos, por uma considerável expansão (mais de 25 partidos) – se bem que seja de crer que o ano de 2005 represente o início da descida da montanha, por atingir o sistema o seu ponto de saturação; h) No mesmo hiato temporal, o poder foi exercido, fundamentalmente, por dois partidos (o PAIGC, entre 1994 e 1999; o PRS, entre 2000 e 2003); houve, porém, algumas zonas de turbulência preenchidas por outros actores, se bem que seja aí vislumbrável alguma participação dessas ou doutras formações políticas – são as fases turvas dos golpes de Estado; a não esquecer é o Governo de Base Alargada PRS/RGB; o arranjo pós-eleitoral de que resultou o Governo de Base Alargada PRS/RGB corresponde a uma *coligação minimamente confortável*, corresponde a uma *coligação estritamente ganhadora* – porque o somatório dos mandatos dos dois partidos produz a maioria na ANP, dispensando o recurso a outras parcerias supérfluas; a grande questão residia em saber se se tratava de uma *coligação ganhadora minimamente afim*, uma articulação assente em afinidades entre as duas formações políticas e na exclusão de partidos supérfluos dessa *mandjuandadi;* era à nascença (ou, até, no momento da *concepção*) uma *morte anunciada* – eram projectos de liderança incompatíveis; é por demais evidente que a plataforma (negativa) de os partidos terem estado juntos *contra* algo ou *contra* alguém não basta, para viabilizar uma coligação governante – uma plataforma positiva; i) O sistema partidário e o político, em geral, está impregnado da alma étnica e religiosa – os partidos, praticamente todos, estão *possuídos* pelo impulso étnico ou religioso; j) O poder legislativo ostenta uma nítida superioridade, quando é comparado com o executivo; k) Ao PR cabe o papel de arbitrar (é suposto, pelo menos) o jogo político, impendendo sobre si a tarefa de libertar o sistema de impasses políticos que possam ocorrer e intervir no processo legislativo (o sistema padece, nestes pontos, de algumas debilidades).

X. Num sistema como o vigente na Guiné (conquanto jamais haja ocorrido), não é assim tão distante a hipótese de bloqueamentos político-constitucionais decorrentes do uso não devidamente ponderado do instituto da moção de censura. Derruba-se o Governo e segue-se um vazio institucional (que a transformação do governo demitido em governo de gestão não preencherá) plenamente entrópico. Ou, para obviar à entropia, emergem, salvadoras, soluções de colorações autocráticas, como o Governo de Iniciativa Presidencial.

XI. Daí ser de positivar o que chamaríamos *moção de censura viabilizante*. Quer dizer, as forças parlamentares apoiantes da moção de censura devem garantir, previamente, alternativas viáveis da edificação de um outro governo com suficiente respaldo parlamentar.

XII. O PR não se encontra vinculado (constitucionalmente) a marcar as eleições num determinado prazo (como manda, por exemplo, a Constituição portuguesa – 60 dias, *ex vi* do 113/6 CRP).

XIII. E ainda que houvesse um comando similar ao do 113/6 CRP, sempre se poderia escudar na falta de dinheiro. O pior é que mesmo depois de finda a legislatura (4 anos), a falta de dinheiro pode persistir…

XIV. Constata-se, assim, que uma faculdade instituída com vista a ser despoletada «em caso de grave crise política» e para pôr cobro a essa crise, não tem outra tradução e consequência senão a manutenção (ou, até, agravamento) da crise política, da turbação das águas em que navegam as instituições.

XV. Sustento, por isso, um regime distinto: o da *dissolução viabilizante do parlamento* – traduzível em duas nótulas básicas, a saber, vinculação do PR à obrigação de marcar a data das eleições no próprio acto de dissolução e a obrigatoriedade de as eleições serem efectivadas no prazo de 90 dias.

XVI. O PR deverá, antes de decretar a dissolução do parlamento, ponderar se há condições objectivas para o sufrágio eleitoral no horizonte temporal de 90 dias. Não havendo, impõe-se-lhe um refreamento das impulsões dissolutórias.

§ 6.° FUNDAMENTOS RACIONAIS E CULTURAIS DA PROPOSTA DE UM PADRÃO ESTRUTURAL

1. **Considerações Curtas**

I. A separação de poderes, ela mesma, não é um elemento vital do Estado de direito, tendo mais a ver com a *eficiência* do Estado do que com a essência vital do Estado de direito.

II. A própria separação de poderes já não é tão cortante (se alguma vez chegou a sê-lo): como é que não se vai fechar os olhos à musculada intervenção legiferativa do executivo, num Estado que, pela sua *socialidade,* deve abandonar a cómoda posição de invisibilidade, abstenção e inacção, no que se refere à esfera dos direitos dos seus cidadãos? Como ignorar que está morto e incinerado o dogma da *generalidade* da lei? Como é que se pode desconhecer o facto de o *indirizzo* político ser uma função distribuída por vários pólos de poder (Presidente da República; Assembleia Nacional Popular; Governo)? Não se concentra, portanto, tal função num único órgão do poder do Estado.

2. **Lições do *7 de Junho***

I. Salta à vista o seguinte quadro consequencial objectivo dimanante do processo golpista de *7 de Junho*: consciência de poder da estrutura militar; decorre do dado acabado de expor que os militares fizeram refém (sequestraram) os outros poderes do Estado e o próprio Estado; o verdadeiro poder do Estado é o militar – diluir esse *poder militar* noutro poder do Estado, como é corriqueiro em experiências constitucionais e democráticas estabilizadas, é pura ficção, no espaço temporal que decorre entre 1998 e 2004, pelo menos; consciência de poderio eleitoral da tribo balanta; consciência de poderio militar da tribo balanta; dos dois factores alineados imediatamente atrás, nasceu a chamada *balantização* do Estado.

II. A história pós-colonial, nomeadamente, guineense revela uma falta de tacto no lidar com a questão étnica do poder.

III. Da independência (indo mesmo ao processo de luta de libertação) até *14 de Novembro de 1980*, o país viveu sob a marca de uma caboverdianização do poder (que remonta, aliás, às profundezas do período colonial).

IV. O consulado ninista ficou em certas alturas pontuado por uma sobrerepresentação da tribo pepel no poder. Mesmo se descontarmos alguma *sagesse* do Presidente NINO na abordagem desse fenómeno.

V. O consulado koumbista ostentou, *grosso modo*, falta de cuidado e tacto na abordagem do fenómeno da etnicidade.

VI. Uma saída vislumbro para este emaranhado de questões: abordagem de frente, pragmática, do fenómeno tribal; equilíbrio étnico razoável na estrutura e no povoamento do poder.

VII. O padrão estrutural da separação de poderes que concita o meu apoio desenvolve-se através de uma pauta minimalista e adogmática. São organogramas não petrificados, dotados de um elevado teor de relativismo.

CAPÍTULO III
A Democracia?

§ 1.° QUE DEMOCRACIA?

1. Demo+Cracia = Soma Deslumbrante

I. Mas o *povo* (que o *Sócrates* de PLATÃO considera «impossível» ser «filósofo») até pode decidir que o caminho que quer trilhar é o da sua total entrega, qual cordeiro (auto)sacrificado, às mãos e cabeças de uns tantos *filósofos*. E se assim for, lá teremos de trilhar a vereda do governo iluminado e da demissão cívico-política global, democraticamente decidida. Só desta forma a democracia mantém o seu sentido genuíno. Só assim a democracia se distanciará de outras formas menos *democráticas*. Só nesse sentido será lídimo asseverar que o modelo democrático é o único que se encontra geneticamente vinculado ao convívio das diferenças.

II. Creio ser de postular o seguinte olhar, para o princípio democrático: no plano das relações interestaduais e intraestaduais, é a salvaguarda do radical intimista de cada dimensão (estadual ou de nível inferior) que deve prevalecer. Dentro desse círculo mínimo, funcionaria a linha democrática, sem espaço para intervenções exógenas censórias.

2. Democracia e Estado de Direito: Relação de Enriquecimento, Não de Necessidade

I. Creio ser de postular o seguinte olhar, para o princípio democrático: no plano das relações interestaduais e intraestaduais, é a salvaguarda do radical intimista de cada dimensão (estadual ou de nível inferior) que deve prevalecer. Dentro desse círculo mínimo, funcionaria a linha democrática, sem espaço para intervenções exógenas censórias.

II. Entre *democracia* e *Estado de* direito não circula uma relação de necessidade. A democracia não tem de existir para que se possa considerar um Estado como *de direito*. Na verdade uma coisa é a *democracia*, outra coisa é o *Estado de direito*. O que se pode admitir é uma relação de enriquecimento entre os citados pilares.

III. Para a experiência e devir da democracia na Guiné-Bissau, seleccionei as seguintes variáveis (que determinarão o sucesso do modo de vida democrático): mais e melhor educação; mais e melhor desenvolvimento económico; assunção mais séria dos postulados democráticos, por parte da elite politica e cultural indígena. A conjugação dialéctica desses três factores bastarão, na Guiné, para a consecução de uma democracia de alto rendimento.

IV. É de reter um modelo bicameral, com uma sobrepujança da Câmara dos Deputados. Essa especial forma de bicameralismo seria uma forma de recuperar o *Sul profundo* na democracia guineense. A franja sociológica não sufragável nos moldes da democracia clássica teria assento (num *Bantabá di tera*) no sistema democrático, enriquecendo-o. Estou a pensar, por exemplo, nos *régulos* e nas figuras mais simbólicas (onde o *regulado* não exista ou onde seja necessário ir mais além numa abordagem inclusiva, com o fito de recuperar a cultura consensualista própria da mundividência africana). A maioria não deixa de mandar, mas aqueles que a *modernidade* (colonialismos, independências) emudeceu e apoucou (os poderes indígenas) poderão contribuir – com a sua sabedoria e o seu saber-fazer – para o enriquecimento do sistema democrático. Esse *apport* viria africanizar a democracia: uma condição para ser vivida intensamente pelos actores e utentes do sistema, não como algo imposto de fora para dentro ou como algo levianamente importado por uma classe política aculturada. Tal opção não encarece particularmente o sistema. Com efeito, uma certa redução do número de deputados da outra Câmara, acompanhada de uma composição e funcionamento do *Bantabá di Tchon* que prime pela concisão, poderá obviar, em certa medida, à crítica atrás esboçada. Mas, se mesmo assim, se mantiver uma fatia de gastos que dantes não se faziam, fica a convicção de que existem outros benefícios que suplantam, de longe, os anteriores problemas contabilísticos. Na verdade, para além do potencial de pacificação social transportado pelo modelo gizado, a institucionalização deste modelo poderá contrariar a estratégia seguida pelos políticos de "ouvir" e "considerar" tais instâncias (o país real, de facto) apenas nos momentos eleitorais e por motivos eleitoralistas.

§ 2.° O PESO DO CONCEITO E DA FORMA-MÉTODO-PROCEDIMENTO NA ESTRUTURA DO CONCEITO DEMOCRACIA

1. **A Forma: Conteúdo Vital da Democracia**

I. A forma é o conteúdo mais importante da democracia.

II. Tenho para mim que o princípio democrático (a democracia, ela mesma) não é tanto um meio, como um fim em si mesmo. A redução da democracia a um expediente, meio (trampolim) para a consecução de certos fins (poder, desenvolvimento, *etc.*) pode levar ao *caso guineense* (levantamento militar de 7.6.1998).

III. Em suma, a democracia pode ser um *meio para*, mas é, igualmente, um *fim em si* – aperfeiçoável sempre e sempre dentro da dinâmica democrática; a democracia é o conteúdo de uma forma e a forma *para um* conteúdo; se não estiver presente a componente *formal*, então são horas de se começar a *rezar* (também aqui) *pela alma da democracia.*

IV. Há que terçar armas pela democracia, na democracia.

V. Afirmar o contrário (ou proceder de modo contrário) equivale a um eterno regresso a um mítico presente: vale dizer, os que não respeitam sistematicamente a "forma" tenderão a fazer do seu momento de ruptura a *idade do ouro* do sistema (com a sua humanidade inocente e pura, com a sua perpétua primavera, com a sua paz e abundância e *dolce vita*) ou uma espécie de Saturnal.

VI. Dantes era a não-democracia, agora é que é a democracia autêntica. Só que, mal ele conclui o auto-elogio, já outros estarão a tentar derrubar este edifício, pelo mesmo método... e o ciclo da democracia selvagem eterniza-se.

VII. A diferença entre a "democracia popular" e a *democracia democrática* (ou democracia sem apelidos) está no método, na racionalidade (*democracia democrática*)/emotividade ("democracia popular") e na presunção ("democracia popular")/facticidade (*democracia democrática*) – por outras palavras, vontade presumida/vontade efectiva. Presunção de boa ou de má fé, facticidade adequadamente avaliada ou não.

2. **Vectores Potenciadores de Uma Melhor Democracia**

I. Contra o perigo das conceptualizações expansivas, assuma-se que democracia é multipartidarismo, eleições – e já é muito.

A minha proposta de orientação, também nesta matéria:

Cura de emagrecimento às palavras mobilizantes (em prol da sua maior densidade significacional);

Responsabilização conceptual adveniente de um percurso focalizador autárcico, em que cada conceito carrega sobre si a sua responsabilidade existencial própria, sem ser necessário gerar, desnecessária e contraproducentemente, outras concepções, deste modo transformadas à viva força em mães de aluguer.

CAPÍTULO IV
As Fronteiras e os Conteúdos do Princípio do Estado de Direito

§ 1.º ABEIRAMENTOS COMPARATIVÍSTICOS, REFLEXÕES ESSENCIAIS E PROPOSTA DE TRAÇADO FRONTEIRIÇO

1. Primeiras Luzes; Finamento do Estado de Direito por Obesidade

I. O movimento ciclópico na rota da erecção de um conceito virtuoso de Estado de direito esconde uma verdade inadiável: para lá da exaltação esténica de um bulímico Estado de direito, esconde-se um Estado de direito a padecer de uma profunda astenia.

O Estado de direito está extenuado, em resultado da sobrecarga conceptual a que vem sendo crescentemente submetido. O seu esfalfamento ou esgotamento já é inabafável.

II. A alternativa vislumbrada foi a de, partindo do finamento do Estado de direito, explorar princípios que possam alimentar um Estado funcional (o caso, *e.g.*, dos critérios que aproximem a organização e operação estaduais duma Guiné-profunda), sem necessidade de, numa dinâmica dedutivística, inventar um sobrealimentado princípio de Estado de direito onde caberia tudo e, afinal, nada. O Estado de direito não deve ser engajado na procura panaceica dos remédios para todos os problemas da sociedade. De contrário, será a falência, o estafamento do próprio conceito.

III. Finou-se o Estado de direito. Causa de óbito: obesidade.

IV. Quanto mais pobre e dependente é um Estado, maiores as probabilidades de *instauração* da democracia. Tal equivale a dizer: a curto prazo, é viável pois a pressão da *comunidade internacional* é sufocante e as contrapartidas prometidas e esperadas são importantes (relativamente). O pior é, a seguir, a prova dos nove – a consistência, manutenção e aprofundamento da obra.

V. Por outro lado, não me parece demonstrado que o subdesenvolvimento implique *sobrepoder*, nem que este implique aquele.

2. Sobrevoo em Aeroplano Emprestado.

3. Ocidente Europeu.

4. Vizinhança Geográfica: África Ocidental (CEDEAO) – Arrumação em Razão da Matéria.

5. Carta Africana dos Direitos do Homem e dos Povos.

6. Vizinhança Linguística e Arquetípica.

I. Apesar do já longo debate sobre o Estado de Direito, o resultado, em termos da sua consagração no Direito constitucional positivo alemão, não se me afigura muito convincente (apenas duas menções: embrulhadas na "Bundestaatlichkeit" - no art. 28 Abs. 1; e na unidade europeia – art. 23 Abs 1 Satz 1). Doutrinariamente, foi crescendo em progressão geométrica o Estado de direito; em termos de direito positivo, nem por isso.

II. Seja na *Paulskirchen-Verfassung*, seja na *Bismarcksche Reichsverfassung*, seja na *Weimarer Reichsverfassung*, seja, finalmente, na *Bonner Grundgesetz*, o discurso textual não abraça uma visão macrocéfala e irradiante do *Rechtsstaat*.

III. A construção entretanto operada em relação ao *Rechtsstaat* encerra o risco de colocar o conceito numa contraproducente rota de permanente expansibilidade. A insegurança que daí deriva é óbvia – beliscando, até, um dos seus, supostamente, muitos *filhos* (o *princípio da segurança jurídica*).

IV. O *Estado de direito* não pode ser aquele *princípio passe-partout* ao qual o causídico ou o juiz recorre (por preguiça – lei do menor esforço – ou carência de argumento, jurídico ou político), sempre que se mostrar útil e mais barato. O *Estado de direito* não deve alimentar estratégias ou tácticas de mero oportunismo no equacionamento das questões jurídico-judiciais ou políticas, pois esse é o caminho da descredibilização do conceito: a sua manipulabilidade.

V. A guinada para a substancialização conceptual do *Estado de direito* a que se tem assistido é, até certo ponto, compreensível, quando nos reportarmos à (conturbada) vivência alemã, no século XX.

VI. A tendência para encontrar a suma explicação do fenómeno alemão na diabólica dinâmica de um indivíduo (o *Führer* do *III Reich* – HITLER) – dado que certa historiografia não se tem cansado de repetir – não colhe. Assim como não colhe o outro argumento siamês: a (mera) *formalização* do *Estado de direito* no âmbito da Constituição de Weimar e de Bismarck.

VII. A permanente fuga para a frente por que se têm pautado o pensamento e a prática jurídica, neste particular, é de repensar. É de reponderar o juízo que se tem feito sobre o Estado de direito à luz da Lei Fundamental alemã. Uma Lei Fundamental que, diga-se de passagem, foi instaurada em condições extremamente delicadas. Pode-se dizer que pendia sobre os actores constituintes da Lei Fundamental de Bonn a espada de Dâmocles, suspensa não por Dionísio ou seus servos, mas pelas forças aliadas ocupantes da Alemanha ocidental. E a espada nem sequer, a meu ver, estava subtilmente resguardada. A ostentação da espada assumia contornos pouco compagináveis com o amor-próprio de um (qualquer) povo.

VIII. Nestas circunstâncias, era manifestamente improvável o estabelecimento de outra Constituição (ou, melhor, *Lei Fundamental*) que não a que viria a ser aprovada.

IX. A conjugação do circunstancalismo histórico captado no documento produzido, em Junho de 1948, pela conferência de Londres das seis potências (e entregue, com mais dois outros, a 1.7.1948, em Frankfurt, pelos Governadores militares das três zonas oeste-alemães ocupadas aos *Ministerpräsidenten* dos *Länder* da Alemanha ocidental), com aquilo que a *Grundgesetz* acabaria por estabelecer no art. 146 GG (antes, 149) fornece mais um contributo ao argumento segundo o qual não houve *freie Entscheidung* (liberdade de decisão) na criação desta *Grundgesetz*.

X. O art. 146 GG é a subtil *marca do contraste* deixada para a posteridade pelos constituintes alemães de Bonn a atestar que a *Grundgesetz* careceu (na sua génese) de liberdade de decisão em relação àqueles que a aprovaram. Daí a radical provisoriedade da *Grundgesetz*.

XI. Os *constituintes* de Bonn redigiram e a doutrina e jurisprudência encarregaram-se de encetar esta incessante fuga para a frente (pelo menos, no que ao *Rechtsstaat* diz respeito).

XII. Os casos estudados da CEDEAO e da CPLP evidenciam regimes de satisfatória normação do "*Estado de direito*", conquanto seja de registar o enorme fosso que, em muitos exemplos, existe entre o caudal normativo e a *praxis*.

3. **Retorno às Primeiras Luzes ou Pantagruel e Hidra de Lerna**

I. Sou sensível à viabilidade de uma desconstrução dogmática por forma a: 1.°, desinchar o conceito de Estado de direito, na linha da formulação de uma dogmática minimal do mesmo, procedendo, em suma, à lipoaspiração do pantagruélico Estado de direito; 2.°, apontar para uma ideia de Estado (*de direito*, já agora) para a Guiné-Bissau, com o elemento de autoctonicidade em destaque.

II. Um problema actual da dogmática do Direito constitucional em geral é o da sua lipoaspiração.

III. E isso não tem uma relevância meramente estética, pois, na medida justa em que o liberta de cargas não essenciais, tornará mais aptos, mais ágeis e mais saudáveis os conceitos.

IV. Há um ponto de contacto entre o que sucede com os objectos materiais e o conceito de Estado de direito. Vejamos: a elasticidade dos objectos tem um limite para além do qual não se pode ir, sob pena de se deformar o objecto concernente.

V. Esta lei estende-se ao conceito de Estado de direito: Há um limite para além do qual não pode ir a elasticidade do princípio do Estado de direito (ou do princípio democrático), sob pena de se deformar o próprio princípio. O risco é de deformação ou, até, ruptura do conceito hiperesticado.

VI. O bom senso deve ser o ponto de partida para a repleção do conceito de "Estado de direito" e a directriz que, dentro de cada "Estado de direito", deverá orientar a estruturação e funcionamento dos poderes do Estado.

VII. Traduz tal rumo a aceitação do influxo telúrico na acomodação dos poderes do Estado – *i.e.*, do influxo, *v.g.*, dos poderes autóctones na arquitectura constitucional do Estado guineense de hoje.

VIII. Revela-se-nos nas equacionações acabadas de formular um teorema: o do bom senso – segundo o qual a parelha *arquitectura* e *praxis* do bom senso é directamente proporcional ao grau de implantação de um *Estado de direito*.

IX. Todo o Estado é, em princípio, Estado de direito. Sem desprimor, em princípio, por cada uma das diversas dimensões que cada um queira inocular no conceito-dístico, pois impor-se-á, então, uma categórica, séria e autónoma valoração dessas dimensões.

X. Só estaria, eventualmente, fora do qualificativo "*Estado de direito*" aquele *Estado assente na negação anárquica, sistemática, total e radical do direito (desde logo, o direito por ele posto)*.

XI. É difícil e, em certa medida, vã a fixação de um conceito operativo de *Estado de direito* que se paute por uma linha expansionista. Pode ser um interessante exercício de recreação cívico-tecnológica, mas não mais.

XII. Mais fecundo seria o isolamento desses elementos, integrados por forma a justificarem uma agenda valorativa autónoma.

XIII. O patamar mínimo é que exista Estado – na minha variante minimal-laxista – e um direito que rege a estrutura dinâmica desse Estado (colar-se-ia Estado de direito a Estado jurídico).

XIV. Advogo que há um núcleo minimal que caracteriza o Estado de direito, determinando a sua existência.

XV. Nessa base, os tradicionalmente chamados "elementos" do Estado de direito não o são, na realidade. São tão-somente vectores dinâmicos fertilizantes (emulativos) do Estado de direito. Por outras palavras, podem contribuir, designadamente, para a melhoria do desempenho dum Estado de direito, mas não são partes organicamente integrantes do próprio corpo do *Rechtsstaat*.

XVI. A minha convicção é a de que a estratégia sobreinflacionista relativamente ao Estado de direito implica a própria ancilose do Estado de direito enquanto conceito, desde logo.

XVII. O "Estado de direito" é claramente uma *palavra mobilizante*.

XVIII. Mas vale a pena desmistificá-lo, emagrecê-lo, para, na autárquica viabilidade de cada um dos seus supostos "elementos", se encontrar o campo nítido de defesa dos aludidos postulados.

XIX. Há que proclamar a independência dos "elementos" do Estado de direito: na medida em que cada um deles provar que é capaz de (sobre)viver sem o cordão umbilical da *Metrópole* "Estado de direito".

XX. Se se quiser valorizar o rosário de conceitos e princípios que sobrecarregam o (super)conceito Estado de direito, cada um deles deve dar a sua prova de vida (vencer o teste de vitalidade), justificar a sua necessidade e a sua importância, reivindicar um lugar no *corpus* normativo da comunidade política onde esteja inserto.

XXI. O Estado de direito foi transmudado na Hidra de Lerna pelos demiurgos do Estado de direito sobreinflacionado... e agora temos a *coisa*.

XXII. Está aí um dos *trabalhos* que o pensamento jurídico da hodiernidade deve tomar por incumbência: libertar da Hidra o lago.

§ 2.° O PESO DO CONTEÚDO E DA FORMA-MÉTODO-PROCEDIMENTO NA ESTRUTURA DO PRINCÍPIO DO ESTADO DE DIREITO

1. Genuinidades, Legitimidades: Armadilhas Letais

I. A minha problemática é a de um minimal Estado de direito formal, que não cede, mesmo perante os traumatismos civilizacionais alimentadores da substancialização em crescendo do Estado de direito e de conceitos vizinhos.

II. A forma é o conteúdo essencial da democracia.

2. Minimalismo Normacional; Adimplemento das Regras do Jogo ou o Padrão Socrático

I. A divergência entre a proclamação e a *praxis* do Estado de direito é, com efeito, muitas vezes (e, em particular, nos países do Sul) camuflada com invocações de dimensões supostamente mais genuínas, com invocações da *legitimidade* (colocada em guerra contra a legalidade) – como se não fosse básico e fundamental o respeito pela lei.

II. Pode-se cumprir o direito, estipulando mais e cumprindo mais, mas não se pode cumprir o direito ficando aquém dessa fronteira inicial e fundamental. É um dos padrões que inspiram o meu pensamento e que salpica indelevelmente o presente trabalho, em muitas áreas: o padrão socrático.

PARTE IV
O Estado Concreto em Face do Estado de Direito

CAPÍTULO I
O Ser e o Dever Ser: o Estado e o Estado de Direito

§ 1.° ENQUADRAMENTO GERAL

1. Tese, Antítese, Síntese ou: Fardo Normológico-Teorético; Potência da Praxis; Aligeiramento do Fardo e Sua Assunção Total

I. Os trechos da vida real *fotografados* e expostos principalmente no Apêndice 1 permitiram-me verificar o quão distante o *ser* está, por vezes (muitas vezes), do *dever ser*; o Estado, do aclamado *Estado de direito*; o Estado concreto (de carne e osso e alma e chão), do exaltado *Estado de direito*. A trajectória indutiva percorrida fornece informações susceptíveis de apontar para uma flagrante relativização do chamado *Estado de direito* e da própria *democracia*. São monumentos que se adoram e se profanam com uma facilidade incrível e num espaço de tempo, por vezes, ínfimo, pelo mesmo ente – com os argumentos mais desencontrados.

II. Ao mesmo tempo, outro jogo de dissimulação é desenvolvido pelos actores políticos: o *poder autóctone existe*, mas *não existe*.

III. A presente Parte do trabalho é a sede onde são postos a dialogar o Estado (o concreto) e o chamado *Estado de direito*. Inevitáveis se revelariam reflexões sobre o ser e o dever ser (entre o Estado – o concreto – e o "Estado de direito"). De capital importância se mostram as indagações sobre o porquê (e o efeito) da divergência derrapante entre o *Estado de direito* proclamado e o *Estado de direito* praticado. E eis que chegámos ao capítulo final da Parte IV: abrimos os olhos, os ouvidos e os demais sentidos a uma determinada realidade (a guineense) e fizemos dela um laboratório onde testámos várias impressões e teorias, a propósito do "Estado de Direito". Era importante surpreender, capturar em flagrante tais exercícios, sob pena de fracassar a análise científica que este estudo pretende ser.

IV. Entre as colocações teoréticas ou normológicas em ordem à repleção do *Estado de direito* (localizáveis na Parte III) e a força da *praxis* ostentada (na Parte IV), a síntese superadora que propomos traduz-se, a um tempo, no aliviar da carga teorética e normacional e, a outro, no exercício de uma prática consequente das colocações teorético-normacionais ora aliviadas.

CAPÍTULO II
O Estado de Direito: Entre Proclamação e *Praxis* (Factores Explicativos)

§1.º ENQUADRAMENTO GERAL

1. "Estado de Direito" (entre comas) – O Divórcio Entre a Voz e a Praxis

I. Um dado extremamente preocupante do ponto de vista, nomeadamente, do movimento constitucional, é o fenómeno do *putsch*, que trespassou a África nas últimas décadas do século XX e nos primeiros anos do XXI.

II. Pergunto-me se os defensores da orientação maximalista do Estado de direito não poderiam encontrar nessa enfiada de factos motivo para recuarem rio acima e fixarem, nessas paragens, certas condições genéticas da afirmação daquele princípio.

III. Uma delas (a condição mor) não deveria ser o repúdio do *putsch* como instrumento para a *melhoria* ou *purificação* do Estado de direito?

IV. Um dado que se me afigura evidente é o de que o "Estado de direito" que se pretende melhorar e que emerge dos escombros de um outro "Estado de direito" violentamente destruído envolve-se num círculo de ferro da violência que pode minar a sua própria base genética.

V. A justificação de que um determinado Estado de direito é meramente formal (textual), portanto não *autêntico*, não deve bastar para legitimar uma reorientação putschista do pretenso Estado de direito em direcção a um *mais autêntico*.

VI. Quando houver dessintonia entre o "discurso" e a "prática" do Estado de direito, a solução é lutar pela exequibilidade do "discurso" com as armas admitidas pelo Estado de direito – e o *putsch*, pela natureza das coisas, não é uma dessas armas, não faz parte dessa panóplia. Só assim o Estado de direito e os seus militantes ganharão credibilidade.

VII. O sonho de perenidade e de efectividade da onda democrática, vivido nos anos 90 do séc. XX, deu lugar, muito lestamente, a uma paulatina manobra de envolvimento da razão anti-constitucional que, em jeito de cilindro compressor, tem rolado sobre as cidades e selvas e planícies e desertos de África.

VIII. Verifica-se na África ocidental – e é um dado calibrável através de uma razoável análise comparativa – a existência de uma considerável distância entre o "Estado de direito" oficialmente postulado e o "Estado de direito" efectivamente existente.

IX. Não me revendo, como não me revejo, nas estratégias açambarquistas que pululam em torno do conceito de Estado de direito, diria, porém, que, se forem eleitos nos Estados afro-ocidentais alguns tópicos amplamente tidos como elementos característicos do conceito, descobrir-se-á quão tortuosa e longa é a distância que se interpõe entre o dito e o feito.

X. A fotografia disponível evidencia, mais ou menos patentemente, diferenças, de país para país, no grau de seriedade e de implementação do postulado da independência da judicatura no espaço geográfico em referência.

XI. Deslustra-se inteiramente a directriz da lealdade à Constituição quando, por exemplo, esta propugna a democracia enquanto modo-de-ser do Estado, mas, em contrapartida, a sociedade política, pendularmente, vai-se aproximando ou afastando desse modo-de-ser apenas de acordo com as conveniências do momento e das tácticas. Tudo, afinal, para servir interesses egoísticos localizados. Não há sinceridade e, com isto, é um dos alicerces do edifício constitucional que se está a corroer.

XII. Quando um político se declara militante intransigente da causa da democracia, o mais sensato é, nas paragens da África Ocidental, para só falar destas, tomar a declaração como algo feito sob reserva mental.

XIII. A *delinquência constitucional* ganhou foros de cidade. Foi a expressão que me ocorreu para caracterizar uma destacada linha de pensamento e acção incidente na organização e funcionamento do Estado guineense (abençoada por uma tão tortuosa quanto artificiosa argumentação político-juridiqueira de alguns funcionários do Direito – ou da política –, prontos a recalcar as suas convicções técnicas, em prol do posicionamento político circunstancial).

2. Teoria da Coerência em Vez de Delinquência Constitucional; Democracia Guineense ou o Destino de Tântalo

I. O incremento dum "Estado de direito" (seja na variante minimal ou maximal) é directamente proporcional à coerência da sua proclamação (ou seja das proclamações que diacronicamente, cada entidade relevante vai fazendo em torno do tema forte);

II. O incremento dum "Estado de direito" (seja na variante minimal ou na maximal) é directamente proporcional à coerência da sua proclamação e *praxis* (quer dizer, entre o dizer e o agir políticos, este último é considerado a instância de verificação e controle da seriedade do verbo);

III. O incremento dum "Estado de direito" (seja na variante minimal, seja na maximal) é inversamente proporcional à distância que separa a sua proclamação da sua *praxis*.

IV. Estão, deste modo, anunciados os termos elementares duma teoria da coerência nas proclamações e entre a proclamação e a praxis do *Estado de direito democrático*.

V. A democracia na e para a Guiné-Bissau (devido, nomeadamente, à forma oportunística com que dela se serve grande parte da sua classe política) arrisca-se a ser o *destino de Tântalo*.

VI. A teoria e a normação do Estado de direito não satisfazem; a *praxis* não satisfaz; logo, impõe-se mais verdade na normação-teorização e mais verdade na *praxis*.

3. **Da Não Imprescindibilidade de um Hiperalimentado Estado de Direito – um Sublinhado Mais**

I. A coerência nas proclamações e a coerência entre a proclamação e a *praxis* do Estado do direito e da democracia têm por referência primitiva uma abordagem minimal-realista do fenómeno alvo.

II. Tenho por adquirida a não imprescindibilidade – e a perniciosidade, mesmo – dum conceito hiperalimentado de Estado de direito.

CAPÍTULO III

Os Conflitos, a Força, o Estado de Direito e a Democracia

§ 1.° ENQUADRAMENTO GERAL

1. **Violência no Trato Político: Normalização de uma Anormalidade**

I. Os apoios mais ou menos velados de Estados do Norte aos golpes e àquelas insurreições no Sul são uma manifestação nem sequer subtil de etnocentrismo antropológico-filosófico.

II. Os antecedentes deste fácil modelo comercial de *export-import* da democracia são localizáveis, por exemplo, na Grécia Antiga, onde Atenas exportava, inculcava a sua Constituição democrática às cidades que pretendia dominar.

III. Age de tal forma que o verdadeiro Estado de direito (a máxima da tua acção) seja, por todos os meios, alargado a qualquer país: esta parece ser a máxima interiorizada por várias potências no seu relacionamento com outros Estados.

IV. Estamos, por essa via, entregues à delinquência política, internacional e constitucional.

V. Que seriedade restará às tentativas exógenas de induzir ou transfundir ideias de democracia e de Estado de direito em paragens exóticas espalhadas por esse mundo?

VI. O Estado *y* não é Estado de direito? – inocula-se um golpe de Estado (instantâneo ou vagaroso) para se implantar um puro Estado de direito.

VII. Caso eu alinhasse na ceva do Estado de direito (vaca sagrada do pensamento jurídico e político de há décadas), apostaria sem problemas na tese de que se deve inserir na argamassa do Estado de direito a não violentação de outro Estado de direito. Um Estado estruturalmente talhado e actuante, nos termos da falada delinquência *extra muros*, desmereceria o qualificativo "de direito".

VIII. Porém, a minha abordagem do fenómeno não é o da engorda. Nem por isso, todavia, deixa de ser pertinente o exercício acabado de fazer. Terei é de reorientar a bateria argumentativa e as conclusões para o modelo por mim escolhido, vale dizer o valor em si da ideia, desfuncionalizada do superabarcante conceito de Estado de direito, priorizando uma operação em várias frentes, tantas quantas as dimensões viáveis do chamado "Estado de direito".

IX. As orientações verificadas no panorama internacional, nos primeiros anos do terceiro milénio, por exemplo, evidenciam que quem tem feito e desfeito o direito (desde logo, o internacional) é quem pode mais.

X. Reduzir o Direito Internacional a um Direito Internacional dos Pequeninos, das conveniências circunstanciais, encolher o TPI à dimensão de um Tribunal Penal Internacional dos Pequeninos é fulminar no ovo o feto que já se tinha por gigante.

XI. Com base num objecto tão relapso a definições ou fixações conceptuais (como o *Estado de direito*), alimentam-se prepotências, subversões, guerras, matanças, degradações, misérias.

XII. O contraditório, porém, é que, mesmo dando de barato que é logrável uma fixação conceptual óptima e consensual das ideias atrás anunciadas, muitos dos próprios arautos da ideia pura, apenas de maneira selectiva e oportunística as utilizem como pauta das suas acções internamente e além-fronteiras.

XIII. A democracia e o "Estado de direito" devem ser plantados através da persuasão e sedução... não à lei da bomba; a persuasão e a sedução são o melhor adubo da democracia e do "Estado de direito" (seja qual for o conteúdo deste).

XIV. Se for tida como lei universal a máxima "*age de tal forma que o verdadeiro Estado de direito* (a máxima da tua acção) *seja, por todos os meios, alargado a qualquer país*", o resultado lógico seria o guilhotinamento do próprio conceito de Estado de direito.

XV. Daí que proponha a seguinte directriz (que traduz um *imperativo hipotético*): é imperativo que cada Estado (de direito) trate os outros Estados como Estados de direito.

XVI. Em suma: só há paz se (eis um requisito insuficiente, mas necessário) todos os Estados se tratarem como de direito (se, por outras palavras, não se servirem do dogma do Estado de direito para provocarem ou alimentarem instabilidade ou guerras noutros Estados); ora, é imperativo que todo o *Estado de direito* tenha na paz um requisito necessário (ou o clima mais propício) ao seu desenvolvimento; logo, é imperativo que cada Estado (de direito) trate os outros Estados como de direito.

2. **A "Major Pars" e a "Melior Pars": Tensão Estruturante**

I. É possível que a democracia gere perigos antidemocráticos. Eis um risco conatural à própria ideia de democracia. O que fazer? *Blindar* o sistema? Como? Deixar o sistema funcionar pela sua própria conta e risco? Renunciar à democracia? Será de evitar (como?) que uma maioria *desqualificada* domine uma minoria *qualificada*, indago eu, na esteira das anteriores indagações?

II. A resposta a todas as inquietações atrás entrevistas está, acredito, na funcionalidade do sistema e... ponto final. A dominância da *major pars* é um dado assente no nosso tempo. A técnica a seguir, no quadro do sistema democrático, para que a *melior pars* possa dar o seu contributo na direcção da coisa de todos é que é um permanente desafio de engenharia jurídico-política. Falo em *funcionalidade do sistema* já que ela pode ser determinante, também hoje, na admissão de certas aberturas ademocráticas como aquelas por mim sustentadas a propósito dos poderes *di tera*, na *Guiné profunda*.

§ 2.° GOLPE DE ESTADO OU A SÍNDROME DE IMUNODEFICIÊNCIA ADQUIRIDA DO ESTADO DE DIREITO DEMOCRÁTICO.

1. **Factores e Analogias**

I. O golpe de Estado, em sentido próprio, é um fenómeno pelo qual é derrubado e tomado o poder político num Estado, recorrendo à força militar.

II. O golpe de Estado é um fenómeno estruturante do Estado africano *post*-colonial, tal é a frequência, a extensão e a profundidade da sua ocorrência.

III. O paralelismo com a SIDA, hoje, parece-me flagrante: tal como a SIDA que mata seres vivos, não existe, à data, vacina contra esse vírus do "Estado de direito democrático"; traduzem-se num conjunto de sintomas que caracterizam uma afecção patológica; ambos aniquilam as células do sistema de defesa do organismo, debilitando-o dramaticamente; são os dois altamente contagiosos; matam inexoravelmente, até à data da redacção deste trabalho.

2. **Profilaxia e Cura de uma Pandemia**

I. Um repto para o movimento constitucional, em geral, e para o constitucionalismo guineense, em especial, é definir como arquitectar e construir o edifício político-constitucional de molde a prevenir ou solucionar conflitos (adquirido que está o facto de o conflito ser um dado natural numa comunidade de homens), dentro de quadros que primem pela racionalidade (enquanto lógica e razoabilidade), quer das estruturas, quer dos actores do sistema.

II. A África tem-se regido pelo critério segundo o qual *lá onde a oposição política não está capacitada para aceder ao poder pela via democrática instituída, as forças armadas são instrumentalizadas para esse fito.*

III. E exerceriam o poder elas mesmas ou endossá-lo-ão a civis prontos a patrocinar a "justa" *revolução* dos militares (aliás, de "todo o povo").

IV. A corte (essa corte) às casernas pelos políticos é o fuzilamento da democracia, lá onde esteja instituída (mas tal cumplicidade encerra uma correspondência biunívoca, não se definindo quem se serve de quem).

V. E o povo tem-se revelado como uma mole informe e inânime, pronta a vitoriar o vitorioso.

VI. Estranho (ou talvez não) é não esperarem normalmente os golpistas qualquer vaga de fundo no interior do povo que possa inviabilizar a sua marcha para o poder, mas agarrarem-se, após a vitória, tão freneticamente ao barómetro da popularidade. Um febril terror de *caírem da rocha Tarpeia.*

VII. No sistema de partidos guineense, não se pode esconder – muito embora seja politicamente correcto tentar esconder isso – a incidência tribal de vários desses partidos ou a *burmedjização* de uns quantos. Todos se proclamam partidos de vocação pan-nacional, mas poucos o são na realidade. E mesmo aqueles que, na realidade, o são têm fases durante as quais há uma espécie de resvalar para os citados particularismos, fruto da liderança que circunstancialmente conduza o partido.

VIII. A chave do problema está na expansibilidade dos partidos para abrangências nacionais (sem prejuízo, quiçá, de os partidos minoritários, sem vocação governativa, valorizarem particularismos étnicos ou regionais).

IX. Para lá, na verdade, da dialéctica do poder segundo o modelo do Norte, deve-se preservar uma plataforma institucional autóctone, por forma a ser encarada e harmonizada certa conflitualidade.

X. O caminho será aceitar e desdramatizar a realidade étnica, aceitá-la de frente, até para potenciar a estratégia pan-nacional.

XI. O recalcamento da questão étnica, ficcionando a sua inexistência, assemelha-se à manutenção de ingredientes culinários numa panela de pressão ao lume hermeticamente fechada, sem válvula. A válvula do sistema deve ser, nomeadamente, a equacionação descomplexada da representatividade étnica nas estruturas sociais e políticas do Estado.

XII. É possível e necessário um equilíbrio inteligente na questão *poder e etnicidade*. É possível e necessária a conciliação do mérito com tal representatividade. A paz social e a evolução harmónica do país exigem esse mecanismo, devendo a aritmética democraticista ser equiponderada com o imperativo da harmonia e paz sociais. Através dos óculos do critério da equiponderação social, será inteligível, razoável e aceitável a operação acabada de sustentar.

XIII. Faz-se, mister, no meu parecer, experimentar um terceiro trajecto indagativo, atinente ao *modus procedendi* para a aquisição do poder: que desafio encerra o *putsch*? – Resposta: A redução do "Estado de direito" à forma.

XIV. Não é, a bem dizer, a substancialização o caminho, mas a forma. Quem, sob o pretexto de que não se cumpriram requisitos substanciais do Estado de direito, lança mão da força redentora para derribar um regime e fundar um venerável Estado de direito, devia capacitar-se de que ao fazer o que fez transgrediu os postulados básicos do seu *Estado de direito*, qual seja a genesíaca observância da forma.

XV. Não é a multiplicação de embaraços conceptuais o importante. Para começar, já não seria pouco entrar pela porta antes de curar do recheio da casa.

§ 3.° O CASO DA ÁFRICA POST-COLONIAL

1. **La Baule e Meia Dúzia de Condicionalidades Democráticas**

I. O condicionamento da vital ajuda ocidental a reformas políticas aos Estados em Vias de Desenvolvimento, em particular africanos (para centrarmos o objecto do nosso estudo numa dimensão mais limitada), jogou um papel que não se pode desvalorizar inteiramente nas transformações políticas e económicas que sacudiram o continente na década de 90 do século XX.

2. **Golpes, Factos e Factos**

I. O *putsch* é uma maremoto que devassa todo o continente africano, da costa à contracosta.

3. **Democracias Africanas: Legado de Sila?**

I. O *putsch* (golpe de Estado, pronunciamento ou levantamento militar) acaba por congerar, as mais das vezes, maior corrupção, maiores injustiças (e o Jota grande prometido vem minguando, que nem à lupa se vê), mais impunidade, mais atraso, mais fuga de cérebros, de investidores, de capital, menos democracia, menos *Estado de direito*, menor coesão nacional, mais sectarismo, mais tribalismo.

II. Integrando-se no carnaval de golpes militares, podem-se surpreender, curiosamente, algumas movimentações filolegalistas, uma espécie de apoteose do rito jurídico e judicial. É manipulação – a um tempo, pueril e lúdica, a outro, cínica e engenhoqueiramente desestruturante – do material jurídico.

III. Tenho dúvidas se o falado carnaval de golpes poderá significar a falência ou, mais que falência, a irresistível inaplicabilidade da democracia em África.

IV. O que me parece irresistível é uma reformatação do modelo democrático, de molde a poder livrar-se do lastro inútil da fixidez e da reprodução acrítica de receitas heteroditadas.

V. O primeiro passo da longa caminhada será sempre cumprir a *forma*. De contrário, desacredita-se o sistema e desacreditam-se os respectivos operadores.

VI. Num sistema democrático, não existem golpes de Estado *bons*.

4. ***Export* e *Import* do Estado de Direito/Democracia: A Regra do Faz-De-Conta**

I. A actual cartografia dos golpes de Estado será o corroborar da tese da relação causa-efeito entre falência da democracia e subdesenvolvimento ou vice-versa?

II. Cada um dos operadores da rede *Export-Import* do Estado-de-direito-democracia sabe que o outro sabe que ele só está a fingir. O *exportador* faz *voz grossa*, mas o que lhe mais importa é que haja ordem estável na *coutada* – por isso faz *vista grossa*. O *receptor/importador* finge querer o pacote *Estado-de-direito-democracia*, mas o que quer é o pacote pecuniário. Estamos perante a glorificação da lei da *hypocrisis* do tráfico internacional do Estado-de-direito-e-democracia. Perante o paradoxo do exportador que prefere que o importador consuma o produto da concorrência, porque o seu não é adequado.

III. A base do *negócio* é um enredo de falácias. Verbalmente coerentes, mas incoerentes com a *praxis*. E a falácia confirma-se, mesmo quando o falaz diz "não estou a falaciar" (que é o que permanentemente assegura, *ipsis verbis* ou por outros verbos), sabendo que o outro sabe – ou começa a saber – que ele está a falaciar.

5. **Procissão Violenta e África Anestesiada**

I. Salvo raríssimas excepções, a África negra tem assistido, amorfa e impotente, ao cortejo da tomada (e manutenção, diga-se de passagem) do poder pela força. Pode ver-se na intervenção da ECOMOG na Libéria e na declaração da Conferência dos Chefes de Estado e de Governo africanos de Cairo – 28 a 30 de Junho de 1993 – uma interpelação ao tradicional critério da não-ingerência. Interpelação que viria, mais tarde, a ser aprofundada pela União Africana, na sua cimeira de Addis Abeba no inicio de Fevereiro de 2003, em que a União Africana consagra o princípio da ingerência para a resolução de conflitos no continente.

§ 4.° ESTUDO DO CASO GUINEENSE: ANAIS DE UMA TESTEMUNHA AUDIOVISUAL E PRESENCIAL – OU OS CONFLITOS, A FORÇA, O ESTADO DE DIREITO E A DEMOCRACIA ESCUTADOS, VISTOS E SENTIDOS NA 1.ª PESSOA DO SINGULAR (UMA ENTREABERTA).

1. **Democracia e Estado de Direito de Conveniência; o Império do Facto; *Anacronia in Media Res***

I. O relacionamento entre os agentes políticos deve assentar na lealdade constitucional, com a necessária exclusão de meios de combate político anticonstitucionais.

II. A democracia de conveniência leva a que autoproclamados (e insuspeitos) democratas vistam a pele (pelo menos tacitamente), de golpistas ou filogolpistas: *se, pelo jogo democrático, me parece difícil derrubar do poder alguém ou uma instituição, então é legítimo o recurso à força armada.*

III. O esquema atravessa uma parte considerável do espectro político, funcionando nestes moldes: antes, eu era democrata; durante a sublevação militar, eu engaveto a democracia; depois da sublevação vitoriosa (que me içou ao poder) volto a ser democrata.

IV. No conflito de 7 de Junho, era este o dilema de certa oposição guineense: condenar o golpe (afirmando o valor da democracia – ideal por que dizem bater-se) e adiar *sine die* a "alternância" no poder (fim aparentemente único dessa oposição) ou apoiar o golpe (já que estão de acordo com o resultado primeiro dessa tentativa: o afastamento do Presidente da República) e perder a face de democratas (um político dissera, antes desta guerra, que o programa mínimo da oposição devia ser o afastamento do PAIGC, por *K.O.*; o resto – programa maior –, ver-se-ia...).

V. A Guiné-Bissau do pós-golpe da Junta Militar, até à morte do Brig.° ANSUMANE MANÉ (na sequência da tentativa de golpe – o 2.° golpe – de Novembro de 2000) reflectia a seguinte situação: bicefalia na chefia do Estado (bicefalia com forte pendor para o poder militar: relação BACAI/FADUL-ANSUMANE; bicefalia na chefia do Estado); bicefalia na chefia do Estado (relação NINO-ANSUMANE: 1998-1999); bicefalia na chefia do Estado [relação KOUMBA-ANSUMANE: 1999--2000; com manifestações pontuais de KOUMBA – directa ou indirectamente – de não querer conformar-se com essa limitação do "seu" poder.

VI. Tudo serve para amparar e disfarçar uma realidade incómoda. Até a prorrogação do mandato da ANP, durante o levantamento de 1998-1999, terá sido por imperativos estratégicos. Ou seja, pretendia-se evitar que o levantamento fosse considerado pela comunidade internacional um golpe de Estado.

VII. Pareceu-me significativo que o golpe final de 7 de Maio de 1999 tivesse ocorrido escassas horas a seguir às discussões parlamentares (de 5 de Maio de 1999) que tinham como ponto mais candente a capacidade eleitoral passiva e exigências para uma série de cargos na estrutura do Estado; pareceu-me interessante verificar que a quase totalidade dos deputados defendia claramente a reserva a cidadãos guineenses de origem, filhos de pais guineenses de origem, dos cargos como os de Presidente da República, Presidente da Assembleia Nacional Popular, Presidente do Supremo Tribunal de Justiça, Primeiro-Ministro, Chefe de Estado-Maior General das Forças Armadas, Chefes de Estado-Maior de cada um dos três ramos das Forças Armadas, Procurador--Geral da República, Presidente do Tribunal de Contas e Provedor de Justiça.

VIII. Viveu-se na Guiné (no horizonte temporal desta pesquisa) um tempo do poder *do* facto. O império *do* facto, em que o jurídico (e o jurista) se inclina subservientemente à condição de: continente para todo e qualquer conteúdo; servo de qualquer senhor; embrulho mais ou menos artístico para a "comunidade internacional" ver. Embrulho descartável ao mínimo sinal de missão cumprida.

IX. A tendência, em muitos quadrantes políticos e sociais para dizer que *o culpado no conflito militar de 7 de Junho é o Presidente NINO, porque poderia fazer cessar a guerra, optando pelas negociações, antes do recrudescer daquela,* faz lembrar a clássica *anacronia in media res* que a *narrativa analéptica* (no dizer de G. GENETTE) nos oferece. *Scil.*: faz-se corresponder o início do discurso a um período mais adiantado da *diegese.*

2. **Factos, Factos, Factos – Reflexões Contextualizantes**

I. O desenrolar das crónicas entremostradas neste *item* (e deslocalizadas para o *Apêndice I*) tem por desiderato encetar uma digressão ao húmus dos factos – algumas vezes, de uma surpreendente e impressiva pregnância, no que concerne à sua capacidade de revelar verdades tantas vezes escamoteadas, tantas vezes amordaçadas, tantas vezes mascaradas. Factos que escancaram as portas e janelas, revelando a forma como, entre as quatro paredes de certos Estados, se constrói, desconstrói e se destrói o "Estado de direito" e a "democracia".

II. *Construção, desconstrução* e *destruição* evidenciadas por comportamentos de vária ordem:

Quando um operador da *Rechtsstaatlichkeit* se posiciona contra a violência, para quatro anos depois defender e alimentar a violência no trato político, seguindo-se, mais tarde, uma atitude caracterizada pela justaposição de dois impulsos contraditórios;

A defesa, num momento, da independência do poder judicial e, logo noutro, a cobertura de estratégias dependentistas;

A advocacia, num momento, do apartidarismo das forças armadas e de segurança e, noutro instante, da rendição total aos generais, a uma *democracia* sob tutela militar;

Quando a guerra é elevada ao estatuto de fazedora da justiça, os beligerantes, açulados a radicalizarem a guerra (mesmo quando este fenómeno se mostra em toda a sua irracionalidade), sob o pretexto da instauração ou da reposição da *legalidade* ou da *justiça*;

Quando a hipermusculação da vida social e política é endémica;

Quando a política se descredibiliza, com o vaivém dos seus fazedores; Quando o inadimplemento da Constituição e das leis se torna patológico, disfarçado numa fraudulenta veneração constitucional e legal – a par da confecção de instrumentos paraconstitucionais de diversa índole;

Quando a discriminação racial, xenófoba ou tribal é erigida em projecto político e modo de vida;

Quando são plantados conflitos e golpes de Estado, por *engenheiros* internacionais, com o propósito declarado de vir a colher-se um melhor *Estado de direito*;

Quando a política se reduz a um exercício de maquiavelismo puro; a conversão da separação de poderes transformada numa separação de conveniência;

A indiferença da *comunidade internacional* às cenas de desregulação antidemocrática dos Estados (as *proclamações* condenatórias contam pouco).

APÊNDICES

APÊNDICE (OU NEM TANTO) I

Estudo do Caso Guineense: Anais de uma Testemunha Audiovisual e Presencial – ou os Conflitos, a Força, o Estado de Direito e a Democracia Escutados, Vistos e Sentidos na 1.ª Pessoa do Singular (a plena força dos factos)

Ouçamos os factos:

1. 1 de Janeiro de 1994 (*in* No Pintcha, n.° 1454, de 1.1.94, p. 5):

«O Partido da Renovação Social quer transmitir uma notícia muito negativa, decerto, para os amantes da democracia e que constitui, neste momento, o trabalho do partido no poder. Trata-se de mais um crime de homicídio que o regime de 14 de Novembro pretende levar a cabo, apontando desta vez como alvo principal a minha pessoa, para o que já foram instruídos para me assassinarem em qualquer momento» (KOUMBA YALÁ, Presidente do PRS, durante uma conferência de imprensa).

Enfatizou esse político, então na oposição: «Em democracia nós queremos a competência das ideias, dos programas, da capacidade de organizar. Ela (democracia) é incompatível com a violência, com assassinatos».

2. 26 de Fevereiro de 1994 (in No Pintcha, n.° 1458, de 26.2.94, p. 6):

«A Resistência da Guiné-Bissau – Movimento Bâ-Fata (RGB/MB) manifestou a sua preocupação» face à «situação da justiça no país, onde se assiste, afirmou, a "constantes e cada vez maiores intromissões do poder político no poder judicial"».

«Para o Dr. GASPAR FERNANDES, a solução para os problemas que afectam o sistema judicial guineense passa por uma separação dos poderes dos órgãos de soberania e pela independência dos tribunais, "aquilo que, ao fim e ao cabo, acontece em qualquer país democrático"».

«Indagado pela Lusa sobre qual a opinião da RGB/MB em relação ao caso "17 de Março"[1], a alegada intentona registada no ano passado e que levou a julgamento um dos principais dirigentes da oposição, o líder do Partido para a Renovação e Desenvolvimento (PRD) e candidato presidencial, JOÃO DA COSTA, GASPAR FERNANDES respondeu tratar-se "de mais uma falha" do sistema judicial guineense.

«"Esta situação é típica de um regime ditatorial, feroz e sangrento, em que as pessoas são detidas arbitrariamente e em que a polícia faz o que quer, mas havemos de acabar com esse sistema e implantar um Estado de Direito no país", acrescentou».

---

[1] A história da Guiné independente está povoada de "casos" e "acontecimentos": é o *14 de Setembro* de 2003 (vitorioso); é o *7 de Junho* de 1998 (vitorioso); é o *22 de Novembro* de 2000 (frustrado), *etc., etc., etc.* Não tarda nada, quase todos os dias do calendário ficarão na Guiné-Bissau preenchidos de "acontecimentos" e "casos".

3. 12 de Maio de 1994:

«O candidato Kumba Yalá aconselhou Nino Vieira, seu adversário na 2.ª volta, a desistir. Justifica esse "conselho" pelo facto de, disse, estar seguro de que Nino Vieira "já nem conta com o apoio das forças de segurança"» (Banobero, 7.2.1995, p. 9).

«Nino Vieira rompe o silêncio após o anúncio dos resultados, e num comício em frente ao Palácio da República, garante: "vamos respeitar a batalha da democracia, da mesma forma que vencemos a luta pela independência"» (*id., ibid.*).

4. 9 de Setembro de 1997:

«Conspiração nas Forças Armadas?».

«Tudo pode acontecer algum dia, quando menos se espera[2].

«A recente intervenção política dos militares veio pôr a nu a grave crise que assola o país e afecta todos os sectores da sociedade guineense inclusive nas Forças Armadas.

«Está em curso a preparação de um golpe militar sanguinário com uma tenebrosa lista de liquidação física de personalidades da cena política nacional» (*sic*).

Assim gritou, na 1.ª página, o Diário de Bissau, na sua edição n.° 77, de 9.9.1997.

Cerca de 10 meses volvidos, a idolatrada estabilidade guineense foi estilhaçada por um levantamento militar.

«A mensagem entregue a Nino Vieira pelas Forças Armadas (...) vai fazer correr muita tinta no seio dos partidos políticos na oposição»[3], prognosticava o jornal, para mais abaixo alertar para a hipótese de a atitude em alusão (as Forças Armadas[4] teriam manifestado, através de uma mensa-

---

[2] Há um pequeno recorte que espelha, em finais de Outubro de 1996, o clima político reinante na Guiné – a um tempo, de espírito democrático, a outro, de forte tensão sócio-política: – «Nino Vieira, Abubacar Djaló e Guiné» (1.ª parte) – trata-se da resposta de um defensor de NINO ("ACOFÉ BARDADI NANQUI") a um artigo de ABUBACAR DJALÓ a respeito deste (*in* Diário de Bissau, n.° 8, de 28.10.1996, p. 1, 8, 9).

– «Nino Vieira, Abubacar Djaló e Guiné – a diferença» (2.ª parte): «Olhando para a composição do seu partido e para certas organizações sociais que vêm surgindo no nosso país e que se presume muito ser da autoria de mentes ocultas, e em que em nada dignificam os esforços que se vem fazendo no sentido de se manter a coesão étnica no seio do nosso povo numa altura em que a África se encontra mergulhada numa guerra tribal fratricida tendo muita das vezes como móbil uma componente religiosa, queremos informá-lo de que o nosso país não contém para mais de 1.200.000 habitantes, e que não queremos ver naguiné-Bissau transformada numa nova Bósnia! Preferimos que os nossos filhos durmam guardados pelo "cabo-fome" e a tarde com o "furriel mango" no ventre e ao acordarem, acordem com o "Marechal Paz"!» (*sic*).

«Sr. Presidente da Lipe», «queremos uma democracia sem violência (...)». «Em algumas das passagens deixadas na sua comunicação como mensagem, no mesmo jornal, elas não só se encontram carregadas de violência, como também é anti-democracia pela grande ameaça que contém e cujo desfecho você será o único a responder por ele, cito: "libertem-nos das garras do partido único antes que a LIPE tenha que o fazer à sua maneira".

«Você fala de partido único num momento em que na Guiné-Bissau existem 10 partidos. E como é que pensa libertá-lo das garras desse partido único, adoptando a mesma estratégia dos habitantes do "Lumburu Gô"?» (*sic*) – *vide* Diário de Bissau, n.° 9, 31.10.1996, p. 8, 9.

[3] A mesma oposição viria a combater a pretensão manifestada pelo Ministro da Defesa SAMBA LAMINE MANÉ, aquando da exoneração do CEMGFA, de assumir interinamente este último cargo, com fundamento na intolerabilidade em democracia do referido procedimento pois isso equivaleria à *interferência de um político na esfera militar*.

[4] Seis meses antes do levantamento militar de 1998, o "Seminário para o Lançamento do Projecto sobre Boa Governação" (decorrido em Bissau, de 4 a 5 de Dezembro de 1997), sustentou: «Tendo em conta que a consolidação da democracia passa necessariamente pela não interferência das Forças Armadas no poder político», «os seminaristas recomendam»: «13. Observância escrupulosa pelas Forças Armadas do art. 20.° n.° 4 da Constituição da República».

gem entregue pelo Ministro da Defesa, Eng.° SAMBA LAMINE MANÉ, em nome do Estado-Maior das FARP, ao Presidente NINO VIEIRA, a sua «fidelidade ao Chefe de Estado» e o seu apoio à nomeação de CARLOS CORREIA como Primeiro-Ministro) não ser, afinal, abonatória para o regime (socorrendo-se o periódico de um venenoso «e há quem pense o contrário»).

Opina-se, a seguir, que «algumas alas do PAIGC pretendem aproveitar-se da grave situação de crise generalizada em que vivemos para lançar o país num banho de sangue e ajuste de contas».

Contra a mensagem de fidelidade ao Chefe de Estado, insurgiu-se a União para a Mudança. Assim noticia o Diário de Bissau a reacção da U.M.:

«A mensagem (...) mereceu uma contundente reacção do Secretário Geral da União para a Mudança, Amine Saad, que em conferência de imprensa realizada sábado (6 do corrente) anunciou que o seu partido "tinha tomado a devida nota do conteúdo da dita mensagem, centrada em 4 pontos", que o líder da UM enumera como são: a alegada preocupação da chefia das Forças Armadas no que concerne a situação política que o país atravessa, reputada de grave; A concordância do Estado-Maior das Forças Armadas no tocante à nomeação de Carlos Correia ao cargo de Primeiro-Ministro; A satisfação da chefia das FARP relativamente ao alegado bom desempenho do Governo de Carlos Correia; e a fidelidade das Forças Armadas ao Presidente da República João Bernardo Vieira» (*sic*).

E prossegue:

«O Secretário Geral da UM considerou que qualquer dos referidos 4 pontos da mensagem das FARP ao Presidente da República "denota uma inegável substância e uma notória intenção política".

«Amine Saad disse ter registado com perplexidade e apreensão a "flagrante violação da Constituição" que a dita mensagem da chefia das FARP representa invocando o teor do art. 20.°, n.° 4 da Lei Fundamental que fixa expressamente o carácter apartidário das FARP e a proibição aos militares no activo de exercer "qualquer" actividade política»[5].

Na mesma linha filoconstitucionalista e filodemocrática se posicionaria a Resistência da Guiné-Bissau.

Acompanhando o jornal que fez eco da opinião desta formação política da oposição (tal como a UM), «o pronunciamento sobre a questão da inconstitucionalidade da nomeação de Carlos Correia, por parte das Forças Armadas representa uma ameaça contra a democracia, os partidos políticos e as instituições democráticas e assinala uma ingerência clamorosa e inaceitável na esfera de competência exclusiva do Supremo Tribunal de Justiça».

Citando propriamente a RGB, este partido alerta «mais uma vez o povo guineense e a comunidade internacional sobre a tentativa de manipulação das Forças Armadas e de Segurança», «tal como chamamos atenção aquando da nossa 1.ª reacção após conhecimento do elenco governativo de Carlos Correia, cuja constituição iria permitir o Presidente da República manipular e desestabilizar o país».

«Esta formação política, prossegue o jornal, elogiou sempre, no passado, a postura isenta das Forças Armadas guineenses ao longo de todo processo democrático, graças à obra do malogrado coronel Sanussi Soares Cassamá.

«É necessário que este espírito continue, porque é a única forma de as Forças Armadas servirem este país no momento actual, longe das querelas políticas, normais em democracia e sem prestação de apoio a esta ou aquela ala do PAIGC, pois tal gesto viola profundamente a Constituição[6].

---

[5] O que, de resto, vem consagrado em programas partidários como o (eleitoral) do PAIGC [PAIGC, Programa Eleitoral, Julho de 1994, "3, i)"].

[6] E se a ala beneficiada com o apoio das Forças Armadas for aquela próxima da oposição?

«A fundamentação constitucional das Forças Armadas consiste na defesa da pátria contra as incursões das Forças estrangeiras e a violação da soberania nacional[7].

«Por isso, a RGB garante da democracia e da legalidade e espera de todos o cumprimento das suas atribuições dentro das regras do jogo democrático».

5. 4 de Abril de 1998:

O Diário de Bissau n.° 135, de 4.4.1998 (p. 3-5, 16), divulgou, de forma extensa, o conteúdo de uma conferência de imprensa de KOUMBA YALÁ, líder do PRS. Nela, este líder partidário leu uma carta que circulava em Bissau (carta dos "combatentes da liberdade da pátria", com a data de 28.2.1998), nos seguintes moldes: «como dispomos de alguns documentos, fizemos questão de trazê-los (a) público para que os cidadãos guineenses e a comunidade internacional saibam do perigo que ameaça a democracia na Guiné-Bissau». A isto ajunta a ideia de que «o PRS é um partido de não violência e em nenhuma circunstância poderá permitir que a violência se instale na Guiné-Bissau».

No texto comentado por YALÁ, ataca-se de forma contundente, por vezes, determinadas figuras políticas e militares pretensamente apoiantes do Presidente NINO (Eng.° SAMBA LAMINE MANÉ, General IAFAI camará, Brigadeiro HUMBERTO GOMES, Coronel JOÃO MONTEIRO, Capitão de Fragata FELICIANO GOMES, Capitão de Fragata CAETANO FERNANDES, Tenente-Coronel AFONSO TÉ; Tenente-Coronel SANDJI FATI, Tenente-Coronel DOMINGOS INDI, Major ROBALO DE PINA, Capitão JOSÉ MANUEL MENDES PEREIRA).

Exige-se ainda no panfleto (cujos autores pedem que seja levado *a sério, para o bem do país*) «que se estabilize a situação nas Forças Armadas porque sem ela não há estabilidade no país», afirmando-se que «a estabilidade que andam a dizer por aí é falsa, porque estamos a viver sobre um barril de pólvora criado pelo camarada NINO». NINO que «criou um barril de pólvora de tal forma que pensa que só ele é capaz de não o fazer explodir, para dizer que vamos comer uns aos outros sem ele, mas é ao contrário» (*sic*).

---

[7] Umas forças armadas que já se me afiguravam desorganizadas e débeis. O politicamente correcto era *desmilitarização*, redução de efectivos, desafectação de recursos na área castrense. E o poder caiu, por essa via, no embalo lenificante da democracia. Uma decorrência dessa atitude viria a ser o *7 de Junho*.

A ineficiente organização dos quartéis, as deficientes condições de vida e o grau zero do recrutamento de efectivos tinham a ver, em parte, com a falsa ideia de que a paz estava consolidada e era eterna na Guiné-Bissau. Com efeito, salvo raras bolsas (*v.g.*, Marinha de Guerra), a desorganização e ineficiência eram patentes. O jornal castrense "O Defensor" denunciara a situação no início de 1995 (*vide* o "Banobero" de 7.2.1995, que dominou a sua 1.ª página com a aludida reportagem de "O Defensor"). Reportava assim o Director da publicação, Capitão António Alanso Vaz as condições dos quartéis, em especial de Mansoa, Cantchungo, Quebo, Bafatá e Gabú: «Casernas meio descobertas ou completamente descobertas. Paredes com fendas, sem tecto, sem instalações eléctricas ou com falta de lâmpadas. Casernas com portas e janelas partidas e em certos casos sem portas e janelas. As cozinhas e refeitórios em estado de abandono, fazendo com que a tropa voltasse a cozinhar e comer as refeições ao ar livre ou então nos dormitórios. Lavatórios e casas de banho em estado de abandono por falta de água nos quartéis, passando as unidades militares a utilizar latrinas». Escreve o jornal que «a maioria dos soldados não tem cama, ou tem cama sem colchão, sem cobertores e almofadas e tão pouco mosquiteiros». No que toca à alimentação, «para alimentar um batalhão de 100 homens, o Governo dá 4.5 milhões de Pesos por mês, a despesa mensal de uma família mais ou menos assimilada tanto em Bissau como no interior do país».

E vem a questão de meios (ou falta deles): será que o poder e, *maxime*, a oposição aceitariam um incremento de meios em prol desse objectivo que seria de tornar mais eficaz e eficiente as Forças Armadas? É óbvio que a pergunta teria mais interesse se fosse colocada antes do levantamento militar de 7 de Junho – porque na 2.ª metade de 1998 todos iriam cantar loas às Forças Armadas, aos combatentes da liberdade da pátria, à defesa da *nação* e coisas do género.

Foi, igualmente, divulgada uma exposição do Brig.° ANSUMANE MANÉ dirigida à comissão parlamentar da ANP para os assuntos da defesa e segurança, tendo como pano de fundo a sua suspensão do cargo de CEMGFA – o que provocou neste militar um indisfarçável mal-estar, traduzido em ataques ao Ministro da Defesa SAMBA LAMINE MANÉ e ao "grupo" deste na hierarquia castrense. Diz ANSUMANE MANÉ (cito o jornal, que cita o militar) que a sua suspensão «não foi só uma surpresa, mas ultrajante, porquanto injusta e ilegítima, porque não é a primeira vez que se verificam fugas de armas»...

Remata KOUMBA YALÁ (transcrevo o que o jornal relata): «O caso 17 de Outubro não se repetirá mais»; «jamais haverá um segundo Paulo Correia na Guiné-Bissau e se o Nino estiver a preparar que se prepare da melhor maneira possível, porque "não queremos manipulações para perturbar as eleições" e nunca cruzaremos os braços». «A lista, de acordo com a exposição de Ansumane Mané, provam que não era o problema de tráfico de armas, mas que este fazia parte de um plano tenebroso ou seja um simulacro de golpe de Estado». «Koumba Yalá pergunta quem é que dá golpe de Estado em democracia?»; YALÁ «disse que os guineenses não podem continuar a viver em intranquilidade permanente por causa de um indivíduo que não faz e não deixa fazerem».

6. 22 de Maio de 1998:

O Diário de Bissau n.° 152, de 22.5.1998 (p. 16) dá conta de uma conferência de imprensa de HELDER VAZ (líder da bancada parlamentar da RGB) onde este acusava o Presidente NINO de «banditismo político», *mobutização, tirania e nepotismo*; manifesta-se contra a eleição do PR como Presidente do PAIGC, alegando ser inconstitucional a junção numa mesma personalidade de ambos os cargos; insurge-se contra a qualificação de *kalabantés* (malandros, numa das línguas da Guiné) que NINO teria feito, em Cacine, a 16.5.1998, de dirigentes da oposição – por isso, «requer a promoção de acção penal» contra o PR e solicita ao PGR celeridade processual.

7. 15 de Junho de 1998:

A Rádio Difusão Nacional (RDN) sublinha o "silêncio dos partidos da oposição" quanto à via da violência para o acesso ao poder (coisa que dantes estes políticos condenavam[8]). Mas o locutor diz que é compreensível a actual atitude desses políticos, já que alguns deles faziam, ainda que veladamente, incitamentos ou encorajamentos à violência. É que *«kin ku tene kabelu na pé ka ta kamba fugu»*[9].

8. 16 de Junho de 1998:

Um fluxo acentuadamente chauvinista percorre a RDN. Emitiram-se comunicados particularmente duros e jocosos, tendo por objecto o Brigadeiro ANSUMANE MANÉ e a Junta Militar. Adjectivações como "Fiswalé", "tambawalé", "bandido", "traidor", "mal-agradecido" foram profusa e coloridamente desenroladas à atenção de A. MANÉ, *um zé-ninguém que NINO "lavou", ensinou e promoveu*. Conclusão: «no bondadi di gacidjanta ospri ku ticinu ess mufunessa»[10]; «na buska parenti i saínu darenti»[11].

---

[8] Uma justificação para a mudança de postura pode inspirar-se num dito da revista África Notícias (em alusão ao golpe mlitar que derrubou NINO): «quem com ferro mata, com ferro morre».

Mas, pergunto, como sair desse círculo infernal de ferro?

A democracia (formal, pelo menos) é a fuga a esse círculo infernal de ferro.

Em todo o caso, nunca é demais referir que ao golpe militar de 14 de Novembro de 1980, sucedeu, finalmente, uma democracia. E foi esta democracia, instalada com a transição política dos anos 90, que o *7 de Junho* depôs. Não há que iludir o problema.

[9] Em kiriol, «quem tem pelos no pé não transpõe o fogo».

[10] A nossa (dos guineenses) hospitalidade é que nos trouxe esta calamidade.

[11] Alusão à origem gambiana de ANSUMANE MANÉ.

Houve até momentos de *construção poética*, de chauvinismo também, tendo em vista aquele lastro de ideia condensado nos versos (foi o que consegui captar – versão quase inteiramente coincidente com a original) a seguir lavrados:

«*Kibinidu misti toma turpessa*
Pabia Guiné i bom madrasta
Forti n'ganu ku tici danu
Bu bai pisca lagartu
Bu bida gatu
Na busca parenti
Bu bida darenti
Djustu di osprindadi
Bu misti sedu rei (...)».

9. 23 de Junho de 1998:

Tentações chauvinistas e tribalistas captadas no depoimento de uma popular emitido pela RDN: a depoente desqualificou a Junta e ANSUMANE MANÉ – a quem chamou de "*kamba mar*". Diz que NINO merece este levantamento militar (*i djusta NINO*), pelo facto de este ter escolhido um "estrangeiro" com tal perfil para o cargo de Chefe do Estado-Maior General das Forças Armadas.

Resvalou depois para um ataque aos mandingas (pedindo, embora, desculpas) pelo facto de mulheres desse grupo étnico serem utilizadas pela Junta Militar para pressionarem o Presidente NINO a "negociar". Deixou entender que são pessoas de perfil pouco claro – ora estando com um, ora estando com outro, consoante a *maré*.

Ainda nessa estação, propagou-se a alegação de que a utilização da língua cabo-verdiana na rádio da Junta e o apelo ao regresso de LUÍS CABRAL (por ter sido, dizem, um bom governante) deixam entrever qual a oposição que está por detrás da Junta.

10. 25 de Junho de 1998:

Registei, entre muitos depoimentos na RDN, o deste *popular*:

Pergunta onde é que estão os deputados que debitavam lições de democracia; onde é que estão os políticos que cozinhavam este tipo de violência? Diz tê-los visto no porto de Bissau com passaportes portugueses, de abalada para Portugal. E o mesmo afirma que os deputados do PAIGC não fugiram do país. O governo não deveria permitir que os deputados da oposição abandonassem a Guiné-Bissau neste momento. Este era o momento para que aqueles políticos levantassem as suas vozes em defesa da democracia.

11. 28 de Junho de 1998:

Em comunicado difundido na RDN, o Governo impõe como condição necessária para a negociação a deposição imediata das armas pelos rebeldes. Uma frase que se inter-regionalizou nestas paragens africanas. Todos os governantes dizem isso, mas vão negociando... até à derrota final.

12. 4 de Julho de 1998:

Em entrevista ao Diário de Notícias, o Dr. DURÃO BARROSO, segundo a RDN, afirma ser o Presidente NINO um grande defensor da lusofonia. O político português, antigo Ministro dos Negócios Estrangeiros do governo do Prof. CAVACO SILVA, diz que há uma leitura simplista em Portugal por parte daqueles que acham que o conflito é entre a lusofonia e a francofonia.

13. 5 de Julho de 1998:

• RDN: anuncia o Ministro MALAL SANÉ que o Governo guineense protestou formalmente contra o fornecimento pelo Governo português aos rebeldes de *telefone satélite*[12]. O Governo de Bissau aguarda o posicionamento formal de Portugal em relação a este conflito.

Um jornalista levantou a hipótese de Portugal estar a jogar um papel duplo neste conflito, na expectativa de saber quem vencerá.

Levantou-se a hipótese de alguma comunicação social portuguesa se inclinar a favor dos rebeldes, assim como alguma tendência (incorrecta, na opinião do Ministro) de dividir este confronto entre lusofonistas (rebeldes) e francofonistas (Governo).

• BBC: o Presidente do parlamento cabo-verdiano (ESPÍRITO SANTO), por ocasião do aniversário da independência de Cabo Verde, teceu fortes considerações a propósito da crise guineense. A segunda figura daquele país criticou a intervenção estrangeira (Senegal e Guiné Conakri) na Guiné-Bissau, tendo mostrado uma certa inclinação pela causa rebelde.

14. 6 de Julho de 1998:

A RDN evoluiu muito lentamente em termos de "guerra das ondas" face à Rádio Bombolom (aliás, Voz da Junta Militar), eficaz e eficientemente utilizada. Mas parece pouco. Afora a intervenção do jornalista CARLOS GOMES NHAFÉ e de um militar(?) (IAIA DABÓ?) que a partir de certa altura começou, regularmente, a prestar depoimentos venenosos e sarcásticos a propósito da Junta Militar e do Brig.° ANSUMANE MANÉ.

15. 7 de Julho de 1998:

Rádio Bombolom/Voz da Junta Militar: em comunicado, a União para a Mudança condena a intervenção das forças armadas senegalesas e conakriguineenses;

Condena a acção do Senegal nas suas fronteiras, no sentido de impedir a passagem da ajuda alimentar destinada à Guiné-Bissau;

Incentiva a Junta Militar a continuar a sua luta no sentido de erguer a justiça na Guiné-Bissau, *etc.*

16. 8 de Julho de 1998 (RDN):

A CEDEAO, na reunião dos Ministros dos Negócios Estrangeiros e da Defesa ocorrida a 3.7.1998, decidiu, a solicitação da representação guineense, pôr à disposição da Guiné-Bissau a ECOMOG, a sua força de interposição; condena a rebelião; apoia o Governo; apela à comunidade internacional no sentido de apoiar os esforços da CEDEAO e da ECOMOG; fala de embargo contra os rebeldes; do restabelecimento da ordem constitucional e do uso da força.

PAICV apoia NINO e condena a rebelião (que interpretações suscitam estas duas posturas distintas? O Presidente do Parlamento morde e o Presidente do PAICV sopra?).

Num programa sobre as causas e as circunstâncias desta guerra, apontou-se o desespero da oposição face à aparente recuperação do PAIGC (numa autêntica vaga de fundo) e a proximidade das eleições legislativas; falaram-se das *guerras* intestinas no PAIGC.

É noticiada uma conferência de imprensa, em Dakar, do Dr. VICTOR MANDINGA, líder do PCD e empresário: condena o levantamento armado e a tentativa de golpe de Estado; apoia e enaltece a intervenção militar senegalo-guineense; diz que perdeu tudo nesta guerra (incluindo a Rádio Bom-

[12] Tal facto foi, então, no fervor da guerra, tomado por alguns como prova do envolvimento do Governo português no conflito do *7 de Junho*, sustentando a Junta Militar. Avançarão outros: envolvimento na preparação do golpe.

bolom – que funciona mesmo nas instalações industriais daquele empresário – e que antes representava um *símbolo da liberdade de imprensa*).

17. 9 de Julho de 1998 (RDN):

O que foi feito da Liga Guineense dos Direitos Humanos (que *ia a todas*, sublinhe-se, até quanto à fiscalização da constitucionalidade dos actos normativos, passando pela condenação e luta de rua contra abusos de poder – o caso, nomeadamente, do Coronel SATURNINO COSTA contra um cidadão num bairro de Bissau)?

Foi o que perguntou uma cidadã na RDN[13]. Perguntou, ainda, pelas ONG's que dantes propalavam ser agentes fundamentais do desenvolvimento. Segundo ela, fugiram todos – porque só são guineenses quando tudo está bem.

18. 11 de Julho de 1998 (RDN):

• Razões do golpe de Estado (alegadamente invocadas pelos rebeldes):

Tratamento inconveniente dos militares;

Promoções incorrectas (muitas vezes feitas a militares de abalada para missões de manutenção de paz no estrangeiro);

Exoneração do Brigadeiro ANSUMANE MANÉ do cargo de Chefe do Estado-Maior General das Forças Armadas, sem *decisão* da ANP;

O PAIGC saiu dividido do seu último congresso extraordinário[14];

---

[13] O Vice-Presidente da Liga, INÁCIO TAVARES, justificou-se nas antenas da RDN, a 15.9.1998, nos seguintes termos: os dirigentes da Liga Guineense dos Direitos Humanos tinham fugido da Guiné por causa da guerra. Mas a 20 de Setembro de 1998, parte da Direcção reuniu-se em Cabo Verde e condenou o levantamento militar. Segundo o Vice-Presidente da Liga, esta negou-se recentemente a assinar o documento das ONG's reunidas em Lisboa sob a liderança do Eng.° PEPITO. Estava, particularmente, em causa no documento a exigência de demissão do Presidente VIEIRA.

Em Agosto do mesmo ano, a Liga reuniu-se em Cabo Verde, tendo produzido um comunicado onde responsabiliza o Presidente da República Vieira e os sucessivos governos pelas causas e efeitos desta guerra (só mencionou este dado quando um ouvinte telefonou a criticar o Presidente da Liga, por ter formulado tal opinião quando fugiu do país num momento em que este mais precisava da intervenção positiva de todos).

Houve muita e acutilante crítica dos ouvintes quanto ao silêncio e, até, parcialidade da Liga Guineense dos Direitos Humanos (que se teria colocado contra o PR), o que colocou na defensiva e numa situação embaraçosa o entrevistado. Um ouvinte pergunta porque é que a Liga diz ser apartidária, mas os seus integrantes militam na oposição?

[14] Vislumbrava-se no horizonte político antes do referido congresso extraordinário do PAIGC, que antecedeu a guerra de 7 de Junho, uma hipótese de o Presidente da ANP BACAI SANHÁ reforçar a sua posição no partido, numa altura em que se falava do afastamento do General NINO da ribalta partidária, em função da chefia do Estado que exercia. Perfilavam, então, no cenário outros nomes como os de DELFIM DA SILVA (tido vulgarmente como próximo de NINO), CARLOS CORREIA, SATURNINO COSTA, na corrida à liderança do PAIGC. O desfecho foi, afinal, a consolidação dos poderes do General NINO no partido. As reportagens mostraram uma vitória retumbante do Presidente Nino e o esmagamento de certas (pré)candidaturas à liderança do partido. Os ensurdecedores aplausos (a "aclamação"), os fortes abraços dos *camaradas* e os sorrisos de orelha a orelha não esconderam a frustração de alguns *camaradas*. A coisa prometia descambar.

Uma peça explicativa na engrenagem do golpe de 7 de Junho pode residir, a meu ver, no baralhamento da vida política guineense, em que não se sabe onde está o poder, nem onde está a oposição. A *situação* virou oposição a ela mesma, a oposição parecia ser o poder efectivo.

O PAIGC (um partido com vários partidos) é um partido que precisa e merece fazer uma travessia do deserto da oposição. Um partido que mesmo com a colossal maioria parlamentar da 1.ª legislatura multipartidária não consegue governar-se e governar o país!

O Presidente da República passou *por cima* da ANP em diferentes decisões (por exemplo, nomeação do actual Governo).

• Impugnação, especificada, da "RDN":

O PR facilitou o crédito a vários combatentes da liberdade da pátria, para aquisição de viaturas, *pontas*, *etc.*; constitucionalmente, os militares ou paramilitares não devem fazer parte dos partidos políticos;

A maior injustiça nas promoções ocorreu em 20.1.1979, em Cassacá; falou da necessidade de fazer justiça aos novos militares formados, assim como de permitir uma representação condigna dos novos quadros nas Missões de Paz:

A exoneração do Chefe do Estado-Maior das Forças Armadas não depende da ANP, não tem de passar pela ANP;

Diz a Junta Militar que o PAIGC se encontrava dividido (nas palavras do 1.° Porta-Voz da Junta, Major MANEL MINA), estabelecendo um nexo entre esse fenómeno e o "golpe de Estado" (ZÉ SANHÁ, da Junta Militar, declarara, nos primeiros tempos, tratar-se aquele levantamento de um "golpe de Estado"), mas a divisão num partido não pode ser motivo para um golpe militar;

A ANP não pode julgar ou condenar ninguém; pode, quando muito, canalizar à Procuradoria-Geral da República as suas conclusões, para efeito de processo criminal; é de realçar a "sábia" (disse-se então) posição do PR, em prol da estabilidade, face ao Acórdão do STJ sobre o processo de nomeação do actual governo.

19. 11 de Julho de 1998 (BBC):

O Embaixador de Portugal diz que a resposta de Portugal à acusação da Guiné-Bissau de fornecimento por Portugal de telefone via satélite à Junta ficou inviabilizada pela divulgação do Ministro da Presidência do Conselho de Ministros da mesma acusação; diz desconhecer o falado convite da Guiné-Bissau para que os 2 navios de guerra portugueses abandonassem as águas guineenses.

20. 14 de Julho de 1998:

RDN (1.° debate radiofónico desde 7 de Junho de 1998):

De acordo com um interveniente, a Guiné-Bissau está sem Polícia de Estado (ou o Presidente da República não colabora com ela), cabendo a responsabilidade disso ao Presidente NINO[15].

O PAIGC (por não ter sabido e podido exercer o poder) merece ir para a oposição; a oposição (que não tem olhado, maquiavelicamente, a meios para atingir os seus fins, mesmo que aqueles se oponham ao princípio democrático, princípio de que se fizeram, aliás, catequistas) merece continuar na oposição.

A este *quadro clínico* (a última governação do PAIGC, antes do *7 de Junho de 1998*, bem como as 1.as do PRS, após o golpe de 1997/98) poderíamos designar como *síndrome de Lucky Luke*: vão disparando contra as suas próprias sombras – mais lestos do que estas -, com a particularidade de as sombras se situarem em paredes de aço. Os ricochetes têm-se revelado fatais para os pistoleiros.

Um *cocktail* que ajuda a perceber a tecitura da guerra iniciada em 7 de Junho de 1998 é integrada: pela demissão do 1.° Governo (do PAIGC) da era multipartidária; pela consequente (ou causante) luta das alas no PAIGC; pelas vicissitudes e desfecho do último congresso extraordinário do PAIGC que antecedeu a rebelião armada de 7 de Junho; pela aliança casual entre certos partidos ou personalidades da oposição e determinadas alas e figuras do PAIGC (unidos no objectivo, mas não forçosamente nos motivos); pela mão invisível da *metrópole*. Tudo misturado, foi apenas engendrar pretextos e incendiar o rastilho.

15 Os novos ares da democracia (que tornou pecaminosa e empestada a Segurança de Estado ou a Secreta) ensonou e anestesiou o aparelho de Estado. Juízo similar, *mutatis mutandis*, se pode estender ao aparelho militar, *stricto sensu*.

Apela a NINO para que faça guerra e acabe com ela rapidamente ou, então, chame os rebeldes para a negociação.

21. 15 de Julho de 1998:

• Oito fortes explosões escutadas no perímetro do Hospital Nacional Simão Mendes, por volta das 15.07 horas.

Tendo em mente a hipótese de ter havido vítimas, fui ao *banco de socorros* prestar apoio à escassíssima equipa de médicos, enfermeiros e serventes que desde o início da guerra assentou arraiais no referido hospital, fazendo deste o lar, onde 24 sobre 24 horas labutavam. Os préstimos do *apoiante* não eram lá muito qualificados (afora umas leituras de sofá sobre os primeiros socorros), mas bem tentou disfarçar... E para maqueiro ou ajudante de enfermeiro ou servente safava-se até não muito mal.

Foi um dia horrível, entre tantos outros que preencheram este conflito. A quase milagrosa desmultiplicação ubiquista desses quadros de saúde contrastava violentamente com a desvalorização que, aos meus olhos, inquinava os homens das armas e afins.

O contraste era chocante: por um lado, homens e mulheres armados apenas da sua humanidade e ciência batem-se sem trincheiras para salvar vidas; por outro (de todos os lados), outros homens e mulheres recreando-se com o exercício da mortificação e da destruição gratuitas. É o paradoxo da existência humana: uns lutam para matar, outros lutam para salvar.

Feridos, graves; mortes, muitas. Só em Bankulem foram mortos 7 indivíduos (a RDN falou, no dia seguinte, em 9) e muitos feridos graves. Eram cabeças desfaceladas, partes do corpo amputadas.

Vieram vítimas de Flefé, proximidades de Chapa de Bissau, Pilum e outros bairros de Bissau. Tudo civis inermes. *Engarrafou-se* o banco de socorros.

Obuses choviam sobre os bairros da capital numa dispersão que dava a impressão de se tratar de bombardeamentos *ab hoc et ab hac*.

Qual o interesse estratégico subjacente à carnificina (só de pacatos civis) verificada hoje? Alguma racionalidade subjacente a este tipo de guerra ou à guerra, *tout court*?

E pensar que ainda há gente que se entretém a encarar isto como um Benfica-Sporting, cada claque a puxar pelo *seu* clube! Com pessoas a morrer cruelmente, escusadamente.

• Bombolom/Voz da Junta Militar:

A Junta está ao ataque há três dias, sem resposta das forças governamentais.

Assiste às Forças Armadas um direito (constitucional) de resistência – o de repor as coisas no devido caminho, quando não funcionarem bem, repor a legalidade, como é o caso actual (ingerência do PR na vida do parlamento), afirmou o 1.° Tenente JOSÉ ZAMORA INDUTA.

Há apenas duas ou três reivindicações (não reveladas claramente) que a Junta levaria às negociações, a ter lugar uma vez satisfeitas certas pré-condições: chegada das forças de interposição da CPLP; substituição por estas das forças do Senegal e da Guiné Conakri; estabilização das posições militares; cessar-fogo.

22. 16 de Julho de 1998 (RDN):

Um interveniente, durante o debate radiofónico do dia: ao lado da Junta Militar, estão figuras políticas como KOUMBA YALÁ, AGNELO REGALLA e AMINE SAAD.

23. 17 de Julho de 1998:

Alguma deriva chauvinista ou etnicista num debate aberto na RDN? Defende um participante que os guineenses e os combatentes da liberdade da pátria devem deixar de ser instrumentalizados por *aquela gente que não é a nossa gente* (os "Sebastiões", os "Ribeiros", *etc.*). Gente cujos parentes estão para a Síria, Cabo Verde, Portugal. Uma não disfarçada alusão aos "burmedjus", que estariam a atiçar os combatentes nesta guerra, mas que não vão para as linhas da frente.

24. 20 de Julho de 1998:

• Bombolom (Voz da Junta Militar): a Comissão de Boa Vontade (formada pelo Bispo de Bissau, D. SEPTIMIO FERRAZZETA, ALADJE MANDJAI, Pastor ERNESTO LIMA, Sr. CARLOS DOMINGOS GOMES e os deputados SOARES SAMBÚ, TEODORA INÁCIA GOMES, LUÍS OLIVEIRA SANCA e HELDER VAZ) entregou à Junta Militar um memorando que foi aceite por esta. Desenvolve-se este em três linhas básicas: cessar-fogo, retirada das forças aliadas que apoiam o regime e sua substituição por uma força de interposição da CPLP.

25. 24 de Julho de 1998:

• RDN: aquando da demissão do Governo de SATURNINO COSTA[16] por NINO, esse acto foi oficialmente apoiado pela hierarquia militar. O referido apoio foi a seguir condenado por partidos e figuras da oposição, como significando uma ingerência dos militares numa área que não deviam tocar – a política.

Ora, estranha-se o silêncio dos mesmos políticos à ingerência dos militares na política que o levantamento militar do dia 7 de Junho último representou.

Uma explicação avançada pela RDN: "ninguim ka ta tira simola i da si kabessa praga", o que trocado por miúdos equivale à ideia segundo a qual os partidos políticos não condenaram a tentativa de golpe porque eles estão por detrás desta intentona.

• RDN: nota de imprensa assaz mordaz e implacável contra o ex-Presidente português MÁRIO SOARES pelo seu alegado alinhamento com a intentona de 7 de Junho. Teria o Dr. SOARES produzido tal posição após um encontro com um residente de Bissau na altura em Lisboa (um produtor de aguardente de cana de nome ZÉ HENRIQUES):

Fala a emissora em caso de indigestão política de que padece MÁRIO SOARES, em razão do posicionamento antipaternalista assumido pela liderança guineense – paternalismo cujo modelo Portugal revelou incapacidade estrutural para implantar nas suas relações com *os cinco*;

Fala numa certa caquexia de que padeceria o ex-líder do Partido Socialista português;

Prognostica a possibilidade de este tipo de posicionamento pôr em causa o futuro relacionamento da Guiné-Bissau com Portugal.

---

[16] Demissão que, recorde-se, criou ressentimentos profundos nas hostes do PAIGC. Algumas peripécias do 7 de Junho encontrariam parte da explicação nesta ruptura? Tal demissão afectou sensivelmente dirigentes que rodeando o Coronel SATURNINO, viam neste a peça capaz de contrabalançar o enorme peso de NINO na balança do poder e amparar os seus projectos políticos particulares. É que a despeito do traçado constitucional indicar a presença de um sistema de governo semipresidencial, a enorme sombra carismática de NINO projectava na arena política uma derivação presidencialista.

Sobre a temática, em geral, *cfr.*, entre outros, ANDRÉ GONÇALVES PEREIRA, O Semipresidencialismo em Portugal, Lisboa, Ática, 1984. Este interessante estudo contém uma direcção que merece uma cuidada meditação: «Não se pode exigir a um Presidente eleito por voto popular que apenas exerça uma magistratura "simbólica" ou até mesmo uma magistratura de "persuasão" e "arbitral". São soluções muito perigosas, essas sim susceptíveis de fazerem perigar o funcionamento das instituições democráticas. Eleger um Presidente pelo sufrágio universal para quê? Se não tem poderes efectivos, como pode o Presidente cumprir os seus compromissos eleitorais? É um convite ao golpe de Estado» (*loc. cit.*, p. 64);

JORGE MIRANDA, Ciência Política: Formas de Governo, Lisboa, FDL, 1992, p. 33, 124 ss.;

JORGE MIRANDA, O Sistema Presidencial Português Entre 1976 e 1979, in Revista da Faculdade de Direito da Universidade de Lisboa, vol. XXV, 1984, p. 193-200.

26. 26 de Julho de 1998:

• RDN: "memorando de entendimento" entre o Governo e a Junta Militar firmado hoje, numa fragata portuguesa, pelo Ministro JOÃO CARDOSO (pela parte governamental) e pelo Ten. Cor. EMÍLIO COSTA (pela Junta Militar). Ter-se-ia pautado o dito *memorando* pelos seguintes pontos: reconhecimento das instituições e da legalidade democráticas; cessar-fogo até ao início das conversações; manutenção das posições militares ocupadas até 24 de Julho de manhã; força de interposição ou de observação no terreno, de preferência lusófona; cessação de propaganda hostil; começo das negociações dentro de 8 dias (locais: fragata; Cabo Verde); desmilitarização do sector de Mansoa.

• RDN: emissão de um programa especial em que o locutor, Major BACIRO DABÓ, exprime as melhores congratulações pela *paz*[17], tece alguns elogios sobre um reabraço de irmãos desavindos, *etc.*, *etc.*, *etc*[18].

27. 28 de Julho de 1998:

De acordo com a RDN, o Departamento de Estado americano exorta o Governo guineense e os militares revoltosos a respeitarem o *memorando de entendimento*;

Idêntica exortação teria provindo da França, através do Porta-Voz do Ministério dos Negócios Estrangeiros.

28. 2 de Agosto de 1998:

BBC: o *Ministro dos Negócios Estrangeiros interino* (enviado do PR), Eng.° JOÃO CARDOSO, visitou a Líbia, tendo agradecido o esforço de QATHAFI no sentido da resolução do conflito guineense, *etc.*, *etc*....

29. 5 de Agosto de 1998:

Fricções geoestratégicas:

BBC: reuniões dos Ministros dos Negócios Estrangeiros do Grupo dos 7 da CEDEAO (mandatado pela última reunião, na Côte d'Ivoire, dos Ministros dos Negócios Estrangeiros e da Defesa da CEDEAO, para seguir o caso guineense) em Acra:

Saúdam a iniciativa de paz da CPLP, mas reafirmam o papel primordial que a CEDEAO deve ter no quadro da estabilidade regional;

Reivindicam um maior protagonismo da CEDEAO no conflito guineense;

Decidiram mandar imediatamente à Guiné-Bissau uma missão de mediação.

30. 6 de Agosto de 1998:

RDN: insurge-se contra a conduta *esquisita* da comunicação social lusa, a favor dos rebeldes da Junta. Um exemplo seria a recente reportagem da RTP África (que recomeçou a emitir anteontem) sobre a zona ocupada pela Junta[19].

31. 7 de Agosto de 1998:

O Ministro JOÃO CARDOSO advogou (RDN) que é necessário coordenar a iniciativa da CPLP com a da CEDEAO, por imperativos da nossa inserção geográfica (respondendo à questão da jor-

---

[17] Com esta guerra, é a minha impressão desde então, o estatuto do militar subiu momentaneamente de cotação popular. Mesmo a polícia secreta, a contra-inteligência militar deixou, circunstancialmente, de ser uma coisa *suja* ou *indigna*, tal a sua necessidade.

[18] *Mise en scène* que se foi repetindo, algo pateticamente, durante todo o conflito.

[19] É o princípio do fim do último namoro dos jornalistas em torno da moderação na linguagem.

nalista sobre a declaração do MNE cabo-verdiano no sentido de a chegada – intervenção – da CEDEAO inviabilizar a iniciativa da CPLP). Tem essa orientação como propósito evitar a duplicação de esforços e a instabilização do quadro existente.

32. 9 de Agosto de 1998:
RDN: comunicado da Comissão Permanente da ANP a convocar os deputados para oportunamente retomarem a sessão interrompida por causa da guerra (considerando a importância para o país dos assuntos naquela altura agendados).

33. 13 de Agosto de 1998:
RTP/BBC: desentendimentos entre a CEDEAO e a CPLP por causa do protagonismo na mediação.

34. 14 de Agosto de 1998:
RDN: o MNE francês desmentiu que tivesse havido um relatório das (ou encomendado pelas) autoridades francesas a denunciar a corrupção nas esferas mais elevadas na Guiné-Bissau. Desmente, igualmente, que a cooperação daquele país com a Guiné-Bissau tenha sido suspensa. Contrariamente ao que teria propalado ontem certa comunicação social portuguesa.

A RDN faz, a propósito, um editorial[20] onde desanca na atitude parcial, de natureza "inconfessável", da imprensa lusitana, ao lançar falsos boatos que só complicam o processo de paz. Faz alusão ao *passado glorioso* da luta de libertação que os portugueses nunca conseguiram admitir.

O Gabinete de Imprensa do PR emitiu também uma nota onde se interroga sobre o porquê da deturpação dos factos, com prejuízo da figura do PR e do Governo. Terá isso a ver, pergunta, com a *vitoriosa luta de libertação* contra Portugal? Observa que o PR foi importante na criação da CPLP.

35. 15 de Agosto de 1998:
BBC: aparente impasse político-diplomático na mediação do conflito da Guiné-Bissau. Guerra de protagonismos entre a CPLP e a CEDEAO (ou entre Portugal e França)[21].

36. 16 de Agosto de 1998:
Ministro guineense JOÃO CARDOSO à RDN: a CEDEAO chega a Bissau amanhã; em princípio, o Governo não se fará representar no encontro de Praia; o coordenador do grupo da CPLP havia assegurado, à saída do encontro com a CEDEAO, que a reunião de Praia seria, agora, só do grupo da CPLP; advertência, em tom bem disposto, à imprensa portuguesa que vê na actualidade guineense a vitória de Portugal (o Diário de Notícias concluíra recentemente, em editorial, que Portugal é o líder da CPLP, que Lisboa ganhou neste conflito, que Dakar, Paris e o Presidente NINO perderam).

37. 17 de Agosto de 1998:
BBC: • chegou a Bissau uma delegação da CEDEAO.

• Cerca de "cem quadros" da Guiné-Bissau (entre Directores-Gerais e Conselheiros de Ministros deste país) reuniram-se em Lisboa, tendo concluído, por exemplo, que o PR NINO é o responsável pela situação que conduziu à guerra e que o afastamento do PR é condição para a paz.

---

[20] Mais lenha para a fogueira do nacionalismo.

[21] À custa da desgraça dos outros!

38. 18 de Agosto de 1998:

Brigadeiro ANSUMANE MANÉ: se se contar a verdade em Cabo Verde a respeito da questão do tráfico de armas e munições, o diferendo será resolvido. Apenas isso. Ele não quer, nem hoje, nem amanhã, dirigir este país[22].

39. 20 de Agosto de 1998:

Bombolom/Voz da Junta Militar: o Governo recusou-se a assinar o 2.° *Memorando de Entendimento* que autorizaria uma força de interposição da CPLP a estabelecer-se na Guiné-Bissau;

A comunicação do PR era um afastamento subtil da mediação da CPLP e uma aposta clara na CEDEAO (parcial, a favor do Governo, segundo a Junta).

40. 21 de Agosto de 1998:

• RDN: Major BACIRO DABÓ:

«Djambatutu fiu na bida.

«Dunus di komberssa na bai pa direita ess manga flanu na bai pa skerda (diferentemente de ANSUMANE MANÉ, do MNE português, do Porta-Voz da Junta)[23]».

«Kanu di kanhom di Junta tene fomi di nhemi karni di pekadur».

«Ma djustu di bai tchur ka tchiga karga dom[24].

«Si komberssa ta n'djua dja. Metadi di djintis para obi é mensageru di disgrassa».

A RDN mudou de linguagem (linha pacifista – sem insultos) porque o próprio PR e Governo seguiram esta nova atitude. *E não podem os jornalistas gostar mais do Governo do que o próprio Governo dele mesmo gosta.*

A rádio da Junta continuou ontem com insultos ao PR e à CEDEAO. Que o povo avalie! Se é esta a "J grande", «no bai...Si kanua ka n'kadja no na tchiga».

• Bombolom: entrevista ao representante do Brasil no Encontro de Sal de 18/19 de Agosto: o Brasil está contra a "militarização da CPLP". O Brasil poderia enviar apenas observadores do processo de paz, mas só quando e enquanto for garantida a segurança material, física dos observadores[25].

41. 22 de Agosto de 1998:

RDN: TCHICO KARUKA[26]: o chefe da delegação da Junta Militar desculpou-se em Cabo Verde do atraso em relação à chegada da sua delegação dizendo que foi pelo facto de andarem a preparar o encontro. Diferentemente, o Porta-Voz da mesma Junta, ZAMORA, alegara não poder viajar porque o navio português não havia sido autorizado a acostar.

Diz este acutilante personagem (tal como NUNO GRILO, JOSÉ ZAMORA INDUTA e MANEL MINA, nas primícias do levantamento, e do lado das antenas da Bombolom, uma arma temível do combate radiofónico[27] durante a guerra de 7 de Junho, por banda das trincheiras da RDN – ao seu lado,

---

22 Será? Outros não quererão, através dele?

23 (In)directa à *voz* da Voz da Junta Militar NUNO GRILO?

24 O visado foi apenas *kibinidu* pela Junta.

25 É o tal *handicap* da CPLP a que aludira o Eng.° JOÃO CARDOSO no dia 7.8.98? É o reconhecimento do *papel incontornável* da CEDEAO – tendo na ECOMOG um braço armado – na *resolução* deste conflito (que os Ministros dos Negócios Estrangeiros da CEDEAO quereriam assinalar no *item* noticiado a 5.8.98)?

26 A propósito do suporte dado pelo governo português à rebelião.

27 Opinou, na RDN, a 13.9.1998, um homem da informação, como JOÃO CARLOS GOMES (autor do livro Polón di Brá, Bissau, INACEP, 1998 – *cfr.*, por exemplo, p. 30-32), que por ocasião desta guerra a informação transformou-se, na altura, em 1.° poder, saindo do 4.°.

outras vozes marcantes: BACIRO DABÓ; CARLOS GOMES NHAFÉ, principalmente nos primeiros tempos; SÃO ÉVORA; BARNABÉ GOMES; ALFREDO GOMES LOPES) que se o Governo não autorizou o navio português a acostar foi para evitar a remessa à Junta de mais *ofertas* dos seus *padrinhos portugueses* – como costumam, de resto, fazer. *E sempre que "nos for possível" dificultar a vida a esses padrinhos, fá-lo-emos.*

42. 23 de Agosto de 1998:

RDN[28]: "Comunicado das Mulheres Guineenses"(?) a atacar a "Mesa Redonda" divulgada ontem pela RTP:

O Eng.° SCHWARZ é luso-cabo-verdiano, a sua honorabilidade é visada, no que toca à gestão do *DEPA*, de que resultaria a fundação da ONG AD (Acção para o Desenvolvimento), é mimoseado com o epíteto de oportunista, para, finalmente, se exclamar que a ordem jurídica guineense não reconhece a dupla nacionalidade.

43. 25 de Agosto de 1998:

• Entrevista do Presidente NINO à Rádio Nacional de Cabo Verde e à RDN: apelo à reconciliação nacional; sobre a incompatibilidade entre os cargos de PR e Presidente do PAIGC, promete tomar uma decisão que leve em conta os interesses da nação; urge formar um governo representativo, consensual e competente; estão criadas as condições para a reforma das forças Armadas.

• RDN: BACIRO DABÓ: critica aqueles que só na *sabura* são guineenses, fugindo para a terra dos avós logo que a Guiné esteja mal, como agora, que incitam à guerra, até à eliminação do PR.

Eles sabem que NINO é dos líderes históricos do PAIGC e que saindo deste partido o PAIGC não terá quaisquer hipóteses. Mas que não se venha a estranhar se a seguir os mesmos indivíduos vierem a associar-se, estranhamente, a NINO[29]...

• RDN: CARLOS GOMES NHAFÉ: *ess i kal demokratas*? Os "civilizados" que se aliaram aos "tugas", fomentaram esta guerra, fugiram para Lisboa, para, no fim, aparecerem como "salvadores da pátria"?

Pede à Junta que se desengaje dos partidos políticos que estão por detrás dela. Estes que se preparem para as próximas eleições democráticas.

44. 26 de Agosto de 1998:

• A RDN gritou: a guerra "acabou"[30]! Foi assinado o Acordo da Praia às 2 horas TMG.

• RTP: termos do Acordo da Praia: cessar-fogo; abertura do aeroporto Osvaldo Vieira; força de observação e de interposição nas condições a acertar na reunião de 11 e 12 de Abidjan. Opina

---

[28] Um exemplo, mais um, de tentações chauvinistas e da virulência que povoaram as ondas hertzianas produzidas na ou para a Guiné.

[29] Alguma perspicácia na análise, reconheça-se.

[30] Acabou?

Cena curiosa – que se foi repetindo, aliás, ao longo de todo o conflito político-militar – é o regresso em massa a Bissau de refugiados, ou *deslocados*, como sói dizer-se, a partir da assinatura do dito acordo. Foram dias de movimento quase incessante na Av. 14 de Novembro (aquela onde tudo acontece) de refugiados carregando volumosas trouxas, arrastando crianças chorosas e tensas, rolando carrinhos de trolha cheios de tralha – veículo de transporte de coisas, velhos e crianças destes tempos em que, salvo veículos militares e alguns com *laissez-passer,* mais nenhum se via em Bissau(zinho). Tão depressa Bissau reenchia-se como se esvaziava, ao mínimo sinal de tensão militar captado nas vozes bombardeiras de um NUNO GRILO, ZAMORA, KARUKA ou BACIRO. E era ver a Avenida pejada de gente e de vozes aflitas carregando as mesmas trouxas, arrastando as mesmas crianças, empurrando os mesmos carrinhos de mão, à procura de regiões do país mais calmas... até à próxima aberta.

o comentador que o Presidente NINO sai enfraquecido deste acordo, mas, pela sua experiência, nomeadamente, merece consideração, devendo aquela experiência ser aproveitada.

45. 3 de Setembro de 1998:

RDN: elogios do animador da rádio nacional ao Porta-Voz da Junta ZAMORA INDUTA. A razão é óbvia. Este militar teria ontem lançado um aviso aos políticos para que não se pendurassem no levantamento armado para atingirem os seus objectivos políticos (isto em alusão aos dirigentes da oposição sediados no eixo Bula-Kantchun'u, fomentando a guerra).

46. 4 de Setembro de 1998.

• Duas ideias algo contraditórias que se notam nalguma argumentação que tem vindo a ser veiculada por fontes próximas à Junta Militar:

Houve levantamento armado no dia 7 de Junho porque o poder estava a preparar o aniquilamento dos que viriam a sublevar-se;

Tinham os rebeldes preparado uma operação de neutralização do Presidente da República no comício de 6 de Junho de 1998, mas, por uma ou outra razão, aquela não chegou a ser executada.

• BBC: o ex-Primeiro-Ministro do Ruanda (JEAN KAMBANDA) foi condenado pelo Tribunal das Nações Unidas à prisão perpétua, pelo seu comportamento no genocídio dos Tutsis e dos Utus *moderados* há anos. Teria sido o 1.° caso de condenação num caso similar e seria o princípio do fim da cultura de impunidade, em matéria de genocídio.

47. 7 de Setembro de 1998:

Circula em Bissau um boato: o Presidente NINO teria enviado ou estaria a enviar ao Senegal recrutas da tribo pepel, para preparação militar. O motivo desta medida estaria no facto de ter notado nesta sublevação uma solidariedade étnico-religiosa (marabú) contra o poder estabelecido.

48. 10 de Setembro de 1998:

• A "Oposição Unida", reunida ontem num dos hotéis da capital para uma conferência de imprensa (RGB, PRS, PUSD, FCSD, LIPE, PSD, FDS, FD[31]), revelou a intenção de se fazer representar nas negociações de Abidjan e nas que se seguirem. Pretendem essas forças políticas redigir um documento que espelhe a visão da oposição em torno da crise político-militar vigente na Guiné.

• Perigo que a "Oposição Unida" representa no sentido do reacender da guerra, clama na RDN (por referência à conferência de imprensa relatada atrás), BACIRO DABÓ, um dos, arautos, na altura, do ninismo! Exorta os combatentes da Junta a não se esquecerem que aqueles políticos têm cada um dois passaportes e que eles, diferentemente, só têm um.

49. 11 de Setembro de 1998:

RDN: ALFREDO GOMES LOPES, em análise crítica à entrevista do Porta-Voz da Junta Militar à Bombolom, no passado dia 7:

O referido Porta-Voz teria dito que a Junta Militar só se dissolveria se fossem cumpridos os seguintes objectivos: independência dos tribunais; consolidação da democracia. Mais, os militares reservam-se o direito de futuramente intervir de forma militar, sempre que as instituições públicas não estejam a funcionar correctamente.

---

[31] As aproximações e afastamentos políticos na Guiné ou a plasticina numa aula de trabalhos manuais em escolas primárias. *Vide*, no corpo da dissertação, comentários lavrados a respeito da síndrome da coligação negativa que afecta o xadrez político deste país.

Isso, para o Dr. LOPES (figura destacada da *entourage* presidencial, durante o conflito de 7 de Junho), é uma regressão no mundo actual, no limiar do século XXI. Citou a Constituição e as leis dos partidos políticos para sustentar que os militares devem submeter-se ao poder político (e aqui lança um aviso aos partidos e aos políticos: a submissão destes aos ditames dos militares, na perspectiva do Porta-Voz da Junta Militar, 1.° Tenente ZAMORA INDUTA).

Tenta, a seguir, desmontar o argumento do Porta-Voz segundo o qual a CRGB dá cobertura a essa intervenção, como garante da Constituição.

Lembra que a Junta disse várias vezes que não quer fazer o trabalho dos partidos.

50. 12 de Setembro de 1998:

RDN: entrevista ao Secretário Permanente do PAIGC, Dr. PAULO MEDINA: é falso que o PR esteja a recrutar pepeliss para combater muçulmanos[32].

51. 13 de Setembro de 1998:

RDN: TCHICO KARUKA: grupo de 550 jovens *voluntários* oferece-se para apoiar militarmente as forças governamentais. Alguns prestaram depoimentos: pedem que o Governo os aceite como combatentes para defenderem a legalidade democrática e solicitam futura formação militar; contestam que tenham sido recrutados para fazer guerra a balantas e fulas; dizem que não poderão voltar a tolerar a situação que viveram nesta guerra – a de serem corridos das suas casas, fugindo *que nem mulheres*.

52. 15 de Setembro de 1998:

"Prezenssa di fora di jogo na mankoross di Abidjan"[33].

53. 16 de Setembro de 1998:

RTP: as negociações de Abidjan falharam, por falta de acordo. A Junta – que foi para Abidjan com uma orientação de inflexibilidade sobre a exigência de uma retirada imediata das forças senegalesas e da Guiné-Conakri – recusa-se a assinar o acordo, se este não contemplar a retirada das forças estrangeiras aproximadamente uma semana após a chegada das forças de observação ou de interposição[34].

54. 19 de Setembro de 1998:

Bombolom/Voz da Junta Militar:

O Brig.° ANSUMANE MANÉ recebeu ontem um grupo de negociação da ANP e da *sociedade civil* integrada pelos deputados LUÍS SANCA, TEODORA INÁCIA GOMES, ZINHA VAZ, SOARES SAMBÚ, ROBERTO CACHEU, N'BOK e por CARLOS DOMINGOS GOMES.

Na sua intervenção, integralmente gravada ontem e transmitida agora, o *leader* da Junta afirmou o seguinte:

---

32 Veja-se o *boato* relatado *supra* (7.9.98).

33 Alusão a políticos da Guiné-Bissau não convidados ao encontro negocial de Abidjan, mas que a esta cidade africana se deslocaram. A intenção, na opinião do apresentador, seria passar nos corredores a *mensagem dos seus padrinhos*.

34 Apesar de as partes se esforçarem em desmentir qualquer fracasso – reiterando que *Abidjan* foi positivo, apesar de não se ter assinado qualquer acordo -, uma leitura possível (leitura que, aliás, me foi referida por um influente responsável político na época) é a de que os mediadores quiseram dizer aos contendores "vão resolver o problema entre vocês".

• SAMBA LAMINE dissera-lhe, antes do problema do tráfico de armas: vou fazer-te uma cama, mas desta vez nunca mais dela te vais levantar.

Quando o Eng.° Samba LAMINE MANÉ o levou ao Presidente da República e aproveitou para levantar falsas atoardas contra ele, respondeu-lhe o Brigadeiro que se ele ANSUMANE se deitar nessa cama, o mesmo acontecerá a quem fez a cama e a quem espreitar para essa cama. O Presidente NINO perguntou-lhe se estava a ameaçar SAMBA, ele respondeu que sim.

• No que tange ao levantamento militar de 7 de Junho, tudo se resume a uma questão de *djumna-djumna*[35]. Ele estava a preparar o seu plano e NINO estava a praparar o dele. *Ele* havia preparado os seus homens para (e ele tinha oportunidade de) assassinar NINO no comício da Chapa[36]. Tal só não aconteceu porque ele mandara cancelar a operação dado que o atentado da Chapa provocaria muitas mortes, *etc.*, *etc.* Adiou então para o dia seguinte, já que NINO ia viajar (boa oportunidade para executar o planeado).

Na mesma noite, às 23 horas, foi preparar o terreno. A falta de comunicação é que dificultou: os tiros prematuramente disparados alertaram o Presidente, não tendo este, consequentemente, saído para o aeroporto. **Iam matar o Presidente na estrada para o aeroporto**[37].

• «Presidentindadi, n'ka mistil. Só quero salvaguardar a minha personalidade; n'misti salvaguarda nó vida».

• Eles (Junta Militar) não querem fazer com que a comunidade internacional esteja contra a Junta[38].

55. 24 de Setembro de 1998 (25.° aniversário da proclamação da independência[39] da Guiné-Bissau):

Mensagem do Presidente NINO à nação (a RDN transmitiu; a RTP introduziu a notícia, mas logo a seguir desapareceram – para não mais voltar – as imagens) – Principais linhas[40]:

---

35 Em kiriol, quem é o mais rápido.

36 Comício na zona de Bissau conhecida por Chapa Bissau. Esse foi o último comício presidido pelo General NINO, antes do levantamento que o viria a derrubar do poder. Aconteceu na véspera da rebelião armada de 7 de Junho de 1998.

37 Esta revelação foi um momento capital para a (auto)definição de todo o movimento rebelinário de 7 de Junho: um golpe de Estado (para lá de todos os lavores verbais; para lá da *proclamação*, a *praxis*; para lá da palavra, a realidade). Até àquela data, a Junta, pela voz dos seus diversos porta-vozes e dirigentes (MELCÍADES FERNANDES, vulgo MANEL MINA, ZAMORA INDUTA, SILVESTRE ALVES *et al.*) haviam traçado um determinado perfil do movimento, rotundamente contraditado, vê-se, pelo líder. Sustentara-se que o que a Junta queria desde sempre era negociar – quando muito, prender e submeter à justiça – nunca matar.

38 Será essa a razão pela qual mais tarde a Junta recusou falar em *golpe de Estado*?

39 Já há algumas pessoas, em Portugal, que insistem na ideia segundo a qual a data da independência da Guiné-Bissau não é a oficial e nacionalmente consagrada (*i.e.* 24 de Setembro de 1973), mas aquela do reconhecimento português ao Estado da Guiné-Bissau, lido e firmado pelo Presidente da República portuguesa SPÍNOLA, em 10 de Setembro de 1974.

Em sentido oposto a essa reorientação histórica (que fornece dados seriamente tratados sobre o fenómeno), *cfr.* ANTÓNIO E. DUARTE SILVA, A Independência da Guiné-Bissau e a Colonização Portuguesa, Lisboa, Afrontamento, 1997, p. 392-395.

40 Um discurso emotivo e bem construído. O Coronel SATURNINO COSTA, na sua 1.ª intervenção pública (pelo menos no que me foi dado registar) desde a eclosão da guerra de 7 de Junho, elogiou a mensagem presidencial. Disse *obrigado ao Presidente da República pela sua abertura; foi o melhor discurso do Presidente da República desde a guerra. Su na bati polóm toma kuidadu porque si na kai i pudi batiu kassa ó mangu* (um remoque à alegada tentativa da oposição de destruir o PAIGC por causa deste conflito?).

• Paz[41]; reconciliação; reconstrução nacional.

• Lamenta não ter podido cumprir a sua promessa: sossego e tranquilidade para o país. Guardará para sempre essa recordação – de não ter podido poupar este sacrifício ao povo, apesar dos seus esforços, desde a 1.ª hora.

• Dá todas as garantias aos implicados na rebelião.

• Apreço à CEDEAO e à CPLP, mas propugna um diálogo frontal entre os próprios guineenses. Daí que a Comissão do *Bureau* Político esteja mandatada para discutir directamente com a Junta.

• Enaltecimento aos Presidentes do Senegal e da Guiné-Conakri.

• Abertura à reavaliação da estrutura das Forças Armadas e da chefia do seu Estado-Maior (realça o factor representatividade), não abdicando, muito embora, das suas prerrogativas de Chefe de Estado e Comandante Chefe das Forças Armadas.

• Antigos combatentes: solidariedade nacional e intervenção do Estado em prol da materialização dos seus direitos.

• Convida os partidos políticos a assumirem as suas funções.

• Ninguém será perseguido.

• A Assembleia Nacional Popular que retome as suas funções e agenda (referiu-se a tudo menos à revisão constitucional).

• Governo: maior representatividade nacional, onde a maioria dos guineenses se reveja.

• Foi uma **guerra absurda e inglória**. Todos nós (o povo da Guiné-Bissau) fomos perdedores nesta guerra.

• Com a voz embargada, evocou os falecidos nesta guerra: Embaixador EUGÉNIO SPEN, Capitão-de-Fragata FELICIANO GOMES, Capitão RACHID SAIEGH e outros, os militares de ambos os lados; os militares do Senegal e da Guiné-Conakri; a população vitimada.

56. 29 de Setembro de 1998:

RDN: a 25 de Abril de 1996, teria tido lugar um encontro secreto entre o Presidente da República NINO VIEIRA e o Dr. KOUMBA YALÁ, a pedido deste, através de DUQUE DJASSI, em casa do Coronel JOÃO MONTEIRO, peça incontornável da Secreta guineense[42].

---

[41] Por ocasião de mais um aniversário do *14 de Novembro*, este político já afirmava, em 1996 (*vide* Diário de Bissau, n.° 19, 14.11.1996, p. 1), «A nossa maior riqueza é a paz e a tranquilidade».

A ocasião serviu para o empresário da imprensa e proprietário do Diário de Bissau tecer os elogios mais rasgados ao Presidente NINO (*ibid.*, p. 8-9): «herói vivo da nossa luta armada de libertação nacional"; «um dos vultos da história da Guiné-Bissau»; «uma das maiores vitórias e Nino Vieira é ter conseguido introduzir reformas económicas e políticas mesma à revelia doso seus camaradas sem dramas» (*sic*); «Nino Vieira é a maior figura política nacional. Temido e respeitado por todos, apesar de algumas tentativas de o "segundarizar"»; «No plano internacional, Nino Vieira goza de um grande prestígio junto aos seus homólogos e instituições internacionais»...

Na edição seguinte do jornal (Diário de Bissau, n.° 20, 15.11.1996, p. 2) o jornalista ATHIZAR MENDES enfatiza os três "D" do Presidente NINO: Descolonização; Desenvolvimento (que o PAIGC e NINO ainda não tinham sabido concretizar); Democracia.

[42] Serão montagens, para destruir a imagem de uma figura incómoda da oposição? Terá credibilidade a peça?

O que a RDN diz apresentar é uma gravação secretamente realizada, onde aparece uma voz muito parecida com a de KOUMBA YALÁ, proferindo declarações (à laia de monólogo, pontuado aqui e ali por uns discretos grunhidos de anuência ou de incentivo provenientes, supostamente, do(s) seu(s) interlocutor(es)) pouco abonatórias para o falado *projecto oposição* e, talvez, até para o próprio depoente.

Comentários, a título de enquadramento, feitos durante a emissão, por BACIRO DABÓ: – KOUMBA YALÁ fora, em última análise, ao Presidente NINO rogar protecção porque se sentia ameaçado. Eis a razão que o levou

A voz atribuída pela RDN a KOUMBA YALÁ desdobrou-se nas seguintes afirmações:

• Que ninguém pense que por ser balanta ele entraria em intentonas. A democracia é competição de ideias, nunca de recurso às armas (uma alusão a BRAIMA DAKAR: ele que não leve para a FDS os seus problemas com o PAIGC).

• O *caso Pinheiro* (a acusação por este feita de tráfico de drogas, conexão com a Colômbia, no seio da RGB) é verdadeiro.

• O Movimento Bâ-Fata negociou o porto de Bissau com uma companhia italiana, mesmo antes das eleições[43].

• O PAIGC nunca lhe fez mal. Foi, até, pelas mãos do PAIGC que fora fazer um curso de Ciência Política à RDA.

• O Dr. DOMINGOS[44] é um traficante de droga. O alvo desta acusação foi furriel da tropa colonial.

• HELDER VAZ veio a entrar para o Bâ-Fata em 1978. Esteve a estudar Direito em Coimbra, mas teve esgotamento cerebral e desistiu do curso, para, depois, estudar Filosofia na Universidade Católica, em Lisboa.

• O Dr. DOMINGOS (FERNANDES) vai todos os anos passar férias ao estrangeiro (Londres) com a família. Com que dinheiro, pergunta? Fá-lo sem prestar contas. O Chefe de Estado-Maior do Dr. DOMINGOS é um ex-comando residente em Lisboa. Os seus fatos, bem como os da família, foram feitos na Itália.

• Por isso nós dissemos: para ganhar as eleições, antes o PAIGC que o Bâ-Fata. Porque aquele fez a luta de libertação e seria capaz de *bagana mom*[45]; porque o Bâ-Fata vendeu o país antes mesmo de vencer as eleições.

• Nós estamos a fazer política para que haja democracia, não para sermos Presidente da República, *etc*.

• Recusaram-se a entrar na manobra do Bâ-Fata para chumbar o programa do Governo de SATURNINO. Não queremos instabilidade. Só no final do mandato é que poderiam saber se o Governo é bom ou não, se cumpriu ou não. Estavam na mesma bancada parlamentar que a UM, mas depois obrigaram a UM a retirar-se porque esta fazia documentos sem concertação e submetia-os à ANP, tentando envolver o PRS.

• O Movimento Bâ-Fata matou João Sequeira e prepara-se para o matar também.

• A prisão de Farim, onde estavam encarcerados *ex-comandos africanos*[46], foi aberta por pessoas afectas ao Bâ-Fata e aqueles foram levados para Casamance.

• CARLOS SOW é que teve a iniciativa de criar o PRS (já que o próprio KOUMBA YALÁ dissera que não havia dinheiro e não ficava bem criar a FDS e logo a seguir criar um novo partido).

---

a pedir a tal audiência ao PR, através de DUQUE DJASSI. O Movimento Bâ-Fata assassinara o Dr. JOÃO SEQUEIRA e praparava-se para fazer o mesmo a ele KOUMBA.

Diz que revelaram esta conversa pois KOUMBA YALÁ exagerou nas suas últimas intervenções, ao incentivar a guerra. Ele, tal como os outros políticos, nunca combateu, nunca sofreu na *frente* como os militares, que morrem nesses cenários.

– Destaca as mudanças frequentes de rumo de políticos como uma prova de que não merecem mandar no país.

– Promete revelar coisas *mais explosivas*, a respeito de KOUMBA YALÁ.

[43] Dirá mais à frente, o porto de Bissau estava entregue pelo Movimento Bâ-Fata a uma companhia italiana, antes mesmo das primeiras eleições multipartidárias.

[44] O líder da RGB, no momento.

[45] Em Kiriol, literalmente, afrouxar a mão (na utilização – indevida – do bem público?).

[46] Tropa especial constituída por africanos que combateram sob a bandeira do Portugal colonial.

Apesar dos reparos de KOUMBA YALÁ, CARLOS SOW insistiu que tinha dinheiro e avançaram para esse projecto.

• A Cruz Vermelha internacional e a Igreja católica portuguesa e guineense tinham prometido apoios ao Movimento Bâ-Fata, mas depois retiraram esse apoio porque detectaram laivos de agressividade nesse partido.

• O Dr. DOMINGOS comprou uma grande casa no Barreiro (Portugal).

• Ouve tanto desentendimento no Movimento Bâ-Fata que muitos ficaram em Lisboa.

• São oportunistas certos líderes da UM, porque não passaram no congresso do PAIGC e resolveram criar a UM.

• Os dirigentes do Bâ-Fata não trabalham, não têm ou não exercem qualquer profissão. Vivem da política ou querem viver da política. Ele, KOUMBA YALÁ, nunca deixou de estudar. Teria já cursado Direito antes das eleições, não fosse a campanha eleitoral. Pretenderia inscrever-se na docência da Faculdade de Direito de Bissau.

• Os líderes da oposição inventam factos políticos, só para obterem dividendos políticos: AMINE SAAD havia dito que o PAIGC planeara matá-lo na Baiana[47]. Dissera-lhe, então, KOUMBA que o PAIGC nunca lhe faria uma coisa dessas. Quem é ele para merecer um atentado desses?

57. 9 de Outubro de 1998:

BBC (locutor LÍGIO MONTEIRO): a saída para este conflito terá de ser militar. Não há solução negocial. A Junta foi ingénua ao aceitar a trégua e o cessar-fogo. Isso só beneficiou o Governo, pois, no intervalo, abasteceu-se com material militar sofisticado e refez-se logisticamente. A acreditar-se no *pivot*, o Governo recebeu material do mais sofisticado e destrutivo. Por causa, nomeadamente, das chuvas de Agosto, interessava ao Governo ganhar tempo.

58. 20 de Outubro de 1998:

RDN (BARNABÉ GOMES e KARUKA)[48]: os jornalistas da RDN não têm «frio na língua».

O Governo não vai ficar de mãos cruzadas. Tem poderio militar para arrasar a Junta em poucos dias. Até porque «guera ka ta n'djatadu».

Por cada bomba que cai em Bissau, muitas mais o Governo lançará nas zonas controladas pela Junta.

Há duas correntes na Junta: os que são maleáveis; os que são mais belicistas (apoiadas por forças políticas da oposição – por detrás da Junta).

59. 25 de Outubro de 1998:

• Bombolom/Voz da Junta Militar (NUNO GRILO): ANSUMANE MANÉ refuta alegação da Presidência da República segundo a qual antes da oferta do PR para se encontrar com ele ANSUMANE, este já teria manifestado tal intenção ao PR. Pede provas.

NUNO chama o Presidente de mentiroso e criminoso; que só quis falar quando se viu derrotado. Diz que agora *as coisas vão acabar como começaram: pela guerra.* É a "matchundadi"[49] de cada um que estará à prova.

• BBC: Porta-Voz da Junta (ZAMORA INDUTA). Foi marcado para o dia 27 de Outubro próximo um encontro entre o Presidente da República e o Brig.° ANSUMANE MANÉ; a seguir, os militares reunir-se-iam. Local provável: sede da União Europeia em Bissau, no Bairro de Penha.

---

[47] Gelataria e bar do centro da capital.

[48] Mudança do discurso pacifista, porque «paciência tem limites».

[49] Em kiriol, *masculinidade, valentia.*

60. 27 de Outubro de 1998:

BBC: (Porta-Voz da Junta Militar na Europa, SILVESTRE ALVES):

O Presidente da República só tem de «arrumar a trouxa» e ir-se embora; a solução deve ser rápida; a comunidade internacional não deve andar com paninhos quentes em relação ao Presidente da República; depois de tantas mortes e dificuldades, perde razão de ser o levantamento de 7 de Junho, se o Presidente da República não sair. Ele que dê lugar ao Presidente da Assembleia Nacional Popular. Ele já não tem condições para governar[50].

61. 29 de Outubro de 1998:

Rádio Renascença: (MUSSÁ TURÉ – correspondente):

- Agenda do encontro de Banjul entre a Junta e a parte governamental (as delegações vão partir para a Gâmbia a todo o momento): prorrogação do cessar-fogo; fiscalização do cessar-fogo; abertura do aeroporto internacional OSVALDO VIEIRA; abertura de corredor humanitário; plano para as próximas negociações.
- Coronel KONÉ (comandante das forças combinadas lealistas): as forças senegalesas cumprirão a sua missão até ao fim: defender o Governo legítimo da Guiné-Bissau – mas cumprirão directrizes políticas do Governo guineense, quaisquer que elas sejam.
- Dr. SILVESTRE ALVES (Porta-Voz da Junta Militar na Europa): os acordos de defesa (entre a Guiné-Bissau e o Senegal) não cobrem esta situação; apenas se se tratasse de uma tentativa de golpe de Estado seria legítima a intervenção das Forças Armadas senegalesas (o que não é o caso)[51].

62. 30 de Outubro de 1998:

- RDN (Enviado): o encontro de Banjul foi de paz; foi emotivo (apertos de mãos entre NINO e BRIC-BRAC); abraço, mais tarde, entre os dois; continência de militares da Junta a NINO; cumprimentos (com lágrimas de alguns militares) entre as duas delegações; o PR irá já à cimeira da CEDEAO, na Nigéria; corre o boato de que a Junta também irá.

---

[50] "Ele", Presidente da República. Tudo dito num tom de voz algo desapontado ou mesmo defraudado, face ao eventual cenário da manutenção do PR.

[51] Compulsando os registos, em face das versões contraditórias sobre o móbil e o *modus operandi* do levantamento militar de 7 de Junho, há que dar maior peso à palavra do líder; a palavra do *mandante* (está à testa, pelo menos) é mais credível que a dos mandatários. E o chefe da Junta falou grosso e claro, a 18 de Setembro de 1998 (*vid.* registos de 19.9.1998): *planearam (e iam) matar o Presidente na estrada para o aeroporto* na manhã de 7 de Junho de 1998.

Não há, destarte, subterfúgios diplomáticos que sirvam para a construção cuidadosamente engendrada pela rebelião durante os anos alucinados do conflito.

O Porta-Voz reconheceria a legitimidade da intervenção senegalesa se dominasse as informações? Estaria a ser correcto quando afirmou o que afirmou?

KOUMBA YALÁ sustenta em Novembro de 1998 (registo do dia 26) que os acordos com o Senegal, bem como o protocolo adicional foram do tempo do partido único. Por isso, tudo deveria ser "ratificado" pelo parlamento multipartidário.

Do lado governamental, defendeu A.C. GOMES LOPES (num debate radiofónico com outro membro do *staff* presidencial, IBRAIMA SOW, mediado por BARNABÉ GOMES nas antenas da RDN, em 27.11.1998): a vinda da tropa estrangeira enquadra-se na legítima defesa contra a agressão dos revoltosos; quanto à declaração de estado de sítio, a CRGB é pouco clara quanto à ordem que o acto do PR e o da ANP seguem (parece que o PR declara e só depois a ANP se pronuncia – diferentemente do Regimento da ANP, que preordena a pronúncia da ANP à declaração do PR); a ANP não regulamentou ainda a lei sobre o estado de sítio; não se declarou o estado de sítio porque talvez se pensasse na altura que não duraria tanto.

• Rádio Renascença: abraço histórico ontem entre NINO e ANSUMANE.

• Bombolom/Voz da Junta Militar: HELDER PROENÇA (num comício em Gabú): NINO é o culpado desta guerra; o movimento de renovação do PAIGC está em marcha; vão provocar um congresso onde lutarão pela demissão do Presidente do PAIGC; vão pedir também a demissão do Presidente da República; a presença das forças estrangeiras é o minar da independência nacional.

63. 2 de Novembro de 1998:

• RDP África + Rádio Renascença: Acordo Geral de Paz (de 1.11.98): o PR NINO e o Brig.° A. MANÉ chegaram a um acordo, nos termos a seguir, aproximadamente, enumerados: retirada das forças estrangeiras; substituição das forças senegalo-guineenses por uma força de interposição da ECOMOG (composição nigeriana)[52]; Governo de unidade nacional; eleições legislativas e presidenciais no próximo ano de 1999, a serem supervisionadas por observadores da CEDEAO, CPLP e do resto da comunidade internacional.

• Rádio Renascença: (IBRAIMA SOW, Secretário de Estado da Cultura):

Os elementos que (instrumentalizados ao abrigo de uma cabala para denegrir a imagem do PR e da Guiné-Bissau) estão permanentemente nas ondas da comunicação social portuguesa – com apadrinhamento de Portugal – parecem hoje corretores que tentam vender títulos de empresas falidas (referiu, como exemplo, o dono do jornal Banobero);

Eles não representam a sociedade civil guineense (são aqueles citadinos que comem bacalhau e bebem vinho); a verdadeira representação da sociedade civil guineense – diferentemente da europeia – está nas tabancas... e estas estão com o Presidente da República;

Contrariamente ao que aludem certas pessoas por aí, a intervenção diplomática do Ministro dos Negócios Estrangeiros português JAIME GAMA veio, sim, salvar a Junta da derrota; a circunstância de a Junta estar às portas de Bissau não releva – aliás quando os inimigos de Portugal se abeiraram do castelo de S. Jorge, isso não impediu que Portugal os viesse a rechaçar;

Questionou o jornalista (e conseguiu desarmar este, que ainda balbuciou uma argumentação incoerente e confusa) se na hipótese de as Forças Armadas se insurgirem contra o Presidente português Jorge Sampaio ocasionando a intervenção da NATO em defesa dum Presidente democraticamente eleito, qual seria o seu ponto de vista[53].

Muitos dos males que se fazem recair sobre as costas do Presidente são erros e desonestidades de várias figuras.

• BBC: o entrevistador, em tom irritado e desiludido, questiona ZAMORA INDUTA (Porta-Voz da Junta Militar) sobre se o balanço das negociações não prejudicou a Junta.

O outro sempre foi dizendo que a maioria das suas reivindicações foi aceite e que até têm algumas pastas asseguradas no próximo Governo de unidade nacional, *etc.*, *etc*[54].

• RTP: chegada à Gâmbia, vindas de Abuja, das delegações do PR e da Junta. Registei respostas de circunstância dos dois líderes ao jornalista. Face a perguntas, em português, sobre os resultados das negociações, o Brig.° ANSUMANE MANÉ ficou-se por uns grunhidos afirmativos.

Entrevista este canal português uma refugiada proveniente da Guiné-Bissau[55]: a refugiada não esconde a sua decepção quanto ao Acordo de Abuja, já que NINO continua Presidente da República. Seria *preferível a continuação da guerra*, sustenta a refugiada, perante a câmara[56].

---

[52] Segundo testemunhou, em 3 de Novembro, o PR, a ECOMOG situar-se-ia na banda fronteiriça Norte e também entre as posições das forças beligerantes.

[53] Quis esse membro do Governo estabelecer um paralelismo com o caso guineense.

[54] E o falado desapego ao poder?

[55] Aluna da Faculdade de Direito de Bissau? A confirmar-se esta minha impressão, o que diriam aqueles contratados avaliadores, no pós-guerra de *7 de Junho*, da viabilidade do *projecto Faculdade de Direito de*

64. 7 de Novembro de 1998 (Expresso): ANSUMANE MANÉ: «Nino não presta»; ele, ANSUMANE, não quer o poder.

65. 9 de Novembro de 1998 (RDN): a Suécia, em mensagem assinada pela Ministra dos Negócios estrangeiros, condena este levantamento militar como uma medida antidemocrática; apela à paz e à democracia; diz-se violentamente chocada com o levantamento.

A União Europeia condena o levantamento militar iniciado em 7 de Junho último e promete apoiar a Guiné-Bissau.

66. 16 de Novembro de 1998: RDP: o PR vai ouvir os partidos políticos a partir de amanhã, com vista à formação de um Governo de unidade nacional.

A RGB e a UM recusam-se a falar com o Presidente sobre a matéria: a RGB, porque acha que a Comissão Conjunta é que deve encetar as consultas; a UM, porque as *forças estrangeiras* ainda não se retiraram.

67. 17 de Novembro de 1998: RDN: os partidos da posição não compareceram à audiência do PR para a formação do Governo de Unidade Nacional (GUN). Só o PAIGC compareceu, através de PAULO MEDINA, seu Secretário Permanente[57-58].

Opinião, a tal respeito, do PR. Não compreende a ausência dos líderes da oposição; apela a que se deixem de parte os problemas políticos e se pense no país; insistiu em ouvir os partidos para que também não digam depois que só a Junta e o Governo compõem o GUN; tencionava, com essas audiências, encontrar um nome consensual para Primeiro-Ministro, que escolheria, em ligação com as forças políticas, o elenco do Governo, que a seguir tomaria posse.

68. 20 de Novembro de 1998 (Rádio Renascença – um programa em directo; sobre as "fortunas do Presidente Nino"):

• LUIZ CABRAL: NINO é rico, corrupto, insensível;

A Junta Militar deve continuar a reivindicar mais pastas no Governo porque representa o povo[59];

Acha bem que os partidos não se queiram reunir com o PR para a formação do governo.

• Major VALENTIM LOUREIRO: NINO não é rico; é íntegro.

• Um sociólogo de Lisboa: NINO tem um rancho nos EUA com 50.000 ha.

Bissau, que se teriam inclinado para a hipótese do fracasso e inviabilidade do referido projecto, precisamente por este não ter sido capaz de *evitar* o conflito político-militar de 1998/1999?

Sobre uma variação em torno deste tema, *vide* W.S GLAESER, Die Juristen-Fakultäten als Hüter des Rechtsstaats, in NVwZ 1995, Heft 40, p. 2597-2601.

[56] O radicalismo que a distanciação cómoda possibilita!

[57] BACIRO DABÓ, em defesa do Governo, sustentou no mesmo dia e na mesma emissora: o "não" dos líderes da oposição ao Governo de Unidade Nacional (dizendo que é um assunto entre o Governo e a Junta – quando sempre estiveram a apoiar esta) e o último posicionamento dos mesmos ao lado de HELDER PROENÇA (talvez desiludidos com a Junta, por esta não ter então derrubado NINO) revela falta de sentido do essencial: paz e reconciliação nacional; ataca o perfil moral e político de HELDER PROENÇA, concluindo que este não tem autoridade para levantar a voz.

[58] Ao 2.° dia, já compareceram o PCD (representado pelo Secretário-Geral para a Organização, RUI LANDIM, assim como por FILOMENO CABRAL) – que disse ser sua intenção apoiar o novo Governo, não enjeitando um eventual convite para integrar o projectado executivo – e o PUP (através de ABUBACAR BALDÉ).

[59] Na repetição que a Bombolom/Voz da Junta Militar fez, às 22 h, do programa, este comentário foi cortado...

69. 22 de Novembro de 1998 (RDP): opinião de um dirigente da FLING: a Junta infringiu a Constituição; a FLING fez ouvir a sua voz, na recente audição promovida pelo PR; neste momento, o importante é a boa vontade e flexibilidade.

Um participante (que se apresentou como JORGE MENDES) levantou os seguintes problemas: e os militares da Casamança que estão na Junta, quando é que se vão retirar? Só se fala nos senegaleses e nos guineenses de Conakri, escondendo-se aqueloutro factor, mas a "grande Reportagem", da RTP, mostrou e fez ouvir os *Rasta men* da Casamança.

Em resposta, SILVESTRE ALVES, da Junta Militar, tergiversou. Diz que a Junta não precisa desse apoio; diz que tem as suas dúvidas se os casamancenses estão lá (entenda-se, à apoiar a Junta), mas, de qualquer maneira, acredita que medidas já estão a ser tomadas...

70. 26 de Novembro de 1998.

• A ANP aprovou a revisão do art. 79 CRGB. Traduziu-se essa revisão na prorrogação do mandato do parlamento até Março de 1999.

• Ideias-fortes defendidas por deputados nesta reunião ocorrida no *Palácio Colinas de Boé* (sita na zona – perímetro exterior de Bissau – controlada pela Junta Militar):

• Há os que "exigem" a demissão "imediata e incondicional" do Presidente da República.

• Há quem advogue a recondução prévia do PR à Justiça para, em seguida, ser demitido.

• Contra as anteriores orientações, posicionaram-se alguns deputados como CARRINGTON CÁ. Este parlamentar do PAIGC condena o levantamento militar, por violar a ordem constitucional; defende a legitimidade do Presidente da República; condena as *manobras "cobardes"* de certos militantes que se aproveitam da situação para darem asa às suas ambições; felicita o Presidente NINO e o Brig.° ANSUMANE pelo acordo firmado em Abuja.

• Retirada das tropas estrangeiras.

71. 27 de Novembro de 1998:

Bombolom/Voz da Junta Militar (discussões na ANP):

• HELDER VAZ (RGB): convida o PR a afastar-se; de contrário, a ANP irá mover contra ele procedimento criminal, com vista à sua destituição.

• SEIDI BÁ (PAIGC): reconciliação, perdão a todos, são as condições para a paz.

• MÁRIO SOARES: apela à reconciliação; a ANP tem também responsabilidades na medida em que é ela que aprova o orçamento, que agora se diz ser insuficiente, para as Forças Armadas e os antigos combatentes.

• KANKOILA MENDY (FLING): que se instaure processo crime contra o PR.

• HELDER PROENÇA (PAIGC): se o último congresso do PAIGC tivesse sido democrático não haveria *7 de Junho*; que o Presidente da República renuncie ao cargo[60].

• ZECA MARTINS (PAIGC): o factor do golpe de Estado de 14 de Novembro de 1980 foi a circunstância de NINO ter recebido igual patente que outros em Cassacá.

A ECOMOG não é necessária.

• FRANCISCO CONDUTO DE PINA: numa intervenção forte e clara, condena o *7 de Junho*, considerando-o uma tentativa de golpe de Estado; defende a intervenção do Senegal.

---

[60] É relevante destacar que o autor desta proclamação teve um papel de tomo (pelo menos, uma grande visibilidade) na dinamização da oposição às forças governamentais, *maxime* a NINO, durante o conflito de 7 de Junho. Foi, então, cabeça de cartaz da *ala renovadora* do PAIGC, que protagonizaria uma viva compita com a ala *Firkidja,* da mesma formação política, durante os meses tórridos do conflito político-militar e do seu rescaldo.

• Foi apresentado na ANP um projecto de resolução nos temos do qual era *retirada a confiança política* ao Presidente da República e, consequentemente, pedida a sua renúncia ao cargo.

Pronunciaram-se logo contra o projecto os deputados CARRINGTON CÁ (porque contraria o acordo de Abuja) e ALBERTO BALDÉ (que chamou de cobardes aos muitos deputados que com ele estavam escondidos no mato durante a guerra e que hoje se dizem machos).

Acabaria por ser aprovada a resolução com 69 votos a favor, zero contra e 9 abstenções.

72. 28 de Novembro de 1998:

RDN (BACIRO DABÓ):

No início do levantamento, o discurso de quase todos os partidos da oposição era de que era um assunto do PAIGC com os seus militares e antigos combatentes.

Depois envolveram-se inteiramente no conflito, tomando o partido da Junta Militar, sem medir as consequências dessa atitude nas suas carreiras políticas. Por isso é que eles defenderam sempre a guerra como solução final – para, nessa altura, agarrarem o poder.

E são os mesmos que diziam antes serem contra a violência... São os que hoje afirmaram terem já, preparados, 250.000 homens para tomarem Bissau (como disse anteontem o Dr. KOUMBA YALÁ perante a ANP)[61].

A posição tomada ontem pela ANP (retirada de confiança política ao PR) reconduz-se a uma tentativa de golpe de Estado político.

Acusa BACIRO um ex-Ministro, de aquando do *dossier* dos deportados da Espanha[62], ter ido ao Gabinete do Ministro do interior (do qual o acusador era um *estreito colaborador*) oferecer 10.000 dólares americanos ao agente que eliminasse fisicamente um activista dirigente da Liga Guineense dos Direitos Humanos, dado que estava a revelar-se incómodo para os interesses do governo.

Acusa o mesmo personagem de ter dado instruções à Polícia (em nome do Governo) no sentido de esta atirar a matar sobre uma determinado número de alunos em manifestação[63], de molde a ser afogada a onda de protestos de alunos que invadira o país, ao tempo em que ele era ministro[64-65].

---

[61] Compare-se, por exemplo, esta afirmação com o pacifismo e o democratismo patenteados por KOUMBA YALÁ no Nó Pintcha n.° 1454, de 1.1.1994, p. 5.

[62] Alusão ao caso da recepção pela Guiné-Bissau (alegadamente a troco de certas contrapartidas para o Governo: dinheiro em montante não revelado, promessa de 10.000 toneladas de arroz, fardamento e equipamento militar) de indivíduos (africanos não guineenses) deportados pelas autoridades espanholas.

[63] Diversas ondas grevistas foram sacudindo a Guiné após a abertura política dos anos 90 do século XX. Sendo, por vezes, concomitantes as manifestações estudantis (*vide* Diário de Bissau, n.° 48, 26.3.1997, p. 1, 12; n.° 53, 30.4.1997, p. 1, 12).

[64] A ser verdade, trata-se de uma visão curiosa da democracia.

[65] Era frequente nas duas rádios em contenda, durante os tempos do conflito de 7 de Junho, esse tipo de acusações, extremamente virulentas, contra figuras que se julgavam estar a apoiar o inimigo. Valia quase tudo, não escapavam nem a honra, nem a honestidade, nem a sanidade dos visados. Personagens como NINO, BACIRO, por exemplo (do lado governamental) e (do lado, dizia-se ou deixava-se entender, da Junta) ANSUMANE MANÉ, MALAM BACAI SANHÁ, HELDER PROENÇA, ZECA MARTINS, KOUMBA YALÁ, LUÍS SANCA (oiça-se, por exemplo, o *Uatch a Katcheu* de 20.12.1998 – o visado contestou, no mesmo programa da RDN, a 21 do mesmo mês, onde deixou transparecer alguma mágoa por ter sido afastado das funções governativas), REGALLA, DUNDO FERNANDES, DOMINGOS FERNANDES, HELDER VAZ (a partir de 12 de Março de 1999, mais significativamente), *etc.*, sofriam os mais atrozes bombardeamentos verbais. Várias dessas figuras eram inseridas numa *5.ª coluna* (na concepção do Uatch a Katcheu de 30.12.1998 e 4.1.1999, nacionais ao serviço de ex-colonialistas, que ficaram com a missão de desorganizar o país ou o partido – em cumprimento da *"Instrução n.° 42/70" da DGS*; alusão

73. 4 de Dezembro de 1998:

RDN: entrevista, em Bissau, a um General português, GALVÃO DE MELO: formulou a sua indignação em relação ao tratamento dado em Portugal (designadamente, a respectiva comunicação social) ao Presidente da República da Guiné-Bissau e ao conflito de 7 de Junho; a mesma indignação, pelo tratamento, insultuoso, dado pelos deputados guineenses à figura daquele Presidente.

Façamos um salto no tempo para recuperarmos uma entrevista emitida pela citada estação no dia 7 de Dezembro p.f.. envolvendo este militar português e um empresário da mesma nacionalidade, de nome ANTÓNIO MACEDO:

• General GALVÃO DE MELO: toda a comunicação social portuguesa e o Governo português têm revelado uma atitude condenável e facciosa.

• ANTÓNIO MACEDO: o Governo português assumiu a ligação com o Governo e com a Junta; o Governo português "nem tem diplomacia, nem boas maneiras". Há um *lobby* que funciona em Portugal – que fomenta a guerra para lucrar com ela.

O Ministro dos Negócios Estrangeiros português oferecera às escondidas telefones satélites à Junta. Viajou este num avião de carga, incómodo (quando podia optar por um avião mais cómodo), para trazer à Junta fardas, alimentos, medicamentos, 3 jipes e, até, tropa portuguesa, como se diz por aí.

NINO sofreu a ingratidão do Governo português.

A respeito do conflito de 7 de Junho, Portugal nunca disse incondicionalmente que estava do lado da democracia – e isto era o suficiente.

Que o PAIGC não se deixe dividir pelas manobras do Partido Socialista português. Estes a rirem-se em Lisboa dos efeitos dos seus jogos em Bissau.

74. 6 de Dezembro de 1998:

Bombolom/Voz da Junta Militar: AMINE SAAD (UM): não houve intenção por parte da Junta de fazer um golpe de Estado. No próprio dia 7 de Junho, por volta das 11 horas, o Major MINA[66] lhe telefonara (ele diz ter gravado a conversa telefónica) a dizer que a Junta tinha reivindicações a fazer, mas que queria apoiar-se nos partidos para que as negociações fossem entabuladas. O Presidente da República recusou a via negocial.

AGNELO REGALLA[67] não entregou a Rádio Bombolom à Junta. Efectivamente, um trabalhador daquela estação emissora privada, de nome ZIK, havia telefonado a AMINE SAAD a dizer que um militar havia ordenado a captura da rádio. E terá sido ele SAAD quem informou REGALLA do facto.

RDN (Programa Uatch a Katcheu): há pessoas que defenderam no último congresso do PAIGC a *votação por aclamação*, mas que agora vêm, de forma oportunista, posicionar-se diferentemente;

O líder da LIPE, ABUBACAR DJALÓ, teria dito na Bombolom/Voz da Junta Militar que eles, os da oposição, apanharam a boleia da Junta neste levantamento.

75. 11 de Dezembro de 1998:

Bombolom/Voz da Junta Militar: na ANP, um deputado do PAIGC testemunhou no seu discurso que o seu carro foi apedrejado por vários elementos pela simples razão de não terem alinhado na tendência anti-NINO que outros deputados seguem[68].

---

a várias pessoas que se juntaram aos revoltosos da Junta para resolverem os seus problemas, bem como os *dos seus mandantes colonialistas*).

[66] O primeiro Porta-Voz da Junta Militar.

[67] Patrão da Rádio Bombolom.

[68] Não será este um argumento mais a favor do limite circunstancial de revisão? Como é que pode funcionar adequadamente um processo de revisão num contexto como aquele?

76. 13 de Dezembro de 1998:

RDN (KARUKA): o Acordo de Abuja pode ser, nalguns pontos, inconstitucional. Mas a guerra é uma situação anormal e os interesses da nação sufragam tal acordo.

A tomada do Leste pela Junta resulta de "batalhas" combinadas (conivência das tropas da Guiné-Conakri, que estavam, a princípio, ao lado das forças governamentais): Esta tropa do país vizinho não opôs qualquer resistência. Oiça-se a declaração de ANSUMANE MANÉ, pedindo para a tropa da Guiné-Conakri ser bem tratada.

Depois desta tomada do Leste, alguns políticos surgiram (donde estavam escondidos) a apelar à tomada da Bissau pela força. Mas Bissau não é o Leste, nem Bolama, nem Fulacunda (a Junta, face à impossibilidade de tomar Bissau, optou por ocupar estas zonas praticamente desmilitarizadas).

A rádio da Junta está em conivência com as jogadas políticas que visam complicar o acordo de Abuja: moção de "censura" da ANP; manifestações populares insultuosas contra o PR e contra, por exemplo, os deputados que defendem o PR. Para a Junta poder depois pôr *Abuja* em causa.

77. 21 de Dezembro de 1998:

RDN: comunicado de imprensa da Presidência da República (pelo Eng.° CIPRIANO CASSAMÁ, Porta-Voz da Presidência):

Quando do levantamento de 7 de Junho, as Forças Armadas guineenses eram constituídas maioritariamente por antigos combatentes; poucos militares novos ("o último recrutamento havia sido feito há 8 anos")[69];

A maioria desses antigos combatentes aderiu à Junta; a maioria dos jovens militares manteve-se leal ao Governo, tendo enfrentado os revoltosos nos primeiros dias de confronto.

Face à maior experiência dos antigos combatentes que integravam a Junta; face, também, ao maior poderio bélico da Junta (todo o material bélico, ou quase todo, dos 3 ramos das Forças Armadas estava do lado dos revoltosos); face, ainda, à circunstância de a Junta se ter entrincheirado em quartéis e zonas de difícil acesso; assim como ao facto de os militares leais estarem armados apenas com armas ligeiras, o Governo decidiu pedir ajuda ao Senegal e à Guiné-Conakri.

Com o desenvolvimento da guerra, o Governo decidiu aceitar (sem discriminações) voluntários que se ofereceram para defender o poder legalmente constituído[70].

Estes *voluntários* foram enviados para a vizinha Guiné para preparação militar. E são estes militares que estão neste momento nas forças governamentais.

No presente contexto (de paz e reconciliação), o enquadramento desses recrutas insere-se na linha da mera manutenção da paz, servindo sob as ordens dos poderes existentes (recorde-se que está em marcha um *Governo de Unidade Nacional*[71]).

A RDN, no programa *Uatch a Katcheu* do dia, avança nomes tais como HELDER PROENÇA, KOUMBA YALÁ, ZECA MARTINS, ABUBACAR DJALÓ, AMINE SAAD, ALI KADRA, responsabilizando-os pelos seguintes actos: incitamento à guerra (dentro do parlamento), colocando em causa o acordo de Abuja; preparação de um golpe de Estado político; mobilização de elementos da população para porem em causa a segurança e a dignidade de alguns deputados do PAIGC (CONDUTO DE PINA, CARRINGTON CÁ, ALADJE MANÉ, BRAIMA CÔNSUL) que não alinharam na estratégia golpista da ANP, tendo sido humilhados ontem ou hoje.

[69] Recrutamento que me pareceu um fiasco, dado o aparente índice de abandono – sem contar com o facto de não mais se terem feito recrutamentos sistemáticos de tropas.

[70] *Vid. supra* registo de 13.9.1998.

[71] Com que poderes? É o que não se antolhava evidente. Será um *Governo de gestão*? A respeito desta figura, *vide* D. FREITAS DO AMARAL, Governo de Gestão, 2.ª ed., Cascais, Principia, 2002.

78. 8 de Janeiro de 1999:

• RDN: VICTOR MANDINGA (líder do PCD): esteve hoje com o PR e o Primeiro-Ministro (PM) e reclamou na ocasião a integração (participação alargada) dos partidos políticos (do PCD, em particular) no Governo de Unidade nacional. Não entende a exclusão dos partidos da oposição. "O PCD não quer perder esta carruagem".

A uma interpelação do jornalista sobre o porquê então da não comparência dos partidos (salvo o PCD e poucos mais) nas audiências com o PR, com vista à designação do PM, ele preferiu remeter aos partidos ausentes essa resposta. Mas sempre foi dizendo que o Movimento Bâ-Fata e, talvez, o PRS se manifestaram ultimamente disponíveis para integrar o Governo.

Alega que alguns membros do novo Governo são até dirigentes políticos, como o caso do Coronel BRAIMA DAKAR, sendo indivíduos com filiação política a maior parte das personalidades indigitadas.

Não entende a tese segundo a qual os líderes partidários não podem participar neste Governo, tendo sido, efectivamente, excluídos.

• Faz a RDN (Uatch a Katcheu) chalaça em relação a líderes partidários que agora reclamam que querem fazer parte do Governo: entraram de peito feito num jogo e agora ficaram de fora; perderam o comboio.

Lembrou que, logo após Abuja, o Presidente convocara esses líderes para serem ouvidos quanto à indigitação do PM, mas recusaram-se a ir, sob *disparatados pretextos*.

Que o povo fique de sobreaviso contra tais manobras, que já estão a ser preparadas.

79. 11 de Janeiro de 1999:

RDN (Uatch a Katcheu): KOUMBA YALÁ, como porta-voz dos políticos descontentes com a sua exclusão do Governo de Unidade Nacional, falou hoje na Base Aérea com a Junta. Teria dito na ocasião que só a UM foi chamada para o governo.

80. 12 de Janeiro de 1999:

Bombolom/Voz da Junta Militar: o Porta-Voz da Junta, 1.° Tenente ZAMORA INDUTA, informa que decorreu um encontro da Junta com uma delegação de partidos da oposição[72], onde esta foi transmitir o seu protesto contra o facto de o G.U.N. só integrar o PAIGC e a UM.

A Junta teria sido apanhada de surpresa com tais revelações.

Apontaram os casos de SILVESTRE ALVES como pertencendo à UM (mas este teria desmentido tal alegação, afirmando ter sido do PRD – antes da fusão que resultou na UM –, mas que não milita nesta); de BRAIMA CAMARÁ (UM); SULEIMANE JASSI (UM); CAETANO N'TCHAMA (UM)[73]; RUI BARROS (UM), *etc.*

O Porta-Voz diz que a Junta Militar desconhecia esse estado de coisas, mas, seja como for, ela privilegiou a tecnicidade nas suas escolhas.

KOUMBA YALÁ: terá havido influência de um determinado partido no governo. Espera (e a Junta espera) que os membros escolhidos pela Junta não vão servir os seus partidos, mas, de uma forma isenta, o governo.

---

72 Ontem?

73 O Primeiro-Ministro FADUL responderá depois que N'TCHAMA terá, quando muito, conotações morais com o PRS – que o propusera para a Inspecção Superior Contra a Corrupção.

81. 14 de Janeiro de 1999:
Noticia a RDN que foram hoje repatriados, no quadro do Acordo de Abuja, 200 militares do Senegal e cerca de 30 da Guiné-Conakri[74].

82. 23 de Janeiro de 1999:
• RDN: Ministro dos Negócios Estrangeiros do Togo: Muito feliz, após o encontro com o Presidente da República (a que assistiu o Primeiro-Ministro nomeado), esclarece que a ECOMOG será integrada pelo Togo, Benim, Níger e Gâmbia[75].
• Bombolom/Voz da Junta Militar: comício de políticos que se chamaram a si "Renovadores" (do PAIGC, leia-se). Decorreu no Bairro Militar, em Bissau.
Na ocasião, HELDER PROENÇA (que parece liderar o referido movimento) apoiou claramente o levantamento militar de 7 de Junho porque o Presidente da República violava a Constituição.
VICTOR SAÚDE MARIA (líder do Partido Unido Social Democrata – PUSD) apoiou também o tal levantamento.

83. 31 de Janeiro de 1999:
• ± 6 horas: tiroteio persistente nas *linhas de frente* de Bissau[76].
• Comunicado da parte presidencial:
Quem começou foi a Junta; *ordena* que as forças leais ao PR se abriguem e não respondam.
• Porta-Voz do Estado-Maior General das Forças Armadas, Tenente-Coronel ARSÉNIO BALDÉ: a Junta é que começou; as forças lealistas só responderam 2 horas depois.
• Comunicado da Junta Militar:
Quem começou foram as forças do PR;
A Junta já assinou hoje, às 7 H, pelo Ten-Coronel EMÍLIO COSTA, o documento (anteprojecto) aprovado ontem na reunião entre a Junta, a ECOMOG e a delegação da parte presidencial[77];
Pedem à parte presidencial que controle os seus homens, para que a situação não fuja ao controlo dos seus homens[78].
• Bombolom/Voz da Junta Militar: P-M FADUL: apelo vigoroso à paz; crítica a ambas as forças.
• RDN: Coronel BERENA (togolês, comandante da ECOMOG): pede, via RDN, que a Junta ordene cessar-fogo. As forças lealistas já observam o cessar-fogo.

---

[74] Entrevistado pela mesma emissora no dia 20, o Tenente-Coronel AFONSO TÉ, a uma pergunta do jornalista sobre o seu sentimento a respeito desta retirada dos seus camaradas da Guiné-Conakri, respondeu que eles "são profissionais" e como profissionais "não têm sentimento"; limitam-se a cumprir *escrupulosamente* (como a parte governamental tem feito) o Acordo de Abuja e o Protocolo de Lomé.

[75] Uma curiosidade: a Assembleia Nacional Popular não foi consultada quanto à entrada destas forças no país... tal como acontecera aquando da vinda das forças senegalesas e da vizinha Guiné. Como reagirá, desta vez, a ANP?

[76] Em pleno velório do Bispo de Bissau, D. SEPTIMIO FERRAZZETA (Bissau ou grande parte dos guineenses, em geral, afundara-se numa profunda tristeza decorrente da morte desta grande e amada figura da Igreja católica). Há que convir em que se o desencadear da operação foi de mamposta (por parte da Junta ou por parte das forças ninistas), a tentativa de exploração do factor surpresa não é de descartar. Seja como for, apanhou quase toda a Bissau de surpresa, não tanto pelo facto em si, mas pelo momento.

[77] ALFREDO LOPES (da delegação da Presidência da República na aludida comissão) informaria um pouco mais tarde que o relatório a ser assinado hoje era apenas um projecto a submeter à assinatura do Presidente da República e do Comandante Supremo da Junta Militar.

[78] Aparentemente, a Junta dividiu-se entre os que querem agora uma solução negocial e os que querem uma solução militar.

• Bombolom/Voz da Junta Militar (comunicado da Junta): que as forças lealistas parem de usar artilharia pesada pois, de contrário, ripostará na mesma medida; a troca de tiros que tem havido traduz um mero incidente.

• RDN (*Uatch a Katcheu*): antecedentes deste "incidente":

O Presidente da República foi sendo considerado fraco;

O PR cedeu na disputação com a Junta, no tocante às pastas da defesa e segurança;

A lista de governantes avançada pelo PR foi rejeitada na sua quase totalidade (só passaram dois) pela Junta, com comentários pouco abonatórios em relação a esses indivíduos – mais uma vez, o Presidente cedeu;

Reformulou a lista pois a Junta havia defendido que nenhum ex-governante poderia fazer parte do novo Governo;

Quando CALIFA SEIDI declinou o convite para Ministro da Educação, o PR escolheu, sucessivamente, 3 nomes que nunca integraram qualquer governo[79] – todos, rejeitados pela Junta;

A tomada de posse foi recusada pela Junta (com o apoio a esta de muitos políticos) se e enquanto não sair do país o último soldado "do Senegal";

O Porta-Voz da Junta já ameaçara que se até 31 de Janeiro (hoje) não se resolvesse definitivamente por via pacífica o problema da retirada do Senegal e da Guiné-Conakri, bem como o da tomada de posse, uma solução seria arranjada pela Junta Militar.

84. 1 de Fevereiro de 1999:

• RDN: BARNABÉ GOMES: as forças lealistas estão a progredir (já tomaram o *Polón di Brá*)[80].

GOMES NHAFÉ: que o Brigadeiro HUMBERTO GOMES (CEMGFA) use todos os meios à sua disposição (que morram todos, se for necessário). Se não o fizer, *vamos afastá-lo*! Que não peça qualquer autorização ao Presidente da República.

Tenente-Coronel ARSÉNIO BALDÉ (Porta-Voz do CEMGFA): se a Junta optou pela solução militar, que ela fique ciente de que receberá uma resposta enérgica; muitas vítimas estão no hospital Simão Mendes; então, Brá, Safim, Cantchungo, Bula e o Leste que se preparem... a população que se abrigue.

• Rádio Renascença (ANTÓNIO PACHECO – ex-correspondente na Guiné-Bissau): o que menos importa na perspectiva dos dirigentes africanos e da Junta Militar é a população. Afinal, ANSUMANE MANÉ partilhou 20 anos com NINO VIEIRA várias atrocidades. E só terá feito o levantamento militar para salvar a sua pele, que sentia ameaçada.

O que preocupa hoje os dirigentes da Guiné não é o povo, mas como "gerir" em seu proveito (deles dirigentes) os dinheiros para a reconstrução do país. Esta guerra, que recomeçou ontem, não tem qualquer sentido.

• RDN: Dr. PLÁCIDO CARDOSO[81]: cerca de 200 pessoas deram entrada no hospital Simão Mendes. Ontem houve 50 casos. Isto é uma carnificina! Ultrapassa a capacidade do hospital. Caíram bombas no hospital, o que vai obrigar o pessoal médico a abrigar-se, dificultando o próprio atendimento.

Eng.° DJAMANCA (de um grupo de vários partidos – *FD*)[82]:

Diz que está de acordo com o levantamento.

---

[79] Alusão a DJIBRIL BALDÉ, GALDÉ BALDÉ e ALEXANDRINO GOMES.

[80] A Bombolom contestou a seguir esta proclamação.

[81] Médico colocado no hospital Nacional Simão Mendes, em Bissau. Chorava quando prestava esse depoimento.

[82] O depoimento não prima pela coerência, nem pelo destemor, nem pela consistência.

Diz que é contra a violência; que "condena o levantamento militar", por via das armas.

Em resposta a uma pergunta do jornalista NHAFÉ sobre como é que via um político como KOUMBA YALÁ fardado, a atitude da RGB, assim como da *ala renovadora* do PAIGC que, através de HELDER PROENÇA, teria dito que a Junta não devia esperar que os políticos resolvessem este conflito (os militares que prossigam a guerra).

Diz que RAFAEL BARBOSA defendera o levantamento militar por via das armas. Mas ele é do grupo FD. Depois avisa o jornalista que há que tomar cautela com o uso da palavra "condenar"[83].

Padre ARTUR CARREIRA DAS NEVES[84]: que NINO e ANSUMANE façam calar as armas; que se respeite a memória do Bispo[85].

GOMES NHAFÉ (jornalista): aos comandantes das frentes: "nin si katchu ku parciu dianti, pa fuguia, purki pekadur ta bida katchu"[86].

Ao CEMGFA, Brig.° HUMBERTO GOMES: disparar *intensiva, massiva e violentamente*; ele, Brigadeiro HUMBERTO é que está a fazer demorar isto (a guerra, leia-se).

85. 3 de Fevereiro de 1999:

RDN: Eng.° CIPRIANO CASSAMÁ, Porta-Voz da Presidência da República: o PR não tem tempo para receber a delegação dos Embaixadores de Portugal, Suécia (Encarregada de Negócios) e França – que terá solicitado desde ontem uma audiência. Talvez venha a ser recebida por *S. Ex.ª o Ministro JOÃO CARDOSO*. Determina como condições para o cessar-fogo a aceitação pela Junta ("que desencadeou o conflito no dia 31") do Acordo de Abuja e do respectivo Protocolo Adicional de Lomé.

± 13.45 H: KARUKA anuncia: está em Bissau uma delegação da CEDEAO (um, pelo menos, enviado do Chefe de Estado togolês EYADEMA) para conversações com o Presidente NINO. Este ordenou cessar-fogo temporário para poder ouvir os emissários do Togo, que aterraram no aeroporto. Porém, até este momento, a Junta continua a fazer fogo na zona da Guimetal e a bombardear Bissau.

Afirmam KARUKA e BARNABÉ que navios de guerra e outros engenhos bélicos portugueses partiram deste país rumo às águas guineenses para "manobras militares". Os locutores vêem nessa ocorrência a evidência da intervenção do governo português neste conflito ao lado da Junta Mili-

---

[83] Esquecendo-se de que ele mesmo é que tinha proferido tal expressão.

[84] Um sacerdote franciscano de origem portuguesa há mais de 30 anos na Guiné e dedicado à Guiné. Chorava ao falar.

[85] A Diocese de Bissau, apelando à paz, anunciou hoje o adiamento das exéquias do Bispo até quando houver condições.

[86] Entretanto o Primeiro-Ministro nomeado FADUL denuncia nas antenas da BBC, designadamente: há cerca de 300 militares franceses na linha de frente (N'tula); teria recebido tal informação de refugiados que fugiam de Bissau; há um navio de guerra francês a atacar a Junta (isso teria sido contado por um padre franciscano italiano de nome MARIO FACCIOLI – "uma pessoa insuspeita" e imparcial que vive numa zona privilegiada); ele, FADUL, percebeu isso pela potência maior dessas bombas, em relação ao habitual da parte governamental.

Esta versão viria a ser categoricamente refutada pelo Comandante Supremo da própria Junta, ANSUMANE MANÉ. A França também rejeitou a acusação, dizendo que apenas tinha 16 *marines* para a segurança da sua representação diplomática em Bissau e que o navio que tem ao largo transporta 300 soldados da ECOMOG, mas que não entram por falta de segurança.

A RDN, essa, aproveita para lançar dichotes, asseverando que as bombas o Governo sempre as teve, mas o PR é que nunca havia autorizado o seu uso.

tar. Portugal faz-se de neutro e apaziguador, mas, entretanto "*i ta fika i na iangassa manduku*" (vai alcançando o bordão) a uma das partes (a Junta)[87].

86. 4 de Fevereiro de 1999:

RDN: HELDER VAZ LOPES (da RGB) teria dito recentemente em Cabo Verde que não havia abandonado Bissau nas primeiras fases da guerra porque achava que em Bissau poderia ser mais útil à Junta Militar (falou nas suas potencialidades no domínio dos contactos internacionais, *etc.*); HELDER VAZ disse ontem à RTP que o Governo utilizou armas químicas e recrutou mercenários franceses.

O Porta-voz do PR refuta a última declaração do Dr. HELDER VAZ.

Noticia a Rádio Nacional a chegada a Bissau da 2.ª leva da ECOMOG (cerca de 291 soldados).

A RDN apresenta hoje uma postura e um discurso que não conseguem disfarçar bem um certo triunfalismo: «há mudança de posição a partir de 31 de Janeiro de 1999 – e a arrogância da Junta Militar é que levou a isso».

Por seu lado, a Bombolom/Voz da Junta Militar não lograva disfarçar um certo desconsolo ou desolação (o seu Porta-Voz era a voz desse estado de alma); NUNO GRILO apareceu aos microfones com uma voz muito desgastada, rouca e triste.

A RDN informa que o Chefe de Estado acabou de exarar o Decreto Presidencial n.° 4/99, que nomeia GALDÉ BALDÉ Ministro da Educação, Cultura, Juventude e Desportos, "por consenso das partes" signatárias do Acordo de Abuja.

87. 5 de Fevereiro de 1999:

- Bombolom/Voz da Junta Militar: muitas entrevistas com populares no interior do país: quase todos se manifestaram contra o cessar-fogo; que a Junta destrua Bissau; tome Bissau pela força; mate NINO (outra disse "queime")[88]; que a Junta Militar rejeite o cessar-fogo pois NINO só pede cessar-fogo quando está a perder terreno.
- RTP: a Presidência da República deu ordem de expulsão ao Padre FACCIOLI[89]. Este deverá, assim, abandonar o país dentro de 24 horas. O mesmo padre diz agora não ter visto nada[90]; só ouviu

[87] Um ouvinte interveio depois para formular os seguintes votos: que o PR proteja o Brig.° ANSUMANE MANÉ e o Tenente-Coronel EMÍLIO COSTA; que o PR pare com o seu *moli korsson* (em kiriol, *coração mole, coração de pomba*) e deixe as forças governamentais continuar o seu trabalho; que não admita a entrada nas nossas águas da armada portuguesa; que os portugueses de Bissau sofram se essa armada penetrar (apelo implícito a retaliações); que a Guiné-Bissau largue a CPLP (até porque quem *sustenta* esta organização é Angola e Guiné-Bissau); que não admita mais manobras do Embaixador de Portugal e seus parceiros.

[88] No *Uatch a Katcheu* que saiu mais tarde, no mesmo dia, o *produtor* do programa B. DABÓ decide: como a população se manifestou, através da Bombolom/voz da Junta Militar, a favor da continuação da guerra até à vitória final da Junta, ele BACIRO (que diz ter sempre defendido a paz e a reconciliação nacional) vai suspender o programa e a sua participação na RDN, até quando for necessário aparecer (*i.e.*, até quando a mensagem da paz voltar a ser importante para a população – que se manifestou pela violação do cessar-fogo e que, segundo BACIRO, na voz de algumas mulheres, deram recado a ANSUMANE MANÉ que se não pudesse *usar calças*, elas dar-lhe-iam um pano, numa alusão a uma suposta *efeminação* revelada por aquele, no entender delas, durante os últimos combates).

[89] *Vid. supra*, a propósito, o registo de 1.2.1999.

[90] O padre merecera já hoje acerbo ataque na voz de KARUKA (RDN), por essas "mentiras", sendo apelidado de padre *"n'faru"*, porta-voz da Junta Militar, *etc.* Acabaria, no entanto, na sequência da sua retratação via TV, por ser *perdoado* pela Presidência, permanecendo no país.

a população a falar: de bombardeamento das posições da Junta Militar por navio francês; de cerca de 300 militares franceses e da sua recolha por helicópteros; de corpos de militares governamentais nas frentes de Psak e Brá – que estaria na origem da violação do cessar-fogo desde anteontem.

88. 8 de Fevereiro de 1999:

BBC: o Presidente NINO teria dito a "Le Matin" (jornal do Senegal) que o envio de apenas 600 soldados da ECOMOG era *uma brincadeira*. Porque não seriam suficientes para induzir o acantonamento das forças da Junta e garantir as demais operações que o processo de paz comporta.

De acordo com a BBC, o jornal senegalês teria dado conta de opiniões de *diambars*[91] em Bissau segundo as quais, mal virassem as costas[92] os rebeldes invadiriam Bissau.

89. 9 de Fevereiro de 1999:

RDN: o Brig.° ANSUMANE MANÉ disse à RFI que a França não disparou qualquer tiro contra a Junta Militar, ou seja não se envolveu nos combates de 31 de Janeiro e dias seguintes (diferentemente daquilo que foi veiculado há dias nomeadamente por FRANCISCO FADUL)[93]. Adiantou o Brigadeiro ser prioritária a tomada de posse do Governo de Unidade Nacional.

90. 11 de Fevereiro de 1999:

• Rádio Renascença: o PR e o PM guineenses reúnem-se – num momento em que o PR quer acabar com a cooperação técnico-militar com Portugal (uma vez que o Presidente não ficou satisfeito com o facto de um avião C 130 português ter aterrado ontem no aeroporto de Bissau, controlado pela Junta, "com ajuda humanitária").

O Ministro da Defesa português deplora a falta de diálogo e diz que a cooperação técnico-militar já estava suspensa desde o início da guerra, não havendo, portanto, nada a suspender agora.

ANTÓNIO PACHECO, jornalista desta emissora católica portuguesa, diz que o tempo está a jogar a favor de NINO e contra a Junta Militar. É que NINO tem hoje mais força militar do que no início – altura em que as suas forças estavam confinadas ao Palácio. Caracteriza a atitude do PR como uma manobra típica dos políticos africanos dos anos 60 e 70: é para contentar a França, que o PR julga estar em conflito com Portugal, nesse aspecto.

ANTÓNIO PACHECO discorda da conjectura do *pivot*, para quem, jogando o tempo a favor de NINO, é possível que venha a renovar-se e a ganhar as próximas eleições[94-95].

• BBC: "Encontro entre o PM e o PR não remove o impasse político".

Parece, contudo, navegar, agora, em sentido algo diferente o PM (ainda não empossado) FADUL. O seu Porta-Voz (TCHERNO BALDÉ) declarou que: FADUL disse ao Presidente que está de acordo com o empossamento urgente do Governo, mas que este assunto não deve ser tratado ao seu nível (do PM nomeado), mas sim entre os signatários de Abuja; mais, impõe-se uma condição pré-

---

[91] Nome de guerra dos comandos senegaleses.

[92] Ou seja, mal abandonassem a Guiné-Bissau.

[93] Um comentador da RDN, na emissão de 11 de fevereiro p.f., pegou neste testemunho para perguntar quem manda, afinal, na Junta Militar. É que A. MANÉ manifestou-se interessado em reunir-se com o Presidente da República, diz não ter prova do envolvimento da França... Depois de tudo isso, a Bombolom/Voz da Junta Militar difunde um programa agressivo e belicista. Daí a pergunta: quem manda na Junta? ANSUMANE ou os que escrevem programas?

[94] O tempo jogaria a favor de NINO dado que as pessoas já estão a ficar cansadas da situação... E é possível que o povo venha a dizer que "no tempo de NINO não era assim" (ou seja, era melhor).

[95] Para PACHECO, o Presidente e a sua *entourage* estarão mais interessados em gerir os próximos fundos da reconstrução para, a seguir, irem viver folgadamente no estrangeiro.

via, qual seja, um instrumento jurídico[96] a firmar pelos mandantes de Abuja no qual serão definidos alguns problemas como o estatuto da ECOMOG na Guiné-Bissau, a calendarização da retirada das forças estrangeiras, o relacionamento entre o GUN e as forças estrangeiras ainda baseadas na Guiné-Bissau[97].

91. 14 de Fevereiro de 1999:

RDN: das 16 às 18 horas, decorreu na sede da delegação da União Europeia em Bissau um encontro entre o Presidente NINO VIEIRA e o Comandante da Junta ANSUMANE MANÉ. Foi testemunhado (salvo no momento do *tête-à-tête,* que foi a *huit clos*), entre outros, pela Comissária europeia EMA BONINO, pelo Eng.° CARLOS CORREIA (Primeiro-Ministro substituído pelo indigitado FRANCISCO FADUL), pelo Primeiro-Ministro indigitado.

Foi *um sucesso*, segundo rezam as crónicas... O discurso final do PR, os cumprimentos efusivos dos dois intervenientes.

No final do curto improviso, NINO diz que, para confirmar o sucesso da reunião e que a "paz veio para ficar" definitivamente, vai dar um abraço ao "*General* Ansumane Mané, meu irmão e companheiro de sempre"[98].

O empossamento do GUN ficou marcado para 20.3.1999.

Ficou combinada a implementação rápida dos acordos já concluídos[99].

92. 15 de Fevereiro de 1999:

Clima respirado em Bissau, desde o fim da *guerra de 31 de Janeiro*:

Grande poder do Presidente NINO; admiração[100] pelo Presidente da República; assinaláveis *performances* combativas dos "Anguenta Força Delta"[101] quando, pela 1.ª vez após as instruções militares recebidas, foram chamadas a guerrear (de 31 de Janeiro a 4 ou 5 de Fevereiro de 1999).

93. 17 de Fevereiro de 1999:

BBC: O PR e a Junta (ANSUMANE) chegam a mais acordos em Lomé[102].

94. 18 de Fevereiro de 1999:

- RDN[103]: a RFI reportou hoje que ficou assente em Lomé que o Brig.° ANSUMANE MANÉ vai incorporar o GUN, como Ministro de Estado para a área da Defesa e Segurança; que o PR e o Brigadeiro viajarão de regresso no mesmo avião, como sinal de reconciliação.

---

96 A RDP já noticiou estar em preparação esse instrumento, para assinatura de NINO e ANSUMANE.

97 Mas o Primeiro-Ministro FADUL dissera anteriormente à BBC que a retirada das forças estrangeiras, como condição prévia e necessária da tomada de posse do seu Governo, *é uma questão de princípio* e que os princípios não se negoceiam!

98 A acreditar no comentador da RDN, BACIRO DABÓ, antes do apertar de mãos, precedido da continência de ANSUMANE, NINO teria, em mandinga, dirigido a ANSUMANE um *"Moro, i kodi?"*.

99 O Ministro da Defesa de Portugal, Prof. VEIGA SIMÃO, diria no dia 15 de Fevereiro (RDP) ver com "esperança, mas com incerteza" este acordo de paz. Falou, então, socorrendo-se da Física, no *princípio da incerteza.*

100 Temor devido aos que parecem, circunstancialmente, que têm a força do seu lado?

101 Assim se denominavam as forças recrutadas durante a guerra para defender o regime.

102 Entrevistado, FRANCISCO BENANTE (o indigitado Ministro da Defesa, pela Junta Militar) aponta as seguintes linhas: reafirmação do empossamento do GUN para o dia 20 de Fevereiro próximo; aceleração da retirada das *forças estrangeiras* (cumprimento dos prazos, que este dirigente da Junta Militar diz não ir para além de 28 de Fevereiro); envio da ECOMOG (cada país promitente deve cumprir); abertura do aeroporto; *promessa* de que *nenhuma das partes deverá recorrer*, doravante, *à força.*

103 Na voz de um dos assessores do PR, ALFREDO LOPES.

• Um batalhão de 400 soldados senegaleses regressa hoje ao Senegal.

• Bombolom/Voz da Junta Militar (Porta-Voz da Junta): "Acima do interesse nacional, não está nada". É por isso que a Junta aceitou a tomada de posse já para o dia 20 de Fevereiro. Se for a tomada de posse a contribuição para acelerar o processo de paz, então que ela se efective já[104].

Não é verdade que o Brig.° ANSUMANE MANÉ, "com o estatuto de co-Presidente da República", possa aceitar o cargo de Ministro da Defesa e Segurança. Isso é inconcebível! Até porque a Junta *não quer o poder*[105] (nenhum efectivo militar vai fazer parte do Governo[106]).

• Bombolom/Voz da Junta Militar (comunicado do Conselho de Ministros): considerando a paralisação do aparelho de Estado e da vida do país[107], o Governo de Unidade Nacional vai tomar posse em 20.2.1999.

95. 20 de Fevereiro de 1999:

RDN: às 13.30 H, foi anunciado o início da cerimónia de empossamento do Governo de Unidade Nacional.

Às 14 H, discursa o Primeiro-Ministro do Togo (mensagem do Presidente togolês): é mais difícil destruir que construir[108]. Pede ao Brig.° MANÉ, tendo em conta o seu carácter de estratego, o seu envolvimento na reorganização das Forças Armadas guineenses, em prol do povo e da integridade territorial da Guiné-Bissau.

A seguir, o Secretário Executivo da CPLP, MARCELINO MOCO, vê no conflito de interesses a base desta guerra. Sustenta haver que afastar a glorificação da destruição.

O Primeiro-Ministro orientaria o seu discurso pelos grandes tópicos da unidade nacional, paz, reconciliação, democracia, justiça e desenvolvimento.

O último discurso coube ao Presidente NINO, para quem este Governo de Unidade Nacional está na linha de frente duma guerra (não da que se acabou de viver – que é uma «guerra absurda, expressão primitiva e brutal duma pretensa forma de resolver as nossas contradições políticas e constrangimentos económicos e sociais») na paz, pela paz e pelo desenvolvimento.

Enfatiza que «a guerra não é e não será nunca a solução».

96. 24 de Fevereiro de 1999:

BBC: FRANÇOIS CHAPELET, Embaixador da França em Bissau, depois de uma audiência da *Troika* comunitária com o PR: acha insuficiente o contingente da ECOMOG na Guiné-Bissau e não crê que seja exequível o calendário da retirada das forças estrangeiras.

97. 28 de Fevereiro de 1999:

Bombolom/Voz da Junta Militar: o Brig.° ANSUMANE MANÉ, num comício no Sul da Guiné-Bissau, ao tratar das razões do levantamento de 7 de Junho, reitera que não querem o poder, dese-

---

104 O "interesse nacional" serviu aqui para justificar a mutação de 180.° na posição da Junta: não ao empossamento sem retirada total das forças estrangeiras. Ou tudo se resumirá a uma manobra táctica tendente a conseguir um objectivo estratégico (a retirada das forças senegalesas – já que estas seriam, ao que consta, a barreira principal) e, logo a seguir, consumar o há muito falado *assalto final* a Bissau?

105 E a "co-Presidência"?!

106 E os outros *efectivos*?!

107 Argumento sempre usado pela Presidência da República, mas, até aqui, rejeitado pela Junta, pois a retirada das forças senegalesas (e da Guiné-Conakri) era uma *questão de princípio*.

108 Ou será a inversa?

jam apenas que o povo possa escolher quem deve ser governante[109]; mas que o escolhido não seja um *fantoche* (quem venha a esquecer-se do povo)[110].

«Enquanto NINO não se render, nós não vamos deixar»[111]. Seja como for, haveremos de chegar a uma conclusão: a canoa largou o porto, "*si i ka n'kadja no na tchiga*"[112]. O que importa é que cada qual assuma as suas responsabilidades.

Os militares cumpriram o seu papel, ao fazerem o levantamento; o povo, esse, sabe o que tem a fazer; hoje, já foi escolhido quem manda: o Governo de Unidade Nacional (que este assuma o seu papel).

Após ouvir os discursos do Brig.° ANSUMANE MANÉ transmitidos ontem pela Bombolom, uma reflexão-síntese me ocorreu, no tocante às razões invocadas para esta guerra:

O Brigadeiro sentiu-se injustiçado, ultrajado (e/ou ingratamente abandonado, sacrificado pelo Presidente NINO), por ter sido ligado ao tráfico de armas a Casamance[113] e por ter sido, consequente e sucessivamente, suspenso e demitido das funções de Chefe de Estado-Maior General das Forças Armadas;

Foi-se construindo uma teia de maquinações no sentido de explorar esse filão de revolta; houve, para isso, a confluência de várias forças [circunstancialmente coligadas – os democratas de conveniência, incluindo oposição e "situação"; potências estrangeiras (Governo de Portugal? – que meses antes do deflagrar do levantamento militar parece que já sabia da conjura, a acreditar nalguma imprensa e nalguns políticos portugueses; veja-se o febril patrocínio de "estudos" e certames sobre a "Boa Governação", constitucionalismo, democracia, *etc.*, *etc.*, por respeitáveis parceiros da cooperação como, por exemplo, a Suécia e os EUA – desde que tais "estudos" e encontros tenham nas conclusões/recomendações o desancar no regime)] que iam aproveitando, atiçando e controlando a situação.

Deu-se a guerra, que seguiu a sua natural dinâmica; a complexa engrenagem da guerra pôs-se em acção e foi difícil fazê-la parar (uma das formas de fazer parar, querendo, as várias rodas da engrenagem era desactivar o "motor" ou algumas peças essenciais do sistema, endógenas ou exógenas).

98. 9 de Março de 1999:

• Um cortejo de centenas de pessoas, que meteu músicos da praça e muitas viaturas[114], passou por volta das 11.30 H na Avenida 14 de Novembro, oriundo da zona do aeroporto de Bissalanca, em direcção ao centro de Bissau. Trata-se de uma manifestação organizada pelo chamado

---

109 Interrompe-se, de modo violento, uma situação em que o povo é que escolhe os seus governantes para... oferecer ao povo a hipótese de escolher os seus governantes!

110 De contrário, haverá um novo levantamento?! A eterna tutela castrense da democracia?

111 Entenda-se por deixar, *desistir*.

112 O propósito de consumar o derrube do Presidente NINO, pela força das armas, encontra na passagem referenciada mais um indicador.

113 Estamos a falar de um assunto que foi politicamente explorado até ao tutano, do pré ao pós-guerra de *7 de Junho*. Envolvendo o assunto, está a instabilidade fronteiriça, com o Senegal. Havia uma mancha para cá e para lá da linha fronteiriça com o Senegal onde as forças independentistas do Casamance actuavam contra o poder senegalês. Para ilustrar, leamos o DB n.° 76, 5.9.1997: «Força aérea senegalesa bombardeia norte do país» em *raids* aéreos, supostamente em perseguição dos guerrilheiros do MFDC; o Brigadeiro ANSUMANE MANÉ foi ao terreno fazer o levantamento da situação.

114 Notavam-se vários camiões da empresa Stenaks (que com a guerra de 7 de Junho ficou paralisada, pois as suas estruturas funcionavam numa zona de guerra, zona essa controlada pela Junta Militar).

"Movimento da Sociedade Civil para a Paz Democracia e Desenvolvimento". Prevista a realização de um comício final em Pindjigti[115].

• RDN: o Tenente-Coronel INDI (do Estado-Maior do Exército) afirma, cerca das 13 H, que houve incidentes na zona de Pindjigti com a manifestação "pela paz". Informa que as autoridades militares não deram aval à manifestação.

• Bombolom/Voz da Junta Militar: enquanto o Vice-Presidente da Liga Guineense dos Direitos Humanos apelava à calma, alegando falta de informação do que ocorre na Baixa, NUNO GRILO (a *voz* da Junta) dizia que a pancadaria a que foi sujeito um indivíduo que ele teria visto – e que teria sido encaminhado para a Base Aérea – não é apenas um incidente, mas um abuso. Diz não perceber como é que militares que participaram na luta de libertação, como o Comandante CAETANO FERNANDES, podem dar ordens como essas[116].

• RDN: o repórter diz ter visto mais de 20 feridos no hospital Simão Mendes. Houve antes apupos e pedradas de manifestantes contra militares senegaleses e "Anguentas". Estes carregaram, então, sobre os manifestantes. Um militar "anguenta" está em coma por causa da agressão de que foi vítima.

• Bombolom/Voz da Junta Militar: estimulando os manifestantes, o Presidente da LGDH, FERNANDO GOMES, diz que "a liberdade conquista-se na luta e esta exige sacrifícios[117]". Proclama que não se deixarão atemorizar e que farão tantas marchas quantas forem precisas.

99. 10 de Março de 1999:

RDN (*Uatch a Katcheu* – regressou hoje): um jovem militar "anguenta" foi agredido logo na Chapa de Bissau, por manifestantes que gritavam "aguenta, fora!". Foi agredido com 3 facadas na cabeça, tendo perdido os sentidos.

A seguir, em Pindjigti, manifestantes apedrejavam militares. Ouviu o Presidente da LGDH a pedir a estes que não lançassem pedras. O próprio apresentador do programa foi então agredido.

Depois, à passagem de uma viatura com militares senegaleses, apedrejaram estes, que, no entanto, responderam apenas com cânticos.

A manifestação não se limitou a pedir a paz, insultou e agrediu (o que leva a supor que há outras intenções ocultas ou outros agentes ocultos).

100. 12 de Março de 1999:

RDN (BARNABÉ GOMES): porquê a marcha do dia 9? *Para agradar aos nossos visitantes*[118]?

Logo no dia 9, dia do repatriamento de mais um contingente senegalês (aliás, um dos camiões apedrejados continha senegaleses que transportavam material bélico em direcção ao porto, para esse efeito)!

101. 15 de Março de 1999:

RDN: o Porta-Voz da Presidência da República garante que vão sair hoje da Guiné os últimos contingentes militares do Senegal e da Guiné-Conakri. Só falta, assim, cumprir um ponto no Acordo de Abuja: a realização das eleições.

---

115 A manifestação decorre após a chegada a Bissau ontem do Secretário de Estado da Cooperação português e de uma delegação da Amnistia Internacional. Será casual? Terá a ver com estratégias autopromocionais? *Mise en scène,* simplesmente? Preparação do terreno político-social?

116 Afiança NUNO que o comício não se realizou pois personagens como o Comandante CAETANO FERNANDES discordam com o local escolhido para a realização do mesmo. Recorde-se que o sítio em alusão fica à beira do quartel da Marinha de Guerra nacional.

117 De quem?...

118 Secretário de Estado da Cooperação de Portugal, LUÍS AMADO, bem como a delegação da Amnistia Internacional?

102. 18 de Março de 1999.
O Bispo de Bissau, D. SEPTIMIO ARTURO FERRAZETTA foi hoje a enterrar, finalmente, na Sé Catedral de Bissau.

103. 21 de Março de 1999:
RDN: KOUMBA YALÁ, numa declaração pacifista e reconciliatória proferida ontem após a audiência com o Presidente da República:
Seis partidos (reunidos num "*Forum de Concertação*") manifestaram ao PR a opinião de que as eleições devem ser realizadas em Junho ou até à 1.ª quinzena de Julho – o PR terá concordado;
O objectivo central do GUN deve ser a organização das eleições;
A ANP (cujo mandato findara) prorrogou o seu mandato, mas ainda não foi promulgado o respectivo diploma pelo PR – há, portanto, um vazio que deve ser colmatado –, pelo que pediram a colaboração do PR, nesse sentido;
O PR não se opõe à leitura do relatório da comissão parlamentar de inquérito ao tráfico de armas, prevista para a sessão de 8 de Abril próximo (KOUMBA YALÁ pensa que é a forma de obviar a algumas especulações).

104. 22 de Março de 1999:
BBC: AGNELO REGALLA (dirigente da UM): NINO é o factor da instabilidade no país...

105. 23 de Março de 1999:
Consta que partiram os últimos soldados da Guiné-Conakri.

106. 3 de Abril de 1999:
Bombolom/Voz da Junta Militar (Debate radiofónico):
• AMINE SAAD (UM): Isto não é um golpe[119]. Mais adiante: NINO terminou o seu mandato a 31.3.1999; isto porque *Abuja* tinha fixado essa data para a eleição presidencial (e legislativa) – o que significa ter de se renegociar *Abuja* para se fixar a data da eleição; o PR deve renunciar já; refuta a colocação da ECOMOG em determinadas posições; *Abuja* entrou como lei constitucional (ela é paraconstitucional), o que implica dever a ANP presenciar as negociações; *Abuja* equivale a redução de NINO a "meio-Presidente da República"; os *aguentas* são a milícia privada de NINO, não são militares, não tendo por isso futuro; NINO perdeu a guerra;
As eleições devem ocorrer quando a tropa estrangeira (ECOMOG)[120] já não se encontrar na Guiné-Bissau; ora, o prazo da estada da ECOMOG é de 6 meses (até Junho, aproximadamente)[121];
Esta guerra é uma guerra justa[122], na perspectiva da Junta Militar;
Há que rever já a Constituição, no artigo que fala da restrição da elegibilidade do PR a cidadãos guineenses de origem, filhos de pais guineenses de origem, pois AMÍLCAR CABRAL não poderia ser hoje candidato...

---

[119] Refere-se ao levantamento militar de 7 de Junho.

[120] Os senegaleses e os da Guiné-Conakri (do lado ninista) já partiram.

[121] Logo, posso induzir, por detrás desta insistência com Novembro como data para as eleições estaria o cuidado em afastar as eleições para um momento em que a ECOMOG já não esteja na Guiné-Bissau, nem os "Anguentas" (*falsos militares*, nas palavras de AMINE SAAD), nas Forças Armadas.

[122] Era voz corrente na Guiné-Bissau, antes da guerra de 7 de Junho de 1998 (como se referiu no corpo da presente obra): «desta vez se contecer uma nova guerra, eu não ficarei atrás» (porque os que vão à guerra é que ficam com as benesses – veja-se o caso da geração dos libertadores). Talvez por isso determinadas pessoas tenham entrado na corrida à Junta Militar logo que o levantamento militar se deu.

• KOUMBA YALÁ (PRS): a Assembleia Nacional Popular já terminou o seu mandato; ela prorrogou o seu mandato por revisão constitucional, mas esta não foi promulgada; implica isso ilegitimidade da actual ANP; em contrapartida, *Abuja* não pôs em causa a duração do mandato do PR; as eleições devem ser realizadas até Julho; a ANP não tem legitimidade para participar nas negociações – ela não é parte neste processo; o PRS não advoga o recurso à guerra, caso o PR se recusar a renunciar – por isso a melhor solução é realizar o mais depressa possível as eleições.

107. 7 de Abril de 1999:
O Vice-Chefe de Estado-Maior da Marinha de Guerra, Cap.° de Fragata CAETANO FERNANDES, foi detido, por ter alegadamente ordenado a libertação de 3 navios apresados. Situação de tensão no quartel da Marinha, em consequência da detenção deste oficial que apoiou, objectivamente, o lado governamental durante a guerra de 7 de Junho.

108. 12 de Abril de 1999:
• Começou a "Sessão Extraordinária da ANP" onde irá ser lido o *relatório sobre o tráfico de armas*[123] e onde se irá tratar da revisão constitucional.
• Bombolom/Voz da Junta Militar: Assembleia Nacional Popular: o Presidente da ANP, MALAM BACAI SANHÁ [numa achega a uma colocação de que havia que prorrogar o mandato do PR para *actualizar* Abuja (ter-se-ia aventado a hipótese de a prorrogação do mandato da ANP implicar permanência da ANP em termos diminuídos, já que não se poderia reunir, *etc*.: o fim do mandato de deputado coincide com o empossamento de novos deputados, mas fica o parlamento sem muitos poderes)], defende que esta Assembleia é legal porque prorrogou o seu mandato[124]. O PR não promulgou, nem vetou a Lei Constitucional, mas isso é-lhe indiferente porque mais de 80 deputados votaram *sim*. Acresce que a LC foi aprovada para vigorar independentemente de qualquer publicação (tendo em conta as dificuldades da Imprensa Nacional)!

E, já que "o que abunda não prejudica", não há problemas que (como se defendeu por aí) haja prorrogação do mandato de outros órgãos de soberania, desde que a ANP seja incluída. Mas esta estará sempre no pleno uso dos seus poderes... Aliás, como se compreende que a ANP tenha aprovado a lei da CNE[125] e votado a composição da CNE nessas condições?

109. 14 de Abril de 1999.
Bombolom/Voz da Junta Militar (em directo da ANP): KOUMBA YALÁ: elogia o *levantamento militar de 7 de Junho de 1998* porque, não fosse isso, a oposição nunca ganharia eleições na Guiné-Bissau (diz que os políticos da oposição eram já cognominados de "katchu kaleron", "kalabanté", *etc*.)[126].

110. 17 de Abril de 1999:
Bombolom/Voz da junta Militar: KOUMBA YALÁ (líder do PRS):
Perguntado por um entrevistador daquela estação emissora se estava satisfeito com a leitura e aprovação do relatório da comissão de inquérito sobre o tráfico de armas para a Casamance – que culminou na indiciação, como suspeitos, de vários indivíduos como o PR, IAFAI CAMARÁ, JOÃO

---

[123] *Vid*. Apêndice.
[124] Mas a questão está em saber se esta prorrogação do mandato é *legal*! A petição de princípio não vale como argumentação séria.
[125] É o que julgo ter ouvido: CNE.
[126] Daí que o recurso às armas seja de aplaudir e incentivar?

MONTEIRO, *etc*. – e se isso justificava os "milhares" de mortos que esta guerra provocou, KOUMBA YALÁ respondeu:

(...) Se não fosse o levantamento do 7 de Junho de 1998, seria impensável que um dia uma força da oposição pudesse, através do método democrático, ganhar qualquer eleição (...).

– Mas eu, KAFFT KOSTA, sempre acreditei – e cada vez me convenço mais disso – que não há aprofundamento da democracia, não há aprimoramento da justiça que justifiquem tanta morte, tanto sangue, tanta dor, tanta destruição.

111. 18 de Abril de 1999:

Bombolom/Voz da Junta Militar (Comunicado da Junta Militar, assinado por ANSUMANE MANÉ): solidariedade com a ANP pela forma como retirou confiança política ao PR, assim como pelo trabalho que a comissão de inquérito sobre o tráfico de armas realizou; congratula-se com a "coragem" dos deputados e as conclusões do relatório[127-128].

112. 21 de Abril de 1999:

ANP: início da leitura do projecto de revisão constitucional pelo Presidente da Comissão Eventual para a revisão Constitucional e Lei eleitoral (CERCLE).

113. 22 de Abril de 1999:

BBC: Guerra institucional entre a Presidência da República e a Primatura[129].

114. 25 de abril de 1999:

RDP(?)[130] – o Presidente da Assembleia Nacional Popular BACAI SANHÁ anuncia, em Portugal, a sua intenção de candidatar-se às próximas eleições presidenciais na Guiné-Bissau[131].

Elogia o papel e o desempenho da ECOMOG no país...

---

127 Nenhum elemento da Junta foi "indiciado".

128 Na sua Mensagem à Nação difundida pela RDN em 20.4.1999, o PR declara: Não há paz se o ódio é frequentemente esgravatado; alerta para manobras de um pequeno grupo de pessoas de consciência retrógrada e de objectivos inconfessáveis; dirigindo-se à ANP, lamenta o acirrar de ódios e a perda de energias por ocasião da leitura do relatório; diz não se consolar com o facto de esta leitura ser o fim da mistificação do *relatório* (que fora elevado à causa da guerra); Sem se sentir na obrigação de se defender, promete, contudo, esclarecer a nação, em momento e local oportunos, tudo sobre o caso do relatório.

Em defesa do Chefe de Estado, saíram, através da RDN (20.4.1999), alguns deputados: CARRINGTON CÁ (PAIGC) [para quem é incrível que a ANP tenha considerado que o PR cometeu um crime de omissão; ora, o PR tomou medidas: a suspensão do CEMGFA, por exemplo];

SEIDI BÁ (?) [forjaram à última hora a situação para que o nome do PR figurasse na lista de "indiciados" no relatório da ANP; o próprio relatório não continha qualquer elemento nesse sentido – daí que tivessem alguns deputados forjado o tal crime de omissão].

129 O Primeiro-Ministro FADUL disse (ouvi na RDP) que ia assinar em Lisboa, onde se encontra, um "acordo de defesa" (deixando entender que tal acordo seria muito abrangente); aludiu ao factor dissuasório da aproximação a Portugal (à atenção da França); Focou a aproximação da fragata portuguesa durante a *guerra de 7 de Junho*, para dizer que isso contribuiu para dissuadir outras potências de intervir no conflito.

Quanto a esta última declaração, a Presidência da República riposta que essa afirmação coloca mal *os portugueses*, já que eles tinham mandado essas fragatas a coberto de razões humanitárias].

130 Os meus registos não são conclusivos quanto à estação de rádio onde captei a peça.

131 Parece estar na moda (pré)candidatar-se a Presidente da República da Guiné-Bissau em... Lisboa. Há poucos dias, foi a vez do Primeiro-Ministro FADUL.

115. 27 de abril de 1999:

• Renascença: remoque em relação à Mesa Redonda de Genebra, em que o Governo de Unidade Nacional da Guiné-Bissau vai pedir para a reconstrução mais de "138 milhões" de dólares... Para, logo que os receba, desencadear nova guerra?[132]

• Bombolom/Voz da Junta Militar (comunicado da Junta Militar, assinado pelo Coronel VERÍSSIMO SEABRA): recusa a nomeação presidencial do novo PGR pois a Junta Militar não foi consultada (em violação do Estatuto do Governo de Unidade Nacional – art. 2.°/4 – e da CRGB[133]). Considera, em consequência, "nulo e sem efeito" o Decreto Presidencial. Responsabiliza o PR pelos incidentes e outros problemas que possam surgir.

116. 28 de Abril de 1999:

• Bombolom/Voz da Junta Militar: Primeiro-Ministro (gravação de ontem): o Governo foi ouvido pelo PR, quanto à nomeação do Procurador-Geral da República; o Governo contrapôs um outro nome que ele, P-M, levou também ao Comandante da Junta Militar – e este concordou.

• BBC: o Governo recusa a nomeação do PGR: o Secretário de Estado da Informação, ARMANDO PROCEL, depois de dizer que não é uma questão de nomes, mas uma *questão procedimental* (porque o PR não ouviu a Junta Militar), acaba por confirmar que é uma questão de... nome e de confiança! Porque LUÍS MANUEL CABRAL (o nome indicado pelo PR) não goza "de confiança política" do GUN e da Junta Militar. Aliás, diz que o Governo fora ouvido, mas indicara, em alternativa, o nome de um outro magistrado...

117. 1 de Maio de 1999:

RDN: reunião de trabalhadores (UNTG) em Bissau:

• Secretário-Geral da UNTG (DESEJADO LIMA DA COSTA): NINO VIEIRA deve abandonar o lugar, para facilitar o processo de transição, *etc.*, *etc*[134]. Fala da necessidade de o Governo aumentar o salário dos trabalhadores para os níveis vigentes na UMOA[135].

• Ministro da Defesa FRANCISCO BENANTE (em representação do Governo): este Governo não está mandatado para tomar "medidas de fundo"[136]; o Governo deve preocupar-se mais com a organização das eleições, *etc.*

118. 3 de Maio de 1999:

O PR marcou as eleições para 28 de Novembro de 1999[137].

119. 4 de Maio de 1999:

ANP: Ministro da Defesa FRANCISCO BENANTE: a Junta Militar está em superioridade para ocupar os quartéis onde estão as Forças Armadas lealistas. Mas não deve fazê-lo porque isso equi-

---

[132] Indagou-se. Alguma premonição? – é a minha vez de indagar.

[133] Que disposição constitucional terá sido violada, se o próprio P-M reconhece que o Governo foi ouvido (*vid.* registo de 28.4.1999)?

[134] Aplausos.

[135] Aplausos.

[136] Daí que não possa aumentar os salários?

É estranho que a Junta Militar (?) pense assim do Governo e de modo diferente da Assembleia Nacional Popular (desta) – que não tem feito outra coisa senão tomar "medidas de fundo".

[137] A RDP registou reacções positivas da RGB (Dr. Domingos Fernandes) e do PRS (através de um seu representante), que diz que, para já, a Guiné-Bissau não tem condições para fazer eleições.

vale a humilhação. E humilhação implica ódio, que permanecerá por muito tempo (como *fugu di muntudu*[138]). Isto não conduz à verdadeira reconciliação.

120. 5 de Maio de 1999:

• ANP (em directo, via rádio): discussão sobre a revisão constitucional; questão candente: requisitos a preencher para o acesso a certos cargos públicos.

Os deputados foram quase unânimes (salvo ALI KADRA e AGNELO REGALLA) nas suas intervenções, na aceitação da reserva a cidadãos guineenses de origem, filhos de pais guineenses de origem, dos cargos de PR, Presidente da ANP, Presidente do STJ, Primeiro-Ministro, PGR, Provedor de Justiça, Chefe do Estado-Maior das Forças Armadas.

• A Mesa Redonda de Genebra redundou numa promessa de cerca de 200 milhões de dólares americanos à Guiné-Bissau.

121. 6 de Maio de 1999:

• Bombolom/Voz da Junta Militar (± 17.50 H): Porta-Voz da Junta, ZAMORA: a Junta Militar rebentou o contentor da Base Aérea que continha as armas encerradas pela ECOMOG (na presença desta). Alega, em jeito de justificação, que o Palácio da República não foi desarmado, não obstante o Brigadeiro ANSUMANE MANÉ ter dado na semana passada um *ultimatum* nesse sentido.

De seguida, os militares ninistas rebentaram os respectivos contentores com armas.

ZAMORA apela, apesar de tudo, à calma, pois crê que ainda seria possível controlar a situação – desde que o batalhão do Palácio seja desarmado.

• À tardinha. Reatar do tiroteio em Bissau.

• ± 20. 00 H: militares da Junta entraram no Bairro de Ajuda.

• Bombolom/Voz da Junta Militar (± 22.35 H): apelo do Ministro da Defesa, em nome do PM, ao *diálogo*, em detrimento das armas; que os militares se mantenham nas suas posições, até amanhã (altura em que se iria encetar o *diálogo*).

• Primeiro-Ministro (a partir de Bruxelas, onde esteve a participar na Mesa redonda *dos milhões de dólares*): isto é uma "guerra estúpida". Diz que vai resolver o problema, logo que chegue a Bissau.

• RDN (22.50 H): BACIRO DABÓ: há gente que está a contribuir para esse clima de guerra (e vai ser contra estes que os guineenses terão de posicionar-se, doravante, se quisermos a paz): deputados; informadores incompetentes...

Havia aterrado no Palácio um helicóptero, com as bagagens de mão da Primeira-Dama e um enviado do Presidente CONTÉ;

A seguir, num outro dia, aterrou um helicóptero trazendo a Primeira-Dama (o Major da ECOMOG assistiu).

De ambas as vezes, as informações foram deturpadas, dizendo que os helicópteros trouxeram armas e munições.

Insurge-se contra estes informadores que, segundo ele, estariam na base do envenenamento do clima reinante entre a presidência da República e a Junta Militar.

122. 7 de Maio de 1999:

• 3.45 H: forças da Junta Militar movimentam-se no B.° de Ajuda, em plena Avenida 14 de Novembro.

---

138 Não tenho a certeza de que foi aqui que usou esta comparação, em Kiriol (que significa fogo do monturo – que arde sem se ver, por muito tempo).

• 6.45 H: as forças da Junta Militar continuam a penetração na cidade: vi passar um deputado fardado e armado de AK 47, estilo compenetrado de operacional em pleno combate, integrado na coluna militar da Junta que se dirige ao centro da cidade[139].

• RDP: Porta-Voz da JM, ZAMORA INDUTA: houve ofensiva às 5H de hoje das forças presidencialistas; a Junta está a dar respostas precisas; o PR provocou esta situação (veja-se o caso da marcação do empossamento do PGR para ontem às 11 horas).

• 10 H: passaram na Av. 14 de Novembro, pelo Bairro de Ajuda, 3 tanques e um carro blindado da Junta Militar em direcção ao centro da cidade[140].

• Bombolom/Voz da Junta Militar (10.40 H): KOUMBA YALÁ surge a incentivar a Junta Militar; diz que ele é combatente da liberdade da pátria; que está fardado e armado, *etc.*; pede ao Presidente da República que abandone o país voluntariamente, porque há muitas mortes (que ele viu na linha da frente); pede ao "General BALANCULÁ MANÉ"[141] que não volte atrás[142]... porque o povo já está cansado de correr de um lado para o outro, por causa da guerra.

• Bombolom/Voz da Junta Militar (11 H): a Junta tomou o quartel da Marinha de Guerra, por volta das 10.45 H;

A Junta Militar já está a cercar o Palácio;

O Chefe do Estado-Maior General das Forças Armadas declarou a rendição unilateral (a declaração foi entregue à Cooperação Militar portuguesa, em Bissau, para que esta a encaminhe à Junta[143])[144].

«Considerando a situação degradante e os interesses superiores do país e que basta de sacrifício de vidas humanas», o CEMGFA Brigadeiro HUMBERTO GOMES declara a rendição das forças lealistas[145].

Foi a formalização da vitória da Junta Militar[146].

• Bombolom (12 horas e tal): SALVADOR TCHONGO DOMINGOS: vivas e honras à Junta Militar.

• Presidente da LIPE (RACHID DJALÓ): felicita o Comando da Junta Militar e o Brigadeiro, por esta guerra, que "nos libertou"; este é o fim do recurso à guerra; "viva a paz, viva a democracia"![147]

• Bombolom/Voz da Junta Militar: Presidente do PRP: muito obrigado à Junta Militar.

---

[139] Pura bazófia?

[140] Nota-se uma grande manifestação de júbilo na zona, à passagem dos homens armados da Junta.

[141] Brigadeiro ANSUMANE MANÉ (*Comandante Supremo* da Junta Militar).

[142] Que sentido democrático encerra este discurso? Que lugar para o sistema de Estado de direito?

[143] Será casual a escolha do portador da declaração de rendição pelas forças presidencialistas ou estará ela nutrida de algum simbolismo?

[144] Terá sido entregue ao Coronel EVARISTO, Coordenador da Cooperação Técnico-Militar Luso-Guineense (segundo ZAMORA INDUTA: Guiné, 24 Anos de Independência –1974-1998, Lisboa, Hugin, p. 182), com o intuito de a entregar ao delegado em Bissau da Agência Lusa e este providenciar a sua difusão através da RDP. Tudo terá ocorrido entre as 9.30 H e as 10 H.

[145] Declaração lida por LOBO ANTUNES, do Ministério dos Negócios Estrangeiros português.

[146] O próprio Presidente da República deposto assinaria, a 8 de Maio, por *exigência* da Junta Militar, outra Declaração de Rendição em que declarava, concisamente: «Eu, General João Bernardo Vieira, Comandante Supremo das Forças Armadas, após onze meses de conflito político-militar, declaro a minha rendição incondicional». O texto "proposto" pela Junta omitia as expressões "General" e "Comandante Supremo da Forças Armadas", contendo, em contrapartida outras que não constam da declaração de rendição: "Presidente deposto"; "assumindo toda a responsabilidade que me couber, pela situação em que o país se encontra" (*cfr.*, *infra*, Apêndice IX; ZAMORA INDUTA, Guiné..., cit., p. 184-185).

[147] É a sídrome da política guineense: "É só desta". O pior é que se toda a classe política se puser a conjugar, à vez, essa oração, deixa de ser "só desta".

• RDP: Dr. DOMINGOS FERNANDES (líder da RGB): felicita vivamente a Junta Militar por esta vitória, *etc., etc., etc.*

• Bombolom (NANCASSA – líder do SINAPROF)[148]: as Forças Armadas conseguiram[149] pôr nas mãos do SINAPROF aquilo por que sempre lutou: justiça. Desta vez, a paz veio para ficar. Felicita essas Forças Armadas.

• Bombolom: NINO VIEIRA foi localizado na Embaixada de Cuba. Daí foi escoltado pela Junta para a Embaixada de Portugal, onde irá pedir asilo político. Na sua companhia, estavam os jornalistas BARNABÉ GOMES e TCHICO KARUKA. BACIRO DABÓ foi detido e amarrado. O Coronel JOÃO MONTEIRO suicidou-se[150].

• RDP (YANCUBA N'DJAI – da UM): congratula-se com o fim da *reinança de NINO*. Dá vivas à Junta Militar e à rendição das forças *ninistas* (presidencialistas).

• RDP: o Ministro da Defesa[151] de Portugal já conversou com o Governo togolês (que está a dirigir a ECOMOG na Guiné-Bissau): garantiu a Lomé que Portugal não tem nada a ver com esta situação que se verificou ontem e hoje em Bissau[152].

• Bombolom (VICTOR SAÚDE MARIA – líder do PUSD): homenageia os homens que pegaram em armas para libertar a Guiné-Bissau[153]; isto é a vitória da Junta Militar, vitória do povo, vitória da África.

• BBC (correspondente senegalês em Dakar): a saída das forças senegalesas e conakri-guineenses, o isolamento político e pessoal de NINO[154], assim como a má implementação do acordo de Abuja conduziram ao derrube do presidente NINO VIEIRA.

123. 8 de Maio de 1998:

• Bombolom [FRANÇOIS KANKOILA MENDY – Deputado e (ex)Presidente da FLING]: "Obrigado Junta!".

• Bombolom (Presidente do PSD, da Guiné-Bissau): "nós democratas convictos (...)"; o *7 de Maio* é o nosso *25 de Abril*; o PSD é um partido virado para a democracia.

• RDP (FRANCISCO FADUL): se a Junta lhe pedir, candidata-se a Presidente da República[155]; se o Presidente NINO quiser exilar-se, ele apoiaria... Não pretende "bater em cadáveres"...

---

[148] Sindicato Independente dos Professores – um sindicato extremamente reivindicativo que o poder do partido único PAIGC considerava afecto a uma certa oposição política, desde o início da década de 90 do século 20.

[149] Com a vitória da Junta Militar no dia 7 de Maio de 1999.

[150] Revelou-se depois falsa esta última notícia.

[151] Julgo ser esta a pasta.

[152] Refere-se ao golpe militar concluído hoje pela Junta Militar.

Mas *Portugal*, ao que parece e ao que se diz à boca miúda, *ganhou esta guerra*... à França e à francofonia guineense.

[153] Refere-se aos homens da Junta Militar que, em 7 de Junho de 1998, iniciaram o levantamento militar que culminou (?) no *assalto final* de 7 de Maio de 1999.

[154] Esta segunda *causa* não se me afigura líquido. É que desenhava-se já uma refinação da imagem do Presidente NINO, favorecida pela má prestação do Governo de Unidade Nacional e do seu Primeiro-Ministro FADUL e pelo descrédito de muitos líderes da oposição. O *clima* imperante era, há dias, similar a este comentário que ouvi (estando eu fisicamente distante e imperceptível, em relação aos comentadores) da boca de alguns quadros superiores (que eram tudo menos ninistas): "Não podem derrubar NINO politicamente... Ele joga bem; com tudo o que sofreu nesta guerra, daria um bom Presidente, com grande peso internacional; até porque mudaria também a sua imagem (para uma menos dura)".

[155] Mas há dias, antes do debate parlamentar sobre a capacidade eleitoral passiva para, nomeadamente, o cargo de PR, FADUL dizia que se os partidos o convidassem (e alguns já o teriam feito), candidatava-se.

• BBC: – LANSANA KOIATÉ (Secretário-Geral da CEDEAO) condena o derrube violento de NINO.

A Junta Militar esteve sempre determinada a derrubar NINO (por via pacífica ou violenta)[156]. As palavras belicosas do PM FADUL (da Junta) ultimamente pronunciadas a respeito de NINO eram sintomas de que a Junta tinha já optado pela solução militar. Isto apesar da resposta negativa do seu Porta-Voz ZAMORA ao jornalista[157].

124. 9 de Maio de 1999:

RDP: – ANTÓNIO GUTERRES, Primeiro-Ministro de Portugal: o General NINO pediu asilo político a Portugal; o Governo português aceitou, com a condição de não exercer actividades políticas em Portugal.

A Junta militar, o Governo e os partidos não chegaram a acordo sobre a matéria.

125. 10 de Maio de 1999:

• Bombolom: a França condena o derrube pela força do Presidente JOÃO BERNARDO VIEIRA.

• Bombolom: DOMINGOS FERNANDES (Presidente da RGB): *isto não é um golpe de Estado*, mas o «corolário lógico de uma crise civil» que não foi devidamente resolvida. Crise civil iniciada a 14 de Novembro de 1980 e que desencadeou o levantamento de 7 de Junho. Nessa ordem de ideias, indica o destacado político guineense o facto de: os estudantes terem saído à rua[158], tendo a segurança disparado tiros; os enfermeiros terem saído à rua; os militares terem em 7 de Junho saído à rua (com armas, porque eles não poderiam manifestar-se com seringas[159]... NINO é que não soube negociar).

Felicita a Junta Militar porque salvou o país duma ditadura.

Que NINO seja levado a tribunal.

Que a Avenida 14 de Novembro seja rebaptizada como Av. dos Antigos Combatentes.

Reitera a sua indignação pela condenação pela França do "golpe de Estado".

Vai correr mundo para convencer este a ajudar a Guiné-Bissau.

A posição do Secretário Executivo da CEDEAO (que teria dito que NINO deveria ser reinvestido na Presidência da República) deve ser uma posição individual (não dos Estados membros) – uma posição infeliz.

• Comunicado da Junta Militar (de 8.5.1999):

O que aconteceu em 7 de Maio último *não é um golpe de Estado*. A Junta Militar é a expressão militar de um levantamento popular[160].

Considerando que a rendição e refúgio do PR na Embaixada de Portugal constituem um "impedimento" ao exercício do cargo de PR, à luz da Constituição da República da Guiné-Bissau,

---

[156] Constava nos meios políticos que se, após a aprovação do relatório sobre o tráfico de armas para Casamança, os dados apontassem para a consecução de uma maioria bastante (2/3 dos deputados em efectividade de funções) no parlamento para requerer ao Procurador-Geral da República o exercício da acção penal contra o Presidente NINO (ao abrigo dos art. 85.°/1, e) e 72.° CRGB) – por forma a conseguir-se a sua destituição por via da sua condenação pela Plenária do Supremo Tribunal de Justiça (outra barreira a transpor).

[157] Eis a "2.ª parte" que faltava cumprir depois do cessar-fogo da *guerra de 31* de Janeiro (como ameaçara, então, aquele porta-voz)?

[158] No tempo em que o Primeiro-Ministro era o Coronel MANUEL SATURNINO DA COSTA.

[159] Dever-se-á a quê esse filomilitarismo político?

[160] O povo *levantou-se* e a seguir os militares dispararam para poderem sustentar o *levantamento popular*?

há que substituir o Presidente nos moldes constitucionais (ou seja, pelo Presidente da ANP, MALAM BACAI SANHÁ).

• RDN (ERNESTO DABÓ – Porta-Voz do Bureau Político do PAIGC): NINO terá de ser julgado, independentemente de ter sido Presidente da República. Portanto, este estatuto não releva.

• Bombolom (PM FADUL): *isto não é um golpe de Estado*!

Nunca mais haverá guerra na Guiné-Bissau! Nunca mais voltaremos a pegar em armas uns contra os outros!

Felicita ANSUMANE MANÉ e a Junta Militar. Acabou a era da governação de "koba di djanfa"; começou a era do "Djitu ten".

126. 11 de Maio de 1999:

• RDP: – a OUA condena o golpe de Estado de 7 de Maio. Exige a reposição do Acordo de Abuja[161].

A ANP está reunida. Em princípio, MALAM BACAI assumirá interinamente o cargo de Presidente da República.

• RDP: Portugal condena o golpe... mas adopta uma atitude "construtiva" – apelando à comunidade internacional no sentido de não retirar o apoio à Guiné-Bissau, em prol da estabilidade nacional e regional.

• Bombolom: Brigadeiro ANSUMANE MANÉ (numa reunião hoje na Base Aérea de Bissalanca): que se prepare o documento de empossamento do PR interino, que ele o empossará já debaixo da mangueira, na dita Base.

• BACAI SANHÁ: a partir do momento da declaração do Brig.° ANSUMANE MANÉ, ele, BACAI, considera-se Presidente da República (as formalidades, nos termos constitucionais, poderão seguir-se mais tarde).

• ANSUMANE MANÉ: ninguém está acima da lei. Se a opinião comum for a de levar NINO a tribunal, que seja.

A condenação internacional é irrelevante. Isso é normal em todos os golpes de Estado[162]. Que não se preocupem, portanto, com isso. Lembra, a propósito, o "14 de Novembro", em que, depois, a algumas pessoas foi incumbida a missão de sensibilizar a comunidade internacional[163].

127. 12 de Maio de 1999:

• RDP: a ONU condena o golpe de Estado (derrube de NINO VIEIRA por meios anticonstucionais). O Secretário-Geral das Nações Unidas, KOFFI ANAN, acusa a JM de ter feito vítimas civis no cerco a Bissau e de ter atacado embaixadas. Diz que a ONU já não vai instalar o seu escritório em Bissau porque não há condições de segurança.

• Bombolom/Voz da Junta Militar: comunicado do *Bureau* Político do PAIGC: designa SATURNINO COSTA ao cargo de Presidente do PAIGC;

designa FLÁVIO PROENÇA para o cargo de Secretário Permanente do PAIGC;

a decisão da Junta Militar, segundo a qual não assumiria o poder, afasta a caracterização desta acção da Junta como golpe de Estado[164].

---

161 Sob pena de a Guiné-Bissau sofrer sanções?

162 Afinal é golpe de Estado!

163 Em suma, nada que não se resolva com a diplomacia... O *crime* compensa.

Disse um ouvinte na Radio France Inter, no dia 13.5.1999, tratar-se de "condenações verbais", logo a seguir esquecidas, no plano das relações económicas e diplomáticas, pelas potências internacionais.

164 O golpe de Estado, por definição, é o derrube de um poder pela força. Não releva, de todo, dizer-se: *fiz o que fiz, mas decidi depois não exercer (directamente) o poder.*

128. 13 de Maio de 1999:

BBC: o Conselho de Segurança das Nações Unidas pediu que a NINO VIEIRA fosse permitido sair, se quiser, do país; apoia as diligências da CEDEAO no sentido de ser restabelecida a legalidade constitucional na Guiné-Bissau.

129. 14 de Maio de 1999:

• RDN: MALAM BACAI foi investido às 11 horas, aproximadamente, no cargo de Presidente da República interino no Palácio Colinas de Boé.

A FD (através do seu líder DJAMANCA) congratula-se com a nomeação do CEMGFA (VERÍSSIMO SEABRA) e do Presidente da República interino (MALAM BACAI) porque é o resultado da coragem demonstrada durante o levantamento militar por esses dois indivíduos.

• BBC[165]: Moçambique condena o golpe de Estado na Guiné-Bissau; censura a Junta Militar por ter violado os acordos existentes.

130. 16 de Maio de 1999:

RDN: a LIPE "condena" qualquer sanção internacional contra a Guiné-Bissau por causa da vitória da Junta Militar (que a LIPE diz não ser um golpe de Estado). Escuda-se ainda na não condenação internacional da vitória de KABILA no Zaire e de DENIS SASSOU NGUESSO, no Congo Brazzaville.

131. 17 de Maio de 1999:

RDP: Portugal inviabilizou, na Terça-Feira, uma condenação forte pela União Europeia do golpe, condenação essa inspirada pela França. Consequentemente, sairá amanhã um texto mais contido.

De acordo com o Ministro português da Defesa, a cooperação técnico-militar com a Guiné-Bissau crescerá dez vezes mais, a partir de agora.

132. 18 de Maio de 1999:

• RDP: a JM, o GUN e os partidos políticos vão debater o Pacto de Transição Política[166].

• BBC: faz alguma ironia com as visitas e pedidos de desculpa do PR interino às Embaixadas destruídas pela Junta Militar (nomeadamente, da França e do Senegal) questionando se o país tinha dinheiro para reparar os estragos. A esta indagação, responde o correspondente que o Governo contava com a ajuda externa...

Zomba da inoperância na Guiné da ECOMOG – que corre o risco de ser tido como um "loud and lame duck". Lembra, a propósito, que aquando dos acordos e com a substituição das forças senegalo-guineenses, aplaudira-se o processo como a "african way", *etc.*

• RFI: a União Europeia condena a JM pela deposição do PR, em violação do acordo de Abuja. Aconselha a que sejam realizadas eleições justas e transparentes, como via para a normalização democrática. A cooperação da União Europeia com a Guiné-Bissau dependerá dos ulteriores passos que forem dados na Guiné-Bissau.

133. 19 de Maio de 1999:

• Bombolom (NUNO GRILO – transmitindo recados do Brig.° ANSUMANE MANÉ):

O Brigadeiro disse que "ninguém está acima da lei";

---

[165] Não tenho a certeza de que se trata desta emissora.

[166] Depois da nomeação do Presidente interino? Note-se que a CRGB não contempla este caso de interinidade presidencial por golpe de Estado.

Em reacção[167] à crítica, que se tem ouvido aqui e ali, de que se dependesse apenas de BRIC-BRAC[168] seria permitido a NINO abandonar o país: desmente;

Critica ferozmente aquelas entidades (mas não as nomeia, por ora) que andam a veicular tais notícias à BBC, RDP, RFI;

Diz que a JM não é um tribunal, por isso não tem de interferir;

Lembra que os deputados votaram[169] a remessa do processo de tráfico de armas para os tribunais (porque razão alguns deles estarão agora a voltar atrás?);

Lembra a Reunião Magna da Base Aérea, em que os partidos e os órgãos de soberania participaram, opinando então a favor do julgamento (porque razão alguns deles estarão agora a voltar atrás?);

Essa atitude será para que depois, uma vez no poder, venham a escudar-se no perdão a NINO para cometerem outros erros[170]?

Passa a bola aos partidos, Presidente da República interino, Primeiro-Ministro e ANP – porque a Junta Militar já cumpriu a sua função[171];

Ameaça a Assembleia Nacional Popular, Presidente da República interino, Primeiro-Ministro de que se falharem a Junta Militar fá-los-á pagar caro;

Mesmo para os órgãos de soberania que venham a ser eleitos, eles terão o BM no Polon di Brá preparado para qualquer deslize[172-173];

Diz àqueles políticos para assumirem claramente perante o povo as suas posições (de perdão ou de asilo a NINO), mas que não "vendam" informações aos *media* nacionais e estrangeiros de que ANSUMANE ou a Junta quererão largar NINO[174].

• RDP: segundo o D.N., a condenação do golpe pela União Europeia é uma derrota para Portugal... e fica no ar o bloqueamento de ajudas ao desenvolvimento.

• RFI: a Encarregada de Negócios da Embaixada da Suécia em Bissau lastima a condenação pela U.E. do golpe de Estado (constata que há duas teorias – uma que diz que é golpe, outra que não –, mas fala depois em factos e fica-se sem saber qual a sua "teoria"), pois não contribui para o desenvolvimento da democracia na Guiné-Bissau[175].

134. 20 de Maio de 1999:

• Bombolom: a Junta Militar, o GUN e os partidos políticos reúnem-se hoje. Em discussão, o Pacto de Transição Política (mais poderes em vista para o PR interino e o GUN).

• BBC: "novas autoridades da Guiné-Bissau[176] decidem pelo julgamento de NINO VIEIRA". A única voz diferente foi FADUL. Segundo o jornalista JORGE ARAÚJO, nenhum partido político (mesmo o PAIGC, que ainda ontem ou anteontem era pela saída de NINO do país) quer assumir uma

---

167 Populismo *oblige*?

168 Alcunha por que é também conhecido o Brig.° MANÉ.

169 Votaram?

170 Registe-se que SATURNINO COSTA e, em certa medida, também DOMINGOS FERNANDES manifestaram-se a favor do asilo político a NINO.

171 Derrubar o Presidente?

172 BM designa uma determinada arma de guerra, da artilharia pesada; Polón di Brá é uma determinada árvore situada no Bairro de Brá que marcou em certas fases da guerra de 7 de Junho o limite para lá do qual as forças governamentais não transpunham (mas em certas fases a "fronteira" do tal polón foi ultrapassada).

173 É o prenúncio da democracia tutelada pelos quartéis?

174 É o medo da queda do anjo? É a fobia à perda de popularidade?

175 Uma "teoria" curiosa...

176 PR interino, JM, GUN e partidos.

posição aparentemente tão impopular, como é a saída do país do ex-Presidente[177]. Observa, contudo, o jornalista que isso não quer dizer que após assentar a poeira não se venha a decidir de forma diferente.

135. 21 de Maio de 1999:

• BBC[178]: o Presidente NINO disse – estando presente FERNANDO GOMES (da LGDH) e nas palavras deste – que está pronto para enfrentar a Justiça guineense e que não tem medo de a enfrentar, mas gostaria antes de ir ao estrangeiro para tratamento médico. Disse que iria, mas que voltaria. Afirma que gostaria de enfrentar a Justiça vivo e não como um cadáver[179].

Diz UCO MONTEIRO (Porta-Voz da reunião entre a Junta Militar, o Governo e a ANP) que se decidiu pelo julgamento de NINO. Isto porque se o deixarem partir poderá fomentar bandos armados (e há que ter em conta o clima de condenação internacional ao derrube de NINO).

A única voz discordante foi a de FADUL, que diz que há que ser tolerante. Isto entraria no espírito do GUN: um governo de transição "entre a ditadura e a democracia", entre a "corrupção e a boa governação", entre a "cultura da guerra e a cultura da paz".

Ontem foi assinado o Pacto de Transição Política[180].

• Bombolom/Voz da Junta Militar: Dr. LÁSSANA SEIDI (do PAIGC e Chefe da Inspecção Superior contra a Corrupção): *isto não é um golpe de Estado*; a comunidade internacional não devia, portanto, ter condenado a acção; a condenação pela OUA é irrelevante (já que está esvaziada); aquela feita pela ONU, também (porque a França está por trás e porque a ONU está em decadência).

Na mesma linha seguiu o Dr. PEDRO MILACO.

136. 22 de Maio de 1999:

RDN: VICTOR SAÚDE MARIA (PUSD), UCO MONTEIRO (PCD) e IANCUBA N'DJAI (UM): congratularam-se com a deposição de NINO culminada no dia 7 de Maio de 1999[181]; acham que a Guiné-Bissau ainda pode tentar impedir sanções internacionais advenientes da deposição militar do Presidente VIEIRA; mas se elas se consumarem, poderá a Guiné-Bissau enfrentá-las e vencê-las, contando com as suas próprias forças e potencialidades[182].

137. 23 de Maio de 1999:

ANSUMANE MANÉ (no Ministério do Interior, durante um encontro com quadros e agentes desse departamento governamental):

Os quadros do Ministério do Interior que não estão pela paz e estabilidade do país devem ser afastados;

Diz-se que ele não sabe ler, mas esta vitória militar revela que o cego mostrou o caminho a quem tem vista;

Ele jurara aquando das ameaças do PR, antes do levantamento militar, que se NINO se metesse com ele faria o mesmo a ele; e uma vez que concluiu que NINO estava acima da lei, eles resolveram fazer aquilo que quiseram (o *7 de Junho*);

---

[177] São os pendulismos da política guineense.

[178] Foi a primeira informação, pelo que eu sei, sobre conversas de NINO, desde que se instalou na Embaixada de Portugal faz 14 dias.

[179] Que é o que lhe aconteceria se o não deixassem partir já?

[180] Um parente não afastado da *Carta de Transição Política*, do golpe de 2003?.

[181] A Bombolom FM registava, no mesmo dia, alguns depoimentos de semelhante teor (*vide* observação anterior).

[182] Foram só mesuras à Junta Militar e a ANSUMANE MANÉ.

Ele, ANSUMANE, podia assumir a Presidência da República após 7 de Maio de 1999 e quem se lhe opusesse ele "rasgar-lhe-ia a boca" – mas não o fez;

A 13 de Maio, cedeu o poder aos outros órgãos, mas avisa que qualquer indivíduo que sair fora da linha vai pô-lo na rua, despoticamente[183];

A Junta Militar vai "observar" o Governo, o Presidente da República, *etc*. Se não cumprirem as suas funções como deve ser, a Junta irá tomar medidas.

138. 25 de Maio de 1999:

• BBC: a CEDAO está dividida quanto à condenação aos golpes de Estado no Níger e na Guiné-Bissau. Preparava-se essa organização regional africana para condenar o assassinato do Presidente do Níger e decidir a expulsão do Níger da CEDEAO, mas acabou por apenas condenar o assassinato e apontar para a criação de uma comissão de inquérito.

Os Ministros dos Negócios Estrangeiros condenam o golpe de Estado na Guiné-Bissau e exigem aos golpistas que não impeçam a saída do país do Presidente da República e da sua família, com dignidade e para onde estes quiserem.

• RFI: o Ministro da Defesa da Guiné-Bissau diz que a CPLP não se pronunciou acerca do derrube do Presidente NINO, logo não condenou a deposição por via armada deste. A CPLP teria achado tratar-se isso de uma questão interna da Guiné-Bissau. Tenta minimizar a condenação internacional, dizendo que a totalidade do "povo" guineense não acha que seja um golpe de Estado[184].

139. 28 de Maio de 1999:

• Renascença: Secretário de Estado dos Negócios Estrangeiros de Portugal, LUÍS AMADO: Portugal está apreensivo quanto ao alheamento da comunidade internacional em relação à Guiné-Bissau e está a fazer tudo para inverter esse quadro;

A Guiné-Bissau terá que saber viver na sua região[185], independentemente das relações privilegiadas com Portugal, desejadas pelas autoridades da Guiné-Bissau.

• RDN: a ECOMOG deixa Bissau no próximo Domingo. A decisão foi dos Ministros dos Negócios Estrangeiros da CEDEAO reunidos ontem em Lomé. A CEDEAO terá considerado que a missão da ECOMOG na Guiné-Bissau falhou.

140. 29 de Maio de 1999:

RDP: o Conselho de Ministros decidiu ontem: o General NINO tem de ir a tribunal, antes do seu exílio[186]. O ex-Presidente é acusado de má governação.

141. 31 de Maio de 1999:

• Bombolom/Voz da Junta Militar e RDN (programa Magazine da Transição – difusão simultânea)[187]:

Primeiro-Ministro FADUL: há quem diga que esta guerra (de 7.6.1998 a 7.5.1999) foi por causa do petróleo – e ele parece aceitar essa hipótese.

---

183 Se isso não é querer e ter poder, o que é que será querer poder ou ter poder? Por cima do *Comandante Supremo* não existe, valha a verdade, outro poder.

184 Simplismos...

185 Entenda-se: CEDEAO; UEMOA; OUA.

186 O nome estava escrito no óstraco. Os *atenienses* foram aqui os que *podiam*.

187 Não estou certo de que foi hoje que escutei este programa. É também possível que tenha sido ontem.

• RDP: conferência de Imprensa de CARLOS PINTO PEREIRA (PCD – Grupo de Lisboa): defende o prolongamento da transição para lá das eleições. Mesmo após as eleições, há que alargar, por exemplo, o Conselho de Estado à Junta Militar[188].

142. 4 de Junho de 1999:

• RDP: entrevista de SATURNINO COSTA (antes da sua deslocação ao Senegal, para uma missão conferida pelo PR interino, relacionada, talvez, com a questão das fronteiras):

"O PR NINO nunca quis dialogar", não obstante a Junta desde cedo se ter aberto a essa via;

Jamais haverá um outro levantamento porque qualquer pessoa que for eleita saberá que a maior virtude é ser democrata e respeitar os direitos do homem[189].

143. 6 de Junho de 1999:

• BBC: o General NINO saiu hoje às 18 e tal do país, após ter sido autorizado a partir, por razões humanitárias (cuidados médicos especializados). Segundo o correspondente da Agência Lusa: saiu com destino à Gâmbia, depois de um acordo firmado hoje de manhã e que envolveu o Governo gambiano, o General NINO e o GUN; NINO comprometeu-se a voltar ao país para julgamento, se houver julgamento; de modo a "facilitar" essas "negociações", VIEIRA foi "forçado" a assinar a "renúncia" às suas funções de Presidente da República, o que teria sucedido há dias – contrariamente à suposta pretensão do General, que teria insistido em assinar tal declaração de renúncia só no aeroporto, pouco antes de viajar para o estrangeiro;

O Porta-Voz do MNE português teria dito que, a seguir a Banjul, o Presidente NINO iria para Portugal, onde fixaria residência.

• Bombolom/Voz da Junta Militar: transmitiu o discurso de NINO proferido há um ano no comício da Chapa de Bissau. O Locutor intitulou o discurso de "duro", opinando que não correspondeu, em certo ponto, ao vaticínio do ex-Presidente: no ponto em que teria garantido que mandaria na Guiné até morrer[190].

Há uma parte em que NINO fala de indivíduos ambiciosos que querem o poder pela força ou através de intrigas, condenando tais métodos.

144. 7 de Junho de 1999:

• Bombolom/Voz da Junta Militar (a partir do Polón di Brá, nos festejos do 1.° aniversário do *7 de Junho*):

ISIDORO AFONSO RODRIGUES (NUNO): votos para que seja a última vez que uma confusão como esta se instaure entre o nosso povo[191].

ANTÓNIO IAIA SEIDI[192]: para que esta data não se repita mais...

MALAM BACAI SANHÁ (PR interino): o levantamento militar de 7 de Junho é um processo doloroso, mas necessário.

Se NINO não for julgado, o *7 de Junho* não terá sentido.

Não há quem queira mais do que ele, BACAI, que NINO seja julgado.

Não há quem queira mais do que os comandantes da Junta Militar que NINO seja julgado.

---

188 Ou seja, a consagração da tutela militar do sistema.

189 Certezas...

190 Mas essa parte, atribuída ao General, não ouvi – até porque a difusão do discurso foi amputada.

191 Alusão ao levantamento militar de 7.6.1998.

192 Jornalista daquela rádio.

NINO foi autorizado ontem a abandonar a Guiné-Bissau, mas ele terá de voltar para ser julgado. Essa partida foi autorizada por razões humanitárias e para dar tempo para que possam organizar os tribunais.

Serão libertos mais de 300 militares e civis[193], sem prejuízo de serem julgados.

Apela à ANP para "ponderar bem quando votar na especialidade o projecto de revisão constitucional", no artigo que trata das inelegibilidades (porquanto não dignificaria a Guiné-Bissau a orientação prevalecente)[194]. Mas não rejeita que se tente salvaguardar certos cargos, desde que não seja a nível da lei.

Pelo seu papel neste levantamento político-militar, para repor a justiça e a legalidade democrática: condecoração, com a medalha Amílcar Cabral, ao Brigadeiro ANSUMANE MANÉ; condecoração, com a medalha colinas de Boé a todos os membros do Comando Supremo da Junta Militar; esta mesma medalha para ISIDORO AFONSO RODRIGUES.

• BBC: a comunidade internacional pressionou as autoridades da Guiné-Bissau para que libertassem NINO, sob pena de ela não ajudar o país. Tal facto estaria na base da partida, ontem, num avião militar português, do Chefe de Estado deposto com destino à Gâmbia e, seguidamente, Portugal.

145. 9 de Junho de 1999:

Renascença: Ministro do Equipamento Social, Dr. SILVESTRE ALVES (ao telefone): a Junta Militar deve muito a Portugal – durante a guerra – em termos de ajuda (militar, tudo)[195].

Mas a elite – em nome da qual fala – e a comunidade guineense não aceitam o asilo oferecido por Portugal ao General NINO, nem as *démarches* daquele nesse sentido. Aliás, talvez mesmo contra a vontade inicial de NINO, Portugal oferecera ao antigo Presidente o tal asilo.

146. 10 de Junho de 1999:

• RDP: SANÉ N'KRUMAH, do MFDC, disse a um jornal português: os independentistas querem uma federação reunindo a Gâmbia, a Casamance e a Guiné-Bissau.

DIAMACOUNE SENGHOR, o líder, contesta a posição dessa facção supostamente radical pois a prioridade deve ser a unidade no MFDC para enfrentarem melhor as negociações com o governo senegalês.

• Bombolom/Voz da Junta Militar: declaração política da Resistência da Guiné-Bissau (RGB), através de HELDER VAZ: às vezes, criando inimigos podemos consolidar a união. Por isso, NINO deve ficar retido na Guiné-Bissau. Isso fomentaria a unidade nacional[196].

A RGB foi enganada com esta saída de NINO VIEIRA para a Gâmbia. Não se deve deixá-lo sair da Gâmbia para outro país. Que NINO seja recambiado para a Guiné-Bissau.

O *7 de Junho* é uma revolução e não um golpe de Estado. Mas se NINO sair do país, o processo transforma-se em golpe de Estado[197].

---

193 Presos na sequência do desfecho da última guerra.

194 Ou seja reserva dos cargos, nomeadamente, de PR, Presidente da ANP, Presidente do STJ, a guineenses de origem, filhos de pais guineenses de origem.

195 SILVESTRE ALVES é uma figura bem colocada e, provavelmente, bem informada no seio do movimento político-militar do *7 de Junho*, chegando a desempenhar o cargo de representante da Junta Militar na Europa, depois de ter estado durante os primeiros tempos presente, no terreno, na retaguarda da Junta na Guiné.

196 Uma declaração de impressionante franqueza, que já não consegue esconder nada. Se NINO sair, faltará o alvo para onde todos (oposição e poder) possam atirar e sairá com ele o factor potenciador da "unidade nacional". Porque não havendo NINO, que inimigo pode ser suficientemente galvanizador?

197 Uma equação curiosa e falaciosa.

147. 11 de Junho de 1999:

• RDP: o General NINO já está em Portugal. Chegou à sua casa, em Vila Nova de Gaia, esta madrugada, proveniente da Gâmbia.

• BBC: o Presidente deposto declarou à RTP que havia de voltar à Guiné-Bissau, logo que fossem "criadas condições" para tal; ia agora para França em tratamento, a seguir regressaria a Portugal.

• Bombolom/Voz da Junta Militar (NUNO GRILO): invectivas contra o oportunismo dos políticos, a propósito da saída de NINO para o estrangeiro[198].

Todos os partidos mais a Liga Guineense dos Direitos do Homem tomaram parte na reunião com o Ministro dos Negócios Estrangeiros gambiano na Presidência da República, onde também participou a Junta Militar, o Primeiro-Ministro e o PR interino.

Nessa reunião, todos ficaram elucidados e aceitaram o pedido da Gâmbia para que NINO VIEIRA pudesse sair para o estrangeiro (França), comprometendo-se o poder gambiano a fazê-lo regressar à justiça guineense. E, agora, vários desses personagens dizem que não sabiam de nada.

O argumento principal para a autorização da partida era que seria perigoso para a Guiné-Bissau que NINO falecesse na Embaixada de Portugal em Bissau. O país seria então objecto de sanções internacionais.

NINO garante que vai para tratamento, prometendo voltar ao país logo que todo o processo estivesse arrumado.

NINO *assinou* que ele mesmo é que abandonou o poder (não é um golpe de Estado que o derrubou), que agora já não é Presidente da República[199]. Assim sendo, o mesmo não poderá vir a gozar de qualquer apoio internacional para uma guerra contra o regime instaurado pela Junta Militar. NINO não tem qualquer força para fazer guerra.

Nunca mais vão cantar as armas na Guiné-Bissau, salvo em caso de agressão dum país estrangeiro[200].

Isto tudo porque corre a atoarda de que ANSUMANE MANÉ é que teria decidido sozinho abrir as portas para que NINO saísse para tratamento[201].

FERNANDO GOMES, Presidente da Liga, entrou em contradições consigo próprio pois defendera há dias que a NINO devia ser permitido ausentar-se, mas recentemente, em conferência de imprensa, foi para os antípodas.

O Presidente do SINAPROF (LUÍS NANCASSA) pediu hoje a demissão do Comandante Supremo da Junta Militar ANSUMANE MANÉ, em consequência da autorização dada à partida de NINO. Ele, NANCASSA, é um mal-agradecido[202].

O jornalista responsabiliza a Gâmbia pelo futuro retorno à Guiné-Bissau do ex-Presidente. Acha, porém, correcto que este possa ir ao estrangeiro (Gâmbia, Portugal, França).

---

198 Fica-se com a sensação de que é a Junta a *sacudir a água do capote*, quando sentiu que o povo estava a virar-lhe as costas.

199 Refere-se o jornalista à *declaração de renúncia* em anexo. Mas qual é a relevância desse acto? Seja como for, tal *renúncia forçadamente voluntária* não redime o golpe de Estado.

A carta de "renúncia" (uma coerciva renúncia voluntária), que personalidades político-militares vitoriosas febrilmente pretendiam, nem espelha uma contribuição técnica muito inovadora no universo golpista internacional. Com efeito, quando, a 1.1.1966, o Coronel JEAN BEDEL BOKASSA, Chefe do Estado-Maior do Exército, derrubou na República Centro-africana o Presidente DAVID DACKO, um dos primeiros actos do novo regime foi *registar a demissão* do Presidente DAVID DACKO.

200 A Guiné é pródiga nesses exercícios futuristas... que invariavelmente falham.

201 Ninguém quer ficar com o *ónus* da decisão da libertação de NINO.

202 É o que se deduz, implicitamente, dos comentários de NUNO.

Os políticos que façam política e não perturbem o povo guineense. Qualquer político que venha a assumir outra postura irá pagá-lo caro.

148. 12 de Junho de 1999:
Na manhã deste dia, reuniram-se na Presidência da República (na sala tradicional do Conselho de Ministros) o PR interino, o PM, o Ministro da Justiça e magistrados judiciais. A reunião foi provocada pelo PR interino com o fito, declarou-se, de debater a questão da nomeação ou da eleição do Presidente do Supremo Tribunal de Justiça. Numa curiosa inversão de papéis, o PR interino e o PM iniciaram a reunião com a opção pelas eleições (secundados pelo Ministro CARLOS GOMES – que me pareceu ter defendido antes a opção pela nomeação).

Dois Juízes Conselheiros e dois Juízes de Direito posicionaram-se, em resposta, a favor da nomeação do Presidente do STJ por "S. Ex.ª o Sr. Presidente", por *prematuridade*[203]. Os demais – estavam na sala mais de 20 juízes – nem sequer usaram da palavra[204].

O Ministro apresentou ao PR interino 4 nomes como presidenciáveis. A seguir, para se compor o ramalhete, um magistrado pediu que se acrescentassem a essa lista os nomes dos restantes Juízes Conselheiros em funções.

Logo a seguir a este acto, irrompem o PRi, o PM e o MJ sublinhando que apesar do posicionamento inicial deles, registava-se na sala um "consenso" em torno da opção pela nomeação do Presidente do STJ, a escolher de entre os Juízes Conselheiros em funções! Portanto, a decisão é nomeação do Presidente do STJ de entre os Juízes Conselheiros em funções[205].

149. 12 de Junho de 1999:
• Bombolom/Voz da Junta Militar[206]: a Junta Militar ou o seu Comandante Supremo não vê com bons olhos uma eventual marcha contra a autorização concedida a NINO para se ausentar do país;

[203] Após a definição da tendência em alusão (concretamente, no seguimento da segunda intervenção do PM), interviria um terceiro Juiz Conselheiro a apoiar a mesma orientação.

[204] Uns, porque não queriam participar na peça com desfecho assegurado mesmo antes da estreia, sem conhecimento dos mesmos (porque ali o silêncio não seria igual a consentimento, mas antes a recusa em cantar num coro, que se mostrou bem afinado, peças que não ensaiaram... Até porque posições claramente diferentes haviam já manifestado); outros, possivelmente, para subscreverem tacitamente a orientação final.

[205] Ao arrepio do texto constitucional revisto (mas, àquela data, ainda não promulgado); ao arrepio da alteração da Lei 9/95, que encerra o Estatuto dos Magistrados Judiciais, já aprovada, aguardando apenas a respectiva promulgação (em cuja concepção esteve um grupo reunindo 3 Conselheiros e 3 Juízes de Direito, desde 23 de Abril a Maio de 2000); ao arrepio das posições assumidas anteriormente no seio da comissão acabada de referir; da luta de anos pela eleição do Presidente do STJ; entrando em contradição com um *conselho* que o próprio PM dera antes ao PR Nino de não nomear o Presidente do STJ...

[206] Um programa extremamente duro e com laivos autocráticos da Junta Militar.

A RDP, na sua emissão de 14.6.1999, fez eco dessa notícia (prenúncio de como um sector, pelo menos, da Junta encararia os direitos de liberdades e a democracia), nesses termos: "Estalou o verniz na Guiné-Bissau"; a JM não gostou da acusação de que havia permitido a saída de NINO do país e reagiu acusando de oportunistas os partidos; a Junta não admite que as suas acções sejam postas em causa; num comunicado carregado de ameaças, afirma que não irá mais tolerar faltas de respeito; que isso é uma forma de denegrir a imagem dele ANSUMANE e da Junta Militar; exige que o seu nome não volte a ser mencionado nessa história pois, de contrário, ameaça *rasgar até às orelhas* a boca de quem o fizer; que NANCASSA (que havia pedido a demissão do Comandante Supremo da Junta Militar) prove que ele, ANSUMANE, participou numa eleição para a liderança da Junta Militar, pois caso não o fizer tomará as suas medidas.

Entretanto, DOMINGOS FERNANDES (RGB) tenta desdramatizar a situação apelando à contenção; fala ainda de manobras; sem ser perguntado, contesta a versão que, segundo Fernandes, estaria a correr nos termos

Ameaça *rasgar a boca* dos mentores dessas movimentações;

Mais ameaças contra dirigentes políticos, político-sindicais ou de organizações da dita sociedade civil, como KOUMBA YALÁ (PRS), HELDER VAZ LOPES (RGB), LUÍS NANCASSA (SINAPROF), FERNANDO GOMES (LGDH);

Acusa fortemente a classe política, nomeadamente de oportunismo;

Avisa que se era hábito no tempo de NINO injuriar personalidades, que saibam que a Junta Militar não vai tolerar essas liberdades. Acabou-se! Quem o fizer terá a JM e o Brigadeiro à perna.

• RDP: "Crescer de tensão política na Guiné-Bissau"[207]; Em resposta às ameaças reproduzidas linhas atrás, NANCASSA diz que a guerra (de 7 de Junho) foi feita para acabar com a injustiça; que não vão conseguir intimidá-lo; a Voz da Junta Militar é uma rádio da injustiça; querem calar pela força a sociedade civil,

Por seu lado, FERNANDO GOMES afirma que não podem intimidar a Liga; a democracia não pode funcionar sem crítica; perguntou-lhe o jornalista se esse tipo de contradições não poderá levar a um confronto militar (observando ter o país acabado de sair de uma guerra)[208].

• BBC: primeiro confronto entre a Junta Militar e a sociedade civil; HELDER VAZ cataloga a situação como uma "tentativa insana de intimidação" da sociedade civil; diz que a RGB censura a "natureza retrógrada das ameaças"; isso contraria o programa do GUN, o Pacto de Transição Política, a Carta Africana dos Direitos do Homem e dos Povos, *etc.*

150. 15 de Junho de 1999:

• RFI: NANCASSA foi detido durante cerca de 4 horas, por causa das suas últimas declarações; já foi liberto.

FERNANDO GOMES protesta opinando que a única solução para estas violações dos direitos humanos é a luta.

• BBC: a União Europeia (diz o seu representante em Bissau) dá um *ultimatum* à Guiné-Bissau: ou há estabilidade (fim de guerrilhas institucionais) ou é o fim da ajuda da UE.

Hoje ou amanhã, o Comité de África da UE debate eventuais sanções contra a Guiné-Bissau; se a UE decidir manter o seu apoio, a Guiné-Bissau receberá ainda em Junho 14 milhões de USD como contrapartida do acordo de pescas.

151. 16 de Junho de 1999:

RDN: a ANP encerrou a sua sessão. Pendente ficou: a revisão constitucional (aprovada na generalidade, faltando a sua aprovação na especialidade); a lei da defesa nacional; a lei da declaração de rendimentos dos titulares de cargos políticos. Não foram definitivamente aprovadas, por ora, alegadamente por "razões técnicas" (o deputado HELDER VAZ diz por falta de corrente eléctrica)[209].

---

da qual ele teria feito comentários pouco abonatórios em relação ao PR interino (diz ter amizade e confiança em MALAM BACAI).

[207] A RFI também tratou a notícia, devendo-se observar a declaração de FERNANDO GOMES (da Liga Guineense dos Direitos do Homem) que acha normal a detenção de vários indivíduos mais ou menos próximos de NINO porque "perderam a guerra" e são "prisioneiros de guerra".

Curioso é este activista dos direitos do homem já não achar normal sequer a ameaça de detenção ou de outras violências contra ele. "Ganhou a guerra"?

[208] Pareceu-me um conselho à moderação. É curioso que, durante a guerra, certa imprensa achava natural e até encorajava esse tipo de atitudes na "sociedade civil"...

[209] Não será para evitar confrontações com a Junta Militar (cujo Comandante Supremo não se encaixa nos pressupostos do artigo da Constituição – *aprovada na generalidade*) sobre os requisitos de elegibilidade para determinados cargos públicos?

A propósito, registe-se: o apelo de BACAI nas comemorações do 7 de Junho; a posição dos deputados REGALLA e KADRA durante a discussão parlamentar do projecto de revisão constitucional; o próprio desencadear

152. 17 de Junho de 1999:

• RDP: MANUEL MACEDO ("conselheiro especial" do General NINO): três advogados portugueses já se ofereceram para apoiar NINO; NINO vai viver em Portugal; mas está disposto a voltar à Guiné-Bissau para enfrentar um eventual julgamento (que ele não teme); o único vencedor num julgamento com "imparcialidade" e "lealdade" será o Presidente NINO – até porque muitos documentos já estão fora do país, documentos que põem em xeque muitos dos actuais governantes, documentos que apoiam NINO; o julgamento será o julgamento do sistema, estando muitos dos actuais protagonistas da cena envolvidos naquela fase em práticas censuráveis.

153. 21 de Junho de 1999:

• RDP: moças foram hoje, na praça pública, espancadas "pelos homens de ANSUMANE MANÉ", por usarem roupas curtas[210].

A LGDH condena os actos.

• RDP: um dirigente do MFD de Casamance (representante em Portugal deste movimento): perguntado se os "rebeldes de casamance" ajudaram a Junta Militar na última guerra da Guiné, ele respondeu: claro que sim[211]

154. 22 de Junho de 1999:

RDP: Mais polémica na Guiné-Bissau: numa reunião hoje com os partidos políticos e com a JM, o PR interino manifestou a intenção de nomear o Presidente do STJ, mas não conta com o apoio dos partidos[212]; a RGB discorda da nomeação do PSTJ pelo PRi (por inconstitucionalidade) – atitude igual à do consulado ninista; ABUBACAR DJALÓ (da LIPE) alinha na mesma senda[213].

---

do assalto a Bissau, de 6/7 de Maio será alheio à fresca discussão e aprovação da citada disposição constitucional pela ANP? Considere-se, ainda, o apelo do líder da UM no sentido de maior cautela quanto a esse artigo e no da unidade de todos os guineenses.

210 Essa campanha violenta, a coberto de um certo moralismo, teve em Bissau uma ressonância negativa. Há quem estabeleça um paralelismo com a política do Presidente gambiano DJEMÉ; troçam alguns vaticinando que o próximo passo será a instituição do *fundinho* como vestimenta obrigatória. A Junta Militar apressou-se a lançar um comunicado assinado pelo Vice-Chefe do Estado-Maior e um depoimento do Comissário-Geral da Polícia em que se procurava, sem resultado, *descarregar para a esquerda*. Este último fala até de fardas indevidamente usadas... mas se ele disse que o Ministério do Interior é que estava a desencadear uma campanha contra malfeitores em Bandé e teve ali a colaboração desses militares!

211 Ou por outra, se a JM teve no conflito o apoio desses rebeldes: claro que teve. A entrevista foi feita no quadro das negociações de Banjul.

212 Replicam outros, nos seguintes termos: existe uma lei (EMJ) que algumas entidades julgam inconstitucional (por dar cobertura a nomeações do PSTJ pelo PR). Porém, ainda não foi declarada inconstitucional pelo STJ. Acontece que se procedeu à revisão do referido diploma, revisão aprovada, mas não publicada, àquela data. Nesse comenos, o PRi pode nomear o PSTJ.

213 Antes dessa reunião e, depois, face aos resultados da mesma (falta de consenso – por questões de nomes ou por questões de princípios?), alguns políticos começaram a executar certas jogadas: o edifício do STJ passou a ser a placa giratória de estrategos políticos e judiciais. Havia os que arquitectavam a *extinção*, pura e simples, do STJ (ou, talvez melhor, a *exoneração* de Juízes Conselheiros – todos? Alguns?) e um novo começo. Tudo embrulhado num esquisito concubinato entre políticos e profissionais do foro. Era a entidade tal que tinha no bolso um nome α para PSTJ; era a força política X que trazia na manga o nome β para *seu* PSTJ; era o Juiz γ que se descobre preterido pela entidade que o trazia, julgava ele, às cavalitas; era o juiz δ que queria *subir*, a todo o custo, ao STJ; era o político ε que *matava* para chegar a PSTJ, mas que despertava reacções pouco favoráveis da parte de alguns *candidatos* domésticos; era o fulano de tal que queria *voltar à casa*, pela porta grande (que é simultaneamente a dos fundos); era, enfim, o verdadeiro rosto da *independência* judicial, tantas vezes e por tantas entidades proclamada.

155. 24 de Junho de 1999:
Bombolom/Voz da Junta Militar (LALAU ROBALO): MAMADÚ SANÉ N'KRUMAH (de uma facção do MFDC) declarou ao jornal português Público que almeja a criação de um país (federação) chamado Gabú – que incluiria a Guiné-Bissau, Casamance e Gâmbia – dentro de 5 anos (uma reconstituição do antigo antigo reino de Kaabu, que existia ao tempo da colonização).
O dirigente do MFDC assumiu que este movimento ajudou a Junta Militar no conflito militar de 1998/1999.

156. 26 de Junho de 1999:
RDP: CARLOS PINTO PEREIRA (dirigente do PCD): o regime de Nino era uma ditadura. E contra uma *ditadura* como essa, aquele político e jurista defende a utilização de qualquer método – inclusive o que foi usado pela Junta Militar[214]; diz que a oposição saiu (deste conflito) com a cabeça erguida e irá sair-se bem nas próximas eleições.

157. 29 de Junho de 1999:
• RDN: a ANP retoma a revisão constitucional.
• RFI: BACAI SANHÁ deu a entender que se vai candidatar a PR.
• RDP: MALAM BACAI SANHÁ (o Presidente da República interino) diz que NINO VIEIRA não poderá candidatar-se a Presidente da República porque assinou a sua "declaração de renúncia", antes de abandonar Bissau.
• RDN: foram ontem suspensas a discussão e votação da revisão constitucional, por falta de *quorum*. Assunto polémico: inelegibilidades para cargos electivos. Mas os deputados retomaram hoje a reunião. A UM discorda dos termos da disposição que trata da capacidade eleitoral passiva para certos cargos e das condições de acesso a certos cargos.

158. 1 de Julho de 1999:
O Presidente da República interino nomeou o Dr. EMILIANO NOSOLINI DOS REIS Presidente do STJ[215].

159. 6 de Julho de 1999:
RTP Áf.: NINO VIEIRA: «Eu não provoquei o conflito; tentei resistir apenas».

160. 8 de Julho de 1999:
BBC: a ANP aprovou ontem, por maioria de 2/3 a revisão constitucional; certas disposições ameaçam a classe política; é o caso daquela que admite para certos cargos apenas filhos de guineenses originários (excluindo ANSUMANE MANÉ, FRANCISCO FADUL, AMINE SAAD, entre outros).
TONY TCHECA (*comentador político*): «Isto é um golpe de Estado legalmente preparado, a seu tempo».

---

214 O ponto a que chegou a luta política na Guiné-Bissau! Vale tudo? É um entendimento curioso, no mínimo, da teoria e prática democráticas.

215 Invocara-se há dias a necessidade de o PSTJ ser nomeado (não eleito), para dar tempo a que os Juízes Conselheiros refugiados em Portugal regressem e participem nas ditas eleições para aquele cargo; até lá, nomear-se-ia, transitoriamente, um PSTJ para, nomeadamente, preparar as eleições (foram os argumentos de alguns magistrados); entretanto, acaba de ser nomeado um Juiz Conselheiro (em comissão de serviço noutra instituição) que se encontra refugiado em Portugal; alguns *presidenciáveis* não gostaram certamente da jogada...

161. 9 de Julho de 1999:

RTP ÁF.: PM FADUL, num discurso feito na PR, por ocasião da entrega ao PGR AMINE SAAD do processo de algumas centenas de prisioneiros de guerra: tiveram de pegar em armas porque não havia outra alternativa para mudar a situação[216].

162. 13 de Julho de 1999:

BBC: após a campanha mediática e diplomática de Portugal e da nova liderança guineense nos últimos dias, com vista à legitimação do novo regime pela OUA, a cimeira da OUA em Argel prometeu isolar qualquer novo regime saído de golpe de Estado[217].

163. 14 de Julho de 1999:

• RDP: a OUA legitimou ontem a mudança de poder na Guiné-Bissau porque foram respeitados alguns princípios democráticos durante o conflito... Mas prometeu isolar futuros golpistas[218].

• RFI: DANIEL ANTÓNIO (Secretário-Geral Adjunto da OUA): a OUA condenou os golpes de Estado nas Comores, Níger e Guiné-Bissau, mas suavizou o tom da condenação, quanto à Guiné-Bissau.

164. 15 de Julho de 1999:

RDP: de acordo com um jornal, NINO acusa BACAI SANHÁ e SATURNINO COSTA de estarem atrás do golpe de Estado que o atingiu.

165. 16 de Julho de 1999:

RDP: NINO VIEIRA: não podia consultar a ANP nos dias da guerra porque estava todo o mundo em debandada e o Presidente da ANP dissera-lhe até que não conseguia reunir o Parlamento. Mas mesmo quando foi possível reunir-se – após o acordo de Abuja –, a ANP fê-lo cercada pelos militares revoltosos[219].

166. 17 de Julho de 1999:

RDP: a UE ameaça a Guiné-Bissau de sanção, por causa da destituição do Presidente VIEIRA. Tal orientação conta com a oposição de Portugal, Suécia e Holanda.

167. 20 de Julho de 1999:

RDP: o PM FADUL (que entregou um protesto ao PRi) quer que o PRi vete a lei de revisão constitucional recentemente aprovada, na medida em que restringe o acesso a certos cargos a guineenses de origem, filhos de guineenses de origem. Diz que é uma disposição anacrónica e discriminatória.

Na mesma direcção se posicionou o Presidente da Ordem dos Advogados da Guiné-Bissau, ANILDO CRUZ, para quem "é um absurdo e um exagero dos extremos". Admite que poderá ser

---

216 AMINE SAAD diria no mesmo acto, em declaração radiodifundida do dia seguinte, que a natureza real da guerra levada a cabo pela JM é a de uma "revolta popular de expressão militar".

217 Para o futuro...

218 Prometeu...

219 BUCANCIL CABRAL (da RGB) contesta dizendo que o PR podia então consultar a Comissão Permanente da ANP.

Por seu lado, CARLOS PINTO PEREIRA (do PCD) afirma que NINO poderia negociar pois a JM manifestou-se desde sempre a favor do diálogo; NINO não quis negociar porque pensava poder esmagar a JM com a ajuda das tropas aliadas, que desembarcaram depois.

razoável a exigência da cidadania de origem ao candidato, mas não dos seus pais. A CRGB afastaria, por exemplo, FADUL e A. SAAD desses cargos.

Ministro dos Negócios Estrangeiros JOSÉ BAPTISTA: a ANP é soberana, mas o PR tem também as suas competências, para manter a coesão do país. Questionado se isso quer dizer que estava a favor do pedido do PM, diz que não está contra, nem a favor do veto.

Para o Ministro, não se deve basear nos critérios de pertença étnica, mas no da competência e experiência dos cidadãos[220].

• RDP: HELDER PROENÇA (deputado do PAIGC): era intenção deles reservar as funções de Presidente da ANP e outras a cidadãos guineenses originários, mas mais de 2/3 dos deputados optaram por alargar o leque e agravar os requisitos da cidadania (cidadãos guineenses de origem filhos de pais guineenses de origem)[221].

• RTP: CAETANO N'TCHAMA: respeita a ANP. Assiste, porém, ao PR[222] o direito de veto à Lei Constitucional, no que toca ao *art. 4.°*. Diz que nem VERÍSSIMO SEABRA, nem FADUL, nem AMINE SAAD, nem EMILIANO NOSOLINI, nem um certo membro do Estado-Maior das Forças Armadas poderiam ocupar os cargos que ocupam, se entrasse em vigor o referido dispositivo constitucional[223].

• BBC: a Direcção dos Serviços de Estrangeiros e Fronteira advertiu formalmente NINO VIEIRA, com base na entrevista deste ao "Independente" de 16.7.1999, de que não deve fazer declarações e desenvolver actividades que possam beliscar o relacionamento de Portugal com outros Estados. Isso porque o estatuto de protecção temporária e o processo de concessão de asilo político poderiam estar em risco[224].

168. 21 de Julho de 1999:

RFI: CARLOS LOPES (sociólogo): sociologicamente, é curioso e inaceitável que "no final do século XX se esteja a definir a nacionalidade em função da exclusão e não em função da inclusão"; tem-se assistido na Guiné-Bissau a vagas de expulsão da criolidade, com manifestações xenófobas;

Politicamente, tais medidas visam afastar certas figuras (como, por exemplo, ANSUMANE MANÉ, FADUL, AMINE) que estariam a fazer sombra aos outros pretendentes do poder;

Juridicamente, a ANP já tem o seu mandato expirado há mais de um ano – e se não reviu a Constituição na altura, não o poderá fazer agora[225].

---

[220] Deixa, aqui, transparecer, apesar do dito no período anterior, a sua discordância com a orientação que obteve vencimento na ANP.

[221] Mas pareceu-me (ouvi apenas parte do depoimento) que o político em referência concorda com este último requisito agravado para o PR – deixando os restantes cargos de soberania reservados a cidadãos guineenses de origem.

[222] O interino?

[223] A RTP mostrou uma carta de FADUL ao PRi, de 7.7.1999, onde se insurge contra a revisão constitucional (norma da reserva de cargos) e foca nomes como JOSÉ CARLOS SCHWARZ, AMÍLCAR CABRAL, ANSUMANE MANÉ, para dizer que a estes, à face do dispositivo constitucional em causa, seria vedado o exercício dos tais cargos.

[224] Na referida entrevista, NINO teria acusado certas personalidades não poupando Portugal no processo golpista que derrubou o regime.

[225] Esta leitura é correcta – leitura, aliás, que alguns políticos e juristas da urbe vinham já fazendo. Só que muito boa gente apenas agora reparou que o mandato da ANP expirara! Quando ainda era instrumento útil para a estratégia de acesso ao poder de alguns, a ANP podia fazer tudo.

FADUL, no seu discurso perante a ANP, aquando da apresentação – voluntária, para ganhar a simpatia dos parlamentares – do programa do Governo, enfatizara que a ANP era soberana e que os deputados podiam contar com o seu apoio (esperando o mesmo destes); que os deputados decidissem o que bem quisessem (talvez tendo em mente o relatório sobre o tráfico de armas em que o alvo-mor era o antigo Presidente da República).

169. 22 de Julho de 1999:

BBC: reunião, amanhã, de um grupo de quadros para a discussão da *polémica* revisão constitucional já aprovada, que impede os guineenses da 1.ª geração de exercer certos cargos;

FILINTO VAZ MARTINS, em protesto contra aquela revisão constitucional, demitiu-se do cargo de conselheiro do PM; Para este político, trata-se de uma lei precipitada que visa afastar eventuais concorrentes às próximas eleições; a lei vai afastar 40% de guineenses (os *burmedjus* oriundos de Portugal e outras nações, aqueles cidadãos de origem senegalesa, gambiana e de outros países negro-africanos); os mentores desta orientação falharam o alvo; diz que vai participar na reunião de amanhã.

170. 23 de Julho de 1999:

RFI: a revisão constitucional foi aprovada com os votos da totalidade dos deputados do PRS; o PAIGC estava dividido, assim como a RGB; a UM votou, em bloco, contra.

KOUMBA YALÁ (PRS): «Há patriotas apenas pelo nome».

«Não há patriotismo verdadeiro nessas pessoas» (que querem ocupar os cargos, mas se houver problemas, fazem uso dos seus estatutos de dupla nacionalidade e mudam-se para o outro país, esquivando-se às suas responsabilidades); por isso é que tais cargos de soberania devem ser reservados a cidadãos guineenses de origem, filhos de pais guineenses de origem[226]. Daí que o seu grupo parlamentar tivesse votado a favor.

171. 24 de Julho de 1999:

RDN: a UM, a FLING e a LIPE fizeram uma frente comum contra a norma do art. 5.° da CRGB revista (ainda não promulgada).

172. 25 de Julho de 1999:

RDN: HELDER VAZ (RGB), a propósito da última revisão constitucional: invoca o respeito pelos poderes da ANP, para, de seguida, apelar a uma maior ponderação nos debates (refere-se aos que se opõem à orientação dominante?), porque, de contrário, se o PRi vetar, o diploma voltaria ao parlamento, que poderia imprimir um agravamento do conteúdo do polémico articulado constitucional[227].

173. 26 de Julho de 1999:

RDP: HELDER PROENÇA (Presidente da CERCLE): o PRi não pode vetar o diploma da revisão constitucional porque este foi aprovado por maioria qualificada; mas o PRi pode provocar

---

E a *revisão constitucional* feita pelo "Pacto de Transição Política" (que, nomeadamente, enriqueceu, anticonstitucionalmente, os poderes do Presidente da República interino – possibilitando, *v.g.*, a promulgação de leis, a dissolução da ANP)?

E a nomeação do Presidente do Supremo Tribunal de Justiça pelo PRi?

226 Faz-me isso lembrar duma ideia defendida há tempos em Portugal (não me recordo a propósito de quê) por um jurista e político português, Dr. ALMEIDA SANTOS (à data destas crónicas, Presidente da Assembleia da República):

Alguns cargos públicos (o exemplo dado foi o de juiz) não devem ser exercidos por cidadãos que não sejam portugueses (de gema?) porque seria perigoso para o próprio não português. Suponha-se o caso de um juiz que tivesse tomado uma decisão impopular num meio determinado. Tal poderia implicar violência contra a sua pessoa.

227 O deputado do PRS EMBUNHA INCADA ameaçara incluir, até, os Directores-Gerais nos cargos reservados a guineenses de origem, filhos de pais guineenses de origem.

mecanismos que levem à reapreciação da norma em causa; existe ainda a opção do referendo (pode o grupo lesado propor, através de um outro órgão de soberania, o referendo); a competência não é monopólio de um determinado grupo étnico (*burmedjus*, subentende-se) – as camadas mais desfavorecidas é que detêm o conhecimento técnico; será um anacronismo pensar que só certa camada (os *burmedjus*, subentende-se) é detentora da sabedoria; há que evitar a ditadura da maioria, mas há que estar também atento à ditadura das minorias (*burmedjus*, subentende-se).

174. 28 de Julho de 1999:

RFI: graças à posição favorável da Suécia, Holanda e Portugal, a UE acabou por aceitar a retoma da cooperação com a Guiné-Bissau (a despeito das pressões de Paris, com base no articulado da Convenção de Lomé que prevê sanções a golpes de Estado). As contrapartidas são o respeito pela legalidade democrática, pelos direitos humanos e pelo calendário eleitoral.

175. 31 de Julho de 1999:

BBC: Guiné-Bissau – que tipo de reconciliação?

Cerca de 15 individualidades foram detidas: confusão política? Caça às bruxas? Ou sinal de maturidade do processo guineense?

Foram detidas por terem apoiado NINO durante o levantamento militar de 1998/1999 e por traição à pátria.

Entre os presos contam-se CARLOS CORREIA, CONDUTO DE PINA e MANECAS DOS SANTOS.

AMINE SAAD especifica os crimes de que são acusados:

Associação criminosa (constituição da "milícia privada" "Anguenta" – art. 207.° CP); instigação à prática de crime; traição à pátria; colaboração com forças armadas inimigas; financiamento da guerra.

176. 6 de Agosto de 1999:

RDP: a LGDH ataca a PGR por estar a prolongar, para além do prazo legal, as detenções de indivíduos ligados ao antigo regime. Para a Liga, dever-se-ia investigar e só depois prender – e não o contrário, como se tem feito.

177. 7 de Agosto de 1999:

RDN: ABDÚ MANÉ (da OAGB): o Acordo de Abuja ainda está em vigor; ele é uma fonte de direito;

Outro advogado, CARLOS VAMAIM, opina no sentido de que o Acordo de Abuja está esgotado, por força do Pacto de Transição Política.

178. 12 de Agosto de 1999:

• TVGB, 21.30 H (Debate sobre a questão da reserva constitucional de cargos segundo o critério da nacionalidade originária, nos seus diversos graus):

C. VAMAIM (FCG-SD): não é possível provar a originariedade do cidadão; essa *lei* é um paradoxo face à CRGB e face à DUDH. Dever-se-ia ir para um referendo.

LUCAS SOARES SILVA (FDS): contrapõe que essa *lei* é para o *fidju di Guiné manda na Guiné*; a luta de libertação nacional, o *14 de Novembro* e o *7 de Junho* foram feitos com esse objectivo;

O paradoxo é o PAIGC ter sido fundado só por cabo-verdianos... *Aqui é que há gato*!

IVA CABRAL[228]: contrapõe-se a LUCAS SILVA.

---

[228] Filha de AMÍLCAR CABRAL.

CABRAL DE ALMADA (GAZELA) – Presidente da ANP: a revisão constitucional não foi feita numa base racial; os deputados são soberanos; ninguém pode influenciá-los.

Outro participante no debate intervém para dizer que os deputados são oportunistas e racistas.

SILVESTRE ALVES (ex-representante da JM na Europa): a norma em apreço reflecte uma atitude de verdade (contrariamente a outros países, onde não há leis impeditivas, mas tal orientação restritiva não deixa, na prática, de existir);

O critério do *ius soli* é para os EUA (onde os autóctones foram dizimados); enumera os países que têm normas idênticas àquela aprovada na última revisão constitucional (ainda não promulgada): Moçambique; Burkina Faso; Panamá (onde até o Reitor da Universidade tem de ser cidadão panamense originário).

FILINTO VAZ MARTINS (UM): É uma norma feita por NINO VIEIRA para o seu interesse; esta é presentemente uma nova escalada.

LUCAS SILVA: a Guiné passou todo o tempo subjugada: 500 anos de colonialismo; durante o colonialismo, os cabo-verdianos, por terem mais instrução, foram privilegiados; a demissão de FILINTO VAZ MARTINS[229] não é de estranhar porque acha que os guineenses não podem mandar nele (era Ministro de LUIZ CABRAL; deu-se o *14 de Novembro*, foi convidado para Ministro, mas abandonou a Guiné).

C. VAMAIM: «Guiné-Bissau é um país de nações que não tem ainda nacionalidade».

Quanto à restrição ao cargo de PR, ele concorda, mas não se deveria descer aos restantes cargos. Na sua interpretação, basta a cidadania originária de um dos progenitores (não ambos); funda-se na lei da cidadania.

Todos terão de provar a sua cidadania... Porque nem todos os *nok* são *nok*[230].

SILVESTRE ALVES: contrariamente à solicitação do PM ao PR, não há qualquer possibilidade de veto à lei constitucional (tal como na Constituição portuguesa e na cabo-verdiana). Isto porque se 2/3 bastam para superar o veto presidencial, então uma lei constitucional, aprovada por 2/3 (dos 75 deputados presentes, mais de 70 votaram sim), torna inviável o veto.

C. VAMAIM: o PR nem sequer tem competência para promulgar uma Lei Constitucional. Não existe uma norma constitucional sobre esse aspecto, mas baseia-se no que *se tem feito* na Guiné-Bissau: *basta a assinatura do Presidente da ANP.*

Resta ao PRi exercer o seu peso moral; outra alternativa seria a arguição da inconstitucionalidade da norma (baseia-se num precedente no STJ: requerimento pelos deputados da fiscalização da constitucionalidade).

LEÓNIDAS MIRANDA: a Guiné-Bissau é uma nação forjada na luta armada de libertação; não há guineenses de origem (pode existir balanta puro, mas não guineense puro).

SILVESTRE ALVES: a Lei Constitucional deve ser promulgada.

IVA CABRAL: apela ao voto naqueles que prometem uma Guiné mais avançada, não naqueles que defendem a ideia da restrição contida na revisão constitucional.

- 0. 55 H: ouviram-se, rajadas curtas de *kalashnikov*.

179. 16 de Agosto de 1999:

RTP Áf.: o Brig.° ANSUMANE MANÉ está a ter um papel cada vez mais importante na direcção do PAIGC. Foi graças a ele que o congresso deste partido, marcado para a semana em curso, foi adiado.

---

229 Demitira-se do cargo de Conselheiro do Primeiro-Ministro, em protesto contra a revisão constitucional que fixou as restrições supracitadas.

230 Expressão que em kiriol se costuma pospor ao termo "preto", para designar uma coisa ou uma pessoa retintamente ou genuinamente preta. "Pretu nok" significaria, neste contexto, preto genuíno, sem misturas.

Parece que o Comandante-Supremo da Junta Militar não concorda com a candidatura de Saturnino Costa[231].

180. 17 de Agosto de 1999:

RTP Áf.: ANSUMANE numa reunião na sede do PAIGC: o Brigadeiro não concorda com a candidatura de SATURNINO à Presidência daquela formação política pois o mesmo faz parte do grupo de pessoas que perturbaram o país (nas palavras de BENANTE, teria ANSUMANE dito: se NINO é o n.° 1, SATURNINO é o n.° 2);

SATURNINO que se afaste! Que fique em casa!

Noticia a RDP Áf. que SATURNINO entrou no salão na parte final do discurso de ANSUMANE MANÉ, mas voltou a sair logo.

181. 23 de Agosto de 1999:

RFI (ADALBERTO ROSA, da agência noticiosa Lusa): correm rumores de que NICANDRO BARRETO terá sido assassinado por ser uma figura próxima de NINO[232]; de que o seu assassinato tem a ver com as investigações em curso sobre a morte do jornalista português QUADROS (algumas pessoas teriam sido detidas na sequência das investigações da PGR sobre o caso QUADROS)[233].

O Governo (Ministério da Justiça) pediu apoio técnico a Portugal, para ajudar nas investigações.

182. 26 de Agosto de 1999:

• RDN: a mulher do PM FADUL deu à luz, no país; é um rapaz forte de nome JOÃO PAULO; trata-se de um acto sem precedentes na Guiné-Bissau, em que pessoas com o destaque de FADUL preferem enviar as suas esposas para clínicas no estrangeiro; o noticiado acto é sinónimo de confiança do PM nos médicos nacionais e de boa governação (poupança de dinheiro, poupança em telefonemas).

• RDP: o PM FADUL processou o "Banobero" (cujo proprietário é o recentemente nomeado Director-Geral da RDN, FERNANDO PEREIRA).

FERNANDO PEREIRA responde: não disse que FADUL *mamou* indevidamente dinheiro do Estado – interrogou-se apenas[234].

Fernando JORGE PEREIRA alega que é um apoiante do Governo e que só disse o que disse para proporcionar ao PM FADUL a hipótese de responder ao boato...

---

231 O Secretário Permanente interino do PAIGC, FLÁVIO PROENÇA, apareceu a tentar *embelezar a embalagem*, mas acabou por confirmar, em certa medida, tal informação: diz que foi apenas um *conselho* que ANSUMANE MANÉ lhes dera – e que eles respeitaram (referia-se ao adiamento do dito congresso).

Tal *conselho* deve, no entanto, ser lido à luz, designadamente, da notícia salientada na RDP a 15.8.1999: o "Movimento Renovador" do PAIGC quer ver MALAM BACAI SANHÁ na corrida às presidenciais de Novembro próximo; FRANCISCO BENANTE (candidato, pelo "Movimento Renovador", à liderança do PAIGC) vai propor MALAM para as próximas eleições presidenciais...

Atente-se ainda no registo, *supra,* de 17.8.1999.

232 Este dirigente do PAIGC foi encontrado ontem morto na sua residência, conforme noticiou hoje a RDP.

233 NICANDRO BARRETO era PGR quando faleceu JORGE QUADROS.

234 Alusão a ajudas de custo de viagens que se diz terem sido indevidamente apropriadas pelo PM.

183. 27 de Agosto de 1999:

RDP: DOMINGOS FERNANDES (Presidente da RGB)[235]: a RGB, durante o seu mandato, cumpriu o seu papel: democratização do país; derrube de NINO VIEIRA[236].

184. 29 de Agosto de 1999:

RDP: balbúrdia no congresso do Movimento Bâ-fata! Acusações mútuas de irregularidades (no mínimo) na escolha dos delegados. O congresso foi interrompido.

185. 31 de Agosto de 1999:

RDN: RGB-Movimento Bâ-fata – a confusão persiste. Fala-se em fusão de listas; fala-se em congelar o congresso até às eleições. Em princípio, os trabalhos continuam amanhã. O "INEP" já está a reivindicar a sua sala.

186. 1 de Setembro de 1999:

• RDP: HELDER VAZ foi eleito Presidente do Movimento Bâ-fata, após SALVADOR TCHONGO ter abandonado o congresso. HELDER VAZ promete erigir TCHONGO a candidato a PR, pela RGB.

• FERNANDO GOMES (Presidente da LGDH) vai candidatar-se a PR. Linhas programáticas da sua candidatura: direitos humanos; respeito pela legalidade; concertação; combate intransigente ao recurso às armas como forma de resolução de problemas[237].

187. 2 de Setembro de 1999:

RDP: começa hoje o congresso extraordinário do PAIGC. Na corrida à liderança deste partido posicionam-se FLÁVIO PROENÇA e FRANCISCO BENANTE.

188. 3 de Setembro de 1999:

RDP: faz eco de um jornal português de hoje: de acordo com LÁSSANA DAHABA, da RGB, estaria em curso, pelas mãos do Brigadeiro ANSUMANE MANÉ, um processo de islamização do poder. Estaria MANÉ a dividir o país, reunindo o sector islamita.

189. 5 de Setembro de 1999:

RDP: NINO VIEIRA foi expulso do PAIGC. Foi o que decidiu a maioria no congresso em curso. Impendia sobre o antigo líder a *acusação* de ter violado, durante a guerra, os estatutos do PAIGC e demais leis do país. Mais nomes serão, nessa perspectiva, apreciados pelo congresso.

---

235 A RGB está em congresso até 29 de Agosto, em princípio, para a escolha do novo líder. Perfilam-se duas candidaturas (HELDER VAZ e SALVADOR TCHONGO – consta que este último contaria com o apoio do actual líder do partido, prestando-se este a candidatar-se à presidência da República).

236 Derrube da forma como aconteceu? E a "democratização"?

Num discurso proferido perante esse congresso da RGB (o III.°), a 27.8.1999, DOMINGOS FERNANDES realça o papel do Movimento Bâ-Fata no levantamento militar de 7 de Junho de 1998 que culminou no golpe de Estado de 7 de Maio de 1999 (o citado político fala em "revolução"). A dado passo da sua alocução, FERNANDES assevera: «Há um papel que é preciso realçar aqui, que é a actuação do partido junto da imprensa; sabemos que a imprensa jogou um grande papel neste conflito. Exemplo disso é a Rádio Voz da Junta Militar. Mas a imprensa internacional teve também grande papel, evitando a condenação da revolta. Se vocês se recordam, no início era sempre noticiada a derrota da Junta – e até não dava vontade de ouvir rádios internacionais -, mas a dado momento isso mudou. Porquê? Porque alguns dirigentes que ficaram em Bissau, correndo todo o risco, hospedaram jornalistas e aproveitaram para os pôr a par dos acontecimentos».

Noutro passo, afirma: «Não podemos esquecer o fim do regime; 1986, jurámos que vamos acabar com ele; no dia 7 de Maio, pela 2.ª vez, chorámos ou derramamos as lágrimas».

237 Depois de se tornar Presidente (da República)?

190. 7 de Setembro de 1999:

RDP: BUBACAR RACHID DJALÓ (líder da LIPE) vai candidatar-se às presidenciais. O seu cavalo de batalha é a luta contra a xenofobia. Observa DJALÓ que as guerras mais sangrentas são as levadas a cabo por minorias excluídas. Porque não têm nada a perder – excluídas que foram na terra onde nasceram e trabalharam. Defendem a sua honra e dignidade[238].

191. 9 de Setembro de 1999:

RDP: FRANCISCO BENANTE eleito Presidente do PAIGC.

192. 16 de Setembro de 1999:

Circula a notícia de que há movimentos de insatisfação nas Forças Armadas[239].

193. 17 de Setembro de 1999:

RDP: PM FADUL, à chegada a Bissau, após uma *tournée* que o levou ao Canadá, Cuba, Brasil, França:

A Guiné-Bissau contraiu com a França um empréstimo de cem milhões de dólares para investir brevemente nas Forças Armadas.

Anuncia-se uma jornada de amizade Guiné-Bissau-França, nos próximos dias em Bissau.

194. 19 de Setembro de 1999:

RTGB: o Comité Central do PAIGC escolheu ("por unanimidade") MALAM BACAI como o candidato daquele partido às eleições presidenciais.

BENANTE foi indicado para cabeça de lista para as legislativas.

BACAI disse que as eleições serão importantes para se consolidar a paz e concretizar a reconciliação nacional. Diz que esta foi uma guerra do PAIGC contra o PAIGC e que "nó tem di mama"[240], *etc., etc.*

195. 20 de Setembro de 1999:

RTGB: entrevista do Ministro dos Negócios Estrangeiros da Guiné-Bissau (após uma visita a Portugal): o Governo português vai apoiar a Guiné-Bissau nos próximos três anos com cerca de 7 milhões de contos portugueses. Provavelmente instado sobre a nova aproximação (namoro) à França (considere-se a viagem do PM ao Canadá, para a conferência da Francofonia, assim como as mesuras por este e pelo MNE ali ensaiadas; as declarações apaixonadas do PM em relação aos 100 milhões de USD prometidos pela França à Guiné-Bissau, para, na intenção dos governantes deste país, apoio às Forças Armadas), diz que a Guiné-Bissau está aberta a todos os que queiram ajudá-la[241].

---

[238] Creio ser também legítima estoutra leitura: a "xenofobia" na Guiné advém das maiorias excluídas; quando as maiorias historicamente excluídas tomam consciência da sua condição, o resultado pode ser sangue, guerra, destruição.

[239] A reivindicação teria a ver com salários em atraso. O chefe da JM, incomodado com a situação, teria ameaçado os envolvidos com bazucada na boca.

[240] Temos de viver como irmãos (numa tradução livre do kiriol).

[241] A *vexata quaestio* do eixo (de emulação excludente) Paris-Lisboa. O pragmatismo nem sempre cai bem a uma das extremidades do eixo. Aconteceu na era ninista, com Portugal a encaixar mal as deambulações francófilas do regime; agora é a vez de um regime rotulado de lusófilo seguir as mesmas pisadas?

196. 30 de Setembro de 1999:

RDN: SALVADOR TCHONGO (da RGB), sobre os resultados do último congresso do seu partido: o STJ precipitou-se na pré-legalização da lista de HELDER VAZ como estrutura dirigente da RGB[242];

Se for necessário, haverá derramamento de sangue, para tirar a RGB das mãos de malfeitores (na mira, a ala de HELDER VAZ)... Porque a Guiné-Bissau nasceu e cresceu nesse tipo de ambiente;

A "J" Grande tem de chegar ao Supremo Tribunal de Justiça.

197. 3 de Outubro de 1999:

RDP: a Assembleia Nacional Popular voltou atrás e anulou o art. 5.° da Lei Constitucional[243]. Agora qualquer guineense pode ter acesso a tais cargos, desde que seja maior de 35 anos, mentalmente são e não seja alvo de processos judiciais[244].

A lei afectava os principais dirigentes actuais do país (ANSUMANE MANÉ, FRANCISCO FADUL, AMINE SAAD, entre outros)[245]. Houve aqui, provavelmente, imposições da liderança da JM[246].

198. 5 de Outubro de 1999:

RDP: afinal, a ANP não chegou a anular o art. 5.° da CRGB revista (garante fonte da ANP)[247].

199. 22 de Outubro de 1999:

RTP: o Brigadeiro ANSUMANE MANÉ, de visita a Portugal, concedeu passaporte diplomático a LUIZ CABRAL (enquanto Presidente do Conselho de Estado); o acto envolveu abraço e continência a este.

200. 25 de Outubro de 1999:

- RDN: "Portugal reconhece mérito à Junta Militar". O Presidente português JORGE SAMPAIO, sob proposta do Governo de ANTÓNIO GUTERRES, condecorou ANSUMANE MANÉ, de visita a Portugal, com a Grã Cruz da Ordem de Mérito.
- RDN: a UM, pela voz de MANUEL RAMBOUT BARCELOS, acusa a campanha eleitoral de MALAM BACAI SANHÁ: BACAI está a ser uma imitação de NINO – e as imitações são, normalmente,

---

242 Alusão à *anotação* no STJ (pelo Vice-Presidente deste tribunal – na ausência do respectivo Presidente) da lista de titulares dos órgãos partidários. Facto que esteve na base de uma das batalhas e confusões políticas e judiciais mais tórridas e longas no país.

243 A disposição constante da última revisão constitucional (ainda não promulgada) que exige cidadania originária aos titulares de determinados cargos de soberania, assim como aos respectivos progenitores.

244 Há mais de um mês que o Decreto da ANP está com o PRi, para promulgação. Este, com receio de promulgar ou vetar (independentemente da questão da inconstitucionalidade da promulgação por um Presidente da República interino – questão que não será de monta para este PRi, dado não se ter coibido de exercer tal acção noutros casos), foi arrastando o processo com negociações de bastidores. A confirmar-se esta notícia, acabou por passar a batata quente, como é habitual na Guiné, à ANP.

245 Este tipo de cenário, por mais cosmopolitas que sejamos ou queiramos parecer, incita-nos a indagar sobre o porquê e a legitimidade desse estado de coisas (do estado de coisas que os legisladores de revisão haviam querido afastar) – numa terra chamada *Guiné*.

246 Como sucedeu recentemente com o afastamento, por ANSUMANE, de SATURNINO COSTA da corrida à liderança do PAIGC.

247 Recorde-se (*vide* registo de 3.10.1999) que a RDP tinha noticiado a anulação desse artigo, possibilitando agora o acesso a tais cargos aos guineenses, em condições menos restritivas.

piores que os originais; está BACAI a utilizar bens confiscados ao Presidente NINO pela JM e pelo GUN; as bicicletas foram entregues ao PAIGC, desviados, roubados pelo PRi (e estavam sob a guarda do Ministério da Administração Interna); as viaturas entregues aos Administradores regionais estão a ser usadas para a campanha;

a UM não vai apoiar qualquer candidato às presidenciais.

201. 26 de Outubro de 1999:

• RTP: JOAQUIM BALDÉ (líder do PSD, em visita a Portugal): o PSD apoiou e apoia (tal como os outros partidos da oposição) a Junta Militar como factor de mudança.

• RDP: a Ordem dos advogados da Guiné-Bissau vai mover acção judicial contra a Procuradoria-Geral da República e o PGR AMINE SAAD, pelos seguintes fundamentos:

usurpação do poder do juiz de instrução (e casos há onde o actual PGR fora causídico e hoje, enquanto PGR, estaria a manobrar) – *v.g.*, aplicação da prisão preventiva em lugar do juiz de instrução;

Retenção pela PGR do pedido de *habeas corpus*;

Há que dar prevalência às detenções actuais e não ao caso *17 de Outubro* (porque, diz CARLOS PINTO PEREIRA[248], há que cuidar primeiro dos vivos – e estes estão detidos, presos sem culpa formada, ultrapassando há muito os prazos legais).

202. 29 de Outubro de 1999:

RDP: esta estação emissora fez eco duma entrevista de ANSUMANE MANÉ onde este teria dito, no decorrer da sua visita a Portugal: Não posso ser Presidente da República, nem quero ser Presidente da República. Afastar-me-ei, mas ficarei a *observar* o cenário político[249].

203. 1 de Novembro de 1999:

RTP: o Brigadeiro ANSUMANE MANÉ, líder da Junta Militar, convocou os dirigentes políticos e partidários para uma reunião[250]. Disse, então, A. MANÉ:

É falso o que se tem dito – que se MALAM perder as eleições presidenciais desencadearão nova guerra;

Ficará vigilante após as eleições, quanto às acções dos eleitos[251].

204. 2 de Novembro de 1999:

RDN: face à *ordem* de ANSUMANE MANÉ para que haja campanha eleitoral sem insultos, limitando-se os políticos a explicar os respectivos programas, HELDER VAZ (RGB) disse[252]:

O PAIGC que irão insultar não é o de ANSUMANE MANÉ, mas o que fez muitos erros; o de ANSUMANE MANÉ é o que fez a luta[253]; pergunta como será a campanha se não atacarem o PAIGC;

---

248 Enquanto advogado e dirigente da OAGB.

249 Nas entrelinhas: mais um golpe de Estado, se o futuro "observador" vier a "observar" algo que não lhe agrade?

250 A RTP acusou a presença do Presidente do PAIGC, do líder do PRS, de HELDER VAZ (RGB), do FCG-SD, da UM (A. REGALLA, nomeadamente), do PGR, do *Vice-Presidente* do STJ, do CEMGFA, *etc*.

No final do acto, aparece HELDER VAZ a elogiar e a sublinhar que ficou claro que o PAIGC não tem nada a ver com a JM; de igual forma, AGNELO REGALLA surge a elogiar e a sublinhar que JM não é PAIGC; em similar registo, FRANCISCO BENANTE elogia a "sabedoria" de ANSUMANE MANÉ...

251 Ameaça velada de novo golpe de força?

252 Parecia estar a falar na própria reunião (*vide* registo de 1.1.1999).

253 Qual?

Às vezes tem receio de falar, por causa do "fala n'fala"[254]; ele gosta do Brigadeiro, porque têm o mesmo temperamento; mas se amanhã forem dizer ao Brigadeiro MANÉ que ele disse algo contra ele que este peça antes a dita gravação, antes de o mandar chamar, de o insultar ou de brigar com ele;

O país deve muito ao Brigadeiro, aos homens que aí estão sentados, à Junta Militar.

205. 11 de Novembro de 1999:

BBC: ÓSCAR SUCA BALDÉ (Director-Geral das Pescas, deputado e dirigente da RGB) é dado como desaparecido (ou fugido), após ter acusado o Comandante Supremo da Junta Militar ANSUMANE MANÉ há semanas de envolvimento na emissão de "licenças especiais" de pesca – licenças autorizadas por ANSUMANE MANÉ – a favor de alguns barcos estrangeiros descobertos a pescar nas nossas águas.

Ministro da Administração Territorial, CAETANO N'TCHAMA: ÓSCAR SUCA BALDÉ saiu do país contrariando ordem do PM FADUL, que o proibira de viajar para o estrangeiro – ordem dada na presença do próprio Ministro N'TCHAMA.

Brigadeiro ANSUMANE MANÉ: «Não preciso de fazer malandrices, para conseguir dinheiro; se precisar, digo ao Ministro e o dinheiro tem de aparecer»[255].

206. 16 de Novembro de 1999:

RTP (Repórter RTP Áf.): está em discussão – e possivelmente será aprovada amanhã – a "Magna Carta da Guiné-Bissau". Prevê o documento: estatuto especial para a Junta Militar (nos próximos 10 anos, ela existiria e teria um papel de importância fundamental na estrutura do Estado e na direcção da vida socio-política);

Consulta obrigatória à JM para a nomeação do PGR, membros do Governo, *etc.*;

Ampliação dos poderes do PR.

207. 17 de Novembro de 1999:

• RDP: DESEJADO LIMA DA COSTA, Secretário-Geral da UNTG (sobre a falada Carta Magna): não se pode submeter o exercício do poder à Junta Militar. Isso é mau e não se enquadra na hodierna ordem mundial – o que poderia provocar o isolamento da Guiné-Bissau no contexto internacional. Essa proposta da J.M. é inconstitucional. Não é possível uma democracia sob a vigilância dos militares[256]. Posiciona-se contra a Carta Magna, devendo a UNTG, caso os partidos a aprovarem, opor-se à mesma[257]. Devem ser criadas condições para um regresso condigno dos militares aos quartéis.

---

254 *Diz-que-diz-que*, em kiriol.

255 Palavras de A. MANÉ reproduzidas pelo correspondente da BBC em Bissau. MANÉ teria feito tal afirmação na reunião recentemente tida com os partidos, face à denúncia feita na "Voz da Junta Militar" por ÓSCAR SUCA BALDÉ.

Tornam-se, agora, compreensíveis os programas que eu ouvi superficialmente há dias na Bombolom/Voz da Junta Militar sobre as pescas; as investidas de um empresário da área no sentido de ilibar o Brigadeiro MANÉ.

Mas parece que a gravidade de uma afirmação como aquela atribuída ao chefe da Junta Militar não foi devidamente considerada e escalpelizada. Está aí imanente uma certa concepção de poder que não abona em quase nada a favor da onda da *mudança*, na crista da qual flutua o próprio Brigadeiro.

256 A anticonstitucionalidade tem dessas coisas: só vale de quando em vez e para certos casos...

257 De forma suave e respeitosa – é o que se depreende do seu discurso.

• RDP (IUSSUF KEITA, correspondente em Bissau): foi adiado para amanhã o debate sobre a Carta Magna; a proposta da Carta Magna é aceite pelo povo, como forma de preservação das conquistas do *7 de Junho*[258]; a proposta do pacto não caiu bem nos meios políticos.

RACHID DJALÓ (líder da LIPE): a Carta Magna surgiu em momento inoportuno porque os candidatos estão ocupados em campanha eleitoral;

Há nesta Carta Magna a mão escondida de alguém interessado muito isolado; diz, porém, que não quer dizer que os militares não têm espírito de criatividade;

Parece, na leitura da Carta Magna, que esta vai substituir a Constituição;

Os militares já estão suficientemente protegidos pela Constituição, não precisam da Carta Magna;

Os militares que "peguem no poder ou que deixem a democracia funcionar"[259]; se acham que não têm confiança no poder, que tomem o poder e eles políticos ficarão descansados.

• BBC (sobre a Carta Magna): ontem a JM entregou aos políticos o documento;

A JM exige a tutela do poder político, ficando como o verdadeiro poder nos próximos 10 anos;

A Carta Magna deverá ser profundamente alterada;

Os seus autores querem ver adiadas as eleições;

Trata-se de uma superconstituição;

O art. 9.° da Carta contempla uma disposição sobre a nacionalidade originária.

Questionado acerca da contradição entre esta atitude e o discurso da JM, de que não queria o poder, *etc.*, *etc.*, diz o jornalista ADALBERTO ROSA (da LUSA): a Carta Magna será ultrapassada pela dinâmica do processo político-eleitoral; os militares sempre quiseram ter um estatuto de vigilância sobre o processo político[260].

208. 18 de Novembro de 1999:

• RDP: no dia em que começa a ser discutida a "Carta Magna" pela JM e partidos, o Brig.° ANSUMANE MANÉ ausentou-se do país para uma visita a Cabo Verde, onde foi agradecer o apoio que este país concedeu durante o conflito militar de 1998/1999[261].

• RTGB: KOUMBA YALÁ: está contra a tal "Carta Magna"; quando recebeu a Carta Magna, leu-a e mandou ao Secretário-Geral do seu partido rasgá-la; se há políticos por detrás da Junta Militar, os militares que estejam atentos a esse tipo de manipulação a favor desses políticos, cujos partidos perderam qualquer expressão[262].

• RTGB: BUBACAR RACHID DJALÓ: não quer dizer que a Junta Militar esteja a ser manipulada, mas acredita que há pessoas por detrás que se querem aproveitar da JM para estabilizar os seus cargos; são os acrobatas políticos que estão a manobrar a Junta Militar;

A Carta Magna é um documento muito pobre, em termos de ideias;

---

[258] Apuramento feito em que sondagem?

[259] Só a partir de quando?...

[260] O móbil não parece ser muito mais do que: a tomada pela Junta e certos sectores políticos afins das rédeas do poder; o congelamento do artigo da Constituição que trata das restrições impostas para o acesso a certos cargos públicos, estancando, por outras palavras, a validade e vigência do art. 5.° da Constituição revista, mas ainda não promulgada.

[261] Viagens de teor semelhante, já havia o Brigadeiro feito a Portugal e à Gâmbia.

[262] YALÁ falou e disse aquilo que uma parte considerável da opinião pública pensava. Teve um apurado sentido de oportunidade e conquistou, com isso e pela frontalidade, pontos no eleitorado alvo. A menção, porém, de *políticos por detrás da Junta* é que tem de ser lida com as devidas cautelas... Quem escaparia a esse naipe?

O propósito essencial dessa *Carta* é que a Junta Militar se mantenha por mais 10 anos e o Procurador-Geral da República mantenha o cargo por mais 10 anos[263];

Se os militares não têm confiança nos políticos, que tomem "outra vez" o poder – os políticos ficarão mais descansados;

Mesmo depois das eleições, defende que a JM tenha funções consultivas, não de governação;

A Carta Magna é um retrocesso face ao *7 de Junho*;

A Carta Magna vai impor ao futuro poder que conviva com um Procurador-Geral da República (por mais 10 anos) que não merece a sua confiança[264].

• URI BALDÉ (PRP): como deputado independente, votara *sim* no parlamento a favor do art. 5.° da revisão constitucional só porque isso fazia parte de um acordo *lá dentro*; mas, pessoalmente, está contra.

O PRi acabou por fazer um arranjo com o PAIGC ultrapassando a questão e o dilema que o afligia (promulgar ou vetar). Consequentemente, o art. 5.° não passou (e ele já contava com este desfecho quando votara a favor).

209. 19 de Novembro de 1999:

Bombolom/Voz da Junta Militar: Brigadeiro ANSUMANE MANÉ (num discurso a guineenses em Cabo Verde): Nós não queremos o poder; mas vamos ficar vigilantes (como observadores); se os governantes não se portarem como deve ser, nós iremos pô-los fora e colocar outras pessoas (nada disso é estranho).

210. 24 de Novembro de 1999:

• RDP: Embaixada de Portugal em Bissau: a JM deve deixar o poder, logo após as eleições; diz acreditar nisso. Mais, a comunidade internacional não vê com bons olhos a continuidade da JM no poder. Houve compromissos de renúncia ao poder que a JM deve respeitar. Admite, quando muito, um estatuto de conselheiro à JM.

Quanto à revisão constitucional, opina o diplomata luso que a Guiné-Bissau é livre, no sentido de alterar a sua Constituição como achar apropriado, mas *avisa* que a comunidade internacional se pauta por uma determinada via...

O jornalista fala de uma alteração na atitude da Junta Militar: ontem, em lugar da Carta Magna, surgiu com um "Pacto de Regime".

• RDP (programa, no auditório da RDP, sobre as eleições e a Carta Magna):

FERNANDO KA: a JM não pode ser a guarda pretoriana para vigiar os cidadãos (é no que se traduz a Carta Magna).

• RDP: "Pacto de Regime" aprovado pela Junta Militar e a submeter aos partidos, para discussão[265].

---

263 O PGR é AMINE SAAD, líder incontestado (mesmo quando temporariamente fora da direcção) da UM. A denúncia assim formulada por B.R. DJALÓ marcou a agenda política do momento.

Curiosamente, logo a seguir a estes posicionamentos, surgem alguns depoimentos à guisa de paliativos. O PM FADUL (enquanto membro do Comando da JM?), por exemplo, diz ter havido um erro administrativo ao divulgar a JM o projecto da Carta antes da sua aprovação interna; diz que na reunião interna de 18.11.1999 o Comando Supremo da JM afastou-se dessa Carta, por ser inconstitucional.

264 A jornalista Milocas Pereira perguntou-lhe então se se referia a AMINE SAAD (como o homem que estaria por detrás desta Carta Magna). RACHID DJALÓ não quis referir nomes, mas ficou patente a alusão ao PGR SAAD.

265 Para F. FADUL trata-se de um documento aceitável (discutível e aprovável); faz fé na "intenção" dos militares.

Visaria a transição do poder, com os militares na cena política; a JM é dissolvida e cria-se um Conselho Consultivo, para salvaguardar as aspirações do povo (sendo composto maioritariamente por membros da JM e tendo um mandato de 10 anos).

Fim das mordomias de ex-governantes: essa lei das mordomias deverá ser revogada pela ANP, até sábado próximo.

• BBC: o jornalista JOÃO DE BARROS (proprietário do Diário de Bissau) esteve com o Brigadeiro ANSUMANE MANÉ. Diz aquele ter sido insultado e ameaçado de morte pelo chefe da Junta. Tudo por causa do que se publicou – incluindo um artigo de JOÃO DE BARROS – na 1.ª edição do pós-guerra do jornal[266]. No artigo de opinião "Quem está a tramar Ansumane Mané?", esgrimia-se: contra as atitudes públicas do Brigadeiro que revelavam "desprezo pela vida humana" e pela "liberdade de opinião";

Contra o seu envolvimento em assuntos da governação corrente;

Contra as "licenças especiais" a barcos de pesca recentemente apresadas[267].

No mesmo artigo, chamava-se a atenção para a revolta dos militares no *Quartel General*, junto ao Bairro de St.ª Luzia, em Bissau, ocorrida a 3.11.1999. Revolta considerada "um aviso sério que o Brigadeiro deve tomar em conta".

211. 25 de Novembro de 1999:

RDP: HELDER VAZ LOPES: concorda com a discussão do "Pacto de Regime"; que todas as partes envolvidas no processo se sintam satisfeitas, com as suas reivindicações contempladas.

KOUMBA YALÁ: o importante é reconhecer os direitos dos militares e combatentes da liberdade da pátria. Que os militares não se escondam atrás da democracia para exercerem o poder; se quiserem o poder, que o digam abertamente.

212. 26 de Novembro de 1999:

RTGB: AGNELO REGALLA (Secretário-Geral da UM): a União para a Mudança como derrubou NINO[268], assim derrubará o PAIGC[269].

213. 27 de Novembro de 1999:

Rádio Pindjiguiti: comunicado do Comando da Junta Militar: diz que os políticos não compareceram à reunião de hoje (para a discussão sobre o "Pacto de Regime"); apela, no entanto, à calma.

214. 28 de Novembro de 1999: eleições legislativas e presidenciais.

215. 30 de Novembro de 1999:

RDP: Hecatombe do PAIGC e de MALAM BACAI SANHÁ nas eleições em Bissau.

---

[266] Trata-se da edição n.° 159, de 17.11.1999.

[267] *Vid. supra* a versão que envolvia A. MANÉ na mencionada operação.

[268] "*I pul pé na pitu*", enfatiza aquele político. A pergunta (meramente retórica) que se impõe: foi a União para a Mudança (um partido político, civil, programaticamente democrático) que derrubou NINO ou foi a Junta Militar? Ou serão ambas uma e mesma coisa?

[269] "I na pul pé na pitu".

Pareceu depois ter percebido o deslize (que não abonava a favor do espírito democrático nem do declarante, nem do partido que dirige) e quis, então, emendar a mão. Disse então que derrubará o PAIGC com "djitu" (manha ou habilidade, em kiriol), porque são mais inteligentes do que eles.

216. 1 de Dezembro de 1999:

RDP: HELDER VAZ LOPES (RGB): o voto étnico é que impedirá a RGB de ter maioria absoluta nas últimas eleições[270]. A unidade nacional vai ser a sua cruzada no Governo, cuja coabitação com o Presidente da República KOUMBA YALÁ vai ser boa porque ambos partilham as mesmas aspirações para o povo, *etc., etc.*

217. 2 de Dezembro de 1999:

- RDP: KOUMBA YALÁ reivindica vitória logo na 1.ª volta das presidenciais.
- BBC: KOUMBA YALÁ: diz que ele venceu e o PRS venceu[271]. Qualquer manobra que afaste este cenário "poria o país numa catástrofe jamais imaginada neste país"[272].

218. 4 de Dezembro de 1999:

RDP: CNE: resultados eleitorais provisórios:

Presidenciais: 1.°. KOUMBA YALÁ; 2.°. MALAM BACAI;

Legislativas: 1.°. PRS; 2.°. RGB; 3.°. PAIGC.

KOUMBA YALÁ aceita os resultados;

HELDER VAZ diz julgar que a RGB venceu; em princípio, irá reclamar, mas aceitará a decisão final.

219. 7 de Dezembro de 1999:

RDP: KOUMBA YALÁ: o PRS (que terá vencido as eleições legislativas) formará um governo de unidade nacional liderado por uma personalidade saída do seio do PRS.

220. 8 de Dezembro de 1999:

- BBC: militares na rua. Há 8000 efectivos militares (uma dor de cabeça para o Ministério das Finanças). Reivindicam 4 meses de salários (dizem que o salário prometido de um mês não chega). Os fuzileiros *de BUBO NA TCHUT* não aderiram aos protestos. Um grupo de comandos teve de sair às ruas para que os revoltosos – que tinham fechado a circulação, apoderando-se das viaturas do Estado – pudessem abandonar as ruas de Bissau.
- RDP: afirma JOÃO DE BARROS (do Diário de Bissau): a acção foi devidamente planeada e executada; poderá ter a ver com a tendência de um sector importante do PAIGC (alude a uma comunicação apresentada há um ou dois dias) querer inviabilizar as eleições (a 2.ª volta, nomeadamente); não se trata de uma simples reivindicação de salários de jovens recrutas.
- RDP: o Governo decidiu, sob pressão, aceitar o ingresso nos quadros de mais 10.000 militares. Isso implica aumento da massa monetária, assim como a suspensão do pagamento dos salários aumentados aos funcionários de escalões mais baixos da Administração pública[273].

221. 9 de Dezembro de 1999:

- RDP: o levantamento dos militares ontem (para reivindicação de salários) tem a mão do PAIGC e o propósito de inviabilizar as eleições.

---

270 Alude, portanto, à geometria eleitoral variável em função de critérios étnicos.

271 O PAIGC reclama vitória, por maioria relativa.

272 Em termos idênticos, *vide* Diário de Bissau n.° 164, 2.12.1999, p. 8, onde se fala de ameaça de «revolta popular no país», caso o desfecho seja diferente do sustentado pelo líder do PRS.

273 Ou seja: a prioridade no pagamento dos salários vai para as Forças Armadas e de segurança (que começarão, em princípio, a receber amanhã); suspende-se o aumento salarial.

• Bombolom/Voz da Junta Militar: ANSUMANE MANÉ aos antigos combatentes[274]: acusa o PM FADUL de ter decidido o aumento dos vencimentos dos funcionários púbicos sem bases e com intentos individualistas (fazer boa figura)[275]; acusa ainda FADUL de querer, falsamente, escudar-se no *número enorme* de militares para, agora, manifestar impossibilidade de o GUN honrar os seus compromissos; mais, acha que não haverá qualquer aumento porque o Estado não pode;

Lembrou às hostes que NINO dissera que se saísse do poder os guineenses comer-se-iam uns aos outros.

• RDP: FERNANDO GOMES (candidato derrotado às presidenciais): apoiará KOUMBA YALÁ na 2.ª volta; MALAM BACAI está indiciado de crime de corrupção.

O Secretário-Geral da UNTG diz que o aumento salarial tem de ser para valer; é um direito adquirido; está o sindicalista contra a posição do Governo, ontem anunciada, que é a de suspender a entrada em vigor do aumento salarial.

222. 10 de Dezembro de 1999:

Diário de Bissau[276]: "Artigo 5.° funcionou nas urnas". O subscritor do artigo (JOÃO DE BARROS) não se coibiu de tocar cordas bem sensíveis do instrumento político-social guineense. Pela sua frontalidade e clareza, largas passagens serão aqui transcritas.

O contexto do artigo é o da turbulência pós-eleitoral de 1999, em que o discurso e os nomes com colorações *burmedjus*[277] saíram derrotados da contenda eleitoral.

Viremos o olhar em direcção à análise acabada de introduzir:

«Os grupos-alvo visados nestas eleições foram os *burmedjos* e os *muçulmanos*».

«Abordamos este assunto hoje e podemos aceitar ou não a oportunidade ou a inoportunidade de escalpelá-lo no jornal, mas é indisfarçável a discussão na praça pública deste incómodo e perigoso tema».

«Os *burmedjos* e os *muçulmanos* são expressões que a sociedade guineense utiliza pejorativamente[278] e que não significam necessariamente cor da pele ou raça (leia-se, tribo), mas sim códigos de conduta no seio da sociedade guineense. Os *burmedjos* são referenciados como "ratos das finanças" que colocam as suas poupanças no exterior.

«Por outro lado, arrogam-se o estatuto de detentores da verdade e da sabedoria, recusandose partilhar com outros a verdadeira oportunidade profissional, só o fazendo de forma demagógica ou ainda com uma concepção provisória, estabelecendo na sociedade uma espécie de clube com "Direito a Admissão", na qual os animistas aparecem para colorir a paisagem, sendo obrigados a adoptar o mesmo código de conduta!

«Quanto aos muçulmanos, quando é pejorativa a utilização do termo, surge como informalidade, intriga palaciana, bajulação e sufoco às normas, *etc.*».

«Depois da Administração colonial, foi o PAIGC a segunda vítima da vil forma de estar na vida destes dois grupos. Durante o consulado do PAIGC, rapidamente estes dois grupos dominaram e repartiram os benefícios. Os muçulmanos encarregavam-se de desinformar, intrigar e fazer

---

274 Trata-se duma reunião para deitar água na fervura, já que aqueles teriam recusado os ordenados que lhes foram pagos e, por outro lado, os novos militares saíram à rua para reivindicação de salários.

275 Jogada política a prazo?

276 Edição n.° 166, p. 16.

277 O analista acrescenta a esse segmento social os *muçulmanos*. Um e outro segmento merecem uma definição suficientemente ampla de molde a abrangerem os conceitos um leque mais amplo de indivíduos do que aquele que se suporia, em princípio. Observe-se que o próprio articulista é geralmente situado no sector *burmedju*.

278 Não é absolutamente correcta esta afirmação.

disfuncionar as coisas, usando a sua grande capacidade de sedução, falsidade, apetência pelo poder e lealdade canina e enquanto os *burmedjos* assumiam a *inteligência* e os argumentos para justificar o injustificável».

«Por exemplo, no caso dos "balantas do 17 de Outubro", os *muçulmanos* encarregaram-se de tecer intrigas palacianas contra os balantas e os ditos *burmedjos* trataram de justificar a barbaridade e o crime. Os ideólogos!...

«Esta cumplicidade no seio do aparelho do sistema entre os *muçulmanos* e os *burmedjos* foi crescendo, grão a grão... até à desertificação total do PAIGC e do regime.

«Antes de desgraçarem o PAIGC, o sistema colonial português foi a grande vítima. O general António de Spínola foi o primeiro governante a pôr o dedo na ferida e detectar este estigma da sociedade guineense e tentou, sem sucesso, combater as assimetrias existentes na administração colonial».

«O segundo homem a mexer neste vespeiro social, foi Manuel Saturnino. Quando tomou posse como Primeiro-Ministro tentou colmatar esta situação crónica, mas fê-lo igualmente em termos de ajuste de contas e o resultado foi altamente negativo.

«Depois destes dois ciclos políticos, surge o general Ansumane Mané através de um incidente político-militar dentro do sistema, e estes dois grupos voltaram a utilizar o mesmo esquema táctico, sendo que desta vez, a erosão da sua figura foi meteórica e o estrago foi irreversível».

«E para sobreviverem e manterem o *status quo* é necessário, (leia-se imprescindível!) que o País não seja, de facto, bem governado, porque o problema destes dois grupos é sacar o mais possível. O resto... que se lixe. Depois de desgraçarem o PAIGC e o país "fugiram" para zonas mais seguras de sobrevivência que são os organismos internacionais, bem como em agências das Nações Unidas, onde produzem autênticas disfunções dos referidos organismos, por onde passa o grosso do dinheiro da comunidade internacional (...)».

«E nesta conspiração contra a economia e a sociedade guineenses são recrutados alguns animistas temporariamente e que funcionam como autênticos *cipaios* contratados, uma espécie de colonização interna a que estão submetidos a maioria dos guineenses sem direito a uma verdadeira expressão».

«E são estes factos que originam atitudes tribalistas e xenófobas e que se traduzem em manifestações e debates mal feitos e em público que levou ao parlamento aprovar o artigo 5.° com alguma dose de oportunismo político».

«Importante não produzir simplesmente um diploma legislativo que protege os animistas é necessário que os mesmos tenham acesso ao conhecimento de qualidade e a oportunidade de o aplicar profissionalmente em condições dignas».

«No entanto, o assunto não morreu com a não homologação da lei e se o artigo 5.° não passou, o povo passou-o nas urnas de uma forma legítima e democrática e esta atitude do povo guineense deve merecer toda atenção dos novos governantes e terá que haver uma resposta capaz que afaste no seio da sociedade guineense sentimentos de injustiça que invade a maioria dos animistas e é bem patente as condições em que vivem a sua maioria debaixo da linha da pobreza».

«Com o regime do PAIGC desde 1994 a situação agravou-se e cavou-se ainda mais o fosso entre os grupos sociais. Os animistas foram fortemente penalizados e os *burmedjos* e os *muçulmanos* foram os grandes beneficiados.

«É justa a reivindicação dos animistas e deve merecer toda atenção dos futuros governantes antes que a natureza política force uma solução radical que é sempre a pior e poderá provocar vítimas inocentes.

Reconhecemos indivíduos de grande capacidade técnica, generosidade e empenho em causas nacionais tanto dos ditos *burmedjos* como dos *muçulmanos*. Mas é necessário tomar medidas concretas que trave a onda de contestação que começa a ensombrar mais uma vez a sociedade guineense» (*sic*).

223. 12 de Dezembro de 1999:

BBC (um correspondente): o artista deve saber retirar-se a tempo, porque, de contrário, corre o risco de ser apupado; a Junta Militar não percebeu isso – o mesmo acontecendo com ANSUMANE MANÉ; há 6 meses era idolatrada, hoje é apupada[279];

"Um ditador analfabeto é mil vezes pior do que um (ditador) inteligente", teria dito um jovem;

Os militares querem tutelar o poder, fazendo reféns os políticos (os exemplos disso seriam a "Carta Magna", o "Pacto de Regime", termo de compromisso, super-constituições, no fundo);

Só ficam na história aqueles que souberem retirar-se pela porta grande.

224. 13 de Dezembro de 1999:

RDP: FRANCISCO BENANTE (líder do PAIGC): o *Bureau* Político do PAIGC fala de indícios de fraudes eleitorais (em particular, na cidade de Bissau); responsabiliza KOUMBA YALÁ pelas consequências que poderão advir da sua incitação à violência fundada numa base tribal[280].

225. 15 de Dezembro de 1999.

• RDP: durante o empossamento dos titulares dos órgãos da Ordem dos Advogados da Guiné-Bissau, o PM FADUL criticou a ingerência de outros órgãos no funcionamento do GUN, nos seguintes termos[281]:

---

[279] É um instantâneo (exacto) que diz tudo das vagas caprichosas da política guineense. Por estas alturas e até meados de 2000, notei em Bissau um certo desencanto (atingindo mesmo adeptos entusiasmados do processo golpista) em relação ao belicismo na disputa política e em relação à *causa* que mobizou tantas vontades durante a guerra de *7 de Junho*.

A JM esgotou, desbaratou em menos de 6 meses o capital de popularidade com que surgira a 7.5.1999! Vejam-se os escândalos financeiros, os abusos de poder, o cercamentos das liberdades, *etc*.

[280] O Diário de Bissau, de 20.12.1999 (n.° 170, p. 1, 3) reproduz na íntegra a "acusação do PAIGC contra os balantas da Junta Militar", de acordo com o título escolhido pelo jornal. Dois dos visados refutaram as ditas imputações (p. 1, 4-6). Aconteceu com ZAMORA INDUTA e com BITCHOFLA NA FAFÉ (que pede a BENANTE "que deixe os balantas em paz". Uma das missivas (datada de 5.12.1999) foi dirigida a "Sua Excelência Senhor Comandante Supremo da Junta Militar, Brigadeiro Ansumane Mané", "C/C: S.E. Senhor Chefe de Estado Maior General das Forças Armadas" e foi subscrita pelo Presidente do PAIGC, FRANCISCO BENANTE. Referenciam-se nomes de militares oficiais como EMÍLIO COSTA, BITCHOFLA NA FAFÉ, BUBO NATCHUT e JOSÉ ZAMORA INDUTA, com a alegação de que se envolveram nas últimas campanhas eleitorais. A outra carta (com a data de 9.12.1999), para o mesmo destinatário, "C/C: S.E. Senhor Presidente da República" e "S.E. Senhor Chefe de Estado Maior General das Forças Armadas", tendo o mesmo subscritor, refere, pelos mesmos motivos, o nome do oficial TAGME NA UAIE.

A Direcção do PAIGC, que diz estar "consciente do esforço e empenhamento da Junta Militar em restabelecer o processo democrático na Guiné-Bissau", mostra a sua preocupação "com as informações relativas a alegada actuação de certos oficiais das Forças Armadas". *Leva ao conhecimento* dos "factos" ao Comandante Supremo da JM, tendo em conta "o espírito da Lei, da Junta Militar e o papel das Forças Armadas".

Um dado relevante: todos os oficiais acima referidos são destacados dirigentes da Junta Militar; o próprio Presidente do PAIGC, Dr. BENANTE, é um das pessoas mais destacadas na Junta Militar; ora, sucede que a JM operou a mudança do regime mediante a *actuação* de militares (e não só) com contornos e implicações políticas óbvias. Assim sendo, desde quando é que tal *actuação* deixaria de ser virtuosa?

[281] Ocasião para responder a ANSUMANE MANÉ?

Os que se instalam no poder acabam, na Guiné, por fazer exactamente aquilo que criticam nos antecessores;

Fala FADUL de ordens que o Governo vem recebendo de outras entidades[282];

Alude ao não pagamento de salários da Função Pública porque *outras entidades* que, não tendo estudado uma palavra sequer dos documentos, permitem-se dar ordens ao Governo num ou noutro sentido.

• RTGB: ARTUR SANHÁ (Secretário-Geral do PRS): insurge-se contra as manobras do PAIGC e do seu Presidente, BENANTE, manobras de segmentação da sociedade guineense em bases tribais;

mostra cartas "autênticas" (assinadas por BENANTE) nos termos das quais este se dirigia ao Brigadeiro MANÉ e ao CEMGFA no sentido de serem tomadas medidas quanto a este caso (uma referência a certos oficiais balantas que teriam apoiado ostensivamente KOUMBA YALÁ nas eleições de 28 de Novembro passado, inclusive no próprio dia das eleições)[283];

SANHÁ deixa no ar uma ameaça de violência; lembra que estas manobras se assemelham às que deram lugar aos casos 17 de Outubro de 1986 e de 17 de Março, assim como aos de VICTOR SAÚDE MARIA e de JOÃO DA COSTA;

Diz que isso poderá conduzir a uma situação altamente desastrosa.

226. 18 de Dezembro de 1999:

RDN: o uso da força não deve ser a forma de os guineenses resolverem os seus diferendos[284].

227. 19 de Dezembro de 1999:

RDN: PEDRO MENDES PEREIRA, deputado cessante pela RGB (telefonando ao entrevistado AGOSTINHO CABRAL DE ALMADA – *Gazela*): o Decreto da ANP de revisão constitucional não foi promulgado ("homologado"); foi, pura e simplesmente, engavetado. E não percebe porquê, já que foi soberanamente aprovado pelos deputados. Exige, portanto, respeito pela ANP.

AGOSTINHO CABRAL DE ALMADA (Presidente da ANP): a Constituição foi devolvida pelo PRi à ANP para suprimento de omissões no texto. E não chegou a ser resolvido o problema (que a própria ANP acabou por reconhecer), por razões de oportunidade. Mas a próxima legislatura poderá fazê-lo.

O "7 de Junho" tem a sua razão de ser na podridão que havia.

228. 25 de Dezembro de 1999:

RDP: o novo homem forte[285] da Côte d'Ivoire, que derrubou militarmente o Presidente HENRI KONAN BEDIE, promete *restaurar a democracia*[286] no seu país.

229. 14 de Janeiro de 2000:

RTGB: frente a frente entre os dois finalistas da 2.ª volta das presidenciais, KOUMBA YALÁ e MALAM BACAI:

Os contendores pareceram-me, no mínimo, pouco inspirados. Apesar de tudo, BACAI excedeu as expectativas mais comuns. As tiradas subterrâneas de KOUMBA contra BACAI (sobre a alegada falta de estudos deste), no final do debate, pareceram algo eficazes.

---

282 Alusão à JM?

283 *Vide* registos de 13.12.1999.

284 É o conservadorismo que ataca os *revolucionários* logo que, *revolucionariamente*, conquistam o poder.

285 Leia-se, golpista.

286 A falta de imaginação destes operadores de *mudanças*, nas justificações e promessas, é violenta. Parecem ler todos pela mesma cartilha.

230. 20 de Janeiro de 2000:

RDP: MALAM BACAI SANHÁ reconhece a derrota e promete respeitar os resultados eleitorais. Fala, porém, de irregularidades (o facto de o Ministro da Administração Interna ter albergado KOUMBA YALÁ durante as eleições, pondo, assim, em causa a imparcialidade do Ministro – dado que poderia ter consequências desastrosas); admite candidatar-se às próximas eleições.

231. 21 de Janeiro de 2000:

• RDP: JOSÉ ZAMORA INDUTA (da Junta Militar): o facto de o Brigadeiro ANSUMANE MANÉ ter votado em MALAM BACAI não significa que o processo democrático e as relações entre a Junta Militar e o novo poder civil estafam ameaçados; diz não saber qual vai ser a atitude de ANSUMANE MANÉ, mas diz que a promessa da JM foi de que não queria o poder.

Afirma que não haverá ninguém disposto a fazer de novo a guerra; vivemos recentemente na pele a guerra e sabemos o que é uma guerra.

• A CNE anunciou: vitória de KOUMBA YALÁ com mais de 70% dos votos.

• Circula uma cópia de um comunicado do Conselho de Ministros do Governo dirigido por FADUL: o Governo teria deliberado requerer ao STJ a fiscalização preventiva da constitucionalidade do art. 5.° da CRGB revista[287].

232. 24 de Janeiro de 2000:

• RDP: indigitado CAETANO N'TCHAMA para Primeiro-Ministro.

KOUMBA YALÁ (justificando a escolha de N'TCHAMA): CAETANO N'TCHAMA foi sempre um simpatizante e um colaborador assíduo do PRS, desde a sua fundação[288].

• Pindjiguiti: o Comando Supremo da Junta Militar felicita KOUMBA YALÁ pela sua eleição como PR; a Junta Militar proclama a sua disposição de se submeter aos órgãos de soberania.

233. 29 de Janeiro de 2000:

• RDP: a União Europeia decidiu (numa reunião de Ministros da Cooperação da U.E. que terminou hoje) apoiar políticas de desmilitarização na sua cooperação com África[289].

• RDP: correspondente (que viajou para o Senegal): a oposição acusa o Governo de estar a cometer fraudes nos documentos eleitorais[290]; o Governo responde que os casos em alusão são meros erros;

Resolver problemas de poder através de golpes de Estado parece estar a ser uma alternativa em África (é o caso, por exemplo, da Côte d'Ivoire, entre outros);

Chegou ABDOULAYE WADE a Dakar, depois de uma temporada fora do país; a campanha está quase totalmente calma;

Partidos da oposição (tendo em mente o golpe de Estado da Costa do Marfim) acreditam que se houver fraude eleitoral, os militares derrubarão o regime;

Não se sabe se a oposição não estará aqui mais a exprimir um desejo do que outra coisa.

234. 1 de Fevereiro de 2000:

RDP[291]: a União Europeia tem reagido mal, aparentemente, à perspectiva de o líder da extrema-direita neonazi austríaca (HEIDER) vir a integrar o próximo Governo (coligação a ser negociada).

---

[287] O que dispõem sobre as inelegibilidades e inomeabilidades.

[288] O Dr. N'TCHAMA era – antes e até à data – juiz, magistrado judicial de carreira.

[289] Militariza-se e desmilitariza-se quando convém...

[290] Aquele país será chamado a votos ainda no ano 2000.

[291] Notícias de similar teor ouviram-se também, no mesmo dia, na BBC e na RFI.

JACQUES CHIRAC e vários outros líderes europeus protestam com alguma veemência, parecendo vetar essa alternativa e querendo fazer ver à Áustria que ou escolhe a Europa (União Europeia, nomeadamente) ou escolhe o tal partido da extrema-direita[292].

235. 2 de Fevereiro de 2000:

• RDP: NINO VIEIRA escreve a KOUMBA YALÁ e CAETANO N'TCHAMA: regista a expressiva vitória eleitoral e sublinha a responsabilidade que sobre estes impende na liderança do processo de reconciliação nacional – a condição para a paz.

• RTP: apesar do *barulho* da União Europeia, o partido austríaco da extrema-direita entrou na coligação; o Presidente da Áustria fez, entretanto, as partes coligadas assinar uma declaração onde se comprometem a respeitar certos princípios[293].

236. 4 de Fevereiro de 2000:

A Ordem dos Advogados da Guiné-Bissau pede a demissão do PGR AMINE SAAD. Fundamentos: ilegalidades da PGR; império da força, em vez do império da lei; duplicidade de critérios (proibição do advogado português RICARDO SÁ FERNANDES de assessorar «gratuitamente» o advogado, guineense, de uma pessoa detida; recrutamento de um indivíduo estrangeiro, "patrono" ou "patrão" de AMINE SAAD, para defender o Governo na questão da denúncia do contrato de concessão à empresa GUIPORT).

237. 13 de Dezembro de 2000:

RDP: entrevista ao Secretário de Estado português dos Negócios Estrangeiros e Cooperação (interpretação do painel de comentadores do programa dominical de análise da RDP – DELGADO, C. PATRAQUIM, MARIA A. DÁSKALOS): a Guiné-Bissau que não conte com a ideia de Portugal levá-la ao colo; semeou-se com a última guerra muita ilusão a esse respeito; a Guiné-Bissau tem de pegar teso e ser capaz de resolver o seu problema; que não espere que Portugal ou outros vão reconstruir o país e entregar a chave aos guineenses – como as fábricas "chave na mão" não resultam, assim também acontece com países "chave na mão"[294].

238. 19 de Fevereiro de 2000:

Tomou posse o novo Primeiro-Ministro; foi já nomeado o Governo *de base alargada*, que traz no seu seio figuras políticas do PRS, RGB, PSD, LIPE, FC-SD, UM.

---

292 Embora surjam algumas vozes isoladas e inaudíveis (por exemplo, de ANTÓNIO GUTERRES, PM de Portugal, que detém a presidência rotativa da U.E. – embora aquele haja tocado também a outra corda, ao dizer que não se trata de uma questão interna da Áustria e que há princípios que devem ser respeitados, valores da humanidade que o partido de HEIDER rejeita, desde logo contra os imigrantes – e do líder do PSD português DURÃO BARROSO, que aponta o dedo à Internacional Socialista, para dizer que a condenação europeia é fruto do *lobbying* dessa família política protagonizado pelo Partido Socialista austríaco, que perdeu as eleições) a apelar à contenção e referindo a independência dos austríacos.

É estranho, afigura-se-me, que essa Europa, na sua Europa, cuide assim com tanto zelo da democracia, Estado de direito e outros valores e alguns dos seus países se entretenham a acicatar nas Áfricas e outras paragens exóticas a desestabilização do processo democrático e da *Rechtsstaatlichkeit*, quando lhe convém. Haverá um Estado de direito e uma democracia para o *Norte* e outra para o *Sul*?

293 Para União Europeia ver?

294 Se for verdade que as autoridades de Lisboa tiveram alguma coisa a ver com a guerra de *7 de Junho*, cabe, exclamatoriamente, murmurar: semeia-se a guerra, vence-se a guerra e agora vem-se com esta: "Meus amigos, destruímos quanto baste, matámos quanto baste, vencemos a guerra, derrubámos o regime, agora adeusinho, amanhem-se"! "Entretanto, nós vamos ver se mobilizámos alguns parceiros para vos apoiar"...

239. 21 de Fevereiro de 2000:

RDP: o PR prometeu mandar libertar brevemente os prisioneiros políticos, após audição da cúpula castrense.

Tal ocorreu na sequência de movimentações em Bissau a favor de uma solução política do *imbroglio* dos "prisioneiros de guerra" – na linguagem da PGR – ou dos "prisioneiros políticos" – segundo a OAGB, assim como da carta aberta de várias personalidades portuguesas (*v.g.*, Dr. RICARDO SÁ FERNANDES) ao poder guineense no sentido de uma adequada e justa condução desse *dossier* (posicionando-se a PGR contra e a OAGB, a favor).

Registe-se que algumas figuras têm sido perseguidas e presas, em condições de, no mínimo, duvidosa legalidade, pela PGR e Ministério da Administração Interna (Dr. NADO MANDINGA, líder do PCD, Dr. ABDÚ MANÉ, Vice-Presidente da OAGB, entre outros); várias pessoas foram expulsas das suas casas, de que arrogam ser proprietárias, de forma despótica e em flagrante violação da lei[295].

240. 22 de Fevereiro de 2000:

• Pindjiguiti: o PAIGC acusa o PR KOUMBA YALÁ: acumulação do cargo de PR com o de Presidente do PRS (situação que condenava, quando estava na oposição); nomeação de um militar no activo para o cargo de Ministro (no caso, o *CEMGFA,* Coronel VERÍSSIMO SEABRA); tudo em violação da lei e da Constituição.

• RDP: começou hoje o primeiro julgamento de um "prisioneiro de guerra", após o derrube do regime anterior consumado no dia 7 de Maio de 1999. Na barra, o Eng.° AVITO JOSÉ DA SILVA.

241. 26 de Fevereiro de 2000:

Fala-se insistentemente e em surdina em Bissau num envio de militares à Gâmbia, em socorro do Presidente DJEME, a contas, diz-se, com um *Komplott*[296].

242. 27 de Fevereiro de 2000:

RDN: Decreto Presidencial de nomeação, *inter alia*, do Brig.° ANSUMANE MANÉ para o lugar de Conselheiro do PR para assuntos militares, com a categoria de Ministro de Estado;

Decreto Presidencial de exoneração do cargo de CEMGFA e passagem à reserva do Ministro da Defesa VERÍSSIMO CORREIA SEABRA[297].

243. 28 de Fevereiro de 2000:

RDP: noticia um jornal português que o Brig.° ANSUMANE MANÉ recusou o cargo para que fora ontem nomeado (*Ministro-Conselheiro* do Presidente da República), por, alegadamente, não ter sido previamente convidado; diz que quer estar ligado às Forças Armadas.

244. 1 de Março de 2000:

• RDP: a Junta Militar deliberou: o Coronel VERÍSSIMO SEABRA deve regressar à Chefia do Estado-Maior das Forças Armadas porque ele é mais importante aqui, na perspectiva da reorgani-

---

[295] E perguntar-se-á: que mdelo de *Estado de direito* é aqui reivindicado?

[296] A Junta Militar é que teria, secretamente, despachado os tais militares. Não foi pedida, ao que se sabe, qualquer *autorização* ao parlamento guinenese! Se for verídica tal informação, como entender as diatribes contra a *invasão senegalo-guineense* da Guiné, em socorro do regime derrubado em Maio de 1999?

[297] Terá sido esta medida resultado do protesto do PAIGC contra a sustentada inconstitucionalidade? Para o PAIGC cantar vitória neste caso, só falta a renúncia do PR KOUMBA aos seus cargos partidários.

zação das Forças Armadas. Deverá SEABRA deixar, assim, o cargo de Ministro da Defesa, que é um cargo *político*.

• RDN: o PM N'TCHAMA diz que não há divergências entre o Governo e a JM; diz ser amigo de ANSUMANE, que entre os dois não há *protocolo*; manifesta gratidão a ANSUMANE e aos militares, pela *mudança*; Defende que não devem dar a NINO VIEIRA motivos para abrir champanhe e dizer *eu já os tinha avisado que sem mim iam comer-se uns aos outros*[298]!

Pede o PM à JM que indique 3 nomes para, dentre estes, o PM escolher um para Ministro da Defesa[299].

245. 6 de Março de 2000:

Vagueia no ar um não-sei-quê de conspirativo: são as declarações e atitudes bombásticas e, algumas vezes, incoerentes do Presidente KOUMBA (compromisso de libertar todos os prisioneiros; liquidação da Junta Militar; nomeação e empossamento do CEMGFA como Ministro da Defesa; recusa pela Junta Militar de o nomeado e empossado Ministro assumir o novo cargo; nomeação do Brig.° ANSUMANE como Conselheiro do PR; recusa do lugar pelo Brig.° ANSUMANE; vencimentos em atraso na Função Pública; formação do Governo com a criação de pastas sem qualquer enquadramento lógico – veja-se o caso da Secretaria de Estado do Plano e Orçamento, que deu lugar a um puxa-puxa sobre se dependeria do Ministro das Finanças, da Economia, do Vice-Primeiro-Ministro ou de não se sabe quem mais –, para há um par de dias recriar-se – proposta ao PR – uma Secretaria de Estado e Desenvolvimento Regional, a depender do Ministro da Economia, promovendo-se a criação de uma Direcção-Geral de Orçamento).

246. 7 de Março de 2000:

Pindjiguiti: o *Bureau* Político do PAIGC reagiu, através de um comunicado, contra a notícia do Diário de Bissau de 1 de Março segundo a qual este partido estaria a engendrar um *Komplott* militar (incitamento à guerra e geração de instabilidade);

Acusa o jornal de não passar de uma tribuna da Procuradoria-Geral da República, de fabricar notícias, e de divulgar informações sob segredo de justiça;

Acusa a PGR (nomeadamente o Delegado SEDJA MAM) de perseguir os seus militantes, ao prender há dias SATURNINO COSTA, HELDER PROENÇA, *etc.*;

Desafia a ANP e a bancada parlamentar do PAIGC a interpelar o Governo sobre as medidas recentemente tomadas de retirar (através duma chamada "requisição civil") as casas (adquiridas legalmente) a alguns dos seus *combatentes da liberdade da pátria* – uma forma, esta sim, de gerar instabilidade no país;

Deplora as últimas declarações do PR KOUMBA em Portugal (sobre a Junta Militar, designadamente), que revelariam falta de sentido de Estado e falta de respeito pela separação de poderes.

247. 12 de Março de 2000:

A Junta Militar devolveu ao proprietário (AGNELO REGALLA) a sua estação de rádio (Bombolom – baptizada, durante o levantamento político-militar de *7 de Junho* de Voz da Junta Militar).

O político teria prometido não pedir qualquer indemnização ao Estado pelos danos e prejuízos sofridos, congratulando-se pelo papel desempenhado por essa rádio no citado levantamento político-militar.

---

298 Não se chegou – pelo que me foi dado saber – ao canibalismo, mas não faltou muito.

299 Não faltou quem visse neste episódio uma cedência e um sinal de fraqueza do PRS face a um certo núcleo da Junta Militar.

248. 16 de Março de 2000:

• O tribunal Regional de Bissau ilibou AVITO DA SILVA das acusações do Ministério Público (traição à pátria, *etc.*).

• O PR exonerou o PGR AMINE SAAD; nomeou para o cargo o Dr. RUI SANHÁ (que fora, ainda anteontem, nomeado por AMINE SAAD para o cargo de Procurador-Geral Adjunto no Tribunal de Contas).

249. 20 de Março de 2000:

RDP: ABDOULAYE WADE venceu ABDOU DIOUF na 2.ª volta das presidenciais senegalesas que colocara frente a frente os dois candidatos. Este já felicitou aquele.

250. 21 de Março de 2000:

Li no Diário de Bissau de ontem, salvo erro (só de data), uma posição, assumida em editorial, contra a sentença de absolvição do Eng.° AVITO SILVA pelo Tribunal Regional de Bissau.

Na opinião do editorialista, a PGR devia prender imediatamente o(s) juiz(es) no acto da leitura da dita sentença. Mesmo reconhecendo, como envergonhadamente o faz, que o Ministério Público não teve uma boa prestação no julgamento, o juiz *tinha de condenar* o arguido[300].

251. 22 de Março de 2000:

RDP: a) Circula o boato de que estaria em curso uma tentativa de afastamento (derrube) de KOUMBA YALÁ do poder. Este desmente.

FERNANDO KA (dirigente do movimento associativo de emigrantes em Portugal): há gente que não está interessada na estabilidade do país e que influenciam ANSUMANE (que é um analfabeto, nem sequer capaz de dirigir as Forças Armadas); trata-se de gente que sabe que só na anarquia pode governar-se.

b) (Depois da notícia anterior) Todos os membros do Comando Supremo da Junta Militar passaram, desde hoje, a Ministros de Estado[301]. No seguimento de uma reunião entre o Governo, a JM e o PR, mediada pelo Ministro dos Negócios Estrangeiros da Gâmbia.

FERNANDO KA: É intolerável! Eles não têm capacidades para tanto[302]! É um golpe de Estado palaciano! Se a Junta Militar quiser tomar o poder, que o faça claramente. Não pode é querer fazer do povo ignorante com estes jogos. A responsabilidade por esta situação deve ser imputada às forças políticas do país – a começar pelo Governo, que não tem conseguido imprimir uma directriz clara para a sua governação, disciplinando as Forças Armadas. Nesta situação, é natural que haja quem queira aproveitar para resolver os seus problemas. Enaltece o papel desempenhado pelos militares na mudança do regime, mas defende que eles não podem continuar a portar-se como senhores e donos do povo guineense. Os guineenses já estão esclarecidos e não vão admitir isso, nem a comunidade internacional o fará.

c) (À saída da falada reunião) Para KOUMBA YALÁ, nunca houve problemas, *etc.*, *etc.* Tudo é, afinal, culpa de oportunistas;

ANSUMANE MANÉ diz que nunca houve problemas entre os militares e o Presidente da República KOUMBA YALÁ.

---

300 Mesmo que o Ministério Público não consiga fazer prova da acusação que sustentara, o juiz tem de condenar o arguido? Estranha forma de imparcialidade e independência do juiz, tantas vezes reivindicada nas páginas desse jornal!

301 Sem prejuízo dos seus cargos e funções à data, subentende-se.

302 Os membros do Comando Supremo da Junta Militar, entenda-se.

252. 23 de Março de 2000:

RDP: antecipa a entrevista de MALAM BACAI SANHÁ ao jornal português "Independente", de 24.3.2000. Terá ali afirmado BACAI: KOUMBA YALÁ é corrupto; recebeu dinheiro de NINO VIEIRA; mantém contactos com NINO; desde 1974 que YALÁ se tem envolvido em esquemas de corrupção com o PAIGC; ele, MALAM, perdeu as eleições porque houve fraudes e porque o PAIGC se apresentou às mesmas dividido; está KOUMBA envolvido no fuzilamento de PAULO CORREIA e VIRIATO PÃ (teria ele fornecido elementos relativos a estes dois aos serviços de Segurança do Estado);

Ele BACAI não é o autor moral do golpe de Estado de 1998/99 (acusação feita por NINO), pois é democrata e pacifista.

253. 26 de Março de 2000:

RDP: a agendada (pela ANP) aprovação duma lei sobre o Conselho Superior de Defesa e Segurança serve para enquadrar a actual Junta Militar. A promoção de cerca de 16 dirigentes do Comando Supremo da Junta Militar vai nesse sentido.

254. 27 de Março de 2000:

RDP: PRS: manifesta-se de acordo com o PR quanto à equiparação da cúpula da Junta Militar a Ministros de Estado.

PAIGC: mantém reservas, mas remete a responsabilidade e consequências de tal medida para o PR.

RGB: apoia o PR nessa medida.

255. 28 de Março de 2000:

RDN: Deputados atacam o PR: inconstitucionalidade do Decreto Presidencial de criação dos cargos de Vice-Primeiro-Ministro, Ministros de Estado (que não constam da Constituição), bem como da acumulação dos cargos de PR e Presidente do PRS.

Um deputado do PRS alega que KOUMBA já tinha entregado no STJ um documento de renúncia às funções de Presidente do PRS.

256. 19 de Abril de 2000:

RDP: conferência de imprensa, ontem, do líder da AD, VICTOR MANDINGA: suspeita-se que os membros do Governo de Unidade Nacional dirigido por FRANCISCO FADUL receberam fundos indevidamente. Defende que se não houver autorização legislativa para tal operação, que sejam obrigados a devolver o dinheiro.

Exige ao Governo de CAETANO N'TCHAMA que investigue as contas do Governo de Unidade Nacional.

257. 21 de Abril de 2000.

RDP: conferência de imprensa de FADUL, em resposta à conferência de imprensa ontem de VICTOR MANDINGA: FADUL acusa MANDINGA de má-fé e de vingança, por não o ter integrado no GUN;

VICTOR MANDINGA é o homem mais endividado do país (ascenderia a alguns milhões de dólares a sua dívida para com o Estado);

MANDINGA quis ser Ministro das Finanças, mas FADUL recusou; queria ser Ministro talvez para branquear o seu cadastro de dívidas[303];

---

303 Estranhamente, o seu processo de dívidas teria sido encontrado em casa do antigo Procurador-Geral da República, ao tempo do GUN – AMINE SAAD -, em vez de estar nas instituições competentes.

Em 1992, a ANP definiu os direitos e regalias dos membros do Governo; os ex-governantes saíam com um, dois, três carros de dezenas de milhares de dólares, usufruíam de vencimentos, *etc.*[304];

Logo, a decisão do GUN que outorga as regalias suprareferidas é *legal.*

258. 30 de Abril de 2000:

Pindjiguiti: durante a primeira visita oficial à Guiné-Bissau do Presidente senegalês ABDOULAYE WADE: o Presidente KOUMBA compromete-se, de viva voz, a expulsar das Forças Armadas quem apoiar o *Mouvement des Forces Démocratiques de la Casamance*; afasta qualquer política de desestabilização regional; diz que é (sempre foi) contra o recurso à força para a resolução de problemas políticos, *etc.*

259. 3 de Maio de 2000:

RFI: ANTÓNIO PACHECO (a partir de Portugal, comentando a liberdade de imprensa em Angola e na Guiné-Bissau): uma entidade de protecção dos jornalistas considera o Presidente angolano JOSÉ EDUARDO DOS SANTOS um dos 10 piores inimigos dos jornalistas. Segundo ANTÓNIO PACHECO, o caso da Guiné-Bissau era[305] um exemplo positivo na África ocidental, no que toca à liberdade de informação dos órgãos privados; é intolerável que a Junta Militar seja proprietária de um órgão de comunicação e se sirva dele para atacar figuras que não sejam do seu agrado – em trabalhos jornalísticos que não são mais do que a voz do dono; que a comunidade internacional tenha a coragem de apoiar os órgãos de comunicação comunitários e privados.

260. 5 de Maio de 2000:

RDP: balanço do Instituto Internacional de Estudos Estratégicos de Londres: a África subsaariana representou metade dos conflitos armados no mundo:

A transição para a democracia é penosa em África.

261. 9 de Maio de 2000:

• RDP (revista de imprensa escrita): o chefe do Estado-Maior da Marinha Nacional, LAMINE SANHÁ, recusa a sua exoneração decretada pelo Presidente da República. Alega, para tanto, que não houve proposta nesse sentido do CEMGFA – e ela era necessária[306].

O *CEMGFA* VERÍSSIMO reuniu-se ontem com o Brig.° MANÉ, a propósito deste assunto.

• RFI: FERNANDO GOMES: o poder instalado é tribalista (2/3 dos governantes são balantas). Costuma-se justificar isso por terem sido os balantas prejudicados no passado. Mas, pergunta, qual é a etnia que não foi prejudicada no passado?

262. 11 de Maio de 2000:

• O Presidente da República KOUMBA YALÁ levou e entregou ao Supremo Tribunal de Justiça a sua carta de renúncia ao cargo de Presidente do Partido da Renovação Social[307].

---

[304] O Despacho da Presidência do Conselho de Ministros do GUN teria subsidiado cada governante com valores que se situam, conforme os casos, entre 7 e 13 mlhões de francos CFA; acresceriam a isso os vencimentos de 6 meses, de acordo com o cargo ocupado, isenções alfandegárias pelas importações de bens.

[305] Antes da mudança de regime ocorrida em 1999, subentende-se.

[306] O Diário de Bissau, de 10.5.2000, dá conta de que o exonerado Chefe do Estado-Maior da Marinha Nacional recusa a sua exoneração nos seguintes termos: "Eu sou Ministro de Estado e desafiarei o Governo até as últimas consequências" (*sic*).

[307] O acto reuniu o PR e seis Juízes-Conselheiros, tendo sido testemunhado pela imprensa.

Num contexto de tensão entre o poder civil e o militar (JM), o PR declara-se determinado a fazer imperar a legalidade democrático-institucional, mesmo que para tal tenha de pôr a sua vida em risco[308].

• Diário de Bissau: confirmada a exoneração do Chefe do Estado-Maior da Marinha Nacional, com a assinatura do CEMGFA por baixo da do PR, no Decreto Presidencial que ditou a exoneração.

263. 12 de Maio de 2000:
Tensão político-militar no ar, por ocasião da exoneração do Chefe do Estado-Maior da Marinha Nacional.

264. 13 de Maio de 2000:
• RDN: afirma que o representante do Secretário-Geral da ONU, SINKHAN, disse: na Guiné-Bissau não pode haver dois poderes (alusão ao civil e ao militar); quem impera é o poder legitimado pelo voto; apela à reconciliação e à paz.

• Consta que o Capitão-de-Fragata LAMINE SANHÁ (o exonerado CEMMN) autositiou-se com mais alguns militares no quartel da Marinha, em Bissau; não deixa entrar ninguém nestas instalações, incluindo figuras de destaque da estrutura castrense.

265. 15 de Maio de 2000:
• RDN: o *Bureau* Político do PAIGC pede a demissão do Governo de N'TCHAMA. Fundamenta-se no "desgoverno do PRS". O Presidente do PAIGC, BENANTE, fornece exemplos: a falhada nomeação do CEMGFA como Ministro da Defesa (nomeação denunciada pelo PAIGC); a falhada nomeação do Brig.° ANSUMANE MANÉ como Ministro-Conselheiro do PR; a nomeação de membros da Junta Militar como Ministros de Estado; a exoneração do CEMMN, *etc.*

• RDP Áf.: as chefias militares prometem (num comunicado que resultou da reunião do último fim-de-semana na Base Aérea) não recorrer à força para a resolução de quaisquer conflitos. O diálogo é o conselho que dão. Entretanto, o exonerado CEMMN ainda está no quartel da Marinha, recusando-se a abandonar o cargo.

266. 18 de Maio de 2000:
• RDP: mantém-se o braço de ferro entre o Governo e o Estado-Maior da Marinha. O chefe militar exonerado continua no quartel e recusa-se a abandonar o cargo.

• Diário de Bissau: entrevistado o líder do PPG (TATIS SÁ): repreendeu o novo poder, rotulando-o, por exemplo, de tribalista.

267. 19 de Maio de 2000:
RDP: o PRS reage à intervenção do PAIGC, que pede a demissão do Governo; acusa este partido de fazer uma acusação destrutiva e oportunística (a mesma crítica foi alargada à UM, AS e ao PPG).

Por seu lado, a UM, num comunicado tornado público hoje, acusa o poder de uma atitude obscura e confusa em relação aos militares; diz que o PR e o Governo têm de ter a coragem de recuar e de confessar os seus erros[309]; vê traços de uma "ditadura totalitária" na governação do PRS.

---

308 A voz assumiu, nesse instante, uma tonalidade algo dramática e triste. Terá então interiorizado as dificuldades existentes?

309 Alusão à exoneração do CEMMN?

268. 24 de Maio de 2000:

Diário de Bissau: Dakar pede ajuda em material de guerra a Paris, para se defender da Guiné-Bissau[310].

269. 28 de Maio de 2003:

RDP: Jornalistas guineenses "presos por motivos políticos".

Depois de ler um comunicado da Aliança Socialista, IUSSUF KEITA foi *preso*; a jornalista PAULA MELO também foi *presa*; o mesmo aconteceu com FERNANDO GOMES (líder da A.S.).

Segundo a LGDH, foram detidos sem mandado judicial.

A RTGB fechou, entretanto, as suas portas. A medida manter-se-ia enquanto os seus jornalistas não fossem libertos.

270. 29 de Maio de 2003:

• RDP (revista de imprensa): denuncia uma rádio portuguesa que o novo poder da Guiné-Bissau "prende o Telejornal";

Ressalta a perplexidade de todos os *media* perante as detenções dos jornalistas PAULA MELO e IUSSUF KEITA e do político FERNANDO GOMES;

Deplora-se o condicionamento da linha editorial da RTGB, através da intervenção do Ministro da Comunicação Social e do PM;

ENÇA SEIDI (chefe da redacção da RDN) foi suspenso Sábado passado – não se sabe a razão do sucedido[311].

• RDP: as três personalidades foram libertas.

IUSSUF KEITA: foram os dois jornalistas convocados, após o telejornal, para a residência do PM; acabaram por ir à citada residência; dali, o Primeiro-Ministro (que já tinha dois agentes em casa) mandou conduzi-los à 2.ª Esquadra, com os dois agentes e no carro do próprio IUSSUF KEITA; antes, e em casa do PM, este disse-lhes que numa Televisão que ele *paga*, não admite ser insultado; é mentira que FERNANDO GOMES tenha agredido qualquer dos dois jornalistas (diferentemente do que se alegou no comunicado do Conselho de Ministros).

---

[310] Em perspectiva uma corrida armamentista dos pobres?

[311] Eis o filme dos acontecimentos:

Troca de acusações entre FERNANDO GOMES e o PM N'TCHAMA.

Após um comunicado do PM lido na RTGB, em que este atacava com alguma dureza FERNANDO GOMES, estoutro exarou um comunicado, que foi lido na RTGB no dia 27 de Maio, cujo teor é o seguinte: N'TCHAMA é "cidadão corrupto e mentiroso"; corrupto e ladrão; Bajulou FERNANDO GOMES, quando fora suspenso da magistratura "por corrupção", durante a sua travessia do deserto, conseguindo, então, uma colocação na Liga, à custa da qual fez até algumas viagens; o visado é "incompetente, bêbado, corrupto e mentiroso".

N'TCHAMA fez, então, queixa crime ao Comissário da POP (por difamação e injúria – art. 126.° CP).

Nota de imprensa do Conselho de Ministros: FERNANDO GOMES acusou o Governo, na RDP África, a 26.5.00, de ser tribalista e incompetente (teria feito um levantamento dos governantes a nível central e local que atestaria tal afirmação); o PM respondeu na RDP África refutando a acusação; FERNANDO GOMES insultou o PM na rádio Pindjiguiti; a 27.5.00, PAULA MELO autorizou e IUSSUF KEITA apresentou o comunicado de FERNANDO GOMES; o PM, a 27.5.00, apresenta queixa crime, por difamação e calúnia, contra FERNANDO GOMES; o Comissário Geral da POP notificou verbalmente os dois jornalistas para serem interrogados, tendo sido já ouvidos; antes da emissão do aludido telejornal, FERNANDO GOMES foi pressionar os jornalistas agredindo-os – como teria sido o caso de IUSSUF KEITA; foi apresentado depois um comunicado – para tal FERNANDO GOMES alegou direito de resposta, mas não lhe assiste esse direito porque o PM não dera qualquer entrevista na RTGB; o PM não mandou prender, fez apenas uma queixa crime; os autos serão encaminhados para o Ministério Público.

FERNANDO GOMES: esta detenção é o resultado de um abuso de poder; deixa o aviso de que todas as vezes que CAETANO N'TCHAMA o insultar, ele vai responder na mesma moeda.

271. 1 de Junho de 2000:
RDP Áf.: o PM deita as culpas sobre as *forças ocultas*, que querem desestabilizar o Governo, no que se atém ao (último) incidente que teve com os jornalistas que (afinal) mandara deter; as mesmas forças que tentaram estragar as relações do Governo com os militares – como não o conseguiram, voltaram-se para os jornalistas; agora, mandou levantar as suspensões e cancelou o processo disciplinar que afectavam os referidos jornalistas[312].

272. 7 de Junho de 2000:
RDP Áf. [enquadramento da apresentadora e reportagem de IUSSUF KEITA, com entrevista a um responsável da comissão organizadora das comemorações do *7 de Junho* (2.° aniversário do levantamento militar de 7.6.1998)]:

"Militares estão" desiludidos "com a fraca participação popular nas celebrações de 7 de Junho".

Esse membro da comissão disse que tentaram envolver as associações, as ONG, a sociedade civil, *etc.*, mas o resultado foi fraco; adiou-se a parada de atribuição de patentes e condecorações, por razões logísticas (a oficina portuguesa encarregada da confecção das condecorações e patentes não cumpriu o prazo de entrega)[313].

273. 13 de Junho de 2000:
RDP Áf.: JOÃO SECO MANÉ, líder do novo partido PDSG:

O homem é bom para *nos libertar* e já não é bom para governar?!

Portanto, a Junta Militar tem um papel importante; deve ser implicada na governação; a Junta Militar não está interessada em governar; as eleições que se seguiram à guerra foram prematuras; a JM é que está a *defender o leme* do país; não fosse a Junta Militar, KOUMBA e o Primeiro-Ministro teriam já tomado conta do país; isto é uma ditadura!

Muitos políticos da oposição aceitaram integrar este Governo porque o Estado em África é o principal empregador; como eles não têm outras alternativas profissionais e económicas aceitaram fazer parte do Governo – é mais um emprego; e lembra a frase do PM – "numa televisão que eu pago", não admito ser insultado;

Convida os políticos da oposição a abandonarem o Governo, sob pena de se queimarem – que deixem o PRS sozinho no Governo e na Presidência da República[314].

274. 14 de Junho de 2000:
RDP: Instituto Internacional de Pesquisa para a Paz, de Estocolmo: a África na linha da frente das 27 guerras em 1999.

Em 10 anos, não houve progressos significativos na luta pela paz.

---

[312] A prestação do PM neste caso enferma de contradições dificilmente sanáveis.

[313] Mas afiançou a RDN que a razão do referido adiamento prende-se com a contestação que, no seio das Forças Armadas, a indigitação para as patentes estaria a gerar (por falta de justiça na tal escolha).

O que dizer?

1 ano, 1 mês e 2 dias depois do derradeiro golpe, é a desilusão total. O termómetro social patenteia esse clima de desilusão. Que mudança?!

[314] Esta foi uma clara distanciação face ao regime e uma clara adesão aos postulados de um regime tutelável por esta Junta Militar.

275. 4 de Julho de 2000:

BBC: "Côte d'Ivoire de crise em crise"; Motim de militares em Abidjan. Motivo: Reivindicações pecuniárias (incluindo subsídios de milhões de Fcfa, para aquisição de casa). É a 2.ª crise na Côte d'Ivoire no espaço de 15 dias.

Não se conhece o paradeiro do chefe da Junta Militar no poder (General GUEÏ). Este dirigiu-se aos revoltosos, através da televisão, pedindo calma e o regresso aos quartéis, para que se pudessem encetar as negociações[315].

276. 6 de Julho de 2000:

RDP: sete partidos da oposição entregaram, em Bissau, um *memorandum* ao Ministro dos Negócios Estrangeiros português. Acusam o PRS e o PR de instrumentalizarem as Forças Armadas; de cerceamento da liberdade de imprensa; de partidarização da Administração pública; perspectiva de conflitos com contornos étnico-tribais.

277. 11 de Julho de 2000.

RDP: Partidos da oposição exigem a demissão do Governo. LUCAS SILVA (porta-voz de mais de 10 partidos da oposição): há crise institucional grave no país. Diz que reina a ditadura parlamentar (falta de isenção do Presidente da ANP, por exemplo), a falta de isenção do PR, o apagamento do PR face a questões fundamentais (dá como exemplo a situação nas fronteiras do país) e o desnorte do Governo.

O PR devia, em consequência, demitir o Governo.

278. 15 de Julho de 2000:

• RDP: após a audição pelo Presidente da República de partidos da oposição (que exigiram àquele a demissão do Governo e uma mudança da atitude do PR)[316], o PR, numa comunicação ao país, insultou, sem nomear, os dirigentes da oposição. Apelidou estes de mercenários da política, caricatura de políticos, insensatos políticos, *etc.*

• RDN: grupo de Militantes de Boa Vontade no PAIGC ("centenas de militantes") divulgou, através do respectivo porta-voz, ROBERTO FERREIRA CACHEU, um manifesto: pede a demissão dos órgãos dirigentes do PAIGC, por causa da derrota eleitoral (de mais de 60 deputados, passou para 23); pede um congresso extraordinário sem exclusão de ninguém – um congresso de clarificação, não de conflitos; apela a uma assembleia de militantes, antes do congresso; critica a falta de liberdade de expressão no PAIGC.

279. 20 de Julho de 2000:

RDN: reacção (pela voz de FERNANDO GOMES) dos 7 partidos da oposição, que na semana passada se reuniram com o PR, às ofensas deste: KOUMBA YALÁ padece de falta de sanidade mental, de imaturidade política e falta de sentido de Estado, assim como de incoerência.

---

[315] Na versão de uma outra estação de rádio, o líder da Junta Militar GUEÏ – que chegou ao poder através de um golpe militar – culpa certas forças políticas do episódio actual (personalidades que quereriam chegar ao poder a qualquer preço)!

[316] A oposição, pela voz do Dr. NADO MANDINGA, reiterou a sua exigência, apelidando de falsa democracia aquela vigente no país. Fala de *deficit* de democracia.

280. 23 de Julho de 2000:

RDP: realizou-se hoje na Côte d'Ivoire um referendo constitucional[317]. O Presidente ROBERT GUEÏ (que chegou ao poder através de golpe de Estado) diz que a vontade popular é que consta do texto a referendar (apesar dos cuidados por ele pretensamente protagonizados)[318].

OUATTARA, líder de um partido da oposição e com aspirações à chefia do Estado, refugiou-se no segredo do voto para não indicar se votou *sim* ou *não*.

Entretanto, procede-se, no Mali, a uma revisão constitucional no sentido de bastar, neste particular, a cidadania maliana do candidato, para se ser elegível ao cargo de Presidente da República.

281. 25 de Julho de 2000:

RDP: Côte d'Ivoire: vitória folgada do "sim" no referendo constitucional (mais de 80%, quando 31 dos 51 círculos foram escrutinados)[319].

Matérias referendadas: abolição da pena de morte; 18 anos, em vez de 21, para a capacidade eleitoral activa; capacidade eleitoral passiva para o cargo de Presidente da República reservada a candidatos cujos pais nasceram na Côte d'Ivoire.

282. 26 de Julho de 2000:

• Discurso do Presidente KOUMBA YALÁ no acto solene de inauguração das renovadas instalações do Supremo Tribunal de Justiça da Guiné-Bissau:

Vai ficar de olho aberto nos tribunais (de qualquer instância), apesar da outorgada "independência".

Manifestou-se contra as decisões que têm vindo a ser tomadas pelos tribunais – que são diferentes daquilo que o povo reclama[320].

Os processos envolvendo militares (*v.g.*, no tráfico de armas para a Casamance, invocada causa da *guerra de 7 de Junho*) passam, imediatamente, dos tribunais comuns para os tribunais militares!

283. 10 de Outubro de 2000:

Supremo Tribunal de Justiça (abertura do novo ano judicial)[321]:

Bastonário da OAGB, Dr. CARLOS PINTO PEREIRA: num discurso que convida à concertação e à ponderação, fez uma alusão disfarçada a um zunzum que punha em causa a independência do poder judicial e emitiu conselhos, implicitamente dirigidos ao PR, para, na base do diálogo, serem ultrapassados os constrangimentos eventualmente existentes[322].

Presidente do STJ, Dr. EMILIANO NOSOLINI DOS REIS: enunciação de um rol de realizações que reivindica para o seu consulado; um discurso de charme ao PR.

---

[317] Disposição conflitual: factores de elegibilidade para Presidente da República (ivoiriense de origem, filho de pais ivoirienses de origem).

[318] Constou-me ter ele defendido, no caso, a cidadania marfinense de um dos progenitores, apenas. Relata a RDN ter GUEÏ pedido o *sim* no referendo.

[319] Cerca de 86%, falou-se no dia seguinte.

[320] Alusão, provavelmente, às absolvições nos julgamentos dos prisioneiros políticos.

[321] A sessão, muito concorrida e com cobertura dos *mass media*, teve na mesa o PR, o PSTJ, a Ministra da Justiça, o PGR e o Bastonário da OAGB. A sala estava pejada de magistrados, membros do Governo, corpo diplomático e outros convidados.

[322] Circulava a informação de poderia ser exonerado o actual PSTJ, indo para o seu lugar o Chefe de Gabinete do PR, Dr. MÁRIO LOPES. Estaria também na ordem do dia o adiamento das eleições no STJ, adiamento ditado pelo poder político.

Presidente da República, Dr. KOUMBA YALÁ: envolto num discurso improvisado e com alguns gracejos, disse (algo muito sério) que não vai haver – ele não permitirá que haja – eleições no STJ, na data prevista (16.10.2000).

Justificação: enquanto não forem julgados os processos do tráfico de armas para Casamance, não haverá eleições no STJ; manter-se-ão a estrutura e os juízes até ser resolvido esse caso[323].

Não às eleições, já, no STJ: há que saber "abalizar as prioridades".

Não às "alterações bruscas que possam trazer problemas". Diz que conhece os corredores e esquemas que estão a ser feitos (já esteve na oposição e conhece-os).

Diz que não pretende mexer no poder judicial; que não é sua intenção mudar nem o PSTJ, nem quaisquer outros órgãos do poder judicial, mas ameaça que se descobrir qualquer compadrio na Justiça, vai reagir: *quem pode o mais, pode o menos...*

284. 17 de Outubro de 2000:

• RDP: "*Forum* da Oposição" (FERNANDO GOMES) – conferência de imprensa: só em viagens, o Governo do PRS/RGB/de Base Alargada gastou 1.5 milhões de dólares; é um Governo corrupto.

• RDP: Associação Sindical dos Magistrados (ASMAGUI) – na sequência da frustrada Assembleia-Geral ontem, que, por falta de *quorum*, se converteu num Conselho Nacional Alargado: este órgão, segundo a Presidente da Direcção, posicionou-se contra a decisão do PR (e da aceitação desta decisão pelo Conselho Superior da Magistratura Judicial) de adiar as eleições no STJ.

285. 23 de Outubro de 2000:

• Pindjiguiti: Presidente KOUMBA: "Ou acabamos todos, ou vivemos em felicidade permanente"!

• RFI: Confusão na Côte d'Ivoire. O candidato presidencial L. GBAGBO autoproclamou-se vencedor, no seguimento das contagens parciais divulgadas ontem, que lhe davam a temporária vantagem de cerca de 51%.

O outro candidato (o líder golpista General GUEÏ) foi hoje proclamado vencedor pelo Ministério do Interior – que dissolveu imediatamente a Comissão Nacional Eleitoral, tendo antes ocupado militarmente as instalações desta.

Os dois candidatos foram os únicos que lograram passar pela peneira constitucional da elegibilidade, de acordo com o critério da nacionalidade[324].

Há tiroteio em vários bairros de Abidjan.

Milhares de manifestantes pró-GBAGBO concentraram-se em frente à sede de campanha deste candidato.

286. 25 de Outubro de 2000:

• RDP: Confusão na Costa do Marfim: 9 mortos; homens afectos a GBAGBO abriram tiroteios contra um importante campo militar em Abidjan; risco de guerra civil.

• RDP: o General GUEÏ fugiu do palácio presidencial, no momento em que a sua guarda disparava contra manifestantes que se aproximavam do palácio (terá sido o fracasso do golpe de Estado e a fuga, de helicóptero, para um país vizinho);

---

[323] Mas, formalmente, chegou-se a avançar, na véspera, uma outra razão: a não renovação dos representantes do PR no Conselho Superior da Magistratura Judicial.

[324] *Cfr. supra.*

Informa o Embaixador de Portugal em Abidjan, HENRIQUES DA SILVA, que houve tiros de artilharia e de armas pesadas durante a noite;

Alguns oficiais afastaram-se do General GUEÏ, afirmando a necessidade de serem respeitados os resultados eleitorais;

Gueï estaria com a família no Benim;

A Polícia de Abidjan juntou-se aos manifestantes pró-GBAGBO; este já se declarou o 1.° Presidente da 2.ª República; golpe de Estado contra o golpista GUEÏ?

Manifestações pró-GBAGBO; manifestações, também, pró-OUATTARA, pedindo a repetição das eleições – agora com os 14 candidatos *afastados*.

• Pindjiguiti: o PR e o Brigadeiro ANSUMANE MANÉ viajaram juntos para a Nigéria; o clima entre os dois é frio; talvez a viagem sirva para dar campo à mediação do Chefe de Estado nigeriano – pretende-se reforçar a cooperação com uma potência regional, que é a Nigéria.

287. 28 de Outubro de 2000:

Pindjiguiti[325]: cerca de 150 mortos na Côte d'Ivoire resultantes do conflito entre os apoiantes do Presidente eleito GBAGBO (empossado pelo Tribunal Constitucional) e os da candidatura abortada de OUATTARA; aqueles dizem que as eleições valeram porque tiveram a coragem de avançar contra GUEÏ (enquanto outros boicotavam) e que novas eleições, só as legislativas; os de ALASSANE OUATTARA reclamam eleições presidenciais onde todos possam participar.

288. 30 de Outubro de 2000:

RDP: na sequência da tórrida confrontação verbal entre o ex-PM FADUL e o actual PM N'TCHAMA (em que aquele acusa este de corrupção e, por esse motivo, apela para que a comunidade internacional não concretize a promessa feita de apoio à Guiné-Bissau), N'TCHAMA devolve o ataque, aludindo a um antipatriotismo do outro; o PR chegou mesmo a intervir, dando conta de que a comunidade internacional iria mesmo ajudar o país, muito brevemente.

A UM vem solidarizar-se com FADUL. Diz, com efeito, o Secretário-Geral daquela formação política, REGALLA, estar contra as retaliações (apreensão de carros, nomeadamente) feitas a FADUL pois violam os direitos consignados na lei (regalias de um antigo Primeiro-Ministro)...

O PAIGC já se havia pronunciado contra o PM e o poder instituído, dizendo que, afinal, FADUL se aproximou do juízo daquele partido.

289. 1 de Novembro de 2000:

• RDP (8 H): FRANCISCO FADUL disse ao Diário de Bissau que vai candidatar-se às presidenciais. Isso em resposta ao posicionamento pró-N'TCHAMA do PR, na disputa verbal entre aquele e FADUL. KOUMBA YALÁ teria chamado frustrado a FADUL.

• RDP (10 H): afinal, FADUL não tem intenções de se candidatar... Mas pede contenção ao PR na querela que o opõe (ele FADUL) ao PM.

Sustenta que KOUMBA YALÁ disse, numa entrevista a um jornal português, que FADUL é um doente de foro psiquiátrico e que merecia ser internado.

Diz que a sua declaração ao Diário de Bissau foi apenas para demonstrar ao PR que ele pode exercer a plenitude dos seus direitos cívicos. Seja como for, acha que ainda é cedo para avançar com qualquer candidatura e que precisaria antes de consultar certas pessoas...

• RFI: na entrevista ao semanário português "O Diabo", da semana passada, o Presidente YALÁ disse que a juíza que dera uma conferência em nome da ASMAGUI (por ela dirigida) a

325 Não garanto plenamente que foi nesta rádio que escutei esta notícia.

opor-se à sua decisão de adiar as eleições no STJ não passava de uma *concubina* de um dirigente do PAIGC.

FADUL apresentou hoje uma queixa-crime contra o Presidente YALÁ, por devassa da vida privada e calúnia. A queixa é motivada, concretamente, pelo facto de YALÁ ter dito no citado jornal que FADUL sofria de insanidade mental. Em contrapartida, pede este à PGR que investigue a sanidade mental do PR (segundo FADUL, a doença do PR, nunca revelada, tem a ver com a sua vida "desregrada").

290. 5 de Novembro de 2000:

RDP: FADUL disse em Lisboa[326]: vai accionar mecanismos tendentes ao *impeachment* do Presidente KOUMBA YALÁ.

À pergunta sobre se isso não implicaria instabilidade do país, respondeu que instabilidade já existe e o que ele quer é apontar remédios. Preconiza o não envolvimento dos militares; que eles políticos assumam a luta política.

291. 11 de Novembro de 2000:

• Pindjiguiti: Presidente do PAIGC, BENANTE, num comício ontem: o PR não mostra dignidade para o cargo (nomeia o discurso *deslocadamente* belicista pronunciado pelo PR na festa de aniversário da ONU).

• RDP: o Presidente do PAIGC referiu o relatório de um estudo encomendado pelo Vice-Primeiro-Ministro a um consultor europeu (nos termos do qual se constataria que 3.5 biliões de Fcfa teriam sido desviados no tesouro público), para induzir desses dados a corrupção do Governo.

292. 15 de Novembro de 2000:

• BBC: manifestação (marcha) de protesto de partidos da oposição contra o Governo PRS/RGB/de Base Alargada[327]; contou com uma boa assistência; para FERNANDO GOMES, as pessoas saíram em massa, o que denotaria a impopularidade do poder vigente;

Parte dos manifestantes envergava camisolas com o rosto de NINO VIEIRA nelas estampado e dísticos com os dizeres "queremos o titio de volta"[328]; parecia uma manifestação à parte.

• O poder reagiu com nervosismo e receio (apesar de algumas ameaças veladas) à preparação desta marcha. Sucederam-se conversações ao mais alto nível para desmobilizá-la; houve uma troca virulenta de acusações (retratada pela rádio Pindjiguiti) entre FERNANDO GOMES e HELDER VAZ; este a dizer que a marcha não é contra o Governo, mas contra o país (ante a perspectiva de a comunidade financeira internacional perdoar – iniciativa EPIC – as dívidas da Guiné-Bissau) e FERNANDO GOMES a acusar HELDER VAZ LOPES (Ministro da Economia e líder da RGB) de corrupto, pois teria, nomeadamente, adquirido uma casa em Portugal no valor de muitos milhões de escudos portugueses (70 milhões?).

• RDP: Presidente YALÁ, à chegada do Qatar: a marcha da oposição é irrelevante porque não vai demitir o Governo.

• RDN: a oposição saiu à rua para apresentar um cartão vermelho ao PR e ao Governo; FERNANDO GOMES chamou ao Governo *Governo de marcha a ré*, já que faz promessas que não cumpre.

---

[326] Para onde se deslocou com vista a tomar parte numa conferência de quadros guineenses na diápora.

[327] Os partidos que organizaram a marcha pertencem ao "*Forum* da Oposição", contando nas suas fileiras com partidos como a AS., a UM, o PAIGC, a FD, o PCD, entre outros.

[328] *Titio* NINO, leia-se.

293. 19 de Novembro de 2000:

Pindjiguiti (debate em directo)[329]: a maioria dos intervenientes (incluindo populares, telefonicamente) criticou fortemente a situação económica, social e política do país; criticou-se também a tribalização do poder[330]; o país está pior que antes da guerra (era do PAIGC);

Para PINTO PEREIRA, ainda não há nação guineense;

Para DANIEL GOMES, deve haver equilíbrio étnico no Governo, uma representatividade étnica competente.

294. 20 de Novembro de 2000:

• Pindjiguiti: ANSUMANE MANÉ retirou todas as divisas aos cerca de 30 oficiais recém-promovidos e apoderou-se da chefia do Estado-Maior das Forças Armadas. Tal ocorreu hoje, numa reunião da chefia das Forças Armadas, na Base Aérea.

BUOTA NA N'BATCHA *passa* para Vice-Chefe de Estado-Maior.

Disse, então, o Brigadeiro ANSUMANE MANÉ: «Eu assumi tomar a responsabilidade das Forças Armadas, a partir de hoje; que cada um entenda como quiser»[331].

Houve tentativa de assassínio tendo por alvo ANSUMANE MANÉ, afirmou este.

Para ANSUMANE MANÉ, o país não tem condições para suportar tantos generais recentemente promovidos; são as fardas, as regalias, *etc.* – o Governo não poderia pagar tudo isso.

Segundo ANSUMANE MANÉ, houve alterações à proposta inicial de distribuição de patentes[332].

• Entretanto, o Governo (Dr. PEDRO COSTA – Porta-Voz do Governo, que falou à saída de uma reunião deste) lavou as mãos dizendo que é a distribuição de patentes um assunto dos militares, por isso não comenta.

• Pindjiguiti: Presidente da ANP, Arq.° JORGE MALÚ (dirigente do PRS): o *7 de Junho* veio complicar o curso que a democracia estava a levar no país...

• RDP: ANSUMANE MANÉ: não está de acordo com estas promoções de 16 de Novembro. Faltou igualdade e justiça no reajustamento das patentes.

Os homens de ANSUMANE já fizeram evacuar o edifício do Estado-Maior General das Forças Armadas, apoderando-se das chaves dos gabinetes dos, até aqui, chefes (o CEMGFA SEABRA, por exemplo).

O Presidente da República está reunido com o seu *staff*, para analisar a situação.

• RDN: ANSUMANE MANÉ: «No pui korda na cé rabada no larga; ma si é na djanti, no na djunda korda»;

«Não admito que eu diga *A* e os outros digam *B*»[333].

VERÍSSIMO SEABRA: quando levou a proposta de patentes ao PR, este contrapropôs o posto de General a ele VERÍSSIMO (CEMGFA), dado que devia haver diferença entre um CEMGFA e os Che-

---

329 Tomaram parte no debate figuras como DANIEL GOMES (PAIGC), NADO MANDINGA (AD), FERNANDO MENDONÇA (AS), CARLOS PINTO PEREIRA (Bastonário da OAGB), MAMADÚ JAO, KEITA (RGB).

330 Balantas: Presidente da República, Primeiro-Ministro, Vice-Primeiro-Ministro, Procurador-Geral da República, Ministro do Interior, Ministro da Defesa, Ministro da agricultura, Ministro da Saúde, Secretário de Estado das Pescas, *etc.*; Gebas: Ministro da Economia, Secretário de Estado do Turismo, *etc.*

331 Que cada um entenda o acto como quiser... Foi uma manifestação de *força*, com um tremendo impacto no país.

332 Mas, de acordo com o "ex"-CEMGFA, VERÍSSIMO SEABRA (agora *destituído* por MANÉ), não houve alterações à proposta inicial, apenas um pequeno acréscimo...

333 Não percebi se se tratava de alusões dirigidas apenas às "chefias" militares ou também às "chefias" políticas.

fes dos vários ramos (que seriam brigadeiros-generais – tal como o Chefe do Estado-Maior do Exército, que na proposta figurava como Brigadeiro-General). VERÍSSIMO teria dito então ao PR que ficariam a aguardar a formalização dessa contraproposta. Teria aconselhado, no entanto, o Presidente a consultar antes o "General Ansumane Mané"[334].

• RFI: a autoproclamação de ANSUMANE MANÉ como Chefe do Estado-Maior das Forças Armadas é contrária à Constituição.

• RDP: a Aliança Democrática atribui ao Governo as culpas da situação acabada de relatar. Porque este teria recusado o diálogo.

UM:[335] Posiciona-se contra o Presidente da República; felicita ANSUMANE MANÉ por esta atitude; ela implica estabilidade nas Forças Armadas e no país[336].

• RDN: ANSUMANE MANÉ: *Ainda não fui desmobilizado; enquanto eu contar convosco* (oficiais reunidos) *e vocês comigo,* «eu assumo a chefia das Forças Armadas»; que o Secretário-Geral do Ministério da Defesa, aí presente, transmita ao Ministro da Defesa e ao PR que a, partir desse momento, ele, ANSUMANE MANÉ, passa a ser o Chefe do Estado-Maior General das Forças Armadas[337];

Para se ser General há que saber-se o que é que essa pessoa fez;

O facto de se ser Chefe do Estado-Maior de um ramo não implica que se deva ser General; falou depois em "multidão de generais";

«Que todos os que foram graduados tragam as patentes» (para o local onde está o Brigadeiro MANÉ)[338];

«*N'na tem ku el* (refere-se ao Presidente KOUMBA), se vier com divisões nas Forças Armadas» (como o Presidente NINO teria feito).

• RDP: o Ministro dos Negócios Estrangeiros português, Gama, apela ao diálogo entre o poder civil e o Brigadeiro MANÉ.

295. 21 de Novembro de 2000:

RDP: o Ministro da Defesa (LANDIM) disse ontem à noite: "Atrás não voltamos"!

Abre as vias do diálogo com "outras entidades" (alusão a ANSUMANE MANÉ), mas que não voltariam atrás com as graduações de 16 de Novembro.

Diz que vão convencer "outras entidades" da correcção do procedimento seguido; que é "inédita" a atitude ontem tomada por "outras entidades" de despromoção de oficiais promovidos pelo Presidente da República.

296. 22 de Novembro de 2000:

• Eleições no Supremo Tribunal de Justiça. Pela primeira vez na história da justiça da Guiné pós-colonial, o Presidente e o Vice-Presidente da cúpula do poder judicial foram eleitos pelos seus pares.

---

334 Independentemente do problema da "multidão de generais", será despropositado ver na reacção do Brigadeiro ANSUMANE MANÉ o descontentamento de alguém que queria ser o único Major-General? Mas com essa atitude, pode estar instalado um clima de ressentimentos a aguardar momentos oportunos para desaguar sobre o próprio ANSUMANE...

335 União para a Mudança.

336 E a democracia? E a Constituição?

337 Antes desta (última) tentativa de golpe, ANSUMANE teria dito ao Presidente KOUMBA que quem podia falar ao PR acerca das Forças Armadas seria ele e poucos mais, como BUOTA E LAMINE SANHÁ.

338 Eis o momento mais pesado e dramático da cena. A partir desse instante, nada poderia ser como dantes.

• RDP: o Conselho de Segurança das Nações Unidas deliberou: que responsabilizará o autoproclamado Chefe do Estado-Maior General das Forças Armadas, ANSUMANE MANÉ, pelas consequências da sua atitude, se a Guiné-Bissau mergulhar de novo em crise; a bem da consolidação da paz no país e para que a ajuda da comunidade internacional seja uma realidade, apela a ANSUMANE MANÉ para que enverede pelo diálogo, resolvendo-se o problema em respeito pela ordem constitucional.

O Porta-Voz do Governo, PEDRO DA COSTA, louva o Conselho de Segurança e vê nisso o sinal de que o mundo não quer guerra na Guiné-Bissau; diz que o Governo vai tomar a iniciativa de contactar o Brigadeiro ANSUMANE MANÉ.

O Conselho de Ministros extraordinário condena a atitude de ANSUMANE MANÉ, mas diz *não* ao "empolamento" da questão, manifestando-se pelo diálogo.

Artigo de opinião de LUÍS DELGADO, no Diário de Notícias (Portugal) de hoje:

O mundo apoiara os revoltosos no levantamento que levou ao derrube de NINO VIEIRA – inclusive o poder socialista português;

Destaca o silêncio do governo socialista, que pode significar concordância;

Diz que ANSUMANE MANÉ é o dono da Guiné; fez o que fez sem ouvir nem receber o acordo das instituições do Estado (PR, Governo, designadamente);

O golpe de Estado de 1998/1999 podia ser evitado se se esperasse pelas eleições; NINO poderia, assim, ser pacificamente afastado;

Isso foi gerador destas instabilidades.

• Circula a informação de que parte importante das chefias militares (note-se que são figuras que, naturalmente, vieram da Junta Militar) está sob prisão domiciliária (as sua escoltas teriam sido desarmadas e substituídas por homens de ANSUMANE); nessas condições estariam, nomeadamente, o CEMGFA, o Vice-CEMGFA, o CEMFA, um Director do Ministério da Defesa.

• Deflagrou nova guerra na Guiné. Frente a frente estão o Brigadeiro ANSUMANE MANÉ e as forças leais ao Presidente KOUMBA YALÁ[339].

---

339 Diário de Notícias de 10.12.2000, p. 16 (ADOLFO PALMA): «O general Ansumane Mané abdicou de lutar na madrugada de 23 de Novembro, depois de compreender que tinha sido traído pelos seus homens e que não tinha meios bélicos para responder rapidamente às forças leais ao Presidente Kumba Ialá».

«Segundo fontes militares guineenses, o general Mané esperava contar essencialmente com 3 forças que falharam: Brigada Mecanizada, contígua à base aérea de Bissalanca, onde se encontrava o grosso do armamento pesado, Comandos, instalados também nas proximidades de Bissalanca, e o controlo das unidades militares fora de Bissau.

«Para o controlo das unidades militares fora de Bissau, o velho general contava com o coronel Tagma na Wai, a quem o unia uma solidariedade forjada na vida militar, apesar de Na wai não comungar da mesma fé no Islão e de pertencer à etnia balanta, de tradição animista, a mesma do presidente Ialá.

«Iludindo as expectativas do velho general, Tagma Na Wai assume um papel fundamental na tomada de posições por parte das forças leais a Kumba Ialá, garantindo a fidelidade ao presidente do aquartelamento do batalhão de Mansoa, a cerca de 60 quilómetros de Bissau, onde deflagraram os primeiros disparos do conflito».

«Com as forças ordenadas, Tagma Na Wai avança na madrugada de dia 23 sobre Bissau e fecha a única saída terrestre de Bissau para o exterior, impedindo uma eventual movimentação das forças leais ao general Mané».

«Podia Ansumane Mané responder no seu reduto de Bissalanca? «Precisaria para isso de contar com as armas pesadas sob as ordens do comandante da Brigada Mecanizada, tenente-coronel Alqueia Quassa, de etnia balanta, e dos homens treinados do batalhão de Comandos, dirigidos por Aniceto Naflac, também de etnia balanta. «Estas dois também falharam ao general».

«No próprio dia 23 de Novembro, interrogado pela Lusa sobre a facilidade de progressão das forças leais ao presidente Ialá, o porta-voz destas, o Capitão-Tenente ZAMORA INDUTA, levantava já um pouco do véu.

297. 26 de Novembro de 2000:

Expresso: Rebelião falha na Guiné-Bissau.

MELCÍADES FERNANDES (CEMFA) «afirmou à RDP Internacional que ele (Ansumane Mané) tinha sido capturado».

«Fonte diplomática, que pediu anonimato, revelou que ele estaria morto».

A RDN diz que ANSUMANE MANÉ se encontra refugiado na missão católica de Quinhamel.

A missão desmente, dizendo que só lá estavam 9 oficiais, incluindo BUOTA NA N'BATCHA.

298. 30 de Novembro de 2000:

• RFI: ZAMORA INDUTA (porta-voz das Forças Armadas) teria ido à comunicação social para desmentir rumores em curso em Bissau, segundo os quais assistir-se-ia a uma balantização do poder, "caça às bruxas" ou caça aos muçulmanos.

Segundo a RFI, assiste-se ao afastamento de certos oficiais tidos como próximos de ANSUMANE MANÉ, sem que o Estado-Maior diga nada;

Os mestiços estariam também a ser perseguidos;

Os líderes políticos presos recusaram a oferta do Presidente da República de uma detenção em residência vigiada, com a alegação de que estariam em perigo as suas vidas.

• RFI: à meia-noite, o Supremo Tribunal da Côte d'Ivoire – com fundamento na Constituição, que permite apenas a ivoirienses de origem o acesso à presidência da República – declarou ALASSANE OUATARA inelegível para as legislativas, contrariando decisão recente da CNE[340].

299. 1 de Dezembro de 2003

• RFI: ANSUMANE MANÉ foi morto ontem na mata de Quinhamel pelas forças governamentais. A televisão portuguesa mostrou o seu cadáver crivado de balas, nomeadamente na cabeça[341].

«Induta revelou então que o general Mané tinha em redor, na base aérea, militares que passavam informações e estavam solidários com as forças leais ao presidente Ialá».

«Mas porque razão tantos dos seus abandonaram Mané? «Afinal de contas, a sua rápida derrota – melhor será dizer, abdicação – no conflito militar de 22 e 23 de Novembro, surpreendeu praticamente todos os observadores. «Só que, segundo vários militares ouvidos ao longo dos último dias pela Lusa, o general Mané "cometeu um erro capital ao humilhar as altas patentes" guineenses a 20 de Novembro, quando se auto-proclamou chefe do Estado Maior-General das forças Armadas» (*sic*).

«Nesse dia, perante o olhar indiscreto das câmaras de televisão, Ansumane Mané obrigou os oficiais que na semana anterior tinham recebido promoções das mãos do presidente Ialá a colocarem-se em fila e a entregarem-lhe as novas insígnias, num acto com um efeito cénico semelhante ao da rendição de um exército.

«O general Mané justificou a sua decisão, alegando que o presidente Ialá tinha desrespeitado a sua proposta de promoções, engrossando-a com o que classificou de "uma multidão de generais".

«Sendo um homem profundamente religioso, quase um asceta, esqueceu que, ao despromover de novo os oficiais, não só os humilhava, como lhes retirava também honrarias e benesses para si e para as suas famílias, os jipes "Pajero" sem matrícula e as casas "de construção definitiva" atribuídas pelo Estado, uma herança do sistema de partido único».

340 Note-se que OUATARA já havia recebido o mesmo *não,* para as presidenciais.

O Secretário-Geral do seu partido contesta, sustentando ser a medida inaceitável.

341 É controversa esta questão, no tocante ao tempo e circunstâncias em que morreu ANSUMANE. Por um lado, oficialmente, ele morreu em combate; por outro, um ensurdecedor diz-que-diz-que indica a execução fria, à paulada (e mais cedo do que a data oficialmente anunciada), de MANÉ.

• Expresso: ANSUMANE MANÉ (localizado após denúncia feita pela própria população de Quinhamel, segundo fontes da Rádio Difusão Nacional da Guiné-Bissau) foi ontem ao fim da tarde morto na sequência de um combate com as forças fiéis a KOUMBA YALÁ[342].

• Africa n.° 1[343]: o funeral de ANSUMANE MANÉ contou com a presença de milhares de pessoas, que ao longo de 1.5 Km acompanharam o corpo ao cemitério muçulmano.

Nenhum representante do Governo ou das Forças Armadas esteve presente, apesar dos elogios ao seu contributo na luta armada de libertação nacional.

300. 4 de Dezembro de 2000:

"Sud Quotidien"[344]: na última sublevação militar de ANSUMANE MANÉ (22 de Novembro de 2000), guerrilheiros do MFDC estiveram nos dois campos opostos. A ala *muçulmana* do actual líder militar do MFDC (que teria sido guindado por ANSUMANE MANÉ) apoiou militarmente MANÉ (teriam sido depois capturados); a ala *cristã* esteve militarmente do lado do Presidente da República.

301. 8 de Dezembro de 2000:

Independente: os serviços secretos portugueses, a solicitação do governo da Guiné-Bissau, ajudaram "tecnicamente" a localizar o paradeiro de ANSUMANE MANÉ. Interceptaram os seus telefonemas via satélite (aparelho que fora oferecido a ANSUMANE pelo Ministro português dos Negócios Estrangeiros JAIME GAMA, aquando do primeiro levantamento militar de 1998 contra o Presidente NINO).

302. 9 de Dezembro de 2000:

Expresso: a França foi importante no apoio ao PR KOUMBA contra o Brigadeiro MANÉ.

303. 16 de Dezembro de 2000:

• Expresso: "Purga" na Guiné. «O Chefe do Estado-Maior da Guiné demitiu ontem 28 militares considerados afectos ao Brigadeiro Ansumane Mané. Outros 33, vistos como leais ao Presidente KUMBA YALÁ, foram promovidos. Todas as chefias militares são, agora, da etnia balanta – que representa 30% da população – à qual pertence Yalá».

FERNANDO GOMES (dirigente do *Forum* Nacional da Oposição Guineense) diz que esta é «a fase mais negra da nossa história», no que toca à violação dos direitos do homem.

KOUMBA «reagiu vigorosamente às teses que apontam para a execução do Brigadeiro. Dando a impressão de querer abafar qualquer polémica sobre o assunto, YALÁ ameaçou processar quem divulgar a versão relativa à eliminação premeditada do oficial rebelde».

Entretanto, a oposição pede uma comissão de inquérito parlamentar sobre a morte de ANSUMANE MANÉ.

• Independente: «Jaime Gama[345] quis dar asilo a Ansumane Mané, mas Castro Caldas[346] preferiu ajudar Kumba Yalá a capturá-lo» (ANTÓNIO ALY SILVA).

TAGME NA WAIE (o militar que dirigiu o cerco aos revoltosos) «reivindica agora junto do Presidente K. Yalá a ascensão a CEMGFA».

---

342 Circulou também uma outra versão do episódio (nomeadamente no Diário de Bissau): ANSUMANE não teria propriamente morrido em combate, mas teria sido friamente abatido.

343 Pareceu-me ser esta a estação emissora.

344 Jornal senegalês.

345 O Ministro dos Negócios Estrangeiros português.

346 O Ministro da Defesa luso.

BUBO NA TCHUTA e ZAMORA INDUTA estão em conflito: ambos reivindicam o posto de Chefe do Estado-Maior da Armada.

304. 30 de Dezembro de 2000:

Expresso: Guiné-Bissau – sobe a tensão nos quartéis:

"Troca de tiros" entre o Cap.º de Fragata JOSÉ ZAMORA INDUTA e outro oficial de alta patente.

"Um inquérito incómodo": o Presidente da ANP (JORGE MALÚ) declarou à Lusa que "ainda é prematuro" pensar numa comissão de inquérito à morte de A. MANÉ, dado que isto é um "acontecimento recente que abalou todos os guineenses".

305. 8 de Janeiro de 2001:

Expresso – *on line*: Costa do Marfim, GBAGBO resiste a golpe de Estado.

306. 11 de Janeiro de 2001.

RTP Af. ("Repórter RTP"): três altas patentes das Forças Armadas que estiveram (durante o levantamento de Novembro de 1999) ao lado de A. MANÉ foram libertas por ordem do PR. Um gesto que a RTP qualifica como de reconciliação nacional (prometida pelo PR na sua mensagem de novo ano).

A RTP mostrou imagens dos indivíduos libertos a assinar uns papéis, assim como de algumas figuras da "sociedade civil" e da "comunidade internacional" (Presidente da LGDH, Bispo de Bissau, representante do Secretário-Geral das Nações Unidas). Um dos que beneficiaram da referida medida foi BUOTA NA N'BATCHA.

RTP Áf.: destruídas todas as bases do MFDC na Guiné-Bissau (Suzana e Varela).

TAGME NA WAI: a partir de agora, a Guiné-Bissau, deixa de servir de base ao MFDC (*que eles façam guerra lá no Senegal*).

A intervenção das forças guineenses seguiu-se a conflitos armados na faixa Norte da Guiné-Bissau (matas de Suzana e Varela) entre as duas facções do MFDC.

A TV falou de (e mostrou) casas destruídas (queimadas), algumas bicicletas apreendidas aos rebeldes de Casamance.

307. 16 de Janeiro de 2001:

- CNN: tentativa de golpe de Estado, hoje, na República Democrática do Congo. Consta que o Presidente KABILA teria sido ferido ou morto. O ajudante militar de KABILA fez uma declaração através da televisão, apelando à calma e à ordem (nada informando, no entanto, quanto à sorte do Presidente). O facto é que houve tiroteio na zona do palácio presidencial[347].
- RTP Áf.: em carta enviada ao Presidente da ANP, o líder de uma das facções do MFDC (SADJÓ), reagindo à recente intervenção militar das FARP no Norte da Guiné-Bissau e que teria culminado há dias na "destruição de todas as bases" do MFDC na Guiné-Bissau, reivindica a devolução ao MFDC das armas então apreendidas pelas forças guineenses.

Invocando por outras palavras uma dívida que a Guiné-Bissau tem para com a Casamance (falou de apoio à luta de libertação nacional e ao levantamento militar de 7 de Junho)[348], pede às autoridades guineenses que tenham esse factor em conta.

---

[347] Na sua edição de 17.6.2001, a CNN, fazendo eco de fontes diplomáticas britânicas e belgas, noticia que KABILA foi morto a tiro.

[348] Mais um elemento a considerar nas conexões que dinamizaram o caso 7 de Junho.

308. 24 de Janeiro de 2001:

RDP: os Ministros e Secretários de Estado do partido RGB entregaram – segundo FERNANDO VAZ, Secretário de Estado, demissionário, dos Transportes – as suas cartas de demissão, denunciando o acordo de coligação que sustentava o referido executivo. Motivos alegados: a última remodelação governamental (divulgada ontem) foi unilateralmente decidida, em violação do acordo de coligação (sem consulta, portanto, à RGB; violação de muitas disposições do acordo de coligação; havia um só Ministro de Estado (HELDER VAZ)... agora há vários.

309. 12 de Fevereiro de 2001:

RTP1: confrontos na Guiné-Bissau – marcha de protesto da confederação de estudantes do ensino secundário redundou em 10 feridos por balas.

O Comissário Nacional da Polícia acusa as suas próprias forças de não terem protegido a marcha durante o respectivo trajecto.

310. 13 de Fevereiro de 2001:

• RDP Áf: P-M N'TCHAMA: há "mãos invisíveis atrás das manifestações" dos estudantes da capital, ontem. Manifestações, recorde-se, que provocaram danos materiais (património do Estado) e ferimentos (de balas e outros instrumentos) entre os manifestantes.

Diz N'TCHAMA que haverá resposta vigorosa contra futuras manifestações que se traduzam em vandalismo. Entretanto, apela ao regresso às aulas dos professores (que estão em greve há algum tempo), porque garante o pagamento dos subsídios em atraso a partir de hoje, aproveitando um apoio da União Europeia.

• RDP Áf.: há dúvidas quanto à verdadeira causa da morte do militar BABA DJASSI. A advogada (ADELAIDA ALMEIDA) quer que certas amostras de órgãos sejam analisadas em Portugal, mas não dispõe do apoio da PGR para accionar os mecanismos de cooperação internacional que possibilitariam essa acção (o PGR diz que a responsabilidade é da família.

311. 14 de Fevereiro de 2001:

RTP: Manifestações de estudantes no Leste da Guiné-Bissau.

312. 15 de Fevereiro de 2001:

RDP: o representante do MFDC em Lisboa, ANSUMANE BADJI, reagiu com perplexidade à declaração pública do Presidente YALÁ que terá confirmado a liquidação nas últimas semanas de 30 rebeldes do MFDC pela forças militares da Guiné-Bissau.

Diz o citado representante dos independentistas de Casamance que se tratava de refugiados casamancenses desarmados e que a declaração pública do chefe de Estado guineense não é apropriada.

Perante uma insistência do jornalista da RDP, declara que o MFDC não vai negociar qualquer autonomia alargada; o MFDC quer independência total.

A "necessidade" de clarificação surgiu a partir duma suposta entrevista do próprio à LUSA, em que teria ficado a impressão de que o tal representante está virado para a autonomia.

313. 16 de Fevereiro de 2001:

RTP2: o PR YALÁ está em Portugal, tendo sido confrontado com questões ligadas aos direitos humanos na Guiné-Bissau.

Em resposta: perguntou porque é que essas pessoas se preocupam com os presos do levantamento de Novembro de 2000 e não com os presos que estiveram ao lado do Presidente NINO (estes há mais tempo na prisão);

Desvalorizou o protesto dos presos contra as condições de vida nas prisões, dizendo que as mesmas serviram de calabouços aos apoiantes de NINO e foram criadas pelos seus actuais ocupantes, que apoiaram ANSUMANE no último levantamento;

Diz que não se encontrou com o General NINO durante esta visita de duas semanas a Portugal; até porque nem sequer sabe onde o ex-Presidente está.

314. 19 de Fevereiro de 2001:

RDP Áf.: IANCUBA N'DJAI (expulso da UM) pede congresso extraordinário da União para a Mudança dentro de um mês.

Na UM revela-se uma fractura entre a ala de IANCUBA e a que é protagonizada por RAMBOUT BARCELO, REGALA, KARAMBÁ TURÉ.

IANCUBA N'DJAI acha que o partido está fragilizado devido à participação de KARAMBÁ TURÉ, AGNELO REGALLA, *etc.*, na última sublevação militar do Brigadeiro ANSUMANE MANÉ[349]...

315. 24 de Fevereiro de 2000:

Expresso: desmantelada uma rede que pretende promover confrontações inter-étnicas e religiosas na Guiné.

Terá sido essa a razão pela qual KOUMBA havia prolongado a sua estada em Portugal por mais quatro dias.

316. 28 de Fevereiro de 2001:

• RDP Áf.: a ANP começa hoje a discutir alguns aspectos da revisão constitucional.

O ponto mais importante, de acordo com o Presidente do parlamento, é o artigo 5.° do novo texto – que trata das condições de acesso a altos cargos do Estado.

A uma pergunta se o tal artigo será abolido, o Presidente da ANP diz que há várias propostas: manutenção, tal e qual; restrição da exigência (de cidadania originária[350] do indigitado, assim como dos respectivos pais) apenas ao cargo de Presidente da República.

• RDP Áf.: um deputado da UM (Eng.° BANJAI) afirma que o seu partido está pela abolição do art. 5.° porque é pela competência e porque a Constituição deve ser um elemento catalizador, *etc.*

317. 2 de Março de 2001:

• RDP Áf.: o Vice-PGR (GENÉSIO DE CARVALHO) ameaçou ontem vários órgãos de comunicação social de os processar porque sustentaram, nomeadamente, que não houve tentativa de golpe de Estado (no último *levantamento* de ANSUMANE MANÉ, marcado com a sua morte). Citou a Bombolom, a RDP África, a RTGB, a Gazeta de Notícias, o Diário de Bissau, como órgãos que "lançaram notícias que vêm alimentando a confusão"; porque "dizer que não houve tentativa de golpe de Estado é absurdo" – para apoiar a sua opinião, o Vice-PGR aponta o argumento de que ANSUMANE MANÉ mandara colocar em residência vigiada o CEMGFA e várias individualidades.

---

[349] Trata-se de uma clara crítica de uma figura política até há pouco dirigente da UM a importantes personalidades desta formação política. Crítica, portanto, de envolvimento numa acção que se traduziria na alteração do regime por meios militares. Constate-se, porém, que os críticos e os criticados estiveram todos ao lado do (ou no) levantamento militar que se traduziu na guerra de 7 de Junho de 1998.

[350] Para uma análise do regime jurídico da nacionalidade guineense, *vide* MARIA RAQUEL REI, Apontamentos sobre a Lei da Nacionalidade Guineense – Lei n.° 2/92 de 6 de Abril, in BFDB, N.° 3, Junho 1995, p. 317-327 [«Em geral, o estatuto dos nacionais não originários é mais fraco que o dos nacionais originários» (p. 317)].

• RDP Áf.: o Director da Bombolom FM, MUNIRO CONTÉ, reagiu à notícia reportada supra, dizendo que "a democracia na Guiné-Bissau é só na palavra"; e esta ameaça aos jornalistas é a prova disso; a Bombolom só se limitou a dar a palavra aos presos; a Bombolom não disse nada; os presos é que falaram das suas condições na prisão e de outras coisas.

318. 20 de Março de 2001:

RDP Áf.: o novo Primeiro-Ministro chama-se FAUSTINO IMBALI. Ainda não tomou posse. Disse à RDP África que vai convidar independentes para o Governo, que quer dialogante.

Questionado a comentar o perfil de FAUSTINO IMBALI, o ex-Primeiro-Ministro FADUL recusou-se a fazê-lo porque, disse, corria o risco de gritar muito e não ser ouvido.

Os partidos da oposição opuseram-se em bloco à escolha de IMBALI para Primeiro-Ministro.

A greve da Função Pública foi desconvocada, por falta de interlocutores, provocada pela queda do Governo.

319. 28 de Março de 2001:

RTP Áf.: Revisão constitucional na Guiné-Bissau: com apenas 9 votos contra (da bancada do PRS) o art. 5.° da Constituição foi eliminado.

Exige-se agora para a candidatura ao cargo de PR que este e um dos pais tenham nacionalidade guineense.

320. 29 de Março de 2001:

RDP Áf.: Presidente da ANP: o consenso a que se chegou no parlamento foi este: basta a cidadania guineense de origem para se aceder aos vários cargos de soberania; logo, o art. 5.° foi eliminado[351].

321. 31 de Março de 2001:

RTP: o Bastonário da Ordem dos Advogados de Portugal (PIRES DE LIMA) afirma que Portugal não é um Estado de Direito e que esta é a tarefa que os advogados devem encarar[352].

322. 2 de Abril de 2001.

RDP Áf.: o PAIGC apresentou um requerimento na ANP pedindo debate de urgência sobre acções dos militares que, de acordo com o requerente, estariam a influenciar a opinião pública e os órgãos judiciais;

O proprietário da Rádio Bombolom disse que, durante um debate radiofónico sobre a situação dos militares considerados "golpistas" (do ano 2000), o Chefe do Estado-Maior da Força Aérea

---

351 Esta reviravolta em dois anos suscita algumas reflexões: a ineficácia governativa dos *fidjus di tera* terá provcado esse câmbio (veja-se a contestação quase geral ao Governo PRS/RGB de Base Alargada; veja-se o afunilamento tribal da política)?

352 O Bastonário acusa o Governo português e o seu Primeiro-Ministro de: interferir na vida da justiça (exemplifica com a violação do segredo de justiça pelo PM há alguns dias no parlamento, quando revelou dados da investigação sobre o atentado da discoteca lisboeta "Luanda");

Violarem a Constituição (exemplifica com a adesão ao Tribunal Penal Internacional, colocando-se a Assembleia da República perante o facto consumado de ter de sufragar esse passo através da revisão constitucional; propõe o Bastonário a salvaguarda do *não* à prisão perpétua, no que toca ao tratado referente ao TPI);

Compra de deputados (a história do chamado *queijo limiano* – de um autarca deputado da oposição que, com o seu posicionamento durante a votação, viabilizou a Lei do Orçamento do Estado, em circunstâncias que muitos consideraram estranhas).

(Brigadeiro MELCÍADES GOMES FERNANDES) "irrompeu nas instalações da rádio" para ameaçar que esta rádio seria "o primeiro alvo a ser bombardeado" em caso de guerra.

323. 3 de Abril de 2001:

A ANP condenou hoje (num debate de urgência requerido pelo PAIGC) a atitude dos militares de promover um debate radiofónico (com a presença das chefias militares e de outras individualidades) pois a mesma seria uma forma de intromissão da sociedade castrense na política.

Os partidos políticos condenam a dita intromissão, reputando-a de inadmissível[353].

324. 4 de Abril de 2001:

• RDP Áf.: (instabilidade) – o Governo de FAUSTINO IMBALI não reúne consenso para liderar um governo estável, capaz e beneficiando de apoio parlamentar, que dimanaria de um acordo de incidência parlamentar.

Esta é a conclusão de uma reunião de vários partidos. No seguimento deste encontro, o grupo irá endereçar uma carta nesse sentido ao Presidente interino do PRS, sugerindo, ainda, a este partido a indicação de uma figura alternativa consensual.

• SIC Notícias: à pergunta do jornalista (exaltando as *performances* da Marinha portuguesa durante o «golpe de Estado» na Guiné-Bissau), respondeu o Chefe do Estado-Maior da Armada portuguesa, Almirante VIEIRA MATIAS:

A eficaz intervenção *tinha por fim obter informação;* evacuar pessoas; vigiar o acesso marítimo à Guiné para que não houvesse interferência de forças externas no conflito; ajudar a formar a mentalidade da elite militar (sobre o papel da Forças Armadas na democracia, *etc.*, *etc.*, *etc.*)[354].

325. 5 de Abril de 2001:

RDPÁf.: a RGB e a AD fizeram uma carta ao Primeiro-Ministro, nos seguintes termos:

O Dr. IMBALI é "acusado" de: falta de rigor e de visão estratégica nos cargos que já exerceu; falta de lealdade para com o ex-Primeiro-Ministro N'TCHAMA, com o intuito de se autopromover; falta de honestidade, já que aumentara o seu ordenado de Vice-Primeiro-Ministro para 2 milhões de CFA e de ter usufruído de ajudas de custo na ordem de 750 dólares por dia; traição à sua imagem suprapartidária, ao aceitar ser nomeado Primeiro-Ministro.

326. 6 de Abril de 2001:

RDP Áf.: a oposição entregou ontem à ANP uma moção de censura ao Governo.

327. 8 de Abril de 2001:

RTP Áf.: Instabilidade política na Guiné-Bissau. Houve 4 remodelações governamentais no espaço de, aproximadamente, 1 ano, desde as últimas eleições legislativas.

E o novo PM já está a ser contestado pela oposição (que está em maioria na ANP).

328. 10 de Abril de 2001:

• RTP Áf.: HELDER VAZ (do RGB): o Governo de IMBALI é um Governo que quer apoiar-se nos militares, por isso é insustentável.

---

353 Registe-se que a prática (e o próprio discurso) dos vários políticos que agora condenam essa atitude dos militares era antagonicamente diferente há bem pouco tempo (pense-se, entre vários exemplos, em alguns dirigentes de topo da UM durante o *iter* golpista que derrubou o Presidente NINO em 1999 e o que visava derrubar o Presidente KOUMBA).

354 Afigura-se-me significativa a primeiríssima parte das finalidades da operação...

AMINE SAAD diz que vai "voltar" à política activa (algum tempo após a sua demissão do cargo de Procurador-Geral da República); diz que só agora o faz para poder manter um certo intervalo entre os dois momentos; diz que vai "voltar" à política activa porque ele foi um dos autores da Mudança[355]....

• RTP Áf.: encerramento da cimeira dos chefes de Estado dos PALOP, em Luanda:

Para o Presidente angolano EDUARDO DOS SANTOS, as lições da vivência dos PALOP nos últimos anos (a última cimeira ocorreu há muitos anos) são a de que, no quadro democrático, é inadmissível o recurso à violência, muito menos como forma de acesso ao poder.

329. 19 de Abril de 2001:

RDP Áf.: tentativa falhada de golpe de Estado no Burundi. O Presidente encontrava-se no Gabão.

330. 26 de Abril de 2001:

RTP Áf.: durante a visita do Primeiro-Ministro aos quartéis do interior (Quebo, Bafatá e outros), o Embaixador de Portugal (RUSSO DIAS) declarou que há na Guiné-Bissau «demasiados militares no activo», pelo que se impõe a sua redução.

331. 27 de Abril de 2001:

RTP Áf.: a OAGB denuncia o incumprimento abusivo pelo PM do Acórdão do STJ que mandava apresentar imediatamente ao Juiz de Instrução Criminal os detidos por ocasião da "intentona" de Novembro de 2000;

O Acórdão é do dia 5 e, até à data, o MP não se dignou cumprir tal decisão;

A OAGB pressiona o STJ para este fazer cumprir o seu Acórdão;

Pela sua parte, a OAGB, pelo referido motivo, pondera a hipótese de intentar uma acção contra o MP.

332. 30 de Abril de 2001:

• RDP Áf.: na passada 6.ª Feira, em Bafatá, o PR ameaçou dissolver a ANP, se esta aprovar a moção de censura contra o Governo[356].

A ANP agendou para as 10 horas de hoje um debate sobre a estabilidade do país.

O líder da RGB (HELDER VAZ) respondeu numa entrevista à RDP África que o PR é o primeiro factor de instabilidade no país (por ter nomeado IMBALI PM, quando a oposição havia rejeitado tal nome); se o PR quiser dissolver a ANP ou o país, que o faça; pede ao PR que seja uma pessoa mais responsável; adverte para a circunstância de o partido que sairia mais prejudicado com a dissolução da ANP ser o partido do Presidente da República (o PRS); não é do interesse do país a dissolução do parlamento (apesar de ser do interesse de alguns partidos).

• RTP Áf.: em debate de urgência, hoje, na ANP, os deputados acusam o PR KOUMBA de ser o principal factor de instabilidade na Guiné-Bissau.

333. 19 de Maio de 2001:

Expresso: Presidente da República líbia: «Os dirigentes revolucionários não têm datas para expirar. Não são os produtos alimentares, que têm prazos de validade. É um grave erro comprometer a possibilidade de tais líderes através de eleições».

---

[355] Refere-se, provavelmente, à mudança no poder ocorrida com o conflito político-militar de 7 de Junho de 1998.

[356] Um ano e meses depois, dissolveria mesmo a ANP e demitiria não este Governo, mas o seguinte.

334. 22 de Maio de 2001:

• RTP (teletexto): "Guiné-Bissau – Cizânia Islâmica"! Muçulmanos da Guiné-Bissau acusaram, na "conferência nacional dos fiéis muçulmanos", em Bissau, a organização não-governamental de origem centro-sul-asiática "Al Mahdya" de incentivar a divisão religiosa entre muçulmanos; por isso, vão pedir às autoridades guineenses a expulsão desta associação do país.

• RDP Áf.[357]: na abertura da conferência ministerial árabe-africana das finanças, em Marraquexe, «o Presidente da Guiné-Bissau qualificou esta 2.ª Feira, 21 de Maio, as guerras existentes no mundo de "crime contra a humanidade" e de um "suicídio colectivo", que atinge sobretudo as crianças, como as palestinianas.

335. 12 de Junho de 2001:

RDP Áf.: o PGR RUI SANHÁ visitou detidos por causa da chamada intentona de Novembro de 2000. Declarou que a PGR já concluiu todos os processos e que, agora, depende do Juiz de Instrução Criminal mandar ou não os detidos aguardar o julgamento em liberdade.

Em resposta, o Bastonário da OAGB (ABDÚ MANÉ) diz que o PGR, com esta atitude, não cumpriu o Acórdão do STJ (que mandara libertar todos os detidos, já que haviam sido ultrapassados todos os prazos) e que a PGR é o maior perigo para o país.

336. 28 de Junho de 2001:

RDP Áf.: relatório do representante do Secretário-Geral da ONU em Bissau: a situação político-militar da Guiné-Bissau é volátil. O Porta-voz assume que estão a trabalhar (através, por exemplo, de seminários, *etc.*) para a consolidação da paz e da democracia.

A "Amnistia Internacional" considera perigosas para a democracia guineense as pressões contra os jornalistas (por exemplo, prisão de jornalistas, por criticarem o Governo). A liberdade de imprensa está, nessa perspectiva, em causa.

337. 5 de Julho de 2001:

RTP Áf.: o Presidente KOUMBA, numa reunião com funcionários do Ministério das Finanças (onde consta ter havido desvios de 15 milhões de dólares americanos[358]), deu, num tom irritado, 15 dias ao Primeiro-Ministro IMBALI para lhe apresentar um relatório sobre o caso. O repórter avança que nessa reunião, o PR ameaçou *correr* com mais de 90% dos funcionários do Ministério das Finanças.

338. 10 de Julho de 2001:

RDP Áf.: segundo dia de greve na Função Pública, declarada pela Conferência dos Sindicatos Independentes (líder, SELO CAMARÁ; porta-voz, PEDRO MENDES PEREIRA). Diz este último que a resposta do governo de que não há dinheiro para pagar os salários em atraso e/ou para suportar um aumento dos vencimentos não colhe – quando uma clique vive muito bem e a maioria vive em situações deploráveis; quando desaparecem no Tesouro, num só mês, 800 milhões de FCFA; quando 15 milhões USD são desviados nas Finanças.

339. 1 de Outubro de 2001:

• RTP Áf.: o Ministério Público entrou hoje em greve, por 7 dias. A greve é em solidariedade com a magistratura judicial (contra, portanto, a decisão do PR de exonerar alguns Juízes Conselheiros do STJ, pois violou o estatuído constitucional e legalmente).

---

[357] http://www.rdp.pt

[358] Ou (apenas) uma *afectação ilegal de verbas*, nas palavras, há dias, do Ministro das Finanças.

• RTP Áf.: no acto de *lançamento da 1.ª pedra* para a construção de prédios para os antigos combatentes[359] em N'tula, disse o PR – na sequência de anátemas lançados contra os que no passado desviaram bens que deveriam servir para melhorar a vida dos antigos combatentes da luta de libertação nacional – disse que, se necessário for, recorrerá, até, à violência para impedir, obviar a esse estado de coisas.

• RDP Áf.: "o ex-Presidente do Supremo Tribunal de Justiça", EMILIANO DOS REIS disse à RDP que foi por alguém informado de que estar-se-ia a planear pôr em risco a sua integridade física.

O Presidente da ANP cancelou a reunião extraordinária da ANP convocada pela oposição para debater a situação do país. A reunião devia ter lugar hoje.

O Bastonário da OAGB disse que sendo inconstitucionais os Decretos Presidenciais (de exoneração), a única forma de resolução do problema é a revogação de tais decretos.

340. 2 de Outubro de 2001:

RDP Áf.: em reacção ao adiamento da reunião da ANP, os partidos políticos vão reunir-se para congregarem estratégias políticas no sentido de darem resposta a "esta ameaça" do PR aos poderes constitucionais e ao Estado de direito (disse o Porta-Voz da RGB), em alusão às exonerações e nomeações no STJ.

341. 4 de Outubro de 2001:

• RTP Áf.: o Presidente da ANP diz que a não convocação da reunião extraordinária do parlamento[360] deve-se ao não preenchimento dos requisitos legais (o requerimento não foi subscrito pela maioria dos deputados – apenas 11 o fizeram). Mostrou-se esperançado numa solução do conflito que opõe juízes ao Presidente da República de forma a não pôr em causa as posições dos dois lados.

• Jornal Público[361]: "ONU receia um novo conflito na Guiné-Bissau".

De acordo com o referido jornal, o relatório do Secretário-Geral da ONU enviado ontem ao Conselho de Segurança assinala que «os dividendos tangíveis da democracia continuam a ser uma ilusão»; fala ainda o relatório de tensões institucionais, de inexperiência e falta de transparência do

---

359 Eis uma reivindicação que foi veiculada, nomeadamente, na assembleia dos *combatentes da liberdade da pátria,* realizada na Base Aérea de Bissalanca (*vide* Diário de Bissau, n.° 6, de 28.10.1996, p. 1, 3). Noticiava o DB: «Combatentes da Liberdade da Pátria exigem maior atenção ao Governo»; «Os combatentes quiseram saber das várias promessas feitas pelo Governo e que até agora estão por cumprir, nomeadamente o de arranjar terreno para a construção de um bairro para Combatentes da liberdade da pátria, escolas para seus filhos, entre outras. Exigiram um salário digno, com vista a garantir a continuidade e a sobrevivência dos seus familiares e a devolução dos subsídios a que têm direito», *mas que foram retirados.*

Ao abrir a sessão, o Presidente da República NINO (também Presidente de honra da Assembleia) referiu-se ao seu empenho, em ligação com o Governo, no sentido de concretizar determinadas medidas a favor dos combatentes da liberdade da pátria; «NINO VIEIRA apelou aos combatentes a máxima atenção e participação no processo democrático em curso no país» (*sic*).

Na ocasião, ARAFAN MANÉ, Ministro dos Combatentes da Liberdade da Pátria, falou de projectos idealizados em prol dos aludidos indivíduos, tendo abordado a questão do encargo representado por essa camada da sociedade guineense. A esse respeito, sublinhou o Ministro (o texto entre aspas pertence ao articulista do jornal citado) que «o grande número de combatentes desvinculados das FARP, e que estão em estado físico sem qualquer ocupação na área produtiva, e que mensalmente recebem as suas pensões» «constitui um grande encargo para o Governo».

360 *Cfr. supra.*

361 http://jornal.publico.pt/2001/10/04/Mundo/I25.html

Governo como «fontes adicionais de instabilidade», sublinhando que «os crescentes problemas económicos e sociais» «têm impedido a concretização dos poucos avanços democráticos nos últimos meses».

• AMINE SAAD declinou a nomeação ao cargo de Assessor Jurídico do PR, difundida esta semana. Sufraga-se o político no conflito entre o PR e juízes; na inconstitucionalidade da equiparação do cargo de Assessor Jurídico a Ministro de Estado; no tratamento ultrajante que os magistrados têm merecido do PR, o que choca com o Estado de direito.

342. 8 de Outubro de 2001:

RTP Áf.:

• Rumores de tentativa de golpe de Estado abortado com prisões de militares e civis desmentidos pelo PM.

• O líder da UNTG surgiu a dizer que estão a esboçar medidas (paralisações) e contactos de âmbito internacional (OIT e organizações dos direitos do homem), com vista a pressionar o PR (a ultrapassar o diferendo que o opõe aos magistrados – segundo o comentário do jornalista; se o PR mantiver a sua recusa em reunir-se com a *comissão de boa vontade* entretanto criada, para esse efeito, as aludidas medidas iriam para a frente). Solicita o apoio da *sociedade civil*.

343. 9 de Outubro de 2001:

RTP Áf.: o CEMGFA, após uma conferência de imprensa, na presença de oficiais superiores das Forças Armadas, declarou que não há, nem houve qualquer tentativa de golpe de Estado; apelou aos políticos para que resolvessem os seus problemas nas instâncias próprias; sustentou que este *boato* e a informação propalada por certas fontes (nomeadamente, Secretário-Geral da ONU) de que haveria problemas de natureza militar podem ter sido forjadas pelos inimigos da Guiné-Bissau e por certas forças políticas interessadas em aproveitar-se de uma certa situação.

344. 18 de Outubro de 2001:

RDP Áf.: partidos políticos da oposição (RGB, PAIGC, AD, UM) acusam o PR de empurrar o país para uma guerra civil (com a sua *fome de poder, manifestada, nomeadamente, na sua relação com o poder judicial*);

Constatam uma "intransigência", uma "radicalização" da posição do PR.

345. 22 de Outubro de 2001:

• RDP Áf.: HELDER PROENÇA (dirigente do PAIGC): hoje (com a reunião da ANP), os deputados irão "retirar formalmente a confiança política" ao PR.

HELDER VAZ (líder da RGB): a ANP irá exigir ao PR a reposição da legalidade; a confiança política já lhe tinha sido retirada pela Comissão Permanente da ANP, ao posicionar-se como se posicionara.

• RTP Áf.: o PR KOUMBA YALÁ, num comício em Quinhamel:

Deu ao Ministro do Interior uma semana para pôr "na rua" 60% do pessoal do Ministério das Finanças (incluindo o das Alfândegas), e da Direcção da Viação. De contrário, o próprio Ministro é que iria para a rua;

Disse, interpelando um "comandante" presente no comício: aos políticos que se encostem nos militares, que queiram envolver na política os militares, "tiro"! Os políticos têm o seu campo, os militares o deles.

• RTP Áf.: o Presidente do PAIGC (BENANTE): com as exonerações e nomeações no STJ, levadas a cabo pelo PR, «consumou-se um golpe de Estado constitucional». São actos sem precedentes na democracia guineense e em qualquer democracia.

APÊNDICE II

Carta, de 2.4.1687, de Veríssimo de Carvalho da Costa ao Rei de Portugal, em que era este informado que o Rei de Bissau cedera àqueloutro um terreno para Fortaleza e que mantinham relações simpáticas[1]

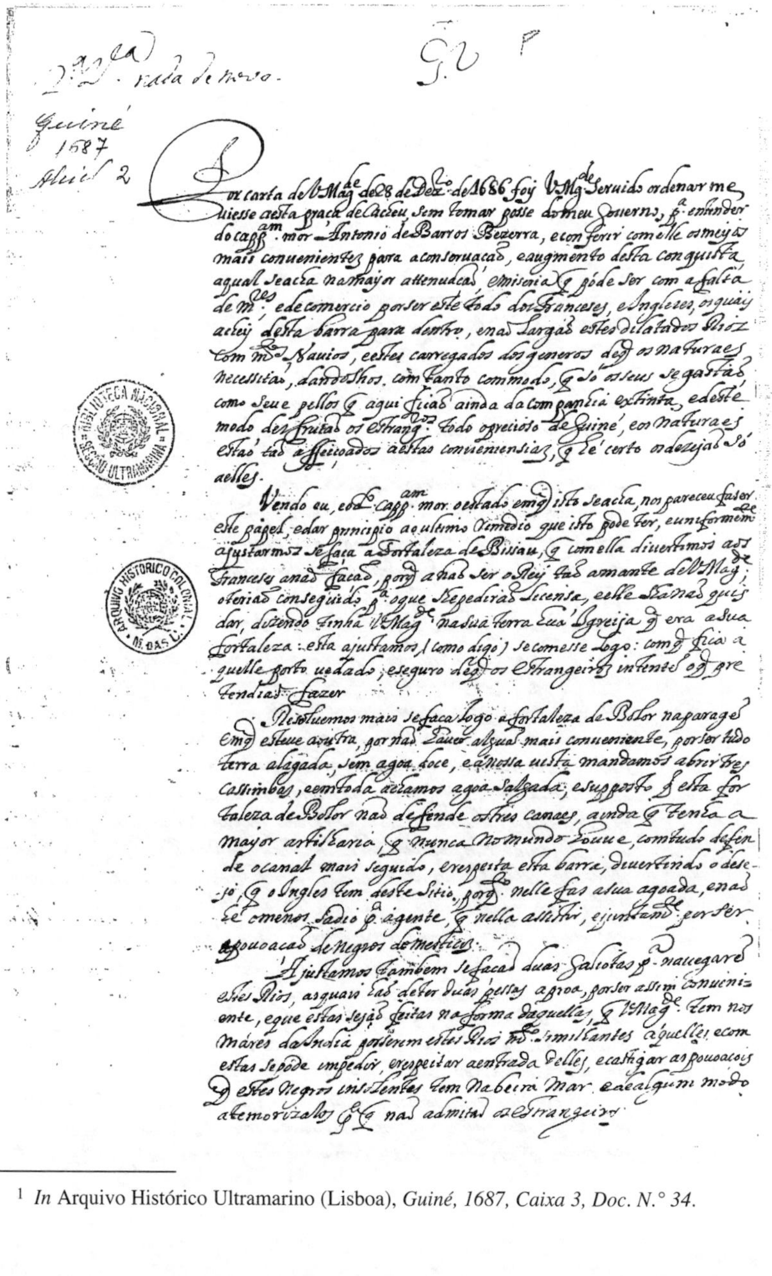

2.a via de novo.

G. V P

Guiné 1687 Abril 2

Por carta de V. Mag.de de 8 de Dez.ro de 1686 foy V. Mg.de Servido ordenar me viesse a esta praça de Cacheu sem tomar posse do meu governo, p.a entender do capp.am mor Antonio de Barros Bezerra, e com ferir com elle os meyos mais convenientes para a conservação, e augmento desta conquista a qual se acha na mayor attenuação e miseria q pode ser com a falta de m.tos e de comercio por ser este todo dos Franceses, e Ingleses, os quais acrey desta barra para dentro, e nas largas estes dilatados Rios com m.tos Navios, e estes carregados dos generos de q os naturaes necessitão, dandoshos com tanto commodo, q so os seus se gastão como se ve pellos q aqui ficão ainda da companhia extinta, e deste modo desfrutão os estrang.os todo o preciozo de Guiné, e os naturaes estão tão affeiçoados a estas conveniencias, q he certo os dezejão só a elles.

Vendo eu, e o d.o capp.am mor o estado em q isto se acha, nos pareceu fazer este papel, e dar principio ao ultimo remedio que isto pode ter, e uniformem.te ajustarmos se faça a Fortaleza de Bissau, q com ella divertimos aos Franceses a não facão, porq a não ser o Rey tão amante de V. Mag.de o terião conseguido p.a o que Repedirão licensa, e elle lha não quis dar, dizendo tinha V. Mag.de na sua terra sua Igreija q era a sua fortaleza: esta ajustamos (como digo) se comesse logo: com q fica aquelle porto vedado, e seguro do q os estrangeiros intentão, e pretendião fazer

Resolvemos mais se faca logo a fortaleza de Bolor na paragem em q esteve a outra, por não haver alguã mais conveniente, por ser tudo terra alagada, sem agoa doce, e nessa vista mandamos abrir tres cassimbas, e em toda achamos agoa salgada; e supposto q esta fortaleza de Bolor não defende os tres canaes, ainda q tenha a mayor artilharia q nunca no mundo houve, com tudo defende o canal mais seguido, e respeita esta barra, divertindo o desejo q o Ingles tem deste sitio, porq nelle fas a sua agoada, e não he o menos sadio p.a a gente, q nella assistir, e juntamente por ser povoação de negros domesticos.

Ajustamos tambem se fação duas galiotas p.a navegarem estes Rios, as quais hão de ter duas pessas a proa, por ser assim conveniente, e que estas sejão feitas na forma daquellas q V. Mag.de tem nos mares da India por serem estes Rios m.to similhantes aquelles, e com estas se pode impedir, e respeitar a entrada delles, e castigar as povoaçois destes negros insolentes tem na beira mar, e de algum modo atemorizallos p.a q não admitão os estrangeiros

---

[1] *In* Arquivo Histórico Ultramarino (Lisboa), *Guiné, 1687, Caixa 3, Doc. N.° 34.*

2

Como nestes R.os nao ha carpinteiros q saibao obrar esta casta de embarca
çois, nos pareceu faser eleicao do Piloto da Nau Milagres q aqui achamos
por nome Joao Gomes, por ter visto estas embarcacoens, no qual conheci
grande vontade de se ficar exercitando neste Serv.o de V. Mag.de q tem em
b.o de que nao he carpinteiro, tem m.ta experiensia, e ninguem milhor
q elle ha de obrar isto; e de outro modo seria necess.o virem officiaes desse
Rn.o p.a se conseguir esta obra: este home tenho mandado a Bissau com ou
tro m.or nestes R.os por nome Fran.co Telles em compania dos p.es missionarios
com o mimo q V. Mag.de foy servido mandar aquelle Rey, e do q com elle
passarem darey conta a V. Mg.de

Pareceunos dizer a V. Mag.de q o mais unico, e ultimo remedio q isto pode ter
junto ao que se fica obrando, he conquistarense estas terras, o q se podera faser
com 600 homens, q com os brancos, e pretos dizem se poderao ajuntar nesta
praca e suas annexas dusentos, e nas Ilhas de Santhiago alguns, e nas
dos Assores m.tos q em caravellas se podem condusir aqui, despejando
as cadeyas desse Rn.o p.a esta conquista, porq ainda q sejao homens
de grandes crimes, se lhe nao pode dar maior castigo, pello nocivo da terra
e asperidade della: esta gente ha mister alguns homens soldados p.a
cabos, e de boa resulucao: e so nesta forma q temos dito, podera haver
Christandade, e grandes utelidades a real coroa de V. Mag.de

O modo de se sustentar esta conquista (sendo V. Mag.de servido a laja)
o deve V. Mag.de mandar considerar, como tambem o dispendio q esta praca
fas, e os q hao de faser as fortallezas q V. Mag.de manda obrar, porq o dr.o
q o feitor dis q tem poderao ser quinze, ou desasseis mil cruzados
os quais com brevidade se dispenderao na paga da Infantaria, e principio
das fortificaçois, e em q.to estas nao estiverem levantadas, nao deixarao
os estrangeiros de entrar, por nao terem quem lho empida; e sobre es
te particular nos pareceu dizer a V. Mag.de q se elles hao de entrar
neste meyo tempo sem utelidade, ao menos deixem alguã nesta
Alfandega, pagando nella os direitos, q se athe gora ao menos o tive
cem feito, visto entrarem como em sua casa, haveria nesta da Alfan
dega m.to dr.o; esta faculdade, e licensa (sendo V. Mag.de servido) a podera
conceder por algũ tempo, com condicao q no q se se determinar
ajustem suas contas, p.a q nao tenhao a occaziao de dizer q vem
a cobrar as suas dividas, como ja o fizerao no tempo em q o Capp.am
mor Ant.o de Barros Bezerra veyo a esta praca.

Com esta remetemos a V. Mg.de hu termo actuado o q se ajustou
entre mim, e o Capp.am mor Antonio de Barros Bezerra, a cujo cargo
fica tudo p.a o mandar obrar com aquella promptidao, q V. Mag.de

ordena por carta sua de 20 de Dez.ro, e ao meu nam lhe faltar em o ajudar, e socorrer com tudo o q me pedir assim como V. Mag.de o ordena por carta de 23 de g.ro: este termo vay assignado por ambos, e pellos officiaes da fazenda de V. Mag.de desta praça de Cacheu, os quais assistiram ao fazer delle.

Quando V. Mag.de seja servido q eu Verissimo de Carvalho da Costa va pessoalm.te dar conta a V. Mag.de de tudo o q nesta conquista vi, (porq com a minha presensa poderey milhor informar a V. Mag.de) o farey logo, e achando V. Mag.de q tenho prestimo p.a o servir, tornarey a voltar a esta praça de Cacheu p.a nella obrar aquillo q V. Mag.de ordenar, e nesta absensia q eu fizer (q.do V. Mag.de assim o permita) deixarey o governo pollitico á Camera daquella Ilha, e ao Sarg.to Mayor Antonio da Fonseca Pinto, o qual athe o prezente se tem portado com grande cuidado, e disvelo no servi.ço de V. Mag.de

Nesta mesma carta dou conta a V. Mag.de de como tenho mandado a Bissau que dista desta praça 30 legoas a falar com el Rey, e hoje que se contam dous de abril chegou a resposta delle, a qual com esta remeto a V. Mag.de como tambem a q lhe escrevi, e me consta pella sua carta, e pellas pessoas q la mandey os alvorossos com q elle, e os seus fidalgos, e povo receberam a lembransa q V. Mag.de tem delle, e a alegria com q tambem receberam ao p.e Fr. Fransisco de Pinel, e mais religiozos missionarios, e o vestido, e mais couzas q V. Mag.de foy servido se lhe mandasse; elle me deu logo o milhor sitio q aquella Ilha tem p.a se fazer a fortaleza, e desta praça me nam vou athe nam despedir o que he necessario p.a o principio della, porq como os negossios q o ocapp.am mor tem sam m.tos quero eu ver se em p.te (ainda q me detenha mais alguns dias) o posso ajudar.

El Rey me enviou o seu general, e seu F.o e alguns fidalgos e lhe fis aquelle agazalho q entendi era necess.o p.a os contentar, e agora os remeto q assim mo pede el Rey, como tambem as pessoas q vão dar principio aquella obra, e dua,

pessas de artilharia, e seis soldados, em q̃ ṽao outras q̃ sao as q̃
bastão para tomar posse do Lugar determinado p.ª a tal fortificaçaõ
p.ª a qual nomeamos Manoel Telles de Auelar, homẽ honrado,
e pessoa de satisfaçaõ, q̃ em o estado do Brasil, e Rn.º de Angola
tem seruido a V. Mag.de espero em Deos faça elle por merecer
a V. Mag.de neste seu seru.º m.to Este Rey manda a V. Mag.de
hum negro, e hua negra com seu filhinho, todos uaõ, q̃ bem sey
hauera Gouernadores menos escrupulosos, e eu estimo m.to a sua
dita de se tirarẽ da gentilidade, e irẽ ser escrauos de hum
taõ religiozo, e catolico Rey como V. Mag.de q̃ Deos g.de m.tos
annos como todos hauemos mister. Cacheu 2 de abril
de 1685.

[illegible] [illegible]

APÊNDICE III

Carta, de 26.4.1694, do Rei de Bissau Bacampolo Có ao Rei de Portugal D. Pedro II, na qual manifesta a sua amizade dizendo que enviava o seu filho primogénito com informações sobre Bissau. Fala ainda da necessidade urgente de ser reconstruída a Fortaleza e de serem enviadas munições para evitar a entrada de estrangeiros e a sua crescente influência em Bissau[1]

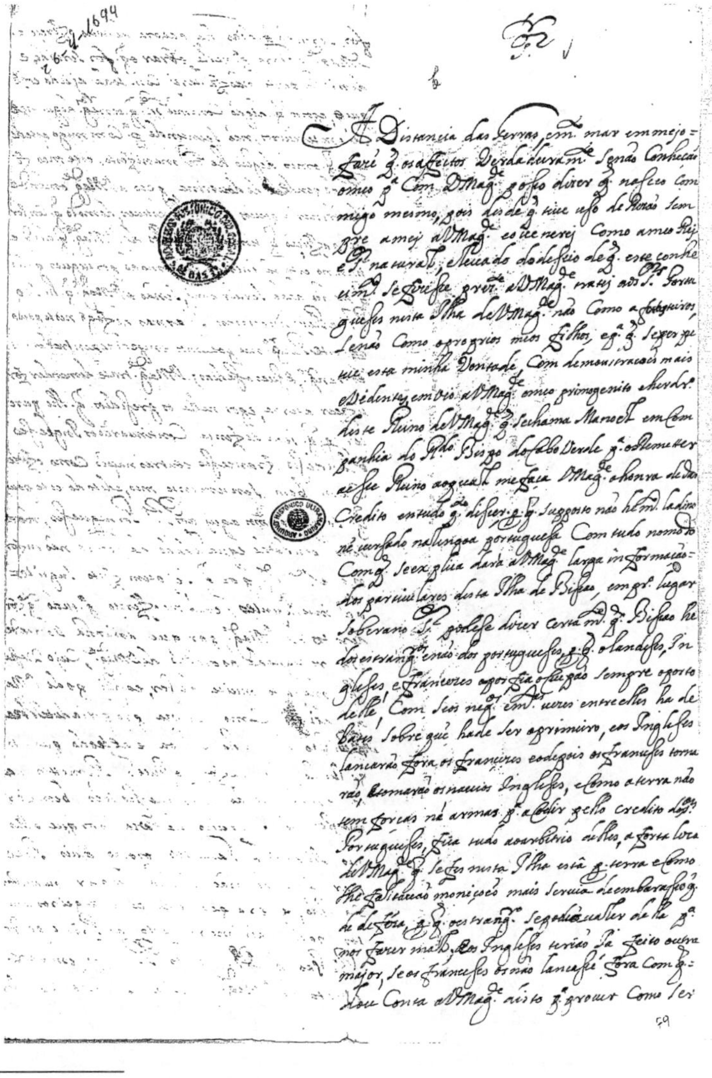

[1] *In* Arquivo Histórico Ultramarino (Lisboa), *Guiné, 1694, Caixa 3, Doc. N.° 89.*

for servido q. dias ha e agora de novo offereço a
V. Mag.de a terra p.a nella obrar o q. for servido, e
da minha parte não faltarej com toda ajuda e cõse-
guio, e posto q. digão com mu.ta m.te q. o rreg.or de gui né
sai em recursos, não sentindo p.a com migo o credi-
to q. como defeito he m.to manifesto, este meo filho dependendo de doutrina, peço a V. Mag.de o mande
doutrinar os poucos dias q. lá estiver, de modo q. confer-
me a cristiano q. com os vassallos de V. Mag.de q. dis de
menino esta tã inclinado do modo portugues q. dis
q. me não hade servir a mj, senão a V. Mag.de q. he seo
S.r e Rej; nós estamos sẽ armas de fogo neste posto
e p.a este Reino não podemos impedir as entradas aos
estrang.ros, e suas ousadias; V. Mag.de trate de mandar for-
tificar a terra, e por nella os presidios q. lhe parecer p.a q. sem defensa continuarão os Ingleses
Olandeses Franceses e outras nações como o fizerão
com bem sentimento meo, e de todo este povo
q. só queremos aquj aos S.res Portugueses, do
sitio bondade e qualidade da terra não infor-
mo a V. Mag.de por q. seja o tem feito sugeitos
bẽ intelegentes, e não me offereço p.a tudo o q. for
de gosto de V. Mag.de por que a minha vontade
está resignada as ordens de V. Mag.de, cujo vassallo me jacto muito de ser, e assi pode V. Ma-
g.de dispor como cousa propria da [illegible]
[illegible]sição de minha pessoa e de estado quanto
possuo, não me foj possivel remetter na
embarcação huns mossetões bem per-
mostos p.a o serviço de V. Mag.de porque o Mestre Manoel Tavares o rendo quis receber dizendo não tinha lugar na embarcação, q. era pequena e os passageiros muitos, no de mais me remetto ao Principe de
Bissao q. D.s noss.o S.r [illegible] em paz,
a vista de V. Mag.de cuja pessoa confor

[illegible]

Serue nosso S.r g.de com felicidades sa-
ude em.tos aumentos Bissao 26 de Abril de 1
694.

Humilde subdito e vassallo de V. Mag.de
Rey de Bissao
Bacampolco

APÊNDICE IV

Contrato de compra e venda, de 2.1.1697, nos termos do qual o Rei de Bissau Incinha Té vendia ao Rei de Portugal o terreno para a Fortaleza da Ilha de Bissau[1]

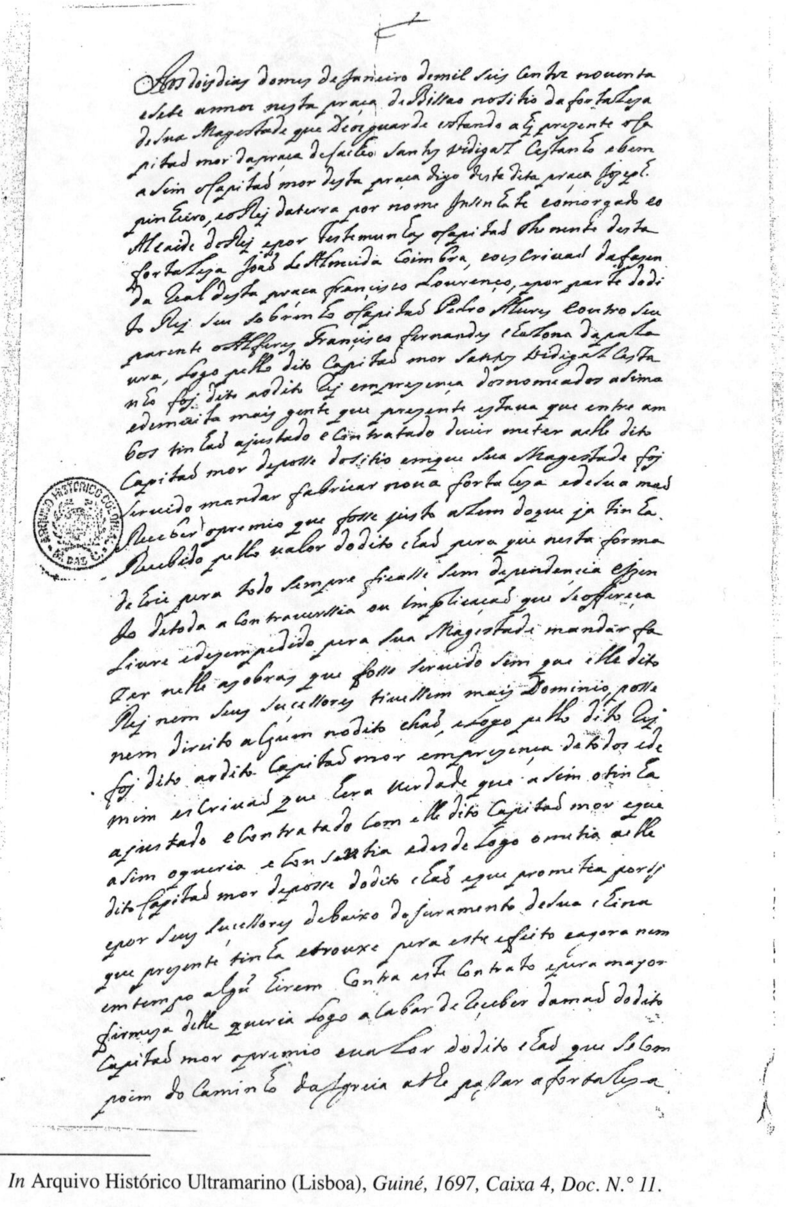
Aos dois dias do mes de Janeiro de mil seis centos e noventa
e sete annos nesta praça de Bissao no sitio da fortaleza
de Sua Magestade que Deos guarde estando aly prezente o Capitão mor da praça de Cacheo Santos Vidigal Castanho e bem
assim o Capitão mor desta praça digo desta dita praça Joseph
Pinheiro, e o Rey da terra por nome Insinhate e o morgado e o
Alcaide do Rey e por testemunhas o Capitão Thenente desta
fortaleza João de Almeida Coimbra, e o escrivão da fazenda Real desta praça Francisco Lourenço, e por parte do dito Rey seu sobrinho o Capitão Pedro Alvares Coutro seu
parente o Alferes Francisco Fernandes e Antonio da palha-
ura, logo pello dito Capitão mor Santos Vidigal Castanho foi dito ao dito Rey em prezença dos nomeados acima
e de muita mais gente que prezente estava que entre ambos tinhão ajustado e contratado de vir meter a elle dito
Capitão mor de posse do sitio em que Sua Magestade foi
servido mandar fabricar nova fortaleza e de sua mão
receber o premio que fosse justo alem do que ja tinha
recebido pello valor do dito chão pera que nesta forma
de hoje pera todo sempre ficasse sem dependencia e isento de toda a controversia ou implicação que se offereça
livre e desempedido pera Sua Magestade mandar fazer nelle as obras que fosse servido sem que elle dito
Rey nem seus sucessores tivessem mais dominio posse
nem direito algum no dito chão, e logo pello dito Rey
foi dito ao dito Capitão mor em prezença de todos e de
mim escrivão que era verdade que assim o tinha
ajustado e contratado com elle dito Capitão mor e que
assim o queria e consentia e desde logo o metia a elle
dito Capitão mor de posse do dito chão e que prometia por si
e por seus sucessores debaixo do juramento de sua [illegible]
que prezente tinha e trouxe pera este effeito e agora nem
em tempo algum virem contra este contrato e pera mayor
firmeza delle queria logo acabar de receber da mão do dito
Capitão mor o premio e valor do dito chão que se com-
poem do caminho da Igreja athe passar a fortaleza.

---

[1] *In* Arquivo Histórico Ultramarino (Lisboa), *Guiné, 1697, Caixa 4, Doc. N.° 11.*

A fortaleza nella, e logo o dito Capitão mor fez en
trega ao dito Rej de trezentas barafulas em bebida
e Roupa alem que asim esta quantia Como aque ja
por varias vezes o dito Capitão mor tem dado ao dito
Rej, fidalgos, e mais gentios em ordem de os e legar a este
ajuste e Contrato e de senão perder o muito que Sua
Magestade tem gasto em principiar a dita fortaleza
e Com o que asim mais gastou Com noventa e duas
pessoas que trouxe em Sua Companhia de Socorro pa
ra esta praça por ordem que tem de Sua Magestade
para o dar [illegible] nella fazer estas Composições e ajus
tes, fez de gasto de tudo duas mil Cento e sincoenta
e dues barafulas que todas dispendio a prezença de mim
escrivão de que dou fé por dizendo ter feito Rois e pa
ssado Certidois Como mais Larga mente dellas Constarã
e Certifico ter o dito Capitão mor Santos Vidigal Casta
nho feito toda esta despeza Compra, e mais gastos
a Custa de Sua fazenda Sem que da fazenda Real
tenha Recebido Cousa alguã e havendo o dito Rej asim
Recebido da mão do dito Capitão mor Santos Vidi
gal Castanho a dita quantia pello dito Capitão
mor lhe foj logo dito ao dito Rej mandava fazer
papel por donde Constasse a todo o tempo a venda
que elle dito Rej lhe fez do dito chão e que lhe desse as pe
ssoas que havião de asignar, e pello dito Rej lhe foj res
pondido nomeava Seu Sobrinho o Capitão Pedro Alvres
e Seu parente o Alferes Francisco Fernandes Interprete
deste ajuste e de tudo mandou o dito Capitão mor Santos
Vidigal Castanho a mim escrivão fazer este pa
pel de venda, Contrato, e Compra que fez ao dito
Rej para se Registar no Livro dos Registos desta Al
fandega em que asignarão os ditos asima nomeados
e eu escrivão da fazenda Real desta praça Comigo o Ca
pitão Joseph L. Correa desta escrivão da fazenda
Real e do judicial e notas da praça de Cacheo que
o escrevi // Joseph L. Corre de Sa // Francisco Lourenço //

Lourenço // João de Almeida Coimbra // Pedro Alvres // Francisco Fernandes // Fica Registado
no livro dos Registos desta Alfandega a folhas
dezaseis verso por mim Francisco Lourenço
escrivão da fazenda Real em Bissau aos quatro de Janeiro de mil seis centos noventa e sete
Francisco Lourenço // e não dizia mais o dito trez-
lado que eu Joseph Correa de Saa escrivão da fazenda Real
e tabelião e mais escrivão do judicial aqui mandei tres-
ladar bem e fielmente e na verdade da propia a que me
reporto em todo e por todo e a mesma conferi e no sua cousa
nella que duvida faça e sobscrevi e assinei de meus
sinais publicos e razos que são os que abaixo se seguem em
dito dia e era ut supra

Em rez testemunho   de verdade

Comferta e Comferida
por mim e am

Joseph Correa de Saa

APÊNDICE V

Carta, de 24.4.1697, do Capitão-Mor de Cacheu ao Rei de Portugal, em que, designadamente, informava ter prestado socorro ao Capitão-Mor de Bissau no conflito que o opunha aos Pepeis e criticava as condições da Fortaleza de Bissau[1]

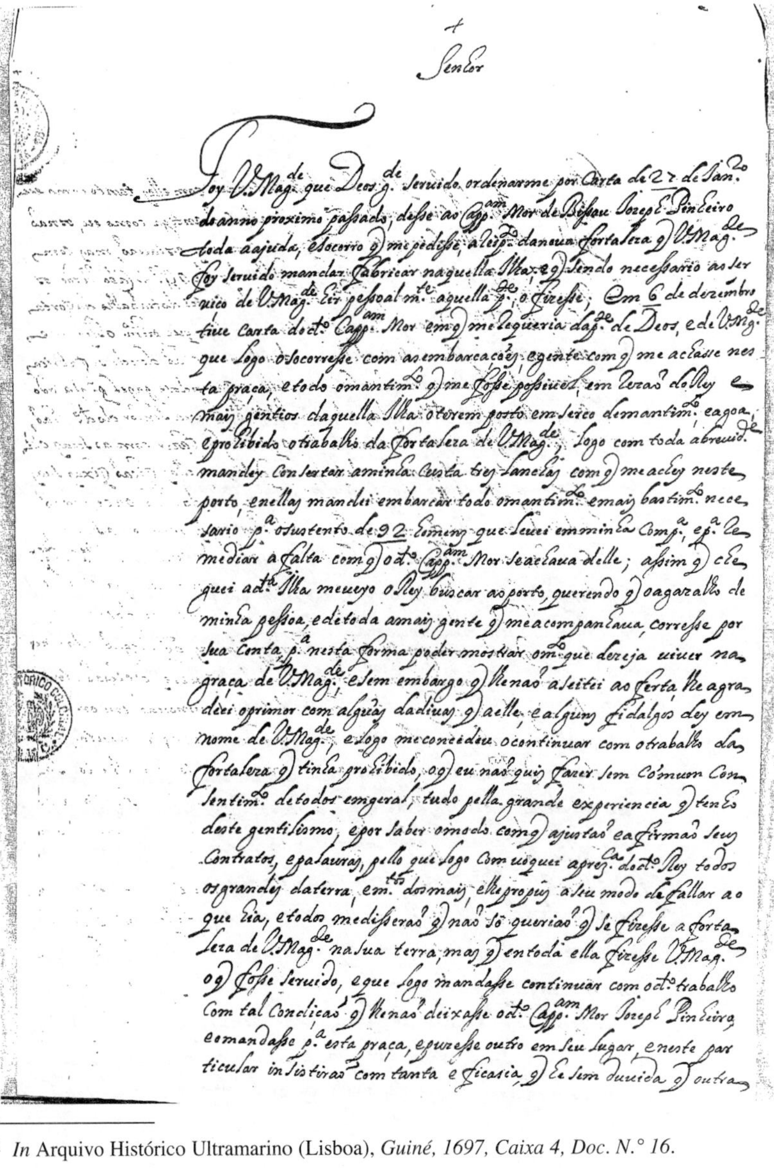
Senhor
Foy V. Mag.de que Deos g.de servido ordenarme por Carta de 27 de Jan.ro
do anno proximo passado, desse ao Capp.am Mor de Bissau Joseph Pinheiro
toda a ajuda, e socorro q' me pedisse, a leição da nova fortaleza q' V. Mag.de
foy servido mandar fabricar naquella Ilha; e q' sendo necessario as ser
vico de V. Mag.de em pessoal m.te aquella q.de o fizesse; Em 6 de dezembro
tive Carta do d.to Capp.am Mor em q' me pedia da p.te de Deos, e de V. Mag.de
que logo o socorresse com as embarcaçoes, e gente com q' me achasse nes
ta praça, e todo o mantim.to q' me fosse possivel, em rezão do Rey e
mais gentios daquella Ilha o terem posto em serco de mantim.to e agoa,
e prohibido o trabalho da fortaleza de V. Mag.de; logo com toda a brevid.de
mandey consertar a minha Lancha, e tres lanchas com q' me achey neste
porto, e nellas mandei embarcar todo o mantim.to e mais bastim.to nece
sario p.a o sustento de 92 homens que levei em minha Comp.a e p.a re
mediar a falta com q' o d.to Capp.am Mor se achava delle; e assim q' che
guei a d.ta Ilha me veyo o Rey buscar ao porto, querendo q' o agazalho de
minha pessoa, e de toda a mais gente q' me acompanhava, corresse por
sua Conta p.a nesta forma poder mostrar o m.to que dezeja viver na
graça de V. Mag.de e sem embargo q' lhe não aseitei a oferta lhe agra
deci o primor com alguas dadivas q' a elle, e alguns fidalgos dey em
nome de V. Mag.de e logo me concedeu o continuar com o trabalho da
fortaleza q' tinha prohibido, o q' eu não quis fazer sem Comum Con
sentim.to de todos em geral, tudo pella grande experiencia q' tenho
deste gentilismo, e por saber o modo com q' ajustão e firmão seus
Contratos, e palavras, pello que logo Convoquei a prez.ca do d.to Rey todos
os grandes da terra, em. t.to dos mais, elle propôs a seu modo de fallar ao
que hia, e todos me disserão q' não só querião q' se fizesse a forta
leza de V. Mag.de na sua terra, mas q' em toda ella fizesse V. Mag.de
o q' fosse servido, e que logo mandasse continuar com o d.to trabalho
Com tal Condição q' lhe não deixasse o d.to Capp.am Mor Joseph Pinheiro
e o mandasse p.a esta praça, e puzesse outro em seu lugar, e neste par
ticular insistirão com tanta efficacia q' he sem duvida q' outra

[1] *In* Arquivo Histórico Ultramarino (Lisboa), *Guiné, 1697, Caixa 4, Doc. N.° 16.*

Outra qual quer pessoa q. se naõ soubesse entender com elles tanto como eu, Rey, e com elles naõ tivera conhecim.to e amizade taõ antiga como eu, os naõ pudera dissuadir do intento em q. taõ contumazes estavaõ, mas com tudo os socequei e venci com a palavra q. lhes dey de o G.or de Cabo Verde os remediar. Vencida esta prim.ra dificuldade tratei do trabalho da Fortaleza, dizendolhes q. com ella naõ continuava sem que prim.ro o Rey me viesse meter de posse do sitio della vendendome o chaõ donde se fabrica, e tomando da minha maõ o dinheiro delle, e fazendose papel p.a q. a todo tempo constasse a d.ta venda, e de como V. Mag.de ficava senhor do d.to chaõ, e elles sem posse, nem dominio nelle, o que lhes fis fazer com as suas cinas presentes, p.a segurança de tudo, porq. só com ellas ficaõ fixas suas palavras, e dandolhe da minha fazenda o valor do chaõ, o aceitaraõ, e de tudo mandei fazer papel que o d.to Rey por sy mandou asignar, e eu registar no livro dos registos, cujo treslado com esta a V. Mag.de remeto p.a que a V. Mag.de lhe conste a segurança com q. neste particular tenho obrado, advertindo a V. Mag.de que sem embargo da pouca constancia q. todo este gentio tem nas suas palavras, as q. chegaõ a dar nesta forma nunqua a quebraõ, e porq. todas as vezes q. chegaõ a tomar dinh.ro pella cousa q. vendem em nenhũ tempo o innovaõ em ordem a adquirir direito nella, e isto mesmo se vê e se expirimenta nas terras q. m.tos compraõ p.a lavrarem, pareceume ser necessario saberse esta sircunstancia, por cuja causa a advirto. A satisfação que me deraõ de terem prohibido a Joseph Pinheiro continuar com a obra foy porq. o d.to Capp.am Mor lhe naõ pedio o sitio, nem faculdade p.a fazer a d.ta Fortaleza, nem dado dadiva alguã, nem feito a saber as ordens de V. Mag.de, e que os agravos que delle tinhaõ eraõ m.tos, e entre elles o ter vindo aquelle porto huã lancha Inglesa a comprar alguãs vacas, e querendo elles vendellas p.a remediarem a necessidade q. tinhaõ de ferro, o naõ consentio querendo lhas vendessem a elle pello preço da terra, e elle as vender aos Inglezes pello preço avantejado, e que tendolhe fugido dois negros, aviara huãs

Barca de hum morador, a qual mandou com o Ajudante do prezidio, e alguns soldados fazer amarração nos negros vezinhos seus parentes, e ex-
tando os fugidos em diferentes p.es, em cuja função morreo o Ajud.e
e dois soldados, ficando os mais captivos, e a lancha a pique, e q indo
o Bispo a resgatar os captivos, lhes aconselhara a elles lhe fossem atalhar,
o que com effeito fizerão, e conhecendo o seu erro se forão outro dia
botar aos pés do Bispo pedindolhe perdão. E que morrendo huns
seus parentes Christãos deixando filhos o dito Capp.am Mor fizera in-
ventario metendo tudo em sy sem q nada apparecesse. E que
tendose posto o fogo ao Convento donde assistia o Bispo lhes imputa-
va este Crime p.a os malquistar com V. Mag.de, estas e outras queixas
são as q dis o dito Rey tem do Capp.am Mor, e as faço a V. Mag.de prezentes
pello Rey assim mo encarregar, pedindome em publico lhe dece a mão
de lhe não faltar, a certeza destas couzas a não sey porque as não averi-
guei, e só me consta do q passou dos inventarios porque com grande
trabalho compus, e socegueí a todos sem prejuizo de terceiro. Na
ocazião que o Capp.am Mor me mandou chamar me deprecou o Bispo
fosse devassar aquella Ilha do Incendio assima dito, sem embargo
de que o Capp.am Mor, e elle o tinhão ja feito. A requerim.to do mesmo
Capp.am Mor tirei devassa cuja remeto ao G.or nesta ocazião p.a a
fazer prez.te a V. Mag.de. A fazenda de V. Mag.de em d.ta Ilha
achei bem mal governada, e foi necessario q o Capp.am Mor me de-
precasse a requerim.to do feitor, p.a que lhe fizesse livros porq te aquele tempo tudo sem elles se obrava, e achando q o feitor tinha
recebido do Caixa da Comp.a dois contos e sesenta mil reis, sem
delles ter feito receita a fis fazer logo, e della passar conhecim.to
em forma ao Caixa. Ordenei livro de soldados e do das
ferias dos trabalhadores, e como não tive tempo p.a mais ficarão as mais despezas confuzas, e me persuado q com a mesma
confuzão serão feitas as mais q se seguirem, sem embargo q
lhe mandei desta os Regimentos de V. Mag.de p.a melhor saber em ca

ct /

Encaminhar. ... A fortaleza he de piquena capacid.de feita de pedra, e terra, e só a face coura de hum palmo com Cal de Ostra, dizem os q o entendem que promete pouca duração, e pouca defença e se vay fazendo por ditames do d.to Capp.am Mor por auer morrido o emgenheiro sem lhe ter dado principio. ... E sera necessario mandar V. Mag.de socorrer o d.to Capp.am Mor de soldados porq lhe tem fugido a mayor p.te delles, e ainda alguns officiaes, e como a terra não tem moradores q o possão ajudar, e alguns q costumavão tomar naquelle porto hoje o não fazem, de tudo necessita a Real pessoa de V. Mg.de q Deos como seus vassallos lhe desejão e hão mister Cacheu 24 de março de 1697.

Humilde Vassallo de V. Mg.de

[illegible]

APÊNDICE VI

Proposta, de 2.7.1906, do Governador da Guiné relativa à Organização Administrativa e Militar dos Territórios que compõem a Guiné Portuguesa[1]

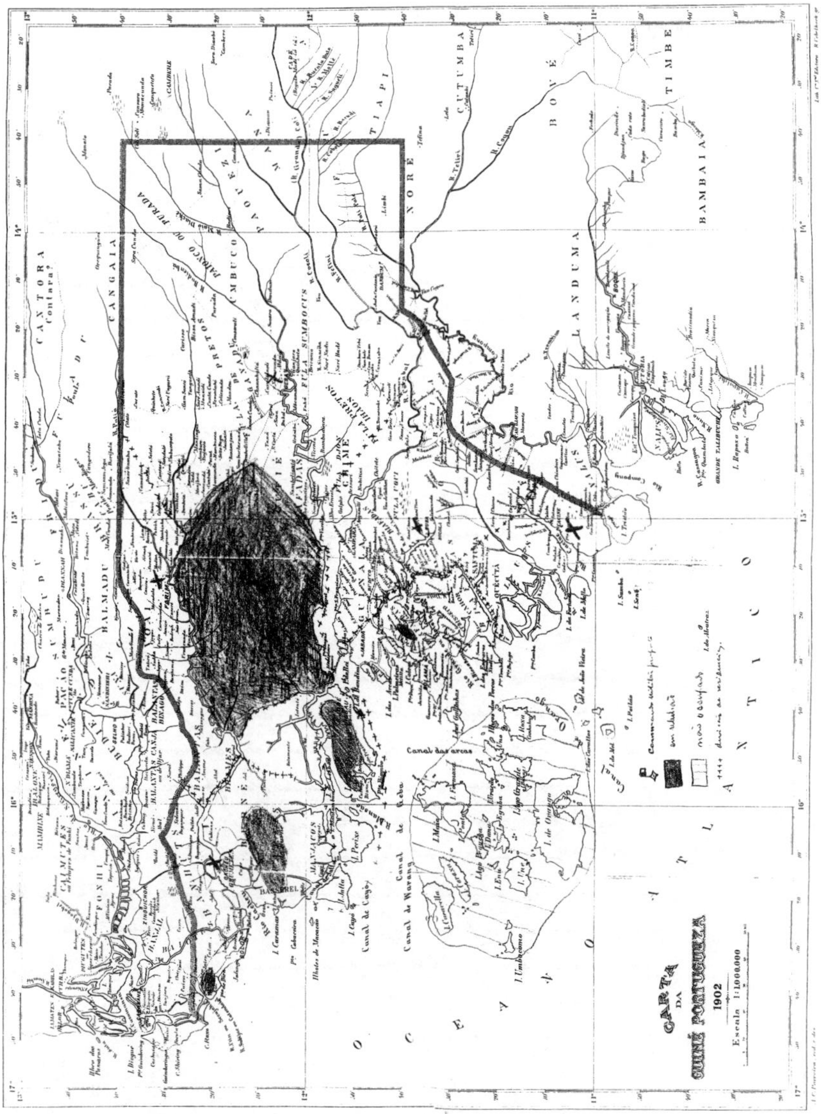

---

1 *In* Arquivo Histórico Ultramarino (Lisboa), *Guiné, 1906/1908, Pasta 2 (426).*

SECRETARIA D'ESTADO
dos Negocios
da Marinha e Ultramar

Direcção Geral do Ultramar

..........Repartição

..........Secção

N.º ....

2.ª Secção
12-7-906

Ill.mo Ex.mo Sr.

A administração civil dos territorios que compõem a Guiné Portugueza, excepção feita da sede do governo, tem até hoje estado confiada a funccionarios militares que com o serviço exclusivamente da sua especialidade accumulam, além das funcções administrativas, mais alguns cargos de caracter civil tães como juizes carreiconaes, chefes de estação postal, delegados da alfandega e capitania dos portos e ainda por vezes o empregados da fazenda. É d'isso consequencia inevitavel que todas estas funcções tem de ser exercidas com prejuizo muitas.

De certo os inconvenientes d'este estado de cousas teem sido ponderados pelos meus antecessores, mas creio, que por falta digo por difficuldades financeiras aggravadas ainda pelo estado de revolta latente em que durante bastante tempo se manteve a maior parte da provincia, até hoje ainda lhes não foi dado remedio.

As circumstancias são porem hoje differentes, e se ellas ainda não foram de um accentuado desafogo financeiro, nota-se comtudo um lisongeiro augmento nas suas receitas geraes, e quanto á tranquilidade pode dizer-se que está relativamente assegurada, excepto na região do alto Geba e Cacheu onde é completa a rebelião

Algumas pequenas alterações de ordem que ainda por vezes se dão em alguns outros pontos da provincia serão facilmente evitadas na sua maior parte, se as authoridades administrativas, estando mais desafogadas dos multiplos afazeres que sobre ellas hoje pesam, se occuparem a serio dos interesses e necessidades dos indigenas.

Julgo pois a Provincia em condições de ser dotada com uma administração de caracter mais accentuadamente civil e por isso tenho a honra de propor que os actuaes "Commandos militares" de Bissasma Geba Cacheu Farim Buba e Cacine passem a constituir seis "Residencias" e que seja creado o Commando militar do Mansoa em quanto este territorio talvez o mais rico e mais povoado da Provincia se não achar completamente submettido. Dominado elle por completo, seria então annexado ás Residencias de Geba, Farim Bissau e Cacheu que o circumdam.

Na carta poderá V.Ex.ª ver qual o ponto escolhido para sede do Commando, que situado no centro da região revoltada, tem por meio do rio Mansoa communicações faceis com todos os pontos importantes da Provincia.

O augmento de despeza resultante d'esta nova organisação administrativa fica em grande parte com-

-pensado se fôr auctorisada a modificação da actual organisação militar que não menos peca por defeituosa.

Pelo orçamento actualmente em vigor encontra-se a provincia dotada com as seguintes forças:

a) um estado maior de 21 officiaes

b) uma companhia mixta de artilheria de montanha e infanteria

c) Um esquadrão de dragões.

Alterações propostas.

1.° Nos orçamentos anteriores ao actual figurava como exercendo as funcções de Chefe de Estado Maior um capitão do exercito do Reino; no actual figura porem um major do exercito do Reino. Considerando quanto são pequenos os recursos da provincia e quão diminuta é a força, proponho para que o referido cargo seja exercido como d'antes por um Capitão do exercito do reino.

2.° A companhia mixta é constituida por soldados brancos e pretos quasi todos de pessima proveniencia e o seu effectivo nunca é mantido, de maneira que quando é indispensavel uma demonstração de força em qualquer ponto da provincia, o mais que se tem conseguido é um bando de…

reorganisado de um maximo de 80 praças e isto á custa do desguarnecimento completo da maior parte dos destacamentos dos commandos.-

O esquadrão de dragões dispõe apenas de um quadro incompleto de officiaes e sargentos e a sua suppressão já tem sido proposta. De facto nas regiões onde elle poderia prestar serviço, não ha necessidade de operações militares e na região ainda insubmissa e que é toda recortada por canaes e rios. teem estas de ser realisadas por forças de infanteria combinadas com a força naval. Pelas razões expostas e em resumo. tenho a honra de submetter á apreciação de V. Ex.ª as seguintes propostas:

1º Que o cargo de chefe de Estado Maior seja exercido por um capitão do exercito do reino

2º Que a actual companhia mixta seja substituida por 2 secções de artilheria e uma companhia de atiradores indigenas.-

3º Que seja supprimido o esquadrão de dragões.

SECRETARIA D'ESTADO
dos Negocios
da Marinha e Ultramar

Direcção Geral do Ultramar

..............Repartição

..............Secção

N.º ....

Proposta 1.ª

Organisação administrativa

Policia de Bolama. Bolama, capital da Provincia e sede do Governo constitue pela actual organisação administrativa da Provincia, tambem a sede do unico Conselho nos termos do Codigo administrativo em vigor. Sendo a capital uma povoação habitada por uma colonia civilisada e relativamente importante succede que os serviços de policia estão ali exercidos por praças do exercito a maioria das quaes deportados por incorrigiveis ou alistados como vadios. É indispensavel por tanto a organisação de uma força policial de caracter regular.

Calculo que 20 guardas escolhidos entre as praças europeas das actuaes unidades e bem comportados serão sufficientes sob a direcção de 2 sargentos e tendo por chefe o Administrador do Concelho.

O cargo de chefe da policia e administrador do Concelho pode perfeitamente ser exercido pelo ajudante do Governador ou por um dos officiaes do quartel general que ficaria para effeito de vencimentos equiparado a qualquer dos Residentes, sendo portanto incluido na

presente proposta a verba necessario para lhe perfazer
esse vencimento, na hypothese de ser um tenente dos qua
dros do Ultramar o administrador do Concelho.

Os vencimentos dos sargentos foram arbitrados
em 36.000 reis mensaes o que julgo sufficientemente
remunerador.

Para os guardas julgo tambem remunerador o vencimento de 15.000 reis mensaes.

Estes vencimentos devem ter o caracter de pret livres de
impostos, e devem constituir vencimentos unicos sem
direito a quaesquer outros abonos que normalmente tenham as praças do exercito de egual cathegoria.

Quando no hospital e na situação de presos para Conse
lho de Guerra poderiam soffrer os descontos que estão
estabelecidos para as praças d'armada de egual Cathegoria

O abono para fardamento diario deixaria de existir
fardando-se as praças á sua custa e contractando
o Commandante da policia sob sua directa fiscalisação
a exemplo do que se tem feito e com bom resultado

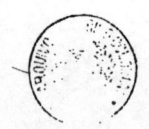

do, para o pessoal auxiliar da esquadrilha, o fornecimento de uniformes.

<u>Residencias</u> Fora da sede do governo os residentes exercerão funcções identicas ás que estão preceituadas para as estabelecidos nas outras provincias ultramarinas. O serviço de communicação e informação será desempenhado por 8 guardas a cavallo e 8 a pé.

Para os amanuenses das residencias foi arbitrado o vencimento mensal de 30.000 reis e para os interpretes o de 15000 reis mensaes mantendo-se contudo para os "juizes do povo" os vencimentos arbitrados no art. 12º do capitulo 3º.

O amanuense do Commando militar sendo o sargento do respectivo destacamento, fica sufficientemente remunerado com a gratificação mensal de 10.000 reis pelo excesso de trabalho.

Para serviço de limpeza das residencias e substituindo os impedidos foram creados 7 logares de serventes a 6000 reis mensaes.

Para remonta dos guardas a cavallo arbitrou-se

a verba de 200.000 reis correspondente a metade do effectivo, marcamos que será necessario annualmente, muito, para a installação haver fundo do Governo em numero mais que sufficiente e pertencente ao esquadrão.

Proposta da
Organização Militar.

Quartel General. Ficará constituido pelo seguinte effectivo.

1. Chefe de estado maior chefe da 1ª secção
1. Tenente do exercito do reino adjunto á 1ª secção
1 tenente do exercito do Ultramar archivista
1 tenente da administração militar chefe da 5ª secção
4 segundos sargentos, amanuenses
10. auxiliares soldados de 2ª classe.

É necessario um um official do exercito do reino que servindo de adjunto: para substituir o chefe de estado maior nos seus impedimentos.

O archivista deve tambem ser de preferencia

SECRETARIA D'ESTADO
dos Negocios
da Marinha e Ultramar

Direcção Geral do Ultramar

..............Repartição
..............Secção
N.º ....

um tenente; por isso que succede com frequencia os alferes recentemente promovidos desconhecerem o serviço das repartições.

O serviço do pessoal menor é desempenhado por 10 atiradores indigenas, numero numero sufficiente para evitar que as praças da companhia sejam distrahidas do serviço propriamente militar.

Secções de artilharia e Companhia de atiradores

A composição dos effectivos propostos não está em absoluto accordo com a organisação de 1901, mas como essa organisação quanto a effectivos embora augmentados, nunca foi exequivel na Guiné; as alterações propostas creio que serão viaveis por d'ellas resultará economia e regularidade para os serviços, o que V. Ex.ª melhor poderá apreciar pela observação da proposta de orçamento, Quadro de distribuição de forças e Carta da Guiné.

Acho da maior conveniencia que as praças indigenas, o sejam realmente isto é recrutados e alistados na propria provincia e não deportados de outras.

Para facilitar o alistamento estabeleceu-se o vencimento mensal em vez de pret. pois o preto difficilmente comprehende a razão por que recebe menos do que outros; e estabeleceram-se 3 classes de vencimentos para cabos, atiradores de 1ª classe e atiradores de 2ª classe. Estabelece-se assim um estimulo com o qual só teem a ganhar o serviço.

A questão da alimentação tambem teve de ser attendida estabelecendo-se uma ração diaria de 100 reis (um kilogramma de arroz 40 rs. - tempero 10 reis. Massa 50 reis). A ração actual não pode ser applicavel ás praças que forem alistadas pois estão habituados a uma alimentação mais simples e em harmonia com a ração proposta. Tem alem d'isto a vantagem de ser facil a sua aquisição em qualquer ponto da Provincia.

O pessoal serventes e conductores das 2 secções de artilharia - pode ser reduzido. visto que uma das secções vae ser com-

-tituida pelas 4 Mot. Tr. 37.as o que dispensa parte dos serventes. Quanto aos conductores limita-se o seu papel a remuniciadores por isso que em campanha e marcha, a tracção do material incumbe aos auxiliares.

Foi reduzido a 1 o numero de artifices, pois de facto na provincia apenas uma praça — serralheiro-carreiro, que satisfaz, visto as reparações importantes estarem a cargo das obras publicas e officinas da esquadrilha.

Não foram especializados os Corneteiros por não haver razão para conhecimentos especiaes, estando por esta forma incluidos na totalidade dos 219 alistados que formam a Companhia.

Foi eliminada a verba de custeio de Camas para indigenas por que estes fazendo-se em geral acompanhar das suas mulheres preferem viver com ellas no recinto do aquartelamento; permissão esta que julgo conveniente lhes seja dada, á semelhança com o que se pratica nas colonias visinhas, a fim de facilitar o alistamento.

Distribuição das forças pela provincia

1 comp. de atiradores (219 atiradores)

2 secçãos de artilharia.

Commando militar do Mansoa (occupação. estabelecimento de relação com indigenas) { 1º pelotão de atiradores 73 at. / 1ª secção de artilharia.

Residencias Cacheu - Farim - Geba { 2º pelotão { sede Cacheu 37 atiradores / Farim 18 " / Geba 18 "

Residencias Bissau - Buba - Cacine { 3º pelotão { sede Bissau 37 atiradores / Cacine 18 " / Buba 18 "

Bolama { 2ª secção de Artilharia

Os destacamentos das residencias percorrerão em serviço de policia as respectivas circumscripções. residindo nos pontos indicados pelos residentes. e depois da approvação

SECRETARIA D'ESTADO
dos Negocios
da Marinha e Ultramar

Direcção Geral do Ultramar

...............Repartição

...............Secção

N.º ....

Ao Governador.

Concluindo tenho a honra de apresentar a apreciação de V. Ex.ª a proposta junta, para alteração da distribuição de despeza nos Capitulos 1.º (administração Civil) e 5.º administração Militar), do orçamento em vigor.

Deus Guarde a V. Ex.ª

Lisboa 2 de Julho de 1906

Ill.mo e Ex.mo Sr. Ministro e Secretario de Estado dos Negocios da Marinha e Ultramar

O Governador
João Augusto d'Almeida Sposanty
Piloto.

APÊNDICE VII

Carta do Palácio do Governador em Bolama, de 16.8.1908, ao Ministro e Secretário de Estado dos Negócios da Marinha e do Ultramar, contendo a delimitação das regiões Insubmissas da Guiné[1]

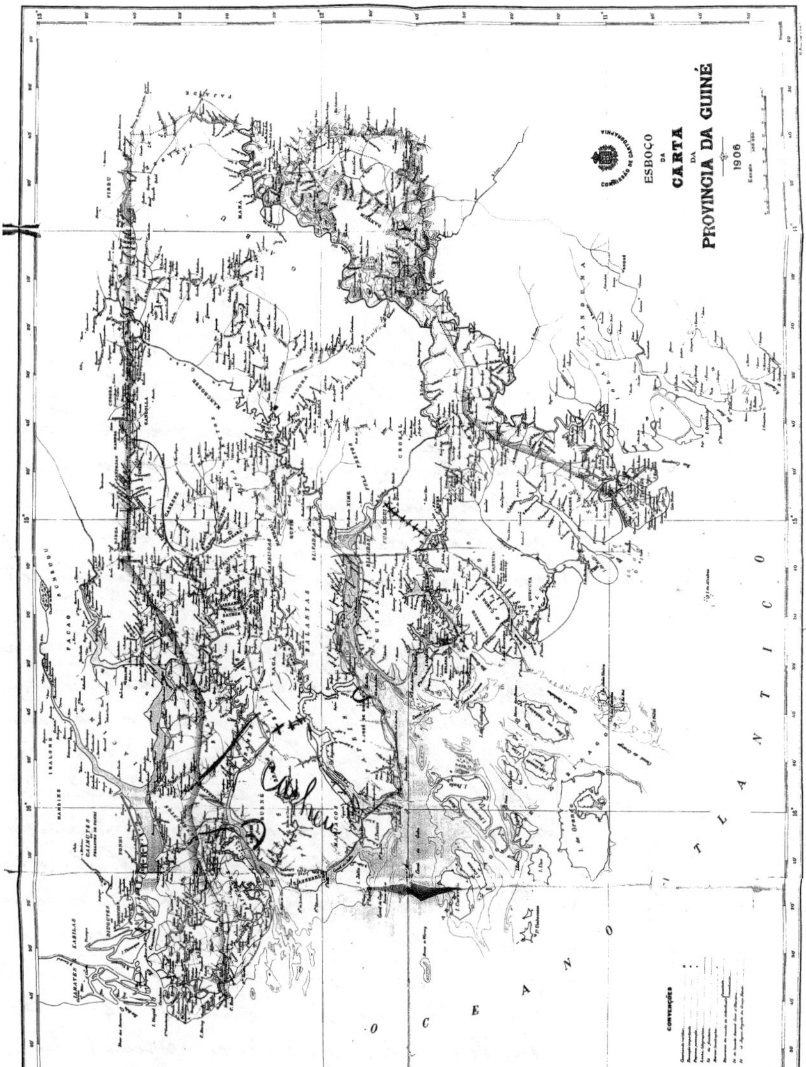

[1] *In* Arquivo Histórico Ultramarino (Lisboa), *Guiné, 1.ª Repartição, 1905-1910, 419, Sala 12.*

Sciente
P. 2-9-8
Castilho

GOVERNO DA PROVINCIA DA GUINÉ
SECRETARIA GERAL
Serie de 1908
Nº 22.

Assumpto
Confidencial

Illmo e Exmo Snr

Junto tenho a honra de enviar a V. Ex.ª um mappa da Guiné onde tracei a lapis, de côr vermelha, as regiões que se recusaram ao pagamento do imposto de palhota e continuam em estado de insubmissão.

Como d'elle se vê a circumscripção do Cacine está actualmente tranquila e informa o residente que nada faz suppor que este estado venha a ser alterado. O serviço da cobrança fez-se sem violencias manifestando, comtudo, os Nalus, mais proximos do Cubisseque, má disposição, que desappareceu em frente da força armada, attingio este anno o imposto a somma de reis 1:792$50 contra reis 1:545:000 cobrado o anno passado. — O residente é fraco mas por

Cacine

1ª R.

1ª
Guiné 30
4 Setembro 1908

Deus Guarde a V. Ex.ª

Palacio do Governo em Bolama 16. d'Agosto de 1908

Ill.mo Ex.mo Snr Ministro e Secretario d'Estado dos Negocios da Marinha e Ultramar.

Em nome e na auzencia de Sua Ex.ª o Governador

Joaquim José Duarte [illegible]

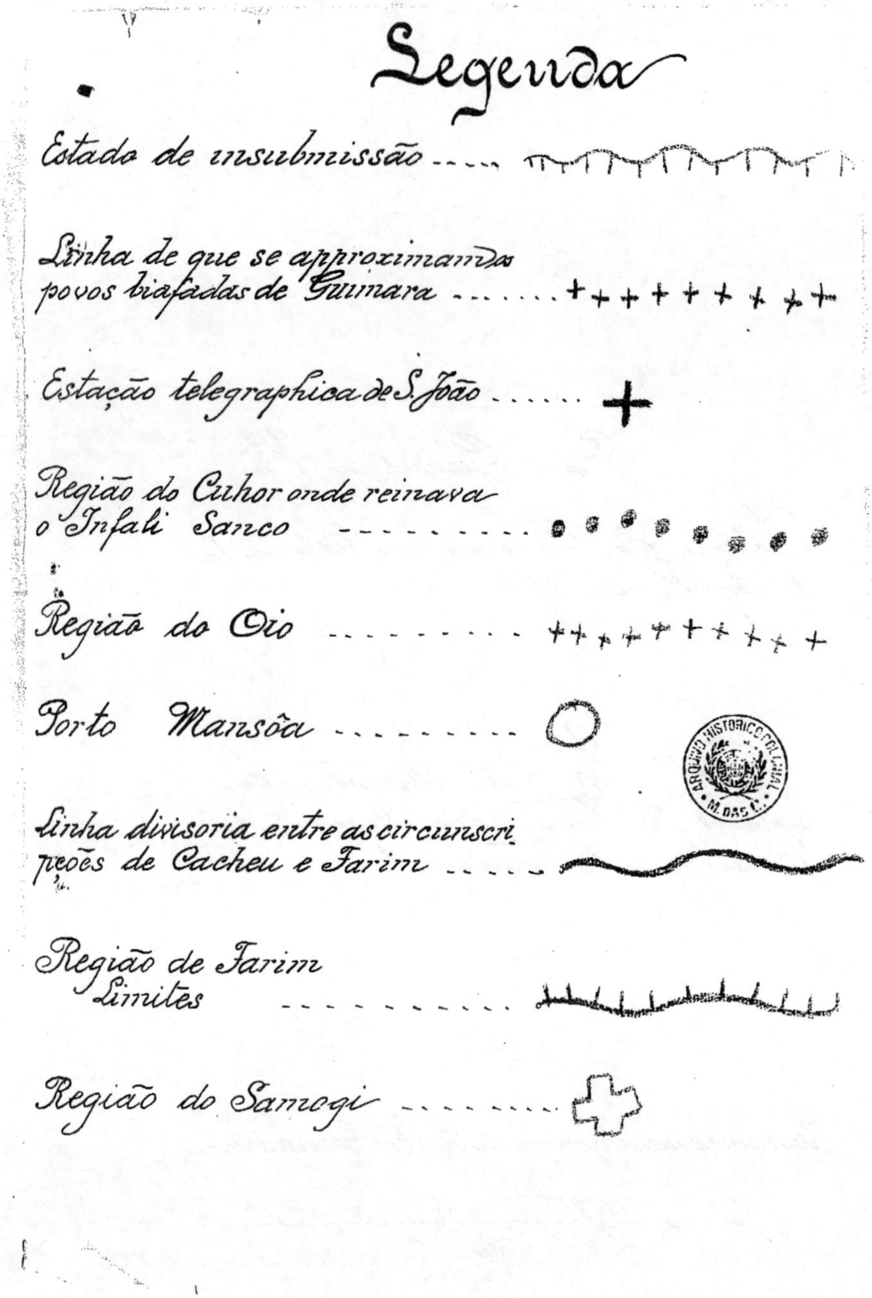
Legenda
Estado de insubmissão
Linha de que se approximam os povos biafadas de Guimara
Estação telegraphica de S. João
Região do Cuhor onde reinava o Infali Sanco
Região do Oio
Porto Mansôa
Linha divisoria entre as circumscripções de Cacheu e Farim
Região de Farim Limites
Região do Samogi

APÊNDICE VIII

Relatório, de 1.9.1915, do Capitão Teixeira Pinto sobre a "Coluna de operações contra Papeis e Grumetes revoltados da Ilha de Bissau"[1]

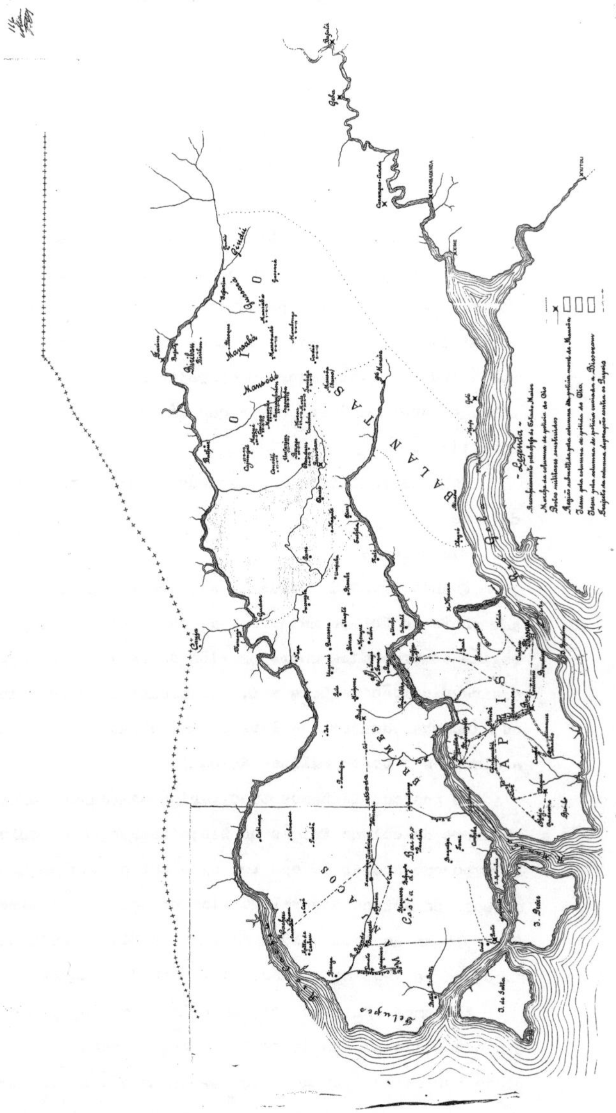

[1] *In* Arquivo Histórico Ultramarino (Lisboa).

N-3

COLUNA DE OPERAÇÕES CONTRA OS "PAPEIS E GRUMETES REVOLTADOS DA ILHA DE BISSAU"

RELATÓRIO

Exª Snr. Governador,

Não quiz a sorte que Vª Exª assistisse à campanha que acaba de realizar-se,mas sinto-me bastante satisfeito por ser Vª Exª quem tem de apreciar o trabalho hercúleo que os nossos camaradas de terra e mar e auxiliares,tiveram de dispender para se conseguir o belo resultado, que é indiscutivel,embora o despeito e a inveja daqueles que nada produziram a favor da Província e que só sabem censurar e criticar,procurem discuti-lo.

Para esses todo o meu desprêso e o dos meus valentes companheiros de armas.

Historiemos.

Quando em 1912 cheguei a esta Província para onde tinha sido nomeado chefe do Estado Maior era a nossa autoridade puramente nominal na região compreendida entre os rios de Farim ao N. e O.,rio de Geba ao S. e circunscrição de Geba a L. abrangendo os povos Oincas,Balantas,Brames ou Mancanhas,Manjacos e Papeis,com ocupação apenas das vilas de Cacheu e Bissau e o posto militar de Goli.

No passado tinhamos tido várias campanhas infelizes tais como: o massacre da coluna Falcão no Oio;o insucesso da coluna Biker no Oio em 1902,porque apezar de não ter sido batida,tambem não bateu o Oio;o insucesso da coluna Soveral Martins no Churo e finalmente os desastres das colunas de 1891 e 1894 na ilha de Bissau onde tambem teve insucesso a coluna de 1908 do comando do governador Muzanti.

Ao tomar conta do meu lugar impuz-me logo,como condição,o estudo minucioso das causas de tantos reveses,apezar de verdadeiramente ... do pessimista por estar convencido que ... poderia conseguir nada,onde ... A- valentes como Muzanti,Biker,Soveral Martins,Lage,Falcão e outros ...

tinham feito.

A história é uma grande mestra e por isso eu, tendo lido alguns relatórios e ouvido testemunhas das campanhas anteriores, concluí que as causas dêsses reveses eram o aproveitamento de grumetes como auxiliares, e o pouco conhecimento do terreno, dos usos, costumes e forma de combater dos povos a submeter.

Dêsses povos havia dois de quem se falava com verdadeiro horror, Oincas e Papeis, que eram considerados como invenciveis a não ser que se empregassem grandes expedições da metrópole e com grande dispêndio de armas munições e dinheiro.

Cheguei a desanimar e se não fôsse a costela transmontana que herdei de meu pai, certamente teria desistido do meu intento e continuado a fazer como os meus antecessores, limitando-me ao expediente do Quartel General.

Antes de desistir, porêm, quiz ver se seria possivel arranjar auxiliares diferentes dos grumetes.

Do auxílio dos grumetes formei a seguinte ideia mais tarde confirmada: eram bons para um desembarque, ataque rápido, pilhagem e volta para as suas casas não se conservando nas regiões atacadas, entre várias razões porque deixavam ficar as suas famílias em Bissau, Geba e Cacheu, porque tendo todos ou quasi todos ofícios que exerciam naquelas vilas não podiam estar ausentes muito tempo e ainda porque lhes convinha que as regiões não ficassem batidas pois bem sabiam que os indígenas logo que êles abandonavam a região em 6 ou 7 dias reconstruiam as suas habitações queimadas e continuavam na sua vida de rebelião, voltando os grumetes novamente a batê-los e a receber a sua parte nas presas de guerra.

Em Novembro de 1912 fiu aos Bijagós com soldados e alguns auxiliares salvar da morte 29 indígenas que o régulo de Carache queria assassinar acusando-os de feitiço. Fizemos esse serviço não tendo do nosso lado baixa alguma e do lado do inimigo apenas uma baixa e alguns prisioneiros. Pagaram uma multa para a Administração do concelho.

Em Dezembro dêsse ano fui a Bafatá e tendo-me sido apresentado pelo administrador de Geba snr. Calvet de Magalhães, o régulo do Cuór Abdul Injai, fiz um rápido estudo dêle e da sua gente e dêsse estudo

3

clui que eram êles os auxiliares que convinham.

Estavam arranjados os auxiliares;precisava estudar o terreno.Para isso,como o Oio era a região mais distante resolvi ir ali.Fui informado de que êles não deixavam passar nenhum militar na região e só com dificuldade o deixavam fazer aos comerciantes.Havia em Pôrto Mansôa uma casa comercial francesa (casa Soler) que ali estava ali estava estabelecida,pagando imposto ao Oincas,aos balantas de Mansôa e aos de Jugudul,pagando ainda uma percentagem todos os barcos que levavam mercadorias para ali e tendo no estabelecimento uma espécie de fiscal escolhido entre os Oincas e Balantas.Combinei com o gerente da casa Soler mandar o vaporinho da casa levar-me a Pôrto Mansôa apresentando-me ali como inspector da casa,que ía a Farim inspecionar a sucursal e que queria ir caminho de terra a cavalo através do Oio.

Cheguei a Pôrto Mansôa a 6 de Janeiro e corei de vergonha ao verificar o que atraz deixo dito sôbre o pagamento do imposto aos indígenas e da fiscalisação que um delegado dêles exercia dentro do estabelecimento.Segui para o Oio que atravessei para Farim e voltei a Pôrto Mansôa,atravessando-o novamente e tendo percorrido e entrado em grande número das principais tabancas.Estive a morrer porque,no meu regresso, bebi agua e leite numa tabanca e como eu era europeu aproveitaram a ocasião para me envenenarem.

Passei bastante mal o mês de Janeiro e Fevereiro mas,a 29 de Março desembarcava eu em Pôrto Mansôa autorizado a construir ali um pôsto militar,não me podendo afastar a mais de 500 metros do lugar do pôsto.

Apezar desta ordem e pelas razões expostas no meu relatório dessa campanha,aproveitei uma ocasião que me pareceu oportuna e a 16 de Maio ataquei o Oio que venci apenas com pouco mais de 300 homens,desarmei-o e consegui que êle pagasse trinta e tantos mil escudos de imposto.

A região ficou completamente submetida e ali continua a nossa autoridade tendo-me dito,o seu comandante tenente José Ribeiro Barbosa, que muitos indígenas que há já muito tempo estavam refugiados no território francês,recolheram ali,fazendo já as suas culturas no Oio.

Estavamos em Julho época das chuvas e vi-me forçado a descançar continuando com o estudo da ocupação de Bissau.

Em Dezembro de 1913 mandou-me Vª Exª a Cacine porque em Gado os indígenas se tinham sublevado e queriam matar o administrador. Fui ali e consegui prender os dois cabeças de motim e restabelecer a ordem sem ter havido fogo, ficando a região submetida e tão bem que até hoje nunca mais houve razão de queixa contra êles.

A 18 dêsse mês recebia eu ali um telegrama de Vª Exª chamando-me com urgência a Bolama. Chegado aqui deu-me Vª Exª a infeliz nova do massacre do Churo em que perdera a vida o desditoso alferes Nunes, alguns polícias e o pessoal de bordo do motor Cacine que os rebeldes queimaram.

As dificuldades na organisação duma coluna constam do meu relatório sôbre essa campanha que iniciei a 2 de Janeiro de 1914 com pouco mais de 330 homens avançando para uma das regiões de mais fama "os papeis do Churo". O esfôrço dos meus valentes auxiliares, regulares e irregulares, deu-nos a victória e em seguida com esse punhado de valentes submeti os manjacos e os mancanhas ou brames tendo-os desarmado. Estas regiões ficaram bem submetidas e ocupadas.

Os manjacos pagaram logo 36.000$ e já êste ano pagaram o imposto de palhota de 38.000$ isto é 74.000$ e os mancanhas pagaram 12.500$ e êste ano mais 15.000$.

Em 5 de Fevereiro dava-se o massacre do alferes Pedro e do Pelotão de Polícia Rural em Brai, região balanta junto a Pôrto Mansôa. Em fins dêsse mês vim a Bolama dar conta a Vª Exª da primeira parte da campanha por causa da partida de Vª Exª para Lisboa em virtude de uma iníqua exoneração tendo nessa ocasião prometido a Vª Exª seguir para os balantas e papeis. Mas, ao voltar à coluna, vi-me obrigado a bater os restantes manjacos como consta do meu relatório dessa campanha.

Quando em Março andava batendo os manjacos tive a notícia do massacre de uma fôrça de 70 auxiliares que tinham ido em reconhecimento aos balantas de Brai.

Isto levou-me a apressar a campanha dos manjacos e a seguir para a região dos balantas. Já no começo das chuvas e com a tenaz resistência que empregaram, levou a campanha todo o tempo até 14 de Julho. Desarmados na medida do possivel conseguiu-se êste ano que pagassem mais 20.000$ que anteriormente, devendo entrar no próximo ano maior quantia para pagamento do imposto.

Pensei atravessar o Impernal para a ilha de Bissau e terminar de vez a guerra,mas o cançasso da minha gente,a falta de munições (razão principal),o querer reunir todos os elementos indispensaveis para ter todas as probabilidades da victória,fez-me terminar as operações com o estabelecimento do pôsto de Nhacra,como consta do relatório.

Conhecendo os desastres de Bissau de 1891,1894 e o insucesso de 1908 eu não queria aumentar aquela lista com um novo desastre.

Voltei para Bolama e iniciei a campanha para conseguir autorização para fazer a guerra de Bissau.

Nesta guerra eu tinha a certeza de não ter só que me defrontar com papeis;contava com os grumetes a quem não convinha que a ocupação se fizesse porque sendo parentes dos papeis não queriam vê-los humilhados e porque sabendo as autoridades que êles tinham grande influência sôbre os papeis,os grumetes aproveitavam-se disso para se imporem a elas quando precisavam.

Todos os grumetes,mesmo os melhores colocados,apoiados pela Liga Guinéense,empregaram todas as suas influências e conjugaram todos os seus esforços para impedir a guerra.

Desde o princípio dos meus preparativos que eu por todas as formas,quer dizendo directamente aos régulos,quer chamando os grumetes, eu fazia saber aos papeis que se entregassem as suas armas e pagassem o seu imposto de palhota,o Govêrno colocaria um pôsto em Antula para a ocupação da ilha e não lhes faria guerra.

Os grumetes diziam-nos que os papeis deixavam construir os postos e pagariam o imposto mas que não entregavam armas porque as não tinham.Mandados arroladores houve regiões dentro da ilha que não deixaram arrolar as palhotas e os que as deixaram arrolar,depois de muito apertados e para ver se iludiam o Govêrno,principiaram pagando a pouco e pouco com muita demora para ver se chegava a época das chuvas que êles contavam não se lhes poderia fazer guerra e assim passariam mais um ano e para o ano resolveriam outra coisa.

O atrevimento dos papeis era tal nas ruas de Bissau que,se se crusavam com algum europeu na rua,em lugar de se afastarem,pelo contrário esbarravam com o europeu e com um encontrão afastavam-no. Quando algum branco ía passear para fora da vila, logo a cem metros, era frequênte encontrar um papel que lhe dizia para voltar para a vila porque aquele chão não era do Govêrno -era dêles-. A um estrangeiro que foi caçar apanharam-lhe a arma e obrigaram-no a pagar uma multa para a resgatar.

Isto era vergonhosissimo para a nossa soberania e rebaixava-nos aos olhos dos estrangeiros.

Fui preparando auxiliares; em Lisboa consegui as duas peças de 10,5 c., consegui as munições que me pareceram necessárias e esperei autorização e época própria para a campanha na ilha de Bissau.

Principiaram as cartas anónimas ameaçando-me de morte, como se eu que tantas vezes tenho visto a morte deante dos olhos me assustasse com ameaças de cobardes anónimos.

Dizia-se que era eu que incitava à guerra. Mandaram um comissionado a Lisboa para enganar Sua Exª o Ministro, para lhe arrancar ordem para que a campanha se não fizesse alegando que os pobresinhos não tinham armas e eram muito obedientes. Digo enganar, porque a presente campanha provou que papeis e grumetes estavam muito bem armados e municiados e que os grumetes que foram para o lado dos papeis, foram, porque era esse o seu desejo e intenção porquanto na portaria que proclamava o estado de sítio, prometia-se a todos os que quizessem apresentar-se às autoridades que nada lhes aconteceria. Houve alguns que se apresentaram e ficaram obedientes ao Govêrno.

Estabeleceram intrigas entre os chefes irregulares, entre êstes e o Abdul e emquanto fui a Lisboa procuraram indispor os oficiais comigo

A todos os que queriam opôr-se a esta campanha lhes chamo aqui e bem do íntimo da minha alma, reus de alta traição.

Vencida esta luta publicou-se a portaria organisando a "Coluna de operações contra os "papeis e grumetes revoltados da ilha de Bissau".

Essa portaria (doc. nº 1) foi publicada juntamente com a portaria nº 155 declarando o estado de sítio (doc. nº 2).

Segui a 12 de Maio para Bissau afim de fazer a concentração da coluna. Apresentado o tenente Sousa Guerra, tomou conta do pelotão da 2ª

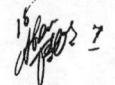

Companhia Indígena de Infantaria composto de 2 2º sargentos,dum corneteiro e 30 soldados "cuanhamas",seguindo para o ilheu do Rei afim de os ir manobrando e vendo o que davam como atiradores para o que começou a instrucção de tiro.

Como o comandante do cruzador S. Gabriel,o capitão de fragata Exº Snr. Alberto Celestino Ferreira Pinto Basto nos fizesse o obséquio de dispensar uma metralhadora Hotchkiss 6,5 mm. de desembarque,organisei uma guarnição para essa metralhadora e mandeia sob o comando do infeliz 2º sargento Möens para o ilheu do Rei ficando tambem debaixo das ordens do tenente snr. Guerra.

Na praça de Bissau o seu comandante,major de infantaria snr. José Xavier Teixeira de Barros,determinava a forma de defesa da praça em caso de ataque e organisava a segurança,sendo tanto êle como todos os oficiais,sargentos e praças,dignos dos mais entusiásticos louvores pois nem os tornados nem as copiosas chuvas os afastavam dos seus lugares, cumprindo todos a árdua e espinhosa missão de vigilância com a máxima boa vontade,zêlo e dedicação.A todos o meu reconhecimento.

Parti a 13 a bordo do motor República,onde coloquei o 2º sargento Rodrigues de artilharia com 10 soldados como escolta,para Nhacra onde se deviam concentrar os irregulares,e como ainda ali não estivessem voltei a Bissau e durante os dias 14 e 15 voltei novamente a Nhacra.

De 16 a 22 fui na lancha-canhoneira Flecha a Nhacra e ao Cumeré.Como os auxiliares não tivessem chegado ainda,resolvi ir a Pôrto Mansôa, para o que requisitei a lancha canhoneira Flecha.Ali estive até 27 dia em que chegou o Abdul com a sua gente.Então segui para Nhacra onde desembarquei seguindo a canhoneira com avaria para Bolama.A 28 chegou o Abdul a Nhacra com 1.600 irregulares armados com 580 Sneiders,425 Kropatcheks e perto de 400 armas de espoleta.

Nesta fôrça entravam 109 cavalos incluindo 10 de reserva.

A 29 foi o Abdul no motor República ao Cumeré ver o ponto, por mim escolhido no pôrto, para embarque de cavalos.O motor depois de o deixar no Cumeré voltou a Nhacra para receber ordens e na volta para Bissau foi atacado violentamente por papeis e grumetes emboscados na margem do Impernal do lado da ilha de Bissau.Apezar da suspresa e do navio não seguir com as chapas protectoras não tivemos nenhum desastre a lamentar, defendendo-se a guarnição com valentia.

A 30 voltava o República escoltado pela lancha canhoneira Flecha; na marcha de Bissau para Nhacra nada houve, mas no seu regresso foram violentamente atacados por papeis e grumetes emboscados no tarrafo e nas valas de irrigação junto às margens do Impernal do lado da ilha de Bissau. Os dois barcos responderam com energia. Nesse mesmo dia soube por balantas que os dois navios tinham morto alguns papeis e grumetes e pôsto em debandada os restantes com alguns feridos. Como eu de Nhacra tinha visto os papeis e grumetes correrem de Antula para o tarrafo e do tarrafo para as palhotas depois de terem atacado os barcos, mandei apontar a peça de 7 c. B.E.M. que existe em Nhacra para a povoação de Antula que pelo meu cálculo deve distar 3.000 metros de Nhacra e à noite mandei fazer dois tiros de granada com balas. Soube que caíram em Antula tendo feito mortos e feridos.

A 31 vem novamente a canhoneira Flecha embarcar o cartuchame excedente da distribuição feita aos auxiliares e conta o seu comandante que o motor República foi atingido por duas balas e a canhoneira por 6 e que todo o tiroteio de papeis e grumetes era de armas aperfeiçoadas.

De manhã ouviu-se distintamente o troar das peças de 10,5 c. o que nos alegra e nos desperta o desejo de seguir o mais depressa possível para Bissau. Quando a Flecha estava para sair do pôrto de Nhacra mandei fazer vários tiros de granadas com balas para os pontos da margem onde eu via reunirem-se os papeis e grumetes desde 2.000 a 3.500 metros. Saiu a Flecha que foi novamente atacada, tendo-me o seu comandante no dia seguinte mostrado o valente barquinho que atingido por mais 7 balas apresentava doze ferimentos sem gravidade que não o impossibilitavam de continuar na campanha.

A 1 de Junho de madrugada marchei com os irregulares para o pôrto de Cumeré afim de os embarcar bem como os cavalos para Bissau.

No caminho soube que a lição de ontem dada pela lancha canhoneira e pela minha peça de 7 C. tinha sido dura tendo havido do lado dos papeis e grumetes inúmeras baixas bem como pelos tiros dados pela fortaleza de Bissau.

Tinham rompido as hostilidades e felizmente apezar da agressão traiçoeira de 29 não tinhamos ainda uma baixa.

Quando cheguei ao Cumeré estava fundeado ao largo o lugre "Luso" do comando do Exª Snr. Pedro Mariano de Azevedo que gentilmente e che o do maior patriotismo se prestou gratuitamente a transportar os auxiliares para Bissau. Ao lado estava fundeada a canhoneira Cacheu que o rebocou.

A canhoneira Flecha e o motor República traziam a reboque lanchas para embarque de gente pois contavam que o gado embarcasse no lugre "Luso". Verificada essa impossibilidade foram embarcados os auxiliares no lugre e alguns cavalos nas lanchas, andando a Flecha, o motor República e um motorsinho a gazolina do snr. André Garés a atracar as lanchas para o embarque, rebocando os dois primeiros as lanchas para o lugre e o gazolina rebocando os escaleres de auxiliares para os navios e lanchas. O snr. Garés foi infatigavel prestando desinteressadamente um serviço importantissimo.

De tarde a canhoneira Cacheu rebocou as lanchas para Bissau, com 39 cavalos e 500 auxiliares.

Durante o dia a canhoneira Flecha teve que fazer alguns tiros para a margem do lado da ilha de Bissau para evitar que papeis e grumetes viessem à margem fazer fogo e incomodar o embarque.

A Cacheu trouxe outras lanchas para no dia imediato carregar os cavalos.

No dia 2 continuou-se o embarque de auxiliares e cavalos o que se fez até às 15 horas tendo prestado magnifico serviço o gazolina posto à nossa disposição pelo comandante da esquadrilha, prestando magnifico serviço o patrão, cabo marinheiro nº 1188 Alvaro Pereira.

Às 15 horas seguimos para Bissau onde se desembarcou sem novidade de maior, mas verdadeiramente estafados com o embarque e desembarque do pessoal e gado.

Cederam-nos as lanchas gratuitamente para êste transporte as casas António Silva Gouvêa, Comapanhia Francesa da Africa Ocidental, José Batista Tomé e Companhia Francesa do Comércio Africano, que merecem um louvor.

Dia 3 de Junho.

Nêste dia resolveu-se que a coluna marchasse no dia 5 para o interior da ilha. Andando eu a fazer a distribuição de alojamentos aos irregulares passei junto dum grande poilão que está na feira fora do muro da vila. Rodearam-me alguns auxiliares e seriam pouco mais de 10 horas quando do lado do inimigo fizeram um tiro de Snaider que feriu dois auxiliares que baixaram ao hospital.

O hospital de sangue queriam-no colocar no ilheu do Rei ao que eu me opus tenazmente por ficar muito longe da praça onde estão instaladas a enfermaria, farmácia, residência de enfermeiros, etc. Escolheram depois um dos novos barracões da Alfândega sôbre a ponte. Mais próximo todavia, pelas mesmas razões foi abandonado, instalando-se na praça, aproveitando-se tudo inclusivé a igreja, pois chegou a haver ali 135 feridos.

Ás 17 horas, hora a que as tropas regulares estavam comendo a refeição da tarde e alguns rapazes dos irregulares andavam apanhando mangas numas mangueiras que distam da praça cêrca de 200 metros, ouviram-se alguns tiros no campo exterior, e em seguida forte tiroteio.

Encontrava-me no centro da vila fazendo requisições e, tendo como única arma um binóculo, dirigi-me ao campo exterior. Informaram-me rapidamente que grupos de papeis e grumetes concentrados no alto de Intim, fora das vistas da praça, tinham caído de surpresa sôbre os auxiliares que andavam a apanhar mangas. Êstes responderam ao ataque e não pensando que tinham poucas munições comsigo, empenharam-se com ardor no combate, e outros rapazes correram em socorro dos primeiros.

Via-se a linha dos grumetes e papeis definida no alto de Intim avançando para a praça. Enviei ordem para os chefes saírem em socorro com munições e fui imediatamente para a frente acompanhado do tenente Guerra, (que só levava um apito) para irmos tomar conta dos que já estavam em combate, os quais não tinham comando. Avançamos e chegamos debaixo de um chuveiro de balas até quasi ao alto de Intim, conseguindo meter em linha de atiradores os auxiliares.

O ataque era geral e feito por enorme massa de papeis e grumetes ocupando todos os abrigos do terreno e desenvolvido numa linha quasi em forma de meia lua, encerrando a praça e apoiando os dois extremos no mar.

Tudo isto se passou em menos tempo quasi do que levo a relatar. Quando íamos chegando com o nosso contra-ataque quasi ao alto de Intim mandei o tenente Guerra para fazer avançar a metralhadora afim de apoiar a retirada que eu via inevitavel atenta a violência do ataque. Dentro de alguns segundos retiramos, mas em ordem, deixando ficar os mortos no campo. O inimigo redobra de furor e temos de retirar até quasi cem metros da praça.

Neste retorno ofensivo o inimigo, julgando que retiravamos com medo, abandonou todos os seus esconderijos, vendo-se imensos, principalmente papeis de Biombo, armados só de escudos e espadas. Ao chegarmos a cem metros da praça encontrei já irregulares bem municiados o que permitiu que os que retiravam fôssem remuniciar-se o que se fez rapidamente, por isso que o 2º sargento Alhandra vendo a retirada, trouxe um grande número de cunhetes de cartuchos que abriu o que deu alento aos que retiravam e permitiu voltarem rapidamente ao ataque.

Numa arremetida de leões os meus valentes soldados e irregulares carregam de novo sôbre o inimigo e numa arrancada levam-no de vencida até ao alto de Intim e inflingem-lhes tais perdas que as fôrças recolhem trazendo os seus mortos e feridos, sem que o inimigo os incomodasse com um único tiro.

Snr. Governador - Para mim estava terminada a lenda dos papeis. Com aquela coluna depois da rude prova por que acabava de passar e animado do entusiasmo de que estava possuido eu adquiri a certeza que a derrota do inimigo e a conquista da ilha de Bissau era certa. Tivemos três soldados feridos e nos irregulares 88 baixas, sendo 70 feridos e 18 mortos.

Entre os feridos estava o chefe de guerra Mamadú Sissé que depois de pensado não quiz ficar no hospital continuando à frente da sua gente. É um valente com muito sangue-frio e muito ponderado em todos os seus actos.

Todos se portaram com uma valentia que não ha palavras para o poder descrever. Saliento o tenente Guerra porque fez o seu batismo de fogo, mostrando durante todo o combate muita energia e muito sangue-frio, parecendo mais um guerreiro encanecido nas guerras africanas do que um novato saído há pouco da Escola de Guerra.

O inimigo atacou com muita valentia e convencido pelos massacres que nós sofremos em 1891 e 1894 que êles nos massacrariam e tomariam conta da vila cujas casas comerciais e mulheres êles tinham já dividido entre si.

Se para nós foi rude êste dia, para êles foi muito peor, sendo uma coisa espantosa o que se viu no dia imediato, pois apezar de passarem toda a noite a acarretar cadáveres e feridos ainda no dia imediato havia mais de duzentos cadáveres espalhados pelo campo da luta.

Neste dia houve grande pânico em Bissau; quando viram o retorno ofensivo do inimigo, houve muita gente que se imaginou com a cabeça cortada pelos papeis e grumetes.

DIA 4 - Apenas saíram alguns irregulares para ir procurar dois cadáveres que não tinham sido encontrados na véspera por ser muito escuro. Eram dois sobrinhos do Abdul. Encontrados foram enterrados no campo.

DIA 5 - Desde manhã houve granda azáfama para se encetar a marcha para o terrivel chão do papel. Às 9 1/2 horas começou a reunião. Dos serviços de saúde levava apenas o 2º sargento Lobo da Companhia de Saúde, e ex-sargento enfermeiro Torquato Leandro Dias e um servente, porque como o objectivo da coluna nesse dia era os altos de Intim e Bandim, havia toda a facilidade em evacuar os feridos para a praça, onde os médicos estavam em melhores condições para os pensar e operar.

Às 10 horas inicia-se o fogo da artilharia batendo os dois altos com as duas peças de 10,5 c.M. e 5 peças de 7 c. B.E.M. e começa o nosso avanço lento. Na frente, para desenvolver sôbre o alto de Bandim, ía o Mamadú Sissé. Em seguida ía Aliburi para desenvolver à direita dêle e onde apoiava a sua esquerda e em seguida os futa-fulas de Alfá Mamadú Seilú com os meus soldados e a metralhadora. Na rectaguarda marchava Abdul Injai com a sua gente, pronto a parar o ataque do lado de Antula.

Às 10 e 1/4 horas rompe fogo violento do inimigo abrigado atraz

13

de arvores,morros de térmites e valas existentes no terreno.Desenvol veu a coluna rapidamente e passando por cima de todos os obstáculos repeliu o inimigo para além dos altos de Intim e Bandim.Ao chegar ao alto de Intim meteu-se a metrâlhadora em bateria e quando o 2º sargento António Ribeiro Mõens cavalgava o selim para começar o fogo foi ferido mortalmente vindo a falecer algumas horas depois quando no hospital lhe faziam o curativo.

Era um valente e deixou em todos nós profunda saudade.

Acompanharam a coluna neste dia,como voluntários,o professor Moreira,Carlos Cabral e Jorge Karam.

Neste dia de luta de 1 contra 10 com inimigo bem armado com armas aperfeiçoadas,bastante cartuchame e com a lenda de invencivel, da soldado,cada irregular,cada voluntário,foi um heroi.Os graduados regulares e os chefes irregulares portaram-se de tal modo,mostraram tanta energia,tanto sangue-frio,desenvolveram tal actividade que não sei descrever o entusiasmo e o reconhecimento que me invadiu quando à tarde estavamos acampados sem se ouvir um tiro,no mesmo sítio em que acampou a coluna de 1908,que foi sempre,mais ou menos,hostilisada pelo inimigo.

Quando a coluna avançava ficavam os feridos à rectaguarda,os quais foram conduzidos ao hospital de sangue pelo dr. Francisco Augusto Regala,2º sargento enfermeiro Climaco da Costa,serventes António Lopes Tavares e António Moreira Borges e os civis Ribeiro,J.Cabral e Lavale,chegando o dr. Regala a transportar alguns debaixo de fogo violento no que revelou,a par de muito sangue-frio,sentimentos de humanitarismo inexcediveis.Tivemos 40 baixas,incluindo 5 mortos irregulares e o 2º sargento Mõens morto.

De tarde o caminho estava tam limpo que dos habitantes da praça alguns mais animosos como Manoel António de Oliveira,foram visitar-nos ao acampamento,levando-nos vinho do Pôrto,aguas minerais,doces, bolachas,etc.

DIA 6 - Passamos a noite vigilantes,mas sem que o inimigo desse sinal de si.Durante o dia muitos visitantes portugueses e estrangeiros,lendo-se em todos os rostos a alegria.De tarde apareceu um papel a mais de 2.000 metros fazendo alguns tiros de arma ordinária e fu-

14

gindo depois.

Saíram várias patrulhas de reconhecimento que não encontraram o inimigo, mas descobriram grande porção de cadáveres, principalmente de grumetes, escondidos no mato e cobertos de palha. Resolveu-se marchar sôbre Antula depois de amanhã.

DIA 7 - Noite tranqùila. Às 10 horas ataque dos grumetes e papeis ao acampamento que procuravam envolver. Determinada a defeza foi o inimigo repelido e perseguido na retirada, deixando mortos no campo da batalha. Durou duas horas o fogo, tendo nós tido 27 feridos e 4 mortos. Entre os feridos conta-se o chefe de guerra Aliburi, filho de Abdul, e rapaz dos mais valentes que marcham na coluna.

Nas várias cargas de baioneta do pelotão, acompanhou-me sempre o tenente Guerra, tendo visto nele apar de grande bravura, muito sangue-frio, serenidade que manteve sempre até ao fim da campanha.

Moreira, Carlos Cabral e Karam, continuaram neste dia a afirmar as suas qualidades de valentes.

Neste dia preveni a praça que avançava no dia imediato sôbre Antula e que fizessem o bombardeamento de Antula das 8 às 9 horas e que às 9 horas eu romperia a marcha, podendo às 9 1/2 atirar algumas granadas sôbre as povoações que deixavamos para evitar que viessem na nossa rectaguarda.

DIA 8 - Noite tranqùila. Levantamo-nos e em toda a coluna se via a alegria com que todos se preparavam para a lucta que previamos fôsse renhidissima, pois Antula era considerada pelos papeis e grumetes como chão sagrado onde o Govêrno nunca tinha ido em som de guerra.

Como passeantes tinham ido ali apenas dois ou três oficiais. Em Outubro de 1913 foram chamados os papeis a Bissau para conferenciar com Vª Exª. Nessa conferência eu disse-lhes que preferia fazer-lhes guerra a manter a paz não entregando êles as armas. Insistindo êles que deixavam colocar um pôsto em Antula, eu disse-lhes que ía ali escolher o local do pôsto. Na madrugada seguinte fui ali com o secretário da administração e um guia, saindo às 5 horas e recolhendo às 11, tendo percorrido Intim e Antula sem que da parte dêles houvesse o mais insignificante sinal de hostilidade.

Às 8 horas começam a sua obra as peças da praça.Começamos a levantar o acampamento.Às 9 horas cessou o bombardeamento.Começa a reunião dos auxiliares e ao mesmo tempo a minha arrelia.Todos os chefes de guerra queriam marchar na frente para serem os primeiros a bater-se.Isto leva tempo e eu via com horror aproximar-se as 9 1/2 sem sairmos do acampamento e portanto no corrermos o risco de sermos metralhados.Nesta ocasião oferece-se para ir a Bissau dizer à praça para esperar mais meia hora,e lá segue sosinho,o voluntário Carlos Cabral que prestou um serviço importantissimo.

Faltavam 8 minutos para as 9 1/2 horas quando rompemos a marcha.

A coluna marchava levando na frente em atiradores o chefe de guerra Mamadú Sissé com a sua gente,apoiado pelo pelotão de soldados e metralhadora.No flanco esquerdo,em fila indiana,a gente de Alfá Mamadú Seilu e Xerne Bocar.No flanco direito,tambem em fila indiana,a gente de Aliburi,que apezar de ferido,continuou em serviço.Na rectaguarda,estendidos em atiradores,parte dos irregulares sob o comando directo de Abdul que marchava no centro com a reserva pronto a acudir ao ponto mais ameaçado.Encontramos resistência fraquissima.

Papeis e grumetes que estavam na povoação,depois de algum tiroteio,fugiram quando viram soldados e irregulares carregarem para o assalto.Perseguidos deixaram bastantes mortos.Não tivemos mortos nem feridos e tinhamos tomado o chão sagrado.Ficou tam limpo de inimigos o território que às 15 horas,o 2º sargento Vilaça e o voluntário Jorge Karam,seguiram para Bissau por terra,a levar a feliz nova da tomada de Antula sem mortos nem feridos.

A canhoneira Flecha que tinha acompanhado a coluna,entrou no Impernal,matando imensos papeis quando passavam em canoas,para o território dos balantas.

Às 17 horas chegou ao acampamento o capitão-médico Regala,recolhendo pouco depois à canhoneira por não haver feridos.

DIAS 9 e 10 - Estivemos acampados em Antula sem que o inimigo desse sinal de si.

DIA 11 - Alvorada às 4 horas.Mamadú Sissé apezar de toda a sua boa vontade em acompanhar a coluna teve que recolher a Bissau por se lhe ter agravado o ferimento.

Até esta data já tinhamos apanhado alguma chuva mas o dia anunciava "tornado".

Rompemos a marcha contornando o rio Ondoto, entramos na região de Saca, cuja povoação foi arrasada por dali terem partido alguns tiros e seguimos na direcção de Cuja. Começa a chuviscar e o caminho, atravez duma mata densissima, oprime-nos um pouco. Chegados a Cuja ouve se forte tiroteio na guarda da rectaguarda. Chega um enviado de Abdul dizendo que grande massa de grumetes e papeis atacara a rectaguarda e que pede reforços. Ordenei-lhe que seguisse a reunir ao grosso da coluna que parara esperando por êle, pois até àquela altura eu não tinha ainda encontrado local favoravel para combate e já ouvia tiroteio na guarda avançada. Abdul vem e nós seguimos até Jaal onde chegamos às 14 horas com mais ou menos tiroteio. Em Jaal a povoação era num alto descampado tendo ao S. uma enorme bolenha (planície alagadissa) de arroz e a N., L. e O. havia grandes matas onde grumetes e papeis faziam uma gritaria ensurdecedora e muito tiroteio de armas finas. Fomos até às tabancas para dispormos o acampamento e organisamos a sua defesa, pois os guias diziam que Safim ficava longe e podiamos ser obrigados a combater em local desfavoravel para nós. Na tabanca havia ainda sinais que mostravam bem que a tabanca havia sido abandonada ha pouco, provando-nos que não calculavam que ali chegassemos. A marcha até ali foi extenuante e feita debaixo de chuva, atravessando algumas bolenhas em que homens e cavalos se enterravam na lama. Até às 19 horas, em que terminou o fogo do inimigo, tivemos várias vezes de carregar sôbre êle, notando sempre da parte de todos os graduados muita valentia e serenidade.

Choveu abundantemente e como havia dificuldade em ter lume aceso tivemos que dormir completamente encharcados. Tivemos 3 mortos e nove feridos.

DIA 12 - Às 7 horas começou a ouvir-se tiros de armas aperfeiçoadas, visando principalmente o acampamento dos regulares. Eram grumetes e papeis que abrigados pelas arvores se aproximavam do acampamento. Enfastiado de os ouvir e receando que me ferissem algum soldado re-

25/10/1917
17

solvi saír com o pelotão,quando me chegou o aviso,do pôsto à cossaco montado pelo chefe de irregulares Braima Dau,de que alguns grumetes e papeis,a coberto das árvores,incomodavam aquele pôsto.

Estava a lavar-me e mesmo sem farda e sem capacete,dirigi-me logo para aquele lado com 6 soldados,dando ordem aos restantes para virem ter comigo,bem como ao sargento Vilaça para trazer a metralhadora.Três vezes carregamos sôbre o inimigo desalojando-o e perseguindo-o,voltando êle à carga logo que recolhiamos.Notei que um atirador grumete armado com uma Mauser ou Mannlicher atirava constantemente sôbre mim.Quando eu de binóculo seguia o movimento dos auxiliares que tinha mandado executar na esquerda,senti de repente como que um grande murro nas costas.Compreendi que tinha sido ferido mas nada disse,até que o ex-sargento enfermeiro Dias que acabava de chegar,me disse que estava ferido e me levou ao acampamento onde fui tratado não podendo mais levantar-me.

Ordenei a marcha para Sanfim.Começei a animar os auxiliares e a convence-los de que o meu ferimento era sem importância e que em 4 ou 5 dias estaria curado.Durou a marcha três horas e meia por caminhos horrorosos,deitado numa maca sofrendo por ter dores e por não poder assistir ao combate da rectaguarda cujo tiroteio me chegava aos ouvidos.Contava acampar em Sanfim e ali curar-me,mas sobreveio-me febre e reconheci que devia recolher a Bissauçe por isso entreguei o comando ao tenente snr. Henrique Alberto de Sousa Guerra e recolhi à lancha canhoneira Flecha que entregou ao comando da coluna o cartuchame Snider e Kropatcheck que tinha a bordo.Com a Flecha estavam o motor República e a canhoneira Cacheu.Comigo recolheu o dr. Regala que tinha ido ao acampamento ver o meu estado,tendo-me tanto êle como o tenente Guerra dado uma grande prova de dedicação por isso que o tenente Guerra foi buscar o dr. Regala à canhoneira que estava fundeado no rio Mansôa voltando ambos por uma região onde acabavamos de chegar,ignorando-se se estava limpa de inimigos ou não.Soubemos que tanto nêste dia como na véspera os grumetes e os papeis sofreram enormes perdas.Nós tivemos além da minha ferida mais 8 feridos

Desta data em deante até 1 de Julho são os combates descritos

26 ... 18

no relatório do snr; tenente Guerra, tendo havido o seguinte:

No dia 14 de Junho mudança do acampamento para Sanfim de Baixo, tendo havido algumas escaramuças em que tivemos 9 auxiliares feridos e 2 mortos.

Em 17 defesa do acampamento em que tivemos 10 feridos e 5 mortos.

A 20 marcha para Cumtumé e Bór que foram tomadas, tendo nós 4 feridos.

A 22 o inimigo atacou o acampamento de Bór sendo repelido.

A 26 marcha para Bejimita, tendo tomada Bissalanca ou Salanca, chegando a Pelonde onde acampou depois de repelir o inimigo. Em Bór ficou uma tabanca de guerra entregue ao chefe de guerra Sori Joló.

A 28 marcha de Pelonde para Bejimita, tendo havido grande combate com o inimigo que foi vencido tendo nós dois feridos que morreram pouco depois. O gentio, segundo informações posteriores, teve muitas baixas, principalmente o de Biombo e Bejimita.

A 28 às 10 horas da noite sou procurado em Bissau por dois auxiliares que, fugidos de Bór, vinham comunicar que desde a véspera estavam cercados por papeis e grumetes, quasi sem cartuchos e sem terem nada que comer, pelo que pediam socorro imediato. Em Bissau não havia ninguem, pois os soldados eram poucos para a defesa da praça e auxiliares válidos, não se reuniam mais de 6. Resolvi mandar recolher a coluna a Bór. Requisitei a canhoneira Flecha e ao seu comandante pedi para ir transmitir a Bejimita ordem ao tenente Guerra para recolher imediatamente com toda a coluna em socorro de Bór. Tinha havido um tornado e a maré estava quasi em cima, mas o valente comandante da lancha canhoneira Flecha parte imediatamente, levando cartuchame, a transmitir a ordem.

No dia 29 às 21 horas eu ouvia as descargas feitas pelos nossos o que me indicava ter chegado o socorro.

No dia 30 falo com o tenente Guerra e soube que do nosso lado apenas tivemos 6 feridos e 1 morto e na tabanca havia 1 morto e 2 feridos.

A 1 de Julho assumia eu novamente o comando da coluna e a dois

19

ia ao acampamento em Bór determinar alguns serviços.

Êste dia devia ficar tristemente assinalado. O professor Moreira seguiu a pé e sosânho para o acampamento de Bór de maneira que quando ali cheguei êle veio cumprimentar-me e, tendo-me dito que tinha vindo sosinho, repreendi-o e disse-lhe que não tornasse a fazer o mesmo porque se arriscava a ser morto pelos papeis o que era de grande aborrecimento para nós e daria fôrça moral aos papeis e, que se não fôsse embora para Bissau, senão acompanhado. Dei as minhas ordens e duas horas depois recolhi a Bissau. Faltava o professor e procedendo-se a buscas soube-se que tinha saído sosinho do acampamento de Bór e nunca mais fôra visto. Caira em poder dos papeis. Mais tarde soube-se que foi trucidado por ordem do rei de Biombo, Canandé e de 4 grumetes sabendo que entre êles estava um tal Catamata, carpinteiro, e que levaram três dias a supliciá-lo, cortando-o aos bocados. Acabou tristemente um homem valente, porque inegavelmente o era.

Era preciso dar descanço aos soldados e irregulares e mesmo porque as chuvas eram torrenciais; só inciamos a marcha para Cumura a

10 de JULHO - Levantamos o acampamento às 6 horas e às 7 começou um violente tornado acompanhado de chuva torrencial que nos acompanhou desde as 8 1/2, hora a que rompemos a marcha até às 10 horas.

O caminho através de mato densissimo era atravessado por árvores que se via terem sido cortadas de propósito para aquele fim. Encontraram-se acampamentos no mato que indicavam ter estado muita gente à nossa espera. Certamente a chuva é que os demoveu de esperar por nós por calcularem que não nos atrevessemos a marchar com aquele tempo.

Acabada a chuva continuou a marcha até chegarmos às 10 e 45 minutos a Cumura, onde encontramos bastante resistência que foi vencida, tendo nós inflingido bastantes perdas ao inimigo, tendo sido morto o régulo de Cumura. Como o inimigo seguisse na direcção de Prabis avançamos para ali em sua perseguição mas, como tivessemos de tratar um ferido nosso atingido gravemente por uma bala no peito, distanciou-se um pouco a guarda avançada o que deu em resultado ter sido violentamente atacada pelo inimigo por julgarem que ela estava desapoiada. Chegou a coluna e travou-se rija peleja sendo o inimigo repelido e perseguido. Não seguimos em direcção a Cussete porque tinhamos 14 feridos, alguns de gra-

20 Abr 20

vidade, que era preciso tratar e 3 mortos.

A 11 de Julho descançamos.

A 12 de Julho fomos a Cussete que foitomada e destruida, tendo nós 5 feridos. Foi presa uma mulher de nome Clara que vivia antes da guerra em Intim e que foi reconhecida pelo dr. Regala. Mandamo-la embora com uma bandeira branca para aconselhar os papeis e grumetes a virem pedir a paz e entregar as armas porque senão a guerra só acabaria quando estivessem todos batidos.

Já em Bór se tinham mandado embora dois prisioneiros e duas mulheres com bandeiras brancas para irem aconselhar os papeis a pedirem paz, tanto mais que afirmavam que os papeis diziam que os grumetes é que não os deixavam vir pedir a paz dizendo que nós matavamos todos os que se apresentassem.

DIA 13 de Julho - Acampados.

DIA 14 - Recolhemos a Bór porque para seguirmos para Bejimita, Tór e Biombo, tinhamos que vir a Bór.

DIA 15 - Em Bór.

DIA 16 - Às 6 1/2 horas rompemos a marcha para Bejimita e Tór. Às 10 1/2 horas passavamos em Pelonde. Está situada num alto servida por um belo rio (agua salgada) e tendo boas nascentes de belissima agua. Fica a 5 horas de Bissau e tudo parece indicar que aqui deve ser a sede do futuro pôsto. Às 11 horas continuamos a marcha. Às 12 e 1/2 ha um pequeno tiroteio trazendo-nos um ferido por bala Snéider. Andamos até às 13 horas, fatigadissimos, com muita gente cançada e caída pelo caminho; descançamos até às 14 horas, em que novamente retomamos a marcha.

Pouco depois ouve-se tiroteio na frente. A fadiga passa como por encanto e todos a passo de carga se precipitam para a frente. Eram os grumetes e papeis que estavam no mato que cerca a tabanca aguardando a nossa chegada. Duas horas de fogo nutridissimo, mas às 16 horas estavamos em Cunhamble ou Cunhambil. Foi um dos mais violentos e em que o gentio foi mais rudemente batido, principalmente o do Biombo. Tivemos 15 feridos e 2 mortos. Encontramos no rio uma lancha do grumete Munhati que andava entre os grumetes que sustentavam luta comnosco.

Como na ocasião se não podia tomar conta dela seguimos para o a-

21

campamento mas,quando no dia imediato fomos procura-la,não a encontramos;tinham-na levado de noite.O MUnhati dizem que foi ferido gravemente na refrega.

DIA 17 - Vieram ao acampamento vários papeis de Tór e Biombo para ouvir a palavra do Govêrno.Disse-lhes que se entregassem as armas nada lhes faria.Disseram que íam falar aos seus govêrnos.

DIA 18 - De manhã quando já nos preparavamos para seguir para Tór vieram enviados do rei de Tór dizendo que,como a palavra do rei de Biombo ainda não tinha vindo,êle mandava aqueles emissários para nos servir de guias e que estava reunindo armas para as entregarem logo que ali chegassemos.

Iniciamos a marcha às 10 1/2 horas e chegamos a Tór às 12 1/2.Encontramos o rei e os seus grandes sentados debaixo de umas grandes e lindas árvores. É um rapaz novo e simpático. À nossa chegada não estava ainda confirmada a sua nomeação. O povo queria-o,mas o rei de Biombo queria outro por êste não ser inclinado à guerra. Quando chegamos êste apresentou-se como rei e como tal ficou. Tinha junto algumas espingardas e espadas,entre elas 2 Snéider e 1 Winchester,e tinha mandado gente para fazer recolher os seus à tabanca porque tinham fugido para o mato com medo.

Acampamos e como no caminho tinhamos encontrado num rio a lancha canhoneira Flecha a quem comunicamos que iamos para Tór,mandamos ao pôrto de Tór para estabelecer o contacto com ela.

A 19 recebiamos cartuchame da Flecha e enviamos várias mensageiros ao régulo de Biombo para que êle mandasse dizer se queria paz ou guerra.À noite vieram dois enviados dêle trazendo meia duzia de armas de pederneira muito escangalhadas dizendo que o régulo queria paz mas que não podia juntar mais armas porque os seus rapazes não as entregavam.Percebi que era troça e mandei-lhe dizer que no dia seguinte iria para o Biombo e que se êle realmente estava em boas disposições e não queria guerra,que nos esperasse à entrada da povoação com as armas da sua gente.

No dia 20 seguimos para lá e à entrada do Biombo estava uma árvore muito grande e grossa,a que chamam aqui poilão;do lado da nossa marcha havia um monte de umas 50 espingardas encimadas por uma bandeira branca;do lado oposto estava o régulo com alguns dos seus grandes.Logo à chegada da guarda avançada da coluna e quando estavam a ver as armas partiu uma descarga feita pelos papeis que se achavam emboscados por detraz dum muro de terra coroado por purgueiral,escapando por pouco de ser atingido o chefe de guerra Abdul.

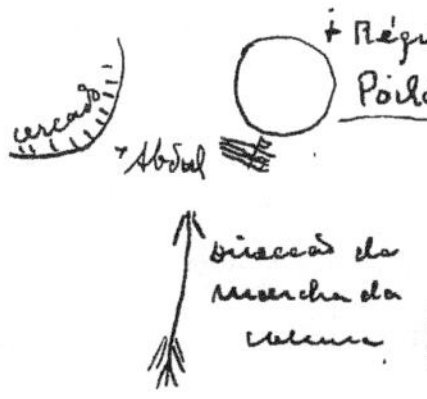

Eis o croquis.

Não se esperava semelhante traição e houve a confusão natural no primeiro momento,que o régulo queria aproveitar para fugir,o que não conseguiu,sendo preso. Houve tiroteio rijo que durou até à tarde tendo nós tido 17 feridos ligeiramente e 3 mortos. Da parte do inimigo houve inúmeras baixas. Via-se entre êles vários grumetes,tendo fugido 4 lanchas que se encontravam nos rios.

Interrogado o régulo declarou que êle nunca se submeteria,porque êle odiava os brancos;que tinha mandado sempre 500 homens a cada combate que tinha havido e que emquanto êle fôsse vivo e houvesse um papel de Biombo haviam de fazer guerra ao Govêrno e que se morresse,e lá no outro mundo encontrasse brancos,lhes havia de fazer guerra. Disse tambem o número de mortos que teve nos vários combates e que somados, dão até à nossa entrada no Biombo,1.307 mortos. Disse que se considerava o mais valente de todos os régulos porque não tinha fugido da sua terra,pois queria ali morrer,e que foi êle quem mandou a ordem para trucidarem o professor Moreira.

Fomos acampar em Sidja.Ali estivemos até ao dia 24 em que mudamos o acampamento para Claque onde se principiou a construcção de uma tabanca de guerra onde ficará o pôsto militar do Biombo,servido pelo rio Petem ou Menau. A canhoneira Flecha tinha retirado em 21 e eu fui a Bissau em 26 afim de tratar de assuntos da coluna. A 28 segui na Flecha para Safim a levar cartuchame e víveres para o pôsto que ali está.

A 29 fui aó rio Cór-Bejimita onde estava a coluna,para se estabelecer uma tabanca de guerra ali.

23

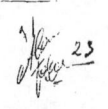

A 1 de Agosto voltava o resto da coluna a Bór continuando em serviço de polícia para conseguir a entrega de armas e apresentações e assim continuou.

A 17 foi dissolvida a coluna, continuando as fôrças como ocupação nos quatro postos que ali estão - Bór - Safim - Bejimita e Biombo.

A fama terrivel que os papeis e grumetes tinham, o bom armamento que eu reputo em não menos de 600 armas aperfeiçoadas, incluindo as Sniders, Kropatchecks, e Mannlichers, a grande porção de cartuchame que tinham, pois, de 284 baixas apenas duas foram produzidas por armas ordinárias, mostram bem à evidência o trabalho árduo e espinhoso que a coluna do meu comando teve que realisar numa época em que as chuvas são torrenciais e os tornados freqüentes.

A percentagem de postos fora de combate foi enorme e nunca atingida em guerras coloniais - 284 em 1.600 homens - isto é, quasi 20 % e dos 109 cavalos morreram em combate ou de ferimentos adquiridos em combate 26, isto é a quarta parte.

Permita-me pois snr. Governador que eu fale dos meus valentes colaboradores para os quais não encontro palavras no meu coração de portuguez nem para lhes exprimir todo o meu reconhecimento pelo valioso serviço prestado à nossa querida Pátria nem para saber traduzir todo o meu desejo de que lhes fôssem dadas recompensas condignas.

Junto a êste relatório vão as propostas para essas recompensas, e estou plenamente convencido que Vª Exª me achará mesquinho e as ampliará, porque melhor do que ninguem conhece a bela obra de patriotismo que os meus companheiros realisaram e de que eu tive a felicidade de poder ajudar com o meu humilde préstimo.

Henrique Alberto de Sousa Guerra, tenente de infantaria, comandante do pelotão de infantaria e da metralhadora, ha pouco saído dos bancos da escola, deu provas de muita coragem, sangue-frio e valor. Antes de nos internarmos foi encarregado da defesa do lado Oeste da povoação, trabalho extenuante de que muito bem se houve. Durante as operações tomou o comando da coluna de 12 de Junho a 1 de Julho, em que afirmou as suas qualidades de militar bem como em todos os combates.

Francisco Augusto Regala,capitão-médico do quadro de saúde de Cabo Verde e Guiné,sempre alegre e bem disposto,afirmou mais uma vez as suas qualidades de valôr,sangue-frio e coragem,durante os combates em que tomou parte,revelando muita humanidade principalmente no dia 5 de Junho,quando do avanço da coluna para o alto de Intim,andando com o pessoal de saúde a procurar os feridos para os enviar ao hospital de sangue,isto debaixo de fogo violento do inimigo.

* 2º tenente de marinha José Francisco Monteiro,comandou as fôrças de marinha,sempre pronto a auxiliar a coluna com o navio do seu comando e com os que lhe estavam subordinados,qualquer que fôsse o tempo e o mar; prestou belo serviço no reboque do lugre "Luso" para transporte dos auxiliares de Cumeré para Bissau,e no bombardeamento de Bejimita.É pena foi que o seu navio não se prestasse,pelo muito calado de agua que precisa,a entrar nos rios da ilha.

2º tenente de marinha Raúl Queimado de Sousa - Nas três campanhas anteriores foi um auxiliar preciosissimo prestando serviços com sacrifício de saúde e de comodidades.Nesta campanha foi incansavel,tendo mostrado muito sangue-frio e coragem,principalmente nos ataques que sofreu a sua canhoneira nos dias 30 e 31 de Maio no rio Impernal.Entrou em vários rios tais como o de Bejimita,Cór-Bejimita e Petun com margens apertadissimas cobertas de tarrafo em que tanto êle como o seu pessoal podiam ser fusilados à queima roupa no que denotou muito arrojo e valor e por último não posso deixar de me referir ao serviço que êle prestou indo a Bejimita transmitir a ordem para a coluna recolher a Bór para prestar socorro à guarnição daquele pôsto.

O major de infantaria José Xavier Teixeira de Barros - Não era êste comando quem deveria falar nos serviços dêste oficial por isso que êle é mais graduado,mas entendo ser um crime deixar de o fazer por isso que quem devia ter visto o seu magnifíco serviço não o quiz ver. Enviado a Bissau antes das operações para acalmar a população que se encontrava bastante excitada,conseguiu pela muita simpatia e bom critério acalmar os espiritos. Organisou o serviço de segurança e vigilância da praça antes e durante as operações.

Capitão de infantaria António Sérgio de Brito e Silva e tenente

António José Pereira de Saldanha, prestaram bom serviço na defesa e vigilância da praça de Bissau, revelando zêlo e diligência.

Guarda-marinha auxiliar do serviço naval António José Pereira - Prestou magnífico serviço acumulando o seu serviço especial de delegado marítimo com o serviço da praça de Bissau, ajudando à montagem das peças de 10,5 c., dirigindo o fogo de uma delas durante a acção da artilharia da praça no que revelou, muita competência, zêlo e dedicação pelo serviço e ainda tomou a seu cargo o fornecimento de agua para o grande número de feridos que havia no hospital de sangue.

Dos restantes oficiais, falam os relatórios parciais que junto, fazendo-lhes referências que são justas.

Os 1º sargentos da 1ª Companhia Indígena de Infantaria António Ribeiro Vilaça e José Rodrigues de Faria - O 1º sargento da Companhia de Saúde de Cabo Verde e Guiné, João Batista Lobo - 2º sargento das Secções de Artilharia, José Jacinto e 1º cabo Feliciano Godinho - Foram promovidos a êstes postos pelo trabalho árduo que dispenderam no serviço de vigilância e segurança da praça e pelo muito valor, coragem e abnegação de que deram provas nos combates de 3,5,7 e 8 de Junho. Desde então até final da campanha não desmereceram continuando a desempenhar os serviços com a mesma boa vontade, coragem, valor e sangue frio.

O soldado nº 64/180 Firmino Mendes de Almeida da Companhia de Saúde de Cabo Verde e Guiné mostrou sempre muita coragem, sangue frio, inexcedivel boa vontade e humanitarismo pelos feridos debaixo de fogo desempenhando serviços que não eram da sua especialidade.

O soldado da 2ª Companhia Indígena de Infantaria nº 101/339 Catorone foi sempre de um sangue frio imperturbavel durante os ataques, muito respeitado pelos soldados, desempenhou sempre as funções de cabo com muito acêrto.

O 1º sargento das Secções de Artilharia nº 40/142 Alberto Soares, encarregado do Depósito de Material de Guerra, mostrou sempre muito zêlo e dedicação pelo serviço, fazendo com que o material de guerra requisitado pela coluna chegasse sempre a tempo e em boas condições de serviço, concorreu assim para o bom desempenho da missão de que estava encarregada a coluna.

O relatório das Secções de Artilharia faz referências a praças que são muito justas.

Os relatórios dos médicos directores do hospital de sangue fazem referências a praças que acho justas.

O 2º sargento de artilharia nº 11/514 da Secção de Depósito João Rodrigues era o comandante da escolta do motor República tendo mostrado muita coragem,valor e sangue frio nos ataques que aquele barco sofreu no Impernal nos dias 29 e 30 de Junho e ainda foi expontaneamente prestar os seus serviços na praça de Bissau,coadjuvando os seus camaradas e fazendo-se notar pelo comandante das Secções pela sua firmeza,serenidade e desembaraço no ataque que os grumetes e papeis fizeram à praça no dia 3 de Junho último.

O 2º sargento serralheiro-ferreiro nº 5/5 da Secção de Depósito, José Batista Ramos Junior prestou magnífico serviço da sua especialidade durante as operações sempre com o máximo zêlo e diligência e boa vontade,marchando para Bissau,embora convalescente,sendo o seu estado de saúde bastante precário.

Dos relatórios dos comandantes das lanchas canhoneiras se vê o serviço prestado pelas suas praças que cumpriram com bastante zêlo os seus deveres.

O cabo fogueiro nº 844 António Germano empregou muito zêlo e dedicação e boa vontade no pesado e árduo trabalho de maquinista do motor República.

O cabo marinheiro nº 1188 Alvaro Pereira prestou magnífico serviço no dia 2 de Junho rebocando,com o gazolina de que era patrão,escaleres e lanchas de auxiliares facilitando o serviço de passagem da coluna.

O tenente de 2ª linha Abdul Injai já experimentado nas três campanhas anteriores foi de uma valentia inexcedivel,sereno,respeitado por todos os auxiliares que comanda,foi dedicadissimo pelo serviço como o é ao Govêrno Portuguez.

O alferes de 2ª linha Mamadú Sissé,como Abdul de quem é o imediato,prestou muito bom serviço;valente e destemido foi sempre muito dedicado ao serviço do Govêrno,que respeita.

Aliburi Injai,filho de Abdul,parece ter herdado dêle as qualida-

35 27

des guerreiras que alia a muita sensatez apezar de ser muito novo. Sempre que se tratava de qualquer reconhecimento perigoso era ele o escolhido, tendo dado belas provas.

Felix Dias - Êste homem foi já alferes de 2ª linha, tendo sido demitido. Serviu de guia algumas vezes e mostrou sempre nos combates em que entrou muita coragem, valor e sangue frio.

Os chefes irregulares Braima Dau e Alfá Mamadú Seilú bem como o chefe mandinga de Bissau, Ansumane Mané, mostraram muito boa vontade e muita coragem e valor em todos os combates.

Jorge Karam e Carlos Cabral Avelino; dois voluntários que acompanharam a coluna à qual dispensaram toda a sua boa vontade, zêlo e dedicação, mostrando muita valentia durante as marchas e muita coragem, valor e sangue frio durante os combates.

Torquato Leandro Dias, ex-2º sargento enfermeiro - Foi contratado para prestar serviço na coluna por haver falta de enfermeiros. Foi um preciosissimo auxiliar, sempre bem disposto, muito resistente nas marchas com muito sangue frio e coragem durante os ataques, prestando os seus serviços aos feridos com muita humanidade mesmo debaixo de fogo. O médico da coluna faz-lhe referências elogiosas e eu propuz para êle a reintegração como 2º sargento enfermeiro e oxalá lha concedam porque, como enfermeiro, segundo opinião do médico citado, poderá haver igual mas não melhor.

O voluntário João José da Costa Ribeiro acompanhou a coluna até Safim, tendo prestado serviços nos quais revelou boa vontade e zêlo, mostrando muita coragem durante os combates.

O comerciante francez snr. André Garés prestou no dia 1 de Junho magnífico auxílio rebocando com o seu motorsinho a gazolina no pôrto de Cumeré as lanchas que iam receber auxiliares indo atraca-las à margem e rebocando-as depois para o fundeadouro; trabalho árduo e de grande auxílio para a coluna.

O comandante do lugre "Luso" snr. Pedro Mariano de Azevedo cedeu gratuitamente o seu lugre para transporte dos auxiliares do Cumeré para Bissau.

As casas comerciais António Silva Gouvêa, Companhia Francesa da A-

28

frica Ocidental,Companhia Francesa do Comércio Africano e o snr. José Batista Tomé cederam gratuitamente as suas lanchas para transporte do pessoal e gado nos dias 1 e 2 de Junho findo do Cumeré para Bissau.

Durante as operações,as casas Magne Fréres & Valicon,Rodolf Titzck & Cta.,Avelino Irmãos & Cta. Lda. e os snrs.Manoel António de Oliveira,Jorge Karam,Soda Fréres,Moustaphá Jouad,Simon Thyan e José Joaquim Pereira,ofereceram ao hospital de sangue vários generos alimentícios,colas e dinheiro.

Singelamente descrevi os serviços prestados pelos meus auxiliares regulares,irregulares e voluntários,mas Vª Exª decerto com a sua clara inteligência saberá compreender aquilo que a insuficiência da minha pena não soube dizer.

Como resposta àqueles que diziam que em Bissau não queriam que se fizesse a guerra aos papeis e grumetes,basta ler as linhas anteriores em que indivíduos e casas comerciais de Bissau cederam gratuitamente os seus barcos e concorreram com dádivas,provas inequivocas de simpatia.

Depois da guerra tiveram ainda os habitantes de Bissau a extrêma gentileza de nos festejar durante três dias,associando-se o comércio e o município,fôrças vivas de Bissau.

Antes de concluir êste relatório venho ainda lembrar a conveniência de se apurar a responsabilidade de todos aqueles,grumetes e não grumetes,que mais ou menos concorreram para a revolta dos papeis e proceder-se à captura e deportação para outra província dos grumetes que tendo andado dentro de Bissau a fazer fogo contra nós,hoje fugiram dali refugiando-se nas pontas do Quinara,Bijagós e outras.

São rebeldes,com a consciência dos actos que praticaram visto serem civilisados,que pegaram em armas contra o Govêrno,armas que ainda conservam,constando até,que alguns nas pontas em que estão,ameaçaram os concessionários para que êstes,atemorisados,não vão ali e não vejam o que êles fazem.

Sem ser profeta estou convencido que, se continuarmos com a brandura dos nossos costumes e os deixarmos sem a punição que merecem, em pouco tempo êles farão rebentar nova revolta entre os balantas, manjacos ou papeis, povos que como Vª Exª sabe são guerreiros por índole e portanto sempre prontos a pegar em armas, muito principàlmente incitados pelo exemplo daqueles, que tendo sido rebeldes (e o são ainda porque se não apresentaram e conservam as suas armas), ficarem impunes e que continuam por esse facto a gozar grande prestígio entre aqueles povos.

Oxalá eu me engane.

Snr. Governador: Vou terminar pedindo a Vª Exª tenha em atenção os serviços prestados por toda a coluna da qual me foi dada a honra de comandar, serviços que me parecem foram grandiosos e para os quais eu concorri com a mais insignificante parcela.

Bolama, 1 de Setembro de 1915.

O Comandante da coluna,

João Teixeira Pinto
Capitão

APÊNDICE IX

"Declaração de Rendição" do General Nino Vieira, de 8.5.1999[1]

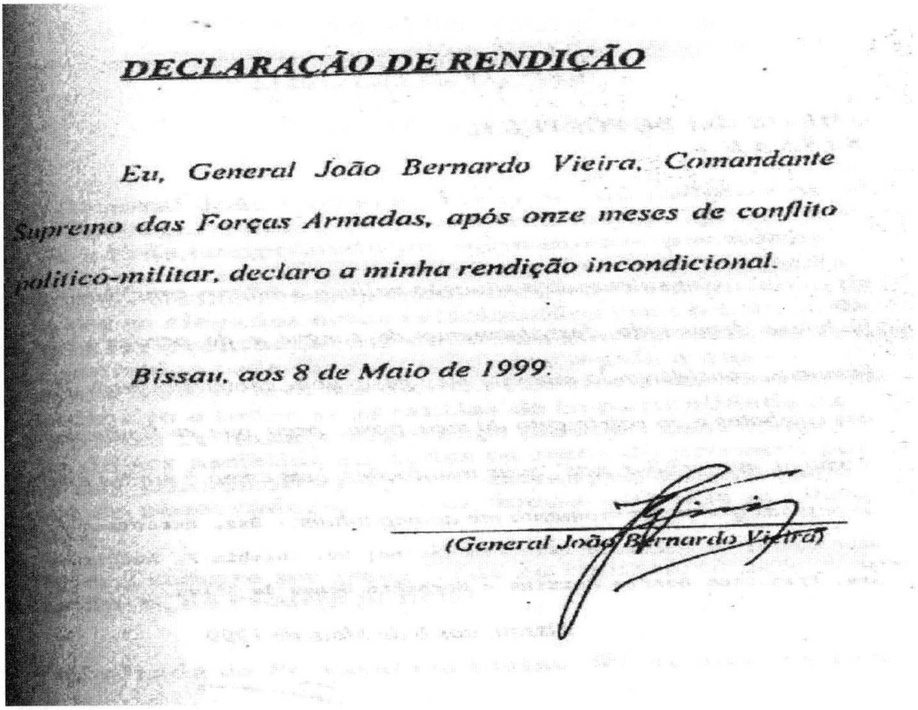

DECLARAÇÃO DE RENDIÇÃO

Eu, General João Bernardo Vieira, Comandante Supremo das Forças Armadas, após onze meses de conflito político-militar, declaro a minha rendição incondicional.

Bissau, aos 8 de Maio de 1999.

(General João Bernardo Vieira)

---

[1] Digitalizado a partir da obra de J. ZAMORA INDUTA, Guiné..., cit., p. 185.

APÊNDICE X

Declaração, de 27.5.1999, do General Nino Vieira em que se compromete a comparecer perante a Justiça, num determinado caso e verificadas certas condições[1]

DECLARAÇÃO

Eu, General João Bernardo Vieira, tendo pedido e obtido asilo em Portugal e devendo imperativamente saír do País por razões de saúde, comprometo-me solenemente por minha honra a comparecer perante os Tribunais competentes da República da Guiné-Bissau, respondendo pela imputação de omissão sobre alegados actos relacionados com o tráfico de armas que fôr eventualmente deduzida contra mim, desde que sejam cumpridas todas as formalidades legais a que o Ministério Público deva obediência (direito a ser ouvido como arguido, direito a todas as garantias de imparcialidade da instrução e do Tribunal e segurança pessoal) bem como a garantia de ser assistido em todos os actos do processo por advogados e consultores jurídicos estrangeiros, bem como a presença de observadores internacionais que seja por mim solicitada.

Deverá sempre ser assegurada ao signatário pelo menos uma instância de recurso judicial.

Embaixada de Portugal em Bissau, 27 de Maio de 1999

General João Bernardo Vieira

[1] Digitalizado a partir da obra de J. ZAMORA INDUTA, Guiné…, cit., p. 187.

APÊNDICE XI

"Declaração de Renúncia" do Presidente Nino Vieira, de 2.6.1999[1]

Declaração de renúncia

Eu, João Bernardo Vieira, General,

Ciente das minhas responsabilidades e do papel que desempenhei, seja na luta de libertação nacional do meu país, seja em altos cargos de direcção do Estado,

Animado do firme propósito de contribuir para a pacificação e a reconciliação nacionais e colocando acima de tudo os interesses supremos do povo guineense,

Decido renunciar ao cargo de Presidente da República por que fui eleito, permitindo que se faça, nos termos da Constituição da República, a minha substituição nas funções cuja vacatura esta minha decisão vai provocar.

Aproveito esse ensejo para, neste momento que encerra enormes desafios e constrangimentos de diversa índole, saudar o povo do meu país, por quem dediquei com generosidade largos anos da minha juventude e que procurei servir na medida das minhas possibilidades e augurar-lhe os melhores êxitos nos difíceis caminhos que irá trilhar.

É com enorme tristeza e preocupação, mas sem quaisquer ressentimentos, que sou forçado a deixar a *Guiné-Bissau, esperando, no entanto,* que algum dia ser-me-á possível fazer a viagem de regresso em paz e como um simples cidadão amante da sua terra

Feito em Bissau, aos 2 de Junho de 1999

Assinado
João Bernardo Vieira
General

<u>Contrapartidas e garantias para a assinatura da declaração de renúncia</u>

1. **Garantia de tratamento condigno.**
2. **Garantia do estatuto de ex-presidente da República e do estatuto de Combatente da Liberdade da Pátria.**
3. **Garantia de segurança pessoal para si e a sua família**
4. **Declaração do Governo em como não serão criadas dificuldades à sua saída do país, bem assim da sua família.**
5. **Acompanhamento durante a saída e durante a viagem sob a responsabilidade institucional da Embaixada de Portugal em Bissau.**
6. **Entrega da declaração de renúncia a uma alta entidade portuguesa, que a manterá em local inviolável e a entregará no momento em que se encontre no exterior do país.**

---

[1] O texto da página seguinte foi digitalizado a partir da obra de J. ZAMORA INDUTA, Guiné…, cit., p. 188. A versão que vem em papel timbrado da Embaixada de Portugal em Bissau chegou-me às mãos em 2005. É proveitoso comparar as duas versões, sendo as diferenças poucas, mas significativas. Tirando a terceira pessoa do singular, que vem substituída pela primeira do mesmo número na declaração feita em papel timbrado da Embaixada portuguesa em Bissau (note-se que o padrão reproduzido primeiramente não tem os tais elementos identificativos da referida representação diplomática), a *renúncia da Embaixada* traz um 6.° ponto (nas "contrapartidas e garantias para a assinatura da declaração de renúncia" – colocado antes da data e assinatura, esclarecendo-se que foi "Feito na Embaixada de Portugal em Bissau, aos 2 de Junho de 1999"; enquanto que a outra versão diz "Feito em Bissau") que prevê a "Entrega da declaração de renúncia a uma alta entidade portuguesa, que a manterá em local inviolável e a entregará no momento em que se encontre no exterior do país".

S. R.

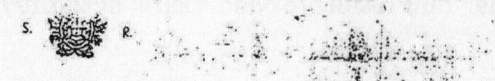

EMBAIXADA DE PORTUGAL
GUINÉ-BISSAU

DECLARAÇÃO

Eu, João Bernardo Vieira, General,

Ciente das minhas responsabilidades e do papel que desmpenhei, seja na luta de libertação nacional do meu país, seja em altos cargos de direcção do Estado,

Animado do firme propósito de contribuir para a pacificação e a reconciliação nacionais e colocando acima de tudo os interesses supremos do povo guineense,

Decido renunciar ao cargo de Presidente da República por que fui eleito, permitindo que se faça, nos termos da Constituição da República, a minha substituição nas funções cuja vacatura esta minha decisão vai provocar.

Aproveito esse ensejo para, neste momento que encerra enormes desafios e constragimentos de diversa índole, saudar o povo do meu país, por quem dediquei com generosidade largos anos da minha juventude e que procurei servir na medida das minhas possibilidades e augurar-lhe os melhores êxitos nos difíceis caminhos que irá trilhar.

É com enorme tristeza e preocupação, mas sem quaisquer ressentimentos, que sou forçado a deixar a Guiné-Bissau, esperando, no entanto, que algum dia ser-me-á possível fazer a viagem de regresso em paz e como um simples cidadão amante da sua terra.

<u>Contrapartidas e garantias para a assinatura da declaração de renúncia</u>

1. Carantia de tratamento condigno.
2. Garantia do estatuto de ex-presidente da República e do estatuto de Combatente da Liberdade da Pátria.
3. Garantia de segurança pessoal para mim e minha família.
4. Declaração do Governo em como não serão criadas dificuldades à minha saida do país, bem assim da minha família.
5. Acompanhamento durante a saída e durante a viagem sob a responsabilidade institucional da Embaixada de Portugal em Bissau.

Feito na Embaixada de Portugal em Bissau, aos 2 de Junho de 1999

Assinado

João Bernardo Vieira
General

APÊNDICE XI-A

"Declaração de Renúncia" do Presidente Koumba, de 17 de Setembro de 2003[1]

"Povo da Guiné-Bissau,
Meu muito querido povo,

Como sabem, no dia 14 de Setembro de 2003 verificaram-se no país importantes acontecimentos. A Guiné-Bissau é hoje um dos países mais pobres do continente africano. Mas é também verdade que a Guiné- Bissau sempre ocupou um lugar de destaque no continente no combate pela dignidade dos africanos, pelos valores da África, pela emancipação dos seus povos, pela democracia e pelo progresso social.
Consciente dessa herança de orgulho e dignidade que nos foi legado pelos nossos corajosos combatentes contra o colonialismo, a opressão e o domínio, decidi, soberana e livremente, proclamar o seguinte: Admitimos todos a extrema gravidade da situação actual e, se ela persistisse, ocorreria uma vez mais em detrimento do valente povo guineense.
Devemos também mostrar ao mundo o nosso empenho na persecução da nossa experiência democrática e no cumprimento da Constituição.
É em nome dessas preocupações, e colocando os interesses da Guiné-Bissau acima dos nossos interesses pessoais que, na sequência de uma mediação da CEDEAO (Comunidade Económica dos Estados da África Ocidental), proponho este compromisso aos nossos irmãos, chefes das Forças Armadas:
1 - Aceito à nomeação de um governo civil de União Nacional e de Transição, liderado por uma personalidade guineenses que reúna o consenso nacional e que seja reconhecida pelo seu patriotismo, competência e integridade.
2 - Que as eleições gerais, legislativas e presidenciais, sejam realizadas num período razoável, de acordo com um calendário eleitoral consensual entre todas as forças vivas da Nação.
3 - Em nome da unidade nacional, da minha conhecida dedicação a paz e à resolução pacífica e fraterna dos nossos problemas, decidi deixar o cargo de presidente da República.
4 - Lanço ao povo da Guiné-Bissau um apelo à disciplina, à unidade e a um renascimento nacional em torno do novo governo.
5 - Lanço um vibrante apelo à diáspora guineense, para que esta aceite participar, desde já, na causa do renascimento nacional.
6 - Lanço também um sincero e urgente apelo à CEDEAO, à União Africana, às Nações Unidas, à União Europeia, à CPLP (Comunidade dos Países de Língua Portuguesa), a todos os parceiros da cooperação internacional e países amigos para que apoiem, sem reservas, o governo de União Nacional e de Transição e a este disponibilizem a assistência financeira e material necessária para salvaguardar a legalidade e permitir o cumprimento do calendário eleitoral conforme referido no ponto número 2.
7 - Agradeço às Forças Armadas por terem conseguido evitar a violência e a perda de vidas humanas no nosso país e exorto-as a regressarem às suas casernas.
8 - Agradeço a todos os chefes de Estado do nosso continente e, particularmente, aos da CEDEAO, ao seu presidente em exercício (o chefe de Estado ganês, John Kufuor), que sempre me aconselharam e encorajaram.
9 - Por último, agradeço ao povo da Guiné-Bissau, a quem reitero a minha fidelidade, lealdade e a minha inteira disponibilidade, ontem como hoje, e amanhã como sempre.

Viva a Guiné-Bissau,
Viva a CEDEAO,
Viva a União Africana,
Que Deus vos abençoe!

Feito em Bissau, aos 17 de Setembro de 2003

KOUMBA IALÁ COBDÉ NHANCA
PRESIDENTE DA REPÚBLICA

---

[1] *In* Gazeta de Notícias, de 19.9.2003.

APÊNDICE XII

Normas relevantes da Constituição da República da Guiné-Bissau[1]

ARTIGO 1.°

A Guiné-Bissau é uma República soberana, democrática, laica e unitária.

ARTIGO 2.°

1. A soberania nacional da República da Guiné-Bissau reside no povo.
2. O povo exerce o poder político directamente ou através dos órgãos do poder eleitos democraticamente.

ARTIGO 3.°

A República da Guiné-Bissau é um Estado de democracia constitucionalmente instituída, fundado na unidade nacional e na efectiva participação popular no desempenho, controlo e direcção das actividades públicas e orientado para a construção de uma sociedade livre e justa.

ARTIGO 8.°

1. O Estado subordina-se à Constituição e baseia-se na legalidade democrática.
2. A validade das leis e dos demais actos do Estado e do poder local depende da sua conformidade com a Constituição.

ARTIGO 19.°

É dever fundamental do Estado, salvaguardar, por todas as formas, as conquistas do povo e, em particular, a ordem democrática constitucionalmente instituída.

A defesa da nação deve organizar-se com base na participação activa e na adesão consciente das populações.

ARTIGO 20.°

1. As Forças Armadas Revolucionárias do Povo (FARP), instrumento de libertação nacional ao serviço do Povo, são a instituição primordial de defesa da nação. Incumbe-lhes defender a independência, a soberania e a integridade territorial, e a colaborar estreitamente com os serviços nacionais específicos na garanta e manutenção da segurança interna e da ordem pública.
3. As FARP obedecem aos órgãos de soberania competentes, nos termos da Constituição e da lei.
4. As FARP são apartidárias e os seus elementos, no activo, não podem exercer qualquer actividade política.

---

[1] A transcrição é fidedigna, com os lapsos e incorrecções, tal como se verifica no 2.° Suplemento ao Boletim Oficial n.° 8, de 26.2.1993.

ARTIGO 21.°

1. As forças de segurançan tem por funções defender a legalidade democrática e garantir a segurança interna, e os direitos dos cidadãos e são apartidárias, não podendo os seus elementos, no activo, exercer qualquer actividade política.

ARTIGO 24.° A 58.°

[Catálogo de Direitos de Liberdade e Direitos sociais]

ARTIGO 29.°

1. Os direitos fundamentais consagrados na Constituição não excluem quaisquer outros constantes das demais leis da República e das regras aplicáveis de direito internacional.

2. Os preceitos constitucionais e legais relativos aos direitos fundamentais devem ser interpretados de harmonia com a Declaração Universal dos Direitos do Homem.

ARTIGO 30.°

1. Os preceitos constitucionais respeitantes aos direitos, liberdades e garantias são directamente aplicáveis e vinculam às entidades públicas e privadas.

2. O exercício dos direitos, liberdades e garantias fundamentais só poderá ser suspenso ou limitado em caso de estado de sítio ou de estado de emergência, declarados nos termos da Constituição e da lei.

3. As leis restritivas de direitos, liberdades e garantias têm de revestir carácter geral e abstracto, devem limitar-se ao necessário para salvaguardar outros direitos ou interesses constitucionalmente protegidos e não podem ter efeitos retroactivos, nem diminuir o conteúdo essencial dos direitos.

ARTIGO 36.°

1. Na República da Guiné-Bissau em caso algum haverá pena de morte.

ARTIGO 59.°

2. A organização do Poder Político baseia-se na separação e interdependência dos órgãos de soberania e na subordinação de todos eles à Constituição.

ARTIGO 63.°

1. O Presidente da República é eleito por sufrágio livre universal, igual, directo, secreto e periódico dos cidadãos eleitores recenseados.

2. São elegíveis para o cargo de Presidente da República os cidadãos eleitores guineenses de origem, filho de pais guineenses de origem, maiores de 35 anos de idade, npleno gozo dos seus direitos civis e políticos.

ARTIGO 77.°

Os deputados à Assembleia Nacional Popular são eleitos por círculos eleitorais definidos na lei por sufrágio universal, livre, igual, directo, secreto e periódico.

ARTIGO 119.°

Os Tribunais são órgãos de soberania com competência para administrar a justiça em nome do Povo.

ARTIGO 120.°

4. No exercício da sua função jurisdicional, os Tribunais são independentes e apenas estão sujeitos à lei.

ARTIGO 123.°

1. O juiz exerce a sua função com total fidelidade aos princípios fundamentais aos objectivos da presente Constituição.

2. No exercício das suas funções o juiz é independente e só deve obdiência à lei e à sua consciência.

3. O juiz não é responsável pelos seus julgamentos e decisões. Só nos casos especialmente previstosns lei pode ser sujeito, em razão do exercício das suas funções, a responsabilidade civil, criminal ou disciplinar.

4. A nomeação, demissão, colocação, promoção e transferência de juizes dos tribunais judiciais e o exercício da acção disciplinar compete ao Conselho Superior da Magistratura, nos termos da lei.

ARTIGO 126.°

1. Nos feitos submetidos a julgamentos não podem os tribunais aplicar normas que infrinjam o disposto na Constituição ou os princípios nela consagrados.

ARTIGO 130.°

Nenhum projecto de revisão poderá afectar:

a) A estrutura unitária e a forma republicana do Estado;

b) O estatuto laico do Estado;

e) Direitos, Liberdades e Garantias dos Cidadãos;

f) Direitos Fundamentais dos Trabalhadores;

g) O sufrágio universal, directo, igual, secreto e periódico na designação dos titulares de cargos electivos dos Órgãos de Soberania;

h) O pluralismo político e de expressão, Partidos Políticos e o direito da oposição democrática;

i) A separação e a interdependência dos Órgãos de Soberania;

j) Independência dos Tribunais.

ARTIGO 131.°

Nenhum projecto ou proposta de revisão poderá ser apresentado, debatido ou votado na vigência de estado de sítio ou de estado de emergência.

APÊNDICE XIII

«Convenção relativa á Delimitação das Possessões Portuguezas e Francezas na Africa Occidental», firmada em Paris, a 12 de Maio de 1886[1]

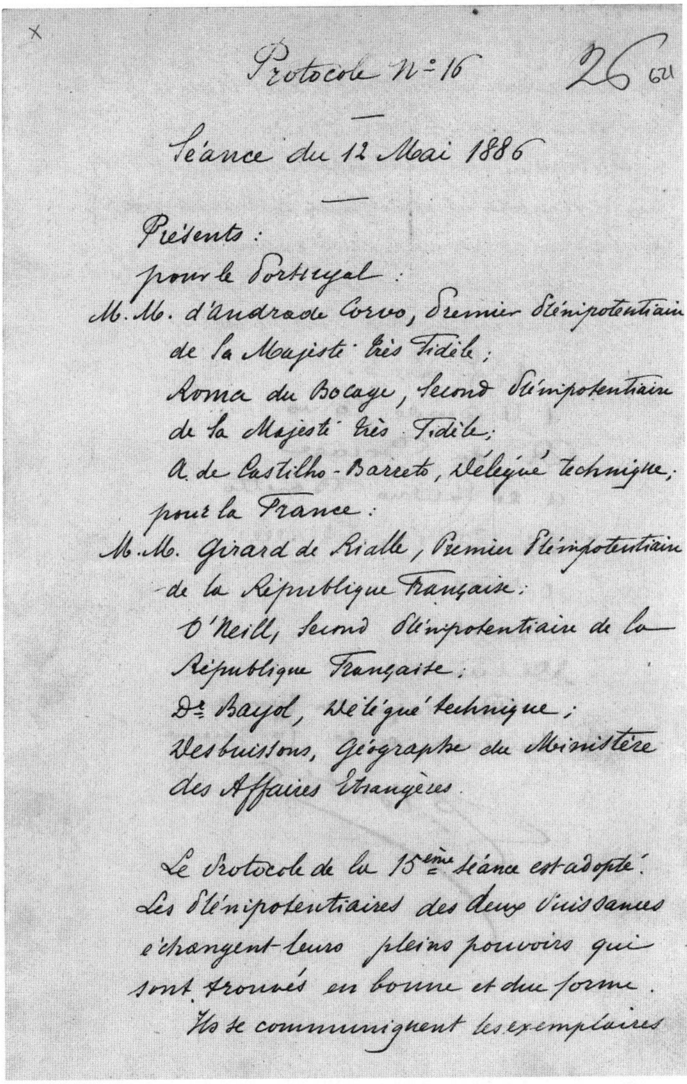

Protocole N° 16

26 621

Séance du 12 Mai 1886

Présents:

pour le Portugal:

MM. d'Andrade Corvo, Premier Plénipotentiaire de Sa Majesté Très Fidèle;

Roma du Bocage, Second Plénipotentiaire de Sa Majesté Très Fidèle;

A. de Castilho-Barreto, Délégué technique;

pour la France:

MM. Girard de Rialle, Premier Plénipotentiaire de la République Française;

O'Neill, Second Plénipotentiaire de la République Française;

Dr Bayol, Délégué technique;

Desbuissons, Géographe du Ministère des Affaires Etrangères.

Le Protocole de la 15ème séance est adopté.

Les Plénipotentiaires des deux Puissances échangent leurs pleins pouvoirs qui sont trouvés en bonne et due forme.

Ils se communiquent les exemplaires

---

1 Firmada em Paris, a 12 de Maio de 1886, pelos plenipotenciários JOÃO DE ANDRADE CORVO e CARLOS ROMA DU BOCAGE (em representação de Sua Magestade El-Rei de Portugal e dos Algarves), J. GIRARD DE RIALLE e A. O'NEILL (em representação do Presidente da República Francesa).

Incluído vai o Protocolo n.° 16 (da sessão de negociações de 12.5.1886).

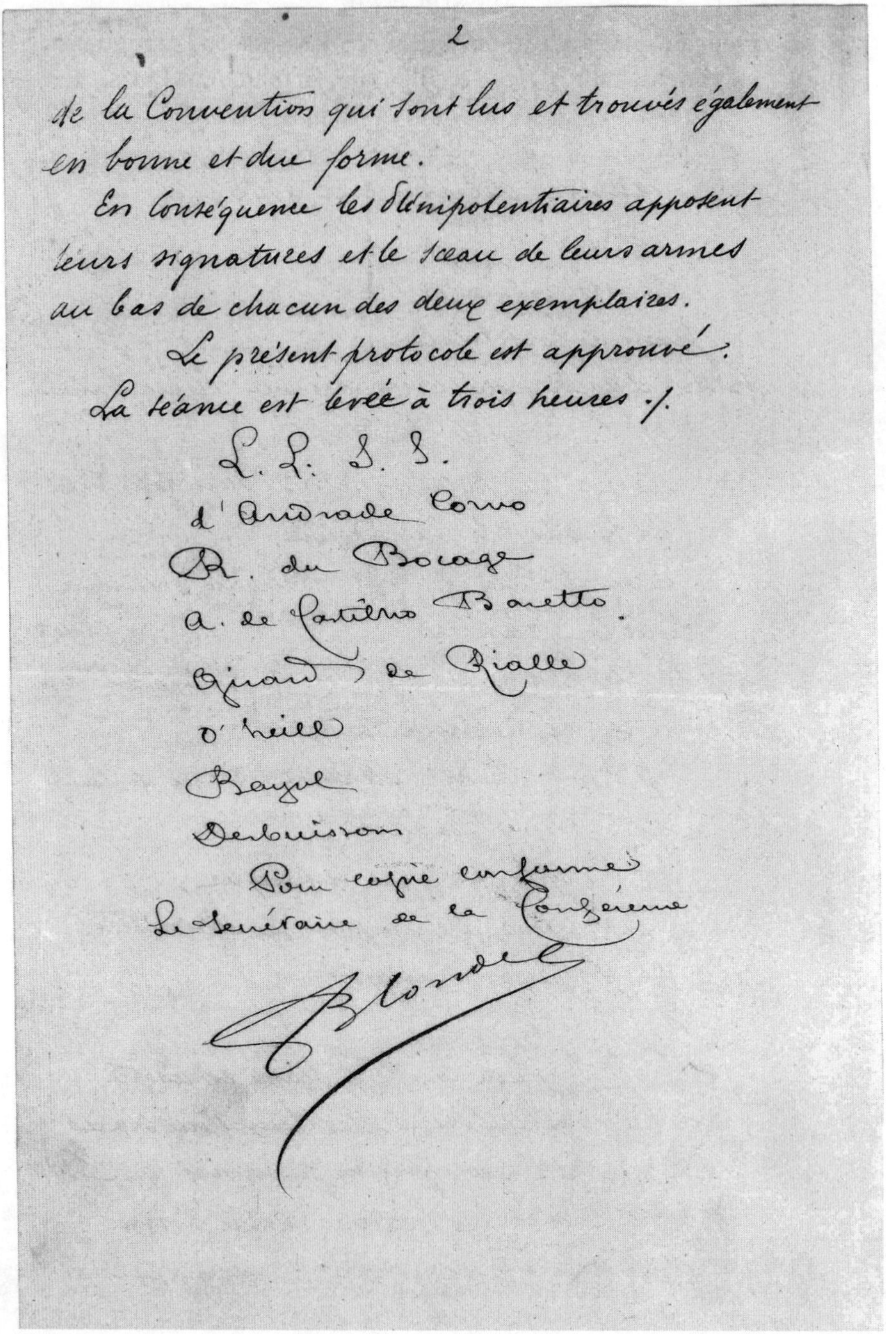

2

de la Convention qui sont lus et trouvés également en bonne et due forme.

En conséquence les Plénipotentiaires apposent leurs signatures et le sceau de leurs armes au bas de chacun des deux exemplaires.

Le présent protocole est approuvé.

La séance est levée à trois heures./.

L. L. S. S.

d'Andrade Corvo

R. du Bocage

A. de Castilho Barreto.

Girard de Rialle

O'Neill

Bayol

Desbuissons

Pour copie conforme

Le Secrétaire de la Conférence

Blondel

CONVENÇÃO

RELATIVA

Á DELIMITAÇÃO

DAS POSSESSÕES

PORTUGUESAS E FRANCESAS

NA AFRICA OCCIDENTAL.

Sua Magestade El-Rei de Portugal e dos Algarves, e o Presidente da Republica franceza, animados do desejo de estreitar pelas relações de boa visinhança e de perfeita harmonia os laços de amisade que existem entre os dois Paizes, resolveram concluir, para este effeito, uma Convenção especial para preparar a delimitação das suas possessões respectivas na Africa occidental, e nomeáram seus Plenipotenciarios, a saber :

Sua Magestade El-Rei de Portugal e dos Algarves :

O Sr João d'Andrade Corvo, Conselheiro d'Estado, Vice-Presidente da Camara dos Pares do Reino, Gran-Cruz da ordem de São Thiago, Gran Cruz da ordem da Legião d'honra de França, Seu Enviado Extraordinario e Ministro Plenipotenciario junto do Governo da Republica francesa, etc.;

e o Sr Carlos Roma du Bocage, Deputado, Capitão do Estado Maior de Engenharia, Seu Official ás ordens Honorario e addido militar na Sua Legação junto de Sua Magestade o

CONVENTION

RELATIVE

À LA DÉLIMITATION

DES POSSESSIONS

FRANÇAISES ET PORTUGAISES

DANS L'AFRIQUE OCCIDENTALE.

Sa Majesté le Roi de Portugal et des Algarves et Le Président de la République française, animés du désir de resserrer par des relations de bon voisinage et de parfaite harmonie les liens d'amitié qui existent entre les deux Pays, ont résolu de conclure, à cet effet, une Convention spéciale pour préparer la délimitation de leurs possessions respectives dans l'Afrique occidentale, et ont nommé pour leurs Plénipotentiaires, savoir :

Sa Majesté le Roi de Portugal et des Algarves :

M. João d'Andrade Corvo, Conseiller d'État, Vice-Président de la Chambre des Pairs, Grand-Croix de l'ordre de Saint-Jacques, Grand-Croix de l'ordre de la Légion d'honneur, Son Envoyé Extraordinaire et Ministre Plénipotentiaire près le Gouvernement de la République française, etc.;

et M. Carlos Roma du Bocage, Député, Capitaine de l'État-Major du génie, Son Officier d'ordonnance Honoraire et attaché militaire à Sa Légation près Sa Majesté l'Empereur

— 4 —

Imperador d'Allemanha, Rei da Prussia, Cavalleiro da ordem de São Thiago, Official da ordem da Legião d'honra de França, etc.

O Presidente da Republica franceza:

M. Girard de Rialle, Ministro Plenipotenciario, Chefe da Divisão dos archivos no Ministerio dos Negocios Estrangeiros, Cavalleiro da ordem nacional da Legião d'honra, etc.;

e o Sr capitão de mar e guerra O'Neill, Commendador da ordem nacional da Legião d'honra, etc.

Os quaes, depois de terem trocado os seus plenos poderes, que acharam em boa e devida forma, concordáram nos artigos seguintes:

ARTIGO I.

Na Guiné, a fronteira que ha de separar as possessões portuguesas das possessões francesas seguirá, conforme o traçado indicado na carta numero I annexa á presente Convenção:

Ao norte, uma linha que, partindo do cabo Roxo, se conservará, tanto quanto possivel, segundo as indicações de terreno, a egual distancia dos rios de Casamansa (Cazamance) e de São Domingos de Cacheu (San Domingo de Cacheu), até á intersecção do meridiano de 17° 30′ de longitude oeste de Paris com o paralello de 12° 40′ de latitude norte. Entre este ponto e o meridiano de 16° de longitude oeste de Paris a fronteira confundir-se-ha com o paralello de 12° 40′ de latitude norte.

A léste, a fronteira seguirá o meridiano de 16° de longitude oeste de Paris, desde o paralello de 12° 40′ de latitude norte até ao paralello de 11° 40′ de latitude norte.

Ao sul, a fronteira seguirá uma linha que partirá da foz do rio Cajet, situado entre a

d'Allemagne, Roi de Prusse, Chevalier de l'ordre de Saint-Jacques, Officier de l'ordre de la Légion d'honneur, etc.

Le Président de la République française:

M. Girard de Rialle, Ministre Plénipotentiaire, Chef de la Division des archives au Ministère des Affaires Étrangères, Chevalier de l'ordre national de la Légion d'honneur, etc.;

et M. le capitaine de vaisseau O'Neill, Commandeur de l'ordre national de la Légion d'honneur, etc.

Lesquels, après avoir échangé leurs pleins pouvoirs trouvés en bonne et due forme, sont convenus des articles suivants:

ARTICLE PREMIER.

En Guinée, la frontière qui séparera les possessions portugaises des possessions françaises suivra, conformément au tracé indiqué sur la carte n° I annexée à la présente Convention:

Au nord, une ligne qui, partant du cap Roxo, se tiendra, autant que possible, d'après les indications du terrain, à égale distance des rivières Cazamance (Casamansa) et San Domingo de Cacheu (São Domingos de Cacheu), jusqu'à l'intersection du méridien 17° 30′ de longitude ouest de Paris avec le parallèle 12° 40′ de latitude nord. Entre ce point et le 16° de longitude ouest de Paris, la frontière se confondra avec le parallèle 12° 40′ de latitude nord.

A l'est, la frontière suivra le méridien de 16° ouest, depuis le parallèle 12° 40′ de latitude nord jusqu'au parallèle 11° 40′ de latitude nord.

Au sud, la frontière suivra une ligne qui partira de l'embouchure de la rivière Cajet,

ilha Catack (que ficará para Portugal) e a ilha Tristão (que ficará para França), e, conservando-se tanto quanto possivel, segundo as indicações do terreno, a egual distancia do rio Componi (Tabatí) e do rio Cassini, depois do braço septentrional do rio Componi (Tabatí) e do braço meridional do rio Cassini (esteiro de Kakondo) a principio, e do Rio Grande por fim, virá terminar no ponto de intersecção do meridiano de 16° de longitude oeste de Paris com o paralello de 11° 40′ de latitude norte.

Ficarão pertencendo a Portugal todas as ilhas comprehendidas entre o meridiano do cabo Roxo, a costa, e um limite meridional formado por uma linha que seguirá o thalweg do rio Cajet e se dirigirá depois para sudoeste seguindo o canal dos Pilotos até attingir o paralello de 10° 40′ de latitude norte com o qual se confundirá até ao meridiano de cabo Roxo.

située entre l'île Catack (qui sera au Portugal) et l'île Tristão (qui sera à la France), et, se tenant autant que possible, suivant les indications du terrain, à égale distance du Rio Componi (Tabatí) et du Rio Cassini, puis de la branche septentrionale du Rio Componi (Tabatí) et de la branche méridionale du Rio Cassini (marigot de Kakondo) d'abord, et du Rio grande ensuite, viendra aboutir au point d'intersection du méridien 16° de longitude ouest et du parallèle 11° 40′ de latitude nord.

Appartiendront au Portugal toutes les îles comprises entre le méridien du cap Roxo, la côte et la limite sud formée par une ligne qui suivra le thalweg de la rivière Cajet et se dirigera ensuite au sud-ouest à travers la passe des Pilotes pour gagner le 10° 40′ latitude nord avec lequel elle se confondra jusqu'au méridien du cap Roxo.

ARTIGO II.

Sua Magestade El-Rei de Portugal e dos Algarves reconhece o Protectorado da França sobre os territorios de Futa-Djallon, tal como este Protectorado foi estabelecido pelos tratados feitos no anno de 1881 entre o Governo da Republica francesa e os Almamys do Futa Djallon.

O Governo da Republica francesa, pela sua parte, obriga-se a não procurar exercer a sua influencia dentro dos limites attribuidos á Guiné portuguesa pelo artigo I da presente Convenção. Compromette-se além d'isso a não modificar o tratamento concedido, desde antigos tempos, aos subditos portugueses pelos Almamys do Futa-Djallon.

ARTICLE II.

Sa Majesté le Roi de Portugal et des Algarves reconnaît le Protectorat de la France sur les territoires du Fouta-Djallon, tel qu'il a été établi par les traités passés en 1881 entre le Gouvernement de la République française et les Almamys du Fouta-Djallon.

Le Gouvernement de la République française, de son côté, s'engage à ne pas chercher à exercer son influence dans les limites attribuées à la Guinée portugaise par l'article premier de la présente Convention. Il s'engage, en outre, à ne pas modifier le traitement accordé, de tout temps, aux sujets portugais par les Almamys du Fouta-Djallon.

ARTIGO III.

Na região do Congo, a fronteira entre as possessões portuguesas e as possessões francesas seguirá, conforme o traçado indicado na carta n° 2 annexa á presente Convenção, uma linha que, partindo da ponta de Chamba situada na confluencia do rio Loema ou Luisa Loango e do rio Lubinda, se conservará, tanto quanto possivel e segundo as indicações

ARTICLE III.

Dans la région du Congo, la frontière des possessions portugaises et françaises suivra, conformément au tracé indiqué sur la carte n° 2 annexée à la présente Convention, une ligne qui, partant de la pointe de Chamba située au confluent de la Loema ou Louisa Loango et de la Lubinda, se tiendra, autant que possible et d'après les indications du

— 6 —

do terreno, a egual distancia d'estes dois rios, e, a partir da nascente mais septentrional do rio Luali, seguirá a linha de cumeada que separa a bacia do Loema ou Luisa Loango da bacia do Chiloango, até ao meridiano de 10° 30′ de longitude léste de Paris, depois confundir-se-ha com este meridiano até ao seu encontro com o Chiloango, que, n'este ponto, serve de fronteira entre as possessões portuguesas e o Estado livre do Congo.

Cada uma das Altas Partes Contratantes obriga-se a não realisar na ponta de Chamba construcção alguma que possa servir de obstaculo á navegação.

O thalweg do estuario comprehendido entre a ponta de Chamba e o mar servirá de linha de demarcação politica ás possessões das Altas Partes Contratantes.

ARTIGO IV.

O Governo da Republica francesa reconhece a Sua Magestade Fidelissima o direito de exercer a sua influencia soberana e civilisadora nos territorios que separam as possessões portuguesas de Angola e de Moçambique, sob reserva dos direitos anteriormente adquiridos por outras Potencias, e obriga-se, pela sua parte, a abster-se alli de qualquer occupação.

ARTIGO V.

Os subditos portugueses nas possessões francesas da costa occidental d'Africa e os cidadãos franceses nas possessões portuguesas da mesma costa serão respectivamente, no que se refere à protecção das pessoas e das propriedades, tratados n'um pé de perfeita egualdade com os cidadãos e os subditos da outra Alta Parte Contratante.

Cada uma das duas Altes Partes Contratantes gosará, nas alludidas possessões, pelo que respeita á navegação e ao commercio, do regimen da nação mais favorecida.

ARTIGO VI.

As propriedades que fasem parte do dominio do Estado de cada uma das Altas Partes

terrain, à égale distance de ces deux rivières, et, à partir de la source la plus septentrionale de la rivière Luali, suivra la ligne de faîte qui sépare les bassins de la Loema ou Louisa Loango et du Chiloango, jusqu'au 10° 30′ de longitude est de Paris, puis se confondra avec ce méridien jusqu'à sa rencontre avec le Chiloango, qui sert en cet endroit de frontière entre les possessions portugaises et ~~celles~~ ~~de~~ l'État libre du Congo.

deux mots rayés nuls

Chacune des Hautes Parties Contractantes s'engage à n'élever à la pointe de Chamba aucune construction de nature à mettre obstacle à la navigation.

Dans l'estuaire compris entre la pointe de Chamba et la mer, le thalweg servira de ligne de démarcation politique aux possessions des Hautes Parties Contractantes.

ARTICLE IV.

Le Gouvernement de la République française reconnaît à Sa Majesté Très Fidèle le droit d'exercer son influence souveraine et civilisatrice dans les territoires qui séparent les possessions portugaises d'Angola et de Mozambique, sous réserve des droits précédemment acquis par d'autres Puissances, et s'engage, pour sa part, à s'y abstenir de toute occupation.

ARTICLE V.

Les sujets portugais dans les possessions françaises sur la côte occidentale d'Afrique et les citoyens français dans les possessions portugaises sur la même côte seront respectivement, en ce qui concerne la protection des personnes et des propriétés, traités sur un pied d'égalité avec les citoyens et les sujets de l'autre Puissance Contractante.

Chacune des Hautes Parties Contractantes jouira, dans les dites possessions, pour la navigation et le commerce, du régime de la nation la plus favorisée.

ARTICLE VI.

Les propriétés faisant partie du domaine de l'État de chacune des Hautes Parties Con-

— 7 —

Contratantes, nos territorios que mutuamente cederam, serão materia de trocas e compensações.

ARTIGO VII.

Uma Commissão será encarregada de determinar, sobre o terreno, a posição definitiva das linhas de demarcação previstas pelos artigos I e III da presente Convenção, e os seus membros serão nomeados da maneira seguinte:

Sua Magestade Fidelissima nomeará e o Presidente da Republica Francesa nomeará: dois Commissarios.

Estes Commissarios reunir-se-hão no logar que será ulteriormente fixado, de commum accordo, pelas Altas Partes Contratantes e no mais breve praso possivel depois da troca das ratificações da presente Convenção.

Em caso de desaccordo, os ditos Commissarios appelarão para os respectivos Governos.

ARTIGO VIII.

A presente Convenção será ratificada, e as ratificações trocadas em Lisboa o mais breve que seja possivel.

Na fé do que os respectivos Plenipotenciarios assignáram a presente Convenção e a sellaram como sello das suas armas.

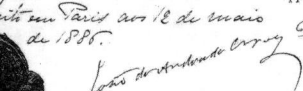

Feito em Paris aos 12 de maio de 1886.

tractantes, dans les territoires qu'elles se sont mutuellement cédés, feront l'objet d'échanges et de compensations.

ARTICLE VII.

Une Commission sera chargée de déterminer, sur les lieux, la position définitive des lignes de démarcation prévues par les articles I et III de la présente Convention, et les membres en seront nommés de la manière suivante:

Sa Majesté Très Fidèle nommera, et le Président de la République française nommera: deux Commissaires.

Ces Commissaires se réuniront au lieu qui sera ultérieurement fixé, d'un commun accord, par les Hautes Parties Contractantes et dans le plus bref délai possible après l'échange des ratifications de la présente Convention.

En cas de désaccord, lesdits Commissaires en référeront aux Gouvernements des Hautes Parties Contractantes.

ARTICLE VIII.

La présente Convention sera ratifiée, et les ratifications en seront échangées à Lisbonne aussitôt que faire se pourra.

En foi de quoi les Plénipotentiaires respectifs ont signé la présente Convention et y ont apposé le sceau de leurs armes.

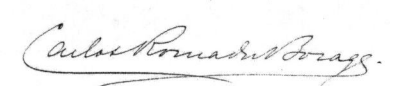

Fait à Paris le 12 mai 1886

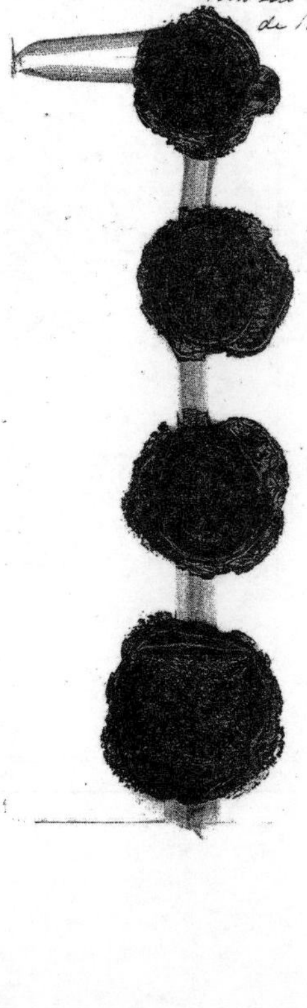

João de Andrade Corvo

Carlos Roma du Bocage

J. Girard de Rialle

A. O'Neill

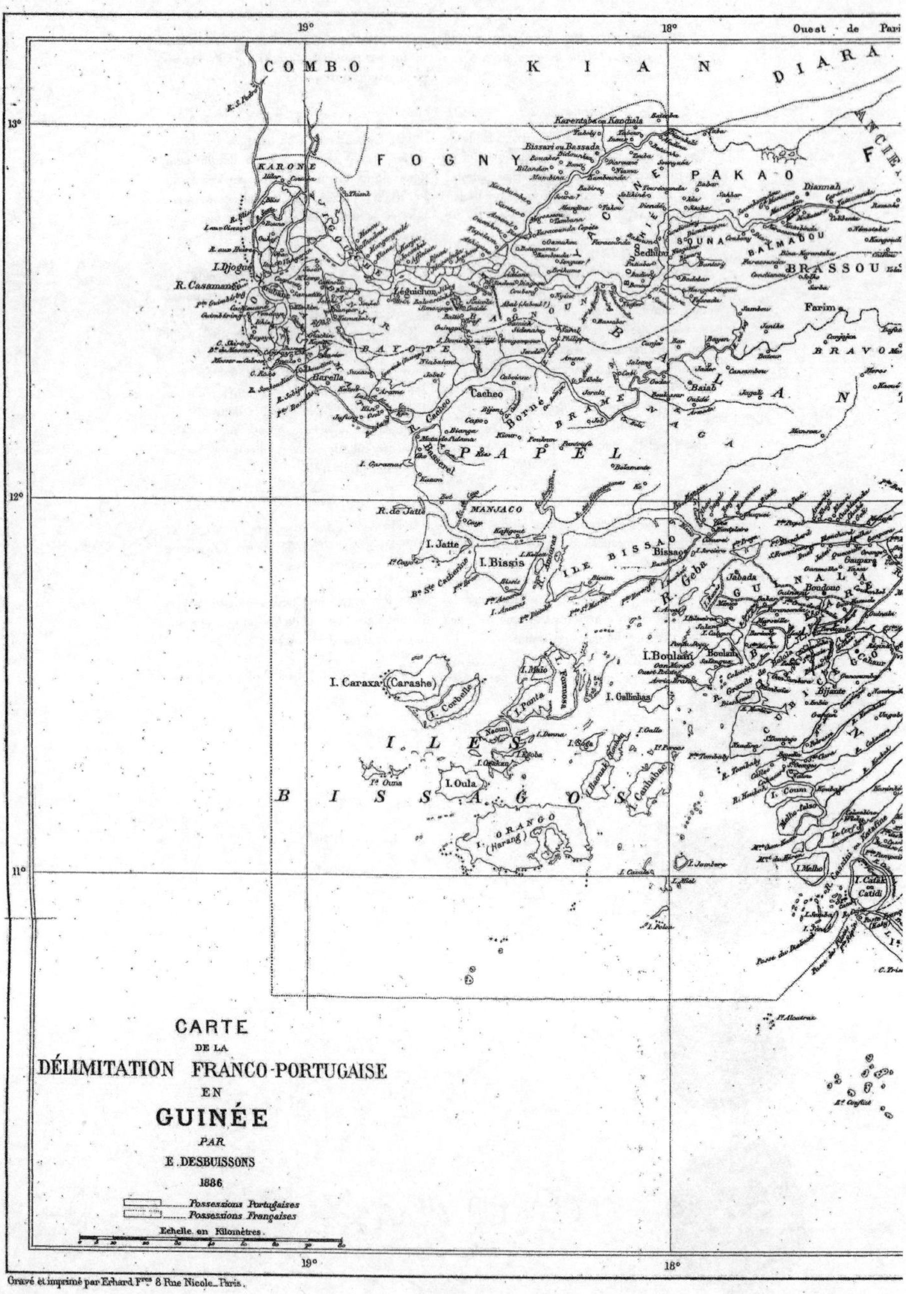

Gravé et imprimé par Erhard Fres 8 Rue Nicole_Paris.

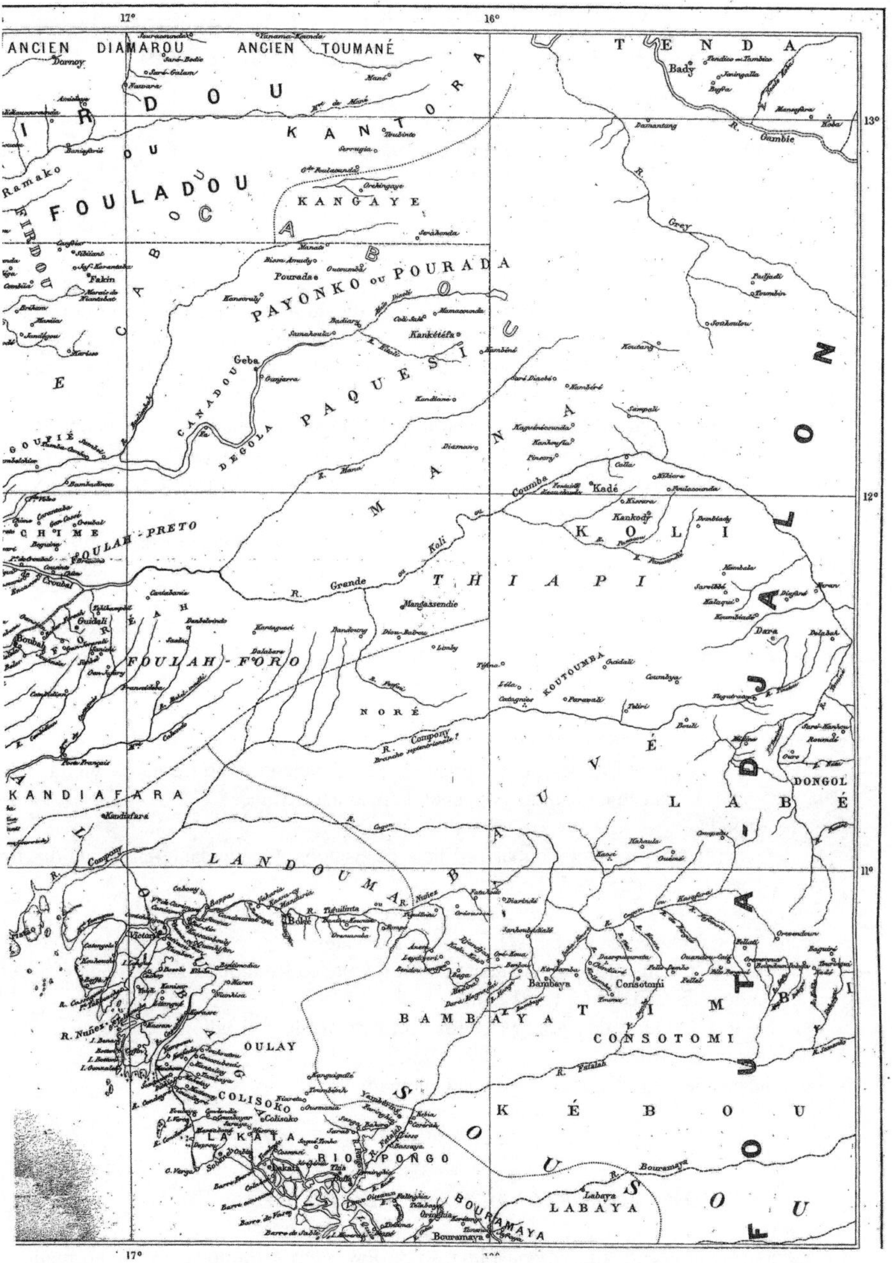
17°
16°
13°
12°
11°
ANCIEN DIAMAROU
ANCIEN TOUMANÉ
T E N D A
Bady
R. Gambie
R. Grey
KANTORA
FOULADOU
KANGAYE
PAYONKO ou POURADA
Pourada
Geba
CANADOU
DEGOLA
PAQUESI
Kankétéfa
Kadé
Kankody
K O L I
C H I M E
FOULAH-PRETO
R. Grande
T H I A P I
Mangassendie
FOULAH-FORO
N O R É
K A N D I A F A R A
Kandiafara
L A N D O U M A
R. Nuñez
Victoria
DONGOL
L A B É
Bambaya
B A M B A Y A
Consotomi
C O N S O T O M I
OULAY
COLISOKO
Colisoko
RIO PONGO
K É B O U
Labaya
L A B A Y A
Bouramaya
BOURAMAYA

APÊNDICE XIV

Acordo de Paz de Abuja, firmada em Abuja, a 1 de Novembro de 1998 e respectivo Protocolo Adicional, de Abril de 1999

ACORDO DE ABUJA

As duas partes em conflito na Guiné-Bissau reunidas entre 31 de Outubro e 01 de Novembro de 1998, no quadro dos esforcos da 21.ª sessão da Conferência dos Chefes de Estado e do Governo da Comunidade Económica da África Ocidental (CEDEAO) acordam o seguinte:

1. A reafirmação do acordo de cessar-fogo assinado em 20 de Agosto de 1998 na Cidade da Praia;

2. A retirada total da Guiné-Bissau das tropas estrangeiras. Esta retirada será efectuada simultaneamente com o envio de uma força de interposição da ECOMOG que substituirá as tropas retiradas;

3. A força de interposição garantirá a segurança ao longo da fronteira entre a Guiné-Bissau e o Senegal, manterá as partes separadas e permitirá às organizações e agências humanitárias o livre acesso às populações civis afectadas. Para o efeito, o aeroporto internacional Osvaldo Vieira e o porto de Bissau serão imediatamente abertos;

4. A criação de um governo de unidade nacional, que em conformidade com as disposições do acordo já assinado pelas duas partes compreenderá entre outros os representantes da auto-proclamada Junta:

5. A organizaçãoo de eleições gerais e presidenciais o mais tardar até fim de Março de 1999, as eleições serão supervisionadas por observadores da CEDEAO, a Comunidade dos Países de Língua Portuguesa (CPLP) e da comunidade internacional.

Feito em Abuja, 01 de Novembro de 1998
Pelo Governo da República da Guiné-Bissau assina, Presidente João Bernardo Vieira.
Pela auto-proclamada Junta Militar), o General Ansumane Mané,
Em presença de:

- S. E. General Abdulsalami Abubakar, Chefe de Estado e Comandante-em-chefe das forças Armadas da República Federal da Nigéria,
- S. E. Coronel Yahya Jammeh, Presidente da República da Gâmbia,
- Secretário Executivo da CEDEAO, Lansana Kouyaté,
- Ministro da Comunicação, reprsentante do Presidente da República Togolesa e Presidente em exercício da CEDEAO, Koffi Panou,
- Pelo Secretário-Geral das Nações Unidas o Secretário-Geral adjunto para os Assuntos politicos, Ibrahima Fall,
- Pelo Secretário-Geral da OUA, Adwoa Coleman.

PROTOCOLO ADICIONAL AO ACORDO DE PAZ DE ABUJA

Considerando a necessidade de consolidação da Paz, com vista ao retorno à normalidade constitucional e à retoma do processo de desenvolvimento socioeconómico do país, no interesse superior do povo da Guiné-Bissau;

Considerando que o Acordo de Paz celebrado em Abuja a 1 de Novembro de 1998 entre o Presidente da República e o Comandante Supremo da auto-denominada Junta Militar, doravante designados por partes signatárias, sob os auspícios da Comunidade Económica dos Estados da África Ocidental (CEDEAO) e pondo termo ao conflito político-militar na Guiné-Bissau, tem registado dificuldades ao nível da sua execução;

Considerando que é vontade inequívoca das partes signatárias a de prosseguirem na via da consolidação da Paz e da criação de condições propícias para que o retorno à normalidade constitucional se processe em total clima de confiança e de respeito mútuos;

As partes signatárias do presente Protocolo adicional ao Acordo de Paz de Abuja, decidem:

Artigo 1.° (Reafirmação do Acordo de Paz)

As partes signatárias reafirmam pelo presente instrumento, os termos do Acordo de Paz celebrado em Abuja (Nigéria), a 1 de Novembro de 1998.

Artigo 2.° (Eleições)

1. O calendário para a realização das eleições presidenciais e legislativas previstas no Acordo de Paz é fixado para o mês de Novembro de 1999.
2. O Presidente da República, nos termos da Constituição e das leis, fixará a data das eleições, após consultas ao Governo de Unidade Nacional e aos partidos políticos.

Artigo 3° (Prorrogação dos mandatos)

1. O mandato do Presidente da República termina com a tomada de posse do Presidente eleito pelo escrutínio de Novembro de 1999.
2. O Governo de Unidade Nacional termina o seu mandato com a proclamação dos resultados eleitorais de Novembro de 1999, mantendo-se em funções para gerir os assuntos correntes da Administração Pública até à tomada de posse do novo Governo emergente das eleições legislativas.
3. A Assembleia Nacional Popular mantém as suas prerrogativas constitucionais até à proclamação dos resultados eleitorais de Novembro de 1999.

Para que faça fé, vai o presente Protocolo Adicional ao Acordo de Paz de Abuja por nós assinado e referendado por testemunhas que indica, em três exemplares em língua portuguesa.

Bissau, aos dias de Abril de 1999.

O Presidente da República
General João Bernardo Vieira

A Auto-denominada Junta Militar
Brigadeiro Ansumane Mané

O Presidente em Exercício da CEDEAO
Gnassingbe Eyadema

O Comandante da ECOMOG
Coronel Gnakoudé Berena

O Coordenador do Sistema das Nações Unidas em Bissau

APÊNDICE XV

Carta de Transição Política, firmada em Bissau, em Setembro de 2003

Preâmbulo

Face ao levantamento militar ocorrido em 14 de Setembro de 2003, consequência da desgovernação do país e das sistemáticas violações da Constituição e das leis pelo Presidente da República renunciante;

Tendo em conta o perigo de institucionalização dum poder autocrático, a degradação da situação económico-social em que vivia a generalidade da população e o risco de uma guerra civil fratricida de consequências imprevisíveis;

Conscientes da necessidade da prossecução dos esforços no sentido da consolidação do procêsso democrático na Guiné-Bissau, num clima de paz e de estabilidade institucionais;

Reafirmando a firme determinação em realizar eleições credíveis, livres, justas e transparentes por forma a garantir o retorno à normalidade constitucional;

Convencidos da necessidade de um período de transição que envolva de forma participativa todas as forças vivas da Nação;

Tendo em conta que o levantamento militar ocorrido em 14 de Setembro de 2003 mereceu, no interesse da Nação Guineense, a compreensão da classe política e das organizações representativas da sociedade civil, com vista a encontrar soluções mais justas para a restituição da dignidade e promoção do bem estar do Povo Guineense;

Constatando o facto de a designação unilateral do Presidente da Republica e do Primeiro Ministro não ter obedecido ao critério de consenso, sendo da inteira responsabilidade do Comité Militar para Restituição da Ordem Constitucional e Democrática;

Os signatários da presente Carta de Transição Política, conscientes ainda do papel que desempenham na formação da vontade popular e, em nome dos superiores interesses da nação em construção;

Com fundamento nos Princípios Gerais de Direito e normas de Direito Público que norteam o Estado da Guiné-Bissau ;

O Comité Militar para a Restituição da Ordem Constitucional e Democrática,

Os Partidos Políticos legalmente constituídos,

E as Organizações da Sociedade Civil,

DECIDEM

Adoptar a presente Carta de Transição Política, que constituirá o quadro jurídico e político para a condução à legalidade e à normalidade constitucionais, nos termos seguintes.

Título I
Carta de Transição Política

Capítulo I
Quadro Legal de Transição Política

Artigo 1°
(Disposições Gerais)

1. Pelo presente instrumento, as partes signatárias adoptam a Carta de Transição Política, que constitui o quadro legal para a condução à normalidade constitucional.

2. As partes signatárias afirmam a sua adesão à presente Carta e reafirmam todos os compromissos internacionais assumidos pela Guiné-Bissau, em conformidade com os princípios gerais de Direito Internacional e os interesses da República.

3. As partes signatárias acordam sobre a organização dos poderes políticos, nos termos dos artigos seguintes.

Título II
Dos órgãos do poder, atribuições e competências

Capítulo II

Presidente da Republica de Transição, Comité Militar para Restituição da Ordem Constitucional e Democrática, Conselho Nacional de Transição e Governo de Transição

Artigo 2°
(Órgãos do Poder Político de Transição)

São órgãos do poder político de transição, o Presidente da Republica de Transição, o Comité Militar para Restituição da Ordem Constitucional e Democrática, o Conselho Nacional de Transição e o Governo de Transição.

Artigo 3º
(Presidente da Republica de Transição)

1. O Presidente da República de Transição é designado pelo Comité Militar para Restituição da Ordem Constitucional e Democrática, ouvido os Partidos Políticos legalmente constituídos, as organizações representativas da Sociedade Civil, a Plataforma das Organizações Não Governamentais, as Autoridades Religiosas e outras Sensibilidades da Nação.

2. O Presidente da República de Transição é investido, em sessão solene, pela plenária do Conselho Nacional de Transição, prestando nesse acto o seguinte juramento:

"JURO, POR MINHA HONRA, DEFENDER A CONSTITUIÇÃO NOS TITULOS E CAPITULOS REFERENTES AOS PRINCIPIOS FUNDAMENTAIS, AOS DIREITOS, LIBERDADES, GARANTIAS E DEVERES FUNDAMENTAIS, AO PODER JUDICIAL E À ORDEM JURIDICA RESULTANTE DA PRESENTE CARTA DE TRANSIÇÃO POLITICA E ÀS LEIS, À INDEPENDÊNCIA E À UNIDADE NACIONAIS, DEDICAR A MINHA INTELIGÊNCIA E AS MINHAS ENERGIAS AO SERVIÇO DO POVO DA GUINE-BISSAU, CUMPRINDO COM TOTAL FIDELIDADE OS DEVERES DA ALTA FUNÇÃO PARA A QUAL FUI CHAMADO A DESEMPENHAR NESTE MOMENTO CRUCIAL DA VIDA DO NOSSO POVO, COMO FORMA DE CONDUZIR O PAIS AO RETORNO À LEGALIDADE E À NORMALIDADE CONSTITUCIONAIS, EM PAZ E ESTABILIDADE INSTITUCIONAIS."

3. O mandato do Presidente da República de Transição expira com a tomada de posse do Presidente da República eleito.

4. O exercício das funções de Presidente da República de Transição é incompatível com o de função ou cargo de Presidente de Partido Político e de Sociedades Comerciais ou de Associações com fins lucrativos e, em caso nenhum, poderá ser compatível ou cumulável com quaisquer outras funções ou exercício de actividades públicas ou privadas remuneradas.

5. Em caso de ausência do pais ou de impedimento temporário, do Presidente da República de Transição compete ao Conselho Nacional de Transição designar o seu substituto, nos termos da presente Carta de Transição Política.

6. Em caso de morte ou impedimento definitivo do Presidente da República de Transição, assumirá as funções o substituto que for designado pelo Conselho Nacional de Transição para terminar o mandato do seu predecessor.

PRS

4

Artigo 4º
(Atribuições do Presidente da República Transição)

1. São atribuições do Presidente da República de Transição:

a) Representar o Estado;

b) Defender a Constituição da República, nos títulos e capítulos referentes aos princípios fundamentais, aos direitos, liberdades, garantias e deveres fundamentais, ao poder judicial e à presente Carta de Transição Política;

TESTEMUNHA

c) Dirigir mensagens à Nação;

d) Convocar extraordinariamente o Conselho Nacional de Transição sempre que razões imperiosas de interesse público o justifiquem;

e) Ratificar os tratados internacionais ;

f) Fixar a data das eleições do Presidente da República, dos Deputados à Assembleia Nacional Popular e dos titulares dos órgãos de Poder Local, nos termos da presente Carta e da lei;

g) Nomear e exonerar o Primeiro Ministro, ouvido o Conselho Nacional de Transição e dar-lhe posse;

h) Nomear e exonerar os restantes membros do Governo, sob proposta do Primeiro Ministro, mediante o parecer vinculativo do Conselho Nacional de Transição e dar-lhes posse;

j) Empossar os Juizes do Supremo Tribunal de Justiça;

k) Nomear e exonerar o Procurador Geral da República, sob proposta do Governo, cujo mandato durará até ao fim do período de transição, mediante o perecer vinculativo do Conselho Nacional de Transição;

l) Nomear e exonerar, sob proposta do Governo, o Chefe de Estado Maior General das Forças Armadas, ouvido o Comité Militar para Restituição da Ordem Constitucional e Democrática;

m) Nomear e exonerar os Embaixadores, sob proposta do Governo de Transição, ouvido o Comité Militar para Restituição da Ordem Constitucional e Democrática;

n) Acreditar os Embaixadores estrangeiros;

o) Promulgar as leis, os decretos-lei e decretos;

p) Indultar e comutar penas;

q) Declarar a guerra e fazer a paz, mediante autorização do Conselho Nacional de Transição;

r) Conceder títulos honoríficos e condecorações do Estado;

s) Exercer as demais funções que lhe forem atribuídas pela Carta de Transição e pela lei.

2. O Procurador Geral da República só pode ser exonerado das suas funções, nos termos da lei.

Artigo 5°
(Competências do Presidente da Republica de Transição)

1. Compete ao Presidente da República de Transição demitir o Governo em caso de grave Crise Política que ponha em causa o normal funcionamento das Instituições da República, mediante o parecer vinculativo do Conselho Nacional de Transição.

2. O Presidente da República de Transição tem a faculdade de propor a acção de Inconstitucionalidade ou a acção declarativa de incompetência relativamente ao diploma que lhe for submetido para a promulgação;

3. O Processo é de natureza cautelar e obedece as regras processuais comuns com adaptações necessárias e está isento de preparos e de custas judiciais e de todo o tipo de emolumentos ou taxas.

4. A sentença deve ser proferida no prazo de sete dias úteis, sem possibilidade de qualquer tipo de recurso.

5. No exercício das suas funções o Presidente da República de Transição profere Decretos Presidenciais, nos termos da presente Carta de Transição.

Artigo 6°
(Responsabilidade do Presidente da República de Transição)

1. O Presidente da República de Transição responde perante o Supremo Tribunal de Justiça pelos crimes cometidos no exercício das suas funções.

2. Pelos crimes cometidos fora do exercício das suas funções, o Presidente da República de Transição responde perante os tribunais comuns, findo o seu mandato.

Artigo 7°
(Conselho Nacional de Transição)

1. O Conselho Nacional de Transição é o órgão de fiscalização política da actividade dos órgãos de poder de transição que se prónuncia sobre as questões fundamentais de política interna e externa do Estado.

2. O Conselho Nacional de Transição é composto por:

a) Comité Militar para Restituição da Ordem Constitucional e Democrática;

b) um representante de cada partido político legalmente constituído;

c) um representante de cada uma das organizações representativas da sociedade civil (8 Representantes).

3. O mandato dos membros do Conselho Nacional de Transição termina com a tomada de posse dos deputados eleitos da Assembleia Nacional Popular.

4. No acto da posse, os membros do Conselho Nacional de Transição prestam juramento nos seguintes termos:

"JURO POR MINHA HONRA, DEDICAR A MINHA INTELIGÊNCIA E AS MINHAS ENERGIAS AO SERVIÇO DO POVO, EXERCENDO AS FUNÇÕES DE MEMBRO DO CONSELHO NACIONAL DE TRANSIÇÃO PARA QUE FUI DESIGNADO, COM TOTAL FIDELIDADE À CONSTITUIÇÃO NOS TÍTULOS E CAPÍTULOS REFERENTES AOS PRINCÍPIOS FUNDAMENTAIS, AOS DIREITOS, LIBERDADES, GARANTIAS E DEVERES FUNDAMENTAIS, AO PODER JUDICIAL, À ORDEM JURÍDICA RESULTANTE DA PRESENTE CARTA DE TRANSIÇÃO POLÍTICA E ÀS LEIS."

5. As competências do Conselho Nacional de Transição são as previstas no presente instrumento e no regimento interno.

Artigo 8°
(Competências do Conselho Nacional de Transição)

1. No exercício das suas funções o Conselho Nacional de Transição dispõe de competências consultivas e deliberativas.

2. O Conselho Nacional de Transição exerce as competências consultivas em todas as matérias fundamentais da política interna e externa que lhe forem submetidas pelo Presidente da República ou pelo Governo de

Transição, nomeadamente pronunciar-se sobre a data da eleições legislativas e presidenciais e sobre a nomeação e exoneração do Primeiro Ministro e dos restantes membros do Governo de Transição.

3. No exercício das suas funções deliberativas compete ao Conselho Nacional de Transição:

a) Acompanhar e fiscalizar previamente a actividade do Presidente da República de Transição, do Governo de Transição e da Administração;

b) Exercer os poderes relativamente ao mandato dos membros do Conselho;

c) Fixar o mandato do Governo de Transição;

d) Emitir parecer vinculativo relativamente à nomeação e exoneração do Primeiro Ministro e dos restantes membros do Governo de Transição.

4. O Conselho Nacional de Transição elegerá, na sua primeira sessão, o seu Presidente e os demais membros da Mesa.

5. A Mesa é composta pelo Presidente, um Vice-Presidente e um Secretário cujos mandatos expiram com a tomada de posse dos deputados eleitos da Assembleia Nacional Popular.

6. As atribuições e competências da Mesa serão reguladas pela plenária do Conselho Nacional de Transição.

7. Durante o período de Transição e até à realização das eleições legislativas, o Conselho Nacional de Transição exerce a tutela sobre a Comissão Nacional de Eleições, nos termos da lei.

Artigo 9º
(Natureza do Governo de Transição)

1. A natureza do Governo de Transição resulta do consenso entre as formações políticas legalmente constituídas, organizações da sociedade civil e o Comité Militar para a Restituição da Ordem Constitucional e Democrática.

2. O Governo de Transição é o órgão executivo e administrativo supremo da República da Guiné-Bissau e o seu mandato expira com a tomada de posse do Governo constitucional resultante das eleições legislativas.

3. O Governo de Transição conduz a política geral do país, de acordo com o mandato que lhe for fixado pelo Conselho Nacional de Transição.

4. O Governo de Transição é constituído pelo Primeiro Ministro, pelos Ministros e pelos Secretários de Estado.

5. O Governo, reunido em Conselho de Ministros, exerce a sua competência legislativa por meio de Decretos-lei e Decretos.

6. Os membros do Governo são responsáveis civil e criminalmente pelos actos cometidos no exercício das suas funções e são julgados pelo Supremo Tribunal de Justiça.

TESTEMUNHA

Artigo 10º
(Chefe do Governo de Transição)

1. O Primeiro Ministro é o Chefe do Governo de Transição, competindo-lhe dirigir e coordenar a acção deste, nos termos do mandato que lhe for fixado pelo Conselho Nacional de Transição.

2. Ao Primeiro Ministro compete informar o Presidente da República de Transição acerca dos assuntos respeitantes à condução da política interna e externa do país.

3. O exercício do cargo de Primeiro Ministro é incompatível com o das funções de Presidente ou de Secretário Geral de um partido político.

4. Caso o Primeiro Ministro designado exerça as funções referidas no número anterior, antes da tomada de posse deve proceder à renúncia formal e pública dessas funções.

5. A declaração da renúncia deve ser remetida ao depositário da presente *Carta de Transição Política*.

6. O Chefe do Governo de Transição tem a faculdade de propor a acção de Inconstitucionalidade ou a acção declarativa de incompetência relativamente a qualquer diploma.

Artigo 11º
(Designação dos Membros do Governo de Transição)

1. O Primeiro Ministro é designado pelo Comité Militar para Restituição da Ordem Constitucional e Democrática, ouvido o Presidente da República, os partidos políticos e as organizações representativas da sociedade civil.

2. Os Ministros e Secretários de Estado são designados pelo Primeiro Ministro, tendo em conta as propostas das formações políticas que participam nas eleições legislativas, mediante o parecer vinculativo do Conselho Nacional de Transição.

PRS

3. A designação para os cargos de Ministros e de Secretários de Estado efectua-se com base no seguinte perfil:

TESTEMUNH.

a) ser técnico de reconhecida competência e experiência;

b) ter idoneidade moral.

4. O exercício das funções de membro de Governo é incompatível com o de cargos de dirigentes ou de lideres partidários, estando vedados de se candidatarem nas eleições legislativas e presidenciais decorrentes do período de transição, observado o disposto nos números 4 e 5 do Artigo 10º.

5. No acto da sua posse, prestam juramento nos seguintes termos:

"JURO, POR MINHA HONRA, DEDICAR A MINHA INTELIGÊNCIA E AS MINHAS ENERGIAS AO SERVIÇO DO POVO, EXERCENDO AS FUNÇÕES (*DE PRIMEIRO MINISTRO, MINISTRO OU SECRETÁRIO DE ESTADO*) PARA QUE FUI NOMEADO, NO GOVERNO DE TRANSIÇÃO DA GUINÉ-BISSAU, COM TOTAL FIDELIDADE À CONSTITUIÇÃO NOS TÍTULOS E CAPÍTULOS REFERENTES AOS PRINCÍPIOS FUNDAMENTAIS, AOS DIREITOS, LIBERDADES, GARANTIAS E DEVERES FUNDAMENTAIS, AO PODER JUDICIAL E À ORDEM JURÍDICA RESULTANTE DA PRESENTE CARTA DE TRANSIÇÃO POLÍTICA E ÀS LEIS."

6. As competências do Governo são as previstas no presente instrumento.

7. Os membros do Governo de Transição estão vinculados aos títulos e capítulos referentes aos princípios fundamentais, aos direitos, liberdades, garantias e deveres fundamentais, ao poder judicial e à Carta de Transição Política e às deliberações tomadas em Conselho de Ministros.

8. Os membros do Governo estão sujeitos à solidariedade governamental, no âmbito da sua acção.

9. Os membros do Governo devem, no prazo de sete dias a contar da tomada de posse, proceder à declaração por escrito de seus bens, conforme o modelo do formulário a aprovar pelo Conselho de Ministros.

10. A não obediência ao preceituado no número anterior implica a imediata exoneração do cargo de membro de Governo.

11. Findo o exercício da função governativa, os ex-membros do Governo devem igualmente proceder em conformidade com o preceituado nos números anteriores.

12. O não cumprimento do estatuído no número anterior do presente Artigo implica o pagamento de multa de dez por cento do valor total estimado dos bens declarados.

TESTEMUNHAS

Artigo 12°
(Atribuições do Governo de Transição)

1. No exercício das suas funções, o Governo de Transição dispõe das seguintes atribuições:

a) Dirigir a Administração Pública e os demais organismos centrais da Administração e os do poder local;

b) Organizar e dirigir a execução das actividades políticas, económicas, culturais, científicas, sociais, de defesa e segurança, em conformidade com os termos do mandato fixado pelo Conselho Nacional de Transição, com vista à normalização da vida política institucional do país;

c) Gerir os assuntos do Estado, em consonância com o mandato fixado pelo Conselho Nacional de Transição, ouvido o Conselho Nacional de Transição, assegurando a execução dos compromisso públicos;

d) Criar e extinguir os Ministérios e as Secretarias de Estado, sob proposta do Primeiro Ministro;

e) Organizar eleições legislativas nos termos da presente Carta de Transição Política e da legislação em vigor;

f) Legislar por Decretos-lei e por Decretos sobre as matérias respeitantes à sua organização e funcionamento;

g) Negociar e concluir protocolos, acordos, pactos e convenções internacionais visando o retorno à normalidade constitucional;

h) Nomear e propor a nomeação a cargos civis e militares;

i) O mais que lhe for cometido pela lei.

2. As atribuições estabelecidas nas alíneas a), b), d), e), f) e g) do número anterior são exercidas pelo Governo de Transição, reunido em Conselho de Ministros.

3. O Conselho de Ministros é constituído pelo Primeiro Ministro, que o preside, e pelos Ministros e Secretários de Estado autónomos.

4. Podem ser criados Conselhos de Ministros especializados em razão da matéria.

5. Os Secretários de Estado podem ser convidados a tomar parte no Conselho de Ministros.

PRS

6. Nos termos da alínea a), do n.º 1 deste Artigo, o Governo de Transição dispõe da competência para nomear e exonerar os Governadores das Regiões e Administradores dos Sectores e da Câmara Municipal de Bissau, sob a proposta do Ministro de tutela mediante o parecer vinculativo do Conselho Nacional de Transição.

Artigo 13º
(Competências do Governo de Transição)

Compete ao Governo de Transição:

a) A normalização da Administração Pública, ao nível central e local;

b) A preparação das eleições legislativas;

c) A adopção de um Programa de Emergência com vista à promoção da retoma de actividades económicas e financeiras do país, bem como à revitalização do sector privado;

d) A garantia do respeito dos compromissos da Guiné-Bissau para com países e instituições internacionais;

e)A formulação e execução de medidas que visem o restabelecimento da confiança nas instituições do Governo da República da Guiné-Bissau junto dos cidadãos e de países e parceiros de desenvolvimento;

f) O exercício de outras funções inerentes à gestão dos assuntos correntes da Administração Pública.

TESTEMUNHA:

Artigo 14º
(Responsabilidade Política do Governo)

O Governo de Transição é politicamente responsável perante o Presidente da República de Transição, sem prejuízo da fiscalização das suas actividades pelo Conselho Nacional de Transição.

Artigo 15º
(Substituição dos Membros do Governo)

Acarreta a substituição de membro do Governo:

a) A aceitação pelo Presidente da República de Transição, do pedido de demissão apresentado pelo Primeiro Ministro;

b) A aceitação pelo Primeiro Ministro do pedido de demissão apresentado por Ministro ou Secretário de Estado;

c) A morte ou a impossibilidade física prolongada de qualquer membro do Governo.

Artigo 16°
(Estrutura do Governo)

A estrutura do Governo de Transição é a que fôr estabelecida pelo Conselho Nacional de Transição sob proposta do Primeiro Ministro.

Título III

Disposições Finais e Transitórias

Artigo 17°
(Depositário do presente instrumento)

O Supremo Tribunal de Justiça é o depositário da presente Carta de Transição Política.

ESTEMUNHA !

Artigo 18°
(Período de transição)

1. O período de transição expira com a tomada de Posse do Presidente da República eleito.

2.As eleições legislativas serão realizadas no prazo máximo de 6 (seis) meses a contar da data de assinatura da presente Carta.

3. A data a propor ao Presidente da República de Transição pelo Conselho Nacional de Transição carece do parecer da Comissão Nacional de Eleições.

4. As eleições Presidenciais serão realizadas no prazo máximo de 1 (um) ano a contar da tomada de posse dos deputados eleitos da Assembleia Nacional Popular.

Artigo 19º
(Direitos e regalias do Presidente de Transição no termo do mandato)

1. Ao Presidente da República de Transição será atribuído por direito, no termo do seu mandato, os direitos e regalias inerentes ao cargo de Presidente da República.

2. Ao Presidente do Comité Militar para Restituição da Ordem Constitucional e Democrática será atribuído os direitos e regalias do Presidente da Assembleia Nacional Popular.

3. Os direitos e regalias dos restantes membros do Comité Militar para Restituição da Ordem Constitucional e Democrática, no termo do seu mandato, são as inerentes aos membros da Comissão Permanente da Assembleia Nacional Popular.

Artigo 20º
(Reposição da legalidade constitucional)

Os signatários da presente Carta de Transição comprometem-se solenemente na via de solução das questões referentes à Administração da Justiça, nomeadamente no que diz respeito à reposição da legalidade constitucional nos Tribunais e à organização de eleições, como forma de garantir a independência e a imparcialidade destas instâncias jurisdicionais com vista à consolidação do processo democrático e à afirmação do Estado de Direito.

TESTEMUNHA:

Artigo 21º
(Compromisso de Reformas do Estado e de outras medidas legais)

Os signatários da presente Carta de Transição comprometem-se solenemente a adoptar uma lei de amnistia para os membros do Comité Militar que participaram no levantamento militar de 14 de Setembro de 2003.

PRS

Artigo 22°
(Subsistência do mandato dos deputados)

A decisão de extinção da Assembleia Nacional Popular pelo Comité Militar para Restituição da Ordem Constitucional não impede a subsistência do mandato dos deputados até à proclamação dos resultados eleitorais decorrentes do período de transição.

Artigo 23°
(Vedação de candidaturas)

1. Ao Presidente da República de Transição, ao Primeiro Ministro e aos Ministros e Secretários de Estado do Governo de Transição são vedados a possibilidade de se candidatarem às eleições legislativas decorrentes do período de transição política.

2. O Presidente da República renunciante não pode candidatar-se às eleições presidenciais no quinquénio imediatamente subsequente à declaração de renúncia.

TESTEMUNHA:

Artigo 24°
(Período de duração, composição e competências do Comité Militar para Restituição da Ordem Constitucional e Democrática)

1. O Comité Militar para Restituição da Ordem Constitucional e Democrática extingue-se com o fim do período de transição política.

2. A Composição do Comité Militar para Restituição da Ordem Constitucional e Democrática é a estabelecida pelo próprio órgão no seu regimento interno.

3. Durante o período de transição e após a realização das eleições legislativas o Comité Militar para Restituição da Ordem Constitucional e Democrática passará a exercer as funções de órgão consultivo do Presidente da República de Transição.

4. No período de transição, o Comité Militar para Restituição da Ordem Constitucional e Democrática exercerá as competências consultivas em todas as matérias fundamentais da política interna e externa que lhe forem submetidas pelo Presidente da República de Transição.

PRS

Artigo 25°
(Atribuições do Comité Militar para Restituição da Ordem Constitucional e Democrática)

1. São atribuições do Comité Militar para Restituição da Ordem Constitucional e Democrática:

a) Aconselhar o Presidente da República de Transição;

b) Emitir parecer ao Presidente da República de Transição sobre a declaração da guerra e feitura da paz;

c) Pronunciar-se sobre a impossibilidade física permanente do Presidente da República de Transição e verificar os impedimentos para o exercício das funções;

d) Pronunciar-se sobre a declaração da guerra e a feitura da paz;

e) Velar pela tomada de medidas necessárias ao cumprimento da Constituição e demais leis, podendo emitir recomendações para o efeito;

f) Regular a sua organização e funcionamento.

2. O Comité Militar para Restituição da Ordem Constitucional e Democrática, no exercício das suas funções, profere decisões.

Artigo 26°
(Substituição do Primeiro Ministro em caso de impedimento definitivo)

Em caso de doença prolongada ou de impedimento definitivo do Primeiro Ministro, no decurso do seu mandato, compete ao Conselho Nacional de Transição a designação do novo Primeiro Ministro para terminar o mandato do seu predecessor por voto maioritário, na falta de consenso.

TESTEMUNHA:

Artigo 27°
(Resolução de questões não consensuais)

Todas as questões não consensuais no decurso das discussões para a adopção da presente Carta de Transição Política serão objecto de apreciação e deliberação no Conselho Nacional de Transição.

PAS.

Artigo 28º
(Resolução de conflitos decorrentes da aplicação da presente Carta)

Quaisquer conflitos decorrentes da aplicação ou da interpretação da presente Carta de Transição Política serão dirimidos pela plenária do Supremo Tribunal de Justiça a requerimento da parte signatária interessada.

Artigo 29º
(Autenticidade do documento)

A presente Carta de Transição Política, aberta à adesão de todos os partidos políticos legalmente constituídos, é assinada em quatro originais em língua portuguesa, ambos fazendo igualmente fé.

Bissau, aos dias de Setembro de 2003.

Os signatários:

O Comité Militar para a Restituição da Ordem Constitucional e Democrática,

Os Partidos Políticos,

– PCD

FLING

UNDP

F.D.

MANIFESTO

PS-GB

FDS

AS

PDG

PS

PDS

PRS

PDS

SG

PSD

~~Testemunhas:~~

RGB

Nuno Helder [illegible] Barbosa – P.P.G.

Mamadu Mustafá Baldé — LIPE

— MDG

Mamadu Uri Baldé — P.R.P

— FCG-SD

TESTEMUNHAS.

Sabana Embaló – Soc. Civil

Arthur V. [illegible], Embaixador do Brasil

BIBLIOGRAFIA

Abendroth, Wolfgang

– Zum Begriff des demokratischen und sozialen Rechtsstaates im Grundgesetz der Bundesrepublik Deutschland (1954), *in* Rechtsstaatlichkeit und Sozialstaatlichkeit. Aufsätze und Essays. Herausgegeben von Ernst Forsthoff, vol. I, Darmstadt, Wissenschaftliche Buchgesellschaft, 1968, p. 114-144.
– Sociedad Antagónica y Democracía Política: Ensayos sobre Sociología Política (trad. do alemão Antagonische Gesellschaft und Politische Demokratie, 1.ª edição, de M. Sacristán), Barcelona/México, Ed. Grijalbo, 1973.

Abreu, Jorge Manuel Coutinho de

– Sobre os Regulamentos Administrativos e o Princípio da Legalidade, Coimbra, Almedina, 1987.

Achinger, Gertrud

– Conflitos Centrais na Sociedade Guineense e os Problemas da Democratização, *in* C. Cardoso/J. Augel (coord.), Guiné-Bissau – Vinte Anos de Independência. Desenvolvimento e Democracia – Balanço e Perspectivas, Bissau, INEP, 1996, p. 375-389.

Achterberg, Norbert

– Antinomien Verfassungsgestaltender Grundentscheidungen, *in* Der Staat, 8 (1969), p. 159-180.

Ackerman, Bruce A.

– The New Separation of Powers, *in* Harvard Law Review, 113 (2000), p. 633-729.

Adamovich, L.,

– Demokratie und Rechtsstaat, *in* Österreichische Juristen-Zeitung (ÖJZ), 1971, p. 292 ss.

Adejumobi, Said

– Elections *in* Africa: A Fading Shadow of Democracy?, *in* International Political Science Review (2000), vol. 21, n.° 1, p. 59-73.

Adragão, Paulo Pulido

– A Liberdade Religiosa e o Estado, Coimbra, Almedina, 2002.

Afonso, Orlando

– A Independência do Poder Judicial Garantia do Estado de Direito, *in* Sub Judice, n.° 14, Janeiro/Março 1999, p. 45-52.
– Poder Judicial: Independência in Dependência, Coimbra, Amedina, 2004.

Agesta, Sanchez

– O Estado de Direito na Constituição Espanhola de 1978, *in* BFDUC, vol. LVI, 1980, p. 25-36.

Agostinho, Santo
- O Livre Arbítrio (Trad. A.S. Pinheiro), Braga, Faculdade de Filosofia, 1986.

Akehurst, Michael
- Introdução ao Direito Internacional (Trad. de "A Modern Introduction to International law"), Coimbra, Almedina, 1985.

Albrecht, Alfred
- Rechtsstaat, *in* Staats Lexikon, 4. Band, 7, völlig neu bearbeitete Auflage, Freiburg//Basel/Wien, 1988, p. 737-747.
- Rechtsstaat, *in* Staats Lexikon, 6. Band, 6, völlig neu bearbeitete und erweiterte Auflage, Freiburg, Herder, 1961, p. 685-705.

Albuquerque, Martim de
- Da Igualdade: Introdução à Jurisprudência, Coimbra, Almedina, 1993.

Albuquerque, Ruy de
- Direito de Juristas – Direito de Estado, Oração de Sapiência pronunciada na abertura do ano lectivo 1988-1989, na Universidade de Lisboa, publicada na RFDL, XLII, n.° 2, 2001, p. 751-807.

Alessio, Francesco D'
- Lo Stato Fascista Come Stato di Diritto, *in* Scritti Guridici in onore di Santi Romano, vol. I., Padova, CEDAM, 1940, p. 495-510.

Alliot, M.
- Les Transferts de Droit ou la Double Illusion, Bulletin de Liaison du Laboratoire d'Anthropologie Juridique de Paris, 1963.

Almada, André Álvares de
- Tratado Breve dos Rios da Guiné do Cabo Verde dês do Rio de Sanagá até os baixos de Santa Ana de Todas as nações de negros que há na dita costa e de seus costumes, armas, trajos, juramentos, guerras (de 1594), Leitura, Introdução e Notas de António Brásio, Lisboa, Editorial L.I.A.M., 1964.

Almeida, Adelino Marques de
- A Doutrina Social da Igreja e a Democracia Cristã, Lisboa, IDL, 1986.

Almeida, Bello de
- Meio Século de Lutas no Ultramar: Subsídios para a História das Campanhas do Exército Portuguez de Terra e Mar no Império Colonial, Lisboa, Sociedade de Geografia de Lisboa, 1937.

Almeida, J.R.P. Mendes de/Oliveira, J. A. de
- Direito Constitucional [segundo as lições magistrais do Prof. Doutor Fezas Vital: 1.° Ano, Faculdade de Direito da Universidade de Lisboa, 1936/37], Lisboa, s/d.

Almeida, Vasco Duarte de
- Formas de Simplificação Legislativa: Elementos Para o Seu Estudo, *in* Legislação. Cadernos de Ciência de Legislação, 37, Abril-Junho 2004, p. 5-21.

Amaral, D. Freitas do/Garcia, M. da G.F.P. Dias
- Parecer sobre a co-incineração, *in* D. Freitas do Amaral e M. da Glória Garcia/Jorge Miranda/P. Otero/M. da Assunção Esteves, O Caso Co-Incineração (Pareceres Jurídicos), 1.° vol.-tomo I, Lisboa, I.P.A., 2001, p. 21-65.

AMARAL, D.F./CAUPERS, J./CLARO, J.M./RAPOSO, J./VIEIRA, P./SILVA, V.P.
– Código do Procedimento Administrativo Anotado, Coimbra, Almedina, 1992.

AMARAL, Diogo Freitas do
– Apreciação do "Curriculum Vitae" do Prof. Doutor Jorge Miranda (versão escrita da intervenção oral efectuada, nas provas de agregação requeridas pelo Prof. Doutor J. Miranda, em 3/12/1984), *in* RFDUL, vol. XXVI, 1985, p. 369-383.
– Curso de Direito Administrativo, vol. I, Coimbra, Almedina, 1986.
– Governo de Gestão, 2ª ed., Cascais, Principia, 2002.
– Direitos Fundamentais dos Administrados, *in* Jorge Miranda (org.), Nos Dez Anos da Constituição, Lisboa, IN-CM, 1987, p. 11-28.
– Direito Administrativo, vol. II, Lisboa, 1988.

AMARAL, Maria Lúcia
– Responsabilidade do Estado-Legislador: Reflexões em Torno de uma Reforma, *in* Legislação – Cadernos de Ciência de Legislação (INA), 32, Outubro-Dezembro 2002, p. 5-21.

AMARAL, Maria Lúcia/POLAKIEWICZ, Jörg
– Rechtsstaatlichkeit *in* Portugal, *in* Rainer Hofmann/Joseph Marko/Franz Merli/ /Ewald Wiederin (Hrsg.), Rechtsstaatlichkeit in Europa, Heidelberg, Müller, 1996, p. 141-166.

AMOR, Abdelfattah
– L'Émergence Démocratique dans les Pays du Tiers Monde: le Cas des Etats Africains, *in* G. Conac (sous la direction de), L'Afrique en Transition Vers le Pluralisme Politique, Paris Economica, 1993, p. 55-68.

ANDERSEN, Gosta, ESPING-
– The Three Worlds of Welfare Capitalism, Cambridge, Polity, 1990.

ANDRADE, José Carlos Robin de
– A Revogação dos Actos Administrativos, 2ª ed., Coimbra, Coimbra Editora, 1985.

ANDRADE, José Carlos Vieira de
– Legitimidade da Justiça Constitucional e Princípio da Maioria, *in* Legitimidade e Legitimação da Justiça Constitucional (Colóquio no 10.° Aniversário do Tribunal Constitucional - Lisboa, 28 e 29 de Maio de 1993), Coimbra, Coimbra Editora, 1995, p. 75-84.
– Os Direitos Fundamentais na Constituição Portuguesa de 1976, 1ª ed. (reimpressão), Coimbra, Almedina, 1987.
– Os Direitos Fundamentais na Constituição Portuguesa de 1976, 2ª ed., Coimbra, Almedina, 2001.

ANDRADE, Manuel A. Domingues de
– Teoria Geral da Relação Jurídica, vol. I, Coimbra, Almedina, 1983.

ANDRÉ, Adélio Pereira
– Vinculação da Administração e Protecção dos Administrados, Coimbra, Coimbra Editora, 1989.

ANSCHÜTZ, Gerhard
– Verwaltungsrecht, Justiz und Verwaltung, *in* Die Kultur der Gegenwart, Berlin/Leipzig, 1906.

Anschütz, Gerhard/Thoma, Richard (Hg.)
- Handbuch des deutschen Staatsrechts, Band II, Tübingen, J. C. B. Mohr (Paul Siebeck), 1932.

Anuário da Guiné Portuguesa, de 1946

Anzilotti, D.
- Il Diritto Internazionale nei Giudizi Interni, *in* Scritti di Diritto Internazionale Publico, Pádova, 1956.

Aquino, S. Tomás de
- Suma Teológica (edição bilingue, latim-castelhano; trad. e anotações, com base no original "Summa Theologica", por uma comissão de padres presidida por F.B. Viejo), 5 vols., Madrid, Biblioteca de Autores Cristianos, 1947-1948-1950-1954.
- Tratado da Justiça (Trad. F. Couto de "De Legibus, *in* Quatuor Articulos Divisa" – texto integrante da "Summa Theologica"), Porto, RÉS.
- Tratado da Lei (Trad. F. Couto de "De Legibus, in Quatuor Articulos Divisa" – texto integrante da "Summa Theologica"), Porto, RÉS.

Araújo, António de
- O Poder e as Elites: A caminho de um Elitismo Democrático, Lisboa, 1995.

Aretin, Johann Christoph Freiherr von
- Staatsrecht der Konstitutionellen Monarchie, Band I, Altenburg, 1824, p. 163.

Aristóteles
- Política (Trad. A.C. Amaral/C. Gomes, edição bilingue grego-português), Lisboa, Vega, 1998.
- La Constitución de Atenas (edición bilingue, castelhano-grego, trad. A. Tovar), Madrid, Centro de Estudios Políticos y Constitucionales, 2000.
- Éthique à Nicomaque (trad. de J. B. Saint-Hilaire, revista por A. Gomez-Muller), Paris, Librairie Générale Française, 1992.

Arminjon, P./Nolde, B.,/Wolff, M.
- Traité de Droit Comparé, I, Paris, 1950.

Arnaud, André Jean
- Une Enquête sur l'Etat Actuel de la Sociologie Juridique en France, *in* Revue Trimestrielle de Droit Civil, Tome 70, 1972, p. 532-556.
- Essai d'Analise Structurale du Code Civil Français. La Régle du Jeux dans la Paix Bourgeoise, Paris, 1973.

Arndt/Benda/Dohnanyi/Schneider/Süssmuth/Weidenfeld
- Zehn Vorschläge zur Reform des deutschen Föderalismus, *in* Zeitschrift für Rechtspolitik, 2000, Heft 5, p. 201-206.

Aron, Raymond
- Equacionando a relação entre a democracia e o totalitarismo, r. aron, Démocratie et Totalitarisme, Paris, Éd. Gallimard, 1965.

Arsac, Pierre/Chabot, Jean Luc/Pallard, Henri
- Etat de Droit, Droits Fondamentaux et Diversité Culturelle, Paris, L'Harmattan, 1999.

Artiles, José Lino F./Muñoz, Manuel Ferrer
- Los Limites de la Democracia, *in* Boletim Mexicano de Derecho Comparado, Jan--Abril 1998, vol. 91, p. 123 ss.

Asbrock, Bernd
- Die Richterblockade – "Ein Anschlag auf das Vertrauen in den Rechtsstaat"?, *in* Kritische Justiz, 1987, p. 346-351.
- Entlastung der Justiz zu Lasten des Rechtsstaats?, *in* Zeitschrift für Rechtspolitik, 1992, Heft 1, p. 11-15.

Ascensão, José de Oliveira
- O Acto Uniforme da OHADA sobre Direito Comercial Geral e a Ordem Jurídica da Guiné-Bissau, *in* BFDB, N.° 6, Junho 2004, p. 202-253.
- O Direito: Introdução e Teoria Geral – uma Perspectiva Luso-Brasileira, 6ª ed., Coimbra, Almedina, 1991.
- Direitos de Autor e Direitos Fundamentais, *in* Jorge Miranda (org.), Perspectivas Constitucionais – Nos 20 Anos da Constituição de 1976, vol. II, Coimbra, Coimbra Editora, 1997, p. 181-193.
- A liberdade de Referências em Linha e os seus Limites, Separata da RFDUL, Vol. XLII, n.° 1, Coimbra, Coimbra Editora, 2001.
- Os Acórdãos com Força Obrigatória Geral do Tribunal Constitucional como Fonte de Direito, *in* Jorge Miranda (org.), Nos Dez Anos da Constituição, Lisboa, IN-CM, 1987, p. 251-263.

Ashby, William R.
- Principles of the Self-Organizing System, *in* H. M. Von Foerster/G. W. Zopf (eds.), Principles of Self-Organization, New York, Pergamon Press, 1962.

Asís, Rafael de
- Una Aproximación a los Modelos de Estado de Derecho, Dykinson, 1999.

Aßmann, Eberhard Schmidt-
- Der Rechtsstaat, *in* Isensee/Kirchhoff (Hg.), Handbuch des Staatsrechts der Bundesrepublik Deutschland, Bd. I (Grundlagen von Staat und Verfassung), Heidelberg, Müller, 1987, p. 987-1043.
- Art. 19 IV GG als Teil des Rechtsstaatsprinzips, *in* NVwZ, 1983, Heft 1, p. 1-6.

Atena, António D'
- Il Principio Democratico nel sistema dei Principi Costituzionali, *in* Jorge Miranda (org.), Perspectivas Constitucionais – Nos 20 anos da Constituição de 1976, vol. I, Coimbra, Coimbra Editora, 1997, p. 437-456.

Augel, Johannes
- A Etnicidade de Cada Um, *in* J. Augel/C. Cardoso, Transição Democrática na Guiné-Bissau e Outros Ensaios, Bissau, INEP, 1996, p. 175-185.
- Conflito e Mudança Social, *in* J. Augel/C. Cardoso, Transição Democrática na Guiné-Bissau e Outros Ensaios, Bissau, INEP, 1996, p. 79-91.

Axelrod, Robert
- Conflict of Interest: A Theory of Divergent Goals with Applications to Politics, Chicago, Markham, 1970.

Ayala, Bernardo Diniz de
- O Direito de Antena Eleitoral, *in* Jorge Miranda (org.), Perspectivas Constitucionais – Nos 20 Anos da Constituição de 1976, vol. I, Coimbra, Coimbra Editora, 1996, p. 573-653.

AYITTEY B.-N.
– La Démocratie en Afrique Pré-coloniale, *in* Afrique 2000, n.° 2, Juillet-Septembre 1990.

AZURARA, Gomes Eanes de
– Crónica dos Feitos da Guiné (transcrição em português actual e comentário de T. Sousa Soares da obra escrita em 1453), Lisboa, Alfa, 1989.

BAAKLINI, Abdo I./DESFOSSES, Helen (Eds.)
– Designs for Democratic Stability – Studies in Viable Constitutionalism, New York/ /London, M. E. Sharpe, 1997.

BAAKLINI, Abdo I.
– Legislative Structure and Constitutional Viability in Societies Undergoing Democratic Transition, *in* Abdo Baaklini/Helen Defosses (Ed.), Designs for Democratic Stability: Studies in Viable Constitutionalism, New York/London, M. E. Sharpe, 1997, p. 127-144.

BACH, Daniel
– Féderalisme et Gestion des Conflits: L'Expérience Nigériane, *in* Afrique Contemporaine, n.° 180, Octobre-Décembre 1996 [n.° spécial: L'Afrique face aux Conflits. Direction: Gaudusson/Gaud], p. 242-249.

BACHOF, Otto
– Der Rechtsstaat in der Krise, *in* M. Hohnstock (Hg.), Der Rechtsstaat in der Krise – Autorität und Glaubwürdigkeit der demokratischen Ordnung, Stuttgart, Seewald Verlag, 1972.
– Estado de Direito e Poder Político: Os Tribunais Constitucionais entre o Direito e a Política (trad. de J.M. Cardoso da Costa), Coimbra, FDUC 1980.
– Grundgesetz und Richtermacht (1959), in Verbindung mit ihm hrsg. von L. Fröhler, u.a., Wege zum Rechtsstaat – Ausgewählte Studien zum öffentlichen Recht; Mit einen bibliographischen Anhang; Zum 65. Geburtstag des Autors; Königstein, Athenäum, 1979, p. 172-196.
– Wege zum Rechtsstaat – Ausgewählte Studien zum öffentlichen Recht; Mit einen bibliographischen Anhang; Zum 65. Geburtstag des Autors; in Verbindung mit ihm hrsg. Von Ludwig Fröhler u.a., Königstein/Ts, Athenäum, 1979.
– Begriff und Wesen des Sozialen Rechtsstaates (1954), *in* Rechtsstaatlichkeit und Sozialstaatlichkeit. Aufsätze und Essays. Herausgegeben von Ernst Forsthoff, 1968, p. 201 ss.
– Normas Constitucionais Inconstitucionais? (trad. e nota prévia de J.M.M. Cardoso da Costa), Coimbra, Almedina, 1994 [=Verfassungswidrige Verfassungsnormen?, Tübingen, J.C.B. Mohr, 1951].
– Der Richter als Gesetzgeber? (1977), in Verbindung mit ihm hrsg. von L. Fröhler, u.a., Wege zum Rechtsstaat – Ausgewählte Studien zum öffentlichen Recht; Mit einen bibliographischen Anhang; Zum 65. Geburtstag des Autors; Königstein, Athenäum, 1979, p. 344-358.

BACHRACH, Peter
– The Theory of Democratic Elitism – a Critique, London, University of London Press Ltd., 1969.

Badinter, Robert
– Quelques Réflexions sur l'Etat de Droit en Afrique, *in* G. Conac (sous la direction de), L'Afrique en Transition Vers le Pluralisme Politique, Paris, Economica, 1993, p. 9.
Badura, Peter
– Verfassung, Staat und Gesellschaft in der Sicht des Bundesverfassungsgerichts, *in* Peter Badura/Horst Dreier (Hg), Festschrift 50 Jahre Bundesverfassungsgericht, 2. Band (Klärung und Fortbildung des Verfassungsrechts), Tübingen, Mohr Siebeck, 2001.
– Der Sozialstaat, *in* Die Öffentliche Verwaltung, 1989, p. 491-499.
– Bewahrung und veränderung demokratischer und rechtsstaatlicher verfassungsstruktur in den internationalen Gemeinschaften, in Veröffentlichungen der Vereinigung der Deutschen Staatsrechtslehrer, Heft 23, Berlin, Walter de Gruyter & Co., 1966, p. 34-146.
Bähr, Otto von
– Der Rechtsstaat, Eine Publicistische Skizze, Neudruck der Ausgabe 1864, Scientia Aalen, 1961.
Baillaud, Émile
– La Politique Indigène de l'Angleterre en Afrique Occidentale, Paris/Toulouse, Hachette/É. Privat, 1917.
Balandier, Georges
– Anthropologie Politique, 2. éd., Paris, Presses Universitaires de France, 1969.
Balbi (Coligido por),
– Tractado de Geographia Universal, tomo II, Paris, J. P. Aillaud, 1838.
Baptista, Eduardo Correia
– Os Limites Materiais e a Revisão de 1989 – A Relevância do Direito Costumeiro, *in* Jorge Miranda (org.), Perspectivas Constitucionais: Nos 20 Anos da Constituição de 1976 (vol. III), Coimbra, Coimbra Editora, 1998.
Baptista, Filipe Alberto da Boa
– Constituição Económica e Delimitação de Sectores, *in* BFDB, N.° 2, Set. 1993, p. 31-42.
– Regime Jurídico das Candidaturas, Lisboa, Cosmos, 1997.
Baratta, A.
– Zur Entwicklung des modernen Rechtsstaatsbegriffs, *in* Liber Amicorum B.C.H. Aubin, 1979, p. 1 ss.
Barber, Benjamin R.
– The Challenge of Civil Society and the Myth of Formal Constitutions, *in* Paul Hirst/ /Sunil Khilnani (Ed.), Reinventig Democracy, Oxford/Cambridge (USA), Blackwell Publishers, 1996, p. 146-156.
Barile, Paolo/Cheli, Enzo/Grassi, S.
– Istituzioni di Diritto Pubblico, 8ª ed., Padova, Cedam, 1998.
Barreto, João
– História da Guiné: 1418-1918, Lisboa, 1938.
Barrillon, Raymond/Berard, Marie-Hélène, *et al.*
– Lexique Droit Administratif, Paris, PUF, 1979.
Barroso, José Durão
– Formas e Tempos Políticos da Democratização: O caso Português [Separata da

Revista Prospectivas, n.° 10-12, Abr-Dez 1982], Coimbra, Fundação Oliveira Martins, 1982.

Bartole, Sergio
- Autonomia e Indipendenza del Ordine Giudiziario, Padova, CEDAM, 1964.

Bartolomei, Franco
- Lo "Stato di Diritto" nel Rapporto di Tensione Existente tra Legge e Diritto, *in* Diritto e Società, 4, 1997, p. 461-494.

Bastide, Roger
- Le Candomblé de Bahia (Rite Nagô), Paris, Mouton & Co, 1958.
- Les Religions Africaines au Brésil: Contribution à une Sociologie des Interpénétrations de Civilisation, Paris, P.U.F., 1960.

Basto, Celso Ribeiro
- Curso de Direito Constitucional, 19ª ed., S. Paulo, Saraiva, 1998.

Bastos, F. Loureiro
- A União Europeia – Fins, Objectivos e Estrutura Orgânica, Lisboa, 1993.
- A Internacionalização dos Recursos Naturais Marinhos, Lisboa, AAFDL, 2005.

Batista, Nicolás Navarro
- La Prática Comunitaria sobre Reconocimiento de Estados: Nuevas Tendencias, *in* Revista de Instituciones Europeas, vol. 22, 1995, n.° 2, p. 475-507.

Battaglia, Felice
- Stato Etico e Stato di Diritto, *in* Rivista Internazionale di Filosofia del Diritto, 1937, p. 237-287.

Battis, U/Kunig, P./Pernice, I./Randelzhofer, A.
- Vorwort [Das Grundgesetz im Prozeß europäischer und globaler Verfassungsentwicklung (herausgegeben von U. Battis, Ph. Kunig, I. Pernice und A. Randelzhofer)], Baden-Baden, Verlagsgesellschaft, 2000, p. 7-9.

Baudouin, Jean
- Introdução à Sociologia Política (trad. de A. Moura do original *Introduction à la Sociologie Politique,* Ed. du Seuil, 1998), Lisboa, Estampa, 2000.

Bäumlin, Richard
- Die Rechtsstaatliche Demokratie. Eine Untersuchung der Gegenseitigen Beziehungen von Demokratie und Rechtsstaat, Zürich Poligraphischer Verlag, 1954.

Bäumlin, Richard/Ridder, Helmut
- Art. 20 Abs. 1-3 III (GG), *in* Denninger/Ridder/Simon/Stein (Hg.), Kommentar zum Grundgesetz für die Bundesrepublik Deutschland (Reihe Alternativkommentare), Band 1, Neuwied/Darmstadt, Luchterhand, 1984.

Bayart, Jean-François
- L'Etat en Afrique: La Politique du Ventre, Paris, Fayard, 1989.

Beaudoin, Gérald-A.
- Canada. Justice Constitutionnelle et Subsidiarité, *in* F. Delpérée (dir.), Justice Constitutionnelle et Subsidiarité, Bruxelles, Bruylant, 2000, p. 55-65.

Becker, Werner
- Die Freiheit, die wir meinen – Entscheidigung für die liberale Demokratie, München, Piper, 1982.

Beckmann, Franz von Benda
- Unterwerfung oder Distanz: Rechtssoziologie, Rechtsanthropologie und rechtsanthropolgischer Sicht, *in* Zeitschrift für Rechtssoziologie, 12, 1991.

Beck, Ulrich
- Risk Society: Towards a New Modernity, London, Sage, 1992.

Beigbeder, Yves
- Le Contrôle International des Elections, Bruxelles/Paris, Bruylant/LGDJ, 1994.

Beimdiek, Fritz
- Wirtschaftssysteme, *in* Pipers Wörterbuch zur Politik: Dritte Welt, Gesellschaft-Kultur-Entwicklung (Nohlen/Waldmann, Hrsg.), München/Zürich, Piper, 1987, p. 660-669.

Bell, John
- Le Régne du Droit et le Régne du Juge vers une Interpretation Substantielle de l'Etat de Droit, *in* L'Etat de Droit: Mélanges en l'honneur de Guy Braibant, Paris, Dalloz, 1996, p. 15-28.

Bellussi, Germano
- Stato di Diritto e Stato di Giustizia nella Prospettiva di una Filosofia dell'esistenza, *in* Rivista Internazionale di Filosofia del Diritto (Gennaio-Aprile 1964), p. 161-165.

Benda, Ernst
- Der befangene und der unbefangene Richter, *in* M. Hohnstock (Hg.), Der Rechtsstaat in der Krise – Autorität und Glaubwürdigkeit der demokratischen Ordnung, Stuttgart, Seewald Verlag, 1972, p. 301-308.
- Der Soziale Rechtsstaat, *in* Handbuch des Verfassungsrechts der Bundesrepublik Deutschland, hg. Von E. Benda, W. Maihofer, H. J. Vogel, 2. Aufl. Berlin/New York, Walter de Gruyter, 1994, p. 719-797.
- Die dritte Gewalt im sozialen Rechtsstaat, *in* "Der Rechtsstaat in der Krise – Autorität und Glaubwürdigkeit der demokratischen Ordnung" (herausgegeben von Manfred Hohnstock), Stuttgart, Seewald Verlag, 1972.
- Frieden und Verfassung, *in* Archiv des öffentlichen Rechts, 109. Band, 1984, p. 1-13.
- Der Rechtsstaat in der Krise – Autorität und Glaubwürdigkeit der demokratischen Ordnung (herausgegeben von Manfred Hohnstock), Stutgard, Seewald Verlag, 1972.

Bengoetxea, Joxerramon
- The Withering Away of the State at the Turn of the Millenium, *in* W. Krawietz/E. Pattaro/A. E.-S. Tay (ed.), "Rule of Law – Political and Legal Systems in Transition", Berlin, Duncker & Humblot, p. 3-13.

Benvenuti, Feliciano
- L'ordinamento Repubblicano, Padova, Cedam, 1996.

Berkemann, Jörg
- Fairneß als Rechtsprinzip – Eine Vorlesung, *in* Juristische Rundschau, 1989, Heft 6, p. 221-228.

Berlingò, Salvatore
- Il "Principio": Una Garanzia Costituzionale "Forte" per i Raporti tra lo Stato e le Confessioni Religiose, *in* Politica del Diritto, n.° 1, Marzo 1996, p. 49-65.

BERNSDORFF, Norbert
- Artikel 97 (GG), *in* Umbach/Clemens (Hg.), Grundgesetz – Mitarbeiterkommentar, Bd II, Heidelberg, Müller, 2002, p. 1063-1083.

BERNSTEIN, Serge (dir.)
- Démocratie Libérale (volume integrado na série Histoire Générale des Sistèmes Politiques, dirigida por Maurice Duverger e Jean-François Sirinellli; o volume integra estudos de Bernstein, S. Guillaume, P. Morris, J. Portes e N. Roussellier), Paris, P.U.F., 1998.

BERTI, Giorgio
- Stato di Diritto Informale, *in* Rivista Trimestrale di Diritto Pubblico, 1992, p. 3-30.
- Diritto e Stato: Riflessioni sul Cambiamento, Padova, CEDAM, 1986.

BETHGE, Herbert
- Aktuelle Probleme der Grundrechtsdogmatik, *in* Der Staat, 1985, p. 351-382.

BETTERMANN, Karl August
- Der Tolale Rechtsstaat: Zwei Kritische Vorträge, Hamburg, Joachim Jungius, 1986.

BEYME, Klaus von
- La Protección del Ordenamiento Constitucional y del Sistema Democratico en la Republica Federal de Alemania, *in* Revista de Estudios Políticos, n.° 35, 1983.

BIANCHI, Alberto B.
- Dinámica del Estado de Derecho. La Seguridad Jurídica ante las Emergencias, Buenos Aires, Editorial Ábaco de Rodolfo Depalma, 1996.

BIASUTTI, Pe. A.
- Kriol-Putugîs (esboço-Proposta de Vocabulário), 2ª ed., Bubaque, 1987.

BIRCH, Anthony H.
- The Concepts and Theories of Modern Democracy, London/New York, Routledge, 1993.

BLANCO, Sabino Alvarez-Gendin y
- El Estado de Derecho y el Poder Judicial Independiente, *in* Revista de Administración Pública, 1960, ano XI, n.° 31, p. 11-55.

BLECKMANN, Albert
- Vom Subjektiven zum Objektiven Rechtsstaatsprinzip, *in* Jahrbuch des Öffentlichen Rechts, Vol. 36, 1987, p. 1-27.

BLEICKEN, Jochen
- Die Athenische Demokratie, Paderborn/München/Wien/Zürich, Schöningh, 1986.
- Die Verfassung der Römischen Republik: Grundlagen und Entwicklung, 7. Aufl., Paderborn/München/Wien/Zürich, Schöningh, 1995.

BLONDEL, Jean
- Party Systems and Patterns of Government in Western Democracies, *in* Canadian Journal of Political Science 1, n.° 2, June 1968, p. 180-203.

BLUNTSCHLI, Johann Kaspar
- Staatsgewalten, *in* Bluntschli's Staatswörterbuch in drei Bänden (bearbeitet und herausgegeben von Löning), 3. Band, Zürich, Friedrich Schulthess, 1872, p. 574-578.

– Staat, *in* Bluntschli's Staatswörterbuch in drei Bänden (bearbeitet und herausgegeben von Löning), 3. Band, Zürich, Friedrich Schulthess, 1872, p. 521-531.
– Friedrich Julius Stahl, *in* J. C. Bluntschli/K. Brater (Hrsg), Deutsches Staats-Wörterbuch, 10. Band, Stuttgart/ Leipzig, 1867 [Nachdruck: Frankfurt/ Main, Keip Verlag, 1983], p. 154-163.

BOBBIO, Norberto
– Democracia e Paz, *in* Balanço do Século (obra colectiva), Lisboa, 1990.
– La Crisi della Democrazia e la Lezione dei Classici, *in* Crisi della Democrazia e Neocontrattualismo, Roma, Ed. Riuniti, 1985.
– O Futuro da Democracia – Uma Defesa das Regras do Jogo (tradução de M. A. Nogueira do original il Futuro della Democrazia. Una Difesa delle Regole del Gioco), 6ª ed., Rio de janeiro, Paz e Terra, 1997.

BOBBIO, Norberto/PONTARA, Giuliano/VECA, S.
– Crisi della Democrazia e Neocontrattualismo, Roma, Riuniti, 1985.

BOCANDÉ, Bertrand-
– De la Langue Créole de la Guiné Portugaise – notes sur la Guinée Portugaise ou Sénégambie Méridionale, *in* Bulletin de la Societé de Geographie de Paris, 3ª série, t. XII, 1849.

BÖCKENFÖRDE, Ernst-Wolfgang
– Ausnahmerecht und Demokratischer Rechtsstaat, *in* Die Freiheit des Anderen: Festschrift für Martin Hirsch [Hans Jochen Vogel/ Helmut Simon/ Adalbert Podlech (Hrsg.)], Baden-Baden, Nomos, 1981, p. 259-272.
– Recht, Staat, Freiheit: Studien zur Rechtsphilosofie, Staatstheorie und Verfassungsgeschichte, 1. Aufl., Frankfurt am Main, Suhrkamp, 1991.
– Entstehung und Wandel des Rechtsstaatsbegriffs, Recht, Staat, Freiheit: Studien zur Rechtsphilosofie, Staatstheorie und Verfassungsgeschichte, 1. Aufl., Frankfurt a.M., Suhrkamp, 1991.
– Demokratie als Verfassungsprinzip, *in* Isensee/Kirchhof (Hrsg.), Handbuch des Staatsrechts der Bundesrepublik Deutschland, Band I, Heidelberg, C.F. Müller Juristischer Verlag, 1987, p. 887-952.

BODIN, Jean
– Les Six Libres de la République (avec l'apologie de René Herpin), 2. Réimpression de l'édition de Paris, Jacques du Puis, 1583, Aalen, Scientia, 1977.

BOISSY, Xavier
– La Séparation des Pouvoirs Oeuvre Jurisprudentielle: Sur la Construction de l'État de Droit Postcommuniste, Bruxelles, Bruylant, 2003.

BOMMES, Michael
– Ethnizität als Praktische Organisationsressource, *in* Mohssen Massarrat/Birgit Sommer/ /György Széll/Hans – Joachin Wenzel (Hrsg.), Die Dritte Welt und: Bilanz un Perspektiven für Wissenschaft und Praxis, Freiburg, Informationszentrum Dritte Welt, 1993, p. 355-365.

BONANATE, Luigi
– Capire il Mondo: Globalizzazione e Guerre Oggi, *in* Democrazia e Diritto, 1/2004, p. 95-104.

Bonavides, Paulo
- O Art. 45.° da Constituição Federal e a Inconstitucionalidade de Normas Constitucionais, *in* RFDL, vol. XXXVI, 1995, p. 5-34.

Bongiovanni, Georgio
- "Reine Rechtslehre" e Dottrina Giuridica dello Stato. Hans Kelsen e la Costituzione Austriaca del 1920, Milano, Giuffrè Editore, 1998.

Borges, Isabel
- A Protecção Penal da Criança no Novo Código Penal: Algumas Considerações e Propostas de Reforma, *in* BFDB, N.° 4, Março 1997, p. 37-58.

Botella, Juan
- "Introducción": A. Lijphart, Las Democracias Contemporáneas, Barcelona, Ariel, 1987.

Botzàris, Alejandro
- África e o Comunismo, Vol. II, *in* Estudos de Ciências Políticas e Sociais, n.° 46, Lisboa, Junta de Investigações do Ultramar (C.E.P.S.), 1961.

Boulègue, Jean
- Cacheu, les Rivières de Guinée et le Royaume du Kaabú, Vus de Gorée, à la Fin du XVIIIème Siècle, *in* Carlos Lopes (coord.), Mansas, Escravos, Grumetes e Gentio – Cacheu na Encruzilhada de Civilizações, Lisboa, INEP, 1993, p. 57-64.

Bourbaki
- Théorie des Ensembles, liv. I, chap. I-IV, Paris, Hermann, 1970.

Boutet, Didier
- Vers l'Etat de Droit : La Théorie de l'Etat et du Droit, Paris, l'Harmattan, 1991.

Bouvier, Alain
- La Théorie des Ensembles, Paris, P.U.F., 1969.

Bracton, Henri
- De Legibus et Consuetudinibus Angliae (G. E. Woodbine, organizador da edição), Harvard University Press, 1968.

Branchet, Bernard
- La Révision de la Constitution sous la V République, Paris, LGDJ, 1994.

Bratton, Michael
- Are Comparative Elections Enough?, *in* Africa Demos, vol. III, n.° 4, Março 1995.

Bratton, Michael/Walle, Nicolas van de
- Towards Governance in Africa: Popular Demands and State Responses, *in* Hyden, Goran/Bratton, M. (ed.), Governance and Politics in Africa, Boulder/London, Lynne Rienner Publishers, 1992.

Braud, Philippe
- Science Politique – 2. L'Etat, Paris, Éditions du Seuil, 1997.

Brick, Keith Panter-
- Trois Exceptions à la Règle: Le Multipartisme à Maurice, au Botswana et au Nigeria, *in* G. Conac (sous la direction de), L'Afrique en Transition Vers le Pluralisme Politique, Paris, Economica, 1993, p. 423-446.

Brierly, J. L.
- Direito Internacional, 4ª ed. (trad. M.R.C. Almeida, de "The Law of the Nations", 6ª ed. 1963), Lisboa, F.C. Gulbenkian, 1979.

Brito, António José de
– Sócrates e a Obediência à Lei, *in* Estudos em Homenagem a Joaquim M. da Silva Cunha, Porto, Fundação Universidade Portucalense Infante D. Henrique, 1999, p. 71--85.
Brito, José de Sousa e
– A Democracia e o Fim da História, *in* Themis – Revista da Faculdade de Direito da UNL –, n.° 1, 2000, p. 127-136.
Brito, Luís Miguel Prieto Nogueira de
– Sobre o Poder de Revisão: O Problema da Auto-Revisão Constitucional (2 vol.), Lisboa, FDUL, 1995.
Bronze, Fernando José
– A Metodomologia Entre a Semelhança e a Diferença (Reflexão Problematizante dos Pólos da Radical Matriz Analógica do Discurso Jurídico), Stvdia Ivridica 3 – Boletim da Faculdade de Direito da Universidade de Coimbra, Coimbra, Coimbra Editora, 1994.
Bröstl, Alexander
– Challenges to the Rechtsstaat – Model in Slovakia, *in* W. Krawietz/E. Pattaro/A. E.-S. Tay (ed.), "Rule of Law – Political and Legal Systems in Transition", Berlin, Duncker & Humblot, p. 315-323.
Brownlie, Ian
– Principles of Public International Law, 3rd ed., Oxford, Clarendon Press, 1979.
Bruhl, H. Lévy-
– Sociologia do Direito (tradução de A. de Padua Danesi do original Sociologie du Droit, colecção Que sais-je?, Paris, PUF, 1961) – Colecção Universidade Hoje, 1988.
Bruns, Rainer Schmalz-
– Reflexive Demokratie: Die Demokratische Transformation Moderner Politik, 1. Aufl., Baden-Baden, Nomos, 1995.
Bryce, James
– Constituciones Flexibles y Constituciones Rígidas [trad. do inglês Flexible and Rigid Constitution (1901)], 2ª ed., Madrid, IEP, 1962.
Bryde, Brun-Otto
– Verfassungsentwicklung: Stabilität und Dynamik im Verfassungsrecht der Bundesrepublik Deutschland, 1. Aufl., Baden-Baden, Nomos Verlagsgesellschaft, 1982.
– Autochtones und importiertes Recht Afrika in ihrer Bedeutung für eine "afrikanische Genossenschaft", *in* Hans – H. Münkner (Hrsg), Wege zu einer afrikanischen Genossenschaft – Möglichkeiten und Probleme der Anpassung der Organisationsform "Genossenschaft" an Bedürfnisse, Verhaltensweisen und Ziele afrikanischer Dorfgemeinschaften aus soziologischer, Wirtchaftlicher und rechtlicher Sicht, Marburg/Lahn, Institut für Kooperation in Entwicklungsländern, Philipps – Universität Marburg/Lahn, 1980 (p. 129-140).
– Constitutional Courts in Constitutional Transition, *in* F. Van Loon/K. Van Aeken (eds.): 60 maal recht en 1 maal wijn – Rechtssociologie, Sociale Problemen en Justitieel Beleid, Liber Amicorum prof. Dr. Jean Van Houte, Acco Leuven, Amersfoort, 1999, p. 235-243.

– Überseerecht und Neokolonialismus, *in* Verfassung und Recht in Übersee, 1971, p. 51-57.
– Die Rolle des Rechts im Entwicklungsprozeß, *in* B-O Bryde/ F. Kübler (Hg.), die Rolle des Rechts im Entwicklungsprozeß: Referate der Fachgruppe "Grundlagenforschung" anläßlich der Tagung für Rechtsvergleichung im Sept. 1985. Mit Beiträgen von B-O. Bryde, u.a. und einem Diskussionsbericht von W. Blau, Frankfurt am Main, Metzner, 1986, p. 9-36.
– Kritik der Volks-Demokratie – Demokratie diesseits und jenseits des Nationalstaats, *in* B.-O. Bryde, H. Dubiel, C. Leggewie (Hg.), Gießener Diskurse: Triumph und Krise der Demokratie – Vorlesungen, Gießen, Ferber'schen Universitätsbuchhandlung, 1995.
– Rechtssysteme, *in* Pipers Wörterbuch zur Politik: Dritte Welt, Gesellschaft-Kultur--Entwicklung (Nohlen/Waldmann, Hrsg.), München/Zürich, Piper, 1987, p. 468-476.
– North and South in Comparative Constitutional Law – From Colonial Imposition Towards a Transnational Constitutionalist Dialogue (offprint), *in* W. Benedek, H. Isak, R. Kicker (ed.), Development and Developing International and European Law – Essays in Honour of Konrad Ginther on the Occasion of his 65th Birthday, Frankfurt//Berlin/Bern/Bruxelles/New York/Wien, Peter Lang, 1999.
– The Politics and Sociology of African Legal Development, Frankfurt, 1976.

BRYDE, Brun-Otto/HECKER, Helmuth
– Verfassungsregister Afrika, *in* Verfassung und Recht in Übersee, 2. Quartal 1975, p. 233-282.

BRYDE, Brun-Otto/KÜBLER (Hg.)
– Tagung für Rechtsvergleichung (1985, Göttingen), Frankfurt am Main, Metzner, 1986.

BUCHANAN, James M.
– The Limits of Liberty. Between Anarchy and Leviathan, Chicago/London, The University of Chicago Press, 1975.

BUCKEL, Sonja
– Empire oder Rechtspluralismus? Recht im Globalisierungsdiskurs, *in* Kritische Justiz, Heft 2, 2003, p. 177-191.

BUCHWALD, Delf
– The Rule of Law: A Complete and Consistent set of (legal) Norms?, *in* W. Krawietz//E. Pattaro/A. E.-S. Tay (ed.), "Rule of Law – Political and Legal Systems in Transition", Berlin, Duncker & Humblot, p. 155-160.

BÜLLESBACH, Alfred
– Princípios de teoria dos sistemas, *in* KAUFMANN, Arthur/HASSEMER, Winfried (org.), Introdução à Filosofia do Direito e à Teoria do Direito Contemporâneas (trad. M. Keel e M.S. de Oliveira; revisão e coordenação de A.M. Hespanha – do alemão, *Einführung in Rechtsphilosophie und Rechtstheorie der Gegenwart, 6. Auflage, Heidelberg, C.F. Müller, 1994*), Lisboa, Gulbenkian, 2002.

BUIS, Pierre
– Essai Sur la Langue Manjako de la Zone de Bassarel, Bissau, INEP, 1990.

BURDEAU, Georges
– A Democracia – Ensaio Sintético, 3ª ed. (tradução de Paulo António dos Anjos do original La Democratie – Essai Synthétique), Mem-Martins, Publicações Europa--América, 1975.

– L'Institutionalisation du Pouvoir, Condition de l'Etat de Droit, *in* Boletim da Faculdade de Direito da Universidade de Coimbra, Vol. LVI, 1980, p. 37-44.

BURDEAU, Georges/HAMON, Francis/TROPER, M.

– Manuel de Droit Constitutionnel, 22e éd., Paris, LGDJ, 1991.

BURNHEIM, John

– Democracy, Nation States and the World System, *in* David Held/ Christopher Pollitt (Edit), "New Forms of Democracy", London, Sage, 1986, p. 218-239.

BUSSE, Volker

– Herausforderungen für den Rechtsstaat nach Schaffung der deutschen Einheit – Erwartungen, Möglichkeiten, Grenzen anhand ausgewählter Beispiele, *in* Zeitschrift für Rechtspolitik, 1991, Heft 9, p. 332-336.

CABRAL, Margarida Olazabal

– Democracia e Partidos Políticos Anti-democráticos, *in* Revista do Ministério Público n.° 59, 1994, p. 65-117.

CAETANO, Marcello

– Introdução ao Estado do Direito Político, Separata da Revista "O Direito", n.° 4, 1953, p. 277-312.

– Manual de Direito Administrativo, vol. II, 10ª ed., 3ª reimp., revista e actualizada por D. Freitas do Amaral, Coimbra, Almedina, 1990.

– Constituições Portuguesas, 4ª ed., Lisboa, Verbo, 1978.

– Páginas Inoportunas, Lisboa, s.d.

– Manual de Ciência Política e Direito Constitucional, Tomo I, 6ª edição (reimpressão), Coimbra, Almedina, 1992.

CALERA, Nicolas Maria Lopez

– Mitificación y dialéctica en el Estado de Derecho, *in* Anales de la Cátedra "Francisco Suarez", 1971, Fascículo 1.°, n.° 11, p. 91-116.

CALLEWAERT, Inger

– The Birth of Religion Among the Balanta of Guinea-Bissau, Lund (Sweden), Department of History of Religions, Univ. of Lund, 2000.

CALLIESS, Christian

– Rechtsstaat und Umweltstaat: Zugleich ein Beitrag zur Grundrechtsdogmatik im Rahmen mehrpoliger Verfassungsverhältnisse, Tübingen, Mohr Siebeck, 2001.

CAMPOS, Diogo Leite de

– O Cidadão-Absoluto e o Estado, o Direito e a Democracia, *in* Revista da Ordem dos Advogados, 1993 (Lisboa), p. 5-19.

– Nós: Estudos sobre o Direito das Pessoas, Coimbra, Almedina, 2004.

CAMPOS, João Mota de

– Direito Comunitário, 1.° vol. – O Direito Institucional, 7ª ed., Lisboa, F. Calouste Gulbenkian, 1995.

CANOTILHO, J. J. Gomes

– Direito Constitucional, 5ª ed., Coimbra, Almedina, 1991.

– Direito Constitucional e Teoria da Constituição, 6ª edição, Coimbra, Almedina, 2002.

– Direito Constitucional e Teoria da Constituição, 7ª edição, Coimbra, Almedina, 2003.

– A 2ª Revisão da Constituição da República e a Identidade Constitucional, *in* Revista Jurídica, n.° 13/14, 1990, p. 257-259.
– Direito Constitucional (vol. II), Coimbra, Almedina, 1981.
– Estado de Direito, Lisboa, Gradiva, 1999.
– Constituição Dirigente e Vinculação do Legislador – Contributo para a Compreensão das Normas Constitucionais Programáticas, Coimbra, Coimbra Editora, 1982.
– Derecho, Derechos; Tribunal, Tribunales, *in* Revista de Estudios Políticos, 60-61 (Nueva Época), Abril-Septiembre 1988, p. 819-829.
– O Problema da Dupla Revisão na Constituição Portuguesa, Separata da Revista "Fronteira", Coimbra, 1978.
– A Questão do Autogoverno das Magistraturas Como Questão Politicamente Incorrecta, *in* Antunes Varela/D. Freitas do Amaral/Jorge Miranda/ J.J. Gomes Canotilho (org.), Ab Vno ad Omnes: 75 anos da Coimbra Editora 1920-1995, Coimbra, Coimbra Editora, 1998, p. 247-264.
– Tomemos en Serio Los Derechos Economicos, Sociales y Culturales, *in* Revista del Centro de Estudios Constitucionales, 1998 (1), p. 239-260.
– Jurisdição Constitucional e Intranquilidade Discursiva, *in* Jorge Miranda (org.), Perspectivas Constitucionais – Nos 20 Anos da Constituição de 1976, vol. I, Coimbra, Coimbra Editora, 1996, p. 871-887.
– Fundamentos da Constituição, Coimbra, Coimbra Editora, 1991.

CANOTILHO, J.J. Gomes/MOREIRA, Vital
– Os Poderes do Presidente da República (especialmente em matéria de defesa e política externa), Coimbra, Coimbra Editora, 1991.
– Fundamentos da Constituição, Coimbra, Coimbra Editora, 1991.
– Constituição da República Portuguesa Anotada, 2ª ed., 1.° vol., Coimbra, Coimbra Editora, 1984.
– Constituição da República Portuguesa Anotada, 2ª ed., 2.° vol., Coimbra, Coimbra Editora, 1985.
– Constituição da República Portuguesa Anotada, 3ª ed., revista, Coimbra, Coimbra Editora, 1993.

CAPANO, Gilberto
– Linee Evolutive della Forma-Stato nell'Età Contemporanea, Padova, CEDAM, 1986.

CAPONE, S.
– L'Afrique Réinventée ou la Construction de la Tradition dans les Cultes Afrobrésiliens, *in* Archives Européennes de Sociologie, 1999, Tome XL, n.° 1, p. 3-27.

CAPOTOSTI, Piero Alberto
– Verso una nuova Configurazione del Principio di Legalità?, *in* G. Marongiu/Gian C. de Martin (org.), Democrazia e Amministrazione. In Ricordo di Vittorio Bachelet, Milano, Giuffrè, 1992, p. 133-140.

CARACCIOLO, Lucio
– (Direcção, moderador da entrevista a Ralf Dahrendorf, François Furet e Bronislaw Geremek), A Democracia na Europa (tradução de Maria Jorge Vilar da Figueiredo, do Original "la Democrazia in Europa", Roma-Bari, Gius, Laterza & Figli Spa, 1992), Lisboa, Editora Presença, 1993.

Cardoso, Carlos
– Les Spécificités de la Transition Démocratique, *in* J. Augel/C. Cardoso, Transição Democrática na Guiné-Bissau e Outros Ensaios, Bissau, INEP, 1996, p. 59-70.
– Guiné-Bissau: um País Tribalista?, *in* J. Augel/C. Cardoso, Transição Democrática na Guiné-Bissau e Outros Ensaios, Bissau, INEP, 1996, p. 163-166.
– Classe Política e Transição Democrática na Guiné-Bissau, *in* F. Koudawo/ P. K. Mendy (ed.), Pluralismo Político na Guiné-Bissau. Uma Transição em Curso, Bissau, INEP, 1996, p. 137-164.

Cardoso, Fernanda Lima Lopes
– Referendo: Uma Questão Actual, Lisboa, Dom Quixote, 1992.

Carducci, Michele (a cura di)
– Il Costituzionalismo Parallelo delle nuove Democrazie: Africa e América Latina, Milano, Giuffré Editora, 1999.

Carducci, Michele
– Transizioni e "Parallelismi", *in* M. Carducci (a cura di), Il Costituzionalismo "Parallelo" Delle Nuove Democrazie – Africa e America Latina, Milano, Giuffrè, 1999, p. 3-8.

Carlos, Adelino da Palma
– Um tema Eterno: A Justiça, *in* Revista da Faculdade de Direito da Universidade de Lisboa, Vol. XVII, 1964, p. 373-404.

Carpizo, Jorge
– Los Medios de Comunicación Masiva y el Estado de Derecho, la Democracia, la Política y la Ética, *in* Boletín Mexicano de Derecho Comparado, Septiembre-Diciembre 1999, n.° 96, p. 743-764.

Carracedo, Jose Rubio
– Democracia Mínima. El Paradigma Democratico, *in* Revista de Estudios Políticos, Julio-Septiembre 1995, n.° 89, p. 165-189.

Carreira, António
– Organização Social e Económica dos povos da Guiné Portuguesa (Subsídios para o seu Estudo), *in* Boletim Cultural da Guiné Portuguesa, n.° 64, vol. XVI, Outubro 1961, p. 641-736.
– Vida Social dos Manjacos, *in* Boletim Cultural da Guiné Portuguesa, n.° 5, 1947.
– O Crioulo de Cabo Verde: Surto e Expansão, Lisboa, Europam, 1982.
– Os Portugueses nos Rios de Guiné, Lisboa, Litografia Tejo, 1984.

Carreira, António/Marques, João Basso
– Subsídios Para o Estudo da Língua Manjaca, Bissau, Centro de Estudos da Guiné Portuguesa, 1947.

Carvalho, Clara Afonso de Azevedo de
– Ritos de Poder e a Recriação da Tradição: os Régulos Manjaco da Guiné-Bissau, Lisboa, ISCTE, 1998.

Carvalho, Orlando de
– Teoria Geral do Direito Civil, Coimbra, Centelha, 1981.

Cassesse, S.
– La Riforma Costituzionale in Italia, *in* RTDP, 4, 1992.

Castoriadis, Cornelius

– La Logique des Magmas et la Question de l'Autonomie, *in* P. Dumouchel/J. P. Dupuy (eds.), L'Auto-organisation. De la Physique au Politique, Paris, Seuil, 1983.

Catarelo, Ramón Garcia

– Crisis Economica y Estado Social y Democratico de Derecho, *in* Problemas Actuales del Estado Social y Democratico de Derecho, Alicante, Univ. de Alicante, 1985, p. 33-67.

Catellani, e. L.

– Le Colonie e la Conferenza di Berlino, Torino, Unione Tipografico – Editrice, 1885.

Catsiapis, J.

– La Constitution de la Grèce du 11 Juin 1975, *in* RDPSP, Novembre-Décembre 1975 (n.° 6), p. 1597.

Cattepoel, J.

– Der unbestimmte Rechtsbegriff als Problem der Rechtssprache, *in* Rechstheorie, Band 10, 1979, p. 231 ss.

Caupers, João

– Relatório sobre o Programa, Conteúdo e Métodos de uma Disciplina de Metódica da Legislação, *in* Legislação, 35 (2003), p. 5-87.

– Co-incinerar (em Lume Brando) os Princípios do Estado de Direito e da Democracia Representativa?, *in* Forum Iustitiae, n.° 14, Agosto de 2000, p. 38-41.

Centre National de Recherche Scientifique

– Le Conseil d'État – Son Histoire à Travers les Documents d'Époque, 1799-1974, Paris, CNRS, 1974.

Celso, Manlio Mazziotti di

– Principi Supremi dell'Ordinamento Costituzionale e Forma di Stato, *in* Diritto e Societá, n.° 3, 1996, p. 303-323.

Chabal, Patrick

– A Democracia em África: Que Perspectivas?, *in* C. Cardoso/J. Augel (coord.), Guiné-Bissau – Vinte Anos de Independência. Desenvolvimento e Democracia – Balanço e Perspectivas, Bissau, INEP, 1996, p. 513-526.

Chalbaud, Jose A. de Obieta

– El Derecho Humano de la Autodeterminación de los Pueblos, 1ª reimpresión, Madrid, Tecnos, 1989.

Chambre, Henri

– Le Pouvoir Soviétique, Introduction à l'Étude de ses Institutions, Paris, L.G.D.J., 1959.

Charlot, Jean

– Os Partidos Políticos (trad. portuguesa), Lisboa, 1975.

Chelmicki, José Conrado Carlos de

– Corografia Cabo-verdiana, tomo I, Lisboa, 1841.

Chevallier, Jacques

– L'Etat de Droit, 3e édition, Paris, Montchrestien, 1999.

– L'Etat de Droit, *in* RDPSP, n.° 2, 1988, p. 313-380.

Chiarelli, G.

– Elasticità della Costituzione, *in* RTDP, 1952.

CHIAVENATO, **Idalberto**
– Introdução à Teoria Geral da Administração, 3ª ed., São Paulo, McGraw-Hill do Brasil, 1983.
CHORÃO, **Mário Bigotte**
– Temas Fundamentais de Direito, Coimbra, Almedina, 1991.
CHRÉTIEN, **Jean-Pierre**
– Pluralisme Démocratique, Ethnisme et Stratégies Politiques, *in* G. Conac (sous la direction de), L'Afrique en Transition Vers le Pluralisme Politique, Paris, Economica, 1993, p. 139-147.
CICCONETTI, **Stefano Maria**
– Revisione Costituzionale, *in* Enciclopedia del Diritto, XL, p. 145-156.
– La Revisione della Costituzione, Padova, 1972.
CÍCERO
– A República (trad. para o alemão de K. Ziegler, *in* "Staatstheoretische Schriften", 3. Aufl., Berlin, 1984).
CLARO, **João Martins**
– O Princípio da Igualdade, *in* Jorge Miranda (org.), Nos Dez Anos da Constituição, Lisboa, IN-CM, 1987, p. 31-38.
CLASSEN, **Claus Dieter**
– Artikel 97 Abs. 1 (GG), *in* Mangoldt/Klein/Starck (Hg.), Bonner Grundgesetz – Kommentar, Bd. 3, 4. Aufl., München, Franz Vahlen, 2001, p. 1185-1209.
CLAUSEWITZ, **Carl von**
– De la Guerre (trad. francesa), Paris, 1960.
CÓ, **Joãozinho Vieira**
– As Consequências Jurídico-Constitucionais do Conflito Político-Militar da Guiné-Bissau, Bissau, Associação "Rete Guinea Bissau" Onlus – Verona, 2001.
COELHO, **F. M. PEREIRA**
– Curso de Direito da Família, Coimbra, 1986.
COELHO, **Trindade**
– Manual Politico do Cidadão Portuguez, 2ª ed. [adaptação e desenvolvimento inovatório da "Instruction Civique" do suíço numa droz], Porto, Typog a Vapor da Empresa Litteraria e Typogrphica, 1908.
COHEN, **D. L.**
– Elections and Election in Africa, *in* Y. Barongo (Ed.), Political Science *in* Africa: A Critical Review, London, Zed Books, 1983.
COLAÇO, **J.M. Tello de Magalhães**
– Ensaio sobre a Inconstitucionalidade das Leis no Direito Português, Coimbra, França e Arménio, 1915.
COMOGLIO, **Luigi Paolo**
– Stato di Diritto e Crisi dei Modelli Processuali nei Sistemi di Democrazia Socialista, *in* Rivista di Diritto Processuale, Gennaio-Marzo 1992, n.° 1, p. 240-283.
– État de Droit et Démocratie, *in* G. Conac (sous la direction de), L'Afrique en Transition Vers le Pluralisme Politique, Paris, Economica, 1993, p. 483-508.

Conac, Gérard
- Le Juge et la Construction de l'Etat de Droit en Afrique Francophone, *in* L'Etat de Droit: Mélanges en L'Honneur de Guy Braibant, Paris, Dalloz, 1996, p. 105-119.
- État de Droit et Démocratie, *in* G. Conac (sous la direction de), L'Afrique en Transition Vers le Pluralisme Politique, Paris, Economica, 1993, p. 483-508.
- Le Processus de Démocratisation en Afrique, *in* G. Conac (sous la direction de), L'Afrique en Transition Vers le Pluralisme Politique, Paris, Economica, 1993, p. 11-42.

Conac, Gérard (dir.)
- L'Afrique en Transition vers le Pluralisme Politique (coloque – Paris, 12, 13 Décembre 1990), Paris, Ed. Economica, 1993.

Congrès Africain sur la Primauté du Droit, Lagos, 3-7 Janvier 1961
- Rapport sur les Travaux du Congrès, Genève, Commission Internationale des Juristes, 1961.

Conseil Constitutionnel
- Jurisprudence du Conseil Constitutionnel: Table Trentenaire, 1959-1988, Imprimerie Nationale.

Constant, Benjamin
- Cours de Politique Constitutionnelle, Bruxelles, 1814.

Contini, G.
- La Revisione Costituzionale in Italia, Milano, Giuffrè, 1971.

Contreras, M.
- Sobre las Transformaciones Constitucionales y sus Limites, *in* Revista de Estudios Políticos, n.° 10 (Nueva Epoca), Julio-Agosto 1980, p. 165-184.

Cordeiro, António Menezes
- Tendências Actuais da Interpretação da Lei: do Juiz-Autómata aos Modelos de Decisão Jurídica, *in* Revista Jurídica, n.° 9 e 10, Jan./Jun., 1987, p. 7-15.
- A Inconstitucionalidade da Revogação dos Assentos, *in* Jorge Miranda, *Perspectivas Constitucionais,* I, Coimbra Editora, 1996, p. 797-811.
- Tratado de Direito Civil Português I, Parte Geral, Tomo I, 3ª ed., Coimbra, Almedina, 2005.

Correia, J.M. Sérvulo
- Legalidade e Autonomia Contratual nos Contratos Administrativos, Coimbra, Almedina, 1987.
- Direito do Contencioso Administrativo I, Lisboa, Lex, 2005.
- Separations of Powers and Judicial Review of Administrative Decisions in Portugal, *in* Revista da Faculdade de Direito da Universidade de Lisboa, Vol. xxxiv, 1993, p. 87-110.
- O Direito à Informação e os Direitos de Participação dos Particulares no Procedimento e, em Especial, na Formação da Decisão Administrativa, *in* Leg., n.° 9/10, 1994, p. 133 ss.
- O Controlo Jurisdicional da Administração no Direito Inglês, *in* Estudos de Direito Público em Honra do Professor Marcello Caetano, Lisboa, Edições Ática, 1973, p. 109-137.
- Noções de Direito Administrativo, I, Lisboa, Danúbio, 1982.
- O Direito dos Interessados à Informação: *Ubi Ius, Ibi Remedium* – Anotação ao Acórdão do Supremo Tribunal Administrativo (1ª Secção) de 2.5.1996, p. 40120, *in*

CORREIA, SÉRVULO/AYALA, B. Diniz de/MEDEIROS, Rui, Estudos de Direito Processual Administrativo, Lisboa, Lex, 2002, p. 313-321.
– Os Contratos Económicos Perante a Constituição, *in* Jorge Miranda (org.), Nos Dez Anos da Constituição, Lisboa, IN-CM, 1987, p. 95-111.
– Contencioso Administrativo e Estado de Direito, *in* Revista da Faculdade de Direito da Universidade de Lisboa, Vol. XXXVI, n.° 2, 1995, p. 445-455.
– Acto Administrativo e Âmbito da Jurisdição Administrativa, Separata de Estudos em Homenagem ao prof. Doutor Rogério Soares, Boletim da Faculdade de Direito da Universidade de Coimbra, Stvdia Ivridica, Coimbra, Coimbra Editora.
– A Responsabilidade Civil da Administração, *in* BFDB, 1995, n.° 3, p. 67-122.
– O Direito de Manifestação – Âmbito de Protecção e Restrições, Coimbra, Almedina, 2006.
– Oração de Sapiência, *in* BFDB, n.° 5, Março 1998, p. 271-281.

CORREIA, J. M. SÉRVULO/GOUVEIA, Jorge Bacelar
– Princípios Constitucionais do Acesso à Justiça, da legalidade Processual e do Contraditório; Junção de Pareceres em Processo Civil; Interpretação Conforme à Constituição do art. 525.° CPC – Anotação ao Ac. N.° 934/96 do Tribunal Constitucional, *in* ROA, ano 57, I, 1997.

CORREIA, J.M. SÉRVULO/AYALA, B. D. de/MEDEIROS, Rui
– Estudos de Direito Processual Administrativo, Lisboa, Lex, 2002.

CORREIA, J.M. SÉRVULO/MEDEIROS, Rui/AYALA, B. Diniz de
– Vers une Protection Juridictionnelle des Citoyens en Europe, *in* S. Correia/B.D. Ayala/ /R. Medeiros, Estudos de Direito Processual Administrativo, Lisboa, Lex, 2002, p. 9-122.

CORREIA, Maria Lúcia C.A. Amaral Pinto
– Responsabilidade do Estado e Dever de Indemnizar do Legislador, Coimbra, Coimbra Editora, 1998.

CORWIN. E.S.
– The Constitution and What it Means Today, 14th ed., Princeton University Press.

COSTA, Alberto
– Tribunal Penal Internacional: Para o Fim da Impunidade dos Poderosos, Mem Martins, Editorial Inquérito, 2002.

COSTA, António Rodrigues da
– Conversam del Rei de Bissau Conseguida Pelo Illustrissimo Senhor Dom Frei Victoriano Portuense Bispo de Cabo Verde, do Conselho de Sua Magestade, e Bautismo do Principe Dom Manoel de Portugal Filho Primogenito do Mesmo Rei. Celebrado na Capella Real desta Corte Sendo Padrinho El Rei Nosso Senhor Que Deos Guarde. [Oferecida ao Muito Illustre Senhor Roque Monteiro Paim (...). Em Lisboa. Á Custa de António Menescal, Livreiro do Infantado. Anno de 1695. Com Todas as Licenças Necessarias], Lisboa, 1695.

COSTA, José Manuel M. Cardoso da
– O Princípio da Dignidade da Pessoa Humana na Constituição e na Jurisprudência Constitucional Portuguesa, *in* S. Resende/F.A. Zilveti (Coord.), "Estudos em Homenagem a Manoel Gonçalves Ferreira Filho", São Paulo, Dialética, 1999, p. 191-199.

– A Jurisdição Constitucional em Portugal, Separata do Número Especial do BFDUC – «Estudos em Homenagem ao Prof. Doutor Afonso Rodrigues Queiró» – 1986, Coimbra, 1987.
Costa, Mário Júlio de Almeida
– História do Direito Português, Coimbra, Almedina, 1989.
Cotarelo, R. G.
– Crisis Económica y Estado Social y Democrático de Derecho, *in* Actas del IV Congreso Nacional de Ciencia Política: Problemas Actuales del Estado Social y Democrático de Derecho, Universidad de Alicante, p. 33-67.
Cotta, Sergio
– Les Droits et L'Etat de Droit, *in* W. Krawietz/E. Pattaro/A. E.-S. Tay (ed.), "Rule of Law – Political and Legal Systems in Transition", "Rechtstheorie" – Beiheft 17, Berlin, Duncker & Humblot, p. 169-178.
Couto, Hildo Honório do
– O Crioulo Português da Guiné-Bissau, Hamburg, Helmut Buske Verlag, 1994.
Crespo, Ricardo F.
– Democracia y Relativismo: Un Estudo Crítico de la Filosofía Política de Karl Popper, *in* Persona y Derecho, n.° 33, 1995, p. 85-177.
Crisafulli, V.
– Le Système de Contrôle de la Constitutionnalité des Lois en Italie, *in* RDPSP, 1, Jan.-Fév. 1968.
– Lezioni di Diritto Costituzionale, I – Introduzione al Diritto Costituzionale Italiano, 2ª ed., Padova, CEDAM, 1970.
Croiset, A.
– Les Démocraties Antiques, Paris, Ernest Flammarion, 1916.
Crowder, Michael
– Whose Dream Was it Anyway? Twenty-Five Years of African Independence, *in* African Affairs 86, no. 342 (1987 – January).
Crowley, Eve L.
– Contracts with the Spirits: Religion, Asylum and Ethnic Identity in the Cacheu Region of Guinea-Bissau (Ph.D. Dissert.), Yale University, 1990.
Cruz, Manuel Braga da
– O Partido e o Estado no Salazarismo, Lisboa, 1988.
– Teorias Sociológicas: Os Fundadores e os Clássicos (Antologia de Textos), I Volume, 4ª ed., Lisboa, Gulbenkian, 2004.
Cruz, Sebastião
– Direito Romano: I. Introdução. Fontes, 3ª ed., Coimbra, 1980.
Cuesta, R. Entrena
– Notas sobre el Concepto y clases de Estado de Derecho, *in* Revista de Administracion Pública, vol. XI, n.° 33, 1960, p. 31-45.
Cunha, J. da Silva
– O Sistema Português da Política Indígena (Dissertação de Doutoramento em Ciências Políticas e Económicas na Faculdade de Direito da Universidade de Lisboa – 1953).

– O Enquadramento Social dos Indígenas Destribalizados, *in* Revista do Gabinete de Estudos Ultramarinos, Lisboa, Centro Universitário de Lisboa, Ano 2, 5-6 (Janeiro--Junho, 1952), p. 11-28.
– Questões do Indigenato, *in* O Direito, Lisboa, Ano 88, 1 (Janeiro-Março, 1956), p. 88-90.
– História Breve das Ideias Políticas (Das Origens à Revolução Francesa), Porto, Lello & Irmão, 1981.

Cunha, Paulo Ferreira da
– Pensar o Direito – II. Da Modernidade à Postmodernidade, Coimbra, Almedina, 1991.
– Para uma História Constitucional do Direito Português, Coimbra, Almedina, 1995.
– Constituição, Direito e Utopia: Do Jurídico-Constitucional nas Utopias Políticas, *Stvdia Ivridica*, 20, Boletim da Faculdade de Direito da Universidade de Coimbra, Coimbra, Coimbra Editora, 1996.
– Res Publica: Ensaios Constitucionais, Coimbra, Almedina, 1998.
– Teoria da Constituição II – Direitos Humanos Direitos Fundamentais, Lisboa/São Paulo, Verbo, 2000.
– Do Conceito de Constituição na Doutrina Portuguesa Contemporânea, (Separata de Estudos em Homenagem ao Prof. Doutor Rogério Soares) *Stvdia Ivridica*, 61, Boletim da F.D.U.C, Coimbra, Coimbra Editora, 2001.
– Faces da Justiça, Coimbra, Almedina, 2002.
– O Século de Antígona, Coimbra, Almedina, 2003.
– Filosofia do Direito – Primeira Síntese, Coimbra, Almedina, 2004.
– Memória, Método e Direito – Iniciação à Metodologia Jurídica, Coimbra, Almedina, 2004.
– Raízes da República – Introdução Histórica ao Direito Constitucional, Coimbra, Almedina, 2006.
– Introdução à Teoria do Direito, Porto, Rés, s/d.

Czarnota, Adam
– Meaning of Rule of Law in Tost – Comunist Society, *in* W. Krawietz/E. Pattaro/A. E.-S. Tay, "Rule of Law – Political and Legal Systems in Transition", Berlin, Duncker & Humblot, p. 179-196.

Dahl, Robert A.
– Polyarchy: Participation and Opposition, New Haven, Yale University Press, 1971.
– Democracy and its Critics, New Haven, Yale University Press, 1989.

Dahl, Robert A./Tufte, Edward R.
– Size and Democracy, Stanford, Stanford University Press, 1973.

Dahrendorf, Ralf
– Class and Class Conflict in Industrial Society, London, Routledge, 1957.

Dahrendorf, R./Furet, F./Geremek, B.
– A Democracia na Europa (Direcção: Lucio Caracciolo – que moderou a entrevista; Tradução de Maria J. V. de Figueiredo), Lisboa, Editorial Presença, 1993.

Dahrendorf, Ralf
– A Quadratura do Círculo – Bem-estar Económico, Coesão Social, Liberdade Política [do original "Economic opportunity, Civil Society, and Political Liberty" (1995), Trad.

de Artur Morão, a partir da edição Italiana: Quadrare il Cherchio – Benessere Economico, Coesione Social e Libertá Politica"], Lisboa, Edições 70, 1996.

DALLARI, Dalmo de Abreu

– Estado de Direito e Cidadania, *in* Direito e Cidadania, n.° 4, Julho/Outubro 1998, p. 125-129.

DANWITZ, Thomas von

– Der Grundsatz funktionsgerechter Organstruktur. Verfassungsvorgaben für staatliche Entscheidungsstrukturen und ihre gerichtliche Kontrolle, *in* Der Staat, 1996, Heft 3, p. 329-350.

DARMSTAEDTER, Friedrich

– Rechtsstaat oder Machtstaat? Eine Frage nach der Geltung der Weimarer Verfassung, Berlin, Walter Rothschild, 1932.

DAUSES, Manfred A.

– Zur neueren Grundrechts problematik in der EG, *in* Juristenzeitung, 1980, Nr. 9, p. 293-298.

DAVID, René/BRIERLEY, John E.C.

– Major Legal Systems in the World Today – An Introduction to the Comparative Study of Law, 3rd ed., London, Stevens & Sons, 1985.

DAVID, René

– Sources of Law, *in* International Encyclopedia of Comparative Law (vol. II – The Legal Systems of the World: Their Comparison and Unification, p. 1 ss.).

– The Legal Systems of the World – Their Comparison and Unification, *in* International Encyclopedia of Comparative Law, vol, II, chapter 3 (sources of Law), Tübingen/ /The Hague/Boston/London, J.C.B. Mohr (Paul Siebeck) Martins Nijhoff Publishers, p. 3-207.

– Os Grandes Sistemas do Direito Contemporâneo (tradução brasileira de Hermínio A. Carvalho do original francês), São Paulo, Martins Fontes, 1986.

DAVID, René/JAUFFRET-SPINOSI, Camille

– Les Grands Systèmes de Droit Contemporain, 8ème éd., Paris, Dalloz, 1982.

DEBBASCH, Charles/RICCI, Jean-Claude

– Contentieux Administratif, 5e éd., Paris, Dalloz, 1990.

DEBÈNE, Marc

– La Dimension Economique de la Transition Démocratique en Afrique, *in* G. Conac (sous la direction de), L'Afrique en Transition Vers le Pluralisme Politique, Paris, Economica, 1993, p. 113-123.

DECAUX, E. (dir.)

– Sécurité et Coopération en Europe.

DEGENHART, Cristhoph

– Staatsrecht I: Staatszielbestimmungen, Staatsorgane, Staatsfunktionen, 12. neubear. Aufl., Heidelberg, C.F. Müller, 1986.

– Staatsrecht I: Staatszielbestimmungen, Staatsorgane, Staatsfunktionen, 10. Auflage, Heidelberg, C. F. Müller Verlag, 1994.

– Staatsrecht I: Staatsorganisationsrecht, 18. Auflage, Heidelberg, C. F. Müller Verlag, 2002.

Delehedde, André
- L'Afrique en Transition vers le Puralisme Politique: le Rôle du Parlement, *in* G. Conac (sous la direction de), L'Afrique en Transition Vers le Pluralisme Politique, Paris, Economica, 1993, p. 459-461.

Delpérée, Francis
- O Direito à Dignidade Humana, *in* S. Resende/F.A. Zilveti (Coord.), "Estudos em Homenagem a Manoel Gonçalves Ferreira Filho", São Paulo, Dialética, 1999, p. 151-162.

Denninger, E.
- Das Maß als Mitte von Freiheit und Zwang. Zum Begriff des sozialen Rechtsstaates, *in* Archiv für Rechts- und Sozialphilosophie, Bd. 48 (1962), p. 315 ss.

Denninger, Erhard
- Der Gebändigte Leviathan, Baden-Baden, Nomos Verlagsgesellschaft 1990.
- Menschenrechte, Menschenwürde und Staatliche Souveränität, *in* Zeitschrift für Rechtspolitik, 2000, Heft 5, p. 192-196.

Depenheuer, Otto
- Das Soziale Staatsziel und die Angleichung des Lebensverhältnisse in Ost und West, *in* J. Isensee/P. Kirchhof (Hg.), Handbuch des Staatsrechts der Bundesrepublik Deutschland, Band IX, Heidelberg, Müller, 1997.
- Zufall als Rechtsprinzip? – Der Losentscheid im Rechtsstaat, *in* Juristen Zeitung, 1993, (4), p. 171-180.

Deschamps, Hubert
- Peuples et Nations d'Outre-Mer (Afrique, Islam, Asie du Sud), Paris, Dalloz, 1954.

Deswarte, Marie-Pauline
- Droits Sociaux et État de Droit, *in* Revue du Droit Public, 4, 1995, p. 951-985.

Detterbeck, Steffen
- Artikel 97 (GG), *in* Michael Sachs (Hg.), Grundgesetzkommentar, 3. Aufl., München, Beck, 2003, p. 1973-1983.

Diamond, Larry
- Introduction: Roots of Failure, Seeds of Hope, *in* L. Diamond/J.J. Linz/ S.M. Lipset (ed.), Democracy in Developing Countries: Africa, Colorado/London, Lynne Rienner Publishers/Adamantine Press Limited, 1988, p. 1-32.
- "Preface", *in* L. Diamond/J.J. Linz/S.M. Lipset (ed.), Democracy in Developing Countries: Africa, Colorado/London, Lynne Rienner Publishers/Adamantine Press Limited, 1988, p. IX-XXVII.

Diário da Assembleia Constituinte (Portugal)
- números: 25 (de 2.8.1975), 28 (de 8.8.1975), 29 (de 9.8.1975), 132 (de 3.4.1976), 145 (de 9.7.1975).

Dias, Augusto Silva
- Problemas do Direito Penal numa Sociedade Multicultural: O Chamado Infanticídio Ritual na Guiné-Bissau, Separata da Revista Portuguesa de Ciência Criminal, Fasc. 2.°, Abril-Junho 1996, Coimbra, Coimbra Editora, 1996.

Dias, Jorge de Figueiredo
- Direito Penal [sumários das lições à 2ª turma do 2.° ano da Faculdade de Direito da Universidade de Coimbra], Coimbra, Abrantes, 1975.

Diaz, Elias
– Estado de Derecho y Sociedad Democratica, Madrid, Taurus, 1992.
– Teoria General del Estado de Derecho, *in* Revista de Estudios Políticos, n.° 131, 1963, p. 21-48.

Dicey, Abert Venn
– Introduction to the Study of the Law of the Constitution [1888], E.C.S. Wade (MacMillan), 1939.

Diederichsen, Uwe
– Innere Grenzen des Rechtsstaats, *in* Der Staat, 1995, Heft 1, p. 33-57.

Dieng, Adama
– Démocratie et Primauté du Droit, *in* G. Conac (sous la direction de), L'Afrique en Transition Vers le Pluralisme Politique, Paris, Economica, 1993, p. 467-469.

Dietze, Gottfried
– Rechtsstaat und Staatsrecht, *in* die Moderne Demokratie und ihr Recht (Festschrift für Gerhard Liebholz Zum 65 Geburtstag), Band II, Tübingen, J.C.B. Mohr, 1966, p. 17-48.
– Staatsrecht und Rechtsstaat, *in* Klaus von Beyme (Hg.), Theory and Politics (Theorie und Politik) – Festschrift zum 70. Geburtstag für Carl Joachim Friedrich, Haag, Martinus Nijhoff, 1971.

Digesto de Justiniano
– versão castelhana por A. d'Ors/F. Hernandez Tejero/P. Fuenteseca/M. Garcia-Garrido/J. Burillo, "El Digesto de Justiniano", tomo I, Pamplona, Editorial Aranzadi, 1968.

Dimmel, Nikolaus/Noll, Alfred J.
– Autopoiesis und selbstreferentialität als "postmoderne Rechtstheorie" – Die neue reine Rechtslehre, *in* "Demokratie und Recht", 1/1988, p. 379-400.

Djedjro, F. Meledje
– L'OUA et le Règlement des Conflits, *in* Afrique Contemporaine, n.° 180, Octobre-Décembre 1996 [n.° spécial: L'Afrique face aux Conflits. Direction: Gaudusson//Gaud], p. 209-216.

Döblin, Alfred
– Viagem ao Destino – Relato e Confissão (tradução de S. Seruya do original "Schicksalsreise", Walter-Verlag AG, 1993), Porto, Edições Asa, 1996.

Documentos sobre a Campanha Contra Abdul Injai
– (separata do Boletim Cultural da Guiné Portuguesa, n.° 21, Janeiro de 1951), Bissau 1951.

Doehring, Karl
– Staatsrecht der Bundesrepublik Deutschland unter besonderer Berücksichtung der Rechtsvergleichung und des Völkerrechts, 3. Aufl., Frankfurt a.M., 1984.
– Demokratiedefizit in der Europäischen Union?, *in* DVBL (Deutsches Verwaltungsblatt), Heft 19, 1997, p. 1133-1137.

Doneux, J. L.
– Lexique Manjaku, Dakar, C.L.A de Dakar, Univ. Cheik Anta Diop, 1975.

Dorsen, D./Rosenfeld, M./Sajó, A./Baer, S.
– Comparative Constitutionalism: Cases and Materials, USA, Thomson/West (American Casebooks Series), 2003.

DOURADO, Ana Paula
- O Princípio da Legalidade Fiscal na Constituição Portuguesa, *in* Jorge Miranda (org.), Perspectivas Constitucionais – Nos 20 Anos da Constituição de 1976, vol. II, Coimbra, Coimbra Editora, 1997, p. 429-474.

DREIER, Horst
- Der Rechstsstaat im Spannungsverhältnis zwischen Gesetz und Recht, *in* JZ, 1985, p. 353 ss.

DUARTE, Maria Luísa
- Portugal. La Constitution Portugaise et le Principe de Subsidiarité – De la Positivisation à son Application Concrète, *in* F. Delpérée (dir.), Justice Constitutionnelle et Subsidiarité, Bruxelles, Bruylant, 2000, p. 107-135.

DUGUIT, Léon
- Traité de Droit Constitutionnel, T. I, T. III, Paris, 1921.
- Les Grands Doctrines Juridiques et le Pragmatisme (conferência na Faculdade de Direito de Lisboa em 1923), *in* Revista da Faculdade de Direito da Universidade de Lisboa, 1939, p. 7-27.
- Traité de Droit Constitutionnel (5 vol.), 2ème éd., Paris, Ancienne Librairie Fontemoing & Cie, Editeurs, 1924.

DUHAMEL, Olivier
- Le Pouvoir Politique en France, Paris, 1993.

DUHAMEL, Olivier/MÉNY, Yves (dir.)
- Dictionnaire Constitutionnel, Paris, P.U.F., 1992.

DUPEYROUX, Oliver
- La Règle de la Non Rétroactivité des Actes Administratifs, Paris, L.G.D.J., 1954.

DUVERGER, Maurice
- Contribution à l'Etude de la Légitimité des Gouvernements de Fait, *in* RDPSP, 1945, Tome 60.
- Xeque-Mate: Análise Comparativa dos Sistemas Políticos Semi-presidenciais (trad. do original "Echec au Roi", Paris, Albin Michel, 1978), Lisboa, Rolim, 1978.
- Institutions Politiques et Droit Constitutionnel: 1/ Les Grands Systèmes Politiques, 13e éd., Paris, PUF, 1973.
- Le Système Politique Français – Droit Constitutionnel et Système Politiques, 20e éd., Vendôme, PUF, 1990.
- Sociologia da Política – Elementos de Ciência Política (trad. A. Gonçalves, de "Sociologie de la Politique), Coimbra, Almedina, 1983.

DVORIN, Eugene P.
- Racial Separation in South Africa: An Analysis of Apartheid Theory, Chicago/London/Toronto, The University of Chicago Press/Cambridge University Press/W.J. Gage & Co., Limited, 1952.

DWORKIN, Ronald
- Taking Rights Seriously, London, Duckworth, 1977.

EDITORIAL
- *in* AAPS News Letter, New Series, n.° 17/18, December 1994 – March 1995, p. 10.

EDWARDS, Charles James
- The Future of Rights and Democracy in a Multi-cultural society, *in* W. Krawietz/ /E. Pattaro/A. Erh-Soon Tay (ed.), Rule of Law: Political and Legal Systems in Transition, Berlin, Duncker & Humblot.

EICHENBERGER, K.
- Gesetzgebung im Rechtsstaat, *in* VVDStRL, Heft 40 (1982), p. 7 ss.

EIFFLER, Sven
- Die "wehrhafte Demokratie" in der Rechtsprechung des Europäischen Gerichtshofs für Menschenrechte, *in* Kritische Justiz, Heft 2, 2003, p. 218-225.

ELSENHAUS, Hartmut
- Staat, *in* Pipers Wörterbuch zur Politik: Dritte Welt, Gesellschaft-Kultur-Entwicklung (Nohlen/Waldmann, Hrsg.), München/Zürich, Piper, 1987, p. 551-560.

ELWERT, Georg
- Nationalismus/Nativismus, *in* Pipers Wörterbuch zur Politik: Dritte Welt, Gesellschaft--Kultur-Entwicklung (Nohlen/Waldmann, Hrsg.), München/Zürich, Piper, 1987, p. 376-384.

ELY, John Hart
- Democracy and Distrust: A Theory of Judicial Review, Cambridge/Massachusetts/ /London, Harvard University Press, 1980.

EMERI, Claude
- L'Etat de Droit dans les Systèmes Polyarchiques Européens, *in* Revue Française de Droit Constitutinnel, n.° 9, 1992.

ENCINAR, Jose Juan Gonzalez
- Sobre el Derecho y el Estado: Una Conversación con el Professor E.-W. Böckenförde, *in* Anuario de Derecho Constitucional y Parlamentario, n.° 7, 1995 (Murcia), p. 7-29.

ENDRUWEIT, Günter
- Eliten, *in* Pipers Wörterbuch zur Politik: Dritte Welt, Gesellschaft-Kultur-Entwicklung (Nohlen/Waldmann, Hrsg.), München/Zürich, Piper, 1987, p. 141-150.

ENGELS, Friedrich
- Carta a August Bebel, *in* Marx/Engels, Obras Escolhidas, III (trad., da Carta, de José Barata-Moura), Moscovo/Lisboa, Edições Progresso-Editorial «Avante», 1985, p. 31-38.
- A Origem da Família, da Propriedade Privada e do Estado, *in* Marx/Engels – Obras Escolhidas (trad. J.P. Gomes, a partir de K. Marx/F. Engels, Werke, edição do Institut für Marxismus-Leninismus beim ZK der SED, Dietz Verlag, Berlin, 1956-1968), Moscovo/Lisboa, Progresso/Avante, 1985, p. 213-374.

ENSTE, Franz Rainer
- Rechtsfrieden im Rechtsstaat, *in* Neue Zeitschrift für Verwaltungsrecht, 1987, Heft 7, p. 565-567.

ENTERRÍA, Eduardo Garcia de
- La Democracia y el Lugar de la Ley, *in* Civitas (Revista Española de Derecho Administrativo), 1996, p. 609-622.

ESMEIN, A./NÉZARD, Henry
- Eléments de Droit Constitutionnel Français et Comparé, 7e éd., Paris, Sirey, 1921.

ESTEBAN, Jorge de
– Tratado de Derecho Constitucional I, Madrid, S. P. Facultad Derecho Universidad Complutense, 1998.
ESTEBAN, M.L.F.
– The Rule of Law in the European Constitution The Hague/London/Boston, Kluwer Law International.
ESTEVES, Maria da Assunção
– Parecer sobre a co-incineração, *in* D. Freitas do Amaral e M. da Glória Garcia/Jorge Miranda/P. Otero/M. da Assunção Esteves, O Caso Co-Incineração (Parecres Jurídicos), 1.° vol.-tomo I, Lisboa, I.P.A., 2001, p. 143-179.
– A Constitucionalização do Direito de Resistência, Lisboa, AAFDL, 1989.
ESTEVES, Maria Luísa
– A Questão do Casamansa e a Delimitação das Fronteiras da Guiné, Lisboa, IICT/INEP, 1988.
ESTORNINHO, Maria João
– Princípio da Legalidade e Contratos da Administração, Separata do BMJ, n.° 368, Lisboa, 1987.
– A Fuga para o Direito Privado: Contributo para o Estudo da Actividade de Direito Privado da Administração Pública, Coimbra, Almedina, 1996.
– Requiem pelo Contrato Administrativo, Coimbra, Almedina, 1990.

FALK, Richard
– The Rights of Peoples (In Particular Indigenous Peoples), *in* J. Crawford (ed.), The Rights of Peoples, Oxford, Clarendon Press, 1988, p. 17-37.
FAS, Rainer WEBER-
– Rechtsstaat und Grundgesetz: Mannheimen Antrittsvorlesung, Pfullingen, Neske, 1977.
FAS, Rudolf WEBER-
– Geistiger Vater der Rechtsstaatlichkeit. Dem Anderken Immanuel Kants, *in* ZRP (Zeitschrift für Rechtspolitik), Heft II, 1999, p. 461-464.
– Das Grundgesetz. Einführung in das Verfassungsrecht der Bundesrepublik Deutschland, 1983.
FASSO, Guido
– Stato di diritto e stato di Giustizia, *in* Rivista Internazionale di Filosofia del Diritto, 1963, p. 81-119.
FAVOREU, L./GAÏA, P./GHEVONTIAN, R./MESTRE, J-L,/PFERSMANN, O./ROUX, A./ /SCOFFONI, G.
– Droit Constitutionnel, 2e édition, Paris, Dalloz, 1999.
FAVOREU, Louis
– L'Achèvement de l'Etat de Droit sous la Ve République, *in* Estudios en Homenaje al Doctor Héctor Fix-Zamudio en sus Treinta Años como Investigador de las Ciencias Jurídicas, tomo I, México, Universidad Autónoma de México, 1988, p. 167-179.
– Legitimação da Justiça Constitucional, *in* Legitimidade e Legitimação da Justiça Constitucional: Colóquio no 10.° Aniversário do Tribunal Constitucional – Lisboa, 28 e 29 de Maio de 1993, Coimbra, Coimbra Editora, 1995.

FEBBRAJO, Alberto
– Leggitimazione e Teoria dei Sistemi, *in* Soziologia del Diritto, 1984, 1, p. 30 ss.
FEDDERSEN, C.
– Beschwerdeausschuß versus Menschenwürde und Rechtsstaatsprinzip: ein unvereinbarer Gegensatz?, *in* ZRP 1993, Heft 12, p. 479-482.
FERNANDES, António José
– Os Sistemas Político-constitucionais Português e Espanhol (Análise Comparativa), Lisboa, Europa Editora, s/d.
FERNANDES, Raul Mendes
– Dinâmica Social dos Bijagós, *in* BISE (Co-Ed. INEP/GEMiPLANO), 4/88, p. 7--12.
FERNANDES, Ricardo Sá
– Modelos de Desenvolvimento para a África, *in* BFDB, N.° 5, Março 1998, p. 325--334.
– A Tributação do Lucro no Direito Fiscal Português (História, Natureza e Incidência), 1986 (Dissertação de Mestrado em Ciências Jurídico-Económicas na Faculdade de Direito da Universidade de Lisboa).
FERNANDEZ, Javier Garcia
– Leon Blum y «la Reforma Gubernamental», *in* Revista de Estudios Politicos, 88, 1995, p. 91-113.
FERRARA, Francesco
– Interpretação e Aplicação das Leis (Trad. Manuel A. D. de Andrade), 3ª ed., Coimbra, Arménio Amado, 1978.
FERRARA, Giovanni
– Giurisprudenza Costituzionale e Democrazia: Quale Valori, Quale Teoria?, *in* Scritti su la Giustizia Costituzionale, in Onore di Vezio Crisafulli, I, p. 325-344. Padova, CEDAM, 1985.
FERREIRA, Manuel Cavaleiro (de)
– Direitos Humanos e Estado de Direito, *in* Revista da Faculdade de Direito da Universidade de Lisboa, vol. XXXVI, 1997, p. 87 ss.
FERREIRA, Silvestre PINHEIRO-
– Breves Observações sobre a Constituição Política da Monarchia Portugueza Decretada pelas Cortes Geraes Extraordinarias e Constituintes, reunidas em Lisboa, no anno de 1821, Paris, Rey e Gravier/J.P. Aillaud, 1837.
FIEDLER, Wilfried
– Materieller Rechtsstaat und soziale Homogenität, *in* Juristen Zeitung, 1984 (5), p. 201–211.
FIELITZ, Helmuth SCHULZE-
– Artikel 97 (GG), *in* Horst Dreier (Hg.), Grundgesetz-Kommentar, Bd. III, Tübingen, Mohr Siebeck, 2000, p. 480-503.
– Der Rechtsstaat und die Aufarbeitung der vor-rechtsstaatlichen Vergangenheit, *in* Deutshes Verwaltungsblatt, 1991, Heft 17, p. 893-906.
– Artikel 20 (Rechtsstaat), *in* Horst Dreier (Hg.), Grundgesetz-Kommentar, Bd. II, Tübingen, Mohr Siebeck, 1998, p. 128-209.

Filho, Manoel Gonçalves Ferreira
- Democracia Possível, *in* Enciclopedia Saraiva do Direito, tomo 23, R. Limongi França (Coord.), S. Paulo, Saraiva, 1977, p. 285-295.

Filibeck, Giorgio
- Direitos do Homem – de João xxiii a João Paulo ii [traduzido do original I Diritti del'Uomo nell'Insegnamento della Chiesa: da Giovanni xxiii a Giovanni Paolo ii (1958-1998)], S. João do Estoril, Principia/Comissão Nacional Justiça e Paz, 2000.

Finley, Moses I.
- Política no Mundo Antigo (trad. do original Politics in the Ancient World), Lisboa, Edições 70, 1997.

Fioravanti, Maurizio
- Stato e Costituzione: Materiali per una Storia delle Dottrine Costituzionali, Torino, G. Giappichelli Editore, 1993.

Fohmann, Lothar H.
- Konkurrenzen und kollisionen im Grundrechtsbereich, *in* Europäische Grundrechte--Zeitschrift, Heft 3, 1985, p. 49-62.

Fonseca, Jorge Carlos
- Estado de Direito Democrático, Direitos Fundamentais e o Instituto do Ombudsman – Uma Introdução ao Tema: «Ombudsman – Quadro Normativo e Experiência Institucional», *in* Administração – Revista de Administração Pública de Macau, n.° 43 (1.° de 1999), p. 71-84.

Fonseca, Rui Guerra da
- Autodeterminação, Soberania e Reforma Institucional das Nações Unidas, Separata da RFDUL, 2001, vol. XLII – n.° 2, p. 1027-1084.

Forgeron, Jean-Baptiste
- Le Protectorat en Afrique Occidentale Française et les Chefs Indigènes, Bordeaux, Imprimerie de l'Université, 1920.

Forrester, Viviane
- Uma Estranha Ditadura: A Opressão Liberal (trad. de F. Silva de «Une Étrange Dictature»), Lisboa, 2000.

Forrest, Joshua B.
- Guinea-Bissau: Power, Conflict and Renewal in a West African Nation, Boulder, Westview Press, 1992.

Forsthoff, Ernst (Hg.)
- Rechtsstaatlichkeit und Sozialistaatlichkeit: Aufstaze und Essays, Darmstadt: Wissenschaftliche Buchgesellschaft, 1968.

Forsthoff, Ernst
- Problemas Actuales del Estado Social de Derecho en Alemania, Publi. Del Centro de Formacion y Perfeccionamento de Funcionarios, Madrid, 1966.
- Stato di Diritto in Trasformazione (tradução de L. Riegert e C. Amirante do original Rechtsstaat im Wandel, Stuttgart, W. Kohlhammer Verlag, 1964), Milano, Giuffrè Editore, 1973.
- Rechtsstaat Oder Richtersstaat? – Die Gefährdung der Rechtssicherheit durch die Rechtsprechung, *in* Georg Lanzenstiel (Hrsg.), Rechtsstaat oder Richterstaat – Vor-

träge Gehalten auf der Tagung Evangelischer Juristen 1969, München, Evangelischer Presseverband für Bayern, 1970, p. 7-21.
– Begriff und Wesen des Sozialen Rechtsstaates. Die Auswartige Gewalt der Bundesrepublik Deutschland, *in* E. Forsthoff (Hg.), Rechtsstaatlichkeit und Sozialstaatlichkeit: Aufsätze und Essays, Darmstadt, Wissenschaftliche Buchgesellschaft, 1968, p. 165-200.

Frades Capuchinhos Espanhóis de Bissau
– Informe y relación (...) al su Majestad (...) el Señor Rey de Portugal del modo com que los negros de dichas costas y rios se compran y son reducidos a cautiverio (Biblioteca do Palácio Nacional de Ajuda, 54-XIII-15, n.° 94).

Fraga, Ana/Vargas, Ana
– Da Qualidade da Legislação ou de Como Pode o Legislador Ser um Fora-da-Lei, *in* Legislação. Cadernos de Ciência da Legislação, 27, Janeiro-Março 2000, p. 31-71.

Fraisseix, Patrick
– Les Droits Fondamentaux, Prolongement ou Dénaturation des Droits de l'Homme?, *in* Revue du Droit Public, 2, 2001, p. 531-553.
– La Constitution Russe du 12 Décembre 1993: Vers un Nouvel État de Droit?, *in* Revue du Droit Public, 6, 1994, p. 1769-1791.

Frankenberg
– Art. 20 Abs. 1-3 IV (GG), *in* Denninger/Hoffmann-Riem/Schneider/Stein (Hg.), Kommentar zum Grundgesetz für die Bundesrepublik Deutschland (Reihe Alternativkommentare), Band 2, 3. Aufl., Neuwied/Kriftel, Luchterhand, 2001].

Fredericis, Nico de
– Lo Stato Contemporaneo tra Democrazia e Liberalismo, *in* il Politico – Rivista Italiana di Scienze Politiche, 1997, n. 3, p. 381-401.

Freud, Sigmund/Einstein, Albert
– Porquê a Guerra? – Reflexões sobre o destino do Mundo (trad. do original "Reflessione a due sulle sorte del Mondo", por Artur Morão), Lisboa, Edições 70, 1997.

Fromont, Michel
– La Responsabilité de l'Etat en Droit Français, *in* Ministério da Justiça, Responsabilidade Civil Extra-Contratual do Estado – Trabalhos Preparatórios da Reforma, Coimbra, Coimbra Editora, 2002, p. 155-168.

Fukuyama, Francis
– The End of History?, *in National Interest,* 16, 1989.
– The End of History and the Last Man, London, Penguin Books, 1992.

Fusaro, Carlo
– La Rivoluzione Costituzionale: Alle Origini del Regime Post-partitocratico, Messina, Rubbetino Editore, 1993.

Gable, Eric
– Modern Manjaco: The Ethos of Power in a West African Society (PhD. Dissert.), University of Virginia, 1990.

Galli, E./Jones, Jocelyn
– Guine-Bissau – Politics, Economics and Society, London, Frances Pinter (Publishers), 1987.

GAMBLE, Andrew
- The Limits of Democracy, *in* Paul Hirst/Sunil Khilnani (Ed.), Reinventig Democracy, Oxford/Cambridge (USA), Blackwell Publishers, 1996, p. 117-131.

GARCIA, Francisco Proença
- Guiné 1963-1974: Os Movimentos Independentistas, o Islão e o Poder Português, Lisboa, C. P. de História Militar/Univ. Portucalense, 2000.

GARCIA, Maria da Glória Ferreira Pinto Dias
- A Constituição e a Construção da Democracia, *in* Jorge Miranda (org.), Perspectivas Constitucionais – Nos 20 Anos da Constituição de 1976, vol. II, Coimbra, Coimbra Editora, 1997, p. 569-576.
- Da Justiça Administrativa em Portugal. Sua Origem e Evolução, Lisboa, Universidade Católica Editora, 1994.

GASPARRI, Giovanna
- Vers des Nouvelles Formes de Souveraineté, *in* W. Krawietz/E. Pattaro/A. E.-S. TAY, "Rule of Law – Political and Legal Systems in Transition", Berlin, Duncker & Humblot, p. 103-108.

GAUDUSSON, Jean du Bois/GAUD, Michel
- "Présentation", *in* Afrique Contemporaine, n.° 180, Octobre-Décembre 1996 [n.° spécial: L'Afrique face aux Conflits. Direction: Gaudusson/Gaud], p. 3-11.

GAUDUSSON, Jean du Bois de
- Les Solutions Constitutionnelles des Conflits Politiques, *in* Afrique Contemporaine, n.° 180, Octobre-Décembre 1996 [n.° spécial: L'Afrique face aux Conflits. Direction: Gaudusson/Gaud], p. 250-256.

GENDREAU, Monique CHEMILLIER
- La Démocratie Pluraliste en Afrique, *in* G. Conac (sous la direction de), L'Afrique en Transition Vers le Pluralisme Politique, Paris, Economica, 1993, p. 109-112.
- L'Etat de Droit au Carrefour des Droits Nationaux et du Droit International, *in* Mélanges en L'honneur de Guy Braibant, Paris, Dalloz, 1996, p. 57-68.

GENETTE, Gérard
- Figures III, Paris, Éditions Seuil, 1966.

GENTOT, Michel
- Etat de Droit et Coopération Internationale, *in* L'Etat de Droit: Mélanges en L'Honneur de Guy Braibant, Paris, Dalloz, 1996, p. 341-352.

GESLOWSKA, Eduard Tarnawski
- El Tiempo de las Democracias Inciertas, *in* Revista de Estudios Politicos, 86, 1994, p. 153-194.

GESSNER, Volkmar
- Recht und Konflikt: eine Soziologische Untersuchung Privatrechtlicher Konflikte in Mexico, 1. Aufl., Tübingen, Mohr, 1976.

GHALI, Boutros BOUTROS-
- "Diplomatie préventive, rétablissement de la paix et maintien de la paix", Rapport présenté par le Secrétaire général en application de la déclaration adoptée par la réunion au sommet du Conseil de Sécurité le 31 janvier 1992, New York, Nations Unies, 1992.

Giddens, Anthony
- Sociologia, 4ª ed. (trad. de *Sociology*, 4th Ed., Polity Press 2001), Lisboa, Gulbenkian, p. 2004.

Gierke, Otto von
- Die Grundbegriffe des Staatsrechtstheorien, *in* Zeitschrift für die gesamte Staatswissenschaft, Bd. 30 (1874), p. 153 ss.

Gilles, Peter
- Rechtsstaat und Justizstaat in der Krise, *in* NJ (Neue Justiz) 1998, p. 225-229.

Giovine, Alfonso di
- Democrazia Elettronica: Alcune Riflessioni, *in* Diritto e Societá, 3, 1995, p. 399-413.

Giustiniani, Antonio Zorzi
- Rule of Law, Costituzionalismo, Stato Amministrativo in Hayek, *in* Il Politico (Rivista Italiana di Scienze Politiche), n.° 2, 2000, p. 229-260.
- Stato Costituzionale ed Espansione della Democrazia, Padova, CEDAM, 1999.

Glaeser, Walter Schmitt
- Die Juristen-Fakultäten als Hüter des Rechtsstats, *in* NJW (Neue Juristische Wochenschrift) Heft 40, 1995, p. 2597-2601.

Gneist, Rudolf
- Der Rechtsstaat und die Verwaltungsgericht in Deutschland, 3. Unveränderte Aufl., Nachdr. der 2. Aufl. Von 1879, Darmstadt, Wissenschaftliche Buchgeselschaft, 1958.

Goethe, J. W.
- Poemas: Antologia, versão portuguesa, notas e comentários de Paulo Quintela, 4ª ed., Coimbra, Centelha, 1986.

Goetze, Dieter
- Modernisierung, *in* Pipers Wörterbuch zur Politik: Dritte Welt, Gesellschaft-Kultur--Entwicklung (Nohlen/Waldmann, Hrsg.), München/Zürich, Piper, 1987, p. 359-366.

Gollnick, Rainer
- Zum Demokratieproblem in der dialektisch-materialistischen Gerechtigkeitstheorie in der DDR, *in* Kritische Justiz, 1990, p. 217–221.

Gomes, João Carlos
- Polón di Brá – Um Documento de Reflexão sobre uma Guerra Devastadora, Desnecessária e Injustamente Imposta ao Povo da Guiné-Bissau, Bissau, INACEP, 1998.

Gomes, José Osvaldo
- Fundamentação do Acto Administrativo, 2ª ed., Coimbra, Coimbra Editora, 1981.

Gomes, Manuela Maria Ribeiro da Silva
- Admissibilidade Jurídico-Constitucional da Lei-Medida, *in* Estudos em Homenagem a Joaquim M. da Silva Cunha, Porto, Fundação Universidade Portucalense Infante D. Henrique, 1999, p. 441-492.

Gonzales, Manuel Labarthe
- Hacia un Nuevo Estado de Derecho, *in* Revista del Foro (Lima-Peru), 1959, n.° 1, p. 613-631.

Gorbatchov, Mikhaïl
- Perestroïka – Novo Pensamento para o Nosso País e para o Mundo, 13ª ed., Mem Martins, Publicações Europa-América, 1988.

Görisch, Christoph
- Die Inhalte des Rechtsstaatsprinzips, *in* Juristische Schulung, 1997, Heft 11, p. 988 ss.

Gouttman, Alain
- "...Des Affaires Africaines – Jusqu'à Quel Point? Guinée-Bissau: Le Portugal Marque un Point Contre la France", *in* Lumiéres Noires Magazine, 11 Juillet 1999, p. 7-8.

Gouveia, Jorge Bacelar
- O Estado de Excepção no Direito Constitucional – Entre a Eficiência e a Normatividade das Estruturas de Defesa Extraordinária da Constituição, Coimbra, Almedina, 1998
- Ilusão da Constituição Europeia, *in* D.N., 3.9.2004 (edição electrónica).
- O Princípio Democrático no Novo Direito Constitucional Moçambicano, *in* Revista da Faculdade de Direito da Universidade de Lisboa, Lisboa, Vol. xxxvi, 1995, p. 457-491.
- Os Direitos Fundamentais à Protecção dos Dados Pessoais Informatizados, Separata da Revista da Ordem dos Advogados, Ano 51, III, Lisboa, Dezembro 1991.

Goydke, Jürgen
- Reabilitierung als Justizaufgabe, *in* Festschrift für Walter Remmers, Vertrauen in den Rechtsstaat – Beiträge zur deutschen Einheit im Recht (Hrsg. von J. Goydke, D. Rauschning, R. Robra, H.L. Schreiber, Ch., Wulff, Köln-Berlin-Bonn-München, Carl Heymanns Verlag KG, 1995, p. 369-381.

Gravidão, Fernanda
- "Egipto", *in* Polis – Enciclopédia Verbo da Sociedade e do Estado, 2 (1984), p. 871-881.

Griffiths, John
- What is Law?, *in* Journal of Legal Pluralism, 24, 1986.

Grimm, Dieter
- Reformalisierung des Rechtsstaats als Demokratiepostulat?, *in* JuS, 1980, Heft 10, p. 704-709.
- Does Europe Need a Constitution?, *in* European Law Journal, 282 (1995), p. 292-297.

Groß, Thomas
- Das Kollegialprinzip in der Verwaltungsorganisation, Tübingen, Mohr Siebeck, 1999.
- Grundlinien einer pluralistischen Interpretation des Demokratieprinzips, *in* Redaktion Kritische Justiz (Hg.), Demokratie und Grundgesetz, 2000, p. 93 ss.
- Gremienwesen und Demokratische Legitimation [Sonderdruck aus "Schriftenreihe der Hochschule Speyer", Bd. 145: "Gremienwesen und Staatliche Gemeinwohlverantwortung" (Beiträge zu einem Forschungssymposium des Forschungsinstituts für Öffentliche Verwaltung)], Berlin, Duncker & Humblot, 2001.
- Selbstverwaltung der Gerichte als Voraussetzung Ihrer Unhabhängigkeit?, *in* Die Verwaltung, Beiheft 5, 2002, p. 217, ss.
- Verfassungsrechtliche Möglichkeiten und Begrenzungen für eine Selbsverwaltung der Justiz, *in* Zeitschrift für Rechtspolitik, 9, 1999, p. 361-365.
- Die Autonomie der wissenschaft in Europäischen Rechtsvergleich, 1. Aufl., Baden-Baden, Nomos Verlagsgesellschaft, 1992.
- Selbstverwaltung der Gerichte als Voraussetzung Ihrer Unhabhängigkeit, Sonderdruck der DRiZ, September 2003, p. 297-302.

GROTE, Rainer

– Das Rechtsstaatsprinzip in der mittel- und osteuropäischen Verfassungsgerichtspraxis, *in* Jochen Abr. Frowein/Thilo Marauhn (Hg.), Grundfragen der Verfassungsgerichtsbarkeit in mittel- und Osteuropa, Berlin/Heidelberg/NewYork/Barcelona/Budapest/Hongkong/London/Mainland/Paris/Santa Clara/Singapur/Tokio, Springer, 1998, p. 3-64.

– Rechtskreise im öffentlichen Recht, *in* Archiv für öffentlichen Rechts, 126 (2001), 1, p. 9-59.

GROTIUS, Hugo

– Le Droit de la Guerre et de la Paix (1625) [De Jure Belli ac Pacis], Bâle, E. Thourneisen, éd. Barbeyrac, 1746.

GRUPO de Alto Nível para a Melhoria da Qualidade Legislativa (Grupo Mandelkern)

– Relatório Final, *in* Legislação, 29 (2000), p. 13-141.

GUARNIERI, Carlo

– L'Indipendenza della Magistratura, Padova, CEDAM, 1981.

GUARNIERI, Carlo/PEDERZOLI, Patrizia

– Los Jueces y la Política: Poder Judicial y Democracia (tradução de Miguel Ángel Ruiz de Azua do original La Puissance de Juger, Paris, Éditions Michalon, 1996), Madrid, Taurus, 1999.

GUEDES, A. Marques

– L'Indépendance du Pouvoir Judiciaire une Précondition Nécéssaire au Travail d'une Cour Constitutionnelle, *in* Estudos em Homenagem a Joaquim M. da Silva Cunha, Porto, Fundação Universidade Portucalense Infante D. Henrique, 1999, p. 41-47.

GUILLOCHON, Bernard

– Economia Internacional, 2ª ed. (tradução, actualização e complementação analítica por F.C. Guedes), Lisboa, Planeta, 1998.

GÜNTHER, Klaus

– Ein Normativer Begriff der Kohärenz. Für eine Theorie der Juristischen Argumentation, *in* Rechtstheorie, Vol. 20, 1989.

GUREVITCH, M./BLUMLER, G.

– Political Communication Systems and Democratic Values, *in* J. Lichtenberg (ed.), Democracy and the Mass Media, Cambridge, Mass., Cambridge University Press, 1990.

GUSY, Christoph

– Die "Freiheitliche Demokratische Grundornung", in der Rechtsprechung des Bundesverfassungsgerichts, *in* Archiv des öffentlichen Rechts, Band 105, Heft 2, Jul 1980, p. 279-310.

HÄBERLE, Peter

– "Gott" im Verfassungsstaat, *in* W. Fürst/R. Herzog/D. Umbach (Hg.), Festschrift für Wolfgang Zeidler, Bd. 1, Berlin, de Gruyter 1987.

– Verfassung als öffentlicher Prozeß, Berlin, Duncker & Humblot, 1978.

Habermas, Jürgen
- Droit et Démocratie: Entre Faits et Normes (trad. por Rainer Rochlitz e Christian Bouchindhomme do alemão "Faktizität und Geltung. Beiträge zur Diskurstheorie des Rechts und des Demokratischen Rechtsstaats", Frankfurt am Main, Suhrkamp Verlag, 1992), Paris, Gallimard, 1997.
- Teoría de la Acción Comunicativa, II, Madrid, 1992.
- Raison et Légitimité. Problèmes de légitimation dans le capitalisme avancé, Paris, Payot, 1978.
- Remarks on Deter Grimm's "Does Europe needs a Constitution?", *in* European Law Journal, 303 (1995), p. 305-307.
- O Discurso Filosófico da Modernidade, Lisboa, 1990.
- Conocimiento e Interés, Madrid, Taurus, 1982.
- La Inclusión del Otro – Estudios de Teoría Política, Barcelona/Buenos Aires/México, Paidós.
- Wie ist Legitimität durch Legalität möglich?, *in* Kritische Justiz, 1987, p. 1-16.

Haley, Alex
- Raízes (trad. do original "Roots"), Lisboa, Edição "Livros do Brasil", 1976.

Hall, John A./Ikenberry, G. John
- El Estado (tradução de J. A. Rey de The State), Madrid, Alianza Editorial, 1993.

Hall, Stuart *et al.*
- New Times, *Marxism Today*, October, 1988.

Hammel, Walter
- Glaubens- und Gewissensfreiheit, *in* K.A. Bettermann/H.C. Nipperdey/U. Scheuner (Hrsg.), Die Grundrechte: Handbuch der Theorie und Praxis der Grundrechte, 4. Band, 1. Halbband, Berlin, Duncker & Humblot, 1960, p. 37-110.

Hamon, Francis
- Vox Imperatoris, vox Populi? (Réflexion sur la Place du Référendum dans un Etat de Droit), *in* L'Etat de Droit: Mélanges en L'Honneur de Guy Braibant, Paris, Dalloz, 1996, p. 382-402.

Hamon, Léo
- L'Etat de Droit et son Essence, *in* Revue Française de Droit Constitutionnel, n.° 4, 1990, p. 699-712.

Hampton, David R.
- Administração Contemporânea, 3ª ed. (trad. L.S. Blandy/A.C.A. Maximiano), São Paulo, McGraw-Hill, 1992.

Haney, Gerhard
- Staatsgewalt, Demokratie und Gesellschaft, *in* Kritische Justiz, 1990, p. 209-216.

Hanf, Dominik
- Bundesstaat ohne Bundesrat?: Die Mitwirkung der Glieder und die Rolle Zweiter Kammern in evolutiven und devolutiven Bundesstaaten; eine rechtsvergleichende Untersuchung, 1. Aufl., Baden-Baden, Nomos Verlagsgesellschaft, 1998.

Harding, Leonard/Höllmann, Thomas O./Dyckerhoff, Ursula/Prem, Hanns J.
- Präkoloniale Gesellschaften und Herrschaftsformen, *in* Pipers Wörterbuch zur Politik:

Dritte Welt, Gesellschaft-Kultur-Entwicklung (Nohlen/Waldmann, Hrsg.), München/ /Zürich, Piper, 1987, p. 451-467.

HARTMANN, Angelika

– Islamismus contra Demokratie? Einführung und Fragen zum politischen Denken im Islam, *in* Brun-Otto Bryde, Helmut Dubiel, Claus Leggewie, Gießener Discurse: Triumph und Krise der Demokratie, Vorlesungen, Gießen, Ferber'schen Universitätsbuchhandlung, 1995, p. 153-191.

HARVEY, J./BATHER, L.

– Über den englishen Rechtsstaat. Die «rule of law», *in* Mehdi Tohidipur (Hg.), Der bürgerliche Rechtsstaat, Frankfurt am Main, Suhrkamp, 1978, p. 359-376.

HASE, Friedhelm/LADEUR, Karl-H./RIDDER, H.

– Nochmals: Reformalisierung des Rechstsstaats als Demokratiespostulat?, *in* JuS, 1981, Heft 11, p. 794-798.

HAURIOU, A/GICQUEL, J.

– Droit Constitutionnel et Institutions Politiques, 7e éd., Paris, Éditions Montchrestien, 1980.

HAURIOU, Maurice

– Précis de Droit Constitutionnel, 2éme éd., Paris, Sirey, 1929.

HAYEK, Friedrich A.

– Los Fundamentos de la Libertad, 4a ed. (tradução de J-V. Torrente de The Constitution of Liberty, University of Chicago Press, 1959), Madrid, Unión Editorial, S.A., 1975.

HEGEL

– Princípios da Filosofia do Direito (tradução de Orlando Vitorino), Lisboa, Guimarães Editores, 1959.

HEINEGG, Wolff Heintschel v.

– Rechtsstaatlichkeit in Deutschland, *in* Rainer Hofmann/Joseph Marko/Franz Merli/ /Ewald Wiederin (Hrsg.), Rechtsstaatlichkeit in Europa, Heidelberg, Müller, 1996, p. 107-139.

HEINEMANN, Gustavo W.

– Plädoyer für den Rechtsstaat, Karlsruhe, C.F. Müller, 1969.

HEINZ, Wolfgang S.

– Menschenrechte, *in* Pipers Wörterbuch zur Politik: Dritte Welt, Gesellschaft-Kultur-Entwicklung (Nohlen/Waldmann, Hrsg.), München/Zürich, Piper, 1987, p. 323-329.

HEITMANN, Steffen

– Rechtsstaat West und Rechtsgefühl Ost, *in* Neue Juristische Wochenchrift, Heft 33, 1994, p. 2131–2133.

HELD, David/POLITT, Christopher (eds.)

– New Forms of Democracy, London, Sage, 1986.

HELD, David

– Introduction: New Forms of Democracy?, *in* D. Held/C. Pollit (ed.), New Forms of Democracy, London, Sage Publications/The Open University, 1986.

HELDRICH, Andreas

– Rechtssoziologie, *in* Staats Lexikon, 4. Band, 7., Auflage, Freiburg/Basel/Wien, Verlag Herder, Völig neu bearbeitete 1988, p. 734-737.

HELLER, Hermann
- Teoria del Estado (versão espanhola de L. Tobío – do original, editado em 1934, 1942 e 1947; edição e prólogo de G. Niemeyer), México, F.C.E.
- Rechtsstaat oder Diktatur? (1930, Tübingen), *in* Gesammelte Schriften, Band II, Leiden, A. W. Sijthoff, 1971, p. 443-462.

HELLER, Joseph
- Imaginem Que (trad. de C. Rodriguez de *Picture This* – de 1988), Lisboa, Difusão Cultural, 1991.

HELSENHANS, H.
- Staat, *in* Pipers Wörterbuch zur Politik: Dritte Welt, Gesellschaft-Kultur-Entwicklung (Nohlen/Waldmann, Hrsg.), München/Zürich, Piper, 1987, p. 551-560.

HENKE, Wilhelm
- Demokratie als Rechtsbegriff, *in* der Staat, 1986, p. 157-171.

HENRY, Jean Pierre
- Vers la Fin de l'Etat de Droit?, *in* Revue du Droit Public et de la Science Politique en France et à l'Etranger, 1977, n.° 6, p. 1207-1235.

HERSKOVITS, M.J.
- Man and His Works, New York, 1948.

HERZ, John H.
- Political Realism and Political Idealism, Chicago, University of Chicago Press, 1951.

HERZOG
- Art. 97 (GG), *in* Theodor Maunz/Günter Dürig/Matthias Herdegen, u.a., Grundgesetz Kommentar, 8. Aufl., Beck, 2003, p. 4 ss.

HERZOG, Roman
- Staat und Recht im Wandel: Einreden zur Verfassung und Ihrer Wirklichkeit, Goldbach, Keip Verlag, 1993.

HESPANHA, António Manuel
- Prática Social, Ideologia e Direito nos Séculos XVII a XIX, Separata de "Vértice" n.° 340, 341, 342, Coimbra, 1972.
- Para uma Teoria da História Institucional do Antigo Regime, *in* A.M. HESPANHA, Poder e Instituições na Europa do Antigo Regime (colectânea de textos), Lisboa, F. C. Gulbenkian, 1984, p. 6-89.

HESSDÖRFER, Ludwig
- Der Rechtsstaat – Sein Wesen und Wege zu seiner Verwirklichung, Fachverlag für Wirtschafts-und Steuerrecht, Stuttgart, Schäffer & Co GMBH, 1961.

HESSE, Konrad
- Die normative Kraft der Verfassung, Tübingen, 1959.
- Der Rechtsstaat im Verfassungssystem des Grundgesetzes, *in* Festgabe für Rudolf Smend, "Staatsverfassung und Kirchenordnung" (herausgegeeben von K. Hesse, S. Reicke, U. Scheuner), Tübingen, J. C. B. Mohr (Paul Siebeck), 1962, p. 71-95.
- Die verfassungsrechtliche Stellung der Parteien im modernen Staat [Bericht von K. Hesse], *in* VVDStRL, Heft 17 (1959), p. 11-52.
- Grundzüge des Verfassungsrechts der Bundesrepublik Deutschland, 20., neubearb. Aufl., Heidelberg, Müller, 1995.

Heuer, Uwe-Jens
- Marxistische Theorie und Demokratie, *in* Kritische Justiz, 1990, p. 198-208.

Heuschling, Luc
- Etat de Droit, Rechtsstaat, Rule of Law – Quelques Réflexions sur les Mots et les Choses, *in* http://www.eur.nl/frg/iacl/papers/heuschling.html
- État de Droit Rechtsstaat Rule of Law, Paris, Dalloz, 2002.

Hewitt, Daniel P.
- Les Dépenses Militaires des Pays en Developpement, *in* Problémes Économiques (France), n.° 2555, 26/12/1991, p. 11-15.

Heydte, Barão Von der
- Le Principe du Bon Voisinage en Droit International, *in* RFDL, Vol. XV, 1961-1962, p. 279-292.

Heydte, Friedrich August Freiherr Von Der
- Judicial Self-restraint eines Verfassungsgerichts im Freiheitlichen Rechtsstaat, *in* G. Leibholz/H.J. Faller/P. Mikat/H. Reis (Hg.), Menschenwürde und freiheitliche Rechtsordnung – Festschrift für Willi Geiger, Tübingen, Mohr (Siebeck), 1974, p. 909-924.
- Freiheit der Parteien, *in* F.L. Neumann/H.C. Nipperdey/U. Scheuner (Hrsg.), Die Grundrechte: Handbuch der Theorie und Praxis der Grundrechte, 2. Band, 2. Aufl., Berlin, Duncker & Humblot, 1968, p. 457-506.

Hill, Hermann
- Legiferação e Modernização Administrativa, *in* Legislação, 23 (1998), p. 39-58.

Hillermeier, Karl
- Der Rechtsstaat als Garant der Grundrechte, *in* Bayerische Verwaltungsblätter, Heft 19, 1984, p. 577-582.

Hirscher, Gerhard (Herausgegeben von)
- Parteiendemokratie Zwischen Kontinuität und Wandel: Die Deutschen Parteien nach den Wahlen 1994, München, Akademie für Politik und Zeitgeschehen, 1995.

Hirst, Paul/Khilnani, Sunil (Ed.)
- Reinventing Democracy, *in* The Political Quarterly (1996), Oxford/Cambridge (USA), Blackwell Publishers, 1996.

Hirst, Paul/Khilnani, Sunil
- Introduction, *in* Paul Hirst/Sunil Khilnani (Ed.), Reinventing Democracy, [The Political Quaterly], Oxford/Cambridge (USA), Blackwell Publishers, 1996, p. 1-6.

Hitler, Adolf
- A Minha Luta (trad. J. de Carvalho de "Mein Kampf"), Lisboa, Edições Afrodite, 1976.

Hobbes, Thomas
- Leviatã ou Matéria, Forma e Poder de um Estado Eclesiástico e Civil (trad. de J.P. Monteiro e M.B.N. da Silva), Lisboa, INCM, 1995.

Höfling, Wolfram
- Artikel 1 GG, *in* Michael Sachs (Hg.), Grundgesetzkommentar, 3. Aufl., München, Beck, 2003, p. 78-115.

Hofmann, Hasso
- Geschichtlichkeit und Universitalitätsanspruch des Rechtsstaats, *in* Der Staat, 1995, p. 1-32.

HOFMANN, Rainer
- Rechtsstaatsprinzip und Europäisches Gemeinschaftsrecht, *in* Rainer Hofmann/Joseph Marko/Franz Merli/Ewald Wiederin (Hrsg.), Rechtsstaatlichkeit in Europa, Heidelberg, Müller, 1996, p. 321-336.

HÖHN, Reinhard
- Rechtsgemeinschaft und Volsksgemeinschaft, Hamburg, Hanseatische Verlagsanstalt, 1935.

HOLTKOTTEN
- Art. 97 (GG), *in* Kommentar zum Bonner Grundgesetz, 1981, p. 99-110.

HOMEM, António Pedro Barbas
- Reflexões sobre o Justo e o Injusto: A Justiça como limite do Direito, *in* RFDL, Vol. XXXIX, 2, 1998, p. 587-650.
- A Utilização de Princípios na Metódica Legislativa, *in* Legislação, Cadernos de Ciência de Legislação, n.° 21 (1998), p. 93-117.

HORN, Norbert
- Einführung in die Rechtswissenschaft und Rechtsphilosophie, 2. Aufl., Heidelberg, Müller, 2001.

HUBER, Hans
- Niedergang des Rechts und Krise des Rechtsstaates, *in* Festgabe zum 60. Geburtstag von Zaccaria Giacometti, Demokratie und Rechtsstaat, Zürich, Polygraphischer Verlag A. G., 1953.

HUGON, Philippe
- Les Effets des Politiques d'Ajustement sur les Structures Politiques Africaines, *in* G. Conac (sous la direction de), L'Afrique en Transition Vers le Pluralisme Politique, Paris, Economica, 1993, p. 89-107.

HUND, Horst
- Polizeiliches Effektivitätsdenken contra Rechtsstaat – die sogenannten Vorfeldstrategien, *in* Zeitschrift für Rechtspolitik, Heft 12, 1991, p. 463-468.

HUNTINGTON, Samuel P.
- The Third Wave: Democratization in the Late Twentieth Century, Norman/London, University of Oklahoma Press, 1993.
- The Clash of Civilizations?, *in* Foreign Affairs, 72/3, p. 22-49.
- The West Against the Rest, *in* New Perspectives Quarterly, 10/3, p. 19-21.

HYDEN, Goran
- "A democracia é possível em África", entrevista ao jornal português "Público", in: http://www.publico.pt/publico/ED19980828/I04.asp

HYDEN, Goran/BRATTON, M. (ed.)
- Governance and Politics in Africa, Boulder/London, Lynne Rienner Publishers, 1992.

IBÁÑEZ, Perfecto Andrés
- Garantia Judicial dos Direitos Humanos, *in* Revista do Ministério Público, n.° 78, 1999, p. 11-31.

Ikhiri, Khalid
- Conclusions du Colloque International sur "Armée et Démocratie en Afrique": Cas du Niger et Perspective [artigo inserido nos documentos da OIF sobre o Symposium International sur les Pratiques de la Démocratie, des Droits et des Libertés dans l'Espace Francophone (Bamako, Nov. 2000) e 5ª Reunião Preparatória "A Cultura Democrática" (Sófia, 22-24.6.2000).

Illy, Hans F./Kaiser, Eugen/Rüland, Jürgen
- Verwaltung, *in* Pipers Wörterbuch zur Politik: Dritte Welt, Gesellschaft-Kultur--Entwicklung (Nohlen/Waldmann, Hrsg.), München/Zürich, Piper, 1987, p. 632-648.

Induta, Zamora
- Guiné: 24 Anos de Independência – 1974-1998, Lisboa, Hugin, 2001.

Inglehart, Ronald
- The Silent Revolution: Changing Values and Political Styles Among Western Publics, Princeton, Princeton University Press, 1977.

Instituto Nacional de Estatística e Censos
- (Secretaria de Estado do Plano do Ministério do Plano e Cooperação Internacional da Guiné-Bissau), Recenseamento Geral da População e Habitação (1991), Lisboa, INE, 1996.

International Institute for Democracy and Electoral Assistance (IDEA)
- The International IDEA Handbook of Electoral System Design, Stockholm, IDEA.

International Institute for Democracy
- The Rebirth of Democracy: 12 Constitutions of Central and Eastern Europe, Strasbourg, Council of Europe Press, 1995.

Ippolito, Franco
- Democrazia e Costituzione, *in* Questione Giustizia, n. 2-3, 1994, p. 413-423.

Ipsen, Hans Peter
- Gleichheit, *in* F.L. Neumann/H.C. Nipperdey/U. Scheuner (Hrsg.), Die Grundrechte: Handbuch der Theorie und Praxis der Grundrechte, 2. Band, 2. Aufl., Berlin, Duncker & Humblot, 1968, p. 111-198.

Ipsen, Jörn
- Staatsrecht I – Staatsorganisationsrecht, 15. Aufl., München/Unterschleißheim, Luchterhand, 2003.

Isaac, Jeffrey C.
- Oases in the Desert: Hannah Arendt on Democracy Politics, *in* American Political Science Review, vol. 88, 1, 1994, p. 156-168.

Ismagilova, Roza
- Ethnicity in Africa and the Principles of Solving Ethnic Problems in the Constitutions, *in* V. Piergigli/I. Taddia (a cura di), International Conference on African Constitutions, Bologna, November 26th-27th, 1998 (CISR), Torino, G. Giappichelli Editore, 2000, p. 203-219.

Isensee, J.
- Rechtsstaat - Vorgabe und Aufgabe der Einung Deutschlands, *in* Isensee/Kirchhof (Hg.) Handbuch des Staatsrechts, IX, Heidelberg, C.F. Müller Verlag, 1997, p. 3-202.

JACHMANN, Monika
- Das Berufsbeamtentum – Säule der Rechtsstaatlichkeit, *in* Zeitschrift für Beamtenrecht, 2000, Heft 6, p. 181-190.

JAHRREIS, Hermann
- Demokratischer Rechts-Staat und Rechtsprechung: Der Rechtsweg-Staat des Bonner Grundgesetz (1950), *in* Mensch und Staat: rechtsphilosophische, staatsrechtliche und völkerrechtliche Grundfragen in unserer Zeit, Köln/Berlin, Heymann, 1957, p. 113-133.

JAO, Mamadú
- Ideologia e Prática de Intervenção Rural. Uma Abordagem Sobre a Zona I, *in* C. Cardoso/J. Augel (coord.), Guiné-Bissau – Vinte Anos de Independência. Desenvolvimento e Democracia – Balanço e Perspectivas, Bissau, INEP, 1996, p. 247-260.
- Os Poderes Tradicionais no Período de Transição, *in* F. Koudawo/P.K. Mendy (ed.), Pluralismo Político na Guiné-Bissau. Uma Transição em Curso, Bissau, INEP, 1996, p. 123-133.

JARASS, Hans D.
- Artikel 20 (GG), *in* Jarass/Pieroth (Hg.), Grundgesetz für die Bundesrepublik Deutschland, 6. Aufl., München, Beck, 2002.

JÁUREGUI, Gurutz
- Estado, Soberanía y Constitución: Algunos Retos del Derecho Constitucional Ante el Siglo XXI, *in* Revista de Derecho Político, 44, 1998, p. 45-74.

JELLINEK, G.
- Allgemeine Staatslehre, 3. Aufl., Berlin, 1914.
- L'Etat Moderne et son Droit, II – Théorie Juridique de l'Etat (trad. Georges Faradis), Paris, M.Giard & É. Brière, 1913.
- L'Etat Moderne et son Droit, I, Paris, 1911.
- Gesetz und Verordnung. Staatsrechtliche Untersuchungen auf rechtsgeschichtlicher und rechtsvergleichender Grundlage, Freiburg i.B., Mohr, 1887.

JENNINGS, J. Ivor
- The Law and the Constitution, 3rd ed., London, 1945.

JENTSCH, Hans-Joachim
- Der Rechtsstaat – von vielen ersehnt, von wenigen angenommen. Ein Plädoyer für seine Akzeptanz, *in* ZRP (Zeitschrift für Reschtspolitik), Heft 1, 1995, p. 9-13.

JERÓNIMO, Patrícia
- Os Direitos do Homem à Escala das Civilizações – Proposta de Análise a Partir do Confronto dos Modelos Ocidental e Islâmico, Coimbra, Almedina, 2001.

JESSE, Eckhard
- Das Deutsche Parteiensystem Nach den Wahlen 1994, *in* Gehrard Hirscher (Hg.), "Parteiendemokratie Zwischen kontinvitat und wandel: die Deutschen Parteien nach den wahlen 1994", München, Akademie für politik und zeitgeschehen, 1995, p. 33-63.

JÈZE, G.
- Notes de Jurisprudence. Le Contrôle Constitutionnel des Lois, *in* RDPSP, 1924, p. 385 ss.

JHERING, Rudolf von
- Der Zweck im Recht, 1877.

JORTZIG, Edzard Schmidt-
- Aufgabe, Stellung und Funktion des Richters im demokratischen Rechtsstaat, *in* Neue Juristische Wochenschrift, Heft 38, 1991, p. 2377-2383.

JR, G. Bingham POWELL
- Contemporary Democracies: Participation, Stability, and Violence, *in* Arend Lijphart (Ed.), Parliamentary versus Presidential Government, Oxford/New York..., Oxford University Press, 1992, p. 223-235.

JR., Barrington MOORE
- Social Origins of Dictatorship and Democracy: Lord and Peasant in the Making the Modern World, London, Allen Lane The Penguin Press, 1967.

JR., Edward L. BARRET/COHEN, William/VARAT, Jonathan D.
- Constitutional Law: Cases and Materials, 8th. ed., Westbury, New York, The Foundation Press, Inc., 1992.

JR., Robert G. DIXON
- Democratic Representation: Reapportionment in Law and Politics, New York, Oxford University Press, 1968.

JÚNIOR, Antonio Umberto de Souza
- O Supremo Tribunal Federal e as Questões Políticas: O Dilema Brasileiro entre o Ativismo e a Autocontenção no Exame Judicial das Questões Políticas, Porto Alegre, 2004.

JÚNIOR, Tércio Sampaio FERRAZ
- Constituição Brasileira: Modelo de Estado, Estado Democrático de Direito, Objectivos e Limites Jurídicos, *in* Jorge Miranda (org.), Perspectivas Constitucionais – Nos 20 Anos da Constituição de 1976, vol. III, Coimbra, Coimbra Editora, 1998, p. 39-57.

JUSTO, Santos
- A Escravatura em Roma, *in* BFDC, 1997.

KÄGI, Werner
- Rechtsstaat und Demokratie (Antinomie und Synthese), *in* Festgabe für Zaccaria Giacometti, "Demokratie und Rechtsstaat" (herausgegeben von M. Imboden...), Zürich, Polygraphischer Verlag A. G., 1953, p. 107-142.
- Von der klassischen Dreiteilung zur umfassenden Gewaltenteilung, *in* "Verfassungsrecht und Verfassungswirklichkeit" – Festschrift für Hans Huber zum 60. Geburtstag, Bern, Verlag Stämpfli & Cie., 1961.

KAISER, J. H.
- Leitsätze des Berichterstatters über: Bewahrung und Veränderung demokratischer und rechtsstaatlicher Verfassungsstruktur in den internationalen Gemeinschaften, *in* VVDStRL, Heft 23, 1966.
- Einige Umrisse des deutschen Staatsdenken seit Weimar, *in* AöR, 1983, p. 5 ss.

KAMINIS, Georges
- La Transition Constitutionnel en Grèce et en Espagne, Paris, LGDJ, 1993.

KANT, Immanuel
- Doctrine du droit, Paris, Vrin, 1988.
- A Paz Perpétua e outros opúsculos (trad. de Artur Morão: do original "Zum Ewigen Frieden, ein Philosophischen Entwurf..."), Lisboa, Edições 70, 1992.

– Die Metaphysic des Sitten in Zwei Teilen, *in* B. Kellermann (dir. Publi.), Works, 1922, vol. VII.
– Fundamentação Metafísica dos Costumes (trad. Paulo Quintela do original: Grundlegung zur Methaphysik der Sitten), Coimbra, Atlântida, 1960.

KAPLAN, Marcos
– El Estado de Derecho: Una Perspectiva Histórico-Estructural, *in* Boletin Mexicano de Derecho Comparado, 94, 1999, p. 77-101.

KAPPEL, Robert
– Europas Beziehungen zu Afrika: Ökologische Aspekte der Entwicklungspolitik, *in* Mohssen Massarrat/Birgit Sommer/György Széll/ Hans-Joachim wenzel und wir: Bilanz und Perspektiven für wissenschaft und Praxis, Freiburg, Informationszentrum Dritte welt, 1993.

KARPEN, Ulrich
– Bedingungen der Effizienz des Rechtsstaates, *in* Juristiche Arbeitsblätter, Heft 3, 1992, p. 70-76.
– Die Geschichtliche Entwicklung des Liberalen Rechtsstaates: vom vormärz bis zum Grundgesetz (herausgegeben von Güther Rüther), Mainz, V. Hase & Koehler, 1985.

KATZ, Alfred
– Staatsrecht: Grundkurs im öffentlichen Recht, 13., neubearbeitete Auflage, Heidelberg, Müller, 1996.

KAUFMANN, Arthur
– Stato della Legge e "Stato di Diritto", *in* Rivista Internazionale di Filosofia del Diritto, 1964, p. 214-217.
– Filosofia do Direito, Teoria do Direito, Dogmática Jurídica, *in* Introdução à Filosofia do Direito e à Teoria do Direito Contemporâneas, Lisboa, Gulbenkian, 2002, p. 25-53.
– A Problemática da Filosofia do Direito ao Longo da História, *in* Introdução à Filosofia do Direito e à Teoria do Direito Contemporâneas, Lisboa, Gulbenkian, 2002, p. 54-208.

KAUFMANN, Arthur/HASSEMER, Winfried (org.)
– Introdução à Filosofia do Direito e à Teoria do Direito Contemporâneas (trad. M. Keel e M.S. de Oliveira; revisão e coordenação de A.M. Hespanha – do alemão, *Einführung in Rechtsphilosophie und Rechtstheorie der Gegenwart, 6. Auflage, Heidelberg, C.F. Müller, 1994*), Lisboa, Gulbenkian, 2002.

KELSEN, Hans
– Rechtsstaat und Staatsrecht, *in* Die Wiener Rechtstheoretische Schule, Bd II, p. 1525 ss.
– Hauptprobleme der Staatsrechtslehre – entwickelt aus der Lehre vom Rechtssatze, Tübingen, J.C.B. Mohr (Paul Siebeck), 1911.
– Vom Wesen und Wert der Demokratie, Tübingen, J. C. B. Mohr (P. Siebeck), 1920.
– Allgemeine Staatslehre, 1. Aufl., Berlin, Julius Springer, 1925.
– Reine Rechtslehre [Mit einem Anhang: das problem der Gerechtigkeit], 2. Auflage, Wien, Verlag Franz Deuticke, 1960; Teoria Pura do Direito (tradução do original "Reine Rechtslehre" – Viena, Verlag Franz Deuticke –, por João Baptista Machado), 6ª ed., Coimbra, Arménio Amado, 1984; A Justiça e o Direito Natural (tradução e pre-

fácio de J. Baptista Machado do apêndice à 2ª edição do *Reine Rechtslehre*), Coimbra, Almedina, 2001.
- Teoria Geral do Direito e do Estado, S. Paulo/Brasília, Martins Fontes/Editora Universidade de Brasília, 1990.
- Drei kleine Schriften: Der Staat als Integration (Wien, 1930) / Unrecht und Unrechtsfolge im Völkerrecht (Wien/Berlin, 1932) / Rechtsgeschichte gegen Rechtsphilosophie? (Wien, 1928), Scientia Verlag Aalen, 1971.
- La Garantie Juridictionnelle de la Constitution (La Justice Constitutionnelle), *in* RDPSP 1928, Tome XLV, p. 197-257.
- Il Problema della Sovranità e la Teoria del Diritto Internazionale: Contributo per una Dottrina Pura del Diritto (trad. "Das Problem der Souveränität und die Theorie des Völkerrechts. Beitrag zu einer Reinen Rechtslehre" Tübingen, Mohr, 1920), Milano, Giuffrè, 1989.

KERN, Eduard
- Schutz des Lebens, *in* F.L. Neumann/H.C. Nipperdey/U. Scheuner (Hrsg.), Die Grundrechte: Handbuch der Theorie und Praxis der Grundrechte, 2. Band, 2. Aufl., Berlin, Duncker & Humblot, 1968, p. 51-110.

KIMMINICH, Otto
- Demokratie und Rechtsstaat, *in* O. Kimminich/H. Kramer/K. Kröger/D. Merten/R. Scholz, Rechtsfrieden im Rechtsstaat, Schwerte, Katholische Akademie Schwerte, 1984, p. 21-32.
- Die Verknüpfung der Rechtsstaatsidee mit den anderen Leitprinzipien des Grundgesetzes, *in* DÖV, 1979, p. 765-772.

KING, Martin Luther
- Eu Tenho um Sonho – A Autobiografia de Martin Luther King –, org. por C. Carson (trad. de F. Agarez do original «The Autobiography of Martin Luther King Jr», 1998), Lisboa, Bizâncio, 2003.

KIRCHHEIMER, Otto
- Über den Rechtsstaat, *in* Politische Herrschaft: fünf Beiträge zur Lehre vom Staat, Frankfurt am Main, Suhrkamp, 1967.

KIRCHHOF, Paul
- Der demokratische Rechtsstaat – die Staatsform der zugehörigen, *in* J. Isensee/P. Kirchhof (Hg.), Handbuch des Staatsrechts der Bundesrepublik Deutschland, Band IX, Heidelberg, Müller, 1997, p. 957-1065.

KISKER, Gunter
- Neue Aspekte im Streit um den Vorbehalt des Gesetzes, *in* NJW, 1977, Heft 30, p. 1313-1320.

KI-ZERBO, Joseph
- Cercate l'Unità Africana e il Resto vi Sarà Dato in Sovrapiú, *in* Dimensioni dello Sviluppo, n.° 3, 1988, p. 151-160.
- História da África Negra, I, 2ª ed. (Trad. A. de Carvalho de "Histoire de l'Afrique Noire", Paris, 1972), Mem-Martins, Europa-América, 1990.
- História da África Negra, II, 2ª ed. (Trad. A. de Carvalho de "Histoire de l'Afrique Noire", Paris, 1972), Mem-Martins, Europa-América, 1991.

Klein, Hans H.
– Vom sozialistischen Machtstaat zum demokratischen Rechtsstaat, *in* Juristen zeitung, 1990, p. 53-61.
Kloepfer, Michael
– Gesetzgebung im Rechtsstaat, *in* VVDStRL, Heft 40 (1982), p. 63-98.
Koellreutter, Otto
– Der Deutsche Rechtsstaat, 1933.
– Grundriss der allgemeinen Staatslehre, Tübingen, J. C. B. Mohr, 1933.
König, Klaus
– Das demokratische Prinzip im Grundgesetz, *in* Deutsches Verwaltungsblatt, 1971, Heft 4, p. 137-140.
Kopp, F.O.
– Verfassungsrecht und Verwaltungsverfahrensrecht. Eine Untersuchung über die verfassungsrechtlichen Voraussetzungen des Verwaltungsverfahrens in der Bundesrepublik und die Bedeutung der Grundentscheidungen der Verfassung für die Feststellung, Auslegung und Anwendung des Geltenden Verwaltungsverfahrensrechts, München, 1971.
Kößler, Reinhart/Schiel, Tilman
– Modernisierung, Ethnizität und Nationalstaat, *in* M. Massarrat/G. Széll/H.-J. Wenzel (Hrsg.), Die Dritte Welt und Wir: Bilanz und Perspektiven für Wissenschaft und Praxis, Freiburg, Informationszentrum Dritte Welt, 1993, p. 346-354.
Kosta, Emílio Kafft/Embaló, Helena N.
– Guiné-Bissau: A Protecção da Criança no Direito Positivo [estudo concluído em 1995], Bissau, Radda Barnen/LGDH, 2000.
Kosta, Emílio Kafft/Borges, Ricardo Henriques da Palma
– Legislação Económica da Guiné-Bissau, Coimbra, Almedina, 2005.
Kosta, Emílio Kafft *[Emílio Costa]*
– Do Acto Administrativo ao Procedimento Administrativo, *in* Boletim da Faculdade de Direito de Bissau, n.° 3, Junho 1995, p. 67-122.
– O Direito Internacional do Mar e a Solução dos Conflitos Internacionais, Relatório do Curso de Mestrado em Ciências Jurídico-Políticas da Faculdade de Direito da Universidade de Lisboa (ano lectivo de 1992/1993), Lisboa, FDL, 1993.
– Garantia dos Particulares face à Administração, *in* Boletim da Faculdade de Direito de Bissau, n.° 4, Março 1997, p. 59-72.
Kosta, Emílio Kafft
– O Constitucionalismo Guineense e os Limites Materiais de Revisão, Lisboa, AAFDL, 1997.
– ONU e a Luta Contra o Racismo, a Xenofobia e Todas as Formas de Discriminação, Conferência dada em Bissau, a 17.9.1997, no âmbito das Jornadas Diplomáticas do Ministério dos Negócios Estrangeiros (inédita).
– A Separação e Interdependência dos Poderes, conferência (não editada) pronunciada a 29.6.2000, em Bissau, no quadro de um seminário internacional "sobre a Ética Democrática e Protocolo Parlamentar", dirigida aos deputados da ANP.
– Les Droits Fondamentaux, la Plateforme Herméneutique et la Judicature – ou le Juge entre l'Embrassement au Ciel et le Désembrassement de la Terre –, *in* Cahiers de

l'AOA-HJF, 2003; 5e Assises et Colloques Scientifiques de l'Association Ouest Africaine des Hautes Juridictions Francophones, du 23 au 27 Juin 2003, à Ouagadougou, Burkina Faso.
- O Poder Autóctone na Arquitectura do Estado – Bicameralismo?, *in* Jornadas Jurídico-constitucionais; Faculdade de Direito de Bissau; Bissau, 7 a 9 de Junho de 2004 (a editar no BFDB).
- L'OHADA, La Guinée-Bissau: De la Realité Virtuelle à la Realité Réel – ou la Désuetude Avant l'Usus?, Intervenção proferida, em representação do Supremo Tribunal de Justiça da Guiné-Bissau, em Cotonou, a 29.11.2000, na Conférence International sur l'Harmonisation Régional du Droit des Affaires (org.: OHADA-UEMOA-CEDEAO--CLDP).
- Acto Normativo: Panorâmica Geral da Tipicidade e Hierarquização, Prelecção no quadro do Curso sobre a Feitura das Leis, ministrado aos deputados e técnicos da ANP, de 23.6.1997 a 2.7.97 (orientado pelo Prof. Doutor Marques dos Santos, Mestres Paulo Mendes, E. Kafft Kosta e Drs. Marta T. Almeida e J.M. Oliveira).

Kouadio, Charles
- "Le Crepuscule des Fachos Baoulé", *in* Le Témoin, n.° 491, 29.12.1998-3.1.1999, p. 7.

Koubi, Geneviève/Romi, Raphaël
- Etat Constitution Loi, Paris, Litec, 1993.

Koudawo, F./Mendy, P. Karibe (Coord.)
- Pluralismo Político na Guiné-Bissau. Uma Transição em Curso, Bissau, INEP, 1996.

Koudawo, Fafali
- Eleições e Lições, Bissau, Ku Si Mon, 1994.
- Sociedade Civil e Transição Pluralista na Guiné-Bissau, *in* F. Koudawo/P.K. Mendy (ed.), Pluralismo Político na Guiné-Bissau. Uma Transição em Curso, Bissau, INEP, 1996, p. 69-120.

Kramer, Hans
- Friedenspflicht des Bürgers und Gewissenspflicht des Christen: Verantwortung des Christen Zwischen Gewissen und Recht, *in* O. Kimminich/H.Kramer/K.Kröger//D.Merten/R.Scholz, Rechtsfrieden im Rechtsstaat, Schwerte, Katholische Akademie Schwerte, 1984, p. 63-77.

Kriegel, Blandine Barret-
- The State and the Rule of Law (trad. por M.A. Lepain e J.C. Cohen de L'État et les Esclaves: Réflexions pour l'Histoire des États, Paris, Payot, 1989), Princeton, New Jersey, Princeton University Press, 1995.

Kriele, Martin
- Introducción a la Teoría del Estado: Fundamentos Históricos de la Legitimidad del Estado Constitucional Democrático (trad. de E. Bulygin da "Einführung in die Staatslehre. Die geschichtlichen Legitimitätsgrundlagen des demokratischen Verfassungsstaates", Hamburg, 1975), Buenos Aires, Depalma, 1980.

Kroeber, A.L.
- Cultural and Natural Areas of Native North America, *in* University of California Publications in American Archaeology and Ethnology, vol. 38, 1939.

KRÖGER, Klaus
- Bürgerprotest Zwischen Friedenspflicht und Widerstand, *in* O. Kimminich/H.Kramer/ /K.Kröger/D.Merten/R. Scholz, Rechtsfrieden im Rechtsstaat, Schwerte, Katholische Akademie Schwerte, 1984, p. 47-61.

KRÜGER, Hartmut
- Die Entscheidungsbefugnis in der demokratischen Ordnung des Grundgesetzes – Bemerkungen zur aktuellen Diskussion über das Mehrheitsprinzip in der Demokratie –, *in* Bayerische Verwaltungsbläter, 1998, Heft 12, p. 353-359.

KRÜGER, Herbert
- Subkonstitutionelle Verfassungen, *in* Die Öffentliche Verwaltung, Heft 18, 1976, p. 613-624.

KRUMWIEDE, Heinrich-W./TRUMMER, Peter
- Befreiungsbewegungen/Guerilla, *in* Pipers Wörterbuch zur Politik: Dritte Welt, Gesellschaft-Kultur-Entwicklung (Nohlen/Waldmann, Hrsg.), München/Zürich, Piper, 1987, p. 85-94.

KÜCHENHOFF, Günther/Erich
- Allgemeine Staatslehre, 6. Aufl., Stuttgart, 1967.

KUNIG, Philip
- Das Rechtsstaatsprinzip – Überlegungen zu seiner Bedeutung für das Verfassungsrecht der Bundesrepublik Deutschland, Tübingen, J. C. Mohr, 1986.
- Der Rechtsstaat, *in* Peter Badura/Horst Dreier (Hg), Festschrift 50 Jahre Bundesverfassungsgericht, 2. Band (Klärung und Fortbildung des Verfassungsrechts), Tübingen, Mohr Siebeck, 2001.
- Rechtsstaat, *in* Encyclopedia of the social and Behavioural Sciences.
- Schlußworte: Verfassungsstaatlichkeit im nächsten Jahrhundert – Chancen für Gemeinsamkeit und Notwendigkeit der vielfalt, *in* U. Battis/Ph. Kunig/I. Pernice/ /A. Randelzhofer (Hg.), Das Grundgesetz im Prozeß europäischer und globaler verfassungsenwtwicklung-Internationales symposium zum 50-jährigen Bestehen des Grundgesetzes am 14. und 15, Mai 1999, Baden-Baden, Nomos Verlagsgesellschaft, 2000, p. 281-286.

KURIKI, Hisao
- Demokratie und Rechtsstaatlichkeit aus dem Blickwinkel des japanischen Verfassungsrechts, *in* U. Battis/Ph. Kunig/I. Pernice/A. Randelzhofer (Hg.), Das Grundgesetz im Prozeß europäischer und globaler Verfassungsentwicklung-Internationales symposium zum 50-jährigen Bestehen des Grundgesetzes am 14. und 15. Mai 1999, Baden-Baden, Nomos Verlagsgesellschaft, 2000, p. 227-241.

KUSS, Klaus-Jürgen
- Rechtsstaatliche Wurzeln in der Osteuropäischen Staaten, *in* Jahrbuch des Öffentlichen Rechts, vol. 34, 1985, p. 589-658.

KÜBLER, Friedrich
- Einführung, *in* B.-O. Bryde/F. Kübler (Hg.), Die Rolle des Rechts im Entwicklungsprozeß: Referate der Fachgruppe "Grundlagenforschung" anläßlich der Tagung für Rechtsvergleichung im September 1985, Frankfurt am Main, Metzner, 1986, p. 7 s.

LACAMBRA, Luis LEGAZ Y
- El Estado de Derecho, *in* BFDUC, vol. XXVII (1951), p. 66-98.

LAMBERT, Edouard
- Le Gouvernement des Juges et la Lutte contre la Législation Sociale aux Etats-Unis, l'Experience Americaine du Controle Judiciaire de la Constitutionalité des Lois, Laval, Imprimerie L. Barreaud et Cie., 1921.

LAMEGO, José
- "Sociedade Aberta" e Liberdade de Consciência: O Direito Fundamental de Liberdade de Consciência, Lisboa, AAFDL, 1985.

LANCHESTER, Fulco
- Riflessioni sulle Innovazioni Istituzionali ed i Pericoli delle "Democrazie a Basso Rendimento", *in* Politica del Diritto, vol. XXVI, n. 2, 1995, p. 145-182.

LA PALOMBARA, Joseph/WEINER, Myron
- Political Parties and Political Development, 1966.

LAPIERRE, Jean-William
- Análise dos Sistemas Políticos (trad. de "L'Analyse des Systèmes Politiques", PUF), Lisboa, Rolim, s/d.

LARENZ, Karl
- Metodologia da Ciência do Direito (Trad. – de J.S.e Brito/J.A. Veloso – Methodenlehre der Rechtswissenschaft, 2. Auf., 1969), Lisboa, F.C. Gulbenkian, 1978.
- Metodologia da Ciência do Direito (Trad. – de J. Lamego – Methodenlehre der Rechtswissenschaft, 6. Auf., 1991), 3ª ed., Lisboa, F.C. Gulbenkian, 1997.

LARSEN, Jørgen DALBERG-
- Legal Pluralism in a Historical Perspective, *in* W. Krawietz/E. Pattaro/A. Erh-Soon Tay (ed.), Rule of Law - Political and Legal Systems in Transition [Rechtstheorie, Beiheft 17, p. 15-22], Berlin, Duncker & Humblot, p. 15-22.

LASKY, Harold
- O Direito no Estado, trad. J. Azevedo Gomes, Lisboa, Editorial Inquérito, 1939.

LEDDA, Franco
- La Legalità nell'amministrazione: Momenti di Sviluppo e fattori di "Crisi", *in* G. Marongiu/Gian C. de Martin (org.), Democrazia e Amministrazione. *in* Ricordo di Vittorio Bachelet, Milano, Giuffrè, 1992, p. 153-167.

LEFROU, Louis
- Le Noir d'Afrique, Paris, Payot, 1943.

LEGGEWIE, Claus
- Sozialismus, *in* Pipers Wörterbuch zur Politik: Dritte Welt, Gesellschaft-Kultur--Entwicklung (Nohlen/Waldmann, Hrsg.), München/Zürich, Piper, 1987, p. 525-534.

LEIBHOLZ, Gerhard
- Problemas Fundamentales de la Democracia Moderna, Madrid, Instituto de Estudios Politicos, 1971.

LEIBHOLZ, Gerhard/MANGOLDT, Hermann v. (Hg.)
- Entstehungsgeschichte der Artikel des Grundgesetzes (bearbeitet von K.-B. von Doemming/R. W. Füsslein/W. Matz), *in* JöR, neue Folge, Band 1, Tübingen, Mohr (Siebeck), 1951.

Leisner, Walter
- "Abwägung überall" – Gefahr für den Rechtsstaat –, *in* NJW, 1997, Heft 10, p. 636-639.
- L'Etat de Droit: une Contradiction? *in* Recueil d'Etudes en Hommage à Charles Eisenmann, Paris, Cujas, 1977, p. 65-79.

Lénine, V. I.
- O Estado e a Revolução – A Doutrina do marxismo sobre o Estado e as Tarefas do Proletariado na Revolução (1917), *in* V.I. Lenine, Obras Escolhidas, II, Lisboa/Moscovo, Editorial «Avante» / Edições Progresso, 1978, p. 219-305.
- Obras Escolhidas, II (tradução com base na edição russa preparada pelo Instituto de Marxismo-Leninismo, ligado ao CC do PCUS), Lisboa/Moscovo, Editorial «Avante» / Edições Progresso, 1978.

Lentz, Dominik
- Das Rechtsstaatsprinzip in der Verfassungsrechtsprechung mittel- und osteuropäischer Staaten (Diskussionsbericht), *in* Jochen Abr. Frowein/Thilo Marauhn (Hrsg.), Grundfragen der Verfassungsgerichtsbarkeit in Mittel- und Osteuropa, Berlin/Heidelberg//New York/Barcelona/Budapest/Hongkong/London/Milano/Paris/St[a] Clara/Singapur//Tokio, Springer, 1998, p. 81-85.

Lijphart, Arend
- Democracy in Plural Societies: a Comparative Exploration, New Haven/London, Yale University Press, 1977.
- Las Democracias Contemporáneas (trad. de E. Grau, do original "Democracies", Yale University, 1984), Barcelona, Ariel, 1987.
- Patterns of Democracy: Government Forms and Performance in 36 Countries, New Haven/London, Yale University Press, 1999.

Lima, Campos
- O Estado e a Evolução do Direito, Lisboa, Aillaud, Alves & C.a e Bertrand, 1914.

Lima, Pires de/Varela, Antunes
- Código Civil Anotado, vol. I, 4ª ed., Coimbra Editora, 1987.

Limam, Ziad
- "Coups d'État – l'Histoire Sanglante", *in* Afrique Magazine, n.° 164, Mai 1999, p. 72-76.

Limbach, Jutta (Hrsg.)
- Gerechtigkeit im Rechtsstaat, *in* Zeitschrift für Gesetzgebung, 1993, Heft 4, p. 289--300.
- Das Bundesverfassungsgericht: Geschichte – Aufgabe – Rechtsprechung, Heidelberg, Müller, 2000.

Linhares, José Manuel Aroso
- Entre a Reescrita Pós-Moderna da Modernidade e o Tratamento Narrativo da Diferença ou a Prova como um Exercício de "Passagem" nos Limites da Juridicidade (Imagens e Reflexos Pré-Metodológicos deste Percurso), Stvdia Ivridica, 59, Boletim da Faculdade de Direito, Coimbra, Coimbra Editora, 2001.

Link, Christoph
- Anfänge des Rechtsstaats gedankens in der deutschen Staatsrechtslehre des 16. bis 18. Jahrhunderts, *in* Roman Schnur (Hg.), Die Rolle der Juristen bei der Entstehung des modernen Staates, Berlin, Duncker & Humblot, 1986, p. 775-795.

Lipphardt, Hanns-Rudolf
– Grundrechte und Rechtsstaat, *in* Europäische Grundrechte Zeitschrift, 1986, Heft 4, p. 149-162.

Lipset, Seymour Martin
– Consenso e Conflito – Ensaios de Sociologia Política (trad. R. Marques do original *Consensus and Conflict* – de 1985), Lisboa, Gradiva, 1992.
– L'Homme et la Politique, Paris, Le Seuil, 1963.

Lipset, S. M./Rokkan, Stein
– Estruturas de Clivagem, Sistemas Partidários e Alinhamentos de Eleitores, *in* S. M. Lipset, Consenso e Conflito – Ensaios de Sociologia Política (trad. R. Marques do original *Consensus and Conflict* – de 1985), Lisboa, Gradiva, 1992, p. 161-259.

Locke, John
– Ensaio sobre a Verdadeira Origem Extensão e Fim do Governo Civil (trad., em 1833, de J. O. Carvalho – com a actualização ortográfica de A. P. Agostinho e C. Manso – do original An Essay Concerning the True Original Extent, and End of Civil Government), Lisboa, Edições 70, 1999.

Loewenstein, Karl
– Teoria de la Constitución (do original "Verfassungslehre"), 2ª ed., 1970.
– Contrôle Législatif de l'Extremisme Politique dans les Démocraties Européenes (trad. Albertine Jèze), Paris, LGDJ, 1939.

Lombard, Jacques
– Autorités Traditionnelles et Pouvoir Européens en Afrique Noire: Le Déclin d'une Aristocratie sous le Régime Colonial, Paris, Librairie Armand Colin, 1967.

Lopes, Carlos
– La Présence Islamique dans l'Espace Kaabunké, *in* Carlos Lopes (coord.), Mansas, Escravos, Grumetes e Gentio – Cacheu na Encruzilhada de Civilizações, Lisboa, INEP, 1993, p. 81-97.

Lopes, José Alberto Azeredo
– Entre Solidão e Intervencionismo: Direito de Autodeterminação dos Povos e Reacções de Estados Terceiros, Porto, Publicações da Universidade Católica, 2003.

Lozano, Carlos Garcia
– El Estado Liberal de Derecho: Sus Elementos Configuradores, *in* Boletin de la Universidad Compostelana, 1962, p. 287-318.

Lucatello, Guido
– Profilo Giuridico dello Stato Totalitario, *in* Scritti Giuridici (raccolti a cura della Facoltà di Scienze Politiche dell'Università di Padova), Padova, CEDAM, 1983, p. 3-19.

Lucena, Manuel
– Rever e Romper (Da Constituição de 1976 à de 1989), *in* RDES 1991, n.° 1-2, p. 1-75.

Luchaire, François
– Le Conseil Constitutionnel, Paris, Economica, 1980.

Luciani, Massimo
– Giurisdizione e Legittimazione nello Stato Costituzionale di Diritto (ovvero: di un Aspetto Spesso Dimenticato del Rapporto fra Giurisdizione e Democrazia), *in* Politica del Diritto, vol. XXIX, n. 3, 1998, p. 365-382.

LUHMANN, Niklas
- L'Autoriproduzione del Diritto e i Suoi Limiti (trad. de A. Febbrajo do original "The Self-Reproduction of Law and its Limits", *in* G. Teubner, "Dilemmas of Law in the Welfare State", Berlin/New York, 1986), *in* Politica del Diritto, 1, Marzo 1987, p. 41-60.
- Legitimação pelo Procedimento, Brasília, 1980.
- Funktionen der Rechtsprechung im Politischen System, *in* Politische Plannung.
- Stato di Diritto e Sistema Sociale (trad. de F. Spalla da Politische Planung), Napoli, Guida Editori, 1978.
- Sistema Giuridico e Dogmatica Giuridica (tradução de A. Febrajo de Rechtssystem und Rechtsdogmatik, Stuttgart, Verlag W. Kohlhammer, 1974), Bologna, Il Mulino, 1978.
- Grundrechte als Institution: Ein Beitrag zur politischen Soziologie, 2. Aufl. (unveränderter Nachdruck der 1965 erschienenen ersten Auflage), Berlin, Duncker & Humblot, 1974.
- Closure and Openness: On reality in the World of Law, *in* Gunther Teubner (ed.), Autopoietic Law: A New Approach to Law and Society, Berlin/ New York, Walter de Gruyter, 1988, p. 334-348.
- Sociologia do Direito I, (trad. Gustavo Baer de "Rechtssoziologie I", Hamburg, 1972), Rio de Janeiro, Tempo Brasileiro, 1983.

LUÑO, Antonio Enrique Pérez
- Derechos Humanos: Estado de Derecho y Constitución, 8ª ed., Madrid, Tecnos, 2003.

LUSTICK, Ian S./MIODOWNIK, Dan/EIDELSON, Roy J.
- Secessionism in Multicultural States: Does Sharing Power Prevent or Encourage It?, *in* APSR, vol. 98, nr. 2, May 2004, p. 209-229.

LÜTTGER, Hans
- Rechtsstaat als Aufgabe, *in* Juristische Rundschau, 1988, Heft 2, p. 45-49.

LYOTARD, Jean-François
- Beantwortung der Frage: Was ist postmodern?, *in* Peter Engelmann (Hg.), Postmoderne und Dekonstruktion, Stuttgart, Reclam, 1990.

M.A.C.
- Manifesto do M.A.C. (Movimento Anti-colonial), de 1.1.1960, Bissau, Departamento de Informação, Propaganda e Cultura do CC do PAIGC, s/d.

MACCORMICK, Neil
- Legal Right and Social Democracy – Essays in Legal and Political Philosophy, Oxford, Clarendon Press, 1982.

MACHADO, J. Baptista
- Participação e Descentralização, Coimbra, 1978.
- O Sistema Científico e a Teoria de Kelsen, *in* Revista da Faculdade de Direito da Universidade de Lisboa, vol. XXVI, 1985, p. 11-45.
- Introdução ao Direito e ao Discurso Legitimador, 9ª reimpressão, Coimbra, Almedina, 1996.

MACHADO, Jónatas Eduardo Mendes
- Liberdade Religiosa numa Comunidade Constitucional Inclusiva: Dos Direitos da Verdade aos Direitos dos Cidadãos (Boletim da Faculdade de direito – Stvdia Ivridica, 18, Universidade de Coimbra), Coimbra, Coimbra Editora, 1996.

– Liberdade de Expressão: Dimensões Constitucionais da Esfera Pública no Sistema Social (Boletim da Faculdade de Direito – Stvdia Ivridica, 65, Universidade de Coimbra), Coimbra, Coimbra Editora, 2002.

MACHETE, Rui Chancerelle de

– Os Princípios Estruturais da Constituição de 1976 e a Próxima Revisão Constitucional, *in* Revista de Direito e de Estudos Sociais, 1987 (II da 2ª Série), p. 337-371.

MACHIAVELLI, Niccolò

– O Príncipe (título original: Il Principe; trad. de Antonio d'Elia), São Paulo, Cultrix, s/d.

MCLUHANN, Marshall

– Understanding Media, London, Routledge and Kegan Paul, 1964.

MACRIDIS, Roy C.

– Ideologias Políticas Contemporâneas – Pensamento Político (trad. L.T.C. Moura/ /M.I.C. Moura do "Contemporary Political Ideologies: Movements and Regimes"), Brasília, Editora Universidade de Brasília, 1980.

MAGALHÃES, José Luiz Quadros de

– Tipos de Estado (Globalização e Exclusão), *in* Direito e Cidadania, ano II, n.° 5, 1998/1999, p. 37-51.

MAHLER, Gregory S.

– The "Westminster Model" Away from Westminster: Is It Always the Most Appropriate Model?, *in* Abdo Baaklini/Helen Defosses (Ed.), Designs for Democratic Stability: Studies in Viable Constitutionalism, New York/ London, M. E. Sharpe, 1997, p. 35-51.

MALBERG, Carré de

– Contribution à la Théorie Générale de l'Etat, Paris, Sirey, vol. I, 1920, vol. II, 1922.

MANCINI, M.

– Democrazia, Ordinamento e Costituzione: da J.-J. Rousseau a F. P. G. Guizot, *in* RIFD, 2000, n.° 2, p. 161-191.

MANIN, Bernard

– Frontières, Freins et Contrepoids: La Séparation des pouvoirs dans le Débat Constitutionnel de 1787, *in* Revue Française de Science Politique, 1994, vol. 44, n.° 2, p. 257 ss.

MANNEQUIN, Th.

– Le Problème Démocratique ou la Politique du Sens Commun, Paris/Bruxelles, Librairie Internationale/A. Lacroix, Verboeckhoven 1870.

MANSILLA, H.C.F.

– Algunas Insuficiencias de la Democracia Contemporánea: Una Crítica de las Teorías de la Transición Latinoamericana, *in* Revista de Estudios Políticos, 108, 2000, p. 77-102.

– Los Enfoques Postmodernistas Frente a las Ambigüedades de la Democracia y el Desarollo, *in* Revista de Estudios Politicos, 84, 1994, p. 79-111.

MARITAIN, Jacques

– Christianisme et Démocracie, New York, Éditions de la Maison Française, Inc., 1943.

– L'Homme et l'Etat (tradução de Robert Davril e France Davril), Paris, PUF, 1953.

MARQUES, João Basso

– Aspectos do Problema da Semelhança da Língua dos Papéis, Manjacos e Brames, *in* Boletim Cultural da Guiné, n.° 5, vol. II, 1947, p. 77-109.

Marshall, T.H.
– Sociology at the Crossroads, London, Heinemann, 1963.
– Class, Citizenship and Development, Westport, Greenwood, 1973.
Martins, Afonso D'Oliveira
– Constituição, Administração e Democracia, *in* "Nos 25 Anos da Constituição da República Portuguesa de 1976" – Evolução Constitucional e Perspectivas Futuras, Lisboa, AAFDL, 2001, p. 463-504.
– Legalidade Democráticia e Legitimidade do poder Politico na Constituição, *in* Jorge Miranda (org.), Perspectivas Constitucionais – Nos 20 Anos da Constituição de 1976, vol. II, Coimbra, Coimbra Editora, 1997, p. 577-599.
– La Revisión Constitucional y el Ordenamiento Portugués, Lisboa/Madrid, Edições Estado & Direito, 1995.
Martins, Ives Gandra da Silva
– Cláusulas Pétreas, *in* Jorge Miranda (org.), Perspectivas Constitucionais – Nos 20 Anos da Constituição de 1976, vol. I, Coimbra, Coimbra Editora, 1996, p. 145-166.
Martins, Margarida Salema D'Oliveira
– O Princípio da Subsidiariedade na Constituição de 1976: os Trabalhos Preparatórios da terceira Revisão Constitucional, *in* Jorge Miranda (org.), Perspectivas Constitucionais – Nos 20 Anos da Constituição de 1976, vol. II, Coimbra, Coimbra Editora, 1997, p. 851-879.
– O Princípio da Subsidiariedade em Perspectiva Jurídico-Política, Coimbra, Coimbra Editora, 2003.
Martins, Rocha
– História das Colónias Portuguesas, Lisboa, 1933.
Martins, Soveral
– Processo e Direito Processual, 2.° vol. – Processos Heterocompositivos, Coimbra, Centelha, 1986.
Marut, Jean-Claude
– La Rébellion Casamançaise Peut-elle Finir? *in* Afrique Contemporaine, n.° 180, Octobre-Décembre 1996 [n.° spécial: L'Afrique face aux Conflits. Direction: Gaudusson/ /Gaud], p. 75-83.
Mastronardi, Thomas
– Mediation – Ein Kommunitaristishes Modell?, *in* Kurst Seelmann (Hg.), Kommunitarismus Versus Liberalismus, Stuttgart, Franz Steiner Verlag, 2000.
Mathies, Volker
– Kriege, *in* Pipers Wörterbuch zur Politik: Dritte Welt, Gesellschaft-Kultur-Entwicklung (Nohlen/Waldmann, Hrsg.), München/Zürich, Piper, 1987, p. 295-301.
Matos, António de Oliveira Matos
– Compêndio de História Universal, Lisboa, Livraria Pacheco, 1932.
Mattoso, António G.
– Compêndio de História Universal, 17ª ed., Lisboa, Sá da Costa, 1950.
Maturana, Humberto
– Depoimento ao jornal "O Independente", n.° 366, de 19.5.1995 (separata "Vida"), p. 2-3.

MATURANA, Humberto/VARELA, Francisco
- Autopoiesis and Cognition: The Realization of the Living, Boston/Dordrecht, Reidel, 1980.

MAUNZ, Theodor/ZIPPELIUS, Reinhold
- Deutsches Staatsrecht, 25. Aufl., München, 1984.

MAURER, Hartmut
- Rechtsstaatliches Prozessrecht, *in* Peter Badura/Horst Dreier (Hg.), Festschrift 50 Jahre Bundesverfassungsgericht, 2. Band (Klärung und Fortbildung des Verfassungsrechts), Tübingen, Mohr Siebeck, 2001.

MAUS, Ingeborg
- Bürgerliche Rechtstheorie und Faschismus. Zur sozialen Funktion und aktuellen Wirkung der Theorie Carl Schmitts, München, Fink, 1980.
- Entwicklung und Funktionswandel des bürgerlichen Rechtsstaates, *in* M. Thoidipur (Hg.), Der bürgerliche Rechtsstaat I, Frankfurt am Main, 1978.

MAYER, Otto
- Deustches Verwaltungsrecht, Band I, Leipzig, Duncker & Humblot, 1895.
- Deutsches Verwaltungsrecht, Bd. I, 3. Aufl, München/Leipzig, 1924.

MAZRUI, ALI A.
- Armed Kinsmen and the Origins of the State: An Essay in Philosophical Anthropology [Poceedings of the Seminar on African Philosophy – Addis Ababa, 1-3 December 1976 –, second edition], Addis Ababa, Addis Ababa University, 1998, p. 176-189.

M'BAYE, Kéba
- The African Conception of Law, *in* International Encyclopedia of Comparative Law (vol. II – The Legal Systems of the World: Their Comparison and Unification, p. 138--158).

MBEMBE, Achile
- Africa Sub-Sahariana Posta in Gioco di Fine Secolo, *in* Volontari e Terzo Mondo, n.° 1-2, 1981, p. 91-110.

MCCARTHY, Thomas
- La Teoría Crítica de Jürgen Habermas, Madrid, Tecnos, 1987.

MCLEAN, Ian
- Mechanisms for Democracy, *in* D. Held/C. Pollit (ed.), New Forms of Democracy, London, Sage Publications/The Open University, 1986, p. 135 ss.

MEDEIROS, Rui
- A Decisão de Inconstitucionalidade: Os Autores, o Conteúdo e os Efeitos da Decisão de Inconstitucionalidade da Lei, Lisboa, Universidade Católica Portuguesa Editora, 1999.
- Ensaio sobre a Responsabilidade Civil do Estado por Actos Legislativos, Coimbra, Almedina, 1992.

MEINHARDT, Heiko
- How it Began: External Actors in the Early Phase of the Democratic Transition in Malawi, *in* VRÜ 34 (2. Quartal 2001), p. 220-240.

MEIRELES, Artur Martins
- Baiú (Gentes de Kaiú) I. Generalidades, *in* Boletim Cultural da Guiné Portuguesa, n.° 11, vol. III, 1948 p. 607-638.

Melis, Renato
– Otto Tesi su Stato di Diritto e Stato di Giustizia, *in* Rivista Internazionale di Filosofia del Diritto (Gennaio-Aprile 1964), p. 238-242.
Melo, A. Barbosa de/Costa, J.M. Cardoso da/Andrade, J.C. Vieira de
– Estudo e Projecto de Revisão da Constituição da República Portuguesa de 1976, Coimbra, Coimbra Editora, 1981.
Mendes, João Castro
– Introdução ao Estudo do Direito, Lisboa, PF, 1994.
Mendes, Paulo de Sousa
– Princípios constitucionais de Organização Judiciária, *in* BFDB, n.° 1, Nov. 1992, p. 23-35.
– Instituições de Justiça Consuetudinárias, *in* Boletim da Faculdade de Direito de Bissau, n.° 1, Novembro 1992, p. 69-75.
– A Responsabilidade de Pessoas Colectivas no Âmbito da Criminalidade Informática em Portugal, Separata do vol. IV de Direito da Sociedade da Informação, Coimbra Editora, 2003, p. 385 ss.
Mendy, Peter Karibe
– A Emergência do Pluralismo Político na Guiné-Bissau, *in* F. Koudawo/P.K. Mendy (ed.), Pluralismo Político na Guiné-Bissau. Uma Transição em Curso, Bissau, INEP, 1996, p. 13-65.
– The Tradition of Resistance in Guinea-Bissau: the Portuguese-African Encouter in Cacheu, Bissau and «Suas Dependências», 1588-1878, *in* Carlos Lopes (coord.), Mansas, Escravos, Grumetes e Gentio – Cacheu na Encruzilhada de Civilizações, Lisboa, INEP, 1993, p. 137-169.
– Colonialismo Português em África: A Tradição de Resistência na Guiné-Bissau (1879-1959), Bissau, INEP.
Menger, Christian-Friedrich
– Der Begriff des Sozialen Rechtsstaates im Bonner Grundgesetz, Tübingen, 1953.
– Das Gesetz als Norm und Maßnahme, *in* VVDStRL, Heft 15 (1957), p. 3-34.
Menzel, E.
– Die Sozialstaatlichkeit als Verfassungsprinzip der BRD, *in* DÖV (1972), p. 217.
Merkl, Adolf
– Die Lehre von der Rechtskraft, Leipzig/Wien, 1923.
Merle, Michel
– Sociologie Politique et Droit Constitutionnel, *in* Archives de Philosophie du Droit, XIV, 1969.
Meschériakof, Alain-Serge
– Le Multipartisme en Afrique Francophone, Illusion ou Solution?, *in* G. Conac (sous la direction de), L'Afrique en Transition Vers le Pluralisme Politique, Paris, Economica, 1993, p. 69-77.
Mesquita, Maria José Rangel de
– Liberdade Religiosa e Direito de Informação – O Direito de Antena das Confissões Religiosas e o Serviço Público de Televisão, *in* Jorge Miranda (org.), Perspectivas Constitucionais – Nos 20 Anos da Constituição de 1976, vol. II, Coimbra, Coimbra Editora, 1997, p. 359-393.

Metzler, Léon
– L'Humanisme Juridique: L'Evolution du Droit sous l'Angle Culturel, Bruxelles//Luxembourg, Emile Bruylant/Imprimerie de la Cour Victor Buck, 1952.

Meyer, Wolfgang
– Artikel 97 (GG), *in* von Münch/Kunig (Hg.), Grundgesetz-Kommentar, Bd. III, 5. Aufl., München, Beck, 2003, p. 665-685.

Meyer/Anschütz
– Lehrbuch des Deutschen Staatsrechts, 7. Aufl., 1919.

Miaille, Michel
– Introdução Crítica ao direito, 2ª ed. (trad. de Ana Prata de "Une Introduction Critique au Droit"), Lisboa, Moraes, 1979.

Michalon, Thierry
– À la Recherche de la Légitimité de l'Etat, *in* Revue Française de Droit Constitutionnel, 34, 1998, p. 289-313.

Michaud, Paul
– Is it Africa's "Good Coup"?, *in* New African, February 2000.

Michels, Roberto
– La Sociologia del Partido Politico nella Democrazia Moderna, Torino, 1912.

Mikat, Paul
– Kirchen und Religionsgemeinschaften, *in* K.A. Bettermann/H.C. Nipperdey//U. Scheuner (Hrsg.), Die Grundrechte: Handbuch der Theorie und Praxis der Grundrechte, 4. Band, 1. Halbband, Berlin, Duncker & Humblot, 1960, p. 111--243.

Mills, C. Wright
– L'Élite du Pouvoir (trad. de "The Power Elite"), Paris, Maspero, 1969.

Mipamb, Nahm-Tchougli
– Renouveau Constitutionnel et Etat de Droit en Afrique de l'Ouest Francophone, *in* VIJJA, N.° 3 & 4 (2003), p. 107-143.

Miranda, Jorge (org.)
– Perspectivas Constitucionais – Nos 20 Anos da Constituição de 1976, vol. I, Coimbra, Coimbra Editora, 1996.

Miranda, Jorge
– Ciência Política – Formas de Governo (apontamentos das lições ao 1.° ano jurídico), Lisboa, 1992.
– Contributo para uma Teoria da Inconstitucionalidade (Suplemento à RFDUL), Lisboa, FDUL, 1968.
– A Constituição de 1976 – Formação, Estrutura, Princípios Fundamentais, Lisboa, Petrony, 1978.
– Constituição e Democracia, Lisboa, Petrony, 1976.
– Notas para uma Introdução ao Direito Constitucional Comparado (Separata de "O DIREITO", n.os 2 e 3, 1970), Lisboa, 1970.
– Manual de Direito Constitucional, tomo I (Preliminares, o Estado e os Sistemas Constitucionais), 4ª ed, revista e actualizada, Coimbra, Coimbra Editora, 1990.
– *Idem,* 5ª ed., 1996.

– Manual de Direito Constitucional, tomo II (Introdução à Teoria da Constituição), 2ª ed. (reimpressão), Coimbra, Coimbra Editora, 1988.
– *Idem,* 3ª ed., 1991.
– Manual de Direito Constitucional, tomo III (Estrutura Constitucional do Estado), 2ª ed., revista (reimpressão), Coimbra, Coimbra Editora, 1988.
– *Idem,* 3ª ed., 1996.
– Manual de Direito Constitucional, tomo IV (Direitos Fundamentais), 2ª ed., revista e actualizada, Coimbra, Coimbra Editora, 1993.
– Manual de Direito Constitucional, tomo V (Actividade Constitucional do Estado), 2ª edição, Coimbra, Coimbra Editora, 2000.
– Manual de Direito Constitucional, tomo VI (Inconstitucionalidade e Garantia da Constituição), Coimbra, Coimbra Editora, 2001.
– Direito Constitucional II (Parte III – Direitos Fundamentais), Lisboa, 1988.
– Direito Internacional Público I, Lisboa, 1991.
– Teoria do Estado e da Constituição, Coimbra, Coimbra Editora, 2002.
– Funções, Órgãos e Actos do Estado, Lisboa, 1990.
– O Sistema Semipresidencial Português Entre 1976 e 1979, *in* Revista da Faculdade de Direito da Universidade de Lisboa, vol. XXV, 1985, p. 193-200.
– A Experiência Portuguesa de Sistema Semipresidencial, *in* Direito e Cidadania, n.° 1 (1997), p. 9-25.
– Parecer sobre a co-incineração, *in* D. Freitas do Amaral e M. da Glória Garcia/Jorge Miranda/P. Otero/M. da Assunção Esteves, O Caso Co-Incineração (Parecres Jurídicos), 1.° vol.-tomo I, Lisboa, I.P.A., 2001, p. 69-93.
– Sobre a Reserva Constitucional da Função Legislativa, *in* Jorge Miranda (org.), Perspectivas Constitucionais – Nos 20 Anos da Constituição de 1976, vol. II, Coimbra, Coimbra Editora, 1997, p. 883-905.
– Sobre a Chamada Constituição Europeia (artigo de opinião publicado em Portugal, a 2.7.2003).
– *A "Constituição Europeia" e a Ordem Jurídica Portuguesa*, Separata de Colóquio Ibérico: Constituição Europeia, Homenagem ao Doutor Francisco Lucas Pires, BFDC, Stvdia Ivridica, 84.
– Os Direitos Fundamentais e o Terrorismo: os Fins Nunca Justificam os Meios, Nem Para um Lado, Nem Para Outro, Separata da RFDUL, 2003, vol. XLIV – n.os 1 e 2.
– Partidos Políticos e Sociedade, Separata das Actas dos VIII Cursos Internacionais de Verão de Cascais (9 a 14 de Julho de 2001), Cascais, Câmara Municipal de Cascais, 2002, vol. 3, p., 51-62.
– O Tribunal Constitucional em 2004, Separata de o "Direito I", Coimbra, Almedina, p. 193-219.
– Um Projecto de Revisão Constitucional [Contendo um Apêndice com Intervenções Várias sobre a Constituição e a Primeira Revisão Constitucional], Coimbra, Coimbra Editora, 1980.
– Jurisprudência Constitucional Escolhida I, Lisboa, Universidade Católica Editora, 1996.
– Constituições de Diversos Países, vol. I, 3ª ed., Lisboa, INCM, 1986.
– Constituições de Diversos Países, vol. II, 3ª ed., Lisboa, INCM, 1987.

Miranda, Jorge/Medeiros, Rui
– Constituição Portuguesa Anotada, Tomo I, Coimbra, Coimbra Editora, 2005.
Moderne, Franck
– La Dignité de la Personne Comme Principe Constitutionnel dans les Constitutions Portugaise et Française, *in* Jorge Miranda (org.), Perspectivas Constitucionais – Nos 20 Anos da Constituição de 1976, vol. I, Coimbra, Coimbra Editora, 1996, p. 197-230.
Mohl, Robert von
– Staatsrecht des Königsreichs Württenberg, 2. Bd., Bd I, 2. Aufl., Tübingen, 1840.
– Die Polizei-Wissenschaft nach den Grundsätzen des Rechtsstaates, 2. Band, 3. Vielfach veränderte Auflage, Tübingen, Laupp & Siebeck, 1866.
– *Idem,* 3. Band, 3. Vielfach veränderte Auflage, Freiburg, J.C.B. Mohr (Paul Siebeck), 1866.
– Rechtsstaat, *in* Encyclopädie der Staatswissenschaften (von Robert Von Mohl), 2. umgearbeiten Auflage, Freiburg/Tübingen, Akadem. Verlagsbuchhan-dlung von J.C.B. Mohr (Paul Siebeck), 1872, p. 324-376.
– Despotie, *in* Encyclopädie der Staatswissenschaften (Von R. Von Mohl), 2. Aufl., Freiburg/Tübingen, J.C.B. MOHR (Paul Siebeck), 1872, p. 376 ss.
– Die Geschichte und Literatur der Staatswissenschaften, Band I, unveränderter Abdruck der 1855 bei Ferdinand Enke in Erlangen erschienenen Ausgabe, Graz, Akademische Druck- u. Verlagsanstalt, 1960.
– Gründzuge einer Geschichte des philosophischen Staatsrechtes, *in* R. Mohl, Die Geschichte und Literatur der Staatswissenschaften – *in* Monographien dargestellt, Band I (unveränderter Abdruck der 1885 bei Ferdinand Enke), Graz, Akademische Druck- u. Verlagsanstalt, 1960, p. 215-264.
Molard, Jacques Richard-
– Afrique Occidentale Française, Paris, Berger-Levrault, 1949.
Moncada, L. Cabral de
– Do Valor e Sentido da Democracia (Ensaio de Filosofia Política), Coimbra, Coimbra Editora, 1930.
– Filosofia do Direito e do Estado, I (Parte Histórica), 2ª ed., Coimbra, Coimbra Editora, 1955.
– Filosofia do Direito e do Estado, II (Doutrina e Crítica), Coimbra, Coimbra Editora, 1965.
– Problemas de filosofia Política: Estado – Democracia – Liberalismo – Comunismo, Coimbra, Arménio Amado, 1963.
Moncada, Luís S. Cabral de
– Lei e Regulamento, Coimbra, Coimbra Editora, 2002.
– Ensaio Sobre a Lei, Coimbra, Coimbra Editora, 2002.
– Direito Económico, 2ª ed., Coimbra, Coimbra Editora, 1988.
Monteiro, António Pinto
– Sumários de Introdução ao Estudo do Direito (policopiado) [De harmonia com as Lições proferidas pelo Prof. Doutor Castanheira Neves ao 1.° ano jurídico de 1977], Coimbra, Universidade de Coimbra, 1978.

MONTEIRO, Isaac
– A Origem Étnico-cultural, o Estado e a Integração Nacional, *in* C. Cardoso/J. Augel (coord.), Guiné-Bissau – Vinte Anos de Independência. Desenvolvimento e Democracia – Balanço e Perspectivas, Bissau, INEP, 1996, p. 347-356.
MONTERO, J.R./GUNTHER, R./TORCAL, M.
– Légitimité, Mécontentement et Désaffection dans les Nouvelles Démocraties: les Cas de l'Espagne, *in* Revue Française de Science Politique, vol. 49, 2, 1999, p. 171-204.
MONTESQUIEU, Charles Louis de Secondad
– De L'Esprit des Lois (vol. I, II), Gallimard, 1995.
MONTINARI, Sigilfredo
– Nigeria: Questione Etnica e Soluzioni Costituzionali, *in* «Il Costituzionalismo "Parallelo" delle Nuove Democrazie – Africa e America Latina", a cura di Michele Carducci, Milano, Giuffrè Editore, 1999, p. 63-115.
MORAIS, Carlos BLANCO DE
– O Princípio da Subsidiariedade na Ordem Constitucional Portuguesa, *in* S. Resende/ /F.A. Zilveti (Coord.), "Estudos em Homenagem a Manoel Gonçalves Ferreira Filho", São Paulo, Dialética, 1999, p. 31-66.
– Segurança Jurídica e Justiça Constitucional, *in* Revista da Faculdade de Direito da Universidade de Lisboa, vol. XLI, n.° 2, Lisboa, 2000, p. 619-630.
– As Leis Reforçadas: As Leis Reforçadas pelo Procedimento no Âmbito dos Critérios Estruturantes das Relações entre Actos Legislativos, Coimbra, Coimbra Editora, 1998.
– Liberdade Religiosa e Direito de Informação – O Direito de Antena das Confissões Religiosas e o Serviço Público de Televisão, *in* Jorge Miranda (org.), Perspectivas Constitucionais – Nos 20 Anos da Constituição de 1976, vol. II, Coimbra, Coimbra Editora, 1997, p. 239-302.
– O Direito à Autodeterminação dos Povos: O Caso do Estatuto Jurídico do Enclave de Cabinda, Lisboa, Edições da Universidade Lusíada, 1998.
MOREIRA, António Montes
– A Liberdade Religiosa, Braga, Editorial Franciscana, 1971.
MOREIRA, Eugénio C.C.R.
– Constituições Económicas Comunitárias: Da União Monetária à União Económica e Monetária Oeste Africana. Um Salto Qualitativo, *in* BFDB, N.° 6, Junho 2004, p. 163-180.
MOREIRA, José Carlos
– O Princípio da Legalidade na Administração, *in* BFDUC, 1949.
MOREIRA, Vital
– Administração Autónoma e Associações Públicas, Coimbra, Coimbra Editora, 1997.
– Neocorporativismo e Estado de Direito Democrático, *in* Questões Laborais, 14, 1999, p. 174-188.
– Princípio da Maioria e Princípio da Constitucionalidade: Legitimidade e limites da Justiça Constitucional, *in* Legitimidade e Legitimação da Justiça Constitucional (Colóquio no 10.° Aniversário do Tribunal Constitucional – Lisboa, 28 e 29 de Maio de 1993), Coimbra, Coimbra Editora, 1995, p. 177-198.

Morigi, Massimo
- Effectiveness of the Constitutions of Angola, Mozambique and Guinea-Bissau with Regard to the State of Human Rights in these Countries, *in* V. Piergigli/I. Taddia (a cura di), International Conference on African Constitutions, Bologna, November 26th-27th, 1998 (CISR), Torino, G. Giappichelli Editore, 2000, p. 283-291.

Morin, Jacques-Yvan
- L'Etat de Droit: Émergence d'un Principe du Droit International, *in* RCAI, tome 254 (1995), p. 9-462.

Mortati, Costantino
- La Costituzione in Senso Materiale, Milano, Giuffrè, 1998.

Mota, Avelino Teixeira da
- Inquérito Etnográfico – organizado pelo Governo da colónia no ano de 1946, Bissau, 1947.
- As Viagens do Bispo D. Frei Vitoriano Portuense à Guiné, Lisboa, Alfa, 1989.
- Guiné Portuguesa, Lisboa, Agência Geral do Ultramar, 1954.

Mota, Avelino Teixeira da/Sá, Caetano Filomeno de/Duarte, Fausto/Mendes, Francisco Artur
- Efemérides da Guiné Portuguesa, *in* Boletim Cultural da Guiné Portuguesa, n.° especial, Outubro 1947, p. 7-105.

Mulgan, R.G.
- Aristotle's Political Theory: An Introduction for Students of Political Theory (reimpressão), Oxford, Clarendon Press, 1982.

Müller, Adam H.
- Die Elemente der Staatskunst: Oeffentliche Vorlesungen, Vor Sr. Durchlaucht dem Prinzen Bernhard von Sachsen-Weimar und einer Versammlung von Staatsmännern und Diplomaten in Winter von 1808 auf 1809, zu Dresden, gehalten, mit einer Einführung, erklärenden Anmerkungen und bisher ungedruckten Originaldokumenten versehen von Jäkob Baxa, Band I [Nachdruck d. Ausg. Berlin, J.D. Sander, 1809], Jena, G. Fischer, 1922.

Münch, Ingo von
- Staatsrecht, Band 1, 6. neubearbeitete Aufl., Stuttgart/Berlin/Köln, Kohlhammer, 2000.

Múrias, Manuel
- História Breve da Colonização Portuguesa, Lisboa, A.G.C., 1940.

Murswiek, Dietrich
- Die verfassunggebende Gewalt nach dem Grundgesetz für die Bundesrepublik Deutschland, Berlin, Duncker & Humblot, 1978.

Nabais, José Casalta
- O Dever Fundamental de Pagar Impostos, Coimbra, Almedina, 1998.

Nadais, António/Vitorino, António/Canas, Vitalino
- Lei Sobre Organização Funcionamento e Processo do Tribunal Constitucional (Introdução e Normas Complementares), Lisboa, AAFDL, 1984.

Nadales, Antonio J. Porras
- Introducción a una Teoría del Estado Postsocial, Barcelona, 1988.

– Representación y Democracia Avanzada, Madrid, Centro de Estudios Constitucionales, 1994.
– Notas Sobre la Teoria del Poder Constituyente y la Experiencia Española, *in* Revista de Estudios Políticos, 1981, n.° 24, p. 175-200.

Na-Na'im, Abdullahi Ahmed
– Possibilités et Limites de la Protection des Droits Humains dans les Constitutions des Pays Africains, *in* A.A. Na-Na'Im (dir.), Droits Universels, Voies de Recours Nationales – Mise en Œuvre des Droits Humains dans les Systèmes Juridiques Africains [Actes de la Conférence de Dakar du 11 au 13 Décembre 1997], London, Interights/ /Afronet/GTZ, 2001, 5-25.
– Protection des Droits Humains dans les Systèmes Juridiques Pluriels de l'Afrique: Étude Comparative, *in* A.A. Na-Na'Im (..., cit.), p. 43-74.

Negreiros, A.-L. de Almada
– Colonies Portugaises: Les Organismes Politiques Indigènes, Paris, A. Challamel, Editeur, 1910.

Neto, A.B. Cotrim
– Estado de Direito, *in* Enciclopédia Saraiva de Direito, vol. 33, R. Limongi (coordenação), S. Paulo, Saraiva, 1977, p. 467-469.

Neto, Abílio/Martins, Herlander
– [Art. 7.°], Código Civil Anotado, 5ª ed., Lisboa, Petrony, 1984.

Neves, A. Castanheira
– Questão-de-Facto-Questão-de-Direito ou o Problema Metodológico da Juridicidade (Ensaio de uma Reposição Crítica) I – A Crise, Coimbra, 1967.
– A Revolução e o Direito. A Situação de Crise e o Sentido do Direito no Actual Processo Revolucionário (separata da Revista da Ordem dos Advogados), Lisboa, 1976.
– O Instituto dos «Assentos» e a Função jurídica dos Supremos Tribunais *in RLG* (ano 105.° e ss.).
– O Problema da Constitucionalidade dos Assentos (Comentário ao Acórdão n.° 810/93 do Tribunal Constitucional – 1994), p. 7-64.
– O Actual Problema Metodológico da Interpretação Jurídica – I, Coimbra, Coimbra Editora, 2003.
– Curso de Introdução ao Estudo do Direito (policopiado), Coimbra, 1971-72.
– Introdução ao Estudo do Direito ("Sebenta Nova"), Coimbra, s/d.
– Justiça e Direito, Separata do volume II do BFDUC, 1976. Coimbra, 1976.
– Da Jurisdição no Actual Estado-de-Direito, *in* Antunes Varela/D. Freitas do Amaral/ /Jorge Miranda/J.J. Gomes Canotilho (org.), Ab Vno ad Omnes: 75 anos da Coimbra Editora 1920-1995, Coimbra, Coimbra Editora, 1998, p. 177-227.

Nguéma, Isaac
– Pratiques et Conceptions Africaines de la Démocratie: Expériences Vécues, *in* G. Conac (sous la direction de), L'Afrique en Transition Vers le Pluralisme Politique, Paris, Economica, 1993, p. 165-169.

Nierhaus, Michael
– Artikel 28 GG, *in* Michael Sachs (Hg.), Grundgesetzkommentar, 3. Aufl., München, Beck, 2003, p. 1030-1067.

NIETSCHE, Friedrich
– Werke in drei Bänden [Band 2: Also sprach Zarathustra und andere Schriften], Köln, Könemann Verlag, 1994.

NIGRO, Mario
– Il procedimento Amministrativo fra Inerzia Legislativa e Trasformazione dell'Amministrazione (a propòsito d'un recente disegno di legge), Milano, 1990.

NIPAMB, M.-T.
– Renouveau Constitutionnel et Etat de Droit en Afrique de l'Ouest Francophone, *in* VIJJA, N.° 3 & 4 (2003), p. 107-143.

NIPPERDEY, Hans Carl
– Die Würde des Menschen, *in* F.L. Neumann/H.C. Nipperdey/U. Scheuner (Hrsg.), Die Grundrechte: Handbuch der Theorie und Praxis der Grundrechte, 2. Band, 2. Aufl., Berlin, Duncker & Humblot, 1968, p. 1-50.
– Freie Entfaltung der Persönlichkeit, Die Grundrechte, IV/2, Berlin, 1962.

NKENDIRIM, Bernard A.
– The Formation of National States and Collective Violence in Africa, *in* Claude Summer (ed.), African Philosophy, 2nd edition (Proceedings of the Seminar on African Philosophy: Addis Abeba, 1-3 December 1976), Addis Abeba, Addis Abeba University, 1998, p. 224-239.

N'KRUMAH, Kwame
– Consciencism – Philosophy and Ideology for Decolonization, New York, M. R. P., 1970.

NOGUEIRA, Amadeu
– Figuras da Ocupação. Abdu Injai, *in* Boletim Cultural da Guiné Portuguesa, n.° 13, Janeiro 1949, p. 49-60.

NOGUEIRA, J. Vilas
– La Constitución y la Reproducción del Orden Político Fundamental, *in* Revista de Estudios Políticos, 1981, n.° 21, p. 53-71.

NOHLEN, Dieter
– Demokratie/Demokratische Systeme, *in* Pipers Wörterbuch zur Politik: Dritte Welt, Gesellschaft-Kultur-Entwicklung (Nohlen/Waldmann, Hrsg.), München/Zürich, Piper, 1987, p. 121-141.

NOHLEN, Dieter (Hrsg.)
– Pipers Wörterbuch zur Politik: Dritte Welt, Gesellschaft-Kultur-Entwicklung (Nohlen/ /Waldmann, Hrsg.), München/Zürich, Piper, 1987.

NOUGUERÈDE, Yves
– Coopération Internationale, Démocratie et Développement, *in* G. Conac (sous la direction de), L'Afrique en Transition Vers le Pluralisme Politique, Paris, Economica, 1993, p. 471-476.

NOVAIS, Jorge Reis
– As Restrições aos Direitos Fundamentais Não Expressamente Autorizadas pela Constituição, Coimbra, Coimbra Editora, 2003 [<=> As Restrições aos Direitos Fundamentais Não Expressamente Autorizadas pela Constituição (3 volumes), Lisboa, 2002].

– Tópicos de Ciência Política e Direito Constitucional Guineense, Lisboa, AAFDL, 1996.
– Contributo para uma Teoria do Estado de Direito: Do Estado de Direito Liberal ao Estado Social e Democrático de Direito, Coimbra, 1987.
– Relatório para uma Aula Teórico-Prática sobre "O sentido do Princípio do "Estado de Direito Democrático" na Constituição de 1976" (exemplar localizável na biblioteca da Faculdade de Direito da Universidade de Lisboa), 1985.
– Renúncia a Direitos Fundamentais, *in* Jorge Miranda (org.), Perspectivas Constitucionais – Nos 20 Anos da Constituição de 1976, vol. I, Coimbra, Coimbra Editora, 1996, p. 263-335.
– Os Princípios Constitucionais Estruturantes da República Portuguesa, Coimbra, Coimbra Editora, 2004.

OEHLER, Dietrich
– Postgeheimnis, *in* F.L. Neumann/H.C. Nipperdey/U. Scheuner (Hrsg.), Die Grundrechte: Handbuch der Theorie und Praxis der Grundrechte, 2. Band, 2. Aufl., Berlin, Duncker & Humblot, 1968, p. 605-622.

OESTREICH, Gerhard
– Die Entwicklung der Menschenrechte und Grundfreiheiten: Eine historische Einführung, *in* K.A. Bettermann/F.L. Neumann/H.C. Nipperdey (Hrsg.), Die Grundrechte: Handbuch der Theorie und Praxis der Grundrechte, 1. Band, 1. Halbband, Berlin, Duncker & Humblot, 1966, p. 1-123.

OLIVEIRA, Fernando
– Arte da Guerra do Mar (1ª edição: Coimbra, 1555), Lisboa, reedição, 1969.

OLIVEIRA, Filipe FALCÃO
– Direito Público Guineense, Coimbra, Almedina, 2005.

OLIVEIRA, L. Soares de
– "Zaire", *in* Polis – Enciclopédia Verbo da Sociedade e do Estado, 5, p. 1555-1557.

OLIVEIRA, M. Alves de
– "Alto Volta", *in* Polis – Enciclopédia Verbo da Sociedade e do Estado, 1, p. 269-272.

OLIVEIRA, Mário Esteves de
– Direito Administrativo, vol. I, Coimbra, Almedina, 1980.

OLSON, Mancur
– Dictatorship, Democracy, and Development, *in* American Political Science Review, Vol. 87, 3, 1993, p. 567-576.

ORWELL, George
– *Animal Farm* – escrito em 1943-1944 (trad. portuguesa: O Triunfo dos Porcos, 3ª ed., Lisboa, P&R, 1980).

OSSENBÜHL, Fritz
– Die Hafttung des Staates für hoheitliche Akte der Legislative, Administrative und Judikative, *in* Ministério da Justiça, Responsabilidade Civil Extra-Contratual do Estado – Trabalhos Preparatórios da Reforma, Coimbra, Coimbra Editora, 2002, p. 169-181.
– Vertrauensschutz im sozialen Rechtsstaat, *in* DÖV, 1972, p. 25-36.

Ost, François
- Between Order and Disorder: the Game of Law, *in* Gunther Teubner (ed.), Autopoietic Law: A New Approach to Law and Society, Berlin/New York, Walter de Gruyter, 1988, p. 70-96.

Otero, Paulo
- A Competência Delegada no Direito Administrativo Português, Lisboa, AAFDL, 1987.
- O Desenvolvimento de Leis de Bases pelo Governo, Lisboa, 1997.
- O Poder de Substituição em Direito Administrativo: Enquadramento Dogmático-Constitucional (2 vol.), Lisboa, Lex, 1995.
- Conceito e Fundamento da Hierarquia Administrativa, Coimbra, Coimbra Editora, 1992.
- Legalidade e Administração Pública: O Sentido da Vinculação Administrativa à Juridicidade, Coimbra, Almedina, 2003.
- A "Desconstrução" da Democracia Constitucional, *in* Jorge Miranda (org.), Perspectivas Constitucionais – Nos 20 Anos da Constituição de 1976, vol. II, Coimbra, Coimbra Editora, 1997, p. 601-641.
- Parecer sobre a co-incineração, *in* D. Freitas do Amaral e M. da Glória Garcia/Jorge Miranda/P. Otero/M. da Assunção Esteves, O Caso Co-Incineração (Pareceres Jurídicos), 1.° vol.-tomo I, Lisboa, I.P.A., 2001, p. 97-139.
- A Democracia Totalitária – Do Estado Totalitário à Sociedade Totalitária. A Influência do Totalitarismo na Democracia do Século XXI, Cascais, Principia, 2001.
- Direito à Vida – Relatório sobre o Programa Conteúdos e Métodos de Ensino, Lisboa, 2003.
- A Renúncia do Presidente da República na Constituição de 1976 (Sumário da Lição de Síntese), Lisboa, 2003.

Paciotti, Elena
- Ruolo della Magistratura in uno Stato Democratico (alla Luce della Esperienza Italiana nei Primi Anni), *in* Questione Giustizia, n. 2-3, 1994, p. 359-371.

Paigc
- Programa Eleitoral (Julho de 1994).
- História: A Guiné e as Ilhas de Cabo Verde, Paris, Paul Dupont, 1974.
- Anteprojecto da Plataforma Programática de Transição; Anteprojecto do Programa do PAIGC; Anteprojecto dos Estatutos do PAIGC (Para o II Congresso Extraordinário do PAIGC), Bissau, D.I.P.C do CC do PAIGC.

Pais, José Manuel Santos
- Le Statut Constitutionnel et la Structure Interne du Ministère Public, *in* Documentação e Direito Comparado, n.° 67/68, 1996, p. 59-76.

Palma, Maria Fernanda
- Constituição e Direito Penal – As Questões Inevitáveis, *in* Jorge Miranda (org.), Perspectivas Constitucionais – Nos 20 Anos da Constituição de 1976, vol. II, Coimbra, Coimbra Editora, 1997, p. 227-237.

Palombara, Joseph la/Weiner, Myron
- Political Parties and Political Development, 1966.

Panoff, Michel/Perrin, Michel
– Dicionário de Etnologia (tradução de Carlos Veiga Ferreira, do francês Dictionnaire de l'Ethnologie, Paris Payot, 1973), Lisboa, Edições 70.
Papadopoulos, Yannis
– Democrazia e Referendum, *in* Rivista Italiana di Scienza Politica, 2, 1995, p. 197-226.
Parens, Joshua
– Multiculturalism and the Problem of Particularism, *in* American Political science Review, vol. 88, 1, 1994, p. 169-181.
Pareto, Vilfredo
– Traité de Sociologie Générale, vol. I, Paris/Lausanne, Payot, 1917.
Parsons, Talcott
– General Theorie in Sociology, *in* R. K. Merton e outros (eds.), Sociology Today, New York, Basic Books, 1959, p. 39-78.
– Pattern Variables Revisited, *in* American Sociological Review, 25 (1960), p. 467-483.
Parsons, Talcott/Bales, R. F./Shils, E. A.
– Working Papers in the Theorie of Action, New York, Free Press, 1953.
Patel, Bharat
– Human Rights and Peoples Rights in the Post-Colonial Context, *in* G.B. Kutudjian/ /A. Papisca (ed.), Rights of Peoples – Diritti dei Popoli – Droits des Peuples, Padova, CEDAM, 1991.
Pelayo, Manuel García-
– Derecho Constitucional Comparado, Madrid, Manuales de la Revista de Occidente, 1959.
– Las Transformaciones del Estado Contemporáneo, Madrid, Alianza Editorial, 1977.
Pereira, André Gonçalves
– Erro e Ilegalidade no Acto Administrativo, Lisboa, 1962.
– O Semipresidencialismo em Portugal, Lisboa, Ática, 1984.
– Sistema Eleitoral e Sistema de Governo, *in* Jorge Miranda (org.), Nos Dez Anos da Constituição, Lisboa, IN-CM, 1987, p. 193-202.
Pereira, André Gonçalves/Quadros, Fausto de
– Manual de Direito Internacional Público, 3ª ed., Coimbra, Almedina, 1993.
Pereira, Aristides
– Guiné-Bissau e Cabo Verde – Uma Luta, Um Partido, Dois Países, Lisboa, Editorial Notícias, 2002.
Pérennès, Jean-Jacques/Hugues, Puel
– Démocratie et Développement au Sud, *in* Problèmes Économiques, n.° 2.266, 11 Mars 1992, p. 1-5.
Pernthaler, Peter
– Allgemeine Staatslehre und Verfassungslehre, Wien/New York, Springer-Verlag, 1986.
Perrot, Claude-Hélène
– Le Contrôle du Pouvoir Royal dans les Etats Akan aux XVIII et XIX Siècles, *in* G. Conac (sous la direction de), L'Afrique en Transition Vers le Pluralisme Politique, Paris, Economica, 1993, p. 149-153.

PETERS, Hans
– Die Gewaltentrennung in moderner Sicht, Köln, Westdeutschen Verlag, 1954.
– Geschichtliche Entwicklung und Grundfragen der Verfassung, Berlin/Heidelberg/New York, Springer-Verlag, 1969.
– Elternrecht, Erziehung, Bildung und Schule, *in* K.A. Bettermann/H.C. Nipperdey/ /U. Scheuner (Hrsg.), Die Grundrechte: Handbuch der Theorie und Praxis der Grundrechte, 4. Band, 1. Halbband, Berlin, Duncker & Humblot, 1960, p. 369-445.
PETOT, Jean
– Modernisation ou Crise de l'État Démocratique, *in* Revue du Droit Public, n.° 3, 2000, p. 633-697.
PIÇARRA, Nuno
– A Separação dos Poderes como Doutrina e Princípio Constitucional – Um Contributo para o Estudo das suas Origens e Evolução, Coimbra, Coimbra Editora, 1989.
– Separação dos Poderes, *in* Polis, V, 1987, p. 682-714.
PIEROTH, Bodo
– Artikel 97 (GG), *in* Jarass/Pieroth (Hg.), Grundgesetz für die Bundesrepublik Deutschland, 6. Aufl., München, Beck, 2002.
PIEROTH, Bodo/SCHLINK, Bernhard
– Grundrechte – Staatsrecht II, 19. Aufl., Heidelberg, Müller, 2003.
PIETZCKER, Jost
– Vorrang und Vorbehalt des Gesetzes, *in* JuS, 1979, Heft 10, p. 710-715.
PINELLI, Cesare
– Italie. Justice Constitutionnelle et Subsidiarité, *in* F. Delpérée (dir.), Justice Constitutionnelle et Subsidiarité, Bruxelles, Bruylant, 2000, p. 89-106.
PINHEIRO, José Alexandre Guimarães de Sousa
– "O Sistema de Actos Legislativos e o Sistema de Governo: A Experiência Portuguesa" (Dissertação de Merstrado em Ciências Jurídico-Políticas), Faculdade de Direito de Lisboa, 2000.
PINTO, Carlos Alberto da MOTA
– Teoria Geral do Direito Civil, 2ª ed., Coimbra, Coimbra Editora, 1983.
PINTO, João Teixeira
– Coluna de Operações Contra os "Papeis e Grumetes Revoltados da Ilha de Bissau" (Relatório do Chefe de Estado Maior e Comandante da Coluna ao Governador português, de 1 de Setembro de 1915; *in* Arquivo Histórico Ultramarino, Gerais, Guiné, Pasta 401).
PINTO, Luzia Marques da Silva Cabral
– Os Limites do Poder Constituinte e a Legitimidade Material da Constituição, BFDUC – Stvdia Ivridica 7, Coimbra, Coimbra Editora, 1994.
PIPPAN, Christian
– Demokratie durch Völkerrecht? Zu den Menschenrechts- und Demokratieklauseln in den Verträgen der Europäischen Gemeinschaft mit Drittstaaten am Beispiel des Lomé-Abkommens, *in* W. Benedek/H. Isak/R. Kicker (ed.), Development and Developing International and European Law: Essays in Honour of Konrad Ginther on the Occasion of his 65th Birthday, Fankfurt a.M./Berlin/Bern/Bruxelles/New York/Wien, Peter lang, 1999, p. 473-500.

Piraino, Andrea
- Dopo lo Stato dei Partiti la Democrazia delle Comunità, *in* Il Politico, 177, 1996, p. 197-221.

Pires, Francisco Lucas
- Teoria da Constituição de 1976: A Transição Dualista, Coimbra, 1988.

Placidus, Johann Wilhelm
- Litteratur der Staatslehre – Ein Versuch, Abtheilung 1, Strasburg, 1798.

Platão
- A República, Mem Martins, Europa-América, 1975.
- Leyes (Libros VII-XII) – Diálogos IX –, Madrid, Gredos, 1999.
- Apologia de Sócrates. Críton (tradução, introdução e notas de M. de Oliveira Pulquério), Lisboa, Edições 70, 1997.
- Defesa de Sócrates ["Diálogos", S. Paulo, Clássicos Cultrix, 1964, p. 13-38].
- Êutifron, Apologia de Sócrates, Críton (tradução, introdução e notas de J. Trindade Santos), 4ª ed., Lisboa, INCM, 1993.
- Critão ["Diálogos", S. Paulo, Clássicos Cultrix, 1964, p. 119-134].

Políbio
- Historias, Livro VI (Fragmentos), (Trad. y Notas de M.B. Recort), Madrid, Gredos, 1996.

Pomerance, Michla
- Self-Determination in Law and Practice: The New Doctrine in the United Nations, The Hague/Boston/London, Martinus Nijhoff Publishers, 1982.

Popper, Karl Raimund
- Em Busca de um Mundo Melhor (trad. do original "Auf der Suche nach einer besseren Welt"), 2ª ed. ["pot-pourri" de diversas comunicações do autor], Lisboa, Editorial Fragmentos, 1989.
- Prediction and Prophecy and their Significance for Social Theory, *in* Proceedings of the 10th Annual Congress of Philosophy, I, Amsterdam, 1948.
- O Realismo e o Objectivo da Ciência – Pós-Escrito à Lógica da Descoberta Científica, 1.° vol. (trad. do original "Realism and Aim of Science", Londres, 1956, 1983), Lisboa, D. Quixote, 1992.

Prata, Ana
- A Tutela Constitucional da Autonomia Privada, Coimbra, Almedina, 1982.

Preuß, Ulrich K.
- Nachträge zur Theorie des Rechtsstaats, *in* Mehdi Tohidipur (Hg), Der bürgerliche Rechtsstaat, Frankfurt am Main, Suhrkamp Verlag, 1978, p. 82-100.

Prunier, Gérard
- L'Ouganda: Une Démocratie Populiste Autoritaire, *in* G. Conac (sous la direction de), L'Afrique en Transition Vers le Pluralisme Politique, Paris, Economica, 1993, p. 369-378.

Pufendorf, S. de
- De Jure Naturae et Gentium, libri VIII, Lond. Sc., 1672.

Püttner, Günter
- Der informale Rechtsstaat, *in* Kritische vierteljahresschrift für Gesetzgebung und Rechtswissenschaft, 1991, p. 63-73.

QATHAFI, Muammar Al
- O Livro Verde, Tripoli/Lisboa, E.P.E.E.P.D.

QUADROS, Fausto de
- L'Influence de la Convention Européenne des Droits de l'Homme sur les États Tiers, Anciennes Dépendences Belges, Danoises, Espagnoles, Françaises, Italiennes, Néerlandaises, et Portugaises, (Separata de: Actes du Colloque à Strasbourg, le 8 Juin 2001, par l'Institut International des Droits de l'Homme), Bruxelles, Bruylant, 2002, p. 15-27.
- Omissões Legislativas Sobre Direitos Fundamentais, *in* Jorge Miranda (org.), Nos Dez Anos da Constituição, Lisboa, IN-CM, 1987, p. 57-66.
- O Princípio da Subsidiariedade no Direito Comunitário após o Tratado da União Europeia, Coimbra, 1995.

QUEIRÓ, Afonso R.
- Lições de Direito Administrativo, I, Coimbra, 1976.
- Uma Constituição Democrática. Hoje – Como?, Coimbra, 1980.

QUEIROZ, Cristina M. M.
- Direitos Fundamentais (Teoria Geral), Coimbra, Coimbra Editora, 2002.
- Interpretação Constitucional e Poder Judicial: Sobre a Epistemologia da Construção Constitucional, Coimbra, Coimbra Editora, 2000 [<=> Interpretação Constitucional e Poder Judicial: Sobre a Epistemologia da Construção Constitucional, Lisboa, Faculdade de Direito da Universidade de Lisboa, 1997].
- Constituição, Constitucionalismo e Democracia, *in* Jorge Miranda (org.), Perspectivas Constitucionais – Nos 20 Anos da Constituição de 1976, vol. I, Coimbra, Coimbra Editora, 1997, p. 457-480.
- Os Actos Políticos no Estado de Direito – O Problema do Controle Jurídico do Poder, Coimbra, Almedina, 1990.

QUINTINO, Fernando Rogado
- Cultura Etiópica no Ocidente Africano, *in* Boletim Cultural da Guiné Portuguesa, XVII, n.° 66, 1962.
- Os Povos da Guiné, *in* Boletim Cultural da Guiné Portuguesa, n.° 96, vol. XXIV, Outubro 1969, p. 861-915.

RADBRUCH, Gustav
- Cinco Minutos de Filosofia (circular endereçada aos estudantes de Heidelberg, em 1945), [Apêndice ao livro Filosofia do Direito, vol. II, 3ª ed. (tradução de L. Cabral de Moncada), Coimbra, Arménio Amado Editora, 1953, p. 219-222]
- Filosofia do Direito, vol. I, 3ª ed. revista e acrescida (tradução de L. Cabral de Moncada), Coimbra, Arménio Amado, 1953.
- Filosofia do Direito, vol. II, 3ª ed. (tradução de L. Cabral de Moncada), Coimbra, Arménio Amado, 1953.

RANDELZHOFER, Albrecht
- Schlußworte: Verfassungsstaatlichkeit im nächsten Jahrhundert – Chancen für Gemeinsamkeit und Notwendigkeit der Vielfalt, *in* U. Battis/Ph. Kunig/I. Pernice / /A. Randelzhofer (Hg.), Das Grundgesetz im Prozeß europäischer und gloabaler verfassungsentwicklung-Internationales synposium zum 50-jährigen Bestehen des

grundgesetzes am 14.und 15. Mai 1999, Baden-Baden, Nomos Verlagsgesellschaft, 2000, p. 286-289.

RAWLS, John

- A Theory of Justice, Cambridge/Massachusetts, The Belknap Press of Harvard University, 1971.

RAYNAL, Jean-Jacques

- La Démocratie au Niger: Chronique Inachevée d'un Accouchement Difficile, *in* G. Conac (sous la direction de), L'Afrique en Transition Vers le Pluralisme Politique, Paris, Economica, 1993, p. 357-368.

REAL, Baltasar Garzón

- A Corte Penal Internacional: Fim da Impunidade, *in* F. C. Gulbenkian (org.), Cidadania e Novos Poderes numa Sociedade Global (Conferência Internacional), Lisboa, F.C.Gulbenkian/Dom Quixote, 2000, p. 237-251.

REALE, Miguel

- Lições Preliminares de Direito, 10ª ed., Coimbra, Almedina, 1982.

REDOR, Marie-Joëlle

- De L'Etat Lègal à l'Etat de Droit, Paris, Economica-Presses Universitaires d'Aix--Marseilles, 1992.

REI, Maria Raquel

- Apontamentos sobre a Lei da Nacionalidade Guineense – Lei n.° 2/92 de 6 de Abril, *in* BFDB, N.° 3, Junho 1995, p. 317-327.

REINHARD, Wolfgang

- Kolonialismus/Imperialismus, *in* Pipers Wörterbuch zur Politik: Dritte Welt, Gesellschaft-Kultur-Entwicklung (Nohlen/Waldmann, Hrsg.), München/Zürich, Piper, 1987, p. 284-295.

REIS, Joaquim Estevão dos

- Manjacos de Calequisse, *in* A. Teixeira da Mota, "Inquérito Etnográfico", Bissau, 1947, p. 147-150.

RELATÓRIO Suplementar de Informações, n.° 10

- "Populações da Guiné", Reservado, Junho de 1971 – Comando-Chefe das Forças Armadas da Guiné.

REVEL, Jean-François

- A Obsessão Antiamericana (do original "L'Obsession Anti-Americaine", Ed. Plon, 2002), Lisboa, Bertrand, 2003.

RIBEIRO, Vinício

- O Estado de direito e o Princípio da Legalidade da Administração, 2ª ed., Coimbra, Coimbra Editora, 1981.

RICCOBONO, Francesco

- Appunti per una Storia di «Costituzione in Senso Materiale», *in* Quaderni della Rassegna Parlamentare – La Costituzione Materiale: Percorsi Culturali e Attualità di un'Idea (a cura di A. Catelani e S. Labriola), Milano, ISLE / Giuffrè Editore, 2001.

RIDLEY, F.F.

- Feet of Clay: Threat to the Temples of Democracy, *in* Parliamentary Affairs, vol. 48, 4, 1995, p. 617-631.

– Using Power to keep Power: The Need for Constitucional Checks, *in* Parliamentary Affairs, vol. 44, 4, 1991, p. 442-452.

RIGAUX, Marie-Françoise

– La Théorie des Limites Matérielles à l'Exercice de la Fonction Constituante, Bruxelles, Maison F. Larcier, 1985.

RIKER, William H.

– The Theory of Political Coalitions, New Haven, Conn., Yale University Press, 1962.

RIVACOBA, Manuel de Rivacoba y

– Legitimidad e Independencia del Poder Judicial en el Estado Democratico de Derecho, *in* Direito e Cidadania, ano III, n.° 8, 1999/2000, p. 171-188.

RIVERO, Jean

– Direito Administrativo (trad. Rogério E. Soares), Coimbra, Almedina, 1981.

– Etat de Droit, Etat du Droit, *in* L'Etat de droit: Mélanges en L'Honneur de Guy Braibant, Paris, Dalloz, 1996, p. 609-614.

ROBBERS, G.

– Rückwirkende Rechtsprechungsänderung, *in* JZ 1988, Heft 10, p. 485-489.

ROBINSON, Mark

– Aid, Democracy and Political Conditionality in Sub-Saharan Africa, *in* The European Journal of Development Research, vol. 5, n.° 1, Junho 1993.

ROCHA, Carlos Vieira da

– João Teixeira Pinto – Uma Vida Dedicada ao Ultramar, Lisboa, 1971.

ROCHA, Maria Teresa Vásquez

– Guiné: O Gentio Perante a Presença Portuguesa (II), *in* Estudos em Homenagem a Joaquim M. da Silva Cunha, Porto, Fundação Universidade Portucalense Infante D. Henrique, 1999, p. 993-1031.

RODNEY, Walter

– History of the Upper Guinea Coast, Oxford, Clarendon Press, 1970.

RODRIGUES, Luís Barbosa

– A Transição Constitucional Guineense, Lisboa, AAFDL, 1995.

ROELLECKE, Gerd

– Die Bindung des Richters an Gesetz und Verfassung, *in* VVDStRL, Heft 34 (1976), p. 7-42.

– Artikel 20 (GG), *in* Umbach/Clemens (Hg.), Grundgesetz – Mitarbeiterkommentar, Bd. I, Heidelberg, Müller, 2002, p. 1282-1300.

– Von Frankfurt über Weimar und Bonn nach Berlin: Demokratische Verfassungen in Deutschland und die gesellschaftliche Entwicklung in Europa, *in* Juristen Zeitung, Februar 2000, p. 113-117.

ROMANUS, Aegidius

– De Ecclesiastica Potestate (± 1302) [tradução de R. W. Dyson intitulada "Giles of Rome on Ecclesiastical Power", A. ROMANUS, Douvre, H.H. Bogdell, 1986].

ROSENFELD, Michel

– The Rule of Law and the Legitimacy of Constitutional Democracy, *in* N. Dorsen/ M. Rosenfeld/ A. Sajó/ S. Baer, Comparative Constitutionalism: Cases and Materials, USA, Thomson-West (American Casebooks Series), 2003, p. 16 ss.

Ross, Alf
- Theorie der Rechtsquellen, Wien, 1929.
- On Self-reference and a Puzzle in Constitutional Law, *in* "Mind", 78, 1969, p. 1 ss.
- On Law and Justice, London, 1958.
- Sur les Concepts d'«État» d'«Organes d'État» en Droit Constitutionnel, *in* Droits, 23, 1996, p. 131-144.

Ross, E. A.
- The Principles of Sociology, New York, Century, 1920.

Rostow, W. W.
- Les Étapes du Developpement Politique (trad. Da obra "Politics and Stages of Growth" - London, 1971), Paris, Seuil, 1975.

Rothermund, Dietmar
- Ethnische Konflikte, *in* Pipers Wörterbuch zur Politik: Dritte Welt, Gesellschaft-Kultur-Entwicklung (Nohlen/Waldmann, Hrsg.), München/Zürich, Piper, 1987, p. 178-186.

Rougé, Jean-Louis
- Petit Dictionnaire Etymologique du Kriol de Guinée-Bissau et Casamance, Bissau, INEP, 1988.

Rousseau, Jean-Jacques
- O Contrato Social (tradução de L.M.P. Brum), Mem Martins, Publicações Europa-America, 1974.

Roy, Étienne Le
- La Démocratie Africaine Face à l'Obstacle des Présidentialismes Africains Francophones, *in* G. Conac (sous la direction de), L'Afrique en Transition Vers le Pluralisme Politique, Paris, Economica, 1993, p. 129-138.

Roy, Maurice-Pierre
- Les Régimes Politiques du Tiers Monde, Paris, LGDJ, 1977.

Royo, Javier Pérez
- Curso de Derecho Constitucional, 5ª ed., Madrid/Barcelona, Marcial Pons, Ediciones Juridicas y Sociales, 1998.

Rudebeck, Lars
- Kandjadja, Guinea-Bissau, 1976-1986: Obsevations on the Political Economy of an African Village, *in* Review of African Political Economy, n.° 41, Sept. 1988.
- Development and Democracy – Notes Related to a Study of People's Power in Mozambique, *in* J. Augel/C. Cardoso, Transição Democrática na Guiné-Bissau e Outros Ensaios, Bissau, INEP, 1996, p. 351 ss.
- The Effects of Structural Adjustment in Kandjadja, Guinea-Bissau, *in* Review of African Political Economy, 49, 1990.
- Observações Sobre a Democratização, na Guiné-Bissau e em Outros Países, Vinte Anos Após a Independência, *in* C. Cardoso/J. Augel (coord.), Guiné-Bissau – Vinte Anos de Independência. Desenvolvimento e Democracia – Balanço e Perspectivas, Bissau, INEP, 1996, p. 357-365.

Ruderman, Richard S.
- Democracy and the Problem of Statesmanship, *in* The Review of Politics, vol. 59, 4, 1997, p. 759-787.

RUFFIA, Paolo Biscaretti di
- La Costituzione Tricamerale Sudafricana del 1983: Una Ricetta Insufficiente per una Conflittuale Società Plurinazionale, *in* Estudios en Homenaje al Doctor Héctor Fix--Zamudio en sus Treinta Años como Investigador de las Ciencias Jurídicas, tomo I, México, Universidad Autónoma de México, 1988, p. 103-129.

RÜFNER, Wolfgang
- Grundrechte, Rechts- und Sozialstaatsprinzip in der Rechtsprechung des Bundesverfassungsgerichts, *in* Pierre Koenig/ Wolfgang Rüfner (Hg.), Die Kontrolle der Verfassungsmäßigkeit in Frankreich und in der Bundesrepublik Deutschland [Le Contrôle de la Constitutionnalité en France et en République Féderal d'Allemagne], Köln/ /Berlin/Bonn/München, Carl Heymanns Verlag KG, 1985.

RUPP, Hans Heinrich
- Die Soziale Marktwirtschaft in ihrer Verfassungsbedeutung, *in* J. Isensee/P. Kirchhof (Hg.), Handbuch des Staatsrechts der Bundesrepublik Deutschland, Band IX, Heidelberg, Müller, 1997, p. 129-148.
- Die Bindung des Richters an das Gesetz: Zu Theorie und Praxis der Rechtsanwendung, *in* NJW, 1973, p. 1769-1774.
- Rechtsstaat oder Richterstaat? Die Gefährdung der Rechtssicherheit durch die Rechtsprechung, *in* Georg Lanzenstiel, "Rechtsstaat oder Richtersstaat" – Vorträge gehalten auf der Tagung evangelischer Juristen 1969, München, Evangelischer Presseverband für Bayern, 1970, p. 22-32.

SACHS, Michael
- Artikel 20 (GG), *in* Michael Sachs (Hg.), Grundgesetzkommentar, 3. Aufl., München, Beck, 2003, p. 829-868.

SAEZ, Manuel Alcantara
- Gobernabilidad, Crisis y Cambio: Elementos para el Estudio de la Gobernabilidad de los Sistemas Políticos en Épocas de Crisis y Cambio, Madrid, Centro de Estudios Constitucionales, 1994.

SALDANHA, Nelson
- "Estado de Direito e Ordem Política", *in* Enciclopédia Saraiva de Direito, vol. 33, R. Limongi (coordenação), S. Paulo, Saraiva, 1977, p. 470-486.
- "Democracia", *in* Enciclopédia Saraiva de Direito, vol. 23, R. Limongi (coordenação), S. Paulo, Saraiva, 1977, p. 279-284.

SANTOS, António Almeida
- O Ministério Público num Estado de Direito Democrático, *in* Revista do Ministério Público, 76, 1998, p. 9-24.

SANTOS, António Marques dos
- Os Seguros de Saúde, *in* A. Marques dos Santos, Estudos de Direito Internacional Privado e de Direito Público, Coimbra, Almedina, 2004, p. 563-578.
- Constituição e Direito Internacional Privado – O Estranho Caso do Artigo 51.°, n.° 3, do Código Civil, *in* Jorge Miranda (org.), Perspectivas Constitucionais: Nos 20 Anos da Constituição de 1976 (vol. III), Coimbra, Coimbra Editora, 1998.

Santos, Boaventura Sousa
– Os Direitos Humanos na Pós-modernidade, *in* Direito e Sociedade, n.° 4, Março 1989, p. 3-12.
– Toward a New Common Sense: Law, Science and Politics in the Paradigmatic Transition, New York/ London, Routledge, 1995.
Santos, Manuel dos
– "Guiné-Bissau: a Formação da Nação", *in* "A Construção da Nação em África. Os Exemplos de Angola, Cabo Verde, Guiné-Bissau, Moçambique e S. Tomé e Príncipe", Bissau, INEP, 1989.
Santos, Maria Emília Madeira
– Lançados na Costa da Guiné: Aventureiros e Comerciantes, *in* Carlos Lopes (coord.), Mansas, Escravos, Grumetes e Gentio – Cacheu na Encruzilhada de Civilizações, Lisboa, INEP, 1993, p. 67-78.
Sarda, Josep Maria Felip i/Cubas, Joaquin M.
– La Teoria Postempirista de la Democracia de Danilo Zolo: Una Aproximación, *in* Revista de Estudios Políticos, 84, 1994, p. 287-303.
Sarotte, Georges
– O Materialismo Histórico no Estudo do Direito (trad. de J. M. Matias de "Le Matérialisme Historique dans l'Étude du Droit", 1969), Lisboa, Editorial Estampa, 1972.
Sartori, Giovani
– Ingegneria Costituzionale Comparata: Strutture, Incentivi ed Esiti, 4ª ed., Bologna, Società Editrice il Mulino, 2000.
– Théorie de la Démocratie (trad. do inglês – que era a tradução do original "Democrazia e Definizioni", 2ª ed., Bologna, 1958 – por Christiane Hurtig), Paris, A. Colin, 1973.
Sathyamurthy, T.V.
– The Constitution as an Instrument of Political Cohesion in Postcolonial States: The Case of India, 1950-1993, *in* Abdo Baaklini/ Helen Defosses (Ed.), Designs for Democratic Stability: Studies in Viable Constitutionalism, New York/ London, M.E. Sharpe, 1997, p. 147-178.
Scantamburlo, Luigi
– Dicionário do Guineense, vol. I: Introdução e Notas Gramaticais, Bubaque/Lisboa, FASPEBI, Colibri, 1999.
Schachtschneider, Karl Albert
– Das Rechtsstaatsprinzip des Grundgesetzes, *in* JA, 1978, p. 185 ss.
Scharpf, Fritz
– Die Politischen Kosten des Rechtsstaates, Tübingen, Mohr, 1970.
Schemeil, Yves
– Democracy Before Democracy, *in* International Political Science Review, vol. 21, 2, 2000, p. 99-120.
Scheuner, Ulrich
– Die Neuere Entwicklung des Rechtsstaats in Deutschland, *in* Hundert Jahre deutsches Rechtsleben (Festschrift zum hundertjährigen Bestehen des Deutschen Juristentages 1860-1960), Bd. II – hrsg. von E. Von Caemmerer –, Karlsruhe, Müller, 1960.

Schiefer, Ulrich
– Geister und Gewehre: Ethnien, Macht und Staat in Guinea Bissau – Ein Beispiel aus Westafrika, *in* M. Massarrat/G. Széll/H.-J. Wenzel (Hrsg.), Die Dritte Welt und Wir: Bilanz und Perspektiven für Wissenschaft und Praxis, Freiburg, Informationszentrum Dritte Welt, 1993, p. 366-372.

Schiera, Pierangelo
– A "Polícia" como Síntese de Ordem e de Bem-Estar no Moderno Estado Centralizado (extracto do livro do autor "Del'arte di governo alle scienze dello Stato. Il Cameralismo e l'assolutismo tedesco, milão, 1968), *in* A.M. Hespanha, Poder e Instituições na Europa do Antigo Regime (colectânea de textos), Lisboa, F.C. Gulbenkian, 1984, p. 307-319.

Schindler, D.
– Über den Rechtsstaat, 1934.

Schlink, Bernhard
– Rechtsstaat und revolutionäre Gerechtigkeit, *in* Neue Justiz, 10/1994, p. 433-437.

Schmitt, Carl
– Legalität und Legitimität, 4. Aufl., Berlin, Duncker & Humblot, 1988.
– Verfassungslehre, Berlin, 1928.
– Teoría del Partisano (trad. castelhana), Madrid, 1966.
– La Defensa de la Constitución: Estudios Acerca de las Diversas Especies y Posibilidades de Salvaguardia de la Constitución (tradução de M.S. Sarto da obra Der Hüter der Verfassung, Berlin-München, Duncker Humblot), Madrid, Tecnos, 1983.

Schnapp, Friedrich E.
– Art. 20 (GG), *in* Ingo von Münch/Philip Kunig (Hg.), Grundgesetz-Kommentar, Band 2, München, Beck, 2001, p. 1-35.

Schneider, Franz
– Die politische Komponente der Rechtsstaatsidee, *in* Politische Vierteljahresschrift, Bd. 9 (1968), p. 330 ss.

Schneider, Peter
– Zur Problematik der Gewaltenteilung im Rechtsstaat der Gegenwart, *in* AöR, Bd. 82 (1957), p. 1-27.

Schumpeter, Joseph A.
– Capitalism, Socialism and Democracy, 5th ed., London, George Allen & Unwin Ltd., 1976.

Schunck, E./Clerck, H. de
– Allgemeines Staatsrecht und Staatsrecht des Bundes und der Länder, 12. Auflage, Siegburg, Verlag Reckinger & Co., 1986.

Schwab, K.-H./Gotthold, P.
– Verfassung und Zivilprozeß, 1984.

Schwartzberg, Melissa
– Athenian Democracy and Legal Change, *in* APSR, vol. 98, nr. 2, May 2004, p. 311-325.

Schweitzer, Michael
– Staatsrecht III – Staatsrecht, Völkerrecht, Europarecht, 7. Aufl., Heidelberg, Müller, 2000.

SEIFERT, Frank-Florian
- Autonomie oder Sezesion – Das Selbstbestimmungsrecht der Sri Lanka-Tamilen in der Diskussion um eine neue Verfassung Sri Lankas, *in* VRÜ 34 (2. Quartal 2001), p. 167-195.

SEJERSTED, Francis
- Democracy and the Rule of Law: Some Historical Experiences of Contradictions in the Striving for Good Government, *in* Jon Elster/ Rune Slastad (ed.), Constitucionalism and Democracy, Cambridge/Oslo, Cambridge University Press/Unversitetsforlaget, 1988, p. 131-152.

SERRA, António Truyol y
- La Filosofia Jurídica y Política Alemana en los Siglos XVII y XVIII, *in* RFDUL, vol. XX, 1966, p. 267-282.

SERRA, Vaz
- Anotação ao Acórdão do STJ de 11.7.1966, *in* RLJ, 99.° Ano, 1967, n.° 3330, p. 332-335.

SERRANO, N. PEREZ
- Antecedentes del Problema, *in* "Debate del Principio de Separación de poderes" – Anales de la Real Academia de Ciencias Morales y Políticas, Cuaderno 1.°, Madrid, 1950.

SERRÃO, Leopoldino (org.)
- Grandes Discursos Políticos, V.N. de Gaia, Editora Ausência, 2004.

SERVICE, E.R.
- Primitive Social Organization, New York, 1962.

SHELL, Kurt L.
- Rechtsstaatlichkeit und Demokratie in den USA, *in* Mehdi Tohidipur (Hg.), Der Bürgerliche Rechtsstaat, Frankfurt am Main, Suhrkamp Verlag, p. 377-398.

SHIHATA, Ibrahim F.I.
- Democracy and Development, *in* International Comparative Law, Vol. 46, 3, 1997, p. 635-643.

SIEYÈS, Emmanuel Joseph
- Qu'est-ce le Tiers État?, 3e éd., Paris, 1789.

SÍK, Endre
- Histoire de l'Afrique Noire, Tome I, Budapest, Akadémiai Kiadó, 1961.
- Histoire de l'Afrique Noire, Tome II, Budapest, Akadémiai Kiadó, 1961.

SILVA, António Duarte
- A Independência da Guiné-Bissau e a Colonização Portuguesa, Lisboa, Afrontamento, 1997.
- Formação e Estrutura da Constituição de 1984, *in* BFDB, N.° 4, Março 1997, p. 153-160.
- A Natureza da Formação do Estado: O Caso da Guiné-Bissau, *in* BFDB, n.° 4, Março 1997, p. 161-210.

SILVA, Artur Augusto da
- Usos e Costumes Jurídicos dos Mandingas – Ensaio, Bissau, Centro de Estudos da Guiné Portuguesa, 1969.
- Direitos Civil e Penal dos Mandingas e dos Felupes da Guiné-Bissau, 4ª ed., Bissau, DEDILD, 1983.

SILVA, **F. Delfim da**
- Guiné-Bissau: Páginas de História Política, Rumos da Democracia, Bissau, Firkidja Editora, 2004.
- Guiné-Bissau: Eleições Legislativas de 2004, Bissau, Firkidja Editora, 2004.

SILVA, **Vasco Pereira da**
- Em Busca do Acto Administrativo Perdido, Coimbra, Almedina, 1998.
- "Como a Constituição é Verde": Os Princípios Fundamentais da Constituição Portuguesa de ambiente, *in* "Nos 25 Anos da Constituição da República Portuguesa de 1976" – Evolução Constitucional e Perspectivas Futuras, Lisboa, AAFDL, 2001, p. 193-223.

SILVA, **Victor Manuel de AGUIAR E**
- Teoria da Literatura, 8ª ed., Coimbra, Almedina, 1988, p. 711 ss, 745 ss.

SIMMA, **Bruno**/KHAN, **Daniel-Erasmus**
- Die koloniale Grenzziehung in Afrika im Lichte der Verfassungsrechtsordnung des deutschen Kaiserreiches, *in* W. Benedek/H. Isak/R. Kicker (ed.), Development and Developing International and European Law – Essays in Honour of Konrad Ginther, Frankfurt am Main/Berlin/Bern/Bruxelles/New York/Wien, Peter Lang, 1999, p. 151--174.

SIMMEL, **Georg**
- Soziologie, Berlin, Duncker & Humblot, 1923.

SIMÕES, **Landerset**
- Babel Negra – Etnografia Arte e Cultura dos Indígenas da Guiné, ed. do autor, 1935.

SIMSON, **Werner von**
- Die Deutschen und ihr Rechtsstaat, *in* Der Staat, Bd. 21 (1982), p. 97-112.

SNV/INEP-C. RIBEIRO/F. CARDOSO/FERNANDES/SOW
- Estado Moderno e Poder Tradicional, Bissau, SNV/INEP, 2002.

SOARES, **Albino Azevedo**
- Lições de direito Internacional Público, 4ª ed., Coimbra, Coimbra Editora, 1988.

SOARES, **Rogério Ehrhardt**
- Interesse Público, Legalidade e Mérito, Coimbra, 1955.
- Direito Administrativo, Lições ao Curso Complementar de Ciências Jurídico-Políticas da Faculdade de Direito de Coimbra, Coimbra, 1978.
- Direito Administrativo – Apontamentos Policopiados das Lições Proferidas ao Curso de Direito do Porto da Faculdade de Ciências Humanas da Universidade Católica Portuguesa, sem data.
- Direito Público e Sociedade Técnica, Coimbra, Atlântida Editora, 1969.

SOBOTA, **Katharina**
- Das Prinzip Rechtsstaat – Verfassungs- und verwaltungsrechtliche Aspekte, Tübingen, Mohr Siebeck, 1997.

SOMMERMANN, **Karl-Peter**
- Artikel 20 Abs. 3 (GG), *in* Mangoldt/Klein/Starck (Hg.), Bonner Grundgesetz – Kommentar, Bd. 2, 4. Aufl., München, Franz Vahlen, 2000, p. 104-158.

SOUSA, **João Silva de**
- Religião e Direito no Alcorão, Lisboa, Estampa, 1986.

Sousa, Marcelo Rebelo de
- Die Politischen Parteien und der Recht der Opposition in Portugal, Beiheft; Jahrbuch des öffentichen Rechts der Gegenwart, neue Folge, Band 41, Tübingen, Mohr, 1993.
- O Princípio da Legalidade Administrativa na Constituição de 1976, Separata da "Revista Democracia e Liberdade", Lisboa, 13, Janeiro 1980.
- A Revisão Constitucional e a Partidarização do Sistema de Governo, *in* Jorge Miranda (org.), Nos Dez Anos da Constituição, Lisboa, IN-CM, 1987, p. 205-211.
- A Lei no Estado Contemporâneo, *in* Legislação – Cadernos de Ciência de Legislação, n.° 11, Outubro-Dezembro de 1994.
- Os Partidos Políticos no Direito Constitucional Português, Braga, Livraria Cruz, 1983.
- Lições de Direito Administrativo, vol. I, Lisboa, Lex, 1999.
- O Valor Jurídico do Acto Inconstitucional I, Lisboa, 1988.
- Direito Constitucional I – Introdução à Teoria da Constituição, Braga, Livraria Cruz, 1979.
- Ciência Política [lições ao 1.° ano do curso de Direito – 1984/85], Lisboa, AAFDL, 1984.
- Legitimação da Justiça Constitucional e Composição dos Tribunais Constitucionais, *in* Legitimidade e Legitimação da Justiça Constitucional (Colóquio no 10.° Aniversário do Tribunal Constitucional - Lisboa, 28 e 29 de Maio de 1993), Coimbra, Coimbra Editora, 1995, p. 211-228.

Sousa, Marcelo Rebelo de/Alexandrino, J. de M.
- Constituição da República Portuguesa Comentada, Lisboa, Lex, 2000.

Sousa, Marcelo Rebelo de/Guedes, Luís Marques/Mendes, Luís Marques
- Uma Constituição Moderna para Portugal (A Constituição da República Revista em 1997), Queluz, 1997.

Souza, Marnoco e
- Direito Político: Poderes do Estado – Sua Organização Segundo a Sciencia Politica e o Direito Constitucional Português, Coimbra, França Amado, 1910.

Spínola, António de
- No Caminho do Futuro, Lisboa, Agência-Geral do Ultramar, 1972.

Stahl, Friedrich Julius
- Die Philosophie des Rechts, Bd. II: Rechts- und Staatslehre auf der Grundlage christlicher Weltanschauung, 2. Abtheilung (4. Buch): Die Lehre vom Staat und die Principien des deutschen Staatsrechts, 2. Aufl., Heidelberg, (...) Akademischen Buchhandlung von J.C.B. Mohr, 1846.

Starck, Christian
- La Légitimité de la Justice Constitutionnelle et le Principe Démocratique de Majorité, *in* Legitimidade e Legitimação da Justiça Constitucional (Colóquio no 10.° Aniversário do Tribunal Constitucional - Lisboa, 28 e 29 de Maio de 1993), Coimbra, Coimbra Editora, 1995, p. 59-73.
- Der Rechtsstaat in der politischen Kontroverse, *in* JZ, 1978, p. 746-750.

Stein, Ekkehart
- Art. 20 (GG), *in* Rudolf Wassermann (Hg.), Reihe Alternativkommentare [Kommentar zum Grundgesetz für die Bundesrepublik Deutschland, Band 1, Luchterland, 1984].

STEIN, Ekkehart/FRANK, Götz
- Staatsrecht, 17. neu bearb. Aufl., Tübingen, Mohr Siebeck, 2000.

STEIN, Lorenz von
- Rechtsstaat und Verwaltungsrechtspflege, *in* Grünhuts Zeitschrift für das private und öffentliche Recht, Bd. VI, 1879.
- Die Verwaltungslehre, 2. durchaus umgearbeitete Auflage, Stuttgart, J.G. Cotta'schen Buchhandlung, 1869.

STEPAN, Alfred/SKACH, Cindy
- Constitutional Frameworks and Democratic Consolidation: Parliamentarism vs. Presidentialism, *in* World Politics, 46, October 1993, p. 1-22.

STERN, Klaus
- "Sozialstaat", *in* Evangelisches Staatslexikon, 1966.
- Das Staatsrecht der Bundesrepublik Deutschland, Band I, Grundbegriffe und Grundlagen des Staatsrechts, Strukturprinzipien der Verfassung, 1. Auflage, München, C. H. Beck'sche Verlagsbuvhhandlung, 1977.
- Das Staatsrecht der Bundesrepublik Deutschland, Band I, Grundbegriffe und Grundlagen des Staatsrechts, Strukturprinzipien der Verfassung, 2. Völlig neubearbeitete Auflage, München, C. H.Beck'sche Verlagsbuvhhandlung, 1984.
- Das Staatsrecht der Bundesrepublik Deutschland, Band II: Staatsorgane, Staatsfunktionen, Finanz- und Haushaltsverfassung, Notstandsverfassung, München, C. H. Beck'sche Verlagsbuvhhandlung, 1980.
- Die Grundrechte und ihre Schranken, *in* Peter Badura/Horst Dreier (Hg.), Festschrift 50 Jahre Bundesverfassungsgericht, 2. Band (Klärung und Fortbildung des Verfassungsrechts), Tübingen, Mohr Siebeck, 2001.

STEUER, U.
- Geister und Gewehre: Ethnien, Macht und Staat in Guinea Bissau – Ein Beispiel aus Westafrika, *in* M. Massarrat/G. Széll/H.-J. Wenzel (Hrsg.), Die Dritte Welt und Wir: Bilanz und Perspektiven für Wissenschaft und Praxis, Freiburg, Informationszentrum Dritte Welt, 1993.

STEWART, Ian
- Os Problemas da Matemática, Lisboa, Gradiva, 1995.

SUHR, Dieter
- Rechtsstaatlichkeit und Sozialstaatlichkeit, *in* Der Staat, Bd. 9 (1970), p. 67-93.

SUNDQUIST, James L.
- The U.S. Presidential System as a Model for the World, *in* Abdo Baaklini/ Helen Defosses (Ed.), Designs for Democratic Stability: Studies in Viable Constitutionalism, New York/ London, M. E. Sharpe, 1997, p. 53-71.

SUNSTEIN, Cass R.
- Democracy and the Problem of Free Speech, New York/Toronto/Oxford/Singapore/ /Sydney, The Free Press, 1993.

SWISHER, Brent
- The Growth of Constitutional Power in the United States, Chicago-Illinois, The University of Chicago Press, 1947.

TABORDA, António da Cunha
– Felupe de Suzana, *in* Boletim Cultural da Guiné Portuguesa, n.° 18, vol. V, Abril, 1950.
TALMON, J.B.
– Les Origines de la Démocratie (trad. de The Origins of Totalitarian Democracy), Paris, Calmann-Lévy, 1966.
TANUGI, Laurent COHEN-
– Le Droit sans l'Etat – sur la Démocratie en France et en Amérique, Paris, PUF, 1985.
TAVARES, José
– Administração Pública e Direito Administrativo – Para o seu Estudo e Compreensão, Coimbra, Almedina, 1992.
TEIXEIRA, Cândido da Silva
– Companhia de Cacheu, Rios e Comércio da Guiné (Documentos para a sua História), *in* Boletim do Arquivo Histórico Colonial, vol. I, 1950, Lisboa.
TELLES, Ignácio da Silva
– Democracia, *in* Enciclopédia Saraiva do Direito, vol. 23, R. Limongi França (coordenação), S. Paulo, Saraiva, 1977, p. 263-279.
TELLES, Miguel Galvão
– A Competência da Competência do Tribunal Constitucional, *in* Legitimidade e Legitimação da Justiça Constitucional (Colóquio no 10.° Aniversário do Tribunal Constitucional – Lisboa, 28 e 29 de Maio de 1993), Coimbra, Coimbra Editora, 1995, p. 105-125.
– A Concentração da Competência para o Conhecimento Jurisdicional da Inconstitucionalidade das Leis, *in* "O Direito", 1971, p. 173-210.
– Inconstitucionalidade Pretérita, *in* Jorge Miranda (org.), Nos Dez Anos da Constituição, Lisboa, IN-CM, 1987, p. 267-343.
TEUBNER, Gunther
– Die Episteme des Rechts, *in* D. Grimm (Hg.), Wachsensde Staatsaufgaben – sinkende Steuerungsfähigkeit des Rechts, Baden-Baden, Nomos, 1990.
– Intoduction to Autopoietic Law, *in* Gunther Teubner (ed.), Autopoietic Law: A New Approach to Law and Society, Berlin/New York, Walter de Gruyter, 1988, p. 1-11.
– Evolution of Autopoietic Law, *in* Gunther Teubner (ed.), Autopoietic Law: A New Approach to Law and Society, Berlin/New York, Walter de Gruyter, 1988, p. 217-241.
THERBORN, Göran
– Karl Marx Returning: The Welfare State and Neo-Marxist, Corporatist and Statist Theories, *in* International Political Science Review, vol. 7, 2, 1986, p. 131-164.
THIELE, Willi
– Gewaltenteilung – greifendes Verfassungsprinzip oder bloße Fiktion, *in* DöD, 1982, p. 145-153.
THOMA, Richard
– Rechtsstaatsidee und Verwaltungsrechtswissenschaft, *in* JöR, Band IV, 1910, p. 196 ss.
THOMASIUS, Chr.
– Fundamenta Juris Naturae et Gentium, Halae, 1718.
THOMPSON, Cliff F.
– The Failure of Continental Codes in the Democratic Republik of the Sudan – An Analysis, *in* Verfassung und Recht in Übersee, 3./4. Quartal 1975, p. 407-421.

Thomson, V./Adloff, R.
– French West Africa, London, Allen und Unwin, 1958.
Titiev, Mischa
– Introdução à Antropologia Cultural, 9ª ed., Lisboa, Gulbenkian, 2002 [trad. de *Introduction to Cultural Anthropology*, 1959].
Tobler, Hans Werner
– Revolutionen, *in* Pipers Wörterbuch zur Politik: Dritte Welt, Gesellschaft-Kultur--Entwicklung (Nohlen/Waldmann, Hrsg.), München/Zürich, Piper, 1987, p. 483-491.
Tocqueville, Alexis de
– De la Démocratie en Amérique (3 tomes), Paris, Michel Lévy Frère, 1864.
Todd, Emmanuel
– Após o Império: Ensaio sobre a Decomposição do Sistema Americano (trad. do original "Après L'Empire – Essai sur la Décomposition du Système Américain", Gallimard, 2002), Lisboa, Edições 70, 2002.
Torres, Ferreira
– História Universal, vol. I, 6ª ed., Porto, Asa, s/d.
Torres, Miguel Ayuso
– ¿Después del Leviathan? Sobre el Estado y su Signo, Madrid, Dykinson, 1988.
Treves, Giuseppino
– Considerazioni sullo Stato di Diritto, *in* Rivista Trimestrale di Diritto Pubblico, 1959, p. 399-416.
Triepel, Heinrich
– Contributo na "Tagung der Deutschen Staatsrechtslehrer-Vereinigung", de 1931, *in* Veröffentlichungen der Vereinigung der deutschen Staatsrechtslehrer, Heft 7, p. 197.
– Volkerrecht und Landesrecht, 1889.
Triviño, J.L. Pérez
– Los Límites Jurídicos del Soberano, Madrid, Tecnos, 1998.
Tuleja, Piotr/Wojtyczek, Krzysztof
– La Protection des Droits Acquis Élément Constitutif de l'État de Droit? Remarques sur la Jurisprudence Constitutionnelle Polonaise, *in* Revue Internationale de Droit Comparé, 3, 1995, p. 737-762.
Tumanov, Wladimir A.
– Das Rechtsstaatsprinzip in der rußländischen Verfassungspraxis, *in* Jochen Abr. Frowein/Thilo Marauhn (Hrsg.), Grundfragen der Verfassungsgerichtsbarkeit *in* Jochen Abr. Frowein/Thilo Marauhn (Hg.), Grundfragen der Verfassungsgerichtsbarkeit in mittel- und Osteuropa, Berlin/Heidelberg/New York/Barcelona/Budapest/Hongkong//London/Milano/Paris/Stª Clara/Singapur/Tokio, Springer, 1998, p. 77-80.

Ulla, Juan Manuel López
– Orígines Constitucionales del Control Judicial de las Leyes, Madrid, Tecnos, 1999.
Unruh, Georg-Christoph von
– Notwendige Elemente einer demokratischen Verfassung: Betrachtungen eugen schiffers zur Verfassungsreform, *in* NVwZ 1991, Heft 7, p. 635-637.

VALDEZ, Francisco Travassos
– Africa Occidental: Noticias e Considerações, I, Lisboa, Imprensa Nacional, 1864.
VALLE, Rubén Hernández
– El Principio Democrático como Límite de la Jurisdicción Constitucional, *in* Boletín Mexicano de Derecho Comparado, n.° 88, 1997, p. 221-230.
VARELA, Francisco
– Principles of Biological Autonomy, New York, North Holland, 1979.
VARELA, João de Matos ANTUNES
– Direito da Família (lições ao curso de Direito da Faculdade de Ciências Humanas da Universidade Católica Portuguesa), Lisboa, U.C.P., 1981.
VASQUES, Sérgio
– A Integração Económica Africana: Textos Fundamentais, Lisboa, Fim de Século, 1997.
VAZ, Manuel Afonso
– Lei e Reserva da Lei: A Causa da Lei na Constituição Portuguesa de 1976, Porto, 1992.
VECCHIO, Giorgio del
– Filosofía del Derecho, 3ª ed., Barcelona, Bosch, 1942.
VEDEL, G.
– Cinquième République, *in* O. Duhamel/Y. Meny, Dictionnaire Constitutionnel, Paris, 1992.
VERDÚ, Pablo Lucas
– La Lucha por el Estado de Derecho, Bolonia, Publicaciones del Real Colegio de España, 1975.
VERSCHAVE, François-Xavier
– Noir Silence: Qui Arrêtera Françafrique, Paris, Les Arènes, 2000.
VILLA, Jesús Leguina
– La Protección Jurídica del Administrado: Las Acciones en Materia de Responsabilidad de la Administración Pública, *in* Ministério da Justiça, Responsabilidade Civil Extra-Contratual do Estado – Trabalhos Preparatórios da Reforma, Coimbra, Coimbra Editora, 2002, p. 121-153.
VILLAS, Gaspar do Couto Ribeiro
– História Colonial, vol. II, Lisboa, Minerva, 1938.
VIRCOULON, Thierry
– Au Coeur des Conflits, l'Etat, *in* Afrique Contemporaine, n.° 180, Octobre-Décembre 1996 [n.° spécial: L'Afrique face aux Conflits. Direction: Gaudusson/Gaud], p. 199-206.
VISSCHER, Paul de
– Cours Général de Droit International Public, *in* Recueil des Cours de l'Académie de Droit International, n.° 36, 1971-II.
VOGEL, Charles
– Le Portugal et ses Colonies: Tableau Politique et Commercial de la Monarchie Portugaise Dans Son État Actuel, Paris, Guillaumin et Cie, 1860.
VOLPI, Mauro
– Le Forme di Governo Contemporanee tra Modelli Teorici ed Esperienze Reali, *in* Quaderni Costituzionali, 2, 1997, p. 247-281.

Wahl, Rainer
- Os Custos Burocráticos do Estado Social de Direito, *in* Revista da Administração Pública, n.° 28, 1985, p. 191-211.

Walter, Eugene Victor
- Terror and Resistance: A Study of Political Violence with Case Studies of some Primitive African Communities, London/New York, Oxford University Press, 1969.

Ware, Alan
- Political Parties and Party Systems, Oxford, Oxford University Press, 1996.

Wassermann, Rudolf
- Art. 97 (GG), *in* Rudolf Wassermann (Hg.), Reihe Alternativkommentare [Kommentar zum Grundgesetz für die Bundesrepublik Deutschland, Band 2, Luchterland, 1984].

Weber, Albrecht
- Der nationale Verfassungsstaat vor den Herausfordserungen der Europäischen Integration, *in* Jorge Miranda (org.), Perspectivas Constitucionais – Nos 20 Anos da Constituição de 1976, vol. I, Coimbra, Coimbra Editora, 1996, p. 769-785.

Weber, Albrecht/Gas, Tonio
- République Fédérale d'Allemagne. Justice Constitutionnelle et Subsidiarité, *in* F. Delpérée (dir.), Justice Constitutionnelle et Subsidiarité, Bruxelles, Bruylant, 2000, p. 137-177.

Weber, Max
- Sociologie du Droit (tradução de Jacques Grosclaude), Paris, PUF, 1986.

Weber, Werner
- Die verfassungsrechtlichen Grenzen sozialstaatlicher Forderungen, *in* Der Staat (1965), p. 409 ss.

Welcker, Carl Theodor
- Die letzten Gründe von Recht, Staat und Strafe: Philosophisch und nach den Gesetzen der merkwürdigsten völker rechtshistorisch entwickelt, Giessen, Heyer, 1813.
- "Staatsverfassung", *in* C.V. Rotteck/C. Welcker (Hrsg.), Staats-Lexikon oder Encyklopädie der Staatswissenschaften, Bd. 15, Altona, J.F. Hammerich 1843, p. 21-82.

Westermann, D.
- Noirs et Blancs en Afrique, Paris, Payot, 1937

Wieacker, Franz
- História do Direito Privado Moderno (trad. por A.M.B. Hespanha do alemão Privatrechtsgeschichte der Neuzeit unter besonderer Berücksichtigung der deutchen Entwicklung, 2ª ed., Göttingen, 1967), Lisboa, F.C. Gulbenkian, 1980.

Widner, Jennifer A.
- Construire L'Etat de Droit – Francis Nyalali et le Combat pour l'Indépendance de la Justice en Afrique (trad. M. Berry), Paris, Nouveaux Horizons 2003.

Winter, Oswald le
- Democracia e Secretismo, 2ª ed. (do original "Democracy and Secrecy"), Mem--Martins, Europa-América, 2002.

Wolf, Ch.
- De Jus Naturae Methodo Scientifica Pertractatum, I-IX, 4.°, Halae, 1740-1748.

WOLFF, Heinrich Amadeus
– Das Verhältnis von Rechtsstaatsprinzip und Demokratieprinzip, *in* D. Murswiek/ /U. Storost/H. A. Wolff (Hg.), Festchrift für helmut quaritsch zum 70. Geburtstag: Staat-Souveränität-Verfassung, Berlin, Duncker & Humblot, 2000, p. 73-93.
WRIGHT, Tony
– Reinventing Democracy? *in* Paul Hirst/ Sunil Khilnani (Ed.), Reinventing Democracy, [The Political Quaterly], Oxford/Cambridge (USA), Blackwell Publishers, 1996, p. 7-19.
WRIGHT, Vincent
– From the Droit de l'Etat Towards the Etat de Droit, *in* Rivista Trimestrale di Diritto Pubblico, 1, 1999, p. 15-51.
WYNGHAM, H. A.
– Problems of Imperial Trusteeship: The Atlantic and Slavery, London, Oxford University Press, 1935.

YALÁ, Koumba
– Os Pensamentos Políticos e Filosóficos, vol. II [ilustração de Fernando Júlio], Bissau, Editora Escolar, 2003.
YARDLEY
– English Administrative Law, London, 1970, p. 3 ss.
YOUSRY, Ahmed
– L'Etat de Droit en Droit Musulman, *in* L'Etat de Droit: Mélange en l'Honneur de Guy Braibant, Paris, Dalloz, 1996, p. 793-796.

ZACHER, H.
– Soziale Gleichheit – Zur Rechtsprechung des Bundesverfassungsgerichts zum Gleichheitssatz und zum Sozialstaatsprinzip, *in* AöR, t. 93, p. 341.
ZAGREBELSKY, Gustavo
– Il Diritto Mite: Legge Diritto Giustizia, Torino, Einaudi, 1992.
ZANGARA, Vincenzo
– Lo Stato di Diritto in Evoluzione, *in* Scritti in Onore di Egidio Tosato, vol. I, Milano, Giuffrè, 1984, p. 65-128.
ZEIDLER, Wolfgang
– Die Verfassungsrechtsprechung im Rahmen der staatlichen Funktionen (insbesondere Arten, Inhalt und Wirkungen der Entscheidungen über die Verfassungsmässigkeit von Rechtsnormen), Nationalbericht (Bundesverfassungsgericht der Bundesrepublik Deutschland), *in* VII Conferência dos Tribunais Constitucionais Europeus, Lisboa, TC, 1987, p. 9-46.
ZIMMER, Gerhard
– Funktion-Kompetenz-Legitimation, Berlin, 1980.
ZIMMER, Klaus/HANISCH, Rolf/WERZ, Nikolaus
– Politischen Parteien, *in* Pipers Wörterbuch zur Politik: Dritte Welt, Gesellschaft-Kultur-Entwicklung (Nohlen/Waldmann, Hrsg.), München/Zürich, Piper, 1987, p. 431-445.

ZIPPELIUS, Reinhold
– Teoria Geral do Estado, 2ª ed. (tradução de António Cabral de Moncada do original Allgemeine Staatslehre, 3. Aufl., München, C.H. Beck'sche Verlagsbuchhandlung, 1971), Lisboa, Fundação Calouste Gulbenkian, 1984.

ZITTEL, Thomas
– Elektronische Demokratie – ein Demokratietypus der Zukunft?, *in* Zeitschrift für Parlamensfragen, 2000, Heft 4, p. 903-925.

ZOLO, Danilo
– Complessità e Democrazia: Per una Ricostruzione della Teoria Democratica, Torino, G. Giappichelli Editore, 1987.
– Il Pincipato Democratico: Per una Teoria Realistica della Democrazia, Milano, Feltrinelli, 1992.

ÍNDICE IDEOGRÁFICO

R

ÍNDICE GERAL

CAPÍTULO II

Configuração Normativa e Jurisprudencial do Estado de Direito a Partir da Abordagem Analítica da Constituição da Guiné-Bissau

PARTE III

Na Pista da Repleção do Conceito de Estado de Direito

CAPÍTULO I

Os Direitos Fundamentais?

CAPÍTULO II

A Separação de Poderes?

PARTE IV
O Estado Concreto em Face do Estado de Direito

CAPÍTULO I
O Ser e o Dever Ser: o Estado e o Estado de Direito

CAPITULO II
O Estado de Direito: entre Proclamação e *Praxis* (factores explicativos)

CAPITULO III
Os Conflitos, a Força, o Estado de Direito e a Democracia

PARTE V
Conclusões

APÊNDICES